39ᵉ Édition

LE **GUIDE** DE **L'AUTO**
2005

Rédacteur en chef :
Denis Duquet

Chroniqueurs et photographes :
Marc Bouchard, Gabriel Gélinas, Bertrand Godin,
Jean-François Guay, Jean-Georges Laliberté, Alain Morin

Conception et production :
L'équipe de LC Média Inc.

Photographie de la couverture :
Andreas Lindlahr

Révision et correction :
Hélène Paraire

Administration et ventes :
Frédéric Couture, Marcel Couture, Jean Lemieux

Directeur de la publication :
Jean-Pierre Belmonte

La marque de commerce *Le Guide de l'auto*
et les marques associées sont la propriété
de LC Média Inc. 4105, boul. Matte bureau G, Brossard,
Québec, J4Y 2P4
tél. : (450) 444-5773

COPYRIGHT© 2004 Tous droits réservés, LC Média Inc.

Site Internet : www.leguidedelauto.net

Catalogage avant publication de la Bibliothèque nationale du Canada

Vedette principale au titre :
Le Guide de l'auto 2005
ISBN 2-89568-240-2
1. Automobiles - Achat - Guides, manuels, etc. 2. Automobiles - Spécifications - Guides, manuels, etc. I. Duquet, Denis.

TL162.G84 2004   629.222'029   C2004-941474-7

Nous reconnaissons l'aide financière du gouvernement du Canada par l'entremise du Programme d'Aide au Développement de l'Industrie de l'Édition pour nos activités d'édition.

Tous droits de traduction et d'adaptation réservés; toute reproduction d'un extrait quelconque de ce livre par quelque procédé que ce soit, et notamment par photocopie ou microfilm, est strictement interdite sans l'autorisation écrite de l'éditeur.

© 2004, Éditions du Trécarré

ISBN : 2-89568-240-2

Dépot légal - 2004
Bibliothèque nationale du Québec

Imprimé au Canada

Éditions du Trécarré
7, chemin Bates, Outremont (Québec) H2V 4V7 Canada

DENIS **DUQUET**

GABRIEL **GÉLINAS**

BERTRAND **GODIN**

39ᵉ Édition

LE GUIDE DE L'AUTO 2005

ÉDITIONS DU TRÉCARRÉ

Le Guide de l'auto tient à remercier les personnes et les organisations dont les noms suivent et qui ont apporté leur précieuse collaboration à la réalisation de l'édition 2005.

Jacques Béliveau
Nadia Bergeron
Geneviève Boisclair
Didier Constant
Paul Deslauriers, Autodrome Saint-Eustache
Karine Faucher
Simon Fortin
Jacques Guertin, Sanair
Robert Hétu
Pierre Hétu
Lucie Lacelle
Josée Marquis
Costa Mouzouris
Luc Richard
Simon Robillard
Agnès Senécal
Julie Tremblay
Lysa Villeneuve
Sylvain Raymond, Netgraphe
L'équipe des Éditions du Trécarré
L'équipe de Québécor St-Jean

Participants aux matchs comparatifs :
Alain Bailleul, Jean-Pierre Belmonte, François Bonardelle, Alexandre Doré, Jacques Dupuis, Daniel et David Duquet, Simon Fortin, André Lamonde, Jonathan Morin, Sylvain Raymond, Martin Renaud, Olivier Rhême

Pour leur collaboration, merci à :
Bob Austin (Rolls Royce), Barbara Barrett (Jaguar, Land Rover), LouAnn Barrette (Daimler-Chrysler Canada), Denis Bellemare (Mercedes-Benz du Canada), Umberto Bonfa (Saleen Canada), Paul Boyer (Des Sources Chrysler), Jo Anne Caza (Mercedes-Benz/Maybach/Smart), Mario Cloutier (Volkswagen Canada), John Crawford (Bentley Motors), Alexandra Cyghal (Aston Martin, Jaguar, Land Rover Canada), Sophie Desmarais (Nissan Canada), Sandy DiFelice (Mitsubishi Motors), Alain Desrochers (Mazda Canada), Gaven Dumont (Suzuki), Susan Elliott (Nissan Canada), Rania Guirguis (Mazda Canada), Cristina Guizzardi (Lamborghini), Christine Hollander (Ford du Canada), Bernice Holman (Volkswagen-Audi Canada), Richard James (General Motors du Canada), Mike Kurnik (Suzuki Canada), Yves Ladouceur (Kia Canada), Kevin Marcotte (BMW Canada), Gilles Marleau (PMG Technologies), Richard Marsan (Subaru Canada), Dough Mepham (Volvo Canada), Nadia Mereb (Honda Canada), Josée Marin (Hyundai Canada), Michel Mérette (Huyndai Canada), Stéphane Narbonne (Parkway Plaza), Cort Nielsen (BMW Canada), Michael Nye (Ferrari Québec), Roberto Oruna (Audi Canada), Robert Pagé (General Motors du Canada), Antony Paulozza (Pirelli Canada), Antonia Poulis (Toyota), Wesley Pratt (Toyota), Normand Primeau (Seitz Communications), Stuart Y. Schorr (Daimler-Chrysler du Canada), John Scotti (John Scotti Auto), Candy Squires (Mercedes-Benz du Canada),François Viau (Groupe Beverly Hils), Rebecca Wu (Toyota), Greg Young (Mazda Canada), Paul Seitz (Seitz Communication).

Et les concessionnaires suivants pour leur aide précieuse pour la prise de photographie :
Normand Hébert Jr (Brossard Volkswagen), Stéphane Bélanger/Paul Casavant (Montmorency Ford), Claude Chagnon (Simard Automobile), Charles Lacasse (Subaru Saint-Hyacinthe), Guy Lincourt (Concorde automobiles Saint-Hyacinthe), Marc Perras (Galeries Nissan Saint-Hyacinthe).

››› ENTRE-NOUS

UNE HISTOIRE D'ÉQUIPE

À l'approche de la quarantaine, Le Guide de l'auto amorce un nouveau virage avec une équipe en partie renouvelée. Pour diriger l'équipe cette année, j'ai été nommé rédacteur en chef. Nouveau dans cette fonction, je célèbre toutefois en même temps mes 25 ans de collaboration au Guide de l'auto. Je me suis senti d'ailleurs très privilégié de piloter, pour l'édition 2005, la meilleure équipe jamais réunie. Sans elle, le défi aurait été impossible à relever.

Je tiens tout d'abord à souligner l'excellent travail de Jean-Georges Laliberté, l'un des plus expérimentés de l'équipe. Ses textes sont toujours fouillés, et son jugement, sans appel. Ancienne recrue, Alain Morin signe désormais une trentaine de textes. Depuis vingt ans spécialiste à temps partiel de la consommation, il a quitté son emploi pour devenir chroniqueur automobile à temps plein. Sa contribution a été fort appréciée. Quant à Jean-François Guay, il est de retour pour une deuxième année. Homme d'expérience, il rédige également depuis plus de dix ans une chronique hebdomadaire dans Le Canada français, le journal de Saint-Jean-sur-Richelieu. Son sens pratique lui permet de trouver des défauts ou des qualités insoupçonnés.

Pour l'édition 2005, de nouveaux talents ont joint les rangs du Guide de l'auto. Marc Bouchard était journaliste à temps plein au Courrier de Saint-Hyacinthe où il signe encore la chronique automobile chaque semaine. Recherchiste pour plusieurs émissions télévisées portant sur le monde de l'automobile, il a aussi contribué au Cahier auto d'un grand quotidien montréalais. Cette année, il a travaillé à temps plein sur l'élaboration du guide, et son expérience a été fort appréciée.

Bertrand Godin est un autre p'tit nouveau. Après une carrière de pilote automobile qui l'a conduit en Europe et un peu partout en Amérique du Nord, il s'est converti au journalisme. Passionné par les voitures depuis sa plus tendre enfance, il réalise, grâce à cet ouvrage, un rêve de jeunesse : essayer la plupart des grandes marques automobiles. Grâce à son passé de coureur professionnel, il pousse vraiment les grandes sportives au maximum de leurs capacités et transmet ensuite ses impressions. En outre, Bertrand possède une autre corde à son arc : la photographie. Photographe passionné et talentueux, il est l'auteur d'un grand nombre des photos illustrant cet ouvrage.

Le dernier à se joindre à notre équipe, mais non le moindre, est Gabriel Gélinas. Non seulement chroniqueur automobile et analyste des courses à la télévision, il est aussi un rédacteur expérimenté capable de transmettre avec facilité ses évaluations concernant les voitures de tourisme. Son passé d'instructeur à l'École de pilotage Jim Russell lui permet d'émettre des opinions pertinentes sur les grandes sportives. Et comme vous pourrez le constater, il n'a pas son pareil pour décrire ses tours de piste au volant d'une voiture de rêve.

Voilà l'équipe du Guide de l'auto 2005. Elle a fait l'impossible pour vous offrir une grande cuvée et, en son nom, je vous souhaite d'avoir autant de plaisir à le lire et à le consulter que nous en avons eu à l'écrire.

Denis Duquet

››› SOMMAIRE

5   **ENTRE-NOUS**
Un travail d'équipe

8   **INDEX**
Pour vous y retrouver rapidement

10   **MODÈLES ET PRIX**
Prenez contact avec la réalité

19   **DONNÉES TECHNIQUES**
Tous les détails

LES PREMIERS DE CLASSE 2005

23   **LES CATÉGORIES PASSÉES AU CRIBLE**

PROTOTYPES ET NOUVEAUTÉS

36   **LES AUTOS DE DEMAIN, AUJOURD'HUI**
Les créateurs s'éclatent

68   **MODÈLES 2005½ ET 2006**
Il seront commercialisés d'ici l'an prochain

HORS SÉRIE

74   **ME 4-12**
Attachez vos ceintures!

78   **REVUE DE L'ANNÉE**
Les grandes tendances technologiques

FACE À FACE

88   **LES GROS CAMIONS S'AFFRONTENT**
La guerre des religions

96   **LE MATCH DE L'ÉCONOMIE**
Rouler sans compter

102   **LUXE ET FOUGUE**
Quand la Caddy rencontre le Hemi

108   **FURIE ITALIENNE**
Duel Ferrari – Lamborghini

120   **CIVIC SIR ET CIVIC PLUS**
Deux concepts

TOUS LES MODÈLES À L'ESSAI

128   **PLUS DE 200 VÉHICULES ÉVALUÉS**

LES CAMIONNETTES

598   **TOUJOURS DU NOUVEAU**

INDEX

Acura 1,7 EL	128
Acura MDX	130
Acura NSX	132
Acura RL	134
Acura RSX	138
Acura TL	140
Acura TSX	142
Aston Martin DB9	144
Aston Martin Vanquish	146
Audi A3	148
Audi A4 Cabriolet	150
Audi A4 / S4	152
Audi A6 / S6 / RS6	154
Audi A8 / A8L	156
Audi Allroad	158
Audi TT	160
Bentley Arnage	162
Bentley Continental GT	162
BMW Série 3	164
BMW Série 5	166
BMW Série 6	168
BMW Série 7	172
BMW Série M3	164
BMW X3	174
BMW X5	176
BMW Z4	178
Buick Allure	180
Buick LeSabre	480
Buick Park Avenue	182
Buick Rainier	232
Buick Rendezvous	184
Buick Terrazza	186
Cadillac CTS	188
Cadillac CTS-V	188
Cadillac DeVille	190
Cadillac Escalade / ESV / EXT	192
Cadillac SRX	194
Cadillac STS	196
Cadillac XLR	200
Chevrolet Astro	202
Chevrolet Avalanche	598
Chevrolet Aveo	204
Chevrolet Blazer	206
Chevrolet Cavalier	208
Chevrolet Cobalt	208
Chevrolet Colorado	600
Chevrolet Corvette	210
Chevrolet Epica	214
Chevrolet Equinox	216
Chevrolet Impala	220
Chevrolet Malibu / Malibu Maxx	222
Chevrolet Monte Carlo	224
Chevrolet Optra	226
Chevrolet Silverado	602
Chevrolet SSR	228
Chevrolet Suburban	230
Chevrolet Tahoe	230
Chevrolet TrailBlazer	232
Chevrolet Uplander	234
Chrysler 300 / 300C	236
Chrysler Crossfire	240
Chrysler Pacifica	242
Chrysler PT Cruiser	244
Chrysler PT Cruiser Cabriolet	244
Chrysler Sebring	246
Chrysler Town & Country	248
Dodge Caravan	248
Dodge Dakota	604
Dodge Durango	250
Dodge Grand Caravan	248
Dodge Magnum	236
Dodge Ram	606
Dodge SRT-4	252
Dodge SX	252
Dodge Viper	254
Ferrari 360 Modena	256
Ferrari 575 Maranello	258
Ferrari 612 Scaglietti	260
Ford 500	262
Ford Escape / Escape Hybride	266
Ford Expedition	392
Ford Explorer	268
Ford Explorer Sport Trac	608
Ford F-150	610
Ford Focus	270
Ford Freestar	272
Ford Freestyle	274
Ford GT	278
Ford Mustang	280
Ford Ranger	612
Ford Taurus	284
Ford Thunderbird	286
GMC Canyon	600
GMC Envoy	232
GMC Jimmy	206
GMC Safari	202
GMC Sierra	602
GMC Yukon	230
Honda Accord	288
Honda Civic	290
Honda Civic Hybride	292
Honda CR-V	294
Honda Element	296
Honda Odyssey	298
Honda Pilot	302
Honda S2000	304
Hummer H2	306
Hummer SUT	306
Hyundai Accent	308
Hyundai Elantra	310
Hyundai Santa Fe	312
Hyundai Sonata	314
Hyundai Tiburon	316
Hyundai Tucson	318
Hyundai XG 350	320
Infiniti FX35	322
Infiniti FX45	322
Infiniti G35	326
Infiniti G35 coupe	324
Infiniti G35x Berline	326
Infiniti M45	328
Infiniti Q45	330
Infiniti QX56	332
Jaguar S-Type	334
Jaguar XJ8 / XJ8L	336
Jaguar XK8	338
Jaguar X-Type	340
Jaguar X-Type / Wagon	340
Jeep Grand Cherokee	342
Jeep Liberty	346
Jeep TJ	348
Kia Amanti	350
Kia Magentis	352
Kia Rio	354
Kia Sedona	356
Kia Sorento	358
Kia Spectra	360
Lamborghini Gallardo	362
Lamborghini Murciélago	364
Land Rover Freelander	370
Land Rover LR3	366
Land Rover Range Rover	372
Lexus ES 330	374
Lexus GS 300	376
Lexus GS 430	376
Lexus GX 470	378
Lexus IS 300	380
Lexus LS 430	382
Lexus LX 470	384
Lexus RX 330	386
Lexus SC 430	388
Lincoln Aviator	268
Lincoln LS	390
Lincoln Navigator	392
Lincoln Town Car	394
Maserati Coupe / Spyder	396
Maserati Quattroporte	398
Maybach 57 / 62	400
Mazda 3	402
Mazda 3 Sport	402
Mazda 6	404
Mazda 6 Sport	404
Mazda 6 Wagon	404
Mazda Miata	408
Mazda Miata Speed	408
Mazda MPV	410
Mazda RX-8	412
Mazda Série B	614
Mazda Tribute	414
Mercedes-Benz CL	428
Mercedes-Benz Classe C	416
Mercedes-Benz Classe C Coupé sport	418
Mercedes-Benz Classe E	420
Mercedes-Benz Classe G	422
Mercedes-Benz Classe M	424
Mercedes-Benz Classe S	426
Mercedes-Benz CLK	430
Mercedes-Benz CLK cabriolet	430
Mercedes-Benz CLS	432
Mercedes-Benz SL	434
Mercedes-Benz SLK	436
Mercedes-Benz SLR	438
Mercury Grand Marquis	440
MINI Cooper	442
Mitsubishi Eclipse	444
Mitsubishi Endeavor	446
Mitsubishi Galant	448
Mitsubishi Lancer	450
Mitsubishi Montero	452
Mitsubishi Outlander	454
Mitsubishi Ralliart	450
Mitsubishi Sportback	450
Mitsubishi Spyder	444
Nissan 350Z	456
Nissan Altima	458
Nissan Armada	460
Nissan Frontier	616
Nissan Maxima	462
Nissan Murano	464
Nissan Pathfinder	466
Nissan Quest	468
Nissan Sentra	470
Nissan Titan	618
Nissan Xterra	472
Nissan X-trail	474
Panoz Esperante	476
Pontiac Aztek	478
Pontiac Bonneville	480
Pontiac G6	482
Pontiac Grand Prix	486
Pontiac Montana	234
Pontiac Sunfire	488
Pontiac Pursuit	488
Pontiac Solstice	490
Pontiac Vibe	492
Pontiac Wave	494
Porsche 911	496
Porsche Boxster	500
Porsche Carrera GT	502
Porsche Cayenne S / Turbo	504
Rolls-Royce Phantom	506
Saab 9.2x	508
Saab 9.3	510
Saab 9.3 Cabriolet	510
Saab 9.5	512
Saleen S7	514
Saturn ION	516
Saturn Relay	186
Saturn Série L	518
Saturn VUE / Red Line	520
Smart ForTwo	522
Subaru Forester	526
Subaru Forester XT	526
Subaru Impreza	528
Subaru Impreza Sti	530
Subaru Impreza WRX	530
Subaru Legacy	532
Subaru Outback	532
Suzuki Aerio	536
Suzuki Grand Vitara	542
Suzuki Swift +	538
Suzuki Verona	540
Suzuki XL-7	544
Toyota 4Runner	546
Toyota Avalon	548
Toyota Camry	550
Toyota Camry Solara	552
Toyota Celica	554
Toyota Corolla	556
Toyota Echo	558
Toyota Highlander	560
Toyota Matrix	562
Toyota Prius	564
Toyota RAV4	566
Toyota Sequoia	568
Toyota Sienna	570
Toyota Tacoma	620
Toyota Tundra	622
Volkswagen Golf	572
Volkswagen Jetta	574
Volkswagen New Beetle	576
Volkswagen New Beetle Cabrio	576
Volkswagen Passat	578
Volkswagen Phaeton	580
Volkswagen Touareg	582
Volvo S40	584
Volvo V50	584
Volvo S60	588
Volvo S60R	588
Volvo S80	590
Volvo V70 / V70R	592
Volvo XC70	592
Volvo XC90	594

Un seul fabricant a remporté cinq prix de l'Association des journalistes automobile du Canada en 2004.

Lequel, d'après vous ?

Quand l'Association des journalistes automobile du Canada a choisi les voitures qui s'étaient le plus démarquées en 2004, Mazda s'est imposé en remportant plus de prix pour ses voitures en une année que tout autre fabricant dans l'histoire de l'AJAC.

ASSOCIATION DES JOURNALISTES AUTOMOBILE DU CANADA

Voiture canadienne de l'année 2004 **Mazda3**
Meilleure voiture économique **Mazda3**
Meilleur coupé sport (moins de 35 000 $) **Mazda3 Sport**
Meilleure voiture sport et performance **Mazda RX-8**
Meilleur véhicule à vocation familiale **Mazda6**

www.mazda.ca

PRIX

MODÈLES

ACURA
Model	Price
EL Premium auto	25 800 $
EL Premium man	24 600 $
EL Touring auto	24 200 $
EL Touring man	23 000 $
MDX	51 809 $ x
NSX	146 260 $ x
RL	69 500 $
RSX Base auto	26 100 $
RSX Base man	24 900 $
RSX Premium auto	28 100 $
RSX Premium man	26 900 $
RSX Premium cuir auto	29 700 $
RSX Premium cuir man	28 500 $
RSX Type-S man	33 000 $
TL Base auto	41 000 $
TL Navigation auto	43 000 $
TL Dynamic man	42 100 $
TL Dynamic Navigation man	45 300 $
TSX auto	36 100 $
TSX man	34 900 $
TSX Navigation auto	39 400 $
TSX Navigation man	38 200 $

ASTON MARTIN
DB9	(estimé) 164 800 $
Vanquish	241 288 $ x

AUDI
A4 1,8T auto	51 100 $
A4 3,0 auto	64 600 $
A4 cabriolet 1,8T	51 700 $
A4 cabriolet 3,0 Quattro	71 050 $
A6 3.2	59 500 $
A6 4.2	72 500 $
A8 L 4.2	98 900 $
allroad	58 800 $
allroad auto	59 990 $
S4 auto	69 290 $
S4 avant auto	70 740 $
S4 avant man	69 400 $
S4 cabriolet man	81 350 $
S4 cabriolet man	82 690 $
S4 man	67 950 $
TT Coupe 1,8 auto	49 975 $
TT Coupe 1,8 man	55 475 $
TT Coupe V6 auto	60 450 $
TT Roadster 1,8 T auto	52 775 $
TT Roadster 1,8 T man	59 575 $
TT Roadster V6 auto	64 950 $

BENTLEY
Arnage R berline 4P	306 990 $
Arnage RL berline 4P long emp.	353 990 $
Arnage T berline 4P	338 990 $
Continental GT coupe	230 990 $

BMW
M3 Cabriolet	86 469 $ x
M3 Coupé	76 169 $ x
3 2.5i	44 600 $
3 3,0i	46 850 $
Z4 2,5i	53 354 $
Z4 3,0i	61 697 $ x
Série 3 320i	35 999 $ x
Série 3 325 Ci	43 518 $ x
Série 3 325 Ci cabriolet	55 569 $ x
Série 3 325 Di	40 634 $ x
Série 3 325i Touring	42 179 $ x
Série 3 325Xi	43 724 $ x
Série 3 325Xi Touring	45 269 $ x
Série 3 330Ci	43 724 $ x
Série 3 330Ci cabriolet	65 869 $ x
Série 3 330Xi	51 449 $ x
Série 3 33Di	48 359 $ x
Série 5 530Di	68 495 $ x
Série 5 545i	80 031 $ x
Série 6 645Ci cabriolet	18 500 $ x
Série 6 645Ci coupé	98 500 $ x
Série 7 745i	99 704 $ x
Série 7 745Li	106 296 $ x
Série 7 760Li	174 070 $ x

Model	Price
X3 2,5i	45 938 $ x
X3 3,0i	51 345 $ x
X5 3,0i	60 255 $ x
X5 4,4i	73 542 $ x
X5 4,8i	96 500 $ x

BUICK
Allure CX	25 200 $
Allure CXL	27 865 $
Allure CXS	33 265 $
Berline LeSabre Custom	34 550 $
Berline LeSabre Limited	40 385 $
Park Avenue	48 204 $ x
Park Avenue Ultra	53 925 $ x
Rainier 4 portes (4RM)	49 515 $
Rendezvous CX (TA)	32 750 $
Rendezvous CX (TI)	36 725 $
Rendezvous CX Plus (TA)	34 090 $
Rendezvous CX Plus (TI)	38 015 $
Rendezvous CXL (TA)	41 060 $
Rendezvous CXL (TI)	42 590 $
Rendezvous CXL Plus(TA)	42 235 $
Rendezvous CXL Plus(TI)	43 765 $
Rendezvous Ultra (TA)	45 620 $
Rendezvous Ultra (TI)	46 315 $
Terraza	ND

CADILLAC
Berline DeVille	56 800 $
Berline DeVille DHS	66 400 $
Berline DeVille DTS	68 500 $
CTS V6	41 645 $
CTS-V	70 500 $
Escalade 4 portes (TI)	77 600 $
Escalade ESV (TI)	80 400 $
Escalade ESV édition Platine (TI)	97 700 $
Escalade EXT 4 portes (TI)	71 100 $
Roadster XLR	103 000 $
SRX V6	52 555 $
SRX V8	60 950 $
STS V6	58 750 $
STS V6 de base	55 995 $
STS V8	68 725 $

CHEVROLET CAMIONS
Astro (2RM) Tourisme	28 775 $
Astro (TI) Tourisme	31 705 $
Astro LS (2RM) Tourisme	30 345 $
Astro LS (TI) Tourisme	33 275 $
Astro LT (2RM) Tourisme	34 720 $
Astro LT (TI) Tourisme	37 650 $
Astro (2RM) Utilitaire	26 755 $
Astro (TI) Utilitaire	29 685 $
Avalanche LS 1/2 tonne (2RM)	39 655 $
Avalanche LS 1/2 tonne (4RM)	42 900 $
Avalanche LS 3/4 tonne (4RM)	45 545 $
Avalanche LT 1/2 tonne (2RM)	45 685 $
Avalanche LT 1/2 tonne (4RM)	48 930 $
Avalanche LT 3/4 tonne (4RM)	51 325 $
Avalanche tout terrain 1/2 tonne (2RM)	41 750 $
Avalanche tout terrain 1/2 tonne (4RM)	44 995 $
Blazer LS 2 portes (4RM)	28 345 $
Blazer LS 2 portes de base (4RM)	26 045 $
Colorado à cabine allongée (2RM)	20 660 $
Colorado à cabine allongée (4RM)	24 460 $
Colorado à cabine classique (2RM)	18 540 $
Colorado à cabine classique (4RM)	22 340 $
Colorado LS à cabine allongée (2RM)	23 885 $
Colorado LS à cabine allongée (4RM)	27 580 $
Colorado LS à cabine classique (2RM)	21 845 $
Colorado LS à cabine classique (4RM)	25 535 $
Colorado LS à cabine multiplace (2RM)	26 510 $
Colorado LS à cabine multiplace (4RM)	30 310 $
Equinox LS (TA)	26 560 $
Equinox LS (TI)	29 170 $
Equinox LT (TA)	28 565 $
Equinox LT (TI)	31 275 $
Safari SL (2RM) Tourisme	28 775 $
Safari SL (TI) Tourisme	31 705 $
Safari SLE (2RM) Tourisme	30 345 $
Safari SLE (TI) Tourisme	33 725 $
Safari SLT (2RM) Tourisme	34 720 $

Model	Price
Safari SLT (TI) Tourisme	37 650 $
Safari (2RM) Utilitaire	26 755 $
Safari (TI) Utilitaire	29 685 $
Silverado 1 tonne G.C., à cabine allongée, caisse longue (2RM)	34 640 $
Silverado 1 tonne G.C., à cabine allongée, caisse longue (4RM)	38 065 $
Silverado 1 tonne G.C., à cabine classique, caisse longue (4RM)	33 335 $
Silverado 1 tonne G.C., à cabine multiplace, caisse longue (2RM)	35 025 $
Silverado 1 tonne G.C., à cabine multiplace, caisse longue (4RM)	38 450 $
Silverado 1/2 tonne, à cabine allongée, caisse longue (2RM)	32 815 $
Silverado 1/2 tonne, à cabine allongée, caisse longue (4RM)	36 360 $
Silverado 1/2 tonne, à cabine allongée, caisse standard (2RM)	30 665 $
Silverado 1/2 tonne, à cabine allongée, caisse standard (4RM)	35 080 $
Silverado 1/2 tonne, à cabine classique, caisse longue (2RM)	25 035 $
Silverado 1/2 tonne, à cabine classique, caisse longue (4RM)	28 585 $
Silverado 1/2 tonne, à cabine classique, caisse standard (2RM)	24 745 $
Silverado 1/2 tonne, à cabine classique, caisse standard (4RM)	28 295 $
Silverado 3/4 tonne G. C., à cabine allongée, caisse longue (2RM)	33 035 $
Silverado 3/4 tonne G. C., à cabine allongée, caisse longue (4RM)	36 365 $
Silverado 3/4 tonne G. C., à cabine allongée, caisse standard (2RM)	32 745 $
Silverado 3/4 tonne G. C., à cabine allongée, caisse standard (4RM)	36 075 $
Silverado 3/4 tonne G. C., à cabine classique, caisse longue (2RM)	28 350 $
Silverado 3/4 tonne G. C., à cabine classique, caisse longue (4RM)	31 680 $
Silverado 3/4 tonne G. C., à cabine multiplace, caisse longue (2RM)	34 420 $
Silverado 3/4 tonne G. C., à cabine multiplace, caisse longue (4RM)	36 795 $
Silverado 3/4 tonne G. C., à cabine multiplace, caisse standard (2RM)	33 130 $
Silverado 3/4 tonne G. C., à cabine multiplace, caisse standard (4RM)	36 505 $
Silverado LE 1/2 tonne G. C., à cabine multiplace, caisse standard (4RM)	43 635 $
Silverado LS 1 tonne G. C., à cabine allongée, caisse longue (2RM)	37 460 $
Silverado LS 1 tonne G. C., à cabine allongée, caisse longue (4RM)	41 215 $
Silverado LS 1 tonne G. C., à cabine classique, caisse longue (4RM)	37 670 $
Silverado LS 1 tonne G. C., à cabine multiplace, caisse longue (2RM)	39 270 $
Silverado LS 1 tonne G. C., à cabine multiplace, caisse longue (4RM)	43 025 $
Silverado LS 1/2 tonne G. C., à cabine multiplace, caisse standard (2RM)	39 440 $
Silverado LS 1/2 tonne, à cabine allongée, caisse longue (2RM)	36 190 $
Silverado LS 1/2 tonne, à cabine allongée, caisse longue (4RM)	40 070 $
Silverado LS 1/2 tonne, à cabine allongée, caisse standard (2RM)	34 910 $
Silverado LS 1/2 tonne, à cabine allongée, caisse standard (4RM)	38 790 $
Silverado LS 1/2 tonne, à cabine classique, caisse longue (2RM)	31 715 $
Silverado LS 1/2 tonne, à cabine classique, caisse longue (4RM)	35 600 $
Silverado LS 1/2 tonne, à cabine classique, caisse standard (2RM)	31 430 $
Silverado LS 1/2 tonne, à cabine classique, caisse standard (4RM)	35 310 $
Silverado LS 1/2 tonne, à cabine multiplace, caisse courte (2RM)	38 155 $

Guide de l'auto 2005

PRIX

Modèle	Prix
Silverado LS 1/2 tonne, à cabine multiple, caisse courte (4RM)	42 560 $
Silverado LS 3/4 tonne G. C., à cabine allongée, caisse longue (2RM)	36 210 $
Silverado LS 3/4 tonne G. C., à cabine allongée, caisse longue (4RM)	39 875 $
Silverado LS 3/4 tonne G. C., à cabine allongée, caisse standard (2RM)	35 920 $
Silverado LS 3/4 tonne G. C., à cabine allongée, caisse standard (4RM)	39 585 $
Silverado LS 3/4 tonne G. C., à cabine classique, caisse longue (2RM)	32 745 $
Silverado LS 3/4 tonne G. C., à cabine classique, caisse longue (4RM)	36 410 $
Silverado LS 3/4 tonne G. C., à cabine multiplace, caisse longue (2RM)	38 060 $
Silverado LS 3/4 tonne G. C., à cabine multiplace, caisse longue (4RM)	41 775 $
Silverado LS 3/4 tonne G. C., à cabine multiplace, caisse standard (2RM)	37 770 $
Silverado LS 3/4 tonne G. C., à cabine multiplace, caisse standard (4RM)	41 485 $
Silverado LT 1 tonne G. C., à cabine allongée, caisse longue (2RM)	44 070 $
Silverado LT 1 tonne G. C., à cabine allongée, caisse longue (4RM)	48 035 $
Silverado LT 1 tonne G. C., à cabine multiplace, caisse longue (2RM)	46 175 $
Silverado LT 1 tonne G. C., à cabine multiplace, caisse longue (4RM)	50 140 $
Silverado LT 1/2 tonne G. C., à cabine multiplace, caisse standard (2RM)	45 640 $
Silverado LT 1/2 tonne G. C., à cabine multiplace, caisse standard (4RM)	49 830 $
Silverado LT 1/2 tonne, à cabine allongée, caisse longue (2RM)	42 195 $
Silverado LT 1/2 tonne, à cabine allongée, caisse longue (4RM)	46 505 $
Silverado LT 1/2 tonne, à cabine allongée, caisse standard (2RM)	41 905 $
Silverado LT 1/2 tonne, à cabine allongée, caisse standard (4RM)	46 315 $
Silverado LT 1/2 tonne, à cabine multiplace, caisse courte (2RM)	43 960 $
Silverado LT 1/2 tonne, à cabine multiplace, caisse courte (4RM)	48 555 $
Silverado LT 3/4 tonne G. C., à cabine allongée, caisse longue (2RM)	43 385 $
Silverado LT 3/4 tonne G. C., à cabine allongée, caisse longue (4RM)	47 255 $
Silverado LT 3/4 tonne G. C., à cabine allongée, caisse standard (2RM)	43 095 $
Silverado LT 3/4 tonne G. C., à cabine allongée, caisse standard (4RM)	46 965 $
Silverado LT 3/4 tonne G. C., à cabine multiplace, caisse longue (2RM)	45 355 $
Silverado LT 3/4 tonne G. C., à cabine multiplace, caisse longue (4RM)	49 275 $
Silverado LT 3/4 tonne G. C., à cabine multiplace, caisse standard (2RM)	46 005 $
Silverado LT 3/4 tonne G. C., à cabine multiplace, caisse standard (4RM)	48 985 $
Silverado SS 1/2 tonne, à cabine allongée, caisse standard (TI)	54 495 $
SSR	59 295 $
Suburban LS 1/2 tonne (2RM)	49 585 $
Suburban LS 1/2 tonne (4RM)	52 840 $
Suburban LS 3/4 tonne (2RM)	51 385 $
Suburban LS 3/4 tonne (4RM)	54 895 $
Suburban LT 1/2 tonne (2RM)	56 980 $
Suburban LT 1/2 tonne (4RM)	60 230 $
Suburban LT 3/4 tonne (4RM)	61 520 $
Suburban tout terrain 1/2 tonne (4RM)	58 710 $
Tahoe LS 4 portes (2RM)	45 380 $
Tahoe LS 4 portes (4RM)	48 635 $
Tahoe LT 4 portes (2RM)	53 900 $
Tahoe LT 4 portes (4RM)	57 150 $
Tahoe tout terrain (4RM)	55 640 $
TrailBlazer 4 portes (4RM)	43 990 $
TrailBlazer EXT LS 4 portes (2RM)	41 080 $
TrailBlazer EXT LS 4 portes (4RM)	44 380 $
TrailBlazer EXT LT 4 portes (2RM)	42 740 $
TrailBlazer EXT LT 4 portes (4RM)	46 055 $
TrailBlazer LS 4 portes (2RM)	38 540 $
TrailBlazer LS 4 portes (4RM)	41 815 $
TrailBlazer LT 4 portes (2RM)	40 690 $
Uplander	ND

CHEVROLET

Modèle	Prix
Aveo 4 portes	13 595 $
Aveo 4 portes LS	14 450 $
Aveo 5 portes	13 935 $
Aveo 5 portes LS	14 785 $
Cavalier VL Berline	16 413 $ x
Cavalier VL Coupé	16 413 $ x
Cavalier VLX Berline	19 492 $ x
Cavalier VLX Coupé	19 729 $ x
Cavalier Z24 Berline	22 381 $ x
Cavalier Z24 Coupé	22 593 $ x
Cobalt Base	15 495 $
Cobalt LS	19 795 $
Cobalt LT	22 995 $
Cobalt SS	ND
Corvette Cabriolet	79 495 $
Corvette Coupé	67 395 $
Epica LS Berline	24 710 $
Epica LT Berline	27 245 $
Impala Berline	26 405 $
Impala LS Berline	30 345 $
Impala SS Berline	37 175 $
Malibu Berline	22 375 $
Malibu LS Berline	25 110 $
Malibu LT Berline	30 030 $
Malibu Maxx Berline	30 945 $
Monte Carlo LS Coupé	27 840 $
Monte Carlo SS Coupé	30 865 $
Monte Carlo SS à compresseur Coupé	36 890 $
Optra 5 portes LS	17 650 $
Optra Berline	15 550 $
Optra LS Berline	17 315 $

CHRYSLER

Modèle	Prix
300 AWD	33 990 $
300C	42 995 $
300C AWD	45 250 $
CROSSFIRE COUPE	39 995 $
CROSSFIRE LIMITED COUPE	47 745 $
CROSSFIRE LIMITED ROADSTER	51 595 $
CROSSFIRE SRT-6 CONVERTIBLE	66 325 $
CROSSFIRE SRT-6 COUPE	62 475 $
PACIFICA BASE FWD	35 965 $
PACIFICA LIMITED AWD	48 550 $
PACIFICA TOURING FWD	38 600 $
PT CRUISER CLASSIC	21 170 $
PT CRUISER GT	31 565 $
PT CRUISER GT CONVERTIBLE	32 290 $
PT CRUISER TOURING	26 655 $
PT CRUISER TOURING CONV.	27 315 $
SEBRING BASE	24 460 $
SEBRING CONVERTIBLE BASE	35 695 $
SEBRING CONVERTIBLE GTC	36 350 $
SEBRING CONVERTIBLE LIMITED	40 390 $
SEBRING CONVERTIBLE TOURING	37 405 $
SEBRING LIMITED	28 755 $
SEBRING TOURING	26 035 $
TOWN & COUNTRY LIMITED	46 875 $
TOWN & COUNTRY TOURING	43 895 $

DODGE

Modèle	Prix
CARAVAN	28 105 $
CARAVAN CARGO VAN	26 635 $
CARAVAN SXT	29 880 $
DAKOTA CLUB CAB LARAMIE 4x2	33 000 $
DAKOTA CLUB CAB LARAMIE 4x4	36 645 $
DAKOTA CLUB CAB SLT 4x2	26 725 $
DAKOTA CLUB CAB SLT 4x4	30 355 $
DAKOTA CLUB CAB ST 4x2	24 505 $
DAKOTA CLUB CAB ST 4x4	28 075 $
DAKOTA QUAD CAB LARAMIE 4x2	35 445 $
DAKOTA QUAD CAB LARAMIE 4x4	39 215 $
DAKOTA QUAD CAB SLT 4x2	29 080 $
DAKOTA QUAD CAB SLT 4x4	32 835 $
DAKOTA QUAD CAB ST 4x2	26 970 $
DAKOTA QUAD CAB ST 4x4	30 725 $
DURANGO LIMITED	49 045 $
DURANGO SLT	42 650 $
GRAND CARAVAN	30 640 $
GRAND CARAVAN CARGO VAN	28 365 $
GRAND CARAVAN SXT	35 305 $
MAGNUM	27 995 $
MAGNUM RT	37 495 $
MAGNUM RT AWD	40 160 $
MAGNUM SXT AWD	34 705 $
RAM 1500 QUAD CAB SLT 4x2 LWB	32 520 $
RAM 1500 QUAD CAB SLT 4x2 SWB	32 205 $
RAM 1500 QUAD CAB SLT 4x4 LWB	36 215 $
RAM 1500 QUAD CAB SLT 4x4 SWB	35 610 $
RAM 1500 QUAD CAB SRT-10 4x2 SWB	66 025 $
RAM 1500 QUAD CAB ST 4x2 LWB	29 950 $
RAM 1500 QUAD CAB ST 4x2 SWB	28 975 $
RAM 1500 QUAD CAB ST 4x4 LWB	33 650 $
RAM 1500 QUAD CAB ST 4x4 SWB	33 045 $
RAM 1500 REG CAB SLT 4x2 LWB	28 825 $
RAM 1500 REG CAB SLT 4x2 SWB	28 505 $
RAM 1500 REG CAB SLT 4x4 LWB	32 585 $
RAM 1500 REG CAB SLT 4x4 SWB	31 970 $
RAM 1500 REG CAB SRT-10 4x2 SWB	58 365 $
RAM 1500 REG CAB ST 4x2 LWB	25 850 $
RAM 1500 REG CAB ST 4x2 SWB	25 530 $
RAM 1500 REG CAB ST 4x4 LWB	30 285 $
RAM 1500 REG CAB ST 4x4 SWB	29 670 $
RAM 2500 QUAD CAB SLT 4x2 LWB	37 225 $
RAM 2500 QUAD CAB SLT 4x2 SWB	36 965 $
RAM 2500 QUAD CAB SLT 4x4 LWB	40 775 $
RAM 2500 QUAD CAB SLT 4x4 SWB	40 250 $
RAM 2500 QUAD CAB ST 4x2 LWB	34 515 $
RAM 2500 QUAD CAB ST 4x2 SWB	34 280 $
RAM 2500 QUAD CAB ST 4x4 LWB	38 085 $
RAM 2500 QUAD CAB ST 4x4 SWB	37 565 $
RAM 2500 REG CAB SLT 4x2 SWB	33 735 $
RAM 2500 REG CAB SLT 4x4 SWB	37 055 $
RAM 2500 REG CAB ST 4x2 SWB	31 040 $
RAM 2500 REG CAB ST 4x4 SWB	34 365 $
RAM 3500 QUAD CAB SLT 4x2 LWB	38 360 $
RAM 3500 QUAD CAB SLT 4x2 SWB	45 115 $
RAM 3500 QUAD CAB SLT 4x4 LWB	42 395 $
RAM 3500 QUAD CAB SLT 4x4 SWB	49 065 $
RAM 3500 QUAD CAB ST 4x2 LWB	36 160 $
RAM 3500 QUAD CAB ST 4x2 SWB	42 915 $
RAM 3500 QUAD CAB ST 4x4 LWB	40 195 $
RAM 3500 QUAD CAB ST 4x4 SWB	46 865 $
RAM 3500 REG CAB SLT 4x2 SWB	34 910 $
RAM 3500 REG CAB SLT 4x4 SWB	38 700 $
RAM 3500 REG CAB ST 4x2 SWB	32 710 $
RAM 3500 REG CAB ST 4x4 SWB	36 500 $
SPRINTER 2500 H/ROOF VAN 118"	40 585 $
SPRINTER 2500 H/ROOF VAN 140"	43 010 $
SPRINTER 2500 H/ROOF VAN 158	45 615 $
SPRINTER 2500 H/ROOF WAGON 118"	42 695 $
SPRINTER 2500 H/ROOF WAGON 140"	45 870 $
SPRINTER 2500 H/ROOF WAGON 158"	48 475 $
SPRINTER 2500 VAN 118"	38 180 $
SPRINTER 2500 VAN 140"	40 605 $
SPRINTER 2500 WAGON 118"	40 290 $
SPRINTER 2500 WAGON 140"	43 465 $
SPRINTER 3500 H/ROOF VAN 140"	44 660 $
SPRINTER 3500 H/ROOF VAN 158"	47 260 $
SPRINTER 3500 VAN 140"	42 255 $
SRT-4	27 280 $
SX 2.0	15 505 $
SX 2.0 SPORT	18 505 $
VIPER SRT-10	127 000 $

FERRARI

Modèle	Prix
360 Modena	243 327 $ x
360 Modena F1	260 410 $ x
360 Spider	280 366 $ x
360 Spider F1	297 529 $ x
456M GT	378 743 $ x
456M GTA	384 678 $ x
575M Maranello	384 298 $ x
612 Scaglietti	-

FORD

Modèle	Prix
Escape	31 125 $
Escape Hybrid FWD	33 195 $

Guide de l'auto 2005

PRIX

MODÈLES

Model	Price
Escape Hybrid 4WD	35 925 $
Excursion XLT	54 370 $
Excursion Eddie Bauer	59 640 $
Excursion Limited	66 915 $
Expedition XLT	48 245 $
Expedition Eddie Bauer	55 015 $
Expedition Limited	58 315 $
Explorer XLS	39 845 $
Explorer XLT	41 545 $
Explorer Eddie Bauer	47 965 $
Explorer Limited	49 495 $
Explorer Sport Trac 4X2 XLT Convenience	31 295 $
Explorer Sport Trac 4X2 XLT Comfort	33 545 $
Explorer Sport Trac 4X4 XLT Comfort	37 445 $
Explorer Sport Trac 4X4 Adrenalin	39 495 $
Five Hundred SE FWD	29 295 $
Five Hundred SE AWD	32 045 $
Five Hundred SEL FWD	31 795 $
Five Hundred SEL AWD	34 545 $
Focus ZX3 S	17 555 $
Focus ZX5 SES	21 755 $
Focus ZX4 S	16 795 $
Focus ZX4 SE	18 515 $
Focus ZX4 ST	22 995 $
Focus ZXW SE	19 565 $
Focus ZXW SES	22 605 $
Freestar Base	27 995 $
Freestar SE	29 695 $
Freestar Sport	33 715 $
Freestar SEL	37 020 $
Freestar Limited	43 515 $
Freestyle SE FWD	33 295 $
Freestyle SE AWD	36 045 $
Freestyle SEL FWD	34 795 $
Freestyle SEL AWD	37 545 $
Freestyle Limited FWD	40 445 $
Freestyle Limited AWD	43 195 $
F-150 4X2 XL	24 930 $
F-150 4X2 XLT	27 465 $
F-150 4X4 XL	31 250 $
F-150 4X4 XLT	33 600 $
F-150 4X2 XL Super Cab	31 235 $
F-150 4X2 XLT Super Cab	34 110 $
F-150 4X4 XL Super Cab	35 350 $
F-150 4X4 XLT Super Cab	38 260 $
F-150 4X2 XLT Super Crew	35 835 $
F-150 4X4 XLT Super Crew	39 760 $
F-150 4X2 Lariat Super Crew	42 075 $
F-150 4X4 Lariat King Ranch Super Crew	50 185 $
F-250 4X2 XL	28 175 $
F-250 4X2 XL Super Cab	30 990 $
Mustang	ND
Ranger 4X2 XL	17 810 $
Ranger 4X2 XLT	20 520 $
Ranger 4X4 XLT	24 960 $
Ranger 4X2 Edge	19 420 $
Ranger 4X2 XL Super Cab	19 925 $
Ranger 4X2 XLT Super Cab	22 225 $
Ranger 4X4 XLT Super Cab	26 820 $
Ranger 4X2 Edge Super Cab	21 125 $
Ranger 4X4 Edge Super Cab	26 750 $
Taurus SE	24 995 $
Taurus SEl	28 595 $
Taurus SE familiale	26 345 $
Taurus SEL familiale	29 645 $
Thunderbird	56 775 $

GMC

Canyon SL à cabine allongée (2RM)	21 330 $
Canyon SL à cabine allongée (4RM)	25 120 $
Canyon SL à cabine classique (2RM)	19 210 $
Canyon SL à cabine classique (4RM)	23 000 $
Canyon SL à cabine multiplace (4RM)	26 610 $
Canyon SLE à cabine allongée (2RM)	23 985 $
Canyon SLE à cabine allongée (4RM)	27 775 $
Canyon SLE à cabine classique (2RM)	21 945 $
Canyon SLE à cabine classique (4RM)	25 730 $
Canyon SLE à cabine multiplace (4RM)	35 505 $
Envoy SLE 4 portes (2RM)	39 260 $
Envoy SLE 4 portes (4RM)	42 585 $
Envoy SLT 4 portes (2RM)	44 890 $
Envoy SLT 4 portes (4RM)	48 245 $
Envoy XL SLE (2RM)	41 760 $
Envoy XL SLE (4RM)	45 080 $
Envoy XL SLT (2RM)	47 405 $
Envoy XL SLT (4RM)	50 730 $
Envoy XUV SLE (2RM)	42 700 $
Envoy XUV SLE (4RM)	46 020 $
Envoy XUV SLT (2RM)	47 765 $
Envoy XUV SLT (4RM)	51 090 $
Jimmy SLS 2 portes (4RM)	28 345 $
Jimmy SLS 2 portes de base (4RM)	26 045 $
Sierra Denali 1/2 tonne, à cabine allongée, caisse courte (TI)	56 145 $
Sierra SL 1 tonne G.C., à cabine allongée, caisse longue (2RM)	34 640 $
Sierra SL 1 tonne G.C., à cabine allongée, caisse longue (4RM)	38 065 $
Sierra SL 1 tonne G.C., à cabine classique, caisse longue (4RM)	33 335 $
Sierra SL 1 tonne G.C., à cabine multiplace, caisse longue (2RM)	35 025 $
Sierra SL 1 tonne G.C., à cabine multiplace, caisse longue (4RM)	39 450 $
Sierra SL 1/2 tonne, à cabine allongée, caisse longue (2RM)	32 815 $
Sierra SL 1/2 tonne, à cabine allongée, caisse longue (4RM)	36 360 $
Sierra SL 1/2 tonne, à cabine allongée, caisse standard (2RM)	30 665 $
Sierra SL 1/2 tonne, à cabine allongée, caisse standard (4RM)	35 080 $
Sierra SL 1/2 tonne, à cabine classique, caisse longue (2RM)	25 035 $
Sierra SL 1/2 tonne, à cabine classique, caisse longue (4RM)	28 595 $
Sierra SL 1/2 tonne, à cabine classique, caisse standard (2RM)	24 745 $
Sierra SL 1/2 tonne, à cabine classique, caisse standard (4RM)	28 295 $
Sierra SL 3/4 tonne G. C., à cabine allongée, caisse longue (2RM)	33 035 $
Sierra SL 3/4 tonne G. C., à cabine allongée, caisse longue (4RM)	36 365 $
Sierra SL 3/4 tonne G. C., à cabine allongée, caisse standard (2RM)	32 745 $
Sierra SL 3/4 tonne G. C., à cabine allongée, caisse standard (4RM)	36 075 $
Sierra SL 3/4 tonne G. C., à cabine classique, caisse longue (2RM)	28 350 $
Sierra SL 3/4 tonne G. C., à cabine classique, caisse longue (4RM)	31 680 $
Sierra SL 3/4 tonne G. C., à cabine multiplace, caisse longue (2RM)	33 420 $
Sierra SL 3/4 tonne G. C., à cabine multiplace, caisse longue (4RM)	36 795 $
Sierra SL 3/4 tonne G. C., à cabine multiplace, caisse standard (2RM)	33 130 $
Sierra SL 3/4 tonne G. C., à cabine multiplace, caisse standard (4RM)	36 505 $
Sierra SLE 1 tonne G. C., à cabine allongée, caisse longue (2RM)	37 460 $
Sierra SLE 1 tonne G. C., à cabine allongée, caisse longue (4RM)	41 215 $
Sierra SLE 1 tonne G. C., à cabine classique, caisse longue (4RM)	37 670 $
Sierra SLE 1 tonne G. C., à cabine multiplace, caisse longue (2RM)	39 270 $
Sierra SLE 1 tonne G. C., à cabine multiplace, caisse longue (4RM)	43 025 $
Sierra SLE 1/2 tonne G. C., à cabine multiplace, caisse standard (2RM)	39 440 $
Sierra SLE 1/2 tonne G. C., à cabine multiplace, caisse standard (4RM)	43 635 $
Sierra SLE 1/2 tonne, à cabine allongée, caisse longue (2RM)	36 190 $
Sierra SLE 1/2 tonne, à cabine allongée, caisse longue (4RM)	40 070 $
Sierra SLE 1/2 tonne, à cabine allongée, caisse standard (2RM)	34 910 $
Sierra SLE 1/2 tonne, à cabine allongée, caisse standard (4RM)	38 790 $
Sierra SLE 1/2 tonne, à cabine classique, caisse longue (2RM)	31 715 $
Sierra SLE 1/2 tonne, à cabine classique, caisse longue (4RM)	35 600 $
Sierra SLE 1/2 tonne, à cabine classique, caisse standard (2RM)	31 430 $
Sierra SLE 1/2 tonne, à cabine classique, caisse standard (4RM)	35 310 $
Sierra SLE 1/2 tonne, à cabine multiplace, caisse courte (2RM)	38 155 $
Sierra SLE 1/2 tonne, à cabine multiplace, caisse courte (4RM)	42 560 $
Sierra SLE 3/4 tonne G. C., à cabine allongée, caisse longue (2RM)	36 210 $
Sierra SLE 3/4 tonne G. C., à cabine allongée, caisse longue (4RM)	39 875 $
Sierra SLE 3/4 tonne G. C., à cabine allongée, caisse standard (2RM)	35 920 $
Sierra SLE 3/4 tonne G. C., à cabine allongée, caisse standard (4RM)	39 585 $
Sierra SLE 3/4 tonne G. C., à cabine classique, caisse longue (2RM)	32 745 $
Sierra SLE 3/4 tonne G. C., à cabine classique, caisse longue (4RM)	36 410 $
Sierra SLE 3/4 tonne G. C., à cabine multiplace, caisse longue (2RM)	38 060 $
Sierra SLE 3/4 tonne G. C., à cabine multiplace, caisse longue (4RM)	41 775 $
Sierra SLE 3/4 tonne G. C., à cabine multiplace, caisse standard (2RM)	37 770 $
Sierra SLE 3/4 tonne G. C., à cabine multiplace, caisse standard (4RM)	41 485 $
Sierra SLT 1 tonne G. C., à cabine allongée, caisse longue (2RM)	44 070 $
Sierra SLT 1 tonne G. C., à cabine allongée, caisse longue (4RM)	48 035 $
Sierra SLT 1 tonne G. C., à cabine multiplace, caisse longue (2RM)	46 175 $
Sierra SLT 1 tonne G. C., à cabine multiplace, caisse longue (4RM)	50 140 $
Sierra SLT 1/2 tonne G. C., à cabine multiplace, caisse standard (2RM)	45 640 $
Sierra SLT 1/2 tonne G. C., à cabine multiplace, caisse standard (4RM)	49 830 $
Sierra SLT 1/2 tonne, à cabine allongée, caisse longue (2RM)	42 195 $
Sierra SLT 1/2 tonne, à cabine allongée, caisse longue (4RM)	46 505 $
Sierra SLT 1/2 tonne, à cabine allongée, caisse standard (2RM)	41 905 $
Sierra SLT 1/2 tonne, à cabine allongée, caisse standard (4RM)	46 315 $
Sierra SLT 1/2 tonne, à cabine multiplace, caisse courte (2RM)	43 960 $
Sierra SLT 1/2 tonne, à cabine multiplace, caisse courte (4RM)	48 555 $
Sierra SLT 3/4 tonne G. C., à cabine multiplace, caisse longue (2RM)	43 385 $
Sierra SLT 3/4 tonne G. C., à cabine multiplace, caisse longue (4RM)	47 255 $
Sierra SLT 3/4 tonne G. C., à cabine allongée, caisse standard (2RM)	43 095 $
Sierra SLT 3/4 tonne G. C., à cabine allongée, caisse standard (4RM)	46 965 $
Sierra SLT 3/4 tonne G. C., à cabine multiplace, caisse longue (2RM)	45 355 $
Sierra SLT 3/4 tonne G. C., à cabine multiplace, caisse longue (4RM)	49 275 $
Sierra SLT 3/4 tonne G. C., à cabine multiplace, caisse standard (2RM)	45 065 $
Sierra SLT 3/4 tonne G. C., à cabine multiplace, caisse standard (4RM)	48 985 $
Yukon Denali 4 portes (TI)	66 705 $
Yukon SLE 4 portes (2RM)	45 995 $
Yukon SLE 4 portes (4RM)	49 200 $
Yukon SLT 4 portes (2RM)	54 080 $
Yukon SLT 4 portes (4RM)	57 280 $
Yukon XL Denali 4 portes (TI)	69 015 $
Yukon XL SLE 1/2 tonne (2RM)	50 180 $
Yukon XL SLE 1/2 tonne (4RM)	53 385 $
Yukon XL SLE 3/4 tonne (2RM)	51 840 $
Yukon XL SLE 3/4 tonne (4RM)	55 045 $
Yukon XL SLT 1/2 tonne (2RM)	57 135 $
Yukon XL SLT 1/2 tonne (4RM)	60 340 $

SUPER SPÉCIAL*
AUX PASSIONNÉS DU GUIDE DE L'AUTO

LE MONDE DE L'AUTO
au Québec depuis 22 ans

Économisez 73%
du prix en kiosque

1 AN / 10$
(taxes incluses)

6 numéros

*Coupon d'abonnement disponible entre les pages 592 et 593 du Guide de l'auto

PRIX

Modèle	Prix
Yukon XL SLT 3/4 tonne (2RM)	58 420$
Yukon XL SLT 3/4 tonne (4RM)	61 620$
HONDA	
Accord DX auto 4P	25 400$
Accord DX man 4P	24 300$
Accord EX V6 auto 2P	33 400$
Accord EX V6 man 2P	34 300$
Accord EX-L auto 2P	30 300$
Accord EX-L auto 4P	30 100$
Accord EX-L man 2P	29 200$
Accord EX-L man 4P	27 000$
Accord EX-L V6 auto 4P	33 600$
Accord LX V6 auto 4P	29 500$
Accord LX-G auto 2P	26 800$
Accord LX-G auto 4P	26 600$
Accord LX-G man 2P	25 700$
Accord LX-G man 4P	25 500$
Civic DX auto 2P	17 300$
Civic DX auto 4P	17 300$
Civic DX man 2P	16 200$
Civic DX man 4P	16 200$
Civic LX auto 2P	19 900$
Civic LX man 2P	18 800$
Civic LX-G auto 4P	21 100$
Civic LX-G man 4P	19 990$
Civic REVERB man 2P	19 100$
Civic REVERB auto 2P	20 200$
Civic SE auto 2P	18 400$
Civic SE auto 4P	18 400$
Civic SE man 2P	17 300$
Civic SE man 4P	17 300$
Civic SI auto 4P	22 700$
Civic SI man 4P	21 600$
Civic SI-G auto 2P	23 600$
Civic SI-G man 2P	22 500$
Civic Hybrid	28 500$
CR-V EX auto	31 400$
CR-V EX man	30 300$
CR-V EX-L auto	33 600$
CR-V LX man	28 200$
CR-V LX auto	29 300$
Element 2RM	24 617$ x
Element 4RM	29 767$ x
Odyssey LX	ND
Odyssey EX	ND
Odyssey EX-L	ND
Odyssey Touring	ND
Pilot EX	41 500$
Pilot EX-L	44 000$
Pilot EX-L - RES	46 200$
Pilot LX	39 000$
S2000	49 800$
HUMMER	
H2 CUS	72 695$
H2 VUS	71 400$
HYUNDAI	
Accent GL auto	14 795$
Accent GL man	13 995$
Accent GS auto	13 795$
Accent GS man	12 995$
Accent GSi auto	15 520$
Accent GSi man	14 720$
Elantra GL auto	16 395$
Elantra GL man	15 395$
Elantra GT auto	20 495$
Elantra GT man	19 025$
Elantra VE auto	18 765$
Elantra VE man	17 765$
Elantra SE auto (4 portes)	20 495$
Elantra SE man (4 portes)	19 495$
Santa Fe GL	23 295$ x
Santa Fe GL V6	25 745$ x
Santa Fe GL V6 4RM	28 295$ x
Santa Fe GLS 2,7 V6 4RM	30 995$ x
Santa Fe GLS 3,5 V6 4RM	34 695$ x
Sonata GL	22 395$
Sonata Gl V6	23 795$
Sonata GLX	27 395$
Tiburon Auto	22 295$ x
Tiburon Se auto	24 695$ x
Tiburon Se man	23 595$ x
Tiburon Tuscani auto	29 095$ x
Tiburon Tuscani man	27 995$ x
Tiburon Tuscani man 6 rap	29 695$ x
Tiburon man	21 095$ x
XG350	33 695$ x
INFINITI	
FX35 base	54 281$ x
FX35 Technologie	62 006$ x
FX45 base	62 006$ x
FX45 Technologie	69 731$ x
G35 berline AWD	42 300$
G35 berline De luxe auto	40 788$ x
G35 berline De luxe ens. Privilège	43 363$ x
G35 berline De luxe ens. Privilège et Aéro	44 908$ x
G35 berline De luxe ens. Privilège et Nav	46 865$ x
G35 berline De luxe ens. Privilège Nav et Aéro	48 410$ x
G35 berline De luxe man	43 981$ x
G35 coupé Ens. Performance	47 380$ x
G35 coupé De luxe auto	40 891$ x
G35 coupé Sport auto	43 981$ x
G35 coupé Sport	63 860$ x
G35 coupé auto	46 556$ x
G35 coupé man	49 131$ x
Q45	88 000$
QX56	ND
JAGUAR	
S-Type 3.0	62 795$
S-Type 4.2	72 995$
S-Type R	84 995$
Super V8 (emp.long)	125 000$
Vanden Plas (emp. long)	96 000$
XJ8	87 500$
XJR	105 000$
XK8 cabriolet	105 350$
XK8 coupé	96 350$
XKR cabriolet	117 350$
XKR coupé	108 350$
X-Type 2.5 berline	41 195$
X-Type 2.5 familiale	42 195$
X-Type 3.0	44 995$
X-Type 3.0 familliale	46 995$
JEEP	
Grand Cherokee Laredo	38 990$
Grand Cherokee Limited	48 595$
Liberty Limited Édition	32 340$
Liberty Renegade	30 920$
Liberty Sport	27 360$
TJ Rubicon	31 790$
TJ SE	22 810$
TJ SPORT	26 525$
TJ Unlimited	29 295$
TJ Unlimited Rubicon	33 150$
KIA	
Amanti	36 050$ x
Magentis EX V6	29 613$ x
Magentis LX	22 918$ x
Magentis LX V6	26 523$ x
Rio LS auto	17 253$ x
Rio RS auto	14 987$ x
Rio RS man	13 957$ x
Rio RX-V auto	17 768$ x
Rio RX-V man	16 738$ x
Rio S man	13 030$ x
Sedona EX	29 865$ x
Sedona EX LP	32 131$ x
Sedona LX	26 363$ x
Sedona LXE	28 217$ x
Sorento EX 4X4 auto	35 581$ x
Sorento EX 4X4 auto LP	37 847$ x
Sorento LX 4X4 auto	31 667$ x
Sorento LX 4X4 man	30 740$ x
Spectra GSX auto	19 565$ x
Spectra GSX man	18 535$ x
Spectra LS auto	18 535$ x
Spectra LS man	17 505$ x
Spectra RS auto	16 475$ x
Spectra RS man	15 445$ x
LAMBORGHINI	
Gallardo	257 397$ x
Murciélago	396 138$ x
LAND ROVER	
Freelander SE	35 900$
Freelander SE3	39 500$
LR3 HSE	67 900$
LR3 SE	61 900$
Range Rover HSE	99 400$
LEXUS	
ES 330 Base	39 900$
ES 330 Luxe	47 495$ x
ES 330 Premium	50 295$ x
GS 300	61 700$
GS 430	69 500$
GS 430 Premium	79 295$ x
GS 430 Sport	73 295$ x
GX470	47 980$
IS 300 auto	39 450$
IS 300 Premium auto	48 695$ x
IS 300 Premium man	46 595$ x
IS 300 Sport Cross	44 640$
IS 300 Sport Cross Premium	49 395$ x
IS 300 Sport Design auto	42 950$ x
IS 300 Sport Design man	40 395$ x
IS 300 man	37 770$
LS 430	84 900$
LS 430 Gr. Premium	90 995$ x
LS 430 Gr. Ultra Premium	101 895$ x
LX 470	100 400$
RX 330 (cuir)	49 900$
RX 330 Premium	56 395$ x
RX 330 Sport	56 095$ x
RX 330 Ultra Premium	64 095$ x
SC 430	89 770$
LINCOLN	
Aviator AWD Ult	61 017$
LS V6 Luxe	45 063$ x
LS V6 Sport	50 171$ x
LS V8 Sport	53 261$ x
LS V8 Ult	58 818$ x
Navigator 4X4 Ult	74 289$ x
Town Car Ult	59 065$ x
Town Car Ult. L	66 842$ x
MASERATI	
Coupé Cambiocorsa	136 145$ x
Coupé 6	129 507$ x
Spyder	138 072$ x
Spyder Cambiocorsa	145 457$ x
Quattroporte	(estimé) 135 000$
MAYBACH	
5,7	(US) 310 000$
6,2	(US) 360 000$
MAZDA	
Mazda3 berline GS man	18 226$ x
Mazda3 berline GT man	21 985$ x
Mazda3 berline GX man	16 681$ x
Mazda3 Sport GS	20 791$ x
Mazda3 Sport GT	22 027$ x
Mazda6 GS	25 024$ x
Mazda6 GS V6	29 041$ x
Mazda6 GT	29 041$ x
Mazda6 GT V6	32 955$ x
Miata GS man 6 rap.	30 200$ x
Miata GT auto	34 250$ x
Miata GT man	34 265$ x
Miata GX man	27 795$ x
Miata Speed	35 426$ x
MPV GS	30 658$ x
MPV GT	35 015$ x
MPV GX	27 104$ x
RX-8 GS	36 895$ x
RX-8 GT	39 695$ x
Série B Cab. All. DS 4L 4X2	26 045$ x

Guide de l'auto 2005

Model	Price
Série B Cab. All. Se 4L 4X4	28 695 $ x
Série B Cab. Simple SX 2,3L 4X2	17 595 $ x
Série B Cab. Simple SX 3L 4X2	18 595 $ x
Série B Cab.all. DS 3L	22 095 $ x
Tribute 2RM GX man	24 495 $ x
Tribute 2RM GX-V6 3L auto	26 695 $ x
Tribute 2RM GS-V6 3L auto	29 595 $ x
Tribute 4RM GX 2L man	27 295 $ x
Tribute 4RM GX-V6 3L auto	29 495 $ x
Tribute 4RM GS-V6 3L auto	32 295 $ x
Tribute 4RM GT-V6 3L auto	35 295 $ x

MERCEDES-BENZ

C230 Sedan	37 950 $
C230 Sport Sedan	43 790 $
C240 4MATIC Sedan	45 250 $
C240 4MATIC Wagon	47 610 $
C240 Elegance 4MATIC Sedan	49 990 $
C240 Elegance 4MATIC Wagon	52 350 $
C240 Elegance Sedan	46 990 $
C240 Elegance Wagon	49 350 $
C240 Sedan	42 250 $
C240 Wagon	44 610 $
C320 4MATIC Sedan	56 100 $
C320 Sport Coupe	40 600 $
C320 Sport Sedan	53 970 $
C55 AMG Sedan	72 600 $
E320 CDI Sedan	74 400 $
E320	73 000 $
E320 4Matic	76 950 $
E320 4Matic familiale	78 150 $
E500	84 600 $
E500 4Matic	88 550 $
E500 4Matic familiale	92 150 $
E55 AMG	115 650 $
G500	111 900 $
G55 AMG	152 450 $
ML350 Classic	51 800 $
ML350 Elegance	58 250 $
ML350 Spécial Édition	58 750 $
ML500	68 690 $
ML500 Spécial Édition	69 190 $
S430 4Matic standard	104 600 $
S430 4Matic long	111 250 $
S500	122 900 $
S500 4Matic	127 200 $
S55 AMG	162 050 $
S600	187 900 $
CL500	138 750 $
CL55 AMG	170 150 $
CL600	192 450 $
CL65 AMG	254 500 $
CLK320	65 290 $
CLK320 cabriolet	75 750 $
CLK500	78 800 $
CLK500 cabriolet	87 100 $
CLK55 AMG	103 300 $
CLK55 AMG cabriolet	112 050 $
SL500	131 300 $
SL55 AMG	173 900 $
SL600	184 300 $
SL65 AMG	259 950 $
SLK 350	64 500 $
SLK55 AMG	82 900 $

MERCURY

Grand marquis GS	37 209 $ x
Grand Marquis LS Premium	40 082 $ x

MITSUBISHI

Eclipse GS auto	30 198 $ x
Eclipse GS man	28 838 $ x
Eclipse GT auto	34 307 $ x
Eclipse GT man	32 958 $ x
Eclipse GT Premium auto	37 325 $ x
Eclipse GT Premium man	35 523 $ x
Eclipse RS auto	25 769 $ x
Eclipse RS man	24 718 $ x
Eclipse Spyder base	35 934 $ x
Eclipse Spyder Premium	44 019 $ x
Endeavor Limited 4RM V6	43 979 $ x
Endeavor LS 2RM V6	35 018 $ x
Endeavor LS 4RM V6	38 108 $ x
Endeavor XLS 2RM V6	37 593 $ x
Endeavor XLS 4RM V6	40 168 $ x
Galant	23 690 $ x
Lancer ES	16 480 $ x
Lancer Ralliart	24 720 $ x
Lancer Sportback LS	21 630 $ x
Lancer Sportback Ralliant	25 750 $ x
Montero	50 015 $ x
Outlander LS 2WD	25 750 $ x
Outlander XLS AWD	30 900 $ x

NISSAN

350Z Performance man 6 rap.	48 800 $
350Z Touring auto 5rap.	48 800 $
350Z Roadster man	52 900 $
350Z Roadster auto	56 300 $
Altima 2,5S auto	27 798 $
Altima 2,5S man	23 798 $
Altima 3,5S auto	27 998 $
Altima 3,5SE auto	37 098 $
Altima 3,5SE man	29 098 $
Altima 305 SE-R auto	36 598 $
Altima 305 SE-R man	35 298 $
Armada LE	55 105 $ x
Armada SE	60 255 $ x
Frontier SE-V6 4X4 Cab. Double auto	33 988 $ x
Frontier XE 4X2 King Cab auto	25 233 $ x
Frontier XE 4X2 King Cab man	24 203 $ x
Frontier XE-V6 4X2 Cab. Double auto	29 353 $ x
Frontier XE-V6 4X2 Cab. Double man	28 323 $ x
Frontier XE-V6 4X2 King Cab auto	26 160 $ x
Frontier XE-V6 4X2 King Cab man	25 130 $ x
Frontier XE-V6 4X4 King Cab auto	29 456 $ x
Frontier XE-V6 4X4 King Cab man	28 220 $ x
Frontier XE-V6 4x4 Cab. Double auto	31 722 $ x
Frontier XE-V6 4x4 Cab. Double man	30 486 $ x
Frontier V6 4X4 Cab. double Super Charged	ND
Maxima 3,5 SE (4 pl.) man 6 rap	42 200 $
Maxima 3,5 SE (4 pl.) auto 5 rap	44 900 $
Maxima 3,5 SE (5 pl.) man 6 rap	38 300 $
Maxima 3,5 SE (5 pl.) auto 5 rap	40 000 $
Maxima 3,5 SL auto 4 rap.	43 000 $
Murano SE AWD	50 900 $
Murano SL AWD	40 900 $
Murano SL FWD	38 900 $
Pathfinder Chinook auto	ND
Pathfinder Chinook man	ND
Pathfinder LE V6 auto	ND
Pathfinder SE V6 auto	ND
Pathfinder SE V6 man	ND
Quest 3,5 S	33 887 $ x
Quest 3,5 SE	44 702 $ x
Quest 3,5 SL	37 698 $ x
Sentra 1,8 auto	16 598 $
Sentra 1,8 man	15 598 $
Sentra 1,8 S auto	20 498 $
Sentra 1,8 S man	18 298 $
Sentra SE-R auto	24 498 $
Sentra SE-R Spec V	24 998 $
Titan LE Crew Cab 4WD	48 925 $ x
Titan SE Crew Cab 4WD	45 526 $ x
Titan XE Crew Cab 4WD	39 346 $ x
Xterra SE V6 auto	35 327 $ x
Xterra SE-SC V6 auto	36 560 $ x
Xterra SE-SC V6 man	35 327 $ x
Xterra XE V6 auto	31 928 $ x
Xterra XE V6 man	30 692 $ x
Xtrail SE FWD	28 300 $
Xtrail SE AWD auto	30 600 $
Xtrail SE AWD man	29 600 $
Xtrail XE FWD	25 900 $
Xtrail XE AWD auto	28 200 $
Xtrail XE AWD man	27 200 $
Xtrail LE AWD	33 800 $

PANOZ

Esperante	105 000 $

PONTIAC

Aztek (TA)	28 555 $
Aztek (TI)	31 680 $
Aztek GT (TA)	34 440 $
Aztek GT (TI)	35 895 $
Bonneville S	35 150 $
Bonneville S	38 700 $
Bonneville GXP	46 200 $
G6 GT	27 685 $
G6 V6	24 670 $
Grand Am GT	27 000 $
Grand Prix	27 865 $
Grand Prix GT	30 820 $
Grand Prix GTP	34 160 $
Pursuit	15 925 $
Pursuit SE	20 795 $
Vibe (TI)	23 705 $
Vibe de base	19 850 $
Vibe GT	25 620 $
Wave	14 385 $

PORSCHE

911 C2 coupe	101 400 $
911 C2S coupé	115 650 $
911 Carrera 4 cabriolet	126 896 $
911 Carrera 4S cabriolet	136 700 $ x
911 Carrera cabriolet	118 090 $ x
911 Carrera coupé	103 412 $ x
911 Carrers 40E	135 394 $ x
911 GT2	277 688 $ x
911 GT3	143 170 $ x
911 Targa	113 506 $ x
911 Turbo cabriolet	206 800 $ x
911 Turbo coupé	192 400 $ x
Boxster	62 400 $
Boxster S	75 600 $
Carrera GT	(US) 440 000 $
Cayenne auto	62 500 $
Cayenne man	58 500 $
Cayenne S	78 800 $
Cayenne Turbo	126 650 $

ROLLS ROYCE

Phantom	484 100 $ x

SAAB

9-2X Aero	37 735 $
9-2X Linear	28 950 $
9-3 Aero	42 500 $
9-3 Arc	40 500 $
9-3 Linear	35 495 $
9-5 Aero	53 000 $
9-5 Arc	43 000 $
9-3 Aero Cabriolet	58 300 $
9-3 Arc Cabriolet	56 300 $
9-5 Aero Familiale	55 500 $
9-5 Arc Familiale	44 000 $
9-5 Linear Familiale	41 000 $

SATURN

ION-1 Berline	14 855 $
ION-2 Berline	17 205 $
ION-2 Coupé	16 310 $
ION-3 Berline	19 560 $
ION-3 Coupé	20 060 $
ION Red Line	27 060 $
Vue, 4 cylindres, auto(TA)	24 280 $
Vue, 4 cylindres, auto (TI)	26 480 $
Vue, 4 cylindres, man (TA)	22 995 $
Vue, 6 cylindres, auto (TA)	28 370 $
Vue, 6 cylindres, auto (TI)	30 770 $

SMART

Fortwo	22 995 $

SUBARU

Baja auto	37 692 $ x
Baja man	36 662 $ x
Forester 2,5 X auto	29 095 $
Forester 2,5X man	27 995 $
Forester 2,5XT auto	33 795 $
Forester 2,5XS ens. Luxe auto	36 295 $ x
Forester 2,5XS ens. Luxe man	35 095 $ x
Forester 2,5XS man	32 695 $
Forester 2,5XT auto	37 595 $

Guide de l'auto 2005

PRIX

Modèle	Prix	Modèle	Prix	Modèle	Prix
Forester 2,5 XT ens. Luxe auto	39 995 $ x	Echo Hatchback 5P auto	15 705 $	Passat GLS V6 2,8 auto	34 450 $
Forester 2,5 XT ens. Luxe man	38 695 $ x	Echo Hatchback 5P man	14 705 $	Passat GLS V6 2,8 man	33 050 $
Forester 2,5 XT man	36 395 $	Highlander 5 pass. auto	32 900 $	Passat GLS wagon 1,8 auto	32 420 $
Impreza 2,5 RS auto	28 995 $ x	Highlander V6 4X4 5 pass. auto	36 900 $	Passat GLS wagon 1,8 auto 4RM	35 320 $
Impreza 2,5 RS man	27 795 $ x	Highlander V6 4X4 7 pass. auto	37 950 $	Passat GLS wagon 1,8 man	31 020 $
Impreza 2,5 RS Outback Sport auto	28 495 $	Matrix auto	17 925 $	Passat GLS wagon 1,8 man 4RM	33 920 $
Impreza 2,5 RS Outback Sport man	27 395 $	Matrix man	16 925 $	Passat GLS wagon V6 2,8 man	34 520 $
Impreza 2,5 TS Sport familiale auto	24 095 $	Matrix 4x4 auto	22 580 $	Passat GLS wagon V6 2,8 man	35 920 $
Impreza 2,5 TS Sport familiale man	22 995 $	Matrix XR auto	22 230 $	Passat GLX 2,8 4 RM auto	44 430 $
Impreza WRX Auto familiale	37 795 $	Matrix XR man	21 185 $	Passat GLX 2,8 auto	41 530 $
Impreza WRX Man 5 rap berline	35 495 $	Matrix XR 4x4 auto	24 550 $	Passat GLX 2,8 man	40 130 $
Impreza WRX man familiale	35 495 $	Matrix XRS auto	25 560 $	Passat GLX wagon auto	43 000 $
Impreza WRX Sti	47 995 $	Prius 5P CVT	29 900 $	Passat GLX wagon auto 4RM	45 900 $
Legacy 2,5i limited GT auto	35 195 $	RAV4 4P 4x4 auto	25 785 $	Passat GLX wagon man	41 600 $
Legacy berline 2,5 GT Limited auto	41 795 $	RAV4 4P 4x4 man	24 585 $	Passat W8 auto 4RM	54 350 $
Legacy berline 2,5 GT Limited man.	40 295 $	Sequoia Limited V8 auto	65 855 $	Passat W8 auto 4RM	55 820 $
Legacy berline 2,5 GT man	36 495 $	Sequoia SR5 V8 auto	59 530 $	Passat W8 man 4RM	56 350 $
Legacy berline 2,5 GT turbo auto	37 995 $	Sienna CE 7 pass. auto	30 000 $	Passat W8 man 4RM	57 820 $
Legacy berline 2,5i auto	29 185 $	Sienna CE 8 pass. auto	31 000 $	Phaeton V8 (4 passagers auto	96 500 $
Legacy berline 2,5i man	27 995 $	Sienna LE 7 pass. auto	34 750 $	Phaeton V8 auto	96 500 $
Legacy familiale 2,5 GT auto	38 995 $	Sienna LE 7 pass. Ti	39 160 $	Phaeton W12 (4 passagers) auto	134 800 $
Legacy familiale 2,5 GT limited auto	43 295 $	Sienna LE 8 pass. auto	35 180 $	Phaeton W12 auto	134 800 $
Legacy familiale 2,5 GT limited man	41 795 $	Sienna XLE 7 pass. auto	43 600 $	Touareg 6 cyl. Auto	53 520 $
Legacy familiale 2,5 GT man	37 495 $	Sienna XLE 7 pass. Ti	46 700 $	Touareg 8 cyl. Auto	63 310 $
Legacy familiale 2,5i auto	30 195 $	Tacoma 4X2 auto	23 570 $	Touareg V10 TDI auto	85 400 $
Legacy familiale 2,5i limited	36 695 $	Tacoma 4X2 man	22 570 $	Touareg V8x auto	74 070 $
Legacy familiale 2,5i man	28 995 $	Tacoma 4X4 man	29 400 $		
Outback 2,5i auto	34 195 $	Tacoma V6 4X4 auto	33 445 $	**VOLVO**	
Outback 2,5i limited auto	34 195 $	Tacoma V6 4X4 man	32 445 $	S40 2.4i auto SR	32 995 $
Outback 2,5i man	32 995 $	Tacoma V6 cabine double 4X4 auto	35 200 $	S40 2.4i man	29 995 $
Outback 3,0 H6	38 995 $	Tundra V6 4X2 auto	25 580 $	S40 2.4i man SR	31 495 $
Outback 3,0 H6 VDC	44 995 $	Tundra V8 4X4 auto	30 650 $	S40 T5 Ti auto SR	40 495 $
		Tundra V8 cabine all. 4X2 auto	34 600 $	S40 T5 Ti man	37 495 $
SUZUKI		Tundra V8 cabine all. 4X4 auto	37 950 $	S40 T5 Ti man SR	38 995 $
Aerio SX auto	22 195 $	Tundra V8 cabine double 4X2 auto	36 260 $	S40 T5 auto SR	37 995 $
Aerio SX man	20 995 $	Tundra V8 cabine double 4X4 auto	39 700 $	S40 T5 man	34 995 $
Aerio SX intégrale	23 995 $	Tundra V8 Limited 4X4 auto	42 690 $	S40 T5 man SR	36 495 $
Grand Vitara JLX automatique	28 795 $	Tundra V8 Limited cabine double 4X4 auto	47 600 $	S60 2.4 man	36 995 $
Grand Vitara JX auto	26 795 $			S60 2.4 man SR	38 495 $
Grand Vitara JX man	25 495 $	**VOLKSWAGEN**		S60 2.5T Ti auto	43 495 $
Swift+ manuelle	13 595 $	Golf CL 2,0 auto	19 400 $	S60 2.5T Ti auto SR	44 995 $
Swift+ climatiseur automatique	15 595 $	Golf CL 2,0 man	18 300 $	S60 2.5T auto	39 995 $
Swift+ climatiseur manuelle	14 595 $	Golf GL 1,9 auto	23 690 $	S60 2.5T auto SR	41 495 $
Swift+ S auto	16 695 $	Golf GL 1,9 man	22 290 $	S60 R auto SR	61 495 $
Swift+ S man	15 595 $	Golf GLS 1,9 auto	26 120 $	S60 R man SR	59 995 $
Verona GL automatique	22 995 $	Golf GLS 1,9 man	24 720 $	S60 T5 auto SR	47 995 $
Verona GLX automatique	26 495 $	Golf GLS 2,0 auto	24 110 $	S60 T5 man	44 995 $
XL-7 (5 places) JLX auto	30 795 $	Golf GLS 2,0 man	23 010 $	S60 T5 man SR	46 495 $
XL-7 (5 places) JLX cuir auto	31 895 $	GTI 1.8T man	26 550 $	S80 Ti auto SR	54 995 $
XL-7 (5 places) JX auto	29 495 $	GTI 1.8T tiptronic	27 950 $	S80 T6 auto SR	62 895 $
XL-7 (7 places) JLX PLUS auto	31 895 $	GTI VR6 man.	30 000 $	V50 2.4i auto	32 995 $
XL-7 (7 places) JLX PLUS cuir auto	33 495 $	Jetta GLX 2,8 man	31 240 $	V50 2.4i auto SR	34 495 $
		Jetta GLS 1,8 auto	27 790 $	V50 2.4i man	31 495 $
TOYOTA		Jetta GLS 1,8 man	26 390 $	V50 2.4i man SR	32 995 $
4Runner Limited V6 auto	48 935 $	Jetta GLS 1,8 wagon auto	29 260 $	V50 T5 Ti auto SR	41 995 $
4Runner Limited V8 auto	50 920 $	Jetta GLS 1,8 wagon man	27 860 $	V50 T5 Ti man	38 995 $
4Runner SR5 V6 auto	39 620 $	Jetta GLS 1,9 auto	27 480 $	V50 T5 Ti man SR	40 495 $
4Runner SR5 V8 auto	40 710 $	Jetta GLS 1,9 man	26 080 $	V50 T5 auto SR	39 495 $
Avalon auto	46 060 $	Jetta GLS 2,0 auto	25 620 $	V50 T5 man	36 495 $
Camry LE auto	24 950 $	Jetta GLS 2,0 man	24 520 $	V50 T5 man SR	37 995 $
Camry LE V6 auto	33 245 $	Jetta GLS 2,0 wagon auto	27 090 $	V70 2.4 auto	39 995 $
Camry SE auto	26 795 $	Jetta GLS 2,0 wagon man	25 990 $	V70 2.4 auto SR	41 495 $
Camry SE man	25 450 $	Jetta GLS TDI wagon auto	28 950 $	V70 2.4 man	38 495 $
Camry SE V6 auto	32 700 $	Jetta GLS TDI wagon man	27 550 $	V70 2.4 man SR	39 995 $
Camry Solara SE auto	26 850 $	Jetta TDI sport 1,9 auto	28 300 $	V70 2.5T Ti auto	44 995 $
Camry Solara SE V6 auto	30 950 $	Jetta TDI sport man	26 900 $	V70 2.5T Ti auto SR	46 495 $
Camry Solara SLE V6 auto	35 850 $	New Beetle Convertible GLS 2,0 auto	31 160 $	V70 2.5T auto	42 495 $
Camry Solara SLE V6 cabriolet auto	39 100 $	New Beetle Convertible GLS 2,0 man	29 610 $	V70 2.5T auto SR	43 995 $
Celica GT auto	25 960 $	New Beetle Convertible GLX 1,8 auto	37 740 $	V70 R auto SR	62 495 $
Celica GT man	24 900 $	New Beetle Convertible GLX 1,8 man	36 190 $	V70 R man SR	60 995 $
Celica GT-S auto	34 955 $	New Beetle GLS 1,9 TDI auto	26 870 $	V70 T5 auto SR	49 495 $
Celica GT-S man	34 130 $	New Beetle GLS 1,9 TDI man	25 470 $	V70 T5 man	46 495 $
Corrola CE auto	16 490 $	New Beetle GLS 2,0 auto	24 790 $	V70 T5 man SR	47 995 $
Corrola CE man	15 490 $	New Beetle GLS 2,0 man	23 690 $	XC70 auto	46 495 $
Corrola LE auto	21 600 $	New Beetle GLX 1,8 man	30 570 $	XC70 auto SR	49 995 $
Corrola Sport auto	21 000 $	New Beetle GLX 1,8 man	31 670 $	XC90 2.5T auto (5-pla.)	49 995 $
Corrola Sport man	19 995 $	Passat GLS 1,8T auto	30 950 $	XC90 2.5T auto SR (5-pla.)	51 495 $
Corrola XRS man	24 185 $	Passat GLS 1,8T auto 4RM	33 850 $	XC90 2.5T auto SR (7-pla.)	54 995 $
Echo Berline 4P auto	15 080 $	Passat GLS 1,8T man	29 550 $	XC90 T6 auto SR	61 995 $
Echo Berline 4P man	14 080 $	Passat GLS 1,8T man 4RM	32 450 $		
Echo Hatchback 3P auto	13 995 $	Passat GLS 2,0 auto	31 450 $	NOTE: les prix identifiés avec un x sont des prix estimés, soit le prix de 2004 augmenté de 3%.	
Echo Hatchback 3P man	12 995 $	Passat GLS 2,0 TD1 auto	32 920 $		

Guide de l'auto 2005

DONNÉES TECHNIQUES

Afin de mieux comprendre les informations chiffrées qui accompagnent chaque essai, voici quelques explications supplémentaires. Le Guide de l'auto comprend deux catégories d'essai. La première est rédigée sur quatre pages et analyse plus en profondeur les nouveaux modèles. Les essais comprennent davantage d'informations et de données. La seconde, sur deux pages, porte sur les véhicules déjà essayés.

MODÈLE À L'ESSAI
Il s'agit du véhicule testé pour le compte-rendu routier. La fiche présente les données de ce véhicule.

PRIX DU MODÈLE À L'ESSAI
Il s'agit du prix du modèle testé. En raison des options et de divers accessoires, le prix de ce véhicule peut surpasser le barème noté dans la fiche. Lorsque le prix est suivi de (2004), cela signifie que les prix 2005 ne nous avaient pas été communiqués avant d'aller sous presse.

ÉCHELLE DES PRIX
Le premier prix est celui du modèle de base, le second celui de la version la plus onéreuse. Dans la majorité des cas, ces prix n'incluent pas les accessoires, les taxes et les frais de transport. Certains modèles uniques n'ont qu'un seul prix.

GARANTIES
Nous indiquons les deux principales garanties. La première représente la garantie de base, dite « pare-chocs à pare-chocs » pour un maximum d'années et un maximum de kilométrage. Elle se termine à la première des deux limites atteinte. La seconde couvre le groupe motopropulseur : le moteur et les autres éléments des rouages d'entraînement Cette garantie est souvent plus généreuse que celle de base. Là encore, elle se termine à la première des deux limites atteinte.

TRANSMISSION
Tout d'abord, nous vous précisons le type de rouage d'entraînement. Vous saurez si ce véhicule est une traction – roues motrices à l'avant –, une propulsion – roues motrices à l'arrière – ou une transmission intégrale aux quatre roues. Ces informations sont suivies du type de boîte de vitesses, manuelle ou automatique, ainsi que du nombre de rapports.

COFFRE ET RÉSERVOIR
Nous précisons le volume du coffre à bagages et la contenance du réservoir à essence.

DIAMÈTRE DE BRAQUAGE
Diamètre du plus petit cercle que peut suivre un véhicule quand il tourne.

MOTEUR
Sont inscrits : la disposition physique des cylindres et leur nombre, la cylindrée, la course et l'alésage, le nombre de soupapes par cylindre et le type d'alimentation.

PUISSANCE
Capacité du moteur à faire un travail en un temps donné. La puissance est exprimée en chevaux (ch) suivie, entre parenthèses, de son équivalence internationale en kilowatts (kW). Le régime auquel cette puissance est développée est aussi mentionné.

COUPLE
Capacité d'un moteur à transmettre un mouvement de rotation à un autre objet. Il est toujours exprimé par une force et une distance en livre-pied (lb-pi) suivies, entre parenthèses, de son équivalence internationale en newton-mètre (Nm). Le régime auquel ce couple maximal est généré est aussi mentionné.

ACCÉLÉRATION DE 0 À 100 KM/H
Temps nécessaire, exprimé en seconde, pour atteindre la vitesse de 100 km/h à partir de l'arrêt complet.

REPRISE DE 80 À 120 KM/H
Temps nécessaire, exprimé en seconde, pour passer de 80 à 120 km/h sur une surface rectiligne et horizontale. Cette mesure est réalisée en quatrième avec une boîte de vitesses manuelle. Pour effectuer la même mesure avec une voiture dotée d'une transmission automatique, le levier de vitesses demeure à la position D.

FREINAGE DE 100 À 0 KM/H
Distance franchie par un véhicule pour décélérer d'une vitesse de 100 km/h à l'arrêt complet.

INDICE DE PERFORMANCE LONGITUDINALE
Propre au Guide de l'auto, cette mesure fait la moyenne de l'accélération de 0 à 100 km/h, de la reprise de 80 à 120 km/h et du freinage à partir de 100 km/h. Elle rend compte de la capacité du véhicule à générer des accélérations et décélérations en ligne droite. Cette mesure représente un changement de vitesse exprimé en mètre par seconde (m/s) divisé par une unité de temps exprimée en seconde. La résultante est une accélération exprimée en mètre par seconde par seconde ou mètre par seconde carrée.

NIVEAU SONORE
Réalisée avec un sonomètre de précision, cette mesure informe du niveau sonore en décibels dans la cabine, au ralenti, en pleine accélération et à une vitesse stabilisée à 100 km/h. Cette information n'est fournie que dans la première catégorie d'essai (texte de quatre pages).

DONNÉES TECHNIQUES

Prix du modèle à l'essai :	70 000 $
Échelle de prix :	40 000 $ à 72 500 $
Version(s) disponible(s) :	CTS, CTS-V
Garanties :	4 ans 80 000/4 ans 80 000
Catégorie :	berlines sport
Emp./Long./Lar./Haut.(cm) :	288/485/179/145,5
Poids :	1 744 kg
Coffre/Réservoir :	362/66 litres
Coussins de sécurité :	frontaux, latéraux (av.) et rideaux
Suspension avant :	indépendante, bras inégaux
Suspension arrière :	indépendante, multibras
Freins av./arr. :	disque (ABS)
Antipatinage/Contrôle de stabilité :	oui/oui
Direction :	à crémaillère, ass. variable
Diamètre de braquage :	10,8 m
Pneus av./arr. :	P245/45V18

GROUPE MOTOPROPULSEUR ET RENDEMENT

Moteur :	V8 5,7 litres 16s (99 x 92)
Puissance :	400 ch (298 kW) à 6000 tr/mn
Couple :	395 lb-pi (536 Nm) à 4800 tr/mn
Autre(s) moteur(s) :	V6 2,8 litres 210 ch, V6 3,6 litres 255 ch
Transmission :	propulsion, manuelle 6 rapports
Autre(s) transmission(s) :	automatique 5 rapports
Accélération 0-100 km/h :	4,3 s
Reprises 80-120 km/h :	3,85 (4e)
Freinage 100-0 km/h :	38,0 m
Vitesse maximale :	262 km/h
Indice de performance longitudinale :	6,5 m/s/s
Consommation (100 km) :	super, 14,6 litres
Autonomie :	452 km

DANS LA MÊME CATÉGORIE
BMW M3 - Mercedes-Benz C32 AMG - Audi S4

DU NOUVEAU EN 2005
Nouveau moteur 2,8 l, cadrans indicateurs modifiés, nouvelles couleurs, CTS-V

HISTORIQUE DU MODÈLE
1ière génération

DATE DE RENOUVELLEMENT
n.d.

NOS IMPRESSIONS
Agrément de conduite :	🚗🚗🚗🚗½
Fiabilité :	🚗🚗🚗🚗½
Sécurité :	🚗🚗🚗🚗½
Qualités hivernales :	🚗🚗🚗½
Espace intérieur :	🚗🚗🚗🚗
Confort :	🚗🚗🚗🚗½

LE CHOIX DE L'ÉQUIPE
CTS

Guide de l'auto 2005

DONNÉES TECHNIQUES

CONSOMMATION (AUX 100 KM)
Cette rubrique montre le résultat de consommation de carburant obtenu lors de nos essais. Étant donné que nous effectuons une batterie de tests (accélération de 0 à 100 km/h, reprise de 80 à 120 km/h et décélération de 100 à 0 km/h), la consommation est plus élevée qu'en conduite normale. Si, pour diverses raisons, nous n'avons pu obtenir de résultat, nous inscrivons les données fournies par le constructeur.

MODÈLES CONCURRENTS
Dans cette rubrique, nous répertorions les modèles qui se situent dans la même catégorie que le véhicule essayé. Sont pris en considération différents paramètres tels que le prix, les dimensions et la puissance du moteur. Le bon sens nous aide aussi à l'occasion.

QUOI DE NEUF?
En quelques mots, nous vous indiquons les principales nouvelles caractéristiques du véhicule.

DATE DE RENOUVELLEMENT
Donnée importante pour ceux qui changent régulièrement de véhicule ou qui désirent attendre l'arrivée de la nouvelle génération du modèle convoité. Cette information nous provient du manufacturier.

VERDICT
Agrément de conduite
Départage les véhicules ennuyeux et ceux qui nous ont passionnés.

Fiabilité
Fiable ou pas? Voilà la question! Indications fournies à la suite de l'évaluation de plusieurs données.

Sécurité
Cette cote est établie en fonction des qualités de la voiture en matière de sécurité active et passive. La sécurité active est la capacité du véhicule à éviter un accident. La sécurité passive respecte les prescriptions des autorités gouvernementales nord-américaines.

Qualités hivernales
Cote la plus simple à établir et aussi la plus cruciale pour les automobilistes du Québec. Les véhicules à traction intégrale et la plupart des 4x4 sont mieux adaptés, tandis que les grandes sportives doivent patienter pendant cette saison. Cette évaluation tient également compte du dégivreur et du chauffage.

Espace intérieur
Note l'espace disponible dans l'habitacle et son utilisation prévue par les concepteurs.

Confort
L'insonorisation, la suspension, les sièges, l'efficacité de la climatisation, voilà autant d'éléments évalués dans cette catégorie. La meilleure voiture : la plus confortable et, en même temps, facile à piloter.

LE COUPLE CET INCONNU

La puissance est le résultat du couple multiplié par la vitesse de rotation du moteur. La vitesse de rotation s'exprime en tours par minute (tr/min). Le couple est une force de rotation. Le même type de force qui sert à dévisser le bouchon d'un pot ou à resserrer un écrou.

Dans un moteur, le couple est engendré par l'impulsion des pistons qui, sous la charge de la combustion, pousse sur les manivelles du vilebrequin par l'intermédiaire des bielles. Ce résultat de multiplication force-levier ou force-distance est ensuite modifié par divers organes de transmission avant d'entraîner les roues motrices.

On peut donc choisir de convertir une quantité de puissance par un agencement mécanique offrant beaucoup de couple, mais une faible vitesse de rotation, ou bien par un agencement offrant un faible couple mais une plus grande vitesse de rotation.

La puissance repose ainsi sur la vitesse de rotation du moteur, multipliée par le couple qui est lui-même affecté par la vitesse de rotation.

Le couple dépend essentiellement de la quantité de mélange admis dans les cylindres. L'air étant élastique, le remplissage des cylindres est rarement complet. Pour chaque moteur, il existe un régime permettant une admission optimale du mélange carburé. C'est à ce régime précis que le moteur engendre son couple maximum. Une fois ce régime atteint, la valeur du couple va alors graduellement en diminuant. La puissance continue de s'élever momentanément parce que l'effet de la baisse du niveau de couple dans la multiplication couple-vitesse de rotation est moins important que le gain engendré par l'augmentation de régime.

Le régime engendrant le couple maximal est toujours inférieur à celui de la puissance maximale.

La majorité des fiches techniques publient la puissance maximale et son régime de livraison accompagnés des mêmes valeurs pour le couple.

Parce que le couple, cette force de rotation, agit sur les roues motrices et fait avancer le véhicule, c'est lui qui devient le point de référence. Surtout quand vient le temps de choisir le régime des changements de rapports capable d'engendrer les meilleures accélérations. Le fait de sélectionner un rapport de boîte supérieur entraîne automatiquement une baisse de régime. Il faut donc volontairement choisir un régime où le couple a déjà commencé à décliner, de façon à ce que le moteur se retrouve au couple maximal quand il reprend sa charge une fois le rapport supérieur passé. Si en théorie il existe un régime spécifique pour chaque rapport de la boîte de vitesses, il suffit dans la pratique de tous les jours de déterminer la moyenne de tours perdus à chaque passage de rapport. Puis d'ajouter ce nombre à celui du régime annonçant le couple maximal pour tirer le maximum du moteur de son véhicule.

ACCÉLÉRATIONS ET FREINAGE

Les accélérations sont généralement mesurées en temps. Lors d'une compétition d'accélération de type quart de mille ou 400 mètres départ arrêté, c'est le compétiteur qui franchi le premier les cellules photo-électriques à la ligne d'arrivée qui gagne. Et non celui qui les franchit à la plus grande vitesse. Il arrive sporadiquement mais régulièrement que le perdant traverse la ligne à une vitesseterminale supérieure au gagnant. Le gagnant a tout simplement accéléré plus fort en début de parcours.

Une accélération n'est pas souvent constante. Le véhicule capable d'accélérer avec intensité dès les premiers tours de roue possède un avantage difficilement surmontable.

Les freinages, eux sont généralement mesurés en distance. Quand il faut immobiliser un véhicule, l'important c'est de le faire dans la plus courte distance possible et non dans le temps le plus court. Il se peut qu'un véhicule prenne plus de temps qu'un autre à s'immobiliser à partir d'une vitesse donnée mais qu'il le fasse à l'intérieur d'une distance plus courte, simplement parce qu'il aura décéléré plus fort en début de freinage.

Pour une accélération comme pour un freinage, c'est au début de la manœuvre que ça se joue.

Guide de l'auto 2005

AVEZ-VOUS UNE IDÉE DE LA VITESSE À LAQUELLE VOUS ROULIEZ ?
CERTAINEMENT MONSIEUR L'AGENT !

Pour mesurer les variations de vitesses, nous disposons d'un radar de marque Stalker ATS avec un processeur numérique de signal. Cet appareil américain peut lire et gérer en continu la vitesse d'un véhicule à une cadence de 31 calculs par seconde. Les informations recueillies sont ensuite acheminées à un ordinateur portable afin d'être décortiquées par un logiciel spécifiquement conçu pour le radar. Capable de décoder des vitesses allant jusqu'à 483 km/h, il surveille ce qui se passe avec une précision telle qu'il est facile d'identifier le coupable d'un changement de rapports raté pendant une accélération. Relativement simple d'utilisation, il offre une multitude de façons de présenter les informations récoltées. Toute cette précision en échange de deux restrictions pratiques. Bien que ce radar, tout comme la majorité des ordinateurs portables, puisse travailler au milieu d'une piste perdue à l'aide de batteries, l'expérience nous a démontré qu'il fallait mieux compter sur une source permanente de courant; un inverseur/onduleur ou une petite génératrice selon les circonstances.

La deuxième limite d'un radar de mesure c'est qu'il doit lire dans l'axe de déplacement du véhicule pour prétendre à une certaine précision. Aussi les premiers tests de freinage intensif exigent quelques précautions supplémentaires de la part de l'opérateur.

Il est aussi possible de travailler à l'envers. C'est-à-dire d'installer le radar et l'ordinateur à l'intérieur du véhicule à évaluer et de mesurer la vitesse de déplacement de la route. Cette technique convient bien pour mesurer la décélération en roues libres puisque les distances peuvent être considérables et hors de portée du radar s'il était stationnaire. Avant chaque séance de mesure, la précision du radar est vérifiée par un diapason spécifique dont l'oscillation excite le radar à une vitesse exacte de 88,9 km/h.

Bien qu'il soit conçu pour mesurer les accélérations, le modèle Stalker ATS les tolère très mal. Une simple chute à partir du toit d'un véhicule se déplaçant à une vitesse de l'ordre de 100 km/h entraînera irrémédiablement sa destruction la plus complète. Et on sait de quoi on parle !

L'ART D'UTILISER
LES SATELLITES DE LA DÉFENSE AMÉRICAINE SANS AUTORISATION ÉCRITE

Le VBOX de la firme britannique Racelogic fait un usage parasitaire de la constellation de 27 satellites mis en orbite par le ministère de la Défense américaine. Ce qui le distingue des autres systèmes GPS (Global Positioning Systems), c'est qu'il mesure la variation de l'effet Doppler. En utilisant cette approche, le VBOX calcule 20 fois par seconde la position de l'antenne réceptrice localisée sur le véhicule en test.

L'analyse du changement de position génère une distance qui divisée par le temps donne une vitesse. Les variations de vitesse divisées par le temps donnent des accélérations. Même le temps, d'une précision incontestable puisqu'il vient d'une horloge atomique, est tété aux satellites !

Une petite antenne rectangulaire et montée sur une base magnétique intégrée avale des informations volées aux satellites qu'elle achemine ensuite à un petit boîtier récepteur lui-même alimenté en courant par un deuxième boîtier contenant les batteries. C'est tout l'attirail qu'il faut pour accumuler des milliers de bits d'informations sur un véhicule. Contrairement au radar, qui est condamné à ne lire que sur un seul axe, le VBOX évolue dans les trois dimensions. En plus des informations données par le radar, il peut aussi rendre compte des changements d'altitude et des accélérations latérales. Il permet aussi en roulant successivement sur les périmètres intérieur et extérieur d'un circuit d'en relever le tracé exact. Une excellente façon d'analyser les trajectoires parcourues plus tard.

Une fois revenue au bureau, toute l'information accumulée pendant la limite de 55 minutes d'emmagasinage est alors transmise à un ordinateur portable. Un logiciel livré avec l'appareil permet la digestion complète des informations recueillies. Il est même possible d'enregistrer les dérapages du véhicule.

Compact et discret, c'est l'outil idéal pour les lancements de presse. Il faut toutefois réussir la présentation de mise face aux douaniers afin de les convaincre du premier coup que ces bidules assemblés à la main, un à un, et qui font bip bip, ne sont pas des armes terroristes…

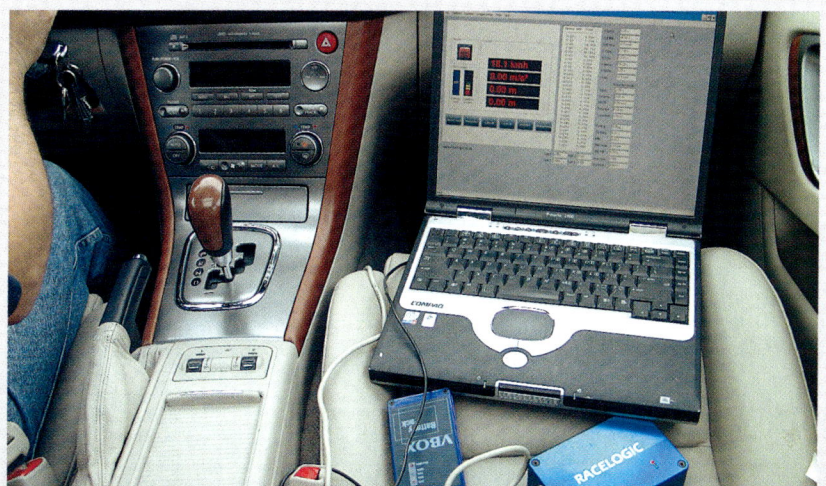

Guide de l'auto 2005

››› LES PREMIERS DE CLASSE 2005

LES PREMIERS
DE CLASSE 2005

SOUS-COMPACTES

»1 TOYOTA ECHO HATCHBACK

EN LICE
› Chevrolet Aveo
› Hyundai Accent
› Kia Rio
› Smart ForTwo
› Suzuki Swift +
› Toyota Echo Hatchback

»2 CHEVROLET AVEO

»3 HYUNDAI ACCENT

COMPACTES

»1 MAZDA 3

EN LICE
› Acura 1.7EL
› Chevrolet Optra
› Chevrolet Cavalier
› Chevrolet Cobalt
› Chrysler PT Cruiser
› Dodge SX 2.0
› Ford Focus
› Honda Civic
› Hyundai Elantra
› Kia Spectra
› Mazda 3
› Mitsubishi Lancer/Sportback
› Nissan Sentra
› Pontiac Vibe
› Saturn ION
› Subaru Impreza
› Suzuki Aerio
› Toyota Corolla
› Toyota Matrix
› Volkswagen Golf
› Volkswagen Jetta
› Volkswagen New Beetle/Cabrio

»2 TOYOTA COROLLA

»3 FORD FOCUS

Guide de l'auto 2005

LES PREMIERS DE CLASSE 2005

INTERMÉDIAIRES

EN LICE
› Chevrolet Malibu
› Chevrolet Epica
› Chrysler Sebring
› Honda Accord
› Hyundai Sonata
› Kia Magentis
› Mazda 6
› Mitsubishi Galant
› Nissan Altima
› Pontiac G6
› Subaru Legacy/Outback
› Suzuki Verona
› Toyota Camry
› Volkswagen Passat
› Volvo S40

»1 MAZDA6

»2 HONDA ACCORD

»3 TOYOTA CAMRY

BERLINES GRAND FORMAT

EN LICE
› Buick Allure
› Buick LeSabre
› Chevrolet Impala
› Chrysler 300C
› Dodge Magnum
› Ford 500
› Hyundai XG 350
› Kia Amanti
› Mercury Grand Marquis
› Nissan Maxima
› Pontiac Bonneville
› Pontiac Grand Prix
› Toyota Avalon

»1 CHRYSLER 300C

»2 FORD 500

»3 NISSAN MAXIMA

Guide de l'auto 2005

BERLINES SPORT DE PLUS DE 35 000 $

»1 ACURA TL

»2 CADILLAC CTS/V

»3 INFINITI G35X

EN LICE
› Acura TL
› Audi A4/S4
› BMW Série 3
› Cadillac CTS/V
› Cadillac CTS
› Infiniti G35
› Infiniti G35X
› Jaguar X-Type
› Lexus IS 300
› Lincoln LS
› Mercedes-Benz Classe C
› Saab 9-3

BERLINES DE LUXE DE MOINS DE 70 000 $

»1 CADILLAC STS

»2 AUDI A6/RS6

»3 LINCOLN LS
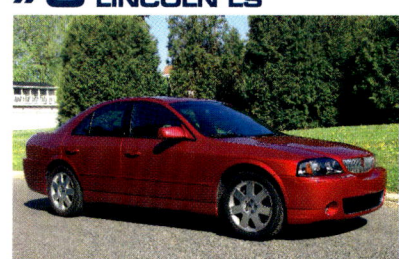

EN LICE
› Audi A6/RS6
› BMW Série 5
› Buick Park Avenue
› Cadillac DeVille
› Cadillac STS
› Lexus GS 300
› Lincoln LS
› Lincoln Town Car
› Saab 9-5
› Volkswagen Passat
› Volvo S60/S60R
› Volvo S80

Guide de l'auto 2005

DE CLASSE 2005

BERLINES DE GRAND LUXE DE PLUS DE 70 000 $

LES PREMIERS

EN LICE
› Acura RL
› Audi A8/A8L
› BMW Série 5
› BMW Série 7
› Infiniti Q45
› Jaguar S-Type
› Jaguar XJ8
› Lexus GS 430
› Lexus LS 430
› Maserati Quattroporte
› Mercedes-Benz Classe E
› Mercedes-Benz Classe S
› Volkswagen Phaeton

»1 ACURA RL

»2 AUDI A8/A8L

»3 MERCEDES-BENZ CLASSE S

BERLINES ET COUPÉS SPORT DE MOINS DE 35 000 $

EN LICE
› Acura RSX
› Chevrolet Cobalt SS
› Dodge SRT-4
› Ford Focus ST
› Honda Civic SiR
› Hyundai Tiburon
› Mercedes-Benz Classe C Coupé sport
› MINI Cooper
› Mitusbishi Eclipse/Spyder
› Nissan Sentra SE-R
› Saturn Ion Red Line
› Subaru Impreza WRX
› Toyota Celica
› Volkswagen Golf GTi
› Volkswagen Jetta 1,8T

»1 ACURA RSX

»2 DODGE SRT-4

»3 FORD FOCUS ST

Guide de l'auto 2005

CABRIOLETS, ROADSTERS ET GT

»1 MAZDA RX-8

EN LICE
› Audi A4 Cabriolet
› Audi TT
› BMW Z4
› Chrysler Crossfire
› Ford Mustang
› Ford Thunderbird
› Honda S2000
› Infiniti G35 coupé
› Mazda Miata/Mazdaspeed Miata
› Mazda RX-8
› Mercedes-Benz SLK
› Nissan 350Z
› Saab 9-3 Cabriolet
› Subaru Impreza WRX STi
› Toyota Camry Solara
› Volkswagen New Beetle Cabrio

»2 INFINIT G35 COUPÉ

»3 SAAB 9-3 CABRIOLET

VOITURES SPORT ET CABRIOLETS
DE 65 000 $ À 200 000 $

»1 CHEVROLET CORVETTE

EN LICE
› Acura NSX
› BMW Série M
› BMW Série 6
› Cadillac XLR
› Chevrolet Corvette
› Dodge Viper
› Jaguar XK
› Lexus SC 430
› Mercedes-Benz CLK/cabriolet
› Mercedes-Benz CL500
› Mercedes-Benz SL
› Porsche 911
› Porsche Boxster

»2 PORSCHE 911

Ex æquo »3 BMW SÉRIE M

MERCEDES-BENZ SL

Guide de l'auto 2005

DE CLASSE 2005

UTILITAIRES SPORT COMPACTS

LES PREMIERS

EN LICE
- Chevrolet Equinox
- Ford Escape
- Honda CR-V
- Honda Element
- Hyundai Santa Fe
- Hyundai Tucson
- Jeep Liberty
- Kia Sorento
- Land Rover Freelander
- Mazda Tribute
- Mitsubishi Outlander
- Nissan Xterra
- Nissan X-trail
- Saturn VUE
- Subaru Forester/XT
- Subaru Outback
- Suzuki Grand Vitara
- Suzuki XL-7
- Toyota Highlander
- Toyota RAV4

»1 TOYOTA HIGHLANDER

»2 CHEVROLET EQUINOX

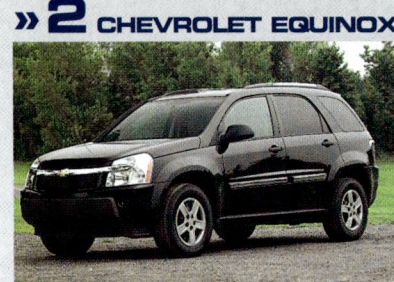

»3 SUBARU FORESTER XT

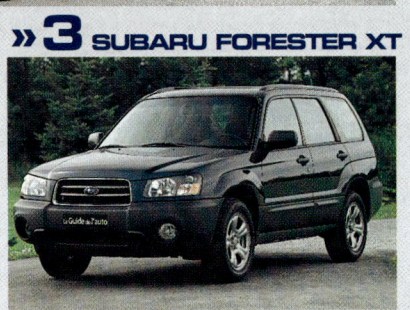

UTILITAIRES SPORT MOYEN ET GRAND FORMATS

EN LICE
- Acura MDX
- BMW X3
- BMW X5
- Buick Rainier
- Chevrolet TrailBlazer
- Dodge Durango
- Ford Explorer
- Lincoln Aviator
- GMC Envoy
- Honda Pilot
- Infiniti FX35
- Infiniti FX 45
- Jeep Grand Cherokee
- Land Rover LR3
- Lexus RX330
- Mercedes-Benz Classe M
- Mitsubishi Endaevor
- Mitsubishi Montero
- Nissan Pathfinder
- Porsche Cayenne
- Toyota 4Runner
- Volkswagen Touareg
- Volvo XC 90

»1 LEXUS RX 330

»2 NISSAN PATHFINDER

»3 JEEP GRAND CHEROKEE

Guide de l'auto 2005

MEILLEURES FOURGONNETTES

»1 HONDA ODYSSEY

EN LICE
› Buick Terrazza
› Chevrolet Uplander
› Chrysler Town & Country
› Dodge Caravan/Grand Caravan
› Ford Freestar
› Honda Odyssey
› Kia Sedona
› Mazda MPV
› Nissan Quest
› Pontiac Montana SV6
› Saturn Relay
› Toyota Sienna

»2 TOYOTA SIENNA

»3 MAZDA MPV

MULTISEGMENT

»1 CADILLAC SRX

EN LICE
› Audi Allroad
› Cadillac SRX
› Chrysler Pacifica
› Ford Freestyle
› Infiniti FX35/45
› Nissan Murano
› Volvo XC70

»2 INFINITI FX35/45

»3 FORD FREESTYLE

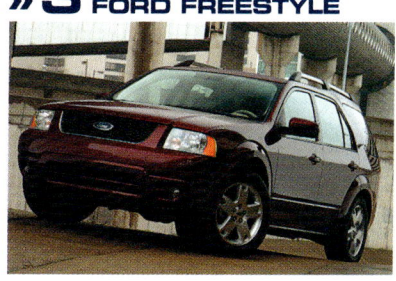

Guide de l'auto 2005

LES PREMIERS DE CLASSE 2005
AUTOMOBILE

EN LICE
- Acura RL
- Audi A6
- Buick Allure
- Chrysler 300
- Chrysler Crossfire Cabriolet
- Cadillac CTS-V
- Cadillac STS
- Chevrolet Corvette
- Chevrolet Optra 5
- Dodge Magnum
- Ford 500
- Ford Mustang
- Kia Spectra
- Mazda 6 Sport
- Mazda 6 Wagon
- Pontiac G6
- Pontiac Wave
- Smart Fortwo
- Volvo S40

CHRYSLER 300C

UTILITAIRE SPORT

NISSAN PATHFINDER

EN LICE
› BMW X3
› Chevrolet Equinox
› Ford Freestyle
› Ford Escape Hybrid
› Jeep Grand Cherokee
› Land Rover LR3
› Lexus GX470
› Nissan Pathfinder
› Nissan XTerra

Guide de l'auto 2005

LES PREMIERS DE CLASSE 2005
TECHNOLOGIE ET INNOVATION

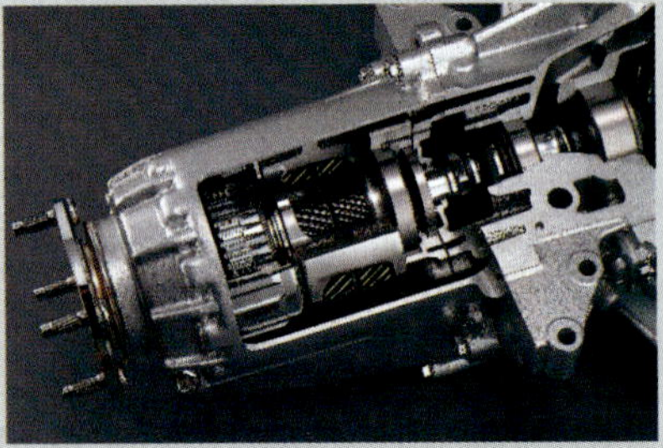

ACURA RL

SYSTÈME «SH-AWD»

Non seulement l'Acura RL est complètement transformée en 2005 avec sa nouvelle plate-forme ultra rigide et son moteur V6 3,5 litres de 300 chevaux, mais elle est la première voiture à offrir un rouage intégral vraiment inédit. Appelé SH-AWD pour «Super Handling – All Wheel Drive», ce mécanisme répartit le couple d'avant à l'arrière comme le font toutes les autres transmissions intégrales. Mais, et c'est là l'ingéniosité qui lui a valu ce titre, la répartition s'effectue aux quatre roues de façon indépendante et elle est également distribuée en fonction de la stabilité latérale de la voiture. Au lieu d'utiliser les freins pour redresser la voiture dans un virage, le système SH-AWD transfère plus de puissance à l'une des roues opposées au dérapage afin de replacer le véhicule sur la bonne trajectoire. Le pilote bénéficie d'un meilleur contrôle en plus de profiter d'un agrément de conduite supérieur. Ce mécanisme est intégré au pont arrière et son fonctionnement est tout à fait transparent.

Nul doute que cette innovation fera école.

Des services de toutes sortes, à même votre véhicule.

Appuyez sur un bouton.

Vous serez immédiatement en contact avec quelqu'un qui peut vous localiser et vous fournir assistance en cas d'urgence. **OnStar**, c'est aussi l'avis de déploiement de sac gonflable, la téléphonie personnelle mains libres à commandes vocales, le télédiagnostic, le télédéverrouillage et les services d'orientation, d'information et de tourisme.

Offert sur plus de 50 modèles de véhicules GM. Pour en savoir plus, voyez votre concessionnaire GM.

visitez onstar.ca

CHEVROLET • PONTIAC • OLDSMOBILE • BUICK
GMC • CADILLAC • SATURN • SAAB • HUMMER

⟫⟫ LES PROTOTYPES 2005

ASTON MARTIN	DODGE	FUORE DESIGN	HONDA	MASERATI	RINSPEED
BERTONE	EDAG		HYUNDAI	MAZDA	ROLLS-ROYCE
DC DESIGN	FORD	GENERAL MOTORS	ITAL DESIGN	MITSUBISHI	SUZUKI
			JAGUAR	MITSUOKA	VOLVO
			JEEP	NISSAN	

PROTOTYPES 2005

VANQUISH ROADSTER

Elle était déjà belle à croquer et voilà qu'elle enlève le haut… De quoi faire tomber le plus fidèle automobiliste ! L'Aston Martin Vanquish Roadster a été dessinée par Zagato, le célèbre carrossier de Milan en Italie. C'est lors du Salon de Genève, au kiosque dudit Zagato, que cette merveille a été dévoilée. La Vanquish peut recevoir une capote souple ou un toit rigide. Une fois recouverte de ce dernier couvre-chef, rien n'y paraîtra et l'œil peu averti croira avoir affaire à une version coupé. Lorsque le toit est abaissé, un couvercle ondulé en verre trempé vient se loger derrière les sièges, couvrant ainsi le petit espace de rangement qui s'y trouve. Pour les objets précieux, ce n'est peut-être pas le meilleur endroit !

PROTOTYPES 2005

Bertone a créé, au cours des années, les plus belles Aston Martin ayant roulé sur notre ronde planète (DB2/4 Barchetta, DB4 GT entre autres). Il récidive cette année avec la Jet 2, Jet étant une appellation déjà utilisée par Nuccio Bertone en 1961. Le mandat confié à cette firme mondialement reconnue, maintenant dirigée par Lili Bertone, n'était pas simple. Elle devait créer une Aston Martin typique, mais possédant sa propre identité. Ce qu'elle a réussi haut la main en utilisant la plate-forme d'une Vanquish allongée de 210 mm. Une première version à deux places a déjà vu le jour mais une livrée 2 + 2 (lire deux places pour adultes et deux places pour deux petits sacs d'épicerie) est déjà prévue.

JET 2

Guide de l'auto 2005

PROTOTYPES 2005

GAIA

Dévoilé à Genève en 2003, ce prototype avait pour mission d'intéresser même les plus blasés de la chose automobile… Pour y parvenir, Dilip Chhabria, un designer indien ayant étudié aux États-Unis, a préféré utiliser des lignes plus modernes que futuristes. Il en résulte ce joli coupé aux roues de 22 pouces et à la partie avant très massive. Dans le document de presse remis par DC Design, on fait référence aux Bentley Blower et Bugatti Royale. O.W. Bentley et Ettore Bugatti se sont sans doute retournés dans leurs tombes ! Au fait, les accents d'aluminium sur la carrosserie, les cuirs fins et les touches d'érable ajoutent au luxe de l'habitacle.

Guide de l'auto 2005

JUGGERNAUT

Reprenant les dimensions du Hummer H2, le Juggernaut devrait combler le plus maniaque des maniaques de conduite hors route extrême! La partie arrière peut servir de boîte de chargement ou d'espace pour quatre personnes. Ainsi, jusqu'à huit personnes peuvent monter à bord du Juggernaut. On sait peu de chose sur sa fiche technique sauf que ce mammouth roule sur des pneus de type «run flat» et que sa garde au sol est de 38 cm!

TAARZAN

C'est pour les besoins du film fantaisiste indou "Taarzan, the wonder car" que DC Design a créé la Taarzan, une voiture mystérieuse qui peut voler, se battre contre des vagues ou des esprits malsains, raser le sol et tuer lorsqu'il le faut. Bon, il y a bien quelques effets spéciaux pour aider la Taarzan à faire tout ça… Sur une note plus technique, mentionnons que le châssis provient de la Toyota MR2. Pas moins de dix mois de travail ont été nécessaires pour la création de cette voiture très spéciale dont le look se devait d'être à la fois distinctif et… crédible! L'Aston Martin de James Bond peut aller se rhabiller.

PROTOTYPES 2005

SLINGSHOT

Bon, d'accord. La fronde représentée ici ne semble pas tellement dangereuse. En fait, on dirait une Viper frappée par derrière par un autobus! Pourtant, même si cet exercice de style parle d'un moteur trois cylindres à essence, son rapport poids-puissance est relativement élevé (789 kilos pour 100 chevaux). Le 0-60 mph (96,5 km/h) se boucle aux alentours de 10 secondes et le Slingshot fait jusqu'à 5 litres aux 100 km. Le toit rigide peut être placé dans un des deux compartiments à bagages, tandis qu'un toit de toile coulisse vers l'arrière. L'intérieur a été conçu autour du thème «moteur» et les principaux cadrans sont réunis par une courroie!

Cette voiture, qui ressemble plus à un casque de Power Ranger qu'à une œuvre d'art, provient de la firme EDAG (Engineering + Design AG). Ce coupé sport deux places est le premier au monde à offrir un espace de couchage pour le conducteur. Il suffit à ce dernier de relever électriquement la partie supérieure du toit et le tour est joué. Les sacoches rigides, placées de chaque côté de la carrosserie sont amovibles. La Gen X se décline en versions bureau, sport ou camping et peut rouler sur n'importe quel terrain en raison de ses quatre roues motrices. Cette « chose » roule sur des pneus de 20 pouces de diamètre, sa longueur fait 446,6 cm et sa hauteur 123 cm, soit à peu près les dimensions de la Viper. Laquelle des deux choisiriez-vous ?

GEN X

PROTOTYPES 2005

BRONCO

Vous ne vous attendiez pas à retrouver un Bronco dans les prototypes, hein? Même s'il était surprenant qu'un futur Bronco retienne tous les éléments stylistiques de ce concept, il y a fort à parier que son côté Hummer survivra. Nous verrons! Ses dimensions le situent entre les Jeep Liberty et TJ. Côté mécanique, on a pensé écolo avec un quatre cylindres 2,0 litres turbodiesel de 178 chevaux. Ford fait appel à une transmission automatique six rapports inédite qui devrait se retrouver sur plusieurs de ses véhicules dans les années à venir. Le système de traction intégrale est le même que celui de l'Escape 2005.

SHELBY GR-1

Dans la série des Increvables, voilà que Carroll Shelby remet ça avec le Shelby GR-1. En prenant l'architecture de l'intemporelle Ford GT et en lui donnant une carrosserie encore plus distinctive, Shelby ne pouvait se tromper! Elle ressemble vaguement à la Lamborghini Miura des années '70, vous ne trouvez pas? Ce concept, dévoilé au prestigieux concours d'Élégance de Pebble Beach en Californie, pourrait devenir une évolution de ladite GT. Son moteur est un V10 cravachant ses 605 chevaux avec un fouet à six rapports. Même si Shelby n'a plus besoin de présentation, précisons que ce texan, né le 11 janvier 1923, est associé, d'une façon ou d'une autre à Ford depuis 42 années.

PROTOTYPES 2005

BLACK JAG

Fuore Design est un nouveau joueur dans l'arène de l'automobile. C'est à Genève que cette entreprise espagnole a décidé de présenter son concept Black Jag. Avec un nom pareil, Erwin Himmel, le fondateur de Fuore, ne peut nier qu'il y a du Jaguar là-dedans! Ce magnifique biplace se «garroche» de 0 à 100 km/h en 3,8 secondes et peut atteindre 340 km/h grâce à un V10 de 7,0 litres qui développe la bagatelle de 640 chevaux. Lorsqu'on apprend que le poids de la bête n'est que de 1 350 kg, on comprend mieux! Par contre, Fuore a préféré oublier de diffuser le prix…

Guide de l'auto 2005

«Extravagance retenue», dit le document de presse de la Buick Vélite. Ce nom provient d'une troupe de soldats d'élite sous Napoléon. Ce superbe cabriolet est la première voiture de General Motors à être basée sur la plate-forme Zeta. Il s'agit d'une propulsion dessinée aux États-Unis et assemblée aux ateliers de Bertone, en Italie. Les fameux «portholes», ces fausses prises d'air sur les ailes avant si chères à Buick, sont de retour et ajoutent une touche de romantisme, si on en croit la présentation! Pour l'instant, le moteur est un V6 3,6 litres double turbo développant 400 chevaux et les pneus sont de 20 pouces à l'avant et de 21 pouces à l'arrière! Il ne serait pas surprenant de voir la Vélite en production un de ces quatre matins.

BUICK VÉLITE

PROTOTYPES 2005

CHEVROLET NOMAD

La plate-forme Kappa a tout d'abord été développée pour la Pontiac Solstice. La beauté de ce nouveau châssis c'est qu'il peut être facilement adapté à bien d'autres sauces… Comme à la Chevrolet Nomad, un bel hommage aux populaires Nomad des années '50. En fait, le prototype de la Nomad était apparu en 1954 et la production avait débuté l'année suivante. Cinquante années plus tard, on retrouve ce qui distinguait alors les Nomad des autres «station wagons»: deux portières au lieu des quatre habituelles. Quoi qu'il en soit, le Concept Nomad se veut un 2+2 mû par le 2,0 litres turbo Ecotec. Une nouvelle transmission automatique à cinq rapports relaie les 280 chevaux aux roues arrière.

SATURN CURVE

Cette jolie Saturn se veut une autre application de la plate-forme Kappa. Ce coupé sport quatre places cache sous son capot la mécanique du Ion Red Line même si ce sont les roues arrière qui propulsent le véhicule. Pour assurer un look sportif, les roues ont 20 pouces de diamètre et les freins avant de 14 pouces possèdent deux étriers. La carrosserie de fibre de verre est fixée à une structure tubulaire. La Curve a été dessinée aux États-Unis, développée en Suède et une partie de l'assemblage a été effectuée en Italie. Quand on parle de mondialisation!

Guide de l'auto 2005

PROTOTYPES 2005

Le H3T représente ce que sera, peut-être, le design du Hummer de demain. Cette étude de style d'un pick-up pourrait éventuellement voir le jour. Pour l'instant, on a pourvu les côtés de la boîte de portières. Une partie du toit et la vitre arrière peuvent se déplacer pour créer un sentiment de «cabriolet». Même si le H3T semble un peu plus mauviette que les autres Hummer, il n'en demeure pas moins que ses capacités de franchissement demeurent très élevées! L'empattement est plus court que celui d'un Chevrolet Colorado, mais le gros six en ligne de 3,5 litres développe 350 lb-pi de couple. Ce n'est pas rien…

HUMMER H3T

Guide de l'auto 2005

PROTOTYPES 2005

SUT

Au moment où vous lisez ces lignes, le Sport Utility Truck de Honda n'est presque plus un véhicule concept. En effet, cette superbe interprétation des anciennes Chevrolet El Camino sera disponible quelque part en 2005 en tant que modèle 2006. Construit au Canada (à Alliston en Ontario), le SUT sera doté d'un moteur VTEC V6 (probablement le 3,5 litres), d'une transmission automatique à cinq rapports, d'un rouage intégral et de suspensions indépendantes aux quatre coins. Contrairement aux camionnettes ordinaires dont la boîte de chargement est séparée de la cabine, le SUT est fait d'un bloc. Puisque sa plate-forme est dérivée de celle des Pilot et MDX, il faut s'attendre à des dimensions semblables.

PROTOTYPES 2005

HDC-8

Même si Huyndai a déjà produit des voitures comme la Pony et la Excel, ses designers se montrent tout de même capables de belles prouesses. La HDC-8 en est un exemple frappant… même s'il a été dessiné dans les studios de Kia, la compagnie sœur de Hyundai. Ce véhicule concept pourrait être à la base de l'élaboration des prochaines générations de coupés sport. Rappelons qu'en plus d'attirer les foules dans le kiosque de Hyundai, les prototypes donnent naissance, à l'occasion, à de véritables voitures. Par exemple, le HDC-4, après quelques modifications, est devenu le Santa Fe. Pour en revenir au très joli HDC-8, ses roues avant de 19" sont mues par un V6 de 2,7 litres avec compresseur.

PROTOTYPES 2005

La très impressionnante Alfa Visconti, dessinée par Ital Design et son directeur vedette Giorgetto Guigiaro, fait près de 5 mètres de long et 1,90 mètre de large, soit à peu près les dimensions d'une Mercedes CL. Le designer parle de sa Visconti comme d'une provocation stylistique mais, selon nous, il n'y a aucune provocation ici. Juste une caresse pour les yeux… Côté mécanique, on parle d'un V6 3,2 litres double turbo développant la bagatelle de 405 chevaux et d'un couple de 502 livres-pied à 2 000 tours/minutes. Les quatre roues sont motrices et directrices, et la transmission automatique possède six vitesses. Malheureusement, il est peu probable que cette super voiture soit mise en production.

ALFA VISCONTI

TOYOTA VOLTA

Qui a inventé la pile? Un italien nommé Volta, voyons! En mars dernier, le Salon de Genève présentait ce magnifique coupé sport deux places développé par Ital Design en collaboration avec Toyota. Le constructeur nippon a fourni, entre autres, un moteur hybride de 3,3 litres. En fait, cet engin fonctionne avec de l'essence mais deux moteurs électriques, un pour l'essieu avant et l'autre pour l'essieu arrière, permettent à la Volta d'offrir quatre roues motrices. Un système de gestion électronique aussi complexe qu'efficace s'occupe de relayer la puissance du moteur, situé à l'arrière, sans passer par le traditionnel duo transmission/différentiel. 408 chevaux, 250 km/h (limité électroniquement) et un 0-100 en 4,0 secondes… On est loin des premières Prius!

Guide de l'auto 2005

PROTOTYPES 2005

CONCEPT EIGHT

Un peu comme les marguerites, toutes les Jaguar se ressemblent... du moins en apparence! La Concept Eight, dévoilée au Salon de l'auto de New York 2004, se veut l'expression même du style... dans le sens de «avoir du style en ti-pépère!». Mais la mécanique n'a rien de pépère! V8 de 4,2 litres, 390 chevaux, 399 lb-pi de couple à 3 500 tours, de quoi vous mettre en apnée lors d'un dépassement! Le châssis provient de la nouvelle XJ LWB (Long Wheel Base), les suspensions sont abaissées et les roues ont un diamètre de 21 pouces, rien de moins! Le toit de la Concept Eight diffère passablement de celui de la XJ LWB puisque l'aluminium fait place à une vitre teintée qui diffuse une lumière rouge «indirecte et agréable» pour reprendre les mots de Ian Callum, le designer vedette de la marque.

Guide de l'auto 2005

PROTOTYPES 2005

RESCUE

Même si ce véhicule n'est encore qu'un véhicule concept, il pourrait préfigurer le Jeep de demain. Bien sûr, le Rescue, comme son nom l'indique, ne fait pas nécessairement dans la dentelle mais plutôt dans le 4x4 extrême! Et ses dimensions se veulent tout aussi ultimes puisqu'il fait du Hummer H2 son principal rival. Et qui sait si Jeep ne vise pas le marché militaire qu'il a quitté dès la Seconde Guerre mondiale terminée? Cependant, nous ne croyons pas que ses pneus de 37 pouces (oui 37 pouces!) survivront à la production de masse. Mais n'allons pas trop rapidement dans nos conclusions! Il ne s'agit, pour l'instant, que d'un véhicule concept…

Guide de l'auto 2005

Cette petite bibitte pourrait représenter le petit Jeep urbain du futur. Les qualités hors route seront préservées tandis qu'une motorisation à hydrogène pourrait le propulser en ville ou sur un campus, par exemple. Chacune des quatre roues motrices serait mue par un moteur électrique. Le concept de ce véhicule est basé sur le chiffre «trois», d'où le Treo qui veut dire «trois» dans bien des langues. L'intérieur serait facilement adaptable à différents marchés puisque le volant, les instruments et le pédalier peuvent facilement passer de gauche à droite.

TREO

PROTOTYPES 2005

MC12

Dans la lignée des Ferrari Enzo, Lamborghini Murcielago et Porsche Carrera GT on retrouve cette bête de puissance qu'est la Maserati MC12. Cette voiture, si on peut utiliser un terme si générique, peut dépasser les 330 km/h et accélère de 0 à 100 km/h en 3,8 secondes. D'un moteur central arrière V12 de 630 chevaux développant «seulement» 481 livres/pied de couple, on est en droit de s'attendre à de telles performances! La transmission à six rapports est séquentielle. Ah oui, une seule combinaison de couleur est disponible, soit le blanc et le bleu. Le prix? Encore inconnu mais parions qu'il sera l'équivalent de quelques maisons… très luxueuses!

Ce véhicule Mazda, aux phares rappelant irrémédiablement la Porsche Cayenne, a été dévoilé à Détroit en février dernier. Ce joli prototype sera mis en production cette année mais pour l'instant, il ne sera pas disponible en Amérique du Nord. On parle ici d'un mini véhicule puisqu'il fait 50 cm de moins que la Mazda3, déjà pas très longue! Plusieurs configurations seront possibles dans l'habitacle et le tableau de bord des MX-Micro Sport de production ne proposera sans doute pas les deux écrans d'ordinateur du concept. Une «carte de crédit» contenant tous les renseignements pertinents sur le conducteur est nécessaire pour faire démarrer le véhicule. Automatiquement, tous les paramètres s'ajusteront en fonction de celui ou celle qui conduit. C'est pour quand l'Amérique?

MX-MICRO SPORT

PROTOTYPES 2005

CZ2 CABRIOLET

Les voitures concept ne sont pas toutes complètement flyées… Si la carrosserie de cette Mitsubishi CZ2 Cabriolet affiche de superbes lignes, l'habitacle se veut plutôt futuriste! Dans les portières, on retrouve des pochettes amovibles rouge vif dessinées par la maison italienne Mandarina Duck. Le tissu des sièges est imperméable tandis qu'on retrouve une couverture chauffante pour les passagers arrière, question de les protéger du froid. Le moteur 1,5 litre est associé à une transmission continuellement variable mais avec possibilité de changements de vitesses manuels. Une carte à puces peut être téléchargée à la maison (musique, carte géographique, internet, etc) pour donner un peu de vie aux voyages tandis que cette même carte peut contenir toute l'information relative à l'entretien du véhicule. On n'arrête pas le progrès…

PROTOTYPES 2005

Si les véhicules de production de Mitsubishi nous arrivaient en aussi grand nombre que les prototypes, sans doute que l'entreprise nippone serait en meilleure santé financière! Enfin, passons…
Le Mitsubishi «i», vaguement ressemblant à la Smart, reçoit un moteur central trois cylindres de 1 litre. La «puissance» est relayée aux roues arrière par une transmission à rapports continuellement variables. Ce petit véhicule à quatre places est tout à fait fonctionnel et se veut «high-tech» avec sa carte à puces permettant d'emmagasiner et de gérer une foule d'informations telles que: identification du conducteur, système de navigation, entretien du véhicule, Internet et bien plus encore. Le «i» se révèle très aérodynamique (cœfficient de traînée de 0.24 seulement), super économique, propre et sécuritaire.

Guide de l'auto 2005

PROTOTYPES 2005

SE-RO

Bon d'accord, ce n'est pas tellement joli. En fait, les designers parlent d'un style alliant un «look futuriste avec un rappel nostalgique». Quand on en est rendu à des expressions comme celles-là… Le nom de ce Mitsubishi SE-RO provient de «secret room» et rappelle les cachettes des enfants. La carrosserie, assemblée à la main, est faite d'aluminium qu'on a laissé de couleur naturelle pour rappeler les anciens avions. Ce jouet, qui peut accueillir quatre personnes, fait 240 cm de longueur et 168 cm de hauteur. Il est propulsé par un moteur turbo 3 cylindres de 0.66 litre (!) dont la puissance n'est pas dévoilée par Mitsubishi. Les pneus ont 16 pouces de diamètre.

Guide de l'auto 2005

Mitsuoka est une minuscule entreprise japonaise qui se spécialise dans les petits véhicules, la plupart du temps en se basant sur un châssis existant. Mais ici, on a fait une belle exception. Reprenant les phares d'une Mercedes, la grille d'une Buick et la partie arrière d'une Ferrari, le tout habillé d'une robe toute en courbes, la Orochi se veut une réplique aux Ferrari 575 Maranello et autres «bébelles» du genre. Mais on l'a gratifiée d'un moteur de tondeuse (tout est relatif…). Il s'agit d'un V6 3,3 litres placé à l'arrière et dont la puissance est relayée aux roues arrière par une vulgaire transmission automatique à quatre rapports. Si jamais l'Orochi atteint le stade de la production, souhaitons qu'on lui donne un moteur à la mesure de son style…

OROCHI

PROTOTYPES 2005

Guide de l'auto 2005

PROTOTYPES 2005

ACTIC

On sait bien peu de choses sur cette bibitte à pneus «picotés» dévoilée au Salon de l'auto de Détroit, sinon qu'elle possède une clé dite intelligente de 100 gigaoctets qui active l'ordinateur de bord et modifie les paramètres de l'habitacle. Parlant d'habitacle, accessible par des portes coulissantes, il est modulaire et peut recevoir six personnes. Pas moins de six écrans plats sont accrochés au plafond. Nissan a aussi pensé aux déménageurs du futur en concevant cette mignonne remorque gonflable qui peut servir aussi de tente puisqu'il y a suffisamment d'espace pour trois personnes.

PROTOTYPES 2005

JIKOO

En 2003, les Japonais fêtaient le 400e anniversaire de Edo et le 70e de Nissan. Inspiré du Datsun Roadster 1935, le design du Jikoo, ce charmant véhicule deux places, représente l'héritage des artisans traditionnels de la ville de Edo, devenue Tokyo. Un système de navigation appelé Edo Navi se charge de l'Histoire! Le conducteur voit un écran sur lequel il retrouve un plan de Tokyo tandis que le passager a droit à un écran qui diffuse le plan de la même partie de la ville mais de l'époque d'Edo!

QASHQAI

Voici, sans doute, à quoi ressemblera la prochaine génération du Murano. Même si le Qashqai se montre plutôt compact, il ne s'en laisse pas imposer avec ses roues de 20 pouces Michelin PAX, sa garde au sol de 23,7 cm et sa transmission intégrale électronique. L'habitacle est modulable, comme le veut la tendance. Les sièges s'escamotent pour libérer un espace de chargement très apprécié des amateurs d'activités extérieures. Remarquez l'absence de pilier central. Les phares « invisibles » grâce à la peinture « clear ink » qui disparaît dès qu'on les allume et quelques autres gadgets ne devraient pas évoluer au-delà du stade prototype. Il n'en demeure pas moins que le Qashqai semble très près de la production. Seul le nom pourrait causer un problème!

PROTOTYPES 2005

SPLASH

Les amateurs de voitures anciennes ont tous déjà vu un Amphicar, cette bizarre création allemande des années '60 qui se prenait pour une auto ou un bateau selon les exigences du moment… Rinspeed, célèbre créateur suisse, a repris ce concept et en a profité pour y apporter quelques améliorations. Techniquement, la Splash peut passer d'auto à bateau et même à avion! Des systèmes hydraulique et électronique aussi sophistiqués que complexes se chargent de faire flotter cet agréable véhicule ou, sur la simple pression d'un bouton, d'en faire presque un bateau de course, survolant, littéralement, le plan d'eau. La Splash peut atteindre 200 km/h sur la route et 45 nœuds (environ 80 km/h) en configuration bateau de plaisance grâce à un moteur de 750 cm3 fonctionnant au gaz naturel et développant 140 chevaux.

PROTOTYPES 2005

Dans le domaine des voitures expérimentales, il faut s'attendre à tout… Même Rolls-Royce, pourtant réputée pour son conservatisme, a cru bon présenter la 100EX qui commémore le centenaire de la renommée marque anglaise, et qui a été élaborée aux studios Designworks de BMW en Californie. Si la partie arrière se montre esthétique et fort bien équilibrée, que dire de la partie avant avec ses petits phares perdus dans une mer d'aluminium poli. Plus petite qu'une Phantom, la 100EX fait tout de même 5 669 mm soit 99mm de plus qu'un Cadillac Escalade! Probablement gênée, Rolls-Royce n'a pas dévoilé le poids de son véhicule expérimental…

RX100

Guide de l'auto 2005

PROTOTYPES 2005

MOBILE TERRACE

Quelqu'un, chez Suzuki, a décidé de créer le véhicule-loisir idéal. Le Mobile Terrace est, comme son nom l'indique, une terrasse mobile! Propulsé par un moteur électrique et quatre roues motrices, ce mignon autobus vert pomme et jaune tournesol, qui ressemble plutôt à un jouet, fait 4 mètres de long. Le principe du Mobile Terrace se veut fort simple : vous roulez et décidez d'arrêter « drette là ». Vous ouvrez les portes coulissantes, sortez une partie du plancher sur laquelle des chaises pivotantes aux allures 1970 sont boulonnées et le tour est joué. Ah oui, le tableau de bord peut devenir, à ce moment, une table. Nous, du Guide de l'Auto, ne recommandons pas la conduite de ce véhicule six places tant que les vitres seront vertes…

Guide de l'auto 2005

PROTOTYPES 2005

Ce n'est pas d'hier qu'un manufacturier tente de combiner les plaisirs de la moto et la polyvalence de l'automobile. Voici l'interprétation qu'en fait Suzuki! Il s'agit d'un véhicule deux places dont la carrosserie est en aluminium. Les deux sièges sont placés l'un derrière l'autre et l'habitacle se retrouve juste devant le moteur. Suzuki dit de cette auto-moto qu'elle est très novatrice en matière d'informatique et de communication. Vite, gens de chez Suzuki, donnez vie à cet engin qui n'a sans doute pas la gueule de notre T-Rex mais qui se veut drôlement intéressant!

S-RIDE

Guide de l'auto 2005

PROTOTYPES 2005

CONCEPT T

Dans la catégorie des véhicules multi-segments, Volks a profité du NAIA (North American International Auto-show) tenu à Détroit en janvier 2004 pour présenter son Concept T. La carrosserie s'inspire du Concept R dévoilé l'an dernier tandis que l'habitacle se permet de proposer deux ou quatre places, selon vos besoins. En version deux places, naturellement, l'espace de chargement se veut impressionnant. Avec son V6 3,2 litres, son rouage intégral 4MOTION, sa transmission automatique et ses pneus 19 pouces, ce joli « off road » peut atteindre les 230 km/h (limité électroniquement) et accélérer de 0 à 100 km/h en moins de 7 secondes.

Guide de l'auto 2005

PROTOTYPES 2005

YCC

Avant-gardiste au chapitre de la sécurité routière, voilà que Volvo innove aussi en matière de marketing en confiant l'élaboration du YCC (Your Car Concept) uniquement à des femmes. Selon le président-directeur général de Volvo (un homme, c'est pas de sa faute!), ce prototype rejoint le marché sans cesse grandissant des femmes sans faire fuir les hommes puisque «ces derniers adoreront ce véhicule!». Les portières en ailes de mouette s'activent automatiquement dès que la conductrice s'approche du véhicule. Le recouvrement des sièges se change selon l'humeur du jour et les espaces de rangement sont nombreux et ingénieux. Le YCC demande un entretien minimal et pollue très peu grâce à son moteur cinq cylindres de 215 chevaux.

Guide de l'auto 2005

MODÈLES 2005 ½ ET 2006

CHRYSLER 300 SRT-8

L'évaluation en parallèle de la 300 C avec la CTS-V a clairement démontré que les 345 chevaux du moteur Hemi étaient suffisants sur l'autoroute mais un peu en retrait sur la piste. Ce qui explique pourquoi Chrysler nous propose la SRT-8. La cylindrée est passée de 5,7 litres à 6,1 litres tandis que la puissance est dorénavant de 425 chevaux. Elle roule sur des pneus de 20 pouces et le 0-100 km/h est une affaire d'un peu plus de cinq secondes.

LINCOLN MARK LT

La recette est simple, mais il suffisait d'y penser. Pourquoi pas une camionnette de luxe? Et il ne s'agit pas d'une solution de compromis. La Lincoln Mark LT est une F-150 en tenue de soirée En plus de l'incontournable calandre en forme de chute d'eau, cette camionnette à cabine multiplace se démarque par des roues spéciales et un habitacle très luxueux. Le moteur est l'immanquable V8 5,4 litres Triton produisant 300 chevaux.

LINCOLN ZEPHYR

Les plus vieux se souviendront de l'oncle Zéphyr dans le Survenant ou des petites économiques peu impressionnantes que Ford a commercialisées dans les années des l'après-guerre. Cette fois, la compagnie revient aux sources avec la Lincoln Zephyr puisque cette appellation a débuté en 1936 dans cette même division. Cette fois, cette berline est équipée d'un moteur V6 3,0 litres couplé à une boîte automatique six rapports. Elle sera la plus économique de toutes les Lincoln 2006.

Guide de l'auto 2005

MAZDA 5

Cette fourgonnette aux allures vraiment sportives a été dévoilée dans le cadre du Salon de l'auto de Paris en septembre 2004. Il s'agit d'une toute nouvelle famille de véhicules qui vient s'inscrire dans la lignée des Mazda3, Mazda6 et RX-8. En plus de son comportement routier sportif pour un véhicule de cette catégorie, sa configuration 6+1 permettra d'affronter presque toutes les conditions.

MAZDA-SPEED 6

La famille Mazdaspeed s'étoffe d'un autre modèle. En effet, une Mazda 6 plus musclée sera commercialisée au printemps 2005 sous la bannière Mazdaspeed 6. C'est vraiment une voiture Vroum-Vroum avec son moteur quatre cylindres 2,3 litres turbocompressé d'une puissance excédant 275 chevaux. La traction intégrale permettra de répartir plus équitablement toute cette puissance.

CHEVROLET SILVERADO HYBRID

Selon General Motors, c'est en réussissant à réduire la consommation d'essence des grosses camionnettes que des économies de carburant substantielles pourront être enregistrées. Cette camionnette est équipée d'un moteur V8 5,3 litres doté d'un démarreur électrique de forte puissance, alimenté par des batteries de 42 volts. Selon GM du Canada, la diminution de la consommation est de 17 % et plus.

Guide de l'auto 2005

MODÈLES 2005 ½ ET 2006

DODGE RAM SRT-10 QUAD

Avec son moteur V10 de 8,3 litres et ses 500 chevaux, le Dodge Ram à cabine simple a été homologué par la FIA comme étant la camionnette la plus rapide au monde. Cette fois, le Ram SRT-10 à cabine multiplace devient le camion quatre portes le plus véloce de la planète. Sa vitesse de pointe est de 250 km/h! C'est toutefois la réponse à une question que personne n'a encore posée…

ASTON MARTIN DBR-9

Cette Aston Martin n'est pas nécessairement une voiture de production, mais elle est trop intéressante pour passer incognito. Il s'agit en fait de la version course de la spectaculaire DB-9. Cette «R» se retrouvera en piste aux prochains 24 Heures du Mans. Bien entendu, sa puissance sera nettement supérieure à celle du V12 6,0 litres de la version de production. Il ne serait pas erroné de songer à une puissance de plus de 600 chevaux.

MERCEDES CLS

L'an dernier, cette voiture n'était qu'un vague projet. Cette année, c'est du solide puisque Mercedes-Benz a annoncé sa mise en production pour 2006. Cette nouvelle venue est en fait un coupé quatre portes puisque la silhouette est aussi racée que celle d'un coupé, mais les occupants des places arrière ne sont pas obligés de se contorsionner pour y accéder. Parmi les moteurs qui seront proposés, le moteur V6 3,5 litres produit 272 chevaux et boucle le 0-100 km/h en 7 secondes. Le V8 5,0 litres affiche une puissance de 306 chevaux.

Guide de l'auto 2005

BMW SÉRIE 5 TOURING

2005 ½ ET 2006

L'une des alternatives intelligentes aux VUS reste la familiale. Elle loge presque autant de bagages tout en étant nettement plus efficace en fait de tenue de route. De plus, une familiale comme la nouvelle BMW de Série 5 est capable de faire la nique à bon nombre de berlines. Lancée au Salon de Genève, la Touring se caractérise par une silhouette que plusieurs préfèrent à la berline et une plate-forme extrêmement sophistiquée. Elle pourra être équipée d'un moteur six cylindres ou encore d'un moteur V8 lorsqu'elle sera commercialisée en cours d'année.

LEXUS RX-400H

Après la Prius hybride, voilà que Toyota marie le luxe et la technologie hybride avec cette Lexus RX-400h. Comme la version régulière de la RX, elle est équipée d'un moteur V6 3,3 litres de 270 chevaux. Elle est également dotée de moteurs électriques à l'avant comme à l'arrière afin d'obtenir un système quatre roues motrices électrique intelligent. Le RX400H passe de 0 à 100 km/h en moins de 8 secondes.

SAAB 9^{7X}

La compagnie Saab se lance à fond de train dans les utilitaires sport. Avec la 9^{2X}, elle cible un marché en voie de développement, celui des VUS compacts. Avec la 9^{7X}, elle s'attaque au marché des formats habituels. Saab a adapté le châssis et la mécanique utilisés sur les Chevrolet Trailblazer, GMC Envoy et Buick Rainier. Par contre, les suspensions, la direction et plusieurs autres éléments mécaniques ont été modifiés. Deux moteurs seront offerts. Un six cylindres en ligne de 4,2 litres produisant 275 chevaux et un moteur V8 5,3 litres de 300 chevaux.

Guide de l'auto 2005

⟩⟩⟩ HORS SÉRIE

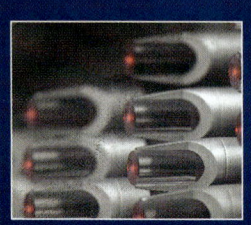

CHRYSLER ME 4-12   LA REVUE DE L'ANNÉE

MEILLEUR >>> **PROTOTYPE**

CHRYSLER ME 4-12

Guide de l'auto 2005

Attachez vos ceintures !

À la surprise générale, la compagnie Chrysler a dévoilé le prototype le plus significatif de l'année au Salon de l'auto de Détroit en janvier 2004, le ME 4-12. Cette appellation se décrypte comme suit : les deux lettres ME sont pour Mid Engine, tandis que les chiffres 4 et 12 signifient que le moteur V12 est alimenté par quatre turbos. Le secret avait été bien gardé et personne ne s'attendait à une telle surprise.

Guide de l'auto 2005

MEILLEUR PROTOTYPE

Cette silhouette à couper le souffle n'a pourtant pas été dessinée dans une officine d'Emilie Romagne en Italie, mais bien dans les studios de Chrysler à Auburn Hills en banlieue de Détroit. C'est Trevor Creed, le styliste en chef de la compagnie, qui a été chargé de créer ce chef-d'oeuvre. La direction lui avait donné pour mandat de concevoir la voiture sport la plus rapide qui soit. Mais il fallait également que cette automobile serve de porte-étendard à la marque.

Il n'est pas nécessaire d'examiner les photos de la ME 4-12 bien longtemps pour conclure que Trevor Creed et ses stylistes ont réussi quelque chose d'exceptionnel. Ce qui nous a incités à choisir ce bolide au titre de prototype de l'année. Non seulement la silhouette est très élégante, mais ses formes transpirent la vélocité et la puissance. Parlant de puissance, celle-ci ne fait pas défaut puisque cette super voiture est propulsée par un moteur arrière produisant 850 chevaux. Ce moteur V12 6,0 litres est alimenté par quatre turbocompresseurs. Cet engin tout en aluminium produit 142 chevaux par litre. À vous d'en tirer les conclusions qui s'imposent!

Avec un rapport poids-puissance exceptionnel de 1,5 kg par cheval-vapeur, il est facile de croire que le 0-100 km/h est l'affaire de moins de trois secondes tandis qu'on atteint les 160 km/h en 6,2 secondes. Si vous évaluez les voitures en fonction de leurs performances sur un quart de mille, le ME 4-12 règle le tout en 10 secondes à une vitesse de 228 km/h. Et selon les calculs des ingénieurs qui ont développé cette fusée sur roues, la vitesse de pointe théorique est de 400 km/h. Pour transmettre toute cette puissance aux roues arrière, les ingénieurs ont utilisé une transmission Ricardo à double embrayage qui a été spécialement développée pour cette voiture. Les passages des rapports sont tellement efficaces que la transmission du couple aux roues arrière n'est interrompue que pendant 200 millisecondes à chaque changement de vitesse.

Il faut ajouter que ce moteur V12 a été développé par la division AMG de Mercedes. C'est l'existence même de ce moteur qui a permis à l'équipe de développement de travailler aussi rapidement.

L'utilisation de matériaux exotiques assure la rigidité de la caisse, la légèreté de la suspension et la puissance de freinage. Les freins sont en composite de carbone et céramique. Des étriers de freins à six pistons se chargent d'immobiliser la brute. Les pneus sont de taille à maintenir cette Chrysler hors norme sur la route. Ce sont des Michelin haute performance de 265/35ZR19 à l'avant et de 335/30ZR20 à l'arrière.

Mais le plus intéressant dans tout cela est que cette machine de rêves a de fortes chances d'être produite en petite série un jour. Un modèle d'essai a été construit en plus du prototype dévoilé à Détroit, et il est l'objet de plusieurs tests en piste. Les résultats préliminaires sont encourageants et Jurgen Schremp, le grand patron de Daimler-Chrysler lui-même, est devenu un «accro» de cette voiture. Et vous savez, quand le grand patron désire quelque chose, les chances sont bonnes que le projet se matérialise.

Tous ensemble, croisons les doigts!

Texte : Denis Duquet
Photos : Andreas Lindlahr

»» CHRYSLER ME 4-12
› Coupé deux places, moteur arrière, propulsion

Empattement :	nd
Longueur :	454 cm
Largeur :	200 cm
Hauteur :	114 cm
Poids :	1 310 kg
Freins :	disques en carbone et céramique
Direction :	à crémaillère
Pneus :	P265/35ZR19 avant / P335/30ZR20 arrière
Moteur :	V12 quatre turbos
Cylindrée :	6,0 litres
Puissance :	850 à 5 750 tr/min
Couple :	850 lb-pi de 2500 à 4 500 tr/min
Transmission :	manuelle 7 vitesses, Ricardo à double embrayage
0-100 km/h :	2,9 secondes
0-160 km/h :	6,2 secondes
Vitesse de pointe :	400 km/h

REVUE DE L'ANNÉE
LES GRANDES TENDANCES TECHNOLOGIQUES

Depuis l'arrivée des composantes électroniques dans les voitures au début des années 80, les progrès technologiques ont été fulgurants. Auparavant, tout ou presque était sous l'emprise de la mécanique pure et simple et les progrès étaient relativement lents. L'électronique est venue changer tout cela. De nos jours, les transmissions, le rouage d'entraînement, la sécurité active et passive ainsi que les réglages de la suspension sont gérés par l'électronique. C'est dans ce contexte que nous avons effectué une brève révision des grandes tendances technologiques de l'année. Ce ne sont pas toujours des innovations comme telles, mais il est intéressant d'en surveiller l'évolution et leur utilisation sur une plus grande échelle.

LA VOIE DE L'AVENIR?

Cette année, la compagnie Ford prend un pari que certains jugent passablement risqué. Celui d'offrir une transmission à rapports continuellement variables ou CVT sur deux de ses modèles à grande diffusion : la berline 500 et le multisegment Freestyle. En optant pour cette transmission, le géant de Dearborn se joint à Audi, General Motors et Nissan qui proposent tous des modèles équipés de cette transmission. Il faut également ajouter que les Honda Civic Hybrid et Toyota Prius en sont également équipées. Chez nos voisins du sud, Honda commercialise toujours une version de la Civic Coupe avec boîte CVT. Curieusement, ce modèle n'est pas vendu au Canada, car il est jugé trop cher en raison de cette même transmission et Honda nous a avoué par le passé que les clients ne percevaient pas la plus-value de cet accessoire. Enfin, Subaru s'est également aventuré sans trop de succès dans le secteur des CVT avec la Justy au cours des années 80.

Cette technologie est considérée comme nouvelle par bien des gens, mais il ne faut pas oublier que ce type de transmission remonte au début des années 60, alors que la compagnie néerlandaise DAF avait innové en présentant une voiture dotée d'une transmission automatique par courroie. La pauvre petite voiture était assez peu performante, la transmission peu fiable tandis qu'elle avait la réputation d'être une «auto de femmes» malgré des succès probants en rallye. Volvo s'est porté acquéreur de ce petit constructeur en 1974 et, curieusement, n'a jamais utilisé cette transmission Variomatic dans ses modèles.

Le talon d'Achille de ce mécanisme était ses courroies en caoutchouc qui étiraient ou qui se rompaient tout simplement. De nos jours, toutes les boîtes CVT sont équipées d'une courroie en acier qui résiste à l'étirement ou à la rupture. C'est justement les progrès effectués dans ce secteur qui a permis le développement de nouvelles boîtes et leur prolifération sur le marché.

Mais assez tergiversé! Voyons donc comment ce mécanisme fonctionne. Alors que les transmissions automatiques sont constituées de différents embrayages et d'un convertisseur de couple, mécanismes complexes, lourds et coûteux, une boîte à rapports continuellement variables comporte seulement deux poulies reliées par la courroie métallique. Chaque poulie est composée de deux cônes dont l'espacement varie constamment. La courroie «monte» ou «descend» selon les besoins, tandis que l'inverse se produit à l'autre extrémité. Ainsi, lorsque les cônes se rapprochent à l'une des extrémités, ils s'éloignent à l'autre extrémité de façon parfaitement synchronisée. Le tout est maintenant contrôlé par un module électronique. C'est justement ce contrôle qui a permis de démocratiser cette technologie. Auparavant, le conducteur avait l'impression que le moteur tournait toujours à haut régime. De nos jours, il est possible de moduler les changements de façon à ce que la progression soit vraiment très graduée et réduise les va-et-vient perpétuels. Il est même possible de créer un effet de compression grâce à un algorithme spécialement calculé à cette fin, ainsi qu'un premier rapport virtuel afin d'éviter que la transmission s'emballe alors qu'on veut demeurer en «première».

Il est fort probable que les transmissions de ce genre vont devenir la norme une fois qu'elles auront fait leurs preuves. Non seulement elles permettent d'optimiser les performances, mais elles sont plus légères, plus économiques à fabriquer, en plus de permettre d'obtenir une meilleure économie de carburant.

Denis Duquet

IL Y A HYBRIDE ET HYBRIDE

Si une catégorie de véhicule a la cote de sympathie par les temps qui courent, ce sont bien les véhicules hybrides. Il suffit de parler qu'un modèle est de type hybride pour que les gens s'y intéressent de facto! Par exemple, la demande pour la Toyota Prius est si forte que les clients doivent attendre des semaines, voire des mois avant de prendre livraison de leur voiture. Jusqu'à l'arrivée de la seconde génération de cette Toyota écologique, les voitures de cette catégorie étaient plus ou moins des objets de curiosité ou tout au moins considérées comme des bancs d'essai technologiques. Il faut bien admettre que la Honda Insight n'était pas de nature à attirer beaucoup d'acheteurs.

La situation a évolué et plusieurs modèles à propulsion hybride sont commercialisés en 2005. Nous en avons d'ailleurs profité pour tenir un match comparatif de l'économie avec tout ce qui était hybride ou qui pourrait être considéré comme le plus économique de sa catégorie. Les résultats vous sont présentés en page 97 de cet ouvrage.

Mais il y a hybride et hybride. Tous ne sont pas égaux, même s'ils affichent le logo «Hybrid» sur leur carrosserie. Il y a en tout premier lieu les hybrides de première catégorie qui sont dotés de la technologie la plus élémentaire. À ce jour, un seul véhicule répond à cette description et il s'agit de la camionnette Chevrolet Silverado Hybrid/GMC Sierra. Dans ce cas, il n'y a pas de moteur d'appoint électrique comme ceux installés sur les véhicules des autres catégories. Par contre, entre le moteur et la transmission, les ingénieurs ont développé un démarreur-alternateur qui permet de lancer le moteur et d'assurer des démarrages instantanés après que le moteur ait été coupé de façon automatique, comme lorsque le véhicule est immobilisé dans la circulation. Ce module sert également à recharger le système électrique de la camionnette constitué de batteries de 42 volts. Ce qui permet incidemment d'offrir des prises de courant 120 volts d'un total de 20 ampères pour les quatre prises dans la cabine, sous le siège arrière et dans la caisse.

Selon General Motors, cela permet d'obtenir une économie moyenne de carburant de plus de 10% par rapport à un modèle habituel équipé d'un moteur V8 de 5,3 litres.

Une deuxième catégorie de moteurs hybrides est celle du système en série. Les Honda Civic Hybrid et Insight font partie de cette espèce. Cette fois, un petit moteur électrique est inséré entre le moteur à essence et la transmission. Ce moteur entre en action lorsque le moteur à essence est surchargé. Le moteur électrique vient donner un peu plus de puissance pour faciliter les accélérations et les dépassements. De plus, le système récupère l'énergie produite par les freins au freinage, tandis que les batteries sont rechargées par le moteur à essence qui sert de génératrice. Mais contrairement aux systèmes en parallèle, le moteur électrique ne peut fonctionner par lui-même. Il faut souligner que la Honda Accord Hybride qui fait son apparition en 2005 utilise cette même technologie d'assistance par moteur électrique intégré.

Ce tour d'horizon se termine par les systèmes parallèles qui comprennent un moteur électrique autonome, un moteur à essence et un système leur permettant de travailler en interdépendance ou en autonomie. Au départ, la voiture peut rouler quelques mètres grâce à la seule propulsion électrique avant que le moteur à essence soit lancé. Puis, selon la situation, les deux travaillent indépendamment ou de concert. Le moteur à combustion interne agit également comme génératrice pour recharger les piles alimentant le moteur électrique. La Toyota Prius et la Ford Escape Hybrid utilisent cette technologie.

La division Lexus commercialisera la RX400H dans plusieurs mois. Comme la version ordinaire de la RX, elle est équipée d'un moteur V6 3.3 litres de 270 chevaux qui est associé cette fois à des moteurs électriques à l'avant comme à l'arrière afin d'obtenir un système quatre roues motrices électrique intelligent. Et ses performances sont à souligner puisque le 0 à 100 km/h sera bouclé en moins de 8 secondes.

Denis Duquet

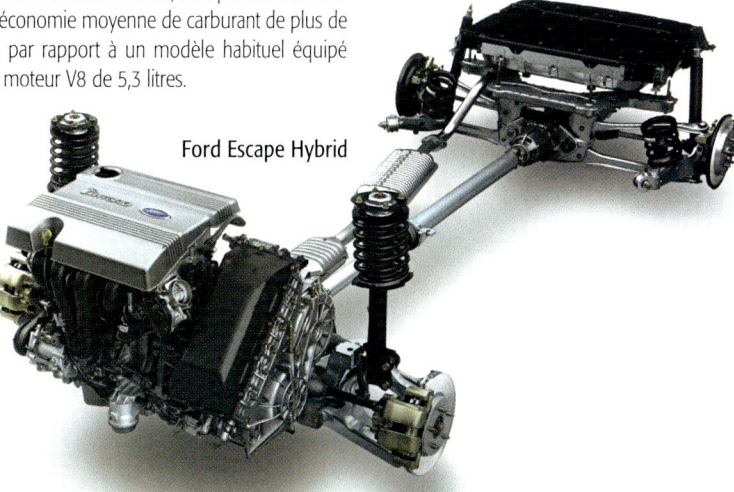

Ford Escape Hybrid

Guide de l'auto 2005

REVUE DE L'ANNÉE

DIRECTION

DIRECTION ACTIVE : SIMPLE MAIS…

Sur un système de direction courant, les ordres de braquage donnés par le conducteur sont toujours transmis en fonction de rapports de démultiplication fixes entre le volant et les roues avant directrices (même si le rapport de démultiplication devient plus progressif au fur et à mesure que l'angle de braquage augmente) ; il ne tient pas compte de la situation de conduite donnée. Une timonerie directe – idéale jusqu'à la plage des vitesses moyennes – reste donc directe à vive allure, alors qu'un rapport de démultiplication bien plus indirect serait plus approprié pour compenser la sensibilité croissante de la direction, imposée par les lois de la physique, au fur et à mesure que la vitesse augmente. Inversement, il en va bien évidemment de même de la direction indirecte avec laquelle manœuvrer la voiture devient un travail laborieux à petite vitesse. Les systèmes de direction traditionnels constituent donc toujours un compromis entre les deux extrêmes.

DIRECTION

Par contre, un système de direction active comme le Servotronic de BMW sur certains modèles des Séries 5 et 6 permet d'échapper vraiment à ce dilemme – le choix fondamental entre agilité, stabilité et confort. Cette direction est un système à gestion électronique à démultiplication et assistance variables.

En cas de conduite sportive jusqu'à la plage des vitesses moyennes de 120 km/h environ, le conducteur profite d'une direction plus directe qui confère des réactions nettement plus agiles et précises à la voiture. Ceci fait son effet surtout sur les routes sinueuses où la direction active rend l'entrecroisement des mains au volant quasi superflu. Le gain sensible de maniabilité et de précision fourni par la direction active accroît ici très nettement le dynamisme de la conduite.

En ville, la direction active facilite les manoeuvres de stationnement : moins de deux tours au volant sont nécessaires pour braquer les roues de l'extrême gauche à l'extrême droite. Lorsqu'il s'agit de manœuvrer la voiture, les efforts à déployer au volant se réduisent donc à un minimum fort confortable.

En revanche, plus la vitesse augmente et plus l'assistance au braquage et à l'effort au volant est réduite, ce qui se traduit par une conduite rectiligne encore plus parfaite et moins nerveuse. La stabilité de la voiture s'en trouve donc améliorée.

La direction active repose sur le principe de la superposition de l'angle de braquage : un actuateur électromécanique intercalé entre le volant et le mécanisme de direction additionne un angle de braquage positif ou négatif supplémentaire à celui imposé par le conducteur au volant. C'est la direction dite par superposition qui constitue l'élément clé du système : un engrenage épicycloïdal avec deux arbres d'entrée et un arbre de sortie, intégré dans la colonne de direction divisée. Un arbre d'entrée est relié au volant, le deuxième est entraîné par un moteur électrique, grâce à un engrenage à vis sans fin autobloquant, servant d'étage réducteur. L'angle de braquage total en résultant sur l'arbre de sortie se compose de l'angle volant plus l'angle moteur.

À basse vitesse, le servomoteur tourne dans le même sens que le volant actionné par le conducteur. Le braquage des roues avant s'en trouve augmenté et l'effort requis au volant diminue. Jusqu'aux vitesses moyennes, le système réalise ainsi un rapport de démultiplication nettement plus direct que sur les voitures ordinaires. À vitesse élevée, le servomoteur tourne dans le sens inverse de celui du volant. Le braquage des roues avant s'en trouve réduit, le rapport de démultiplication se fait plus indirect. En même temps, la Servotronic augmente l'effort à déployer au volant.

La direction active combine ainsi les possibilités des directions « steer-by-wire » entièrement électroniques avec un feed-back authentique de la route grâce à sa transmission mécanique. Elle fixe une nouvelle référence en matière d'agilité, de confort et de sécurité. Le lien mécanique entre le volant et le mécanisme de direction étant maintenu, la voiture reste entièrement manœuvrable, même si le système d'assistance électronique devait tomber en panne.

Un boîtier électronique qui lui est réservé ainsi que différents capteurs saisissant l'état de fonctionnement et le souhait exprimé par le conducteur complètent la direction active. De plus, celle-ci communique en permanence avec le boîtier du système de stabilité latérale (DSC). Elle peut ainsi procéder à de petites corrections de l'angle de lacet en intervenant sur l'angle de braquage des roues avant pour stabiliser la voiture. L'intervention sur les roues est plus rapide et, à proximité du seuil d'activation du DSC, elles est moins perceptible que celle du DSC sur les freins de roue.

Source : Service de presse BMW

Guide de l'auto 2005

REVUE DE L'ANNÉE

CHRONO SPORT, OU L'INGÉNIEUR PORTATIF

Au volant d'une Porsche 911, on vit de grandes émotions. La conduite d'une telle voiture aux limites de ses capacités relève presque du sport extrême tant les frontières sont éloignées. Mais puisque chez Porsche on en fait toujours un peu plus, on a cru bon ajouter une toute nouvelle technologie capable de repousser encore plus loin les capacités de la voiture : le Pack Chrono Sport Plus, de série sur les 911.

Pour l'œil peu avisé du conducteur du dimanche, le Chrono Sport Plus se fait discret. Tout au plus retrouve-t-on sur le tableau de bord un chronomètre numérique-analogique et un bouton de réglage. Mais derrière ce camouflage se cache une capacité de réglage sportif unique.

En fait, en actionnant le bouton, il est possible d'agir directement sur les réglages de la voiture, tant au niveau moteur qu'au niveau du comportement, pour la pousser dans les limites du « twilight zone » de la conduite automobile, là où presque aucune voiture de série ne s'est jamais rendue.

D'une simple pression du doigt, le Chrono Sport passe en mode sport, c'est-à-dire qu'il permet une action immédiate préprogrammée, ou une action programmable, selon le système sur lequel il agit. Par exemple, dès que l'on active le Chrono Sport, il modifiera le fonctionnement de l'accélérateur. Pour ce faire, il influera le comportement du papillon des gaz qui réagira plus rapidement aux sollicitations de la pédale d'accélération. Le conducteur sentira les réactions du moteur plus promptement.

Du même souffle, quand le conducteur appuie sur l'accélérateur sans changer de vitesse, le limiteur de régime se déclenchera d'une manière nettement plus brusque dans les rapports un à cinq, c'est-à-dire que jusqu'au régime limite, le moteur fournit un débit de puissance absolument progressif à l'accélération. Évidemment, on augmente ainsi considérablement la puissance disponible, simplement en reprogrammant le champ d'action.

Pour rendre le comportement encore plus sportif, voire presque identique à celui d'une voiture de course, le papillon des gaz subira aussi l'influence du système en ordre décroissant. Concrètement, cela signifie qu'il se refermera plus rapidement pour accroître la dynamique du moteur. Le temps de réaction de la mécanique sera alors considérablement diminué, assurant une meilleure maîtrise.

PATINAGE PERMIS

Même en terme de sécurité, le Chrono Sport a une forte influence puisqu'il agit directement sur le Porsche Stability Management (PSM). Ce module sert en fait de prévention au patinage et empêche la voiture de décrocher dans des virages trop serrés. Avec l'aide du Pack, les frontières de son champ d'action seront un peu plus étendues. Par exemple, le système électronique, qui agit habituellement sans aucune intervention extérieure, permettra un décrochage marqué en virage tout comme un patinage des roues motrices lors de l'accélération, ce qui, en temps normal, serait absolument impossible. Chez Porsche, on affirme cependant qu'on a permis cette action à l'intérieur d'un champ plutôt serré pour ne compromettre d'aucune façon la sécurité des occupants du véhicule.

Le système ABS sera lui aussi sollicité, mais n'interviendra que beaucoup plus tard qu'à l'habitude. Encore une fois, le pilote aura une plus grande latitude au freinage.

De plus, le PSM admet un couple résistant plus important au lever du pied, c'est-à-dire qu'il maintiendra le couple plus longtemps sous l'effet du Chrono Sport. Le transfert des masses est ainsi plus prononcé, ce qui permet de mettre la voiture plus facilement en appui en virage et de la faire tourner plus rapidement.

Enfin, toujours en mode Sport, le comportement des amortisseurs sera lui aussi modifié. Ceux-ci se raffermissent pour faciliter une prise plus vigoureuse des courbes. Sur chaussée moins adhérente, il est cependant possible d'annuler ce durcissement pour rendre les amortisseurs plus souples.

MANUELLE OU AUTOMATIQUE?

Parce que les performances sportives ont besoin d'un contrôle plus pointu des rapports de vitesse, dans le cas des modèles 911 qui en sont équipés, la transmission Tiptronic S change de style quand le module est activé. Elle calquera alors son comportement sur un mode plus sportif, agissant plus rapidement en mode automatique.

En mode manuel, elle évite d'enclencher automatiquement le rapport supérieur lorsque le régime maximal est atteint, ce qui a une incidence positive sur le comportement routier, surtout au freinage à l'amorce d'un virage. C'est le conducteur lui-même qui déterminera l'instant exact où il enclenchera ce rapport supérieur. En montant comme en descendant les rapports, les temps de passage sont plus courts.

CHRONOMÉTRAGES DÉTAILLÉS

Avec le programme «Sport Chrono», le conducteur bénéficie aussi d'un véritable centre de télémétrie embarqué. Le chronomètre analogique-numérique installé dans le tableau de bord permet le calcul des temps au tour ou sur n'importe quel parcours.

Actionné par un levier de commande de l'ordinateur de bord, il peut simplement chronométrer, additionner ou mettre en mémoire tous les temps enregistrés. Par la suite, grâce à un logiciel spécifique à Porsche, le contenu de la mémoire peut être affiché sur l'écran de l'ordinateur de bord et être analysé au besoin.

Et bien sûr, parce qu'il s'agit d'abord d'un ordinateur embarqué, le système peut programmer l'enregistrement d'un itinéraire quelconque, la définition d'un parcours de référence, l'affichage de l'autonomie restante en kilomètres ou du nombre de tours ou encore l'affichage et l'analyse du trajet parcouru.

C'est donc presque un ingénieur personnel que le Pack Chrono Sport Plus offre au conducteur de la Porsche 911. Avec ce système, on peut ajuster la conduite, modifier les réglages ou simplement, tirer le maximum de la voiture. Munie de ce système, la 911 devient vraiment la sportive par excellence, pour pilote d'expérience seulement.

Marc Bouchard

ACCIDENT
REVUE DE L'ANNÉE
QUAND LA VOITURE...

Guide de l'auto 2005

PENSE POUR VOUS

Une des règles maîtresses en matière de sécurité routière veut que l'efficacité d'une intervention soit directement proportionnelle à sa chronologie dans l'événement. Plus l'intervention se situe tôt dans le cycle, plus elle est efficace. Cette règle s'applique aux trois phases de l'accident. Celle qui précède l'impact, la phase d'impact proprement dite et celle qui suit.

Les spécialistes en accidentologie ont pendant longtemps utilisé l'expression de période critique en parlant du délai d'intervention après l'accident. Puis cette expression est progressivement devenue l'heure d'or (Golden hour). Aujourd'hui, ils discutent de minutes platine. Une intervention sommaire mais suffisante pour stabiliser le blessé est généralement plus rentable qu'une intervention plus poussée mais retardée par un transport ambulancier.

Cette règle du «toujours plus tôt dans le cycle» paraît encore plus évidente lors de l'impact. Un coussin ou un rideau doit se déployer avant que les occupants ne subissent une accélération. Les développements en matière de sécurité passive, qui ont su pleinement tirer parti des avantages de l'électronique, ont atteint un niveau de sophistication surprenant. La rapidité d'ouverture des coussins gonflables peut désormais être automatiquement ajustée en fonction du poids de l'occupant, révélé par des capteurs localisés à même les sièges. Afin de minimiser l'espace entre les ceintures et les occupants, des tendeurs pyrotechniques ont été développés. L'ensemble de ces dispositifs de pair avec l'installation de zones déformables constituent la variable ayant le plus contribué à l'amélioration du bilan routier des récentes années.

Les chercheurs sont désormais convaincus que pour dégager un meilleur retour sur l'investissement ils doivent se concentrer sur la phase précédant l'impact. Travailler sur cette première phase sans donner l'impression de réduire la maîtrise du conducteur implique plusieurs subtilités de taille tant sur les plans technique, légal que de mise en marché.

Entre le point de non-retour, c'est-à-dire l'instant précis où l'accident devient inévitable, et l'impact proprement dit, il peut s'écouler plusieurs secondes. Ces secondes constituent une éternité en matière de sécurité. Le manufacturier allemand Mercedes-Benz a mis au point un système capable d'intervenir durant ce court laps de temps.

Enregistré sous le nom de Pre-Safe, ce système balaye en continuité les informations lues par d'autres dispositifs d'aide au pilotage tels le Programme de stabilité (ESP) et le Freinage d'urgence assisté (BAS). Le Pre-Safe transforme ces informations, et d'autres glanées par différents capteurs sur la voiture, en scénario virtuel qu'il compare ensuite à ceux emmagasinés dans sa banque de données. S'il conclut que le scénario déferlant dans ses algorithmes entraîne un risque important de collision, le Pre-Safe passe à l'action en agissant selon un script sans pause et sans nécessité d'autorisation. Seul, il ajuste les sièges de façon à maximiser la position des occupants par rapport aux autres systèmes de protection et active les prétensionneurs de ceinture. S'il juge qu'une possibilité de capotage existe, il fermera aussi le toit ouvrant.

Comme s'empresse de le souligner Mercedes-Benz, l'intervention du Pre-Safe n'affecte en rien la maîtrise du conducteur. Une fois le risque de collision dissipé, tout ce qui a été actionné et déplacé reprend sa position originale, sauf peut-être la dignité du conducteur face à ses passagers encore étonnés de l'expérience mystique qu'ils viennent de vivre.

Jean-Pierre Belmonte

FACE À FACE

CADILLAC **FORD** **NISSAN**
CHEVROLET **GMC** **SMART**
CHRYSLER **HONDA** **TOYOTA**
DODGE **LAMBORGHINI** **VOLKSWAGEN**
FERRARI **MERCEDES-BENZ**

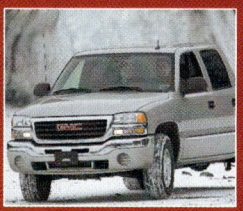

FACE À FACE

LA GUERRE
DES RELIGIONS

Si vous devez tracter une roulotte, un bateau, des motoneiges ou une remorque à outils, vous êtes dans la bonne section du Guide de l'Auto. Les cinq camionnettes réunies pour ce match comparatif sont en mesure de déplacer des montagnes! Vous êtes sceptiques? À tort! Celles-ci font des miracles en étant capables de transporter des tonnes d'équipements. C'est juste si elles ne roulent pas sur l'eau! Si comme Thomas, vous devez voir pour croire, nous avons réuni pour vous autour d'une même table les cinq apôtres de la catégorie formée des Dodge Ram, Ford F-150, GMC Sierra, Nissan Titan et Toyota Tundra que nous avons soumis à une série d'épreuves.

Depuis la fin des années 80, les camionnettes grand format ont évolué à un rythme d'enfer. L'avènement des cabines allongées et des caisses courtes ont transformé cette catégorie autrefois réservée aux travailleurs de la terre et de la construction en véhicules parmi les plus polyvalents de l'industrie automobile. On se rappellera qu'il y a plusieurs décennies, les propriétaires de «pick-up» avaient toujours au moins deux véhicules dans leur entrée de garage. Le premier pour les travaux sur les chantiers ou la ferme, et l'autre pour les sorties à la messe dominicale! Normal, puisque pendant des lustres, les camionnettes ont été des véhicules rustauds au tempérament plutôt utilitaire. Mais les temps ont changé.

LA PERSÉVÉRANCE
De même, jamais un véhicule n'aura été aussi rentable pour les marques américaines que sont Ford, Dodge, Chevrolet et GMC. Quand on sait qu'il se vend plus de deux millions de camionnettes neuves annuellement en Amérique du Nord, il y a de quoi intéresser Nissan et Toyota qui tentent de recruter de nouveaux disciples dans ce marché extrêmement lucratif. Une tâche ardue en perspective pour ces deux japonais puisque la clientèle traditionnelle des camionnettes américaines est reconnue pour être d'une fidélité à toute épreuve. Une fois les clés en main et le contrat de vente signé, l'histoire d'amour entre un propriétaire et sa camionnette est pour la vie ou jusqu'à ce que la mort les sépare, et ce, pour le meilleur et pour le pire! Bref, ce n'est pas demain que les constructeurs japonais vont ébranler la foi des fidèles. Toutefois, il n'est pas dit que si les constructeurs nippons allument quelques lampions et font une neuvaine.

LE GRAND CONFORT
Est-ce que cela fait longtemps que vous n'êtes pas montés dans une camionnette? Alors, vous serez agréablement surpris par leur confort qui n'a plus rien de rustique. Dans les livrées les plus cossues, les camionnettes ont de quoi faire rougir les plus luxueuses automobiles ou utilitaires sport sur le marché. Il ne manque rien, tout est là : chrome à profusion, système de navigation, sièges chauffants en cuir, garnitures en bois, pédales à réglage électrique, chaîne audio à dix haut-parleurs, système de divertissement, etc. Combinez toutes ces caractéristiques aux capacités utilitaires des camionnettes et vous comprendrez que ces «4X4» sont devenus de véritables objets de culte pour ceux et celles qui ne croient qu'en un seul et vrai véhicule! Si le pétrole était une ressource bénite et perpétuelle, vous pouvez parier votre dîme que toutes les familles nord-américaines auraient un bon gros «pick-up» dans leur entrée de garage. Alors entre nos cinq participants, lesquels parmi eux ont mérité une place dans les cieux?

DODGE RAM

S'il y avait un participant dont le numéro de série devrait se terminer avec les chiffres 666 c'est bien le Dodge Ram. De la couleur des ténèbres, cette bête noire sur quatre roues faisait frissonner juste à penser qu'une petite sous-compacte pourrait entrer en collision avec ses gros pare-chocs. Haut perché sur ses immenses pneus de 20 pouces, le Ram est le plus dominant de la catégorie. Il attire les regards et le respect. Même s'il est affublé des pires défauts que l'on puisse retrouver sur une camionnette : garde au sol démesurée, consommation gargantuesque, suspension sautillante, etc. il a été le choix presque unanime de nos essayeurs. Comme quoi, la beauté fait foi de tout ! Ainsi, la plupart ont craqué pour son sex-appeal et son puissant V8 Hemi. Assis derrière le volant, on se sent délinquant prêt à faire les quatre cents coups. Et pour cause ! Avec sa grille de malfrat et la sonorité de son moteur prêt à pétarader, le Ram ne se fait pas prier pour éveiller sur son passage les sept péchés capitaux.

Sur piste, nous avons été déçus de ne pouvoir réaliser le 0 à 100 km/h en moins de 8,8 secondes. Certains magazines spécialisés américains semblent avoir le doigté pour réaliser des temps d'accélération incroyablement bas. Mais que voulez-vous, il semble que nos voisins du Sud soient meilleurs que nous ! Quoi qu'il en soit, nous avons tenté sans succès d'abaisser notre temps sous la barre des huit secondes. Le modèle à l'essai ou les conditions climatiques ont peut-être joué contre nous. Mais ce n'est que partie remise, c'est promis. Si le Ram est loin de déclasser les accélérations et les reprises des Titan et Sierra, il faut le voir s'éloigner de ses adversaires sur une longue ligne droite pour apprécier sa vitesse de pointe plus élevée. Sans charge dans le plateau, la motorisation du Dodge le met également hors de portée des GMC et Nissan lors du quart de mille. Le mauvais étagement de la boîte automatique explique en partie les performances mitigées du V8 Hemi. Les premier et deuxième rapports sont courts et donnent beaucoup d'élan au Ram. Toutefois, l'enclenchement du troisième et long rapport de la transmission lui coupe les ailes, et cela prend du temps avant qu'un second souffle ne vienne relancer les 345 chevaux de sa cavalerie. Pour extirper toute la puissance et le couple de ce moteur, la boîte manuelle à 5 vitesses est mieux appropriée et permet de réduire les temps d'accélération et de reprises.

Même si la cabine est l'une des plus vaste et fonctionnelle de la catégorie, on ne peut s'empêcher de remarquer que la finition et la texture des matériaux utilisés laissent à désirer. L'élément le plus déglingué est certainement le porte-verre dont la solidité laisse perplexe dans une camionnette qui entretient le mythe de la robustesse. Parmi les astuces, mentionnons : l'ouverture à 85 degrés des portières, la console de travail centrale qui intègre un vaste compartiment de rangement spécialisé pour un ordinateur portatif, et un plancher de chargement plat en acier articulé 60-40 sous les coussins de la banquette arrière. Même si le Ram est le principal instigateur de la vogue des camionnettes à cabine multiplace et quatre portières, les places arrière sont les plus serrées de la catégorie. Le confort est médiocre et se compare à un banc d'église : le dossier est trop droit et il manque de rembourrage au niveau des fesses. De même, il faudrait se garder un escabeau à portée de la main pour se hisser dans l'habitacle tellement la garde au sol est élevée.

Le côté utilitaire est bien servi par l'un des plateaux les plus longs (6 pieds et 3 pouces) de la catégorie, alors que les capacités de charge et de remorquage sont dans la moyenne. Toutefois, le comportement routier aurait avantage à faire des progrès sur les chemins dégradés. Néanmoins, quand l'asphalte est lisse comme un billard, le Ram est celui dont la tenue de route est la plus enivrante.

›› LA BÊTE

FORD F-150

FACE À FACE

>>> LE SAUVEUR

Le fait que la camionnette Ford F-150 termine au premier rang n'est pas une surprise. Qu'elle surclasse son plus proche rival, le japonais Nissan Titan, par une dizaine de points n'a rien de renversant non plus, puisqu'il s'agit après tout du véhicule le plus populaire sur le continent nord-américain avec plus de 800 000 exemplaires vendus annuellement. Ce qui surprend le plus c'est de constater que si le F-150 a battu le Titan, et ses adversaires américains, ce n'est pas à cause du rendement de son V8 Triton de 5,4 litres et encore moins pour ses performances sur la route. En effet, il faut donner le bon Dieu sans confession aux motoristes de Ford pour croire que ce moteur développe autant de puissance et de couple que l'indique sa fiche technique. Tant en accélérations qu'en reprises, le F-150 était la camionnette la plus hésitante de cet office. À certains moments, les essayeurs se sont demandé si la mécanique n'était pas sur le point de rendre l'âme tellement elle peinait à la tâche. Parmi tous les temps chronométrés, le F-150 s'est fait damer le pion par tous les belligérants, y compris le Toyota Tundra qui lui concédait 60 chevaux. Selon l'avis de tous les essayeurs, le problème résidait dans le temps de réaction de la boîte automatique. Lente et engourdie, celle-ci ne rendait pas justice aux 300 chevaux qui se cachaient sous le capot de ce poids lourd. Espérons que les dirigeants de Ford vont méditer là-dessus.

Pour sortir victorieux de ce match, le F-150 a marqué des points pour la conception et le confort de son habitacle, ses capacités de remorquage et de charge, et sa valeur de revente. Dans le cœur des essayeurs, le F-150 partait avec une longueur sur ses rivaux ne serait-ce que pour sa commune renommée. En effet, il aurait été difficile de s'imaginer que le véhicule par excellence du marché américain se fasse battre par un arriviste japonais comme le Titan. Et pourtant… les Américains sont passés à un doigt de revivre, mais en sens opposé, « le miracle » des Jeux olympiques du lac Placide! Ouf! On peut dire que les dirigeants de Ford ont eu chaud.

Outre sa présentation intérieure plus relevée et son design de carrosserie typique aux camionnettes Ford, le F-150 se distingue par son comportement routier qui s'assimile à un gros VUS de luxe. Celui-ci se situe à des années lumières des anciennes camionnettes Série F dont les suspensions étaient dures et sautillaient à la moindre imperfection de la chaussée. Même le plateau chargé, le F-150 roule à plat et l'agrément de conduite est un cran au-dessus de ses rivaux. Assurément, le F-150 offre la conduite la plus civilisée et agile des cinq participants. Qui plus est, le F-150 bénéficie de la cabine la mieux insonorisée et le silence de roulement s'apparente à une grosse berline de luxe. La force de freinage nous a également surpris en effectuant des arrêts plus courts et rectilignes que la Sierra, reconnue pour ses talents en la matière.

Parmi les astuces, le F-150 ne regorge pas d'innovations comme le Titan. Toutefois, la fonction du hayon assisté donne l'impression que ce dernier pèse deux fois moins qu'en réalité. Ce qui facilite son maniement quand vous avez les mains pleines ou lorsque votre fiston doit ouvrir ou fermer cette cinquième porte. À moins que Nissan n'abaisse le prix du Titan de façon considérable, il serait surprenant à ce stade-ci que les fidèles désertent les concessionnaires Ford pour se convertir au Titan. Qui disait qu'il était facile de changer de religion?

Guide de l'auto 2005

GMC SIERRA

Les inconditionnels des camionnettes GM ne seront pas surpris de constater que le GMC Sierra aurait pu se classer troisième et même deuxième de ce comparatif. Malgré une conception qui date de plusieurs années, le Sierra et son clone Silverado de Chevrolet demeurent les préférés des Québécois. En effet, si le F-150 est la camionnette la plus vendue en Amérique du Nord, les camionnettes GM occupent depuis belle lurette le haut du pavé des ventes au Québec. Si le Ram semble avoir une auréole plus lumineuse que celle du Sierra, il n'en demeure pas moins que l'habit ne fait pas toujours le moine. À preuve : l'habitacle du GMC est mieux fini alors que les sièges avant sont les plus confortables de la catégorie et que l'assise de la banquette est la mieux rembourrée. Par contre, l'espace arrière est compté et la configuration plus récente des camionnettes Ford et Nissan assure à ces derniers un dégagement accru aux jambes et à la tête de leurs passagers.

Si la silhouette du Sierra faisait trop pépère aux goûts de certains essayeurs (les goûts ne se discutent pas!), la plupart ont été ébahis par l'énergie de son moteur V8 de 5,3 litres. Moins puissant sur papier que la motorisation des Ram, F-150 et Titan, le moteur Vortec du Sierra s'est avéré aussi performant sinon plus que les moteurs Hemi du Dodge et Endurance du Nissan. Quant au nouveau V8 Triton de Ford, le Vortec du Sierra l'a tout simplement mis dans sa petite poche arrière. Et vlan ! Il ne faudrait également pas oublier que la version Denali du Sierra est équipée de série d'un moteur 6 litres encore plus performant.

En ce qui concerne la force de remorquage, le Sierra se tient dans le milieu du peloton en étant capable de rivaliser avec n'importe quelle camionnette du match. Même chose pour les distances de freinage alors que le Sierra se maintient tout juste derrière les meneurs. Quant à la capacité de charge, elle est décevante et l'acheteur doit cocher quelques options pour augmenter celle-ci à un niveau acceptable.

Si les Ford et Nissan se distinguent avec leurs nombreux espaces de rangement et gadgets en tous genres, le système 4X4 du Sierra est le plus sophistiqué de la catégorie avec son mécanisme Autotrac. En plus des positions 2HI, 4HI, point mort et 4LO, le rouage d'entraînement du Sierra est pourvu d'un mode « Auto » qui détecte le patinage d'une roue arrière pour ensuite répartir le couple à l'une des quatre roues qui ont le plus de motricité. Dans les faits, seul le Sierra a été conçu pour rouler en mode quatre roues motrices douze mois par année sur l'asphalte sec ou détrempé. Alors que les systèmes 4X4 des autres camionnettes ne peuvent être enclenchés en tout temps sur le bitume sec sans risquer d'endommager le rouage d'entraînement. Prenez note cependant que les ingénieurs de GM mettent un bémol en déconseillant de rouler en permanence sur le mode « Auto » puisque cela peut entraîner un bris de la boîte de transfert. Pour une vraie traction intégrale, il faut opter pour la version Denali.

Malgré les apparences, le « vieux » Sierra a également une autre longueur d'avance sur la concurrence avec son système Quadrasteer optionnel qui permet de réduire son diamètre de braquage de 14,2 mètres à 11,6 mètres. À faible vitesse, le dispositif Quadrasteer braque les roues arrière dans la direction opposée à celles des roues avant. Ce qui facilite les manœuvres de remorquage en marche arrière. À vitesse plus élevée, les roues arrière tournent dans la même direction que les roues avant. Ce qui améliore la stabilité du véhicule lors des changements de voie sur les autoroutes. À titre de comparaison, le diamètre de braquage du Dodge Ram est de 15,8 mètres ! En d'autres mots, voilà pourquoi le Ram a terminé seulement quelques points devant le Sierra. C'est comme ça que les vétérans gagnent la guerre.

>>> LE VÉTÉRAN

NISSAN TITAN

FACE À FACE

>>> L'HÉRÉTIQUE

Quand le constructeur Nissan a annoncé qu'il allait se lancer dans la fosse aux lions des camionnettes grand format, les amateurs de camions ont esquissé un sourire en coin en marmonnant qui vivra verra! Mais voilà, le vœu pieux de Nissan est devenu réalité depuis que le Titan est apparu chez les concessionnaires. Au grand détriment des constructeurs américains, il semble que le Titan ne soit pas un mirage et il est là pour rester. On savait que le Titan avait beaucoup à offrir. Mais de là à menacer le trône du F-150 et à déclasser les Sierra et Ram… Il y a de quoi pavoiser chez Nissan! Et il faudra bien que les Américains composent avec ce nouveau venu qui risque d'ébranler la croyance des fidèles : la vérité est que les constructeurs américains ne sont plus seuls dans l'univers des camionnettes!

Dans une lutte qui semblait pourtant s'annoncer entre les trois camionnettes américaines, le Titan s'est avéré la grande révélation de ce match. Pour ce faire, les ingénieurs de Nissan ont mis de côté leur timidité nipponne en ne répétant pas la même erreur que ceux de Toyota, attirés à l'élaboration du Tundra. En effet, si ce dernier a toujours souffert de sous-motorisation par rapport aux camionnettes américaines, le Titan propose le moteur V8 le plus performant de la catégorie. Tant en accélérations qu'en reprises, le Titan décoiffe le bouillant moteur Hemi du Ram et ridiculise la mécanique du F-150. Qui plus est, son système de freinage s'est avéré le plus efficace du match en effectuant les distances d'arrêt les plus courtes. Le seul hic est que celui-ci semble moins bien résister à l'échauffement que ceux qui veillent à ralentir le trio américain. Ainsi, le remorquage d'une roulotte ou de matériaux de construction pourrait affecter la qualité du freinage dans des chemins montagneux. Toutefois, on peut supposer que les ingénieurs de Nissan vont corriger ce problème. Après tout, n'oublions pas que ces derniers sont encore des profanes dans la conception de grosses camionnettes et que l'expérience s'acquiert au fil des ans et des erreurs.

Outre les performances du moteur, l'équipement du Titan a de quoi impressionner. Tout d'abord, il est le seul à offrir de série des coussins gonflables latéraux et des rideaux gonflables montés au pavillon. Parmi les nombreuses astuces, les essayeurs ont salué la prise de 12 volts placée à l'intérieur de la caisse, le coffre à outils extérieur logé dans l'aile arrière côté conducteur, son plancher de chargement plat lorsque la banquette arrière est relevée, et la garniture de caisse vaporisée en usine qui évite la rouille et les torsions des doublures de caisse ordinaires. En outre, le système de navigation offert en option permet à un vacancier de tracter une roulotte sans risque de s'égarer, alors que le système antipatinage de série et de stabilité latérale (CDV) optionnel assurent une conduite plus sécuritaire.

Si la force de remorquage surpasse celle des autres camionnettes, il est étonnant de constater que la charge utile est la moins élevée de la catégorie, soit 30 % de moins que le F-150. Qui plus est, une fois le plateau chargé à pleine capacité, le comportement routier devient aléatoire puisque le train avant flotte et possède moins d'adhérence sur le bitume. Malgré tout, un Titan surchargé offre encore les distances d'arrêt les plus courtes à cause du transfert de poids de l'arrière vers l'avant.

Par rapport à ses rivaux, le Titan perd des plumes au niveau de la finition intérieure où les matériaux font bon marché. De même, l'assemblage n'est pas parfait et plusieurs pièces vibraient dans l'habitacle. À ce stade-ci, il serait hasardeux de se prononcer sur la fiabilité et la valeur de revente du Titan. Si les camionnettes américaines sont reconnues pour conserver leur prix, il est difficile de savoir combien vaudra ce japonais dans quatre ou cinq ans. Par ailleurs, on peut s'interroger sur l'état dans lequel se retrouvera celui-ci après avoir passé quelques années à trimer dur sur les chantiers de construction.

Guide de l'auto 2005

TOYOTA TUNDRA

Depuis que le Guide de l'Auto réalise des matchs comparatifs, il est rarement arrivé qu'un produit Toyota termine bon dernier. Toutefois, la position du Tundra n'a rien de surprenant puisque son physique s'apparente plutôt à une camionnette de taille moyenne comme le Dodge Dakota. À vrai dire, nous nous sommes longuement questionnés à savoir si le Tundra faisait partie de la même catégorie que les autres participants. Surtout que l'on nous avait informés que le modèle 2005 était pour être plus puissant. Mais puisque nous avons réalisé ce match le printemps dernier, la dernière livrée du Tundra à moteur de 282 chevaux (au lieu de 240 chevaux) n'était pas disponible. De même, il aurait été injuste de ne pas l'inviter car Dieu sait que le Tundra possède de belles qualités. Surtout qu'après avoir consulté sa fiche technique, nous avons conclu qu'il fallait parfois se méfier des apparences! À preuve : si on vous demandait quelle est la plus petite camionnette de ce match? Sans hésitation, votre réponse serait : le Tundra! Erreur. Aussi invraisemblable que cela puisse paraître, le Tundra possède le plus long gabarit de ce match. Vous êtes sceptiques? Alors sachez qu'il mesure 585 centimètres entre les pare-chocs avant et arrière, soit 16 centimètres de plus que l'imposant Titan et 7 centimètres de plus que le Ram. Qui plus est, son empattement est également le plus long et dépasse par 4 centimètres celui du F-150. Côté poids, il affiche 44 kilos de plus que le Sierra. Alors?

Si le Tundra semble plus petit que les autres participants, c'est à cause de sa faible hauteur de caisse et sa garde au sol moins élevée. Si ces détails peuvent déplaire aux maniaques de 4X4, ils permettent aux passagers de profiter d'un meilleur accès à la cabine et de se faufiler plus aisément dans les stationnements intérieurs. De même, la visibilité est meilleure et il est possible de mieux évaluer les dimensions du véhicule lors de manœuvres serrées en plein centre-ville. Bref, c'est une grosse camionnette urbaine! Pour son grand malheur, même si l'habitacle est l'un des plus luxueux et confortables de la catégorie, son design a été calqué sur celui de sa sœur Camry. Ce qui représente un crime de lèse-majesté pour les mordus de gros 4X4. Pourtant, toutes les commandes sont fonctionnelles et à la portée de la main. De même, la finition est sans reproches et la qualité des matériaux respecte les normes de Toyota. Sur la route, la suspension est douce et filtre bien les imperfections de la chaussée alors que la cabine est l'une des mieux insonorisées de la catégorie.

Même si le Tundra semble plus frêle que les Sierra, Ram et Titan, sa charge utile est passablement plus élevée que ceux-ci. À ce chapitre, il se classe bon deuxième derrière le F-150. Toutefois, le Tundra s'en tire moins bien au niveau de sa force de remorquage alors que les autres participants le dépassent par une marge d'au moins 21 % (voir le tableau). Si la boîte automatique est silencieuse et bien étagée, elle n'est pas appropriée à un remorquage intensif comme celle des autres concurrents. Par ailleurs, le Tundra a également des croûtes à manger en ce qui concerne son système de freinage. Il est le seul à utiliser des tambours à l'arrière. Sur la piste, le duo disque/tambour du Tundra a eu extrêmement de difficulté à suivre le rythme imposé par les tandems disque/disque des autres participants. En effet, les distances de freinage du Tundra étaient beaucoup plus longues.

Malgré tout, on ne peut considérer le Tundra comme le mouton noir de ce match. À sa défense, il faut dire que le modèle 2005 est plus costaud avec sa nouvelle transmission automatique à 5 rapports et son moteur dont la puissance et le couple font des gains importants. Quant aux freins, curieusement ils restent les mêmes. Finalement, le Tundra s'avère un peu trop gentil au goût de certains essayeurs et il incarne parfaitement l'ange de ce match.

>>> L'ANGE

CAMIONNETTES

FACE À FACE

UNE CATÉGORIE APPELÉE À DISPARAÎTRE ?

La réalité étant ce qu'elle est, les grosses camionnettes sont appelées à disparaître dans un avenir plus ou moins lointain. N'oublions pas qu'il nous reste, semble-t-il, des réserves de pétrole pour environ quarante ans. D'ici là, nous serons témoins de nombreux bouleversements dans l'industrie automobile. Ainsi, il n'est pas dit que la catégorie des grosses camionnettes sera éternelle. Mais comme il y aura toujours des travailleurs de la construction et de la terre, il est difficile de s'imaginer un monde sans camionnettes.

» DONNÉES TECHNIQUES / CAMIONNETTES CABINE DOUBLE 4 PORTES

	Dodge Ram	Ford F-150	GMC Sierra	Nissan Titan	Toyota Tundra
) Nom du modèle					
) Modèle	Laramie 1500 Quad Cab	Lariat Super Crew	SLT Cabine Multiplace	Cabine Double LE	Double Cab Limited
) Prix du modèle essayé	47 455 $	48 150 $	46 815 $	51 200 $	47 600 $
) Garantie générale	3 ans / 60 000 km	3 ans / 60 000 km	3 ans / 60 000 km	3 ans / 60 000 km	3 ans / 60 000 km
) Empattement	360 cm	352 cm	365 cm	355 cm	357 cm
) Longueur	578 cm	581 cm	574 cm	569 cm	585 cm
) Largeur	203 cm	200 cm	202 cm	200 cm	202 cm
) Hauteur	195 cm	190 cm	196 cm	190 cm	189 cm
) Poids	2378 kg	2363 kg	2237 kg	2415 kg	2281 kg
) Mode	4X4	4X4	4X4	4X4	4X4
) Moteur	V8 Hemi	V8 Triton	V8 Vortec	V8 Endurance	V8 Force-i
) Cylindrée	5,7 litres	5,4 litres	5,3 litres	5,6 litres	4,7 litres
) Puissance	345 ch à 5400 tr/min	300 ch à 5000 tr/min	295 ch à 5200 tr/min	305 ch à 4900 tr/min	240 ch à 4800 tr/min
) Couple	375 lb-pi à 4200 tr/min	365 lb-pi à 3750 tr/min	330 lb-pi à 4000 tr/min	379 lb-pi à 3600 tr/min	315 lb-pi à 3400 tr/min
) Transmission	aut. 5 rapports	aut. 4 rapports	aut. 4 rapports	aut. 5 rapports	aut. 4 rapports
) Rapport de pont	3,92	3,73	3,73	3,357	3,9
) Suspension avant	indépendante	indépendante	indépendante	indépendante	indépendante
) Suspension arrière	essieu rigide	essieu rigide	essieu rigide	essieu rigide	ressorts multilames
) Freins av/arr	disque/disque	disque/disque	disque/disque	disque/disque	disque/tambour
) ABS/EBD	oui/oui	oui/oui	oui/oui	oui/oui	oui/non
) Différentiel autobloquant	oui		oui		oui
) Direction	à crémaillère	à crémaillère	à billes	à crémaillère	à crémaillère
) Diamètre de braquage	15,8 mètres	13,8 mètres	14,2 mètres	13,8 mètres	13,7 mètres
) Coussins gonflables	frontaux/latéraux	frontaux	frontaux	frontaux/latéraux/rideaux	frontaux
) Réservoir de carburant	98 litres	113 litres	98 litres	106 litres	100 litres
) Consommation (100 km)	20 litres	18,5 litres	19 litres	19,3 litres	18,7 litres
) Dimension pneus	275/60R20	275/65R18	265/70R17	265/70R18	265/70R16
) Marque pneus	Goodyear Wrangler HP	BF Goodrich Rugged Trail T/A	Bridgestone Dueler A/T	Goodyear Wrangler SR-A	Toyo Observe GP4
) Accélération 0-100 km/h (sans charge)	8,8 s	10,1 s	8,9 s	8,7 s	9,6 s
) Reprises 60-100 km/h (sans charge)	5,6 s	6,3 s	5,9 s	5,5 s	6 s
) Reprises 80-120 km/h (sans charge)	6,9 s	8,3 s	6,7 s	7,1 s	7 s
) 1/4 mille (sans charge)	15,6 s	17,5 s	16,1 s	16,7 s	16,9 s
) Freinage 100-0 km/h (sans charge)	42 mètres	40 mètres	41 mètres	39 mètres	46 mètres
) Accélération 0-100 km/h (charge 575 kg)	10,5 s	13,3 s	10,3 s	8,9 s	11,7 s
) Reprise 60-100 km/h (charge 575 kg)	7,5 s	7,7 s	7,2 s	6,5 s	7,6 s
) Reprise 80-120 km/h (charge 575 kg)	8,2 s	9,4 s	8 s	8,7 s	9,6 s
) 1/4 mille (charge 575 kg)	17,7 s	18,4 s	18,2 s	17,2 s	18,1 s
) Freinage 100-0 km/h (charge 575 kg)	45 mètres	43 mètres	45 mètres	42 mètres	50 mètres
) Longueur du plateau de chargement	190,5 cm (6 pi 3 po)	165,1 cm (5 pi 5 po)	172,7 cm (5 pi 8 po)	167,6 cm (5 pi 6 po)	190,5 cm (6 pi 3 po)
) Largeur du plateau de chargement	160,0 cm (5 pi 3 po)	162,5 cm (5 pi 4 po)	162,5 cm (5 pi 4 po)	160,0 cm (5 pi 3 po)	155,0 cm (5 pi 1 po)
) Hauteur intérieure du plateau	50,8 cm (20 po)	55,8 cm (22 po)	49,5 cm (19,5 po)	52,2 cm (20,5 po)	53,3 cm (21 po)
) Charge utile (passagers et charge)	644 kg (1 420 lb)	766 kg (1 690 lb)	523 kg (1 156 lb)	533 kg (1 175 lb)	712 kg (1 570 lb)
) Capacité maximale de remorquage	3 901 kg (8 600 lb)	3 991 kg (8 800 lb)	3 856 kg (8 500 lb)	4 173 kg (9 200 lb)	3 039 kg (6 700 lb)
) Affaissement susp. arr. avec 575 kg	10,1 cm (4 po)	11,4 cm (4,5 po)	10,1 cm (4 po)	11,4 cm (4,5 po)	10,1 cm (4 po)
) Volume de charge dans le plateau	1634 litres	1571 litres	1611 litres	1620 litres	1661 litres

LE VERDICT

Compte tenu de la réputation et la conception du F-150, il est normal que celui-ci s'en tire avec les grands honneurs. Toutefois, s'il avait fallu que Ford retarde le lancement de son nouveau F-150, le Titan aurait été couronné la meilleure camionnette de l'industrie. Malgré son âge, le Sierra a fait bonne figure et réussi encore à faire la leçon aux plus jeunes. Quant au Dodge, il aurait avantage à modérer les ardeurs de son moteur Hemi pour s'attarder à raffiner ses suspensions et sa finition intérieure. Concernant le Tundra, le modèle 2005 amélioré aurait sûrement gagné des points au classement mais il aurait été surprenant qu'il quitte le fond de la grille.

À propos, même si ces véhicules ont été élaborés pour les hommes (non, ce n'est pas un commentaire de macho!), de plus en plus de femmes adorent se promener au volant de ces pachydermes. Normal, puisque le sentiment de sécurité et la position de conduite élevée qu'ils procurent sont des facteurs qui expliquent en partie cet engouement. Mais pour l'avoir expérimenté, les camionnettes déplaisent fortement aux dames si l'habitacle n'est pas propre et exempt de tous détritus laissés par le genre masculin : brans de scie, saletés, miettes de nourritures, outils, etc. Alors si vous voulez conserver l'emprise sur vos camionnettes, Messieurs, vous savez quoi faire! Et sans blague, allez-vous me dire que l'intérieur des voitures de ces dames ne ressemble pas à une garçonnière? Vous dites : sans commentaire. Oui, je comprends. Avant de déclencher une chicane de ménage, aussi bien revenir à nos chaudrons!

À la lumière du résultat de ce match, ce n'est pas demain la veille que les nord-américains vont se convertir aux camionnettes japonaises. La preuve : les Nissan Titan et Toyota Tundra ne pullulent pas sur nos routes. Pour ce faire, les dirigeants japonais devront prendre le bâton du pèlerin et aller prêcher la bonne parole dans les paroisses où les esprits de clocher semblent encore aveuglés par l'aura des camionnettes des trois constructeurs américains. Mais si l'on se fie aux succès de certaines sectes, il est possible que les constructeurs japonais réussissent à faire le plein de « bons pratiquants » d'ici quelques années. S'ils adoptent la bonne approche et améliorent leurs produits, il n'est pas impossible que les Japonais jouent le même coup aux Américains qu'ils ont fait aux Allemands et à leurs berlines de luxe dans les années 90.

Jean-François Guay

LA BÊTE DODGE

LE SAUVEUR DE FORD

LE VÉTÉRAN DE GMC

L'HÉRÉTIQUE DE NISSAN

L'ANGE DE TOYOTA

» GRILLE D'ÉVALUATION

	Points	Dodge Ram	Ford F-150	GMC Sierra	Nissan Titan	Toyota Tundra
Allure						
› Extérieur	30	28	25	20	24	18
› Intérieur	10	7,5	8,8	7,8	8,2	7,1
	40	35,5	33,8	27,8	32,2	25,1
Habitacle						
› Accès à l'habitacle	10	7,8	8,6	9	8,4	9,2
› Finition	10	7,5	8,4	7,9	7,7	8,2
› Qualité des matériaux	10	7,6	8,5	8	7,8	8,2
› Espaces de rangement	10	7,2	8	7,6	8,5	7,6
› Astuces et originalité (innovation intéressante, gadget hors série)	10	7,3	8	7,1	8,5	7,5
› Tableau de bord	10	7,7	8,5	7,9	8,1	7,1
› Équipement	10	7,4	8,1	7,8	8,5	7,4
	70	52,5	58,1	55,3	57,5	55,2
Confort						
› Confort des sièges	10	8	8,8	9,2	8,6	8,2
› Position de conduite	10	7,6	8	8,3	8,5	7,8
› Places arrière	10	7,4	8,3	8	8,5	7,8
› Ergonomie (facilité d'atteindre les commandes et lisibilité des instruments)	10	8	8,4	8,2	7,8	8
› Silence de roulement	10	8,1	8,6	8,3	7,9	8,4
	50	39,1	42,1	42	41,3	40,2
Sur la route						
› Moteur (rendement, puissance, couple à bas régime, réponse, agrément)	40	36	27	32	34	25
› Transmission (passage des rapports étagement, rétrocontact, levier, agrément)	30	24	21	28	25	25,5
› Direction (précision, feed-back, sensations, braquage)	20	13	18	15	17	16,5
› Tenue de route	30	26	25	24	23	23,5
› Freins (endurance, sensations, performances)	30	23	26	25	27	19
› Confort de la suspension	20	12	16	15	14	17
	170	134	133	139	140	126,5
Sécurité						
› Visibilité	10	7,2	7,4	7,8	8	7,6
› Rétroviseurs	10	8	7,8	7,5	9	7,4
› Nombre de coussins de sécurité	10	8	7	7	9	7
› Protection de la mécanique	20	13,5	14	15,5	16	17
	50	36,7	36,2	37,8	42	39
Mesures						
› Accélération sans charge	15	12	11,1	12,4	12,6	11,5
› Accélération - avec charge 1 266 lbs	15	11,2	9,7	11,3	12,2	10
› Reprise sans charge	15	13,1	12,6	12,9	13,2	12,8
› Reprise avec charge 1266 lbs	15	12,3	12	12,5	12,8	12,1
› Freinage sans charge	15	11,7	12,3	12	12,6	10
› Freinage avec charge 1266 lbs	15	10,3	11,4	10,3	11,7	8,7
› Niveau sonore	10	7,6	8,2	7,8	7,4	8
	100	78,2	77,3	79,2	82,5	73,1
Transport /Remorquage						
› Force de remorquage	20	17,5	18	18	19	14
› Charge utile	20	15,5	18,5	12,5	13	17
› Accès/volume du plateau	10	8,1	7,3	7,5	7	8,4
› Tenue de route avec charge	20	16	17,5	16,5	14	12
	70	57,1	61,3	54,5	53	51,4
Pots-pourris						
› Agrément de conduite	30	22	28	25	24	19
› Choix des essayeurs	30	28	26	22	24	20
› Valeur de revente	40	35	37	34	26	27
	100	85	91	81	74	66
› **Total**	650	518,1	532,8	516,1	522,5	476,5
Classement		3	1	4	2	5

Guide de l'auto 2005

FACE À FACE

ROULER SANS COMPTER

PRIUS   **SILVERADO**   **ECHO**   **CIVIC HYBRIDE**

GOLF TDI   **SMART**

C'est un secret de polichinelle: le prix du pétrole a connu une hausse vertigineuse et aucun analyste ne prévoit que ce coût diminuera au cours des prochaines années. Le résultat: fini le litre d'essence à bon marché. Il faudra se résigner à payer près d'un dollar le litre, et à adopter une attitude de conduite intelligente.

Guide de l'auto 2005

Pour les fabricants, le défi est évidemment de taille. Les gros véhicules qui consomment plus que leur poids en essence au cours d'une même randonnée sont désormais voués à l'échec. Ou du moins à une baisse de popularité importante.

Autre considération de grande importance, la consommation d'essence va souvent de pair avec de fortes émissions polluantes. Or, dans ce domaine aussi les règles deviennent de plus en plus strictes, et toutes les voitures devront montrer patte blanche en matière de conformité aux normes environnementales d'ici la fin de 2006.

Les grands manufacturiers n'ont donc plus le choix. La pression du marché, et celle des lois les forcent à redoubler d'imagination pour lancer des produits qui consomment trois fois rien. Du moins l'affirment-ils…

L'équipe du Guide de l'auto n'a évidemment pas pour habitude de mettre en doute la parole des fabricants, bien sûr… Mais disons que, composée de gens sérieux, cette même équipe aime bien vérifier par elle-même toutes les données fournies. Cette fois, c'est donc à la mesure réelle de la consommation d'essence que votre Guide s'attaque. Objectif : retracer, dans certaines conditions, la voiture la moins énergivore actuellement disponible.

LES ADVERSAIRES

Le choix des participantes à ce match s'est effectué de lui-même. La méthode de sélection est fort simple puisqu'elle est basée sur les simples cotes de consommation fournies par Transports Canada pour chacun des véhicules, uniquement pour les déplacements sur autoroute. Pour l'instant, nous n'avons pas considéré la consommation en ville.

Le choix a cependant voulu toucher à la fois les voitures dites traditionnelles et les voitures de nouvelle technologie.

Ainsi, comme porte-couleur et défenderesse des voitures à essence, c'est la Toyota Echo Hatchback qui a été choisie. Selon Transports Canada, cette voiture consommerait moins de 5,2 litres aux 100 kilomètres sur autoroute.

Parce que le diesel est appelé à faire une percée grandissante sur nos marchés, et qu'il est en train de devenir en Europe le véritable carburant de l'avenir, nous n'avions pas le choix de l'inclure dans nos tests.

Deux représentantes du diesel ont pris part au test. La première, la toute nouvelle Smart 3 cylindres turbodiesel, était une incontournable tellement sa cote de consommation anticipée est basse : seulement 4 litres aux 100 kilomètres. Mais comme il s'agit vraiment d'une microvoiture (même la Echo semblait grosse à ses côtés), nous avons aussi préféré choisir un véhicule de type plus familial pour représenter la grande section diesel.

C'est donc à la Volkswagen Golf TDI que revient l'honneur de défendre sa technologie. Selon Transports Canada, cette Golf serait en mesure d'obtenir une cote de consommation de 4,6 litres aux 100 kilomètres.

Technologie et environnement obligent, il faut désormais compter dans le paysage automobile sur des voitures de type hybride, c'est-à-dire des voitures qui mettent à profit à la fois un moteur à essence et un moteur électrique. Précisons tout de suite que malgré la présence de batteries et d'un moteur à électricité, aucune des hybrides ne doit être rechargée à une source externe. Tous les modèles actuellement disponibles refont le plein de leur batterie notamment en récupérant l'énergie au freinage. Ils utilisent aussi l'énergie excédentaire du moteur à essence pour conserver le niveau de puissance de leur bloc électrique. Cette méthode de fonctionnement, en plus d'être simple d'utilisation, a l'avantage de n'engendrer aucun coût supplémentaire.

Deux modèles, qui font figure de précurseurs dans ce domaine, ont été testés, soit la Honda Civic hybride à transmission manuelle, et la Toyota Prius de deuxième génération. Signalons que la technologie utilisée sur chacune de ces voitures n'est pas exactement la même, ce qui explique leur présence au sein de cette rencontre comparative.

Selon Transports Canada, la Honda consommerait 3,3 litres aux 100 kilomètres pour une randonnée sur l'autoroute, alors que la cote de consommation de sa rivale serait plutôt établie à 4,2 litres aux 100 kilomètres dans les mêmes conditions.

FACE À FACE

GOLF TDI / ECHO

LE GRAND TEST

Vous l'aurez compris, l'étude et la comparaison de cotes de consommation s'effectue au volant de la voiture. Et la seule façon d'y parvenir, c'est de faire nous-mêmes une randonnée et d'exposer chacune des voitures à des conditions identiques, sur le même parcours.

Nos essayeurs ont donc pris le volant des cinq voitures pour effectuer une promenade dans des conditions contrôlées. Premier arrêt : le poste d'essence. Chacune des participantes est alors remplie jusqu'au bouchon, c'est-à-dire officiellement jusqu'au premier déclic automatique du robinet déverseur.

Les odomètres remis à zéro, le kilométrage soigneusement noté, les cinq voitures prennent la route, direction le Rang du Moulin rouge près de Drummondville. Dans chacune des voitures, le climatiseur est mis en fonction pour assurer l'uniformité des tests… et le confort des essayeurs.

Au total, l'aller simple nous aura permis de rouler durant plus de 114,5 kilomètres. Premier constat, les odomètres de nos voitures sont aussi différents que leur cote de consommation puisqu'aucune n'enregistre le même kilométrage.

Ainsi, selon la Honda Civic notre randonnée a duré 118 kilomètres, alors que la Prius et la Smart sont les plus près de la réalité avec 115 kilomètres. Pour conserver à ce test une valeur scientifique, nous avons installé à bord d'une des voitures un système GPS de navigation par satellite qui enregistre de façon précise non seulement la distance parcourue mais aussi le temps mis à la parcourir ainsi que la vitesse moyenne.

Une fois arrivées à destination, nouveau plein, nouvelle prise de données, et les cinq voitures refont le chemin inverse. Signalons que non seulement les conditions étaient les mêmes à l'intérieur des voitures, mais que toutes les voitures roulaient à vitesse constante en se suivant sur l'autoroute. Quand c'était possible, les voitures utilisaient même le régulateur de vitesse fixé à 100 kilomètres à l'heure.

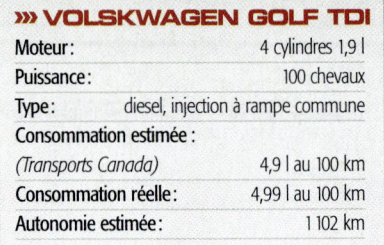

»» VOLKSWAGEN GOLF TDI	
Moteur :	4 cylindres 1,9 l
Puissance :	100 chevaux
Type :	diesel, injection à rampe commune
Consommation estimée	
(Transports Canada)	4,9 l au 100 km
Consommation réelle :	4,99 l au 100 km
Autonomie estimée :	1 102 km

Deux arrêts à l'aller et autant au retour ont été mis au programme. Et chaque fois qu'un arrêt s'effectuait, toutes les voitures participantes le faisaient dans les mêmes conditions.

Au terme de la randonnée, et du troisième plein de la journée, les voitures avaient donc parcouru un cycle de 228,9 kilomètres, pour un temps de route de 2 heures 32 minutes et 30 secondes, en omettant les arrêts. La vitesse moyenne maintenue par les voitures s'élève à 90,1 kilomètres à l'heure.

Si on ajoute les temps d'arrêt, la durée du parcours s'allonge de 12 minutes et la vitesse moyenne chute à 83,6 kilomètres à l'heure.

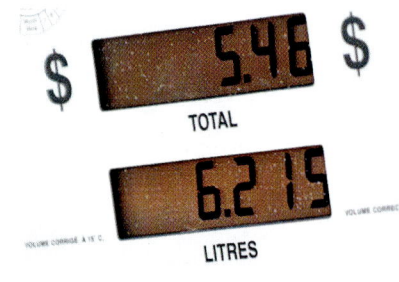

»» TOYOTA ECHO HATCHBACK	
Moteur :	4 cylindres 1,5 l
Puissance :	108 chevaux
Type :	essence
Consommation estimée	
(Transports Canada) :	5,2 l au 100 km
Consommation réelle :	5,57 l au 100 km
Autonomie estimée :	808 kilomètres

Guide de l'auto 2005

FACTEUR D'INFLUENCE

Avant de connaître avec précision la cote de consommation de chacune des voitures, certains facteurs d'influence sont utiles à connaître. Ainsi, la cylindrée du moteur joue un rôle important dans la consommation directe d'essence.

Mais d'autres causes externes notamment l'aérodynamisme, doivent aussi jouer un rôle déterminant puisqu'en augmentant le coefficient de traînée, le moteur doit travailler davantage et ainsi consommer plus de carburant.

Pas question pour le Guide de l'auto d'évaluer ce genre de coefficient en soufflerie, une méthode utilisée par les fabricants eux-mêmes et qui donne peu d'indices au conducteur moyen que nous sommes.

La méthode retenue par l'équipe d'essayeurs est un peu différente. Chacune des voitures a été lancée à plus de 100 kilomètres à l'heure sur une route isolée. Puis, une fois la vitesse cible atteinte, le conducteur levait tout simplement le pied de l'accélérateur, laissant la voiture ralentir d'elle-même jusqu'à ce qu'elle atteigne moins de 60 kilomètres à l'heure.

En utilisant un appareil de mesure embarqué (un radar lisant la vitesse de déplacement de la route couplé à un ordinateur portable), nous avons pu mesurer avec précision le temps et la distance pour chaque véhicule pour décélérer de 100 à 60 km/h. Cette mesure a le mérite de tenir compte des effets du coefficient

» TOYOTA PRIUS	
Moteur :	4 cylindres 1,5l
Puissance :	76 chevaux
Type :	rouage hybride essence-électricité
Consommation estimée :	
(Transports Canada)	4,2 l au 100 km
Consommation réelle :	5,32 l
Autonomie estimée :	846 kilomètres

de traînée, de la surface frontale totale et des pertes par frottement.

En utilisant cette procédure, c'est la Smart qui a obtenu les pires résultats, ne roulant que durant 16,82 secondes et sur une distance de 368,22 mètres pour ralentir de 100 à 60 kilomètres à l'heure.

En quatrième position en matière d'aérodynamisme, la Honda Civic hybride, qui n'a mis que 17,69 secondes et 389,08 mètres pour atteindre sa vitesse plancher. Au troisième rang, la Volkswagen Golf TDI, qui a pour sa part roulé sur une distance de 492,12 mètres pour ralentir comme les autres, durant une période de 22,22 secondes.

Les deux premières positions sont partagées par les deux Toyota prenant part à ce match.

La petite Echo prend la deuxième position Malgré sa forme un peu carrée, elle sauvegarde

quand même un bon rendement aérodynamique puisqu'il lui a fallu 25,51 secondes et 549,86 mètres pour perdre ses 40 km/h.

La Prius, dont le profil rappelle davantage celui d'une aile d'avion que celui d'une voiture, s'est étirée sur 579,55 mètres et 26,16 secondes et a ainsi pu être couronnée reine de la pénétration au grand air

» HONDA CIVIC HYBRIDE	
Moteur :	4L 1,3 l
Puissance :	85 chevaux
Type :	rouage hybride essence-électricité
Consommation estimée :	
(Transports Canada)	4,6 l au 100 km
Consommation réelle :	4,05 l au 100 km
Autonomie estimée :	1 234 km

FACE À FACE

»» ESSAIS DE DÉCÉLÉRATION SANS UTILISATION DES FREINS

	100-60 km/h temps (s)	100-60 km/h distance (m)
Toyota Prius	26,16	579,55
Toyota Echo hatchback	25,51	548,86
Volkswagen Golf TDI	22,22	492,12
Chevrolet Silverado hybride	19,32	430,09
Honda Civic hybride	17,69	389,08
Smart	16,82	368,22

ET LA PALME DE L'ÉCONOMIE VA À…

Ce qui intéresse tout le monde dans ce genre de comparaisons, c'est bien entendu le résultat. Et sans surprise, c'est la petite Smart qui mérite la première position. Au volant de cette micro-voiture, le calcul exact de la consommation d'essence équivaut à une dépense de 3,52 litres aux 100 kilomètres. Ce calcul est basé, comme pour toutes les voitures participant au match, sur la moyenne des deux randonnées sur autoroute. Le fait que la Smart soit la plus économique du groupe malgré un aérodynamisme équivalent à un camion qui recule, illustre bien le rendement du petit moteur. Le petit tricylindre diesel gavé par un turbocompresseur reprend la formule utilisée par des milliers de camions de transport. En deuxième position se place la Honda Civic hybride avec sa transmission manuelle, avec laquelle nous avons pu réaliser une consommation de 4,05 litres aux 100 kilomètres. Fait étonnant, les deux pires voitures en matière d'aérodynamisme ont réalisé les meilleures performances de consommation. Imaginez si en plus, elles pouvaient rentrer dans l'air sans faire d'éclaboussures!

La troisième place revient à la Volkswagen Golf TDI (4,99 litres aux 100 km) qui comme par hasard, retient les services d'un quatre cylindres diesel avec turbocompresseur.

La Toyota Prius avec une consommation de 5,32 litres aux 100 km et la Toyota Echo Hatchback avec 5,57 litres aux 100 kilomètres suivent pas loin derrière dans l'aspiration.

Ces données ont été calculées sur une randonnée de 228,9 kilomètres.

PAR SOUCI D'ÉQUITÉ

C'est exact, la Smart est la plus économique, sans aucun doute. Mais pour rendre véritablement justice aux rouages hybrides, une partie du test aurait dû être effectué en zone urbaine. La technologie hybride avec son moteur électrique d'appoint dévoile ses meilleurs atouts en ville et non sur l'autoroute. Non seulement permet-elle d'éteindre tout simplement le moteur à essence lorsqu'il y a arrêt complet, mais le moteur électrique, caractérisé par son couple à très bas régime, vient appuyer le moteur traditionnel lors des départs et des accélérations à fortes charges. Cela limite donc la consommation et les émanations dans les limites des villes.

Mais le vrai potentiel des hybrides réside dans le freinage régénératif. C'est bien de faire de sérieux efforts technologiques afin d'être le plus efficace possible lors de la transformation de l'énergie contenue dans un litre de carburant. C'est tragique ensuite de gaspiller à perte totale toute cette énergie cinétique en appuyant sur la pédale de frein.

Si pour le moment, en matière de consommation d'énergie ce sont les véhicules aux moteurs super efficaces qui affichent les meilleurs résultats, les gains futurs se feront du côté de l'aérodynamisme mais surtout au niveau de freinage regénératif. Reste maintenant aux fabricants à embarquer dans le mouvement, si les automobilistes le souhaitent évidemment.

»» SMART

Moteur :	3 cylindres 0,8 litres
Type :	turbodiesel
Puissance :	40,5 chevaux
Consommation estimée : (fabricant)	3,5 l au 100 km
Consommation réelle :	3,52 l au 100 km
Autonomie estimée :	625 km

SILVERADO HYBRIDE

UN LOUP DANS LA BERGERIE

Faire une comparaison entre petites voitures, passe encore. Mais y ajouter une grosse camionnette comme la Silverado peut sembler pure folie. Peut-être pas tant que ça finalement... Il faut comprendre qu'en mettant le pick-up Silverado au sein du groupe des voitures testées, nous étions conscients qu'il n'avait aucune chance de remporter la palme. Cependant, puisque GM l'a doté d'un mécanisme pseudo-hybride (disponible au cours de la prochaine année), nous souhaitions le mettre à l'épreuve comme les autres.

La méthodologie du test est évidemment la même que celle des petites voitures. La vraie comparaison toutefois visait directement le Silverado en version originale. Nous avons tout de même intégré ses résultats dans les tableaux communs avec les voitures.

Pour l'évaluer, nous avons - comme pour les autres - procédé au test aérodynamique. Chose surprenante, le Silverado a obtenu de meilleurs résultats en décélération que la Smart ou la Honda.

Ainsi, pour ralentir de 100 à 60 kilomètres à l'heure, il s'est traîné pendant 19,32 secondes sur 430,09 mètres.

Du strict point de vue de la consommation, la version hybride a prouvé sa supériorité. Ainsi, en version originale, le Silverado affiche une cote de consommation qui tourne autour des 15 litres aux 100 kilomètres (de 14,3 à 15,6 selon les modèles).

Or, en version hybride, il a maintenu une cote de consommation de seulement 10,64 litres aux 100 kilomètres, toujours sur autoroute cependant. Fait à signaler, la puissance de remorquage et la capacité de chargement sont équivalentes sur les deux modèles.

Ce Silverado n'est pas hybride au sens propre du mot. Un petit démarreur-alternateur à induction de 14kW, monté entre le moteur et la boîte de vitesses, peut aussi bien dispenser et emmagasiner l'énergie électrique. Il rend possibles l'arrêt et le redémarrage automatiques du moteur selon les besoins de la situation. Ce dispositif aplanit aussi toutes variations importantes de rotation de la transmission tout en rechargeant trois batteries au plomb de 42 volts lors de ralentissements régénératifs.

S'il était besoin d'une preuve supplémentaire, ce Silverado vient de la fournir : les plus gros véhicules sont aussi capables de tirer efficacement profit d'un dispositif, même pseudo-hybride. Et, qualité non négligeable, sans compromettre confort et plaisir d'utilisation. Vous avez même droit à quatre prises de courant de 120 volts et 20 ampères.

Marc Bouchard

» CHEVROLET SILVERADO HYBRIDE

Moteur :	V8 5,3 l
Puissance :	295 chevaux
Type :	rouage hybride essence-électricité
Consommation estimée :	
(fabricant)	10,4 l au 100 km
Consommation réelle :	10,64 l au 100 km
Autonomie estimée :	925 kilomètres

FACE À FACE

CTS-V / 300C

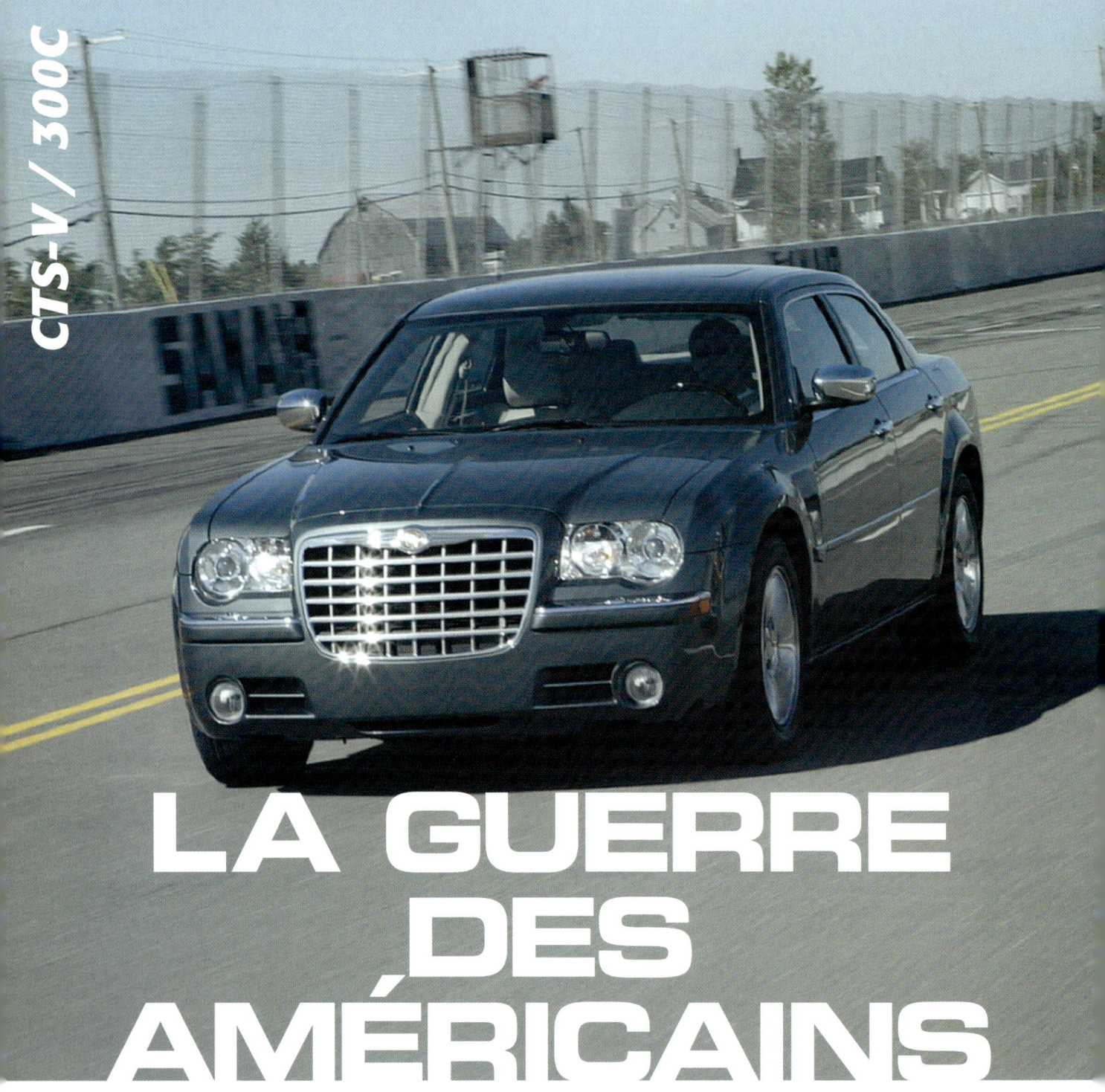

LA GUERRE DES AMÉRICAINS

MATCH NUL !

Quand le Guide a choisi de comparer deux grandes américaines, le choix a été facile à faire. Nous avions cru, à cette époque, que la Cadillac CTS-V et la 300C de Chrysler étaient des rivales naturelles, puisque les deux s'adressaient à un public, amateur de voitures made in USA, et pour qui le luxe dominait dans le domaine des priorités de choix.

FACE À FACE

Nous avons cependant dû nous rendre à l'évidence. Même si les deux voitures regorgent d'un luxe évident, elles sont loin d'avoir les mêmes caractéristiques, même si de nombreux recoupements peuvent être faits. Tellement loin en fait qu'au lieu d'un véritable match comparatif, notre journée d'essai s'est transformée en essai en parallèle.

Car avouons-le, même si les deux voitures partent d'un principe commun, l'application de ce principe varie considérablement. On peut difficilement comparer en effet une voiture comme la CTS-V, dont l'objectif est clairement d'offrir une performance digne des circuits de route, à la 300C, une berline de luxe pour qui la performance sportive est en queue de peloton.

Nos experts ont donc appelé un match nul, mais chaque voiture l'emporte dans sa catégorie propre.

LES ADVERSAIRES

Dans le coin droit, pesant quelque 1744 kilos, la Cadillac CTS-V, équipée d'un moteur V8 de 400 chevaux, est une variante de la CTS lancée il y a quelques années dans l'optique du renouvellement de la bannière par le fabricant.

Ses lignes anguleuses, puisées dans l'inspiration des avions furtifs américains SkyHawk (c'est de là que vient toute la nouvelle philosophie Cadillac) lui donnent une allure agressive et méchante. Dans sa première livrée, la voiture était efficace, mais il lui manquait un petit quelque chose. Avec la version V, il ne manque plus rien. En fait, on pourrait même dire qu'il y en a un peu trop, tellement le moteur est puissant et les performances sportives surprenantes.

Dans le coin gauche, avec ses 1836 kilos et son moteur V8 de 340 chevaux, la Chrysler 300C, un modèle entièrement nouveau et qui s'est attiré, depuis son lancement, de nombreux éloges bien mérités d'ailleurs.

Avec ce modèle, l'objectif de Chrysler est clair : faire une entrée remarquée dans le monde des berlines de luxe abordables. Car même si on lui permet de faire quelques folies, la 300C est d'abord une voiture pour ceux qui recherchent le confort et la sécurité des berlines de grande taille. La puissance est un accessoire supplémentaire qui ne figure pas au cœur des priorités des acheteurs.

Étrangement, même si le combat à finir n'a pas eu lieu, les deux moteurs en présence sont des rivaux naturels. Chez Chrysler, c'est un Hemi qui se retrouve sous le capot de la 300C. Ce légendaire moteur (et légendaire n'est pas trop fort) s'est fait connaître au milieu des années 60 alors qu'il a permis à Chrysler de remporter trois titres consécutifs sur le circuit NASCAR. Il est depuis associé à tout ce qui se fait en matière de performance et a fait un retour remarqué depuis quelques années sous le capot des voitures les plus puissantes du fabricant.

De son côté, la Cadillac a hérité du moteur 5,7 Small Block, un engin créé expressément pour Cadillac en 1955 et qui, depuis, a fait son chemin sous différentes formes chez GM. On l'a notamment implanté dans des voitures mais aussi dans des utilitaires comme le Envoy.

Ce qui fait sa particularité comme son nom l'indique, c'est la taille même du bloc-moteur. Le design unique adopté pour le Small Block lui permet de se glisser sous un capot en prenant moins d'espace qu'un bloc régulier, donc en limitant aussi le poids en charge, mais en développant plus de puissance.

VITE ET MOINS VITE

Pour mener à bien la comparaison, les collaborateurs du Guide ont eu l'occasion de piloter les deux voitures sur la piste de Sanair. Cependant, c'est toujours de même pilote, c'est-à-dire l'auteur de ces lignes, qui a effectué l'ensemble des essais chronométrés, afin de s'assurer d'une certaine homogénéité dans les résultats.

Côté accélération brute, la Cadillac a largement dominé. Elle a réussi à accélérer de 0 à 100 kilomètres à l'heure en 5,71 secondes, mais surtout en utilisant une distance de seulement 60,43 mètres ce qui, sans être exceptionnel, dénote une puissance de haut niveau.

Même en reprise, la CTS-V a littéralement fait des étincelles, réussissant le 80-120 km/h en seulement 5,2 secondes.

De son côté, même si elle ne traîne pas la patte, la 300C a souffert un peu plus. Le temps d'accélération est excellent, et se compare avantageusement avec la plupart des berlines de sa catégorie, puisqu'elle a atteint le 100 kilomètres/heure en moins de 6,64 secondes. Il lui a par contre fallu près du double de la distance, soit 109,43 mètres, pour y parvenir.

Les reprises sont nettement moins franches que la Cadillac, la 300 C réalisant le 80-120 en 6,1 secondes.

En matière de freinage cependant, la Chrysler a repris le haut du pavé, puisqu'elle décélère en moins de temps, et en moins d'espace, que sa rivale d'un jour. Ainsi, pour ramener la voiture en position d'arrêt total à partir de 100 kilomètres à l'heure, le pilote n'a eu besoin que de 23,66 secondes, et d'une distance de 36,36 mètres. La Cadillac a demandé près de trois secondes (2,98) et plus de 41,25 mètres pour effectuer la même tâche.

Même lors des tours de piste, la CTS-V affirmait sa position en retranchant près de 1 seconde au tour (45,20 contre 46,1) aux performances de la Chrysler.

Guide de l'auto 2005

FACE À FACE

ENTRE LES CÔNES

On ne peut évidemment faire de tels tests de comportement routier sans effectuer quelques essais de maniabilité sur un circuit en slalom, une épreuve qui en dit souvent long sur la conduite des voitures. Et cette fois, même si la Cadillac a encore devancé sa rivale concernant la vitesse, elle a aussi obtenu un léger avantage en matière de conduite.

La direction de la CTS-V s'est en effet montrée plus vive et plus précise, permettant de mieux placer le véhicule dans la trajectoire idéale. Même sur le circuit, cette précision favorisait une sortie plus rapide des virages, grignotant chaque fois quelques dixièmes de seconde.

Sur le parcours du slalom, composé essentiellement de braquages et contre-braquages, c'est-à-dire d'un simple parcours gauche-droite, la 300C a éprouvé quelques difficultés à suivre le rythme. Après un enchaînement gauche-droite-gauche, la direction répondait avec un retard apparent, ce qui provoquait un changement de direction que le conducteur devait corriger avec une certaine vigueur. Sur la route, on peut soupçonner que ce genre de comportement pourrait entraîner des problèmes surtout en situation d'urgence, alors que le conducteur devra corriger rapidement sa trajectoire, à deux ou trois reprises. Il risque alors d'être incapable d'effectuer le troisième virage.

Ce qui entraîne ce genre de réaction, c'est l'assistance à la direction qui prend trop d'espace face au pilote en situation d'urgence.

En revanche, la suspension de la 300C s'est montrée largement supérieure à sa rivale. Bien équilibrée, d'une stabilité déconcertante, elle abordait chacun des changements brusques de trajectoire avec une confiance inébranlable, comme si la suspension avait un sourire en coin tellement elle maîtrisait la situation.

La Chrysler s'est aussi montrée beaucoup plus stable à tous points de vue en slalom, absorbant mieux le roulis provoqué par le circuit. Un constat étonnant d'ailleurs puisque la 300C optait davantage pour une suspension de compromis, avec un débattement beaucoup plus long destiné à mieux absorber les aspérités de nos routes bosselées. Or, malgré ce jeu plus long, la berline réagissait mieux que la CTS-V.

La Cadillac a par contre pris un peu l'avantage en raison de ses pneus, à profil très bas, qui gardent une meilleure tenue de route et qui dirigent mieux la voiture en cas de virages extrêmes. Il va de soi qu'on y perd un peu en confort, puisque les pneus à profil bas n'offrent aucune absorption pneumatique des hasards de la route, mais on y gagne en précision dans les trajectoires en zigzag.

Mentionnons tout de même, à de simples fins de vérifications scientifiques, que la Cadillac a mis 28,62 secondes pour effectuer le tracé en slalom, alors que la 300C en mettait 29,15, un écart peu important.

Pour cette portion de la comparaison, mentionnons que la Cadillac a aussi prouvé qu'elle avait de meilleurs freins. D'un simple coup de pédale, il était par exemple possible de placer avantageusement la voiture pour aborder le prochain virage. La Chrysler demandait pour sa part un peu plus de contrôle pour la même opération.

Guide de l'auto 2005

CÔTÉ CONFORT

Ce n'est pas parce que deux voitures sont testées sur une piste que l'on néglige pour autant le confort des usagers, bien au contraire. Chacune des deux voitures a subi les affres des visites de nos collaborateurs qui se sont chargés d'évaluer à la fois l'aspect général de la voiture, son habitacle et son confort en usage quotidien.

D'un strict point de vue scientifique, il est intéressant de noter que la Chrysler s'est montrée plus silencieuse que la Cadillac dans toutes les situations. Ainsi, le niveau de décibels enregistrés dans l'habitacle était inférieur tant au ralenti qu'en accélération à l'intérieur de la 300C. Même à 100 kilomètres, le son enregistré à l'intérieur atteignait 63,2 décibels dans la Chrysler, contre 66,6 décibels dans la Cadillac.

De façon plus subjective, l'habitacle de la Chrysler 300C a aussi été jugé nettement plus convivial et plus agréable. L'intérieur tout noir de la CTS et la complexité de certaines de ses commandes ont joué nettement en sa défaveur. En revanche, la qualité du système audio (même s'il est d'une rare complexité à utiliser) lui a valu d'excellentes notes de la part de tous les essayers.

Chez Chrysler, on a mérité de bonnes notes pour l'aspect général de l'intérieur, la disposition et la facilité d'utilisation des accessoires, et la qualité de consultation générale de l'instrumentation.

Chose étonnante, les deux voitures ont reçu le même classement pour le confort des sièges et la position de conduite, deux aspects jugés très bons dans une voiture comme dans l'autre.

En matière de silhouette cependant, les deux modèles ont leurs défenseurs… Et leurs détracteurs. La Cadillac, avec ses arêtes acérées, donne une impression de vitesse même en étant à l'arrêt. Ses lignes dures ne lui valent cependant pas que des compliments.

Quant à la 300C, ses dimensions inusitées et sa large, très large calandre, lui ont aussi mérité quelques commentaires moins élogieux, mais dans l'ensemble elle a dominé au chapitre des préférences esthétiques, et ce, pour tous les essayers.

»» DONNÉES TECHNIQUES

	Cadillac CTS V	Chrysler 300C
› Nom du modèle		
› Empattement	288 cm	305 cm
› Longueur	485 cm	500 cm
› Largeur	179 cm	188 cm
› Hauteur	145,5 cm	148 cm
› Poids	1 744 kg	1 836 kg
› Transmission	Manuelle	Automatique
› No. de rapports	6	5
› Moteur	V8	V8
› Cylindrée	5,7 litres	5,7 litres
› Puissance	400 ch	340 ch
› Suspension:		
› avant	indépendante	indépendante
› arrière	indépendante	indépendante
› Freins:		
avant	disques	disques
arrière	disques	disques
› ABS	oui	oui
› Pneus	P245/45WR18	P225/60R18
› Direction	à crémaillère	à crémaillère
› Diamètre de braquage	10,8 mètres	11,9 mètres
› Coussin gonflable	frontaux, latéraux, tête	frontaux, latéraux et tête
› Réservoir de carburant	66,2 litres	72 litres
› Capacité coffre	362 litres	311 litres
› Accélération 0-100 km/h:	5,71 s	6,64 s
› Vitesse de pointe	265 km/h	245 km/h
› Consommation	12,5 l/100 km	12,0 l/100 km
› Prix	70 000 $	42 995 $

Guide de l'auto 2005

FACE À FACE

ET LE GAGNANT EST…

…le conducteur! Tant au total des points qu'en matière d'impression générale, il a été impossible de départager les deux voitures dont la mission est trop différente.

La CTS-V a fait la preuve qu'elle était aussi proche d'une voiture d'homologation que d'une voiture de production. La conduire en écoutant le ronron du moteur à 4 000tr/min est un petit plaisir que beaucoup de conducteurs souhaitent vivre un jour.

Sur une piste, dans des conditions idéales, elle offre des performances hors du commun et un plaisir de conduite de haut calibre. En revanche, en simple usage urbain, toutes ces qualités deviennent parfois des défauts, et la CTS-V devient presque une Formule 1 en comparaison de sa rivale. Elle sera donc le choix de ceux qui privilégient la vitesse au-delà du simple confort… et qui sont prêts à se procurer une seconde voiture pour l'hiver.

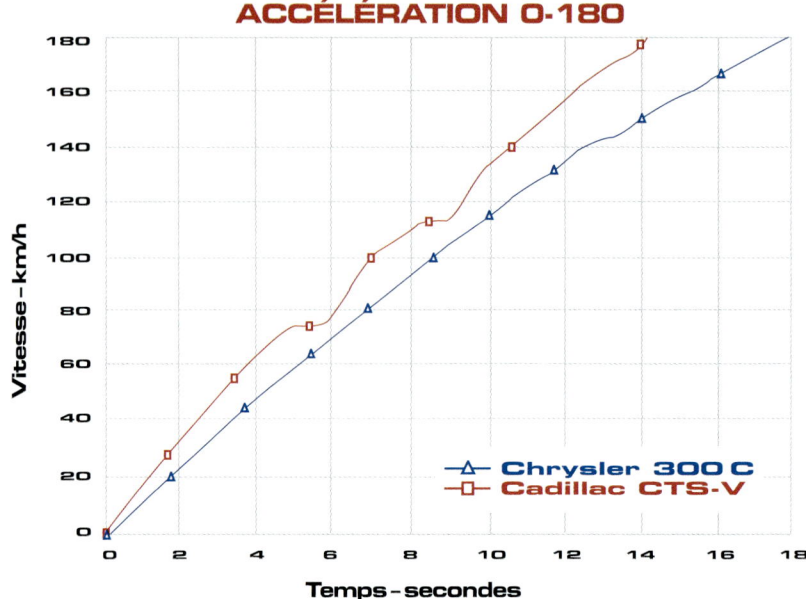

ACCÉLÉRATION 0-180

La 300C a pour sa part conquis le cœur des essayeurs pour son confort, la convivialité de son habitacle et son design en général. La suspension, plus efficace, et sa barre stabilisatrice antiroulis rendent la randonnée extrêmement confortable.

Sa construction même, ses dimensions et ses lignes uniques lui confèrent un petit air de solidité et de stabilité qui échappe à la Cadillac. Elle attirera donc les acheteurs plus sages, qui souhaitent davantage obtenir une voiture de luxe qu'une voiture de performance. Et qui n'ont pas envie de verser quelque 70 000$ pour l'obtenir puisque la 300C, en version HEMI, est disponible pour moins de 45 000$.

Le match n'a donc pas fait de gagnant, il n'a fait que des heureux: ceux qui ont pu y participer. La compétition ici est inégale, parce qu'elle oppose deux philosophies différentes. La réflexion demeure donc vôtre.

Bertrand Godin et Marc Bouchard

» RÉSULTATS

› Nom du modèle	Cadillac CTS V	Chrysler 300C
ACCÉLÉRATION		
› 0-30 km/h	3.28s	1.49s
› 0-60 km/h	4.29s	3.28s
› 0-100 km/h	5.71s	6.64s
› 0-120 km/h	6.70s	8.68s
FREINAGE		
› 100-0 km/h	36.36m	41.25m
› Temps de freinage	2.66s	2.98s
SLALOM		
› 1er essai	28.62s	31.12s
› 2e essai	28.65s	29.15s
TOURS DE PISTE		
› 1er tour	47.35s	46.1s
› 2e tour	45.20s	49.75s
SONORISATION		
› Ralenti	46,6db	46,1db
› Accélération	77,7db	73,1db
› 100 km/h	66,6db	63,2db

Guide de l'auto 2005

LA RÉPONSE DE CHRYSLER

Les dirigeants de Chrysler, qui misent beaucoup sur le succès de la 300C auprès de toutes les catégories d'acheteurs ont fait le même constat que nos essayeurs: leur voiture est confortable, mais ses performances sportives sont moins resplendissantes que prévues.

On a donc décidé de combler cette lacune en lançant une version vitaminée de la 300C, la SRT-8, dotée d'un engin HEMI plus puissant de 85 chevaux.

Conçu par la division performance de Chrysler, (SRT, soit Street Racing Technology), le nouveau moteur met à profit la technique HEMI qui utilise des pistons hémisphériques, mais augmente la cylindrée de façon remarquable. Ainsi, le nouveau moteur fait 6,1 litres, et développe un total de 425 chevaux, ce qui en fait le moteur V8 le plus puissant jamais installé par Chrysler sur une de ses voitures de série depuis le légendaire 426 Hemi des années 60. Le couple promis s'élèvera à 420 livres-pied.

Avec une telle hausse de puissance, on espère que la voiture sera en mesure de compléter une accélération de 0 à 100 kilomètres en moins de 5 secondes, soit près de 1,5 seconde de mieux que la version originale, et le quart de mille en quelque 13 secondes.

Pour améliorer la puissance, on a notamment augmenté le diamètre des cylindres, tout comme on a accru la dimension des entrées d'air et des tuyaux d'échappement. Ces composantes ont été créées spécifiquement pour ce nouveau moteur HEMI.

Les ingénieurs ont aussi apporté quelques modifications aux suspensions et au système de stabilité électronique afin qu'il soit adapté aux nouvelles performances. Enfin, même la suspension automatique a été ajustée aux nouvelles exigences du moteur.

Concernant le design extérieur, les modifications sont minimes. On a légèrement modifié l'avant et l'arrière pour permettre un meilleur écoulement de l'air, mais aucun autre signe distinctif n'est visible.

Avec une hausse de 25 % de sa puissance, et quelques modifications de performances, la nouvelle 300C devrait être en mesure de rivaliser avec les voitures plus sportives de la concurrence.

Marc Bouchard

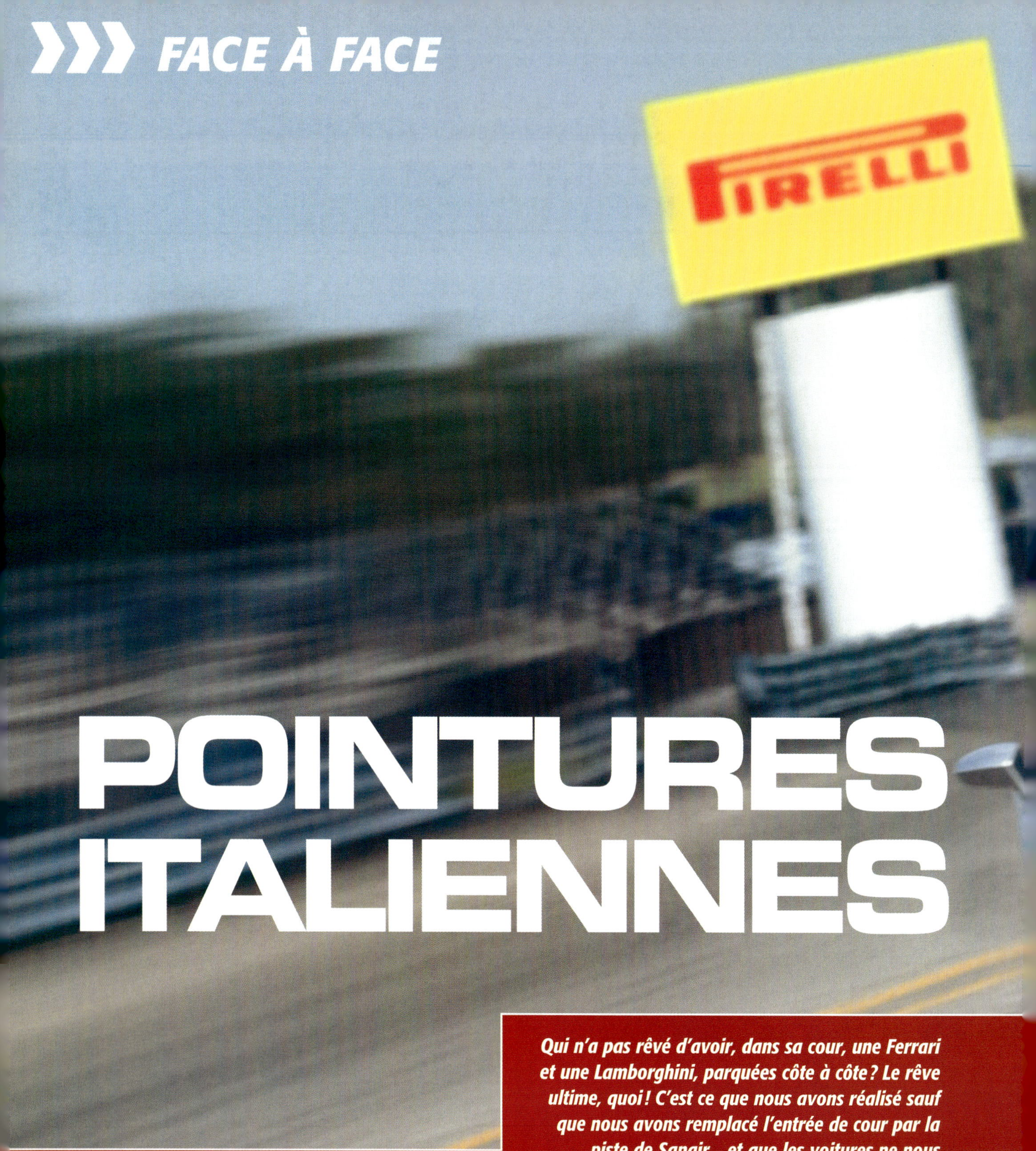

››› FACE À FACE

POINTURES ITALIENNES

Qui n'a pas rêvé d'avoir, dans sa cour, une Ferrari et une Lamborghini, parquées côte à côte ? Le rêve ultime, quoi ! C'est ce que nous avons réalisé sauf que nous avons remplacé l'entrée de cour par la piste de Sanair… et que les voitures ne nous appartenaient (malheureusement) pas. Mis à part ces deux légers détails, la journée fut mémorable. Elle consistait à tester une Ferrari 360 Modena et une Lamborghini Gallardo. Et vers quinze heures, nous avions fait notre devoir : celui de départager, pour vous, la meilleure des deux voitures. Qu'est-ce qu'on ne ferait pas pour nos lecteurs…

LAMBORGHINI

FERRARI

MERCEDES

GUERRE FRATRICIDE!

Guide de l'auto 2005

FACE À FACE

Le match devait, au départ, confronter trois des «bagnoles» les plus réputées à travers le monde. Nous attendions une Dodge Viper mais son propriétaire s'est désisté à la dernière minute. Sachez, cher Monsieur, que vous avez raté toute une journée! Mais comme notre ami Hasard, passait justement à la piste de Sanair ce matin-là, il nous a apporté une Mercedes-Benz CLK55 AMG en même temps que la seule belle journée de la semaine! Même si la voiture germanique ne pouvait soutenir la comparaison avec les deux italiennes, nous nous sommes plu à lui faire subir les mêmes tests. Tant qu'à y être…

Parlant de tests, nous n'avons pas lésiné sur les moyens. Premièrement, les gens de Pirelli se sont fait un plaisir d'équiper les deux protagonistes de pneus flambants neufs, question de niveler les performances. Pour plus de détails à ce sujet, voir l'encadré. Nous nous sommes donc pointés à la piste avec notre «gréement» électronique: radar, système de mesure par satellite, pyromètre et sonomètre nous ont fourni de précieuses données ainsi que des graphiques instantanés. Marc Bouchard ainsi que votre humble et très talentueux serviteur faisaient un peu figure de Commodore 64K avec leurs chronomètres manuels mais ils validaient ainsi les données informatiques.

Pour exploiter à fond les capacités de véhicules tels Ferrari et Lamborghini, il faut un pilote de haut niveau. L'ingrate tâche de faire cracher à ces voitures tout leur potentiel est revenue à Bertrand Godin. Pauvre chérubin! Dire que cette journée-là, il aurait pu effectuer des essais avec une Toyota Sienna. On respecte son choix… Quant à Denis Duquet, coordonnateur en chef, il avait commencé à travailler bien avant cette journée en faisant des dizaines de téléphones pour réunir tout ce beau monde au même endroit en même temps. Durant la journée des essais, il courait soit après un photographe, soit après un propriétaire bavardant loin de sa bagnole, soit… enfin, vous pouvez imaginer sa tâche! Plus important encore, il avait apporté plein de sandwiches et de rafraîchissements.

PORTRAIT DE FAMILLE

Modène, le berceau de Ferrari et Sant'Agata de Bologna où Lamborghini a établi ses quartiers ne sont distantes que de 200 kilomètres et des poussières. Nous ne tenterons pas d'expliquer pourquoi deux des entreprises automobiles les plus réputées du monde proviennent du même coin de pays. À Sanair, nous nous retrouvions avec la «petite» des deux familles. La gamme Ferrari commence avec la 360 Modena. Puis, la 575M et, finalement, la 612 Scaglietti. Chez Lamborghini, les choses sont moins compliquées. Le haut du pavé est tenu par la perverse Murciélago tandis que la Gallardo est considérée comme sa petite sœur. Fait intéressant à noter: les deux voitures testées appartiennent à deux frères!

La journée a débuté par une séance de photos, les voitures étant encore éclatantes de propreté. Pas moins de 800 photos ont été prises. Mélangez Bertrand Godin avec un appareil photo et deux super voitures, voilà ce que ça donne! Bertrand et Philippe Deschênes, un de ses amis, vous offrent les magnifiques clichés qui ornent ces pages. Ensuite, une épreuve composée d'un slalom plutôt serré (18 mètres entre chaque cône), d'une zone d'accélération et d'une épingle avant de revenir au slalom attendait nos protagonistes. En après-midi, des tests d'accélération et de freinage étaient au programme. Nous avions aussi prévu quelques tours chronométrés mais les propriétaires des voitures étaient plutôt mal à l'aise avec ce concept. On se demande bien pourquoi. Après tout, la valeur des voitures dépassait à peine les 600 000 $… Parce qu'il faut expliquer qu'habituellement, ce sont les manufacturiers qui prêtent leurs voitures de presse pour de tels matchs. Dans le cas présent, les Ferrari et Lamborghini de presse sont évidemment plutôt rares et il faut se tourner vers des particuliers qui ont suffisamment de sang-froid pour regarder leurs belles montures se faire brasser. À vous, chers propriétaires de la 360, de la Gallardo et de la CLK55 AMG, un sincère merci.

FREINAGE 100-0 KM/H

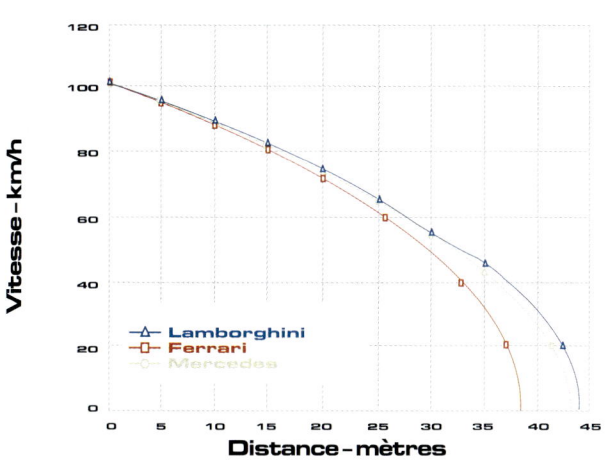

ACCÉLÉRATION 0-180

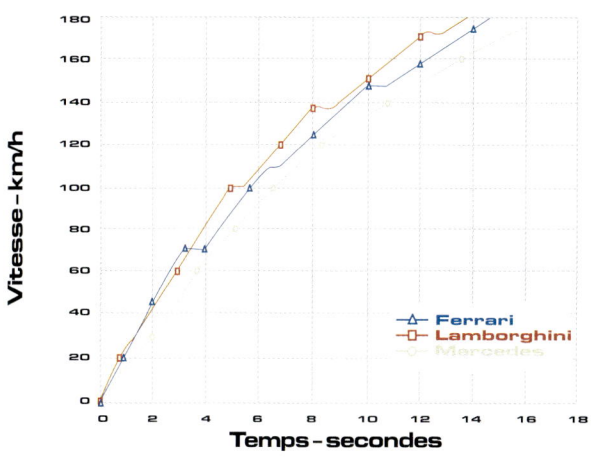

Guide de l'auto 2005

FACE À FACE

FERRARI 360 MODENA

Le nom Ferrari réfère immanquablement au sport automobile et la 360 Modena ne fait pas exception à la règle. Malgré une vocation routière qui pourrait l'éloigner des pistes de course, elle nous a prouvé, en cette belle journée d'août, qu'elle pouvait tenir son bout! En plus d'être peinte de la seule couleur digne d'une Ferrari, le rouge Ferrari, la sonorité de son V8 donne la chair de poule tellement elle est enivrante.

Dans l'épreuve du slalom, cette 360 se place au millimètre près en entrée de virage. Par contre, dès que les manœuvres gauche-droite débutent, la direction révèle une surprenante et décevante lourdeur. De plus, Bertrand doit se familiariser avec la transmission séquentielle dont les rapports se changent au moyen de palettes situées derrière le volant. D'ailleurs, durant ces changements de cap brutaux, alors qu'il doit se battre avec la dureté de la direction, Bertrand klaxonne à tout moment pour qu'on le regarde «s'épivarder» sur la piste. Par la suite, nous avons appris que ces coups de klaxon étaient bien involontaires puisque ses jointures accrochaient toujours les commutateurs! Pour l'ergonomie, on repassera... Le slalom s'effectue en deuxième vitesse et le moteur, dans ce type d'épreuve, est utilisé de façon plus efficace que celui de la «Lambo» dont les rapports de transmission sont plus longs. Les premiers essais se font avec l'antipatinage mais après l'épingle, alors que Bertrand accélère à fond pour mieux revenir au slalom, le moteur, à cause dudit antipatinage, refuse de monter dans les tours et de précieux dixièmes de secondes sont ainsi perdus. Une fois l'antipatinage débranché, Bertrand peut ainsi faire pivoter l'arrière pour mieux lancer la 360 vers la direction désirée. La voiture est peut-être plus pointue à conduire mais elle est, en revanche, plus efficace.

Au chapitre des accélérations 0-100 km/h, il faut, encore une fois, que Bertrand accepte les subtilités de la transmission séquentielle. Puisque l'embrayage est géré par l'électronique, il suffit d'enclencher le premier rapport et de «peser su'l gaz». Vers 8 500 tours/minute, il faut relâcher l'accélérateur et tirer vers soi la palette droite pour passer en deuxième vitesse. Attention cependant pour ne pas lever le pied trop vite puisque l'informatique passe alors deux rapports et fait ainsi chuter le régime moteur. Le meilleur temps est de 5,58 secondes mais, si notre pilote avait passé les vitesses à la volée, c'est-à-dire en gardant le pied «au tapis», il aurait pu retrancher plusieurs dixièmes. Par contre, la belle Ferrari serait peut-être repartie sur une remorqueuse…

Côté freinage, la Ferrari est imbattable. Le fait que l'embrayage électronique applique lui-même la technique du talon-pointe aide grandement. Bertrand n'a qu'à rouler à 100 km/h, sauter sur les freins et tirer vers lui la palette de gauche lorsque vient le temps de rétrograder. C'est aussi simple que ça!

Guide de l'auto 2005

FACE À FACE

LAMBORGHINI GALLARDO

Même si la « bella machina » est plus lourde que la Ferrari, sa direction mieux assistée lui permet d'effectuer le slalom plus rapidement. Avec la Ferrari, Bertrand se servait de trois rapports tandis qu'il ne peut en utiliser que deux avec la Lamborghini, ce qui nuit aux performances. Les rapports sont beaucoup plus longs, ce qui fait que le moteur, dans un parcours aussi sinueux, se trouve toujours en sous-régime. Au moins, la transmission manuelle traditionnelle ne requiert pas d'apprentissage. Dans la partie slalom, la grise italienne se montre légèrement sous-vireuse tandis que sa rouge compatriote génère plus de roulis.

Les quelques 0-100 km/h effectués avec la Lamborghini se sont révélés une véritable torture pour son embrayage qui sentait le chauffé dès le premier essai! Il faut dire que la piste de Sanair, maculée de gomme, est extrêmement abrasive et que les pneus hyper larges de la Gallardo assurent une traction optimale. Bertrand est donc incapable de faire patiner les quatre roues de la Gallardo (il s'agit d'une intégrale, ne l'oubliez pas) et c'est l'embrayage, relâché alors que le compte-tours affiche 6 500 tours/minute, qui encaisse le coup. Mais la Gallardo repart avec les honneurs grâce à son temps de 4,89 secondes. Elle a cependant moins bien paru lors de l'épreuve suivante. Son poids plus élevé et ses freins tout simplement moins efficaces l'ont placée en dernière position au chapitre des décélérations. Même la Mercedes, pourtant beaucoup plus lourde, y a mieux figuré.

FACE À FACE

EN VRAC

À la fin de la journée, j'ai demandé à Bertrand Godin quelle voiture il prendrait si un des propriétaires décidait de lui faire un cadeau. Bon, ce ne fut pas le cas mais l'exercice est quand même plaisant! Malgré son côté plus brute, sa direction hyper lourde en slalom, son antipatinage trop restrictif et sa boîte séquentielle qui demande un temps d'adaptation, Bertrand choisit la Ferrari 360 Modena. De plus, la symphonie unique de son V8 lui donne des points.

D'un autre côté, la Lamborghini Gallardo n'est surtout pas à dédaigner! Elle se veut plus conviviale que la Ferrari, plus sereine et plus confortable. D'ailleurs, ses sièges sont supérieurs. Elle perd des points au chapitre de la visibilité, du freinage et du pédalier. Son V10 ne chante pas comme le V8 de la Ferrari mais sa sonorité plus grave a de quoi exciter l'ouïe!

Bertrand, pourquoi pas une Lamborghini la semaine et une Ferrari pour le week-end?

Guide de l'auto 2005

FACE À FACE

» DONNÉES TECHNIQUES / ITALIENNES

) Nom du modèle	Ferrari 360 Modena	Lamborghini Gallardo	Mercedes CLK 55 AMG
) Empattement	260 cm	256 cm	271,5 cm
) Longueur	447,5 cm	430 cm	464 cm
) Largeur	192,5 cm	190 cm	174 cm
) Hauteur	122 cm	116,5 cm	141,5 cm
) Poids	1 390 kg	1 430 kg	1 640 kg
) No. de rapports	6	6	5
) Moteur	V8	V10	V8
) Cylindrée	3,6 litres	5,0 litres	5,5 litres
) Puissance	400 ch à 8 500 tr/min	500 ch à 7 800 tr/min	362 ch à 5 750 tr/min
) Couple	275 lb-pi à 4 750 tr/min	376 lb-pi à 4 500 tr/min	376 lb-pi à 4 000 tr/min
) Suspension:			
) avant	ind. leviers triangulés	ind., leviers triangulés	ind, jambes de force
) arrière	ind., leviers triangulés	ind., leviers triangulés	ind., multibras
) Freins:			
) avant	disque ventilé	disque ventilé	disque ventilé
) arrière	disque ventilé	disque ventilé	disque ventilé
) ABS	oui	oui	oui
) Pneus avant	P215/45ZR18	P235/35ZR19	P225/40ZR17
) Pneus arrière	P275/40ZR18	P235/30ZR19	P245/40ZR117
) Direction	assistée, à crémaillère	assistée, à crémaillère	assistée, à crémaillère
) Diamètre de braquage	10,8 mètres	11,5 mètres	10,8 mètres
) Réservoir de carburant	95 litres	90 litres	70 litres
) Capacité coffre	220 litres	nd	390 litres
) Accélération 0-100 km/h:	4,5 secondes	4,2 secondes	5,2 secondes
) Reprises 80-120 km/h	4,0 secondes	4,4 secondes	4,3 secondes
) Freinage 100-0 km/h	36,2 mètres	33,9 mètres	36,5 mètres
) Vitesse de pointe	290 km/h	310 km/h	250 km/h
) Consommation	17,9 l/100 km (super)	19 l/100 km (super)	14,5 l/100 km (super)
) Prix:	238 250 $	249 900 $	100 950 $

LE MOUTON NOIR…

Même si la Mercedes CLK55 AMG est de souche allemande et que sa vocation diffère totalement de celle des Ferrari et Lamborghini, nous lui avons tout de même fait subir les mêmes tests, question de voir où elle se situait. Eh bien, pas très loin et même quelquefois devant!

En slalom, son poids plus élevé et ses suspensions au débattement beaucoup plus grand lui nuisaient considérablement. Il faut ajouter que son centre de gravité plus élevé et le profil de ses pneus soutenaient difficilement la comparaison avec les deux italiennes. Même si elle se montre très sous-vireuse (toujours en comparaison avec les Ferrari et Lambo, bien entendu), elle affiche une excellente tenue de route pour ce type de voiture. Bravo à son châssis, particulièrement solide. Enfin, sa boîte automatique l'a avantageusement servie durant les quelques 0-100 effectués à son volant. Et des freins, mes amis, des freins incroyables!

Le propriétaire de cette AMG possède aussi la Ferrari et, pour une utilisation quotidienne, il préfère de loin sa Mercedes. Quatre personnes peuvent y monter en tout confort. Dans la congestion du pont Champlain en plein mois de juillet, c'est toujours apprécié. Et lorsque la route s'ouvre enfin, les performances et la tenue de route se révèlent très excitantes. Les Ferrari et Lamborghini ne sont, finalement, que des jouets…

FACE À FACE

»FACE À FACE / MERCEDES CLK 55 AMG VS MODENA 360 VS GALLARDO

CHRONOS	Mercedes CLK AMG	Ferrari 360 Modena	Lamborghini Gallardo
Reprises			
› 60-100 km/h	2,87 s	3,02 s	2,12 s
› 80-120 km/h	3,45 s	3,15 s	2,93 s
Accélération			
› 0-30 km/h	2,05 s	1,29 s	1,26 s
› 0-60 km/h	3,67 s	2,88 s	2,77 s
› 0-100 km/h	6,54 s	5,58 s	4,89 s
› 0-120 km/h	8,47 s	7,51 s	6,71 s
› 1/4 mille	14,66 s @ 167,72 km/h	13,7 s @ 172,82 km/h	13,26 s @ 176,17 km/h
Freinage			
› 100-0 km	41,07 mètres	36,75 mètres	42,59 mètres
Pyromètre - Température des freins			
› Avant	55° C	34° C	39° C
› Après	185° C	98° C	125° C
Slalom			
› 1er essai	31,63	30,13	29.14*
› 2e essai	31.81*	30.00*	29.68*
*Antipatinage débranché			
Sonorisation			
› Ralenti	42 db	60 db	64,3 db
› Accélération	74 db	90 db	89 db
› 100 km/h	68 db	76 db	77 db
Assemblage			
› Porte avant haut/bas	4,22 / 4,27	4,11 / 4,72 mm	3,35 / 3,98 mm
› Capot avant avant/arrière	3,50 / 2.64	3.11 / 4,38 mm	4,57 / 4,92 mm
› Capot arrière avant/arrière	4,31 / 3,82	2,83 / 2,94 mm	3,91 / 4,31 mm

CHAUSSÉES SUR MESURE

Le nom Pirelli est directement relié à la performance. Leur série de pneus P Zéro en est un bel exemple. À l'origine, il s'agissait d'un seul type de pneu, appelé P Zéro tout simplement. Mais la demande a fait en sorte que cette génération a pris de l'ampleur. On retrouve désormais les P Zéro Rosso (rouge), P Zéro Nero (noir) et P Zéro Giallo (jaune) sans oublier le P Zéro Corsa (course).

Pour la Ferrari, les techniciens de Pirelli ont choisi un P Zéro Corsa. Il s'agit d'un pneu de course approuvé pour l'utilisation sur la route. À l'avant, on a installé des gommes de dimension 225/40ZR18 tandis qu'à l'arrière on retrouve des 295/30R18. Ces pneus, extrêmement spécialisés, ne peuvent rouler plus de 5 000 kilomètres. Et il s'agit vraiment d'un maximum! À noter que cette 360 Modena sort d'usine avec des P Zéro Giallo de dimension 215/45ZR18 à l'avant et 275/40ZR18 à l'arrière.

Quant à la Lamborghini, on lui a posé des P Zéro Rosso 235/35ZR18 à l'avant et 295/30ZR18 à l'arrière. Il s'agit de la monte d'origine. Ces pneus de route sont faits pour la très haute performance. Leur gomme est, bien entendu, un peu moins tendre que celle de la Ferrari et peut durer entre 10 et 20 000 kilomètres. Leur prix, par contre, est directement proportionnel…

Guide de l'auto 2005

FACE À FACE

POLICE, HONDA SiR ET DEUX MORDUS

Pendant longtemps, le nombre de personnes qui s'amusaient à modifier leur voiture était assez limité. Puis, petit à petit, au fil des années, les propriétaires de petites économiques ont voulu les rendre plus puissantes, plus sportives et aussi plus distinctives. Certains ont commencé par utiliser des jantes plus grandes et plus larges. D'autres se sont amusés à changer le silencieux, à abaisser la suspension pour ensuite modifier la mécanique. Un turbo doté d'un échangeur d'air géant venait doper le moteur, tandis que des petits malins troquaient la puce du module de commande du moteur afin d'obtenir encore plus de puissance. Ce furent ensuite les ailerons géants avant et arrière, les phares de route plus puissants. L'habitacle n'a pas été oublié non plus. Les sièges de série ont été remplacés par des baquets de course, tandis que le volant et le pommeau du levier de vitesses subissaient le même sort. Bien entendu, des cadrans indicateurs supplémentaires ont été boulonnés à la planche de bord.

Ce mouvement a pris une telle ampleur que les constructeurs ont même été obligés d'y aller de créations de leur cru. Chez Ford, la Focus SVT est apparue tandis que Dodge répliquait avec la SRT-4. Enfin, Chevrolet sera de la partie avec la Cobalt SS et son moteur de 205 chevaux, le même que celui utilisé sur la Saturn Ion Red Line. Enfin, Honda, après avoir abandonné la distribution sur notre continent de la Civic Hatchback, est revenu sur sa décision en important d'Angleterre la SiR. Après tout, ce sont les propriétaires de Civic qui ont amorcé le mouvement du "tuning".

Mais au lieu de nous offrir une version économique de son légendaire hatchback, Honda Canada a décidé de nous offrir une Civic déjà améliorée en fait de puissance et de suspension. En effet, ce hatchback est une version R dont le moteur 2,0 litres produit 160 chevaux et dont la suspension est plus ferme. Bref, pour un peu plus de 25 000 $, il est possible de se retrouver au volant d'une voiture préparée en usine qui possède la plupart des caractéristiques de celles modifiées par leur propriétaire.

Mais le SiR ne règle pas nécessairement le problème puisque son prix relativement élevé le rend inaccessible à la majorité des amateurs de modifications qui préfèrent acheter une Civic usagée pour ensuite la transformer au fil des mois et au gré des rentrées de fonds. Cette pratique mène cependant à des excès et des dérapages. Plusieurs de ces voitures, une fois «améliorées», ne respectent pas les exigences du ministère des Transports et de Transport Canada. La police est aux aguets depuis quelques années maintenant et les amendes sont parfois salées quand le petit bolide n'est pas tout simplement conduit à la fourrière.

Le phénomène a pris tellement d'ampleur que les corps policiers du Canada ont décidé de

mener une campagne d'information auprès des chevaliers de la mécanique pour leur indiquer les limites de la loi concernant les transformations qui peuvent être apportées. En collaboration avec Honda, ils ont équipé une Civic SiR de certains accessoires qui ne sont pas en contravention avec les lois.

Voilà pour le côté politiquement correct de ce match: une Honda d'usine et une autre revue et corrigée par la police. Reste maintenant à voir comment les vrais mordus transforment leur voiture.

Pour ce faire, nous avons amené les deux Honda SiR politiquement correctes à la piste de Sanair pour les confronter à deux autres Civic; celles-ci ayant été sérieusement modifiées par leur propriétaire. D'ailleurs, dans l'impossibilité de trouver des SiR «améliorées» nous avons fait appel à deux mordus qui se sont prêtés de bonne grâce à cette confrontation.

La Honda Civic de Jacques Dupuis est une version hatchback de la civic 1993. Son approche est nettement énergique en fait de présentation extérieure et intérieure. Bien entendu la mécanique a été modifiée, remplacée même. La Civic 1997 de François Bonnardelle est un coupé. Cette fois, pas de décalcomanie persuasive ou d'affichettes de commanditaires. Toute la carrosserie est peinte en noir et si ce n'étaient des roues en alliage de même que l'immense prise d'air dans le pare-chocs, elle passerait inaperçue. Pourtant, sur le plan mécanique, les modifications sont importantes.

Mais ces «améliorations» permettent-elles de laisser loin derrière les modèles réguliers? Un slalom et des tests d'accélération nous permettront de le savoir.

HONDA SiR: PERFORMANTE MAIS…

La SiR «d'usine» faisait un peu figure de parent pauvre avec sa silhouette dénuée de tout artifice extérieur. Déjà que les gens lui reprochent de ne pas avoir l'allure de son prix et de ses performances, c'est encore plus évident lorsqu'elle est stationnée à côté de modèles plus flamboyants. De plus, chaque fois que l'on fermait une portière, la carrosserie laissait entendre un son de «cacanne» qui a toujours agacé nos essayeurs. Selon Honda, cette sonorité pas trop correcte s'explique par l'utilisation de tôles d'acier très rigides et très minces. Ce matériau assure légèreté et rigidité, mais ses conséquences sonores nous donnent l'impression d'avoir affaire à une voiture bon marché.

Le caractère sportif de cette Civic se manifeste dès qu'on se trouve dans les sièges Recaro recouverts de suédine antidérapante. Il suffit également de rouler pour constater que la suspension est raffermie et le moteur assez vitaminé, bien que celui-ci doive tourner à haut régime pour atteindre sa pleine puissance. De plus, le système i-VTEC est toujours bruyant dès qu'on franchit la barre des 3 800 tr/min.

Ce petit paquet de muscles joue les discrets, mais ses performances sont intéressantes puisque le 0-100 km/h est bouclé en 8,86 secondes, soit 1,4 seconde de plus que le temps le plus rapide enregistré durant la journée des essais. C'est tout de même un bon résultat étant donné que les deux autres concurrentes développent 65 et 150 chevaux de plus.

Dans le slalom, le SiR se défend encore plus honorablement alors qu'il ne concède qu'une demi-seconde au temps le plus rapide. Toutes ces barres anti-rapprochement, ces suspensions abaissées et ces pneus larges des deux automobiles modifiées n'ont permis de l'emporter que par une poignée de dixièmes de seconde.

La SiR décroche donc la palme du meilleur rapport prix/performances.

Guide de l'auto 2005

FACE À FACE

> » **HONDA CIVIC HATCHBACK 1993**
> **Propriétaire :**
> › Jacques Dupuis
> **Liste partielle des modifications :**
> › Bloc cylindres B18C1
> › Arbre à cames JDM Civic Type R
> › Admission d'air refroidi AEM
> › Cadran de pression d'essence NOS
> › Poulies de cames ajustables AEM
> › Transmission Integra Type-R avec différentiel LSD
> › Refroidisseur d'huile B&M
> › Système d'échappement DC Sport
> › Ressorts Neuspeed Race
> › Barre antirapprochement DC Sport
> › Roues en alliage SiR 2000
> › Collecteur d'échappement DC sport en inox

LA HATCHBACK D'ABORD

Si vous aimez les voitures qui affichent leurs couleurs, vous serez d'accord avec la décoration extérieure de la Civic Hatchback rouge de Jacques Dupuis. Non seulement la voiture est-elle décorée en sa partie trois quarts arrière de plusieurs décalques illustrant le signe Honda et des cadrans indicateurs, mais de multiples autres affiches dressent le portrait mécanique de cette voiture avec la liste de tous les accessoires ou du moins leur fabricant. Il faut d'ailleurs souligner que Jacques participe à des concours d'élégance et cela explique cette présentation extérieure.

Le moteur est celui d'une Acura Integra R et il est alimenté en air par un système d'admission AEM. Vous trouverez d'ailleurs en annexe une liste des modifications apportées à la mécanique. Et il est certain que tout amateur du genre va se rassasier en jetant un coup d'œil sous le capot.

Selon son propriétaire, ce moteur produit au moins 215 chevaux et toutes les améliorations apportées à la suspension devraient laisser les deux SiR dans la brume. La bonne nouvelle, c'est que ce hatchback a été le plus rapide en accélération et dans le slalom. Et la moins bonne est que les différences sont quand même minimes. Il devance le coupé de 0,25 seconde et la SiR régulière de 0,20 seconde dans le slalom. C'est quasiment faire match égal. En accélération, son meilleur temps pour le 0-100km/h est de 7,46, soit 0,29 seconde plus rapide. Par contre, la SiR se fait «planter» par 1,4 seconde. En ligne droite, la puissance se démarque davantage.

BONJOUR LA POLICE !

Même si sa mécanique était en tout point identique à la SiR «civile», la version policière

de celle-ci avait fière allure avec ses jantes de remplacement, ses étriers de frein de couleur, son bouclier avant et ses jupes de bas de caisse. Les gens des corps policiers ont démontré qu'ils avaient du goût pour choisir les accessoires. Lors de notre essai, la SiR sans reproches n'était pas équipée du silencieux sport qui faisait partie des modifications originales. Il semble que les policiers qui utilisaient cette voiture pour rencontrer les jeunes automobilistes l'ont fait enlever, le jugeant trop bruyant même s'il respectait les limites légales en fait de niveau sonore.

Bref, pour les corps policiers, modifier une voiture consiste à améliorer son apparence et ne pas toucher à la mécanique. Ce qui explique sans doute pourquoi elle a fait match nul avec l'autre SiR dans l'épreuve d'accélération et a enregistré le temps le plus lent dans le slalom. Son ramage sportif a alourdi la voiture et justifie pourquoi elle concède 1,1 seconde à sa collègue. Autre explication plausible : les pilotes étaient peut-être gênés de brasser «le char de la police!».

AVEZ-VOUS VRAIMENT LE TEMPS DE COMPLÉTER VOTRE VIRAGE À GAUCHE ?

Il est difficile d'évaluer la vitesse d'une motocyclette quand elle se trouve sur le même axe que vous. La surface frontale d'une motocyclette étant considérablement plus étroite que celle d'une automobile, elle peut vous paraître bien plus loin qu'elle ne l'est en réalité.

PASSER SON TOUR NE COÛTE QUE QUELQUES SECONDES DE PLUS

LA FONDATION PROMOCYCLE
www.promocycle.com

LE CONSEIL DE L'INDUSTRIE DE LA MOTO ET DU CYCLOMOTEUR
www.mmic.ca

FACE À FACE

》 HONDA CIVIC COUPÉ 1997
Propriétaire:
> François Bonnardelle

Liste partielle des modifications:
> Moteur b16a2
> Turbo Garret T4
> "Boost Retard" MSD
> Refroidisseur Spearco
> Jantes Konig 17 pouces
> Pompe à essence Walbro
> Ressorts Neuspeed Race
> Collecteur Turbonetics
> Cardans JDM
> Disques Brembo
> Plaquettes de frein Hawk
> Contrôleur de pression Turbo Smart

LE COUPÉ ENSUITE

En fait de potentiel, la Civic Coupé noir de François Bonnardelle devait écrabouiller toute la concurrence. Avec son gros Turbo Garrett et son moteur d'Acura Integra R fortement modifié produisant plus de 300 chevaux, nous étions inquiets pour l'asphalte. Il suffisait de regarder le gros intercooler Spearco monté dans le pare-chocs avant pour savoir que ses concepteurs en avaient fait un félin. Un félin fort bien déguisé cependant, car presque aucun signe extérieur ne trahissait la présence de cette mécanique infernale sous le capot. Un détail à souligner, cette voiture était équipée d'un système qui permettait au moteur de tourner au ralenti pendant quelques minutes avant de couper le moteur automatiquement. Ceci afin d'assurer une bonne lubrification du turbo.

Malgré cette mécanique survitaminée, notre bolide noir s'est incliné devant la SiR et la hatchback dans le slalom tandis qu'elle a concédé .29 seconde au hatchback en accélération. La raison de cette contre-performance selon François Bonnardelle, le propriétaire de la voiture, c'est que la température très chaude et très humide de la journée a handicapé le moteur turbocompressé. Puisque l'air chaud est moins compact que l'air frais, le moteur en reçoit une quantité moindre par temps chaud. Il faut de plus ajouter que cette voiture était la plus lourde du lot puisque le coupé est nettement plus long donc plus lourd que les hatchback.

Malgré ce revers, c'est certainement la voiture la plus agréable des deux pour un usage quotidien.

INVESTIR OU ÉCONOMISER?

Il est clair à la lueur de ce petit match que les performances des voitures modifiées ne justifient pas nécessairement les sommes investies. Une SiR «stock» ne se fait pas larguer, loin de là! Vous avez de plus une voiture dont la mécanique rencontre toutes les normes gouvernementales à tous les points de vue. La version «police» ne vous attirera pas des ennuis avec les forces de l'ordre pour modifications illégales. Leur approche est purement esthétique et cela devrait être le lot de la majorité, surtout ceux qui ne s'y connaissent pas en mécanique.

Nos deux modifiées ont quand même surclassé les deux autres. Par contre, en raison des sommes investies pour les modifier, il n'est pas certain que cela se traduise par des performances à couper le souffle. Et dans plusieurs cas, des aberrations mécaniques se retrouvent sous le capot de ces bolides. Jacques Dupuis et François Bonnardelle sont des spécialistes et leurs automobiles sont des exemples de modifications réussies, mais nous avons vu des choses invraisemblables en d'autres occasions.

En conclusion, les performances mesurées des voitures modifiées comparées à des voitures de production ne justifient pas toujours les sommes investies. Cependant, il ne faut pas oublier que ces mordus de la mécanique s'amusent comme des petits fous à construire «leur» voiture, selon «leur» vision et cela explique tout. Peu importe les résultats en fin de compte.

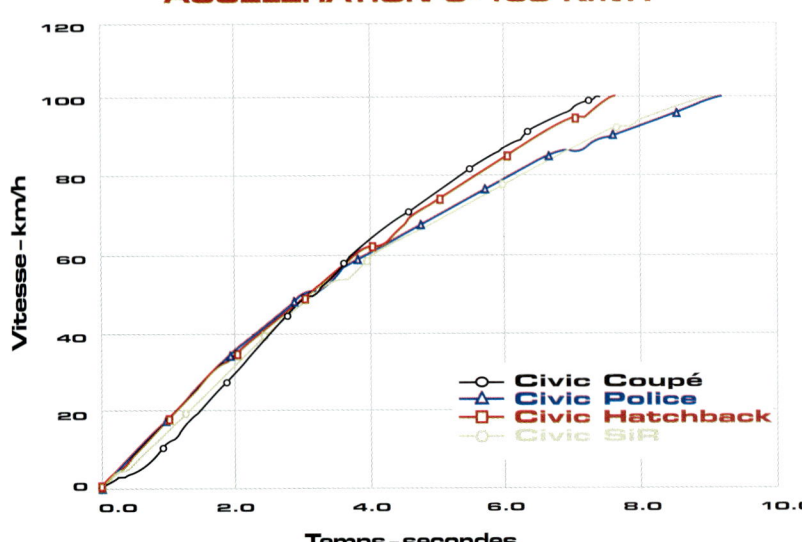

Denis Duquet

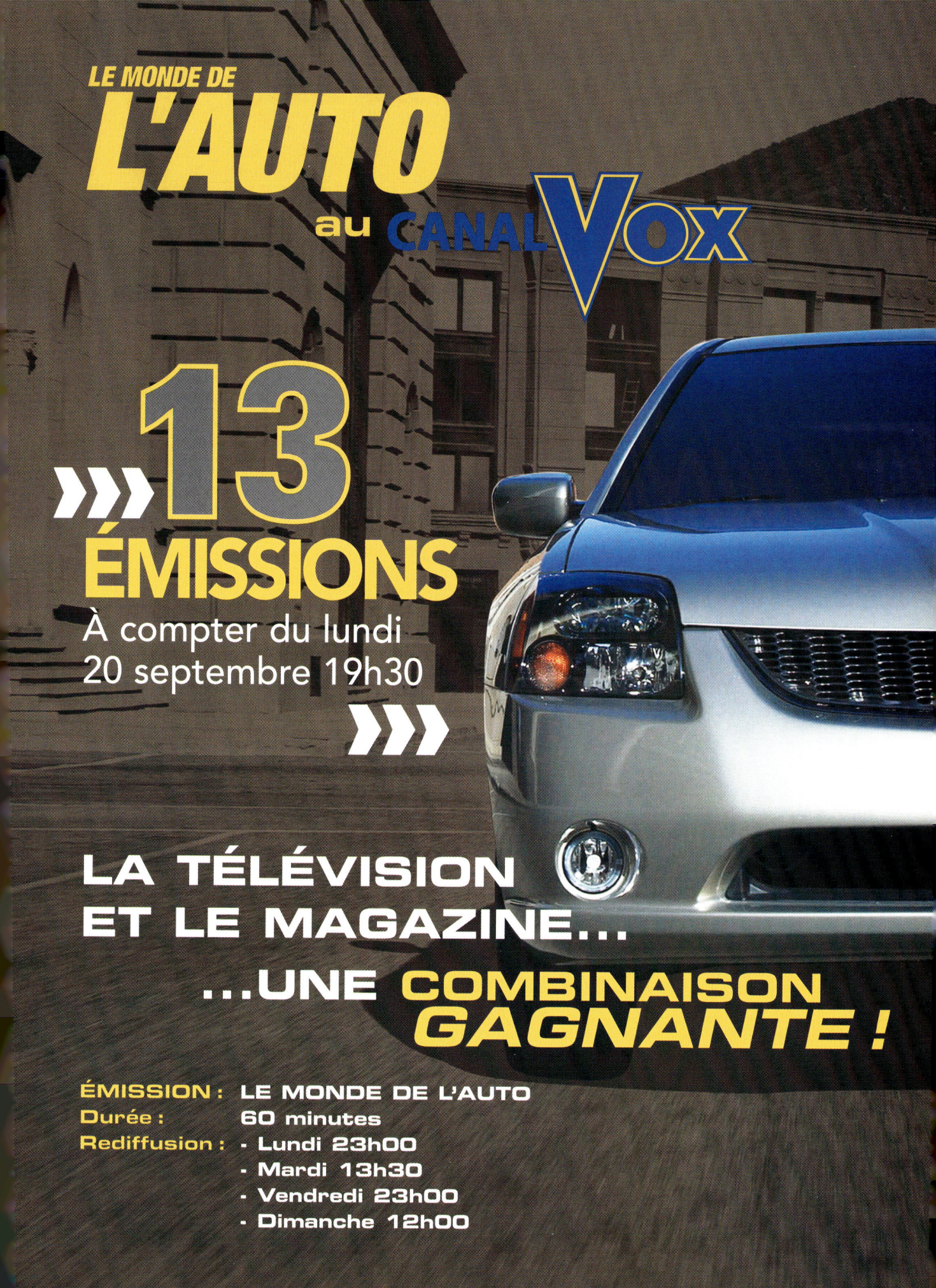

TOUS LES MODÈLES À L'ESSAI

ACURA	CHRYSLER	LAND ROVER	PORSCHE
ASTON MARTIN	DODGE	LEXUS	ROLLS ROYCE
AUDI	FERRARI	LINCOLN	SAAB
BENTLEY	FORD	MASERATI	SALEEN
BMW	GMC	MAYBACH	SATURN
BUICK	HONDA	MAZDA	SMART
CADILLAC	HUMMER	MERCEDES-BENZ	SUBARU
CHEVROLET	HYUNDAI	MERCURY	SUZUKI
	INFINITI	MINI	TOYOTA
	JAGUAR	MITSUBISHI	VOLKSWAGEN
	JEEP	NISSAN	VOLVO
	KIA	PANOZ	
	LAMBORGHINI	PONTIAC	

ACURA 1,7 EL

LA PETITE FIERTÉ CANADIENNE

Je vous avertis immédiatement, il est hors de question de faire ici de la polémique politique. Le Guide de l'auto c'est, et le Guide de l'auto ça restera. Mais il y a tout de même certaines occasions pour être fier d'être canadien. Une telle affirmation mérite une explication. Elle est fort simple : Acura a pris la peine de nommer un petit modèle réservé au marché canadien et assemblé chez nous, la EL. Une fois ce constat terminé, il convient cependant de limiter un peu notre enthousiasme. Car oui, c'est vrai, la petite EL a de bien belles qualités, mais elle n'en demeure pas moins une simple Honda Civic légèrement modifiée.

Acura a quand même frappé dans le mille en offrant avec sa EL un modèle dont les qualités sont nettement intéressantes malgré tout, à un coût très abordable. Tout cela je le répète, n'étant accessible qu'au nord de la frontière. Et vlan pour l'oncle Sam…

Ce n'est pas la première année de la EL, loin de là. En fait, elle est sur notre marché depuis 1996 et a subi une cure de rajeunissement complète en 2001. Aujourd'hui, elle se présente comme un choix mature aux amateurs de petites berlines de qualité et fait une féroce concurrence aux Honda Civic (sa soeur quasi jumelle), Mazda3 et Toyota Corolla. Avouons tout de même qu'elle vieillit pas mal plus vite que la concurrence et qu'un vent de renouveau lui ferait le plus grand bien.

Il faut savoir qu'à la base la Acura EL et la Honda Civic partagent la même plate-forme. On a cependant apporté des modifications esthétiques essentiellement à l'extérieur de l'Acura pour lui donner un petit air différent mais tout aussi sage.

Ces changements ont cependant permis, selon le fabricant, d'améliorer la rigidité de l'ensemble pour assurer une meilleure tenue de route et limiter les craquements.

FRISSONS TIMIDES
En termes de mécanique, le petit moteur de, ô surprise, 1,7 litre développe plus de chevaux que ses prédécesseurs (127 à 6 300 tr/min), surtout grâce aux développements technologiques mis de l'avant par Honda. Le moteur à calage variable VTEC de nouvelle génération permet ces performances tout en conservant au plus bas le niveau d'émissions polluantes.

Chez Acura, on a jumelé à cet engin une transmission manuelle qui est, avouons-le, assez bien adaptée. Elle permet une grande précision dans les changements de rapports. Il y a cependant un bémol important : la combinaison du moteur et de la transmission ne donne pas pour autant à la petite voiture une personnalité sportive, elle qui souffre plutôt

» FEU VERT
› Finition impeccable
› Équipement intéressant
› Tenue de route suffisante
› Transmission bien adaptée
› Petit luxe peu coûteux

» FEU ROUGE
› Manque de puissance
› Matériau du tableau de bord pas à la hauteur
› Suspension peu efficace sur chaussée sèche
› Banquette arrière trop étroite
› Silhouette peu mondaine

1,7 EL

d'anémie. La version avec transmission automatique 4 rapports subit encore plus ce manque de puissance.

Sur la route, la petite EL est amusante à conduire. Elle se faufile avec agilité sur les trajectoires les plus difficiles et permet une bonne maîtrise même dans les courbes les plus serrées.

Au fil des ans la EL a bénéficié de certains ajustements fort positifs. L'insonorisation de l'ensemble, par exemple, est en nette progression en comparaison des modèles précédents.

L'habitacle de la EL est intéressant et relativement spacieux pour une petite voiture de sa catégorie. La finition est, comme toujours chez ce fabricant, impeccable. On peut à la rigueur se demander si les appliqués de simili-bois du tableau de bord (qui font un peu plastique, je l'admets) n'auraient pas pu être remplacés par quelque chose de plus moderne, mieux en rapport avec l'imprimé des tissus des sièges par exemple, mais on traite davantage ici de décoration que de constat automobile !

Des sièges qui d'ailleurs, garantissent un support impeccable et dont les réglages électriques fort nombreux favorisent la recherche rapide d'une position idéale de conduite.

Il faut dire aussi qu'en version Touring, le tissu est remplacé par une sellerie de cuir de bonne qualité qui s'agence nettement mieux avec l'habitacle. Le seul autre détail qui justifie l'appellation Touring, c'est la mise en place d'un toit ouvrant. Pour le reste, l'une et l'autre version se valent bien.

Le dégagement est aussi largement suffisant à l'avant, bien que les places arrières bénéficient moins de la largeur du véhicule. Au total, deux adultes pourront y être à l'aise, mais sans plus malgré la présence de trois ceintures de sécurité.

L'Acura EL est donc une voiture qui sera à l'aise tant sur l'autoroute qu'en conduite urbaine. Sa petite taille, sa grande maniabilité et sa faible consommation d'essence constituent certainement des atouts majeurs, surtout qu'en plus, ils sont jumelés avec un luxe qui dépasse la concurrence.

Reste à voir bien sûr ce qui attend la petite berline au cours des prochains mois. On n'annonce aucun changement important (en fait, aucun changement ne semble prévu dans un avenir rapproché) mais il y a fort à parier que d'ici 2007, la EL sera considérablement remodelée pour mieux répondre à la concurrence.

Avec toutes ses qualités actuelles, en plus d'un freinage précis et de normes de sécurité très élevées (en raison de la présence d'une cage de sécurité autour de l'habitacle), la Acura EL est sans conteste un choix intelligent. Bien sûr, pas de performances sportives, ni de grands frissons au volant. Mais une berline honnête et d'une grande efficacité à bien des points de vue. Je vous le dis, de quoi rendre n'importe qui fier d'être canadien…

Marc Bouchard

DONNÉES TECHNIQUES

Prix du modèle à l'essai :	24 200 $
Échelle de prix :	22 500 $ à 26 000 $
Version(s) disponible(s) :	Touring et Premium
Garanties :	3 ans 60 000/5 ans 100 000
Catégorie :	berlines compactes
Emp./Long./Lar./Haut.(cm) :	262/450,4/171,5/144
Poids :	1 199 kg
Coffre/Réservoir :	365/50 litres
Coussins de sécurité :	frontaux et latéraux (av.)
Suspension avant :	indépendante, jambes de force
Suspension arrière :	indépendante, multibras
Freins av./arr. :	disque (ABS)
Antipatinage/Contrôle de stabilité :	non/non
Direction :	à crémaillère, assistée
Diamètre de braquage :	10 m
Pneus av./arr. :	P195/60R15

GROUPE MOTOPROPULSEUR ET RENDEMENT

Moteur :	4L 1,7 litre 16s (75,0 x 94,4)
Puissance :	127 ch (95 kW) à 6300 tr/mn
Couple :	114 lb-pi (155 Nm) à 4800 tr/mn
Autre(s) moteur(s) :	seul moteur offert
Transmission :	traction, manuelle 5 rapports
Autre(s) transmission(s) :	automatique 4 rapports
Accélération 0-100 km/h :	9,3 s
Reprises 80-120 km/h :	9,5 s (4e)
Freinage 100-0 km/h :	41,7 m
Vitesse maximale :	195 km/h
Indice de performance longitudinale :	4,46 m/s/s
Consommation (100 km) :	ordinaire, 6,9 litres
Autonomie :	725 km

DANS LA MÊME CATÉGORIE
Honda Civic-Dodge SX-Hyundai Elantra
Chevrolet Cavalier et Cobalt-Nissan Altima

DU NOUVEAU EN 2005
Pas de changement majeur

HISTORIQUE DU MODÈLE
2ième génération

DATE DE RENOUVELLEMENT
2007

NOS IMPRESSIONS

Agrément de conduite :	🚗🚗🚗🚗
Fiabilité :	🚗🚗🚗🚗🚗
Sécurité :	🚗🚗🚗🚗½
Qualités hivernales :	🚗🚗🚗🚗½
Espace intérieur :	🚗🚗🚗🚗
Confort :	🚗🚗🚗🚗½

LE CHOIX DE L'ÉQUIPE
Touring

Guide de l'auto 2005

ACURA MDX

LA BÊTE DU MONT-ROYAL

Connaissez-vous vraiment quelqu'un qui s'imagine encore que les véhicules utilitaires sport sont utilisés hors route? Si c'est le cas, assurez-vous de faire soigner votre ami et de le ramener dans le vrai monde. Même si tous les gros VUS ont des équipements haut de gamme qui leur permettraient presque de franchir le cap de l'Himalaya, le pourcentage de ces véhicules qui franchiront vraiment la frontière entre le bitume et la steppe sauvage est infime. Ce qui n'empêche cependant pas les manufacturiers de concevoir de véritables bêtes de la toundra, version Westmount.

Du nombre, il faut évidemment compter sur la Acura MDX, un utilitaire de grande taille dont les caractéristiques hors route sont discrètes mais efficaces. En revanche, c'est en ville, sur le bon vieil asphalte et lorsqu'il s'attaque aux vilains nids-de-poule, que l'utilitaire nippon rend les plus grands services.

Lancé d'abord en 2001 au plus fort de la vague des VUS, le MDX est depuis un véritable "work-in-progress". Chaque année, on lui apporte quelques modifications, parfois mécaniques, parfois esthétiques, mais toujours relativement superficielles. Et on ne prévoit pas de refonte complète avant encore quelques années. Ce qui constitue somme toute une bonne nouvelle puisque le MDX figure toujours dans le peloton de tête de sa catégorie et ce, malgré l'arrivée de joueurs de plus en plus sophistiqués au cours des dernières années.

À l'intérieur comme à l'extérieur, la Acura MDX brille par son aspect haut de gamme. La silhouette de ce VUS n'a pas changé, ou si peu, depuis son lancement mais elle demeure toujours d'actualité. Je dirais même que la ligne supérieure du hayon arrière a inspiré quelques compétiteurs qui n'ont pas hésité à en reprendre certains éléments. Bien sûr, il faut aimer le look un peu balourd propre à ce genre de voiture.

Dans l'habitacle, le design est discret et efficace, avec une touche de luxe appréciée. Les sièges de cuir du conducteur et du passager avant offrent un support de grande qualité et profitent d'ajustements électriques multiples qui facilitent grandement la recherche de la position de conduite idéale.

À l'arrière cependant, on pourrait certainement améliorer le sort des passagers qui doivent souffrir un peu pour accéder à leur place (les portières arrière n'ouvrent que dans un angle de 50 degrés, ce qui est un peu insuffisant) et la banquette elle-même a une assise trop courte.

Dans la troisième rangée (car la MDX est aussi une sept passagers), il faut presque dire

»» FEU VERT
› Confort impeccable
› Rouage intégral sophistiqué
› Grand espace de chargement
› Rapport qualité/prix au-delà de la moyenne

»» FEU ROUGE
› Direction peu communicative
› Banquette arrière peu confortable
› Propriétés hors route symboliques
› Faible capacité de remorquage

adieu à l'espace pour les jambes, même si la tête profite d'un vaste dégagement.

Pour faire oublier tout cela, on installe un système de divertissement multimédia (c'est-à-dire un écran avec lecteur de DVD) et plus personne ne proteste. Pour ce faire, il faut opter pour l'ensemble technologique qui comprend le système de repérage par satellite qui ajoute quelques dollars à la facture.

Une fois inclinée, la troisième banquette cède sa place à un espace de chargement de grandes dimensions. Toujours pratique si on se lance à l'assaut de l'Himalaya, ou plus prosaïquement si on veut transporter des bagages en quantité.

SUR LA ROUTE ET PLUS LOIN ENCORE…

En matière de comportement routier, la MDX est simplement efficace. Le moteur de 3,5 litres permet d'utiliser avec bonheur les quelque 265 chevaux, surtout en raison de la grande précision de la transmission automatique à 5 rapports, la seule disponible. En reprise aussi, la voiture réussit à se déplacer avec une certaine prestance, malgré son poids relativement imposant.

Mais en matière de plaisir de conduite, il y aurait encore à faire. La direction, bien que précise, manque un peu d'esprit de communication et ne transmet au conducteur que l'essentiel. En fait, le confort est tellement présent quand on conduit une MDX qu'on se croirait au volant de son divan de salon, ce qui n'est pas peu dire!

Ceux qui ont l'esprit d'aventure pourront toujours se risquer (s'ils ont des nerfs d'acier) à l'extérieur des sentiers battus puisque la MDX possède quelques-unes des caractéristiques nécessaires. Elle fera notamment bonne figure avec son rouage intégral VTM-4 : sur pavé sec, il agira comme une traction, alors qu'en cas de besoin son système sophistiqué préviendra le glissement et effectuera le transfert de couple aux quatre roues.

Évidemment, pas question de se lancer dans de longues expéditions. Le manque de protection sous la caisse, l'absence de système de gestion de descente et une suspension non ajustable le rendent surtout utile pour l'escalade du mont Royal.

Avec un équipement de série très complet, et un confort plus que remarquable, la MDX continue d'être un des phares de sa catégorie. Surtout que l'on maintient le prix parmi les plus bas de son espèce.

Bien que conçu et fabriqué en Amérique du Nord depuis sa naissance, l'Acura MDX est un véhicule typiquement japonais, avec les bons et les moins bons côtés que cela implique. Heureusement, les bons l'emportent : sa fiche technique étoffée, son équipement bien garni et son confort digne d'une berline de luxe permettent de faire oublier sa conduite aseptisée et avouons-le, presque ennuyeuse.

Et ne vous en faites pas pour la conduite hors route, vous pourrez toujours vous amuser dans les trous du mont Royal!

Marc Bouchard

DONNÉES TECHNIQUES

Prix du modèle à l'essai :	49 800 $ *
Échelle de prix :	prix unique
Version(s) disponible(s) :	version unique
Garanties :	3 ans 60 000/5 ans 100 000
Catégorie :	utilitaires sport
Emp./Long./Lar./Haut.(cm) :	270/479/195/181
Poids :	1 992 kg
Coffre/Réservoir :	419 à 1 406/77 litres
Coussins de sécurité :	frontaux et latéraux (av.)
Suspension avant :	indépendante, bras inégaux
Suspension arrière :	indépendante, multibras
Freins av./arr. :	disque (ABS)
Antipatinage/Contrôle de stabilité :	oui/oui
Direction :	à crémaillère, ass. variable
Diamètre de braquage :	11,6 m
Pneus av./arr. :	P235/65R17

GROUPE MOTOPROPULSEUR ET RENDEMENT

Moteur :	V6 3,5 litres 24s (89,0 x 93,0)
Puissance :	265 ch (198 kW) à 5 800 tr/mn
Couple :	253 lb-pi (343 Nm) à 4 500 tr/mn
Autre(s) moteur(s) :	seul moteur offert
Transmission :	intégrale, automatique 5 rapports
Autre(s) transmission(s) :	aucune
Accélération 0-100 km/h :	8,3 s
Reprises 80-120 km/h :	6,9 s
Freinage 100-0 km/h :	42,4 m
Vitesse maximale :	198 km/h
Indice de performance longitudinale :	4,68 m/s/s
Consommation (100 km) :	super, 12,8 litres
Autonomie :	602 km

DANS LA MÊME CATÉGORIE

BMW X5-Buick Rainier-Infiniti FX 35 et 45
Jeep Grand Cherokee-Lexus RX330-Lincoln Aviator
Volvo XC 90- Volkswagen Touareg

DU NOUVEAU EN 2005

nouveau lecteur 6 CD de série,
plus grande capacité du réservoir à essence

HISTORIQUE DU MODÈLE

1ière génération

DATE DE RENOUVELLEMENT

2007

NOS IMPRESSIONS

Agrément de conduite :	🚗🚗🚗🚗½
Fiabilité :	🚗🚗🚗🚗½
Sécurité :	🚗🚗🚗🚗🚗
Qualités hivernales :	🚗🚗🚗🚗🚗
Espace intérieur :	🚗🚗🚗🚗½
Confort :	🚗🚗🚗🚗🚗

LE CHOIX DE L'ÉQUIPE

Une seule version

*prix 2004

Guide de l'auto 2005

ACURA NSX

SOUVENIRS ET PERFORMANCES

La Acura NSX, c'est plus qu'une simple voiture. Je ne fais pas ici allusion à ses performances qui se rapprochent davantage de bolides de course que de voitures de séries. Non, c'est plutôt l'âme derrière la NSX originale qui m'inspire. Car voyez-vous, à l'origine, on a fait appel à un des plus grands pilotes de l'histoire, le Brésilien Ayrton Senna, alors pilote chez Honda, pour concevoir ce design particulier.

C'est vers la fin des années 1980 qu'on a demandé au triple champion du monde de formule un de contribuer au développement d'une super voiture. Aujourd'hui, 15 ans ont passé et la magie est disparue. Tout évolue très rapidement dans le monde d'aujourd'hui. La NSX, elle, n'a pas suivi. On attendait pourtant de grandes choses en 2005 pour cette voiture, mais il semble que les véritables changements ne surviendront que l'an prochain.

Car en 2003, Honda avait présenté un concept appelé HSC. Ce prototype, impressionnant, avait des lignes similaires à celles de la Ferrari Enzo. On promettait aussi de lui insuffler les toutes dernières technologies disponibles pour s'assurer d'avoir un des bolides les plus puissants de la planète.

Mieux encore, en milieu d'année Honda avait même laissé filer entre les branches que ces changements seraient en place dès le début de l'année 2005 et que la HSC, voiture concept, deviendrait rapidement la NSX, voiture de série.

Que nenni, pourrait-on dire puisqu'on a finalement décidé de reporter à l'an prochain (du moins pour le moment) l'apparition de la version plus moderne de la NSX.

Entre-temps, il faudra se contenter d'un coupé qui, bien qu'efficace, est désuet à plusieurs points de vue.

Ainsi, malgré des lignes qui ont je ne sais quoi de spectaculaire, elle manque de personnalité. Quant à l'habitacle, il est vieillot et manque de personnalité lui aussi. On se croirait dans une Civic de luxe…

En fait, ce super coupé sport deux places a un cockpit bien pensé, suffisamment vaste pour accueillir ses deux passagers sans trop les coincer, et il offre un confort tout de même intéressant en raison de sièges de cuir bien moulés, qui enveloppent littéralement le pilote et lui fournissent un appui latéral de haut niveau.

Heureusement d'ailleurs, puisque dans une telle voiture, pour pouvoir tirer le maximum de la direction et du moteur, le conducteur doit pouvoir compter sur une position de conduite

»» FEU VERT
› Lignes exotiques
› Transmission haut de gamme
› Position de conduite exceptionnelle
› Moteur souple

»» FEU ROUGE
› Personnalité fade
› Visibilité déficiente
› Sobriété de l'habitacle
› Version désuète

Guide de l'auto 2005

impeccable, et sans reproches. Ce que la NSX propose.

Le tableau de bord est sobre (trop), bien équipé et avec une instrumentation aisée à lire et des accessoires faciles à utiliser. De prime abord, il n'y a donc que peu de reproches.

Pourtant, bien calé dans le siège, on ne ressent aucun frisson tant et aussi longtemps que l'on ne fait pas tourner le moteur. On n'a pas cette impression de se placer au volant d'une voiture assez exclusive.

LA VIGILANCE EST DE MISE

Même au volant, la NSX ancienne version, dont nous devrons nous contenter encore une année, ne répond pas tout à fait aux exigences. Le moteur est puissant et avec ses 290 chevaux, il entraîne sans hésitation le bolide d'aluminium (carrosserie et châssis sont construits dans ce noble métal) jusqu'à des vitesses impressionnantes.

Pour y arriver cependant, le conducteur devra se concentrer avec une certaine vigueur sur le moindre geste qu'il posera puisque la NSX a conservé un petit côté indomptable. Tout simplement parce que la direction répond avec un certain retard et n'a pas ce petit côté discipliné qu'il faut pour piloter un tel véhicule.

Le train avant cherche aussi à se dérober dès qu'on sollicite un peu trop sa contribution en virage. Bref, la conduite de la NSX n'est à conseiller qu'à ceux dont les connaissances en pilotage sont au-dessus de la moyenne. Ce qui n'est pas nécessairement négatif puisqu'une telle puissance ne devrait pas se retrouver entre n'importe quelles mains.

La boîte de vitesses est une des belles réussites du véhicule. Ses six rapports sont bien étagés, et son comportement mécanique est exemplaire, un peu comme Acura a prouvé qu'il était capable de le faire dans la nouvelle TL. Avec un minimum de pratique, on enfile les vitesses sans hésitation, et elles s'emboîtent avec une aisance déconcertante.

L'autre réussite, c'est le moteur. Puissant sans excès (plusieurs autres modèles de série sont nettement plus en verve), il est d'une souplesse extraordinaire. Et quel son! Ceux qui me connaissent savent que je vibre à m'en confesser quand j'entends un moteur ronronner une jolie musique. Avec la NSX, j'ai deux rendez-vous de retard chez mon confesseur tellement la musique est agréable à mes oreilles!

Le super bolide de Acura remplit donc la commande, mais sans plus. Il a un look exotique, une ligne unique, et un vrombissement remarquable. Mais là s'arrête la réalité.

Il est encore un peu tôt pour parler de la version annoncée de cette super voiture. Chose certaine, si le modèle de série est à la hauteur de ce que le prototype propose (et on a toutes les raisons de le croire), l'attente en vaudra la chandelle puisque ce coupé 2 + 2 devrait être plus puissant, mais surtout, nettement plus proche des exigences d'aujourd'hui.

En attendant, vous êtes mieux de commencer à économiser, car le nouveau modèle ne sera certainement pas moins coûteux que les quelque 150 000 $ exigés cette année.

Bertrand Godin

DONNÉES TECHNIQUES

Prix du modèle à l'essai :	140 000$
Échelle de prix :	140 000$
Version(s) disponible(s) :	version unique
Garanties :	3 ans 60 000/5 ans 100 000
Catégorie :	coupés sport
Emp./Long./Lar./Haut.(cm) :	253/442,5/181/117
Poids :	1 431 kg
Coffre/Réservoir :	153/70 litres
Coussins de sécurité :	frontaux
Suspension avant :	ind, double levier triangulé
Suspension arrière :	ind, double levier triangulé
Freins av./arr. :	disque
Antipatinage/Contrôle de stabilité :	oui/oui
Direction :	à crémaillère, ass. variable électrique
Diamètre de braquage :	11,6 m
Pneus av./arr. :	P215/40R17 P255/35R17

GROUPE MOTOPROPULSEUR ET RENDEMENT

Moteur :	V6 3,2 litres 24s (93,0 x 78,0)
Puissance :	290 ch (216 kw) à 7 100 tr/mn
Couple :	224 lb-pi (304 Nm) à 5 500 tr/mn
Autre(s) moteur(s) :	V6 3 litres 252 ch
Transmission :	propulsion, manuelle 6 rapports
Autre(s) transmission(s) :	automatique 4 rapports
Accélération 0-100 km/h :	5,5 s
Reprises 80-120 km/h :	6,7 s
Freinage 100-0 km/h :	280 km/h
Vitesse maximale :	36,6 m
Indice de performance longitudinale :	5,74 m/s/s
Consommation (100 km) :	super, 12 litres
Autonomie :	583 km

DANS LA MÊME CATÉGORIE

Chevrolet Corvette-Dodge Viper-Ferrari 360 Modena
Jaguar XKR-Maserati Coupé-Spyder
Mercedes-Benz - SL500-Porsche 911

DU NOUVEAU EN 2005

Aucun Changement

HISTORIQUE DU MODÈLE

1ière génération

DATE DE RENOUVELLEMENT

2006

NOS IMPRESSIONS

Agrément de conduite :	🚗🚗🚗🚗🚗
Fiabilité :	🚗🚗🚗🚗½
Sécurité :	🚗🚗🚗🚗
Qualités hivernales :	🚗🚗
Espace intérieur :	🚗🚗🚗
Confort :	🚗🚗🚗🚗½

LE CHOIX DE L'ÉQUIPE

modèle unique

Guide de l'auto 2005

ACURA RL

CHANGEMENT EXTRÊME

Depuis quelques années à la télévision américaine, les émissions portant sur les « transformations extrêmes » sont très populaires. Vous savez, ces programmes où des gens ordinaires ou aux allures pas trop séduisantes sont transformés du tout au tout par des spécialistes en chirurgie plastique ? Régimes amaigrissants et une foule d'autres interventions du genre sont au menu. L'Acura RL a, elle aussi, eu sa transformation complète alors que l'édition 2005 nous arrive complètement changée. Sans vouloir être méchant, il faut avouer que les changements paraissent extraordinaires parce que la version précédente était vraiment périmée.

En 1996, l'Acura Legend est devenue la RL afin d'offrir un palier supérieur de luxe aux consommateurs. Mais les résultats n'ont jamais été probants et ce modèle a connu une popularité sans cesse à la baisse. Tant et si bien que les ventes sont devenues confidentielles. Mais ce serait mal connaître Honda ou encore sa division Acura que de croire à une démission de leur part. C'est pourquoi la nouvelle RL est dorénavant toute transformée pour 2005. Et croyez-moi, les changements sont radicaux.

Il faut souligner que la partie avant de la RL s'inspire quelque peu de celle de l'Acura RSX, un coupé sportif assez bien réussi, tandis que l'arrière s'apparente quelque peu à celui de la nouvelle TL. Peu importe les sources d'inspiration et les influences, il faut admettre que c'est réussi sur toute la ligne. Certains auraient sans doute apprécié quelque chose d'encore plus osé, mais c'est, à mon avis, un bel équilibre

compte tenu de la clientèle ciblée et du prix de vente qui excède les 70 000 $. Soulignons au passage la présence de feux arrière dotés de diodes électroluminescentes à allumage progressif et de phares avant au xénon. Ceux-ci sont de type actif et ils se déplacent en fonction des impulsions du volant afin d'assurer un éclairage optimal dans les courbes. Autre détail de la carrosserie, l'espace extérieur entre les glaces avant et arrière est lisse afin d'éliminer les turbulences et diminuer le niveau sonore dans l'habitacle. Soulignons au passage que le coefficient de traînée de cette berline est de 0,29. Enfin, les jantes en alliage dotées de cinq gros rayons viennent consolider l'allure sportive de cette nippone.

Des changements tout aussi spectaculaires ont été apportés à l'habitacle. Jadis d'une présentation «drabe» à faire peur, la planche de bord est maintenant très stylisée. Le panneau de commande central est de couleur titane et comporte, en sa partie inférieure, un gros bouton de commande multifonction, un peu inspiré du système "IDrive" de BMW. Par contre, sa manipulation est plus simple et plus intuitive.

Soulignons au passage que le système de téléphonie et de navigation par satellite est très sophistiqué. Les commandes vocales permettent de passer des commandes à l'ordinateur de bord aussi bien en français qu'en anglais. Soulignons la présence, juste au-dessus de l'écran ACL, d'un autre petit écran qui nous informe des réglages de la climatisation de même que d'autres informations concernant la navigation ou le système audio.

La position de conduite est très bonne et le volant se prend bien en main. Celui-ci est parsemé de boutons de toutes sortes visant à contrôler le régulateur de vitesse, la radio, le système téléphonique, le centre d'information tandis que deux pastilles permettent de passer les rapports. La pastille de gauche permet de rétrograder et celle de droite de monter d'un rapport à l'autre. Bien entendu, le volant se règle en hauteur et en profondeur. Les places arrière sont plus confortables que généreuses, mais la plupart des gens ne trouveront pas à redire quant au dégagement pour les jambes et la tête. Enfin, les modèles canadiens seront

»» DE SÉRIE
› Moteur 300 chevaux
› Transmission intégrale
› Boîte automatique séquentielle
› Écran ACL
› Phares aux xénon

»» EN OPTION
› Modèle tout compris

ACURA RL

livrés d'origine avec des sièges avant ventilés. Ils seraient donc frais en été et chaud en hiver.

SH-AWD! VOUS CONNAISSEZ?

Alors que la RL 2004 devait se contenter d'un moteur ne produisant que 225 chevaux, sa remplaçante a de quoi pavoiser avec son moteur V6 3,5 litres produisant 75 chevaux de plus, ce qui en fait la berline Acura la plus puissante jamais produite. Détail à souligner, ce V6 n'est plus longitudinal mais monté transversalement. De plus, il est dérivé du moteur de la MDX. Mais celui-ci a été l'objet de multiples modifications. Malgré cette puissance accrue, la consommation de carburant est demeurée la même tandis que ce nouveau moteur V6 pollue moins. Et il ne faut pas oublier que la transmission automatique à contrôle électronique compte désormais cinq vitesses.

Ce groupe propulseur est tout aussi raffiné que celui de la concurrence. Il s'en démarque toutefois grâce à sa transmission intégrale qui ne se contente pas de transférer le couple aux quatre roues. Il sert également de système de stabilité latérale. Sur tous les autres systèmes actuellement commercialisés, la stabilité latérale est obtenue par l'utilisation sélective des freins lorsque la voiture dérape. Sur la RL, ce système s'appelle "SH-AWD" pour "Super Handling – All Wheel Drive".

En conduite normale, plus de 70% du couple est transmis aux roues avant. Par contre, lorsque vous accélérez à pleins gaz en ligne droite, jusqu'à 70% de la puissance est transmise aux roues arrière. Lorsque vous abordez une courbe à grande vitesse, plus des 3/4 du couple est dirigé aux roues arrière et le système le transfère automatiquement à la roue qui a le plus d'adhérence. Par contre, selon les circonstances, tout le couple transmis aux roues arrière peut être complètement transféré à la roue extérieure afin d'améliorer la tenue en virage et prévenir le dérapage.

Ça semble compliqué, mais c'est relativement simple. On utilise le couple au lieu des freins pour stabiliser la voiture dans les courbes et atténuer le sous-virage.

> **»»FEU VERT**
> › Rouage intégral inédit
> › Moteur puissant
> › Silhouette moderne
> › Équipement complet
> › Finition impeccable

> **»»FEU ROUGE**
> › Réputation du modèle à refaire
> › Prix élevé
> › Absence de V8
> › Certaines commandes complexes
> › Centre d'informations peu lisible

UN TEST CONCLUANT

L'essai de la RL s'est déroulé dans la région de Washington D. C. Cela nous a permis de découvrir les qualités de voiture urbaine de la RL. Insonorisée au max, dotée du système Bose ACN réduisant le bruit de fond dans l'habitacle, dotée de sièges confortables et propulsée par un moteur V6 passablement nerveux à bas régime, la RL ne s'en laisse pas imposer. Bruits extérieurs bien filtrés, visibilité très bonne, chaîne audio Bose à la hauteur de la réputation de la marque, bref les embouteillages sont faciles à endurer. Et les résidents des États-Unis ont droit à un système de navigation discrétionnaire qui souligne les zones de trafic encombrées.

Sur la grand route, plusieurs vont apprécier la douceur de roulement, le confort de la position de conduite et la souplesse du moteur. Par contre, la direction est trop assistée à mon goût tandis que la pédale de frein est un peu trop sensible lorsqu'on veut freiner légèrement. Mais elle se compare avantageusement à toutes les autres voitures dans cette catégorie de prix.

Par contre, sur la piste, elle se démarque fort avantageusement. Ce qui signifie qu'elle est capable de performer à haute vitesse, d'offrir une meilleure tenue de route en virage et de pouvoir contourner les obstacles avec assurance. Pour nous démontrer toutes ces qualités, les responsables de Honda Canada nous ont permis de piloter la RL sur un circuit de course à environ 150 km à l'ouest de la ville de Washington. Il était également possible de la comparer à une Audi A6 Qattro, une Mercedes Classe E 4Matic et à une BMW 545. La RL a remporté le match (est-ce que les autres étaient mal préparées?). Son système de rouage intégral et des freins puissants nous permettaient de «garrocher» la voiture avec enthousiasme dans les virages sans jamais craindre de perdre le contrôle. C'était toute une sensation de tourner à fond dans un virage à droite et de sentir la roue arrière gauche nous propulser vers la droite. Comme si quelqu'un poussait la voiture d'une main géante. Ce système agit un peu comme votre ange gardien de la tenue de route.

La nouvelle RL est sophistiquée sur le plan mécanique, sa silhouette est moderne, tandis que l'habitacle est actuel tout en contenant tous les gadgets nécessaires pour une voiture de cette catégorie. La seule interrogation est de savoir si l'appellation RL n'est pas brûlée auprès du public. En outre, plusieurs s'interrogent quant à la présence d'un moteur V6 sous le capot. Selon eux, un moteur V8 serait plus approprié pour une voiture de ce prix.

Il faudra attendre le verdict. Pour l'instant, chapeau aux ingénieurs de Honda qui ont concocté une voiture aussi sophistiquée sur le plan mécanique qu'agréable à conduire.

Denis Duquet

DONNÉES TECHNIQUES

Prix du modèle à l'essai :	70 000 $
Échelle de prix :	70 000 $
Version(s) disponible(s) :	version unique
Garanties :	3 ans 60 000/5 ans 100 000
Catégorie :	berlines de luxe
Emp./Long./Lar./Haut.(cm) :	280/491/184/145
Poids :	1 815 kg
Coffre/Réservoir :	371/73,3 litres
Coussins de sécurité :	frontaux, latéraux (av.) et rideaux
Suspension avant :	indépendante, bras inégaux
Suspension arrière :	indépendante, multibras
Freins av./arr. :	disque (ABS)
Antipatinage/Contrôle de stabilité :	oui/oui
Direction :	à crémaillère, ass. variable électronique
Diamètre de braquage :	12,1 m
Pneus av./arr. :	P245/50VR17

GROUPE MOTOPROPULSEUR ET RENDEMENT

Moteur :	V6 3,5 litres 24s (89,0 x 93,0)
Puissance :	300 ch (224 kW) à 6 200 tr/mn
Couple :	260 lb-pi (353 Nm) à 5 000 tr/mn
Autre(s) moteur(s) :	seul moteur offert
Transmission :	intégrale, automatique 5 rapports
Autre(s) transmission(s) :	aucune
Accélération 0-100 km/h :	6,0 s
Reprises 80-120 km/h :	5,2 s
Freinage 100-0 km/h :	37,0 m
Vitesse maximale :	225 km/h
Indice de performance longitudinale :	5,7 m/s/s
Consommation (100 km) :	super, 11,6 litres
Autonomie :	631 km

NIVEAU SONORE

Ralenti :	39,8 db
Accélération :	69,8 db
100 km/h :	62,2 db

DANS LA MÊME CATÉGORIE

Audi A6 Série-BMW Série 5-Mercedes Classe E
Lincoln LS-Volvo S80

HISTORIQUE DU MODÈLE

4ième génération

DATE DE RENOUVELLEMENT

n.d.

NOS IMPRESSIONS

Agrément de conduite :	🚗🚗🚗🚗½
Fiabilité :	🚗🚗🚗🚗½
Sécurité :	🚗🚗🚗🚗½
Qualités hivernales :	🚗🚗🚗🚗🚗
Espace intérieur :	🚗🚗🚗🚗½
Confort :	🚗🚗🚗🚗½

LE CHOIX DE L'ÉQUIPE

Modèle unique sans option

Guide de l'auto 2005

ACURA RSX

LE CHARME DE LA PETITE

Au fil des années, Acura s'est taillé une réputation plus qu'enviable. Bien sûr, parce que la plupart de ces modèles jouissent d'un luxe et d'un confort enviable, mais surtout parce que les voitures Acura ont une personnalité qui marie à la fois le luxe et le sport. Les réussites historiques chez ce constructeur sont légion. Mentionnons par exemple l'Integra, qui avait connu un succès retentissant, et la toute récente TL, remodelée l'année dernière et qui, avouons-le, est impressionnante.

Réunissant performances sportives et images de voiture de luxe, Acura a été une cible de choix pour les consommateurs, jeunes et moins jeunes, en mal de bonnes voitures à la seule condition toutefois que les performances promises soient au rendez-vous. Dans le cas de l'Acura RSX, il n'y a rien à redire.

La RSX est offerte en trois versions. Le modèle de base et la Premium sont toutes deux équipées d'un moteur i-VTEC quatre cylindres de 2 litres, développant 160 chevaux. Le modèle de type S, la version sportive de la RSX, est pour sa part dotée d'un engin de 210 chevaux, une légère hausse de 10 chevaux en comparaison de l'année dernière.

Nerveux, le moteur n'a pas besoin d'une grande sollicitation pour répondre efficacement, même si à bas régime, il a une certaine tendance à la paresse. Un bon coup d'accélérateur, une petite hausse de pression du régime moteur et hop, la voiture s'engouffre avec vigueur sur la trajectoire voulue. En revanche, le moteur de base atteint rapidement sa limite, ce qui n'est pas le cas de la version S.

Cette mécanique est d'une souplesse hors du commun. Tellement souple en fait qu'on a une réelle envie de tenter d'utiliser au maximum les capacités de la RSX.

La transmission manuelle à 6 rapports qui équipe la petite voiture répond, elle aussi avec prestance aux demandes du pilote. Il faut cependant la ménager un peu, car elle ne semble pas trop apprécier la rudesse du pilote que je suis quand je tente de pousser un peu la machine.

Pour les plus paresseux, une transmission automatique, dotée du système Sportshift, permet de maximiser toutes les qualités de la RSX, sans avoir à se battre. Même en mode semi-automatique, elle répond vite et bien, même si le délai est un peu plus long que souhaité dans certaines situations.

Au volant, la RSX retient l'attention sur plusieurs points. Sa direction, assistée juste ce qu'il faut, laisse toute la latitude au conducteur sans toutefois lui concéder de flou. Le résultat est

»» FEU VERT
› Silhouette intéressante
› Finition impeccable
› Grande agilité de conduite
› Bonnes qualités athlétiques

»» FEU ROUGE
› Direction peu communicative
› Étrange ergonomie
› Sièges trop chauffants
› Moteur de base un peu faible

RSX

étonnant de justesse et de précision. Elle est malheureusement trop peu communicative pour être vraiment amusante, mais il s'agit là d'un défaut commun à la plupart des modèles Acura.

La suspension répond adéquatement, et le châssis d'une rigidité de bon aloi permet d'obtenir un comportement routier d'une grande stabilité. Pas de surprise, la petite RSX se laisse mener où bon nous semble, sans trop rechigner.

Pour assurer la sécurité du pilote et de ses passagers, elle est aussi équipée d'un système de contrôle de la stabilité que l'on peut désactiver manuellement, mais qui vient rassurer un peu ceux et celles qui hésitent dans leurs mouvements. Les freins ABS sont aussi disponibles de série sur toutes les versions.

JOLI MINOIS

Côté design, l'Acura RSX est facile à distinguer. On y retrouve le charme Acura, bien entendu, mais le nez allongé et l'arrière légèrement surélevé ne trompent pas et prouvent que l'on a bien affaire à une sportive. Le trait le plus distinctif demeure les phares, très allongés pour épouser la forme du capot.

Ces phares sont cependant un peu modifiés si on les compare au modèle de l'année dernière. On a aussi remodelé un peu la grille de calandre, de même que les lumières arrière. Des modifications peu évidentes, et qui viennent simplement concrétiser davantage la personnalité sportive du coupé.

À l'intérieur de la Type S, les sièges sont d'un cuir de grande qualité, et offrent véritablement un support complet. Seul petit défaut cependant, les sièges chauffants le sont disons, un peu trop en raison de l'absence d'un contrôle manuel. Une version avec sièges en tissu sera aussi disponible en 2005.

Le tableau de bord est bien dessiné, rendant les commandes facilement accessibles même si certains instruments, comme le système de chauffage, sont étrangement situés, en haut de la radio plutôt qu'en bas comme le veut la tradition. Parmi les autres modifications de l'année, de nouveaux cadrans sont aussi installés sur la planche de bord.

Fort bien équipées, les RSX sont toutes dotées d'un système de climatisation automatique, et de l'ensemble électrique, incluant le télédéverrouillage. Une foule d'accessoires dont un système audio de bonne qualité font aussi partie de l'équipement de base du coup haut de gamme.

On a beau parler de tous les équipements, discuter de toutes les motorisations ou vanter les mérites des suspensions, ce qui attire un conducteur à l'intérieur de l'habitacle de n'importe quel modèle, c'est le plaisir de conduite. De ce point de vue aussi, la RSX est une belle réussite. Profiter de l'heure de pointe pour mettre à profit les qualités urbaines de la voiture, ou simplement faire une randonnée de plaisance sur l'autoroute en bonne compagnie, font certainement partie des petites joies qu'un conducteur peut se payer. Surtout qu'avec le prix plus qu'abordable exigé pour la RSX, n'importe qui en aura encore les moyens.

Bertrand Godin

DONNÉES TECHNIQUES

Prix du modèle à l'essai :	34 595 $
Échelle de prix :	24 800 $ à 32 000 $
Version(s) disponible(s) :	base et Type S
Garanties :	3 ans 60 000/5 ans 100 000
Catégorie :	coupé sport
Emp./Long./Lar./Haut.(cm) :	257/437/172/140
Poids :	1 257 kg
Coffre/Réservoir :	504/50 litres
Coussins de sécurité :	frontaux et latéraux (av.)
Suspension avant :	indépendante, bras inégaux
Suspension arrière :	indépendante, multibras
Freins av./arr. :	disque (ABS)
Antipatinage/Contrôle de stabilité :	non/non
Direction :	à crémaillère
Diamètre de braquage :	11,4 m
Pneus av./arr. :	P205/55R16

GROUPE MOTOPROPULSEUR ET RENDEMENT

Moteur :	4L 2,0 litres 16s (86,0 x 86,0)
Puissance :	160 ch (119 kW) à 6 500 tr/mn
Couple :	141 lb-pi (191 Nm) à 4 000 tr/mn
Autre(s) moteur(s) :	4 litres 210 ch
Transmission :	traction, manuelle 5 rapports
Autre(s) transmission(s) :	automatique 5 rapports, manuelle 6 rapports Type S
Accélération 0-100 km/h :	8,7 s
Reprises 80-120 km/h :	7,5 s (estimé)
Freinage 100-0 km/h :	41,8 m
Vitesse maximale :	225 km/h
Indice de performance longitudinale :	4,13 m/s/s
Consommation (100 km) :	ordinaire, 8,0 litres
Autonomie :	625 km

DANS LA MÊME CATÉGORIE
Ford Focus ST-Hyundai Tiburon-Mini Cooper S
Mitsubishi Eclipse-Toyota Célica-Volkswagen Golf GTI

DU NOUVEAU EN 2005
Augmentation de puissance (10 ch),
aménagement intérieur refait

HISTORIQUE DU MODÈLE
1ère génération

DATE DE RENOUVELLEMENT
2009

NOS IMPRESSIONS

Agrément de conduite :	🚗🚗🚗🚗
Fiabilité :	🚗🚗🚗🚗🚗½
Sécurité :	🚗🚗🚗🚗🚗
Qualités hivernales :	🚗🚗🚗🚗
Espace intérieur :	🚗🚗🚗½
Confort :	🚗🚗🚗½

LE CHOIX DE L'ÉQUIPE
Type S

Guide de l'auto 2005

ACURA TL

>>> TOUJOURS PLUS HAUT

Elle fonce comme l'éclair, glisse dans la circulation comme sur une vague, ronronne de plaisir quand on la sollicite et présente une silhouette séduisante. Quand on pense à la Acura TL, un large sourire tend à s'afficher sur notre visage, au seul souvenir des sensations uniques qu'elle nous a fait vivre. La refonte effectuée l'année dernière (et les quelques mineures modifications de cette année) ont permis de créer ce qui semble bien être une des berlines sportives les plus appréciées du moment et certainement, une des plus impressionnantes de sa catégorie.

Attention à la comparaison cependant. Même s'il est vrai que les performances de la TL sont à la hauteur des attentes, et même au-delà dans bien des cas, c'est surtout par son prix plus abordable qu'elle devance les plus grandes voitures du moment.

Les vrais amateurs de Acura ne seront pas déçus, bien au contraire, puisque la berline permettra non seulement d'apprécier les qualités traditionnelles de l'Acura mais elle en fera découvrir d'autres.

En fait, dans la lignée de ses nouveautés récentes comme la TSX, Acura présente une TL avec du tempérament et de la fougue, qui transmet un véritable plaisir de conduite même si elle continue de trôner en bonne position parmi les voitures de luxe.

Mais attention, on parle bien ici de la TL à qui les ingénieurs ont fait subir l'année dernière un "lifting" majeur tant à l'extérieur qu'à l'intérieur. Cette nouvelle version vient donc mettre la barre un peu plus haute.

La silhouette même de la TL est impressionnante, ramenant chez nous quelques relents européens. Son design plus allongé, à profil plus bas, rejoint davantage des prétentions plus sportives. On n'a cependant pas oublié la petite touche qui fait de l'Acura une Acura. On lui a plutôt donné un petit air racé, avec un arrière légèrement relevé mais un capot avant plongeant. Les blocs optiques avant, très profilés, encadrent la traditionnelle calandre Acura.

UNE VERSION, UNE VISION
Les mordus du Type-S des années précédentes devront, comme l'an passé, se contenter d'une seule version. Mais ils ne seront certainement pas déçus puisque sous le capot loge un V6 de 3,2 litres d'une puissance remarquable. En fait, avec ses 270 chevaux, c'est le plus puissant qui ait jamais équipé ce modèle, toute version confondue. Et pour ajouter un peu de piquant, il est en plus livrable avec une transmission manuelle à 6 rapports.

>>> FEU VERT
> Look athlétique
> Moteur puissant et silencieux
> Comportement routier impressionnant
> Équipements de série diversifiés
> Reconnaissance vocale efficace

>>> FEU ROUGE
> Suspension aux réactions lentes
> Visibilité arrière réduite
> Transmission 6 rapports à diffusion limitée
> Commandes complexes

Quand on connaît la précision et la douceur de la transmission Acura, cette dernière s'avère donc un choix logique. D'autant plus que, contrairement aux versions précédentes, la pédale d'embrayage possède désormais une course un peu plus longue, ce qui ne nécessite pas de capacités de pilote de course pour être en mesure de la maîtriser.

Avec la suspension sportive de la TL, plus rien ne vous résiste. Quant à la direction, précise, elle est juste un peu trop assistée à haute vitesse. Mais rares sont ceux qui le découvriront sur la route.

Seul regret, la transmission manuelle n'est livrable qu'avec le "Dynamic Package" tandis que la transmission automatique "sportshift" est de rigueur sur les versions de base et sur les "Navipackage".

Mais ce n'est pas le seul système qui s'ajoute avec ce modèle. La voiture vient aussi équipée d'un système appelé "Voice Recognition MC" bilingue avec commandes montées sur le volant, un capteur solaire 3D pour le système de contrôle de la température et des commandes vocales de la température et de la chaîne audio.

Concrètement, le système de reconnaissance vous permet de discuter avec votre voiture et de lui demander verbalement, sans même avoir à regarder, de modifier les réglages. Il pourra ainsi monter ou descendre la température, changer l'orientation de la climatisation, afficher les indications de navigation, changer de station de radio et plusieurs autres fonctions.

Certaines autres utilités, comme la commande du volume de la radio, sont montées directement sur le volant. Je l'avoue, j'ai eu un plaisir fou à donner mes commandes à ma voiture. Et j'ai éprouvé encore plus de plaisir quand, après quelques jours d'entraînement, toutes mes commandes ont été comprises et exécutées sans hésitation. Coûteux peut-être, mais ô combien agréable.

Avec la nouvelle TL, vous conservez le confort et la sécurité puisque l'habitacle redessiné réunit au moins autant de qualité que son prédécesseur mais vous y ajoutez de l'émotion et un peu de frissons.

Le pilote (on ne parle pas ici d'un simple conducteur) peut d'ailleurs profiter de tous les avantages de sa voiture, solidement enfoncé dans un siège au support remarquable. Son copilote profitera sensiblement du même confort. Les passagers arrière devront sacrifier un peu de leur espace vital mais pourront tout de même vivre les sensations grisantes de la conduite d'une TL sans avoir l'impression d'être complètement laissés à l'écart puisque la suspension, bien équilibrée, limite les soubresauts désagréables.

Le constat est simple : l'Acura TL est tout simplement la meilleure Acura construite à ce jour. Elle offre à la fois le luxe et le confort propre à la marque tout en garantissant un plaisir de conduite inégalé chez ce fabricant japonais. Et si jamais vous vous ennuyez au volant, vous pourrez discuter avec votre voiture. Si vous avez la bonne version, elle pourra même vous répondre.

Marc Bouchard

DONNÉES TECHNIQUES

Prix du modèle à l'essai :	44 950 $
Échelle de prix :	41 200 $ à 46 750 $
Version(s) disponible(s) :	base, Navi et Dynamic
Garanties :	3 ans 60 000/5 ans 100 000
Catégorie :	berlines de luxe
Emp./Long./Lar./Haut.(cm) :	274/473/183/144
Poids :	1 621 kg
Coffre/Réservoir :	353/65 litres
Coussins de sécurité :	frontaux et latéraux (av.) et tete
Suspension avant :	indépendante, bras inégaux
Suspension arrière :	indépendante, multibras
Freins av./arr. :	disque (ABS)
Antipatinage/Contrôle de stabilité :	oui/oui
Direction :	à crémaillère, ass. variable
Diamètre de braquage :	5,93 m
Pneus av./arr. :	P235/45R17

GROUPE MOTOPROPULSEUR ET RENDEMENT

Moteur :	V6 3,2 litres 24s (89,0 x 86,0)
Puissance :	270 ch (201 kW) à 6200 tr/mn
Couple :	238 lb-pi (323 Nm) à 5000 tr/mn
Autre(s) moteur(s) :	seul moteur offert
Transmission :	traction, automatique 5 rapports
Autre(s) transmission(s) :	manuelle 6 rapports
Accélération 0-100 km/h :	7,4 s
Reprises 80-120 km/h :	5,7 s
Freinage 100-0 km/h :	37,8 m
Vitesse maximale :	225 km/h
Indice de performance longitudinale :	5,29 m/s/s
Consommation (100 km) :	super, 11,6 litres
Autonomie :	560 km

DANS LA MÊME CATÉGORIE
Audi A6 - BMW serie 5 - Infiniti G35
Lexus GS300 - Mercedes Classe E

DU NOUVEAU EN 2005
Nouvelle version Navi Package

HISTORIQUE DU MODÈLE
3ième génération

DATE DE RENOUVELLEMENT
2010

NOS IMPRESSIONS

Agrément de conduite :	🚗🚗🚗🚗½
Fiabilité :	🚗🚗🚗🚗½
Sécurité :	🚗🚗🚗🚗
Qualités hivernales :	🚗🚗🚗½
Espace intérieur :	🚗🚗🚗🚗
Confort :	🚗🚗🚗🚗

LE CHOIX DE L'ÉQUIPE
TL

Guide de l'auto 2005

ACURA TSX

AUSSI DOUÉE QUE DISCRÈTE

L'an dernier, l'Acura TL a eu droit à tous les hommages. Tous les chroniqueurs ont craqué pour cette intermédiaire. Sa silhouette, son moteur V6 de 270 chevaux et sa tenue de route hors norme l'ont placée à l'avant-scène. Pourtant, quelques mois plus tôt, cette division de Honda dévoilait une autre berline presque aussi douée, sinon plus, et celle-ci est restée quelque peu dans l'ombre. Pourtant, la TSX aurait dû avoir droit aux mêmes accolades, mais pas nécessairement pour les mêmes raisons.

La TL en impose par sa taille, son moteur plus puissant et un équipement de série très complet. Plus petite, plus discrète et propulsée par un moteur quatre cylindres, la TSX n'a pas tous les éléments pour se démarquer d'un simple coup d'œil. Mais il suffit de la conduire pendant quelques kilomètres pour se convaincre qu'il s'agit d'une voiture de grande classe.

ORIGINES EUROPÉENNES

Pas besoin d'élaborer trop longtemps sur le fait que les conducteurs européens préfèrent la tenue de route, la maniabilité et une conduite inspirante. Toutes des qualités qui sont indissociables de la TSX. Et la raison est bien simple, c'est que cette Acura est apparue initialement sur le marché européen en tant que la Honda Accord de ce continent. Comme vous le savez sans doute, ce constructeur produit des modèles spécifiques pour chaque marché et la Accord destinée au Vieux Continent est plus courte, plus étroite et aussi plus légère que son homologue américaine. Une autre différence, et elle est majeure celle-ci, c'est que la TSX ne propose qu'un seul moteur, un quatre cylindres de 2,4 litres d'une puissance de 200 chevaux. D'ailleurs, lors du dévoilement de la TSX, plusieurs ont reproché à Acura de ne pas avoir ajouté un moteur en V au catalogue, mais ces personnes n'ont rien compris. Cette nouvelle venue se voulait ludique sur la route tout en consommant assez peu de carburant. D'ailleurs, en conduisant une version dotée de la boîte manuelle et en adoptant un style de conduite nullement économique, j'ai obtenu une consommation de 11,9 litres aux 100 km. Ce qui n'est pas mal.

Il ne faut pas non plus conclure que plus une voiture est puissante, meilleure elle est. Pour les connaisseurs, ce ne sont pas les statistiques d'accélérations qui comptent, mais bien celles portant sur la répartition du poids et la capacité de la voiture à enchaîner les virages. Et c'est justement le cas avec la TSX. Il est également important de souligner qu'une Audi A4 avec un moteur quatre cylindres ne propose que

»» FEU VERT
› Comportement routier impressionnant
› Position de conduite irréprochable
› Boîte manuelle exemplaire
› Rapport qualité/performances/prix
› Finition soignée

»» FEU ROUGE
› Silhouette anonyme
› Boîte automatique atténue le plaisir
› Places arrière moyennes
› Pneumatiques décevants

170 chevaux tandis que la BMW 325i est propulsée par un moteur de 172 chevaux. Alors!

SOBRIÉTÉ PLUS

Ce n'est pas la première fois que les stylistes de Honda, oups! Acura!, sont accusés de dessiner des voitures dont la silhouette et l'habitacle sont d'une sobriété extrême. La TSX est sans doute l'archétype de cette tendance alors que ses lignes n'ont jamais fait tourner les regards, et ce, aussi bien lors de son lancement en Californie l'an dernier que lors de mes deux essais routiers effectués au Québec. Il est pourtant difficile de critiquer les lignes, celles-ci étant tellement sobres que la voiture en devient anonyme. Il faut se rabattre sur la calandre avant et la prise d'air intégrée dans le pare-chocs pour avoir une idée sur l'identité et le caractère de la voiture. À l'arrière, c'est la sagesse au cube avec d'étroits feux qui tentent de ne pas rompre l'harmonie visuelle d'une paroi arrière très large dans laquelle le rebord du couvercle du coffre se fond dans le pare-chocs.

La même philosophie de design a été utilisée dans l'habitacle alors que le tableau de bord est d'une grande discrétion. Seuls les éléments essentiels sont en évidence. Sur certains modèles, des appliques en bois sont offertes, mais mieux vaut choisir celles en métal de couleur titane, beaucoup plus élégantes. Mais le plus important c'est de savoir que les sièges baquets avant offrent un excellent support latéral. Et peu importe votre profil anatomique, vous les trouverez confortables. Tout comme la position de conduite qui est parfaite en raison du volant réglable en profondeur comme en hauteur.

CONDUITE PLUS

Il suffit de rouler moins d'un kilomètre avec une TSX à transmission manuelle pour être enchanté. Ce n'est pas que les accélérations rabattent votre nuque vers l'arrière et laissent de longues traces de caoutchouc sur la chaussée, mais on demeure impressionné par la facilité avec laquelle le moteur monte en régime, gracieuseté d'un levier de vitesses qui passe les rapports comme par magie. La direction est nerveuse, précise et les dimensions un peu plus petites que celle de la Accord permettent à sa petite sœur Acura de jouer au chat et à la souris avec les entraves de la circulation.

Là où cette berline brille, c'est lorsqu'on roule sur une route sinueuse et qu'on décide de prendre du plaisir à la conduite. Le moteur VTEC à calage des soupapes continuellement variable permet de toujours avoir une puissance optimisée, peu importe le régime du moteur. Il est donc facile d'enchaîner les lacets d'une route serpentant vers le sommet d'une montagne. Et puisque les freins sont puissants et bien modulés, il est facile de faire l'effort inverse. Malheureusement, cochez la boîte automatique à l'achat et vous vous priverez d'une bonne partie de l'agrément de conduite. La tenue de route est toujours la même, mais cette boîte automatique enlève quelque peu de fougue au moteur, vous empêchant ainsi de profiter au maximum des qualités du châssis.

Et, j'allais oublier, la TSX, est également une bonne berline familiale pour les déplacements de tous les jours!

Denis Duquet

DONNÉES TECHNIQUES

Prix du modèle à l'essai :	35 800$
Échelle de prix :	34 800$ (2004)
Version(s) disponible(s) :	version unique
Garanties :	3 ans 60000/5 ans 100000
Catégorie :	berlines sport
Emp./Long./Lar./Haut.(cm) :	267/465/176/145
Poids :	1 465 kg
Coffre/Réservoir :	368/65 litres
Coussins de sécurité :	frontaux et latéraux (av.)
Suspension avant :	indépendante, bras inégaux
Suspension arrière :	indépendante, multibras
Freins av./arr. :	disque (ABS)
Antipatinage/Contrôle de stabilité :	oui, oui
Direction :	à crémaillère, assistée
Diamètre de braquage :	12,2 mètres
Pneus av./arr. :	P215/50R17

GROUPE MOTOPROPULSEUR ET RENDEMENT

Moteur :	4L 2,8 litres 16s (86 x 86)
Puissance :	200 ch (149 kw) à 6800 tr/mn
Couple :	166 lb-pi (225 Nm) à 4500 tr/mn
Autre(s) moteur(s) :	seul moteur offert
Transmission :	traction, manuelle 6 rapports
Autre(s) transmission(s) :	automatique 5 rapports
Accélération 0-100 km/h :	8,6 s
Reprises 80-120 km/h :	7,5 s (4e)
Freinage 100-0 km/h :	40,3 m
Vitesse maximale :	210 km/h
Indice de performance longitudinale :	4,75 m/s/s
Consommation (100 km) :	ordinaire, 12,4 litres
Autonomie :	524 km

DANS LA MÊME CATÉGORIE

Audi A4 - BMW Série 3 - Lexus IS300 - Nissan Maxima - Saab 93 - Volkswagen Passat - Volvo S40

DU NOUVEAU EN 2005

Aucun changement majeur

HISTORIQUE DU MODÈLE

1ère génération

DATE DE RENOUVELLEMENT

2007

NOS IMPRESSIONS

Agrément de conduite :	🚗🚗🚗🚗
Fiabilité :	🚗🚗🚗🚗🚗½
Sécurité :	🚗🚗🚗🚗
Qualités hivernales :	🚗🚗🚗🚗
Espace intérieur :	🚗🚗🚗🚗
Confort :	🚗🚗🚗🚗½

LE CHOIX DE L'ÉQUIPE

Boîte manuelle

Guide de l'auto 2005

ASTON MARTIN DB9

LE ROCKET DES BAGNOLES

Dans le sport, le numéro « 9 » est automatiquement associé à une grande vedette. Par exemple, Maurice Richard et Gordie Howe ont porté ce numéro tout comme Roger Maris et bien d'autres par le passé. Ils ont ainsi contribué à la légende attachée à ce chiffre.

La nouvelle DB9 est elle aussi une grande vedette et elle mérite bien d'arborer ce chiffre sur sa carrosserie. Elle vient remplacer la DB7, le modèle qui a été le plus populaire dans l'histoire de la compagnie avec plus de 7 000 unités vendues, le tiers de toutes les ventes depuis la fondation de la compagnie.

Non seulement cette nouvelle venue étrenne un tout nouveau châssis, mais elle est également produite dans une usine venant tout juste d'ouvrir ses portes. Celle-ci est conçue pour faciliter la production de cette bête racée qui est fabriquée selon un processus assez spécial. En premier lieu, la carrosserie comprend des pièces en aluminium et des éléments en composites. Ceux-ci sont placés sur un châssis ou une structure portante constituée de plaques et de profilés en aluminium collés ensemble, selon des méthodes empruntées à l'aérospatiale, assurant ainsi légèreté et rigidité. Il faut également souligner que cette structure, appelée « VH » pour « Véhicule Horizontal », est modulable et peut être modifiée en longueur et en largeur. Elle servira d'élément de départ à la V8 qui sera commercialisée au cours de 2005, et à la prochaine Vanquish prévue pour 2007.

Bien entendu, cette plate-forme a été conçue pour accueillir un puissant moteur V12 6 litres produisant la bagatelle de 450 chevaux. Ce moteur propulse les roues arrière par l'intermédiaire d'une boîte de vitesses automatique à six rapports. De type manumatique, elle peut être actionnée par des pastilles montées sur le volant. Et pour ne pas offusquer les traditionalistes, Aston Martin a également développé une boîte manuelle à six rapports qui est arrivée plusieurs mois après l'automatique.

Le moteur est sensiblement le même que celui de la Vanquish, sa grande sœur prestigieuse. Si ce genre de détail vous intéresse, ce V12 est constitué de deux moteurs Ford V6 placés bout à bout. Les ingénieurs ont raffiné cette mécanique avec l'ajout d'arbres à cames doubles, de quatre soupapes par cylindre et l'utilisation de plusieurs pièces sophistiquées. Ils réussissent à obtenir 450 chevaux pour la DB9 et 460 pour la Vanquish. Après tout, il faut respecter la hiérarchie. Mais puisque la « 9 » est un peu plus légère, les performances sont similaires et le 0-100 km/h est l'affaire de 5,2 secondes.

» FEU VERT
› Silhouette classique
› Moteur de rêve
› Performances élevées
› Prestige assuré
› Châssis moderne

» FEU ROUGE
› Diffusion limitée
› Finition perfectible
› Prix exclusif
› Volant décevant
› Freins moyens

Guide de l'auto 2005

LE CHIC "MY DEAR"!

Les designs italiens et allemands font généralement l'unanimité. Mais la Grande-Bretagne n'est pas aussi bien cotée en fait de stylisme. Pourtant, ce pays nous a donné d'incroyables voitures dont l'élégance de la silhouette est devenue légendaire. La Jaguar XK-E et l'Aston Martin DB-4 sont des exemples probants. Ce n'est pas le fruit du hasard si les Aston Martin ont été les covedettes des films de James Bond. Excusez l'expression, mais elles ont de la gueule! Et la nouvelle DB9 est à peine sur le marché qu'elle est pratiquement passée à la légende. Certains lui reprochent de trop ressembler à la Vanquish, mais il s'agit plutôt d'un compliment que d'un reproche. La calandre traditionnelle aux autres DB est bien agencée entre deux phares ovales montés dans les ailes tandis que la partie arrière, évasée, donne de la prestance à cette voiture. Soulignons au passage la présence de diodes électroluminescentes dans les feux arrière.

Bon sang ne saurait mentir et l'habitacle de cette belle britannique est typiquement "british" avec ses sièges en cuir fin et ses quelques caprices ergonomiques qui sont quand même pardonnables. Notamment ces commandes de réglages des sièges montées le long de chaque paroi de la console centrale. Détail à souligner, l'aiguille du compte-tours tourne dans le sens inverse des aiguilles d'une montre, comme sur les bolides de course des années cinquante et soixante. Il est curieux de constater que la finition n'est pas impeccable sur une voiture de ce prix, mais Ferrari fait encore pire en la matière, alors! Et vous pourrez toujours vous plaindre à celui qui a effectué l'inspection finale puisque son nom est gravé sur une petite plaque!

Le tableau de bord n'est pas tellement élégant avec sa console centrale plantée en relief en plein centre de la planche de bord. Par contre, la DB9 fait bande à part en utilisant du bois de bambou pour réaliser l'immense applique placée sur cette même console. Et si vous aimez les volants avec boudin en bois, vous devrez vous contenter d'un modèle très classique dont le design ne fait pas tellement sportif.

Comme le veut la tendance actuelle, le moteur est lancé au toucher d'un bouton, non sans avoir tourné la clé dans le contact. La voiture ne se fait pas prier pour déployer toute sa puissance et il faut être initialement sur ses gardes pour ne pas accélérer trop rapidement. D'autant plus que la pédale de frein ne semble pas obtenir la même puissance de freinage que d'autres modèles de cette catégorie. Malgré tout, et en dépit d'un encombrement tout de même supérieur à plusieurs sportives de son genre, elle obéit au doigt et à l'œil bien que la direction devienne un tantinet trop ferme à haute vitesse aux goûts de certains. La suspension est raisonnablement confortable pour la catégorie. Par contre, elle paraît très sèche sur nos routes. Quoi qu'il en soit, avec des modèles semblables et une fiabilité à la hausse, les Aston Martin ne sont plus laissées pour compte. Et l'arrivée de la DB9 Vantage cabriolet en cours d'année va hausser la donne.

Denis Duquet

DONNÉES TECHNIQUES

Prix du modèle à l'essai :	190 000 $
Échelle de prix :	190 000 $
Version(s) disponible(s) :	version unique
Garanties :	2 ans km illimité/2 ans km illimité
Catégorie :	GT
Emp./Long./Lar./Haut.(cm) :	274/470/187,5/132
Poids :	1 710 kg
Coffre/Réservoir :	175/85 litres
Coussins de sécurité :	frontaux, latéraux (av.) et rideaux
Suspension avant :	indépendante, bras inégaux
Suspension arrière :	indépendante, multibras
Freins av./arr. :	disque (ABS)
Antipatinage/Contrôle de stabilité :	oui/oui
Direction :	à crémaillère, assistée
Diamètre de braquage :	11,5 m
Pneus av./arr. :	P235/40ZR19 P275/35ZR19

GROUPE MOTOPROPULSEUR ET RENDEMENT

Moteur :	V12 5,9 litres 48s (89,0 x 79,5)
Puissance :	450 ch (336 kW) à 6 000 tr/mn
Couple :	420 lb-pi (569 Nm) à 5 000 tr/mn
Autre(s) moteur(s) :	seul moteur offert
Transmission :	propulsion, manuelle 6 rapports
Autre(s) transmission(s) :	séquentielle 6 rapports
Accélération 0-100 km/h :	5,2 s
Reprises 80-120 km/h :	4,3 s
Freinage 100-0 km/h :	37,0 m
Vitesse maximale :	300 km/h
Indice de performance longitudinale :	6,1 m/s/s
Consommation (100 km) :	super, 18 litres
Autonomie :	472 km

DANS LA MÊME CATÉGORIE

Ferrari Modena 360 - Lamborghini Gallardo
Mercedes-Benz SL AMG

DU NOUVEAU EN 2005

Nouveau modèle, version cabriolet Vantage

HISTORIQUE DU MODÈLE

1ière génération

DATE DE RENOUVELLEMENT

n.d.

NOS IMPRESSIONS

Agrément de conduite :	🚗🚗🚗🚗½
Fiabilité :	nouveau modèle
Sécurité :	🚗🚗🚗🚗
Qualités hivernales :	nulle
Espace intérieur :	🚗🚗🚗🚗½
Confort :	🚗🚗🚗🚗½

LE CHOIX DE L'ÉQUIPE

version à boîte séquentielle

Guide de l'auto 2005

ASTON MARTIN VANQUISH

LE DÉBUT DE LA RENAISSANCE

Même si la DB7 s'est vendue plus que toute autre Aston Martin à ce jour, elle semblait incapable de donner à cette marque britannique le prestige nécessaire afin de venir entraver les succès de Ferrari. Rachetée par Ford en 1987, la compagnie de Newport Pagnell avait connu plus de bas que de hauts. Et malgré tous ses accessits, la DB7 était trop associée aux échecs du passé pour impressionner les clients potentiels.

La situation s'est renversée du tout au tout avec le dévoilement de la Vanquish au Salon de l'auto de Genève en mars 2001. Les personnes présentes au lancement sur les quais bordant le Lac Léman ont été témoins d'une véritable résurrection. Cette fois, pas de vieux châssis rafistolés ou de discours parlant davantage du passé que de l'avenir. La voiture était spectaculaire, jolie comme ce n'est pas possible et en plus elle était la plus extraordinaire Aston Martin jamais produite.

Il faut dire que le design du styliste Ian Callum explique en bonne partie l'enthousiasme des gens. La Vanquish a retenu la calandre traditionnelle de cette marque et certains autres attributs visuels mais le résultat est moderne, dynamique, unique en son genre. Et s'il est vrai que les concepteurs de l'habitacle ont retenu les cuirs fins propres aux voitures britanniques de haut niveau, ils ont définitivement tourné le dos à l'approche rétro. Certes, la console centrale du tableau de bord arbore une pendulette analogique, comme dans le bon vieux temps, mais le reste est définitivement moderne, notamment l'utilisation de pièces en aluminium un peu partout. Un détail en passant, il faut appuyer sur le gros bouton rouge au centre de cette console pour lancer le moteur. Et pas n'importe quel moteur.

Il est vrai que ce V12 6 litres de 460 chevaux est capable de performances à l'égale de ses rivales chez Ferrari et Lamborghini mais ses origines sont quelque peu prolétaires puisqu'il s'agit de deux moteurs Ford V6 réunis pour les besoins de la cause. C'est d'autant plus à l'honneur des ingénieurs de chez Cosworth qui ont anobli cette mécanique pour en faire l'une des références de la catégorie. Ce V12 est monté à l'avant comme le veut la tendance actuelle chez les super voitures et sa présentation extérieure est réussie avec ses collecteurs d'admission noirs en contraste avec les cache-soupapes de couleur grise. La transmission automatique a été développée conjointement par Magneti-Marelli et Ford. De type manumatique, elle se contrôle à l'aide d'ailettes de commandes placées de chaque côté

»» FEU VERT
› Moteur d'enfer
› Construction sophistiquée
› Agrément de conduite assuré
› Tenue de route à l'égale de son prix
› Boîte manumatique conviviale

»» FEU ROUGE
› Prix astronomique
› Faible diffusion
› Visibilité problématique
› Commandes audio complexes
› Certaines commandes empruntées à Ford

VANQUISH

du volant. Et si vous ne voulez pas jouer les Michael Schumacher, vous laissez la transmission à "Drive". Cette boîte de vitesses est même dotée d'un mode «Hiver» qui diminue automatiquement la puissance et le couple du moteur. Pour ma part, si jamais je devenais propriétaire d'une telle voiture, jamais, ô grand jamais j'aurais l'audace de la conduire en hiver. Qui sait? Cette caractéristique peut être pratique lors d'un orage violent ou dans le cas d'une chute de neige en plein mois de juillet!

ULRICH A TENU SES PROMESSES

Lorsqu'il a été nommé le grand patron d'Aston Martin en juillet 2000, le Dr Ulrich Bez avait promis de faire de cette marque la référence en fait de design, d'ingénierie et de performances. Cet ingénieur de réputation mondiale est arrivé à ce poste précédé de toute une réputation. Chez Porsche, entre autres, il a dirigé le développement de la Porsche 911 Turbo, de la Carrera RS, de la 968 et de la 993. Il n'est donc pas surprenant que la Vanquish soit dotée d'une carrosserie et d'une plate-forme constituée de pièces en fibre de carbone, en composite et en aluminium extrudé. Tous ces éléments sont collés et la rigidité de ce monocoque est hors norme.

Il est vrai que le Dr Bez est arrivé une année seulement avant le lancement de la Vanquish et que la plupart des décisions techniques avaient été prises. Mais puisqu'il agissait à titre de consultant pour Ford avant de déménager ses pénates à Newport Pagnell, le château fort de la marque, il a certainement eu son mot à dire avant d'entrer en fonction.

Quoi qu'il en soit, il a tenu parole puisque le dévoilement de la Vanquish a permis à la marque d'être autre chose qu'un nom au passé glorieux. Elle a dorénavant un avenir prometteur.

Au printemps 2004, lors du Salon de Genève, une Vanquish de couleur orangée était stationnée devant un hôtel chic de cette ville et elle volait aisément la vedette à une Ferrari 456 M stationnée juste derrière! Pour une fois, j'ai eu un coup de cœur, un vrai cette fois. Pas une petite passée. Si jamais j'avais les moyens! Mais, même si cela se produisait, il me faudrait attendre car la production annuelle est limitée à 300 et la liste des prétendants est longue.

Il faut également ajouter que la fiabilité abominable des modèles antérieurs n'est plus une source d'inquiétude. La DB7 s'est taillé une réputation correcte à ce chapitre et l'arrivée d'un homme comme le Dr Bez à la tête de l'entreprise sert de caution morale.

Mais le plus important dans cette voiture, c'est que son ramage est à la hauteur de son plumage. Elle boucle le 0-100 km/h en moins de cinq secondes, possède une vitesse de pointe excédant les 300 km/h tandis que sa tenue de route est capable de satisfaire les plus exigeants. Si cela ne réussit pas à vous convaincre, elle est docile en conduite de tous les jours même si la visibilité n'est pas son point fort. Ce qui devient angoissant dans la circulation compte tenu du prix de la voiture…

Mais à un peu moins de 350 000$, il faut bien trouver quelque chose à redire!

Denis Duquet

DONNÉES TECHNIQUES

Prix du modèle à l'essai:	340 000$
Échelle de prix:	340 000$
Version(s) disponible(s):	version unique
Garanties:	2 ans km illimité/2 ans km illimité
Catégorie:	GT
Emp./Long./Lar./Haut.(cm):	269/467/192/132
Poids:	1 835 kg
Coffre/Réservoir:	240/80 litres
Coussins de sécurité:	frontaux et latéraux (av.)
Suspension avant:	indépendante, bras inégaux
Suspension arrière:	indépendante, multibras
Freins av./arr.:	disque (ABS)
Antipatinage/Contrôle de stabilité:	oui/oui
Direction:	à crémaillère, assistée
Diamètre de braquage:	12,8 m
Pneus av./arr.:	P255/40ZR19 P285/40ZR19

GROUPE MOTOPROPULSEUR ET RENDEMENT

Moteur:	V12 6,0 litres 48s (89,0 x 79,5)
Puissance:	460 ch (343 kW) à 6500 tr/mn
Couple:	400 lb-pi (542 Nm) à 5000 tr/mn
Autre(s) moteur(s):	seul moteur offert
Transmission:	propulsion, séquentielle 6 rapports
Autre(s) transmission(s):	aucune
Accélération 0-100 km/h:	4,8 s
Reprises 80-120 km/h:	n.d.
Freinage 100-0 km/h:	n.d.
Vitesse maximale:	306 km/h
Indice de performance longitudinale:	n.d.
Consommation (100 km):	super, 19,6 litres
Autonomie:	408 km

DANS LA MÊME CATÉGORIE
Ferrari Maranello-Lamborghini Murcialago

DU NOUVEAU EN 2005
Aucun changement majeur

HISTORIQUE DU MODÈLE
1ière génération

DATE DE RENOUVELLEMENT
2009

NOS IMPRESSIONS

Agrément de conduite:	4½/5
Fiabilité:	4/5
Sécurité:	4/5
Qualités hivernales:	3½/5
Espace intérieur:	3½/5
Confort:	3½/5

LE CHOIX DE L'ÉQUIPE
Vanquish

Guide de l'auto 2005

AUDI A3

ELLE A DU PIF

Elle a du pif au sens propre, reste à voir si elle en aura au sens figuré. Avec la A3, Audi propose à la clientèle un modèle hatchback de luxe, alors que BMW et Mercedes-Benz ont échoué dans cette mission en Amérique du Nord, la 318Ti ayant disparu du paysage depuis plusieurs années, et le coupé sport C230K s'apprêtant peut-être à tirer sa révérence en 2006. Comme c'est souvent le cas lors du lancement d'un nouveau véhicule, Audi prétend que la A3 n'aura pas de concurrence directe, tout en oubliant l'existence de la Volvo V50… C'est là un discours connu que se plaisent à répéter les responsables de différentes marques automobiles (PT Cruiser, Mini, etc.) afin de démarquer leurs voitures du lot, mais tout ça, c'est du baratin de marketing, qu'en est-il de la voiture comme telle?

Essentiellement, la A3 destinée au marché nord-américain est une version à 5 portes d'une voiture déjà présente en Europe.

Si elle a du pif au sens propre, c'est que la A3 est la troisième voiture de la marque qui est dotée de la nouvelle calandre de forme trapézoïdale, déjà vue sur la A8 à moteur W12 ainsi que la récente A6. Construite sur la plate-forme de la Golf/Jetta de cinquième génération, la A3 propose des dimensions légèrement réduites par rapport à la A4, et seulement deux moteurs seront offerts sur notre marché, contrairement à sept en Europe, où l'on compte évidemment une «flopée» de moteurs diesel à injection directe. Le premier modèle, qui fera ses débuts en mai 2005, est animé par un moteur 4 cylindres de 2,0 litres à injection directe d'essence développant 200 chevaux qui sera jumelé à une boîte manuelle à 6 rapports ou encore à la boîte DSG (Direct Sequential Gearbox), déjà vue sur la Audi TT 3.2. Seules les roues avant seront motrices, Audi réservant la traction intégrale Quattro à la version équipée du moteur six cylindres de 3,2 litres qui n'arrivera chez nous qu'au premier trimestre de 2006. Pourquoi n'avoir pas proposé une version à moteur 2,0 litres avec le rouage intégral comme en Europe? Le prix de base, qui n'a d'ailleurs pas encore été fixé, devrait avoisiner les 33 000 dollars canadiens.

La grande nouveauté côté moteur est donc le moteur de 2,0 litres turbocompressé à injection directe d'essence. La plus grande qualité de ce moteur est qu'il développe un couple maximal de 210 livres/pied dès les 1 800 tours/minute et jusqu'à 5 000 tours/minute. Cette plage très large du couple maximal signifie que les accélérations sont assez vives (7,1 secondes pour le 0-100 kilomètres/heure), mais surtout que l'on peut toujours disposer d'une force d'accélération satisfaisante, peu importe le régime moteur ou le rapport de boîte choisi. Côté consommation, Audi annonce une moyenne très optimiste de 7,8 litres aux 100 kilomètres, que nous n'avons malheureusement pas eu le temps de valider.

»» FEU VERT
› Couple du moteur 2,0 litres turbo
› Disponibilité de la boîte DSG sur tous les modèles
› Qualité de la finition
› Volume d'espace intérieur

»» FEU ROUGE
› Non-disponibilité du rouage intégral avec le moteur de 2,0 litres turbo
› Direction surassistée
› Manque de sensations — moteur 3,2 litres
› Accès aux places arrière

Guide de l'auto 2005

Sur les routes sinueuses de la région des Alpes Maritimes, la tenue de route de la version à moteur de 2,0 litres et traction avant était bonne, mais elle n'était pas aussi assurée que sur la version équipée du même moteur et de la traction intégrale qui est de loin la configuration la mieux adaptée pour la A3. Au volant de ce modèle, le comportement routier est à la fois performant et rassurant, alors que la voiture enfile les virages avec beaucoup d'aplomb et donne cette impression de stabilité propre aux voitures à traction intégrale.

Même si le moteur de 3,2 litres développe 50 chevaux de plus que le 2,0 litres turbocompressé, on ne sent pas vraiment la puissance supplémentaire parce que le couple maximal de 320 livres/pied est livré sur une plage réduite, soit de 2500 à 3000 tours/minute. Des deux transmissions offertes, la boîte DSG continue d'impressionner par son degré de sophistication technique et par la rapidité des changements de vitesse. Développée dès 1985 pour la voiture de course Audi Sport Quattro S1, la boîte DSG n'a pu être intégrée aux voitures de série que récemment, et seulement en raison des progrès réalisés au cours des dernières années en électronique, ce qui permet de mieux contrôler l'embrayage.

Les ingénieurs de Audi font également grand cas de la nouvelle direction électromécanique avec assistance variable en fonction de la vitesse de la A3.

Je dois préciser que cette direction s'est avérée surassistée et empêche de bien sentir la route en virages rapides, ce qui est d'ailleurs un trait caractéristique des voitures de la marque. L'habitacle de la A3 propose la même présentation soignée et une qualité de finition sans reproches, de même qu'un tableau de bord d'inspiration TT, comme en témoignent les quatre buses de ventilation circulaires ainsi que les commandes du système de chauffage/climatisation. L'espace accordé aux passagers montant à l'arrière est très convenable, et seules les portières – plutôt courtes – gêneront l'accès pour les adultes.

Somme toute, il est difficile de prédire quel accueil sera réservé à la A3 au Québec, puisque son prix n'est pas encore communiqué et que les groupes d'options et les coûts qui leur seront associés n'ont pas été déterminés. Je suis toutefois d'avis que Audi rate une belle occasion en omettant d'offrir son modèle à moteur turbo avec la traction intégrale. Après tout, l'image de la marque est étroitement associée au rouage quattro.

Gabriel Gélinas

DONNÉES TECHNIQUES

Prix du modèle à l'essai :	n.d.
Échelle de prix :	n.d.
Version(s) disponible(s) :	hatchback 5 portes
Garanties :	4 ans 80000/4 ans 80000
Catégorie :	familiale
Emp./Long./Lar./Haut.(cm) :	258/420,5/176,5/142
Poids :	1 495 kg
Coffre/Réservoir :	350 à 1100/55 litres
Coussins de sécurité :	frontaux, latéraux, rideaux
Suspension avant :	indépendante, jambes de force
Suspension arrière :	indépendante, multibras
Freins av./arr. :	disque (ABS)
Antipatinage/Contrôle de stabilité :	oui/oui
Direction :	à crémaillère, ass. variable électrique
Diamètre de braquage :	10,7 m
Pneus av./arr. :	P225/45R17

GROUPE MOTOPROPULSEUR ET RENDEMENT

Moteur :	V6 3,2 litres 24s (84,0 x 95,9)
Puissance :	247 ch (184 kW) à 6300 tr/mn
Couple :	236 lb-pi (320 Nm) à 2500 tr/mn
Autre(s) moteur(s) :	4L 2,0 litres 200 ch
Transmission :	intégrale, manuelle 6 rapports
Autre(s) transmission(s) :	automatique 6 rapports
Accélération 0-100 km/h :	6,5 s
Reprises 80-120 km/h :	n.d.
Freinage 100-0 km/h :	37 m (estimé)
Vitesse maximale :	250 km/h
Indice de performance longitudinale :	n.d.
Consommation (100 km) :	super, 10,6 litres
Autonomie :	519 km

DANS LA MÊME CATÉGORIE
Mercedes Classe C Coupe Sport - Volvo V50

DU NOUVEAU EN 2005
Tout nouveau modèle

HISTORIQUE DU MODÈLE
1ière génération

DATE DE RENOUVELLEMENT
2008

NOS IMPRESSIONS

Agrément de conduite :	★★★★
Fiabilité :	nouveau modèle
Sécurité :	★★★★
Qualités hivernales :	★★★★
Espace intérieur :	★★★★
Confort :	★★★★

LE CHOIX DE L'ÉQUIPE
2,0 litres Turbo

Guide de l'auto 2005

AUDI A4 CABRIOLET

VIVEMENT L'EFFET DE SERRE

À toute chose, malheur est bon. Alors qu'on redoute en maints endroits du globe les perturbations climatiques résultant de l'effet de serre, un bon nombre de Québécois voient plutôt d'un bon œil le réchauffement annoncé de la planète. Et parmi eux, j'ose le croire, se trouvent les propriétaires de la Audi A4 Cabriolet.

Si j'étais l'un d'eux, en tout cas, j'éprouverais pour l'instant un pincement de culpabilité à l'idée de satisfaire un plaisir nécessitant le déboursé de quelque 60 000 $, taxes incluses, dans sa version la moins coûteuse, alors que nos étés sont si courts. Certes, ce « cabrio » quatre places dispose d'une capote triple épaisseur bien isolée, et d'une lunette arrière en verre chauffant qui permettent d'envisager assez sereinement le froid hivernal. Mais est-il bien raisonnable de payer 30 % de plus que ce qu'en coûte une A4 semblablement dotée, pour un accessoire – le toit rétractable – dont on ne se sert pas le quart du temps?

DES ACCÉLÉRATIONS PEU DÉCOIFFANTES
C'est là le principal dilemme auquel doit faire face l'acquéreur de ce véhicule ludique qui marque une nette amélioration par rapport à la première décapotable Audi, dont la production a cessé en 1998, faute de clientèle. Lancé en 2003, le nouveau cabriolet a peu en commun avec son prédécesseur, et tout à voir avec la dernière série A4, dont il partage la plate-forme et les principaux éléments mécaniques. Outre ces emprunts, plusieurs caractéristiques lui sont spécifiques, à commencer bien sûr par le toit, dont l'absence est compensée par des renforcements du châssis qui ajoutent environ 125 kilos, et en font le lourdaud de sa classe.

C'est ce qui explique également que le quatre cylindres 1,8 litre Turbo de 170 chevaux qui anime la version de base, peine à entraîner la belle, bien qu'il soit accouplé à la boîte de vitesses Multitronic à rapports continuellement variable (CVT). Heureusement, le V6 trois litres s'attelle à la tâche avec plus de conviction, même s'il se montre assez gourmand pour ses 220 chevaux. Doux, onctueux même, souple et silencieux, il procure des accélérations et des reprises fort décentes malgré son lourd fardeau, grâce à la même boîte CVT. Cette dernière semble toujours choisir le bon rapport, ce qui lui confère tout compte fait les vertus d'une automatique et d'une manuelle. On peut tout au plus lui reprocher cette tendance qu'a le moteur de garder le même régime,

»» FEU VERT
› Transmission CVT
› Comportement routier sûr
› Suspension confortable
› V6 adéquat
› Bonne sécurité passive

»» FEU ROUGE
› Performances décevantes (1,8T)
› Places arrière serrées
› Coffre exigu
› Prix corsé
› Utilisation limitée au Québec

A4 CABRIOLET

lorsqu'on tient la pédale d'essence enfoncée. Mais ce n'est qu'un détail, surtout qu'elle vous permet des économies d'essence par rapport à une automatique traditionnelle.

À ces deux tractions s'ajoute depuis l'an dernier une version intégrale Quattro qui dispose du même V6, mais arrimé cette fois à la boîte automatique séquentielle Tiptronic à 5 rapports. Chaussez-là de pneus d'hiver, et imaginez la tête que feront les automobilistes en voyant cette décapotable semer tout le monde au passage du feu vert lorsque les rues seront enneigées. Comme si une starlette à la main chercheuse et à la gorge déployée, accostée sur la croisette à Cannes pendant le Festival, se mettait à vous citer Proust ! L'histoire risque cependant d'être différente sur pavé sec. Les suspensions rabaissées de quelques centimètres lui donnent une allure plus combative, mais malgré des pneus de 17 pouces (16 pouces, pour la version 1,8T) et un système de stabilité électronique (ESP), les limites de leur amortissement trop mou se font rapidement sentir, vous faisant réaliser que le cabriolet parvient mieux à dorloter ses occupants qu'à leur procurer les grands frissons de la vitesse.

LE COÛTEUX JEU DES OPTIONS

Bien qu'il partage des airs de parenté indéniables avec ses sœurs à quatre portières, le cabriolet épouse des formes plus arrondies qui adoucissent encore ses traits de famille. L'habitacle s'apparente aussi à ce que l'on retrouve dans la série A4, tout en s'en distinguant par quelques éléments visuels qui lui donnent une allure plus décontractée. On s'étonnera sans doute de la prédominance du plastique et de l'absence d'une sellerie de cuir dans la version de base, qui coûte pourtant le prix que l'on sait. Inutile non plus de chercher les réglages électriques des fauteuils, à moins que le propriétaire n'ait coché l'option « ensemble sport », qui donne également droit à une suspension du même nom et, à des phares au xénon. Rien à redire cependant, sur la qualité des cuirs et des boiseries rehaussant l'intérieur des versions 3.0, qui par ailleurs se prêtent, elles aussi au coûteux jeu des options

Les places arrière sont plutôt exiguës, mais elles conviennent à d'éventuels passagers qui sont prêts à sacrifier un peu de confort pour le plaisir de rouler au grand air. Ils devront aussi accepter de voyager léger, car la capacité du coffre de seulement 289 litres rapetisse encore lorsque la capote y prend place. Étanche, résistante et offrant une bonne protection contre les agressions phoniques, elle se déploie ou se replie électriquement en moins de 30 secondes. Outre les appuie-tête, qui gênent un peu la visibilité vers l'arrière, la sécurité est assurée par un ensemble de coussins latéraux et frontaux, de même que par une structure d'appoint qui se déploie automatiquement au signal de capteurs détectant l'éventualité d'un capotage.

Sûreté, confort et comportement assuré : nous avons là les trois éléments principaux de ce cabriolet qui, pour bien remplir les fonctions ludiques auxquelles il aspire, manque néanmoins d'ambition… sauf quand vient le temps de saler la note.

Jean-Georges Laliberté

DONNÉES TECHNIQUES

Prix du modèle à l'essai :	71 050 $
Échelle de prix :	de 51 700 $ à 71 050 $
Version(s) disponible(s) :	1.8T, 3.0, Quattro 3.0
Garanties :	4 ans 80 000/4 ans 80 000
Catégorie :	cabriolet
Emp./Long./Lar./Haut.(cm) :	265/457/178/139
Poids :	1 820 kg
Coffre/Réservoir :	289/66 litres
Coussins de sécurité :	frontaux et latéraux
Suspension avant :	indépendante, multibras
Suspension arrière :	indépendante, multibras
Freins av./arr. :	disque ABS
Antipatinage/Contrôle de stabilité :	oui/oui
Direction :	à crémaillère, assistée
Diamètre de braquage :	11,1 m
Pneus av./arr. :	P235/45ZR17

GROUPE MOTOPROPULSEUR ET RENDEMENT

Moteur :	V6 3 litres
Puissance :	220 chevaux à 6300 tr/min
Couple :	221 lb-pi à 3200 tr/min
Autre(s) moteur(s) :	4 litres 1,8T 170 ch
Transmission :	intégrale, auto. séquentielle 5 rapports
Autre(s) transmission(s) :	traction, à variation continue (CTV)
Accélération 0-100 km/h :	8,4 s
Reprises 80-120 km/h :	7,2 s
Freinage 100-0 km/h :	42,0 m
Vitesse maximale :	209 km/h (limitée)
Indice de performance longitudinale :	4,6 m/s/s
Consommation (100 km) :	super, 11,6 litres
Autonomie :	569 km

DANS LA MÊME CATÉGORIE

BMW 330 Ci-Mercedes-Benz CLK320
Saab 9,3 cabriolet

DU NOUVEAU EN 2005

Pas de changement majeur

HISTORIQUE DU MODÈLE

1ère génération

DATE DE RENOUVELLEMENT

n.d.

NOS IMPRESSIONS

Agrément de conduite :	🚗🚗🚗🚗½
Fiabilité :	🚗🚗🚗🚗
Sécurité :	🚗🚗🚗🚗½
Qualités hivernales :	🚗🚗🚗🚗
Espace intérieur :	🚗🚗🚗½
Confort :	🚗🚗🚗🚗½

LE CHOIX DE L'ÉQUIPE

3,0 CVT

Guide de l'auto 2005

AUDI A4/S4

SIMPLE QUESTION D'ALPHABET

N'eut été de Juan Manuel Fangio, cinq fois champion du monde dans les années 50, Sterling Moss aurait volé la vedette. Mais Fangio n'arrêtait pas de gagner et ne laissait que des miettes aux autres. Moss était le meilleur des autres. Cet épisode s'applique à d'autres champs de compétence. Prenez, par exemple, l'automobile. Audi est la meilleure… des autres, l'étoile de la BMW Série 3 brillant trop fort au firmament des marques prestigieuses et (relativement) accessibles. Mais la Audi A4, tout comme Sterling Moss, possède tout de même un sapré bon coup de volant!

Les designers de Audi possèdent LA touche. Celle qui leur permet de créer des lignes sobres et fluides, alliant présence, robustesse et classe. La Audi A4, dont la dernière génération a été dévoilée en 2002, fait siens tous ces qualificatifs même si certains lui reprochent des airs de Volkswagen Passat. Son air trapu, elle le doit à ses formes et non à ses dimensions, à peine plus étendues que celles d'une simple Honda Civic!

Si la A4 ne souffre d'aucun complexe au chapitre du dessin, elle n'a pas à rougir non plus de la qualité de sa finition, autant à l'extérieur qu'à l'intérieur. C'est à se demander si Audi n'engage que des docteurs en microchirurgie pour assembler ses voitures! Les sièges, peut-être pas encore au niveau de ceux de Volvo, s'avèrent tout de même un régal même s'ils sont un peu durs. À l'arrière, on se sent à l'étroit sur la banquette et le confort pour deux personnes se montre correct, sans plus. Le volant se prend bien en main et les indicateurs du tableau de bord sont là, juste sous nos yeux. Par contre, on a, au début surtout, l'impression d'être assis dans un bain puisque la ceinture de caisse est plutôt relevée.

Il existe plusieurs A4 et il faut impérativement identifier de laquelle on parle. En effet, on ne dit pas à Laura «Je vais prendre un cornet de crème glacée». On précise toujours la sorte. C'est pareil avec une A4. 1,8T? 1,8T Avant? 3,0? 3,0 Avant? S4? S4 Avant? Dans le cas des 1,8T et 3,0 il faut aussi ajouter «Quattro» si la Audi en question est équipée de ce rouage intégral… Et je ne parle pas des cabriolets (je laisse le soin à Jean-Georges de vous en brosser un portrait dans les pages précédentes). Au fait, le terme Avant signifie familiale chez Audi et toutes les remarques qui suivent s'adressent autant aux Avant qu'aux berlines.

Même avec son moteur 1,8T, la plus prolétaire des Audi peut garder la tête haute. Certes, les performances sont loin de celles d'une catapulte mais ce petit moteur livre ses 170 chevaux sans hésiter. Cet engin annonce cependant deux problèmes, et ils sont de taille. Le premier réfère

»» FEU VERT
› Confort relevé
› Transmission CVT impressionnante
› Comportement routier solide
› S4 puissante
› Finition incroyable

»» FEU ROUGE
› Fiabilité moteur 1,8T
› Espace intérieur compté
› Consommation honteuse (S4)
› Performances justes (V6)
› Prix «étonnant» (S4)

à la piètre fiabilité de ses composantes électroniques. Si vous ne savez pas ce qu'est une bobine d'allumage, achetez-vous une Audi (ou Volkswagen) équipée du 1,8T et vous découvrirez rapidement à quel point cette fameuse pièce est importante… Le deuxième problème, de perception celui-là : bien des gens ne veulent rien savoir d'un quatre cylindres dans une voiture de cette classe. La 1,8T est, le plus souvent, livrée avec le rouage intégral Quattro. Ce système a fait ses preuves et il s'est bâti une solide réputation, surtout dans les contrées comme le Québec où l'hiver dure 363 jours par année. Sinon, cette Audi est une traction et deux transmissions sont disponibles, soit la manuelle à cinq rapports ou la Multitronic (une automatique à rapports continuellement variables). Cette dernière boîte est un charme à utiliser et elle permet une économie d'essence substantielle. La Quattro, elle, n'est livrable qu'avec une transmission automatique à cinq rapports avec mode semi-manuel.

La version avec V6 de 3,0 litres n'est pas dénuée d'intérêt même si ses performances sont à peine plus enthousiastes que celles obtenues avec le 1,8T. On est en droit de se demander ce que ce moteur fait dans une voiture de ce prix… Encore une fois, les transmissions diffèrent selon qu'on opte pour la traction ou la traction intégrale. La boîte continuellement variable n'est pas disponible. Bien entendu, le niveau d'équipement justifie le prix plus élevé d'environ 7 000 $. Et ne justifie absolument pas la direction aussi légère que les mœurs de certains politiciens…

POUR LE SPORT…

Puis, la S4. V8 de 4,2 litres de 340 chevaux. En Quattro seulement. Pneus 18 pouces cotés Z. Deux transmissions à six rapports, une automatique l'autre manuelle. Du plaisir ? Oui, sans conteste même si BMW a établi de nouvelles marques en la matière. Même s'il entraîne la S4 aussi vite qu'Obélix chasse le sanglier, ce gros moteur n'est pas à l'aise dans une si petite voiture. Certes, le châssis, d'une rigidité à toute épreuve, peut endurer une telle puissance mais l'embrayage ne se montre pas à la hauteur. La direction pèche par excès de lourdeur et les quelque 150 kilos supplémentaires se font lourdement sentir. De plus, les suspensions, qui assurent une tenue de route plus qu'adéquate, tapent assez dur, merci. Mais ce V8 crache un son qui vaut le détour… aux pompes à essence super ! La M3, bien que plus dispendieuse, peut dormir en paix.

La Audi A4, peu importe les lettres ou les chiffres qui l'accompagnent, compte sur un châssis superbe, des lignes indémodables, un confort appréciable et des performances très adéquates. Mais aucun moteur ne semble parfaitement adapté. Vite un nouveau V6 !

Alain Morin

DONNÉES TECHNIQUES

Prix du modèle à l'essai :	38 995 $
Échelle de prix :	34 000 $ à 50 000 $
Version(s) disponible(s) :	1,8T, 3.0, S4
Garanties :	4 ans 80 000/4 ans 80 000
Catégorie :	berline sport
Emp./Long./Lar./Haut.(cm) :	265,5/455/177/143
Poids :	1 525 kg
Coffre/Réservoir :	380 (455 AVANT)/70 litres
Coussins de sécurité :	fontaux et latéraux (av./arr.) et rideaux
Suspension avant :	indépendante, multibras
Suspension arrière :	indépendante, multibras
Freins av./arr. :	disque (ABS)
Antipatinage/Contrôle de stabilité :	oui/oui
Direction :	à crémaillère, assistée
Diamètre de braquage :	11,1 m
Pneus av./arr. :	P235/45R17

GROUPE MOTOPROPULSEUR ET RENDEMENT

Moteur :	4L 1,8 litres (81,0 x 86,4) turbocompressé
Puissance :	170 ch(127 kW) à 5 900 tr/mn
Couple :	166 lb-pi (225 Nm) à 1 950 tr/mn
Autre(s) moteur(s) :	V6 3,0l 220 ch, V8 4,2l 340 ch (S4)
Transmission :	traction, CVT
Autre(s) transmission(s) :	manuelle 5 et 6 rapports, auto 5 rapports
Accélération 0-100 km/h :	9,1 s
Reprises 80-120 km/h :	6,8 s
Freinage 100-0 km/h :	41,1 m
Vitesse maximale :	210 km/h
Indice de performance longitudinale :	4,68 m/s/s
Consommation (100 km) :	super, 11,0 litres
Autonomie :	636 km

DANS LA MÊME CATÉGORIE

BMW Série3-Infiniti G35-Jaguar X-Type-Lexus IS300
Mercedes-Benz Classe C-VW Passat-Volvo S60

DU NOUVEAU EN 2005

pas de changements majeurs

HISTORIQUE DU MODÈLE

2ième génération

DATE DE RENOUVELLEMENT

n.d.

NOS IMPRESSIONS

Agrément de conduite :	🚗🚗🚗🚗
Fiabilité :	🚗🚗🚗
Sécurité :	🚗🚗🚗🚗
Qualités hivernales :	🚗🚗🚗🚗
Espace intérieur :	🚗🚗🚗½
Confort :	🚗🚗🚗🚗½

LE CHOIX DE L'ÉQUIPE

1,8T Quattro

Guide de l'auto 2005

AUDI A6/S6/RS6

LE NOUVEAU LANGAGE

Longtemps reconnue comme l'une des meilleures voitures de sa catégorie, la A6 fait l'objet d'une refonte complète pour 2005, alors que la marque fait évoluer le design de ses nouveaux modèles afin de leur donner une tangente plus émotive. En effet, plusieurs observateurs étaient d'avis que la A6 précédente était une excellente voiture, mais ils la jugeaient trop sobre, trop conservatrice, voire « froide ». Audi a donc choisi de délaisser le style tendance Bauhaus pour émuler BMW en adoptant un nouveau langage visuel.

Voila pourquoi la calandre trapézoïdale orne maintenant la partie avant de la A6, alors que la marque cherche à provoquer une réaction plus forte par sa nouvelle présence. Ce n'est d'ailleurs pas la première fois que cette calandre s'affiche sur une voiture portant les quatre anneaux, Audi ayant choisi de l'intégrer graduellement dans le paysage automobile par le truchement des voitures-concept Pikes Peak, Nuvolari et Le Mans.

Le pari est toutefois risqué dans la mesure où une large partie de la clientèle actuelle appréciait la sobriété du modèle précédent. Ces gens risquent fort d'être déroutés par cette nouvelle approche, qui a toutefois le mérite d'être totalement originale, et qui ne se limite pas à la seule partie avant, bien qu'elle en soit la manifestation la plus évidente. Vus de profil, les bas de caisse s'élèvent vers l'arrière, alors que le coffre est maintenant surplombé d'un léger déflecteur, ce qui donne une allure plus dynamique et sportive à cette berline dont les dimensions ont augmenté par rapport à sa devancière. Ainsi, l'empattement a progressé de plus de trois pouces et les voies ont également été élargies, ce qui a pour effet de faire de la A6 la voiture aux dimensions les plus importantes de la catégorie, puisqu'elle se situe maintenant entre les Classe E et S du concurrent Mercedes-Benz. Ces dimensions supérieures ont également permis d'augmenter le volume de l'habitacle, particulièrement aux places arrière.

Dans un premier temps, la A6 sera offerte sur le marché nord-américain en novembre 2004 avec le moteur V6 de 3,2 litres à injection directe d'essence développant 255 chevaux, soit 35 de plus que le modèle précédent équipé du moteur de 3,0 litres. On retrouvera aussi le V8 de 4,2 litres et 335 chevaux emprunté à la A8, le rouage intégral Quattro et la boîte TipTronic à six rapports. Selon Audi, le modèle à moteur six cylindres serait capable d'atteindre les 100 kilomètres/heure en 7,1 secondes alors que le

»» FEU VERT
› Rouage intégral perfectionné
› Habitabilité supérieure
› Qualité de la finition
› Voiture adaptée à l'hiver québécois

»» FEU ROUGE
› Prix élevé
› Comportement routier moins sportif que la BMW Série 5
› Entretien onéreux
› Version RS6 tardive

moteur V8 permettrait de retrancher une seconde à ce chrono. Pour ce qui est de l'éventuelle variante S6, dont l'arrivée est prévue dans un délai de dix-huit mois, les rumeurs les plus persistantes font état d'une motorisation V 10 de 5,0 litres et 500 chevaux, ce qui permettrait à cette version de concurrencer directement la nouvelle BMW M5. Par ailleurs, une version RS 6 encore plus performante pourrait voir le jour dans un délai d'un an par rapport à la S6, et elle serait équipée d'une version turbocompressée de ce même moteur, si Audi décide de suivre la tendance établie au cours des récentes années. La course aux chevaux-vapeur amorcée récemment par les constructeurs allemands va donc se poursuivre pour le plus grand bonheur des amateurs de performance qui ne pourront toutefois pas exploiter pleinement le potentiel de ces modèles sur nos routes. Le Guide de l'auto n'a pas eu l'occasion de conduire la nouvelle A6, mais les commentaires recueillis auprès de collègues européens qui ont eu ce privilège nous permettent de déduire que le comportement routier est typique de la marque, avec une tendance plus marquée au sous-virage lors de la conduite en courbes serrées. Une suspension adaptable sera par ailleurs disponible en option en cours d'année 2005. Moins axée sur la tenue de route sportive que la BMW Série 5, la A6 fait cependant montre d'un aplomb serein et le rouage intégral est gage d'une excellente stabilité à vitesse d'autoroute, ce qui sera un élément apprécié des conducteurs québécois en hiver.

Parmi tous les constructeurs automobiles, Audi est celui qui réussit le mieux l'intérieur de ses voitures avec une qualité de finition inégalée dans l'industrie, et la nouvelle A6 est particulièrement éloquente à ce chapitre. Les matériaux utilisés sont de qualité supérieure, le tableau de bord intègre les cadrans surdimensionnés typiques de la marque, et le système télématique MMI (Multi Media Interface) est plus facile à utiliser que les systèmes iDrive de BMW ou COMAND de Mercedes-Benz, puisqu'il n'est pas seulement muni d'une molette mais également de plusieurs boutons permettant d'accéder directement aux menus désirés.

Somme toute, la nouvelle A6 permet à Audi de se démarquer de la concurrence par son habitabilité supérieure, alors que la nouvelle génération conserve la plupart des attributs qui ont fait la force du modèle précédent. La réaction suscitée par le nouveau langage visuel adopté par la marque dépendra de l'individu qui contemplera la voiture. Mais une chose est certaine, c'est bien là le nouveau visage choisi par Audi.

Gabriel Gélinas

DONNÉES TECHNIQUES

Prix du modèle à l'essai :	64 595$ (estimé)
Échelle de prix :	60 000$ à 75 000$ (estimé)
Version(s) disponible(s) :	A6, S6 (à venir)
Garanties :	4 ans 80 000/4 ans 80 000
Catégorie :	berline de luxe
Emp./Long./Lar./Haut.(cm) :	284/492/185,5/146
Poids :	1 680 kg
Coffre/Réservoir :	450/80 litres
Coussins de sécurité :	frontaux et latéraux (av./arr.) et rideaux
Suspension avant :	indépendante, jambes de force
Suspension arrière :	indépendante, multibras
Freins av./arr. :	disque (ABS)
Antipatinage/Contrôle de stabilité :	oui/oui
Direction :	à crémaillère, ass. variable
Diamètre de braquage :	11,9 m
Pneus av./arr. :	P225/55R16 P245/45R17 (option)

GROUPE MOTOPROPULSEUR ET RENDEMENT

Moteur :	V6 3,2 litres 24s (84,5 x 92,8)
Puissance :	255 ch (190 kW) à 6500 tr/mn
Couple :	243 lb-pi (329 Nm) à 3250 tr/mn
Autre(s) moteur(s) :	V8 4,2 litres 335 ch
Transmission :	intégrale, automatique 6 rapports
Autre(s) transmission(s) :	aucune
Accélération 0-100 km/h :	7,1 s
Reprises 80-120 km/h :	n.d.
Freinage 100-0 km/h :	n.d.
Vitesse maximale :	250 km/h
Indice de performance longitudinale :	n.d.
Consommation (100 km) :	super, 10,9 litres (estimée)
Autonomie :	734 km

DANS LA MÊME CATÉGORIE
BMW Série 5 - Cadillac CTS-V - Jaguar S-Type
Lexus GS430 - Mercedes-Benz E320

DU NOUVEAU EN 2005
Nouveau modèle

HISTORIQUE DU MODÈLE
2ième génération

DATE DE RENOUVELLEMENT
n.d.

NOS IMPRESSIONS

Agrément de conduite :	🚗🚗🚗🚗
Fiabilité :	nouveau modèle
Sécurité :	🚗🚗🚗🚗
Qualités hivernales :	🚗🚗🚗🚗
Espace intérieur :	🚗🚗🚗🚗
Confort :	🚗🚗🚗🚗

LE CHOIX DE L'ÉQUIPE
A6 régulière

Guide de l'auto 2005

A8

EN PLEIN DEDANS…

Complètement revue en 2003, et redessinée par le québécois Dany Garand faut-il mentionner, la A8 représente l'ultime Audi. La marque de prestige allemande n'avait pas le droit à l'erreur en concoctant sa berline de luxe. Quand on affronte des bagnoles comme les BMW série 7, Lexus LS430, Mercedes-Benz Classe S et Volkswagen Phaeton, mieux vaut avoir son chargeur rempli ! Le tir manque encore peut-être un peu de précision à l'occasion, mais quand la balle touche la cible c'est "bull's-eye" !

Depuis 2003, seule la version allongée était présente en Amérique. Cette année, on retrouve trois modèles…Le modèle régulier, c'est à dire à empattement normal (A8), le modèle que nous sommes «habitués» de voir ici (A8L) et, pour les quelques très rares millionnaires qui pourront se l'offrir, la version W12 déjà disponible en Europe et qui posera ses pneus chez-nous vers la fin 2004 ou au début de 2005. Il s'agit de la A8L 6,0, ces derniers chiffres faisant référence à la cylindrée de ce moteur à douze cylindres disposés en «W».

DE LA GRANDE CLASSE

Dire de la A8 qu'elle a de la classe est un euphémisme… Parce qu'elle en possède beaucoup, énormément, même ! Les lignes sont pures et parfaitement équilibrées. Son cœfficient de traînée se montre particulièrement bas avec 0,27. L'accès à bord ne cause bien entendu aucun problème, surtout pas à l'arrière si on a eu la sagesse (et les moyens !) d'opter pour une version allongée. Prendre note, par contre, que l'accès à bord de la version à empattement régulier ne cause aucun problème non plus ! Le coffre se révèle très logeable mais il est dommage que les dossiers des sièges arrière ne s'abaissent pas. Tout au plus, on retrouve une trappe à ski qui demande de s'allonger de tout son long dans le coffre pour permettre son ouverture.

À l'intérieur, nul besoin de préciser que le luxe se marie au bon goût et au confort. Les sièges invitent aux grandes randonnées même si j'ai eu passablement de difficultés à trouver une bonne position de conduite. Tout de même curieux puisque les sièges s'ajustent dans 16 sens et que le volant se déplace autant en hauteur qu'en profondeur ! Ce doit être à cause de mon corps d'athlète… De plus, et encore curieusement, le support latéral n'est pas fantastique. Pour justifier son prix dépassant facilement les 100 000 $, la A8 propose une foule d'équipements sans doute destinés à faciliter la vie des occupants. Alors ici mes amis, c'est raté !

»» FEU VERT
› Prestige assuré
› Confort de limousine
› Performances solides
› Traction Quattro impériale
› Habitabilité d'autobus

»» FEU ROUGE
› Poids important
› Visibilité arrière problématique
› Entretien coûteux
› Certaines commandes complexes
› Système de navigation sommaire

Les commandes placées derrière le volant et quelques autres au tableau de bord sont invisibles et celles qui le sont doivent être étudiées avec attention avant de pouvoir servir efficacement. Un bouton central gère une foule de paramètres. Le MMI (Multi Media Interface) de Audi se révèle certes plus amical à vivre que le « i drive » de BMW mais ce n'est pas encore parfait. Avant de songer à partir sur la route avec sa nouvelle A8, il ne faut pas hésiter à potasser le manuel du propriétaire qui pèse, tenez-vous bien, 1,2 kilo, et ce pour la version française uniquement ! Autre cible ratée, la visibilité arrière qui se veut franchement pauvre. De plus, aucune caméra de recul n'est proposée. Lexus peut sourire… L'insonorisation est poussée, le confort fait partie des gènes de la A8 et la radio Bose satisfera à peu près toutes les oreilles par sa riche sonorité. Quant à la finition, même un moine zélé ne trouverait rien à redire et la noblesse des matériaux donnerait des frissons à madame Deux, Élizabeth de son prénom.

Du côté des petites douceurs, on peut mentionner la fonction « service » qui permet aux essuie-glaces de se positionner pour que le propriétaire (pardon, le garçon de service) puisse changer les balais sans s'esquinter le dos.

NOBLE PUISSANCE

Côté moteur, le V8 de 4,2 litres développe 330 chevaux et pratiquement autant de couple. Inutile de mentionner que les performances ne font jamais défaut ! En plus de se révéler fort souple, il ne consomme pas plus que ses concurrents et offre une belle sonorité quand on écrase l'accélérateur. Pas moins de quatre niveaux de suspensions sont disponibles, la tenue de route se veut impériale et une foule de béquilles électroniques empêchent la voiture de révéler son comportement survireur inné. Heureusement, on peut désactiver le mode de contrôle de traction et s'amuser un peu, si le verbe « amuser » peut être utilisé avec une voiture de ce prix ! Mais il ne faut jamais oublier que la A8 est très lourde malgré l'utilisation intensive de l'aluminium. Si, comme moi, vous vous inquiétez des coûts de réparation et d'entretiens futurs, c'est sans doute que vous n'avez pas les moyens de vous payer une A8 !

Imaginez que ce sera encore plus onéreux avec le W12 dont le prix devrait avoisiner celui d'une maison chic. De plus, on se demande si ce moteur est vraiment utile compte tenu de la bonne performance du V8. Mais plusieurs millionnaires, prêts à se départir d'une semaine de paie, vous répondront sûrement que oui, le W12 sera un « must ». Et s'il y avait un W24, il s'en trouverait pour l'acheter !

La Audi A8 est, sans contredit, une voiture d'exception, à l'égale des meilleures Mercedes-Benz, Lexus, Infiniti et BMW de ce monde. Par contre, il est notoire que les marques allemandes souffrent d'une infinité de problèmes électriques et électroniques. Et comme ce type de voiture est farci de gadgets, il faut choisir entre le plaisir de conduire et la possibilité de se retrouver au garage ou la fiabilité ennuyante des japonaises…

Alain Morin

DONNÉES TECHNIQUES

Prix du modèle à l'essai :	108 600 $
Échelle de prix :	90 000 $ à 105 000 $
Version(s) disponible(s) :	A8, A8L, A8L 6,0
Garanties :	4 ans 80 000/4 ans 80 000
Catégorie :	Berline de luxe
Emp./Long./Lar./Haut.(cm) :	307,5/518/189/145,5
Poids :	1 995 kg
Coffre/Réservoir :	500/92 litres
Coussins de sécurité :	fontaux et latéraux (av./arr.) et rideaux
Suspension avant :	indépendante, jambes de force, pneumatique
Suspension arrière :	indépendante, jambes de force, pneumatique
Freins av./arr. :	disque (ABS)
Antipatinage/Contrôle de stabilité :	oui/oui
Direction :	à crémaillère, ass. variable
Diamètre de braquage :	12,1 m
Pneus av./arr. :	P255/40R19

GROUPE MOTOPROPULSEUR ET RENDEMENT

Moteur :	V8 4,2 litres (84,5 x 93,0)
Puissance :	330 ch (246 kW) à 6 500 tr/mn
Couple :	317 lb-pi (430 Nm) à 3 500 tr/mn
Autre(s) moteur(s) :	W12 6,0 litres 450 ch
Transmission :	intégrale, automatique 6 rapports
Autre(s) transmission(s) :	aucune
Accélération 0-100 km/h :	7,6 s
Reprises 80-120 km/h :	5,3 s
Freinage 100-0 km/h :	34,5 m
Vitesse maximale :	208 km/h
Indice de performance longitudinale :	5,63 m/s/s
Consommation (100 km) :	super, 13,4 litres
Autonomie :	686 km

DANS LA MÊME CATÉGORIE

BMW 745i - Infiniti Q45 - Lexus LS430
Mercedes-Benz Classe S - VW Phaeton

DU NOUVEAU EN 2005

Modèle A8L 6,0 disponible cet hiver

HISTORIQUE DU MODÈLE

2ième génération

DATE DE RENOUVELLEMENT

n.d.

NOS IMPRESSIONS

Agrément de conduite :	🚗🚗🚗🚗½
Fiabilité :	🚗🚗🚗🚗
Sécurité :	🚗🚗🚗🚗½
Qualités hivernales :	🚗🚗🚗🚗
Espace intérieur :	🚗🚗🚗🚗🚗
Confort :	🚗🚗🚗🚗½

LE CHOIX DE L'ÉQUIPE

A8 de "base"

Guide de l'auto 2005

AUDI ALLROAD

UNE EXCELLENTE IDÉE, MAIS…

En général, les responsables du développement des nouveaux modèles chez Audi sont rarement pris au dépourvu lorsque vient le temps de concevoir les véhicules de demain. Le concept de l'Allroad, un VUS doté d'une carrosserie de familiale ou «Avant» dans le jargon corporatif de Audi, et équipé d'un rouage intégral lui donnant l'agilité d'une chèvre de montagne semblait une idée géniale. Et ça, pour moins de 60 000 $! C'était presque un pari gagné d'avance selon plusieurs inconditionnels de la marque. Pourtant, les ventes ont toujours été en demi-teintes et il semble que la très bonne idée du début n'a pas reçu un accueil enthousiaste de la part du public.

En rétrospective, il semble que la Allroad est trop «Avant» et pas assez VUS. Une fois de plus, une solution de compromis, tout équilibrée soit-elle, n'a pas réussi à convaincre les acheteurs qui veulent généralement que leur véhicule soit plus typé. Par exemple, la Volvo XC90 est pratiquement de même longueur, mais elle a des allures de costaud tandis que la Audi fait figure de mauviette sur le plan visuel. Par contre, si on se fie au prototype Pike's Peak qui devrait prendre la succession de la Allroad, ce sera une tout autre affaire.

LES HAUTS ET LES BAS

Il était plus que naturel pour Audi de se lancer sur le marché des VUS urbains, car ce constructeur fabrique l'une des transmissions intégrales les plus efficaces sur le marché. Son différentiel central de type Torsen répartit le couple automatique aux quatre roues qui sont toujours motrices. De plus, à l'avant comme à l'arrière, deux différentiels à commande électronique permettent de peaufiner les réglages lorsque la situation se corse. Mais puisque la Allroad se voulait avant tout un véhicule multifonction qui serait surtout conduit en ville, il n'était pas question de le monter sur des talons hauts. Comment faire alors pour assurer une garde au sol adéquate lorsque le conducteur se dirigera hors route? C'est bien simple, il a suffi de développer une suspension pneumatique qui permet d'assurer une garde au sol de 14,2 cm sur la grande route et pouvant se jucher jusqu'à 20,8 cm pour les excursions en forêt. Bref, c'est le meilleur des deux mondes et il faut également souligner que ce mécanisme fonctionne généralement mieux que ceux qui équipent plusieurs modèles concurrents.

Le prix à payer pour toute cette quincaillerie est un excédent de poids de 200 kg par rapport à la A6 Avant habituelle dont la Allroad est dérivée. Ce qui signifie bien entendu que le modeste moteur V6 biturbo de 2,7 litres doit toujours faire usage de ses 250 chevaux pour déplacer avec une certaine vélocité cette masse de 1 890 kg. Eh oui! La Allroad n'est pas un

» FEU VERT
› Transmission intégrale efficace
› Suspension variable en hauteur
› Habitacle cossu
› Tenue de route saine
› Finition impressionnante

» FEU ROUGE
› Silhouette trop anonyme
› Soute à bagages menue
› Temps de réponse des turbos
› Console centrale encombrante

poids mouche. Pourtant, à la regarder, elle paraît toute menue et délicate. C'est d'ailleurs cette perception qui doit inciter plusieurs clients à se diriger vers d'autres marques qui leur proposent des véhicules à la silhouette plus agressive.

Pour en revenir au groupe propulseur, ce moteur V6 biturbo peut être livré avec une boîte manuelle à six rapports qui nous étonne par sa douceur et la précision du passage des rapports. Comme c'est le cas pour toutes les applications des boîtes automatiques Tiptronic, les passages en mode manumatique sont toujours quelque peu léthargiques. Avec cette boîte à cinq rapports, le 0-100 km/h est l'affaire de 7,2 secondes tandis que le même exercice exige une demi-seconde de moins avec la transmission manuelle.

Sur l'autoroute et même sur les routes secondaires, il est difficile de croire que nous sommes au volant d'une voiture capable de monter sur ses talons hauts et aller dompter des sentiers embourbés ou rocailleux. Une fois la suspension à son plus bas réglage, la Allroad se débrouille généralement mieux que presque toutes ses concurrentes, et cela inclut la BMW X5 dont la hauteur supplémentaire de 12 cm se manifeste en virage par un roulis plus prononcé. Même la Cadillac SRX est moins agile dans ce genre d'exercice.

Douée pour la route, cette Audi de la ville et des champs est sous-vireuse comme toutes ses sœurs, et ce trait de caractère semble plus prononcé sur cette familiale hors de l'ordinaire. De plus, la direction m'a semblé plus engourdie et moins précise. Ce qui est un irritant sur la route peut toutefois devenir un allié apprécié en conduite hors route alors que le volant sera moins susceptible de nous sauter des mains si on frappe un obstacle. Somme toute, il est difficile de trouver à redire sur le comportement routier et hors route.

FIDÈLE À LA RÉPUTATION

De toutes les marques de luxe sur le marché, il est reconnu que les habitacles des voitures Audi sont la référence en fait d'esthétique, de finition et d'ergonomie. Personnellement, je dois avouer que la présentation intérieure me laisse quelque peu indifférent alors que je la trouve trop rigoureuse. Par contre, sur le plan de la qualité des éléments, leur couleur et l'agencement des textures, c'est certainement la référence. Les sièges avant sont également confortables et leur sellerie en cuir est sans faille. Par contre, un peu plus de support latéral n'aurait pas fait de mal. Bien calé dans son siège, le conducteur est en charge des opérations avec un volant quatre branches gainé de cuir et il peut consulter sans problème les deux cadrans principaux logés dans une nacelle ovale. Par contre, je suis certain que la plupart des utilisateurs ne sont pas nécessairement entichés de l'écran de navigation par satellite qui fait un peu figure de parent pauvre parmi tout ce luxe.

Malgré ses multiples atouts, cette Audi a laissé les gens indifférents. Je vous parie que c'est la recherche d'un trop grand équilibre entre la route et les champs ainsi que sa silhouette trop classique qui en sont responsables.

Denis Duquet

DONNÉES TECHNIQUES

Prix du modèle à l'essai :	60 285 $
Échelle de prix :	59 000 $ à 65 000 $
Version(s) disponible(s) :	version unique
Garanties :	4 ans 80 000/4 ans 80 000
Catégorie :	multisegments
Emp./Long./Lar./Haut.(cm) :	276/481/193/158
Poids :	1 890 kg
Coffre/Réservoir :	1 030 à 2 073/70 litres
Coussins de sécurité :	frontaux, latéraux (av.) et rideaux
Suspension avant :	indépendante, bras inégaux
Suspension arrière :	indépendante, multibras
Freins av./arr. :	disque (ABS)
Antipatinage/Contrôle de stabilité :	oui/oui
Direction :	à crémaillère, ass. variable
Diamètre de braquage :	11,7 m
Pneus av./arr. :	P225/50R17

GROUPE MOTOPROPULSEUR ET RENDEMENT

Moteur :	V6 2,7 litres 30s (81,0 x 86,4)
Puissance :	250 ch (186 kW) à 5 800 tr/mn
Couple :	258 lb-pi (350 Nm) à 1 850 tr/mn
Autre(s) moteur(s) :	seul moteur offert
Transmission :	intégrale, manuelle 6 rapports
Autre(s) transmission(s) :	automatique 5 rapports
Accélération 0-100 km/h :	6,8 s
Reprises 80-120 km/h :	7,0 s (4e)
Freinage 100-0 km/h :	40,0 m
Vitesse maximale :	209 km/h
Indice de performance longitudinale :	4,92 m/s/s
Consommation (100 km) :	super, 13,9 litres
Autonomie :	504 km

DANS LA MÊME CATÉGORIE
BMW X5 - Mercedes-Benz ML 440 - Volvo XC70 et XC 90

DU NOUVEAU EN 2005
aucun changement majeur

HISTORIQUE DU MODÈLE
1ère génération

DATE DE RENOUVELLEMENT
2006

NOS IMPRESSIONS

Agrément de conduite :	🚗 🚗 🚗 🚗
Fiabilité :	🚗 🚗 🚗 🚗 ½
Sécurité :	🚗 🚗 🚗 🚗 🚗 ½
Qualités hivernales :	🚗 🚗 🚗 🚗 🚗
Espace intérieur :	🚗 🚗 🚗 🚗 ½
Confort :	🚗 🚗 🚗 🚗

LE CHOIX DE L'ÉQUIPE
Version unique

AUDI TT

UN V6 QUI CHANGE LA DONNE

Comme la Porsche 911, l'Audi TT est le genre de bolide dont le fuselage semble intemporel. Au cours des prochaines années, il serait surprenant, voire interdit pour crime de lèse-majesté, que les stylistes d'Ingolstadt peaufinent les belles rondeurs du TT. Au mieux, les seuls éléments qui pourraient être retouchés sont les phares, les feux, et la grille. Au pire, le TT pourrait être remplacé d'ici quelques années par le prototype LeMans à moteur V10 biturbo de 610 chevaux dévoilé au dernier Salon de Francfort. Certes, les performances seraient hallucinantes avec un 0 à 100 km/h en 3,7 secondes mais le prix demandé serait proportionnel à ces hallucinations…

Un petit retour en arrière sur l'histoire automobile nous apprend que les lignes du TT sont inspirées des anciennes voitures de course Auto Union des années 30, et de l'école de design Bauhaus des années 20. Par ailleurs, soulignons que les lettres TT désignent la légendaire course sur route appelée «Tourist Trophy» qui opposait au début du siècle des automobiles et des motocyclettes sur l'île de Man en Irlande.

Depuis son lancement en 1999, les lignes quasi parfaites des modèles coupé et roadster du TT ont fait pavoiser les plus grands designers de la planète. Malgré cette admiration sans bornes pour les contours du TT, personne n'a jamais passé sous silence le manque de vigueur de son 4 cylindres turbo de 1,8 litre et ce, même si sa fiabilité et son endurance ont fait sa commune renommée. En effet, les 225 chevaux de la version à haut rendement n'ont jamais eu assez de panache pour galoper et prendre la tête du troupeau mené depuis l'an dernier par le cabriolet Nissan 350Z et le coupé Infiniti G35.

Pour corriger cette situation embarrassante pour le TT dont le prix dépasse celui des japonaises de Tochigi, l'usine d'assemblage de Hyör en Hongrie a eu le mandat de lui boulonner un nouveau V6 de 3,2 litres à 24 soupapes dérivé du VR6 de Volkswagen.

UNE BOÎTE À CHOIX D'ALGORITHME
Développant une puissance de 250 chevaux, on aurait cru que les motoristes auraient concocté une cylindrée encore plus stratosphérique afin de dépasser ces rivales naturelles que sont les Porsche Boxster, Mercedes SLK et BMW Z4. Surtout que ce moteur ne peut être cravaché par aucune boîte manuelle. Cependant, il ne faut pas croire le 3,2 litres battu d'avance puisque la nouvelle boîte de vitesses robotisée DSG (Direct Shift Gearbox) excelle à faire galoper les mille sabots de sa cavalerie. Extrêmement perfectionnée, cette boîte à commande séquentielle est pourvue d'un double embrayage qui permet de réduire le temps de passage des six rapports. Si vous

»» FEU VERT
› Silhouette intemporelle
› Comportement routier exceptionnel
› Boîte DSG et moteur VR6
› Sécurité active et passive
› Traction intégrale

»» FEU ROUGE
› Espace de rangement inexistant
› Visibilité discutable (coupé)
› Prix à la hausse (VR6)
› Qualité sonore du système audio
› Accès à l'habitacle (coupé)

trouvez l'algorithme de la boîte DSG trop lent à réagir, le mode «S» autorise des reprises encore plus énergiques. Ainsi lorsque le conducteur sélectionne un rapport vers le haut ou le bas, le suivant est déjà préengagé et ne prend que 0,2 seconde pour changer de façon linéaire et sans à-coups. Le temps d'exécution de la DSG est deux fois plus rapide que les boîtes «F1» de la Ferrari 360 Mondena et «Cambiocorsa» de la Maserati Coupé. Ainsi, en jouant avec le levier de vitesses ou en manipulant des palettes situées de chaque côté du volant, il est possible de rétrograder de trois rapports en une seule seconde et de repartir comme un boulet de canon. Par ailleurs, cette technologie n'est pas récente puisqu'elle a fait la gloire de l'Audi Sport Quattro S1 dans les années 80 en championnat du monde des rallyes.

Malgré l'extraordinaire fonctionnement de la boîte DSG, les performances du TT 3.2 sont loin d'éclipser celles du 1.8T de 225 chevaux. En effet, les temps d'accélérations sont similaires, et seules les reprises sont à l'avantage du V6.

LES AUTRES CHANGEMENTS

Esthétiquement, le TT 3.2 affiche quelques modifications. Ainsi, la carrosserie épouse un pare-chocs avant redessiné qui laisse entrer plus d'air frais au moteur alors que le coffre est coiffé d'un aileron de plus grande dimension. Pour masculiniser son image étiquetée à tort de «char de filles» à cause de ses rondeurs à la New Beetle (pourtant, la Porsche 550 Spyder 1955 de James Dean arborait aussi des angles arrondis!), le TT 3.2 est campé sur d'immenses pneus de 18 pouces. Qui plus est, la sonorité du V6 est plus musclée grâce au plus gros diamètre de son échappement à double sortie.

Même s'il partage sa plate-forme avec celui de la New Beetle, le TT propose un comportement routier plus viril dû en partie à son châssis plus rigide, son empattement plus court et à la traction de ses quatre roues motrices Quattro. Doté d'un comportement routier sans reproche sur une route lisse comme un billard, le court débattement des suspensions réagit sèchement sur les routes mal asphaltées. Quant au freinage, il est d'une efficacité redoutable dans la version 3.2 grâce à son système emprunté à celui de sa sœur S4.

À l'instar de la carrosserie, le tableau de bord fait dans le «techno-rétro» avec l'omniprésence d'aluminium brossé. D'une belle sonorité dans le coupé, la puissance du système audio Bose est cependant déficiente dans le roadster. À haute vitesse, le vent perturbe l'acoustique de cette salle de concert qui paraissait pourtant prometteuse. Côté sécurité, le roadster est équipé d'arceaux de sécurité qui se déploient en cas de capotage. De même, il est possible de désactiver le coussin gonflable du côté passager. De quoi réjouir un enfant voulant se balader avec papa ou maman.

La venue d'un V6 devrait relancer les ventes du TT. Toutefois, il ne faudrait pas croire que la boîte DSG va plaire à tous les amateurs de conduite sportive. En effet, rien ne vaut le maniement d'une bonne vieille boîte manuelle!

Jean-François Guay

DONNÉES TECHNIQUES

Prix du modèle à l'essai :	64 950 $
Échelle de prix :	54 900 $ à 64 950 $
Version(s) disponible(s) :	3.2 Quattro, 1.8T Quattro
Garanties :	4 ans 80 000 km/4 ans 80 000 km
Catégorie :	roadster - coupé
Emp./Long./Lar./Haut.(cm) :	242/404/176,5/134,5
Poids :	1 590 kg (roadster 3.2)
Coffre/Réservoir :	180 litres/62 litres (roadster)
Coussins de sécurité :	frontaux/latéraux
Suspension avant :	indépendante, jambes de force
Suspension arrière :	indépendante, multibras
Freins av./arr. :	disque / disque (ABS, EBD)
Antipatinage/Contrôle de stabilité :	oui/oui
Direction :	à crémaillère, assistance variable
Diamètre de braquage :	10,6 m
Pneus av./arr. :	225/45R17 225/40R18 (opt.)

GROUPE MOTOPROPULSEUR ET RENDEMENT

Moteur :	VR6 3,2 litres
Puissance :	250 ch à 6 300 tr/min
Couple :	236 lb-pi à 3 200 tr/min
Autre(s) moteur(s) :	4L turbo 1,8 litre 225 ch
Transmission :	intégrale, séquentielle 6 rapports
Autre(s) transmission(s) :	manuelle 6 rapports (1.8T)
Accélération 0-100 km/h :	6,4 s
Reprises 80-120 km/h :	5,6 s
Freinage 100-0 m :	31,3 m
Vitesse maximale :	209 km/h (limitée électroniquement)
Indice de performance longitudinale :	6,2 m/s/s
Consommation (100 km) :	super 11,5 litres
Autonomie :	539 km

DANS LA MÊME CATÉGORIE
BMW Z4 - Honda S2000 - Infiniti G35 coupé
Mercedes-Benz SLK - Nissan 350Z - Porsche Boxster

DU NOUVEAU EN 2005
version de 180 ch abandonnée, volant recouvert en alcantara, système de cellulaire mains libres

HISTORIQUE DU MODÈLE
1ère génération

DATE DE RENOUVELLEMENT
2006

VERDICT

Agrément de conduite :	🚗🚗🚗🚗½
Fiabilité :	🚗🚗🚗🚗
Sécurité :	🚗🚗🚗🚗½
Qualités hivernales :	🚗🚗🚗🚗½
Espace intérieur :	🚗🚗½
Confort :	🚗🚗🚗🚗

LE CHOIX DE L'ÉQUIPE
roadster 3.2 DSG

Guide de l'auto 2005

BENTLEY ARNAGE/CONTINENTAL GT

VICTOIRE SUR LE TEMPS

La marque Bentley fait partie de ces noms mythiques du monde de l'automobile. Et comme c'est souvent le cas avec les constructeurs de cette catégorie, son rayonnement est démesuré par rapport à la faible quantité de voitures produites durant sa longue histoire. La marque de Crewe en Angleterre, fondée par Walter Owen Bentley en 1919, s'est surtout illustrée en course automobile, particulièrement à la célèbre épreuve des 24 Heures du Mans qu'elle a remporté à cinq reprises entre 1924 et 1930.

Ces victoires au Mans sont d'ailleurs à l'origine de l'appellation de certains modèles de la marque, Mulsanne et Arnage étant les noms de virages du circuit. Bentley a également fait un retour aux 24 Heures en 2003, remportant la victoire après une absence de 73 ans. Mais cette voiture n'avait de Bentley que le nom puisqu'elle a été élaborée sur la base des Audi victorieuses au Mans lors des années précédentes. Même son aérodynamisme à été développé dans les installations de Audi Motorsport. Cette filiation entre Audi et Bentley s'explique évidemment par le fait que le constructeur britannique fait partie du portefeuille de marques du groupe Volkswagen depuis 1998. De plus, un sérieux coup de marketing s'imposait afin de redorer le blason de Bentley en vue de vendre les nouveaux modèles de la marque comme la récente Continental GT, dont le lancement en 2003 suivait de quelques mois la victoire aux 24 Heures…

Bentley offre donc maintenant un super coupé sport à quatre places de 552 chevaux à traction intégrale. Ses principaux éléments proviennent directement de l'entrepôt de pièces développées pour d'autres modèles Audi et Volkswagen. Ainsi, la plate-forme de la Continental GT est dérivée de celle de la Audi A8 et de la Volkswagen Phaeton, tout comme le moteur W12 de 6,0 litres, auquel on a cependant greffé deux turbocompresseurs. Essentiellement, ce moteur à configuration W12 est réalisé par le jumelage de deux moteurs VR6 qui partagent le même vilebrequin, et cette architecture unique en fait un moteur très compact, moins long qu'un V12 et même qu'un V8 traditionnel. Cette version du moteur W12 est d'ailleurs assemblée à l'usine de Crewe en Angleterre et développe un couple phénoménal de 479 lb-pi dès les 1 600 tr/mn ce qui est un exploit remarquable sur le plan technique. Quant au rouage intégral, il provient bien évidemment de chez Audi, qui a, par ailleurs, développé une nouvelle boîte automatique à six rapports. Cette dernière se veut plus compacte en raison du convertisseur de couple niché derrière le différentiel plutôt que devant.

»» FEU VERT
› Puissance ahurissante
› Statut social sur roues
› Confort superlatif
› Lignes superbes (Continental GT)
› Fiabilité à la hausse

»» FEU ROUGE
› Prix stratosphérique
› Finition honteuse
› Lignes dépassées (Arnage)
› Voitures très lourdes
› Consommation troublante

Les dimensions de la Continental GT sont aussi plus compactes que celles de la Phaeton. La GT est plus courte de 25 centimètres et plus basse de 6 centimètres, sa structure monocoque est extrêmement rigide, selon les dires des ingénieurs. Côté style, la calandre grillagée impressionne par sa taille. En l'observant de côté vous remarquerez également que la Continental GT est dépourvue d'un pilier central, ce qui facilite l'accès aux places arrière où l'espace est plus que convenable pour deux adultes Ceci en fait donc une authentique 4 places plutôt que simplement un coupé à configuration 2+2. Bien entendu, l'habitacle est paré des cuirs les plus fins et des boiseries les plus chics. Des touches d'alu ajoutent une note sportive très appréciée. Quant à la qualité des plastiques, on ne sait pas... Il y en a tellement peu!

Si la Continental GT a été conçue et développée en mettant à contribution les ressources du groupe Volkswagen, la Arnage demeure typique des voitures Bentley de l'ère précédente. À l'époque, la marque était la propriété de Rolls-Royce et ses voitures étaient essentiellement des versions plus sportives des Rolls. Le lancement de la Arnage en 1998 coïncidait également avec l'acquisition de Bentley par Volkswagen qui n'a donc pu contribuer à sa mise au point. Mais qui, depuis, en a modifié certains éléments comme la direction afin de la rendre plus précise. Il faut compter 12 semaines de travail pour produire une de ces voitures puisque l'usine ne fait appel qu'à deux robots, l'un pour appliquer les couches de laques aux boiseries de l'habitacle et l'autre pour sculpter les formes du capot avant. Toutes les autres opérations se font à la main par des ouvriers et artisans spécialisés. Le moteur est un V8 biturbo de 6,7 litres qui développe 450 chevaux et 646 lb-pi de couple ce qui permet à cette voiture de 5 700 livres de s'arracher littéralement et d'abattre le 0-100 kilomètres/heure en 5,9 secondes. Des retouches esthétiques ont également été apportées pour l'année-modèle 2005 à ce mastodonte britannique, la partie avant étant maintenant dotée de quatre phares et d'un nouveau pare-chocs. Le tableau de bord aussi a été revu.

Dans un cas comme dans l'autre, les voitures Bentley proposent une expérience de conduite hors du commun dont le prix ne se mesure pas seulement à l'achat, mais également à la pompe en vertu d'une phénoménale consommation de carburant. Avis aux intéressés.

Gabriel Gélinas

DONNÉES TECHNIQUES

Prix du modèle à l'essai :	230 990 $
Échelle de prix :	230 990 $ à 353 990 $ (estimé)
Version(s) disponible(s) :	Continental GT, Arnage
Garanties :	3 ans km illimité/3 ans km illimité
Catégorie :	Grand luxe
Emp./Long./Lar./Haut.(cm) :	274,5/481/192/139
Poids :	2 410 kg
Coffre/Réservoir :	370/90 litres
Coussins de sécurité :	frontaux et latéraux (av./arr.) et rideaux
Suspension avant :	indépendante, multibras
Suspension arrière :	indépendante, multibras
Freins av./arr. :	disque (ABS)
Antipatinage/Contrôle de stabilité :	oui/oui
Direction :	à crémaillère, assistée
Diamètre de braquage :	11,4 mètres
Pneus av./arr. :	P275/40R19

GROUPE MOTOPROPULSEUR ET RENDEMENT

Moteur :	W12 6,0 litres 48s (84,0 x 90.2) turbocompressé
Puissance :	560 ch (418 kW) à 6 100 tr/mn
Couple :	479 lb-pi (649 Nm) à 1 500 tr/mn
Autre(s) moteur(s) :	V8 6,7 l 457 ch (ArnageT)
Transmission :	intégrale, automatique 6 rapports
Autre(s) transmission(s) :	automatique 4 rapports (Arnage)
Accélération 0-100 km/h :	4,8 s
Reprises 80-120 km/h :	3,3 s
Freinage 100-0 km/h :	36,5 m
Vitesse maximale :	318 km/h
Indice de performance longitudinale :	6,57 m/s/s
Consommation (100 km) :	super, 17,1 litres
Autonomie :	526 km

DANS LA MÊME CATÉGORIE
Ferrari 360 Modena-Lamborghini Gallardo-Maserati Coupe-Mercedes-Benz SL600-Porsche 911 GT2

DU NOUVEAU EN 2005
Nouvelles couleurs (Continental GT), suspension arrière, phares au xénon, changements cosmétiques intérieur et extérieur (Arnage)

HISTORIQUE DU MODÈLE
1ière génération

DATE DE RENOUVELLEMENT
n.d.

VERDICT

Agrément de conduite :	🚗🚗🚗🚗🚗
Fiabilité :	🚗🚗🚗🚗
Sécurité :	🚗🚗🚗🚗
Qualités hivernales :	🚗🚗🚗
Espace intérieur :	🚗🚗🚗🚗
Confort :	🚗🚗🚗🚗🚗½

LE CHOIX DE L'ÉQUIPE
Continental GT

Guide de l'auto 2005

BMW SÉRIE 3/M3

LE YIN ET LE YANG

Je viens de me rendre compte que j'aimais beaucoup les BMW. Vraiment beaucoup. Pas parce qu'elles sont jolies, même si leur silhouette est superbe. Pas non plus pour le prestige de la marque allemande. Non, si j'aime les BMW, c'est parce que le constructeur a compris quelque chose : une voiture, c'est un tout. Et ce tout doit être en parfait équilibre. Disons-le simplement, c'est comme si la BMW avait atteint le Yin et le Yang. Pas mal pour une germanique qui n'a rien de nippon.

Ce qu'il y de génial aussi, c'est qu'il y en a pour tous les goûts. Ceux qui se sentent plus Yin opteront pour une sage berline comme la 320i ou mieux encore la version Touring, alors que les plus Yang iront plutôt du côté de la légendaire M3, une bombe sur roues, équipée d'un moteur V6 de 333 chevaux et d'une transmission séquentielle SMG au volant.

En fait, je vous ai dit au début que j'aimais BMW; avec la série 3, c'est une opinion partagée par presque tous les journalistes.

Même si elle à été créée en 1998, la série 3 possède encore des qualités qui font l'envie des autres marques et qui l'installent en tête de sa catégorie. Et on prévoit une refonte presque complète de toute la série pour la prochaine année-modèle.

La série 3 possède une silhouette racée, féline. J'ai déjà rencontré un designer automobile qui m'expliquait que presque toutes les voitures sont inspirées des animaux, et la BMW n'y échappe pas. Si vous l'observez attentivement, vous verrez l'inspiration de la panthère dans le regard de la berline.

Ce n'est cependant pas seulement le design qui rend la BMW aussi intéressante. Ce sont plutôt ses performances. Les autres versions (allant des 325 au 330 coupé ou xi) étaient déjà exceptionnelles et s'attiraient les éloges de tous les conducteurs. Mais voilà qu'est apparue au fil des ans la M3, et les seules critiques qui demeuraient encore en suspens se sont tues.

Il faut dire que les multiples déclinaisons de la série 3 ont de quoi plaire à tous. De simple berline de style (la 320i), on peut aller au modèle plus complet avec 6 cylindres de 225 chevaux (330i et xi) en version berline ou coupé, ou encore opter pour les versions Touring ou, bien entendu, les modèles Cabriolet. Finalement, pour une conduite nettement sportive, la M3 est la solution tout indiquée.

LA M DU PAUVRE

Il ne faut pas confondre. Avec une forte tendance à la diversification, BMW a lancé en fin

»» FEU VERT
› Moteur puissant
› Nombreuses déclinaisons
› Conduite d'une grande précision
› Habitacle confortable

»» FEU ROUGE
› Coût d'achat élevé
› Conduite nécessitant de bonnes aptitudes
› Espace arrière insuffisant
› Style vieillissant

SÉRIE 3/M3

d'année dernière une voiture avec l'édition performance M, qui n'est pas une M3 dont la valeur excède les 80 000 $ mais plutôt une 330M. Pour arriver avec cette M du pauvre, BMW a modifié les réglages électroniques du moteur. On a ainsi pu ajouter quelque dix chevaux, une huitaine de lb-pi de couple, mais surtout beaucoup de «oupmf» au moteur.

On y a greffé une transmission six vitesses à rapport court, une suspension plus ferme et des pneus avec des jantes de 18 pouces, en plus d'échappements plus gros, et légèrement plus bruyants qui donnent à la voiture un son très particulier. Le résultat est étonnant, puisque ces quelques ajustements ont permis de retrancher plus d'une demi-seconde à l'accélération entre 0 et 100 km à l'heure. Une nuance que l'on perçoit peu en conduite ordinaire, mais qui se fait sentir en conduite sportive et qui permet d'offrir une alternative à la puissante (trop?) M3.

Cette nouvelle performance a tout de même ses défauts. La suspension est un brin trop rigide pour qui n'aime pas trop se faire brasser. On ne parle pas ici de réel inconfort, mais disons d'un petit désagrément, largement compensé il faut l'avouer, par le confort de l'habitacle et des sièges de cuir haut de gamme. Le volant lui est recouvert d'un suède confortable, donnant une prise sans effort et sans glisse.

En terme de confort, il faudra se méfier des sièges arrière qui n'ont pas tout à fait assez de dégagement pour les jambes, ni même pour les hanches, pour être réellement confortables.

Enfin, dernier détail un peu moins favorable, sur toutes les versions la direction est tellement précise qu'elle l'est presque trop, puisqu'elle demande une attention constante pour nous maintenir dans la trajectoire. Les amateurs de plaisir de conduite seront cependant servis, puisque cette direction procure un contrôle presque parfait et instantané sur tous les mouvements de la voiture.

Sur les versions de base, la propulsion est de rigueur, mais en version plus sophistiquée, on retrouve une traction intégrale de grande qualité, dont l'action se fait sentir dans la plus grande transparence.

L'habitacle est sobre mais conçu avec classe, regorge d'équipement de série de grande qualité, et a surtout fait l'objet d'une étude ergonomique poussée, puisqu'on a l'impression que tous les boutons ont trouvé leur place justement là où il devrait être.

Ceci étant dit, c'est l'équilibre de l'ensemble qui fait la beauté de la chose. La voiture est juste assez confortable pour ne pas se priver de son titre de berline pour tous. Mais elle est aussi assez puissante pour mériter le titre de voiture sport. Et elle procure suffisamment de plaisir de conduite, pour mériter le titre de grande voiture. En fait, la série 3 a beau ne pas avoir été renouvelée en profondeur, elle est encore la référence que bien d'autres conducteurs aimeraient dépasser.

Malheureusement, elle coûte presque la moitié de votre maison, ce qui excède largement mes moyens financiers. Et c'est bien dommage…

Marc Bouchard

DONNÉES TECHNIQUES

Prix du modèle à l'essai :	65 795 $
Échelle de prix :	36 000 $ à 85 000 $
Version(s) disponible(s) :	320, 325, 330, M3
Garanties :	4 ans 80 000/4 ans 80 000
Catégorie :	coupe sport
Emp./Long./Lar./Haut.(cm) :	272,5/447/173/141
Poids :	1 490 kg
Coffre/Réservoir :	440/63 litres
Coussins de sécurité :	frontaux et latéraux (av.)
Suspension avant :	indépendante, jambes de force
Suspension arrière :	indépendante, jambes de force
Freins av./arr. :	disque (ABS)
Antipatinage/Contrôle de stabilité :	oui/oui
Direction :	à crémaillère, ass. variable
Diamètre de braquage :	10,5 m
Pneus av./arr. :	P205/55R16 P205/50R17

GROUPE MOTOPROPULSEUR ET RENDEMENT

Moteur :	6L 3 litres 24s (84,0 x 89,6)
Puissance :	225 ch (168 kW) à 5900 tr/mn
Couple :	214 lb-pi (290 Nm) à 3500 tr/mn
Autre(s) moteur(s) :	6 cyl 2,5 l 168 ch, 184 ch, 3,2 l 332 ch.
Transmission :	traction, manuelle 6 rapports
Autre(s) transmission(s) :	automatique 5 rapports, 6 séquentielle
Accélération 0-100 km/h :	7,9 s
Reprises 80-120 km/h :	6,8 s
Freinage 100-0 km/h :	40,0 m
Vitesse maximale :	206 km/h
Indice de performance longitudinale :	4.9 m/s/s
Consommation (100 km) :	super, 11,3 litres
Autonomie :	558 km

DANS LA MÊME CATÉGORIE
Audi A4 et S4-Infiniti G35-Saab 9-3-Mercedes CLK

DU NOUVEAU EN 2005
Pas de changements majeurs

HISTORIQUE DU MODÈLE
3e génération

DATE DE RENOUVELLEMENT
2006

VERDICT

Agrément de conduite :	🚗🚗🚗🚗½
Fiabilité :	🚗🚗🚗🚗
Sécurité :	🚗🚗🚗🚗
Qualités hivernales :	🚗🚗🚗🚗
Espace intérieur :	🚗🚗🚗½
Confort :	🚗🚗🚗🚗

LE CHOIX DE L'ÉQUIPE
325 Xi

Guide de l'auto 2005

BMW SÉRIE 5

LA RÉFÉRENCE

Pour moi, la Série 5 de BMW a toujours servi de référence de la catégorie puisque les générations précédentes offraient toutes cette unique conjonction d'agrément de conduite, de performance, d'élégance et de sobriété du style. C'est encore vrai à certains égards pour la génération actuelle sauf que maintenant, pour apprécier la Série 5 à sa juste valeur et ensuite en tomber carrément amoureux, il faut d'abord entrer dans le débat suscité par le nouveau look de BMW. Pour éventuellement l'adopter ou encore en faire purement abstraction.

Quoique moins typée que la Z4 ou que la Série 7, la 5 partage elle aussi cette allure ciselée, propre aux créations du designer Chris Bangle. Ce dernier a depuis été «promu» selon BMW, ou «rétrogradé» selon les critiques, à un poste où il n'aura plus une influence aussi dominante sur le design des éventuelles voitures de la marque. L'actuelle Série 5 est donc à des années-lumière de sa devancière côté style, mais il s'agit également d'une voiture qui est à la fois plus performante, surtout dans le cas de la 545i, et plus confortable que les modèles de la génération précédente.

En ce qui a trait à l'architecture, l'empattement a progressé de six centimètres ce qui permet de corriger un des points faibles du modèle précédent. On retrouve maintenent plus d'espace pour les jambes des passagers installés à l'arrière. Ceci a également permis d'augmenter le volume du coffre qui est maintenant de 520 litres plutôt que 460. Par ailleurs, le châssis et les suspensions de la Série 5 font maintenant un usage plus intensif d'aluminium à l'avant de la voiture en vue de réduire le poids et de donner une répartition optimale des masses de 50 pour cent à l'avant et 50 pour cent à l'arrière. Voilà qui a permis de bonifier la tenue de route ainsi que l'agrément de conduite.

Parmi les innovations technologiques intéressantes proposées par la Série 5, relevons la direction active qui n'est pas une simple direction à crémaillère avec assistance variable en fonction de la vitesse, mais plutôt une direction à crémaillère à démultiplication variable, une distinction qui prend toute son importance. À titre d'exemple, lorsque l'on tourne le volant de 15 degrés, les roues avant pivoteront à un angle plus prononcé à basse vitesse et le tourneront à un angle moindre à haute vitesse. Le résultat est particulièrement frappant lors des manœuvres de stationnement, alors que le conducteur n'a qu'à tourner le volant sur un demi ou trois quarts de tour seulement. Cela nécessite quand même une courte période d'adaptation dans la circulation à basse vitesse en ville, où l'on peut

»» FEU VERT
› Moteur V8 fabuleux (545i)
› Disponibilité de la boîte SMG
› Excellente tenue de route
› Freinage performant
› Sièges offrant confort et maintien en virages

»» FEU ROUGE
› Stylisme controversé
› Présentation intérieure quelconque
› Coût des options
› Performances moyennes (530i)

SÉRIE 5

être parfois surpris par l'angle du braquage qui est souvent plus prononcé que ce à quoi on s'attendait. À vitesse élevée, la Série 5 affiche toutefois cet aplomb caractéristique des voitures de la marque ainsi qu'une très bonne stabilité en virages rapides. La voiture séduit par son habilité à tenir la route avec un minimum de roulis sans toutefois punir conducteur et passagers côté confort. Il est vrai que les suspensions sont calibrées avec des réglages fermes, mais la voiture n'est jamais inconfortable à conduire. Le freinage est exemplaire pour une berline de cette taille et de ce poids et les distances d'arrêt sont semblables à celles de véritables voitures sport, ce qui ajoute au plaisir de conduire.

Des deux moteurs pouvant animer la Série 5, le V8 de 4,4 litres et 325 chevaux qui équipe la 545i mérite tous nos éloges. Il s'agit là d'un moteur qui offre à la fois puissance, souplesse, très peu de vibrations et une sonorité qui n'est jamais trop envahissante. Ajoutez à cela une limite de révolutions-moteur de 6 500 tours/minute qui est atteinte avec une rapidité déconcertante et c'est l'équivalent du nirvana automobile! J'ai également eu l'occasion de conduire une 545i équipée de la boîte SMG (Sequential Manual Gearbox) avec commandes au volant qui était particulièrement efficace lorsque le mode sport était sélectionné. Par contre les changements de vitesse étaient trop lents lorsque ce mode était désactivé. Cette boîte rend la voiture encore plus agréable à conduire, bien qu'elle ne soit pas aussi avancée sur le plan technique que le système DSG (Direct Shift Gearbox) de Audi qui s'impose maintenant comme la nouvelle référence en la matière. Quant à la 530i, elle fait toujours appel au moteur six cylindres en ligne de 3,0 litres et 225 chevaux, qui s'acquitte bien de sa tâche, mais l'expérience de conduite est nettement diluée par rapport à la 545i. Par ailleurs, la nouvelle M5 sera l'une des voitures les plus attendues de la prochaine cuvée et la présence d'un moteur V10 de 500 chevaux sous le capot est le gage de performances qui seront assurément à couper le souffle.

Au poste de commande, vous faites face à des cadrans lisibles et bien agencés, mais j'ai été déçu par la console centrale qui n'est plus aussi orientée vers le conducteur qu'avant, ainsi que par la présence du iDrive dont la version simplifiée est d'une relative inutilité. Si la voiture n'est pas équipée du système de navigation et du téléphone, le iDrive ne sert qu'à contrôler les commandes de la chaîne stéréo!

Somme toute, la Série 5 continue toujours de m'impressionner par ses qualités dynamiques, l'excellence de son comportement routier, ainsi que son confort remarquable. Il faut tout simplement apprendre à vivre avec cette nouvelle «présence» affichée par l'allure de la carrosserie et de la présentation intérieure, pour pouvoir ensuite profiter d'une expérience de conduite exceptionnelle.

Gabriel Gélinas

DONNÉES TECHNIQUES

Prix du modèle à l'essai :	68 895 $
Échelle de prix :	66 800 $ à 80 000 $
Version(s) disponible(s) :	530i, 545i
Garanties :	4 ans 80 000/4 ans 80 000
Catégorie :	Berline de luxe
Emp./Long./Lar./Haut.(cm) :	289/485/185/147
Poids :	1 575 kg
Coffre/Réservoir :	520/70 litres
Coussins de sécurité :	frontaux et latéraux (av./arr.) et rideaux
Suspension avant :	indépendante, jambes de force
Suspension arrière :	indépendante, multibras
Freins av./arr. :	disque (ABS)
Antipatinage/Contrôle de stabilité :	oui/oui
Direction :	à crémaillère, ass. variable
Diamètre de braquage :	11,4 m
Pneus av./arr. :	P225/50R17

GROUPE MOTOPROPULSEUR ET RENDEMENT

Moteur :	6L 3,0 litres 24s (84,0 x 89,6)
Puissance :	225 ch (168 kW) à 5900 tr/mn
Couple :	214 lb-pi (290 Nm) à 3500 tr/mn
Autre(s) moteur(s) :	V8 4,4l 325 ch
Transmission :	propulsion, automatique 6 rapports
Autre(s) transmission(s) :	manuelle 6 rapports, séquentielle 6 rapports
Accélération 0-100 km/h :	7,1 s
Reprises 80-120 km/h :	7,3 s
Freinage 100-0 km/h :	40,2 m
Vitesse maximale :	245 km/h
Indice de performance longitudinale :	5,0 m/s/s
Consommation (100 km) :	super, 9,9 litres
Autonomie :	707 km

DANS LA MÊME CATÉGORIE
Audi A6 - Cadillac CTS-V - Jaguar S-Type - Lexus GS300
Mercedes-Benz E320 - Saab 95 - Volvo S60R

DU NOUVEAU EN 2005
Aucun changement

HISTORIQUE DU MODÈLE
3ème génération

DATE DE RENOUVELLEMENT
n.d.

VERDICT

Agrément de conduite :	🚗🚗🚗🚗½
Fiabilité :	🚗🚗🚗🚗
Sécurité :	🚗🚗🚗🚗🚗
Qualités hivernales :	🚗🚗🚗½
Espace intérieur :	🚗🚗🚗½
Confort :	🚗🚗🚗🚗🚗

LE CHOIX DE L'ÉQUIPE
545i avec boîte SMG

Guide de l'auto 2005

BMW SÉRIE 6

LE RETOUR DU GRAND COUPÉ

Disparue en 1989, la Série 6 aura marqué l'histoire de BMW par ses performances et surtout par son élégance classique qui en a fait l'une des voitures les plus appréciées de son époque. En tirant sa révérence, la 635 Csi a fait place à la Série 8, une voiture plus luxueuse, mais surtout beaucoup plus lourde qui n'a pas autant séduit les adeptes de la conduite sportive malgré la présence d'un V12 qui en équipait la version la plus performante à ses dernières années. Avec l'actuelle Série 6, BMW renoue avec la production d'un coupé et d'un cabriolet sport de grandes dimensions dont le style est à la fois inspiré de la berline de Série 7, mais surtout de la voiture concept Z9 qui avait été dévoilée au Salon de l'auto de Francfort en 1999.

On ne peut parler des voitures BMW aujourd'hui sans évoquer le nom de Bangle et le stylisme controversé qu'il a donné à la marque de Munich. La Série 6 s'inscrit parfaitement dans cette nouvelle approche qui marque un clivage évident avec les réalisations précédentes du constructeur bavarois. Si la partie avant de la voiture ne prête généralement pas flanc à la critique, c'est tout le contraire qui se produit lorsqu'il est question de sa partie arrière dont les lignes évoquent la juxtaposition de deux couvercles de coffre presque emboîtés l'un dans l'autre, tout comme la Série 7. La version cabriolet propose quant à elle un toit souple qui se rétracte en 25 secondes et qui présente deux arêtes disposées de part et d'autre de la lunette arrière, tout comme la génération précédente de la Ferrari Spider, soit la 355. Comme le succès d'un coupé ou d'un cabriolet sport dépend beaucoup de son style, l'avenir nous dira si le marché est réceptif à la Série 6. Si l'on se fie à la

chute marquée des ventes du roadster Z4, à peine deux ans après son arrivée sur le marché, l'avenir ne sera peut-être pas très rose pour la Série 6.

PETITS PLAISIRS DE LA VIE

Sur le plan technique, la Série 6 fait grand usage d'éléments développés pour la berline de Série 5. Ainsi sa plate-forme en est une version raccourcie, et la motorisation retenue est le V8 de 4,4 litres jumelé soit à une boîte manuelle à six vitesses, une boîte automatique à six rapports, ou encore la boîte SMG (Sequential Manual Gearbox) à six vitesses avec paliers au volant qui a fait sa première apparition sur le coupé/cabriolet M3. Généralement, les voitures de type GT ne sont souvent proposées qu'avec des boîtes automatiques. Il est remarquable que BMW offre tout de même une boîte manuelle qui permet d'ailleurs de tirer le meilleur parti des performances livrées par le moteur, puisque la Série 6 est ainsi capable d'un temps de 5,6 secondes lors d'un sprint de 0 à 100 kilomètres/heure. Mais ce qui plaît plus encore que la livrée de la puissance, c'est le plaisir qu'on éprouve à jouer du levier de vitesses, la course étant précise et le maniement ne demandant que très peu d'efforts. Les accélérations ne semblent cependant pas aussi rapides qu'elles le sont réellement, car l'insonorisation de l'habitacle isole un peu trop le conducteur de la sonorité du V8, un léger bémol qui est éliminé par la conduite de la version cabriolet avec le toit replié. La vocation Grand Tourisme de la Série 6 en fait une voiture confortable et très stable à vitesse d'autoroute où l'on se surprend souvent à rouler beaucoup plus vite que les limites permises sans vraiment s'en apercevoir.

MÉCHANTS PNEUS !

Malgré son gabarit et son poids, la Série 6 n'est pas en reste lorsque vient le temps de négocier un parcours plus sinueux, du moins tant que la chaussée est sèche. Dans ces conditions idéales, la voiture est nettement plus performante et plus agréable qu'une Jaguar XK8, ou qu'une Mercedes-Benz CL, puisque la Série 6 enfile les virages avec un aplomb qui inspire confiance. Sous la pluie cependant, le comportement de la voiture n'est plus du tout aussi assuré et précis

》》 DE SÉRIE
> V8 4,4 litres 325 chevaux
> Contrôle dynamique de la conduite (DCC)
> Contrôle dynamique de la stabilité (DSC)
> Phares adaptatifs

》》 EN OPTION
> Aide au stationnement
> Groupe exécutif
> Ensemble sport
> Ensemble son haut de gamme

BMW SÉRIE 6

que sur une chaussée sèche et dégagée, et cette différence marquée est à mon avis attribuable aux pneus zéro pression (run-flat) qui sont livrés de série sur la 6, qui est par ailleurs dépourvue d'une roue de secours. Essentiellement, ces pneus zéro pression permettent de rouler à vitesse réduite même si l'air s'en est échappé suite à une crevaison. Ceci est rendu possible puisque les flancs des pneus sont beaucoup plus rigides que ceux d'un pneu ordinaire justement afin de supporter le poids de la voiture même lorsque le pneu est dégonflé. Cette rigidité accrue du flanc des pneus, couplée au fait que la Série 6 est chaussée de pneus à profil bas (série 45) montés sur des roues de 18 pouces, fait en sorte que les pneus décrochent beaucoup plus rapidement sur une chaussée détrempée, ce qui entraîne l'intervention constante du système de contrôle de la stabilité (Dynamic Stability Control). J'ai pu constater ce phénomène à deux reprises, soit lors de la première prise en mains de la Série 6 lors de son lancement sur les routes andalouses en Espagne, de même que lors d'un essai subséquent réalisé au Québec. Je suis d'avis que les performances en tenue de route de la Série 6 seraient nettement meilleures sous la pluie si la voiture était chaussée de pneus de performance plus traditionnels et qui ne seraient pas du type zéro pression.

ET LE CABRIOLET?

Les performances en accélération ainsi qu'en tenue de route de la version cabriolet ne sont pas aussi relevées considérant que ce modèle est pénalisé par un excédent de poids, environ 400 livres par rapport au coupé. Ce surplus est dû aux éléments ajoutés afin de rigidifier la structure maintenant dépourvue de son toit, ainsi qu'aux arceaux de sécurité à déploiement automatique qui logent derrière les places arrière.

La vie à bord est rendue agréable par des sièges confortables qui offrent un très bon maintien en virages. J'ai apprécié le fait que la console centrale soit plus orientée vers le conducteur que sur la berline de Série 5, par

>> **FEU VERT**
> Châssis très rigide
> Groupe motopropulseur efficace
> Bonne tenue de route sur chaussée sèche
> Agrément de conduite

>> **FEU ROUGE**
> Stylisme controversé
> Tenue de route sur chaussée détrempée
> Prix élevé et coût des options
> Espace aux places arrière limité

exemple. Quant au système iDrive, il est important de préciser que celui-ci sévit également ici dans sa version simplifiée. Et comme notre voiture d'essai était à la fois dépourvue du système de navigation assistée par satellite ainsi que du téléphone, le iDrive ne servait en fait qu'à contrôler la chaîne stéréo puisque la console centrale intégrait également toutes les commandes du système de chauffage et ventilation. Ce court exposé sur la relative inutilité du iDrive dans ces circonstances met également en lumière le fait que même si la Série 6 offre tous les équipements et accessoires propres à une voiture de luxe. Certaines options sont intéressantes, par exemple l'affichage tête-haute qui projette les informations en réflexion dans le pare-brise sans que le conducteur ait à quitter la route des yeux. Ces options ajoutent évidemment au coût de la voiture. L'accueil à bord est quant à lui rehaussé par les seuils de portière qui affichent le nom de la marque en rétroluminescence, ce qui est du plus bel effet la nuit. Les passagers embarquant à l'arrière se retrouveront cependant plutôt à l'étroit, ce qui leur sera nettement moins agréable. Quant au coffre, il offre 450 litres de capacité et deux sacs de golf peuvent y être logés sans problème.

La Série 6 correspond parfaitement à la définition d'une voiture de Grand Tourisme ce qui ne manquera pas de plaire à une certaine clientèle établie. Elle laissera toutefois les véritables amateurs de performance sur leur appétit, du moins jusqu'à l'arrivée imminente de la version M avec moteur V10, dont la puissance sera vraisemblablement de 550 chevaux. Cette voiture sera définitivement à surveiller et permettra à BMW d'offrir des performances plus relevées aux purs et durs de la conduite sportive.

Gabriel Gélinas

SÉRIE 6

DONNÉES TECHNIQUES

Prix du modèle à l'essai :	108 500 $
Échelle de prix :	98 500 $ à 108 500 $
Version(s) disponible(s) :	Coupé, cabriolet
Garanties :	4 ans 80 000/4 ans 80 000
Catégorie :	Sportive de luxe
Emp./Long./Lar./Haut.(cm) :	278/483/185,5/137
Poids :	1 815 kg
Coffre/Réservoir :	300 à 450/70 litres
Coussins de sécurité :	frontaux et latéraux (av./arr.) et rideaux
Suspension avant :	indépendante, jambes de force
Suspension arrière :	indépendante, multibras
Freins av./arr. :	disque (ABS)
Antipatinage/Contrôle de stabilité :	oui/oui
Direction :	à crémaillère, assistée
Diamètre de braquage :	n.d.
Pneus av./arr. :	P225/55R16

GROUPE MOTOPROPULSEUR ET RENDEMENT

Moteur :	V8 4,4 litres 32s (92,0 x 82,07)
Puissance :	325 ch (242 kW) à 6 100 tr/mn
Couple :	330 lb-pi (447 Nm) à 3 600 tr/mn
Autre(s) moteur(s) :	seul moteur offert
Transmission :	propulsion, manuelle 6 rapports
Autre(s) transmission(s) :	automatique 6 rapports
Accélération 0-100 km/h :	6,1 s
Reprises 80-120 km/h :	5,6 s (4e)
Freinage 100-0 km/h :	37 m
Vitesse maximale :	250 km/h
Indice de performance longitudinale :	5,64 m/s/s
Consommation (100 km) :	super, 11,2 litres
Autonomie :	625 km

NIVEAU SONORE

Ralenti :	41,5 db
Accélération :	71,6 db
100 km/h :	64,5 db

DANS LA MÊME CATÉGORIE
Cadillac XLR - Jaguar XK-R - Mercedes CLK - Porsche 911

HISTORIQUE DU MODÈLE
nouveau modèle
1ière génération

DATE DE RENOUVELLEMENT
n.d.

VERDICT

Agrément de conduite :	🚗🚗🚗🚗½
Fiabilité :	nouveau modèle
Sécurité :	🚗🚗🚗🚗½
Qualités hivernales :	🚗🚗🚗🚗½
Espace intérieur :	🚗🚗🚗🚗½
Confort :	🚗🚗🚗🚗½

LE CHOIX DE L'ÉQUIPE
645 Ci Cabriolet

Guide de l'auto 2005

BMW SÉRIE 7

LA PUISSANCE ET LA GLOIRE

Il n'y a pas à dire, la résistance au changement est une réaction incontournable, même de la part de personnes qui se targuent d'avoir l'esprit ouvert, et d'être réceptifs aux nouveautés technologiques. À preuve, les manifestation du public, et même (sinon surtout) des inconditionnels de la marque lors du lancement de la dernière Série 7, qui, loin de se porter à sa défense, criaient presqu'à l'hérésie.

Il faut dire que si on la compare à sa devancière, elle dérange, autant extérieurement avec sa ligne de coffre qui semble mal intégrée, que techniquement, avec son complexe système iDrive. Si vous voulez, faisons tout de suite le point sur ce dernier; ceux qui sont incapables de le comprendre ne s'en donnent pas vraiment la peine, et devraient tout simplement cesser d'en faire un plat. Peu de systèmes permettent de faire autant de réglages sur une voiture, et il ne faut pas s'attendre à ce qu'on y arrive avec deux ou trois «pitons». Quant à sa ligne, sans vouloir alimenter davantage la controverse, disons qu'elle pourrait être aussi différente, mais plus réussie. Personnellement, j'oublie vite le couvercle de malle, lorsque je la vois rouler des épaules sur ses impressionnantes jantes de 19 pouces, du calibre de celles qui équipaient en option ma monture, une 745Li.

UN AIRBUS ROULANT
Car, chaussée de compétents Michelin Pilot Premacy, cette grosse berline peut donner des leçons de comportement à tout ce qui roule, ou presque. Un peu paresseuse en mode normal, - on dirait que le moteur monte lentement en régime et que la boîte est un peu lymphatique - elle s'ébroue en mode sport (activé par le iDrive) et vous surprend par son agilité, sans que le confort des suspensions ne se dégrade outre mesure. Avec toutes les aides à la conduite, particulièrement le contrôle électronique de stabilité DSC III unifiant les effets de l'antipatinage, du freinage sélectif en virage, et de la répartition du freinage, le conducteur a l'impression d'être aux commandes d'un Airbus. Il devra surveiller assidûment le compteur s'il veut conserver son permis de conduire. Pour l'anecdote, mon frère qui croyait rouler à 110 km/h au volant d'une 760Li réalisa avec stupéfaction qu'il faisait du rase-mottes à 160 km/h. C'est magique! Surtout que les limites de l'adhérence semblent s'estomper progressivement avec la vitesse, sauf l'hiver, où rien ne remplace une bonne traction intégrale. Elle se laisse bien distraire parfois par les profondes ornières, mais conserve la plupart du temps sa trajectoire.

»» FEU VERT
› Puissance remarquable
› Comportement routier sur mesure
› Freinage puissant et infatigable
› Habitacle confortable
› Prestige de la marque

»» FEU ROUGE
› Système iDrive complexe
› Ligne discutable
› Prix de certaines options
› Complexité intimidante
› Fiabilité perfectible

Dans un silence de chambre acoustique, lorsque les lourdes portières à la fermeture assistée (en option dans les 745) s'appuient contre leur cadre, les occupants se retrouvent entourés de matériaux extrêmement valorisants, parfaitement accostés, dégageant une atmosphère où la fantaisie semble absente, sévère même, malgré la présence de quelques appliques de bois précieux. On se cale pour prendre appui dans de magnifiques fauteuils à l'avant, ajustables vraiment dans tous les sens, (le dossier s'articule horizontalement en son milieu!) mais les commandes situées sur les côtés de la console centrale sont inutilement compliquées.

LA MAIN DE DIEU

La banquette postérieure de la 745i au châssis court (belle antinomie) offre déjà amplement d'espace aux occupants, et ceux qui ont le bonheur de monter dans une des « L » profitent de son empattement allongé de 14 centimètres. En dépit de ces gigantesques cotes, le passager du milieu voudra rapidement tirer à la courte paille pour tenter d'imposer la dure assise à ses compagnons de route. La liste des équipements pourrait noircir quelques pages du Guide, particulièrement celle de la 760Li qui vous donne un peu le vertige. Pensez à tout ce que vous pouvez imaginer, et elle vous surprendra encore. En fait, les seules options concernent la climatisation indépendante derrière, avec « l'indispensable » petite glacière dans l'appuie-bras central du dossier (pour aller à la pêche sans doute), et le régulateur de vitesse avec sonar, qui tient compte de la circulation environnante. Pour les versions 745, il faut verser un supplément pour avoir droit à l'ensemble «Sport» comprenant entre autres les roues de 19 pouces et la suspension plus ferme, l'ensemble « Multimédia » avec l'écran DVD à l'arrière, ou l'ensemble « Exécutif » avec ses sièges chauffants, ventilés, masseurs, tendus d'un cuir presque vivant, et d'autres équipements dont la plupart d'entre nous ne penseraient même pas retrouver dans une voiture.

La Série 7 intimide son pilote par l'originalité et l'inutile complexité de certaines de ses commandes. Par exemple, pour le démarrage, il faut impérativement, et selon cette séquence, introduire l'espèce de clef magnétique dans son petit réceptacle, appuyer sur la pédale de frein, et presser le bouton «Start». Aussi, le petit levier pour sélectionner électriquement les vitesses semble bien fragile, et son maniement demande concentration. Ce n'est pas ce que j'appelle «le progrès». Mais les performances des moteurs, particulièrement le glorieux V12, vous font rapidement occulter ces détails. Quel merveilleux sentiment de puissance lorsqu'on appuie à fond sur l'accélérateur, et qu'on ressent la «main de Dieu» vous donnant une immense poussée dans le dos!

J'avoue éprouver une certaine fascination envers une telle machine, capable de performances hors du commun en tout confort, sans jamais donner l'impression de «transpirer». En dépit des critiques souvent légitimes, je suis d'avis que les ingénieurs de Munich peuvent être fiers de leur œuvre, même si des rumeurs de changements assez substantiels alimentent l'actualité automobile.

Jean-Georges Laliberté

DONNÉES TECHNIQUES

Prix du modèle à l'essai :	114 600 $
Échelle de prix :	96 800 à 169 000 $
Version(s) disponible(s) :	745i, 745Li, 760Li
Garanties :	4 ans 80 000 km/4 ans 80 000 km
Catégorie :	berline grand format
Emp./Long./Lar./Haut.(cm) :	313/517/190/149
Poids :	2025 kg
Coffre/Réservoir :	500/88 litres
Coussins de sécurité :	frontaux, latéraux et tête
Suspension avant :	indépendante, jambes de force
Suspension arrière :	indépendante, multibras
Freins av./arr. :	disque (ABS) (EBD)
Antipatinage/Contrôle de stabilité :	oui/oui
Direction :	à crémaillère, assistance variable
Diamètre de braquage :	12,6 m
Pneus av./arr. :	P245/45WR19 P275/40WR19

GROUPE MOTOPROPULSEUR ET RENDEMENT

Moteur :	V8 4,4 litres
Puissance :	325 ch à 6 100 tr/min
Couple :	330 lb-pi à 3 600 tr/min
Autre(s) moteur(s) :	V12 6 litres 438 ch
Transmission :	propulsion, automatique 6 rapports
Autre(s) transmission(s) :	aucune
Accélération 0-100 km/h :	6,2 s (V12: 5,2 s)
Reprises 80-120 km/h :	5,8 s
Freinage 100-0 km/h :	38 m
Vitesse maximale :	240 km/h (limitée)
Indice de performance longitudinale :	5,5 m/s/s
Consommation (100 km) :	super, 11,5 litres
Autonomie :	765 km

DANS LA MÊME CATÉGORIE

Audi A8L - Jaguar XJ - Lexus LS430

DU NOUVEAU EN 2005

Quelques changements à la carrosserie : phares, feux arrière, et coffre, aménagement intérieur légèrement modifié, rumeurs d'augmentation de puissance

HISTORIQUE DU MODÈLE

3e génération

DATE DE RENOUVELLEMENT

2006

VERDICT

Agrément de conduite :	🚗🚗🚗🚗½
Fiabilité :	🚗🚗🚗🚗
Sécurité :	🚗🚗🚗🚗½
Qualités hivernales :	🚗🚗🚗½
Espace intérieur :	🚗🚗🚗🚗½
Confort :	🚗🚗🚗🚗🚗

LE CHOIX DE L'ÉQUIPE

745Li

Guide de l'auto 2005

BMW X3

BRASSE-CAMARADE BAVAROIS

Poursuivant sur la lancée du X5, BMW élargit sa gamme de véhicules sport-utilitaires avec l'arrivée du X3 qui s'inscrit dans le très étroit créneau des utilitaires sport de luxe de taille compacte. En fait, par rapport au X5, les dimensions du X3 ne sont que très légèrement réduites, le véhicule faisant seulement 10 cm de moins en longueur, et l'empattement étant plus court de moins de 2.5 cm.

Paradoxalement, les concepteurs de BMW ont tout de même réussi à faire en sorte que le X3 offre plus d'espace pour les passagers montant à l'arrière, ainsi qu'un espace cargo plus volumineux que le X5. De plus, le X3 a été conçu afin de plaire à une clientèle plus jeune et plus active, et propose notamment un système d'ancrages mobiles intégré au plancher de l'espace cargaison afin de fixer solidement des vélos ou d'autres équipements de plein air.

L'intérieur est donc plus fonctionnel mais aussi nettement moins luxueux que celui du X5. Ici, le cuir fait place au tissu ainsi qu'au plastique, et les poignées intérieures des portières semblent carrément empruntées à une simple Chevrolet Cavalier. Le tableau de bord et la console centrale ont beau être d'inspiration Z4, l'habitacle du X3 n'inspire pas le luxe comme les autres véhicules de la marque, et même la plus dépouillée des Série 3 surpasse le nouveau venu à cet égard.

Des deux moteurs proposés, le 3,0 litres rend les meilleures performances, et le nouveau système de traction intégrale xDrive, maintenant également intégré au X5, mérite nos éloges. Ce système est en effet nettement plus flexible et plus performant que celui qui équipait les modèles précédents, puisque ce dernier répartissait la motricité dans une proportion de 62 pour cent à l'arrière et de 38 pour cent à l'avant, alors que le xDrive permet une variation continue de la motricité entre les trains avant et arrière selon les besoins.

IMPRESSIONS ANDALOUSES

Pour ce qui est du comportement routier, le X3 reçoit à la fois les fleurs et le pot... Mon premier contact avec le X3 s'est fait sur les routes de l'Andalousie au sud de l'Espagne à l'occasion de son lancement. Sur la route reliant Malaga à Ronda, que j'ai parcouru à plusieurs reprises au volant de véhicules différents, le X3 m'a vraiment impressionné par sa tenue de route hors du commun pour un utilitaire sport et par son freinage exemplaire. Aussi, la souplesse du système de traction intégrale xDrive et sa variation de la

»» FEU VERT
› Très bonne tenue de route
› Sytème de traction intégrale xDrive très efficace
› Performances du moteur 3,0 litres
› Habitacle spacieux

»» FEU ROUGE
› Rudesse des suspensions
› Confort aléatoire
› Intérieur plastique
› Coût des options

répartition de la motricité contribuaient partiellement à cette conduite plus inspirée. Comme le xDrive est doté d'un capteur mesurant les forces d'accélération latérale, le système entre en action et envoie plus de motricité aux roues arrière au fur et à mesure que le conducteur inscrit le X3 sur la trajectoire en virage. Le résultat, c'est que le X3 offre une conduite aussi précise qu'une berline de Série 3 malgré son poids plus élevé. Le problème, c'est que cette excellente tenue de route est doublée de sérieuses lacunes pour ce qui est du confort, ce qu'un essai subséquent en sol québécois m'a permis de constater.

ÇA COGNE FORT

Mettons les choses au clair immédiatement. Je n'ai absolument rien contre les voitures sport dont les suspensions sont calibrées avec des réglages très fermes afin d'améliorer la tenue de route, même si c'est au détriment du confort, bien au contraire. Mais quand on parle d'un véhicule sport-utilitaire, il y a des limites… Sur les routes souvent dégradées des Basses-Laurentides, la conduite d'un X3 équipé de l'option « Sport » et de ses pneus à profil bas vous donnera une bonne idée de ce que ressent un gallon de peinture fixé dans l'appareil servant à le brasser chez votre quincailler. L'image est peut-être forte, mais le confort plus qu'aléatoire du X3 dans ces conditions particulières est à peine à la limite du supportable.

Vous me direz que l'incurie de l'état québécois pour ce qui est de l'entretien du réseau routier est en grande partie à blâmer pour l'inconfort du X3 sur nos mauvaises routes, ce que je vous accorde volontiers. Cependant, il existe plusieurs autres véhicules sport-utilitaires qui ont réussi à rejoindre ces deux objectifs pourtant diamétralement opposés que sont la tenue de route et le confort, notamment le X5 également proposé par BMW… Si j'ai un conseil à donner aux acheteurs d'un X3, c'est d'oublier l'option « Sport » ce qui vous permettra d'économiser 4 900 $, l'option « Sport » ne coûtant en fait que 2 500 $ mais celle-ci devant être accompagnée de sièges en cuir, une autre option de 2 400 $, et aussi d'éviter la compression de votre colonne vertébrale.

ENCORE LE STYLISME !

En terminant, je m'en voudrais de ne pas parler de stylisme. Depuis l'arrivée de Chris Bangle en tant que styliste en chef de BMW, plusieurs des modèles qui sont sortis des studios de design ont été controversés. Je me contente de vous mentionner la Série 7 pour étayer cet avancé. Cette fois, bien des inconditionnels de la marque semblent trouver que la X3 est un peu trop sobre sur le plan esthétique. En fait, c'est surtout la partie arrière qui soulève la controverse alors que la présenttion est jugée trop fade par plusieurs. Je m'en voudrais de critiquer les goûts des autres, mais il est tout de même ironique que le plus audacieux des stylistes soit accusé de conservatisme dans le cas de la X3. Et toujours concernant Chris Bangle, il a été promu et il dirige dorénavant le stylisme de tout le groupe BMW. La suite promet d'être palpitante.

Gabriel Gélinas

DONNÉES TECHNIQUES

Prix du modèle à l'essai :	49 850 $
Échelle de prix :	45 500 $ à 55 000 $
Version(s) disponible(s) :	2.5i, 3.0i
Garanties :	4 ans 80 000/4 ans 80 000
Catégorie :	multisegment
Emp./Long./Lar./Haut.(cm) :	279,5/456,5/185/167
Poids :	1 825 kg
Coffre/Réservoir :	480 à 1 560 (sièges baissés)/67 litres
Coussins de sécurité :	frontaux et latéraux (av./arr.) et rideaux
Suspension avant :	indépendante, jambes de force
Suspension arrière :	indépendante, multibras
Freins av./arr. :	disque (ABS)
Antipatinage/Contrôle de stabilité :	oui/oui
Direction :	à crémaillère
Diamètre de braquage :	10,5 m
Pneus av./arr. :	P235/65R17

GROUPE MOTOPROPULSEUR ET RENDEMENT

Moteur :	6L 3,0 litres 24s (84,0 x 89,6)
Puissance :	225 ch (168 kW) à 5 900 tr/mn
Couple :	214 lb-pi (290 Nm) à 3 500 tr/mn
Autre(s) moteur(s) :	6L 2,5l 192 ch
Transmission :	intégrale, manuelle 6 rapports
Autre(s) transmission(s) :	automatique 5 rapports
Accélération 0-100 km/h :	7,8 s
Reprises 80-120 km/h :	7,4 s
Freinage 100-0 km/h :	43,0 m
Vitesse maximale :	210 km/h
Indice de performance longitudinale :	4,6 m/s/s
Consommation (100 km) :	super, 11,6 litres
Autonomie :	578 km

DANS LA MÊME CATÉGORIE
Land Rover Freelander - Lexus RX330

DU NOUVEAU EN 2005
Aucun changement majeur

HISTORIQUE DU MODÈLE
1ère génération

DATE DE RENOUVELLEMENT
n.d.

VERDICT

Agrément de conduite :	●●●●½
Fiabilité :	●●●●
Sécurité :	●●●●●
Qualités hivernales :	●●●●●
Espace intérieur :	●●●●
Confort :	●●●

LE CHOIX DE L'ÉQUIPE
3,0 litres sans option Sport

BMW X5

L'AURA DE PRESTIGE

L'année-modèle 2000 a été un tournant majeur dans le marché des véhicules sport utilitaires, puisque c'est exactement le moment que BMW a choisi pour lancer sa propre version, le X5. Une première version destinée à concurrencer les autres VUS de luxe (que BMW appelle VAS pour véhicule d'activités sportives) et qui, bien qu'efficace, n'avait pas encore l'aura de prestige qu'on lui connaît aujourd'hui. Depuis, les changements ont été nombreux, mais ce qui a surtout été dominant, c'est la renommée de qualité que le X5 a pu obtenir.

En terme de changement, c'est l'année 2004 qui a été le véritable moment de vérité. Le X5 a alors subi une mini cure de jeunesse, tandis que ses concepteurs rajeunissaient les lignes et implantaient, quelque part en cours d'année, un tout nouveau moteur encore plus puissant. Bref, une refonte presque complète mais faite par petits coups de pinceau plutôt que par de grands coups de balai.

Et cette année, les coups de pinceau seront encore plus petits, puisque les changements annoncés ne sont qu'esthétiques, et concernent essentiellement certaines commandes intérieures.

Le X5 remanié l'année dernière présente une silhouette plus moderne. On l'a notamment rendue plus conforme aux nouvelles tendances en vigueur chez BMW et on lui a greffé des feux arrière distinctifs qui permettent de reconnaître aisément le X5, même de loin.

À l'avant, la calandre et les blocs optiques qui l'entourent sont définitivement liés génétiquement au reste de la gamme.

UNE BÊTE SOUS LE CAPOT

En version plus standard, le X5 est équipé d'un engin de 4,6 litres, calqué (mais pas copié car celui de la 7 est un peu différent) sur celui qui propulse la série 7. Il met en scène le système Valvetronic de gestion de soupapes de même que le mécanisme d'aspiration bi-Vanos à variabilité constante. Le moteur produit 315 chevaux, ce qui permet de boucler le 0-100 km/h en 7 secondes et des poussières. Ce V8 est jumelé à la très efficace transmission automatique BMW, la Steptronic à six vitesses.

Un six cylindres de 3 litres est aussi disponible avec ses 225 chevaux, mais le réel intérêt demeure le moteur de 4,8 litres lancé le printemps dernier. Ce moteur, lui aussi à distribution Valvetronic, développe 355 chevaux à 6 200 tr/min et un couple de 369 lb-pi à 3 600 tr/min. Étonnamment, il consomme jusqu'à 19% moins de carburant que le V8 du X5 4.6is selon le fabricant.

Les accélérations sont fulgurantes, comme le prouve le 6,1 secondes enregistré pour le 0-100 km à l'heure avec la version avec boîte automatique.

»» FEU VERT
› Rouage intégral haute technologie
› Moteur puissant
› Réputation prestigieuse
› Bonne maniabilité

»» FEU ROUGE
› Capacité hors route symbolique
› Peu d'espace de chargement
› Position de conduite trop élevée
› Coût d'achat élevé

Guide de l'auto 2005

DONNÉES TECHNIQUES

Prix du modèle à l'essai :	72 300 $
Échelle de prix :	62 500 $ à 97 500 $
Version(s) disponible(s) :	3.0i, 4.4i, 4.8is
Garanties :	4 ans 80000/4 ans 80000
Catégorie :	utilitaires sport
Emp./Long./Lar./Haut.(cm) :	282/467/187/170
Poids :	2 190 kg
Coffre/Réservoir :	455/93 litres
Coussins de sécurité :	fontaux et latéraux (av./arr.)
Suspension avant :	indépendante, jambes de force
Suspension arrière :	indépendante, multibras
Freins av./arr. :	disque (ABS)
Antipatinage/Contrôle de stabilité :	oui/oui
Direction :	à crémaillère, ass. variable
Diamètre de braquage :	12,1 m
Pneus av./arr. :	P255/55R18

GROUPE MOTOPROPULSEUR ET RENDEMENT

Moteur :	V8 4,4 litres 32S (92,0 x 82,7)
Puissance :	315 chevaux (235 kW) à 5 400 tr/mn
Couple :	342 lb-pi (464 Nm) à 3 600 tr/mn
Autre(s) moteur(s) :	3,0 231 ch. et 4,8 l et 360 ch.
Transmission :	intégrale, automatique 6 rapports
Autre(s) transmission(s) :	manuelle 6 rapports, automatique 5 rapports
Accélération 0-100 km/h :	7,1 s
Reprises 80-120 km/h :	6,1 s
Freinage 100-0 km/h :	38,6 m
Vitesse maximale :	225 km/h
Indice de performance longitudinale :	5.23 m/s
Consommation (100 km) :	super, 15,3
Autonomie :	608 km

Tous ces moteurs sont articulés autour du rouage intégral que BMW a baptisé XDrive. Dans les faits, il s'agit d'un système quasi intelligent de gestion de la puissance entre les quatre roues motrices. Selon les conditions détectées, et le genre de sollicitation que le conducteur exige, le système xDrive fait varier de façon presque continue le niveau de puissance entre les essieux avant et arrière.

Ce système est basé sur les informations que transmettent les capteurs répartis non seulement aux quatre roues, mais aussi dans le système de stabilisation électronique. En procédant à une analyse méticuleuse du taux de lacet et du degré de braquage du volant, jumelé au degré d'accélération ou de freinage, le système peut ajuster chaque milliseconde le transfert de puissance aux roues à afin de maximiser la traction. Ce système éprouvé maintenant est de deux à trois fois plus rapide en temps de réaction que ne l'était l'ancienne version.

UN LOURDAUD AGILE

Malgré sa taille un peu forte et ses dimensions plutôt imposantes, le X5 fait preuve d'une étonnante agilité ce qui, au premier regard, peut sembler une surprise. Sans doute parce que le rouage intégral est plus performant que ne l'était l'ancienne version, on a davantage l'impression d'être en parfait contrôle de toutes les actions du X5.

La direction, qui était un peu molle, continue d'être légèrement endormie surtout en circulation urbaine. Elle semble toutefois se réveiller un peu quand on l'amène hors des sentiers battus. Et ce, même si le X5 n'a pas de réelles prétentions de véhicules hors route. Soyons honnêtes, pas question de se lancer à l'assaut de contrées sauvages au volant de ce genre de voiture.

À l'intérieur, le VAS germanique de grand format (car il est désormais accompagné de son petit frère le X3) prouve hors de tout doute qu'il est bien un BMW.

L'aménagement est simple et classique. Il fait appel au bois et à l'aluminium, ce qui lui confère un petit air moderne. Les accessoires sont nombreux, et facilement accessibles sans avoir à faire de grandes contorsions.

Les sièges, bien que haut perchés, sont confortables et enveloppants. Ils assurent un soutien lombaire et latéral exemplaire, et possèdent un grand nombre de réglages favorisant la recherche de la position de conduite idéale. Malheureusement, cette haute position rend inconfortables toutes les manoeuvres et n'assure pas pour autant une visibilité impressionnante. Pour corriger le tout, on a installé des radars d'aide au stationnement, ce qui corrige, du moins en zone urbaine, les besoins de visibilité pour les objets placés le plus près du véhicule.

En ce qui a trait à l'espace de chargement cependant, le VAS offre moins de place que la plupart des modèles de série 5. Mais dans les faits, les acheteurs de BMW ne s'en font pas avec cela. Ce qu'ils veulent, c'est un véhicule polyvalent, confortable, et qui transporte encore avec lui la réputation de prestige lié à la marque allemande. Et dans ce domaine, le X5 est définitivement au meilleur de ses capacités.

Marc Bouchard

DANS LA MÊME CATÉGORIE

Cadilac SRX - Infiniti FX35 et FX45 - Lexus LX 470
Mercedes-Benz M - Porsche Cayenne
Land Rover Range Rover - Volvo XC 90

DU NOUVEAU EN 2005

Nouvelle version 4.8i de 355 chevaux

HISTORIQUE DU MODÈLE

1ère génération

DATE DE RENOUVELLEMENT

2008

VERDICT

Agrément de conduite :	🚗🚗🚗🚗
Fiabilité :	🚗🚗🚗
Sécurité :	🚗🚗🚗🚗½
Qualités hivernales :	🚗🚗🚗🚗½
Espace intérieur :	🚗🚗🚗½
Confort :	🚗🚗🚗½

LE CHOIX DE L'ÉQUIPE

4.4i

Guide de l'auto 2005

BMW Z4

LE PLAISIR DES SENS

La Z4 est sans contredit une voiture unique. Ses formes arrondies créent un jeu d'ombres qui lui donnera du style beau temps, mauvais temps. Style qui a cependant choqué les puristes puisque dès sa sortie, la Z4 ne s'est pas attirée que des éloges. Mais elle est une des premières de la gamme des BMW à s'inscrire dans le changement de design du constructeur germanique, et qui a conduit ce dernier à de petits chefs-d'oeuvre comme l'actuelle Série 6. Bref, la Z4 était une précurseure, et quand on la regarde comme il faut, une précurseure avec un bien joli minois.

Rappelons aussi une chose : la Z4 a été conçue pour plaire, et à en juger par les commentaires élogieux, et nombreux, que l'on entend sur le petit cabriolet. De ce point de vue, elle est une réussite totale. Et sous bien d'autres aspects aussi.

Dès le premier contact, il est facile de s'asseoir à bord, ce qui n'est pas toujours le cas avec ces cabriolets de petite taille qui nous donnent parfois l'impression de plonger davantage dans un bain que dans un habitacle de voiture de luxe. Une fois bien installé derrière le volant, votre vue plonge sur le capot moteur.

Premier défaut, normal dans ce cas, votre position de conduite est très basse. Les réglages en hauteur et en profondeur du siège et du volant permettent cependant de trouver une position de conduite idéale. Et quand on l'a trouvé, on a l'impression de faire corps avec la voiture.

D'un strict point de vue du confort, j'aurais préféré des sièges munis d'un support latéral un peu plus généreux, surtout pour une voiture sport. En usage normal cependant, ils offrent un confort tout à fait suffisant.

Le volant, gainé de cuir et d'aluminium, est très plaisant à prendre en main, tout comme le levier de vitesses. Toutes les commandes sont simples à utiliser, faciles d'accès, et n'obligent pas à des contorsions ou à quitter la route des yeux pour pouvoir s'en servir.

Les deux grands cadrans d'indicateur de vitesse et de compte-tours sont installés et enfoncés dans la planche de bord, en profondeur. Les minuscules jauges qui les accompagnent sont pour leur part drôlement installées, en dessous des autres cadrans, et sont difficiles à consulter.

Le toit, principale commodité qui nous fait acheter la voiture, est en toile résistante. Elle contrôle bien le bruit ce qui fait que la voiture est assez silencieuse quand le toit est refermé. Pour le replier, deux options, selon votre choix. On peut le faire à la main ou sur pression d'un bouton, selon l'option choisie. Dans ce dernier cas, le toit est plus rapide à se refermer qu'à

»» FEU VERT
› Conduite précise
› éprouvé
› Train avant efficace
› Multiples éléments de sécurité

»» FEU ROUGE
› Silhouette controversée
› Cadrans minuscules
› Suspensions trop rigides
› Coffre à gants peu pratique

Guide de l'auto 2005

s'ouvrir (10 secondes pour l'ouverture et seulement 5 pour la fermeture). Une idée géniale pour quiconque s'est fait rattraper par de gros nuages alors qu'il roulait sur l'autoroute. En cas de pluie c'est indispensable surtout avec les sièges en cuir!

Disposant d'une vraie lunette en verre avec système de dégivrage intégré, la capote repliée prend peu de place dans le coffre. Même complètement rangée, vous serez capable d'y installer un sac de golf, ce qui n'est pas peu dire. Ce coffre est d'ailleurs étonnamment vaste, surtout parce qu'il n'y a pas de roue de secours.

Que faire en cas d'urgence, direz-vous? Les ingénieurs y ont quand même pensé, et ont installé des pneus équipés de flancs renforcés qui ne s'aplatissent jamais et qui permettent de rouler crevés ou fortement dégonflés.

Malgré le coffre généreux, l'espace de rangement dans l'habitacle n'est pas le point fort de la Z4. La porte du coffre à gants vous tape sur les genoux chaque fois que vous tentez d'y loger quelque chose. Une bonne excuse pour jouer sur les genoux de votre passagère, à condition, bien entendu, que cela lui chante.

IL EST PARTI

Les considérations esthétiques et pratiques sont importantes, ça va de soi. Mais quand on achète une telle voiture, c'est d'abord pour rouler. Avec la Z4, cette portion du parcours est certainement la plus fascinante.

Le moteur 3.0i, inspiré de celui de la Série 3 qui a fait sa marque partout dans le monde, est vraiment souple et les 225 chevaux sont bien exploités grâce à une boîte de vitesse 6 rapports qui a la précision d'une montre suisse.

Le ronron du moteur est encore plus percutant quand on roule sans toit. Le plaisir, sans capote, c'est de se délecter de la sonorisation du V6, qui est une véritable mélodie grâce à un échappement unique que je soupçonne d'avoir été développé par un musicien tellement il sonne comme une musique à mes oreilles!

Une fois sur la route, on se rend compte que le train avant de la Z4 est vraiment efficace, surtout en entrée de virage. La direction électrique est précise et rapide même si l'arrière est un peu moins accroché à la route.

Votre position de conduite, assis au-dessus des roues arrière, va vous faire vibrer (dans tous les sens du terme), surtout que la suspension n'offre qu'un confort très relatif.

Et pour ceux qui ont peur en voiture, la Z4 est une véritable solution : en plus de multiples coussins gonflables frontaux et latéraux, elle est munie du contrôle dynamique de stabilité (DSC), du contrôle de freinage en courbe (CBC) et du DDC (Dynamic Driving Control). Il n'y manque que le pilotage automatique!

La Z4, c'est un plaisir pour la vue et pour l'ouïe. Il ne reste plus qu'à goûter le plaisir de la conduire.

Bertrand Godin

DONNÉES TECHNIQUES

Prix du modèle à l'essai :	56 500 $
Échelle de prix :	52 000 $ à 64 000 $
Version(s) disponible(s) :	2,5 litres ou 3 litres
Garanties :	4 ans 80 000/4 ans 80 000
Catégorie :	roadsters
Emp./Long./Lar./Haut.(cm) :	249,5/409/178/129
Poids :	1 360 kg
Coffre/Réservoir :	260/55 litres
Coussins de sécurité :	frontaux et latéraux (av.)
Suspension avant :	Indépendante, jambe élastiques
Suspension arrière :	Indépendante, triangle obliques
Freins av./arr. :	disque (ABS)
Antipatinage/Contrôle de stabilité :	oui/oui
Direction :	à crémaillère, ass. variable électronique
Diamètre de braquage :	9,8 m
Pneus av./arr. :	P225/40R18 P255/35R18

GROUPE MOTOPROPULSEUR ET RENDEMENT

Moteur :	6L 3 litres 24s (84,0 x 89,6)
Puissance :	225 ch (168 kW) à 5 000 tr/mn
Couple :	214 lb-pi (290 Nm) à 3 500 tr/mn
Autre(s) moteur(s) :	2,5 litres
Transmission :	propulsion, manuelle 6 rapports
Autre(s) transmission(s) :	automatique 5 rapports
Accélération 0-100 km/h :	6,8 s
Reprises 80-120 km/h :	7,1 s
Freinage 100-0 km/h :	250 km/h
Vitesse maximale :	38,6 m
Indice de performance longitudinale :	5,2 m/s/s
Consommation (100 km) :	super, 9,0 litres
Autonomie :	611 km

DANS LA MÊME CATÉGORIE

Audi TT-Honda S2000
Mercedes-Benz SLK-Porsche Boxster

DU NOUVEAU EN 2005

Pas de changement

HISTORIQUE DU MODÈLE

1ère génération

DATE DE RENOUVELLEMENT

n.d.

VERDICT

Agrément de conduite :	🚗🚗🚗🚗
Fiabilité :	🚗🚗🚗🚗½
Sécurité :	🚗🚗🚗🚗
Qualités hivernales :	🚗🚗🚗
Espace intérieur :	🚗🚗🚗½
Confort :	🚗🚗🚗🚗

LE CHOIX DE L'ÉQUIPE

3 litres

Guide de l'auto 2005

BUICK ALLURE

UN PÉCHÉ CLASSIQUE

La direction de General Motors, Bob Lutz en tête, a eu la surprise d'apprendre lors d'une visite au Canada à la fin de 2003, que la Buick LaCrosse portait un nom qui était loin d'être politiquement correct dans la Belle Province! En effet, si le terme LaCrosse sert à identifier un sport très populaire sur les campus américains, au Québec, ce mot sert souvent à désigner un acte généralement pratiqué en solitaire et banni par l'Église! C'est ce qui explique pourquoi cette berline est maintenant appelée Allure au Canada et non pas « vous savez quoi ».

Peu importe le nom choisi, cette nouvelle Buick est appelée à remplacer les Century et Regal qui tirent leur révérence cette année. Les responsables de cette division nous parlent avec enthousiasme de l'Allure, une voiture qui fait peau neuve. Selon ces personnes, le stylisme est passé de conservateur à audacieux. Sans vouloir être trop sévère, soulignons que les photographies de cette voiture rendent son allure plus agressive qu'elle ne l'est en réalité. Mais compte tenu du fait que cette Buick cible une clientèle quand même assez conservatrice, c'est un compromis acceptable. La partie avant arbore la nouvelle grille de calandre qui sera la signature visuelle de Buick, tandis que des blocs optiques ovoïdes montés sur les ailes et flanqués de phares circulaires sont un signe évident de renouveau dans cette division. C'est moins réussi de profil alors que la ceinture de caisse se relève à l'arrière. Par contre, la partie arrière est plus dynamique avec un coffre surélevé se terminant abruptement.

Une fois à bord, l'habitacle est spacieux et les places avant ne se prêtent à aucune critique particulière. Elles sont confortables, le dossier est haut et le siège supporte bien les cuisses. Par contre, le support latéral laisse encore une fois à désirer. Une autre faiblesse de cet environnement est la planche de bord dont le design est sage, archi sage. Je veux bien croire que les acheteurs de voitures Buick sont plutôt conservateurs, mais un peu plus d'imagination serait appréciée. Ici, tout semble avoir été dessiné afin de ne choquer personne. Tout est en demi-tons bien que l'agencement des éléments soit correct : les appliques de bois se retrouvent à la bonne place, les boutons sont de type rotatif, faciles à localiser et manipuler. Bref, à défaut d'imagination, les concepteurs ont choisi la carte de l'efficacité et de la sobriété. Quant aux places arrière, elles sont correctes, mais une ceinture de caisse plutôt haute ne sera pas appréciée des personnes de petite taille.

Cette Buick est tout ce qu'il y a de plus classique en fait de présentation. Heureusement, sa mécanique est plus moderne, du moins en partie.

›››FEU VERT
› Moteur 3,6 litres
› Châssis rigide
› Silhouette moderne
› Fiabilité éprouvée
› Équipement complet

›››FEU ROUGE
› Tableau de bord terne
› Banquette avant trois places
› Absence de boîte cinq rapports
› Passager arrière mal assis

Guide de l'auto 2005

DEUX V6...

Lorsque j'ai parcouru le communiqué de presse remis au dévoilement de cette berline dans le cadre du Salon de l'auto de Toronto en février 2004, la première chose qui m'a sauté aux yeux est l'utilisation du moteur V6 3,8 litres de 200 chevaux. Depuis des années, ce «vieux» V6 est utilisé à toutes les sauces par Buick et ce n'est pas nécessairement un signe d'évolution. Mais il faut prendre le temps d'analyser la situation. Ce moteur remonte dans la nuit des temps, mais cela ne l'empêche pas d'offrir de bonnes performances, une fiabilité supérieure à la moyenne et une consommation de carburant vraiment rassurante. En fait, son seul défaut majeur est d'utiliser des soupapes en tête. Cette configuration mécanique assure des accélérations initiales très nerveuses. Mais passé les 50 km/h, le moteur s'essouffle et les performances s'amenuisent. En conduite urbaine et moyennement sportive, ce V6 constitue un choix logique.

Pour ne pas être accusés de toujours avoir recours à des technologies d'une autre époque, les ingénieurs de cette division se sont payé la traite en adoptant le moteur V6 3,6 litres, le même que celui utilisé sur les Cadillac STS par exemple. Ce moteur est non seulement tout en alliage, mais sa culasse abrite des arbres à cames doubles permettant d'actionner quatre soupapes par cylindre. Il est difficile de trouver un moteur V6 plus sophistiqué que ce dernier. En passant, vous serez heureux d'apprendre que ces deux moteurs s'abreuvent à l'essence régulière. Il aurait été sans doute commercialement viable d'offrir une boîte automatique à cinq rapports ou même à six rapports comme sur la Ford 500, mais la transmission à quatre rapports jouit d'une excellente réputation en fait de fiabilité et d'efficacité.

Comme il s'agit d'une Buick, l'insonorisation a été l'objet d'une attention toute particulière. Pour ce faire, les communiqués font mention du terme "QuietTuning". Contrairement à ce que vous seriez porté à croire, la division Buick ne s'est pas laissée emporter par la vague du "Tuning" qui a déferlé sur toute l'industrie. C'est surtout sur la partie "Quiet" que porte cette caractéristique alors que de multiples éléments ont été raffinés afin de mieux insonoriser l'habitacle.

Plus raffinée sous tous les aspects, cette nouvelle Buick chastement baptisée Allure compte également sur une suspension qui isole bien des aspérités de la route, mais sans nécessairement être d'une mollesse exagérée. Les amateurs de conduite rapide apprécieront pour leur part la version CXS avec sa suspension Touring, son moteur V6 3,6 litres et une direction moins assistée. Pour les acheteurs plus conservateurs, les modèles CX et CXL ont une suspension plus bourgeoise. Et si vous croyez que cette Buick a complètement renoncé au passé, il est possible de la commander en version cinq ou six places! Dans ce dernier cas, l'accoudoir central peut être relevé pour accommoder un troisième occupant à l'avant...

Denis Duquet

DONNÉES TECHNIQUES

Prix du modèle à l'essai :	28 490 $
Échelle de prix :	25 200 $ à 33 500 $
Version(s) disponible(s) :	CX, CXL, CXS
Garanties :	3 ans 60 000/3 ans 60 000
Catégorie :	berlines grand format
Emp./Long./Lar./Haut.(cm) :	281/503/185/156
Poids :	1 589 kg
Coffre/Réservoir :	453/66 litres
Coussins de sécurité :	frontaux et latéraux (av.)
Suspension avant :	indépendante, jambes de force
Suspension arrière :	indépendante, jambes de force
Freins av./arr. :	disque (ABS)
Antipatinage/Contrôle de stabilité :	oui/oui
Direction :	à crémaillère, ass. variable
Diamètre de braquage :	12,3 m
Pneus av./arr. :	P225/60R16

GROUPE MOTOPROPULSEUR ET RENDEMENT

Moteur :	V6 3,6 litres 24S (94,0 x 85,6)
Puissance :	240 ch (179 kW) à 6 000 tr/mn
Couple :	225 lb-pi (305 Nm) à 2 000 tr/mn
Autre(s) moteur(s) :	V6 3,8 litres 200 ch
Transmission :	traction, manuelle 4 rapports
Autre(s) transmission(s) :	aucune
Accélération 0-100 km/h :	7,8 s
Reprises 80-120 km/h :	6,7 s
Freinage 100-0 km/h :	43 m
Vitesse maximale :	195 km/h
Indice de performance longitudinale :	4,7 m/s/s
Consommation (100 km) :	ordinaire, 11,4 litres
Autonomie :	579 km

DANS LA MÊME CATÉGORIE

Ford Futura-Ford 500-Honda Accrod-Toyota Camry

DU NOUVEAU EN 2005

Nouveau modèle

HISTORIQUE DU MODÈLE

1ère génération

DATE DE RENOUVELLEMENT

n.d.

VERDICT

Agrément de conduite :	🚗🚗🚗🚗
Fiabilité :	nouveau modèle
Sécurité :	🚗🚗🚗🚗🚗½
Qualités hivernales :	🚗🚗🚗🚗½
Espace intérieur :	🚗🚗🚗🚗
Confort :	🚗🚗🚗🚗

LE CHOIX DE L'ÉQUIPE

CXL

Guide de l'auto 2005

BUICK PARK AVENUE

LE TÉLÉPHONE À POCHE…

Vous souvenez-vous des premiers téléphones cellulaires apparus au milieu des années 80 ? Aussi gros qu'un rouleau à pâte (et aussi lourds !), ils représentaient l'avenir dans le monde de la communication. Aujourd'hui, grâce à la technologie, ils sont devenus minuscules. La Buick Park Avenue a connu, au cours des dernières années, à peu près autant d'améliorations… sauf que son format, bien qu'ayant été réduit un peu, conserve des séquelles du passé !

Le profil des acheteurs de Park Avenue évolue sans doute au même rythme que ses lignes, c'est à dire très lentement. Et ce n'est pas nécessairement une mauvaise chose puisqu'on n'achète pas ce type de véhicule pour faire de l'épate ! On conduit une Park Avenue (PA pour les intimes) pour être impressionné par le confort, le faible niveau sonore et l'habitabilité. Et les lignes, anonymes, montrent tout de même une classe et une élégance rares pour une voiture américaine.

La Park Avenue se présente, encore cette année, en deux niveaux : Standard et Ultra. Un modèle Special Edition sera disponible plus tard cette année. La version de base comprend tout l'arsenal propre à cette catégorie de véhicules : roues de 16", climatisation à deux zones, freins à disque ABS aux quatre roues, et pour confirmer le statut «âgedorien» de la Park Avenue, une radio AM/FM avec lecteur de cassettes seulement ! Cette livrée basique est mue par un moteur V6 de 3,8 litres qui date du temps de Nabuchodonosor mais qui performe encore de façon étonnante. Il développe 205 chevaux et un couple de 230 livres-pied, ce qui est suffisant pour déplacer cette masse de plus de 1 700 kilos. Certes, les accélérations n'ont rien de la fronde mais les reprises, grâce au couple maximum disponible à 4 000 tours/minute, apportent un peu de joie de vivre. Et après ça, il s'en trouvera pour dire que le couple, ce n'est pas important ! Ce moteur se montre raisonnable dans sa consommation d'hydrocarbures, un gros plus lorsque chaque litre d'essence (super dans le cas présent) nous dévalise de plus de 1 $…

LA VIEILLE À LA MODE

L'ultime Buick, la Park Avenue Ultra (communément appelée la PAU !) arrive avec de plus beaux atouts encore : suspension Gran Touring qui inclut les pneus de 17", la direction à assistance variable magnétique Magnasteer (plus ferme mais tout aussi peu communicative), le système de contrôle de stabilité Stabilitrak et, entre autres, une radio avec lecteur CD (pour les petits-enfants, sans doute…). Tous ces éléments

»» FEU VERT
› Comportement routier surprenant
› Rapport qualité/prix adéquat
› Confort appréciable
› Fiabilité engageante
› Moteur 240 chevaux en verve

»» FEU ROUGE
› Dimensions colossales
› Conduite endormante (sans Gran Touring)
› Tableau de bord hyper rétro
› Direction légère
› Modèle très en fin de carrière

DONNÉES TECHNIQUES

Prix du modèle à l'essai :	49 495 $
Échelle de prix :	48 645 $ à 54 510 $
Version(s) disponible(s) :	Base, Ultra
Garanties :	3 ans 60 000/3 ans 60 000
Catégorie :	berlines grand format
Emp./Long./Lar./Haut.(cm) :	289/525/190/146
Poids :	1 775 kg
Coffre/Réservoir :	541/70 litres
Coussins de sécurité :	frontaux et latéraux (av.)
Suspension avant :	indépendante, jambes de force
Suspension arrière :	indépendante, multibras
Freins av./arr. :	disque (ABS)
Antipatinage/Contrôle de stabilité :	oui/oui (option)
Direction :	à crémaillère, ass. variable
Diamètre de braquage :	12,2 m
Pneus av./arr. :	P235/55R17

GROUPE MOTOPROPULSEUR ET RENDEMENT

Moteur :	V6 3,8 litres surcompressé
Puissance :	240 ch (179 kW) à 5 200 tr/mn
Couple :	280 lb-pi (380 Nm) à 3 600 tr/mn
Autre(s) moteur(s) :	V6 3,8 litres 205 ch
Transmission :	traction, automatique 4 rapports
Autre(s) transmission(s) :	aucune
Accélération 0-100 km/h :	9,0 s
Reprises 80-120 km/h :	6,8 s
Freinage 100-0 km/h :	44,2 m
Vitesse maximale :	205 km/h
Indice de performance longitudinale :	4.48 m/s/s
Consommation (100 km) :	super, 12,0 litres
Autonomie :	583 km

DANS LA MÊME CATÉGORIE
Acura RL-Cadillac DeVille-Chrysler 300M-Kia Amanti
Lincoln Town Car-Mercury Grand Marquis
Toyota Avalon

DU NOUVEAU EN 2005
Prises d'air de série pour tous les modèles, une nouvelle couleur (cachemire métallisé) et modèle Special Edition

HISTORIQUE DU MODÈLE
2ième génération

DATE DE RENOUVELLEMENT
Fin de carrière…

VERDICT

Agrément de conduite :	🚗🚗🚗🚗
Fiabilité :	🚗🚗🚗🚗🚗
Sécurité :	🚗🚗🚗🚗🚗
Qualités hivernales :	🚗🚗🚗🚗½
Espace intérieur :	🚗🚗🚗🚗🚗
Confort :	🚗🚗🚗🚗🚗½

LE CHOIX DE L'ÉQUIPE
Ultra

---

sont optionnels sur la version de base mais les roues de 17" ne sont l'apanage que de l'Ultra.

La Park Avenue Ultra reçoit le même V6 de 3,8 litres mais sa complicité avec un compresseur élève la puissance à 240 chevaux et le couple à 280 livres-pied. Notons, par contre, que ce moteur n'accepte que de l'essence super. D'un autre côté, il consomme de façon relativement sobre. Ce groupe propulseur donne à la PAU des performances étonnantes et révèle un agrément de conduite autrement d'un ennui quasiment mortel. La même transmission automatique à quatre rapports officie dans les deux modèles, et c'est tant mieux puisque son fonctionnement se montre rien de moins que parfait.

Quant aux freins, mentionnons seulement qu'il y en a quatre et qu'ils font leur boulot du mieux qu'ils le peuvent. Accrochée à un châssis extrêmement rigide, la suspension Gran Touring avec ses pneus plus gros et sa barre antiroulis ajoute un zeste de prestance sportive mais est toujours calibrée pour assurer un confort de haut niveau. Tous ces éléments se conjuguent pour donner à la Park Avenue une tenue de route agréablement surprenante et, si jamais la personne au volant s'excitait le moindrement le poil des jambes, les différents systèmes de contrôle de traction et de stabilité latérale (Stabilitrack) auront tôt fait de ramener la voiture sur le droit chemin. Par contre, je serais moins surpris d'apprendre que le scandale des commandites n'était qu'un épisode de Surprise Surprise que de savoir que le propriétaire d'une Park Avenue fait des «sparages» avec sa voiture…

CHUT! ON ROULE…
Qui dit Park Avenue dit confort et silence de roulement. La banquette avant fait plaisir à toutes les fesses et tous les dos tant que la voiture file en ligne droite, mais la moindre courbe fait prendre conscience du concept de force centrifuge. Les sièges baquets se montrent donc plus appropriés et la console qui les sépare bénéficie de rangements forts bienvenus. Les passagers assis à l'arrière n'ont vraiment pas à se soucier de leur sort, sauf, peut-être, l'infortunée personne qui aurait hérité de la place centrale, plutôt inconfortable. Le dossier de ce siège arrière ne s'abaisse malheureusement pas pour augmenter l'espace de chargement du coffre qui, de toute façon, peut engouffrer une quantité impressionnante d'objets.

Le conducteur fait face à un tableau de bord dont le design date, c'est le moins qu'on puisse dire. De plus, la qualité de certains plastiques, l'assemblage plus ou moins bien ficelé et l'ergonomie approximative de certaines commandes déçoivent pour une voiture de ce statut.

Quoiqu'il en soit, la Park Avenue, Ultra ou pas, demeure une voiture très sécuritaire, particulièrement fiable (une rose dans le jardin mal entretenu de General Motors!), et dont le rapport qualité/prix intéresse, avec raison, plus d'un consommateur. Et si le style de conduite très typé de cette voiture correspond à vos exigences, signez en toute quiétude… avant sa mort, prévue cette année!

Alain Morin

Guide de l'auto 2005

RENDEZVOUS

LA JEUNESSE AU RENDEZVOUS

Le printemps dernier, une page du grand livre de l'histoire automobile a été tournée lorsque l'usine GM de Lansing au Michigan a vu la dernière Oldsmobile sortir de sa chaîne de montage. La plus vieille marque automobile états-unienne avait été fondée en 1897 par Ransom E. Olds. Presqu'en même temps que l'on se recueillait sur la tombe d'Oldsmobile, la marque Buick fêtait ses cent ans. Fondée en 1903 par David Dunbar Buick, la Buick Motor Company avait été sauvée de la faillite par William C. Durant en 1904 pour ensuite être incorporée à son tour à la General Motors en 1908.

Dans le but d'éviter la tragédie d'Oldsmobile, les dirigeants de Buick ont décidé de concevoir de nouveaux modèles visant à relancer leur gamme vieillissante. Pour rester polis, disons que la volonté de renouveler l'ensemble des modèles visait également à rajeunir la clientèle… Quand on sait que la moyenne d'âge des acheteurs de Buick à la fin des années 90 sonnait celle de la retraite, on peut comprendre la stratégie de courtiser de jeunes acheteurs.

Pour ce faire, Buick a présenté de nouveaux modèles dont le premier a été le RendezVous qui avait donné le ton à une nouvelle catégorie qui regroupe désormais les Chrysler Pacifica, Cadillac SRX, Volvo XC90, et Ford Freestyle. Ces «véhicules génétiquement modifiés» (ou VGM) sont extrêmement polyvalents en offrant l'espace de chargement d'une minifourgonnette, la motricité d'un utilitaire sport, et le confort d'une berline de luxe.

Le RendezVous partage sa plate-forme avec le Pontiac Aztek. Toutefois, il se distingue de son cousin en proposant une carrosserie plus sobre, un comportement routier moins sportif et un habitacle plus cossu.

UN NOUVEAU V6

Dans le but de respecter le plan de Buick consistant à satisfaire les besoins et le budget d'une plus large clientèle, le RendezVous est proposé en d'innombrables versions. Propulsées par le vétuste, mais fiable V6 de 3,4 litres, les versions CX et CXL peuvent être équipées de la traction avant ou intégrale et de deux ou trois rangées de sièges, tandis que la version Ultra, la plus luxueuse de la gamme, est équipée en série de l'intégrale et d'un nouveau V6 de 3,6 litres tout en aluminium à DACT et à calage variable des soupapes (VVT).

Depuis son lancement, le RendezVous souffrait du manque de puissance des 185 chevaux du V6 de 3,4 litres. Heureusement, l'élaboration des Cadillac CTS et SRX a obligé les motoristes de GM à concocter un V6 plus moderne qu'ils ont ensuite refilé à Buick. Sous le capot de la version Ultra, les

»» FEU VERT
> Moteur 3,6 litres
> Véhicule confortable
> Capacité de remorquage 3500 lb
> Finition et présentation intérieure

»» FEU ROUGE
> Moteur 3,4 litres dépassé
> Silhouette arrière vieillissante
> Comportement routier moyen
> Prix à la hausse (Ultra)

245 chevaux du V6 de 3,6 litres transforment radicalement la personnalité du RendezVous en permettant des performances qui correspondent à la nouvelle image jeunesse de Buick.

Pour vous rendre jusqu'à Blanc-Sablon ou pour remorquer une tente-roulotte dans le Parc Forillon, le 3,6 litres est mieux adapté que le 3,4 litres en délivrant 90% de son couple entre 1 600 et 5 800 tr/min. Si vous comptez tirer la charge maximale autorisée de 1 588 kg, vous devez opter pour le «groupe remorquage» qui comprend, notamment, un correcteur automatique d'assiette qui maintient le véhicule de niveau dès que le circuit détecte un excès de poids à l'arrière.

SUR LA ROUTE

Si le comportement routier de son rival Pacifica s'apparente à celui d'une familiale de luxe, celui du RendezVous est similaire à une minifourgonnette. Le réglage des suspensions favorise le confort plutôt que la tenue de route. Normal dites-vous ! Il s'agit d'une Buick ! Pour s'accrocher dans les virages, l'Ultra compte sur des gommes de 17 pouces. Le court rayon de braquage se fera apprécier dans les ruelles alors que le sonar de recul sera très utile pour les stationnements en parallèle.

LA POLYVALENCE D'UN VGM

Pour affronter les caprices de dame nature, l'Ultra est équipé du rouage intégral Versatrak alors qu'il est offert en option dans les autres versions. Peu sophistiqué mais somme toute efficace, ce mécanisme dit réactif dirige la motricité vers l'essieu arrière lorsque les roues avant patinent. Sans transformer le RendezVous en véritable tout-terrain, ce système a le mérite de vous aider à grimper jusqu'au chalet ou à vous sortir d'un banc de neige.

À l'instar d'une minifourgonnette, le RendezVous peut accueillir sept passagers. De même, les différentes configurations des sièges permettent de diviser l'espace entre les occupants et les bagages. Toutefois, lorsque la troisième rangée est relevée, le coffre est presque inexistant. Afin d'augmenter l'espace cargaison, l'option du coffre de pavillon représente une alternative intéressante. À l'arrière, comme le dicte l'évolution automobile, les passagers peuvent visionner leur DVD favori sur un écran au plafond.

Par rapport à ses concurrents, le RendezVous propose une présentation plus relevée. Le choix des matériaux, des garnitures et des cuirs fait très chic. Par ailleurs, les passagers seront enchantés par les nombreux espaces de rangement. Quant au conducteur, il pourra se laisser guider par un système de navigation. Il est dommage que l'écran GPS ne soit pas plus grand. En effet, certains conducteurs devront renoncer à son utilisation faute de porter leurs verres correcteurs. Par ailleurs, cet écran devrait être déplacé vers la droite afin de libérer les commandes lilliputiennes du système audio qui sont obstruées par le levier de vitesses monté sur la colonne de direction.

Si vous envisagez l'achat d'un utilitaire sport ou d'une minifourgonnette, le RendezVous mérite réflexion.

Jean-François Guay

DONNÉES TECHNIQUES

Prix du modèle à l'essai :	50 360$
Échelle de prix :	32 440$ à 46 070$
Version(s) disponible(s) :	Plus, CXL, CXL Plus, Ultra (TI et TA)
Garanties :	3 ans 60 000 km/3 ans 6 0000 km
Catégorie :	multisegment
Emp./Long./Lar./Haut.(cm) :	285/473/187/183
Poids :	1 890 kg (intégrale)
Coffre/Réservoir :	281 à 2 919 litres/68 litres
Coussins de sécurité :	frontaux/latéraux
Suspension avant :	indépendante, jambes de force
Suspension arrière :	indépendante, multibras
Freins av./arr. :	disque/disque (ABS)
Antipatinage/Contrôle de stabilité :	oui/non
Direction :	à crémaillère, assistée
Diamètre de braquage :	11,4 m
Pneus av./arr. :	P225/60R17 (Ultra)

GROUPE MOTOPROPULSEUR ET RENDEMENT

Moteur :	V6 3,6 litres
Puissance :	245 ch à 6000 tr/min
Couple :	235 lb-pi à 3 200 tr/min
Autre(s) moteur(s) :	V6 3,4 litres 185 ch
Transmission :	intégrale, automatique 4 rapports
Autre(s) transmission(s) :	traction, automatique 4 rapports
Accélération 0-100 km/h :	8,2 s
Reprises 80-120 km/h :	7,4 s
Freinage 100-0 km/h :	43,6 m
Vitesse maximale :	200 km/h
Indice de performance longitudinale :	4,5 m/s/s
Consommation (100 km) :	ordinaire, 12,6 litres
Autonomie :	539 km

DANS LA MÊME CATÉGORIE

Cadillac SRX V6-Chrysler Pacifica-Ford Freestyle
Infiniti FX35-Lexus RX330-Pontiac Aztek

DU NOUVEAU EN 2005

version Ultra à traction avant, V6 3,6 litres en option versions TI et TA

HISTORIQUE DU MODÈLE

1ière génération

DATE DE RENOUVELLEMENT

2006

VERDICT

Agrément de conduite :	🚗🚗🚗½
Fiabilité :	🚗🚗🚗½
Sécurité :	🚗🚗🚗🚗🚗
Qualités hivernales :	🚗🚗🚗🚗
Espace intérieur :	🚗🚗🚗🚗
Confort :	🚗🚗🚗🚗

LE CHOIX DE L'ÉQUIPE

Ultra traction avant

Guide de l'auto 2005

BUICK/SATURN
TERRAZA & RELAY

NOUVEAU MARCHÉ

Pour ces deux divisions de General Motors, ces véhicules sont une première tentative pour s'immiscer dans un marché qu'elles ont ignoré pendant des années, laissant aux autres le soin de profiter de la popularité des fourgonnettes et des VUS. Il était toutefois impossible de continuer à se mettre la tête dans le sable et la direction a décidé d'agir. Mais comme il aurait été quelque peu audacieux de commercialiser à la fois une fourgonnette et un VUS intermédiaire, les concepteurs ont décidé de nous offrir du deux dans un en tentant de combiner les caractéristiques ou du moins la silhouette d'un utilitaire sport au caractère pratique d'une fourgonnette.

Ce qui explique pourquoi ces deux nouvelles venues sont dotées d'une allure très particulière avec un nez avant similaire à celui d'un véhicule tout-terrain tandis que la partie arrière est semblable à une fourgonnette, portes coulissantes comprises. Je dois avouer que je suis toujours en train de digérer cette approche esthétique. Mais comme dans le cas de la Chrysler 300/Dodge Magnum, ces formes non traditionnelles ont été bien accueillies par le public lors de rencontres d'évaluation.

Quoi qu'il en soit, l'habitacle ressemble d'assez près à celui d'une fourgonnette ordinaire avec ses sièges arrière qui peuvent être placés de différentes façons. Dans la soute à bagages, on retrouve un ingénieux système de rangement comprenant un coffret doté de deux panneaux d'accès. Immédiatement derrière se trouve la troisième rangée constituée de deux unités 50/50 qui se replient vers l'avant pour former un plancher entièrement plat. Il est également possible de faire de même avec les deux sièges baquets médians. De plus, les sièges des deuxième et troisième rangées sont amovibles bien qu'ils ne soient pas particulièrement légers.

Cette configuration est la même pour le Terraza et le Relay. En fait, ces deux véhicules sont identiques pour ce qui est de la mécanique et de l'habitacle. Ils se démarquent par une présentation extérieure légèrement différente l'une de l'autre, par les réglages de suspension et par un équipement de série variant en fonction du modèle et de la marque. Il est bien évident que la Buick est plus luxueuse que la Saturn, et sa présentation plus bourgeoise. Mais pour la mécanique, c'est du pareil au même.

Avant de parler de moteur et de suspension, il faut souligner la présence de rails montés sur le pavillon et sur lesquels se greffent différents modules, notamment celui d'un lecteur DVD avec écran ACL. De plus, le système de divertissement embarqué permet d'écouter plus de 10 000 chansons de format MP3 ou encore l'enregistrement et le visionnement d'un maximum de 40 films de format MPEG. Tout cela est enregistré dans un module de disque dur de type

»» FEU VERT
› Moteur robuste
› Équipement complet
› Caisse solide
› Habitacle polyvalent
› Finition correcte

»» FEU ROUGE
› Silhouette controversée
› Capacités hors route limitées
› Sièges amovibles lourds
› Absence d'empattement court
› Démarreur à distance

PhatNoise à cartouche numérique pas plus gros qu'un porte-monnaie. Il est en outre possible de greffer d'autres éléments à ces rails afin qu'ils servent d'espaces de rangement. Soulignons au passage que l'habitacle de la Buick est plus cossu et celui de la Relay plus jeune.

VIVE L'INDÉPENDANCE!

Lorsqu'on examine ces deux modèles, le premier réflexe est de conclure qu'il s'agit de versions différentes de la défunte Oldsmobile Silhouette. Pourtant, chez GM, on nous jure qu'il s'agit d'une toute nouvelle plate-forme. En fait, celle-ci est de type hybride, car il s'agit d'une carrosserie monocoque dotée en sa partie inférieure d'un châssis de type échelle avec longerons transversaux. Ce qui permet d'obtenir la solidité d'un VUS avec châssis autonome et la tenue de route d'un monocoque.

La suspension arrière est de type demi indépendante sur la Relay à traction et indépendante sur le modèle à transmission intégrale. Pour sa part, la Buick est équipée d'une suspension arrière indépendante dans les deux cas. Il n'y a pas de discorde au chapitre du moteur puisque les deux se partagent le même V6 3,5 litres dont la puissance est désormais de 200 chevaux. La transmission intégrale Versatrak est disponible en option. Non seulement elle transfère le couple des roues avant aux roues arrière lorsque le train avant manque d'adhérence, mais ce couple peut être réparti différemment d'un côté comme de l'autre. De plus, il est possible de commander en option le système de stabilité latérale Stabilitrak qui utilise les freins pour replacer la voiture dans le droit chemin. Ces deux systèmes ont été utilisés sur d'autres modèles depuis quelques années et on fait leurs preuves. Soulignons que les freins à disques ABS sont de série aussi bien pour le Relay que le Terraza.

Et si ce genre de fantaisie vous intéresse, il est possible de commander un démarreur à distance. Je ne suis pas le plus grand adepte de ce gadget, mais ayez au moins la responsabilité sociale de l'utiliser avec parcimonie afin de ne pas contribuer à augmenter la pollution atmosphérique en faisant tourner le moteur inutilement.

La demande pour les fourgonnettes à empattement court n'est pas tellement forte, ce qui explique pourquoi ces deux hybrides ne sont livrés qu'avec un empattement de 307 cm. Si vous tenez mordicus à un modèle plus compact, il faudra se tourner vers les Chevrolet Uplander et Pontiac Montana SV6 qui sont également offerts avec un empattement de 287 cm.

Malgré la présence d'un châssis renforcé et la possibilité de commander une traction intégrale, ce duo n'est pas conçu pour aller se mesurer aux authentiques VUS 4X4 comme les Trailblazer et GMC Envoy. Il s'agit en fait de fourgonnettes dotées d'un nez allongé, d'une plate-forme renforcée et d'un rouage intégral, mais tout cela s'applique à une conduite toutes routes, pas nécessairement tout-terrain. En fait, cette mascarade permettra aux personnes qui ont vraiment besoin d'une fourgonnette et qui ne veulent pas en conduire une de sauver la face.

Denis Duquet

DONNÉES TECHNIQUES

Prix du modèle à l'essai :	Buick Terraza 37 895 $ (estimé)
Échelle de prix :	32 595 $ à 43 000 $ (estimé)
Version(s) disponible(s) :	Cx, Cxl
Garanties :	3 ans 60 000/3 ans 60 000
Catégorie :	Multisegment
Emp./Long./Lar./Haut.(cm) :	308/521/183/183
Poids :	n.d.
Coffre/Réservoir :	762-2097- 3865/95 litres
Coussins de sécurité :	frontaux et latéraux (av.)
Suspension avant :	indépendante, jambes de force
Suspension arrière :	indépendant, multibras
Freins av./arr. :	disque (ABS)
Antipatinage/Contrôle de stabilité :	oui/oui
Direction :	à crémaillère, assistée
Diamètre de braquage :	n.d.
Pneus av./arr. :	P225/60R17

GROUPE MOTOPROPULSEUR ET RENDEMENT

Moteur :	V6 3,5 litres 12s (94,0 x 84,0)
Puissance :	200 ch (149 kW) à 5200 tr/mn
Couple :	220 lb-pi (298 Nm) à 4400 tr/mn
Autre(s) moteur(s) :	seul moteur offert
Transmission :	traction, automatique 4 rapports
Autre(s) transmission(s) :	aucune
Accélération 0-100 km/h :	11,3 s
Reprises 80-120 km/h :	10,4 s
Freinage 100-0 km/h :	42,3 m
Vitesse maximale :	195 km/h
Indice de performance longitudinale :	4,21 m/s/s
Consommation (100 km) :	ordinaire, 12,2 litres
Autonomie :	779 km

DANS LA MÊME CATÉGORIE

Chrysler Town & Country - Chrysler Pacifica
Ford Freestyle - Toyota Sienna

DU NOUVEAU EN 2005

Nouveau modèle

HISTORIQUE DU MODÈLE

1ière génération

DATE DE RENOUVELLEMENT

n.d.

VERDICT

Agrément de conduite :	🚗🚗🚗½
Fiabilité :	nouveau modèle
Sécurité :	🚗🚗🚗🚗🚗
Qualités hivernales :	🚗🚗🚗🚗½
Espace intérieur :	🚗🚗🚗🚗🚗
Confort :	🚗🚗🚗🚗🚗½

LE CHOIX DE L'ÉQUIPE

Cx

Guide de l'auto 2005

CADILLAC CTS/CTS-V

PORTRAIT DE FAMILLE

La renaissance de la marque Cadillac a vraiment débuté avec la CTS en 2002. C'était la première à proposer la silhouette inspirée des avions furtifs qui est devenue par la suite la signature visuelle de toute la marque. Mais, la bonne nouvelle, c'était que cette Caddy était une propulsion et que son comportement routier n'avait rien à envier aux meilleures de cette catégorie. De plus, elle pouvait être livrée avec une boîte de vitesses manuelle. Depuis, cette voiture a tenu ses promesses. Mieux encore, elle s'est bonifiée avec le temps.

L'an dernier, un nouveau moteur V6 de 3,6 litres de 255 chevaux venait se joindre au moteur de série, un V6 de 3,2 litres produisant 220 chevaux. Ceci venait combler la plus grande lacune de cette voiture lors de son lancement : un groupe propulseur un peu timide. Ce nouveau venu abaissait le temps du 0-100 km/h de deux secondes, et permettait de mieux exploiter l'excellente plate-forme Sigma exclusivement développée pour les propulsions. Bref, ce nouveau moteur permettait d'offrir un meilleur équilibre et d'accentuer le caractère sportif de cette berline. Mais ce n'était que le début !

VOICI LA V

À l'automne 2002 en Virginie, certains journalistes avaient mentionné que cette voiture manquait de puissance. Les ingénieurs attitrés à son développement s'étaient empressés de répondre : « Attendez, vous allez voir ! » et ce n'étaient pas des paroles en l'air. Quelques mois plus tard, l'arrivée d'un moteur de 255 chevaux venait prouver leurs assertions. Mais il ne s'agissait que d'une première étape puisque, cette année, la CTS-V est offerte et il s'agit cette fois de la Cadillac la plus puissante de l'histoire avec ses 400 chevaux. Le gros V8 de 5,7 litres possède en plus une sonorité exquise tandis que sa transmission manuelle à six rapports est la seule disponible. Cette boîte est un plaisir à utiliser. Il faut cependant savoir qu'elle est similaire à celle de la Corvette et qu'elle escamote les deuxième et troisième rapports à basse vitesse, ce qui n'est pas tellement intéressant. Selon les ingénieurs de GM, cela permet de sauver du carburant…

Sans vouloir voler le punch aux résultats du match comparatif entre cette Cadillac et la Chrysler 300C que l'on retrouve au début de cet ouvrage, il est certain que la « V » est une sportive à tout crin aussi bien en raison de sa suspension sport, des modifications de renfort apportées à la plate-forme et de la présence d'amortisseurs sport. Ses pneus Goodyear P245/45WR18 de type à mobilité accrue

»» FEU VERT
› Moteur V8 5,7 litres
› Boîte manuelle six rapports
› Tenue de route équilibrée
› Direction précise
› Finition en progrès

»» FEU ROUGE
› Prix élevé de la CTS-V
› Places arrière moyennes
› Écran LCD tristounet
› Texture des plastiques

accomplissent du bon travail dans les virages tout en étant relativement confortables compte tenu de leur profil bas.

Somme toute, malgré un prix corsé d'un peu moins de 80 000 $, cette « V » est l'une des belles surprises de ce millésime. Malgré ses qualités, elle est destinée à une diffusion limitée compte tenu de ses caractéristiques et de son prix. La version à moteur V6 3,6 litres est sans doute celle qui connaîtra la plus grande diffusion.

UN BEL ÉQUILIBRE

Peu importe que l'on soit d'accord ou pas avec les lignes de la silhouette, il est indéniable que la CTS propose l'une des meilleures plates-formes sur le marché. L'utilisation d'un acier léger de très haute qualité a permis aux ingénieurs de concevoir une voiture dotée d'une carrosserie à la fois rigide et légère. Cet acier assure également une meilleure protection en cas d'impact. Mais c'est davantage la tenue de route, l'harmonie entre le groupe propulseur et la nouvelle boîte de vitesses manuelle à six rapports qui transforment la CTS en voiture très agréable à piloter. Il faut souligner que cette transmission n'est pas la même que celle de la CTS-V. Celle couplée aux moteurs V6 de 3,6 litres et au nouveau V6 de 2,8 litres est produite par Aisin et l'autre par Tremec. La boîte automatique à cinq rapports offerte avec ces deux moteurs est produite par Hydra-Matic et les passages des rapports sont rapides et précis. Parlant de précision, le feed-back de la direction est exemplaire et il est facile de conserver la trajectoire idéale dans un virage. Bref, peu importe le moteur choisi, cette Cadillac privilégie l'agrément de conduite. Dans le jargon des manitous de la mise en marché, il s'agit d'une voiture « personnelle ». Le terme est d'ailleurs approprié puisque les places arrière ne sont pas tellement généreuses, même pour une personne de taille normale. Et tant qu'à critiquer, il faut souligner qu'une majorité de gens trouvent que le tableau de bord est quelque peu terne et l'interface de l'écran d'affichage un peu rétro.

Vous vous demandez pourquoi l'arrivée d'un nouveau moteur V6 de 2,8 litres en remplacement du moteur V6 de 3,2 litres de l'an dernier? C'est que Cadillac veut offrir un modèle de prix moindre afin d'intéresser une clientèle plus jeune. Ce moteur est dérivé de l'actuel V6 de 3,6 litres. Sa conception mécanique est donc plus moderne, son rendement meilleur et son coût de production moindre.

La gamme CTS nous présente donc un beau portrait de famille et elle est l'une des berlines nord-américaines les plus agréables à conduire. Et il est certain que les exploits en piste de la version course de la CTS-V contribueront à accroître le prestige de ce modèle et, par le fait même, de la marque.

Denis Duquet

DONNÉES TECHNIQUES

Prix du modèle à l'essai :	70 000 $
Échelle de prix :	40 000 $ à 72 500 $
Version(s) disponible(s) :	CTS, CTS-V
Garanties :	4 ans 80 000/4 ans 80 000
Catégorie :	berlines sport
Emp./Long./Lar./Haut.(cm) :	288/485/179/145,5
Poids :	1 744 kg
Coffre/Réservoir :	362/66 litres
Coussins de sécurité :	frontaux, latéraux (av.) et rideaux
Suspension avant :	indépendante, bras inégaux
Suspension arrière :	indépendante, multibras
Freins av./arr. :	disque (ABS)
Antipatinage/Contrôle de stabilité :	oui/oui
Direction :	à crémaillère, ass. variable
Diamètre de braquage :	10,8 m
Pneus av./arr. :	P245/45V18

GROUPE MOTOPROPULSEUR ET RENDEMENT

Moteur :	V8 5,7 litres 16s (99 x 92)
Puissance :	400 ch (298 kW) à 6000 tr/mn
Couple :	395 lb-pi (536 Nm) à 4800 tr/mn
Autre(s) moteur(s) :	V6 2,8 litres 210 ch, V6 3,6 litres 255 ch
Transmission :	propulsion, manuelle 6 rapports
Autre(s) transmission(s) :	automatique 5 rapports
Accélération 0-100 km/h :	4,3 s
Reprises 80-120 km/h :	3,85 (4e)
Freinage 100-0 km/h :	38,0 m
Vitesse maximale :	262 km/h
Indice de performance longitudinale :	6,5 m/s/s
Consommation (100 km) :	super, 14,6 litres
Autonomie :	452 km

DANS LA MÊME CATÉGORIE
BMW M3-Mercedes-Benz C32 AMG-Audi S4

DU NOUVEAU EN 2005
Nouveau moteur 2,8 l, cadrans indicateurs modifiés, nouvelles couleurs, CTS-V

HISTORIQUE DU MODÈLE
1ère génération

DATE DE RENOUVELLEMENT
n.d.

VERDICT

Agrément de conduite :	🚗🚗🚗🚗🚗
Fiabilité :	🚗🚗🚗🚗½
Sécurité :	🚗🚗🚗🚗½
Qualités hivernales :	🚗🚗🚗½
Espace intérieur :	🚗🚗🚗🚗
Confort :	🚗🚗🚗🚗½

LE CHOIX DE L'ÉQUIPE
CTS

CADILLAC DEVILLE

›› ON NE VOIT QU'AVEC LE CŒUR...

La Cadillac DeVille, revue et corrigée en 2000, se veut le lien parfait entre l'ancienne et la nouvelle philosophie de Cadillac. De la première, elle a conservé les dimensions imposantes, le luxe (à gogo parfois!) et une ligne somme toute banale. Mais la DeVille montre aussi certaines des plus belles qualités des nouvelles Caddy (CTS, XLR). Le dynamisme de son comportement routier et une direction précise en font foi.

Par contre, General Motors ne peut pas renier le public qui a fait de la DeVille un des chefs de file de la catégorie depuis la Coupe DeVille 1949! Pour cette raison, il existe trois niveaux de présentation: Base, DHS et DTS. Si le luxe est l'apanage de la DHS, la DTS se réserve l'étiquette sportive. N'allez surtout pas croire que la version de base soit démunie de ces deux atouts! Oh que non... Au chapitre du luxe, rien de primordial ne manque, du climatiseur tri-zone au centre d'informations qui donne au conducteur une foule de renseignements en passant par la radio AM/FM/CD à huit haut-parleurs. Côté mécanique, la DeVille de base n'est pas dépourvue non plus avec son moteur V8 Northstar de 4,6 litres développant 275 chevaux (le Northstar est considéré par plusieurs comme étant le meilleur moteur jamais créé par General Motors), ses freins à disque ABS et sa transmission automatique à quatre rapports d'une infinie douceur.

La DHS ajoute quelques bonbons supplémentaires pour les amateurs de confort et offre la même fiche technique que la version de base. Mais il ne s'agit pas d'un problème, loin de là! Les accélérations et les reprises sont impressionnantes, la tenue de route s'avère dynamique malgré un peu de roulis, la direction Magnasteer se montre plus communicative et le châssis hyper rigide ne peut jamais être pris en défaut.

LA SPORTIVE DE LA FAMILLE
Mais il y a un peu plus... La DTS! Elle conserve le même moteur de 4,6 litres mais à haut rendement (lire 300 chevaux) tandis que la transmission à quatre rapports se veut plus sportive. Il y a aussi la suspension active, les pneus 17" et quelques accessoires destinés à améliorer encore le confort des occupants. Les accélérations ne sont rien de moins qu'époustouflantes avec un 0-100 km/h en 7,5 secondes et des reprises 80-120 en moins de 7 secondes. Pour une bagnole de plus de 1 800 kilos, il s'agit de données phénoménales! Il ne faut jamais oublier que la Deville est une traction très puissante. En accélération vive sur chaussée

››› FEU VERT
› Moteur en grande forme
› Confort haut de gamme
› Silence de roulement impressionnant
› Tenue de route équilibrée
› Habitabilité assurée

››› FEU ROUGE
› Dimensions intimidantes
› Design manque de panache
› Maintien des sièges avant très pauvre
› Entretien onéreux
› Dépréciation homérique

raboteuse, l'effet de couple peut être surprenant. En temps normal, cet effet est à peu près imperceptible.

Au chapitre de la sécurité active, on retrouve toutes les assistances électroniques réservées aux véhicules de cette catégorie et des freins puissants mais peu endurants. De plus, le très intelligent système Night Vision, offert en option (à plus de 2 000 $) vaut le coût : en pleine nuit, il permet de visualiser, sur un écran situé au bas du pare-brise, des obstacles autrement invisibles à l'œil nu. Si jamais l'improbable se produisait, les occupants peuvent compter sur les innombrables coussins gonflables et la solidité de la voiture pour déjouer les lois de la physique ! Et j'oubliais le système On Star qui veille sur vous…

Qui dit Cadillac dit aussitôt dimensions imposantes. Les nouvelles CTS et XLR se font plus raisonnables à ce chapitre mais la DeVille pèche encore un peu… C'est dans un centre-ville bondé qu'on se rend compte du gabarit imposant de sa carrosserie. Les manœuvres de stationnement peuvent rapidement devenir cauchemardesques, mais au moins, un sonar de recul a été prévu pour la DTS (en option pour les versions de base et la DHS). Les dimensions intérieures sont, vous vous en doutez bien, considérables et le coffre arrière est de type «si-vous-parvenez-à-le-remplir-vous-serez-un-héros-national»

ALLER EN FLORIDE… N'IMPORTE QUAND !
Aborder le sujet du confort dans un article sur la DeVille, c'est un peu comme parler de dents avec un dentiste… Ça peut être long !

Résumons en disant que les livrées de base et DHS reçoivent une banquette à l'avant tandis que la DTS a droit à des sièges baquets moelleux et recouverts d'un cuir de belle qualité. Mais lors de leur conception, on a oublié qu'un corps, ça glisse dans une courbe… Ces sièges sont chauffants ou climatisés dans les DHS et DTS (optionnels dans la version de base). Les trois occupants des places arrière sont particulièrement choyés avec une banquette pouvant, elle aussi, être chauffée et climatisée et, dans la DHS, recevoir un support lombaire électrique. Petite misère…

Le style du tableau de bord est à l'image de la carrosserie, c'est-à-dire un peu trop sobre à mon goût. Les principes élémentaires de l'ergonomie ont été respectés, ce qui est une réussite en soi puisque les designers avaient tellement de boutons à placer ! Sa consultation est facile et les craquements agaçants sont inexistants. Seul bémol : il y a tellement d'espaces de rangement qu'un «oublieux» de mon calibre pourrait facilement y perdre ses clés, son porte-documents et ses skis !

La DeVille devait être revue cette année mais, comme vous pouvez le constater, ce n'est pas le cas. Tout au plus, de nouvelles couleurs et quelques détails de présentation. Franchement, qui s'en plaindrait ?

Alain Morin

DONNÉES TECHNIQUES

Prix du modèle à l'essai :	66 400 $
Échelle de prix :	56 800 $ à 68 500 $
Version(s) disponible(s) :	Base, DHS et DTS
Garanties :	4 ans 80 000/4 ans 80 000
Catégorie :	berlines grand format
Emp./Long./Lar./Haut.(cm) :	293/526/189/144
Poids :	1 835 kg
Coffre/Réservoir :	541/70 litres
Coussins de sécurité :	fontaux et latéraux (av./arr.) et rideaux
Suspension avant :	indépendante, jambes de force
Suspension arrière :	indépendante, multibras
Freins av./arr. :	disque (ABS)
Antipatinage/Contrôle de stabilité :	oui/oui
Direction :	à crémaillère, ass. variable électronique
Diamètre de braquage :	12,3 m
Pneus av./arr. :	P235/55HR17

GROUPE MOTOPROPULSEUR ET RENDEMENT

Moteur :	V8 4,6 litres
Puissance :	300 ch (224 kW) à 6000 tr/mn
Couple :	295 lb-pi (400 Nm) à 4400 tr/mn
Autre(s) moteur(s) :	V8 4,6 litres 275 ch
Transmission :	traction, automatique 4 rapports
Autre(s) transmission(s) :	aucune
Accélération 0-100 km/h :	7,5 s
Reprises 80-120 km/h :	6,9 s
Freinage 100-0 km/h :	41,0 m
Vitesse maximale :	210 km/h
Indice de performance longitudinale :	4,9 m/s/s
Consommation (100 km) :	ordinaire, 13,4 litres
Autonomie :	522 km

DANS LA MÊME CATÉGORIE
Acura RL-Buick Park Avenue-Infiniti Q45-Lexus LS430 Lincoln Town Car

DU NOUVEAU EN 2005
Trois nouvelles couleurs (Cachemire, Vert soie et Or glacier), changements ceintures sécurité avant et système On-Star numérique

HISTORIQUE DU MODÈLE
3ième génération

DATE DE RENOUVELLEMENT
2006

VERDICT
Agrément de conduite :	🚗🚗🚗🚗½
Fiabilité :	🚗🚗🚗🚗
Sécurité :	🚗🚗🚗🚗🚗
Qualités hivernales :	🚗🚗🚗🚗½
Espace intérieur :	🚗🚗🚗🚗🚗
Confort :	🚗🚗🚗🚗🚗

LE CHOIX DE L'ÉQUIPE
DTS

Guide de l'auto 2005

ESCALADE/ESV/EXT

TOUT LE MONDE À BORD !

Si vous avez une famille nombreuse, une importante parenté ou beaucoup d'amis, l'Escalade pourrait bien être le véhicule pour vous. Sept personnes peuvent s'y installer sans problème et ils n'auront pas à faire une sélection des bagages à emporter. Cette grosse Caddy est capable de tout avaler ou presque. Et sa capacité de remorquage la rend capable de tracter un bateau, une roulotte ou même d'amener un ou deux chevaux en vacances avec vous. La robustesse de son châssis et les 345 chevaux de son moteur vous permettent de faire tout cela sans sourciller.

Malgré l'écusson Cadillac qui trône au centre de sa grille de calandre et le luxe de l'habitacle, ce gros VUS est en mesure d'en prendre en raison de son châssis autonome emprunté au Tahoe qui est lui-même une version du Chevrolet Silverado. Voilà une descendance qui n'est peut-être pas très noble aux yeux de certains mais cette mixture d'éléments de camions révisés à la sauce Cadillac permet de se retrouver au volant d'un véhicule dont le confort est tout de même surprenant, l'habitabilité au-dessus de la moyenne et le comportement routier prévisible à défaut d'être sportif.

Il est certain qu'un célibataire habitant au centre-ville ou quelqu'un n'ayant que des courses à faire n'a nullement besoin d'un véhicule de ce genre. Sa seule raison d'être est de répondre aux besoins de gens vivant dans un milieu rural ou semi-rural qui doivent affronter toutes sortes de conditions climatiques et routières en plus d'avoir à voyager en compagnie de plusieurs personnes. Entre autres, l'Escalade est très populaire auprès des personnes participant à des compétitions équestres ou des maniaques du nautisme. Aux États-Unis par exemple, dans certaines régions, il existe de grands réservoirs d'eau qui sont accessibles aux plaisanciers mais ces personnes ne peuvent y laisser leur bateau à quai et doivent faire un incessant aller-retour avec l'embarcation accrochée au pare-chocs.

Que vous soyez gentleman-farmer ou aimiez tout simplement avoir quelque chose de gros à piloter, il est certain que vous allez être gâté au chapitre du confort. Cette Cadillac respecte les exigences de la catégorie avec ses sièges en cuir, ses appliques en bois au tableau de bord et une très longue liste d'équipement de série. Le seul hic dans tout cela est le fait que la planche de bord ressemble à s'y méprendre à celle du Tahoe, un véhicule pourtant vendu plusieurs milliers de dollars de moins.

La conduite de cette Cadillac est toujours impressionnante. Non pas en raison de ses dimensions tout de même assez importantes

››› FEU VERT
› Luxe assuré
› Moteur V8 puissant
› Équipement complet
› Habitabilité garantie
› Transmission intégrale

››› FEU ROUGE
› Consommation élevée
› Dimensions encombrantes
› Suspension arrière limitée
› Ergonomie à revoir
› Manœuvres de stationnement délicates

mais surtout à cause de la réaction des gens à son passage. Hommes, femmes, enfants, jeunes et vieux sont impressionnés par cette grosse Caddy, parole d'essayeur! L'autre élément à souligner est la vivacité de son gros moteur V8 6 litres de 345 chevaux qui permet de boucler le 0-100 km en moins de 9 secondes, une performance dont est incapable une Chrysler Pacifica par exemple. Il faut également ajouter que la transmission automatique à quatre rapports est dotée d'un mode « remorquage/charge lourde » tandis que quatre freins à disque avec ABS sont de série.

La tenue de route est sans surprise, pour autant qu'on conduise en fonction de la vocation de ce véhicule. Sinon, un important roulis de caisse vient gâcher le plaisir.

SALLE DE QUILLES ET CAMPING

Depuis le début que je m'ergote à vous parler des dimensions importantes de l'Escalade. Mais c'est de la petite bière à côté de celles de l'ESV. Celle-ci ne fait pas dans les demi-mesures avec un empattement plus long de 35 cm par rapport à l'Escalade « régulière ». Et ce modèle n'est pas aussi farfelu qu'on serait porté à le croire. Il s'agit en effet d'une version « grand luxe » du Chevrolet Suburban que l'on a longtemps appelée la Cadillac du Texas.

Puisque le moteur est identique à celui de l'Escalade « tout court » et que le poids est légèrement supérieur, les performances sont semblables malgré une perte de quelques dixièmes de secondes en accélération et lors des reprises. De plus, dans les deux cas, l'essieu rigide assure un confort correct. Mais n'allez pas rouler à fond sur une route en mauvais état. Vous risqueriez alors d'expérimenter involontairement l'efficacité du système de correction de trajectoire StabiliTrak.

La famille de la Cadillac Escalade comprend également l'EXT qui est une camionnette pas comme les autres puisque sa boîte de chargement peut être allongée de plusieurs centimètres en abaissant la cloison arrière de la cabine. Appelé MidGate, ce mécanisme ajoute à la polyvalence de ce véhicule. Vous l'aurez certainement deviné, il s'agit d'une version grand luxe de la Chevrolet Avalanche. Et en plus d'un habitacle dont les sièges sont recouverts de cuir fin et d'appliques de bois sur la planche de bord, le moteur est le même V8 6 litres de 345 chevaux que les autres Escalade. L'Avalanche doit se contenter de moins de puissance. De plus, les trois Cadillac ont une transmission intégrale tandis que la Chevrolet est un 4X4 à sélection manuelle.

En terminant, inutile d'insister sur le fait que la consommation de tous les modèles est supérieure à la moyenne. Malgré tout, ces modèles permettent à la division Cadillac d'offrir un intéressant trio de gros VUS. Je suis en outre persuadé que leur consommation de carburant n'influence absolument pas la décision des acheteurs dont le porte-monnaie est à la hauteur des dimensions de ces véhicules.

Denis Duquet

DONNÉES TECHNIQUES

Prix du modèle à l'essai :	78 295 $
Échelle de prix :	71 100 $ à 97 700 $
Version(s) disponible(s) :	Escalalde, EXT, ESV
Garanties :	4 ans 80000/4 ans 80000
Catégorie :	utilitaires sport
Emp./Long./Lar./Haut.(cm) :	294/505/200/188
Poids :	2519 kg
Coffre/Réservoir :	1 801 à 3 064/117 litres
Coussins de sécurité :	frontaux et latéraux (av.)
Suspension avant :	indépendante, barres de torsion
Suspension arrière :	essieu rigide, ressorts hélicoïdaux
Freins av./arr. :	disque (ABS)
Antipatinage/Contrôle de stabilité :	oui/oui
Direction :	à billes, assistée
Diamètre de braquage :	11,9 m
Pneus av./arr. :	P265/70R17

GROUPE MOTOPROPULSEUR ET RENDEMENT

Moteur :	V8 6,0 litres 16s (101,6 x 92,0)
Puissance :	345 ch (257 kW) à 5200 tr/mn
Couple :	380 lb-pi (515 Nm) à 4000 tr/mn
Autre(s) moteur(s) :	seul moteur offert
Transmission :	intégrale, automatique 4 rapports
Autre(s) transmission(s) :	aucune
Accélération 0-100 km/h :	8,4 s
Reprises 80-120 km/h :	7,2 s
Freinage 100-0 km/h :	46,0 m
Vitesse maximale :	170 km/h
Indice de performance longitudinale :	4,41 m/s/s
Consommation (100 km) :	super, 17,3 litres
Autonomie :	676 km

DANS LA MÊME CATÉGORIE

Lincoln Navigator - Lexus LX 470 - MercdesClasse M
Infiniti QX56 - Volkswagen Touareg

DU NOUVEAU EN 2005

Certaines modifications au tableau de bord- Roues optionnelles 20 pouces - Nouvelles couleurs

HISTORIQUE DU MODÈLE

1ère génération

DATE DE RENOUVELLEMENT

n.d.

NOS IMPRESSIONS

Agrément de conduite :	🚗 🚗 🚗 🚗 ½
Fiabilité :	🚗 🚗 🚗 🚗 ½
Sécurité :	🚗 🚗 🚗 🚗 ½
Qualités hivernales :	🚗 🚗 🚗 🚗
Espace intérieur :	🚗 🚗 🚗 🚗 ½
Confort :	🚗 🚗 🚗 🚗 ½

LE CHOIX DE L'ÉQUIPE

EXT

Guide de l'auto 2005

CADILLAC SRX

VOULOIR C'EST POUVOIR !

Pendant que plusieurs constructeurs se partageaient le lucratif marché des « véhicules génétiquement modifiés » (ou VGM), Cadillac rongeait son frein avec son gigantesque Escalade dont la clientèle est loin d'être légion dans un pays où le litre d'essence frôle constamment le huard. Moins énergivores que les utilitaires et presque aussi pratiques qu'une minifourgonnette, les VGM offrent en prime un comportement routier comparable à une familiale de luxe. Toutefois, le récent Cadillac SRX se démarque de la catégorie en offrant une conduite axée sur la performance et la tenue de route.

Outre le prix et le prestige rattaché aux marques germaniques, plusieurs observateurs ont comparé à tort le SRX à des VUS comme le BMW X5 et le Mercedes ML. Certes, le comportement sportif du SRX peut se comparer à celui des allemands mais la comparaison s'arrête là puisqu'il affiche des dimensions beaucoup plus importantes que ses supposés rivaux. Ces derniers font plutôt la lutte à des modèles comme les Infiniti FX, Lexus RX et Volkswagen Touareg. À preuve : aucun de ces VUS (sauf l'Acura MDX) n'offre une troisième rangée de sièges. Pour une habitabilité comparable, il faut plutôt regarder du côté des Buick RendezVous, Chrysler Pacifica et Volvo XC90. Bref, après analyse, on constate que le SRX est dans une classe à part en regroupant les caractéristiques de l'ensemble de ses concurrents. Et ce n'est pas le fruit du hasard puisque l'équipe de concepteurs n'a rien ménagé pour que le SRX soit perçu comme « le Cadillac des Cadillac des VGM… » Même si le prestige de Cadillac a pâli au fil des ans, cette expression a su garder toute sa verve d'où l'importance pour la renaissance de Cadillac de développer « la crème de la crème… »

UNE LIGNE FURTIVE

À l'instar de la CTS et la nouvelle STS, le SRX repose sur la plate-forme ultra rigide Sigma. Qui plus est, partage avec ses soeurs d'armes une ligne furtive que l'on reconnaît à ses angles biseautés et ses porte-à-faux réduits. De même, la grille de calandre en forme de V, les phares de route verticaux et les feux arrière en forme de taillade sont génériques à la marque et représentent la signature visuelle de Cadillac.

À la base, le SRX est une propulsion qui peut être commandée avec un rouage intégral. Pour affronter notre climat, il n'y aucun doute que la plupart des acheteurs opteront pour les quatre roues motrices. En conduite normale, la transmission intégrale dirige dans l'ordre de 50-50 le couple moteur entre les essieux avant et arrière. S'il y a perte de motricité, le système répartit automatiquement le couple aux roues

»» FEU VERT
› Chassis ultra-rigide
› Aides à la conduite sophistiquées
› Coffre et habitacle vaste
› Tandem moteur/transmission
› Toit panoramique

»» FEU ROUGE
› Suspensions fermes
› Silhouette controversée
› Diamètre de braquage élevé
› Utilité de la troisième banquette
› Prix élevé (tout équipé)

Guide de l'auto 2005

présentant la meilleure adhérence. Pour assurer en toutes circonstances le bon comportement routier, le fonctionnement de la transmission est intégré à l'antipatinage et au système de stabilité Stabilitrak. L'an dernier, on se rappellera que Le Guide de l'Auto avait mis à l'épreuve le SRX sur un terrain d'essai hivernal où ce dernier avait déclassé tous ses concurrents de renom.

Pour propulser ce F-117A sans ailes, les motoristes ont retenu et amélioré le célèbre V8 Northstar. De l'ancienne génération, la nouvelle version ne retient que 20 % des composantes. Plus puissant et plus économique, ce V8 de 4,6 litres développe 320 chevaux. Comme il s'agit d'une propulsion, les ingénieurs ont implanté le moteur longitudinalement. Ce qui a permis d'obtenir une direction neutre et d'améliorer le comportement routier en abaissant le centre de gravité et en équilibrant les masses entre l'avant et l'arrière dans l'ordre de 52/48. Avec un poids oscillant à 2 015 kg, il est surprenant de constater que cette masse accélère de 0 à 100 km/h en moins de huit secondes. Qui plus est, le SRX est d'une stabilité à toute épreuve tant à haute vitesse qu'au freinage appuyé. Par ailleurs, malgré la position longitudinale du moteur, les ingénieurs ont été incapables de réduire le diamètre de braquage à moins de 12,1 mètres. Ce qui oblige à des manœuvres serrées dans les rues étroites et les stationnements.

Si la facture du V8 est salée, il est possible de la réduire en optant pour le V6 de 3,6 litres. Comme le Northstar, ce V6 de 260 chevaux est à la fine pointe de la technologie et use du calage variable des soupapes. Si les accélérations sont moins vives, il promet cependant une consommation plus raisonnable.

FINI LE ROCOCO

Dans l'habitacle, on a peine à reconnaître qu'il s'agit d'un Cadillac. La finition est sans reproches, mais le SRX abandonne le style rococo des anciennes générations pour adopter la présentation plus sportive de la CTS. Pour éviter le dépaysement et donner un peu de chaleur à ce décor un peu froid, les stylistes ont conservé les garnitures intérieures en ronce de noyer.

À la liste des options, il est difficile de résister à celle du toit Ultra View dont la grande surface ensoleille l'habitacle. Malgré cette ouverture de 1,7 mètre dans le pavillon, la rigidité de la plate-forme Sigma ne laisse entendre aucun craquement ou bruit de caisse insolite.

Fidèle à sa réputation des dernières années, Cadillac a pris soin d'équiper le SRX de baquets confortables qui approchent le confort des meilleurs sièges Volvo. De même, les passagers de la deuxième rangée auront une vue panoramique grâce à l'élévation de 5 cm de la banquette. Par contre, ils auront toutes les raisons du monde de maugréer contre le renflement du plancher qui cache le tunnel de transmission.

Avec le lancement du SRX, Cadillac a abandonné définitivement les voitures de pépé et mémé pour se tourner sans ambiguïté vers les voitures modernes du troisième millénaire.

Jean-François Guay

DONNÉES TECHNIQUES

Prix du modèle à l'essai :	74 045 $
Échelle de prix :	52 250 $ à 61 340 $
Version(s) disponible(s) :	SRX V6, SRX V8 (intégrale, propulsion)
Garanties :	4 ans 80 000/4 ans 80 000
Catégorie :	multisegment
Emp./Long./Lar./Haut.(cm) :	296/496/184,5/172
Poids :	2015 kg
Coffre/Réservoir :	237 à 1968/76 litres
Coussins de sécurité :	frontaux/latéraux/rideaux
Suspension avant :	indépendante, bras inégaux
Suspension arrière :	indépendante, multibras
Freins av./arr. :	disque/disque (ABS)
Antipatinage/Contrôle de stabilité :	oui/oui
Direction :	à crémaillère, assistance variable
Diamètre de braquage :	12,1 m
Pneus av./arr. :	P235/60R18

GROUPE MOTOPROPULSEUR ET RENDEMENT

Moteur :	V8 4,6 litres 32s (94,0 x 85,6)
Puissance :	320 ch à 6400 tr/min
Couple :	315 lb-pi à 4400 tr/min
Autre(s) moteur(s) :	V6 3,6 litres 260 ch
Transmission :	intégrale, automatique 5 rapports
Autre(s) transmission(s) :	propulsion, automatique 5 rapports
Accélération 0-100 km/h :	7,9 s
Reprises 80-120 km/h :	5,9 s
Freinage 100-0 km/h :	38,6 m
Vitesse maximale :	225 km/h
Indice de performance longitudinale :	5,12 m/s/s
Consommation (100 km) :	super, 15,8 litres
Autonomie :	481 km

DANS LA MÊME CATÉGORIE

Acura MDX-BMW X5-Buick RendezVous Ultra Chrysler Pacifica-Ford Freestyle-Infiniti FX-Lexus RX330-Mercedes-Benz Classe M-Volkswagen Touareg

DU NOUVEAU EN 2005

Roues de 18 po disponibles avec V6, nouvelle planche de bord, antenne montée sur le toit, glaces teintées vitres arrière

HISTORIQUE DU MODÈLE

1ère génération

DATE DE RENOUVELLEMENT

n.d.

NOS IMPRESSIONS

Agrément de conduite :	🚗🚗🚗🚗🚗
Fiabilité :	🚗🚗🚗🚗½
Sécurité :	🚗🚗🚗🚗½
Qualités hivernales :	🚗🚗🚗🚗½
Espace intérieur :	🚗🚗🚗🚗
Confort :	🚗🚗🚗🚗½

LE CHOIX DE L'ÉQUIPE

V8 intégrale

Guide de l'auto 2005

CADILLAC STS

LA RELANCE SE POURSUIT

Pendant longtemps, les voitures produites par la division Cadillac étaient la référence. Pour plusieurs c'est sans doute difficile à croire, mais à une certaine époque, les mots Cadillac et qualité étaient indissociables. De nos jours, c'est maintenant aux représentants de la marque de convaincre les acheteurs que leur voiture est à nouveau parmi ce qu'il se fait de mieux. Pour ce faire, ils doivent fabriquer des produits pratiquement sans reproches afin de changer la perception des gens envers ces voitures.

C'est avec l'arrivée des modèles CTS, SRX et XLR que Cadillac a été en mesure de convaincre les plus endurcis de ce retour en force. En plus de cette fournée de nouveaux modèles, tous évalués parmi les meilleurs de leur catégorie respective, la fiabilité de la marque a également progressé puisque les récents sondages de fiabilité et de satisfaction de la clientèle réalisés par la firme J.D. Powers & Associates placent Cadillac au second rang, juste derrière Lexus et devançant ainsi toutes les marques européennes de prestige.

La reprise est donc bien amorcée et il est certain que la nouvelle berline STS est appelée à jouer un rôle important dans cette politique de renouveau. Celle-ci vient remplacer la Seville qui tire sa révérence après avoir été le modèle le plus prestigieux de la gamme pendant plusieurs années.

SIGMA

C'est le nom de la plate-forme utilisée pour cette nouvelle Cadillac. Elle n'est pas nouvelle en soi puisque les ingénieurs l'ont déjà utilisée sur la CTS, CTS-V et SRX. Déjà reconnue pour sa rigidité, elle a été manifestement transformée pour répondre aux critères de la STS. Les poutres longitudinales avant ont été renforcées et remplies d'une mousse spéciale pour éviter des déformations en cas d'impact. Les montants latéraux sont monopièces et formés par pression hydraulique, tandis que le plancher de l'habitacle est constitué d'acier antipropagation du bruit. En outre, les poutres de bas de caisse et plusieurs parties de la carrosserie ont été bourrées de mousse insonore. Même le coffre à bagages est recouvert d'un tapis ayant des caractéristiques antibruit.

Comme c'est dorénavant la nouvelle politique chez Cadillac, la STS est une propulsion à l'origine et elle sera plus tard offerte avec une transmission intégrale. Sur la STS, deux groupes propulseurs sont au catalogue. Le moteur de série est un V6 3,6 litres de 255 chevaux tandis qu'un moteur V8 optionnel permet de pouvoir compter sur une puissance de 320 chevaux. Les deux sont couplés à une boîte automatique de type manumatique à cinq rapports. Les gens qui opteront pour la transmission intégrale ne pourront le faire qu'avec le moteur V8.

La suspension avant est à bras asymétriques et plusieurs pièces sont en aluminium afin de réduire le poids. À ce titre, même la barre antiroulis est creuse. Les amortisseurs avant sont des monotubes produits par Sachs et ceux à

l'arrière sont des Nivomat, du moins sur certains modèles. Il est également possible de commander en option la suspension « Magnaride » permettant de régler infiniment la dureté des amortisseurs et ce en une fraction de seconde. L'huile de l'amortisseur contient de minuscules particules métalliques et elle est traversée par un courant de force variable qui permet d'agglomérer ces particules qui rendent l'huile plus claire ou plus épaisse afin de modifier la dureté de l'amortissement selon les conditions de la route et la vitesse de la voiture. Le temps de réaction est pratiquement instantané. Par exemple, il est possible de passer du réglage le

》》》 DE SÉRIE
› Moteur V6 3,6 litres
› Boîte automatique 5 rapports
› Direction à démultiplication variable
› Amortisseurs arrière Nivomat
› Démarrage sans clé

》》》 EN OPTIONS
› Moteur V8 4,6 litres
› Suspension Magnaride
› Système de navigation par satellite
› Suspension sport
› Sièges avant climatisés

CADILLAC STS

plus mou au plus dur en moins de 30 cm lorsque le véhicule roule à 96 km/h.

Bien entendu, la STS est dotée du système de contrôle de stabilité latérale "Stabilitrack" et de l'antipatinage tandis que l'habitacle comprend des coussins de sécurité frontaux, latéraux et de tête. Enfin, la direction assistée Servotronic II de ZF est non seulement à assistance variable, mais sa démultiplication est également variable.

UN AIR DE FAMILLE

Lorsque la Seville a été modifiée pour une dernière fois en 1998, les stylistes s'étaient contentés d'une silhouette plus classique que spectaculaire. Tant et si bien que cette voiture passait inaperçue sur les routes. Sa remplaçante ne souffre pas du même défaut. En effet, la STS s'inspire étroitement de la CTS qui a, semble t'il, servi de fondation pour toute la présentation esthétique des modèles Cadillac à venir. Sa partie avant comprend donc la grille de calandre constituée de lamelles horizontales, le tout encadré par des phares verticaux abritant des phares à haute intensité ou au xénon selon le cas. Les flancs sont d'apparence relativement classique. Par contre, un déflecteur horizontal monté dans le bas de caisse donne du relief et une allure dynamique à l'ensemble.

Autant la partie avant est agressive, autant l'arrière est discret. Il faut attendre que les lumières de freins ou les feux arrière s'allument pour que l'ensemble soit plus harmonieux. Tout cela est en effet causé par l'utilisation de diodes électroluminescentes dans ces lumières. Ils s'éclairent rapidement et produisent beaucoup de lumière sans éblouir.

L'habitacle est d'une finition impeccable, les matériaux sont de qualité et l'ergonomie de bon aloi. À un détail près cependant. Pourquoi diantre les concepteurs ont-ils placé le bouton servant à désactiver le système de stabilité latérale sur le dessus de la console centrale, tout près de la main du passager? Soulignons au passage que les porte-verres ne sont pas très profonds et qu'une canette un peu haute risque de se renverser.

La planche de bord est très sobre, mais réussie dans son ensemble. Ici, pas de bouton

»FEU VERT
› Mécanique sophistiquée
› Finition impeccable
› Moteurs performants
› Tenue de route sans surprise
› Prix compétitif

»FEU ROUGE
› Places arrière moyennes
› Boutons de l'antipatinage à reloger
› Porte-verres peu profonds
› Tableau de bord terne

Guide de l'auto 2005

multifonction démoniaque pour régler la climatisation ou encore changer de poste de radio. L'écran tactile est de bonnes dimensions et les commandes sont simples. Comme le boudin du volant, les appliques sur la planche de bord sont en bois d'eucalyptus tandis que certains modèles ont des accents décoratifs en aluminium. Il faut ajouter que les sièges avant sont climatisés en été et chauffants en hiver. De plus, ils sont confortables même si le support lombaire n'est pas de nature à accommoder toutes les anatomies. Par contre, la banquette arrière est relativement étroite, ce qui n'offre pas tellement de support pour les cuisses.

L'ÉQUILIBRE! L'ÉQUILIBRE!
Pour décrire le comportement routier de la STS, il suffit de dire que cette berline se comporte comme la CTS, ce qui est particulièrement élogieux compte tenu des commentaires positifs que cette berline a obtenus depuis son lancement.

Pour en revenir à la STS, celle-ci est équipée du même système de démarrage sans clé que celui de la XLR. Une fois sur la route, il suffit de quelques kilomètres pour découvrir une berline très silencieuse et confortable, munie d'une suspension très bien calibrée entre le confort et la tenue de route. Et par confort, cela ne signifie pas non plus que la suspension s'affaisse au moindre virage. Le roulis est très bien contrôlé dans les courbes, tandis que la précision de la direction permet de conserver la bonne trajectoire sans devoir effectuer de multiples corrections avec le volant.

Le moteur V8 combiné avec des pneus Michelin Pilot Sport P255/45R18 transforme la STS en berline de sport alors que la voiture semble ne vouloir jamais décrocher dans les virages. Le profil bas de ces pneus d'été ne fait pas nécessairement bon ménage avec les mauvaises routes. C'est sans doute pour cela que d'autres pneus de 18 pouces sont au catalogue. Ceux-ci sont des Pilot également, mais des toutes saisons qui sont de grandeurs différentes à l'avant et à l'arrière. Toutefois, pour la plupart des modèles, ce sont des Michelin Energy LX4 de 17 pouces qui sont montés en équipement de série.

Il est certain que la version équipée du moteur V8 de 320 chevaux offre des accélérations plus rapides puisque le 0-100 km/h est bouclé en 6 secondes pile. Par contre, même si une STS propulsée par le moteur V6 met une seconde de plus pour réaliser le même exercice, son comportement général est plus homogène en raison d'une meilleure répartition du poids. Et parlant de poids, cette Caddy est plus légère de 250 kg comparativement à une BMW de Série 7!

La dernière-née chez Cadillac soutient la comparaison avec ce qui se fait de mieux dans la catégorie tant sur le plan de la mécanique que des performances. Et il faut ajouter que le prix du modèle de base est inférieur à celui de la Seville 2004. Par contre, certains inconditionnels des importées risquent de ne pas apprécier son esthétique et son habitacle typiquement américain. Au moins, ses concepteurs ne peuvent êtres accusés d'avoir copié qui que ce soit.

Denis Duquet

DONNÉES TECHNIQUES
Prix du modèle à l'essai :	58 750$
Échelle de prix :	58 750$ à 68 725$
Version(s) disponible(s) :	V6, V8
Garanties :	4 ans 80 000/4 ans 80 000
Catégorie :	berlines grand format
Emp./Long./Lar./Haut.(cm) :	295/498/184/146
Poids :	1750 kg
Coffre/Réservoir :	390/66 litres
Coussins de sécurité :	frontaux, latéraux (av.) et rideaux
Suspension avant :	indépendante, bras inégaux
Suspension arrière :	indépendante, multibras
Freins av./arr. :	disque (ABS)
Antipatinage/Contrôle de stabilité :	oui/oui
Direction :	à crémaillère, ass. variable
Diamètre de braquage :	11,5 m
Pneus av./arr. :	P235/50VR17

GROUPE MOTOPROPULSEUR ET RENDEMENT
Moteur :	V6 3,6 litres 24s (94,0 x 85,0)
Puissance :	255 ch (190 kW) à 6 500 tr/mn
Couple :	252 lb-pi (342 Nm) à 3200 tr/mn
Autre(s) moteur(s) :	V8 4,6 litres 320 ch
Transmission :	propulsion, automatique 5 rapports
Autre(s) transmission(s) :	aucune
Accélération 0-100 km/h :	7,0 s
Reprises 80-120 km/h :	6,2 s
Freinage 100-0 km/h :	n.d.
Vitesse maximale :	225 km/h
Indice de performance longitudinale :	n.d.
Consommation (100 km) :	ordinaire, 12,8 litres
Autonomie :	516 km

NIVEAU SONORE
Ralenti :	39,8 db
Accélération :	70,6 db
100 km/h :	62,0 db

DANS LA MÊME CATÉGORIE
Audi A6 - BMW Série 5 et 7 - Jaguar S-Type
Mercedes-Benz Classe E - Lexus GS/LS 430

HISTORIQUE DU MODÈLE
nouveau modèle
2ième génération

DATE DE RENOUVELLEMENT
n.d.

NOS IMPRESSIONS
Agrément de conduite :	🚗🚗🚗🚗½
Fiabilité :	nouveau modèle
Sécurité :	🚗🚗🚗🚗½
Qualités hivernales :	🚗🚗🚗🚗
Espace intérieur :	🚗🚗🚗🚗½
Confort :	🚗🚗🚗🚗½

LE CHOIX DE L'ÉQUIPE
V6

Guide de l'auto 2005

CADILLAC XLR

»» NOUVEAU PORTE-ÉTENDARD

Après avoir été la référence en matière d'automobile de luxe, la marque Cadillac a sombré dans le marasme en devenant un produit de qualité moyenne au cours des années 70. Pendant que les grandes marques allemandes et nippones se livraient une chaude lutte dans la course à la sophistication technique, chez Cadillac on se contentait de bébelles et de tape-à-l'œil. Bien entendu, le prestige de cette division en a pris tout un coup et les ventes ont commencé à décliner. La réforme a commencé au tournant du siècle et la XLR, dévoilée l'an dernier, représente le point culminant de cette transformation.

En effet, pour se donner du prestige, une marque a besoin d'un produit phare qui permet de démontrer ce dont les ingénieurs de la compagnie sont capables de réaliser en fait de raffinement mécanique tandis que les stylistes ont pour mission d'impressionner la galerie avec leur design. La XLR répond à ces deux critères.

La semaine passée à son volant m'a permis de conclure que les lignes de la carrosserie, inspirées de celles des avions furtifs, sont bien accueillies par le public. Les commentaires élogieux recueillis et les nombreux pouces en l'air lors des dépassements sont une preuve que les stylistes ont réussi leur mission. Soulignons au passage que la plupart des photos ne rendent pas justice à la silhouette qui est beaucoup mieux réussie lorsqu'on peut l'examiner sur place. Et contrairement à plusieurs cabriolets, la voiture est tout aussi élégante une fois le toit en place. Puisque cette Caddy cible la Mercedes SL, il était obligatoire d'avoir un toit rigide à déploiement automatique. Comme sur sa rivale allemande, il suffit d'appuyer sur un bouton pour que la « casquette » rigide se retrouve dans le coffre et fasse également disparaître une partie de l'espace de rangement de celui-ci. La finition de cette soute à bagages ressemble davantage à celle d'une Chevrolet que d'une voiture de haut de gamme.

Jadis accusés d'abuser du chrome, du simili bois et des tapis en minou, les designers de Cadillac ont joué la carte de la sobriété dans l'habitacle. Les cuirs sont très fins, les bois authentiques et la présentation du tableau de bord d'une sobriété quasiment germanique. Cette fois, guerre au toc et au kitsch ! Il est toujours possible de se consoler en actionnant les serrures électriques qui fonctionnent sur la simple pression d'un bouton. Et si jamais la batterie flanche, un système d'ouverture manuelle vous permettra de quitter la voiture.

Enfin, les sièges sont confortables, l'habitabilité généreuse et le système audio impressionnant. Par contre, le support du pare-soleil semble emprunté à un VUS tandis que l'affichage de

»» FEU VERT	»» FEU ROUGE
› Silhouette réussie	› Interface de l'écran d'affichage
› Toit amovible efficace	› Toit replié occupe presque tout le coffre
› Habitacle confortable	› Absence d'un déflecteur de vent
› Mécanique sophistiquée	› Détail de présentation à revoir
› Performances adéquates	› Tableau de bord très sobre

l'écran de navigation manque de punch en comparaison de la concurrence.

UNE C6 ENDIMANCHÉE?
Plusieurs vont sans doute lever le nez sur cette Cadillac en apprenant qu'elle utilise la même plate-forme que la nouvelle Corvette C6. Mais pour une fois, ces origines ne sont pas déshonorantes. Il faut se souvenir que la Corvette C5 a remporté plusieurs courses internationales devant des marques aussi prestigieuses que Audi, BMW, Ferrari et Porsche. De plus, cette nouvelle génération, la C6, est encore plus raffinée sur le plan technique.

La XLR n'a pas à rougir de ses origines et de son châssis périphérique qui est reconnu pour sa légèreté et sa rigidité. Parmi ses caractéristiques techniques, il faut souligner la suspension Magnetic Ride Control, dont les amortisseurs sont remplis d'un liquide magnétique qui s'épaissit ou se liquéfie selon l'intensité du courant électrique qui le traverse. La direction Magnasteer est pour sa part à assistance magnétique variable tandis que la stabilité directionnelle est confiée à une version plus sophistiquée du système Stabilitrak.

Le groupe propulseur est signé Cadillac avec la toute dernière génération du moteur Northstar. Ce moteur V8 de 4,6 litres produit 320 chevaux, ce qui est 14 chevaux de plus que la Mercedes SL500, la cible avouée. Il est couplé à une boîte de vitesses automatique à cinq rapports de type manumatique montée devant le différentiel arrière afin d'obtenir une meilleure répartition du poids. Parmi les autres caractéristiques techniques, soulignons l'utilisation de pneus de 18 pouces à mobilité étendue et un régulateur de vitesse avec radar qui ajuste automatiquement la distance préréglée avec le véhicule qui vous devance sur la route. À l'usage, cet accessoire fonctionne non seulement très bien mais est d'une très grande transparence.

UNE GRANDE ROUTIÈRE
Malgré ses emprunts mécaniques à la Corvette, la XLR n'est pas une sportive pure et dure mais une voiture de grand tourisme qui vous permet de rouler rapidement et longtemps aussi bien sur les autoroutes que sur les routes secondaires. La suspension est ferme mais confortable quand même tandis que roadster se conduit au doigt et à l'œil. Les temps d'accélération sont respectables puisqu'il a fallu 5,6 secondes pour boucler le 0-100 km/h tandis que les reprises 80-120 km/h sont l'affaire de cinq secondes.

Le moteur V8 assure de bonnes accélérations mais c'est surtout autour de 4 000 tr/min qu'il nous dévoile ses qualités. Grâce à la transmission manumatique – DSC Driver Shift Control – il est facile de maintenir le régime à ce niveau et de tirer ainsi le meilleur parti possible du moteur Northstar. Et la conduite de la XLR à haute vitesse nécessite une bonne poigne puisque la direction est plus lourde que la moyenne ce qui assure une meilleure stabilité aussi bien en ligne droite que dans les virages.

Bref, la XLR est la Cadillac des Cadillac. Et son prix est à la hauteur de la qualité du produit.

Denis Duquet

DONNÉES TECHNIQUES

Prix du modèle à l'essai :	103 000 $
Échelle de prix :	103 000 $
Version(s) disponible(s) :	version unique
Garanties :	4 ans 80 000/4 ans 80 000
Catégorie :	roadsters
Emp./Long./Lar./Haut.(cm) :	268,5/451/184/128
Poids :	1 654 kg
Coffre/Réservoir :	125 à 328 /68 litres
Coussins de sécurité :	frontaux, latéraux (av.) et rideaux
Suspension avant :	indépendante, bras inégaux
Suspension arrière :	indépendante , multibras
Freins av./arr. :	disque (ABS)
Antipatinage/Contrôle de stabilité :	oui/oui
Direction :	à crémaillère, ass. variable
Diamètre de braquage :	11,9 m
Pneus av./arr. :	P235/50R18

GROUPE MOTOPROPULSEUR ET RENDEMENT

Moteur :	V8 4,6 litres 32s (93 x 84)
Puissance :	320 ch (239 kW) à 6400 tr/mn
Couple :	310 lb-pi (420 Nm) à 4400 tr/mn
Autre(s) moteur(s) :	seul moteur offert
Transmission :	propulsion, automatique 5 rapports
Autre(s) transmission(s) :	aucune
Accélération 0-100 km/h :	5,8 s
Reprises 80-120 km/h :	5,0 s
Freinage 100-0 km/h :	38,0 m
Vitesse maximale :	250 km/h
Indice de performance longitudinale :	5,71 m/s/s
Consommation (100 km) :	super, 13,6 litres
Autonomie :	500 km

DANS LA MÊME CATÉGORIE
Jaguar XK8 - Lexus SC 430 - Mercedes Benz SL 500

DU NOUVEAU EN 2005
Aucun changement majeur

HISTORIQUE DU MODÈLE
1ère génération

DATE DE RENOUVELLEMENT
n.d.

NOS IMPRESSIONS

Agrément de conduite :	🚗🚗🚗🚗½
Fiabilité :	🚗🚗🚗🚗
Sécurité :	🚗🚗🚗🚗½
Qualités hivernales :	🚗🚗🚗½
Espace intérieur :	🚗🚗🚗🚗
Confort :	🚗🚗🚗🚗

LE CHOIX DE L'ÉQUIPE
Modèle unique

Guide de l'auto 2005

ASTRO GMC SAFARI

CHEVROLET/GMC

UN FRANÇAIS EN VACANCES…

…et qui ne veut plus repartir ! Depuis des lunes, les chroniqueurs automobiles prédisent la mort du duo Astro/Safari et depuis des lunes, les chroniqueurs automobiles se ravisent ! Et, dans le fond, c'est très bien ainsi. Alors que la vie court plus vite que nous, que tout ce qui était vrai hier n'est qu'utopie aujourd'hui, il fait bon de pouvoir compter sur quelque chose qui défie les modes.

L'Astro (à partir de maintenant, nous utiliserons seulement le nom Astro, dans le but d'alléger bla, bla, bla…), l'Astro, donc, fait figure de ceinture fléchée dans un monde de hip-hop et ne semble pas avoir fini de nous étonner !

Dans la jungle urbaine, parmi la pléthore de véhicules stylisés, l'Astro se démarque immédiatement avec ses allures vieillottes et sa carrure style bloc de béton. Par contre, on n'achète pas cette fourgonnette pour faire de l'épate sur St-Denis mais plutôt pour le travail, de préférence ardu.

Malgré tout, ce duo a tout de même su s'adapter aux valeurs modernes. Au lieu de moderniser la carrosserie, les ingénieurs ont préféré, au fil des années, améliorer l'aspect technique. La plus importante révision est arrivée… en 1990 (!) alors qu'une version 4x4, l'empattement long ainsi que les freins ABS apparaissaient. Au fil des années, GM a permis à l'Astro de s'améliorer… mais pas trop tout de même ! Pour 2005, outre deux nouvelles teintes de carrosserie, c'est le statu quo le plus figé de l'histoire de l'humanité.

Contrairement aux Caravan de Dodge, par exemple, dont la conduite rappelle plus une automobile qu'un camion, l'Astro reçoit un châssis à longerons, typique des camionnettes. La version allongée étant la seule disponible, on comprendra que le marché visé est celui des entrepreneurs en construction plutôt que celui des petites familles. Mais si papa et maman y tiennent vraiment ou si la situation professionnelle exige un outil de travail la semaine et un véhicule de promenade le week-end, la liste d'options propose à peu près tout ce qu'il faut pour unir ces deux mondes. Le confort, malgré une suspension à essieu rigide à l'arrière, a été passablement amélioré depuis les premières livrées, grâce, surtout, à des sièges et une insonorisation mieux étudiés. Par contre, attendez-vous à vous faire brasser. Ce n'est pas une Buick Park Avenue après tout ! Comme toute bonne fourgonnette qui se respecte, l'Astro offre en option une troisième rangée de sièges. Une seule porte à coulisse, contrairement à deux pour

»» FEU VERT
- Moteur V6 adéquat
- Véhicule polyvalent
- Capacités de remorquage
- Traction intégrale
- Équipement de base plutôt complet

»» FEU ROUGE
- Design d'équerre
- Espace compté à l'avant
- Freins dépassés
- Consommation imposante (AWD)
- Confort peu reluisant

ASTRO/SAFARI

toutes les autres fourgonnettes sur le marché nord-américain. À l'arrière, les deux portes à battant sont appréciées des travailleurs mais pour la visibilité arrière, on passera!

PEU SOPHISTIQUÉ MAIS EFFICACE

Ce duo de vaillantes et vénérables fourgonnettes fait appel à la propulsion (roues arrière motrices). Aussi, par l'architecture du châssis, le moteur se retrouve à moitié dans l'habitacle. C'est pourquoi on retrouve cette imposante protubérance au centre du tableau de bord. L'Astro (et la Safari bien entendu) est aussi offerte en version intégrale. Il s'agit d'un système à différentiel central peu sophistiqué mais efficace. Un seul moteur a pour tâche de déplacer cette masse de plus de deux tonnes. Il s'agit du V6 Vortec de 4,3 litres, lui aussi peu sophistiqué mais efficace. Si ses 190 chevaux semblent un peu justes, le couple de 250 lb-pi, disponible à seulement 2 800 tours/minutes, vient sauver la situation. D'ailleurs, on peut passer de 80 à 120 km/h en moins de dix secondes. Certes, les arrêts, confiés à un quatuor de disques, se révèlent longuets, le diamètre de braquage se calcule quasiment en kilomètres plutôt qu'en mètres et la consommation d'essence de la version AWD demande une adhésion immédiate aux A.A. mais, dans l'ensemble, les prestations de l'Astro sont honnêtes. Mentionnons une bonne tenue de route que l'espace pour la cargaison soit rempli ou pas, une direction passablement précise et une rassurante stabilité en ligne droite. La transmission automatique à quatre rapports travaille avec une belle motivation même lorsque le véhicule tire une remorque pouvant peser jusqu'à 2 495 kilos (version AWD). Pour répondre aux attentes des entrepreneurs, GM offre différents ratios de transmission. De plus, la fiabilité générale s'est grandement améliorée depuis ses débuts.

La vie à bord serait sans aucun doute plus agréable si le généreux renflement au centre du tableau de bord, comme nous l'expliquions plus tôt, ne venait pas gêner les mouvements. L'espace à l'avant est compté, ce qui est un tantinet ridicule compte tenu des dimensions de la carrosserie. Le centre de gravité de l'Astro se montre plus élevé que la moyenne ce qui peut amener un faux sentiment de sécurité. La première courbe prise à grande allure vous rappellera les plus élémentaires concepts de la physique. Plus c'est haut, plus ça penche… Et aucun coussin latéral ne viendra vous protéger en cas de catastrophe.

Le duo Astro/Safari possède certes un physique ingrat mais General Motors serait malvenu de le modifier. Ces fourgonnettes sont de formidables outils de travail qui, de surcroît, se débrouillent très bien la fin de semaine. Si elles disparaissaient, ce serait vraiment dommage. Ce sont les Roger Joubert de l'automobile…

Alain Morin

DONNÉES TECHNIQUES

Prix du modèle à l'essai :	34 720 $
Échelle de prix :	26 775 $ à 37 650 $
Version(s) disponible(s) :	SL, SLE, LT, SLT
Garanties :	3 ans 60 000/3 ans 60 000
Catégorie :	fourgonnettes
Emp./Long./Lar./Haut.(cm) :	282,5/482/197/190
Poids :	2 088 kg
Coffre/Réservoir :	1 169 à 4 825/102 litres
Coussins de sécurité :	frontaux
Suspension avant :	indépendante, bras inégaux
Suspension arrière :	essieu rigide, ressorts elliptiques
Freins av./arr. :	disque (ABS)
Antipatinage/Contrôle de stabilité :	non/non
Direction :	à billes, ass. variable
Diamètre de braquage :	13,4 m
Pneus av./arr. :	P215/70R16

GROUPE MOTOPROPULSEUR ET RENDEMENT

Moteur :	V6 4,3 litres 12s (101,6 x 88,4)
Puissance :	190 ch (142 kW) à 4 400 tr/mn
Couple :	250 lb-pi (339 Nm) à 2 800 tr/mn
Autre(s) moteur(s) :	seul moteur offert
Transmission :	intégrale, automatique 4 rapports
Autre(s) transmission(s) :	aucune
Accélération 0-100 km/h :	11,9 s
Reprises 80-120 km/h :	9,9 s
Freinage 100-0 km/h :	44,2 m
Vitesse maximale :	180 km/h
Indice de performance longitudinale :	4,05 m/s
Consommation (100 km) :	ordinaire, 13,4 litres
Autonomie :	761 km

DANS LA MÊME CATÉGORIE
Dodge Caravan, Ford Freestar

DU NOUVEAU EN 2005
Deux nouvelles couleurs de carrosserie

HISTORIQUE DU MODÈLE
1ière génération

DATE DE RENOUVELLEMENT
un jour…

NOS IMPRESSIONS

Agrément de conduite :	🚗🚗🚗½
Fiabilité :	🚗🚗🚗🚗
Sécurité :	🚗🚗🚗🚗
Qualités hivernales :	🚗🚗🚗🚗🚗
Espace intérieur :	🚗🚗🚗🚗🚗
Confort :	🚗🚗🚗½

LE CHOIX DE L'ÉQUIPE
LS AWD

Guide de l'auto 2005

CHEVROLET AVEO

ON A SOUVENT BESOIN…

Le moins que l'on puisse dire, c'est que les Américains éprouvent un certain problème avec les objets de format réduit. Que l'on fasse référence aux portions géantes dans leurs restaurants-minute, ou à leur budget pour la « défense » nationale, tout est gros, gigantesque, "awesome". Mais dans le merveilleux monde de l'automobile, les consommateurs, particulièrement ceux du Québec, ont toujours eu une forte attirance pour les petites autos.

Que faire alors, quand on est, comme GM, un constructeur généraliste ? On va puiser ailleurs, auprès de ceux qui possèdent l'expertise en ce domaine et, si possible, on attend qu'ils soient sur le point de faire faillite pour les racheter à vil prix. C'est exactement ce qui est arrivé à Daewoo, constructeur coréen agonisant récemment acquis par la General Motors, et qui avait déjà dans ses cartons la future Lanos. Voici donc, en quelques mots, la genèse de l'Aveo et de la Swift + de Suzuki qui participe aussi (très minoritairement) à cette entreprise conjointe, avec une hatchback à cinq portières.

Ceux qui connaissent les autres produits de ce petit pays au peuple industrieux n'éprouveront aucune surprise en examinant de près l'Aveo, sauf pour sa jolie frimousse, compliment du célèbre designer italien Giugiaro. Légère, bien proportionnée et assez bien construite, elle s'inscrit dans le sillon des productions offertes par Hyundai et Kia. Elle se présente sous la forme d'une classique berline, et d'une pratique hatchback. Quand on connaît aussi l'espèce de dédain de nos voisins du sud envers tout ce qui roule avec des portières en nombre impair, on est surpris que les Aveo ne soient pas destinées exclusivement au marché canadien.

MÉCANIQUE SANS SURPRISE
Leur partie mécanique assez commune démontre quand même un certain modernisme. Le petit moulin de 1,6 litre demeure relativement silencieux à régime moyen et fait montre d'une bonne douceur. Ses prestations peuvent paraître modestes, mais il entraîne quand même avec une célérité satisfaisante la faible masse qui lui est imposée. Assez bien servi par une boîte manuelle à cinq rapports et une automatique à quatre rapports douce et bien étagée, il vous permettra de rouler en toute sérénité sauf peut-être, à l'assaut des plus fortes pentes à pleine charge. La consommation se situe dans une bonne moyenne, même si les japonaises réussissent à faire mieux à cylindrée égale, compliments d'un allumage et de systèmes d'injection plus évolués.

» FEU VERT
- Ligne agréable
- Prix étudiés
- Nombre élevé de concessionnaires
- Qualité correcte
- Bonne habitabilité (5 portes)

» FEU ROUGE
- Certains matériaux bon marché
- Pneus indignes
- Sensibilité aux vents
- Freinage très moyen
- Comportement routier inintéressant

Guide de l'auto 2005

AVEO

DONNÉES TECHNIQUES

Prix du modèle à l'essai :	14 785 $
Échelle de prix :	13 595 $ à 14 785 $
Version(s) disponible(s) :	LT ou LS (berline), 5 portes
Garanties :	3 ans 60 000/3 ans 60 000
Catégorie :	sous-compacte
Emp./Long./Lar./Haut.(cm) :	248/388/167/149,5
Poids :	1 080 kg
Coffre/Réservoir :	200 à 1 190/45 litres
Coussins de sécurité :	frontaux
Suspension avant :	indépendante, jambe de force
Suspension arrière :	poutre déformante, bras tirés
Freins av./arr. :	disque/tambour (ABS opt.)
Antipatinage/Contrôle de stabilité :	non/non
Direction :	à crémaillère, assistée
Diamètre de braquage :	9,8 m
Pneus av./arr. :	P185/60R14

GROUPE MOTOPROPULSEUR ET RENDEMENT

Moteur :	4L 1,6 litres 16s (79,0 x 81,5)
Puissance :	103 ch (77 kw) à 5 800 tr/min
Couple :	107 lb-pi (145 Nm) à 3 600 tr/min
Autre(s) moteur(s) :	aucun
Transmission :	manuelle 5 rapports
Autre(s) transmission(s) :	automatique 4 rapports
Accélération 0-100 km/h :	11,4 s
Reprises 80-120 km/h :	11,0 s
Freinage 100-0 km/h :	44,0 m
Vitesse maximale :	175 km/h
Indice de performance longitudinale :	4,07 m/s/s
Consommation (100 km) :	ordinaire, 7,7 litres
Autonomie :	584 km

Dans la même veine, l'habitacle de ce petit duo ne réussira pas à vous étonner, tout en répondant très bien à ce que l'on peut attendre d'une sous-compacte. L'espace disponible est bien utilisé, les matériaux employés sont corrects et assemblés avec compétence. On accède très aisément à des sièges avant de bonnes dimensions, assez confortables sur les LT et un peu mieux recouverts sur les LS. À l'arrière, les portières s'ouvrent très grand sur une banquette qui procure un confort limité à deux adultes, mais pourra faire le bonheur de trois enfants (chacun disposant d'une ceinture avec baudrier) sur une plus longue distance. Le coffre de la berline est de dimensions respectables, et celui de la hatchback, plus courte, ne permet pas d'y mettre grand-chose avec des occupants à l'arrière. Heureusement, il s'avère beaucoup plus logeable lorsque les dossiers sont rabattus, mais ne pensez pas avoir affaire à une véritable familiale. L'ergonomie vous satisfera, sauf pour les porte-verres qui sont mal placés, mais il faut dire que les contrôles sont peu nombreux avec une aussi courte liste d'équipements.

Les versions de base LT se présentent quand même avec une radio et une colonne de direction réglable, des roues de 14 pouces, une direction assistée, et un tableau de bord comprenant le tachymètre. Les versions LS ajoutent principalement des rétroviseurs chauffants, un lecteur de CD, les glaces et le verrouillage des portières électriques. Les plus bourgeois d'entre nous pourront ajouter certains équipements de plus en plus recherchés même pour cette micro catégorie, comme le toit ouvrant à commande électrique, le freinage ABS et des roues en alliage.

PNEUMATIQUES DE BROUETTE

Sur la route, le petit tandem démontre une compétence certaine avec un confort très acceptable, un silence de roulement proportionnel à la qualité du revêtement et une bonne résistance aux agressions de la route, du moins avec deux personnes à bord. Le comportement routier, identique sur toute la gamme, demeure satisfaisant en conduite normale, même si la caisse semble pencher de façon alarmante en conduite vraiment agressive. Vous ne serez cependant pas longtemps tentés d'adopter cette allure, car les pneumatiques Kumho qui font partie de la dotation de base devraient être réservés pour les brouettes de jardinier. Leur faible adhérence est aussi probablement responsable de la précision assez approximative de la direction, de la tenue de cap facilement perturbée par grand vent et des distances de freinage longuettes. Une conclusion s'impose donc : débarrassez-vous-en au plus tôt !

L'Aveo profite ainsi de l'expérience et de l'expertise des Coréens en semblable matière pour offrir dès son arrivée sur le marché, des prestations parfaitement satisfaisantes en regard de ses tarifs très étudiés. Les versions LS présentent d'ailleurs le meilleur rapport prix/équipement. Sans vouloir être devin, leur fiabilité risque aussi d'être dans la bonne moyenne. Nos gros voisins peuvent donc confirmer l'adage qui dit qu'on a souvent besoin d'un plus petit que soi.

Jean-Georges Laliberté

DANS LA MÊME CATÉGORIE

Kia Rio-Hyundai Accent-Suzuki Aerio et Swift
Toyota Echo

DU NOUVEAU EN 2005

Nouveau modèle

HISTORIQUE DU MODÈLE

nouveau modèle

DATE DE RENOUVELLEMENT

n.d.

NOS IMPRESSIONS

Agrément de conduite :	🚗🚗🚗🚗
Fiabilité :	nouveau modèle
Sécurité :	🚗🚗🚗🚗
Qualités hivernales :	🚗🚗🚗🚗
Espace intérieur :	🚗🚗🚗🚗
Confort :	🚗🚗🚗🚗

LE CHOIX DE L'ÉQUIPE

LS

Guide de l'auto 2005

CHEVROLET/GMC
BLAZER GMC JIMMY

LES DERNIERS SOUBRESAUTS ?

Certains véhicules s'accrochent à la vie avec une émouvante énergie. C'est le cas du duo Chevrolet Blazer/GMC Jimmy qui, selon la presse spécialisée, doit toujours partir d'un moment à l'autre… et qui résiste bon an, mal an. Mais cette année est la dernière, parole de chroniqueur ! Ou l'avant-dernière. Deux années encore, gros max. Trois mais pas plus…

L'arrivée, il y a deux ans, des Trailblazer et Envoy devait sonner le glas des Blazer et Jimmy. Mais ces nouveaux modèles, techniquement beaucoup plus avancés, sont vendus plus cher. L'an dernier, General Motors dévoilait le Chevrolet Equinox qui, éventuellement, prendra toute la place. En attendant, le duo Blazer/Jimmy est toujours offert mais la gamme se montre moins étoffée. En effet, cette année, aucun modèle quatre portes n'est proposé. De toute façon, les versions deux portes sont plus appréciées des amateurs de conduite hors route. Ces deux véhicules, étant offerts à prix moindre que les Trailblazer et Envoy attirent un public plus jeune et, nécessairement, moins fortuné mais qui aime aller à la chasse ou à la pêche quand même !

DÉFIER LE TERRAIN
Les capacités tout-terrain des Blazer/Jimmy (ce dernier étant une exclusivité canadienne, le saviez-vous ?) sont assez élevées. Le rouage intégral est de type 4x4 traditionnel, ce qui signifie qu'il possède une gamme "low" permettant de passer (presque) là où la main de l'homme n'a jamais mis le pied, pour paraphraser une émission de télé fort appréciée des ados. Le châssis de type à échelle et la suspension arrière rigide à ressorts elliptiques sont des atouts sérieux pour s'y rendre. D'ailleurs, il est possible de commander, en option, le groupe « tout terrain ZR2 » qui vient encore rehausser les capacités de franchissement des Blazer et Jimmy. Par contre, il ramène la capacité de remorquage de 2 449 à 2 132 kilos. Option ZR2 ou pas, il faut cocher l'option « remorquage spécial » pour pouvoir tirer une charge de plus de 1 588 kilos. Il est aussi possible d'opter pour le boîtier de transfert Autotrac qui se veut un système intégral automatisé, destiné aux banlieusards désirant affronter les affres de l'hiver. Le moteur, un V6 Vortec de 4,3 litres, développe un maigre 190 chevaux mais son couple de 250 lb-pi disponible à 2 800 tours/minute assure des performances relevées, autant à côté que sur la route. Cet engin se veut fiable et robuste, deux

››› FEU VERT
› Véhicule fiable
› Suspensions confortables
› Système Autotrack apprécié
› Agilité en hors route
› Prix avantageux

››› FEU ROUGE
› Modèle sur la voie de sortie
› Direction « artistique »
› Sièges désolants
› Finition aléatoire
› Transmission manuelle déroutante

Guide de l'auto 2005

BLAZER/JIMMY

qualités appréciées lorsqu'on se retrouve à vingt kilomètres de toute civilisation… Et rendu là, on se fout bien que le moteur gronde en accélération ! Fait à noter, ce V6 boit avec plus de modération que les cinq amateurs de pêche qu'il transporte au camp ! La transmission automatique à quatre rapports est mieux adaptée que la manuelle qui, elle, est aussi précise qu'un pêcheur essayant d'enfiler son leurre au bout d'un hameçon après sa neuvième bière…

Si ce duo se débrouille très bien dans les champs et sentiers mal entretenus, ses prestations sur la route se révèlent beaucoup moins brillantes. Sur une belle autoroute, la tenue de route se montre correcte, mais il faut constamment être vigilant puisque la direction est très évasive (remarquez qu'en conduite sur terrain accidenté, ce flou artistique devient une qualité). Sur chaussée dégradée, gare aux sautillements du train arrière. Le truc, pour éviter ce genre de dérobade, est plutôt simple : ralentir ! Il ne faut pas perdre de vue que ce type de véhicule possède un centre de gravité plus élevé que la moyenne. En virage, la caisse penche donc énormément. Heureusement, les suspensions sont plutôt confortables malgré quelques réactions sèches sur mauvaise route.

DES RIDES DE PLUS EN PLUS ÉVIDENTES

La carrosserie accuse de plus en plus son âge et la finition varie beaucoup d'un exemplaire à l'autre. Même l'habitacle ne fait pas dans le modernisme. Les plastiques sont de facture bas de gamme et l'assemblage semble improvisé. Malgré tout, les commandes sont bien disposées et faciles à utiliser et l'équipement se veut assez complet en offrant la climatisation, la radio avec lecteur CD, les glaces et le verrouillage des portes électriques, le volant réglable et le régulateur de vitesses (en option sur certains modèles, par contre). Les sièges sont probablement le talon d'Achille de ce duo. Bon sang qu'ils sont mous ! De plus, ils n'offrent pas de supports latéral et lombaire et leur tissu ne semble pas très résistant. Imaginez : ils sont pires à l'arrière et y accéder relève de l'escalade ! L'espace cargaison n'est malheureusement pas très grand, compte tenu de l'utilisation généralement très « loisir » que les consommateurs font des Blazer et Jimmy.

Désormais offerts en versions quatre roues motrices seulement, les Chevrolet Blazer et GMC Jimmy ne peuvent plus cacher leur âge vénérable. Malgré tout, ils représentent une belle option pour quiconque cherche un véhicule fiable, relativement abordable, économique et capable d'aller en forêt sans y laisser son système d'échappement. Il faut en profiter cette année car l'an prochain, ce duo ne sera plus offert. Dans deux ans, gros max. Trois mais pas plus…

Alain Morin

DONNÉES TECHNIQUES

Prix du modèle à l'essai :	26045$
Échelle de prix :	26045$ à 28345$
Version(s) disponible(s) :	Base, XTreme 4RM, ZR2
Garanties :	3 ans 60000/3 ans 60000
Catégorie :	utilitaires sport
Emp./Long./Lar./Haut.(cm) :	255/450/172/164
Poids :	2200 kg
Coffre/Réservoir :	855 à 1894/71 litres
Coussins de sécurité :	frontaux
Suspension avant :	indépendante, barres de torsion
Suspension arrière :	essieu rigide, ressorts elliptiques
Freins av./arr. :	disque (ABS)
Antipatinage/Contrôle de stabilité :	non/non
Direction :	à billes, ass. variable
Diamètre de braquage :	12,0 m
Pneus av./arr. :	P235/70R15

GROUPE MOTOPROPULSEUR ET RENDEMENT

Moteur :	V6 4,3 litres 12s (102,0 x 88,0)
Puissance :	190 ch (142 kW) à 4400 tr/mn
Couple :	250 lb-pi (339 Nm) à 2800 tr/mn
Autre(s) moteur(s) :	seul moteur offert
Transmission :	4 x 4, automatique 4 rapports
Autre(s) transmission(s) :	manuelle 5 rapports
Accélération 0-100 km/h :	9,8 s
Reprises 80-120 km/h :	9,0 s
Freinage 100-0 km/h :	165 km/h
Vitesse maximale :	40,0 m
Indice de performance longitudinale :	4,56 m/s/s
Consommation (100 km) :	ordinaire, 14,0 litres
Autonomie :	507 km

DANS LA MÊME CATÉGORIE

Ford Explorer, Jeep Grand Cherokee, Kia Sorento, Nissan Pathfinder, Toyota 4Runner

DU NOUVEAU EN 2005

Modèle 4 portes abandonné

HISTORIQUE DU MODÈLE

3ème génération

DATE DE RENOUVELLEMENT

Fin de carrière imminente ?

NOS IMPRESSIONS

Agrément de conduite :	4/5
Fiabilité :	4/5
Sécurité :	4/5
Qualités hivernales :	5/5
Espace intérieur :	4/5
Confort :	4½/5

LE CHOIX DE L'ÉQUIPE

LS

Guide de l'auto 2005

CHEVROLET
CAVALIER/COBALT

COHABITATION FRATERNELLE

Les détracteurs de la Cavalier devront patienter encore quelques mois avant de voir leur voiture honnie quitter les salles de démonstration. En effet, même si la nouvelle Cobalt est appelée à remplacer cette incontournable compacte, son arrivée sur le marché est entachée de délais et oblige une cohabitation de quelques mois. Pendant que l'une nous quitte, l'autre devrait progressivement s'implanter. Pour plusieurs, ce ne sera jamais trop tôt, car même si la Cavalier a été l'un des modèles les plus populaires au Canada depuis deux décennies, plusieurs roulent les yeux en signe de désespoir chaque fois que le nom de ce modèle est mentionné !

Pour eux, la Cavalier est le symbole de l'antivoiture. La direction de GM a eu beau modifier sa plate-forme, utiliser le moteur Ecotec tout aussi moderne que ce qui est offert par la concurrence, il n'y a rien à faire. Cette attitude hostile est basée sur les premiers modèles qui étaient décevants sur toute la ligne. Récemment, la Cavalier a fait amende honorable et les dernières révisions apportées il y a deux ans ont encore amélioré les choses. L'unanimité ne s'est jamais faite sur cette nouvelle silhouette, mais il faut tout de même avouer que cela donnait un air plus bourgeois à cette petite économique. Malgré tout, elle demeure un véhicule surtout conçu pour cibler les acheteurs à la recherche d'aubaines et plusieurs éléments mécaniques ont été dessinés en fonction des bas prix.

Cette année, puisque la Cavalier en est à ses derniers mois sur le marché, les changements sont pratiquement inexistants. Les berlines et coupés sont de retour dans les versions de base, LS et LS sport. Toutes sont équipées du même moteur Ecotec, un moteur quatre cylindres de 2,2 litres à double arbre à cames en tête produisant 140 chevaux. Une boîte manuelle Getrag à cinq rapports est de série tandis que l'automatique à quatre rapports est optionnelle.

En fait de comportement routier et de tenue de route, rien n'est changé également pour 2005. Ce qui signifie que c'est une voiture capable de suivre le flot de la circulation. Mais pour des sensations de conduite dignes de ce nom, allez voir ailleurs. Et c'est là que la nouvelle Cobalt entre en scène.

FINI LES VIEILLERIES !

La Cavalier a été lancée en 1981 en tant que modèle 1982. À cette époque, la plate-forme était très peu impressionnante et c'est sur ce produit que les ingénieurs ont planché pendant plus de deux décennies. Ils ont même réussi à effectuer plusieurs modifications importantes au fil de ces années. Mais il ne sert à rien de fouetter un cheval mort. La nouvelle Cobalt est basée sur la plate-forme Delta qui est déjà utilisée sur la Saturn Ion et

»» FEU VERT
› Plate-forme moderne (Cobalt)
› Moteurs éprouvés
› Finition plus sérieuse (Cobalt)
› Habitacle réussi (Cobalt)
› Prix de débarras (Cavalier)

»» FEU ROUGE
› Fiabilité inconnue (Cobalt)
› Direction à assistance électrique (Cobalt)
› Agrément de conduite mitigé (Cavalier)
› Modèle de fin de série (Cavalier)
› Faible valeur de revente (Cavalier)

la Opel Astra. Elle est nettement supérieure à celle de la Cavalier et sa rigidité assure des ancrages très solides pour la suspension. Cela a également une incidence sur l'insonorisation et le confort.

La suspension avant est à jambes de force tandis que celle à l'arrière est constituée d'une poutre déformante demi-indépendante. Je sais que plusieurs personnes ont cette configuration en aversion, mais c'est un élément mécanique qui a fait ses preuves sur plusieurs autres voitures. En plus de minimiser la présence des tours de suspension dans l'habitacle, cette configuration mécanique réagit souvent mieux qu'un essieu indépendant lorsque la voiture est lourdement chargée.

Même si vous faites partie des gens qui ont des préjugés envers la Cavalier, force est d'admettre que son moteur Ecotec est au moins l'égal de ce que la concurrence propose. Avec ses deux arbres à cames en tête actionnés par une chaîne, ses deux arbres d'équilibrage tournant dans le sens contraire du vilebrequin, son bloc et sa culasse en aluminium, c'est un moteur moderne qui n'usurpe pas sa place sous le capot de la Cobalt. Le modèle de base est livré avec une boîte manuelle Getrag à 5 rapports tandis que la transmission Hydra-Matic à quatre rapports est disponible en option sur les modèles de base et LS. La berline LT pour sa part ne peut être livrée qu'avec l'automatique tandis que le coupé SS n'est offert qu'avec la transmission manuelle.

UN AIR DE FAMILLE

Celles et ceux qui espéraient une transformation complète de la silhouette seront déçus. Le coupé surtout nous fait songer à la Cavalier Z24 bien que la partie arrière soit radicalement différente. La berline quant à elle se démarque davantage tandis que la section arrière n'a rien en commun avec la Cavalier. Il est important d'ajouter que le tableau de bord de la Cobalt ne partage rien avec sa devancière. Comme sur la Malibu et autres nouvelles Chevrolet, une bande contrastante traverse la planche de bord de part en part tandis qu'une console verticale semble s'y accrocher. Le volant est similaire à celui de la Malibu et de plusieurs autres modèles Chevrolet lancés récemment.

Il ne faut pas passer sous silence le modèle SS, uniquement disponible avec le coupé et dont le moteur quatre cylindres suralimenté 2,0 litres développe 205 chevaux. Sa boîte manuelle est fournie par Getrag. Le rapport de pont est de 4.05:1 dans le but d'assurer de meilleures accélérations. Ce 2,0 litres est suralimenté par un compresseur Eaton M62 de type hélicoïdal relié à un refroidisseur air-eau.

Comme il se doit sur un tel modèle, des pneus à taille basse de 18 pouces sont de série, tandis que le modèle le plus économique de la berline roule sur des pneus de 15 pouces de profil 60. Ce coupé sport est plus ou moins identique au Saturn Ion Red line en fait de performances et la tenue de route est capable de vous impressionner. Espérons par contre que la qualité de la finition et de l'assemblage sera plus consistante que sur la Ion.

Denis Duquet

DONNÉES TECHNIQUES

Prix du modèle à l'essai :	LT 22 995$
Échelle de prix :	15 495$ à 24 995$
Version(s) disponible(s) :	LS, LT, SS
Garanties :	3 ans 60 000/3 ans 60 000
Catégorie :	berlines compactes
Emp./Long./Lar./Haut.(cm) :	262/458/172/145
Poids :	1313 kg
Coffre/Réservoir :	393/49 litres
Coussins de sécurité :	frontaux et rideaux
Suspension avant :	indépendante, jambes de force
Suspension arrière :	demi-indépendante, poutre déformante
Freins av./arr. :	disque/tambour (ABS)
Antipatinage/Contrôle de stabilité :	oui/non
Direction :	à crémaillère, assistée
Diamètre de braquage :	11,4 m
Pneus av./arr. :	P195/60R15

GROUPE MOTOPROPULSEUR ET RENDEMENT

Moteur :	4L 2,2 litres 16s (86,0 x 94,6)
Puissance :	140 ch (104 kW) à 5600 tr/mn
Couple :	150 lb-pi (203 Nm) à 4000 tr/mn
Autre(s) moteur(s) :	4L 2,0 litres compresseur 205 ch
Transmission :	traction, manuelle 5 rapports
Autre(s) transmission(s) :	automatique 4 rapports
Accélération 0-100 km/h :	9,0 s
Reprises 80-120 km/h :	8,1 s
Freinage 100-0 km/h :	42,3 m
Vitesse maximale :	195 km/h
Indice de performance longitudinale :	4,52 m/s/s
Consommation (100 km) :	ordinaire, 8,2 litres
Autonomie :	598 km

DANS LA MÊME CATÉGORIE

Dodge SX - Ford Focus - Honda Civic - Mazda3
Toyota Corolla - Saturn Ion

DU NOUVEAU EN 2005

Nouveau modèle

HISTORIQUE DU MODÈLE

1ière génération

DATE DE RENOUVELLEMENT

n.d.

NOS IMPRESSIONS

Agrément de conduite :	🚗🚗🚗🚗½
Fiabilité :	nouveau modèle
Sécurité :	🚗🚗🚗🚗
Qualités hivernales :	🚗🚗🚗🚗½
Espace intérieur :	🚗🚗🚗🚗½
Confort :	🚗🚗🚗🚗½

LE CHOIX DE L'ÉQUIPE

LT

Guide de l'auto 2005

CHEVROLET
CORVETTE

LA C6 EST ENFIN ARRIVÉE !

Après des mois d'attente, de suppositions et de questionnements, la nouvelle Corvette est parmi nous. Elle est appelée la C6 tout simplement parce qu'il s'agit de la sixième génération de cette icône automobile nord-américaine. Il faut avouer que nous avions eu une avant-première l'an dernier avec l'arrivée de la Cadillac XLR qui utilisait cette même plate-forme périphérique et qui était fabriquée à la même usine. Mais ce n'était pas de nature à apaiser les attentes des vrais mordus de la «Vette» qui voulaient la voir en fibre de verre et en métal.

Je suis prêt à parier que plusieurs de ces vrais mordus ont été quelque peu déçus par cette nouvelle version. En effet, pendant plusieurs mois, les rumeurs sur l'Internet parlaient d'un clone de la Ferrari Maranello ou encore une ultra sportive capable d'aller jouer dans les plates-bandes de la Ford GT. Mais ce n'étaient que des rumeurs, des rêves ou de la fabulation. La Corvette 2005 ressemble de beaucoup à sa devancière, trop, diront certains, et elle a été concoctée par une équipe d'ingénieurs qui ont voulu en faire non seulement la meilleure Corvette de l'histoire, mais une voiture sport capable de tenir tête à ce qui se fait de mieux dans la catégorie. Dans les années 80 et au début des années 90, ces paroles étaient vides de sens alors qu'on tentait de maquiller une voiture assez ordinaire en grande sportive. L'arrivée de la C5 en 1997 a permis aux amateurs de voitures de hautes performances de considérer cette Chevrolet toujours pressée de faire partie de ce club sélect. Il s'agissait d'une

authentique sportive comme le confirment ses victoires de catégorie aux 24 Heures du Mans et de Daytona.

LA MÉTHODE PORSCHE!

La barre était très haute pour Dave Hill, l'ingénieur en chef de l'équipe de développement de la Corvette. Mais ce dernier avait également développé le modèle précédent et cette voiture n'a plus de secret pour lui. Il sait très bien ce que désirent les propriétaires. Ceux-ci veulent conserver les principales caractéristiques mécaniques, dynamiques et esthétiques de la voiture, tout en améliorant ses performances et son raffinement général. Dave Hill a alors adopté la même méthode que Porsche avec la nouvelle 911, un raffinement poussé de tous les éléments mécaniques, tout en conservant la même configuration de base.

C'est dans cette optique que l'empattement a été allongé de 3,8 cm tandis que la longueur hors tout a été rétrécie de 13 cm. Il en résulte une tenue de route améliorée et une suspension qui s'accommode beaucoup mieux des trous et des bosses. Mais avant de parler de moteur et de suspension, il est tout aussi important de mentionner les changements apportés à la silhouette. De prime abord, la C6 ressemble à une C5 qui aurait été chez Weight Watchers. Elle est non seulement plus courte, mais elle est plus efficace sur le plan aérodynamique. Le fait de raccourcir la voiture et d'élargir l'arrière n'améliore pas le coefficient de traînée d'une auto. Mais après des heures passées dans une soufflerie, les ingénieurs ont trouvé toutes sortes d'astuces pour permettre

d'obtenir un coefficient de 0,28. L'utilisation d'un petit déflecteur avant contribue à cette amélioration, tandis que le remplacement des phares escamotables permet également de rendre la voiture encore plus propre aérodynamiquement parlant. Il est certain que les puristes vont hurler pendant des mois, mais ces phares recouverts d'une lentille cristalline sont similaires à ceux utilisés en course. Ils permettent non seulement de réduire la friction de l'air lorsque les phares sont déployés, mais l'absence de mécanisme de retournement allège la voiture. Soulignons au passage que cette nouvelle venue est plus légère d'environ 30 kg par rapport au modèle 2004.

›› DE SÉRIE
› Moteur v8 6,0 litres
› Entrée sans clé
› Transmission manuelle 6 vitesses
› Système audio MP3

›› EN OPTIONS
› Suspension Magnetic Ride Control
› Système de navigation
› Affichage tête haute
› Groupe sport Z51

Guide de l'auto 2005

CHEVROLET CORVETTE

Elle est également plus élégante, mais j'aurais préféré que les stylistes aient fait preuve de plus d'imagination pour la section arrière. À cela, les ingénieurs répliquent que cette partie de la voiture est la plus importante en fait d'aérodynamique et que les changements sont tous calculés. Quant aux quatre feux circulaires arrière, les gourous de la Corvette les considèrent dorénavant comme incontournables.

Toujours pour souligner cette approche de perfectionnement des éléments existants, le châssis périphérique est de retour, mais ses poutres longitudinales sont dorénavant fabriquées d'une seule pièce formée par pression hydraulique alors qu'il en fallait 24 auparavant. L'épine dorsale de cette sportive est constituée par un tunnel de renfort qui traverse la voiture en son centre de l'avant à l'arrière. Là encore, elle a gagné en rigidité. Les éléments de suspension semblent identiques à ceux de la C5. Mais, un plus grand nombre de pièces sont en aluminium tandis que les amortisseurs ont été calibrés à nouveau. Détail à souligner, le ressort arrière transversal en matériau composite est de retour. Cependant, la suspension arrière est plus souple et sa course augmentée de 2 cm.

Pour terminer mon histoire de raffinements à tous les niveaux, le capot est plus petit de 15 % et plus léger de 35 %. Enfin, les essuie-glace sont fonctionnels à plus de 242 km/h mais vous devrez malgré tout vous limiter dans vos élans puisque la vitesse maximale de cette Corvette est le mythique 300 km/h.

LE "SMALL BLOCK" PREND DU MUSCLE

Chez les amateurs de grosses cylindrées, le moteur "Small block" de Chevrolet est légendaire, mythique même. Il est tout de même curieux qu'un moteur d'une cylindrée de 6,0 litres puisse être considéré comme étant petit, mais chez nos voisins du Sud, on n'en est pas à une contradiction près. Comme vous l'aurez deviné, le terme «petit» n'a rien à voir avec la cylindrée, mais avec les dimensions même du bloc moteur. Jusqu'à cette année, la Corvette de base était propulsée par le moteur LS1 5,7 litres produisant 350 chevaux. Cette année, elle est pourvue du

»»»FEU VERT
› Moteur 6 litres 400 chevaux
› Tenue de route incroyable
› Dimensions plus raisonnables
› Habitacle mieux fini
› Suspensions plus confortables (sauf Z51)

»»»FEU ROUGE
› Suspension Z51 trop ferme
› Un seul modèle de pneu disponible
› Toit amovible prend trop d'espace
› Transmission 4 rapports
› Z06 pas encore disponible

LS2 dont la cylindrée est de 6,0 litres et la puissance de 400 chevaux. De quoi assurer un temps de 4,3 secondes pour boucler le 0-100 km/h. La boîte manuelle à six rapports a été modifiée afin de raccourcir la course du levier de vitesses et améliorer l'enclenchement des rapports. Il est également possible de commander une boîte automatique à quatre rapports. Ses algorithmes ont été revus cette année afin de tirer le meilleur parti de la puissance de ce moteur. Mais vous conviendrez avec moi que cette boîte aurait pu bénéficier d'un rapport de plus.

Lors du lancement de la Corvette, j'ai été en mesure de prendre le volant du coupé et du cabriolet. Ce dernier possède un toit à ouverture et fermeture entièrement automatique comme la concurrence, et son fonctionnement est impeccable. Les deux modèles sont équipés d'un système de verrouillage et de démarrage sans clé. Il suffit d'avoir le transpondeur du système avec soi pour lancer le moteur en appuyant sur un bouton placé sur le tableau de bord.

La somme de ces révisions, modifications et améliorations se traduit par une voiture qui est souple et confortable à conduire de façon décontractée. L'immense couple de 400 lb-pi permet de rouler en ville sans devoir constamment changer de rapport. Confortablement assis dans un siège qui offre dorénavant plus de support pour les cuisses et dont le dossier possède un support lombaire digne de ce nom, il est agréable d'écouter ronronner le gros moteur V8 et de suivre un parcours sinueux à basse vitesse afin de s'imprégner de tous les éléments de cette voiture. Et même si les amateurs de voiture sport font peu de cas de l'habitacle, celui de la Corvette 2005 est moins clinquant que précédemment. C'est simple et sobre avec des plastiques de meilleure qualité. Des touches de commande placées le long du module des instruments permettent de s'étirer le doigt pour obtenir des informations ou actionner une commande.

Mais nous serions assis sur une banquette en bois et cette «Vette'» nous impressionnerait par son homogénéité sur la route. Cette nouvelle génération est plus prévisible que l'ancienne, pardonne davantage et conserve une plus grande stabilité linéaire dans les courbes. Les ingénieurs affectés à son développement ont également réglé avec brio la suspension magnétique Magnaride qui assure une polyvalence exceptionnelle tandis que le système de stabilité latérale est maintenant plus permissif. Il est possible de sélectionner parmi plusieurs réglages et le moins restrictif vous permet de faire déraper le train arrière de quelques centimètres.

Il est vraiment difficile de trouver à redire d'autant plus que le prix du coupé, le modèle le plus abordable, est inférieur à celui de l'an dernier.

Denis Duquet

CORVETTE

DONNÉES TECHNIQUES

Prix du modèle à l'essai :	67 395 $
Échelle de prix :	67 395 $ à 76 495 $
Version(s) disponible(s) :	Coupé - Cabriolet
Garanties :	3 ans 60 000/3 ans 60 000
Catégorie :	GT
Emp./Long./Lar./Haut.(cm) :	268/443/188/124
Poids :	1442 kg
Coffre/Réservoir :	634/68 litres
Coussins de sécurité :	frontaux et latéraux (av.)
Suspension avant :	indépendante, bras inégaux
Suspension arrière :	indépendante, multibras
Freins av./arr. :	disque (ABS)
Antipatinage/Contrôle de stabilité :	oui/oui
Direction :	crémaillère, ass. variable
Diamètre de braquage :	12 m
Pneus av./arr. :	P245/40ZR18 P285/35ZR19

GROUPE MOTOPROPULSEUR ET RENDEMENT

Moteur :	V8 5,7 litres 16s (101.6 x 92)
Puissance :	400 ch (298 kW) à 6000 tr/mn
Couple :	400 lb-pi (542 Nm) à 4400 tr/mn
Autre(s) moteur(s) :	seul moteur offert
Transmission :	propulsion, manuelle 6 rapports
Autre(s) transmission(s) :	automatique 4 rapports
Accélération 0-100 km/h :	4,3 s
Reprises 80-120 km/h :	4,6 s
Freinage 100-0 km/h :	33,0 m
Vitesse maximale :	300 km/h
Indice de performance longitudinale :	6,85 m/s/s
Consommation (100 km) :	super, 13,4 litres
Autonomie :	507 km

NIVEAU SONORE

Ralenti :	n.d.
Accélération :	n.d.
100 km/h :	n.d.

DANS LA MÊME CATÉGORIE

Acura NSX - Dodge Viper - Jaguar XKR - Lexus SC430
Nissan 350Z - Porsche 911

HISTORIQUE DU MODÈLE

Nouveau modèle
6ème génération

DATE DE RENOUVELLEMENT

2010

NOS IMPRESSIONS

Agrément de conduite :	🚗🚗🚗🚗🚗
Fiabilité :	nouveau modèle
Sécurité :	🚗🚗🚗🚗½
Qualités hivernales :	🚗🚗🚗
Espace intérieur :	🚗🚗🚗½
Confort :	🚗🚗🚗½

LE CHOIX DE L'ÉQUIPE

Coupé Z51

Guide de l'auto 2005

CHEVROLET EPICA

LA SŒUR ENNEMIE

Tant sur le continent européen que chez nous, elles portent un prénom peu élégant dont la dernière lettre se termine en « A ». Ce qui n'est pas facile à prononcer pour le commun des Québécois… Chez Chevrolet, elle s'appelle Epica tandis que Suzuki lui a donné le nom de Verona. En Europe, elle se nomme Evanda et est vendue par les concessionnaires Daewoo. Eh! oui. Même si elle est passée sous la gouverne de GM, la bannière sud-coréenne est toujours en vie chez nos voisins outre-Atlantique. Il y a trois ans, GM et Daewoo annonçaient la création de la GM Daewoo Auto and Technology Company (GMDAT) détenue par GM (42 %) et des partenaires comme Suzuki.

On se rappellera que Daewoo était le troisième constructeur en Corée du Sud derrière Hyundai et Kia. La crise économique du Sud-Est asiatique des années 1997-1998 avait frappé durement Daewoo dont personne ne soupçonnait la fragilité financière. Par la suite, l'inévitable se produisit avec la faillite du constructeur sud-coréen. Pour GM et ses partenaires, il reste maintenant à redresser le chiffre d'affaires de la marque qui subsiste encore dans les pays européens. On se rappellera que Daewoo vendait un demi-million de véhicules au milieu des années 90. L'année dernière, malgré les déboires du constructeur, 300 000 véhicules ont été assemblés dans les usines de la GMDAT.

Plusieurs observateurs de la scène automobile ont été estomaqués quand Chevrolet a dévoilé en grande pompe l'Epica et deux autres modèles rescapés de chez Daewoo: l'Aveo et l'Optra. Il ne faut pas être surpris puisque l'arrivée de ces trois modèles coïncide avec la disparition de la division Oldsmobile. Toutefois, on peut quand même se questionner puisque certains modèles de même catégorie devront apprendre à cohabiter. Le modèle Optra devra fraterniser avec la Cobalt (remplaçante de la Cavalier) et l'Epica avec la Malibu. Somme toute, une lutte fratricide s'annonce dans les salles de démonstration de Chevrolet.

D'entrée de jeu, le rôle de l'Epica n'est pas de tout repos puisqu'elle se frotte à la récente Malibu. Même si le prix et le comportement routier les distinguent l'une de l'autre, beaucoup d'acheteurs ne verront pas la différence et penseront qu'il s'agit de jumelles puisque leurs dimensions sont presque identiques. En effet, l'empattement est le même alors que la longueur hors tout avantage la Malibu de 1,3 cm. Par contre, la silhouette des deux modèles n'a rien en commun excepté le nœud papillon de Louis Chevrolet. Dessinée par les studios italiens de ItalDesign, l'Epica adopte une ligne plus générique que la Malibu dont les phares

» FEU VERT
> Lignes élégantes
> Équipement complet
> Places arrière confortables
> Bon rapport équipement/prix

» FEU ROUGE
> Performances timides
> Tenue de route moyenne
> Fiabilité inconnue
> Valeur de revente incertaine

Guide de l'auto 2005

avant distinctifs sont la nouvelle signature visuelle de Chevrolet. Les lignes classiques de l'Epica rappellent le profil de son ancêtre la Daewoo Leganza tandis que la partie arrière ressemble à celle de la défunte Oldsmobile Aurora.

Tant sur papier que sur la route, l'Epica et la Malibu font chambre à part. Dans un premier temps, les motorisations ne sont pas les mêmes. Si la Malibu est animée par un V6 de 3,5 litres ou un 4 cylindres de 2,2 litres, l'Epica a droit à un seul moteur soit un 6 cylindres en ligne de 2,5 litres. Monté transversalement, ce moteur de fabrication sud-coréenne possède deux arbres à cames et développe 155 chevaux. Loin d'être aussi vif que le V6 de la Malibu, il accélère avec la boîte automatique de série de 0 à 100 km/h en 10,8 secondes. En revanche, la configuration des moteurs à cylindres en ligne est reconnue pour être robuste, fiable et économique à la pompe. Toutefois, il faudra attendre que le moteur ait accumulé plusieurs centaines de milliers de kilomètres avant qu'on lui donne notre bénédiction. Par ailleurs, la grille de sélection du levier de vitesses n'est pas coulante et aurait avantage à être retracée.

Sur la route, l'Epica se révèle être une honnête routière sans plus. Si vous recherchez une berline qui vire à plat et qui freine sur une pièce de dix sous, la Malibu est mieux indiquée. L'Epica n'inspire nullement une conduite sportive et se compare plutôt à ces rivales sud-coréennes que sont les Magentis et Sonata. Si le freinage antiblocage est dans la norme sur l'asphalte sec, il faut surveiller sa conduite sur les surfaces glacées en hiver puisque l'ABS a cessé de fonctionner inopportunément lors de notre essai. Côté habitabilité, les passagers accéderont à des places généreuses, notamment à l'arrière où l'espace pour les jambes et la tête est surprenant. Même s'ils paraissent invitants, les sièges avant manquent de soutien lombaire. Qui plus est, le rude tissu des baquets respire mal lors des chaleurs de l'été. À ce chapitre, la douce sellerie en cuir de la version LT est recommandée.

Le tableau de bord est d'inspiration américaine et contraste avec le style naturel des constructeurs sud-coréens. L'application de simili bois sur la console, le levier de transmission et l'intérieur des portières convient au tempérament de la voiture et on regrette que les stylistes n'aient pas cru bon de répéter le placage autour des cadrans. Par ailleurs, le design du volant à quatre branches ne cadre pas avec le tableau de bord et semble avoir été emprunté à une Chevrolet (ou Oldsmobile!) qui n'est plus sur le marché.

Comme toute sud-coréenne qui se respecte, l'Epica offre un rapport équipement/prix imbattable. D'ailleurs, seul le prix pourra convaincre les acheteurs de la choisir au détriment de sa sœur ennemie la Malibu.

Jean-François Guay

DONNÉES TECHNIQUES

Prix du modèle à l'essai :	24 710 $
Échelle de prix :	24 710 $ à 27 245 $
Version(s) disponible(s) :	LS, LT
Garanties :	3 ans 60 000/3 ans 60 000
Catégorie :	berline
Emp./Long./Lar./Haut.(cm) :	270/477/181,5/145
Poids :	1 533 kg
Coffre/Réservoir :	380/65 litres
Coussins de sécurité :	frontaux
Suspension avant :	indépendante, jambes de force
Suspension arrière :	indépendante, multibras
Freins av./arr. :	disque
Antipatinage/Contrôle de stabilité :	oui/non
Direction :	à crémaillère, assistance variable
Diamètre de braquage :	10,4 m
Pneus av./arr. :	P205/65R15

GROUPE MOTOPROPULSEUR ET RENDEMENT

Moteur :	6L 2,5 litres (77,0 x 89,2)
Puissance :	155 ch (116 kW) à 5800 tr/min
Couple :	177 lb-pi (240 Nm) à 4 000 tr/min
Autre(s) moteur(s) :	aucun
Transmission :	avant, automatique 4 rapports
Autre(s) transmission(s) :	aucune
Accélération 0-100 km/h :	9,6 s
Reprises 80-120 km/h :	8,5 s
Freinage 100-0 km/h :	42,7 m
Vitesse maximale :	180 km/h
Indice de performance longitudinale :	4,40 m/s/s
Consommation (100 km) :	ordinaire, 10,1 litres
Autonomie :	644 km

DANS LA MÊME CATÉGORIE

Chevrolet Malibu-Chrysler Sebring-Honda Accord-Hyundai Sonata-Kia Magentis-Mazda6-Mitsubishi Galant, Nissan Altima-Subaru Legacy-Suzuki Verona- Toyota Camry

DU NOUVEAU EN 2005

Aucun changement

HISTORIQUE DU MODÈLE

1ère génération

DATE DE RENOUVELLEMENT

n.d.

NOS IMPRESSIONS

Agrément de conduite :	🚗🚗🚗½
Fiabilité :	🚗🚗🚗🚗½
Sécurité :	🚗🚗🚗🚗½
Qualités hivernales :	🚗🚗🚗½
Espace intérieur :	🚗🚗🚗🚗½
Confort :	🚗🚗🚗🚗½

LE CHOIX DE L'ÉQUIPE

LS

Guide de l'auto 2005

CHEVROLET EQUINOX

OBJECTIF SIMPLICITÉ

Curieusement, la division Chevrolet n'était pas présente dans le segment des VUS compacts. Situation tout de même étrange pour une marque qui nous offre toute une panoplie de modèles intermédiaires et grand format. Vous allez me souligner qu'à ce jour, le Tracker jouait ce rôle. Toutefois, sa présence n'était pas assez importante sur le marché. Mais puisque les gens semblent se lasser des versions trop grosses et trop énergivores, tous les manufacturiers s'intéressent à des modèles davantage en harmonie avec la réalité.

Avant de passer à autre chose, il est important de souligner que la silhouette de l'Equinox est réussie. Du moins, elle est en filiation avec celle des Malibu et Malibu Maxx dévoilés presque en même temps. Même si la plate-forme est dérivée de celle de la Saturn VUE, cette Chevrolet possède une identité visuelle qui lui est propre. Parmi les éléments qui la démarquent, soulignons une barre transversale chromée traversant la grille de calandre de part en part et abritant l'écusson Chevrolet en son milieu. Pour souligner le caractère «robuste» de cette catégorie de véhicules, le pare-chocs avant est doté d'un important renflement en sa partie centrale. Sur les flancs, les stylistes ont dessiné des passages de roues en relief et des bandes de protection au milieu des portières, juste en dessous d'un petit renflement. Afin de donner l'impression de vitesse lorsque le véhicule est en mouvement, le pilier «C» est incliné vers l'avant. Puisque la clientèle ciblée est relativement

jeune, les feux arrière sont en verre cristallin afin de suivre la mode actuelle à ce chapitre.

Comme le veut la tendance chez Chevrolet, la présentation intérieure est correcte et même plus moderne que la moyenne. Mais dans l'ensemble, les stylistes ont joué la carte de la prudence et de la simplicité. Ce qui est normal lorsqu'on vise une très grande diffusion. Puisqu'il faut tenter de plaire à la majorité, les compromis ne sont pas une option mais une obligation.

L'habitacle est de même inspiration. Il suffit d'examiner celui d'une Malibu et de l'Equinox pour se rendre compte qu'il s'agit de la même famille. Les deux s'approvisionnent chez le même fournisseur pour ce qui est du tissu des sièges. J'aimerais bien rencontrer la personne qui choisit ces tissus bariolés qui sont d'un effet plus ou moins réussi... Cela doit être une astuce de mise en marché pour inciter les gens à choisir les sièges en cuir. Puisque ce Chevrolet tout-terrain emprunte plusieurs éléments à la Vue de Saturn, la configuration du tableau de bord est similaire. Ce qui explique que les deux sont dotés de cette console centrale se prolongeant sur le plancher. La disposition des buses de ventilation, des commandes de la climatisation et le positionnement du levier de vitesses sont les mêmes. Bien entendu, Chevrolet nous présente ces éléments à sa façon et les commandes de la radio sont identiques à celle de la Malibu par exemple. Et si les stylistes de Saturn ont décidé de placer les commandes des glaces de chaque côté du levier de vitesses, ceux de la division Chevrolet les ont alignés sur une même ligne, à l'extrémité de la console.

Parmi les autres éléments propres à la division au nœud papillon, soulignons le volant à quatre branches et des buses de ventilation rectangulaires placées au dessus de la radio, «à la Malibu». Par contre, les cadrans indicateurs jumelés sont cerclés d'un anneau de couleur titane, joint en sa partie centrale. C'est la même chose que sur la Vue.

L'Equinox a été conçu pour être un véhicule offrant le plus de polyvalence possible. Rien de surprenant d'apprendre que le dossier de la

»» ÉQUIPEMENT DE SÉRIE
› Moteur V6 3.4 litres
› Boîte automatique 5 rapports
› Suspension arrière indépendante
› Direction à assistance électrique variable

»» PRINCIPALES OPTIONS
› Roues de 17 pouces
› Rouage intégral
› Freins ABS sur modèle deux roues motrices
› Rideaux de sécurité

EQUINOX

banquette arrière se replie vers l'avant mais il peut également se déplacer. Lorsque vous avez beaucoup de bagages à transporter et aucun passager arrière, il est possible d'avancer le siège de 20 centimètres ou de le reculer lorsque les places arrière sont occupées. De plus, le dossier est de type 60/40, ce qui permet de combiner passager et bagages. Enfin, le dossier peut être incliné vers l'arrière en deux positions préréglées. Et pour ajouter à la polyvalence de l'habitacle, le dossier du siège baquet avant se replie vers le tableau de bord afin d'augmenter la capacité de charge.

Comme si ce n'était pas assez, les ingénieurs se sont amusés à dessiner une tablette dans le compartiment réservé aux bagages. Celle-ci agit comme plancher de la soute à bagages lorsqu'elle n'est pas utilisée. Sinon, il est possible de la placer à deux hauteurs différentes, ce qui peut faciliter le chargement en certaines occasions. Cet accessoire doit son existence à d'énormes passages de roues intérieurs qui sont des points d'ancrage idéaux. Et tant qu'à critiquer, le dossier arrière ne se replie pas complètement à plat. En fait, une fois replié, il constitue un surplomb par rapport au plancher de la soute à bagages.

En terminant, il faut ajouter que la qualité de la finition est supérieure à celle de plusieurs autres produits Chevrolet tandis que les portières plus larges que la moyenne facilitent l'accès à bord.

EMPRUNTS DE FAMILLE

L'Equinox utilise une version modifiée de la plate-forme Thêta, la même que celle de la Saturn VUE. Toutefois, la Chevrolet est plus longue de 19,1 cm tandis que son empattement est supérieur de 15 cm. Ce qui a permis d'utiliser le siège arrière Multi-flex pouvant s'avancer et se reculer de plusieurs centimètres. Il en résulte non seulement une meilleure habitabilité, mais plus de confort en raison de l'empattement plus important.

Les deux modèles utilisent une direction à assistance électrique et celle-ci ne fait pas l'unanimité. Si cet ensemble mécanique est plus léger, plus efficace et permet de consommer

»FEU VERT
› Silhouette élégante
› Mécanique connue
› Habitacle polyvalent
› Finition correcte
› Tenue de route sans surprise

»FEU ROUGE
› Direction engourdie
› Tissus des sièges à revoir
› Suspension très souple
› Passages des roues encombrants
› Un seul moteur disponible

DONNÉES TECHNIQUES

Prix du modèle à l'essai :	29 170 $
Échelle de prix :	26 560 $ à 35 695 $
Version(s) disponible(s) :	LS, LT
Garanties :	3 ans 60 000/3 ans 60 000
Catégorie :	utilitaires sport
Emp./Long./Lar./Haut.(cm) :	285/479/183/170
Poids :	1 660 kg
Coffre/Réservoir :	912 à 1 143/62,8 litres
Coussins de sécurité :	frontaux et rideaux (opt)
Suspension avant :	indépendante, jambes de force
Suspension arrière :	indépendante, multibras
Freins av./arr. :	disque/tambour (ABS opt.)
Antipatinage/Contrôle de stabilité :	oui/non
Direction :	à crémaillère, assistée
Diamètre de braquage :	12,75 m
Pneus av./arr. :	P235/65R16

GROUPE MOTOPROPULSEUR ET RENDEMENT

Moteur :	V6 3,4 litres 12s (92,0 x 84,0)
Puissance :	185 ch (138 kW) à 5200 tr/mn
Couple :	210 lb-pi (285 Nm) à 3800 tr/mn
Autre(s) moteur(s) :	seul moteur offert
Transmission :	intégrale, automatique 5 rapports
Autre(s) transmission(s) :	aucune
Accélération 0-100 km/h :	9,8 s
Reprises 80-120 km/h :	7,9 s
Freinage 100-0 km/h :	41,2 m
Vitesse maximale :	185 km/h
Indice de performance longitudinale :	4,53 m/s/s
Consommation (100 km) :	ordinaire, 10,2 litres
Autonomie :	616 km

NIVEAU SONORE

Ralenti :	41,9 DB
Accélération :	74,0 DB
100 km/h :	66,5 DB

DANS LA MÊME CATÉGORIE

Ford Escape - Jeep Liberty - Mazda Tribute
Mitsubishi Outlander - Kia Sorento
Land Rover Freelander - Toyota Rav 4 - Nissan Xtrail

HISTORIQUE DU MODÈLE

1ière génération

DATE DE RENOUVELLEMENT

n.d.

NOS IMPRESSIONS

Agrément de conduite :	🚗 🚗 🚗 🚗 ½
Fiabilité :	nouveau modèle
Sécurité :	🚗 🚗 🚗 🚗 ½
Qualités hivernales :	🚗 🚗 🚗 🚗 ½
Espace intérieur :	🚗 🚗 🚗 🚗 🚗
Confort :	🚗 🚗 🚗 🚗 🚗

LE CHOIX DE L'ÉQUIPE

LS AWD

---

moins d'énergie, le feed-back de la route est en bonne partie gommé et plusieurs conducteurs ont décrié cette impression de n'être relié à rien.

La démarcation la plus évidente entre le VUE et l'Equinox se situe au niveau des groupes propulseurs. Le premier offre la possibilité de commander une version équipée d'un moteur quatre cylindres 2,2 litres de 143 chevaux ou le fringuant moteur V6 3,5 litres de 250 chevaux. L'Équinox ne vous permet pas de vous interroger sur le choix à faire puisque seul le moteur V6 3,4 litres de 185 chevaux est disponible. L'unique transmission offerte est une automatique à cinq rapports fournie par Aisin. Ce V6 peut être relié à une transmission intégrale de type à visco-coupleur ou aux roues avant seulement.

La vocation de l'Equinox est la même que celle des autres véhicules de cette catégorie, soit de rouler le plus souvent en ville et sur la route tout en se payant quelques excursions hors route de temps à autre. Mais elle n'est pas conçue pour les raids audacieux. Elle ne possède pas de plaque de protection sous le véhicule, la démultipliée est absente et le rouage intégral plus adapté à l'asphalte qu'aux ornières et cratères remplis de boue.

SAGE COMME UNE IMAGE

Aussi bien vous avertir tout de suite, le ramage de l'Equinox n'est pas nécessairement à la hauteur de son plumage. Les accélérations ne sont pas mauvaises, le rendement du moteur V6 se montre très correct mais ce n'est pas la conduite sportive que la silhouette laisse espérer. Et il faut à nouveau souligner la direction à assistance électrique qui n'a pas que des supporters. Heureusement, les accélérations initiales sont bonnes puisque le couple du moteur est suffisamment généreux pour assurer des départs nerveux. En plus, il faut souligner une capacité de remorquage de 3 500 livres, ce qui est acceptable pour la catégorie.

En fait, ce qui permet à l'Equinox de se distinguer, c'est son caractère pratique, son moteur sans histoire, une excellente boîte automatique et une facilité d'accès à bord. Le roulis de caisse est perceptible et plusieurs autres essayeurs se sont plaint de la mollesse de la suspension. Cette caractéristique n'est pas tellement perceptible lorsque le véhicule est peu chargé mais risque de devenir ennuyante une fois quatre personnes à bord avec tous leurs bagages.

L'Equinox se juge davantage en fonction de ses capacités à remplir de multiples tâches familiales dans la vie de tous les jours. Son moteur est relativement économique, sa conduite prévisible et l'habitacle polyvalent. Pour plusieurs acheteurs, c'est suffisant pour être satisfait.

Denis Duquet

CHEVROLET IMPALA

C'EST PAS LES GROS CHARS !

Soyons francs: la Chevrolet Impala n'est pas «les gros chars», mais au moins son propriétaire peut se vanter d'avoir un gros char. Pas aussi gros que la défunte Caprice, à laquelle il a succédé à titre de berline Chevrolet la plus volumineuse, mais tout de même suffisamment pour accueillir trois sièges d'enfant sur la banquette arrière.

Cette précision étant faite, il faut admettre qu'on ne risque pas de voir souvent trois sièges de bébé à bord d'une Impala, et pas seulement parce que la famille québécoise compte en moyenne 1,4 enfant Voyez-vous, cette berline intéresse surtout une clientèle d'un âge certain, qui n'a pas, objectivement, besoin d'autant d'espace qu'en dispose la Impala, mais qui apprécie le sentiment de confort et de sécurité d'une grosse voiture.

Pas fou, Chevrolet a donné une tournure nostalgique à l'opération en ressortant des boules à mites le nom prestigieux de Impala. Hélas ! L'avatar a peu à voir avec ce que fut cette populaire voiture dans ses belles années. La «nouvelle» Impala était déjà dépassée lors de sa réintroduction au catalogue GM de l'année 2000. Depuis, elle n'a pas subi de remise à niveau, et cette année encore elle revient inchangée.

UNE VERSION SUPER SPORT
Le vieux V6 de 3,4 litres anime donc la Impala de base. Vaillant, il besogne laborieusement en émettant des rots qui semblent évoquer ses lointaines et primitives origines. Le V6 3,8 litres, qui équipe la version LS, lui est infiniment préférable. De facture encore plus ancienne que le premier, mais remanié avec bonheur au fil de ses multiples rénovations, il manifeste un bel entrain en accélération comme en reprise. Ce même 3,8 litres se retrouve au cœur de la version Super Sport dont s'est enrichie la gamme Impala en 2004, à cette différence qu'il profite d'un compresseur volumétrique lui permettant d'ajouter 40 chevaux à sa cavalerie. Malgré sa configuration obsolète, il n'a pas à rougir de ses performances : couple impressionnant à bas régime, temps de réponse quasi inexistant et puissance «utile» importante, même si le régime maximal apparaît assez limité, à 5 800 tr/min. La boîte automatique à 4 rapports interagit en bonne entente et passe les vitesses en douceur.

Cela dit, l'inertie opposée par sa lourde masse enlève à la Impala SS toute prétention au titre de "muscle car". En conduite, elle a juste ce qu'il faut d'aptitudes routières pour titiller votre

»» FEU VERT	»» FEU ROUGE
› coffre vaste	› comportement routier tranquille
› habitacle spacieux	› montage perfectible
› équipement complet	› matériaux très ordinaires
› prix étudiés	› ligne vieillotte
› confort appréciable	› consommation importante

Guide de l'auto 2005

fibre sportive. La direction ne transmet pas grande rétroaction mais elle est rapide et précise, et l'effet de couple est généralement bien maîtrisé en regard de toute la puissance transmise au train avant. La tenue de cap est rassurante et n'est pas trop perturbée par le vent ou les ornières

Les suspensions renforcées conviennent à une conduite de type "cruiser", en plus de contribuer au confort. En revanche, la caisse bouge latéralement de façon trop prononcée sur les "silent blocks" avant de prendre appui lorsque vous l'inscrivez dans les virages. Vous l'aurez deviné, cette soi-disant «Super Sport» n'est pas la plus agile. Cependant, les pneus Goodyear RS-A de 17 pouces qui équipaient le modèle à l'essai se sont montrés très tenaces et relativement silencieux.

Évidemment, la Impala en version LS ou de base manifeste un comportement encore plus débonnaire. Quasi imperturbable en ligne droite, elle met littéralement les genoux à terre dans les courbes. Ce n'est rien de bien dangereux cependant, puisqu'elle laisse sentir ses limites bien avant de décrocher. Et les freins à disque assurent un freinage adéquat, surtout lorsqu'ils sont jumelés à l'ABS (de série sur LS et SS).

EN FIN DE CARRIÈRE

Certains aiment les lignes de la Impala, d'autres les jugent affreuses. En tout cas, elles commencent à faire sérieusement vieillottes. La Impala SS édition Indianapolis Motor Speedway que j'ai mise à l'essai avait assez belle allure avec sa peinture toute noire et ses discrets petits écussons sur les ailes avant, mais pour tout dire, elle gagne à être regardée de loin. La finition est en effet approximative, et les roues chromées de 17 pouces ont carrément l'air de pacotille.

Idem pour l'habitacle, où matériaux et assemblage laissent à désirer, y compris sur la SS, dont la sellerie en cuir s'apparente au vinyle. Le design torturé de la planche de bord date d'une époque révolue, et les contrôles ont un aspect simpliste, notamment les deux leviers pour la température qui semblent provenir d'un jouet Fisher-Price. L'ergonomie est néanmoins satisfaisante, sauf en ce qui concerne la commande des sièges chauffants, si mal logée qu'on ne peut savoir si elle fonctionne autrement que par la chaleur aux fesses. Parlant de fesses, les gros fauteuils leur font bon accueil, mais ils offrent peu de soutien latéral, et c'est encore pis sur les modèles équipés de la banquette avant. La banquette arrière est, quant à elle, parfaitement plane, mais elle a l'avantage de ne pas trop mal lotir le passager du centre. Le coffre est apprécié pour ses dimensions vastes et régulières, de même que pour sa large découpe.

La version de base bénéficie des principales assistances électriques, du régulateur de vitesse, et de la climatisation à deux zones. C'est un bon début, mais on trouve facilement l'équivalent — ou mieux — pour moins cher, et cela sans avoir à faire de concession vitale sur l'espace habitable. Un exemple? La Chevrolet Malibu.

Conclusion: la Impala, sous sa forme actuelle, est un modèle en fin de carrière dont le rapport prix/équipement n'arrive pas à racheter les faiblesses. Mais si vous avez absolument envie d'un gros char…

Jean-Georges Laliberté

DONNÉES TECHNIQUES

Prix du modèle à l'essai :	36 885 $
Échelle de prix :	27 015 $ à 36 885 $
Version(s) disponible(s) :	Base, LS, SS
Garanties :	3 ans 60 000/3 ans 60 000
Catégorie :	Berline intermédiaire
Emp./Long./Lar./Haut.(cm) :	281/508/185/146
Poids :	1 636 kg
Coffre/Réservoir :	527/64 litres
Coussins de sécurité :	frontaux, latéral (cond.)
Suspension avant :	indépendante, leviers triangulaires transversaux
Suspension arrière :	indépendante, jambes élastiques
Freins av./arr. :	disque (ABS)
Antipatinage/Contrôle de stabilité :	opt/non
Direction :	à crémaillère, assistée
Diamètre de braquage :	12,1 m
Pneus av./arr. :	P235/55R17

GROUPE MOTOPROPULSEUR ET RENDEMENT

Moteur :	V6 3,8 litres 12s (86,0 x 94,6)
Puissance :	240 ch (179 kW) à 5 200 tr/min
Couple :	280 lb-pi (380 Nm) à 3 600 tr/min
Autre(s) moteur(s) :	aucun
	V6 3,8 litres 200 ch V6 3,4 litres 180 ch
Transmission :	traction, automatique, 4 rapports
Autre(s) transmission(s) :	aucune
Accélération 0-100 km/h :	7,5 s
Reprises 80-120 km/h :	6,8 s
Freinage 100-0 km/h :	43,0 m
Vitesse maximale :	210 km/h
Indice de performance longitudinale :	4,76 m/s/s
Consommation (100 km) :	super, 11,1 litres
Autonomie :	577 km

DANS LA MÊME CATÉGORIE
Chrysler 300C-Ford 500-Hyundai XG350-Kia Amanti,

DU NOUVEAU EN 2005
Quelques nouvelles couleurs

HISTORIQUE DU MODÈLE
2ième génération

DATE DE RENOUVELLEMENT
n.d.

NOS IMPRESSIONS

Agrément de conduite :	🚗🚗🚗🚗
Fiabilité :	🚗🚗🚗🚗½
Sécurité :	🚗🚗🚗🚗½
Qualités hivernales :	🚗🚗🚗🚗½
Espace intérieur :	🚗🚗🚗🚗🚗
Confort :	🚗🚗🚗🚗½

LE CHOIX DE L'ÉQUIPE
LS

Guide de l'auto 2005

CHEVROLET
MALIBU/MALIBU MAXX

GÉNÉTIQUEMENT MODIFIÉE

Malibu a toujours invoqué les grands fantasmes américains: la Californie, la plage, les belles filles platinées, les surfeurs, la plantureuse Pamela et le beau David Hasselhoff. Il faut dire que les grands stratèges de Chevrolet n'ont pas cherché de midi à quatorze heures quand ils ont décidé de réutiliser le nom magique de Malibu en 1997.

Certes, la Malibu désignait les plus belles Chevelle des années 60, mais il ne faut pas cacher que la popularité de la série télévisée «Alerte à Malibu» qui dura de 1989 à 2001 a également penché dans la balance. Vous êtes sceptiques? Vous avez raison. J'avoue que ce n'était qu'un fantasme de journaliste automobile… Un fantasme qui me hante depuis 1997 (monsieur le docteur!) j'ai même osé poser la question à un Américain (dont j'oublie le nom), responsable du marketing de Chevrolet, qui rouge de gêne avait évité la question en me demandant si Pamela n'était pas native de Montréal. Non, elle vient de Vancouver, lui avais-je dit avant que notre conversation ne tourne en discussion de vrais gars pour ensuite perdre le fil de nos idées…Encore aujourd'hui, je me demande si… Et de toute façon, à bien y penser le lien entre la Malibu des années 90 et Pamela (ou David, mesdames!) est absurde. En effet, la précédente génération de Malibu n'avait rien pour faire joujou ou pratiquer le «m'as-tu-vu». Il s'agissait plutôt d'une berline sans prétention qui avait essayé de croiser le fer avec les ténors de la catégorie qu'étaient et sont encore les Honda Accord et Toyota Camry.

LA MAXX
Je ne sais pas où Chevrolet est allé chercher le nom de Maxx, mais exception de la MINI Cooper rarement un mot aura-t-il si bien décrit une automobile. Avec ses cinq portes, son pavillon allongé, et sa lunette arrière inclinée, la Maxx se démarque carrément du style des deux dernières générations de Malibu (1978-1983 et 1997-2003). C'est connu, comparativement aux Européens, les Américains ont horreur des modèles à hayons alors que chez nous, sang latin ou pas, on raffole de ce genre de véhicule. Par rapport à la Malibu format berline, la carrosserie de la Maxx ne retient que la partie avant ornée de sa barre transversale en nickel, portant fièrement le nœud papillon. De même, on retrouve les énormes phares inspirés des camionnettes Chevrolet qui semblent être la nouvelle signature visuelle de la division populiste de GM. Du pilier B jusqu'au pare-chocs

»»» FEU VERT
› Plate-forme rigide
› Mécanique fiable
› Espace arrière passagers (Maxx)
› Configuration de l'habitacle (Maxx)

»»» FEU ROUGE
› Lignes banales (berline)
› Design du tableau de bord
› Pneus d'origine moyens
› Direction électrique légère

MALIBU/MALIBU MAXX

DONNÉES TECHNIQUES

Prix du modèle à l'essai :	33 740 $
Échelle de prix :	22 470 $ à 30 945 $
Version(s) disponible(s) :	LS, LT (Maxx), de base, LS, LT (berline)
Garanties :	3 ans 60 000/3 ans 60 000
Catégorie :	Berline
Emp./Long./Lar./Haut.(cm) :	285/477/177/147 (Maxx)
Poids :	1 577 kg (Maxx)
Coffre/Réservoir :	646/63 litres (Maxx)
Coussins de sécurité :	frontaux/latéraux
Suspension avant :	indépendante, jambes de force
Suspension arrière :	indépendante, multibras
Freins av./arr. :	disque (Maxx)
Antipatinage/Contrôle de stabilité :	oui/non
Direction :	électrique à crémaillère, assistance variable
Diamètre de braquage :	11,6 m
Pneus av./arr. :	P215/60R16

GROUPE MOTOPROPULSEUR ET RENDEMENT

Moteur :	V6 3,5 litres 12s (94,0 x 84,0)
Puissance :	200 ch (149kW) à 5 400 tr/min
Couple :	220 lb-pi (298Nm) à 4 000 tr/min
Autre(s) moteur(s) :	4L 2,2 litres 145 ch (berline)
Transmission :	avant, automatique 4 rapports
Autre(s) transmission(s) :	aucune
Accélération 0-100 km/h :	9,5 s
Reprises 80-120 km/h :	7,6 s
Freinage 100-0 km/h :	43 mètres
Vitesse maximale :	195 km/h
Indice de performance longitudinale :	43,0 m
Consommation (100 km) :	ordinaire, 11,4 litres
Autonomie :	553 km

arrière, tout a été entièrement redessiné. Même si la longueur de la Maxx est plus courte de 1,3 cm, son empattement est de 15,2 cm de plus que la berline. Ce qui a permis aux ingénieurs d'allonger les portes arrière de plusieurs cm et de faciliter l'accès aux places arrière. Qui plus est, la banquette divisée 60/40 est montée sur des rails et peut être reculée (ou avancée, c'est selon) de 17,8 cm. Quant au dégagement pour les jambes, il est de 104 cm (oui, vous avez bien lu 41 po) et les dossiers sont inclinables de 15 degrés pour un peu plus grand confort.

Et ce n'est pas tout, outre le puits de lumière encastré au-dessus de la banquette, les passagers arrière profitent également en option d'un lecteur DVD. Les sièges arrière en position normale, le coffre a un volume de 646 litres, soit presque 50 % de plus qu'une berline intermédiaire traditionnelle. De plus, les gens de plein air seront emballés par la tablette suspendue qui peut servir de table à pique-nique comme dans le récent utilitaire sport Equinox.

À l'avant, la Maxx reprend le tableau de bord de la Malibu berline. Vêtu d'un gris tristounet dans le modèle essayé, celui-ci est bien assemblé quoique certains matériaux plastiques laissent perplexe, notamment, le panneau de console entourant les systèmes audio et de la ventilation. Par ailleurs, les commandes sont faciles à comprendre et à utiliser. Côté design, bien que la conception des commandes soit avant-gardiste, j'aurais préféré un aménagement inspiré des récentes Cadillac. Mais bon, il s'agit d'une Chevrolet et il faut comprendre que la philosophie et le prix sont différents. À l'avant, les espaces de rangement sont nombreux et bien pensés. À l'arrière, l'absence de compartiments et de porte-verres à l'intérieur des portières est un oubli de première.

SUR LA ROUTE

Seul le moteur V6 de 3,5 litres développant 200 chevaux peut tracter la Maxx. Même s'il n'est pas aussi raffiné que ceux qui équipent les japonaises, il permet des accélérations comparables. La boîte automatique à 4 rapports peut sembler désuète face aux japonaises qui offrent pour la plupart des boîtes à 5 rapports. Toutefois, on reconnaît la qualité de cette transmission signée GM et elle vaut bien une asiatique dernier cri. Par ailleurs, les versions LS et LT de la berline sont équipées du même V6, alors que le modèle de base est animé par le 4 cylindres Ecotec de 2,2 litres et 145 chevaux.

Depuis le dévoilement de la plate-forme Epsilon, GM ne manque pas une occasion de nous rappeler que son châssis est l'un des plus rigides de l'industrie. Cette caractéristique a permis aux ingénieurs d'installer des éléments de suspension moins fermes sans pour autant affecter le comportement routier. Par ailleurs, il m'a semblé que la Maxx, était plus douillette que la berline à cause de son empattement allongé.

Qu'on déteste ou qu'on aime la silhouette de la Maxx : on doit saluer bien bas le génie de cette première berline génétiquement modifiée.

Jean-François Guay

DANS LA MÊME CATÉGORIE

Chevrolet Epica - Chrysler Sebring
Honda Accord - Hyundai Sonata - Kia Magentis - Mazda6
Mitsubishi Galant - Nissan Altima - Subaru Legacy
Suzuki Verona - Toyota Camry

DU NOUVEAU EN 2005

modifications moteur 2,2 litres, coussins latéraux, sièges chauffants avec intérieur en tissus

HISTORIQUE DU MODÈLE

2ième génération

DATE DE RENOUVELLEMENT

n.d.

NOS IMPRESSIONS

Agrément de conduite :	🚗🚗🚗🚗½
Fiabilité :	🚗🚗🚗🚗½
Sécurité :	🚗🚗🚗🚗🚗
Qualités hivernales :	🚗🚗🚗🚗½
Espace intérieur :	🚗🚗🚗🚗🚗½
Confort :	🚗🚗🚗🚗½

LE CHOIX DE L'ÉQUIPE

Maxx LT

Guide de l'auto 2005

CHEVROLET MONTE-CARLO

CHÈRE MARTHA STEWART...

On l'aimait, la vénérait presque. Mais elle nous a floués. Elle contait une belle histoire mais la réalité était tout autre… Sacré Monte Carlo, tu nous as bien eus! Combien d'entre nous ont cru que tu étais une véritable sportive, toi qui existes grâce à la série NASCAR et qui a déjà fait la loi dans les années '60 et '70? Toi qui affiches des lignes tellement agressives que ma petite nièce de dix ans serait envahie par une poussée d'hormones si elle se trouvait derrière ton volant…

Enfin, passons. La Monte Carlo est apparue dans sa forme actuelle en 2000. Disons tout de suite que plusieurs détestent carrément cette robe… différente, pour rester poli. La partie arrière, surtout, horripile certaines rétines plus sensibles. Personnellement, je sais que ça vous intéresse au plus haut point, j'aime bien ce look hors normes. De là à vivre avec cette voiture au jour le jour, ça, c'est une autre histoire! Même si personne chez GM n'ose l'avouer, la Monte Carlo n'est sans doute produite que pour répondre aux exigences de la série NASCAR qui réclame que les voitures de course aient leur pendant «civil». Cela dit, outre l'apparence, absolument rien n'associe les deux versions. Quelques livrées spéciales et limitées viennent rappeler, avec plus ou moins de sérieux (lire : plus ou moins de raffinements mécaniques) ses origines. Par exemple, la première édition Dale Earnhardt (ce dernier s'est tué en course au volant d'une Monte Carlo), ne recevait que des améliorations esthétiques. La dernière commémoration se montrait plus sérieuse. Le moteur, un V6 3,8 litres avec surcompresseur amenait ses 240 chevaux aux roues avant motrices.

FICHE TECHNIQUE DÉCEVANTE

Oui, vous avez bien lu «roues avant motrices». La Monte Carlo qui est disponible pour le commun des mortels n'est pas plus sportive qu'un carrosse d'épicerie. Le moteur de base est un V6 de 3,4 litres tout ce qu'il y a de plus placide. Ses 180 chevaux suffisent à déplacer cette masse de plus de 1 500 kilos de façon tout à fait convenable. On le retrouve d'emblée sur la version de base, soit la LS. On retrouve aussi deux V6 de 3,8 litres. Le premier officie dans la livrée LT, qui remplace la SS cette année. Il s'agit de la version atmosphérique qui fait 200 chevaux. Dans la Monte Carlo SS Supercharged, ce même moteur reçoit un surcompresseur qui amène la puissance à 240 chevaux et le couple à 280 livres-pied. Et ça, ça te déménage la carcasse mon ami! Malgré des pneus plus gros, une suspension plus ferme et un train arrière

››› FEU VERT
› Valeur future des éditions limitées
› Transmission automatique compétente
› Mécanique fiable
› Équipement de série intéressant
› Habitacle spacieux (à l'avant)

››› FEU ROUGE
› Silhouette excentrique
› Sportivité nulle
› Aucune boîte manuelle
› Places arrière étouffantes
› Finition approximative

MONTE CARLO

abaissé de 10 mm, cette SS est toujours plus boulevardière que sportive. Pour toute la gamme on retrouve une seule transmission, soit une automatique à quatre rapports. Même pas cinq! Aucune manuelle! On a l'impression de lire la fiche technique d'une Impala… ce qu'est, en réalité, la Monte Carlo : une Impala avec une carrosserie différente.

Sur la route, la Monte Carlo ne se révèle pas particulièrement enjouée. Il s'agit d'un coupé plutôt lourd et ça se sent dès la première courbe prise avec un peu trop d'enthousiasme. Même les suspensions plus sportives et les pneus de 17 po de la SS Supercharged ne parviennent pas à gommer le tempérament sous-vireur de la voiture. Certes, on y retrouve moins de roulis que dans les deux autres versions mais elle n'est pas nécessairement plus agréable à conduire. S'il fallait choisir une Monte Carlo plaisante à conduire, il faudrait, honte suprême pour un amateur de voitures sportives, choisir la LS avec son petit 3,4 litres. Comme je l'ai déjà écrit, les performances sont honnêtes, la transmission travaille très bien, les suspensions se révèlent moins dures tandis que les freins ne sont jamais pris au dépourvu, contrairement aux versions plus puissantes. Par contre, il faut déplorer le fait que l'ABS ne soit pas de série sur la LS.

SI GROSSE ET SI PETITE

À l'intérieur, ce n'est guère plus jojo. La qualité des matériaux et de la finition déçoit même si le tableau de bord se montre agréable à consulter. Les commandes sont bien placées et se manipulent intuitivement tandis que l'équipement de série se révèle à la hauteur du prix demandé et la liste des options est bien étudiée. Il existe bon nombre d'espaces de rangement, ce qui est surprenant dans une américaine typique. L'espace pour les passagers avant est loin d'être compté et les sièges brillent par leur confort. Quant aux sièges arrière… c'est une tout autre réalité! Il faut tout d'abord s'y rendre sans perdre son calme puis être confronté à un espace exigu où on se retrouve mal assis, les genoux pratiquement de chaque côté de la tête. Et si vous êtes claustrophobe, vous en serez quitte pour une thérapie puisque les vitres latérales ne s'ouvrent pas. De plus, la vitre arrière empiète tellement dans l'habitacle qu'on peut presque attraper un coup de soleil sur la nuque!

Cette grosse américaine se laisse difficilement apprécier. À moins d'être un fanatique de NASCAR, nous ne voyons pas vraiment ce qu'on peut faire d'un tel véhicule. Par contre, les diverses éditions limitées (une édition Tony Stewart nous arrive cette année) devraient prendre de la valeur sur le marché des voitures anciennes. En attendant, faites un essai de l'Impala…

Alain Morin

DONNÉES TECHNIQUES

Prix du modèle à l'essai :	30 865 $
Échelle de prix :	27 840 $ à 36 890 $
Version(s) disponible(s) :	LS, LT, SS Supercharged
Garanties :	3 ans 60 000/3 ans 60 000
Catégorie :	coupés sport
Emp./Long./Lar./Haut.(cm) :	281/503/185/140
Poids :	1 558 kg
Coffre/Réservoir :	447/64 litres
Coussins de sécurité :	frontaux
Suspension avant :	indépendante, jambes de force
Suspension arrière :	indépendante, jambes de force
Freins av./arr. :	disque (ABS)
Antipatinage/Contrôle de stabilité :	oui/non
Direction :	à crémaillère, assistée
Diamètre de braquage :	11,6 m
Pneus av./arr. :	P225/60R16

GROUPE MOTOPROPULSEUR ET RENDEMENT

Moteur :	V6 3,8 litres 12s (96,5 x 86,4)
Puissance :	200 ch (149 kW) à 5 200 tr/mn
Couple :	225 lb-pi (305 Nm) à 4 000 tr/mn
Autre(s) moteur(s) :	V6 3,4 litres 180 ch (LS), V6 3,8 litres surcompressé 240 ch (SS Supercharged)
Transmission :	traction, automatique 4 rapports
Autre(s) transmission(s) :	aucune
Accélération 0-100 km/h :	9,5 s
Reprises 80-120 km/h :	6,8 s
Freinage 100-0 km/h :	40,8 m
Vitesse maximale :	190 km/h
Indice de performance longitudinale :	4,66 m/s/s
Consommation (100 km) :	ordinaire, 12,6 litres
Autonomie :	508 km

DANS LA MÊME CATÉGORIE

Chrysler Sebring - Honda Accord Coupe - Toyota Solara

DU NOUVEAU EN 2005

Roues 17" en alu chromé pour SS Supercharged, édition limitée Tony Stewart, trois nouvelles couleurs de carrosserie, modèle SS rebaptisé LT

HISTORIQUE DU MODÈLE

5ième génération

DATE DE RENOUVELLEMENT

n.d.

NOS IMPRESSIONS

Agrément de conduite :	🚗🚗🚗½
Fiabilité :	🚗🚗🚗🚗
Sécurité :	🚗🚗🚗🚗
Qualités hivernales :	🚗🚗🚗🚗½
Espace intérieur :	🚗🚗🚗🚗
Confort :	🚗🚗🚗🚗

LE CHOIX DE L'ÉQUIPE

LS

Guide de l'auto 2005

CHEVROLET OPTRA

OUBLIEZ VOS PRÉJUGÉS !

À l'automne 2003, General Motors dévoilait une foule de nouveaux modèles, dont certains étaient fabriqués en Corée. Le géant américain s'est porté acquéreur de plusieurs éléments de l'empire Daewoo en faillite, et profitait de ces nouveaux moyens pour commercialiser une multitude de véhicules destinés à de multiples marchés. Au Canada, les modèles Aveo, Epica et Optra sont sous la bannière Chevrolet tandis que Pontiac hérite de la Wave, une version de l'Aveo adaptée par cette division. De ce trio fabriqué en Corée, l'Optra est sans doute la plus intéressante du lot. Soulignons au passage que la Optra 5 est une version dérivée de la Daewoo Lacetti qui est la remplaçante de la Lanos.

Curieusement, l'Optra est celle qui a connu le plus lent départ. Elle est arrivée dans les salles de démonstration plusieurs semaines après les deux autres modèles et seulement en version berline. Celle-ci possède une silhouette agréable, mais ressemble à la plupart des autres véhicules de sa catégorie. Puis, plusieurs mois plus tard, la version hatchback cinq portes est arrivée sur le marché et elle se démarque avantageusement de la berline. Sans être ultra moderne, la silhouette est plus originale et ses lignes sont bien équilibrées. Et pour 2005, une familiale viendra compléter le trio. Les trois modèles se partagent la même présentation avant qui est bien jolie avec un capot plongeant et des phares ovoïdes dont les extrémités délimitent la calandre qui est surplombée par une bande décorative contrastante. Mais la cinq portes se démarque par sa partie arrière à hayon dont la forme arrondie donne une impression de sportivité à cette compacte. De plus, les feux arrière et leurs lentilles circulaires de couleur contrastante contribuent à donner de l'impact à l'Optra. Toujours à propos de la présentation extérieure, les roues en alliage à six rayons dont était dotée notre voiture d'essai contribuent, elles aussi, à en faire une voiture sympathique. Il faut également ajouter que les jantes en alliage de la berline sont différentes et tout aussi élégantes, tandis que la familiale emprunte ses jantes à la cinq portes.

Mais la pièce de résistance est le tableau de bord qui est une réussite. Les stylistes ont bien utilisé les éléments contrastants de couleur aluminium qui encerclent les buses de ventilation circulaires, le module des commandes de climatisation en plus de traverser la planche de bord. Ce même matériau est utilisé pour délimiter la plate-forme du levier de vitesses. On le retrouve également sur les branches du volant. Celui-ci est également doté de commandes audio à droite du moyeu.

Cette présentation ne fait pas bon marché comme c'est généralement le cas pour les petites voitures économiques en provenance de la

»» FEU VERT
› Silhouette sympathique (5 portes)
› Nouvelle version familiale
› Finition correcte
› Bonne habitabilité
› Tenue de route équilibrée

»» FEU ROUGE
› Pneumatiques moyens
› Fiabilité inconnue
› Puissance du moteur
› Berline moins bien réussie

Guide de l'auto 2005

Corée. Même le tissu des sièges ne possède pas cette texture exécrable qui semble être le lot de bien des voitures d'origine asiatique. Par contre, la texture de certains plastiques laisse à désirer, tandis que la ceinture de sécurité est difficile à enclencher alors que nous avons la main coincée contre la console centrale. Cette dernière est par ailleurs surmontée d'un vide-poches pratique. Détail intéressant, la berline et la familiale ont un tableau de bord différent de celui de la cinq portes et c'est beaucoup moins inspirant.

Malheureusement, la cinq portes perd un peu de sa polyvalence en raison du fait que le dossier 60/40 de la banquette arrière ne se replie pas complètement à plat.

MÉCANIQUE MODERNE

Il fut une époque où les voitures à vocation économique étaient tout aussi dépourvues sur le plan mécanique qu'en fait de confort et d'équipement. Cette période est révolue depuis belle lurette et aucun constructeur n'oserait s'aventurer dans la même catégorie que la Mazda 3 Sport sans avoir une fiche technique tout au moins égale en termes d'éléments modernes. L'Optra se débrouille assez bien à ce chapitre. Son moteur quatre cylindres 2,0 litres à double arbre à cames ne produit que 119 chevaux, ce qui est à la limite. Il permet de boucler le 0-100 km/h en 11 secondes avec la boîte automatique à quatre rapports et une seconde de moins avec la boîte manuelle.

Il ne faut toutefois pas se fier uniquement à ces chiffres. En conduite, notre Optra cinq portes affichait des accélérations adéquates et se permettait même de devancer le flot de la circulation. Sur les autoroutes, cette petite coréenne tenait le cap sans problème et le moteur n'était pas particulièrement bruyant même à 120 km/h.

Il faut préciser que la berline est moins agréable à piloter que le hatchback qui s'est révélé à la hauteur de la tâche. Cela ne signifie pas que sa tenue en virage soit l'égale des meilleures sportives, mais son comportement est honnête et la voiture demeure généralement stable avant de devenir sous-vireuse. De plus, les pneus d'origine ne font rien pour aider sa cause. Bref, vous pouvez vous amuser à son volant, mais il ne faut pas être trop audacieux. Si vous excédez les limites de la suspension, la voiture devient instable et la caisse a tendance à sautiller. Et si les freins sont efficaces en conduite normale, ils s'échauffent tout de même rapidement. Cette faiblesse est compensée par des freins à disque aux roues arrière et un système ABS de série.

Le seul point d'interrogation concernant la gamme Optra est sa fiabilité puisque ce modèle n'est commercialisé que depuis quelques mois seulement. Il suffit que la fiabilité soit au rendez-vous et les ventes vont grimper. Même si ce n'est pas une preuve valide, notre véhicule d'essai avait plus de 8 995 km au compteur et sa carrosserie était toujours aussi rigide tandis qu'aucun bruit de caisse ne se faisait sentir. Voilà qui est de bon augure.

Denis Duquet

OPTRA

DONNÉES TECHNIQUES

Prix du modèle à l'essai :	22 995 $
Échelle de prix :	16 190 $ à 23 000 $
Version(s) disponible(s) :	Base, LS
Garanties :	3 ans 60 000/3 ans 60 000
Catégorie :	berlines compactes
Emp./Long./Lar./Haut.(cm) :	260/429,5/172,5/144,5
Poids :	1254 kg
Coffre/Réservoir :	250/55 litres
Coussins de sécurité :	frontaux
Suspension avant :	indépendante, jambes de force
Suspension arrière :	indépendante, jambes de force
Freins av./arr. :	disque (ABS opt.)
Antipatinage/Contrôle de stabilité :	oui/non
Direction :	à crémaillère, assistée
Diamètre de braquage :	10,4 m
Pneus av./arr. :	P195/55R15

GROUPE MOTOPROPULSEUR ET RENDEMENT

Moteur :	4L 2,0 litres 16s (86,0 x 86,0)
Puissance :	119 ch (89 kW) à 5400 tr/mn
Couple :	126 lb-pi (171 Nm) à 4000 tr/mn
Autre(s) moteur(s) :	seul moteur offert
Transmission :	traction, automatique 4 rapports
Autre(s) transmission(s) :	manuelle 5 rapports
Accélération 0-100 km/h :	10,2 s
Reprises 80-120 km/h :	9,8 s
Freinage 100-0 km/h :	43,0 m
Vitesse maximale :	195 km/h
Indice de performance longitudinale :	4,26 m/s/s
Consommation (100 km) :	ordinaire, 8,9 litres
Autonomie :	618 km

DANS LA MÊME CATÉGORIE
Hyundai Elantra GT - Toyota Matrix - Ford Focus ZX5

DU NOUVEAU EN 2005
Nouveau modèle

HISTORIQUE DU MODÈLE
1ière génération

DATE DE RENOUVELLEMENT
n.d.

NOS IMPRESSIONS

Agrément de conduite :	🚗🚗🚗🚗
Fiabilité :	nouveau modèle
Sécurité :	🚗🚗🚗🚗½
Qualités hivernales :	🚗🚗🚗🚗½
Espace intérieur :	🚗🚗🚗🚗
Confort :	🚗🚗🚗🚗

LE CHOIX DE L'ÉQUIPE
LS

Guide de l'auto 2005

CHEVROLET SSR

COMME UNE AUTO MINIATURE

Quand j'étais petit, on retrouvait (et on retrouve encore) sur le marché des centaines de modèles d'autos miniatures. Dans certains cas, on reproduisait avec fidélité des modèles existants. Mais dans d'autres cas, les créateurs avaient laissé aller leur imagination et on retrouvait sur les tablettes des modèles parfois tout à fait farfelus, parfois plutôt jolis, mais toujours avec un style unique. En les regardant, on ressentait le désir de les conduire tellement elles débordaient de personnalité. Conduire une SSR, c'est un peu mettre la clé dans une de ces autos miniatures.

On le présente comme une camionnette au style rétro. L'expression hotrod serait plus juste, car pour appliquer la notion de camionnette à ce joli joujou, il faut joyeusement l'étirer. Bien sûr, il y a bien une boîte de chargement à l'arrière mais rien de comparable aux autres modèles.

Au contraire en fait, la boîte, comme le reste, a fait l'objet d'une attention toute spécifique. Recouverte d'un plateau rigide, elle est un véritable modèle de confort. Drôle de vision pour un espace de chargement, mais pourtant c'est vrai! Le fond en est fini bois, et pour empêcher les moindres éraflures, on a apposé de longues rangées de coussins destinés à appuyer les objets. Rien à voir donc avec les pick-up traditionnels.

Concernant la silhouette, rien n'a changé pour le SSR qui en est à sa deuxième année d'existence. Sa forme trapue, son capot fortement arrondi et sa longue boîte de chargement lui confèrent définitivement une allure rétro qui demeure à la mode… et qui attire les regards. Surtout que certaines des couleurs disponibles comme le jaune éclatant ou le violet violent n'ont rien pour faire dans la discrétion.

À FOND LA CAISSE

Le SSR, c'est une véritable bête, même si au départ on ne le croirait pas. Tout a été mis en place pour obtenir des performances exceptionnelles, mais surtout un moteur V8 LS2 de 6,0 litres, développant 390 chevaux, une nouveauté en 2005. Avec un tel engin, il est un sérieux rival de performance aux F-150 Lightning et au Dodge Ram SRT10, deux camionnettes déjà reconnues pour leur caractère plus sportif qu'utilitaire.

GM ne s'est pas cassé la tête pour améliorer le modèle 2005. On a plutôt utilisé le bloc moteur, directement issu de la Corvette C6, accouplé à une boîte automatique à 4 rapports. La boîte manuelle Tremec à 6 rapports, également empruntée à la nouvelle Corvette, est désormais disponible aussi sur le SSR. Avec cette nouvelle mécanique, ce véhicule, qui avait commencé sa carrière comme un simple

》》 FEU VERT
› Design unique
› Toit rétractable efficace
› Moteur puissant
› Transmission manuelle précise

》》 FEU ROUGE
› Coût d'achat élevé
› Craquements dans l'habitacle
› Bruits éoliens
› Espace de chargement étriqué

Guide de l'auto 2005

prototype présenté au Salon de Détroit en 2001, peut désormais, et dans la réalité, atteindre le 0-100 km/h en 5,29 secondes.

Et comme elle attire non seulement l'œil mais aussi l'oreille, en raison d'un vibrant système d'échappement aux sonorités musicales mais pas du tout discrètes, on dispose de tous les ingrédients pour épater la galerie. Mais le message s'applique aussi aux policiers, alors gare à l'indiscipline, car vous serez vite repéré.

LE DÉCOR

Tant à l'extérieur qu'à l'intérieur, les designers Chevrolet ont vraiment voulu créer une bête unique. L'habitacle de cette camionnette deux places est d'ailleurs une belle réussite, malgré certaines contraintes.

On a, comme cela est de mise dans les voitures rétro, utilisé la couleur de la carrosserie pour l'appliquer sur certaines portions de la planche de bord, ce qui donne une allure tout à fait unique. Pour le reste, une bande d'aluminium brossé passe des portières, sur le volant pour traverser le tableau de bord en entier.

Les commandes sur le volant – gainé de cuir à la prise très confortable – sont très appréciées pour les ajustements de radio et d'ordinateur de bord. Quant au reste des commandes, elles sont facilement accessibles, et assez complètes. Dans une voiture de ce prix, le contraire serait tout de même étonnant.

En fait de comportement routier cependant, le SSR ne possède plus tous les avantages. Le centre de gravité est très haut ce qui le désavantage en matière de tenue de route.

Installé au volant, et malgré la puissance sous le pied, le sentiment de conduire un véritable pick-up se fait sentir, surtout quand on roule sur les routes bosselées du Québec. Les vibrations voyagent alors un peu trop dans la colonne de direction et vos mains ont tendance à absorber le choc plus que les suspensions. Suspensions qui sont d'ailleurs un peu trop dures pour être réellement confortables. Évidemment, de telles vibrations font ressortir de multiples craquements dans l'habitacle et dans la caisse.

La SSR, c'est non seulement une camionnette au look d'enfer, mais c'est aussi, et surtout, une décapotable. J'ai d'ailleurs personnellement préféré la conduite sans toit, et pas seulement parce que j'y paraissais mieux… Bizarrement, la voiture est plus silencieuse que lorsque le toit rétractable couvre l'habitacle. Le facteur éolien rend la randonnée extrêmement bruyante quand le toit est en place.

Détail intéressant, le mécanisme du toit est absolument génial. De voir ce toit rigide se diviser pour complètement disparaître à la verticale dans un caisson arrière est un spectacle en soi.

La camionnette SSR, c'est donc à la fois du style et des performances. En matière de style, personne ne pourra rester longtemps indifférent. Il suffit de voir les regards s'attarder sur nous quand on est au volant! Quant aux performances, et malgré quelques craquements, elles sont de haut niveau. La SSR, c'est le hot-rod dont j'ai toujours eu envie.

Bertrand Godin

SSR

DONNÉES TECHNIQUES

Prix du modèle à l'essai:	67 995 $
Échelle de prix:	59 295 $
Version(s) disponible(s):	version unique
Garanties:	3 ans 60 000/3 ans 60 000
Catégorie:	camionnette
Emp./Long./Lar./Haut.(cm):	295/486/200/163
Poids:	2 159 kg
Coffre/Réservoir:	671/94,6 litres
Coussins de sécurité:	frontaux et latéraux (av.)
Suspension avant:	indépendante, levier triangulé
Suspension arrière:	essieu rigide multi-bras
Freins av./arr.:	disque (ABS)
Antipatinage/Contrôle de stabilité:	oui/non
Direction:	à crémaillère, assistée
Diamètre de braquage:	11,6 m
Pneus av./arr.:	P255/45R19 P295/40R20

GROUPE MOTOPROPULSEUR ET RENDEMENT

Moteur:	V8 6,0 litres 16s (101,6 x 92,0)
Puissance:	390 ch (291 kW) à 5 400 tr/mn
Couple:	405 lb-pi (549 Nm) à 4 400 tr/mn
Autre(s) moteur(s):	seul moteur offert
Transmission:	propulsion
Autre(s) transmission(s):	aucune
Accélération 0-100 km/h:	5,9 s
Reprises 80-120 km/h:	4,5 s
Freinage 100-0 km/h:	36,5 m
Vitesse maximale:	195 km/h
Indice de performance longitudinale:	5,90 m/s/s
Consommation (100 km):	ordinaire, n.d.
Autonomie:	n.d.

DANS LA MÊME CATÉGORIE
Dodge Ram - Dodge SRT-10 - Ford Lightning

DU NOUVEAU EN 2005
Moteur 6 litres

HISTORIQUE DU MODÈLE
1ière génération

DATE DE RENOUVELLEMENT
n.d.

NOS IMPRESSIONS

Agrément de conduite:	🚗🚗🚗🚗½
Fiabilité:	🚗🚗🚗🚗
Sécurité:	🚗🚗🚗🚗🚗
Qualités hivernales:	🚗🚗🚗
Espace intérieur:	🚗🚗🚗
Confort:	🚗🚗🚗🚗

LE CHOIX DE L'ÉQUIPE
un seul modele

Guide de l'auto 2005

CHEVROLET/GMC TAHOE/SUBURBAN GMC YUKON

PACHYDERMES SUR QUATRE ROUES

Il fut une époque où les Chevrolet Suburban et GMC Yukon XL étaient perçus comme les véhicules de prédilection des sociétés paragouvernementales. Capable de transporter jusqu'à neuf passagers, il n'était pas rare de voir ces pachydermes sur quatre roues déambuler avec un seul occupant dans leur cabine. Toutefois, la rectitude politique a forcé la plupart des sociétés d'État à donner l'exemple en retirant ces dévoreurs d'énergie de leur parc automobile. Par la suite, ces gros dinosauriens en acier ont survécu grâce à la retraite anticipée des baby-boomers qui ont fait appel à leurs capacités de chargement et de remorquage exceptionnelles.

Malgré la polyvalence des camionnettes grand format, il est surprenant de constater que le Suburban et son petit frère Tahoe demeurent encore aussi populaires. Mais que voulez-vous, il y a une image de marque associée à ces véhicules que même les camionnettes Silverado et Sierra les plus luxueuses ne pourront jamais égaler. De même, le coffre de chargement adjacent à l'habitacle et la disponibilité d'une troisième banquette sont des facteurs qui semblent influencer les acheteurs de ces bêtes de somme dont la capacité de remorquage s'étale jusqu'à 5 443 kg (12 000 lb) selon la motorisation et la grosseur du châssis (1/2 ou 3/4 de tonne). Des chiffres qui dépassent ceux des rivaux Ford Expedition et Excursion qui ont cependant le dernier mot en ce qui concerne le volume de chargement.

Si les gros Chevrolet Tahoe et GMC Yukon sont énormes par rapport aux petits utilitaires sport que sont les Ford Escape et Chevrolet Equinox, ils paraissent minuscules à côté des extragros Suburban et Yukon XL dont la longueur fait 57 cm de plus d'un pare-chocs à l'autre alors que l'empattement mesure 36 cm de plus entre les essieux. Les dimensions des Tahoe et Yukon sont similaires à celles des Dodge Durango et Nissan Armada. Alors que celles des gros Suburban et Yukon XL se comparent au Ford Excursion qui lui, fait une taille supplémentaire et porte l'étiquette de XXL !

SOUS LE CAPOT

S'il existe toujours des acheteurs pour ces mastodontes, ce n'est pas essentiellement pour leur mode quatre roues motrices ou leur volume de chargement. En effet, des utilitaires de taille moyenne comme les Chevrolet TrailBlazer et GMC Envoy offrent autant de traction en terrain accidenté, alors que les fourgonnettes Chevrolet Uplander et Pontiac Montana SV6 proposent autant sinon plus d'espace intérieur. Non. Si des acheteurs acceptent de dépenser plus de 50 000 $ pour se balader en gros utilitaire, c'est avant tout pour la puissance de leurs moteurs.

》》 FEU VERT
》 Habitable et coffre généreux
》 Choix de modèles et de moteurs
》 Véhicule encombrant mais maniable
》 Excellent tandem moteur/transmission
》 Sièges avant confortables

》》 FEU ROUGE
》 Lignes désuètes
》 Tableau de bord triste
》 Banquette arrière ferme
》 Consommation élevée
》 Véhicule non urbain

Guide de l'auto 2005

Sous les capots des Tahoe et Yukon, le moteur de série est un V8 de 4,8 litres dont la puissance atteint 285 chevaux et le couple 295 lb-pi. Ce qui est amplement suffisant pour remorquer des charges sur les terrains plats de la grande région de Montréal. Cependant, il est préférable d'opter pour les 295 chevaux et le couple de 330 lb-pi du V8 de 5,3 litres si vous devez circuler sur les routes inclinées des régions de Charlevoix ou des Laurentides. Si les deux moteurs sont bien secondés par une excellente boîte automatique à 4 rapports, il serait sage de cocher l'option « remorquage spécial » qui comprend un attelage à répartition de charge, un refroidisseur d'huile à transmission, un filtre à air de grande capacité, et un connecteur scellé pour le freinage de la remorque.

Pour déplacer les Suburban et Yukon XL, les motoristes ont retenu les services du V8 de 5,3 litres. Cependant, plusieurs acheteurs n'hésiteront pas à jeter leur dévolu sur le V8 de 6 litres dont les 325 chevaux et le couple de 369 lb-pi le transforment en véritable cheval de trait. Si vous avez besoin de plus de vigueur, il existe un V8 de 8,1 litres et 320 chevaux dont le couple de 445 lb-pi s'avèrera utile pour tirer une charge dans les chemins abrupts et boueux.

Il ne faudrait pas croire que ces véhicules ne sont que des masses de muscles sans aucun raffinement. Au contraire. Les passagers profitent du confort d'une limousine comme en font foi la climatisation à trois zones et le centre de divertissement DVD optionnel. Si vous voulez tomber dans l'opulence, la version Denali des Yukon et Yukon XL vous comblera avec ses garnitures en merisier, son système de navigation, ses pédales électriques, ses sièges arrière chauffants, sa transmission intégrale permanente, son système antidérapage StabiliTrak, et sa suspension dynamique à correcteur d'assiette.

Sur le plan technologique, les Suburban et Yukon XL de la série 2500 (ou 3/4 de tonne) ont une longueur d'avance sur la concurrence avec leur système Quadrasteer qui permet de réduire leur diamètre de braquage de 13,5 mètres à 11,13 mètres soit le même (ou presque) qu'une Honda Accord. Pour ce faire, à faible vitesse le dispositif Quadrasteer tourne les roues arrière dans la direction opposée à celles des roues avant. Ce qui facilite les manœuvres de remorquage particulièrement en marche arrière. Alors qu'à vitesse plus élevée, les roues arrière tournent dans la même direction que les roues avant. Ce qui améliore la stabilité du véhicule lors des changements de voie sur les autoroutes. À titre de comparaison, le diamètre de braquage du Ford Excursion est de 15,36 mètres!

Jean-François Guay

TAHOE/SUBURBAN/YUKON

DONNÉES TECHNIQUES

Prix du modèle à l'essai :	56 735 $ (Tahoe LT 4X4)
Échelle de prix :	44 630 $ à 69 105 $
Version(s) disponible(s) :	LS, LT, Denali
Garanties :	3 ans 60 000/ 3 ans 60 000
Catégorie :	gros utilitaire sport
Emp./Long./Lar./Haut.(cm) :	295/500/200/195
Poids :	2291 kg (Tahoe)
Coffre/Réservoir :	462 à 2962/98 litres
Coussins de sécurité :	frontaux/latéraux
Suspension avant :	indépendante, barres de torsion
Suspension arrière :	indépendante, bras oscillants
Freins av./arr. :	disque ABS
Antipatinage/Contrôle de stabilité :	oui/oui (opt.)
Direction :	à billes, assistée
Diamètre de braquage :	11,7 m
Pneus av./arr. :	265/70R16 (de série), 265/70R17 (opt.)

GROUPE MOTOPROPULSEUR ET RENDEMENT

Moteur :	V8 5,3 litres
Puissance :	295 ch à 5 200 tr/min
Couple :	330 lb-pi à 4 000 tr/min
Autre(s) moteur(s) :	V8 4,8 litres 285 ch, V8 6 litres 325 ch, V8 8,1 litres 320 ch
Transmission :	4RM Autotrac, automatique 4 rapports
Autre(s) transmission(s) :	propulsion, automatique 4 rapports
Accélération 0-100 km/h :	9,8 s
Reprises 80-120 km/h :	7,6 s
Freinage 100-0 km/h :	45,3 m
Vitesse maximale :	180 km/h
Indice de performance longitudinale :	4,26 m/s/s
Consommation (100 km) :	ordinaire, 15,8 litres
Autonomie :	620 km

DANS LA MÊME CATÉGORIE

Cadillac Escalade - Dodge Durango - Infiniti QX56
Lincoln Navigator - Mercedes-Benz G500
Lexus LX470 - Toyota Sequoia

DU NOUVEAU EN 2005

Système de navigation DVD, système Onstar de série, système de contrôle de la pression des pneus

HISTORIQUE DU MODÈLE

2ième génération (Tahoe)

DATE DE RENOUVELLEMENT

2007

NOS IMPRESSIONS

Agrément de conduite :	🚗🚗🚗🚗
Fiabilité :	🚗🚗🚗🚗½
Sécurité :	🚗🚗🚗🚗🚗
Qualités hivernales :	🚗🚗🚗🚗🚗½
Espace intérieur :	🚗🚗🚗🚗
Confort :	🚗🚗🚗🚗

LE CHOIX DE L'ÉQUIPE

GMC Yukon SLT 4RM

Guide de l'auto 2005

TRAILBLAZER GMC ENVOY RAINIER

LE PLUS POLYVALENT

À la question : «quel est le véhicule le plus polyvalent sur le marché ?», il est surprenant de constater que les réponses diffèrent selon les goûts et les besoins de chacun. Certains ont avancé que les familiales à vocation économique et à traction intégrale étaient leurs véhicules de prédilection. Un choix judicieux compte tenu du prix de ces véhicules, de leur consommation d'essence, de leur fiabilité, et des multiples configurations de leur habitacle. Toutefois, ils ont une faiblesse : leur capacité de remorquage est limitée à 680 kg. Les Chevrolet Trailblazer, GMC Envoy et Buick Rainier sont peut-être la bonne réponse.

Pendant de nombreuses années, la camionnette Ford SportTrac a probablement été le véhicule le plus polyvalent du marché nord-américain. Toutefois, depuis l'an dernier ce titre revient d'emblée au GMC Envoy XUV. Alliant à la fois la traction quatre roues motrices d'un utilitaire, la capacité de remorquage et de chargement d'une camionnette, l'habitabilité d'une fourgonnette, le confort d'une grosse berline, et la conduite à l'air libre d'un cabriolet, le XUV est assurément le véhicule le plus accompli de l'industrie.

UTILITAIRE OU CAMIONNETTE

Sur la simple pression d'un bouton, le compartiment arrière du XUV se transforme en plateau de chargement à ciel ouvert comme celui d'une camionnette Sierra. Cet espace permet de transporter de gros objets placés verticalement comme un réfrigérateur, un arbre ou une armoire ancestrale. Complètement isolé de l'habitacle grâce à une cloison Midgate similaire à celle de l'Avalanche que l'on peut l'abaisser par commande électrique, il est possible de transporter du gravier, du sable, des rouleaux de gazon ou des animaux sans avoir crainte de salir la cabine. Qui plus est, un ingénieux système de drain permet de nettoyer à grande eau le compartiment utilitaire en quelques secondes. Pour accéder au plateau de chargement, on peut rabattre le hayon de deux façons : du haut vers le bas comme une camionnette ou la faire pivoter vers la droite comme certains petits utilitaires japonais (Honda CR-V et Toyota RAV4). Par ailleurs, quand le toit — vitré en avant — est escamoté et que le compartiment de chargement est entièrement ouvert, le conducteur et les passagers ont l'impression de rouler en pseudo cabriolet ! Même s'il possède le même empattement que l'Envoy XL qui peut transporter sept passagers, le XUV doit se contenter d'accueillir cinq passagers.

Le seul hic du XUV est son apparence. En effet, il faut une certaine période de temps pour

» FEU VERT	» FEU ROUGE
› Véhicule polyvalent (XUV)	› Finition moyenne
› Choix de modèles et moteurs	› Texture de certains matériaux
› Empattement allongé XL	› Freins spongieux
› Plate-forme rigide	› Consommation élevée
	› Fiabilité mécanisme XUV inconnu

TRAILBLAZER

apprivoiser les lignes arrière qui ressemblent un peu trop au goût de certains à un corbillard! Pour atténuer la carrure de cette grosse caisse, des jantes de plus grosses dimensions (de 19 ou 20 po) feraient l'affaire mais augmenteraient son prix de vente qui débute à 42 000 $.

LE RAINIER REMPLACE LE BRAVADA

La fin de la division Oldsmobile a permis à Buick de récupérer la plate-forme du défunt Bravada pour élaborer le Rainier, un utilitaire similaire aux GMC Envoy et Chevrolet TrailBlazer. Si ces derniers sont livrables avec un empattement normal ou allongé (XL et EXT), le Rainier est offert uniquement en longueur régulière. Pour se distinguer de ses cousins, le Rainier mise sur un comportement routier qui s'apparente à celui d'une voiture de tourisme. Normal! C'est un Buick. Pour ce faire, les ingénieurs ont adouci la suspension arrière et mieux insonorisé la cabine. De même, il est le seul du trio à être équipé de la traction intégrale permanente. Toutefois, sans boîte de transfert à deux modes (Lo et Hi), ses déplacements sont limités en terrains accidentés. Pour reconnaître le Rainier, ce dernier arbore une grille de calandre ovale inspirée de celle qui orne le RendezVous.

LE TRAILBLAZER

Moins luxueux que l'Envoy et le Rainier, le TrailBlazer est le plus abordable du lot. Même s'il en résulte un véhicule un peu moins confortable sur les pavés dégradés, il est mieux adapté à la conduite hors route et sa capacité de remorquage est la plus élevée de cette troïka.

L'Envoy, le Rainier et le TrailBlazer sont propulsés de série par un moteur 6 cylindres en ligne de 4,2 litres dont la puissance est de 275 chevaux et le couple de 275 lb-pi. Couplé à une boîte automatique à 4 rapports, ce dernier n'est pas un foudre de guerre mais il impressionne tant par sa douceur de fonctionnement que par sa souplesse à tous les régimes. Toutefois, comme il est maintenant coutume dans le segment des utilitaires de taille moyenne, il est possible de commander un moteur V8 de 5,3 litres. Développant une puissance de 290 chevaux et un couple de 325 lb-pi, il permet selon le modèle choisi de remorquer une charge de 3 220 kg.

Les trois modèles adoptent des planches de bord distinctives quoique similaires. Avec ses cadrans à fond argenté, la présentation du Rainier est plus sportive que celle de l'Envoy avec ses appliques en similibois, alors que celle du TrailBlazer est la plus basique du lot.

Jean-François Guay

DONNÉES TECHNIQUES

Prix du modèle à l'essai :	48 350 $ (Envoy XUV V8)
Échelle de prix :	40 700 $ à 48 895 $
Version(s) disponible(s) :	Envoy XUV (SLE, SLT), TrailBlazer (base, EXT, North Face)
Garanties :	3 ans 60 000/3 ans 60 000
Catégorie :	utilitaire sport intermédiaire
Emp./Long./Lar./Haut.(cm) :	328/529/187/197
Poids :	2 287 kg
Coffre/Réservoir :	1 391 à 3 082/95 litres
Coussins de sécurité :	frontaux/latéraux
Suspension avant :	indépendante, barres de torsion
Suspension arrière :	essieu rigide, pneumatique
Freins av./arr. :	disque ABS
Antipatinage/Contrôle de stabilité :	oui/non
Direction :	à crémaillère, assistance variable
Diamètre de braquage :	12,45 m
Pneus av./arr. :	P245/67R17

GROUPE MOTOPROPULSEUR ET RENDEMENT

Moteur :	V8 5,3 litres
Puissance :	290 ch à 5200 tr/min
Couple :	325 lb-pi à 4000 tr/min
Autre(s) moteur(s) :	6L 4,2 litres 275 ch
Transmission :	4RM Autotrac, automatique 4 rapports
Autre(s) transmission(s) :	propulsion, automatique 4 rapports
Accélération 0-100 km/h :	9,1 s
Reprises 80-120 km/h :	7,9 s
Freinage 100-0 km/h :	45 m
Vitesse maximale :	190 km/h
Indice de performance longitudinale :	4,33 m/s/s
Consommation (100 km) :	ordinaire, 15,8 litres
Autonomie :	601 km

DANS LA MÊME CATÉGORIE

Dodge Durango - Ford Explorer - Jeep Grand Cherokee - Mercedes-Benz ML350 - Nissan Pathfinder - Toyota 4Runner

DU NOUVEAU EN 2005

Nouveaux sièges, coussins latéraux

HISTORIQUE DU MODÈLE

1ère génération

DATE DE RENOUVELLEMENT

n.d.

NOS IMPRESSIONS

Agrément de conduite :	3½
Fiabilité :	4
Sécurité :	4
Qualités hivernales :	4
Espace intérieur :	4
Confort :	4

LE CHOIX DE L'ÉQUIPE

XUV SLE V8

Guide de l'auto 2005

CHEVROLET/PONTIAC
UPLANDER MONTANA

MÉLANGE DES GENRES

General Motors a complètement transformé son secteur des fourgonnettes en 2005. Non seulement le Chevrolet Venture est remplacé par l'Uplander tandis que la nouvelle Pontiac Montana devient la Montana SV6, mais les divisions Buick et Saturn sont également en mesure de commercialiser leurs propres modèles, soit le Terraza et le Relay respectivement. Il est donc difficile de s'y retrouver d'autant plus que les Venture et Montana vont cohabiter pendant un certain temps avec leurs remplaçantes afin d'éliminer les surplus des uns et approvisionner les concessionnaires avec les nouveaux modèles. Et pourquoi une telle diversité puisque ces quatre nouvelles fourgonnettes hybrides se partagent les mêmes éléments mécaniques?

Chez GM, on tente une fois de plus de diversifier la donne en utilisant des éléments mécaniques conjoints tout en offrant un contenu et une présentation différente. Sur le plan de l'esthétique, ce n'est pas tellement réussi alors que ces quatre modèles se ressemblent passablement. Les stylistes ont eu beau utiliser des calandres différentes, des roues exclusives à chaque modèle et d'autres éléments du genre, la silhouette générale ne change pas d'un modèle à l'autre. Et puisque celle-ci est fortement typée, les différences sont plus difficiles à établir.

Cette situation s'explique par le fait que les concepteurs ont décidé de traiter le segment des fourgonnettes d'une façon différente des autres constructeurs. En effet, ils ont voulu combiner dans un même véhicule les caractéristiques d'un VUS à celles d'une fourgonnette. C'est ainsi que tous sont dotés d'un châssis monocoque soudé sur un châssis de type échelle afin d'obtenir la rigidité du premier et la polyvalence de l'autre. Ceci explique la partie avant de type VUS et la partie arrière du genre «fourgonnette» avec les portes coulissantes et tout le tralala. Et pour suivre la tendance du secteur des fourgonnettes, les ingénieurs ont développé un plancher qui permet aux deuxième et troisième rangées de sièges de se replier complètement à plat dans le plancher. Ce qui signifie naturellement que le niveau de la soute à bagages soit un peu plus relevé afin d'assurer une parfaite linéarité sur le plancher de la cabine une fois tous les sièges et banquettes repliés. Pour contourner le problème, un espace de rangement légèrement surélevé à l'arrière permet d'obtenir l'effet désiré. Soulignons au passage que la banquette arrière est de type 50/50, ce qui permet d'accommoder bagages et occupants. De plus, la seconde rangée est constituée de deux sièges individuels. Comme ceux de la troisième rangée, ceux-ci peuvent être enlevés pour offrir plus d'espace, mais il faut avoir de bons bras.

Si le manque de personnalité individuelle est criant côté silhouette, ce n'est guère mieux réussi à l'intérieur. Ce n'est pas que la présentation ne

»» FEU VERT
› Mécanique éprouvée
› Habitacle polyvalent
› Système Versatrak
› Freins à disque de série
› Disque dur PhatNoise

»» FEU ROUGE
› Silhouette quelconque
› Peu de différences entre les modèles
› Absence de boîte cinq rapports
› Vocation hors route douteuse

DONNÉES TECHNIQUES

Prix du modèle à l'essai :	33 455 $
Échelle de prix :	30 695 $ à 41 995 $
Version(s) disponible(s) :	Base, LS, LT
Garanties :	3 ans 60 000/3 ans 60 000
Catégorie :	fourgonnette
Emp./Long./Lar./Haut.(cm) :	307/519/183/183
Poids :	n.d.
Coffre/Réservoir :	762 à 3865/94,6 litres
Coussins de sécurité :	frontaux et latéraux (arr.)
Suspension avant :	indépendante, jambes de force
Suspension arrière :	demi-indépendante, poutre déformante
Freins av./arr. :	disque (ABS)
Antipatinage/Contrôle de stabilité :	oui/oui
Direction :	à crémaillère, ass. variable
Diamètre de braquage :	12,3 m
Pneus av./arr. :	P225/60R17

GROUPE MOTOPROPULSEUR ET RENDEMENT

Moteur :	V6 3,5 litres 12s (94,0 x 84,0)
Puissance :	200 ch (149 kW) à 5 200 tr/mn
Couple :	220 lb-pi (298 Nm) à 4 400 tr/mn
Autre(s) moteur(s) :	seul moteur offert
Transmission :	traction, automatique 4 rapports
Autre(s) transmission(s) :	aucune
Accélération 0-100 km/h :	11,0 s
Reprises 80-120 km/h :	10,0 s
Freinage 100-0 km/h :	41,8 m
Vitesse maximale :	195 km/h
Indice de performance longitudinale :	4,28 m/s/s
Consommation (100 km) :	ordinaire, 12,0 litres
Autonomie :	788 km

DANS LA MÊME CATÉGORIE

Chrysler Pacifica-Dodge Caravan-Ford Freestar-Honda Odyssey-Nissan Quest-Toyota Sienna

DU NOUVEAU EN 2005

Nouveau modèle

HISTORIQUE DU MODÈLE

1ère génération

DATE DE RENOUVELLEMENT

2009

NOS IMPRESSIONS

Agrément de conduite :	🚗🚗🚗½
Fiabilité :	nouveau modèle
Sécurité :	🚗🚗🚗🚗
Qualités hivernales :	🚗🚗🚗🚗
Espace intérieur :	🚗🚗🚗🚗½
Confort :	🚗🚗🚗🚗

LE CHOIX DE L'ÉQUIPE

Uplander LS 4X2

---

soit pas jolie, mais c'est drôlement identique d'un modèle à l'autre. Tous sont équipés du même volant à trois branches avec commandes sur les deux rayons horizontaux, tandis que le moyeux est très imposant et doté d'un écusson de la division encavé en son centre. La partie centrale des quatre tableaux de bord est constituée d'une console verticale surplombée par des buses de ventilations et cerclée par une bande contrastante qui varie d'une division à l'autre. Cette fois, même la Pontiac ne réussit pas à se démarquer par une présentation plus excentrique. Ses stylistes n'ont eu que le choix des couleurs. Il est toutefois important de préciser que ces tableaux de bord sont pratiques, élégants et réussis sur le plan ergonomique. Leur principal défaut est de se ressembler comme des jumeaux. Ce quatuor nous propose également des rails montés sur le pavillon et sur lesquels sont accrochés des modules de rangement ou le lecteur DVD avec écran ACL. C'est pratique et modulaire. Tous peuvent être dotés d'un système de divertissement PhatNoise offert en option. Il s'agit d'un disque dur amovible de 40 gigaoctets permettant de stocker de la musique, des films et des jeux.

UN ALIGNEMENT CONNU

Un peu comme une équipe sportive qui fait toujours jouer ses meilleurs joueurs, les ingénieurs chargés du groupe propulseur de ces fourgonnettes multifonctions ont opté pour une unité qui a fait ses preuves. Le moteur V6 3,5 litres était déjà utilisé sur les Venture et Montana où il s'est distingué par sa robustesse et sa frugalité en fait de carburant. Cette une version modernisée de ce même V6 qui revient sous le capot de la Uplander et de la Montana SV6. Cette fois, sa puissance a été portée à 200 chevaux. Il est couplé à une boîte automatique Hydra-Matic à quatre rapports.

Tandis que les modèles Buick et Saturn n'offrent que des modèles à empattement long, les Chevrolet et Pontiac vous permettent de choisir entre un modèle à empattement court, 287 centimètres, et un autre plus long de 20 centimètres. Ce qui permet de vraiment choisir le modèle qui convient réellement à ses besoins. La traction est offerte en équipement de série tandis que la traction intégrale Versatrak est disponible en option. Dans ce cas, la suspension arrière est totalement indépendante. Si vous optez pour la traction, c'est une suspension demi-indépendante à poutre déformante et barre de torsion intégrée qui est utilisée.

Si aucune différentiation n'a été faite à ce jour entre le Uplander et le Montana VS6, c'est que ces deux modèles ne se démarquent que par des détails de présentation, une esthétique particulière et une liste d'équipement de série qui peut varier. Peu importe que vous soyez dans le clan de Chevrolet ou de Pontiac, vous serez au volant de véhicules pratiques, dotés d'un châssis modernisé et capable d'affronter des conditions routières difficiles si vous avez choisi un modèle à transmission intégrale.

Toutefois, malgré leurs prétentions de tout-terrain, il serait plus sage de ne pas prendre trop de risques.

Denis Duquet

Guide de l'auto 2005

CHRYSLER/DODGE
300/300 C   MAGNUM

UNE MERCEDES AMÉRICAINE ?

Lancée au printemps 2004, la Chrysler 300/300C a déjà connu un succès commercial et d'estime. Il suffit d'ailleurs de circuler au volant d'une 300C pour se rendre compte à quel point cette grosse berline jouit d'une perception favorable de la part du public. Et ce, malgré une carrosserie vraiment hors de l'ordinaire qui aurait logiquement dû causer une certaine méfiance chez les gens. Et que dire de la Dodge Magnum dont la silhouette est encore plus iconoclaste ! Heureusement pour Chrysler, l'audace semble avoir payé puisque les ventes des premiers mois sont positives.

Mais avant de passer à quoi que ce soit d'autre, il faut souligner l'audace des dirigeants de cette compagnie dans le développement de ces voitures. Appelés à remplacer les modèles Concorde et Intrepid, ces deux véhicules ont délaissé les formes fluides pour adopter des silhouettes vraiment à part. La mécanique est également complètement modifiée. Depuis plus de deux décennies, la compagnie avait privilégié le tout à l'avant et voilà qu'elle retourne à la propulsion ! Il sera même possible en cours d'année de commander la 300/300C et la Magnum avec une transmission intégrale. Pour des changements, c'en sont des vrais !

LA CHRYSLER D'ABORD
C'est au montréalais Robert Giles que la direction de DaimlerChrysler a confié la tâche de concevoir cette berline. Giles s'était déjà illustré auparavant en dessinant l'habitacle du Jeep

Liberty, et il a eu carte blanche pour créer une silhouette s'inspirant théoriquement des légendaires Chrysler 300 des années cinquante. Il serait facile de philosopher sur le pour et le contre de cette forme au nez trapu et à l'arrière tronqué, mais il est certain que cette approche procure à la berline une indéniable présence sur la route.

Puisque ce dernier a débuté en dessinant des intérieurs, il est donc normal que la planche de bord de la 300/300C soit un succès. C'est un heureux mélange entre le modernisme actuel et le caractère rétro de la silhouette. Il faut avant tout souligner la qualité de la finition et des matériaux utilisés. Ici, pas de toc, que du solide. Détail à souligner, il est possible de commander un volant dont le boudin est partiellement réalisé en écaille, une touche de raffinement que l'on ne s'attend pas à retrouver sur une voiture d'origine américaine. Les cadrans avec chiffres noirs sur fond blanc sont faciles à lire. Par contre, pour les modèles qui en sont dotés, l'écran d'affichage du système de navigation est plutôt petit.

Mais il s'agit d'une peccadille sur une automobile qui est bien conçue et dont l'assemblage est bien exécuté. Les sièges baquets avant ne sont pas nécessairement de type sportif, mais ils sont confortables et leur support latéral est bon. Comme il fallait s'y attendre sur une voiture de ce gabarit, les places arrière vous permettront de prendre vos aises.

UNE LÉGENDE SOUS LE CAPOT

La 300 est livrée de série avec un moteur V6 de 3,5 litres produisant 250 chevaux. Dans la plupart des cas, cette puissance est adéquate. Il faut d'ailleurs ajouter que les 250 chevaux de la 300 sont plus que suffisants pour pouvoir profiter d'une conduite nerveuse et agréable. Mais c'est sans compter sur la 300C qui est livrée pour sa part avec le gros moteur V8 Hemi de 5,7 litres d'une puissance de 340 chevaux. Même si ce moteur n'a aucun rapport avec le légendaire moteur V8 426 Hemi qui a fait la gloire de la compagnie et celle de Richard Petty dans les années soixante, la seule mention de ce nom évoque des performances élevées. Il est bon de souligner que ce gros V8 est couplé à une boîte automatique à cinq rapports. Mais

››› DE SÉRIE
› Moteur V6 250 ch
› Système antipatinage
› Système de stabilité latéral

››› EN OPTIONS
› Moteur V8 Hemi
› Boîte automatique 5 rapports
› Système MDS

Guide de l'auto 2005

CHRYSLER/DODGE
300/300 C/MAGNUM

l'argument qui plaide le plus en sa faveur est la présence du système MDS (Multi Displacement System) qui permet de désactiver quatre cylindres une fois la vitesse de croisière atteinte afin d'obtenir une réduction de la consommation de carburant d'environ 20%. Donc, un gros huit pour les accélérations et un «p'tit quatre» pour économiser.

Vous allez tous me dire que Cadillac a déjà concocté un système semblable sur son moteur V8 4-6-8 au cours des années quatre-vingt. Mais si l'idée était bonne, la technologie n'était pas assez avancée à l'époque. Dans le cas du Chrysler, le système fonctionne avec tellement de douceur qu'on ne s'en rend pas compte lorsqu'il passe automatiquement d'un mode à l'autre. Contrairement à d'autres mécanismes similaires proposés par la concurrence, ce n'est pas une rangée de cylindres qui est désactivée, mais deux cylindres par rangée. De plus, les soupapes d'échappement demeurent ouvertes afin de réduire la résistance.

Plusieurs ont insinué que cette Chrysler avait des influences germaniques compte tenu de la fusion entre Mercedes et Chrysler. En fait, il ne s'agit pas d'insinuations, mais de faits concrets. Par exemple, la suspension arrière est quasiment identique à celle de la Mercedes de la Classe E avec ses liens multiples, ses amortisseurs à gaz et un berceau de suspension autonome.

La suspension avant n'est pas en reste avec ses doubles bras triangulés. Enfin, des freins à disque aux quatre roues sont de série de même que le système ABS et la répartition électronique du freinage. Et pour rassurer les gens qui se sentiraient quelque peu intimidés par la conduite d'une propulsion, aussi bien la 300/300C que la Dodge Magnum, sont équipées d'un système antipatinage et un autre de contrôle de stabilité latérale. Il est important de souligner que les deux sont efficaces et devraient en réconcilier plusieurs avec la propulsion.

UN HEUREUX COMPROMIS
Il est indéniable que la 300/300C est une grosse berline dans la plus pure tradition américaine en raison de ses formes, de ses

»» FEU VERT
› Choix de moteur
› Pédalier réglable
› Système de stabilité latérale de série
› Finition impeccable
› Silhouette à part

»» FEU ROUGE
› Dimensions encombrantes
› Perception négative de la propulsion
› Fiabilité inconnue
› Écran de navigation petit

Guide de l'auto 2005

dimensions et de la douceur de roulement qu'elle propose. Il faut souligner que les pneus à profil élevé de la voiture expliquent en bonne partie ce confort. Par contre, si vous roulez à la limite, la tenue en virage sera moindre. D'ailleurs, il suffit de consulter la confrontation de la 300C avec la Cadillac CTS-V en première partie de cet ouvrage pour réaliser à quel point cette grosse Chrysler a été conçue pour le confort et la douceur de roulement. Ce qui ne l'empêche pas d'assurer une excellente tenue de route même à haute vitesse.

En attendant, elle demeure une excellente voiture en fait d'agrément de conduite, de stabilité et de confort. Et tous les occupants n'auront jamais à se plaindre du confort. Il faut spécifier qu'elle se vend pour environ 10 000 $ de moins que la plupart des modèles concurrents.

EXCENTRIQUE ET PRATIQUE

Si vous trouvez la Chrysler hors catégorie en raison de sa silhouette, vous serez certainement à court de mots pour décrire le Dodge Magnum. Si celui-ci propose une partie avant assez semblable à celle de la 300/300C, hormis une grille de calandre typiquement Dodge, il nous surprend par une section arrière qui s'apparente à celle d'une familiale pour créer la voiture d'apparence la plus étrange sur nos routes. Et dans votre rétroviseur, vous risquez d'en voir affublées de gyrophares puisqu'une version « ensemble corps de police » sera commercialisée sous peu.

Qu'elle soit conduite par un policier ou toute autre personne, cette Dodge a plusieurs éléments plaidant en sa faveur, notamment la possibilité d'être équipée du moteur Hemi dont les 340 chevaux permettent des performances élevées et un comportement routier très impressionnant. Ajoutez à cela une carrosserie cinq portes éminemment pratique et vous avez là une voiture presque taillée sur mesure pour les gens actifs et les… policiers.

De prime abord, sa silhouette nous fait craindre que la visibilité arrière sera atroce. Mais, en réalité, ce n'est pas mal du tout. Et cette silhouette particulière est également pratique, puisque cette familiale avec son dossier arrière rabattable permet d'engranger des objets de toutes les dimensions. Et pour faciliter leur chargement, les charnières du hayon sont ancrées un peu plus loin dans le toit afin d'offrir une plus grande ouverture de chargement.

Comme son vis-à-vis chez Chrysler, le Magnum peut être commandé avec le moteur V6 3,5 litres ou encore le gros moteur Hemi et ses 340 chevaux. Il est également possible de l'équiper d'un moteur de cylindrée moindre puisque le V6 2,7 litres de 190 chevaux est de série sur la version SE, un modèle surtout destiné aux parcs automobiles. Par rapport à la 300/300C, le comportement routier de la Dodge est sensiblement le même.

Quoi qu'il en soit, ces deux automobiles sont parmi les modèles les plus intéressants à faire leur apparition sur le marché cette année.

Denis Duquet

DONNÉES TECHNIQUES

Prix du modèle à l'essai :	42 995 $
Échelle de prix :	29 995 $ à 42 995 $
Version(s) disponible(s) :	300, Touring, Limited, 300 C
Garanties :	3 ans 60000/7 ans 115000
Catégorie :	berlines de luxe
Emp./Long./Lar./Haut.(cm) :	360/500/188/148
Poids :	1 836 kg
Coffre/Réservoir :	311/72 litres
Coussins de sécurité :	frontaux, latéraux (av.) et rideaux
Suspension avant :	indépendante, bras inégaux
Suspension arrière :	indépendante, multibras
Freins av./arr. :	disque (ABS)
Antipatinage/Contrôle de stabilité :	oui/oui
Direction :	à crémaillère, assistée
Diamètre de braquage :	11,9 m
Pneus av./arr. :	P225/60R18

GROUPE MOTOPROPULSEUR ET RENDEMENT

Moteur :	V8 5,7 litres 16s (99,55 x 90,9)
Puissance :	340 ch (254 kW) à 5 000 tr/mn
Couple :	390 lb-pi (529 Nm) à 4000 tr/mn
Autre(s) moteur(s) :	
	V6 3,5 litres 250 ch, V6 2,7 litres 190 ch (Magnum)
Transmission :	propulsion, automatique 5 rapports
Autre(s) transmission(s) :	automatique 4 rapports
Accélération 0-100 km/h :	6,8 s
Reprises 80-120 km/h :	6,1 s
Freinage 100-0 km/h :	42,8 m
Vitesse maximale :	250 km/h
Indice de performance longitudinale :	4,96 m/s/s
Consommation (100 km) :	ordinaire, 14,8 litres
Autonomie :	486 km

NIVEAU SONORE

Ralenti :	40,3 db
Accélération :	71,3 db
100 km/h :	64,3 db

DANS LA MÊME CATÉGORIE

Buick LeSabre - Cadillac CTS - Chevrolet Impala
Ford 500 - Mercury Grand Marquis
Pontiac Bonneville - Toyota Avalon

HISTORIQUE DU MODÈLE

1ière génération

DATE DE RENOUVELLEMENT

n.d.

NOS IMPRESSIONS

Agrément de conduite :	🚗🚗🚗🚗½
Fiabilité :	nouveau modèle
Sécurité :	🚗🚗🚗🚗½
Qualités hivernales :	🚗🚗🚗🚗½
Espace intérieur :	🚗🚗🚗🚗½
Confort :	🚗🚗🚗🚗½

LE CHOIX DE L'ÉQUIPE

300 Touring

Guide de l'auto 2005

300/300 C/MAGNUM

CHRYSLER CROSSFIRE

››› OPÉRATION CHARME

Vous savez dans la vie, il y a des gens, des moments ou des voitures qui vous séduisent. Personnellement, depuis que j'ai aperçu le modèle concept présenté dans les salons de l'auto il y a déjà 3 ans, je suis tombé amoureux de la Crossfire. La finesse des détails et le charme qu'elle dégage ont fait battre mon cœur. Et quand j'ai eu le bonheur de m'y asseoir, le coup de foudre s'est poursuivi. La Crossfire et moi, c'est une histoire d'amour pas tout à fait consommée. Du moins pas assez à mon goût.

Il faut dire que de l'extérieur, peu de voitures ont autant de style. Le long capot, strié de lignes délicates, donne l'impression qu'il est prêt à fendre l'air, alors que les courbes arrondies de l'arrière confèrent un petit côté sensuel à la silhouette. Bref, un air à la fois classique et légèrement rétro sur lequel le temps ne devrait pas avoir de prise. Indémodable, certes, mais toujours aguichant j'en suis persuadé. Et surtout, toujours capable de faire tourner les têtes, tant en version coupé qu'en version cabriolet.

ZONE ZEN

L'habitacle de la Crossfire, c'est l'expression zen de la voiture. Cette Mercedes déguisée (rappelons que DaimlerChrysler est propriétaire des deux bannières, et que la Crossfire est assemblée en Allemagne) a une cabine de pilotage dotée d'une sensualité unique.

Dès qu'on y plonge – et le mot plonger n'est pas trop fort quand on regarde la hauteur du véhicule – on se sent enveloppé d'une atmosphère ouatée. Il ne manque en fait que la petite musique nouvel âge pour nous donner l'impression que nous venons de sauter (plonger!) dans un autre monde. Un peu comme si l'habitacle de la Crossfire était une bulle qui nous isole du stress environnant.

Les couleurs douces et chaudes, notamment l'orangé doucereux qui orne sièges et planche de bord, se marient à merveille avec les formes courbes du toit, et surtout avec le fini aluminium brossé aux tendances résolument modernes.

Le tableau de bord lui-même rappelle fortement celui des berlines allemandes de luxe. Le support latéral est logique, sans plus et il faut croire que l'on a manqué de rembourrage pour les sièges. Malgré tout, l'ensemble respire le luxe et l'abondance.

Malheureusement, comme pour beaucoup de coupés sport, il faut souffrir un peu pour être joli. La conséquence est évidente : l'espace est limité, la visibilité (surtout à l'arrière et dans les angles morts) est une notion théorique et les commandes sont parfois fort mal situées. Celui qui a pensé mettre le bras du régulateur de

››› FEU VERT
› Lignes exceptionnelles
› Tenue de route précise
› Direction de précision chirurgicale
› Finition de grande classe

››› FEU ROUGE
› Visibilité réduite
› Transmission mal adaptée
› Sous-motorisation (V6)
› Régulateur de vitesse mal situé

Guide de l'auto 2005

vitesse juste au-dessus des clignotants devrait être forcé de s'en servir une semaine, histoire de constater à quel point la confusion est facile et déplaisante. Cette vision est toutefois directement inspirée de la grande sœur Mercedes. Ce n'est pas la meilleure importation, croyez-moi !

Comme la visibilité est difficile, et parce qu'on est profondément enfoncé dans le siège, il est difficile d'apercevoir les objets directement autour de la voiture. De surcroît, la Crossfire étant montée sur des pneus à profil extra bas, et si vous êtes comme moi pas très bon pour stationner en parallèle, il faut s'assurer de vérifier deux fois plutôt qu'une la distance qui nous sépare du trottoir si on veut garder les jantes en santé.

Mentionnons tout de même que les commandes sont nombreuses et permettent de contrôler plusieurs des mécanismes de sécurité. On peut par exemple déployer manuellement un aileron arrière qui autrement se déploie automatiquement à 80 kilomètres à l'heure, ou enlever le système de traction asservie dont est dotée la Crossfire.

ZONE RAPIDE

La Crossfire coupé possède une tenue de route exemplaire. c'est d'ailleurs ce qui attire immédiatement l'attention de tout pilote un peu sérieux, dès le premier essai. Avec une telle voiture, s'engager dans la trajectoire la plus complexe relève du pur plaisir. Pas besoin de se casser la tête, la voiture répond au quart de tour et toutes ses composantes travaillent dans le même sens que le conducteur. Le résultat est impressionnant.

La direction est d'une précision chirurgicale, et peu importe la trajectoire, la voiture s'engouffre littéralement dans les virages sans même faire ressentir la moindre envie de déviation. Une réussite de précision donc qui n'a qu'un défaut : la motorisation. Si jamais le conducteur commettait une erreur trop grave, les systèmes de sécurité, copiés sur Mercedes, apporteront les corrections nécessaires pour éviter le pire.

Heureusement, en créant la version cabriolet de la Crossfire, on a su maintenir la rigidité du châssis. Pour le plus grand bonheur des conducteurs d'ailleurs, puisque la tenue de route est aussi efficace, et on sent même que le châssis pourrait absorber quelques chevaux de plus.

Le moteur, la version unique qui équipe les deux modèles, développe 218 chevaux et est jumelé à une boîte de vitesses 5 rapports pour l'automatique et à 6 vitesses pour la manuelle. Dans les deux cas, j'ai trouvé les sensations du mécanisme pas très fermes et d'une rapidité un peu douteuse. Le couple du moteur fait du bon travail, mais un étagement plus rapproché des rapports aurait permis au moteur d'être utilisé davantage et d'offrir un peu plus de puissance.

Cette sous-motorisation, qui est le pire problème de la Crossfire, trouvera cependant correction dès cette année puisque Chrysler a mis en marché une version performance de la voiture, la SRT-6. Au total, 330 chevaux sont développés par un tout nouvel engin de 3,2 litres. On a aussi amélioré les capacités de freinage et créé une toute nouvelle machine dans la lignée des Viper SRT-10 ou des SX SRT-4.

Bertrand Godin

DONNÉES TECHNIQUES

Prix du modèle à l'essai :	66325 $
Échelle de prix :	39995 $ à 66325 $
Version(s) disponible(s) :	coupé, cabriolet
Garanties :	3 ans 60000/7 ans 115000
Catégorie :	roadster, coupé sport
Emp./Long./Lar./Haut.(cm) :	240/406/177/130,5
Poids :	1 440 kg
Coffre/Réservoir :	104/60 litres
Coussins de sécurité :	frontaux et latéraux (av.)
Suspension avant :	indépendante, bras inégaux
Suspension arrière :	indépendante, multibras
Freins av./arr. :	disque (ABS)
Antipatinage/Contrôle de stabilité :	oui/oui
Direction :	à billes, assistée
Diamètre de braquage :	10,3 m
Pneus av./arr. :	P225/40ZR18 P255/35ZR19

GROUPE MOTOPROPULSEUR ET RENDEMENT

Moteur :	V6 3,2 litres 18s (89,9 x 84,0)
Puissance :	215 ch (160 kW) à 5 700 tr/mn
Couple :	229 lb-pi (310 Nm) à 3 000 tr/mn
Autre(s) moteur(s) :	V6 3,2 litres 330 ch
Transmission :	propulsion, manuelle 6 rapports
Autre(s) transmission(s) :	automatique 5 rapports
Accélération 0-100 km/h :	8,2 s
Reprises 80-120 km/h :	7,0 s
Freinage 100-0 km/h :	42,0 m
Vitesse maximale :	230 km/h
Indice de performance longitudinale :	4,71 m/s/s
Consommation (100 km) :	super, 11,0 litres
Autonomie :	545 km

DANS LA MÊME CATÉGORIE
Audi TT coupé - BMW 330 ci
Infiniti G35 coupé - Mazda RX8

DU NOUVEAU EN 2005
Cabriolet, 7 nouvelles couleurs, modèle SRT-6

HISTORIQUE DU MODÈLE
1ère génération

DATE DE RENOUVELLEMENT
n.d.

NOS IMPRESSIONS

Agrément de conduite :	🚗🚗🚗🚗
Fiabilité :	🚗🚗🚗🚗
Sécurité :	🚗🚗🚗🚗½
Qualités hivernales :	🚗🚗🚗
Espace intérieur :	🚗🚗🚗
Confort :	🚗🚗🚗🚗½

LE CHOIX DE L'ÉQUIPE
Coupé

Guide de l'auto 2005

CHRYSLER PACIFICA

AGUICHANTE MAIS PERFECTIBLE

Chaque année, près de trois millions de conducteurs en Amérique du Nord délaissent la fourgonnette pour une voiture ou un VUS. Fort de ce constat, Chrysler raisonna qu'une familiale offrant plus d'espace qu'une berline, et plus de confort qu'un boit-sans-soif haut perché, pourrait sans doute aller chercher quelques parts de ce lucratif marché. Et c'est ainsi que naquit l'an dernier la Pacifica, une familiale à six places de configuration 2+2+2.

Le concept était prometteur, mais il n'a pas tenu ses engagements au chapitre de l'habitabilité. La troisième rangée de sièges est en effet difficilement accessible et inconfortable, une situation acceptable s'il s'agit de dépanner des passagers occasionnels, mais qui devient vite intolérable si votre famille compte plus de deux enfants, d'autant que l'utilisation de cette banquette réduit considérablement l'espace réservé aux bagages. En outre, le prix de départ corsé de près de 40 000 $ imposait de sérieuses réflexions…

Chrysler n'a pas tardé à corriger le tir, puisqu'il revient cette année avec une Pacifica d'entrée de gamme à 5 places (munie d'une banquette ordinaire à l'arrière), dont le prix de détail suggéré s'établit aux environs de 37 000 $. Deux autres variantes se tiennent dans le nouveau catalogue aux côtés de cette version de base, la Touring et la Limited. Cette dernière impose le rouage intégral, alors que les deux premières sont aussi disponibles en traction.

TROP «PACIFIQUE»

Ce que la nouvelle version de base gagne en diminuant substantiellement le prix exigé pour une Pacifica, elle le reperd en accueillant sous son capot le vieux V6 3,8 litres de 210 chevaux que l'on retrouve sur la fourgonnette Town & Country. Les deux véhicules étant de poids semblables, il faut s'attendre à des performances très «pacifiques» de la lourde familiale. Elles sont déjà suffisamment paisibles avec le V6 de 250 chevaux qui anime la Touring et la Limited. Douce et relativement silencieuse, cette mécanique libère une puissance acceptable avec deux personnes à bord, mais elle peine véritablement à la tâche à pleine charge. La boîte automatique séquentielle Autostick qui lui est accouplée passe les vitesses en douceur, à défaut de ne pas offrir davantage que quatre rapports.

La direction est précise, la tenue de cap imperturbable et le diamètre de braquage apparaît dans la norme pour un véhicule de ce gabarit. Mais la caisse penche considérablement en virage, et la maniabilité en souffre. Les

»»FEU VERT
› Bon comportement routier
› Style novateur
› Confort appréciable
› Luxe enviable
› Qualité à la hausse

»» FEU ROUGE
› Moteurs insatisfaisants
› Encombrement et poids élevés
› Consommation décevante
› Habitabilité désappointante
› Prix corsé

Guide de l'auto 2005

DONNÉES TECHNIQUES

Prix du modèle à l'essai :	51 230 $
Échelle de prix :	35 965 $ à 48 550 $
Version(s) disponible(s) :	base, Touring et Limited
Garanties :	3 ans 60 000/7 ans 115 000
Catégorie :	familiale hybride
Emp./Long./Lar./Haut.(cm) :	295/505/201/169
Poids :	2 104 kg
Coffre/Réservoir :	369 à 2250/87 litres
Coussins de sécurité :	frontaux, latéraux, rideaux
Suspension avant :	indépendante, jambes de force
Suspension arrière :	indépendante, liens multiples
Freins av./arr. :	disque (ABS)
Antipatinage/Contrôle de stabilité :	oui/(opt.)
Direction :	à crémaillère, assistée
Diamètre de braquage :	12,1 m
Pneus av./arr. :	P235/65R17

GROUPE MOTOPROPULSEUR ET RENDEMENT

Moteur :	V6 3,5 litres
Puissance :	250 ch à 6 400 tr/min
Couple :	250 lb-pi à 3 950 tr/min
Autre(s) moteur(s) :	V6 3,8 litres 210 ch (de base)
Transmission :	automatique 4 rapports, séquentielle
Autre(s) transmission(s) :	aucune
Accélération 0-100 km/h :	11,0 s
Reprises 80-120 km/h :	8,5 s
Freinage 100-0 km/h :	42 m
Vitesse maximale :	180 km/h
Indice de performance longitudinale :	4,33 m/s/s
Consommation (100 km) :	ordinaire, 13,5 litres
Autonomie :	644 km

suspensions, une des belles surprises de la Pacifica, font un bon travail de liaison au sol tout en soignant la tranquillité des occupants. Un seul gros reproche : les amortisseurs trop lâches laissent tressauter les roues au passage des saignées. Les freins à disque munis de l'ABS déploient une force suffisante, du moins ce fut le cas sur le véhicule ayant fait l'objet d'un premier essai, alors que le second freinait comme si les disques s'échauffaient immédiatement, probablement à cause d'un précédent journaliste en mal de performances. Le mécanisme de traction intégrale fonctionne sans intervention du conducteur, en transmettant une partie de l'énergie motrice aux roues arrière à l'aide d'un visco-coupleur central lorsque celles d'en avant patinent, faisant de la Pacifica une tout-chemin, davantage qu'une tout-terrain.

CONFORT ET PRESTANCE

La Pacifica ne passe pas inaperçue avec ses lignes originales qui lui confèrent beaucoup de prestance. On s'installe aisément à son bord, entouré de matériaux globalement de bonne qualité (les garnitures en faux alu sont très convaincantes) et agencés en un tout qui flatte l'œil. Chrysler avance que la sellerie de cuir de la Limited sera de qualité supérieure à celle que l'on retrouve sur la Touring ; tant mieux, car j'avais été déçu par le triste aspect des peaux de la Pacifica 2004. Les tissus ne sont guère attrayants non plus, mais ils semblent résistants.

Confortables malgré une assise un peu courte, les sièges avant bénéficient de réglages assistés à l'aide de leur modèle réduit implanté dans les contre-portes, façon Mercedes, et l'on trouve d'autant plus aisément une bonne position de conduite sur les modèles équipés du pédalier électrique. Les occupants de la rangée centrale jouissent de baquets bien rembourrés, et profitent de dégagements généreux pour la tête et les jambes. Ils apprécieront la console centrale logeant les commandes de la climatisation et des compartiments à rangement. Par contre, la banquette de troisième rangée est carrément à repenser. Il faudrait aussi revoir la soute à bagages : vaste et logeable lorsque les dossiers des places arrière sont abaissés, elle rétrécit comme peau de chagrin avec chaque nouveau passager qui s'ajoute.

L'équipement de série inclut plusieurs éléments accrocheurs, tels que hayon motorisé et coussin gonflable au niveau du genou pour le conducteur. Au sommet de l'échelle, la Limited devrait satisfaire vos attentes : sièges chauffants aux deux premières rangées, rideaux gonflables latéraux aux places arrière, toit ouvrant, pneus de 19 pouces, et une assistance au stationnement arrière qui ne sera pas de trop pour manœuvrer en ville. En option, l'écran DVD peut distraire les enfants.

En fin de compte, la Pacifica témoigne d'un concept intéressant, dont l'exécution demeure toutefois très perfectible. Reste à mettre au point une version intégrale cinq places offrant au moins 300 chevaux. Mais elle existe peut-être déjà en la « personne » de la Dodge Magnum !

Jean-Georges Laliberté

DANS LA MÊME CATÉGORIE

Buick Rendezvous - Honda Pilot - Lexus RX330
Nissan Murano - Toyota Highlander

DU NOUVEAU EN 2005

Version de base à 5 places avec moteur 3,8 litres

HISTORIQUE DU MODÈLE

1ère génération

DATE DE RENOUVELLEMENT

n.d.

NOS IMPRESSIONS

Agrément de conduite :	🚗🚗🚗½
Fiabilité :	nouveau modèle
Sécurité :	🚗🚗🚗🚗
Qualités hivernales :	🚗🚗🚗🚗
Espace intérieur :	🚗🚗🚗🚗½
Confort :	🚗🚗🚗🚗

LE CHOIX DE L'ÉQUIPE

Touring AWD

Guide de l'auto 2005

CHRYSLER
PT CRUISER/CABRIOLET

L'ÂGE D'OR DU DESIGN

Le rétro fait encore mouche, peu importe le domaine. Dans le milieu automobile, Chrysler avait lancé le genre il y a quelques années avec la PT Cruiser, symbole par excellence de la nostalgie d'un passé pas si lointain. Encore aujourd'hui, dans cette optique, elle demeure sans aucun doute une des plus belles réussites de design sur le marché. Et que l'on aime ou pas le modèle, il attire définitivement le regard, surtout depuis qu'il est offert en version cabriolet.

Mais nonobstant l'avis des irréductibles du PT Cruiser (ils sont légion, au point de former des clubs de PT Cruiser aux quatre coins du pays et de les garder actifs durant de longues années), les performances ne sont peut-être pas aussi éclatantes que le laisse présager l'emballage bien que l'on ait considérablement amélioré le tout en installant un moteur turbo de 2,4 litres.

Sur la route, la PT Cruiser est agréable, voire amusante. La direction est suffisamment précise pour être souple, et la suspension, juste assez souple pour être précise. Bref, un heureux mélange qui rend confortables les longues randonnées.

Autre point très positif, la grande rigidité du châssis et une barre antiroulis d'une grande efficacité facilitent grandement la stabilité dans les courbes.

Par contre, les accélérations sont loin d'être fulgurantes, du moins avec le moteur atmosphérique de 2,4 litres. Ses 150 chevaux peinent à tirer le véhicule et, en reprise, le moteur souffle et râle sans donner autant d'énergie que l'on souhaiterait.

Heureusement, une autre version, munie d'un turbo cette fois, donne un peu plus d'émotions. Inutile de dire alors que la version turbo est de loin préférable à sa consoeur moins puissante.

Si tout cela s'avérait encore insuffisant, on propose une version GT, équipée d'un moteur de 220 chevaux couplé à une transmission manuelle à 5 rapports particulièrement efficace. Les plus paresseux se contenteront de la version automatique 4 rapports avec Autostick dont la souplesse laisse parfois à désirer, elle qui passe les vitesses par à-coups parfois peu agréables.

NÉE POUR ÊTRE BELLE
Mais bien entendu, c'est le look qui définit le mieux la PT Cruiser. De l'extérieur, elle est aisément reconnaissable, et ceux qui ne l'ont jamais approchée ont l'impression d'avoir affaire à un gros véhicule. Or, la PT Cruiser est

»» FEU VERT
› Design unique
› Beaucoup d'espace dans l'habitacle
› Tableau de bord bien réussi
› Version GT puissante

»» FEU ROUGE
› Moteur à faible puissance (sans turbo)
› Visibilité arrière et latérale
› Certaines commandes mal conçues
› Transmission automatique peu souple

PT CRUISER/CABRIOLET

légèrement plus courte que sa petite sœur Dodge, la SX, même si elle offre beaucoup plus d'espace de chargement et surtout, d'espace pour les occupants

En fait, même la banquette arrière, que l'on peut diviser 65/35 pour agrandir l'espace de chargement, est étonnamment confortable et spacieuse. En réponse à un défi que l'on m'a lancé, j'ai accepté de faire une randonnée avec deux autres passagers assis à l'arrière. Et à ma grande surprise, j'aurais accepté sans rechigner de me rendre beaucoup plus loin, sans grogner sur le confort. Autre avantage non négligeable, l'aménagement intérieur peut être modifié à volonté et sans trop d'effort, avec les banquettes escamotables et entièrement amovibles, pour permettre de transporter du matériel de plus grande taille.

À l'avant, les sièges sont haut perchés et moulent bien le corps pour offrir un support intéressant. Leur position élevée améliore grandement la visibilité à l'avant et à l'arrière, même si les appuie-tête ont la fâcheuse manie de nuire un peu au champ de vision. Le pilier central de la carrosserie est cependant trop massif et rend un peu difficile le parfait contrôle des angles morts.

Étonnamment, on a conservé le pilier central même sur le modèle cabriolet. Ce pilier qui se transforme en arceau de sécurité. Et parce qu'il est intégré à l'intérieur de l'habitacle au lieu de longer la carrosserie, il diminue considérablement moins la visibilité latérale, et est moins dérangeant pour les angles morts. Détail non négligeable, comme l'arceau est de la même couleur que la carrosserie et qu'il est orné du logo Chrysler, il dégage une allure remarquable.

Quant au tableau de bord, il est tout simplement génial quand on aime le style vieillot. Des appliques de couleurs assorties à la couleur de caisse (sauf pour l'extérieur beige où on lui greffe un tableau de bord grisâtre du plus mauvais effet) viennent garnir l'ensemble. Les cadrans ont un petit air rétro de rigueur, même si les chiffres y sont un peu petits. Les commandes sont munies de gros boutons faciles à manier et qui répondent bien aux désirs du conducteur.

L'idée de loger entre les deux bouches d'aération les boutons des vitres électriques (celles de l'arrière sont dans la console centrale, près du plancher) ne relève cependant pas du génie. Tout comme les boutons de la radio qui, pour certaines fonctions, demandent que le conducteur quitte la route des yeux et se penche vers l'avant. Un petit sacrifice pour le style peut-être, mais dommage pour l'efficacité.

La PT Cruiser a, à son arrivée, donné le ton à un nouveau style de véhicule. Et même si actuellement, n'en déplaise à certains, il attire surtout des acheteurs d'un certain âge, il a quand même tout pour plaire aussi aux plus jeunes. Sans vous avouer dans quelle catégorie je m'inscris, disons qu'elle a réussi à me charmer!

Marc Bouchard

DONNÉES TECHNIQUES

Prix du modèle à l'essai :	32 290 $
Échelle de prix :	21 170 $ à 32 290 $
Version(s) disponible(s) :	berlines, cabriolet base, Touring, GT, berline et cabriolet
Garanties :	3 ans 60 000/7 ans 115 000
Catégorie :	coupé sport/cabriolet
Emp./Long./Lar./Haut.(cm) :	261,5/429/170/154
Poids :	1 359 kg
Coffre/Réservoir :	538/57 litres
Coussins de sécurité :	frontaux et latéraux (av.)
Suspension avant :	indépendante, jambes de force
Suspension arrière :	demi-indépendante, poutre déformante
Freins av./arr. :	disque/tambour (ABS)
Antipatinage/Contrôle de stabilité :	oui/non
Direction :	à crémaillère
Diamètre de braquage :	12,8 m
Pneus av./arr. :	P195/65R15

GROUPE MOTOPROPULSEUR ET RENDEMENT

Moteur :	4L 2,4 litres 16s (87,5 x 101,0) turbocompressé
Puissance :	220 ch (164 kW) à 5 100 tr/mn
Couple :	245 lb-pi (332 Nm) à 2 000 tr/mn
Autre(s) moteur(s) :	4L 2,4 litres 150 ch, 4L 2,4 180 ch.
Transmission :	traction, manuelle 5 rapports
Autre(s) transmission(s) :	automatique 4 rapports
Accélération 0-100 km/h :	8,2 s
Reprises 80-120 km/h :	7,7 s
Freinage 100-0 km/h :	40,0 m
Vitesse maximale :	185 km/h
Indice de performance longitudinale :	3,36 m/s/s
Consommation (100 km) :	super, 12,4 litres
Autonomie :	460 km

DANS LA MÊME CATÉGORIE

Chrysler Sebring Cabriolet - Volkswagen New Beetle Cabriolet

DU NOUVEAU EN 2005

Version cabriolet

HISTORIQUE DU MODÈLE

1ière génération

DATE DE RENOUVELLEMENT

2010

NOS IMPRESSIONS

Agrément de conduite :	🚗🚗🚗🚗🚗
Fiabilité :	🚗🚗🚗🚗½
Sécurité :	🚗🚗🚗🚗🚗
Qualités hivernales :	🚗🚗🚗½
Espace intérieur :	🚗🚗🚗🚗½
Confort :	🚗🚗🚗🚗

LE CHOIX DE L'ÉQUIPE

Turbo

Guide de l'auto 2005

CHRYSLER SEBRING

BELLE ET PRESQUE BUM !

On peut sans doute reprocher beaucoup de choses à Chrysler mais personne ne peut nier le talent de ses designers. Rappelez-vous ces fameux "muscle cars" qui tenaient difficilement la route mais dont les lignes font encore rêver. Je parle ici des Dodge Charger et Challenger et Plymouth Road Runner, entre autres. Aujourd'hui, il faudrait être vraiment de mauvaise foi pour trouver la Chrysler Sebring laide ! En plus, le comportement routier s'est nettement amélioré avec les années.

Pour l'année modèle 2005, la Sebring nous revient pratiquement inchangée, ce qui n'est pas une mauvaise nouvelle. L'an dernier, la partie avant avait été revue pour mieux se marier avec l'ensemble de la gamme Chrysler. On retrouve donc toujours au catalogue la berline et le cabriolet. Ce dernier modèle s'avère tellement populaire auprès de la clientèle qu'un directeur du service chez un concessionnaire Chrysler me confiait, récemment, qu'il y en avait toujours un dans leur salle de démonstration, question d'attirer les gens à l'intérieur !

Quoiqu'il en soit, la Sebring berline reprend l'expression « il faut souffrir pour être belle » pour la transformer en « il faut souffrir parce que je suis belle »... À cause de la forme du toit, il arrive que les utilisateurs se cognent allègrement le coco en montant à bord. Toujours en rapport avec l'arc formé par le toit, les grandes personnes assises à l'avant se retrouvent avec le pare-soleil à la hauteur des yeux ! De plus, la ceinture de caisse (là où les portières se terminent et où les glaces commencent) passablement élevée, combinée à des sièges à l'assise relativement basse, donne l'impression d'être assis dans un bain très profond. Ce phénomène est encore plus remarquable à l'arrière, d'autant plus que les sièges sont très mous quoiqu'assez confortables. Quant à la visibilité 3/4 arrière, elle s'avère plutôt pauvre que ce soit avec la berline ou avec le cabriolet, si la capote est relevée.

DU FUN POUR PAS TROP CHER !
Mais une fois le toit baissé, qu'est-ce qu'on voit bien autour ! Ce toit se rétracte rapidement simplement en relâchant deux attaches situées au haut du pare-brise et en actionnant un bouton situé sur la console. Enfantin ! Lorsque la Sebring est coiffée de sa toile, les bruits de la route et du vent sont bien maîtrisés et la rigidité de la caisse impressionne. Pas surprenant qu'on retrouve autant de Sebring cabriolet sur nos routes ! Il s'agit, en passant, du cabriolet le plus vendu en Amérique.

»» FEU VERT
› Sièges avant confortables
› Consommation raisonnable
› Cabriolet affriolant
› Moteur souple
› Voiture sécuritaire

»» FEU ROUGE
› Quelques fautes d'ergonomie
› Moteur 4 cylindres rustre
› Finition approximative
› Coffre et capot lourds
› Freins ABS optionnels

Outre ces considérations de toitures, la berline et le cabriolet se partagent un habitacle moderne. La position de conduite peut se montrer déroutante au premier abord, mais on trouve assez rapidement sa niche dans le baquet moulant et confortable. Les versions les plus luxueuses ont droit à des sièges en cuir de qualité et de suède, chauffants de surcroît mais peu adaptés aux gabarits un peu larges. Le beau volant se prend bien en main et laisse voir une instrumentation qui, à défaut d'être complète, affiche de très belles couleurs la nuit venue.

Le tableau de bord fait un peu plus gai à mesure que l'on monte dans la hiérarchie mais quelques fautes d'ergonomie ont été parsemées ici et là. Notamment, des boutons de régulateur de vitesse et d'ouverture des glaces non éclairés, une clé de contact difficile à retirer, un bouton marche/arrêt de la radio en guerre constante avec le doigt qui veut le manipuler, des ceintures de sécurité avant difficiles à attraper, des porte-verres avant mal placés et l'absence d'appuie-tête à l'arrière. En contrepartie, soulignons la belle qualité des plastiques, l'excellente réception de la chaîne stéréo et la finition très correcte.

Malheureusement, les employés chargés de la finition extérieure devaient être en pause lorsque notre véhicule d'essai est passé sur la chaîne… Mais ce n'est pas leur faute (c'est plutôt celle des concepteurs) si le couvercle du coffre est difficile à soulever, si le dit coffre n'est pas très haut et que son seuil de chargement, lui, l'est trop!

C'est au volant qu'on apprend à aimer la Sebring. Deux moteurs sont au programme. Le quatre cylindres de 2,4 litres, offert dans la version de base de la berline seulement, se tire bien d'affaire avec ses 150 chevaux même si ses vibrations et son manque de raffinement le rapprochent du domaine agricole… Par contre, le V6 de 2,7 litres développant 200 chevaux est tout à fait indiqué. Accouplé à une transmission automatique à quatre rapports avec «Autostick» dont le principal atout est de se faire oublier, ce V6 démontre de belles qualités dynamiques. Les temps d'accélérations et de reprises se situent dans la bonne moyenne mais c'est surtout au niveau de la souplesse qu'il se distingue. Jamais il ne donne l'impression de travailler! Quant aux freins, ils font adéquatement leur besogne mais je n'ai jamais ressenti l'urgence de les tester sur une piste de course…

La suspension indépendante aux quatre coins est installée sur un châssis très rigide et fait un excellent boulot, que ce soit au chapitre du confort ou de la tenue de route, et ce, même sur une chaussée très dégradée. La Sebring affiche, comme toute bonne traction, un comportement sous-vireur. Dans le cas présent, il se montre facilement maîtrisable (merci aux pneus de 16 pouces!) même si le système antipatinage optionnel donne l'impression d'être plutôt discret.

La Sebring n'est pas une voiture sportive. Malgré cela, son comportement routier, son haut niveau de confort et sa belle gueule la placent parmi les incontournables de la catégorie. Resterait juste à Chrysler à mieux maîtriser certains principes ergonomiques et la vie serait parfaite! Enfin, presque…

Alain Morin

DONNÉES TECHNIQUES

Prix du modèle à l'essai:	31 900$
Échelle de prix:	24 460$ à 40 390$
Version(s) disponible(s):	Base, Touring, Limited
Garanties:	3 ans 60 000/7 ans 115 000
Catégorie:	cabriolets, berlines
Emp./Long./Lar./Haut.(cm):	274/484/169/139
Poids:	1 472 kg
Coffre/Réservoir:	453/61 litres
Coussins de sécurité:	frontaux et latéraux (opt)
Suspension avant:	indépendante, bras inégaux
Suspension arrière:	indépendante, multibras
Freins av./arr.:	disque (ABS)
Antipatinage/Contrôle de stabilité:	oui/non
Direction:	à crémaillère, assistée
Diamètre de braquage:	11,2 m
Pneus av./arr.:	P205/60R16

GROUPE MOTOPROPULSEUR ET RENDEMENT

Moteur:	V6 2,7 litres (86,0 x 78,5)
Puissance:	200 ch (149 kW) à 5 800 tr/mn
Couple:	190 lb-pi (258 Nm) à 4 850 tr/mn
Autre(s) moteur(s):	4L 2,4 litres 150 ch
Transmission:	traction, automatique 4 rapports
Autre(s) transmission(s):	aucune
Accélération 0-100 km/h:	9,2 s
Reprises 80-120 km/h:	6,8 s
Freinage 100-0 km/h:	45,0 m
Vitesse maximale:	180 km/h
Indice de performance longitudinale:	4,4 m/s/s
Consommation (100 km):	ordinaire, 9,8 litres
Autonomie:	622 km

DANS LA MÊME CATÉGORIE

Chevrolet Malibu - Ford Taurus - Honda Accord
Hyundai Sonata - Kia Magentis - Mazda 6 - Mitsubishi Galant - Nissan Altima - Saturn L - Toyota Camry

DU NOUVEAU EN 2005

Nouvelles couleurs intérieures et extérieures, système de navigation et chargeur six disques

HISTORIQUE DU MODÈLE

1ière génération

DATE DE RENOUVELLEMENT

2006

NOS IMPRESSIONS

Agrément de conduite:	🚗🚗🚗🚗
Fiabilité:	🚗🚗🚗🚗
Sécurité:	🚗🚗🚗🚗🚗½
Qualités hivernales:	🚗🚗🚗🚗
Espace intérieur:	🚗🚗🚗🚗
Confort:	🚗🚗🚗🚗½

LE CHOIX DE L'ÉQUIPE

Limited, cabriolet

Guide de l'auto 2005

DODGE/CHRYSLER

CARAVAN/ GRAND CARAVAN — TOWN & COUNTRY

ABRACADABRA !

C'est vrai, j'ai été un « soccer dad » durant quelque temps. Durant quelques jours, j'ai agi exactement comme si j'avais une équipe de soccer à reconduire tous les jours sur le terrain, équipement en prime. Et durant ces quelques jours, j'ai conduit exactement comme un bon père de famille devrait le faire au volant de sa fourgonnette. Une expérience qui, il faut l'avouer, m'a presque conquis. Moi qui avais quelques préjugés contre les fourgonnettes pour en avoir possédé une durant quelques années, j'étais en train de devenir un adepte.

Je l'admets, j'ai pris un plaisir fou à manipuler les portes électriques et le hayon motorisé qui équipaient ma minivan. Chaque fois que j'avais les bras chargés d'épicerie (ou à peine chargés), je m'empressais de déclencher le hayon juste pour le plaisir. On prend son plaisir où on peut…

On a beau rire, mais les portières motorisées font partie des nombreux accessoires qui regorgent désormais sur les fourgonnettes et qui rendent ces véhicules aussi populaires. Rappelons-nous tout de même que un véhicule sur quinze vendus au Canada est de cette catégorie. Et que Chrysler, l'inventeur du genre, continue de dominer le classement des ventes avec sa Caravan et sa Grand Caravan.

Si vous croyez que ce genre de véhicule ne s'adresse qu'aux femmes, détrompez-vous Quand Chrysler a développé la luxueuse Town & Country, une version de luxe, elle l'a fait clairement pour les hommes de 35 ans et plus. Et ça marche si on en juge par les chiffres de vente.

D'ABORD PRATIQUE

Une fourgonnette, c'est d'abord un véhicule pratique. Une palme que Chrysler remportera encore cette année puisque l'invention du système Ston'w go devrait tout simplement laisser la concurrence loin derrière.

Le Stow'n go, que l'on retrouve sur les Grand Caravan et les Town & Country, c'est la possibilité de rabattre complètement dans le plancher les deuxième et troisième rangées de sièges, laissant un espace de chargement vaste et plat. Mieux encore, cette manipulation peut s'effectuer d'une seule main, en moins de quelques secondes. Mais le véritable prodige cette année se trouve cependant sous le véhicule. Car pour créer le système Stow'n go, les ingénieurs de Chrysler ont dû complètement remodeler la surface et les composantes dissimulées sous le plancher. Sans créer complètement une nouvelle plate-forme, disons que le système amène une évolution proche de la révolution.

»» FEU VERT
› Rangement exceptionnel
› Insonorisation haut de gamme
› Maniabilité intéressante
› Prix de base abordable

»» FEU ROUGE
› Freinage à revoir
› Moteur 2,4 l anémique
› Coût élevé des options
› Sensible aux vents latéraux (cabine allongée)

Quand les sièges sont relevés, il devient facile d'installer jusqu'à sept passagers dans un confort tout à fait acceptable, et avec suffisamment de dégagement pour la tête et les jambes pour être bien installés. Si vous avez opté pour la caisse allongée, vous aurez même suffisamment d'espace de chargement derrière les sièges pour amener avec vous quelques bagages. Dans le cas contraire, l'espace sera plus restreint, mais vous économiserez en essence (car le véhicule est plus léger) et en qualité de conduite, car la longue version est plus sensible aux vents.

Par contre, la possibilité de plier la banquette de troisième rangée dans une proportion de 60-40 facilite encore une fois le transport de marchandises. Au total, chez Chrysler, on affirme que plus de 250 configurations sont disponibles à l'intérieur des véhicules.

Pour rendre facile l'accès à toutes les rangées, les modèles haut de gamme sont équipés de portières électriques des deux côtés. Et toutes, sans exception, reçoivent cette année, une petite amélioration : le siège de deuxième rangée pliable, vers l'avant, pour faciliter l'accès aux places arrière. Disons simplement que ce n'est pas un luxe pour être vraiment capable de les utiliser sans se contorsionner pour y avoir accès.

PUIS, UN VÉHICULE FAMILIAL

Évidemment, avec autant d'espace, la Caravan et ses consœurs sont des véhicules qui s'adressent aux familles. On a donc mis la priorité du développement vers les passagers, et non strictement vers le conducteur. Le résultat : un véhicule plus silencieux, comme à une table de cuisine, disent les gens de Chrysler, pour permettre à tout le monde de s'entendre sans avoir à crier. Pour y arriver, on a utilisé de nouveaux aciers et des injections de produits isolants ici et là rendant la cabine plus silencieuse.

De nombreux systèmes de sécurité, incluant des rideaux gonflables pour les trois rangées de sièges, ont été installés de série. On a aussi mis en place des prétendeurs de ceinture.

Pour ce qui est de la conduite cependant, la nouvelle Dodge Caravan et ses multiples versions, notamment la Grand Caravan à cabine allongée et le luxueux Town & Contry, n'offrent pas de grandes améliorations. Sous le capot de la version base on retrouve le moteur 6 cylindres de 3,3 litres et de 207 chevaux. Il est aussi de série sur les versions SXT de Grand Caravan, et sur la Town & Country, et se présente comme le seul engin disponible avec la traction intégrale.

Ce qui rend agréable la conduite de la Caravan, c'est sa direction, précise de façon générale, et sa grande maniabilité malgré ses dimensions. En revanche, il faut bien s'attendre à quelques hésitations en terme de puissance, et à une suspension parfois un peu trop douce, surtout en virage.

Mais, on n'a rien pour rien. Et ceux qui optent pour une fourgonnette savent bien qu'ils devront parfois faire quelques sacrifices de conduite pour gagner en espace pour le chargement et la famille. Sacrifices qui ne sont pas aussi nombreux dans le cas de la Grand Caravan, puisque l'on gagne assez en espace pour être à l'aise.

Marc Bouchard

DONNÉES TECHNIQUES

Prix du modèle à l'essai :	35 505 $
Échelle de prix :	26 635 $ à 46 975 $
Version(s) disponible(s) :	base et SXT
Garanties :	3 ans 60 000/7 ans 115 000
Catégorie :	fourgonnette
Emp./Long./Lar./Haut.(cm) :	303/509/199,5/175
Poids :	1 929 kg
Coffre/Réservoir :	566 à 1 535 (estimé)/77 litres
Coussins de sécurité :	frontaux et latéraux (av.)
Suspension avant :	indépendante, jambes de force
Suspension arrière :	essieu rigide, ressorts elliptiques
Freins av./arr. :	disque (ABS)
Antipatinage/Contrôle de stabilité :	oui/non
Direction :	à crémaillère, assistée
Diamètre de braquage :	12,0 m
Pneus av./arr. :	P215/70T15

GROUPE MOTOPROPULSEUR ET RENDEMENT

Moteur :	V6 3,8 litres 24s (96,0 x 87,1)
Puissance :	215 ch (160 kW) à 5 000 tr/mn
Couple :	245 lb-pi (332 Nm) à 4 000 tr/mn
Autre(s) moteur(s) :	V6 3,3 litres 180 ch
Transmission :	traction, automatique 4 rapports
Autre(s) transmission(s) :	aucune
Accélération 0-100 km/h :	9,7 s
Reprises 80-120 km/h :	8,0 s
Freinage 100-0 km/h :	42,7 m
Vitesse maximale :	185 km/h
Indice de performance longitudinale :	4,42 m/s/s
Consommation (100 km) :	ordinaire, 12,4 litres
Autonomie :	621 km

DANS LA MÊME CATÉGORIE

Ford Freestar - Honda Odyssey - Kia Sedona - Nissan Quest - Toyota Sienna

DU NOUVEAU EN 2005

Système de rangement Stow'n go, nouvelle finition intérieure

HISTORIQUE DU MODÈLE

3ième génération

DATE DE RENOUVELLEMENT

n.d.

NOS IMPRESSIONS

Agrément de conduite :	🚗🚗🚗🚗
Fiabilité :	🚗🚗🚗½
Sécurité :	🚗🚗🚗🚗🚗
Qualités hivernales :	🚗🚗🚗🚗
Espace intérieur :	🚗🚗🚗🚗🚗
Confort :	🚗🚗🚗🚗

LE CHOIX DE L'ÉQUIPE

Grand Caravan SXT avec Stow'n go

Guide de l'auto 2005

DODGE DURANGO

RACÉ ET SOLIDE

Peu importe le prix de l'essence et les protestations des environnementalistes, le marché des gros VUS à châssis autonome est toujours important. Règle générale, les acheteurs de ces véhicules sont des personnes qui les utilisent pour autre chose que pour aller faire un tour à l'épicerie, au cinéma ou à l'église. Chasseurs, pêcheurs, amateurs de plein air et de camping, voilà autant d'acheteurs potentiels. Il ne faut pas oublier non plus les gens qui tractent un bateau, une remorque de transport équin ou encore des motoneiges.

La précédente version du Durango assurait toute la robustesse et la puissance nécessaire pour ces utilisations. Par contre, puisqu'il s'agissait d'une camionnette Dakota transformée en VUS, certains éléments étaient passablement rudimentaires. Le confort était acceptable sans plus, tandis que le comportement routier n'arrivait plus à se faire justice face à une concurrence plus moderne et plus sophistiquée. Le temps était venu de soumettre le Durango à une cure de rajeunissement d'autant plus que les ventes étaient en chute libre.

Ce n'est que tard à l'automne 2003 que la version 2004 est apparue sur le marché. Ce qui explique sans doute pourquoi elle nous revient pratiquement inchangée en 2005.

Les directives transmises aux ingénieurs chargés du projet devaient se lire comme suit : « Le Durango doit être plus robuste, plus confortable et également en mesure de rendre la troisième banquette plus accueillante. » L'élément robustesse a été résolu par le développement d'un châssis autonome rendu plus rigide par l'utilisation de pièces hydro formées plus solides. Celles-ci peuvent adopter des formes complexes sans avoir recours à la soudure et de multiples éléments. Si l'empattement s'est allongé de 7,6 cm, la carrosserie a été allongée de 17 cm et élargie de 7 cm. Ce qui a pour effet d'améliorer le confort pour les occupants de la troisième banquette qui ont plus d'espace pour les jambes et les coudes tout en profitant d'un meilleur dégagement pour la tête puisque la hauteur hors tout de ce VUS a gagné 7 cm.

Avant de l'oublier, l'insonorisation a également été améliorée de beaucoup, tout comme la qualité des matériaux dans l'habitacle. Comme le veut la tendance actuelle chez Daimler-Chrysler, tous les nouveaux modèles se démarquent par une qualité de finition et d'assemblage en net progrès. Incidemment, le tableau de bord n'a plus cette désolante présentation de camionnette transformée qui était le lot de la première génération. Ici tout est impeccable et il est certain que toute

» FEU VERT
› Choix de moteur
› Bonne habitabilité
› Châssis robuste
› Tableau de bord élégant
› 3e rangée correcte

» FEU ROUGE
› Consommation élevée
› Dimensions encombrantes
› Calandre proéminente
› Moteur V6 bruyant

ressemblance avec la planche de bord du Pacifica n'est pas fortuite.

Si l'habitacle fait l'unanimité, la silhouette a ses partisans et ses détracteurs. Plusieurs n'apprécient pas tellement l'imposante calandre avant qui semble avoir été empruntée à une camionnette Ram. Un peu plus de subtilité aurait conquis davantage de gens. Heureusement, la partie arrière est réussie avec des phares individuels superposés et placés dans un tube s'affinant sur la paroi latérale.

UN MOTEUR INCONTOURNABLE

Prix d'essence à la hausse ou pas, la division Dodge a un atout dans sa manche avec le moteur V8 Hemi. La première génération de ce moteur à culasse hémisphérique s'était taillée une réputation légendaire dans les années 60 avant de disparaître sous la pression de la crise du pétrole des années 70. Une version entièrement nouvelle a été concoctée pour le Dodge Ram en 2003 et elle a été rapidement utilisée dans plusieurs autres nouveaux produits, la berline 300C notamment. Avec ses 345 chevaux, ce gros V8 de 5,7 litres permet de remorquer une charge de 4 038 kg sans problème. Il faut également souligner que la présence d'une boîte automatique cinq rapports permet d'espacer quelque peu les arrêts à la pompe.

Il n'est pas obligatoire pour autant de jouer la carte Hemi pour profiter du Durango. Le moteur V8 4,7 litres de 230 chevaux est le choix le plus sage si vous devez combiner remorquage et coffre chargé à bloc. Compte tenu du contexte actuel de variations du prix de l'essence, plus de gens devraient s'intéresser au moteur V6 3,7 litres de 215 chevaux qui est suffisant la plupart du temps, à l'exception de remorquages lourds. Par contre, vous devez vous contenter d'une boîte automatique à quatre rapports.

Peu importe le moteur choisi ou le groupe d'options, le Durango ne déçoit pas en fait de tenue de route. Même si le pilote est assis haut et que l'encombrement de ce véhicule est supérieur à la moyenne, la tenue en virage est bonne et la direction moins engourdie que par le passé. Mais cela n'en fait pas une voiture sport pour autant. C'est solide et efficace, mas les sensations de conduite sont assez timides. Sur une route dégradée, la présence de ressorts arrière hélicoïdaux permet de compter sur un train arrière beaucoup plus sage qu'avec les ressorts elliptiques du premier modèle. Et la conception de l'essieu arrière rigide est plus sophistiquée avec l'ajout d'un lien Watt et de bras multiples. À l'aide de tous ces éléments, le pilote se sent davantage en maîtrise et en confiance. Quant aux passagers de l'habitacle, ils ont davantage l'impression de rouler dans un véhicule homogène que dans une camionnette dotée d'un toit rigide. Et les occupants de la troisième banquette n'ont plus à souffrir le martyr car celle-ci est plus confortable. En passant, le mécanisme "Fold and tumble" facilite son remisage et son déploiement.

En terminant, il ne faut pas oublier de mentionner que le rouage intégral est disponible en transmission intégrale ou à temps partiel.

Denis Duquet

DURANGO

DONNÉES TECHNIQUES

Prix du modèle à l'essai :	46 150 $
Échelle de prix :	42 575 $ à 52 995 $
Version(s) disponible(s) :	SLT, SLT Plus, LTD
Garanties :	3 ans 60 000/7 ans 115 000
Catégorie :	utilitaires sport
Emp./Long./Lar./Haut.(cm) :	303/510/193/189
Poids :	2 260 kg
Coffre/Réservoir :	540 à 2 870/102 litres
Coussins de sécurité :	frontaux, latéraux (av.) et rideaux
Suspension avant :	indépendante, bras inégaux
Suspension arrière :	essieu rigide, ressorts hélicoïdaux
Freins av./arr. :	disque (ABS)
Antipatinage/Contrôle de stabilité :	oui/non
Direction :	à crémaillère, assistée
Diamètre de braquage :	12,2 m
Pneus av./arr. :	P265/65R17

GROUPE MOTOPROPULSEUR ET RENDEMENT

Moteur :	V8 4,7 litres 16s (99,3 x 84,1)
Puissance :	230 ch (172 kW) à 4 700 tr/mn
Couple :	290 lb-pi (393 Nm) à 3 700 tr/mn
Autre(s) moteur(s) :	V8 5,7 litres 335 ch
Transmission :	intégrale, automatique 5 rapports
Autre(s) transmission(s) :	aucune
Accélération 0-100 km/h :	8,6 s
Reprises 80-120 km/h :	5,8 s
Freinage 100-0 km/h :	43,1 m
Vitesse maximale :	185 km/h
Indice de performance longitudinale :	n.d.
Consommation (100 km) :	ordinaire, 16,1 litres
Autonomie :	634 km

DANS LA MÊME CATÉGORIE

Chevrolet Tahoe - Ford Explorer - GMC Yukon
Nissan Pathfinder - Nissan Armada - Toyota Sequoia

DU NOUVEAU EN 2005

Aucun changement majeur

HISTORIQUE DU MODÈLE

2ième génération

DATE DE RENOUVELLEMENT

2008

NOS IMPRESSIONS

Agrément de conduite :	🚗🚗🚗🚗½
Fiabilité :	🚗🚗🚗🚗
Sécurité :	🚗🚗🚗🚗
Qualités hivernales :	🚗🚗🚗🚗½
Espace intérieur :	🚗🚗🚗🚗½
Confort :	🚗🚗🚗🚗

LE CHOIX DE L'ÉQUIPE

SLT Plus

Guide de l'auto 2005

SX/SRT-4

DOUBLE PERSONNALITÉ

Pourquoi dépenser des milliers de dollars à gonfler les performances d'une voiture, à lui ajouter des pièces de carrosserie pour améliorer son allure quand on peut bénéficier de la garantie du manufacturier? Vous me direz que le "tuning", c'est la personnalisation ultime, le moyen idéal de rendre unique une voiture et de lui donner un peu de votre personnalité. Mais dans les faits, tout le monde le sait : ce que l'on veut, c'est une voiture plus puissante, plus jolie, qui a un petit air de vraie sportive. Et dans cet esprit, la Dodge SRT-4 a plein de bon sens.

Chez Chrysler, on la surnomme la petite Viper. Un peu exagéré, sans aucun doute, mais il est vrai qu'elle a des airs de famille. Gros aileron arrière, pneus sérieux, couleur éclatante, la SRT-4, c'est la haute puissance ramenée à l'échelle du vrai monde. À l'échelle de ceux, en fait, qui ont les moyens de la payer. Dérivée de la SX 2.0, la SRT-4 n'est vraiment pas le portrait de sa sœur. Équipée d'un moteur 2.4 litres turbo développant 230 chevaux, la voiture est évidemment une petite bombe en comparaison de sa quasi-jumelle. Et les performances sont étonnantes pour une voiture de cette taille.

À l'accélération, vous devrez attendre jusqu'à 2 200 tr/min pour bien ressentir la nuance. À ce niveau, vous obtenez quelque 250 lb-pi de couple et la cavalerie arrive en grand renfort grâce au turbo ce qui projettera votre tête vers l'arrière. Pour optimiser les résultats, une boîte de vitesse 6 rapports aurait été appréciée, mais la boîte 5 vitesses est fiable et le levier est facile et précis. Il est vrai que sa course est un peu longue pour un modèle sport, mais on s'en contente sans peine.

Seule fausse note, le moteur poussé est bruyant pour une utilisation journalière mais les amateurs de «musique moteur» seront ravis. Amateurs de sensations, tenez-vous bien puisque cette combinaison réussit à vous entraîner à la vitesse permise sur les autoroutes en moins de 5,8 secondes. On est bien loin de l'ancienne Néon !

Sur la SRT-4, j'ai l'impression que Dodge a mis l'accent sur le moteur plus que sur le châssis. La voiture réagit d'une étrange manière au couple, tant et si bien que si vous lâchez le volant au moment où les 230 chevaux du moteur se déchaînent, l'avant du véhicule cherche à se promener de gauche à droite.

Autrement, elle est vive et agile même si elle a une tendance sous-vireuse dans les virages rapides en accélération. La voiture ne prend pas beaucoup de roulis grâce aux barres stabilisatrices qui font un bon travail.

Les freins arrêtent les 1 350 kg livres sans problème, et répondront présents malgré

》》FEU VERT
› Moteur puissant (SRT-4)
› Silhouette intéressante
› Accessoires dignes de mention
› Bonne tenue de route

》》FEU ROUGE
› Moteur bruyant (2.0)
› Suspension mal adaptée
› Places arrière trop petites
› Chargeur de CD inaccessible

des freinages répétitifs grâce à quatre disques ventilés à l'avant et à l'arrière.

PLUS QUE DES DÉTAILS

L'intérieur est plutôt sobre, mais j'avoue avoir été séduit par l'instrumentation, notamment aussi par les améliorations apportées en comparaison au modèle standard, et qui sont largement plus que des détails. Les indicateurs de vitesse et du compte-tours en blanc, ainsi que l'indicateur de pression du turbo isolé en haut de la planche de bord confèrent un style unique, plus proche de la voiture de compétition que de la simple voiture de tous les jours. Le pommeau de levier de vitesses et le pédalier en aluminium viennent donner une petite touche supplémentaire. On aurait sans doute pu aller plus loin en installant, par exemple, un volant qui se démarquerait davantage de celui à trois branches actuellement de série et que plusieurs considèrent bien ordinaire pour une voiture à l'esthétique extérieure de loin supérieure à celle de l'intérieur.

Les vrais amateurs de conduite sportive apprécieront les sièges de type Recaro qui offrent un support latéral incroyable, digne des voitures préparées pour le championnat du monde des rallyes. Par contre, je me suis posé la question : si j'étais nettement plus pesant, seraient-ils moins confortables ?

VERSION PLUS SAGE

Avant de tomber dans la SRT-4, Dodge avait lancé la SX 2.0 une version sage – peut-être trop – de la même voiture. Évidemment, dans le cas de la SX 2.0, le moteur de 132 chevaux (150 sur la R/T) n'offre pas la dynamite au départ ou sur la route. Il est par contre largement suffisant pour les besoins de l'automobiliste moyen que nous sommes presque tous. Il faudra cependant vous habituer au son tonitruant de l'engin, et à ses réactions un peu trop saccadées. Le problème subsiste depuis des années avec cette voiture, et semble impossible à corriger, du moins dans cette génération.

Le tableau de bord, avec ses grands cadrans blancs et ses commandes faciles d'accès et d'utilisation, n'a rien à envier aux autres modèles de sa catégorie. On a même ajouté une petite touche de couleur, identique à celle de la carrosserie, sur la garniture qui entoure la console centrale. Le chargeur de six disques compacts, un accessoire fort pratique et que l'on retrouve de série dans la version sport, est littéralement enfoui sous le tableau de bord. Pas question d'y insérer un disque en roulant, et encore moins de sélectionner un ou l'autre des disques chargés à même les commandes du lecteur. Il faudra plutôt utiliser les boutons du radio qui lui, est nettement mieux conçu et plus efficace. Quant aux sièges, ils sont confortables mais sans abus, c'est-à-dire qu'ils auraient eu avantage à être un peu améliorés surtout en matière de support latéral. En revanche, la position de conduite idéale est facile à trouver grâce entre autres aux ajustements faciles et précis des bancs.

Heureusement, même si elle est passablement plus dispendieuse que sa petite sœur, la SRT-4 a davantage pour plaire. Un petit détail qu'on a oublié sur la 2.0 de base.

Bertrand Godin

DONNÉES TECHNIQUES

Prix du modèle à l'essai :	27 280 $
Échelle de prix :	15 505 $ à 27 280 $
Version(s) disponible(s) :	Base, sport, R/T, SRT-4
Garanties :	3 ans 60 000/7 ans 115 000
Catégorie :	berlines sport
Emp./Long./Lar./Haut.(cm) :	267/443/171/142
Poids :	1 315 kg
Coffre/Réservoir :	371/47,3 litres
Coussins de sécurité :	frontaux
Suspension avant :	indépendante, jambes de force
Suspension arrière :	indépendante, multibras
Freins av./arr. :	disque (ABS)
Antipatinage/Contrôle de stabilité :	oui/oui
Direction :	à crémaillère, assistée
Diamètre de braquage :	10,8 m
Pneus av./arr. :	P205/50ZR17

GROUPE MOTOPROPULSEUR ET RENDEMENT

Moteur :	4L 2,4 litres 16s (87,5 x 101,0) turbocompressé
Puissance :	230 ch (172 kW) à 5300 tr/mn
Couple :	250 lb-pi (339 Nm) à 2200 tr/mn
Autre(s) moteur(s) :	4L 2,0 litres 132 ch - 4L 2,0 litres 150 ch
Transmission :	traction, manuelle 5 rapports
Autre(s) transmission(s) :	automatique 4 rapports
Accélération 0-100 km/h :	5,9 s
Reprises 80-120 km/h :	7,2 s
Freinage 100-0 km/h :	38,0 m
Vitesse maximale :	225 km/h
Indice de performance longitudinale :	5,46 m/s/s
Consommation (100 km) :	super, 10,5 litres
Autonomie :	450 km

DANS LA MÊME CATÉGORIE

Ford Focus - Honda Civic - Hyundai Elantra - Kia Spectra, Mazda3 - Nissan Sentra - Mitsubishi Lancer Toyota Corolla - VW Golf

DU NOUVEAU EN 2005

Couleur orange, systeme audio, injecteur haut debit

HISTORIQUE DU MODÈLE

4ième génération

DATE DE RENOUVELLEMENT

n.d.

NOS IMPRESSIONS

Agrément de conduite :	🚗🚗🚗🚗
Fiabilité :	🚗🚗🚗
Sécurité :	🚗🚗🚗🚗½
Qualités hivernales :	🚗🚗🚗
Espace intérieur :	🚗🚗🚗🚗½
Confort :	🚗🚗🚗🚗

LE CHOIX DE L'ÉQUIPE

Guide de l'auto 2005

DODGE VIPER

MORSURE DE SERPENT

Saviez-vous qu'une morsure de serpent est rarement mortelle, mais qu'elle peut entraîner des séquelles à long terme, et qu'elle peut vous donner une fièvre qui provoque hallucinations et délire? Ce sont exactement les symptômes que ressentent tous ceux et celles qui ont l'occasion de prendre le volant de la Dodge Viper, cette mégasportive développée par Chrysler et pour laquelle l'année 2005 n'apportera que des changements mineurs au chapitre de la disponibilité des couleurs. Rien de plus. Mais que pourrait-on ajouter à une telle bombe?

Au premier regard, la Viper séduit. Ses lignes démesurées trouvent écho uniquement dans la démesure de la mécanique qui l'équipe. Mais si vous chatouillez la queue du serpent, la Viper vous injectera facilement son venin en déclenchant la colère de ses 10 cylindres. Et là, attention au rugissement de la bête.

La Viper, c'est une des voitures de série les plus puissantes de la planète. Remodelée en 2003, elle a conservé ses lignes uniques de grandes sportives américaines et qui la feront passer à l'histoire. Car c'est dans cet esprit que la Viper a d'abord été créée: pour passer à l'histoire. Ses créateurs, un certain Bob Lutz en tête, ont voulu mettre en marché une voiture qui égalerait, ou surpasserait, la Cobra dans la tête des Américains. On a donc lancé, en 1989, un prototype de la Viper. Depuis, son nom est devenu synonyme de performance américaine, même si la dernière livrée a résolument un petit air européen. La génétique ne trompe cependant pas, et on ressent bien l'influence Dodge.

CAPRICE DE BÊTE

Quand on s'installe dans une Viper, on sait qu'on va prendre en main une des bêtes les plus capricieuses de la planète. Heureusement, les modifications apportées au fil des ans l'ont un peu civilisée, car elle avait la réputation d'être un des véhicules les plus difficiles à diriger.
Une telle réputation s'explique facilement. Le seul moteur de la Viper, un V10 de 8,3 litres, est en soi relativement impressionnant. Il développe 500 chevaux et quelque 525 livres-pied de couple à 4 200 tr/min, et peut atteindre la vitesse de pointe de quelque 335 kilomètres à l'heure.

Confortablement installé (nous reviendrons plus tard sur l'habitacle), le pied dégage doucement la pédale d'embrayage, pendant que l'autre pied appuie un peu sur l'accélérateur. Immédiatement, le moteur s'emballe et entraîne le bolide sans aucune hésitation. En fait, un tel temps de réponse équivaut à celui de n'importe quelle voiture de n'importe quelle série de course sur piste. On est bien loin des temps de réaction des voitures de série habituelles.

››› FEU VERT
› Puissance hors du commun
› Silhouette unique
› Sièges enveloppants
› Tenue de route accrocheuse

››› FEU ROUGE
› Accès dans l'habitacle difficile
› Coffre microscopique
› Position de conduite retournée
› Peu d'accessoires

La transmission à six rapports profite d'une précision quasi unique au monde. Les rapports sont courts, et s'enclenchent sans même le moindre effort. On a si bien étagé la courbe de puissance, et tout est tellement bien démultiplié qu'en usage normal, c'est-à-dire en deçà des limites de vitesse permises par la loi, il est plutôt rare que le conducteur ait besoin de dépasser le quatrième rapport.

Même si elle est toujours dotée d'un caractère fort, la Viper s'est tout de même adoucie un peu en tenue de route. Mais attention, sa conduite, et surtout sa maîtrise, ne sont pas données à tout le monde puisqu'il faut, au minimum, une véritable passion pour les virages excitants pour être en mesure de bien l'apprécier.

Il faut aussi avoir un minimum de connaissances de la physique pour pouvoir savourer les sensations uniques que procurent les appuis monstres du freinage, rendus possibles grâce à de gigantesques disques ventilés de 14 pouces. Rien à voir avec votre voiture de tous les jours, croyez-en la parole d'un pilote. Et comme il n'existe sur la Viper aucun dispositif d'antipatinage ou de contrôle de traction, le seul véritable outil dont vous disposez pour assurer la pleine maîtrise, c'est votre jugement. Alors, la prudence est de mise.

Ce qui définit le mieux la conduite de la Viper, c'est le mot « émotion ». Rarement un conducteur éprouve-t-il; autant d'émotions en conduisant une voiture. Seules quelques voitures permettent d'atteindre ce nirvana de la conduite automobile, où la force brute du moteur que l'on maîtrise nous fait vibrer. La force de la Viper intimide, ses dimensions impressionnent, mais sa conduite impose le respect.

LE VENTRE DE LA BÊTE

Se glisser dans l'habitacle d'une Viper, c'est un exercice presque extrême. Il faut évidemment faire preuve d'une bonne dose de souplesse pour s'asseoir dans un siège qui enveloppe et supporte comme peu d'autres du genre. Comble de bonheur, le toit de la voiture se dégage en un tournemain, et permet de profiter à l'air libre d'un véritable plaisir de pilote. On a même installé des arceaux de sécurité en aluminium pour assurer la sécurité de tout le monde.

Pour assurer le confort du pilote, on peut ajuster la hauteur du pédalier. En revanche, il faut être capable de conduire dans une position un peu retournée, puisqu'il est orienté vers la gauche. L'étroitesse de la caisse limite évidemment l'espace disponible pour le pilote et son seul passager, mais on le ressent peu quand on est bien calé dans le siège.

Vous l'aurez compris, ce n'est pas avec une Viper que vous amènerez la famille en vacances. En fait, compte tenu de la petitesse du coffre arrière, vous aurez même de la difficulté à y insérer votre seule valise. Mais la Viper, c'est un symbole, celui de la puissance des sportives américaines. Un symbole renouvelé récemment, mais qui a bien su conserver toute sa force.

Bertrand Godin

DONNÉES TECHNIQUES

Prix du modèle à l'essai :	127 000 $
Échelle de prix :	127 000 $
Version(s) disponible(s) :	version unique
Garanties :	3 ans 60000/7 ans 115000
Catégorie :	GT
Emp./Long./Lar./Haut.(cm) :	251/446/194/121
Poids :	1 536 kg
Coffre/Réservoir :	239/70 litres
Coussins de sécurité :	frontaux
Suspension avant :	indépendante, bras inégaux
Suspension arrière :	indépendante, multibras
Freins av./arr. :	disque, ABS
Antipatinage/Contrôle de stabilité :	non/non
Direction :	à crémaillère
Diamètre de braquage :	12,3 m
Pneus av./arr. :	P275/35ZR18 345/30ZR19

GROUPE MOTOPROPULSEUR ET RENDEMENT

Moteur :	V10 8,3 litres
Puissance :	500 ch (3729 kW) à 6000 tr/mn
Couple :	525 lb-pi (712 Nm) à 4200 tr/mn
Autre(s) moteur(s) :	seul moteur offert
Transmission :	propulsion, manuelle 6 rapports
Autre(s) transmission(s) :	aucune
Accélération 0-100 km/h :	4,2 s
Reprises 80-120 km/h :	3,8 s
Freinage 100-0 km/h :	36,5 m
Vitesse maximale :	310 km/h
Indice de performance longitudinale :	6,69 m/s/s
Consommation (100 km) :	super, 17,8 litres
Autonomie :	393 km

DANS LA MÊME CATÉGORIE
Acura NSX - Ferrari 575

DU NOUVEAU EN 2005
nouvelles couleurs

HISTORIQUE DU MODÈLE
2ième génération

DATE DE RENOUVELLEMENT
2009

NOS IMPRESSIONS

Agrément de conduite :	🚗🚗🚗🚗
Fiabilité :	🚗🚗🚗½
Sécurité :	🚗🚗½
Qualités hivernales :	nulles
Espace intérieur :	🚗🚗½
Confort :	🚗🚗½

LE CHOIX DE L'ÉQUIPE
un seul modele

Guide de l'auto 2005

FERRARI 360 MODENA

DE LA F1 À LA ROUTE

C'est la plus belle et la plus réussie des Ferrari, et sous cette carrosserie à la fois sublime et démentielle se cache un degré de sophistication technique insoupçonné. De toutes les Ferrari, la 360 Modena et la Enzo sont celles qui ont le plus bénéficié des avances réalisées sur le plan technique par le constructeur de Formule Un. À la gamme des 360 Modena et 360 Spider s'est ajoutée récemment la Challenge Stradale, une variante dérivée de la voiture de compétition développée pour le Challenge Ferrari.

En prenant place à bord de la Challenge Stradale, on trouve tout de suite la position de conduite idéale aussi facilement que dans la 360 Modena. Mais les sièges sport qui équipent la Stradale sont encore plus moulés et enveloppent parfaitement. Un rapide coup d'œil permet de constater à quel point l'habitacle ou plutôt le cockpit est dépouillé. Pas de radio, pas de tapis et l'intérieur des portières n'est pas habillé de cuir mais plutôt de simples panneaux réalisés en fibre de carbone. De plus, la Challenge Stradale est dépourvue de matériel insonorisant afin d'alléger la voiture au maximum, et le résultat est probant. Elle est plus légère d'une soixantaine de kilos que la 360 Modena et la sonorité de son moteur s'en trouve d'autant amplifiée, ce que j'ai pu apprécier dès la sortie des puits sur le circuit du Mont-Tremblant. Pas sûr de vouloir conduire une voiture aussi bruyante sur la route, mais sur la piste, c'était tout simplement génial…

Sur le plan technique, la Challenge Stradale est équipée du même moteur que la 360 Modena. Par contre, la puissance à été portée à 425 chevaux par l'augmentation du taux de compression du moteur, et par les modifications apportées aux tubulures d'admission ainsi qu'au système d'échappement qui est moins restrictif. Le résultat, c'est que ce moteur légèrement gonflé, dont la cylindrée est exactement 3586cc (ou 3,586 litres), développe 118 chevaux par litre de cylindrée, ce qui est un rendement exceptionnel pour un moteur atmosphérique.

Par ailleurs, la Challenge Stradale ne peut être équipée que par la boîte F1 avec paliers de changement de vitesse au volant, alors que la 360 Modena et la 360 Spider offrent aussi à l'acheteur le choix d'une boîte manuelle traditionnelle à six vitesses. L'autre innovation technique que l'on retrouve sur la Challenge Stradale est directement issue de la Formule Un. Il s'agit de l'adoption des freins en fibre de carbone développés pour la Ferrari Enzo.

››› FEU VERT
› Degré de sophistication technique
› Boîte F1 remarquable
› Tenue de route exceptionnelle
› Performances des freins en carbone (Challenge Stradale)

››› FEU ROUGE
› Prix astronomique
› Diffusion limitée
› Usage estival uniquement
› Habitacle dénudé (Chalenge Stradale)

EN PISTE!

Au cours de ma carrière de chroniqueur automobile, j'ai eu l'occasion de conduire trois voitures équipées de freins en fibre de carbone ou en composite de céramique. La première était une Formule Un de l'écurie Arrows qui avait servi à Damon Hill lors de la saison 1997, et lors de l'essai que j'en ai fait sur le circuit de Valencia en Espagne, j'ai été surpris par l'efficacité redoutable de ces freins, mais surtout par la technique à développer pour en tirer le maximum. En bref, sur une monoplace de F1, la pédale de frein est solide comme le roc et ne bouge presque pas. Le pilote doit donc développer une pression de 90 kilos avec son pied pour que les disques de freins en fibre de carbone atteignent instantanément une température de 800 degrés centigrades. La décélération qui survient est aussi intense qu'immédiate, alors que la voiture passe de 300 à 80 km/h sur environ 100 mètres. Mais il m'a été difficile de bien moduler la puissance de freinage sur cette voiture.

La Porsche 911 GT2 que j'ai testée sur le circuit de Daytona était équipée de freins en composite de céramique (Porsche Carbon Composite Brake) que je « sentais » un peu mieux, mais encore une fois l'efficacité des freins était à ce point remarquable que le système ABS entrait en action dès le début du freinage ce qui a encore une fois nécessité une modification de ma technique.

Au volant de la Challenge Stradale, j'ai constaté que le compromis parfait a été atteint par les ingénieurs de Ferrari : performance exceptionnelle au freinage et sensibilité parfaite de la pédale qui permet de bien doser l'effort à la limite de l'intervention du système ABS. À l'approche du virage 10 (au bout de la longue ligne droite arrière du circuit), j'ai pu freiner beaucoup plus tard qu'avec une Porsche 911 Turbo, et entrer dans le virage avec une légère pointe de survirage qui permettait d'inscrire parfaitement la voiture sur la trajectoire idéale pour le virage suivant, soit celui du Gulch qui précède la montée vers le virage du Pont.

De toutes les voitures de série que j'ai eu l'occasion de tester sur ce magnifique circuit, la Challenge Stradale à été de loin la plus satisfaisante et la plus grisante à piloter, et comme voiture de série modifiée pour la piste, je peux affirmer d'emblée qu'il ne se fait pas mieux.

VERSION RÉGULIÈRE!

La Stradale est la vedette de la gamme Modena, mais il ne faut pas conclure pour autant que le modèle « régulier » de la 360 est une mauviette. Comme le prouvent les résultats de la confrontation avec la Lamborghini Gallardo en première partie, la « petite » Ferrari est aussi la plus abordable. Cette belle italienne n'est pas avare de ses performances avec un temps d'accélération de moins de cinq secondes pour boucler le 0-100 km/h et une vitesse de pointe de 290 km/h. Vous avouerez que c'est plus que suffisant. Et tout cela pour plusieurs milliers de dollars de moins que le modèle F1. Peu importe votre choix, vous ne sortirez pas perdant.

Gabriel Gélinas

360 MODENA

DONNÉES TECHNIQUES

Prix du modèle à l'essai:	Spyder, 265 000 $
Échelle de prix:	236 240 $ à 288 263 $
Version(s) disponible(s):	Stradale, Spider, Coupé
Garanties:	3 ans km illimité/3 ans km illimité
Catégorie:	GT
Emp./Long./Lar./Haut.(cm):	260/447,5/193/122
Poids:	1290 kg
Coffre/Réservoir:	120/82 litres
Coussins de sécurité:	frontaux et latéraux (av.)
Suspension avant:	indépendante, multibras
Suspension arrière:	indépendante, multibras
Freins av./arr.:	disque (ABS)
Antipatinage/Contrôle de stabilité:	oui/non
Direction:	à crémaillère, assistée
Diamètre de braquage:	10,8 m
Pneus av./arr.:	P215/45ZR18 P275/40ZR18

GROUPE MOTOPROPULSEUR ET RENDEMENT

Moteur:	V8 3,6 litres 40s (85,0 x 79,0)
Puissance:	400 ch (298 kW) à 8500 tr/mn
Couple:	275 lb-pi (373 Nm) à 4750 tr/mn
Autre(s) moteur(s):	seul moteur offert
Transmission:	propulsion, manuelle 6 rapports
Autre(s) transmission(s):	F1 séquentielle
Accélération 0-100 km/h:	5,5 s
Reprises 80-120 km/h:	n.d.
Freinage 100-0 km/h:	36,7 m
Vitesse maximale:	295 km/h
Indice de performance longitudinale:	n.d.
Consommation (100 km):	super, 17.0 litres
Autonomie:	482 km

DANS LA MÊME CATÉGORIE

Aston Martin DB9, Bentley Continental GT, Jaguar XK-R, Lamborghini Gallardo, Mercedes-Benz SL55 AMG, Porsche 911 Turbo

DU NOUVEAU EN 2005

version Stradale

HISTORIQUE DU MODÈLE

1ère génération

DATE DE RENOUVELLEMENT

n.d.

NOS IMPRESSIONS

Agrément de conduite:	🚗🚗🚗🚗🚗
Fiabilité:	n.d.
Sécurité:	🚗🚗🚗🚗
Qualités hivernales:	nulle
Espace intérieur:	🚗🚗🚗
Confort:	🚗🚗🚗🚗

LE CHOIX DE L'ÉQUIPE

Spyder

Guide de l'auto 2005

FERRARI 575 MARANELLO

LA SUPER GT ITALIENNE

Si la 360 Modena est un véritable scalpel, aussi à l'aise sur un circuit que sur la route, la vocation de la 575 Maranello en fait plutôt une grande routière dans la plus pure tradition des voitures de catégorie Gran Turismo. Moteur V12, deux places, une gueule d'enfer et un prix astronomique, tous ces éléments sont réunis dans cette voiture dont l'exclusivité est assurée par le fait que Ferrari limite sa production annuelle à 4 000 voitures par année, tous modèles confondus.

Stylée par Pininfarina, la 575 Maranello respecte les proportions classiques de la catégorie des GT avec son très long capot avant et sa partie arrière courte. Son allure est carrément athlétique malgré ses dimensions plus imposantes. Bien qu'il ne s'agisse pas d'une voiture aussi bien adaptée à la conduite sur piste que la 360 Modena (voir texte page 256), c'est encore une fois sur le fabuleux circuit du Mont Tremblant que j'ai renoué avec la 575 Maranello par une superbe journée d'été.

Sur le plan technique, la 575 Maranello est à la fine pointe de la technologie. Son moteur V12 de 5,7 litres développe 515 chevaux et 434 livres-pied de couple, mais surtout sa limite de révolutions est de 7 600 tours/minute ce qui est très élevé pour un moteur aussi énorme. De plus, la boîte séquentielle F1 permet même à des conducteurs inexpérimentés d'exploiter le potentiel de performance du moteur, car des systèmes antipatinages et de contrôle de la stabilité interviennent afin de corriger les fautes de pilotage. Même les suspensions sont contrôlées électroniquement et se règlent automatiquement en 80 millisecondes sur une plage de 12 positions présélectionnées. Décidément, on est loin des Ferrari délicates à piloter et plutôt caractérielles.

Avant de prendre la piste, j'ai pris soin de désactiver le système de contrôle de la stabilité de la voiture, histoire de mieux sentir ses réactions à la limite. Cette courte pause m'a également permis d'apprécier la sonorité fabuleuse du V12 avant d'enclencher le premier rapport au moyen du palier localisé à droite, juste derrière le volant. Pas de pédale d'embrayage à relâcher, il suffit d'appuyer sur l'accélérateur et c'est la rapidité avec laquelle vous exercez cette pression qui commande l'entrée en action de l'embrayage et la mise en marche de la voiture. Si vous le faites en douceur, la voiture répondra docilement et si vous le faites avec gusto, le départ sera plus rapide et aussi plus rude. À ce chapitre, il est important de préciser que la boîte F1 de Ferrari n'a rien à voir avec les boîtes

››› FEU VERT
› Puissance et sonorité du moteur V-12
› Boîte de vitesses F1 remarquable
› Freinage performant
› Exclusivité assurée

››› FEU ROUGE
› Prix astronomique
› Volume du coffre
› Diffusion très limitée
› Finition irrégulière

575 MARANELLO

TipTronic qui sévissent encore chez Porsche, et la différence est importante. La boîte F1 de Ferrari (comme la boîte SMG chez BMW) est une boîte manuelle dont les vitesses sont contrôlées électroniquement, alors que la boîte TipTronic est une automatique, jumelée à un convertisseur de couple qui sape la puissance du moteur. Avec cette boîte, le conducteur peut simplement décider du moment où il passe les vitesses. Avec la boîte F1 donc, il n'est même pas nécessaire de relâcher l'accélérateur avant de passer au rapport supérieur. On le maintient donc à fond et une simple pression sur le palier de droite entraîne la séquence suivante. L'ordinateur de contrôle coupe les gaz, actionne l'embrayage, passe le rapport supérieur et relâche l'embrayage, tout ça en moins d'un quart de seconde!

EN PISTE!

Sur le circuit, la 575 Maranello n'est pas aussi agile ou sportive que la 360 Modena (1732 kilos vs 1290 kilos!), mais comme le moteur est placé à l'avant et que la boîte de vitesses ainsi que le différentiel sont montés à l'arrière, la répartition des masses de la voiture est équilibrée et cela lui confère une dynamique remarquable en tenue de route. Aussi les distances de freinage de la Maranello sont impressionnantes malgré le poids et le gabarit imposant de la voiture. À l'approche de chaque virage, il suffit d'actionner le palier de gauche pour rétrograder et entendre l'ordinateur de contrôle commander la montée en régime du moteur au point mort avant d'enclencher le rapport inférieur afin d'éviter la compression, tout cela se faisant automatiquement et à la vitesse de l'éclair.

Ce brio en piste n'est pas toujours renouvelé en conduite de tous les jours alors que le mécanisme, laissé en plein contrôle, nous berce en passages de rapports plutôt lents suivis d'une secousse. De l'extérieur les passants doivent certainement croire que vous ne savez pas conduire. Pour sauver votre réputation, mieux vaut passer les rapports en mode manuel. Il faut en même temps souligner la robustesse de ce mécanisme qui est capable de résister à de multiples départs ultra sportifs. Il est certain que l'expérience de Ferrari en F1 a grandement facilité la tâche des ingénieurs affectés à la Maranello.

La vie à bord de la Maranello est agrémentée par des cadrans absolument fabuleux et par le fait que la position de conduite est idéale. En fait, le seul bémol que l'on peut émettre pour la conduite de tous les jours, c'est que le volume du coffre est très réduit, quoique de magnifiques sangles de cuir permettent de fixer quelques bagages dans l'habitacle, et que les espaces de rangement sont pour ainsi dire inexistants. Bien peu d'irritants donc pour ceux qui auront l'occasion de délester à ce point leur compte de banque avant de pouvoir conduire cette super GT italienne.

Gabriel Gélinas

DONNÉES TECHNIQUES

Prix du modèle à l'essai :	368 000 $
Échelle de prix :	355 000 à 375 000 $ (prix 2004)
Version(s) disponible(s) :	Base et F1
Garanties :	3 ans km illimité/3 ans km illimité
Catégorie :	GT
Emp./Long./Lar./Haut.(cm) :	250/455/193,5/128
Poids :	1 730 kg
Coffre/Réservoir :	185/105 litres
Coussins de sécurité :	frontaux
Suspension avant :	indépendante, multibras
Suspension arrière :	indépendante, multibras
Freins av./arr. :	disque (ABS)
Antipatinage/Contrôle de stabilité :	oui/oui
Direction :	à crémaillère, ass. variable
Diamètre de braquage :	11,6 m
Pneus av./arr. :	P255/40ZR18 P295/35ZR18

GROUPE MOTOPROPULSEUR ET RENDEMENT

Moteur :	V12 5,7 litres 48s (89,0 x 77,0)
Puissance :	515 ch (384 kW) à 7250 tr/mn
Couple :	434 lb-pi (588 Nm) à 5250 tr/mn
Autre(s) moteur(s) :	seul moteur offert
Transmission :	propulsion, séquentielle 6 rapports
Autre(s) transmission(s) :	manuelle 6 rapports
Accélération 0-100 km/h :	4,5 s
Reprises 80-120 km/h :	3,7 s
Freinage 100-0 km/h :	29,5 m
Vitesse maximale :	325 km/h
Indice de performance longitudinale :	7,41 m/s/s
Consommation (100 km) :	super, 18,7 litres
Autonomie :	561 km

DANS LA MÊME CATÉGORIE
Aston Martin Vanquish - Lamborghini Murcielago,

DU NOUVEAU EN 2005
aucun changement majeur

HISTORIQUE DU MODÈLE
1ière génération

DATE DE RENOUVELLEMENT
n.d.

NOS IMPRESSIONS

Agrément de conduite :	4½
Fiabilité :	4½
Sécurité :	4½
Qualités hivernales :	2
Espace intérieur :	2½
Confort :	3

LE CHOIX DE L'ÉQUIPE
F1

Guide de l'auto 2005

FERRARI
612 SCAGLIETTI

»»» L'HOMMAGE À SERGIO

Pour les plus fortunés de la planète, ce n'est pas le choix qui manque lorsque vient le temps de rouler. Il faut croire qu'il existe un marché très lucratif dans le créneau des voitures GT haut de gamme, puisque Ferrari y revient en force avec la 612 Scaglietti qui vient remplacer la 456 (avec nous depuis douze ans déjà), et qui vient concurrencer directement les Aston Martin Vanquish, Mercedes-Benz CL65 AMG et CL600, ainsi que la Bentley Continental GT.

Pour se mériter une place sur la grille de départ de ce plateau relevé, il faut répondre à plusieurs critères. La voiture se doit presque d'être un coupé avec un habitacle de configuration 2 + 2, et le moteur se doit d'être un 12 cylindres (en configuration V12 pour la Vanquish et la CL600 et en configuration W12 pour la Continental GT) ou, à tout le moins, un V8 suralimenté (CL65 AMG). Toutes ces voitures font appel à des moteurs capables de développer plus de 450 chevaux et à ce chapitre, la 612 Scaglietti en revendique 533 ce qui la place au second rang juste derrière la Bentley Continental GT (552 chevaux). De ce côté, il est important de préciser que la plupart des propriétaires de ce type de voiture n'en exploitent que très rarement le plein potentiel de performance, c'est juste qu'ils aiment bien en parler de temps à autre…

Le nom de 612 Scaglietti à été retenu en hommage à Sergio Scaglietti qui a conçu plusieurs des voitures sport de la marque pendant les années cinquante et soixante.

Ce qui frappe au premier coup d'œil, ce sont les lignes très prononcées qui partent sous la calandre pour remonter sur les phares et se prolonger sur les ailes avant jusqu'à l'arrière de la voiture. Aussi, les flancs de la 612 Scaglietti rappellent un peu ceux de la BMW Z4 avec cette légère dépression creusée entre les puits de roues avant et l'arrière des portières.

EMPATTEMENT DE GÉANT
Tout comme la 360 Modena, la 612 Scaglietti à été construite avec une structure et une carosserie tout en aluminium afin de réduire son poids, et la plate-forme ainsi développée servira également de base pour la réalisation de l'éventuelle remplaçante de la 575 Maranello dont l'empattement (distance entre le moyeu des roues avant et arrière) sera cependant plus court. C'est d'ailleurs la mesure de l'empattement qui impressionne le plus chez la 612 Scaglietti puisque celui-ci fait 295 cm, soit autant que celui des véhicules sport utilitaires Chevrolet Tahoe et GMC Yukon… Cet empattement allongé

»» FEU VERT
› Style distinctif
› Véritable 4 places
› Puissance moteur
› Passé légendaire

»» FEU ROUGE
› Prix très élevé
› Diffusion limitée
› Visibilité pénible
› Peinture «pelure d'orange»

Guide de l'auto 2005

DONNÉES TECHNIQUES

Prix du modèle à l'essai :	395 000 $ (estimé)
Échelle de prix :	395 000 $ (estimé)
Version(s) disponible(s) :	modèle unique
Garanties :	3 ans km illimité/3 ans km illimité
Catégorie :	GT
Emp./Long./Lar./Haut.(cm) :	295/490/195,5/134,5
Poids :	1 840 kg
Coffre/Réservoir :	240/110 litres
Coussins de sécurité :	frontaux/latéraux
Suspension avant :	indépendante, multibras
Suspension arrière :	indépendante, multibras
Freins av./arr. :	disque (ABS)
Antipatinage/Contrôle de stabilité :	oui, oui
Direction :	à crémaillère, ass. variable
Diamètre de braquage :	12,0 m
Pneus av./arr. :	P245/45ZR18 P285/40ZR19

GROUPE MOTOPROPULSEUR ET RENDEMENT

Moteur :	V12 5.7 litres 48s (89,0 x 77,0)
Puissance :	532 ch (397 kW) à 7250 tr/mn
Couple :	434 lb-pi (588 Nm) à 5250 tr/mn
Autre(s) moteur(s) :	seul moteur offert
Transmission :	propulsion, séquentielle 6 rapports
Autre(s) transmission(s) :	manuelle 6 rapports
Accélération 0-100 km/h :	4,2 s
Reprises 80-120 km/h :	n.d.
Freinage 100-0 km/h :	n.d.
Vitesse maximale :	315 km/h
Indice de performance longitudinale :	n.d.
Consommation (100 km) :	n.d.
Autonomie :	n.d.

DANS LA MÊME CATÉGORIE
Aston Martin Vanquish - Bentley Continental GT
Mercedes-Benz CL65 AMG

DU NOUVEAU EN 2005
Nouveau modèle

HISTORIQUE DU MODÈLE
1ière génération

DATE DE RENOUVELLEMENT
n.d.

NOS IMPRESSIONS

Agrément de conduite :	n.d.
Fiabilité :	n.d.
Sécurité :	n.d.
Qualités hivernales :	n.d.
Espace intérieur :	n.d.
Confort :	n.d.

LE CHOIX DE L'ÉQUIPE
Version unique

---

s'explique par la localisation du très long moteur V12 de 5,7 litres derrière l'axe des roues avant, et par le fait que les concepteurs ont voulu recentrer les masses de la voiture. Le résultat est probant puisque 85 pour cent de la masse se retrouve maintenant entre les trains avant et arrière, contrairement à 70 pour cent dans le cas de la 456, ce qui devrait conférer à la 612 Scaglietti un comportement routier plus agile et dynamique, d'autant plus que sa réalisation en aluminium la rend plus légère d'environ 60 kilos.

DU MUSCLE

Le moteur V12 est dérivé de celui de la Ferrari Enzo, mais la cylindrée en a été réduite de 6,0 à 5,7 litres et la boîte de vitesses à été localisée près du train arrière ce qui donne une répartition du poids de 46 pour cent à l'avant et 54 pour cent à l'arrière. De ce côté, deux boîtes peuvent équiper la 612 Scaglietti soit la boîte F1 ou encore une boîte manuelle traditionnelle à six vitesses. Vous noterez également que la boîte automatique qui pouvait être choisie par l'acheteur d'une 456 ne figure plus au catalogue. Le rapport poids/puissance de la 612 Scaglietti (2 050 kilos - 533 chevaux) devrait théoriquement lui permettre d'abattre la marque des 100 kilomètres/heure en 4,2 secondes, le quart de mille en 12,3 secondes et la vitesse maximale de 325 kilomètres/heure, selon Ferrari.

L'habitacle de la 612 est assez spacieux pour accueillir 4 personnes à bord et, ayant réglé le siège du conducteur à la position idéale pour moi (je mesure 1m77), j'ai pu m'asseoir assez confortablement dans le siège arrière gauche, bien que la manoeuvre soit compliquée car la portière n'ouvre pas très large. J'ai également pu constater que les sièges des places arrière sont presque aussi ajustés que ceux des places avant et devraient donc offrir un excellent soutien latéral en virage. Quant au coffre, son volume a été augmenté de 25 pour cent par rapport à la 456. Pour les impressions de conduite, il nous faudra malheureusement attendre l'an prochain pour vous en faire part, Ferrari n'ayant pas de 612 Scaglietti dans sa flotte de presse au moment d'écrire ces lignes. Il nous est donc impossible de valider ou d'infirmer les dires du constructeur quant aux performances annoncées. Toutefois, comme la 456 datait de douze ans déjà, il y a fort à parier que les progrès réalisés par la 612 Scaglietti devraient être marquants. Par ailleurs, son prix n'a pas encore été fixé en dollars canadiens, mais les premiers échos font état d'un prix d'un quart de million en dollars américains.

L'arrivée de ce nouveau modèle complète également la transformation des appellations chez Ferrari. Deux des trois modèles de la gamme étaient identifiés par trois chiffres suivis d'un nom de ville —360 Modena et 575 Maranello— et ils le demeurent. Tel que mentionné précédemment, dans le cas qui nous intéresse, la 612 Scaglietti fait référence à une personne tout comme la Enzo, nommée en l'honneur de Enzo Ferrari.

Gabriel Gélinas

Guide de l'auto 2005

L'ANNÉE DE L'AUTOMOBILE

C'est sous ce thème que la compagnie Ford s'apprête à lancer pas moins de dix nouveaux modèles en 2005. Avec un titre aussi ronflant que celui de « L'année de l'auto », il est facile de croire que le numéro deux américain s'est lancé dans une course folle pour nous présenter sept ou huit nouvelles voitures. En fait, en incluant les modèles Mercury qui ne sont pas vendus dans notre pays, le compte est nul, soit cinq automobiles et cinq camionnettes ou VUS. Tandis que plusieurs de ces nouveautés sont des versions révisées de modèles antérieurs, la 500 est toute nouvelle.

La 500, donc, a pour mission d'être le modèle phare de toutes les automobiles de la marque Ford tandis qu'il en est de même pour la Montego chez Mercury. Selon Phil Martens, le vice-président de la création de nouveaux produits chez Ford, cette grosse berline devrait réinventer le genre et permettre à la compagnie d'occuper une place importante dans la catégorie des intermédiaires. Et avant de l'oublier, ce modèle ne remplace pas la Taurus dont l'avenir semble assuré pour au moins une autre génération. S'il faut croire la direction de la compagnie, non seulement la Taurus actuelle survivra, mais elle sera succédée par une nouvelle génération d'ici une couple d'années. Mais revenons à la 500 dont l'habitabilité et la grandeur du coffre sont des qualités qui ne sont pas à négliger.

PRENEZ VOS AISES…

Avec une longueur hors tout de 510 cm, la 500 n'est pas une petite voiture. Elle est huit

centimètres plus longue que la Taurus et dix de plus que la Chrysler 300. Elle est également plus large que ces deux modèles, même si elle ne devance la Chrysler que de quelques poussières. Dans la plus pure tradition de la berline nord-américaine, les occupants peuvent prendre leurs aises car le dégagement pour les jambes est le meilleur de la catégorie. Et ses concepteurs ont décidé de placer le niveau de l'assise des sièges plus élevé que la moyenne afin de faciliter l'accès à bord et d'offrir une meilleure visibilité. De plus, la banquette arrière est surélevée par rapport aux places avant afin de favoriser le confort et la visibilité.

Lors de la présentation initiale de la 500 en décembre 2003, les dirigeants de la compagnie présents à ce dévoilement ont passé de longues minutes à nous parler de son habitabilité et surtout de la capacité du coffre à bagages. Celui-ci peut en effet transporter cinq sacs de golf. En fait, avec une capacité de 600 litres, il est plus volumineux que celui du Mercury Grand Marquis. Et si cela n'est pas suffisant, il est toujours possible d'abaisser le dossier arrière. De configuration 60/40, celui-ci permet d'accommoder occupants et bagages selon les besoins du moment. Certains vont y voir la berline familiale de jadis, d'autres ont conclu que la 500 ferait une voiture taxi idéale.

STYLISME TRANQUILLE, MÉCANIQUE RAFFINÉE

Lorsque la compagnie Ford avait dévoilé cette berline aux journalistes en avant-première en juin 2003, la majorité des personnes présentes ont toutes souligné la ressemblance entre cette Ford

et la Volkswagen Passat. Après tout, J Mays, le grand manitou du design chez Ford, a déjà été styliste chez Volkswagen. Pour certains, il n'y avait qu'un pas à faire pour décrier cette similitude. Pourtant, sur la route, il me semble que la ressemblance est moindre. La Passat ne se fait pas prier pour afficher des angles plus arrondis, une silhouette plus bombée. La Ford possède la même ligne de toit. Par contre, l'américaine est plus discrète, plus conservatrice. Et tant qu'à trouver des ressemblances, les feux arrière angulaires semblent avoir été empruntés à ceux de Mercedes. Malgré tout, la silhouette plaira à celles et ceux qui désirent une présentation sobre qui saura bien vieillir.

»» DE SÉRIE
› Transmission automatique 6 rapports
› Moteur Duratec V6 3 litres
› Roues de 17 pouces en aluminium
› Sièges ajustables six directions

»» EN OPTION
› Traction intégrale
› Transmission continuellement variable
› Sellerie de cuir
› Toit ouvrant électrique

Guide de l'auto 2005

FORD 500

Depuis plusieurs années maintenant, les tableaux de bord et habitacles des produits Ford sont considérés comme exemplaires. Ceux de la camionnette F-150 et de la Freestyle font l'unanimité en raison de leur élégance et de leur homogénéité. La 500 se démarque par son conservatisme et sa présentation plus équilibrée que dynamique. Si ce n'était de la présence de cette bande en similibois qui traverse la planche de bord de part en part, ce serait triste, très triste même. Et selon la combinaison des coloris de l'habitacle, le fond des cadrans peut être de couleur foncée, ce qui contribue à rendre la présentation encore plus terne et la lecture des chiffres assez difficiles. Sur une note plus pratique, un espace de rangement placé au centre du tableau de bord et fermé par un couvercle permet d'y remiser une foule de choses. Et si vous n'êtes pas trop empressé à effectuer des nettoyages fréquents, cet espace deviendra rapidement un nid à poussière. Je me demande par contre pourquoi le volant n'est réglable qu'en hauteur et pas en profondeur.

Si les stylistes ont été plutôt conservateurs dans leur approche, les ingénieurs se sont déchaînés. Est-ce que c'est parce qu'ils avaient déjà une plate-forme disponible? Ce serait une bonne explication puisque la 500, tout comme la Freestyle, est dérivée de la plate-forme de la Volvo XC90. Voilà une Ford qui n'a pas à rougir de ses origines. Cela permet également d'obtenir une suspension arrière indépendante passablement sophistiquée avec son berceau inférieur. Sa poutre transversale en aluminium assure encore plus de rigidité aux éléments de la suspension dont plusieurs sont formés par pression hydraulique. En plus, les amortisseurs arrière sont des Nivomat à correction constante de l'assiette. La suspension avant est à jambes de force avec levier inférieur inversé.

Parmi les autres caractéristiques techniques, soulignons la présence de quatre freins à disque. Et puisque c'est Volvo qui se charge de concevoir la sécurité de la plupart des véhicules Ford, la 500 peut être équipée, selon le modèle et les options, de coussins frontaux, latéraux et d'un rideau latéral gonflable.

»»FEU VERT
> Transmissions originales
> Habitabilité assurée
> Coffre spacieux
> Tenue de route saine
> Caisse rigide

»»FEU ROUGE
> Silhouette anonyme
> Moteur de puissance moyenne
> Fiabilité inconnue
> Volant non télescopique
> Indicateur de vitesse difficile à lire

Un seul moteur est au programme, il s'agit d'une version entièrement revue et améliorée du moteur V6 3 litres d'une puissance de 203 chevaux. Aussi bien le bloc que la culasse sont en alliage léger. L'utilisation de deux arbres à cames en tête permet d'avoir quatre soupapes par cylindre. Malgré une puissance inférieure à la plupart des modèles concurrents, ce V6 ne craint pas les hauts régimes et ses accélérations sont plus nerveuses qu'on serait porté à croire. Inutile toutefois de comparer les temps d'accélération de la 500 à ceux de la Chrysler 300 C, c'est peine perdue.

Moins de puissance certes, mais cette berline compense au chapitre des transmissions. Selon le modèle choisi, il est possible de commander une boîte automatique à six rapports. Mais cette Ford peut également être livrée avec un rouage intégral. Similaire à celle qui équipe la Volvo XC90, cette transmission intégrale est fabriquée par la compagnie ZF et se veut une version adaptée aux besoins de Ford de la boîte CVT utilisée par Audi. Elle utilise une chaîne métallique actionnée par deux poulies dont la largeur varie constamment afin de répondre aux besoins d'utilisation du moment. Toutes les versions à traction intégrale sont équipées de cette transmission.

SAGE COMME UNE IMAGE

Avec une technologie aussi sophistiquée, il est facile de conclure que la 500 sera une voiture au comportement supérieur aux autres berlines de sa catégorie. Il est vrai que la rigidité de la caisse, l'efficacité de la transmission CVT et la direction précise sont autant d'éléments permettant de croire à une berline au tempérament sportif. Mais il faut déchanter quelque peu. Par contre, lorsque comparée à une Chrysler 300 et à une Toyota Camry dans le cadre des essais effectués durant la présentation à la piste d'essai de Ford à Romeo dans le Michigan, la 500 a eu le dessus sur la Camry sur toute la ligne. Celle-ci nous proposait une suspension trop souple, un sous-virage exagéré et une direction qui ne semblait pas reliée à quelque chose de solide. La Chrysler 300, plus moderne, a surtout perdu des points en raison de sa transmission moins performante et à un certain roulis en virage.

La 500 a donc un avantage sur ces deux modèles. Par contre, le feed-back de la route n'est pas impressionnant et l'agrément de conduite de cette intermédiaire laisse quelque peu à désirer. Ce n'est pas sans raison que les Honda Accord et Mazda 6 étaient absentes. Pourquoi amener une Camry et pas les deux autres meneurs de cette catégorie ?

Quoi qu'il en soit, cette nouvelle venue ne permettra pas à la compagnie d'effectuer un bond prodigieux sur le marché. Ce serait davantage le fait de la nouvelle Freestyle qui partage les mêmes éléments mécaniques avec cette berline. Elle est plus pratique, son stylisme est plus convaincant tout comme le design de son habitacle. Et même si plusieurs des dirigeants de Ford ne semblent pas très heureux d'entendre les gens souligner que cette berline ferait un bon taxi, elle en a pourtant tous les attributs. Reste à faire preuve de sa fiabilité.

Denis Duquet

DONNÉES TECHNIQUES

Prix du modèle à l'essai :	AWD SE 32 045 $
Échelle de prix :	29 295 $ à 34 595 $
Version(s) disponible(s) :	SE, SEL, LTD
Garanties :	3 ans 60 000/5 ans 100 000
Catégorie :	berlines
Emp./Long./Lar./Haut.(cm) :	287/510/187,5/153
Poids :	1 730 kg
Coffre/Réservoir :	595/72 litres
Coussins de sécurité :	frontaux et rideaux
Suspension avant :	indépendante, jambes de force
Suspension arrière :	indépendante, multibras
Freins av./arr. :	disque (ABS)
Antipatinage/Contrôle de stabilité :	oui/non
Direction :	à crémaillère, assistée
Diamètre de braquage :	12,2 m
Pneus av./arr. :	P215/60R17

GROUPE MOTOPROPULSEUR ET RENDEMENT

Moteur :	V6 3.0 litres 24s (89,0 x 79,5)
Puissance :	203 ch (151 kW) à 5750 tr/mn
Couple :	207 lb-pi (281 Nm) à 4500 tr/mn
Autre(s) moteur(s) :	seul moteur offert
Transmission :	intégrale, CVT
Autre(s) transmission(s) :	automatique 6 rapports
Accélération 0-100 km/h :	8.2 s
Reprises 80-120 km/h :	7,5 s
Freinage 100-0 km/h :	39,0 m
Vitesse maximale :	200 km/h
Indice de performance longitudinale :	4,91 m/s/s
Consommation (100 km) :	ordinaire, 13,4 litres
Autonomie :	537 km

NIVEAU SONORE

Ralenti :	41.5 db
Accélération :	70.4 db
100 km/h :	66.6 db

DANS LA MÊME CATÉGORIE

Chrysler 300 - Chevrolet Impala - Pontiac Bonneville
Toyota Avalon - Toyota Camry - Nissan maxima

HISTORIQUE DU MODÈLE

1ière génération

DATE DE RENOUVELLEMENT

n.d.

NOS IMPRESSIONS

Agrément de conduite :	🚗🚗🚗🚗½
Fiabilité :	nouveau modèle
Sécurité :	🚗🚗🚗🚗½
Qualités hivernales :	🚗🚗🚗🚗½
Espace intérieur :	🚗🚗🚗🚗🚗
Confort :	🚗🚗🚗🚗

LE CHOIX DE L'ÉQUIPE

SE

ESCAPE/ESCAPE HYBRIDE

LE PRÉSENT OU LE FUTUR?

Une Escape sérieusement remaniée et une version à moteur hybride, voici autant de bonnes nouvelles pour les gens de Ford, trop souvent accusés de ne fabriquer que de gros mastodontes. Mais avant de parler des améliorations apportées aux modèles habituels, il est important de souligner que la compagnie a été en mesure de bénéficier d'une couverture médiatique très positive à la suite du lancement de l'Escape Hybride. Tous les grands réseaux de télévision aux États-Unis ont suivi avec attention le lancement de ce modèle. Nouvelles du soir, émissions d'information du matin, tous ont chaleureusement accueilli l'arrivée de ce VUS compact plus propre que les autres.

Pour une fois, il était possible pour un constructeur nord-américain d'annoncer qu'il innovait sur le plan technologique et écologique avant les compagnies japonaises et les médias de nos voisins du sud étaient heureux de souligner l'occasion. Ce qui a permis en même temps à la compagnie de Dearborn de redorer quelque peu son blason. Il est certain que la diffusion de l'Hybride sera limitée et que son prix sera supérieur à la moyenne mais les gens qui ont des remords à acheter un VUS en raison de leur image de plus en plus négative auront la conscience plus claire. Et Ford fait figure de grand seigneur dans toute cette affaire en étant considéré comme l'une des rares compagnies tentant de sauver notre planète avec un VUS plus propre.

Il ne faut pas en conclure que le Hybride est un simple gadget publicitaire, sa technologie est authentique. Comme pour le Toyota Prius, le groupe propulseur est constitué d'un moteur à essence associé à un moteur électrique. Selon les conditions, l'un ou l'autre des moteurs est utilisé quand les deux ne travaillent pas simultanément. Une transmission à rapports continuellement variables se charge de transmettre la puissance aux roues avant. Le moteur à essence est une version du moteur Duratec 2,3 litres à cycle Atkinson produisant 133 chevaux, ce qui est 20 de moins que celui utilisé sur l'Escape «régulière». Par contre, il est couplé à un moteur électrique de 94 chevaux. Ce tandem permet d'obtenir des accélérations similaires à celle de la version à moteur V6.

La conduite de l'Hybride est pratiquement identique à celle du modèle à moteur V6. Par contre, il faut s'interroger sur la fiabilité de l'Hybride qui en est à ses débuts. Seul l'avenir nous le dira.

NOUVELLE VERSION

L'arrivée de ce modèle au groupe propulseur futuriste ne signifie pas que la version à moteur «traditionnel» soit laissée pour compte. Au contraire, ce millésime a bénéficié de plusieurs

》》 FEU VERT
› Moteur 4L plus puissant
› Insonorisation améliorée
› Rouage intégral plus sophistiqué
› Version Hybride
› Habitacle plus confortable

》》 FEU ROUGE
› Prix à la hausse
› Fiabilité inconnue (Hybride)
› Silhouette anonyme
› Performances moyennes (2,3 l)
› Absence de démultipliée (4X4)

Guide de l'auto 2005

ESCAPE/ESCAPE HYBRIDE

modifications esthétiques et mécaniques qui devraient lui permettre d'être davantage dans le coup. Même si les changements extérieurs ne sont pas spectaculaires, ils permettent de donner à ce VUS compact une allure plus moderne. Les phares de route et les antibrouillards sont nouveaux, tout comme le pare-chocs qui assure une présentation plus contemporaine. Mais les améliorations les plus importantes sont invisibles.

En effet, la gestion du bruit est mieux contrôlée grâce à l'utilisation de plus de matériaux insonorisants et de joints d'étanchéité plus efficaces. Et c'est d'ailleurs la première chose qui nous impressionne après quelques kilomètres de route. Le nouveau moteur Duratec 2,3 litres est également responsable de cet habitacle plus tranquille. Des arbres d'équilibrage et de nouveaux blocs d'attache du moteur réduisent les vibrations du moteur quatre cylindres et nous donnent quasiment l'impression - au chapitre de la douceur - de conduire une Escape à moteur V6. Il est toujours possible de commander un moteur V6. Le Duratec 3,0 litres a été l'objet de plusieurs améliorations afin de réduire les vibrations et améliorer son rendement. Il produit 200 chevaux.

Il est livré uniquement avec la boîte automatique à quatre rapports. Cette année, en raison de la puissance accrue du moteur quatre cylindres, cette transmission est également offerte avec ce moteur et la transmission intégrale. Ce qui permettra à un plus grand nombre de personnes d'économiser en carburant.

Le nouveau moteur quatre cylindres de 2,3 litres est plus puissant cette année mais cela ne transforme pas l'Escape en bolide de course. Par contre, c'est suffisant la plupart du temps. Les accélérations initiales ne sont pas à vous coller dans le siège mais on retrouve le sourire lorsqu'on fait le plein et qu'on constate que la moyenne de consommation de carburant du quatre cylindres avec la boîte automatique est d'un peu plus de 11 litres aux 100 km. Il faut également savoir que les performances sur une route accidentée sont correctes avec cette combinaison de moteur et de transmission, mais c'est tout de même un peu juste.

DÉPLACEZ CE LEVIER…

Dans sa première génération, les concepteurs et les stylistes avaient pensé pratiquement à tout, mais ils ont quand même commis une bévue. Personne ne s'est rendu compte que le levier de vitesses monté sur la colonne de direction obstruait l'accès à certaines commandes lorsque la transmission était en mode «D». Cette fois, la situation a été réglée de façon spectaculaire car le levier de vitesses est maintenant en plein centre d'une console montée sur le plancher.

Agile en ville, capable de se tirer d'affaire lors de longs trajets, l'Escape est équipé cette année d'un nouveau rouage intégral à commande électronique qui s'active plus rapidement.

Ford a donc choisi l'homogénéité de l'Escape au lieu de tenter de nous impressionner avec du tape-à-l'œil.

Denis Duquet

DONNÉES TECHNIQUES

Prix du modèle à l'essai :	25 995 $
Échelle de prix :	22 995 $ à 35 925 $
Version(s) disponible(s) :	XLS, XLT, Hybrid
Garanties :	3 ans 60 000/5 ans 100 000
Catégorie :	utilitaires sport compact
Emp./Long./Lar./Haut.(cm) :	262/439/178/175
Poids :	1 546 kg
Coffre/Réservoir :	830 à 1 877/62 litres
Coussins de sécurité :	frontaux et latéraux (av.)
Suspension avant :	indépendante, jambes de force
Suspension arrière :	indépendante, multibras
Freins av./arr. :	disque/tambour (ABS opt.)
Antipatinage/Contrôle de stabilité :	non, non
Direction :	à crémaillère, assistée
Diamètre de braquage :	10,7 mètres
Pneus av./arr. :	P235/70R16

GROUPE MOTOPROPULSEUR ET RENDEMENT

Moteur :	4L 2,3 litres 16s (87.3 x 93.9)
Puissance :	153 ch (114 kW) à 5800 tr/mn
Couple :	152 lb-pi (206 Nm) à 4250 tr/mn
Autre(s) moteur(s) :	V6 3,0 litres 200 ch
Transmission :	intégrale, automatique 5 rapports
Autre(s) transmission(s) :	manuelle 5 rapports
Accélération 0-100 km/h :	11,9 s
Reprises 80-120 km/h :	n.d.
Freinage 100-0 km/h :	41,0 m
Vitesse maximale :	180 km/h
Indice de performance longitudinale :	n.d.
Consommation (100 km) :	ordinaire, 11.1 litres
Autonomie :	559 km

DANS LA MÊME CATÉGORIE

Chevrolet Equinox - Honda CR-V - Hyundai Santa Fe Jeep Liberty - Mazda Tribute - Nissan XTrail - Mitsubishi Outlander- Subaru Forester - Suzuki Grand Vitara

DU NOUVEAU EN 2005

Nouvelle calandre - Moteur 4 cyl. plus puissant- Rouage intgéral à commande électronique - Version Hybride

HISTORIQUE DU MODÈLE

2ème génération

DATE DE RENOUVELLEMENT

2008

NOS IMPRESSIONS

Agrément de conduite :	🚗🚗🚗🚗½
Fiabilité :	🚗🚗🚗🚗½
Sécurité :	🚗🚗🚗🚗🚗
Qualités hivernales :	🚗🚗🚗🚗
Espace intérieur :	🚗🚗🚗🚗
Confort :	🚗🚗🚗🚗½

LE CHOIX DE L'ÉQUIPE

XLT Sport

Guide de l'auto 2005

EXPLORER / AVIATOR

L'AMI DE LA FAMILLE

L'Explorer de Ford et son quasi-jumeau de luxe, le Lincoln Aviator, sont parmi les meilleurs utilitaires sport de leur catégorie. Remaniés considérablement il y a deux ans à peine, on les avait alors reconstruits à partir de rien, sur une plate-forme qui leur est propre. Avec des résultats, du moins en matière de performance, qui ont littéralement survolé les attentes. Mais voilà, le succès commercial n'a peut-être pas été aussi élevé qu'auparavant, surtout pour l'Aviator. L'Explorer et l'Aviator, deux gourmets entre les gourmands, ont donc été mis un peu de côté.

Qu'à cela ne tienne, Ford a décidé de poursuivre l'aventure avec les deux représentants cette année encore, même si des rumeurs persistantes depuis quelques mois envoyaient l'Aviator aux oubliettes. Les changements prévus sont minimes, voire microscopiques, mais on compte essentiellement sur les qualités mécaniques, et surtout sur l'habitacle haut de gamme des deux modèles, pour enfin se démarquer de la concurrence.

Il faut dire que le pari n'est pas mauvais. L'Explorer est doté d'un des habitacles les plus spacieux et les plus polyvalents du genre. Malgré quelques défauts de finition (qui sont malheureusement trop souvent l'apanage de certains produits Ford), le tableau de bord est une jolie réussite, et les commandes revampées mieux situées que par le passé.

Les sièges sont confortables et capables de supporter avec aisance pendant de longues randonnées, permettant au conducteur d'absorber sans fatigue des centaines de kilomètres de route. Il faut dire que pour faciliter la chose, non seulement on leur a insufflé de bons coussins, mais on propose aussi une gamme complète de réglages électriques, incluant même le mouvement du pédalier. Le volant est aussi réglable en hauteur et en profondeur grâce à sa colonne télescopique. Tout a donc été pensé pour favoriser le confort.

Mais rien n'étant parfait en ce bas monde, on a greffé du chauffage aux sièges de certains modèles comme les versions Eddie Bauer et Limited. Or, réussir à trouver le bon bouton pour lancer le chauffage relève de l'exploit puisqu'on l'a installé trop près des autres commandes. Quand on tâtonne, on ne réussit donc souvent qu'à modifier nos réglages de sièges bien avant de pouvoir enfin ressentir la chaleur bienfaitrice.

À l'arrière, les passagers aussi trouveront leur compte avec un dégagement très apprécié, à moins d'opter pour une banquette de 3ᵉ rangée qui, comme dans la plupart des cas, s'avère presque totalement inutile puisque l'espace pour les jambes et les épaules est sensiblement réduit. À utiliser avec modération seulement.

»» FEU VERT
› Habitacle spacieux
› Rouage 4X4 exemplaire
› V8 doux et fort
› Suspension raffinée

»» FEU ROUGE
› V6 souffreteux
› Finition parfois bâclée
› Ergonomie mal conçue
› Silhouette à renouveler

Guide de l'auto 2005

DIRECTION AUTOROUTE

L'Explorer est d'abord perçu comme un utilitaire, tout le monde s'entend. On ne serait donc pas surpris que sur la route, le comportement du camion soit moins adéquat que celui d'une simple berline. Et pourtant…

Grâce aux améliorations apportées aux suspensions au fil des ans, la randonnée est, au contraire, d'une douceur de nuage. Fini le temps où on tanguait tellement qu'on se serait cru en bateau. La suspension indépendante aux quatre roues réagit correctement et absorbe efficacement les inégalités de la route.

Sous le capot, deux moteurs possibles: un six cylindres de 4,0 litres qui effectue un travail intéressant et un V8 de 4,6 litres plus dynamique et plus puissant, mais qui est tout de même presque aussi économique.

Bien entendu, avec le V8, on parlera d'une meilleure capacité de remorquage, et d'une accélération plus vigoureuse. C'est d'ailleurs ce même moteur qui équipe la seule version du Lincoln Aviator.

Pour s'assurer de réaliser de meilleures économies tout en fournissant les performances les plus précises, Ford a équipé ses modèles d'un accélérateur dit «par câbles» qui transmet l'information par un réseau de câbles électroniques plutôt que par de simples composantes mécaniques comme c'est le cas sur la majorité des voitures.

Toutes les versions, sans exception, sont aussi équipées d'une traction à quatre roues motrices "Control Trac" qui assure une bonne répartition du couple entre les quatre roues, selon la demande.

La commande Trac dirige la puissance selon des capteurs installés aux roues avant et arrière jusqu'à 500 fois par seconde, et redirigera la majeure partie du couple là où la traction sera la meilleure.

Et toutes les versions, sans exception, sont aussi équipées de nombreux systèmes de sécurité incluant bien sûr les traditionnels freins ABS, mais aussi un système de contrôle de stabilité antiretournement appelé Advance Trac et de coussins gonflables adaptatifs selon le poids de l'occupant du siège.

Quatre versions de l'Explorer sont disponibles, soit la XLS (6 cylindres seulement), la XLT, Eddie Bauer (6 ou 8 cylindres) et la version Limited (8 cylindres seulement). Outre les moteurs, les grandes différences entre l'une et l'autre des versions résident essentiellement dans des aspects cosmétiques ou d'accessoires, comme la sellerie de cuir ou un centre d'information de bord, disponible sur les versions de luxe seulement.

Que l'Explorer, et par voie de conséquence l'Aviator, soient d'excellents utilitaires ne fait aucun doute. En fait, ils font toujours partie des meilleurs achats de leur catégorie. Avec une conduite aussi irréprochable et autant de confort, ils deviennent vite des amis de la famille que l'on adopte pour longtemps.

Marc Bouchard

DONNÉES TECHNIQUES

Prix du modèle à l'essai :	41 300 $
Échelle de prix :	39 845 $ a 49 495 $
Version(s) disponible(s) :	XLS, XLT, Eddie Bauer, Limited
Garanties :	3 ans 60 000/5 ans 100 000
Catégorie :	Utilitaire sport
Emp./Long./Lar./Haut.(cm) :	289/481/183/181
Poids :	1 996 kg
Coffre/Réservoir :	391 a 2 986/85 litres
Coussins de sécurité :	frontaux
Suspension avant :	indépendante, ressorts
Suspension arrière :	indépendante, ressorts
Freins av./arr. :	disque (ABS)
Antipatinage/Contrôle de stabilité :	oui, non (opt.)
Direction :	à crémaillère, assistée
Diamètre de braquage :	11,2 m
Pneus av./arr. :	P235/70R16

GROUPE MOTOPROPULSEUR ET RENDEMENT

Moteur :	V6 4,0 litres 12s (100,4 x 84,5)
Puissance :	210 ch (157 kW) à 5 100 tr/mn
Couple :	254 lb-pi (344 Nm) à 3 700 tr/mn
Autre(s) moteur(s) :	V8 4,6L 239 ch
Transmission :	intégrale, automatique 5 rapports
Autre(s) transmission(s) :	aucune
Accélération 0-100 km/h :	8,8 s
Reprises 80-120 km/h :	7,5 s
Freinage 100-0 km/h :	36,9 m
Vitesse maximale :	210 km/h
Indice de performance longitudinale :	5,02 m/s
Consommation (100 km) :	ordinaire, 13,6 litres
Autonomie :	625 km

DANS LA MÊME CATÉGORIE

GMC Envoy - Acura MDX - BMW X5 - Jeep Grand Cherokee - Mercedes-Benz Classe M Toyota 4Runner

DU NOUVEAU EN 2005

Système Control Trac de série, système de sécurité personnalisé, Advance Trac en option

HISTORIQUE DU MODÈLE

3ème génération

DATE DE RENOUVELLEMENT

2006

NOS IMPRESSIONS

Agrément de conduite :	🚗🚗🚗½
Fiabilité :	🚗🚗🚗
Sécurité :	🚗🚗🚗🚗
Qualités hivernales :	🚗🚗🚗🚗½
Espace intérieur :	🚗🚗🚗½
Confort :	🚗🚗🚗🚗

LE CHOIX DE L'ÉQUIPE

XLT

Guide de l'auto 2005

FORD FOCUS

SECOND DÉBUT

*La Ford Focus est arrivée en même temps que le nouveau millénaire. Loin d'être le bogue de l'an 2000, la Focus s'est avérée une grande gagnante malgré plusieurs rappels, quelquefois assez sérieux, la première année.
Cinq printemps plus tard, le temps était venu pour Ford de faire évoluer sa compacte pour qu'elle puisse mieux se mesurer aux Civic, Corolla et surtout, Mazda3.*

Si la carrosserie s'est mise au goût du jour, l'intérieur, pour sa part, a connu une belle évolution. Fini le "edge design" du tableau de bord avec ses lignes dessinées au sabre et ses angles vifs. Désormais, l'habitacle est tout ce qu'il y a de plus classique. Classique mais pas dénué d'intérêt. La position de conduite se trouve en un rien de temps, gracieuseté d'un volant et d'un siège qui s'ajustent tous les deux, autant en hauteur qu'en profondeur. Les places arrière se montrent spacieuses et le dégagement pour la tête ne peut être pris en défaut. Cependant, le passager de la place médiane n'a pas droit à un appuie-tête. Mais revenons au tableau de bord dont la pauvreté de l'ergonomie surprend. Franchement, un Ford Model A 1930 ne ferait pas pire à ce chapitre! Les commandes des essuie-glaces sont cachées par le volant et celles pour les sièges chauffants par le rembourrage des sièges! Il existe très peu d'espaces de rangement et la boîte prévue pour les CD tombe immanquablement sur le genou gauche. Quant à l'appuie-bras, il s'agit d'une des pires abominations qu'il m'ait été donné de voir durant ma longue (!) carrière. En plus de se trouver au mauvais endroit, l'espace de rangement intégré ne peut contenir que deux ou trois dix sous. J'exagère mais à peine!

Autre détail qui mérite un paragraphe et une bonne claque derrière la tête du directeur de la finition extérieure… Bon sang que la carrosserie de la Focus est mal finie! Les deux exemplaires essayés s'affrontaient tristement pour l'obtention de la Moulure Croche d'Or, remise annuellement par votre humble serviteur. En plus, la peinture est tellement mal appliquée! La seule fois où j'ai vu une peinture aussi imparfaite… c'était sur mon premier modèle réduit! Malheureusement, ces imperfections ne peuvent qu'accélérer le phénomène de la rouille (sur la Focus s'entend, pas sur mon chef-d'œuvre!)

DEUX NOUVEAUX MOTEURS
On a profité de la refonte de la Focus pour lui donner de nouvelles dénominations. Désormais,

---

》》 FEU VERT
› Gamme complète
› Tenue de route rassurante
› Confort très acceptable
› Modèle ZX4 ST agréable à piloter
› Places arrière spacieuses

》》 FEU ROUGE
› Ergonomie risible
› Finition extérieure à pleurer
› Antirouille appliqué au compte-gouttes
› Fiabilité à prouver
› Insonorisation peu efficace

Guide de l'auto 2005

on parle de ZX3 pour le modèle à hayon deux portes, ZX4 pour la berline, ZX5 pour le hayon quatre portes et ZXW pour la familiale. Les plus perspicaces auront remarqué que le chiffre représente le nombre de portes! Chacune de ces versions reçoit différentes livrées, mais déclamer les subtilités de chacune serait aussi intéressant que la lecture d'un projet de loi sur une mesure fiscale. Mentionnons seulement que la S se veut la version de base. On retrouve ensuite la SE et, enfin, la SES. La ST se veut la sportive de la famille et est réservée à la ZX4. Nous y reviendrons bientôt.

La Focus 2005 profite d'un châssis plus rigide et deux nouveaux moteurs Duratec sont au programme. Le premier fait 2,0 litres et développe 136 chevaux comparativement à 130 l'an dernier. Cependant, il a perdu un peu de son couple (132 lb-pi cette année contre 135). Accouplé à la transmission automatique à quatre rapports, ses prestations sont correctes, sans plus. De plus, le manque de matériel isolant le fait paraître encore plus bruyant qu'il ne l'est en réalité. La transmission manuelle est recommandée, d'autant plus qu'elle s'avère agréable à manipuler. Côté motorisation, on retrouve aussi le 2,3 litres qui lui, offre 151 chevaux et 154 livres-pied de couple. Ce dernier engin n'est disponible qu'avec la ZX4 ST et peut être combiné à l'automatique ou à la manuelle. Si les modèles S et SE roulent sur des pneus de 15 po, les autres livrées ont heureusement droit à 16 po qui améliorent la tenue de route tout en ne pénalisant que très peu le confort. La suspension de la ST se fait plus sportive et la décélération est confiée à quatre freins à disque. Les autres livrées n'ont droit qu'à un duo disque/tambour.

LA SPORTIVE DE LA FAMILLE

La ST est, naturellement, la Focus la plus agréable à conduire. Sa puissance n'en fait pas une candidate à un record Guinness mais elle se laisse facilement exploiter. En courbes, le roulis se contrôle facilement tandis que les sièges apportent un excellent support latéral et que le volant transmet moins bien les sensations de la route. Les freins avec ABS résistent bien à l'échauffement. Ces derniers commentaires s'appliquent aux autres versions de la Focus mais à un niveau un peu moindre. C'est-à-dire qu'on y retrouve un peu plus de roulis malgré une tenue de route généralement très saine, les sièges apportent un support latéral et le volant transmet moins bien les sensations de la route!

La Focus de première génération s'était révélée, malgré quelques accrocs, une voiture très sérieuse. La nouvelle Focus se veut encore plus raffinée, solide et fonctionnelle. Si seulement Ford engageait des ergonomes et des peintres qualifiés, les Mazda3, Honda Civic et Toyota Corolla commenceraient à se poser de sérieuses questions existentielles…

Alain Morin

DONNÉES TECHNIQUES

Prix du modèle à l'essai :	ZX4 ST 22 995 $
Échelle de prix :	16 795 $ à 22 995 $
Version(s) disponible(s) :	ZX3, ZX4, ZX5, ZXW
Garanties :	3 ans 60 000/5 ans 100 000
Catégorie :	berlines compactes
Emp./Long./Lar./Haut.(cm) :	261/453/170/143
Poids :	1 256 kg
Coffre/Réservoir :	991 à 2 067/53,4 litres
Coussins de sécurité :	frontaux
Suspension avant :	indépendante, jambes de force
Suspension arrière :	indépendante, multibras
Freins av./arr. :	disque/tambour (ABS)
Antipatinage/Contrôle de stabilité :	oui, non
Direction :	à crémaillère, assistée
Diamètre de braquage :	10,4 m
Pneus av./arr. :	P195/60R15 P205/50R16 (option)

GROUPE MOTOPROPULSEUR ET RENDEMENT

Moteur :	4L 2,0 litres 16s (87.5 x 83.1)
Puissance :	136 ch (101 kW) à 6000 tr/mn
Couple :	132 lb-pi (179 Nm) à 4500 tr/mn
Autre(s) moteur(s) :	4L 2,3 litres 151 ch (ST)
Transmission :	traction, automatique 4 rapports
Autre(s) transmission(s) :	manuelle 5 rapports
Accélération 0-100 km/h :	10,6 s
Reprises 80-120 km/h :	8,2 s
Freinage 100-0 km/h :	35,6 m
Vitesse maximale :	n.d.
Indice de performance longitudinale :	4.93 m/s/s
Consommation (100 km) :	ordinaire, 9,7 litres
Autonomie :	551 km

DANS LA MÊME CATÉGORIE

Chevrolet Cavalier/Cobalt - Honda Civic - Hyundai Elantra - Kia Spectra - Mazda3 - Mitsubishi Lancer Nissan Sentra - Pontiac Sunfire/Pursuit Toyota Corolla - Volks Golf

DU NOUVEAU EN 2005

Nouveau modèle

HISTORIQUE DU MODÈLE

2ième génération

DATE DE RENOUVELLEMENT

n.d.

NOS IMPRESSIONS

Agrément de conduite :	🚗🚗🚗🚗½
Fiabilité :	nouveau modèle
Sécurité :	🚗🚗🚗🚗½
Qualités hivernales :	🚗🚗🚗🚗
Espace intérieur :	🚗🚗🚗🚗
Confort :	🚗🚗🚗🚗½

LE CHOIX DE L'ÉQUIPE

ZX4 ST

FORD FREESTAR

TOUJOURS PRATIQUE

Il y en a (il y en aura toujours) qui se contentent de regarder les photos et de lire les titres quand ils feuillettent un journal. Ceux-là ont été plutôt déçus quand ils ont vu apparaître la toute nouvelle Ford Freestar l'année dernière. Il faut dire que le grand fabricant américain avait annoncé à l'époque une minifourgonnette tellement différente qu'elle méritait même un changement de nom. Mais les modifications esthétiques étaient mineures. Et comme les changements pour 2005 sont minimes, voire inexistants, on a l'impression de toujours avoir affaire au modèle original. La minifourgonnette Ford demeure assez traditionnelle, même si elle est plutôt jolie.

C'est sous l'habillage que la véritable différence avec les anciennes versions se fait sentir. L'aménagement intérieur par exemple, pourrait être un modèle du genre, malgré des dimensions moins imposantes que la concurrence.

Ainsi, c'est la Freestar qui dispose du moins d'espace de chargement de toute la catégorie. Mais évidemment, cette notion ne revêt de l'importance que si vous avez réellement de grands besoins de transport car elle est tout de même largement supérieure à n'importe quelle berline sur le marché.

VITE PARTIE

La Freestar abrite sous le capot un moteur remodelé de six cylindres en V, similaire à celui toujours utilisé dans ce genre de véhicule. On l'a cependant un peu vitaminé l'année dernière, lui insufflant davantage de puissance et augmentant sa capacité à 4,2 litres.

Ses 201 chevaux à 4 500 tr/min n'en font pas le moteur le plus puissant de la catégorie, mais son couple de 265 lb-pi à 3 750 tr/min est nettement supérieur aux autres. Seule contrainte, on l'a affublé d'une transmission à 4 vitesses un peu timide, mais heureusement adoucie au fil des ans.

Mentionnons qu'on a fait disparaître le moteur de 3,9 litres qui équipait depuis belle lurette les fourgonnettes Ford.

Avec son couple étonnant, la Freestar devient une curiosité au démarrage puisqu'on n'a pas l'habitude de voir «décoller» aussi rapidement un véhicule de cette catégorie. En revanche, la puissance maximale étant plus limitée, les reprises sont moins foudroyantes et le moteur a tendance à avoir une sonorité assez élevée quand on le sollicite beaucoup.

La direction n'a pas subi les modifications souhaitées et continue d'être un peu trop molle tout en gardant pour elle seule les messages reçus de la route. La conduite est donc sans âme, même pour une minifourgonnette.

Le grand attrait original de la Freestar, est la fameuse banquette que l'on peut dissimuler dans le plancher en troisième rangée. Une

»› FEU VERT
› Habitacle polyvalent
› Moteur puissant à bas régime
› Systèmes évolués de sécurité
› Touche de classe à l'intérieur
› Bonne variété de versions

»› FEU ROUGE
› Puissance maximale rapidement atteinte
› Moteur bruyant
› Troisième banquette peu confortable
› Minifourgonnette traditionnelle
› Direction trop floue

FREESTAR

technologie toute simple utilisée pour déplacer la troisième banquette permet une utilisation facile et sans effort, contrairement à bien d'autres modèles.

Dans les faits, la troisième banquette se replie d'abord vers l'arrière où elle conserve sa vocation de siège. Elle se replie ensuite complètement à plat pour laisser un plancher totalement lisse, facilitant le chargement. Dommage par contre, de ne pas avoir appliqué le même principe à la deuxième rangée, comme l'a fait Dodge. L'avantage s'est donc rapidement perdu par rapport à l'évolution des autres modèles.

En revanche, en position habituelle, cette troisième banquette est peu spacieuse et peu confortable. Elle est cependant facilement accessible et peut efficacement remplir sa mission pour de courtes randonnées.

En deuxième rangée, les sièges baquets sont confortables et repliables, ce qui libère de l'espace de chargement à l'arrière. Il faut cependant prévoir les retirer complètement si on veut transporter de plus gros morceaux, une tâche moins facile à faire qu'à dire puisque les sièges sont relativement lourds.

Les places arrière sont aussi rendues facilement accessibles grâce aux deux portes coulissantes (automatiques en option sur certains modèles), de chaque côté de la cabine.

À l'avant, le confort est étonnant, le tableau de bord d'une grande simplicité et d'une finition relativement bonne. Pour compléter le tout, on a conservé les boiseries de décoration apparues l'an dernier. Celles-ci confèrent une touche de classe et d'élégance à l'ensemble.

SANS DANGER

Parce que c'est le véhicule familial par excellence, la minifourgonnette a toujours disposé d'éléments de sécurité au-dessus des autres. Chez Ford, on l'a bien compris et on a doté la Freestar de caractéristiques uniques : coussins gonflables évolués et capteurs qui prolongent le gonflage. Il y a aussi le système Advance Trac, un dispositif antidérapage qui permet d'aider au contrôle du sous-virage traditionnel de ce genre de véhicule.

Advenant une collision, le système de sécurité individuelle de Ford ajustera la force de déploiement des coussins avant en fonction de la position du siège du conducteur, du port de la ceinture et de la force de l'impact, pour obtenir une protection optimale en fonction des conditions. Si le siège du passager n'est pas occupé, le coussin gonflable ne sera pas activé. Autre option, unique dans la catégorie des fourgonnettes, consiste en l'ajout de structures de protection gonflables latérales pour la tête et le torse des passagers aux trois rangées. Le système comprend un capteur qui prolonge le gonflage s'il a détecté un capotage.

Quelqu'un a déjà dit qu'on conduisait une voiture sport parce qu'on le voulait, et une minifourgonette parce qu'on n'avait pas le choix. La Freestar ne fera pas mentir la devise, mais au moins, sa grande polyvalence justifie bien son usage. C'est déjà un avantage.

Marc Bouchard

DONNÉES TECHNIQUES

Prix du modèle à l'essai :	SEL 37 020 $
Échelle de prix :	27 995 $ a 43 515 $
Version(s) disponible(s) :	S, SE, Sport, SEL, Limited
Garanties :	3 ans 60 000/5 ans 100 000
Catégorie :	fourgonnettes
Emp./Long./Lar./Haut.(cm) :	307/510,5/195/175
Poids :	1 943 kg
Coffre/Réservoir :	731 a 3 803/98 litres
Coussins de sécurité :	fontaux et latéraux (av./arr.)
Suspension avant :	indépendante, jambes de force
Suspension arrière :	demi-indépendante, poutre déformante
Freins av./arr. :	disque (ABS)
Antipatinage/Contrôle de stabilité :	non (opt.)/non (opt.)
Direction :	à crémaillère, assistée
Diamètre de braquage :	12 m
Pneus av./arr. :	P225/60R16

GROUPE MOTOPROPULSEUR ET RENDEMENT

Moteur :	V6 4,2 litres 12s (96.7 x 94,0)
Puissance :	201 chevaux (150 kW) à 4 500 tr/mn
Couple :	263 lb-pi (357 Nm) à 3 750 tr/mn
Autre(s) moteur(s) :	seul moteur offert
Transmission :	traction, automatique 4 rapports
Autre(s) transmission(s) :	aucune
Accélération 0-100 km/h :	9,6 s
Reprises 80-120 km/h :	8,5 s
Freinage 100-0 km/h :	41,0 m
Vitesse maximale :	180 km/h
Indice de performance longitudinale :	4,53 m/s/s
Consommation (100 km) :	ordinaire, 12,9 litres
Autonomie :	760 km

DANS LA MÊME CATÉGORIE

Dodge Caravan - Honda Odyssey - Mazda MPV
Toyota Sienna - Nissan Quest - Chevrolet Uplander
Pontiac Montana

DU NOUVEAU EN 2005

Moteur V6 de 4,2 L, nouvelle option de securite du pavillon

HISTORIQUE DU MODÈLE

1ière génération

DATE DE RENOUVELLEMENT

2008

NOS IMPRESSIONS

Agrément de conduite :	🚗🚗🚗🚗½
Fiabilité :	🚗🚗🚗🚗½
Sécurité :	🚗🚗🚗🚗🚗
Qualités hivernales :	🚗🚗🚗🚗½
Espace intérieur :	🚗🚗🚗🚗
Confort :	🚗🚗🚗🚗

LE CHOIX DE L'ÉQUIPE

SE sport

Guide de l'auto 2005

FORD FREESTYLE

PRATIQUE ! PRATIQUE !

Je dois vous avouer que le Freestyle ne m'a pas impressionné lors de son dévoilement en décembre 2003. Ford avait profité de la période des fêtes pour nous révéler une flopée de nouveaux modèles, tous supposément capables de ramener le constructeur sur le chemin de la rentabilité. Et le Freestyle était l'une des vedettes de ce lancement. Pourtant, cette silhouette à mi-chemin entre un VUS traditionnel et une familiale ne m'inspirait pas trop. Mais c'était avant de le conduire. Cette silhouette qui m'avait laissé de glace s'est révélée plus intéressante lorsque vue en mouvement, et ce véhicule a également démontré d'intéressantes qualités routières et pratiques.

Avant d'analyser la fiche technique et le comportement routier, mieux vaut examiner la silhouette qui est sans doute l'élément qui soulèvera le plus de discussions. Règle générale, c'est lorsqu'un véhicule est d'un design avant-gardiste qu'il est controversé. Cette fois, c'est parce que la silhouette est très sage. Les stylistes semblent s'être contentés de reprendre les éléments visuels de l'Escape et de l'Explorer pour nous proposer un ensemble correct, mais drôlement conservateur. Ce conservatisme a plusieurs avantages toutefois. Non seulement sa silhouette saura bien vieillir et n'aura pas l'air dépassé d'ici trois ans, mais sa présentation s'harmonise fort bien avec le reste de la gamme Ford.

Sur une note plus positive, je dois admettre que les larges passages des roues, les jantes en alliage à cinq gros rayons et la grille de calandre en pointe de diamant viennent donner un peu de dynamisme. Il faut toutefois souligner le fait

que le toit est légèrement surélevé à partir du pilier « C », aussi bien pour obtenir un bon dégagement pour la tête que pour offrir un meilleur espace de chargement si la troisième rangée de banquette n'est pas occupée.

Cependant, il faut vous avouer que lors du lancement, les présentateurs ont consacré beaucoup plus de temps à nous vanter les mérites de l'habitacle que ceux du style et ce n'est pas sans raison.

Depuis que J. Mays a été nommé en charge du design chez Ford, les tableaux de bord de la plupart des nouveaux modèles se sont mérités plus que leur part d'éloges, et celui du Freestyle fait partie de ce groupe. Autant la présentation extérieure est sobre, autant le tableau de bord du Freestyle est réussi. Une fois à bord, la première chose qui nous frappe est cette console en plein centre de la planche de bord, surplombée par deux buses de ventilation circulaires dominant la radio et les commandes de climatisation. De plus, le tout est passablement intuitif alors que les pictogrammes sont simples à déchiffrer. Au-dessus du coffre à gants se retrouve une barre de maintien qui est à la fois pratique et esthétique. Par contre, sur certains modèles, la couleur de fond des cadrans indicateurs était trop sombre. Heureusement, notre voiture d'essai était dotée de cadrans de couleur claire. Une bonne note pour le volant qui se prend bien en main grâce à un boudin de la bonne grosseur. Toutefois, si le conducteur dispose d'un excellent repose-pied pour déposer son pied gauche, le passager avant doit cohabiter avec une paroi de la cabine qui interfère

avec son espace pour les pieds. Malgré tout, les places avant sont confortables et spacieuses, tandis que les sièges médians offrent un bon dégagement pour les jambes même une fois les baquets avant reculés au maximum.

Les représentants de Ford ont beau nous affirmer que la troisième rangée de sièges est celle qui offre le plus d'espace dans sa catégorie, elle demeure toujours réservée à des personnes de petite taille et pas claustrophobes. Par contre, les deux rangées arrière sont surélevées l'une par rapport à l'autre afin de faciliter la vision des occupants, permettant de mieux voir l'écran ACL du lecteur DVD disponible en option.

»» DE SÉRIE
› Transmission continuellement variable
› Système antipatinage
› Système de sécurité du pavillon
› Jantes de 17 pouces

»» EN OPTION
› Transmission intégrale
› Sièges de cuir
› Planche de bord en boiserie
› Afficheur multimessage électronique

FORD FREESTYLE

Mais, le but du Freestyle est d'offrir le plus de polyvalence possible et vous allez constater comme moi que les ingénieurs se sont retroussés les manches.

POLYVALENCE À GOGO
Le but premier d'un véhicule multifonction est, comme son nom l'indique, de pouvoir être en mesure de remplir plusieurs tâches tout en proposant un comportement routier proche de celui d'une automobile. Nous verrons plus loin si le Freestyle se comporte comme une automobile sur la route. En attendant, voyons comment les occupants et les bagages peuvent cohabiter. Tel que mentionné précédemment, les sièges avant sont confortables. Vous êtes assis plus haut que dans une berline, mais il est facile de monter à bord puisque l'assise des sièges est à la hauteur des hanches. Il suffit de se glisser à bord et non pas d'y grimper ou de se laisser tomber. À la seconde rangée de sièges, il est possible de bénéficier de deux sièges baquets séparés par une console ou encore une banquette traditionnelle. Enfin, la troisième rangée est constituée d'une banquette modulaire composée de deux éléments placés côte à côte.

Ce qui importe, c'est surtout la facilité avec laquelle ces sièges et dossiers peuvent se replier pour faire place aux bagages. La troisième rangée peut s'escamoter dans le plancher, tandis que les dossiers de la banquette ou des sièges baquets de la rangée secondaire se remisent également à plat. Et pas à moitié ou au tiers, mais complètement à plat. De plus, il n'est pas nécessaire d'enlever les appuie-tête ou d'avancer les sièges avant pour effectuer ces transformations. Et comme le veut la tendance actuelle, le dossier du siège avant droit se rabat vers le tableau de bord afin d'allonger l'espace de chargement.

Le Freestyle répond donc à la lettre aux exigences du genre.

INSPIRATION SCANDINAVE
Lorsque Ford s'est porté acquéreur de la compagnie Volvo, les inconditionnels de cette marque ont démontré de vives inquiétudes. Ils

> **»FEU VERT**
> › Transmission intégrale
> › Habitacle polyvalent
> › Freins puissants
> › Tableau de bord élégant
> › Dimensions raisonnables

> **»FEU ROUGE**
> › Fiabilité inconnue (CVT)
> › Silhouette anonyme
> › Puissance du moteur un peu juste
> › Passager avant manque d'espace pour les pieds
> › Troisième rangée peu confortable

Guide de l'auto 2005

FREESTYLE

craignaient que le géant américain transforme les voitures suédoises en Ford d'inspiration scandinave. Pourtant, c'est le contraire qui se produit puisque le Freestyle emprunte sa plate-forme à Volvo. En effet, elle est similaire à celle de la XC90 tout comme c'est le cas avec la berline 500. Silhouette à part, ces deux véhicules sont dotés du même groupe propulseur comprenant un moteur V6 3 litres d'une puissance de 203 chevaux couplé à une boîte automatique à six rapports ou à une transmission à rapports continuellement variables. Dans le cas de la transmission à rapports continuellement variables – CVT – elle est similaire à celle utilisée par Audi et fabriquée par la compagnie ZF. Il s'agit donc d'un élément mécanique éprouvé. Il est également possible de commander le véhicule avec une transmission intégrale. Fabriqué par Haldex, ce mécanisme est à commande électronique et son intervention est très rapide. Cette conclusion est établie suite à des tests effectués sur des côtes d'un degré d'inclinaison de 35 % et recouvertes de terre meuble. Après un arrêt au milieu de cette côte, le Freestyle AWD est reparti sans même faire patiner les roues d'un millimètre !

Puisqu'il s'agit d'un produit dérivé de la Volvo XC90, il n'est pas surprenant de constater la présence d'un essieu arrière indépendant, de freins à disque aux quatre roues et d'un système de protection des occupants très complet comprenant, en option, des rideaux latéraux gonflables. De plus, la structure de la carrosserie est spécialement étudiée pour offrir une très grande protection aussi bien lors d'un impact latéral que frontal. Après tout, tant qu'à être propriétaire de Volvo, Ford serait stupide de ne pas faire appel à l'expertise du constructeur suédois en matière de sécurité.

L'ÉQUILIBRE ROGER, L'ÉQUILIBRE

La caractéristique majeure de cette Ford multifonction est son équilibre général. Elle ne fait rien de mal, mais elle ne nous éblouit pas non plus par des performances spectaculaires ou une tenue de route extraordinaire. Tout est bien exécuté, tous les éléments s'intègrent les uns aux autres sans problème. Le moteur fait bon usage de ses 203 chevaux et les temps d'accélération sont dans les dix secondes et un peu moins, ce qui est mieux que ces modèles concurrents dotés de moteurs plus puissants. Parmi les élément positifs, il faut souligner la précision de la direction, un freinage puissant de même qu'une transmission intégrale très efficace. Par contre, la conduite est quelque peu aseptisée par un manque de feedback de la route.

Le Freestyle sera donc apprécié par les personnes à la recherche d'un véhicule pratique, polyvalent et doté d'une bonne tenue de route.

Denis Duquet

DONNÉES TECHNIQUES

Prix du modèle à l'essai :	SE AWD 36 045 $
Échelle de prix :	32 295 $ à 37 595 $
Version(s) disponible(s) :	SE, SEL, LTD
Garanties :	3 ans 60 000/5 ans 100 000
Catégorie :	multisegments
Emp./Long./Lar./Haut.(cm) :	287/507,5/185,5/165
Poids :	1 865 kg
Coffre/Réservoir :	1 340 à 4 365/72 litres
Coussins de sécurité :	frontaux et rideaux
Suspension avant :	indépendante, jambes de force
Suspension arrière :	indépendante, multibras
Freins av./arr. :	disque (ABS)
Antipatinage/Contrôle de stabilité :	oui/non
Direction :	à crémaillère, assistée
Diamètre de braquage :	12,2 m
Pneus av./arr. :	P215/65R17

GROUPE MOTOPROPULSEUR ET RENDEMENT

Moteur :	V6 3.0 litres 24s (89.0 x 79.5)
Puissance :	203 ch (151 kW) à 5 750 tr/mn
Couple :	207 lb-pi (281 Nm) à 4 500 tr/mn
Autre(s) moteur(s) :	seul moteur offert
Transmission :	intégrale, CVT
Autre(s) transmission(s) :	automatique 6 rapports
Accélération 0-100 km/h :	8,7 s
Reprises 80-120 km/h :	7,6 s
Freinage 100-0 km/h :	40,1 m
Vitesse maximale :	180 km/h
Indice de performance longitudinale :	4,75 m/s/s
Consommation (100 km) :	ordinaire, 14,0 litres
Autonomie :	514 km

NIVEAU SONORE

Ralenti :	42 db
Accélération :	71 db
100 km/h :	66 db

DANS LA MÊME CATÉGORIE

Buick Rendezvous - Chrysler Pacifica
Nissan Murano - Toyota Highlander

HISTORIQUE DU MODÈLE

1ière génération

DATE DE RENOUVELLEMENT

n.d.

NOS IMPRESSIONS

Agrément de conduite :	🚗🚗🚗🚗
Fiabilité :	nouveau modèle
Sécurité :	🚗🚗🚗🚗
Qualités hivernales :	🚗🚗🚗🚗½
Espace intérieur :	🚗🚗🚗🚗½
Confort :	🚗🚗🚗🚗

LE CHOIX DE L'ÉQUIPE

SEL AWD

Guide de l'auto 2005

Ford GT

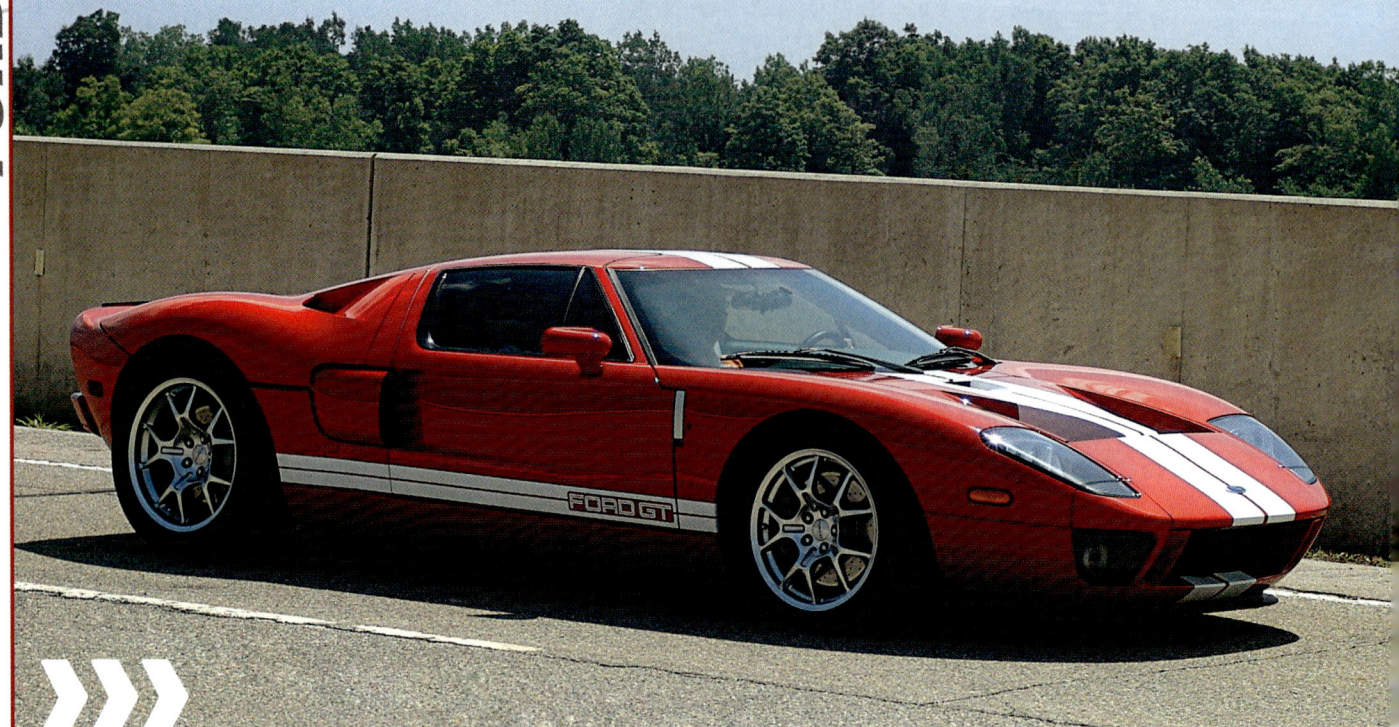

LA FERRARI AMÉRICAINE

Le titre de ce compte-rendu de l'essai de la Ford GT provoquera peut-être une réaction très émotive chez les puristes qui vouent une admiration sans bornes à la célèbre marque au cheval cabré, mais il n'en demeure pas moins qu'il existe un lien très réel entre ces deux marques, l'actuelle Ford GT rendant hommage à la mythique Ford GT40 avec laquelle le constructeur américain a battu Ferrari sur le célèbre circuit des 24 heures du Mans.

Au cours des années soixante, Ford s'est lancé dans cette grande aventure des 24 heures pour remettre la monnaie de sa pièce au regretté Enzo Ferrari qui avait cédé le contrôle de sa marque au géant Fiat, après avoir négocié la même transaction avec Henry Ford II afin de faire monter les enchères. La réponse du constructeur américain a été cinglante : la GT40 remportant quatre victoires consécutives aux 24 heures du Mans, de 1966 à 1969. Cette célèbre voiture de course fait maintenant partie de la légende du sport automobile.

Cependant, le lien entre Ford et Ferrari n'appartient pas seulement au passé mais il se décline également au présent, le châssis de l'actuelle Ferrari 360 Modena ayant servi d'inspiration aux concepteurs de la Ford GT, selon les responsables de la marque italienne. Le châssis de la GT est donc réalisé en aluminium, tout comme sa carrosserie et bien que la voiture ait le « look » de la GT40, ses formes ont été revues et corrigées selon les lois de l'aérodynamisme.

C'est pourquoi la GT est dotée d'un diffuseur à l'arrière et d'un déflecteur avant qui permet de séparer le flot d'air, deux éléments qui lui permettent de générer une charge aérodynamique de 200 à 300 livres à une vitesse de 250 kilomètres/heure.

PLUS RIGIDE QU'UNE FERRARI 360 !
Avant de tester la GT sur le circuit de Gingerman Raceway (côte ouest du Michigan), j'ai eu l'occasion de rouler sur les routes de campagne de la région avec le prototype 001 qui appartient maintenant à Bill Ford, président et chef de la direction de Ford. Contrairement à la plupart des voitures capables de performances aussi élevées, la Ford GT est la plus facile à conduire de toutes les supervoitures sport. La tenue de route est phénoménale et le confort impressionne tout autant, les suspensions étant fermes mais pas au point de punir conducteur et passager. Ce tour de force est dû au châssis de la GT qui est plus rigide que celui d'une Ferrari 360 Modena, ce qui a permis aux ingénieurs de

››› FEU VERT
› Performances exceptionnelles
› Confort sur route impressionnant
› Style unique
› Exclusivité assurée

››› FEU ROUGE
› Sonorité peu évocatrice
› Visibilité réduite
› Espace coffre presque inexistant
› Disponibilité sur le marché

GT

DONNÉES TECHNIQUES

Prix du modèle à l'essai :	200 000 us
Échelle de prix :	200 000 us
Version(s) disponible(s) :	version unique
Garanties :	3 ans 60000/5 ans 100000
Catégorie :	GT
Emp./Long./Lar./Haut.(cm) :	271/464/195/112.5
Poids :	n.d.
Coffre/Réservoir :	n.d./66 litres
Coussins de sécurité :	frontaux et latéraux (av.)
Suspension avant :	indépendante, bras inégaux
Suspension arrière :	indépendante, multibras
Freins av./arr. :	disque (ABS opt.)
Antipatinage/Contrôle de stabilité :	non/non
Direction :	à crémaillère
Diamètre de braquage :	12,2 m
Pneus av./arr. :	P235/45ZR18 P315/40ZR19

GROUPE MOTOPROPULSEUR ET RENDEMENT

Moteur :	V8 5,4 litres 32s (90.2 x 105.8) surcompressé
Puissance :	500 ch (373 kW) 6000 tr/mn
Couple :	500 lb-pi (678 Nm) 4500 tr/mn
Autre(s) moteur(s) :	seul moteur offert
Transmission :	propulsion, manuelle 6 rapports
Autre(s) transmission(s) :	aucune
Accélération 0-100 km/h :	4,2 s
Reprises 80-120 km/h :	4,6 s
Freinage 100-0 km/h :	33,0 m
Vitesse maximale :	300 km/h
Indice de performance longitudinale :	6,9 m/s/s
Consommation (100 km) :	super, 18,8 litres
Autonomie :	351 km

calibrer ressorts et amortisseurs afin de rejoindre ces deux objectifs diamétralement opposés. De plus, l'embrayage est aussi facile à actionner que celui d'une Ford Focus. Les kilomètres parcourus sur la route m'ont également permis de constater que la visibilité laisse à désirer, les piliers «A» très massifs bloquant partiellement la vue lors de l'entrée en virage et la petite lunette arrière n'aidant pas la cause lors des manœuvres de recul. Par ailleurs, on déplore l'absence de la sonorité envoûtante d'un moteur Ferrari, le son émis par le moteur de la GT étant caractéristique d'un gros V-8 suralimenté par compresseur, ce qui n'est pas très inspirant.

PLUS PRÉCISE QU'UNE VIPER!

Par contre sur le circuit, la première chose qui frappe c'est justement la puissance et le couple développé par le V-8 de 5,4 litres suralimenté par compresseur et on oublie un peu le son… 500 chevaux et 500 livres-pied de couple pour un poids d'environ 1 540 kilos, ça décolle et pas à peu près… Un autre élément qui donne à la GT cette poussée si soutenue au départ, c'est le profil des pneus arrière qui est plutôt élevé puisqu'il est de 40, ce qui autorise une légère déformation du flanc des pneus et qui permet cette motricité initiale accrue propre aux voitures d'accélération. Les chiffres sont très semblables à ceux d'une Dodge Viper mais le comportement de la GT est supérieur en raison de son moteur logé en position centrale, ce qui autorise une meilleure répartition des masses (43% avant/57% arrière) et une conduite beaucoup plus précise et inspirée. De plus, la GT, comme la Viper, est dépourvue de systèmes de traction asservie ou de contrôle de la motricité, ce qui est tout à fait conforme à leur philosophie de design. À la limite, la GT s'est avérée très prévisible, quoique sensible au transfert de poids longitudinal. La performance des freins développés par Brembo est impressionnante, même s'il ne s'agit que de disques de freins réalisés en acier et non pas en composite de carbone comme ceux qui peuvent équiper les Porsche 911 GT2 et Ferrari Challenge Stradale.

Les performances sur circuit sont donc exceptionnelles et le confort sur la route est impressionnant pour une voiture aussi performante. Le meilleur de deux mondes? Voilà ce qui attend ceux qui auront éventuellement la chance de la conduire, l'arrivée de la GT au pays étant retardée par la non-conformité des pare-chocs aux normes canadiennes. Au moment d'écrire ces lignes, les négociations entre Ford et Transports Canada se poursuivent…

Gabriel Gélinas

DANS LA MÊME CATÉGORIE
Chevrolet Corvette - Dodge Viper - Ferrari Enzo

DU NOUVEAU EN 2005
Nouveau modèle

HISTORIQUE DU MODÈLE
2ème génération

DATE DE RENOUVELLEMENT
n.d.

NOS IMPRESSIONS

Agrément de conduite :	🚗🚗🚗🚗🚗
Fiabilité :	nouveau modèle
Sécurité :	🚗🚗🚗🚗
Qualités hivernales :	nulle
Espace intérieur :	🚗🚗🚗🚗
Confort :	🚗🚗🚗🚗

LE CHOIX DE L'ÉQUIPE
Essayez de vous en procurer une pour voir!

Guide de l'auto 2005

FORD MUSTANG

LA LÉGENDE SE TRANSFORME

Quand Ford a introduit le concept de la nouvelle Mustang, tous, sans exception, ont été charmés par son style rétro. Il est vrai que la tendance des manufacturiers est de créer des icônes en faisant revivre les belles du passé, et que le prétexte du 40e anniversaire de la légende américaine était le meilleur moment pour relancer un peu la marque. Il faut dire que depuis quelques années, on avait eu droit à quelques tentatives moins réussies, et à des surprises mécaniques qui n'étaient pas nécessairement à la hauteur des attentes des véritables amateurs.

La Mustang devait être complètement redessinée, et on avait promis de lui greffer les nouvelles technologies. Mais, tradition oblige, il fallait bien garder quelques éléments. Au grand désespoir de certains puristes, au nombre des éléments conservés, il faut parler des essieux rigides arrière. Chez Ford, cette décision s'explique tout simplement par un objectif précis: conserver tous les avantages que la Mustang a toujours eus sur les pistes d'accélération. Et les essieux rigides sont un facteur déterminant de cette réussite, notamment avec la forte capacité d'absorption du couple.

Heureusement, on a aussi tenu parole sur plusieurs points de vue et la nouvelle Mustang vient de prouver que c'est à 40 ans que la vraie vie commence.

HABITACLE NOUVEAU GENRE
L'intérieur est très sympathique avec un mélange rétro futuriste de très bonne qualité. Rétro, pour rappeler les souvenirs, et futuriste parce

qu'on utilise des matériaux comme l'aluminium qui vient donner une touche de renouveau.

Les futurs propriétaires auront l'embarras du choix, puisqu'ils pourront choisir entre 250 couleurs pour le rétro éclairage du tableau de bord. Le volant à trois branches est magnifique, et se tient en main comme les anciens : avec fermeté et conviction. Après tout, la Mustang demeure le plus macho des véhicules et la prise du volant traduit bien cette personnalité.

Les places arrière sont peut-être un peu serrées pour les jambes, mais proposent un dégagement très respectable pour tous les passagers. Et bien entendu, l'intérieur est disponible en plusieurs versions. Ma préférée : le cuir rouge et noir qui est assez séduisant.

Petit reproche cependant, l'ordinateur de bord est, quant à moi, très mal placé, immédiatement sous le compteur de vitesse. Il faut donc quitter la route des yeux et faire une brève recherche visuelle avant de vraiment pouvoir le consulter.

Les sièges, même s'ils sont esthétiquement réussis, manquent de support latéral. On a considérablement amélioré la tenue de route, mais les sièges ne sont malheureusement pas à la hauteur. Le conducteur glisse de gauche à droite chaque fois qu'il tente d'exploiter les capacités de la voiture.

Le pédalier, contrairement à la dernière livrée, est plus rapproché ce qui facilite le déplacement et les jeux des pieds. Et grâce au positionnement de la transmission et à une nouvelle tringlerie, la tige du levier de vitesses sur la version manuelle n'est plus en forme de « s »

comme jadis. On parle alors d'améliorations notables en terme de facilité de maniement, tandis que la fermeté est tout ce qu'il y a de plus sportif.

LE CŒUR DE LA BÊTE

Au cœur des performances de la Mustang, et pour faire fumer les pneus, on retrouve le moteur de la version GT, un V8 en aluminium de 4.6 litres et trois soupapes par cylindre qui développe rien de moins que 300 chevaux à 6 000 tr/min. Si on le compare à son prédécesseur, soit celui qui équipait la version 2004 de la Mustang GT, ce nouveau moteur est plus léger

»» DE SÉRIE
› Entrée sans clé
› Verrouillage électrique des portes
› Lunette arrière chauffante
› Transmission manuelle 5 vitesses

»» EN OPTION
› Boîte de vitesses automatique
› Chaîne audio 1 000 watts Audiofil
› Ensemble de garnitures de teinte contrastante
› Personnalisation possible du tableau de bord

FORD MUSTANG

d'une trentaine de kilos, ce qui n'est pas rien. Mais il est surtout plus puissant grâce aux 40 chevaux de plus qu'il possède. Pour arriver à une telle augmentation, les ingénieurs de Ford ont effectué un travail remarquable sur un ensemble de détails.

On a, par exemple, augmenté le diamètre de l'échappement, fabriqué un conduit d'entrée d'air en matériau composite plus léger et plus efficace et diminué le poids en installant un arbre à cames en magnésium. Bref, une véritable cure d'amaigrissement pour permettre à ce moteur plus léger de rugir comme un grand.

Outre le gros V8, la version V6 a aussi subi d'importantes modifications qui ont permis d'améliorer, le couple de 5 % (235 lb-pi à 3 500 tr/min) pour une puissance totale de 202 chevaux. On peut donc parler d'un engin qui possède désormais une souplesse remarquable et qui inspire confiance

Les transmissions, tant en version manuelle qu'automatique, ont été améliorées en performance. Ainsi, pour la première fois de son existence, la Mustang est disponible avec une transmission automatique 5 rapports. On peut ainsi maintenir des performances dignes de ce nom, tout en misant davantage sur l'économie d'essence. La nouvelle boîte contrôlée par ordinateur communique avec l'électronique du moteur pour offrir des changements de vitesses dix fois plus rapides et précis.

Autre détail qui a son importance – et tous ceux qui ont conduit la version 2004 de la Mustang me comprendront – on a sérieusement modifié l'embrayage. Les mollets rendus sensibles par un usage abusif de la pédale dans les embouteillages seront ravis d'apprendre que l'embrayage est maintenant hydraulique, ce qui le rend de loin plus confortable sans rien perdre de sa qualité.

QUE DU POSITIF... ENFIN PRESQUE!
Sur la piste d'essai de Ford où j'ai eu l'occasion de tester la nouvelle Mustang, j'ai pu pousser la bête à la limite. Le verdict est nettement positif.

»» FEU VERT
› Moteur V8 remodelé
› Intérieur mieux fini
› Composantes allégées
› Châssis plus rigide

»» FEU ROUGE
› Pneus moins efficaces
› Peu de support des sièges
› Suspension arrière très rigide
› Fiabilité non éprouvée

Le comportement de la suspension est plus rigide en général, ce qui rend la maîtrise plus facile dans toutes les circonstances, surtout quand les virages sont plus accentués. Au freinage, on ressent nettement moins de plongée, ce qui en augmente l'efficacité, tout en permettant au pilote de poursuivre son tracé sans avoir à corriger la trajectoire.

Dans les courbes, la voiture présente moins de roulis, ce qui améliore la traction notamment en sortie de virage et qui permet donc de reprendre le droit chemin plus rapidement. La raison qui explique cette solidité renouvelée: le châssis qui est de 31 % plus rigide en torsion. En courbe, la voiture est vive et bien équilibrée, le dérapage apparaît progressivement ce qui permet d'avoir de bonnes sensations et d'offrir une sécurité de conduite.

En revanche, le fait d'être passé du profil 45 à 55 en pneumatiques restreint les performances du châssis, qui doit travailler beaucoup plus à cause de la structure plus haute du pneu. Ce compromis permet cependant un amortissement supérieur qui, sur la route, est très apprécié. En calculant cet amortissement, le compromis confort-performance obtient une excellente note.

Les freins ont augmenté de diamètre avec des disques de 316 mm ventilés à double piston à l'avant et 300 mm ventilés à simple piston à l'arrière, ce qui donne maintenant un freinage prompt et endurant. On a, de, plus réussi à éliminer la sensation étrange que donnait l'ancienne version de la Mustang: on croyait devoir ralentir un autobus tellement le freinage était lourd et capricieux.

L'empattement réduit de 15 centimètres, doublé d'une nouvelle disposition des roues, procure un habitacle plus spacieux et augmente aussi la stabilité sur la route. Pour mieux distribuer les masses tout en préservant l'équilibre, les ingénieurs n'ont pas hésité à utiliser différents matériaux et alléger certaines pièces. La Mustang pourra donc dorénavant compter sur un capot d'aluminium, nettement plus léger, et des pièces de suspensions elles aussi plus légères.

Avec tous ces changements techniques, la Mustang poursuit sur sa lancée, et continue d'être une voiture aux performances remarquables. Les changements faits par Ford n'ont rien enlevé des qualités de cette légende sur roues. Au contraire, on a réussi à les rendre encore plus présentes, tout en éliminant certains irritants qui empêchaient de conduire avec plaisir.

Les passionnés de Mustang ne seront pas déçus. Les simples amateurs comme moi non plus puisque la nouvelle voiture, par son équilibre et sa sophistication, n'est rien de moins que la meilleure Mustang de l'histoire. Une belle façon de célébrer un anniversaire!

Bertrand Godin

MUSTANG

DONNÉES TECHNIQUES

Prix du modèle à l'essai:	32 500$ (estimé)
Échelle de prix:	28 000$ à 36 000$ (estimé)
Version(s) disponible(s):	V6 et GT
Garanties:	3 ans 60 000/5 ans 100 000
Catégorie:	Coupés sports
Emp./Long./Lar./Haut.(cm):	268/469/185/138
Poids:	1 503 kg
Coffre/Réservoir:	348/60 litres
Coussins de sécurité:	frontaux et latéraux (av.)
Suspension avant:	indépendante, jambes de force
Suspension arrière:	essieu rigide, ressorts elliptiques
Freins av./arr.:	disque (ABS)
Antipatinage/Contrôle de stabilité:	oui, non
Direction:	à crémaillère, assistée
Diamètre de braquage:	n.d.
Pneus av./arr.:	P235/55R17

GROUPE MOTOPROPULSEUR ET RENDEMENT

Moteur:	V8 4,6 litres 24s (90,2 x 90,0)
Puissance:	300 ch (224 kW) à 6000 tr/mn
Couple:	281 lb-pi (381 Nm) à 4500 tr/mn
Autre(s) moteur(s):	V6 de 4 litres 202 ch
Transmission:	propulsion, manuelle 5 rapports
Autre(s) transmission(s):	automatique 5 rapports
Accélération 0-100 km/h:	5,6 s (estimé)
Reprises 80-120 km/h:	5,2 s (estimé)
Freinage 100-0 km/h:	38,5 m (estimé)
Vitesse maximale:	240 km/h
Indice de performance longitudinale:	n.d.
Consommation (100 km):	ordinaire, n.d.
Autonomie:	n.d.

NIVEAU SONORE

Ralenti:	n.d.
Accélération:	n.d.
100 km/h:	n.d.

DANS LA MÊME CATÉGORIE

sans équivalent

HISTORIQUE DU MODÈLE

5ème génération

DATE DE RENOUVELLEMENT

n.d.

NOS IMPRESSIONS

Agrément de conduite:	🚗🚗🚗🚗🚗½
Fiabilité:	nouveau modèle
Sécurité:	🚗🚗🚗🚗🚗½
Qualités hivernales:	🚗🚗🚗½
Espace intérieur:	🚗🚗🚗🚗½
Confort:	🚗🚗🚗🚗

LE CHOIX DE L'ÉQUIPE

GT

Guide de l'auto 2005

FORD TAURUS

LE MANÈGE PAISIBLE DU PARC…

Le parc auquel nous référons dans le titre n'est pas le parc d'amusement au coin de la rue. Ni un parc d'attractions style La Ronde. Pas plus que le parc des Laurentides. Le parc évoqué ici est celui des locateurs de véhicules et celui des entreprises et sociétés. Dans les deux cas le véhicule parfait ne demande que peu d'entretien, s'avère fiable, économe d'essence, logeable et confortable. L'apparence extérieure vient beaucoup plus loin dans l'échelle des valeurs des directeurs de parcs!

La Ford Taurus répond parfaitement bien à ces critères cartésiens. Le « best-seller » des débuts en 1986 est devenu, au fil des années, une voiture fade, sans trop d'intérêt pour le conducteur aimant le moindrement l'automobile. Même le conducteur moyen n'y trouve pas toujours son compte. Avec l'arrivée de la Ford 500 et l'abandon de la Mercury Sable familiale aux États-Unis (non offerte au Canada), la gamme Taurus vit peut-être ses derniers mois.

Quoiqu'il en soit, la Taurus se présente, encore cette année, en deux configurations, soit berline ou familiale. Ces voitures se déclinent en deux niveaux de présentation : SE et SEL. Deux moteurs V6 de 3,0 litres se partagent le travail. L'engin qui s'exécute sur la SE a été affectueusement appelé Vulcan et offre une puissance correcte de 155 chevaux. Datant d'une époque où la souplesse n'avait pas encore été inventée, on le sent peu à l'aise dès qu'on le sollicite. Au moins, il consomme raisonnablement. L'autre V6 de 3,0 litres, le Duratec (un nom à connotation un peu moins poétique), beaucoup plus raffiné, fait dans les 200 chevaux. Ses prestations sont tout à fait adaptées à la Taurus, mais je serais surpris qu'un jour on baptise un avion de chasse « Duratec »… Poésie ou pas, ces moteurs sont irrémédiablement mariés avec une transmission automatique à quatre rapports dont le passage des rapports est quelquefois longuet. Le ralentissement est confié à quatre freins à disques pour la familiale seulement. La berline n'a droit qu'au duo disques/tambours. L'ABS ? En option uniquement. Mais même avec l'ABS, les freins ne montrent pas une résistance très forte à l'échauffement.

On se reprend par contre du côté des suspensions indépendantes aux quatre roues qui assurent un bel équilibre entre le confort et la tenue de route. Équilibre pour le type de voiture, s'entend ! L'amateur de conduite sportive aimerait que les éléments de suspension se montrent un peu moins flasques mais, pour quiconque se déplaçant du point A au point B, ils suffiront amplement. Si on pousse la machine

»» FEU VERT
› Confort duveteux
› Consommation raisonnable
› Familiale avenante
› Moteur 200 chevaux
› Prix d'achat pas trop assommant

»» FEU ROUGE
› Ergonomie de vendredi après-midi
› Moteur 155 ch un peu rustre
› Familiale en sursis
› Berline anonyme
› Freins ABS optionnels

TAURUS

un peu plus fort, les lois de la physique entraînent les roues avant dans un roulis modéré et relativement bien maîtrisé. Merci aux pneus de 16 po! Comme sur toute traction puissante, le système de contrôle de traction est le bienvenu… à condition d'opter pour le groupe sécurité optionnel! Le châssis, fort rigide, permet un confort de bon aloi même sur des chaussées dégradées mais ne semble rien faire pour donner plus d'agilité à la voiture. Si la direction pouvait se montrer moins assistée et plus communicative, la Taurus n'en serait que plus agréable à conduire.

FAMILIALE EN VOIE DE DISPARITION

Parlant de conduire, il faudrait être de mauvaise foi pour critiquer la position de conduite qu'offre la Taurus. Le pédalier ajustable qui équipait notre Taurus SEL d'essai n'y était assurément pas étranger… Si le cuir des sièges nous semble de plus ou moins bonne qualité et que les dossiers n'autorisent pas un soutien latéral adéquat, le confort est toujours de mise. Et quand je parle de dossiers, je parle autant de ceux situés à l'arrière qu'à l'avant! L'espace pour les occupants n'est pas compté ni celui pour les bagages, d'ailleurs! À ce chapitre, la familiale, vous vous en doutiez, fait des merveilles. De plus, Ford a eu l'excellente idée d'inclure une troisième banquette qui est tournée vers l'arrière. Bien que très peu confortable et difficile d'accès, le fait de voir l'avant des automobiles qui suivent devrait inciter les jeunes enfants à rester tranquilles quelques minutes… Pour les petites familles que la vue d'une minifourgonnette ou d'un VUS répugne, la Taurus familiale peut représenter une belle alternative… tant qu'elle est offerte!

On ne se complique pas trop la vie à bord d'une Taurus sauf lorsque vient le temps de changer de station de radio (dont la sonorité constitue une agréable surprise) ou de modifier les paramètres de la climatisation, au demeurant très efficace… Tous les boutons se ressemblent et aucune référence tactile ne permet de les identifier sans quitter la route des yeux! Ford se targue d'avoir récolté cinq étoiles aux tests de collision frontale menés par la NHTSA, un organisme de sécurité américain. Si les gens quittaient moins souvent la route des yeux, peut-être qu'ils auraient moins l'occasion de vérifier si les cinq étoiles sont usurpées ou méritées…

Dans le marché fort encombré des berlines de moins de $30 000, la Taurus a bien de la difficulté à se démarquer, et ce, malgré les très nombreuses promotions de Ford. Mais ce qui semble un handicap de prime abord (ligne générique, conduite ordinaire, finition quelquefois lâche) est loin d'en être un dans le milieu des parcs automobiles. C'est pour cette raison d'ailleurs que Ford continue à la produire et à l'améliorer malgré l'arrivée de la Five Hundred. On n'abandonne pas comme ça, une voiture dont les matrices sont payées depuis belle lurette!

Alain Morin

DONNÉES TECHNIQUES

Prix du modèle à l'essai:	28 595 $
Échelle de prix:	24 995 $ à 29 645 $
Version(s) disponible(s):	LX, SE, SEL
Garanties:	3 ans 60 000/5 ans 100 000
Catégorie:	berline
Emp./Long./Lar./Haut.(cm):	276/502/185/147
Poids:	1 588 kg
Coffre/Réservoir:	1 099 litres (sièges arr. relevés)/68 litres
Coussins de sécurité:	frontaux et latéraux (av.)
Suspension avant:	indépendante, jambes de force
Suspension arrière:	indépendante, multibras
Freins av./arr.:	disque (ABS opt.)
Antipatinage/Contrôle de stabilité:	oui/non
Direction:	à crémaillère, ass. variable
Diamètre de braquage:	11,8 m
Pneus av./arr.:	P215/60R16

GROUPE MOTOPROPULSEUR ET RENDEMENT

Moteur:	V6 3,0 litres 24s (88.9 x 78.7)
Puissance:	200 ch (149 kW) à 5650 tr/mn
Couple:	200 lb-pi (271 Nm) à 4400 tr/mn
Autre(s) moteur(s):	V6 3,0 litres 155 ch
Transmission:	traction, automatique 4 rapports
Autre(s) transmission(s):	aucune
Accélération 0-100 km/h:	10,1 s
Reprises 80-120 km/h:	7,6 s
Freinage 100-0 km/h:	45,0 m
Vitesse maximale:	175 km/h
Indice de performance longitudinale:	4,25 m/s/s
Consommation (100 km):	ordinaire, 11,6 litres
Autonomie:	586 km

DANS LA MÊME CATÉGORIE

Chevrolet Impala-Honda Accord-Mazda 6-Mitsubishi Galant-Nissan Altima-Pontiac Grand Prix-Saturn L-Toyota Camry-VW Jetta

DU NOUVEAU EN 2005

Version LX abandonnée, nouvelles couleurs de carrosserie

HISTORIQUE DU MODÈLE

3ième génération

DATE DE RENOUVELLEMENT

2006

NOS IMPRESSIONS

Agrément de conduite:	🚗🚗🚗🚗½
Fiabilité:	🚗🚗🚗🚗
Sécurité:	🚗🚗🚗🚗🚗
Qualités hivernales:	🚗🚗🚗🚗
Espace intérieur:	🚗🚗🚗🚗🚗
Confort:	🚗🚗🚗🚗½

LE CHOIX DE L'ÉQUIPE

Familiale, SEL

Guide de l'auto 2005

FORD THUNDERBIRD

LA GÉNÉRATION PERDUE…

Lorsque l'année 2005 ne sera plus qu'un souvenir lointain, les amateurs de voitures anciennes se pencheront sur la toute dernière génération de la Ford Thunderbird comme ceux d'aujourd'hui se penchent sur la Pinto… Avec un regard à la fois amusé et condescendant! Même si l'ampleur du désastre se montre moindre pour la Thunderbird, reste que le public ne retiendra de cette expérience que la perception d'un échec.

La Thunderbird avait pourtant tout pour réussir. Et n'eut été du manque de clairvoyance de Ford, elle aurait gagné haut la main. Le synchronisme était parfait puisqu'elle a été présentée au public au moment où la vague rétro surfait à son plus fort (regardez les ventes des New Beetle, PT Cruiser et Mini!). De plus, sa robe est affriolante, c'est le moins qu'on puisse dire. Mais c'est à se demander si au cours d'une réunion informelle tenue un vendredi vers 15 heures, les dirigeants de chez Ford ne se sont pas dit : «Tout ce qui est rétro se vend comme des petits pains chauds! Claude, trouve-nous un concept pour lundi matin, on va le mettre en vente lundi soir!» J'exagère mais peut-être pas tant que ça. Regardons-y de plus près…

La plus récente génération de la T'Bird, comme l'appellent ses intimes, a vu le jour en 2002. Sa ligne reprend plusieurs signatures visuelles qui avaient fait le succès de la première mouture, dévoilée en 1955. Pour le châssis et la mécanique, on a repris les principaux éléments de la Lincoln LS. Cette dernière affiche une tenue de route affirmée, une solidité de construction imparable et une qualité d'ensemble impressionnante. Malheureusement, la sauce Thunderbird n'a pas tourné comme prévu…

Mais cessons d'assassiner celle qui n'est pas encore morte (ça devrait venir sous peu puisqu'on chuchote qu'il n'y aurait pas de modèle 2006…)! Même après quelques années, la pureté de la carrosserie fait encore tourner les têtes. Les designers ont su s'approprier une partie du passé sans tomber dans la nostalgie à outrance. Du grand art. Dans l'habitacle, c'est du «j'aime» ou du «j'haïs». Personnellement, j'aime les beaux cadrans abrités dans une nacelle en forme de demi-cercle et les plastiques de couleur plutôt voyante offerts en option. D'ailleurs, pas moins de quatre coloris s'offrent au consommateur pour égayer l'habitacle. L'assemblage, par contre, se montre quelquefois lâche et les espaces de rangement sont pratiquement inexistants. La position de conduite ne cause pas vraiment de problèmes

»» FEU VERT
› Futur classique
› Héritage stylistique bien utilisé
› Performances assurées
› Toit électrique bien fignolé
› Freinage adéquat

»» FEU ROUGE
› Tenue de route peu affirmée
› Suspensions de sauterelle
› Finition bâclée
› Coffre style brosse à dents
› Prix élevé

Guide de l'auto 2005

et les sièges, que certains trouvent inconfortables, n'ont pas incommodé mon douillet corps. Le système audio a de quoi vous emplir les oreilles et jamais un CD des Beach boys ne m'est apparu aussi intéressant écouter… ou plutôt à faire écouter aux passant!

Le toit électrique se manipule aisément et rapidement, et sa toile se montre particulièrement étanche, autant à l'eau qu'aux bruits environnants. Dans un climat comme le nôtre où l'été se passe entre le 7 et le 9 juillet les années paires seulement, ce genre de détail vaut son pesant d'or! Par contre, lorsque la capote est baissée, quiconque s'évertue à placer le cache-capote en est quitte pour aller en enfer le reste de l'éternité, les mots religieux étant soudainement utilisés sans trop de discernement… Finalement, on le fout au fond du garage jusqu'à la prochaine vente de garage. Pour un cabriolet, il est surprenant de ne pas trouver, même en option, de filet pare vent. L'explication se trouve peut-être du côté du coffre qui, avec son pauvre espace de rangement de 190 litres, ne pourrait tout simplement pas contenir pareil accessoire… Pour les 363 jours de mauvais temps, un très joli toit rigide est offert (avec l'incontournable hublot si cher aux premières T'Bird) selon Ford du Canada, ce toit serait en équipement de série en 2005. Trop beau pour être vrai, nous sommes incrédules. Il ajoute pas moins de 37,6 kilos à la voiture tout en réduisant dangereusement la visibilité 3/4 arrière!

Maintenant, on tourne la clé de contact… Le V8 3,9 litres jouit d'une belle sonorité et ses 280 chevaux ne se font pas prier pour travailler dès que le pied droit effleure l'accélérateur ou l'enfonce lors d'un dépassement, peu importe le régime du moteur. La transmission automatique à cinq rapports effectue généralement un excellent boulot mais, à certaines occasions, en accélération assez vive, par exemple, elle hésitait beaucoup trop. L'homogénéité d'un véhicule relève de plusieurs facteurs et non seulement de la puissance. On a doté la Thunderbird d'une direction aussi légère qu'un gâteau des anges. Les suspensions assurent un bon confort, mais elles s'avèrent trop flasques et leur géométrie ne permet pas d'assurer un bon contact avec la route, surtout si elle est bosselée. De plus, ces éléments de suspension sont boulonnés à un châssis manquant nettement de rigueur. Malgré tout, la voiture demeure stable si le virage est bien pavé même si on note un important roulis. Quant aux freins, ils effectuent leur besogne avec professionnalisme.

La T'Bird est décevante si on veut exploiter le côté sportif que sa carrosserie laisse présager. Mais à 110 km/h sur une belle autoroute ou stationnée devant un Dairy Queen par une chaude soirée de juillet, on ne peut guère demander mieux. Si j'avais un peu plus de cheveux blancs et plus de 50 000$ à dépenser pour me faire remarquer, je signerais un contrat d'achat avec plaisir!

Alain Morin

THUNDERBIRD

DONNÉES TECHNIQUES

Prix du modèle à l'essai:	56 775$
Échelle de prix:	56 775$
Version(s) disponible(s):	cabriolet, cabriolet toit rigide
Garanties:	3 ans 60000/5 ans 100000
Catégorie:	cabriolets
Emp./Long./Lar./Haut.(cm):	272/473/183/132
Poids:	1 699 kg
Coffre/Réservoir:	240l (190 toit escamoté)/68 litres
Coussins de sécurité:	frontaux et latéraux (av.)
Suspension avant:	indépendante, bras inégaux
Suspension arrière:	indépendante, bras inégaux
Freins av./arr.:	disque (ABS)
Antipatinage/Contrôle de stabilité:	oui, non
Direction:	à crémaillère, ass. variable
Diamètre de braquage:	11,4 mètres
Pneus av./arr.:	P235/50VR17

GROUPE MOTOPROPULSEUR ET RENDEMENT

Moteur:	V8 3,9 litres 32S (86 x 85)
Puissance:	280 chevaux (209 kW) à 6000 tr/mn
Couple:	286 lb-pi (388 Nm) à 4000 tr/mn
Autre(s) moteur(s):	seul moteur offert
Transmission:	propulsion, automatique 5 rapports
Autre(s) transmission(s):	automatique 5 rapports avec mode manuel
Accélération 0-100 km/h:	7,3 s
Reprises 80-120 km/h:	5,1 s
Freinage 100-0 km/h:	39,6 m
Vitesse maximale:	215 km/h
Indice de performance longitudinale:	5.24 m/s
Consommation (100 km):	super, 12,0 litres
Autonomie:	567 km

DANS LA MÊME CATÉGORIE

Audi A4 cabriolet-Chrysler Crossfire cabriolet-Mercedes-Benz CLK-Saab 93 cabriolet

DU NOUVEAU EN 2005

Quelques emblèmes «50e anniversaire», nouvelles couleurs intérieures et extérieures

HISTORIQUE DU MODÈLE

11ème génération

DATE DE RENOUVELLEMENT

Un jour, peut-être…

NOS IMPRESSIONS

Agrément de conduite:	🚗🚗🚗
Fiabilité:	🚗🚗🚗🚗½
Sécurité:	🚗🚗🚗🚗
Qualités hivernales:	🚗🚗🚗🚗
Espace intérieur:	🚗🚗🚗
Confort:	🚗🚗🚗½

LE CHOIX DE L'ÉQUIPE

toit rigide

Guide de l'auto 2005

HONDA ACCORD

VIEILLIR EN BEAUTÉ

Quand je serai vieux, j'aimerais être une Accord. Depuis sept générations, elle a comblé les attentes de dizaines de milliers de fidèles, et chaque fois qu'elle subit un remodelage, elle s'améliore. Un de ces jours, il faudra bien que je demande la recette à Honda. Car il faut bien l'avouer, la Honda Accord vieillit bien! Introduite en 1977, elle a, depuis, subi de nombreuses cures de rajeunissement. Mais toujours elle a su se tailler une place parmi les meilleures de la catégorie.

La dernière refonte de la berline japonaise remonte déjà à 2003. Nouvelles lignes, nouvelle mécanique, nouveau confort, l'Accord nouveau genre faisait office de réelle nouveauté. Comme ses prédécesseures, elle ne possède pas une ligne spectaculaire, ni une silhouette exceptionnelle, mais ses qualités sont tellement nombreuses qu'on profite avec plaisir de cette japonaise d'inspiration européenne.

L'inspiration se fait d'abord sentir dans la ligne, plus raffinée. La calandre, nettement plus biseautée, se marie avec un capot sans accroc, c'est-à-dire entièrement plat. Les lignes latérales viennent se fondre en douceur dans un coffre plus élevé qui se termine sur de longs feux arrière plats. La silhouette du coupé est d'ailleurs encore plus remarquable, avec une ligne de toit aux arrondis plus qu'intéressants.

Le hic, car il y en a un, ce sont les feux étirés de l'arrière. On a l'impression, à regarder la Accord rouler, de voir une de ces grosses voitures américaines un peu anciennes plutôt qu'un des fleurons de la lignée Honda. Mais c'est bien là un moindre défaut.

L'habitacle se montre nettement mieux réussi. Les designers ont bien fait et, en évitant le clinquant ou le mauvais goût, ils ont réussi à créer quelque chose de sobre et de raffiné. Tout cela en conservant l'efficacité et la qualité nécessaires à un intérieur agréable. De grands cadrans aisément lisibles surmontent un volant ajustable (et même télescopique sur les modèles haut de gamme) et couvert de cuir (toujours sur les modèles EX).

Seul regret, le volant qui comprend les commandes du régulateur de vitesse (et de la sonorisation sur certains modèles) ne dispose d'aucun système d'éclairage. On peut donc chercher longuement le bon bouton lorsqu'on roule de nuit.

Au centre de l'habitacle, la console abrite un écran d'affichage électronique mais aussi l'ensemble des systèmes audio et de ventilation. Souvent reprochée mais jamais corrigée, la disposition des commandes de ces deux

»» FEU VERT
› Moteur V6
› Habitacle bien dessiné
› Rapport qualité-prix
› Transmission 6 vitesses précise

»» FEU ROUGE
› Direction un peu monotone
› Freinage longuet
› Contrôles de ventilation mal situés
› Silhouette peu spectaculaire (berline)

systèmes: les molettes de gauche et de droite contrôlent la température, alors qu'un gros bouton central contrôle le volume de la radio. Je me suis donc éclaté le tympan à quelques reprises en tentant d'ajuster le niveau de température idéale. Il faut quelques jours d'habitude, et un regard trop long durant la conduite, pour s'assurer d'utiliser la bonne commande.

AVEC UN CERTAIN SOURIRE

Deux motorisations différentes sont offertes sur l'Accord. Le petit 2,4 litres de quatre cylindres développe 160 chevaux qui répondent avec une certaine vigueur, mais ne rendent pas justice à l'ensemble. En revanche, le V6 de 3.0 litres, développant plus de 240 chevaux à 6250 tr/minutes fournit plus de sensations. Un moteur qui défrise un peu plus, effectuant le 0-100 en moins de 7,5 secondes, mais qui a su conserver une grande souplesse et un fonctionnement silencieux. Quant à la version moins musclée, l'accélération n'est tout de même pas gênante (9,2 secondes).

Tout cela en continuant d'offrir une consommation d'essence raisonnable (environ 9,5 l aux 100 kilomètres en moyenne combinée pour le V6). Il s'agit d'une des voitures les plus écologiques, à l'image de la vision Honda, puisque l'Accord répond aux normes de la dernière génération LEV 2 (low emission véhicules). Et pour les véritables mordus de l'écologie, signalons que la version hybride de l'Accord fera son apparition dans les salles de démonstration avant la fin de la présente année.

L'intermédiaire de Honda se joue de la route sans difficulté, conservant la stabilité et la finesse d'exécution des bonnes voitures. Si, bien sûr, on est capable d'omettre le sous-virage omniprésent de l'Accord, et la direction qui, bien que précise, ne fournit pas toute l'information dont elle est capable. La conduite de l'Accord devient donc monotone par moment, bien qu'elle soit capable du meilleur aussi quand vient le temps de sillonner des routes un peu moins rectilignes.

Côté freinage, mentionnons la présence, sur tous les modèles, d'un système ABS assez efficace. La version EX V6 est équipée d'une transmission manuelle à six vitesses qui vaut à elle seule le déboursé supplémentaire. Précise, rapide et agréable à conduire, elle vient compenser pour le côté un peu bourgeois de l'Accord.

Avec ses cinq versions de berline, et ses quatre de coupé, la Honda Accord répond véritablement à tous les besoins, et à tous les budgets. Surtout qu'avec son comportement routier, son raffinement intérieur et toutes ses qualités, on se demande vraiment pourquoi on paierait plus.

C'est vrai, vous ne ferez pas tourner les têtes au volant de votre Accord. Vous n'éprouverez sans doute pas non plus le grand frisson chaque fois que vous vous glisserez derrière le volant, malgré les prétentions sportives de certains ensembles. Mais vous conduirez toujours avec le sourire.

Marc Bouchard

DONNÉES TECHNIQUES

Prix du modèle à l'essai:	LX V6, 31 200 $
Échelle de prix:	24 345 $ à 34 500 $
Version(s) disponible(s):	LX et EX
Garanties:	3 ans 60 000/5 ans 100 000
Catégorie:	coupé, berlines intermédiaires
Emp./Long./Lar./Haut.(cm):	267/476,6/181/141,5
Poids:	1 496 kg
Coffre/Réservoir:	371/64,7 litres
Coussins de sécurité:	frontaux, latéraux (av.) et rideaux
Suspension avant:	indépendante, bras inégaux
Suspension arrière:	indépendante, multibras
Freins av./arr.:	disque (ABS)
Antipatinage/Contrôle de stabilité:	oui/non
Direction:	à crémaillère, ass. variable électronique
Diamètre de braquage:	11,0 m
Pneus av./arr.:	P205/60R16

GROUPE MOTOPROPULSEUR ET RENDEMENT

Moteur:	V6 3,0 litres 24s (86,0 x 86,0)
Puissance:	240 ch (18 kW) à 6250 tr/mn
Couple:	212 lb-pi (287 Nm) à 5000 tr/mn
Autre(s) moteur(s):	4L 2,4 litres de 160 ch
Transmission:	traction, automatique 5 rapports
Autre(s) transmission(s):	manuelle 5 rapports et 6 rapports
Accélération 0-100 km/h:	8,8 s
Reprises 80-120 km/h:	6,4 s
Freinage 100-0 km/h:	38,8 m
Vitesse maximale:	200 km/h
Indice de performance longitudinale:	4,94 m/s/s
Consommation (100 km):	ordinaire, 9,2 litres
Autonomie:	703 km

DANS LA MÊME CATÉGORIE

Chevrolet Malibu - Chrysler Sebring - Hyundai XG350
Kia Magentis - Mazda 6 - Mitsubishi Galant
Pontiac Grand Prix - Subaru Legacy - Toyota Camry
VW Passat

DU NOUVEAU EN 2005

rideau de securité, nouveau design de feux arrière

HISTORIQUE DU MODÈLE

7ième génération

DATE DE RENOUVELLEMENT

2008

NOS IMPRESSIONS

Agrément de conduite:	4/5
Fiabilité:	5/5
Sécurité:	4½/5
Qualités hivernales:	4/5
Espace intérieur:	5/5
Confort:	4/5

LE CHOIX DE L'ÉQUIPE

EX V6

Guide de l'auto 2005

HONDA CIVIC

ELLE FAIT COURIR LES GENS

On l'a vue à toutes les sauces. Un temps, elle fut la reine du « tuning » (ce qu'elle est encore, mais elle doit désormais partager ce titre avec d'autres modèles). On la voit sur toutes les rues, dans toutes les villes, et conduite par tous les types de conducteur. Mais qu'est-ce qui fait encore courir les gens pour s'acheter une Honda Civic? La réponse à cette question est fort simple. La petite Honda continue d'être l'une des plus complètes et des plus efficaces sur le marché des petites voitures économiques. Alors, pourquoi payer plus?

Redessinée en 2001, modifiée légèrement année après année (elle présente encore quelques modifications esthétiques et quelques changements aux aménagements intérieurs cette année), elle représente encore le choix un peu conservateur d'automobilistes qui ne veulent prendre aucun risque. Et avec la Civic, des risques, il n'y en a pas. Le comportement est sans surprise, la fiabilité toujours au rendez-vous, rien à redire.

C'est d'ailleurs probablement là que le bât blesse puisque la majorité des versions des Civic sont tellement anonymes et sans éclat qu'elles finissent par passer presque inaperçues. À moins de discuter avec un jeune à casquette qui investit toutes ses paies de fin de semaine dans la modernisation de sa voiture (en passant, on retrouve aussi des jeunes du genre dans la trentaine!), vous entendrez rarement un conducteur vanter avec enthousiasme les mérites de sa Civic. En revanche, vous pouvez être assuré que ce même conducteur se rendra sans problème partout où il le souhaite.

Les déclinaisons de cette petite voiture sont multiples. Si on excepte les versions hybrides qui font l'objet d'une évaluation différente, la Civic se présente sous la forme d'un petit coupé offrant des finitions et niveaux de performance différente, selon le choix. On parlera donc d'une version de base DX et LX, qui abrite sous son capot un moteur 4 cylindres de 115 chevaux, et d'une version SI qui hérite d'un engin développant 127 chevaux. En mode berline, la gamme est sensiblement la même. Il suffit donc de choisir selon ses goûts, et son budget.

Car en terme de performance, les DX et les LX se valent bien, même si la DX ne peut obtenir des options aussi élémentaires que des freins ABS, tandis que la SI offre un petit quelque chose de plus.

Il existe aussi un modèle aux prétentions nettement plus élevées, la SiR, un modèle unique à hayon, garni d'un moteur 2,0 litres de 160 chevaux partagé par la Acura RSX et d'un habitacle entièrement différent. On parle ici d'un

»» FEU VERT
› Habitabilité étonnante
› Conduite preste
› Assemblage exceptionnel
› Avare d'essence

»» FEU ROUGE
› Puissance un peu juste
› Insonorisation un peu déficiente
› Accessoires de série rares
› Silhouette fade

animal presque d'une autre race, plus coûteux, mais nettement plus enjoué.

TOUJOURS AU SOMMET

Ce qui a toujours distingué la Civic de la concurrence, c'est sa maniabilité et son confort relatif. Grâce à une direction précise, la petite voiture se faufile avec aisance dans toutes les situations, en zone urbaine comme ailleurs, et même à haute vitesse.

La cabine de la petite voiture est plutôt à l'abri des bruits éoliens. En revanche, le moteur de 1,7 litre, lorsque poussé à fond, émet un petit grondement peu compatible avec ce relatif silence, tandis que les pneus de série sont aussi assez bruyants. Honda pourrait donc, sans hésiter, améliorer l'insonorisation l'habitacle pour garantir un peu plus de confort.

D'une puissance un peu serrée, le moteur met à profit la technologie i-VTEC pour offrir juste ce qu'il faut pour propulser efficacement la bagnole. Évidemment, surtout avec le moteur de base, la transmission manuelle à cinq vitesses est souhaitable. Mais parce qu'elle répond mieux, elle a tendance à nous faire conduire un peu plus brusquement que l'on souhaite. Le choix de l'automatique à 4 rapports est donc plus judicieux en matière de confort et de facilité de conduite. Il faut cependant se méfier de ses rétrogradations lorsqu'on exige plus de couple, comme en montée par exemple. Fait à signaler, les deux moteurs qui équipent la Civic sont presque aussi économiques l'un que l'autre, ce qui en fait un des chefs de file de sa catégorie dans ce domaine. Au moment où l'essence subit des flambées de prix, voilà certes une considération méritoire.

Les suspensions sont confortables, sans plus, et absorbent avec une aisance relative les principaux cahots.

Dans l'habitacle, sobre et sans éclat il faut l'avouer, une famille de quatre personnes s'installera aisément, ayant assez de dégagement à l'avant comme à l'arrière pour être confortable. Le plancher plat à l'arrière offre quelques centimètres supplémentaires d'espace pour les jambes.

La grande qualité de finition et d'assemblage fait ressortir davantage les qualités de l'intérieur de la voiture. Des sièges confortables mais peu adaptés aux personnes de grande taille, un tableau de bord impeccable, et un assortiment d'espaces de rangement rendent la cabine intéressante. Malheureusement, il faudra débourser quelques dollars supplémentaires pour obtenir une gamme d'accessoires utiles.

L'an dernier, on parlait de maturité pour la Civic. Cette année, on peut certainement parler d'une voiture vieillissante, qui se fait pousser dans le dos par la concurrence. Malgré cela, et à cause de la qualité Honda, la Civic demeure la référence dans la catégorie des voitures compactes.

Marc Bouchard

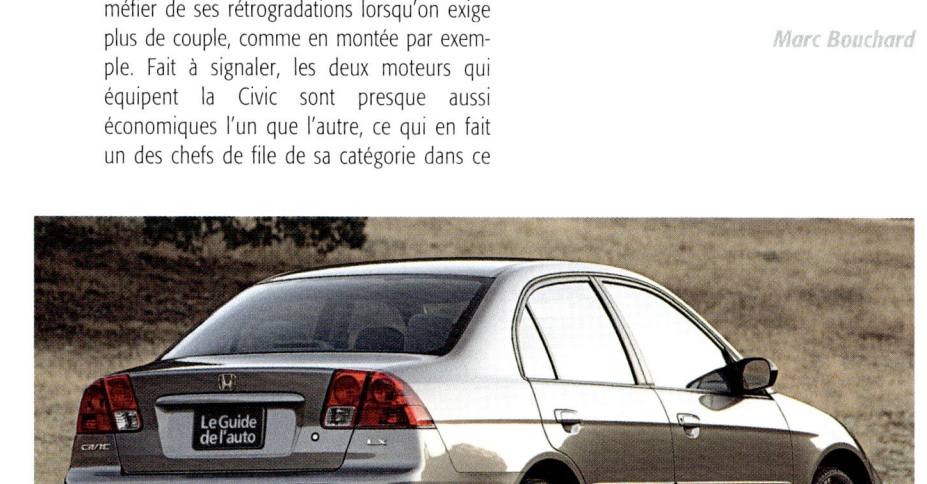

DONNÉES TECHNIQUES
Prix du modèle à l'essai :	18 400 $
Échelle de prix :	16 200 $ à 25 600 $
Version(s) disponible(s) :	DX, SE, LX, Reverb, Si, Si-G
Garanties :	3 ans 60 000/5 ans 100 000
Catégorie :	berlines compactes, coupés sport
Emp./Long./Lar./Haut.(cm) :	262/445,5/171,5/144
Poids :	1 151 kg
Coffre/Réservoir :	365/50 litres
Coussins de sécurité :	frontaux
Suspension avant :	indépendante, jambes de force
Suspension arrière :	indépendante, multibras
Freins av./arr. :	disque/tambour (ABS opt.)
Antipatinage/Contrôle de stabilité :	non/non
Direction :	à crémaillère, ass. variable
Diamètre de braquage :	10,4 m
Pneus av./arr. :	P185/70R14

GROUPE MOTOPROPULSEUR ET RENDEMENT
Moteur :	4L 1,7 litre 16s (75,0 x 94,4)
Puissance :	115 ch (86 kW) à 6 100 tr/mn
Couple :	110 lb-pi (149 Nm) à 4500 tr/mn
Autre(s) moteur(s) :	4L 1,7l Vtec 127 ch
Transmission :	traction, automatique 4 rapports
Autre(s) transmission(s) :	manuelle 5 rapports
Accélération 0-100 km/h :	10,6 s
Reprises 80-120 km/h :	7,8 s
Freinage 100-0 km/h :	41,5 m
Vitesse maximale :	185 km/h
Indice de performance longitudinale :	4,44 m/s/s
Consommation (100 km) :	ordinaire, 6,8 litres
Autonomie :	735 km

DANS LA MÊME CATÉGORIE
Chevrolet Cavalier/Cobalt-Chevrolet Optra-Dodge SX Ford Focus-Hyundai Elantra-Mazda 3-Mitsubishi Lancer-Nissan Sentra-Pontiac Sunfire/Pursuit Saturn Ion-Subaru Impreza - Toyota Corolla

DU NOUVEAU EN 2005
Nouvelle version plus esthétique (Reverb), toit ouvrant et roues en alliage (LX-G)

HISTORIQUE DU MODÈLE
6ième génération

DATE DE RENOUVELLEMENT
2008

NOS IMPRESSIONS
Agrément de conduite :	🚗🚗🚗🚗½
Fiabilité :	🚗🚗🚗🚗🚗½
Sécurité :	🚗🚗🚗🚗
Qualités hivernales :	🚗🚗🚗🚗½
Espace intérieur :	🚗🚗🚗🚗½
Confort :	🚗🚗🚗🚗½

LE CHOIX DE L'ÉQUIPE
LX berline

Guide de l'auto 2005

CIVIC HYBRIDE

ÉCOLO, BOULOT, DODO

L'heure est à la préservation de l'environnement, tout le monde le sait. En fait, même les vedettes ont sauté sur l'occasion et se sont empressées de se faire voir au volant des toutes nouvelles voitures hybrides de dernière génération, profitant même du tapis rouge des Oscars pour s'afficher clairement. Et il suffit de se promener en Californie, où les verts pullulent pour se rendre compte de la hausse de popularité de ce genre de voiture qui partage ses rouages entre l'essence traditionnelle et l'électricité.

Bien que cette année, tout le monde n'en avait que pour Toyota avec sa Prius, c'est plutôt Honda qui détenait auparavant le haut du pavé dans ce domaine (même si l'expression peut paraître tirée par les cheveux en sachant que moins de 300 hybrides trouvaient preneur annuellement au Canada dans le passé).

À ce moment, Honda avait une longueur d'avance avec son Insight, un modèle deux places à l'allure hétéroclite qui est toujours offert cette année. Mais on soupçonne très fort qu'il s'agit de sa dernière. Car avouons-le, on ne s'achète pas une Insight pour les performances, mais surtout comme acte d'affirmation de nos convictions. Difficile d'éviter les jugements au volant de cette voiture à la forme d'une goutte inversée.

Heureusement, peu après, le manufacturier japonais a frappé plus fort en lançant un des premiers modèles réellement fonctionnels de voiture hybride avec sa Honda Civic.

Il faut d'abord préciser que la notion hybride implique à la fois l'essence traditionnelle et l'électricité, dans un mélange conçu à la fois pour réduire la consommation d'essence (j'ai maintenu une cote moyenne de 5,3 l aux 100 km avec la petite Honda), tout en ramenant à leur plus simple expression les émissions polluantes.

UN SYSTÈME COMPLÉMENTAIRE

Le principe du moteur hybride Honda est simple. À très bas régime, le moteur électrique prend charge de la poussée. Il permet donc d'amener l'accélération originale jusqu'à 3 500 tr/min environ. Un temps largement suffisant pour que le moteur à essence se mette en marche et joue efficacement son rôle. La puissance ainsi exigée du moteur traditionnel étant moindre, puisque le véhicule est déjà en mouvement, on diminue considérablement la consommation d'essence.

Agissant aussi comme système complémentaire, le moteur électrique viendra ajouter un petit surplus de puissance quand le conducteur aura besoin d'un coup de pouce, lors des reprises par exemple. Bien entendu, ni le

» FEU VERT
› Rouage hybride écolo et écono
› Lignes similaires à la Civic
› Bon soutien des sièges
› Direction précise

» FEU ROUGE
› Puissance d'accélération anémique
› Coût d'achat élevé
› Valeur de revente douteuse
› Freinage atypique

moteur à essence, ni le moteur électrique ne permettront de gagner de course puisque les deux, jumelés, dégagent environ 115 chevaux.

Autre détail non négligeable, la Honda Civic hybride est munie d'un mode écono, c'est-à-dire d'un système qui permet de couper complètement le fonctionnement du moteur à essence en position arrêtée. Dès l'arrêt complet du véhicule, le moteur à essence s'éteint et demeure ainsi aussi longtemps que vous appuyez sur la pédale de frein (ou l'embrayage pour le modèle manuel). Dès qu'elle est relâchée, un système d'allumage électronique redémarre le système à essence et vous permet de l'utiliser comme s'il avait toujours fonctionné.

On a toujours un peu de difficulté à s'adapter au silence complet lorsque la voiture est arrêtée, mais on s'habitue rapidement et on finit par apprécier cette fonction unique, qui en plus de diminuer la consommation évite l'émission de gaz polluants en ville.

ROULE LA HYBRIDE

Même si elle est loin d'être une bombe (0-100 km en 13 secondes environ), la hybride offre une conduite urbaine de haut niveau, et ses dimensions restreintes en font un véritable petit bijou à manœuvrer. Surtout que, depuis peu, elle est offerte avec une transmission manuelle qui rend encore plus agréables les accélérations puisqu'elle permet une utilisation maximale du couple.

Les sièges en tissu soutiennent bien les passagers et le conducteur et l'ensemble de l'habitacle fournit amplement de dégagement pour les automobilistes de toute taille. L'extérieur reprend pour l'essentiel les lignes traditionnelles de la Civic, même s'il dispose tout de même d'une calandre un peu différente, et de grosses identifications du nom Hybride.

Sur autoroute, les accélérations et les reprises ne sont pas exceptionnelles, et dans certains cas suffisent à peine à répondre aux besoins. C'est plutôt en utilisation urbaine que la petite Civic est digne de mention.

Le freinage est un peu déroutant. La pression exercée par le moteur électrique agit comme un support au freinage, mais augmente du même coup la distance. Les freinages agressifs sont donc légèrement plus longs que la moyenne, et la voiture continue d'être ralentie pour quelques fractions de secondes, même après que l'on a relâché la pédale. C'est le prix à payer pour pouvoir recharger efficacement les batteries.

La Civic hybride est peut-être un peu moins performante que sa principale rivale en terme de technologie. Mais avouons-le, elle a au moins le mérite d'avoir l'allure d'une voiture normale, et un comportement qui s'en approche. Évidemment, si vous achetez une hybride pour la montrer aux autres, elle n'est peut-être pas le choix idéal. Mais si vous le faites par conviction profonde, elle mérite certainement votre attention.

Marc Bouchard

CIVIC HYBRIDE

DONNÉES TECHNIQUES

Prix du modèle à l'essai :	29 650 $
Échelle de prix :	28 500 $ à 33 000 $
Version(s) disponible(s) :	version unique
Garanties :	3 ans 60 000/5 ans 100 000
Catégorie :	berlines compactes
Emp./Long./Lar./Haut.(cm) :	262/444/171,5/143
Poids :	1 239 kg
Coffre/Réservoir :	286/50 litres
Coussins de sécurité :	frontaux
Suspension avant :	indépendante, bras inégaux
Suspension arrière :	indépendante, multibras
Freins av./arr. :	disque/tambour (ABS)
Antipatinage/Contrôle de stabilité :	non/non
Direction :	à crémaillère, ass. variable électrique
Diamètre de braquage :	10,6 m
Pneus av./arr. :	P185/70R14

GROUPE MOTOPROPULSEUR ET RENDEMENT

Moteur :	4L 1,3 litre 16s (73,0 x 80,0) électrique
Puissance :	85 ch (ess) 13 ch (elec)
	(63 kW ess/10 kW elec) à 5 700 ess/3 000 (elec) tr/mn
Couple :	87 (ess), 36 (elec) lb-pi
	118 Nm (ess)/49 Nm (elec) à 3 300 (ess)/1 000 (elec) tr/mn
Autre(s) moteur(s) :	seul moteur offert
Transmission :	traction, continuellement variable
Autre(s) transmission(s) :	manuelle 5 rapports
Accélération 0-100 km/h :	13 s
Reprises 80-120 km/h :	12,6 s
Freinage 100-0 km/h :	42,0 m
Vitesse maximale :	175 km/h
Indice de performance longitudinale :	4,06 m/s/s
Consommation (100 km) :	ordinaire, 5,0 litres
Autonomie :	1 000 km

DANS LA MÊME CATÉGORIE
Toyota Prius

DU NOUVEAU EN 2005
Transmission manuelle

HISTORIQUE DU MODÈLE
1ère génération

DATE DE RENOUVELLEMENT
2007

NOS IMPRESSIONS

Agrément de conduite :	🚗🚗🚗🚗½
Fiabilité :	🚗🚗🚗🚗🚗½
Sécurité :	🚗🚗🚗🚗½
Qualités hivernales :	🚗🚗🚗🚗½
Espace intérieur :	🚗🚗🚗🚗½
Confort :	🚗🚗🚗🚗½

LE CHOIX DE L'ÉQUIPE
transmission automatique

Guide de l'auto 2005

HONDA CR-V

LE JUSTE MILIEU

Il y a 10 ans que le Honda CR-V a fait son apparition sur nos routes. Considéré à l'époque comme novateur et original, il fait aujourd'hui figure de valeur établie par rapport à la génération naissante des « multisegments ». Ces nouveaux joueurs préfigurent peut-être ce que sera l'auto de l'avenir, mais pour l'instant, on trouve difficilement véhicule aussi pratique et homogène que le bon vieux CR-V.

Utilitaire compact, il cible les familles de deux ou trois enfants qui ont besoin de plus d'espace que n'en offre une berline, mais qui ne veulent pas s'encombrer d'une minifourgonnette. Il intègre à ce fondement un savant dosage de confort, de luxe et de performances, servi de manière économique. Demeuré à peu près inchangé depuis l'introduction de la deuxième génération en 2002, il s'offre cette année un toilettage de ses lignes extérieures, une nouvelle transmission automatique à cinq rapports, et une mise à niveau des équipements faisant bonne part à la sécurité, tentant ainsi de maintenir son avantage sur la concurrence.

MOTEUR BIEN ADAPTÉ

La motorisation illustre bien cet art du juste milieu dont nous parlions. Alors que des six cylindres figurent au catalogue de maints adversaires, le CR-V s'en tient à un moderne quatre cylindres de 2,4 litres, autorisant des accélérations et des reprises assez fermes, tout en en favorisant l'économie de carburant. Sa capacité de traction de 680 kilos s'avère respectable, encore qu'il peinera en pareille circonstance. La boîte manuelle à 5 rapports qui lui est associée d'office s'avère facile à manœuvrer, tandis que la nouvelle transmission automatique optionnelle a déjà fait la preuve de sa compétence et de sa douceur sur la Honda Accord.

Le CR-V se montre prévisible dans ses comportements, et relativement agréable à conduire. Ses dimensions raisonnables et son court rayon de braquage contribuent à sa manoeuvrabilité. Sa direction un peu lourde au départ s'allège considérablement à vitesse de croisière, mais elle garde un zeste de fermeté. La caisse s'inscrit facilement dans les courbes, son roulis est bien contenu, et la suspension indépendante aux quatre roues réagit la plupart du temps avec civilité. En fait, la circulation sur la grand-route est aussi paisible qu'avec une berline, mais les chemins cahoteux nous donneraient presque envie de dire «ouais, ça demeure un truck», si ce n'était qu'il emprunte la plate-forme… de la Civic !

»» FEU VERT
› Bonne habitabilité
› Comportement routier adéquat
› Sièges confortables
› Habitacle convivial
› Fiabilité

»» FEU ROUGE
› Confort mitigé des suspensions
› Insonorisation perfectible
› Mauvaise visibilité arrière
› Rouage intégral lent

Les roues de la version de base passent cette année de 15 à 16 pouces, ce qui devrait améliorer d'un brin la tenue de route, mais pas autant que si on remplaçait les médiocres Bridgestone Dueller par des pneus plus performants. À défaut, le nouveau dispositif de contrôle de la stabilité dynamique devrait rassurer ceux qui aiment flirter avec les limites. On peut toujours compter sur les freins à disque avec ABS de série pour des arrêts sûrs et progressifs. Quant au système de traction intégrale à pompe hydraulique "Real Time", il achemine jusqu'à 50% du couple aux roues arrière lorsque celles d'en avant patinent. Parfait pour le chemin boueux menant au chalet, très bien pour la neige, mais gare aux plaques de glace surgissant à l'improviste, car son temps de réaction longuet laisse quand même les roues antérieures patiner avant de se déclencher.

CONFORT APPRÉCIABLE

Les modifications apportées à la carrosserie semblent assez mineures (calandre, pare-chocs, phares avant et feux arrière, etc.), et ne devraient guère modifier l'opinion que l'on se fait de sa silhouette. J'apprécie pour ma part sa sobre élégance et son caractère «sportif». L'habitacle se révèle tout aussi agréable et convivial. Les matériaux sont de bonne qualité, la finition est impeccable, les commandes se manient commodément, et l'ergonomie mérite une note élevée malgré quelques maladresses.

L'accès à bord est aisé, même pour des enfants. Le conducteur n'a pas de mal à trouver une bonne position de conduite grâce au siège ajustable en hauteur, mais l'espace mesuré pour les pieds nuit à son confort. Les sièges avant bien galbés assurent le bien-être des occupants, tandis que la banquette arrière munie d'un dossier inclinable 60/40 accueille assez chichement un troisième adulte. Malheureusement, les trois appuie-tête (amovibles) nuisent à une vision arrière déjà bien pourvue en angles morts. Et puisqu'on en est aux critiques, mentionnons le niveau trop élevé des bruits de roulement. Décidément, l'insonorisation ne fait pas partie des forces de Honda !

La soute possède un seuil bas qui facilite son chargement. Logeable, elle s'agrandit en avançant la banquette sur ses rails, ou en rabattant cette dernière en tout ou en partie. Les espaces de rangement sont nombreux, variés et pratiques. On apprécie la table centrale qui se replie afin de libérer un passage vers l'arrière. Le plancher de la soute se transforme en table à pique-nique, et il abrite un réceptacle conçu pour les articles souillés.

En plus des principales assistances électriques, l'équipement de série très complet de la LX de base inclut cette année les rideaux gonflables (une nouveauté) et les coussins latéraux gonflables, de même que l'ouverture télécommandée des portes. La EX, plus cossue, n'apporte rien d'indispensable : roues en magnésium, tissus de meilleure qualité, sono supérieure et commandes audio au volant (2005). Si vous tenez à la sellerie de cuir et au luxe qui l'accompagne (dont un toit ouvrant), il reste la EX Cuir. Mais à quelque 33 000 $ pour un utilitaire au comportement somme toute assez pépère, pas sûr qu'on parle encore de juste milieu...

Jean-Georges Laliberté

DONNÉES TECHNIQUES

Prix du modèle à l'essai :	28 000 $
Échelle de prix :	de 27 200 $ à 33 600 $
Version(s) disponible(s) :	LX, EX, EX CUIR
Garanties :	3 ans 60 000/5 ans 100 000
Catégorie :	utilitaire sport compact
Emp./Long./Lar./Haut.(cm) :	262/454/178/168
Poids :	1 506 kg
Coffre/Réservoir :	949 à 2039/58 litres
Coussins de sécurité :	frontaux et latéraux, rideaux
Suspension avant :	indépendante, jambes de force
Suspension arrière :	indépendante, jambes de force
Freins av./arr. :	disque ABS
Antipatinage/Contrôle de stabilité :	non/oui
Direction :	à crémaillère, assistance variable
Diamètre de braquage :	10,6 m
Pneus av./arr. :	P215/65R16

GROUPE MOTOPROPULSEUR ET RENDEMENT

Moteur :	4L 2,4 litres
Puissance :	160 ch à 6000 tr/min
Couple :	162 lb-pi à 3600 tr/min
Autre(s) moteur(s) :	non
Transmission :	intégrale, manuelle 5 rapports
Autre(s) transmission(s) :	automatique 5 rapports
Accélération 0-100 km/h :	10,5 s
Reprises 80-120 km/h :	8,9 s
Freinage 100-0 km/h :	43,0 m
Vitesse maximale :	190 km/h
Indice de performance longitudinale :	4,28 m/s/s
Consommation (100 km) :	ordinaire, 11,0 litres
Autonomie :	527 km

DANS LA MÊME CATÉGORIE

Chevrolet Equinox-Ford Escape-Mazda Tribute
Mitsubishi Outlander-Saturn Vue
Subaru Legacy-Toyota Highlander

DU NOUVEAU EN 2005

modifications design extérieur, boîte automatique 5 rapports, système de contrôle de la stabilité, nouveaux équipements

HISTORIQUE DU MODÈLE

2ème génération

DATE DE RENOUVELLEMENT

n.d.

NOS IMPRESSIONS

Agrément de conduite :	🚗🚗🚗🚗½
Fiabilité :	🚗🚗🚗🚗🚗
Sécurité :	🚗🚗🚗🚗½
Qualités hivernales :	🚗🚗🚗🚗½
Espace intérieur :	🚗🚗🚗🚗
Confort :	🚗🚗🚗½

LE CHOIX DE L'ÉQUIPE

EX

Guide de l'auto 2005

HONDA ELEMENT

« COOL ! MAN… »

C'est tout de même ironique : alors que les designers se fendent en quatre pour créer des carrosseries séduisantes, l'un des véhicules le plus branché de l'heure exhibe des formes aussi affriolantes que celles d'un bloc Lego. Je m'en étonne, oui et non, sachant que le Honda Element a été conçu pour la génération « Yo », dont les canons esthétiques ont toujours été assez singuliers. Rappelons-nous la mode des fonds de culotte traînant aux genoux…

L'Element est donc dépourvu de sex-appeal, mais il n'en attire pas moins l'attention partout où il passe, à tel point qu'il n'intéresse plus seulement la clientèle des surfers et autres sportifs extrêmes pour qui il a été initialement conçu, mais aussi les familles et les baby boomers. Il est vrai que la fonctionnalité et la polyvalence de son aménagement intérieur en font un véhicule unique en son genre. Mais pensez-y à deux fois avant de renoncer à la bonne vieille minifourgonnette ou à l'utilitaire de type plus traditionnel : en retour de caractéristiques qui lui sont exclusives, l'Element exige certains compromis.

« ET J'AI COUCHÉ DANS MON CHAR »

Cette drôle de boîte concède 15 cm en longueur à la petite Honda Civic, mais elle dépasse le CR-V de trois centimètres en largeur, et de 11 centimètres en hauteur. En retour, on doit sacrifier un passager, ce qui revient à dire qu'il n'y a que quatre sièges. Ceux d'en avant sont vastes et bien rembourrés, alors que ceux d'en arrière ne méritent pas le nom de fauteuils, tant les os y reposent durement. Ils sont en outre d'accès malaisé pour les jeunes enfants et les personnes âgées en raison de leur assise trop élevée et du très haut seuil. Tous les dossiers se rabattent de façon à aménager deux soi-disant « couchettes » dont le confort promet d'être plus que sommaire. Les sièges arrière s'enlèvent ou se replient, à moins que vous ne préfériez les accrocher de chaque côté du véhicule – attention, ils sont lourds ! Au total, Honda répertorie 64 configurations.

Même si la haute soute demeure un peu courte, l'espace de chargement s'élève à près de 700 litres. Le hayon est bipartite, avec l'un des panneaux s'ouvrant vers le bas, comme sur une camionnette. Il peut servir de siège, comme celui d'une camionnette, mais il oblige surtout à manipuler à bout de bras les objets qui sont dans la soute. Le plancher complètement plat est constitué d'une matière thermoplastique résistante aux chocs et lavable à la grande eau. On imagine tout de suite la boue tombée d'un vélo,

---

»»» FEU VERT
› Habitacle à multiples configurations
› Panneaux plastique résistants
› Chargement aisé
› Intérieur facile à nettoyer
› Silhouette remarquable

»»» FEU ROUGE
› Insonorisation déficiente
› Accès difficile aux places arrière
› Sièges arrière inconfortables
› Sensibilité aux vents
› Mécanisme traction intégrale lent

Guide de l'auto 2005

ELEMENT

DONNÉES TECHNIQUES

Prix du modèle à l'essai :	30 430 $
Échelle de prix :	23 900 $ à 29 100 $
Version(s) disponible(s) :	de base, Ens Y, Ens Y 4WD
Garanties :	3 ans 60 000/5 ans 100 000
Catégorie :	multisegments
Emp./Long./Lar./Haut.(cm) :	257,5/430/182/179
Poids :	1 625 kg
Coffre/Réservoir :	691 à 2 888/60 litres
Coussins de sécurité :	frontaux et latéraux
Suspension avant :	indépendante, jambes de force
Suspension arrière :	indépendante, leviers triangulés
Freins av./arr. :	disque (ABS) (EBD)
Antipatinage/Contrôle de stabilité :	non
Direction :	à crémaillère, assistance variable
Diamètre de braquage :	11,1 m
Pneus av./arr. :	P215/70R16

GROUPE MOTOPROPULSEUR ET RENDEMENT

Moteur :	4L 2,4 litres
Puissance :	160 ch à 5 500 tr/min
Couple :	159 lb-pi à 4 500 tr/min
Autre(s) moteur(s) :	non
Transmission :	intégrale, automatique 4 rapports
Autre(s) transmission(s) :	manuelle 5 rapports
Accélération 0-100 km/h :	12 s
Reprises 80-120 km/h :	8,7 s
Freinage 100-0 km/h :	45 m
Vitesse maximale :	190 km/h (limitée)
Indice de performance longitudinale :	4,05 m/s/s
Consommation (100 km) :	ordinaire, 11,5 litres
Autonomie :	522 km

ou la tache d'huile laissée par la génératrice. L'absence de piliers B (entre les deux portières), rend possible l'ouverture à contresens des portes arrière, et permet de profiter de larges ouvertures qui feront le bonheur des déménageurs du dimanche. On ne peut cependant ouvrir les portes arrière avant les antérieures, et les passagers avant doivent détacher leur ceinture car le point d'ancrage de celles-ci obstrue le passage vers l'arrière. Pas très commode…

Le conducteur jouit d'une position de conduite élevée, mais les larges montants du pare-brise nuisent à sa vision. L'instrumentation se consulte aisément, et les contrôles tombent facilement sous la main. On s'habitue très vite au maniement du levier de vitesses posé à même l'immense et profonde planche de bord. On dénombre pas moins de cinq porte-gobelets - au cas où l'un des 4 occupants aurait une grosse soif - et une profusion d'espaces de rangement, sans oublier maints dispositifs servant à accrocher ou à fixer les bagages. Le toit ouvrant, situé à l'arrière, ne laisse guère le conducteur profiter du soleil, mais en revanche il est bien placé pour admirer les étoiles (sur les fameuses couchettes), ou pour laisser dépasser le bout de la légendaire planche de surf.

TEMPÉRAMENT PLACIDE

L'Element repose sur un châssis modifié de CR-V, qui doit lui-même sa plateforme à la Civic. Rigidifiée en maints endroits, la caisse est solide malgré l'absence des piliers B, mais elle est assez lourde, ce qui, combiné à son manque d'aérodynamisme, pénalise les performances et la consommation d'essence. Le moteur quatre cylindres de 2,4 litres se retrouve aussi dans certaines Accord et les CR-V. Doux, bien qu'assez bruyant à haut régime, il fait preuve d'une souplesse qui lui permet de tirer son épingle du jeu dans la plupart des circonstances. La transmission manuelle de série se manie aisément, alors que l'automatique optionnelle est très douce et fort bien adaptée au moteur, même avec les versions munies de la traction intégrale "Real Time".

Sur la route, l'Element révèle un tempérament placide. La direction vous renseigne assez fidèlement sur votre trajectoire, la tenue de cap est généralement bonne, jusqu'à l'arrivée en trombe des vents latéraux, mais la caisse penche dans les courbes rapidement négociées. Les freins sont efficaces et se modulent efficacement, contrairement aux exécrables pneus Goodyear Wrangler HP P215/70R16 99S qui crient pour un rien, et se transforment en savonnette sur pavé mouillé.

Proposée au tarif de 24 000 $, la version de base offre la climatisation, les glaces et les portières électriques. Pour environ 2 000 $ de plus, l'ensemble «Y» ajoute l'ABS, le régulateur de vitesse, les coussins latéraux, l'ouverture télécommandée des portes, et un super système de son de 270 watts qui aidera à faire oublier l'acoustique déficiente de ce véhicule. On ne peut pas parler d'aubaine, si l'on songe que l'on peut obtenir à prix semblable une minifourgonnette offrant beaucoup plus d'espace et de confort. Mais aucune n'est aussi cool que l'Element.

Jean-Georges Laliberté

DANS LA MÊME CATÉGORIE

Chrysler PT Cruiser - Ford Escape - Mitsubishi Outlander
Pontiac Vibe - Toyota Matrix

DU NOUVEAU EN 2005

Coussins latéraux

HISTORIQUE DU MODÈLE

1ière génération

DATE DE RENOUVELLEMENT

n.d.

NOS IMPRESSIONS

Agrément de conduite :	🚗🚗🚗🚗
Fiabilité :	🚗🚗🚗🚗🚗
Sécurité :	🚗🚗🚗½
Qualités hivernales :	🚗🚗🚗🚗
Espace intérieur :	🚗🚗🚗🚗
Confort :	🚗🚗🚗🚗

LE CHOIX DE L'ÉQUIPE

«Y» 4WD

Guide de l'auto 2005

HONDA ODYSSEY

LE COCHE MODERNE !

Sans trop qu'il n'y paraisse, la fourgonnette de Honda, l'Odyssey, en est déjà rendue à sa troisième génération. La première avait un peu raté le coche, et rater un coche, même juste un peu, chez Honda ce n'est jamais très apprécié. La deuxième génération recevait, enfin, des portes coulissantes et son gabarit convenait mieux aux besoins nord-américains. Cette fois, le coche l'a reçu en plein front! Mais la concurrence (lire Toyota Sienna et Nissan Quest) se faisant de plus en plus féroce, l'Odyssey 2005 était attendue avec impatience!

Les concepteurs de la nouvelle Odyssey n'y vont pas de main morte lorsqu'ils situent leur véhicule sur l'échiquier automobile. Selon le document de presse, l'Odyssey réunira plusieurs des qualités de ses compétiteurs : la sécurité de la Ford Freestar, la qualité de la Sienna, la versatilité de la Dodge Caravan et enfin, le style et la puissance de la Nissan Quest. Soit. Voyons-y de plus près…

Si on plaçait côte à côte une Odyssey 2004 et une 2005, bien sûr qu'une foule de différences les départageraient. Mais Honda, fidèle à sa réputation, a préféré jouer de prudence en accouchant de lignes passablement classiques. Une nouvelle dénomination fait son apparition et amène la Odyssey un peu plus haut dans l'échelle hiérarchique. Il s'agit de la Touring. Les LX, EX et EX-L (cuir) sont de retour.

Le moteur, certes, mais aussi une foule de détails de présentation différencient ces versions. Par exemple, les portes coulissantes de la LX ne sont pas électriques, les rétroviseurs

Guide de l'auto 2005

extérieurs sont peints en noir plutôt que de s'agencer à la couleur de la carrosserie comme sur les autres livrées et elle reçoit des roues en alliage seulement en option. À l'intérieur, tous les modèles sont munis de la climatisation, mais il n'y a que dans la LX qu'elle n'est pas automatique et le moyeu du volant ne peut dupliquer les commandes de la radio comme sur les autres versions. Nous pourrions continuer cette énumération bien longtemps, mais disons simplement que l'équipement de base de la LX se veut tout de même bien nanti. Ensuite, c'est une question de priorités… et de budget !

CYLINDRÉE VARIABLE

Au chapitre de la mécanique, Honda a conservé le V6 3,5 litres qui passe de 240 à 255 chevaux. Par contre, deux versions de ce moteur sont disponibles et c'est dans le système de calage infiniment variable des soupapes qu'il faut chercher la différence. Les livrées LX et EX reçoivent le 3,5 litres « de base », si on peut s'exprimer ainsi. Pour faire augmenter la puissance de 15 chevaux, Honda a revu les tubulures d'admission et d'échappement, relevé le taux de compression (maintenant à 10:1) et modifié les culbuteurs… La recette habituelle, quoi ! Et, tant qu'à y être, on en a profité pour que l'accélérateur puisse actionner le papillon des gaz par un système "drive by wire". On a aussi inclus un mécanisme sophistiqué permettant de détecter le moment où le moteur nécessite une vidange d'huile. C'est beau la technologie !

Le même moteur 3,5 litres est aussi offert en configuration VCM, pour "Variable Cylinder

Management" sur les EX-L et Touring. La puissance et le couple de cet engin demeurent les mêmes que ceux du 3,5 litres régulier. Par contre, on a doté le système VTEC de la variante VCM qui désactive les soupapes de la rangée de cylindres située à l'arrière du moteur dès que la demande en puissance diminue, comme sur une autoroute, par exemple. Ainsi, ce dispositif permet une économie de carburant de plus ou moins 10 %. Ce système se montre parfaitement transparent et, ne serait-ce de la présence d'un indicateur au tableau de bord, il serait impossible de savoir si le moteur fonctionne sur trois ou six cylindres.

》》 DE SÉRIE
› Portes latérales électriques (sauf LX)
› Coussins gonflables pour la troisième rangée
› Hayon électrique
› Sièges 3ième rangée 60/40

》》EN OPTION
› Système DVD
› Console centrale deuxième rangée
› Système de navigation

Guide de l'auto 2005

HONDA ODYSSEY

Pour compenser la vibration causée par l'activation et la désactivation des cylindres, les moteurs avec VCM reposent sur des supports électroniques fort complexes. Avec ces derniers éléments, nous sommes loin des "bushings" de caoutchouc qui amortissaient simplement les chocs. Maintenant, ils anticipent les vibrations en tenant compte des régimes du moteur et les invalident en émettant une vibration contraire. Techniquement, ça semble compliqué mais dans le fond… ça l'est ! Peu importe la gestion des cylindres, le 3,5 litres est couplé à une nouvelle transmission à cinq rapports. Le châssis est tout à fait nouveau et plus rigide de 20 %, les suspensions indépendantes ont été recalibrées et les pneus sont maintenant un peu plus gros.

VISER JUSTE…

C'est bien beau tout ça mais est-ce que le but ultime d'améliorer l'Odyssey est atteint ? Ça dépend… Premièrement, les performances ne sont pas si intéressantes que ça. Même qu'une version Touring essayée brièvement lors du dévoilement s'est montrée moins rapide en accélération qu'une EX, munie du « simple » 3,5 litres sans VCM. Selon les dirigeants de Honda Canada, cela s'expliquerait par le poids plus élevé de la Touring (+/- 200 kilos) et des ratios de transmission différents. Pourtant, lorsqu'on consulte la fiche technique, on constate que ce sont les rapports des quatrième et cinquième vitesses qui diffèrent et pas ceux des deux ou trois premiers rapports. Ce sont ces derniers qui sont importants lors d'un départ arrêté.

Malgré le poids élevé de l'Odyssey, la tenue de route s'avère sécuritaire et le roulis se maîtrise très bien. Les freins ABS montrent beaucoup de mordant et l'avant ne plonge pas indûment. Mais les pneus de 17 pouces qui chaussaient le véhicule que nous avons le plus conduit pénalisaient un confort autrement très relevé. Heureusement, seuls les pneus de 16 pouces sont disponibles au Canada.

»» FEU VERT
› Confort assuré
› Construction solide
› Places arrière spacieuses
› Tenue de route très saine
› Moteur VCM transparent

»» FEU ROUGE
› Lignes encore conservatrices
› Puissance très juste
› Technologie fiable ?
› Version Touring plus ou moins intéressante
› Quelques fautes de présentation et d'ergonomie

Guide de l'auto 2005

ÉVOLUTION PEU RÉVOLUTIONNAIRE

L'habitacle de l'Odyssey 2005 se veut tout à fait nouveau même si la tradition Honda est respectée. Encore une fois, l'évolution a primé sur la révolution. Tout d'abord, l'affreux levier de vitesses « à colonne » a enfin cédé sa place à un levier placé sur la planche de bord, un peu à la manière des Toyota Sienna. La version Touring s'enorgueillit d'un système de navigation avec reconnaissance de la voix et d'une caméra de recul. Même si les cartes routières sont bien détaillées, que le système de navigation ne semble pas trop complexe à utiliser, et que la caméra de recul est la plus belle invention depuis l'avènement du four micro-ondes, j'ai préféré le tableau de bord des versions moins cossues. Parce que l'écran de l'ordinateur de la Touring, placé au centre de la planche de bord, est carrément inutilisable dès qu'un rayon de soleil traverse les nuages et parce qu'il amène la radio beaucoup plus bas, trop bas serais-je tenté d'écrire.

Les sièges sont confortables, même ceux de la troisième rangée, relativement faciles d'accès. Par contre, ces derniers manquent cruellement de support latéral. Même si la longueur totale de l'Odyssey est demeurée la même qu'en 2004, les ingénieurs ont trouvé le moyen d'augmenter l'espace pour les jambes des occupants de la troisième rangée de 50mm (deux pouces). Cette rangée est maintenant constituée de deux sièges indépendants 60/40 qui basculent dans une dépression pour former un plancher parfaitement plat. Et même pas besoin d'enlever les appuie-tête! Auparavant, cette banquette se fondait aussi dans le plancher mais d'un seul bloc. Fait à noter, l'Odyssey est la première fourgonnette à offrir, en équipement standard, des coussins latéraux pour cette troisième rangée de sièges. Toutes les versions, sauf la LX, reçoivent un siège d'appoint placé entre les deux sièges de la deuxième rangée. Et quand on dit d'appoint, ça veut dire d'appoint… Par chance, cette chose peut se cacher sous le plancher où on retrouve, aussi, une plate-forme pivotante, très utile pour y dissimuler de menus objets. Par contre, les deux sièges de la rangée centrale ne peuvent s'y loger. On est encore loin du "Stow'N Go" de la Caravan. L'Odyssey peut donc recevoir jusqu'à huit passagers et sept seront heureux de leur sort…

Parmi les autres améliorations, nous ne pouvons passer sous silence les vitres des portières coulissantes qui s'abaissent (tiens la Sienna, dans les dents!) et un hayon motorisé dans les livrées EX-L et Touring qui s'élève plus haut que celui de l'an dernier.

L'Odyssey 2005 représente une évolution à presque tous les points de vue par rapport à la 2004 et vise la concurrence à bout portant. Il se pourrait même qu'on retrouve une version hybride d'ici peu… Nous souhaitons simplement que la puissance soit au rendez-vous, cette fois!

Alain Morin

DONNÉES TECHNIQUES

Prix du modèle à l'essai :	38 995 $
Échelle de prix :	32 700 $ à 42 000 $ (estimé)
Version(s) disponible(s) :	LX, EX, EX-L, Touring
Garanties :	3 ans 60 000/5 ans 100 000
Catégorie :	fourgonnettes
Emp./Long./Lar./Haut.(cm) :	300/510,5/195,8/177,8
Poids :	n.d.
Coffre/Réservoir :	1 087 à 4 174/79.5 litres
Coussins de sécurité :	fontaux et latéraux (av./arr.) et rideaux
Suspension avant :	indépendante, jambes de force
Suspension arrière :	indépendante, multibras
Freins av./arr. :	disque (ABS)
Antipatinage/Contrôle de stabilité :	oui/oui
Direction :	à crémaillère, ass. variable
Diamètre de braquage :	11,2 mètres
Pneus av./arr. :	P235/65R16

GROUPE MOTOPROPULSEUR ET RENDEMENT

Moteur :	V6 3,5 litres (89,0 x 93,0)
Puissance :	255 ch (190 kW) à 5750 tr/mn
Couple :	250 lb-pi (339 Nm) à 4500 tr/mn
Autre(s) moteur(s) :	seul moteur offert
Transmission :	traction, automatique 5 rapports
Autre(s) transmission(s) :	aucune
Accélération 0-100 km/h :	11,2 s (estimé)
Reprises 80-120 km/h :	8.8 s (estimé)
Freinage 100-0 km/h :	n.d.
Vitesse maximale :	n.d.
Indice de performance longitudinale :	n.d.
Consommation (100 km) :	ordinaire, 9,8 litres
Autonomie :	811 km

NIVEAU SONORE

Ralenti :	n.d.
Accélération :	n.d.
100 km/h :	n.d.

DANS LA MÊME CATÉGORIE

Dodge Grand Caravan-Ford Freestar Mazda MPV
Nissan Quest-Pontiac Montana
Toyota Sienna

HISTORIQUE DU MODÈLE

3ième génération

DATE DE RENOUVELLEMENT

n.d.

NOS IMPRESSIONS

Agrément de conduite :	★★★★★
Fiabilité :	nouveau modèle
Sécurité :	★★★★★★
Qualités hivernales :	★★★★★½
Espace intérieur :	★★★★★½
Confort :	★★★★★½

LE CHOIX DE L'ÉQUIPE

EX

Guide de l'auto 2005

HONDA PILOT

GÉNÉTIQUEMENT MODIFIÉ

Aujourd'hui la catégorie des véhicules sport-utilitaires se décompose non seulement en fonction de leur taille mais également en fonction de leur code génétique. En effet, certains d'entre eux appartiennent à un groupe que l'on pourrait définir comme celui des « purs et durs », composé de véhicules élaborés à partir d'une plate-forme de camionnette avec un châssis en échelle, alors que d'autres sont dérivés d'une plate-forme de voiture avec une structure monocoque. Proche parent du Acura MDX, le Honda Pilot appartient à ce deuxième groupe puisqu'il partage justement sa plate-forme et sa motorisation avec la minifourgonnette Odyssey.

Pour l'année-modèle 2005, le Pilot a subi une série de modifications. Mais il y a fort à parier qu'une refonte complète est à venir dans un délai de dix-huit à vingt-quatre mois puisque ce véhicule est construit à partir de la plate-forme de la minifourgonnette Odyssey qui, elle, est entièrement revue pour 2005. En attendant la prochaine génération, le Pilot poursuit sa route en empruntant toutefois la nouvelle version du moteur V-6 de 3,5 litres qui développe maintenant 255 chevaux et qui se retrouve également sous le capot de la nouvelle génération de l'Odyssey. Le groupe motopropulseur est toujours complété par la boîte automatique à cinq rapports ainsi que par le rouage intégral VTM-4. Il s'agit essentiellement d'un système de traction intégrale à temps partiel dans la mesure où la motricité est livrée aux seules roues avant en conduite normale. Lors d'une accélération franche, le système entre en action et livre une partie de la puissance aux roues arrière, cette répartition pouvant également être augmentée s'il y a patinage des roues avant. Comme c'est souvent le cas avec ces rouages de type intégral à temps partiel, il y a toujours un léger délai avant que le système ne réagisse, ce qui les rend moins efficaces qu'un rouage intégral à prise constante, particulièrement en conduite hivernale. Par contre, le VTM-4 est plus rapide que certains autres systèmes du genre.

Bien qu'il n'ait pas été conçu avec l'objectif premier de courir les bois comme Daniel Boone, le Pilot se débrouille remarquablement bien lors de la conduite hors route, tant et aussi longtemps que l'on respecte ses limites. La garde au sol est supérieure à vingt centimètres et le rouage intégral s'avère efficace lors de la circulation sur des sentiers en forêt, ce qui permet au conducteur d'affronter le genre de conditions plus difficiles auxquelles on doit faire face de temps à autre pour se rendre à destination. Cependant, il ne sera pas aussi adapté à ce genre de conduite qu'un véritable 4X4 équipé d'une boîte de transfert. Et la capacité de remorquage du Pilot n'est pas aussi élevée que celle d'un

»» FEU VERT
› Volume d'espace intérieur
› Modularité de l'habitacle
› Confort et silence de roulement
› Qualité de la finition

»» FEU ROUGE
› Rouage intégral à temps partiel
› Capacité de remorquage limitée
› Direction surassistée
› Style anonyme

PILOT

véhicule 4X4. Ce que le Pilot «perd» en aptitude hors route ou en capacité de remorquage, il le «gagne» en comportement routier. Comme ce véhicule est élaboré à partir de la plate-forme de la Odyssey, et qu'il est doté d'une suspension indépendante aux quatre roues, son comportement sur la route rappelle celui d'une minifourgonnette. Cela signifie que la direction est surassistée et que la tenue de route souffre un peu de la performance moyenne des pneumatiques d'origine en conduite sportive. Mais pour une utilisation ordinaire, le Pilot livre la marchandise.

Ce qui fait la véritable force de ce véhicule, c'est l'aménagement et la polyvalence de l'habitacle qui offre d'ailleurs plus d'espace que les Ford Explorer, Chevrolet Trailblazer et Toyota Highlander. Avec sa configuration à sept ou huit places (modèle LX), le Pilot s'avère presque aussi pratique qu'une minifourgonnette, quoique les places de la troisième banquette conviendront seulement à des enfants en raison du dégagement limité offert à cet endroit. Par ailleurs, les espaces de rangement abondent et la disposition de la planche de bord permet au conducteur de repérer rapidement les principales commandes. Le moyeu du volant de forme triangulaire cerclé d'une bande couleur titane donne un bel effet. La chaîne stéréo est localisée au-dessus du système de chauffage/climatisation ce qui est efficace puisque l'on peut s'en servir sans avoir à quitter la route des yeux. Pour ce qui est de l'équipement offert de série, soulignons qu'un système de contrôle de la pression des pneus est maintenant offert sur tous les modèles, mais que la quantité d'accessoires varie grandement selon les versions. Ainsi, il faut absolument opter pour le modèle EX-L pour pouvoir obtenir des sièges chauffants alors qu'ils devraient également faire partie de la dotation de série des modèles inférieurs compte tenu de notre climat et, surtout, du prix demandé. En terminant, peut-on parler du style, ou faut-il plutôt parler de l'absence du style? Le Pilot ne se démarque d'aucune façon sur le plan visuel et se fond dans le paysage automobile avec l'anonymat d'un CR-V surdimensionné.

Le Pilot fait partie de ces véhicules que l'on apprécie pour leurs qualités pratiques et la convivialité qu'ils procurent lors de l'utilisation quotidienne, mais il n'appartient certainement pas à la catégorie des véhicules qui enflamment les passions. Cependant, je connais beaucoup de conductrices qui s'opposent à conduire une minifourgonnette, qu'elles qualifient souvent de «van de madame», et pour lesquelles le Pilot représente une alternative valable. Ce véhicule leur offre l'espace et la polyvalence d'une minifourgonnette pour les besoins de la famille mais également l'allure plus musclée d'un véhicule sport-utilitaire.

Gabriel Gélinas

DONNÉES TECHNIQUES

Prix du modèle à l'essai :	39 000 $
Échelle de prix :	39 000 $ à 46 200 $
Version(s) disponible(s) :	LX et EX
Garanties :	3 ans 60 000/5 ans 100 000
Catégorie :	utilitaires sport
Emp./Long./Lar./Haut.(cm) :	270/477,5/196/179
Poids :	2010 kg
Coffre/Réservoir :	de 461 a 2557/77 litres
Coussins de sécurité :	frontaux et latéraux (av.)
Suspension avant :	indépendante, jambes de force
Suspension arrière :	indépendante, multibras
Freins av./arr. :	disque (ABS)
Antipatinage/Contrôle de stabilité :	oui, non (opt.)
Direction :	à crémaillère, ass. variable électrique
Diamètre de braquage :	11,58 mètres
Pneus av./arr. :	P235/70R16

GROUPE MOTOPROPULSEUR ET RENDEMENT

Moteur :	V6 3,5 litres 24s (89 x 93)
Puissance :	255 chevaux (190 kW) à 5600 tr/mn
Couple :	250 lb-pi (339 Nm) à 4500 tr/mn
Autre(s) moteur(s) :	seul moteur offert
Transmission :	intégrale, automatique 5 rapports
Autre(s) transmission(s) :	aucune
Accélération 0-100 km/h :	9,0 s
Reprises 80-120 km/h :	7,2 s
Freinage 100-0 km/h :	44 m
Vitesse maximale :	175 km/h
Indice de performance longitudinale :	4,46 m/s/s
Consommation (100 km) :	super, 12,8 litres
Autonomie :	602 km

DANS LA MÊME CATÉGORIE

Chevrolet Trailblazer-Dodge Durango-Acura MDX-Ford Explorer-GMC Envoy-Jeep Grand Cherokee-Nissan Pathfinder-Toyota Highlander

DU NOUVEAU EN 2005

Moteur plus puissant (15 ch.), moniteur de pression des pneus de serie, nouvelles options (EX et EX-L)

HISTORIQUE DU MODÈLE

1ière génération

DATE DE RENOUVELLEMENT

2007

NOS IMPRESSIONS

Agrément de conduite :	🚗🚗🚗🚗½
Fiabilité :	🚗🚗🚗🚗
Sécurité :	🚗🚗🚗🚗
Qualités hivernales :	🚗🚗🚗🚗½
Espace intérieur :	🚗🚗🚗🚗
Confort :	🚗🚗🚗🚗½

LE CHOIX DE L'ÉQUIPE

EX

Guide de l'auto 2005

HONDA S2000

L'HOMMAGE AU CINQUANTIÈME

Pour célébrer le cinquantième anniversaire de la marque en l'an 2000, les ingénieurs de Honda ont développé une voiture sport sans compromis. Dans le plus pur esprit d'un roadster, mais également dans le respect des traditions établies chez ce constructeur pour ce qui est de la motorisation, la S2000 était alors animée par un moteur atmosphérique très poussé sur le plan technique. En effet ce moteur donnait dans la haute voltige avec sa limite de révolutions de 8000 tours/minute.

L'an dernier, Honda a procédé à plusieurs changements sur la S2000, notamment en augmentant la cylindrée de 200cc pour la porter à 2,2 litres. Ce qui n'a pas ajouté à la puissance du moteur, mais plutôt à son couple à moyen régime qui était presque anémique sur le modèle précédent. En effet, le moteur livrait alors la totalité de sa puissance seulement aux régimes les plus élevés. L'augmentation de la cylindrée, de même que l'augmentation de la course des pistons, a donc permis de corriger en partie cette lacune. Mais la S2000 souffre toujours d'un manque de couple à bas régime, ce qui est typique des motorisations évoluées à quatre cylindres. Il faut donc jouer du levier pour s'assurer de toujours sélectionner le bon rapport de boîte afin d'exploiter pleinement les performances du moteur dont le caractère change dès que l'on atteint les régimes élevés, ce qui provoque l'entrée en action du système de calage variable des soupapes VTEC. On ne rechigne pas à l'idée de manipuler le levier de vitesse, la course étant ultra-précise, exactement comme sur une voiture de course de type Formule 2000. Le parallèle avec une voiture de course est d'ailleurs intéressant à d'autres égards, la S2000 se comportant presque avec l'agilité d'un kart de compétition. L'augmentation de la cylindrée à 2,2 litres prive également Honda d'une distinction établie par le modèle précédent. Étant capable de livrer 240 chevaux à partir d'une cylindrée de 2,0 litres, ce moteur développait alors une puissance de 120 chevaux par litre, ce qui était un rendement absolument exceptionnel pour un moteur atmosphérique. Le nouveau moteur produit maintenant 100 chevaux par litre, ce qui demeure un exploit, mais ce n'est pas aussi impressionnant comme réalisation.

Les autres «correctifs» apportés à la S2000 pour l'année-modèle: une suspension arrière légèrement assouplie et des pneus plus larges montés sur des jantes de 17 pouces. Ces deux changements ont été faits afin de corriger la tendance au survirage qu'exhibait la première

»» FEU VERT
› Moteur performant à haut régime
› Boîte de vitesses remarquablement précise
› Tempérament sportif
› Freinage puissant

»» FEU ROUGE
› Manque de couple à bas régime
› Usage limité
› Légère tendance au survirage
› Faible volume du coffre

version de la S2000, et qui a parfois pris par surprise certains conducteurs trop téméraires. D'ailleurs lors de mes premiers tours de piste avec la S2000 sur le circuit de Calgary, j'avais constaté ce comportement au premier virage qui suit la longue droite de la piste d'accélération. Il fallait alors être très attentif aux réactions ultra-sensibles de la voiture à cet endroit, et lorsque j'en ai parlé aux ingénieurs, ceux-ci m'ont expliqué qu'elle avait les mêmes axes de roulis que la Acura NSX à l'avant comme à l'arrière. Sauf que la NSX était une voiture à moteur central et que le moteur de la S2000 était bien sûr localisé à l'avant, ce qui la rendait plus sensible lors de l'entrée d'un virage, l'avant s'inscrivant rapidement en courbe et l'arrière ayant une tendance à décrocher. Évidemment, cette condition ne se manifestait qu'à l'extrême limite de l'adhérence, et en conduite normale la voiture n'affichait cette tendance que légèrement. Mais il faut croire que certains propriétaires ont choisi, peut-être malgré eux, de faire l'expérience de la conduite extrême sur les routes publiques avec de fâcheuses conséquences comme résultat… Les changements apportés ont donc eu pour effet de réduire cette tendance au survirage qui est cependant toujours présente quoiqu'à un degré moindre.

L'habitacle de la S2000 propose un environnement austère dans le plus pur esprit d'une voiture de compétition. Le tableau de bord n'est pas composé des traditionnels cadrans, mais présente plutôt l'information sous forme numérique alors que la chaîne stéréo se cache derrière une plaque métallique. Le pédalier ajouré et le pommeau du levier de vitesses ajoutent à cette présentation plus sportive. Parmi les points faibles, on peut relever que les rangements à bord sont limités tout comme le volume du coffre, et que la colonne de direction n'est pas ajustable, ce qui représente un réel handicap pour les conducteurs de grande taille.

Sur le plan visuel, les révisions au moteur et au châssis s'accompagnent de légères retouches esthétiques aux parties avant et arrière de la voiture qui conserve toutefois l'allure racée du tout premier modèle.

La S2000 demeure une voiture qui représente un véritable tour de force sur le plan technique et qui est toujours fidèle au concept de base. Même si plusieurs changements y ont été apportés, les ingénieurs de Honda ont réussi à l'améliorer sans toutefois la dénaturer. Pour l'apprécier à sa juste valeur, il faut cependant la considérer comme l'équivalent d'une moto à quatre roues, et donc s'en servir à l'occasion pour ressentir une poussée d'adrénaline. Pour la vie de tous les jours, le choix d'une S2000 est moins évident, dans la mesure où elle demande certains sacrifices de la part du conducteur pour ce qui est du confort et des considérations pratiques. Mais une chose est certaine, tous les amateurs de performances seront servis par ce roadster et tous sont heureux qu'un tel jouet existe.

Gabriel Gélinas

DONNÉES TECHNIQUES

Prix du modèle à l'essai :	49 840 $
Échelle de prix :	44 000 $ à 56 000 $
Version(s) disponible(s) :	version unique
Garanties :	3 ans 60 000/5 ans 100 000
Catégorie :	roadster
Emp./Long./Lar./Haut.(cm) :	240/412/175/127
Poids :	1 290 kg
Coffre/Réservoir :	152/50 litres
Coussins de sécurité :	frontaux
Suspension avant :	indépendante, bras inégaux
Suspension arrière :	indépendante, bras inégaux
Freins av./arr. :	disque (ABS)
Antipatinage/Contrôle de stabilité :	oui/oui
Direction :	à crémaillère, assistée
Diamètre de braquage :	10,8 m
Pneus av./arr. :	P215/45R17 P245/40R17

GROUPE MOTOPROPULSEUR ET RENDEMENT

Moteur :	4L 2,2 litres 16s (87,0 x 90,7)
Puissance :	240 ch (179 kW) à 7 800 tr/mn
Couple :	162 lb-pi (220 Nm) à 6 500 tr/mn
Autre(s) moteur(s) :	seul moteur offert
Transmission :	propulsion, manuelle 6 rapports
Autre(s) transmission(s) :	aucune
Accélération 0-100 km/h :	6,2 s
Reprises 80-120 km/h :	6,2 s
Freinage 100-0 km/h :	37,0 m
Vitesse maximale :	240 km/h
Indice de performance longitudinale :	n.d.
Consommation (100 km) :	super, 11,1 litres
Autonomie :	450 km

DANS LA MÊME CATÉGORIE
Audi TT Roadster - BMW Z4
Mercedes-Benz SLK - Porsche Boxster

DU NOUVEAU EN 2005
Aucun changement majeur

HISTORIQUE DU MODÈLE
1ère génération

DATE DE RENOUVELLEMENT
2007

NOS IMPRESSIONS

Agrément de conduite :	4/5
Fiabilité :	4/5
Sécurité :	4½/5
Qualités hivernales :	3/5
Espace intérieur :	3/5
Confort :	3/5

LE CHOIX DE L'ÉQUIPE
Modèle unique

Guide de l'auto 2005

HUMMER H2/H2 SUT

LA BRUTE SE RAFFINE

Il est vrai que la popularité du Hummer H2 a chuté au cours des 12 derniers mois, son arrivée sur le marché en 2003 a été tout un phénomène. En dépit d'une silhouette carrée à l'extrême, d'un encombrement hors norme et d'un prix très costaud, les gens se l'arrachaient. Le caractère macho du Hummer, son apparence intimidante et la légende de son prédécesseur, tout cela a permis de créer un engouement à travers toute l'Amérique.

Et avant de passer ce véhicule au crible et de l'accuser d'être trop gros, de posséder des fenêtres trop petites et d'être trop haut, il faut toujours se rappeler qu'il est dérivé du Hummer H1, lui-même une incarnation civile d'un véhicule militaire, le légendaire Humvee des forces armées américaines, qui a connu sa part de déboires en Iraq. Mais si ce dernier est vulnérable aux lance-roquettes des contestataires irakiens, le H2 semble être construit à toute épreuve. Du moins pour se promener en ville ou rouler en forêt.

Pour jouer aux matamores, il faut être fait solide et le H2 possède tous les ingrédients nécessaires. Son châssis autonome a été emprunté aux camionnettes Chevrolet Silverado/GMC Sierra 2500, tandis que le moteur est un gros V8 6,0 litres. Il est le seul groupe propulseur disponible et il produit 325 chevaux cette année, un gain de neuf chevaux par rapport à 2004. Ce qui n'est pas superflu étant donné que le H2 fait osciller la balance à tout près de trois tonnes. Ce gros V8 est couplé à une transmission automatique à quatre rapports. Comme il se doit, la transmission intégrale est de série. Elle comprend un différentiel central en plus d'un autre à chaque extrémité. Il est possible de verrouiller les différentiels central et arrière. J'ai eu l'occasion de mettre le H2 à l'épreuve sur une piste d'essai spéciale au centre d'essai de Milford au Michigan, et force est d'admettre que ce gros costaud est capable de franchir bien des obstacles. Il est en plus capable de grimper une pente de 60 degrés et de circuler au milieu d'un ruisseau d'une profondeur de 50 cm. Ajoutons pour terminer que la garde au sol est de 25 cm. Et comme si cela n'était pas suffisant, les organes mécaniques sont protégés contre les chocs par d'épaisses plaques métalliques.

CONFORT?

Malgré ses allures de boîte en métal sur roues, l'habitacle du Hummer est d'un confort surprenant, pour autant qu'on ait été assez souple pour grimper à bord, ce qui nécessite de lever

» FEU VERT
› Robustesse assurée
› Rouage intégral efficace
› Moteur bien adapté
› Habitacle confortable
› Version SUT

» FEU ROUGE
› Encombrement indécent
› Consommation élevée
› Fiabilité à améliorer
› Habitabilité moyenne
› Accès à bord difficile

H2/H2 SUT

la jambe assez haut. Les marchepieds sont pratiques, mais ils doivent être enlevés lorsque le temps est venu de s'attaquer sérieusement à des sentiers hors catégorie. Opération relativement facile qui consiste à enlever quelques boulons.

Une fois à bord, le tableau de bord impressionne avec ses buses de ventilation proéminentes, sa console verticale, son levier de vitesses en forme de « L » inversé. Les stylistes ont accompli du bon travail. Par contre, il est surprenant de constater que l'habitabilité n'est pas tellement bonne en dépit des dimensions hors tout de ce véhicule. Malgré une visibilité arrière moyenne et un encombrement garanti, la conduite de ce Hummer est d'une grande facilité et le gros morceau est facile à piloter. De plus, en conduite hors route, vous avez une incroyable impression d'invulnérabilité. Il faut résister à ce sentiment, faute de quoi vous risquez de vous retrouver dans des situations difficiles. Le H2 a beau être un bon tout terrain, il y a des limites.

SUT ALORS ?

Cette année, le H2 est également offert en version camionnette utilitaire d'où le nom de « SUT », l'abréviation de « Sport Utility Truck ». Comme son nom l'indique, la partie arrière du H2 régulier a été remplacée par une boîte de chargement. Ce qui contribue à donner à ce Hummer une silhouette bien à part. Mais il ne s'agit pas uniquement d'une camionnette comme toutes les autres. Les ingénieurs ont eu la bonne idée de le doter du « Midgate » de la Chevrolet Avalanche. Ce mécanisme permet de replier la cloison arrière de la cabine à l'intérieur de l'habitacle afin d'allonger la caisse de chargement. Ce faisant, le H2 SUT devient encore plus polyvalent tout en conservant les qualités de véritable passe-partout grand format du H2 régulier. Cette boîte est de 122 cm par 244 cm une fois le panneau de la cabine abaissé. Comme il se doit sur un modèle de nature plus exclusive, l'habitacle est doté de sièges à sellerie de cuir. Enfin, au simple toucher d'un bouton, toutes les glaces s'abaissent de même que la lunette arrière. Un autre bouton permet de faire de même avec le toit ouvrant.

Il ne faudrait pas se surprendre si le H2 SUT devient la saveur à la mode en 2005 parmi les amateurs de « grosses bébelles sur roues ». Si vous vous demandez ce qu'il advient du H1, ce véhicule antédiluvien est toujours sur le marché, mais en version 2004 seulement. En clair, la compagnie écoule les stocks avant de lui dire adieu ou encore de le remplacer par une toute nouvelle version qui sera, vous l'avez deviné, encore plus grosse que le modèle qu'elle remplacera en 2006.

Si vous voulez mon avis, je suis davantage partisan de l'arrivée d'un modèle H3 plus petit, plus agile et surtout plus raisonnable. C'est beaucoup plus sage que d'espérer le retour d'un H1 gargantuesque qui n'a pas sa place dans le garage de la quasi-totalité des automobilistes.

Denis Duquet

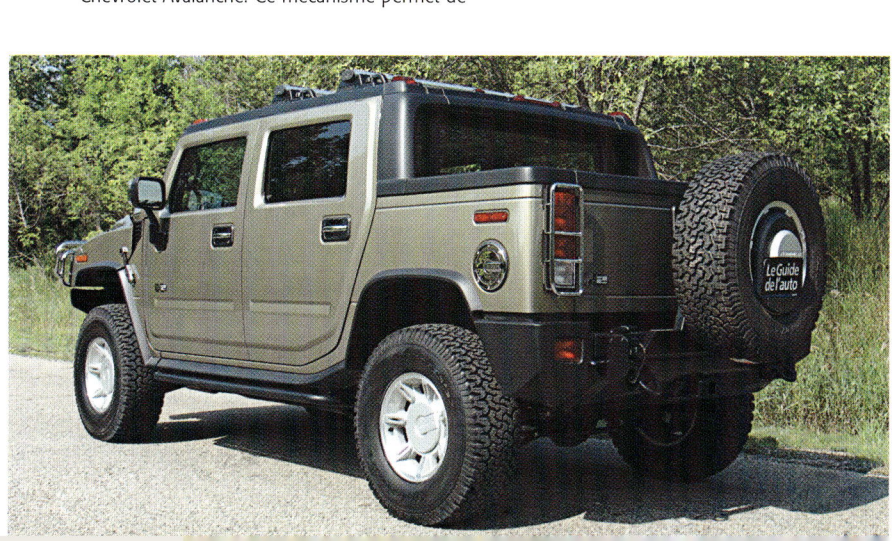

DONNÉES TECHNIQUES

Prix du modèle à l'essai :	73 595 $
Échelle de prix :	71 600 $ à 76 995 $
Version(s) disponible(s) :	H2, H, SUT
Garanties :	3 ans 60 000/3 ans 60 000
Catégorie :	utilitaires sport
Emp./Long./Lar./Haut.(cm) :	312/482/206/198
Poids :	2 909 kg
Coffre/Réservoir :	1 132 à 2 451/121 litres
Coussins de sécurité :	frontaux et latéraux (av.)
Suspension avant :	indépendante, barres de torsion
Suspension arrière :	essieu rigide, multibras
Freins av./arr. :	disque (ABS)
Antipatinage/Contrôle de stabilité :	oui/non
Direction :	à crémaillère, ass. variable
Diamètre de braquage :	13,3 m
Pneus av./arr. :	LT315/70R17

GROUPE MOTOPROPULSEUR ET RENDEMENT

Moteur :	V8 6.0 litres 16s (101,6 x 92,0)
Puissance :	325 ch (242 kW) à 5200 tr/mn
Couple :	365 lb-pi (495 Nm) à 4000 tr/mn
Autre(s) moteur(s) :	seul moteur offert
Transmission :	intégrale, automatique 4 rapports
Autre(s) transmission(s) :	aucune
Accélération 0-100 km/h :	11,3 s
Reprises 80-120 km/h :	10,4 s
Freinage 100-0 km/h :	47,0 m
Vitesse maximale :	165 km/h
Indice de performance longitudinale :	3,91 m/s/s
Consommation (100 km) :	ordinaire, 19,5 litres
Autonomie :	621 km

DANS LA MÊME CATÉGORIE
Range Rover-Lexus LS470-Lincoln Navigator

DU NOUVEAU EN 2005
Moteur plus puissant, Version SUT, Intérieur de luxe en option

HISTORIQUE DU MODÈLE
1ière génération

DATE DE RENOUVELLEMENT
2009

NOS IMPRESSIONS

Agrément de conduite :	4/5
Fiabilité :	4½/5
Sécurité :	5/5
Qualités hivernales :	5/5
Espace intérieur :	4/5
Confort :	4½/5

LE CHOIX DE L'ÉQUIPE
H2 SUT

Guide de l'auto 2005

HYUNDAI ACCENT

COMME AU DOLLORAMA !

Le Québec, société distincte, est fervent amateur de « beau, bon, pas cher », et ce, dans toutes les sphères économiques. L'automobile n'y échappe pas et des véhicules peu dispendieux comme l'Accent de Hyundai se retrouvent régulièrement parmi les voitures les plus populaires. Pour l'entreprise coréenne, l'Accent représente d'ailleurs, au Québec, 45 % des ventes. C'est ce qui arrive quand on offre une voiture honnête, sans prétention et économique !

L'Accent est arrivée sur le marché en 1995 en remplacement de l'hilarante Excel (hilarante pour ceux qui n'en possédaient pas une, s'entend…) Sérieusement revue en 2000, elle nous revient inchangée cette année, dans l'attente d'une refonte complète l'an prochain. Lors d'un match comparatif en 2004, elle avait fait fort belle figure, terminant en deuxième position. La première avait échoué à la très douée Toyota Echo tandis que la Kia Rio et la Smart avaient terminé respectivement troisième et quatrième.

PETITE ÉCURIE

Sur le plan mécanique, Hyundai fait toujours appel au quatre cylindres de 1,6 litre qui développent 105 chevaux. Ces quelques équidés se montrent malgré tout suffisants pour assurer à cette sous-compacte des performances correctes à défaut d'être sportives. Ce moteur, à la sonorité infiniment peu agréable, est accouplé à une transmission manuelle à cinq rapports au maniement imprécis ou à une automatique à quatre rapports qui travaille à la même vitesse qu'une équipe de voirie. Par contre, plusieurs lui préfèrent la manuelle, cette dernière se révélant bien étagée et autorisant de meilleures reprises tout en économisant davantage d'essence.

Les suspensions indépendantes assurent une tenue de route saine mais dépourvue de tout agrément. D'ailleurs, avec des pneus de 13 po (l'Accent est l'une des dernières, sinon la dernière, à utiliser cette dimension), il ne faut pas s'étonner que la voiture, si elle est poussée le moindrement en courbe, prenne du roulis et sous-vire. Malgré tout, ce n'est pas dramatique si la personne qui conduit adopte un comportement sécuritaire. La berline et le modèle à hayon GSi reçoivent des pneus de 14 po qui offrent des sensations légèrement (le mot est sciemment choisi) plus affûtées. La mécanique, par contre, demeure inchangée. Tous les modèles de la gamme sont ralentis par un duo de freins à disque et à tambour, relativement efficace. Malheureusement, il n'y a aucun ABS offert, même en option. Sur une route bosselée,

»» FEU VERT
- Comportement routier adéquat
- Prix quelquefois très intéressants
- Performances correctes
- Finition sérieuse
- Fiabilité honnête

»» FEU ROUGE
- Prix de certaines versions (ou options) décevants
- Insonorisation inexistante
- Transmission automatique peu enthousiaste
- ABS même pas offert en option
- Pas de coussin gonflable pour passager

Guide de l'auto 2005

les suspensions maintiennent un bon niveau de confort mais n'assurent pas un contact adéquat des pneus avec la chaussée. Une suggestion dans une telle situation : ralentir. Au moins, le rayon de braquage est court et l'Accent se stationne en moins de deux dans un espace restreint. Parfait pour le centre-ville !

UN CLIMATISEUR ? PAS BESOIN DE ÇA, MOI…

On retrouve toujours au catalogue la berline et le "hatchback". Ce dernier s'offre en deux niveaux de présentation : GS et GSi, cette dernière livrée se voulant la « sportive » de la gamme. Un seul modèle à quatre portières, le GL, est disponible. Bien entendu, si vous désirez un véhicule en deçà de 13 000 $, la GS s'impose, mais il faudra vous passer de quelques accessoires anodins tels que climatiseur, vitres électriques, radio (!), transmission automatique et direction assistée. Chacun de ces éléments peut être obtenu en option mais le prix de base ne tiendra plus… Ce qui fait dire à plusieurs que l'aubaine n'est pas si aubaine que ça. Dans un sens, ils ont raison. N'empêche que Hyundai est un des seuls manufacturiers (avec Kia et sa Rio) à offrir une voiture sous les 13 000 $… avant taxes, bien entendu.

À l'intérieur, l'esthétique n'est pas nécessairement tordante mais elle se veut tout de même respectable et dans la norme des voitures de cette catégorie. Les plastiques, et Dieu sait qu'il y en a beaucoup, ne font pas trop bas de gamme tandis que le tissu des sièges, pas très beau, affiche une rugosité qui laisse présager une bonne résistance. On trouve rapidement une bonne position de conduite et tous les accessoires (il y en a si peu…) sont placés de façon ergonomique. La radio possède de gros boutons faciles à manipuler mais la sonorité des haut-parleurs est franchement pauvre. On ne peut passer sous silence l'absence d'un coussin gonflable pour le passager avant. Vite, la prochaine génération de l'Accent ! Quiconque désirant s'installer à l'arrière du "hatchback" doit posséder des talents de contorsionniste. Une fois assis sur une banquette ma foi plutôt confortable, les claustrophobes remarquent aussitôt que les vitres arrière ne s'ouvrent pas. Même si on y retrouve trois ceintures de sécurité, deux personnes seulement peuvent y loger. Trois passagers ? À moins de vouloir jouer un bon tour à trois de vos pires ennemis, je ne vois pas l'intérêt… Naturellement, la version trois portes avec son hayon et la banquette rabattable 60/40 peut engloutir d'assez gros objets. Rien par contre pour donner des sueurs froides au clan Panneton.

Si la Hyundai Accent est une voiture populaire, ce n'est pas le fruit du hasard. De plus en plus fiable, de mieux en mieux finie, offerte à des prix alléchants et pas laide du tout, elle a su faire sa niche sur le marché. Et pour le prix, on est prêt à lui pardonner bien des petites choses !

Alain Morin

ACCENT

DONNÉES TECHNIQUES

Prix du modèle à l'essai :	GL 4 P, 15 250 $
Échelle de prix :	14 595 $ à 17 500 $
Version(s) disponible(s) :	sous-compacte
Garanties :	5 ans 100 000/7 ans 120 000
Catégorie :	sous-compactes
Emp./Long./Lar./Haut.(cm) :	244/422/167,5/139,5
Poids :	992 kg
Coffre/Réservoir :	375/45 litres
Coussins de sécurité :	frontal (conducteur)
Suspension avant :	indépendante, jambes de force
Suspension arrière :	indépendante, multibras
Freins av./arr. :	disque/tambour
Antipatinage/Contrôle de stabilité :	non/non
Direction :	à crémaillère, assistée
Diamètre de braquage :	9,7 m
Pneus av./arr. :	P185/60R14

GROUPE MOTOPROPULSEUR ET RENDEMENT

Moteur :	4L 1,6 litre (76.5 x 87)
Puissance :	104 ch (78 kW) à 5800 tr/mn
Couple :	106 lb-pi (144 Nm) à 3000 tr/mn
Autre(s) moteur(s) :	seul moteur offert
Transmission :	traction, manuelle 5 rapports
Autre(s) transmission(s) :	automatique 4 rapports
Accélération 0-100 km/h :	12 s
Reprises 80-120 km/h :	11,5 s
Freinage 100-0 km/h :	43,2 m
Vitesse maximale :	175 km/h
Indice de performance longitudinale :	11,01 m/s
Consommation (100 km) :	ordinaire, 8,5 litres
Autonomie :	529 km

DANS LA MÊME CATÉGORIE
Chevrolet Aveo-Kia Rio-Suzuki Swift+-Toyota Echo

DU NOUVEAU EN 2005
Rien de neuf

HISTORIQUE DU MODÈLE
2ème génération

DATE DE RENOUVELLEMENT
2006

NOS IMPRESSIONS

Agrément de conduite :	🚗🚗🚗🚗
Fiabilité :	🚗🚗🚗🚗
Sécurité :	🚗🚗
Qualités hivernales :	🚗🚗🚗🚗½
Espace intérieur :	🚗🚗🚗🚗
Confort :	🚗🚗🚗🚗

LE CHOIX DE L'ÉQUIPE
GL

Guide de l'auto 2005

HYUNDAI ELANTRA

LA PASSION DU QUOTIDIEN

Le quotidien, c'est banal. Se lever, manger, travailler au même endroit jour après jour, ça finit par tomber sur les nerfs, sauf si on aime son job! La Hyundai Elantra se veut une voiture tout ce qu'il y a de plus ordinaire… mais elle y met du cœur! Ce qui, finalement, en fait une voiture un peu moins ordinaire et un peu plus agréable qu'il n'y paraît à première vue.

L'Elantra 2005 est proposée, tout comme l'année dernière, en trois niveaux de présentation, soit: GL, VE et GT. Les deux premières dénominations s'attachent à la berline tandis que la GT est une sorte de hatchback (hayon) qui se veut plus sportive (on parle de la sorte). Nous y reviendrons. Seuls quelques détails de présentation et de niveau d'équipement différencient les versions GL et VE. Par exemple, la climatisation, en équipement standard sur la VE, n'est offerte qu'en option (installée chez le concessionnaire) sur la GL. Quant aux glaces électriques, régulateur de vitesse et rétroviseurs chauffants, ils ne sont l'apanage que de la version VE. La GT, elle, avec son hayon très pratique mais un peu dur à fermer, a droit à l'ordinateur de bord, au volant gainé de cuir, aux freins à disques aux quatre roues, aux roues en alliage et autres douceurs du genre.

Qu'il s'agisse de la berline ou de la GT, les organes mécaniques demeurent les mêmes. Le moteur quatre cylindres de 2,0 litres ne fait pas nécessairement dans la douceur, mais ses prestations sont correctes même si la puissance à bas régime pourrait se montrer un peu plus intéressée. De plus, il manque un peu d'isolant et, en accélération, le moteur se fait joyeusement entendre! Parlant d'accélérations, elles se situent dans la bonne moyenne avec un 0-100 aux alentours de 11 secondes. Deux transmissions sont au programme: une manuelle à cinq rapports bien étagée et passablement agréable à manipuler, et une automatique à quatre rapports qui se fait un peu nonchalante à certains moments. Cette dernière boîte est optionnelle sur tous les modèles. Au chapitre du freinage, l'Elantra berline fait appel au duo disques/tambours et l'ABS n'est point au menu. La GT, elle, peut compter sur quatre disques mais l'ABS demande un supplément, ce qui, selon moi, demeure une triste aberration! Les divers éléments mécaniques ne remporteront jamais de prix pour leur avant-gardisme, mais leur simplicité avantagera grandement le portefeuille du propriétaire lorsque viendra le temps de l'entretien! Par contre, le dessous

»» FEU VERT
› Rapport qualité/prix intéressant
› Version GT plus conviviale
› Entretien peu onéreux
› Suspensions confortables
› Tenue de route sans surprise

»» FEU ROUGE
› Lignes peu alléchantes
› Éléments de sécurité optionnels
› Insonorisation déficiente
› Performances un peu justes
› Radio peu convaincante

de la voiture révèle une protection contre la rouille appliquée de façon très sommaire et il ne serait pas futile de faire une petite visite chez un professionnel de l'antirouille.

SANS MAUVAISES SURPRISES

Je ne connais personne qui soit sorti transformé après une première prise en main d'une Elantra. Ni de la deuxième… Le comportement routier se veut tout ce qu'il y a de plus prévisible. En conduite sportive, la caisse penche un peu et on sent beaucoup de roulis mais le sous-virage se maîtrise bien. Je parle ici autant de la berline que de la GT. Même si les suspensions de cette dernière sont calibrées de façon plus sportive, bien malin qui pourrait sentir la différence sur la route. Pire, lors du lancement de la 2004, l'an dernier, j'ai trouvé la GT plus confortable que la berline alors que des suspensions à caractère sportif devraient l'être moins! La GT reçoit, en option toujours, un système antipatinage pas nécessairement très raffiné mais qui diminue considérablement le sous-virage.

La berline et la GT se partagent un habitacle relativement joyeux malgré la profusion de plastiques noir de facture très bon marché. Les sièges se montrent confortables même si certains les trouvent trop durs. Des sièges de cuir sont offerts dans la GT mais il s'agit d'un cuir de qualité très moyenne (pour être poli!). L'espace en largeur est compté et il n'est pas rare que la personne qui conduit joue du coude avec le passager. La banquette arrière ne met pas trop de convictions dans ses fonctions. Son accès n'est guère aisé et elle se montre trop dure.

Curieusement, et sans doute l'exception qui confirme la règle, la place centrale, étant plus moelleuse, se révèle quasiment préférable même si elle ne profite pas d'appuie-tête. Les sièges se rabattent en deux parties pour agrandir un coffre autrement de bonnes dimensions même si on le souhaiterait un peu plus large.

Le tableau de bord est facile à consulter et rappelle un peu les SAAB avec ses buses de ventilation incorporées dans une sorte d'ellipse qui sert aussi de pare-soleil. Tout est à portée de la main et les principes de l'ergonomie sont respectés… Sauf pour la radio dont certaines commandes demandent réflexion, en particulier le bouton d'ajustement des différents paramètres. Cet accroc serait plus pardonnable si la qualité sonore était au rendez-vous…

L'Elantra est une automobile très importante pour Hyundai puisqu'elle a compté pour 27% de ses ventes en 2003. En fait, l'Elantra est sans doute la voiture la plus représentative du dynamisme de ce constructeur coréen qui a toujours su la faire évoluer et, plus important, la faire évoluer dans le bon sens! Les méchantes langues disent qu'en partant des tristement célèbres Pony et Stellar, Hyundai ne pouvait que s'améliorer… Ce n'est pas moi qui le dis, ce sont les autres, bon! Peu importe. L'Elantra n'est sans doute pas aussi raffinée que certaines de ses concurrentes (Honda Civic, Mazda3 et Toyota Corolla pour ne pas les nommer), mais elle se reprend amplement du côté de la garantie et du rapport qualité/prix.

Alain Morin

ELANTRA

DONNÉES TECHNIQUES

Prix du modèle à l'essai :	22 225 $
Échelle de prix :	15 895 $ à 23 425 $
Version(s) disponible(s) :	GL, VE et GT
Garanties :	5 ans 100 000/7 ans 120 000
Catégorie :	berlines compactes
Emp./Long./Lar./Haut.(cm) :	261/452/172/142,5
Poids :	1 265 kg
Coffre/Réservoir :	753 (365 pour berline)/55 litres
Coussins de sécurité :	frontaux
Suspension avant :	indépendante, jambes de force
Suspension arrière :	indépendante, multibras
Freins av./arr. :	disque (ABS opt.)
Antipatinage/Contrôle de stabilité :	oui (opt)/non
Direction :	à crémaillère, assistée
Diamètre de braquage :	9,9 mètres
Pneus av./arr. :	P195/60R15

GROUPE MOTOPROPULSEUR ET RENDEMENT

Moteur :	4L 2,0 litres (82 x 93.5)
Puissance :	138 ch (103 kW) à 6000 tr/mn
Couple :	136 lb-pi (184 Nm) à 4 500 tr/mn
Autre(s) moteur(s) :	seul moteur offert
Transmission :	traction, manuelle 5 rapports
Autre(s) transmission(s) :	automatique 4 rapports
Accélération 0-100 km/h :	10,9 s
Reprises 80-120 km/h :	11,7 s
Freinage 100-0 km/h :	43,2 m
Vitesse maximale :	190 km/h
Indice de performance longitudinale :	4,14 m/s/s
Consommation (100 km) :	ordinaire, 9,7 litres
Autonomie :	567 km

DANS LA MÊME CATÉGORIE
Chevrolet Cobalt-Ford Focus-Honda Civic-Kia Spectra Mazda3-Mitsubishi Lancer-Nissan Sentra-Toyota Corolla

DU NOUVEAU EN 2005
Aucun changement majeur

HISTORIQUE DU MODÈLE
3ième génération

DATE DE RENOUVELLEMENT
n.d.

NOS IMPRESSIONS

Agrément de conduite :	🚗🚗🚗½
Fiabilité :	🚗🚗🚗½
Sécurité :	🚗🚗🚗½
Qualités hivernales :	🚗🚗🚗🚗
Espace intérieur :	🚗🚗🚗🚗
Confort :	🚗🚗🚗🚗

LE CHOIX DE L'ÉQUIPE
GT

Guide de l'auto 2005

HYUNDAI SANTA FE

››› JOLI COMPROMIS !

Le Santa Fe, de concert avec la Tiburon, est sans doute le véhicule le plus connu de Hyundai. L'Accent se vend beaucoup plus, bien entendu, mais le Santa Fe jouit de cette aura bien particulière qui fait, à partir d'un véhicule somme toute ordinaire, la renommée d'un constructeur. Sans trop qu'il n'y paraisse, le Santa Fe est avec nous depuis 2001. L'an dernier, pour donner un peu de tonus aux ventes, le moteur 3,5 litres est arrivé à la rescousse.

Cette année, Hyundai apporte à son VUS quelques changements cosmétiques, question de le garder dans la course et, sans doute, de le démarquer de son nouveau frère, le Tucson, qui lui ressemble étrangement !

Le Santa Fe de base, le GL, reçoit un moteur quatre cylindres de 2,4 litres développant 138 chevaux et un couple de 147 lb-pi dès 3 000 tours/minute. Le GL est disponible en version traction uniquement avec boîte manuelle. Ce modèle, moins bien nanti au chapitre des performances et de l'équipement (tout de même assez relevé), n'est surtout pas à dédaigner si vous ne désirez pas vous aventurer hors de la ville. À un prix de base se situant aux alentours de 23 000 $ et une consommation d'essence d'environ 10 litres aux 100 km, ce Santa Fe convient à beaucoup de personnes… qui ne le savent pas puisque la plupart des gens ne jurent que par le V6 !

Pour ces gens et ceux qui en ont réellement besoin, deux V6 sont proposés. Le premier est le 2,7 litres accouplé uniquement avec la transmission automatique à quatre rapports avec Shiftronic. Il existe une configuration traction et une autre à quatre roues motrices. Curieusement, la demande pour la traction est beaucoup plus forte que ce qu'avait prévu Hyundai au début de l'expérience. Les consommateurs auraient-ils enfin compris que deux roues motrices, surtout si elles sont situées à l'avant, conviennent parfaitement la majorité du temps ? Ce moteur 2,7 litres se montre enjoué malgré sa triste relation avec l'automatique. On dirait un vieux couple et lorsque l'un veut s'amuser, l'autre refuse de coopérer, préférant sa bonne vieille routine ! Les suspensions n'autorisent aucune conduite sportive mais assurent un confort de bon aloi.

LA CAVALERIE EN RENFORT

Il y a aussi le V6 3,5 litres (disponible uniquement en livrée intégrale) qui ajoute une touche sportive à un VUS qui en manquait ! Les 200 chevaux de ce V6 ne provoquent pas de

››› FEU VERT
› Rapport équipement/prix avantageux
› Design encore dans le coup
› V6 3,5 litres/automatique 5 rapports bien adapté
› Nombreux espaces de rangement
› Version deux roues motrices disponible

››› FEU ROUGE
› Plastiques et cuirs peu raffinés
› Capacités hors route limitées
› Fiabilité encore imparfaite
› Valeur de revente très moyenne
› Véhicule lourd

SANTA FE

crise d'hystérie chez les chronomètres et c'est à se demander s'il vaut vraiment la peine de le choisir plutôt que le 2,7. Par contre, la souplesse et l'agrément de ce 3,5 litres compensent un peu. Aussi, il m'a semblé que les suspensions étaient plus rigides même si la fiche technique de Hyundai ne fait aucunement mention de suspensions spécialement calibrées pour le 3,5 litres. Cette version reçoit, en équipement standard, des freins ABS (de même que la GLS intégrale 2,7 litres) et un dispositif antipatinage relativement efficace lors d'accélérations. Si les freins assurent des distances d'arrêt correctes, ils s'échauffent rapidement et il faut déplorer le fait que le moteur ait quelquefois tendance à caler si on tente d'accélérer à fond après un arrêt brusque. La transmission automatique à cinq rapports avec Shiftronic, la seule disponible sur ce modèle, se montre bien adaptée même si, à l'occasion, elle passe les vitesses un peu sèchement. La partie manuelle de cette boîte joue bien son jeu, mais il faut demeurer vigilant si on veut s'en servir pour faire des temps d'accélération canon ou des reprises de type panique alors que la troisième vitesse peut s'engager trop rapidement, sans l'intervention du conducteur. Déroutant !

COUREUR DES BOIS EN HABITS DU DIMANCHE

Peu importe qu'il s'agisse de la version de base ou de la plus garnie, il y a des choses immuables dans un Santa Fe. Tout d'abord, la finition, autant extérieure qu'intérieure, s'attire rarement des commentaires négatifs même si les plastiques de l'habitacle et le cuir des sièges semblent avoir été achetés à rabais dans une vente-débarras. Les sièges se révèlent relativement confortables et même la place arrière centrale n'est pas trop démunie à ce sujet ! Plus important, le système de traction intégrale n'obtiendra jamais la Médaille du Gouverneur pour vous avoir sorti du pétrin dans le fin fond d'un bois. Certes, l'intégrale permet de passer là où une Sonata s'empêtrerait (j'ai choisi la Sonata parce que le Santa Fe est construit sur le même châssis, modifié faut-il préciser !) mais laisserait filer un Subaru Forester plus agile en conduite hors route. Ce système de traction intégrale, conçu par Borg-Warner, transfère automatiquement le puissance des roues avant aux roues arrière dès que la premières patinent. Au-dessous du Santa Fe, on a appliqué une très mince couche d'antirouille. Un peu plus de générosité, gens de chez Hyundai !

Le Santa Fe est un véhicule utilitaire sport qui se veut beaucoup plus utilitaire que sportif. Mais dans ce marché encombré et lucratif, il tire son épingle du jeu en offrant sa jolie silhouette, un équipement de série relevé et un prix bien étudié. On lui pardonne alors ses petites sautes d'humeur mécaniques et électroniques !

Alain Morin

DONNÉES TECHNIQUES

Prix du modèle à l'essai :	33 695 $
Échelle de prix :	21 395 $ à 34 295 $
Version(s) disponible(s) :	GL, GLS
Garanties :	5 ans 100 000/7 ans 120 000
Catégorie :	utilitaires sport compact
Emp./Long./Lar./Haut.(cm) :	262/450/182/167,5
Poids :	1 790 kg
Coffre/Réservoir :	864 à 2 209/72 litres
Coussins de sécurité :	frontaux et latéraux (av.)
Suspension avant :	indépendante, jambes de force
Suspension arrière :	indépendante, multibras
Freins av./arr. :	disque (ABS)
Antipatinage/Contrôle de stabilité :	oui/non
Direction :	à crémaillère, assistée
Diamètre de braquage :	11,3 m
Pneus av./arr. :	P225/70R16

GROUPE MOTOPROPULSEUR ET RENDEMENT

Moteur :	V6 3,5 litres (93,0 x 85,8)
Puissance :	200 chevaux (149 kW) à 5 500 tr/mn
Couple :	219 lb-pi (297 Nm) à 3 500 tr/mn
Autre(s) moteur(s) :	4L 2,4l 138 ch, V6 2,7l 182 ch
Transmission :	intégrale, automatique 5 rapports
Autre(s) transmission(s) :	automatique 4 rapports, manuelle 5 rapports
Accélération 0-100 km/h :	9,8 s
Reprises 80-120 km/h :	7,5 s
Freinage 100-0 km/h :	37,2 m
Vitesse maximale :	190 km/h
Indice de performance longitudinale :	4,89 m/s/s
Consommation (100 km) :	ordinaire, 11,8 litres
Autonomie :	610 km

DANS LA MÊME CATÉGORIE

Ford Escape-Honda CRV-Jeep Liberty-Kia Sorento
Mazda Tribute-Mitsubishi Outlander-Nissan Xterra
Saturn VUE-Subaru Forester
Suzuki Grand Vitara-Toyota RAV4

DU NOUVEAU EN 2005

Partie arrière, grille, radiateur et quelques garnitures retouchées, nouveau design de roues

HISTORIQUE DU MODÈLE

1ère génération

DATE DE RENOUVELLEMENT

2008

NOS IMPRESSIONS

Agrément de conduite :	🚗🚗🚗🚗
Fiabilité :	🚗🚗🚗🚗
Sécurité :	🚗🚗🚗🚗
Qualités hivernales :	🚗🚗🚗🚗
Espace intérieur :	🚗🚗🚗🚗½
Confort :	🚗🚗🚗🚗½

LE CHOIX DE L'ÉQUIPE

GLS 2,7 AWD

Guide de l'auto 2005

HYUNDAI SONATA

L'ANCIENNE QUÉBÉCOISE...

Eh oui! Il s'agit bien de la Sonata qui a été produite un temps (un court temps...) dans une usine spécialement érigée pour elle à Bromont, dans les Cantons-de-l'Est. Tous les espoirs étaient alors permis pour l'industrie automobile au Québec. On connaît la suite... Mais la Sonata d'aujourd'hui n'a plus rien à voir avec le modèle d'il y a quinze ans.

Elle me fait même penser à une personne qui quitte une région pour y revenir bien des années plus tard, riche et célèbre. Bon, j'exagère encore un peu mais la Sonata s'est bâti une jolie réputation et elle fait maintenant partie des incontournables de la catégorie. La Sonata demeure inchangée cette année et on parle d'un renouvellement l'an prochain. C'est à suivre. Pour le moment, cette berline intermédiaire nous est proposée en trois versions, soit GL, GL V6 et GLX V6. Les plus perspicaces auront deviné que la GL tout court n'est pas propulsée par un V6 mais bien par un quatre cylindres de 2,4 litres. Ses 138 chevaux se montrent peu impressionnants bien qu'ils fassent «la job» comme on dit au Québec. Ils se montrent bruyants en accélération mais ont l'avantage de consommer avec modération ce liquide appelé essence qui tend de plus en plus à nous appauvrir. Cette version de base de la Sonata est aussi un peu plus chiche au chapitre de l'équipement même si les principaux éléments sont présents. On parle ici du climatiseur, des commandes électriques des vitres, des portières, des rétroviseurs (antigivrants, pardon) et de la radio AM/FM à lecteur CD.

LE CHOIX ENTRE «PAS SPORTIVE» ET «PEU SPORTIVE»

Pour un tant soit peu de performances et d'agrément de conduite, il faut opter pour le V6. D'une cylindrée de 2,7 litres, il se montre beaucoup plus doux que le quatre cylindres et aussi plus performant. Certes, vous comprendrez qu'on ne parle pas d'une bombe ici mais, au moins, ses 170 chevaux répondent à l'appel de l'accélérateur. L'an dernier, le confrère Duquet se demandait si le 3,5 litres du Santa Fe ne pourrait pas se retrouver dans la Sonata... Ce n'est malheureusement pas arrivé. Alors je réitère sa demande! Une seule transmission relaie la puissance aux roues avant de tous les modèles, qu'ils possèdent quatre ou six cylindres. Il s'agit d'une automatique à quatre rapports avec Shiftronic qui

»» FEU VERT
› Excellent rapport prix/équipement
› Confort apprécié
› Fiabilité en progrès constant
› Tenue de route correcte
› Grand coffre

»» FEU ROUGE
› Moteurs un peu justes
› Suspensions manquent de rigueur
› Finition quelquefois lâche
› Sécurité prise à la légère
› Intérieur banal

SONATA

accorde la possibilité de passer manuellement les vitesses. Cette transmission, quoiqu'un peu lente à l'occasion, fonctionne généralement sans accrocs. La suspension, indépendante aux quatre roues, demeure la même pour toutes les livrées. Calibrée en fonction du confort plutôt qu'en fonction de la tenue de route, on ne s'étonnera pas que la Sonata cherche à s'écraser de tout son poids dès qu'on la brusque un peu. Bien qu'il s'agisse d'une voiture sous-vireuse, le comportement routier se révèle très correct et demeure prévisible. Un simple relâchement de l'accélérateur règle habituellement le problème. De toute façon, les sièges, au demeurant très confortables, n'offrent aucun support latéral. Si vous sentez votre dos glisser, c'est que vous allez trop rapidement pour votre Sonata! C'est sans doute au chapitre du freinage que cette automobile déçoit le plus. En effet, les freins ABS ne sont disponibles, en équipement de série, que sur la GLX V6. Les autres versions n'y ont pas droit, même en option! Toujours au chapitre de la sécurité, on ne peut passer sous silence l'absence de coussins gonflables latéraux. Il est certain que des rétroviseurs chauffants sont plus «vendeurs» dans une salle de démonstration mais je persiste à croire que la sécurité devrait primer. Enfin, passons…

Soulignons que la GL roule sur des pneus de 15 po tandis que les autres Sonata le font sur des pneus de 16 po qui assurent un meilleur confort et une tenue de route un tantinet (très tantinet) plus affûtée.

QUAND LA PASSION N'Y EST PAS…

Ce n'est certes pas à cause de son habitacle révolutionnaire et totalement disjoncté que la Sonata connaît de belles ventes… En fait, c'est le calme le plus plat au niveau de la présentation. Comme on l'a vu précédemment, tout l'équipement désiré est là, sous la main mais pour la passion, on repassera. Les différentes appliques de bois du modèle à l'essai apportaient un peu de joie de vivre, tandis que la visibilité ne s'attire aucun reproche. Au fil des années, la qualité des matériaux s'est grandement améliorée. Les plastiques, par exemple, ne semblent plus provenir des rebuts de Lada. La banquette arrière, plus ou moins confortable, se rabat de façon 60/40 pour accroître les capacités déjà convenables du coffre.

La Hyudai Sonata a su faire son chemin jusqu'à maintenant sans trop se faire remarquer. En fait, elle a représenté pour le Québec, en 2003, 11 % des ventes de Hyundai, soit à peine moins que le Santa Fe. Le prix très bien étudié de la Sonata, son niveau d'équipement complet, sa fiabilité qui s'est joyeusement améliorée et sa carrosserie ma foi fort bien tournée sont ses principaux atouts. Pour l'an prochain, espérons une Sonata un brin plus sportive et un habitacle moins triste.

Alain Morin

DONNÉES TECHNIQUES

Prix du modèle à l'essai:	GLX, 27 695 $
Échelle de prix:	22 895 $ à 29 695 $
Version(s) disponible(s):	GL, GL V6 et GLX V6
Garanties:	5 ans 100 000/7 ans 120 000
Catégorie:	berlines
Emp./Long./Lar./Haut.(cm):	270/475/182/142
Poids:	1 468 kg
Coffre/Réservoir:	399/65 litres
Coussins de sécurité:	frontaux
Suspension avant:	indépendante, multibras
Suspension arrière:	indépendante, multibras
Freins av./arr.:	disque
Antipatinage/Contrôle de stabilité:	non/non
Direction:	à crémaillère, assistée
Diamètre de braquage:	11,6 m
Pneus av./arr.:	P205/60R16

GROUPE MOTOPROPULSEUR ET RENDEMENT

Moteur:	V6 2,7 litres (86,7 x 75,0)
Puissance:	170 ch (127 kW) à 6000 tr/mn
Couple:	181 lb-pi (245 Nm) à 4000 tr/mn
Autre(s) moteur(s):	4L 2,4 litres 138 ch
Transmission:	traction, automatique 4 rapports
Autre(s) transmission(s):	aucune
Accélération 0-100 km/h:	8,7 s
Reprises 80-120 km/h:	7,7 s
Freinage 100-0 km/h:	40,4 m
Vitesse maximale:	195 km/h
Indice de performance longitudinale:	4.72 m/s/s
Consommation (100 km):	ordinaire, 10,5 litres
Autonomie:	619 km

DANS LA MÊME CATÉGORIE

Chevrolet Malibu-Chrysler Sebring-Ford Taurus
Honda Accord-Kia Magentis-Mazda6-Mitsubishi Galant
Nissan Altima-Saturn L-Toyota Camry

DU NOUVEAU EN 2005

Aucun changement

HISTORIQUE DU MODÈLE

3ème génération

DATE DE RENOUVELLEMENT

2006

NOS IMPRESSIONS

Agrément de conduite:	🚗🚗🚗🚗½
Fiabilité:	🚗🚗🚗🚗
Sécurité:	🚗🚗🚗🚗
Qualités hivernales:	🚗🚗🚗🚗½
Espace intérieur:	🚗🚗🚗🚗
Confort:	🚗🚗🚗🚗

LE CHOIX DE L'ÉQUIPE

GL V6

Guide de l'auto 2005

HYUNDAI TIBURON

UNE SPORTIVE FACILE

Il est vrai que lorsque vos yeux se posent sur la Hyundai Tiburon, ils se régalent. Mais votre cerveau lui, vous lance des images de Ferrari, Mustang, Lamborghini et autres grandes sportives de l'histoire. À croire que les stylistes du fabricant coréen ont puisé leur inspiration chez d'autres voitures célèbres uniquement. Mais le résultat est une réussite totale. Et l'inspiration est tellement subtile, que bien malin est celui qui parviendra à me confirmer que c'est un modèle en particulier qui a servi de base au design.

La réussite des lignes de la petite sportive coréenne est telle que la Hyundai Tiburon est devenue une véritable légende dans le milieu du «tuning», où les mordus lui font subir toutes les transformations possibles.

Mais il y a aussi la rançon de la gloire et la Tiburon, devenue célèbre et populaire, trône aussi au premier rang des voitures les plus volées du Canada. Comme quoi la célébrité vient aussi avec son lot d'inconvénients.

Cette année, la Tiburon ne changera que très légèrement. On a refait un peu la grille, changé quelque peu les phares avant, modifié le dessin des jantes en alliage, et rien de plus.

Bref, l'histoire de la Tiburon c'est celle d'une belle petite réussite esthétique qui confirme la volonté du fabricant de s'inscrire dans la foulée des voitures sport sérieuses, et d'y demeurer. La réussite est d'autant plus grande que Hyundai réussit à offrir tout cela à un prix résolument abordable (la plus chère sur le marché se vendant moins de 30 000 $), ce qui explique sans aucun doute sa grande popularité.

PETITE SPORTIVE

Au démarrage, le moteur V6 installé sous le capot a un ronronnement très agréable. Avec 170 chevaux, il dégage assez de puissance pour que le plaisir soit au rendez-vous. Un plaisir que vous ressentirez surtout quand vous poserez la main sur le levier de vitesses de la transmission manuelle à 6 rapports qui équipe la version la plus luxueuse, la Tuscani. Un autre moteur, un 2,0 litres, alimente les versions plus élémentaires du petit coupé sport.

Plusieurs constructeurs devraient d'ailleurs copier la Tiburon dans ce domaine. La boîte de vitesses 6 rapports est très bien étagée et permet de toujours utiliser le moteur de façon optimale.

Tous les modèles sont cependant vendus avec une transmission automatique de type Shiftronic ce qui, bien qu'étant agréable, ne rend pas aussi bien les sensations de conduite que l'on attend d'une telle voiture. Une autre transmission, manuelle à 5 rapports, est aussi de mise sur les versions de base et SE.

»» FEU VERT
› Silhouette sport
› Tenue de route mordante
› Planche de bord agréable
› Transmission 6 rapports haut de gamme

»» FEU ROUGE
› Équipements de sécurité incomplets
› Espace arrière fait pour les martyrs
› Freins peu résistants
› Puissance un peu juste

TIBURON

DONNÉES TECHNIQUES

Prix du modèle à l'essai :	Tuscani 29 895 $
Échelle de prix :	20 995 $ à 29 895 $
Version(s) disponible(s) :	base, SE, Tuscani
Garanties :	5 ans 100 000/7 ans 120 000
Catégorie :	coupé sport
Emp./Long./Lar./Haut.(cm) :	253/440/176/133
Poids :	1 368 kg
Coffre/Réservoir :	418/55 litres
Coussins de sécurité :	frontaux et latéraux (av.)
Suspension avant :	indépendante, jambes de force
Suspension arrière :	indépendante, multibras
Freins av./arr. :	disque (ABS)
Antipatinage/Contrôle de stabilité :	non/non
Direction :	à crémaillère, assistée
Diamètre de braquage :	10,9 m
Pneus av./arr. :	P215/45R17

GROUPE MOTOPROPULSEUR ET RENDEMENT

Moteur :	V6 2,7 litres 24s (86,7 x 75,0)
Puissance :	172 ch (128 kW) à 6000 tr/mn
Couple :	181 lb-pi (245 Nm) à 4500 tr/mn
Autre(s) moteur(s) :	4 cylindres 2,0 l 138 ch.
Transmission :	traction, manuelle 5 rapports
Autre(s) transmission(s) :	automatique 4 rapports, manuelle 6 rapports
Accélération 0-100 km/h :	7,8 s
Reprises 80-120 km/h :	8,1 s
Freinage 100-0 km/h :	43,0 m
Vitesse maximale :	220 km/h
Indice de performance longitudinale :	4,63 m/s/s
Consommation (100 km) :	ordinaire, 11,2 litres
Autonomie :	491 km

Sur route, en raison notamment de ses pneus à profil sport, la Tiburon mord à la route et amorce les virages sans aucune hésitation. Tout comme les freins qui fournissent un bon effort et qui sont suffisamment progressifs pour être faciles à contrôler.

La suspension est toutefois celle d'un véhicule plus sportif, et tout en permettant de rester en contact étroit avec les réactions de l'automobile, elle ne fournit pas grand confort.

Le poids du V6 augmente le sous-virage, notamment dans les virages serrés, et ce, même si la suspension McPherson avec des barres stabilisatrices bien adaptées permet un bon comportement en courbe rapide.

La Tiburon reste une voiture qui demanderait quelques ajustements pour obtenir un peu plus de performances. Mais soulignons-le, le constructeur coréen a surtout voulu une voiture qui soit facile à piloter. Le freinage, lui, est assuré par quatre freins à disque d'une dimension raisonnable, mais qui, en usage répété, auront tendance à s'échauffer et à perdre de leur efficacité.

SOBRE ET SPORT

À l'ouverture des portières, un décor tout de cuir noir vous attend. Le tableau de bord inspire, dès le premier regard, la personnalité sport du véhicule. L'instrumentation est simple d'utilisation et tout l'équipement est à portée de main et facile à consulter.

Je considère que la position de conduite est un des facteurs des plus importants, surtout pour une voiture sport. Dans ce domaine, la Tiburon est une belle réussite aussi puisqu'en plus d'avoir des sièges qui offrent un très bon support latéral, vous trouverez à coup sûr la position de conduite idéale grâce a une multitude d'ajustements allant de la position du siège à la colonne de direction. Dommage que le pédalier ne soit pas ajustable.

Le passager avant profitera d'un confort tout à fait intéressant. En revanche, les passagers arrière devront souffrir chaque seconde qu'ils passeront sur le banc. Ce n'est pas tellement l'inconfort du siège lui-même qui est à blâmer, mais plutôt l'espace, presque microscopique, que l'on réserve aux jambes et à la tête.

Autre petit inconvénient de la Tiburon, c'est peut-être le côté sécurité. La Tuscani est munie d'un ensemble d'équipement de sécurité fort intéressant, incluant les freins ABS et des coussins gonflables latéraux. Mais sur les modèles de début de gamme, malgré un équipement de série relativement complet, certaines de ces particularités ne sont même pas en option. Comme si la préoccupation pour la sécurité ne venait qu'avec les plus puissants modèles...

Malgré tout, pour un prix d'achat capable de rivaliser avec n'importe quelle sportive, la Tiburon demeure un achat de choix. D'autant plus que Hyundai a résolu une bonne partie de ses problèmes de fiabilité et est devenue une compagnie à qui on peut faire confiance.

Bertrand Godin

DANS LA MÊME CATÉGORIE
Acura RSX - Mitsubishi Eclipse - Toyota Celica

DU NOUVEAU EN 2005
Nouveau design des feux avant et arrière, nouvelle grille avant

HISTORIQUE DU MODÈLE
3ième génération

DATE DE RENOUVELLEMENT
2007

NOS IMPRESSIONS

Agrément de conduite :	🚗🚗🚗🚗🚗
Fiabilité :	🚗🚗🚗🚗½
Sécurité :	🚗🚗🚗🚗
Qualités hivernales :	🚗🚗🚗🚗
Espace intérieur :	🚗🚗🚗
Confort :	🚗🚗🚗🚗

LE CHOIX DE L'ÉQUIPE
Tuscani

Guide de l'auto 2005

HYUNDAI TUCSON

LE MARCHÉ DU FUTUR

Le marché des VUS n'est pas mort, loin de là! En fait, s'il faut se fier aux affirmations de Hyundai dans les communiqués de presse diffusés lors du dévoilement du Tucson, le segment des VUS compacts est appelé à connaître une croissance record au cours des deux ou trois prochaines années. Il semble que les gens veulent conserver la plupart des caractéristiques de ce type de véhicule sans pour autant devoir payer une fortune en carburant et endurer un comportement routier qui s'apparente à celui d'une camionnette.

Le Santa Fe était un premier pas vers cette nouvelle configuration avec sa plate-forme d'automobile, la Sonata, et la possibilité de commander un moteur quatre cylindres. Malgré tout, ses dimensions sont beaucoup plus importantes que plusieurs modèles compacts. C'est justement pour aller se mesurer aux Mazda Tribute, Honda CR-V et Toyota Rav4 que le Tucson a été développé. En fait, ses dimensions sont presque similaires au Tribute. Donc plus gros qu'un Rav4, mais plus petit qu'un Honda CR-V. Hyundai doit également compter sur le phénomène de perception de la part des acheteurs. Puisque le Santa Fe est plus gros que le Tucson, celui-ci sera considéré comme vraiment très petit.

Ce dernier est dérivé d'une plate-forme de Elantra qui a été renforcée et allongée. Si ce genre de détail vous intéresse, l'empattement de la berline est de 261 cm tandis que celui du Tucson est de 263. Par contre, la longueur hors tout de ce petit tout-terrain est de 432 cm, soit 20 cm de moins que la berline. Cela vous donne une bonne idée des dimensions hors tout de ce nouveau venu. Par contre, il est presque aussi large et haut que la Santa Fe. Ce qui assure une très bonne habitabilité par rapport à la grosseur du véhicule. En fait, l'habitacle est légèrement plus spacieux que celui du Santa Fe. Et comme ce dernier, les stylistes se sont assurés que la silhouette soit suffisamment attrayante pour faire craquer les plus irréductibles.

Les deux VUS se partagent tout de même des éléments visuels similaires. Les rétroviseurs possèdent tous cette partie inférieure cylindrique tandis que les bas de caisse sont protégés par une large bande en plastique. De plus, le capot est surélevé en sa partie centrale par rapport aux phares avant tandis que les antibrouillards sont encastrés dans le pare-chocs. Toutefois, sur le Tucson, ils surplombent une prise d'air. Et comme le veut la tendance actuelle, les passages de roues sont vraiment exagérés et viennent s'harmoniser avec le panneau protecteur de bas de caisse. Enfin, la calandre n'est plus délimitée par un cercle de plastique de couleur contrastante et elle est traversée

»» FEU VERT
› Silhouette élégante
› Groupes propulseurs éprouvés
› Rouage intégral efficace
› Bonne habitabilité
› Garantie rassurante

»» FEU ROUGE
› Véhicule lourd
› Boîte automatique indécise
› Performances moyennes
› Moteur quatre cylindres un peu juste
› Conduite engourdie

Guide de l'auto 2005

TUCSON

de part en part par une barre chromée sur laquelle est accroché l'écusson Hyundai. Cette même bande horizontale se retrouve au centre du hayon qui est encadré par des feux verticaux qui débordent sur les flancs. Par contre, la poignée extérieure du Santa Fe n'a pas été retenue.

La présentation générale est intéressante et moderne. Il est certain que plusieurs acheteurs vont se laisser gagner par cette silhouette plutôt sympathique. Le tableau de bord est de même inspiration. Le module vertical abritant les commandes de la climatisation et du système audio est encadré par deux bandes verticales. Celles-ci sont en aluminium, le même matériau qui cercle l'indicateur de vitesse trônant seul en plein centre de la nacelle des instruments. Le volant est à quatre branches et ressemble à s'y méprendre à celui de l'Elantra. Par contre, le plastique utilisé est d'une texture rétro qui nous rappelle les premières Hyundai. La qualité de l'assemblage mérite de bonnes notes et il faut se souvenir que cette marque est dorénavant bien cotée en fait de fiabilité selon les sondages de compagnies respectées dans l'industrie.

La soute à bagages est d'une capacité de 325 litres une fois les sièges arrière relevés et de 805 litres lorsqu'ils sont repliés. C'est surtout à ce chapitre que le Santa Fe prend sa revanche. Par contre, le plancher est très plat et les points d'ancrage nombreux. Les objets d'une largeur excessive auront peut-être de la difficulté à se loger en raison de la présence de très larges tours de suspension. Enfin, une tablette de rangement à l'entrée de la soute à bagages permettra de faciliter le transport de certains colis.

QUATRE CYLINDRES, CINQ VITESSES

Compte tenu du marché ciblé, il était obligatoire d'avoir recours à un moteur quatre cylindres comme groupe propulseur de base. C'est d'ailleurs celui de l'Elantra qui grogne sous le capot. Avec ses 140 chevaux, il ne faut pas s'attendre à des accélérations d'enfer de la part de ce moteur 2,0 litres. Toutefois, il a prouvé sa robustesse au fil des années et la boîte manuelle à cinq rapports est bien adaptée malgré le fait que le passage des rapports soit parfois imprécis. Une boîte automatique à quatre rapports de type manumatique est disponible en option, et elle est la seule offerte avec le moteur V6 2,7 litres de 173 chevaux. Ce moteur est mieux adapté pour déplacer cette masse de 1 600 kg. Malheureusement, la boîte automatique est souvent indécise quant au rapport à choisir. Un cinquième rapport serait le bienvenu. Quoi qu'il en soit, le moteur V6 permet de boucler le 0-100 km/h en moins de 10 secondes, tandis qu'il faut 2,5 secondes de plus pour effectuer le même exercice avec un modèle propulsé par le moteur quatre cylindres.

L'acheteur a le choix entre la traction ou l'intégrale. Dans ce dernier cas, Hyundai fait appel à une transmission intégrale fabriquée par Borg Warner capable de transmettre la puissance aux roues arrière lorsque le train avant perd de sa motricité. Ce système est efficace et il surpasse en rendement ceux proposés sur plusieurs concurrentes. Les versions plus cossues seront même équipées de l'antipatinage.

Denis Duquet

DONNÉES TECHNIQUES
Prix du modèle à l'essai :	21 495 $ (estimé)
Échelle de prix :	18 500 $ à 24 595 $ (estimé)
Version(s) disponible(s) :	GL, GLS, LX
Garanties :	5 ans 100 000/7 ans 120 000
Catégorie :	utilitaires sport compact
Emp./Long./Lar./Haut.(cm) :	263/432/179/168
Poids :	1678 kg
Coffre/Réservoir :	325 à 805/n.d. litres
Coussins de sécurité :	fontaux et latéraux (av./arr.) et rideaux
Suspension avant :	indépendante, jambes de force
Suspension arrière :	indépendante, jambes de force
Freins av./arr. :	disque (ABS)
Antipatinage/Contrôle de stabilité :	oui, oui
Direction :	à crémaillère, assistée
Diamètre de braquage :	10,8 m
Pneus av./arr. :	P215/65R16 P235/60R16

GROUPE MOTOPROPULSEUR ET RENDEMENT
Moteur :	V6 2,7 litres 24s (86,7 x 75,0)
Puissance :	173 ch (129 kW) à 6000 tr/mn
Couple :	178 lb-pi (241 Nm) à 4000 tr/mn
Autre(s) moteur(s) :	4L 2,0 litres 140 ch
Transmission :	4x4, automatique 4 rapports
Autre(s) transmission(s) :	manuelle 5 rapports
Accélération 0-100 km/h :	10,0 s
Reprises 80-120 km/h :	n.d.
Freinage 100-0 km/h :	n.d.
Vitesse maximale :	185 km/h
Indice de performance longitudinale :	n.d.
Consommation (100 km) :	ordinaire, 12,4 litres
Autonomie :	n.d.

DANS LA MÊME CATÉGORIE
Ford Escape-Honda CR-V-Mazda Tribute-Nissan X-Trail

DU NOUVEAU EN 2005
Nouveau modèle

HISTORIQUE DU MODÈLE
1ière génération

DATE DE RENOUVELLEMENT
n.d.

NOS IMPRESSIONS
Agrément de conduite :	🚗🚗🚗½
Fiabilité :	nouveau modèle
Sécurité :	🚗🚗🚗🚗
Qualités hivernales :	🚗🚗🚗🚗
Espace intérieur :	🚗🚗🚗🚗
Confort :	🚗🚗🚗🚗

LE CHOIX DE L'ÉQUIPE
GLS AWD

Guide de l'auto 2005

HYUNDAI XG 350

RÉSERVE ORIENTALE

Les petites Hyundai ont fait un bond énorme depuis quelques années. De la Pony qui a fait rager tant de propriétaires aux modèles actuels, Hyundai a même fait des pas de géant. Un de ces derniers pas de géant a permis de créer la XG 350, une berline de luxe dont les qualités sont, ma foi, assez étonnantes. En fait, certains collègues ont qualifié cette toute nouvelle Hyundai de « démonstration roulante » de la capacité du constructeur à fabriquer une bonne voiture.

Évidemment, comme le dirait Albert Einstein lui-même, tout doit demeurer relatif. La qualité des voitures Hyundai a connu une augmentation exponentielle, mais ce sont toujours les plus petits modèles, comme l'Accent, l'Elantra et le Santa Fe, qui constituent la majeure partie des ventes du fabricant coréen.

Pour tenter de corriger le tir, on a aussi amorcé un tournant nettement axé vers le design il y a quelques années. C'est ce virage qui a permis de mettre sur le marché des produits aussi réussis que le petit utilitaire Santa Fe aux lignes nettement différentes et agréables. Hyundai, c'est aussi le constructeur qui a créé la Tiburon, une sportive à la silhouette remarquable et vendue à faible coût.

Malheureusement, rien de tout cela n'a transpiré dans la XG 350 qui a conservé une ligne sobre, aux limites de l'ennui. L'année dernière, on a bien remodelé un peu la calandre avant et la porte arrière pour y ajouter un peu de chrome afin d'en rehausser le prestige, mais on ne peut pas dire que l'effet soit particulièrement réussi. En fait, contrairement aux autres modèles de la gamme qui sont nettement plus distinctifs, disons que la XG350 a un peu trop tendance à se confondre dans le paysage.

Par contre, la XG a de quoi offrir pour compenser cette apparente absence de personnalité! En fait, grâce à son équipement et à ses performances, la grosse Hyundai tente de rivaliser avec des berlines de luxe dont le prix d'achat est souvent plus élevé de plusieurs milliers de dollars. Hyundai a donc réussi à créer une berline de luxe abordable et accessible, et dont les qualités sont plutôt bien encadrées, même si parfois insuffisantes.

LUXE DISCRET

Sous le capot par exemple, un moteur aux performances agréables bien connu: le moteur Sigma de 3,5 litres qui équipe aussi le Santa Fe (avec six chevaux de plus cependant!) de même que la Kia Sedona. L'engin est souple, puissant sans être très sportif, et roule dans un silence

»» FEU VERT
› moteur 3,5 litres efficace
› nombreux équipements de série
› prix d'achat abordable
› qualité en progression

»» FEU ROUGE
› silhouette anonyme
› tendance au sous-virage
› performances peu agressives
› banquette arrière un peu étroite

Guide de l'auto 2005

XG 350

DONNÉES TECHNIQUES

Prix du modèle à l'essai :	32 995 $
Échelle de prix :	32 995 $
Version(s) disponible(s) :	version unique
Garanties :	5 ans 100000/7 ans 120000
Catégorie :	berline de luxe
Emp./Long./Lar./Haut.(cm) :	275/487,5/182/142
Poids :	1 635 kg
Coffre/Réservoir :	410/70 litres
Coussins de sécurité :	frontaux et latéraux (av.)
Suspension avant :	indépendante, jambes de force
Suspension arrière :	indépendante, multibras
Freins av./arr. :	disque (ABS)
Antipatinage/Contrôle de stabilité :	oui/non
Direction :	à crémaillère, assistée
Diamètre de braquage :	11,0 m
Pneus av./arr. :	P205/60R16

GROUPE MOTOPROPULSEUR ET RENDEMENT

Moteur :	V6 3,5 litres 24s (93,0 x 85,8)
Puissance :	194 ch (145 kW) à 5500 tr/mn
Couple :	216 lb-pi (293 Nm) à 3500 tr/mn
Autre(s) moteur(s) :	seul moteur offert
Transmission :	traction, automatique 5 rapports
Autre(s) transmission(s) :	aucune
Accélération 0-100 km/h :	9,1 s
Reprises 80-120 km/h :	7,4 s
Freinage 100-0 km/h :	40,5 m
Vitesse maximale :	200 km/h
Indice de performance longitudinale :	4,68 m/s/s
Consommation (100 km) :	ordinaire, 11,2 litres
Autonomie :	625 km

quasi religieux. Il réussit à traîner la lourde carcasse de la XG 350 sans peiner et procure des accélérations adéquates et des reprises fiables, pour une voiture qui vise le créneau de luxe bien entendu.

Pour contrôler tout cela, une transmission automatique de type Shiftronic à cinq rapports, agit avec précision et une relative agilité. Le principe Shiftronic permet de transformer la transmission en mode semi-manuel, c'est-à-dire de décider soi-même des changements de rapports. Un procédé qui, sur ce genre de véhicule n'est peut-être pas indispensable (sur aucun véhicule d'ailleurs puisqu'il s'agit à mon sens d'un gadget que peu de gens utilisent) mais qui confère tout de même une petite vocation sportive si jamais le coeur vous en dit. Je parierais cependant bien un vieux deux sur le fait qu'après les premiers jours, vous n'y toucherez plus jamais tellement le mode entièrement automatique répond aux sollicitations de meilleure façon.

La suspension est bien dosée et absorbe la plupart des tracés bosselés. En revanche, elle demeure ajustée pour une conduite urbaine de voiture de luxe. Une utilisation plus agressive, surtout en virage, et vous ressentirez la voiture qui aura une forte tendance au sous-virage. Mais je ne connais personne qui se procure une XG 350 pour sa conduite sportive.

On ne peut définitivement pas parler d'une voiture à vocation luxueuse sans parler de l'intérieur. Tout de cuir vêtus, les sièges sont confortables et enveloppent bien le conducteur et son passager. À l'arrière, deux passagers trouveront place avec confort, alors que le troisième risque d'être un peu plus à l'étroit.

Le tableau de bord profite d'une ergonomie sans reproche. Les commandes sont faciles d'utilisation, suffisamment rapprochées du conducteur pour être atteintes sans contorsions, et leur design est assez simple pour qu'on comprenne au premier coup d'oeil à quoi elles servent.

La finition similibois est réussie et se marie bien avec les plastiques de bon ton qui composent l'essentiel de l'intérieur de la voiture. Bref, un intérieur accueillant et agréable à tous points de vue.

La Hyundai XG 350 ne jouera jamais dans la cour des plus grands. Mais en revanche, elle peut aisément rejoindre tous ceux qui ont envie d'une voiture de luxe et dont les options sont littéralement absentes (la seule disponible est une peinture métallisée).

La XG 350, c'est une berline qui vise le marché de luxe, mais à l'allure un peu trop réservée, comme le sont souvent les Orientaux. Une voiture qui vous plaira si vous avez envie de profiter de votre voiture sans payer trop cher.

Marc Bouchard

DANS LA MÊME CATÉGORIE
Buick Allure - Nissan Altima - Kia Amanti

DU NOUVEAU EN 2005
Aucun changement majeur

HISTORIQUE DU MODÈLE
2ième génération

DATE DE RENOUVELLEMENT
2006

NOS IMPRESSIONS

Agrément de conduite :	🚗🚗🚗🚗½
Fiabilité :	🚗🚗🚗🚗½
Sécurité :	🚗🚗🚗🚗½
Qualités hivernales :	🚗🚗🚗🚗½
Espace intérieur :	🚗🚗🚗🚗
Confort :	🚗🚗🚗🚗

LE CHOIX DE L'ÉQUIPE
une seule version

Guide de l'auto 2005

INFINITI FX35/45

SPORT? OUI. UTILITAIRE? NON.

La vague de véhicules utilitaires/sport ne cesse de déferler dans le merveilleux monde de l'automobile. Mais en ce qui a trait à la conduite, hormis quelques exceptions, ces véhicules présentent des caractéristiques qui en font des montures parfois pratiques, rarement attrayantes, à moins que votre définition de «sport» se limite à la possibilité de vous déplacer n'importe où en défiant les intempéries.

Le constructeur Infiniti a décidé de renverser cette équation avec le duo FX35/45. Élaborés sur la plate-forme de la berline G35, ces deux tout chemin, puisqu'il faut bien leur accoler une catégorie, profitent de cette base très saine pour afficher des performances hors du commun. Ils sont donc prioritairement des propulsions, équipés d'un rouage d'entraînement sophistiqué appelé ATTESA E-TS, qui, à l'aide d'un embrayage électromagnétique, envoie en quelques millisecondes jusqu'à 50% de la puissance vers l'avant lorsque les roues arrière patinent.

ALLURE RÂBLÉE

Même si leur silhouette ne fait pas l'unanimité, il faut avouer que leurs lignes originales et dynamiques les placent dans une classe à part qui fait immanquablement tourner les têtes. La grosse calandre évoque un puissant mufle, et la partie arrière résolument inclinée ajoute une certaine fluidité à l'ensemble, bien que la capacité du coffre en souffre. En fait, la carrosserie n'apparaîtrait pas très haute, si ce n'était des pneus de grandes dimensions, particulièrement les impressionnants Goodyear P265/50R20 sur lesquels se perche le FX45. Le FX35 peut aussi les recevoir en option, mais doit à l'origine se «contenter» de P265/60R18. Aussi, la haute ceinture de caisse et la visibilité réduite vers l'arrière pourraient occasionner des malaises aux claustrophobes. Les occupants profitent d'une habitabilité très correcte à l'avant, mais l'éternel mal-aimé du milieu, assis sur la partie dure de la banquette arrière, enviera le sort réservé à ses voisins confortablement installés avec amplement d'espace pour la tête et les genoux.

Lorsque réalisé dans des teintes noires monochromes avec des appliques d'aluminium, l'habitacle manque de chaleur, mais il s'avère plus accueillant si on retient les fauteuils tendus de cuir couleur café au lait. Les matériaux assemblés rigoureusement apparaissent d'assez bonne qualité. Le pilote trouvera facilement une bonne position puisque son fauteuil se règle électriquement dans tous les sens à l'aide de commandes

»» FEU VERT
> Performances impressionnantes
> Comportement routier compétent
> Fiabilité enviable
> Prix serrés
> Silhouette originale

»» FEU ROUGE
> Soute réduite
> Suspensions dures (sport)
> Intérieur triste (en noir)
> Mauvaise visibilité arrière
> Réseau concessionnaires limité

FX35/45

placées à droite de l'assise, et que la nacelle renfermant les instruments se déplace verticalement avec le volant. Petit bémol cependant, le repose-pied se retrouve trop loin pour s'y appuyer fermement, et on en aurait bien besoin, au vu des performances démontrées par ce dynamique duo.

Le FX35 arrive en effet avec le toujours vaillant V6 3,5 litres qui développe pour cette application 280 vrais chevaux. Bien rond, infatigable dans ses montées de régime, il démontre une santé resplendissante et une sobriété très correcte. Il fait équipe exclusivement avec une boîte automatique séquentielle à cinq rapports, et ces deux-là s'entendent comme des nageuses synchronisées. La direction très rapide et directe vous permet de guider cet imposant véhicule comme s'il pesait beaucoup moins que les quelque 1 900 kilos affichés sur la balance. Les suspensions vous autorisent à choisir et à maintenir avec soin vos trajectoires, mais leur fermeté vous surprendra. Le FX35 vire agilement et bien à plat, et ultimement, vous pourrez vous en remettre aux bons soins d'un système de stabilité électronique pas trop intrusif. Le freinage très puissant demande une certaine période d'adaptation car les premiers coups de pédale vous projetteront immanquablement vers l'avant. On s'y habitue par contre rapidement, pour apprécier ensuite l'efficacité des quatre gros disques ventilés régulés par l'ABS, et un système de répartition.

PERFORMANCES ATYPIQUES

Par ailleurs, le FX45 démontre des performances encore plus impressionnantes. Motivé par un magnifique V8 de 4,5 litres, celui-là même que l'on retrouve sous le capot de la Q45, ses 315 chevaux donnent l'impression d'être toujours prêts à vouloir briser leur harnais, et il s'exprime avec une sonorité grave et envoûtante, bien qu'un peu forte à (vraiment!) haute vitesse. Ses suspensions encore plus fermes (offertes en option sur le FX35) vous chahuteront davantage, mais leur raideur s'atténue avec la vitesse. En fait, le FX45 aime qu'on le presse, et il devient alors une sacrée belle machine à rouler, pouvant faire rapidement main basse sur votre compte de points d'inaptitude.

Tous les deux arrivent avec une dotation de base impressionnante, à des tarifs très raisonnables, si on les compare bien entendu à ceux pratiqués par la concurrence. On peut aussi retenir l'ensemble «Technologie», onéreux (7 500 $), mais regroupant un système de navigation pour une fois convivial, un système d'entrée sans clef, un régulateur de vitesse guidé par laser qui s'ajuste à la circulation environnante, l'assistance au freinage en cas d'urgence, un lecteur DVD avec écran au pavillon, un moniteur de pression des pneus, et une très pratique caméra pour l'arrière. Leur garantie extensive, leur excellente fiabilité, et le service compétent et courtois offert par les (peu nombreux) concessionnaires, représentent aussi des arguments non négligeables. À mon humble avis, ils représentent un enviable rapport qualité/prix/performances dans ce créneau, mais on rêve d'une berline aussi bien nantie mécaniquement. Une G35 V8 AWD, ce serait bien, non?

Jean-Georges Laliberté

DONNÉES TECHNIQUES

Prix du modèle à l'essai :	60 200 $
Échelle de prix :	52 700 $ à 67 700 $
Version(s) disponible(s) :	FX35 FX45
Garanties :	4 ans 80 000 km/6 ans 110 000 km
Catégorie :	utilitaire sport
Emp./Long./Lar./Haut.(cm) :	285/480/192,5/167
Poids :	1 917 kg
Coffre/Réservoir :	776 à 1 710 / 90 litres
Coussins de sécurité :	frontaux, latéraux, rideaux
Suspension avant :	indépendante, jambes de force
Suspension arrière :	indépendante, multibras
Freins av./arr. :	disques (ABS)
Antipatinage/Contrôle de stabilité :	oui/oui
Direction :	à crémaillère, assistance variable
Diamètre de braquage :	11,8 m
Pneus av./arr. :	P265/50R20

GROUPE MOTOPROPULSEUR ET RENDEMENT

Moteur :	V6 3,5 litres
Puissance :	280 ch à 6200 tr/min
Couple :	270 lb-pi à 4800 tr/min
Autre(s) moteur(s) :	V8 4,5 litres 315 ch
Transmission :	intégrale, automatique séquentielle
Autre(s) transmission(s) :	aucune
Accélération 0-100 km/h :	7,8 s
Reprises 80-120 km/h :	6,2 s
Freinage 100-0 km/h :	43,0 m
Vitesse maximale :	220 km/h
Indice de performance longitudinale :	4,76 m/s/s
Consommation (100 km) :	12 litres (super)
Autonomie :	750 km

DANS LA MÊME CATÉGORIE

Acura MDX - BMW X5 - Cadillac SRX - Lexus RX330, Mercedes-Benz ML - Volvo XC90

DU NOUVEAU EN 2005

Aucun changement majeur

HISTORIQUE DU MODÈLE

1ère génération

DATE DE RENOUVELLEMENT

n.d.

NOS IMPRESSIONS

Agrément de conduite :	🚗🚗🚗🚗🚗
Fiabilité :	🚗🚗🚗🚗½
Sécurité :	🚗🚗🚗🚗
Qualités hivernales :	🚗🚗🚗🚗½
Espace intérieur :	🚗🚗🚗½
Confort :	🚗🚗🚗½

LE CHOIX DE L'ÉQUIPE

FX35

Guide de l'auto 2005

INFINITI G35 COUPÉ

BELLE ET BONNE

Je dois avouer qu'à mon âge, les coupés m'attirent beaucoup moins. Je ne m'assois pratiquement jamais aux places arrière, sauf pour me rendre compte brièvement de leur inconfort, et vous en faire ensuite rapport péniblement, en soignant mon tour de rein. Mais j'avoue que, pour la G35 Coupé, je ferais une exception.

Des recherches sérieuses démontrent que les belles personnes reçoivent souvent un traitement de faveur à cause de leur apparence flatteuse. La carrosserie de cette G35 apparaît tellement réussie, que je suis enclin à lui pardonner quelques faiblesses pour avoir le plaisir de la fréquenter. Prenez par exemple sa partie arrière, pardonnez-moi l'emploi d'un langage aussi vernaculaire, mais elle a vraiment un des plus beau « cul » qui se dandine sur la route par les temps qui courent. On est constamment tenté de caresser la ligne de toit qui forme un arc sensuel. Avec ses phares très épurés, et ses élégants feux arrière sertis de diodes, elle se révèle tellement lissée et gracieuse, qu'on a l'impression qu'elle se pavane simplement vêtue de fine lingerie.

DES COMPROMIS ACCEPTABLES

À la vue d'un tel "body", on est enclin à lui excuser son habitabilité limitée. Bien sûr, son long empattement lui permet d'offrir des places arrière potables pour une telle configuration, mais le conducteur ne se fera pas des amis avec ses passagers postérieurs qui se frotteront la tête sur le pavillon. Le coffre, de dimension réduite, peut au moins s'agrandir en rabattant (d'un seul tenant) le dossier de la banquette arrière et la visibilité arrière est obstruée par son haut dossier et les piliers « C ». Aussi, la décoration de l'habitacle n'apparaît pas aussi heureuse, car on y retrouve des matériaux de texture inégale, de bonne qualité cependant, et impeccablement ajustés. L'ergonomie vous fera sentir immédiatement à l'aise, sauf pour le contrôle des rétroviseurs extérieurs, caché derrière le volant, et les ceintures de sécurité accrochées très loin derrière, vous forçant à faire travailler vos abdominaux. Le pilote trouvera une bonne position de conduite, bien calé dans un fauteuil confortable, bien qu'un peu étroit. Bref, malgré quelques maladresses, elle vous propose un environnement propice au pilotage, et le conducteur en aura bien besoin.

Car le coupé dispose lui aussi du compétent VQ V6 3,5 litres qui offre généreusement

» FEU VERT
› Lignes «indécentes»
› Puissance appréciable
› Fiabilité exemplaire
› Comportement routier brillant
› Prix intéressants

» FEU ROUGE
› Habitabilité arrière serré
› Boîte manuelle récalcitrante
› Suspensions sèches
› Coffre étriqué
› Décoration intérieure perfectible

Guide de l'auto 2005

G35 COUPÉ

280 chevaux (on en annonce 295 dans la version Sport pour 2005) ainsi qu'un couple impressionnant et très linéaire. Cette déclinaison que j'ai eu le plaisir de conduire passe la puissance par une boîte manuelle à six rapports bien (trop?) serrés, d'une lenteur agaçante, et avec une marche arrière difficile à sélectionner. Conscient d'ailleurs de cette petite cicatrice ternissant son image, le constructeur annonce des modifications à la tringlerie pour la prochaine année. L'embrayage progressif vous permet cependant des démarrages élégants, mais le concert "intoxicant" du moteur vous invitera à retarder les changements de rapports. La boîte automatique séquentielle à cinq rapports fonctionne avec beaucoup de douceur, et fait montre de détermination pour les rétrogradations si elle en reçoit l'ordre.

COMPORTEMENT ROUTIER AFFÛTÉ

Les suspensions réalisées en grande partie en aluminium, avec des points d'ancrage très près du moteur à l'avant, permettent à la caisse d'enrouler les courbes avec compétence, mais leur sécheresse m'empêche de les comparer avantageusement avec les meilleures allemandes. À la limite, la belle demeure assez neutre, mais on peut provoquer un survirage en dosant bien l'accélérateur. La tenue de cap s'avère excellente en toutes circonstances, malgré la largeur des pneumatiques, des P245/45R18 qui équipent la Sport, et on annonce des 19 pouces pour l'an prochain. La direction précise et rapide (2,6 tours d'une butée à l'autre) vous renseigne avec fidélité sur l'état de la route et le respect de votre trajectoire initiale. Le niveau d'adhérence très élevé, et la sérénité apportée par les trains roulants vous permettront de vous attaquer sans appréhension à de longs parcours, d'autant plus que les bruits éoliens perturbent peu la cabine. Par contre, les gros pneumatiques font souvent entendre leur grondement sur la chaussée, mais sans jamais couvrir cette musique ensorceleuse interprétée par le moteur. Le freinage, confié sur la Sport à de gros disques pincés par de beaux étriers Brembo à quatre pistons à l'avant, vous surprendra d'abord par son mordant, mais on apprécie ensuite sa puissance, sa progressivité et la dureté de la pédale.

Cette G35 arrive superbement bien dotée, incluant entre autres la boîte automatique, des jantes de 17 pouces, des phares au xénon, un système sono Bose avec six CD, un toit ouvrant électriquement, et j'en passe. L'ensemble performance ajoute des roues de 18 pouces chaussées de pneus avec cote de vitesse W, et un efficace différentiel à glissement limité. Se greffent dans le coupé M6, la boîte manuelle bien entendu, les freins Brembo, un aileron à l'arrière, et un efficace carénage sous la caisse. L'agressive politique de prix appliquée par Infiniti la rend encore plus compétitive, le service demeure à la hauteur de sa fiabilité, et votre ego sera flatté par la fréquentation d'une telle beauté.

Jean-Georges Laliberté

DONNÉES TECHNIQUES

Prix du modèle à l'essai :	51 100 $
Échelle de prix :	45 200 $ à 51 100 $
Version(s) disponible(s) :	automatique et M6
Garanties :	4 ans 100 000 / 6 ans 110 000
Catégorie :	coupé sport
Emp./Long./Lar./Haut.(cm) :	285/463/182/139
Poids :	1 551 kg
Coffre/Réservoir :	221/76 litres
Coussins de sécurité :	frontaux, latéraux, rideaux
Suspension avant :	indépendante, multibras
Suspension arrière :	indépendante, multibras
Freins av./arr. :	disque (ABS) (EBD)
Antipatinage/Contrôle de stabilité :	oui/oui
Direction :	à crémaillère, assistance variable
Diamètre de braquage :	11,4 m
Pneus av./arr. :	P225/45WR18 / P245/45WR18

GROUPE MOTOPROPULSEUR ET RENDEMENT

Moteur :	V6 3,5 litres
Puissance :	280 ch à 6200 tr/min
Couple :	270 lb-pi à 4800 tr/min
Autre(s) moteur(s) :	aucun
Transmission :	propulsion, manuelle 6 rapports
Autre(s) transmission(s) :	automatique séquentielle 5 rapports
Accélération 0-100 km/h :	6,8 s
Reprises 80-120 km/h :	6,5 s (4e)
Freinage 100-0 km/h :	36,9 m
Vitesse maximale :	250 km/h (limitée)
Indice de performance longitudinale :	5,41 m/s/s
Consommation (100 km) :	11,5 litres (super)
Autonomie :	661 km

DANS LA MÊME CATÉGORIE
Chrysler Crossfire - Mazda RX8 - Mercedes-Benz CLK320

DU NOUVEAU EN 2005
Gain de puissance, roues de 19 pouces en option, boîte six rapports améliorée, planche de bord retouchée, suspensions Sport plus fermes

HISTORIQUE DU MODÈLE
1ere génération

DATE DE RENOUVELLEMENT
n.d.

NOS IMPRESSIONS

Agrément de conduite :	🚗🚗🚗🚗½
Fiabilité :	🚗🚗🚗🚗
Sécurité :	🚗🚗🚗🚗
Qualités hivernales :	🚗🚗🚗
Espace intérieur :	🚗🚗🚗½
Confort :	🚗🚗🚗

LE CHOIX DE L'ÉQUIPE
automatique, ensemble Performance

Guide de l'auto 2005

G35/G35X BERLINE

ENCORE PLUS ATTRAYANTE

Suite au succès critique et commercial qu'elle a remporté depuis son introduction en 2003, il eût été naturel, sinon compréhensible, que la berline Infiniti G35 nous revienne inchangée en 2005. D'autant plus que 2004 a aussi été fertile en nouveautés, avec l'arrivée de la version G35x à traction intégrale. Serait-ce le souvenir du temps où la G20 n'intéressait personne, qui agit comme aiguillon? Toujours est-il qu'Infiniti s'est remis au travail, et trouve à nouveau moyen de faire parler de sa berline sport.

Au menu : des retouches stylistiques intérieures et extérieures, de même qu'une augmentation de puissance de son unique moteur, un V6 de 3,5 litres.

Les 260 chevaux et 260 lb-pi de couple qu'il délivrait, s'élèvent cette année (les données ne sont pas définitives) à 277 chevaux et 270 lb-pi. Rien de majeur, donc, mais c'est assez pour que la G35 puisse à nouveau se vanter d'offrir le plus de puissance dans sa catégorie, ex aequo avec la Acura TL (au couple inférieur). Le 3,5 litres, pour en revenir à lui, démarre au quart de tour, et réagit nerveusement à la moindre sollicitation de l'accélérateur. Sa puissance est acheminée aux roues arrière par le biais d'une automatique séquentielle à 5 vitesses bien étagée et d'une douceur exceptionnelle, ou d'une manuelle à 6 rapports qui n'est cependant offerte qu'avec la propulsion.

POUR LES «SPORTS D'HIVER»

Le positionnement idéal du moteur, en retrait de l'essieu avant, permet d'obtenir une distribution 52/48 du poids avant/arrière, rapport qui passe à 50/50 en accélération. À ce bel équilibre des masses, s'ajoutent une plate-forme extrêmement rigide et des suspensions sophistiquées qui favorisent un comportement routier d'une grande neutralité sans sacrifier au confort. Belle-maman peut monter à bord sans craindre de se faire secouer; la ballade est fort civilisée pour une voiture aussi alerte, même si les réactions de la suspension sont plus sèches que celle d'une BMW 330xi au volant de laquelle je venais de parcourir 1 000 km. Malgré ces légères raideurs, les amortisseurs arrivent quand même trop facilement au bout de leur course lors des rencontres avec certains nids d'autruches qui parsèment nos routes. Le système de stabilité demeure trop sensible, semblant d'ailleurs voir le danger partout ; à croire qu'il a été programmé par Ralph Nader, mais heureusement, il peut être débranché. La direction se révèle précise et assez communicative, et les freins mordent aux disques à belles plaquettes, mais ils manquent un peu de progressivité.

»» FEU VERT
› Agrément de conduite
› Moteur/transmission performants
› Traction intégrale
› Prix avantageux
› Excellente fiabilité

»» FEU ROUGE
› Style discutable de l'habitacle
› Ergonomie perfectible
› Mauvaise visibilité arrière
› Système de stabilité intrusif
› Suspension parfois sèche

G35/G35X BERLINE

Cette superbe propulsion, qui n'a pour seule véritable faiblesse que son inadaptation à nos rigoureux hivers, a ajouté à son arc le système de traction intégrale ATTESA E-TS. Géré par ordinateur pour réagir à la milliseconde, il achemine progressivement jusqu'à 50% du couple aux roues avant, et conserve ce rapport lorsque verrouillé en mode «neige». Malgré les médiocres pneus Bridgestone Turanza EL42 qui la chaussaient, la G35x mise à l'essai s'est révélée rassurante sur routes légèrement enneigées, et a démontré une excellente adhérence sur pavé sec ou mouillé. Précisons que cette mécanique ajoute 140 kilos et augmente aussi légèrement la consommation.

UN HABITACLE EN DEMI-TEINTE

Comme précédemment évoqué, l'apparence extérieure subit cette année quelques légères modifications: capot, calandre, pare-chocs, roues et feux arrière, mais rien de vraiment flagrant. Le design intérieur reçoit aussi des changements que l'on pourrait qualifier de subtils. Le tableau final marque une légère amélioration, mais ce n'est pas ce qui vous fera changer d'avis si votre opinion sur la décoration est déjà arrêtée. Sans mériter le qualificatif de moche, cet environnement manque d'unité et de chaleur, et trahit une certaine confusion dans l'intégration des matériaux et des couleurs. Le résultat est tout aussi inégal en ce qui concerne l'ergonomie. Les sièges avant bien dessinés et revêtus d'un cuir perforé de bonne qualité, sont fermes et confortables. La position de conduite satisfait, et le volant ajustable déplace verticalement avec lui la nacelle des cadrans, mais le repose-pied... repose trop loin, et la visibilité arrière est compromise par les appuie-tête de la banquette. Celle-ci accorde un espace convenable pour les genoux et la tête, à ses extrémités du moins, car la place du milieu est vraiment exécrable. À défaut de dossiers repliables, une trappe à skis donne accès par l'intérieur au coffre, lequel est de forme régulière et de bonne capacité.

Les bruits de la route sont bien étouffés, sauf dans les puits de roues arrière qui laissent entendre les éclaboussements de l'eau. À part des jantes de 18 pouces et un pédalier en aluminium, les équipements optionnels restent identiques à l'an dernier. Notons, parmi ceux-ci, que les phares au xénon fournissent un excellent éclairage, et que le système de navigation s'exécute sans reproche, si ce n'est d'une échelle maximale de 500 mètres, contre 200 chez plusieurs concurrents.

En définitive, la berline G35 se pose en sérieuse rivale des allemandes, que ce soit en version propulsion ou traction intégrale, et la fiabilité mécanique semble être pareillement au rendez-vous.

Jean-Georges Laliberté

DONNÉES TECHNIQUES

Prix du modèle à l'essai:	48 200$
Échelle de prix:	de 39 600$ à 48 200$
Version(s) disponible(s):	de base, Aero, Privilège, Navigation, M6, G35x
Garanties:	4 ans 100 000/6 ans 110 000
Catégorie:	berline intermédiaire
Emp./Long./Lar./Haut.(cm):	285/474/175/147
Poids:	1 673 kg
Coffre/Réservoir:	419/76 litres
Coussins de sécurité:	frontaux et latéraux
Suspension avant:	indépendante, multibras
Suspension arrière:	indépendante, multibras
Freins av./arr.:	disque ABS
Antipatinage/Contrôle de stabilité:	oui/oui
Direction:	à crémaillère, assistance variable
Diamètre de braquage:	11,0 m
Pneus av./arr.:	P215/55R17

GROUPE MOTOPROPULSEUR ET RENDEMENT

Moteur:	V6 3,5 litres
Puissance:	277 ch (à confirmer)
Couple:	270 lb-pi à 4 500 tr/min (à confirmer)
Autre(s) moteur(s):	aucun
Transmission:	intégrale, automatique séquentielle 5 rapports
Autre(s) transmission(s):	manuelle 6 rapports (propulsion seul.)
Accélération 0-100 km/h:	7,3 s (estimé)
Reprises 80-120 km/h:	6,1 s (estimé)
Freinage 100-0 km/h:	41,0 m
Vitesse maximale:	240 km/h (limitée)
Indice de performance longitudinale:	n.d.
Consommation (100 km):	ordinaire, 11,3 litres
Autonomie:	672 km

DANS LA MÊME CATÉGORIE
Audi A4 Quattro - BMW 330i - Cadillac CTS - Jaguar X-Type - Lexus IS 300 - Mercedes-Benz C320 - Volvo S60

DU NOUVEAU EN 2005
Retouches esthétiques intérieur/extérieur
Augmentation de la puissance

HISTORIQUE DU MODÈLE
1ière génération

DATE DE RENOUVELLEMENT
n.d.

NOS IMPRESSIONS

Agrément de conduite:	4
Fiabilité:	4
Sécurité:	4
Qualités hivernales:	5
Espace intérieur:	4½
Confort:	4½

LE CHOIX DE L'ÉQUIPE
Infiniti G35x

Guide de l'auto 2005

INFINITI M45

L'ADOLESCENTE

Difficile période que celle de l'adolescence! Assez vieux pour ne plus passer pour un enfant mais sans la crédibilité accordée aux adultes. L'Infiniti M45 vit présentement des jours pénibles. Ce ne sont pas ses boutons d'acné qui la font souffrir mais, cette instabilité psychologique que connaissent les automobiles incomprises durant leur enfance et en attente de changements majeurs en vue d'une majorité sereine… Je vous vois sourire face au concept « d'instabilité psychologique automobile ». Je vous rappelle qu'on dit de ces objets roulants qu'ils possèdent tous une personnalité!

Enfin, passons. Tout ce préambule pour dire que la M45, débarquée en Amérique du Nord en 2003 n'a jamais été vraiment prise au sérieux par les consommateurs qui lui préféraient des voitures certes plus dispendieuses mais de style plus contemporain. Pour remédier à la situation, Infiniti a dévoilé, au dernier Salon de l'auto de New York, sa M45 Concept. Décidément, la «vieille» M45 peut aller se rhabiller! En lieu et place d'une carrosserie empruntée à une Ford des années 70, la nouvelle Infiniti se fait toute belle avec sa partie avant au goût du jour et une partie arrière à l'avenant, quoiqu'un peu trop massive à mon goût. Par contre les quatre sorties d'échappement font toujours un certain effet…

De ce «concept car» sera tiré la M45 de production. Cette dernière posera les pneus chez les concessionnaires au printemps prochain en tant que modèle 2006. À quoi faut-il s'attendre de la nouvelle M, outre sa robe plus affriolante? Au moment d'écrire ces lignes, nous en savons très peu. Par contre, beaucoup a été dit sur la M45 Concept et selon la direction de Infiniti, la M45 régulière en sera une copie presque conforme. Voyons-y donc de plus près…

Tout d'abord, le châssis est emprunté à la G35, ce qui représente une excellente nouvelle. En fait, pour les besoins de la cause, l'empattement sera allongé d'environ 50 mm, ce qui représente aux alentours de 200 mm de plus que la M45 actuelle. Les roues seront positionnées plus aux extrémités, éliminant ainsi une bonne partie des porte-à-faux et une attention particulière sera apportée à la répartition du poids. Avec ses gros pneus «haute performance» de 19 pouces et des suspensions judicieusement calibrées, nous sommes en droit de nous attendre à un comportement routier de haut niveau. Les roues motrices se trouvent toujours à l'arrière mais j'ai entendu dire, sur les vagues d'internet, qu'on songerait déjà à quatre roues motrices. Mais ce n'est pas moi qui le dis et si ça n'arrive pas, je m'en laverai les mains! Disons seulement que la M45 Concept jouit de

»» FEU VERT
› Performances assurées
› Équipement de série abondant
› Prix concurrentiels (2004)
› Finition chirurgicale
› Future M45 prometteuse

»» FEU ROUGE
› Modèle en fin de carrière
› Lignes dépassées
› Dossier arrière fixe
› Espace habitable plutôt restreint
› Direction lourde

roues arrière directrices. Il s'agit d'un système électronique qui agit sur les liens inférieurs de la suspension arrière.

S'il y a un élément qui ne déçoit pas dans la M45 actuelle, c'est bien le moteur. On fera donc encore confiance au V8 de 4,5 litres développant environ 340 chevaux. La transmission demeure l'automatique à cinq rapports avec mode manuel. Ce duo semble bien s'accorder et il aurait été suicidaire de défaire cette paire gagnante. Pour mater les excès, les quatre freins à disque avec ABS, EDB (distribution de la force de freinage) et BA (assistance au freinage) devraient suffire. Au chapitre de la sécurité, la M45 Concept est dotée d'un intéressant système appelé "Lane Departure Warning" (traduction libre : avertisseur de changement de voies). Ce système détecte les lignes peintes sur la route et juge si la distance entre ces lignes et la voiture est sécuritaire. S'il se rend compte que la ligne approche dangereusement ou est outrepassée sans que le clignotant ait été actionné, il émet un avertissement sonore. Souhaitons que cette technologie se retrouve sur la voiture de série.

Pour ce qui est de l'habitacle, soyez rassurés. Les matériaux seront, selon la direction de Infiniti, les meilleurs que l'entreprise n'ait jamais offerts. Et comme ce qui était offert auparavant se voulait d'excellente qualité… Tout ce qui fait le charme d'une voiture de luxe fera, bien entendu, partie de la liste des accessoires standards. Apparemment que la chaîne stéréo vaudrait le détour à elle seule ! Système de navigation activé par la voix (en français, j'ose espérer), téléphonie à technologie Bluetooth, caméra de recul et régulateur de vitesse « intelligent » seront aussi au programme. Mais, finalement, qu'est-ce que tous ces éléments donneront sur la route ? Bien malin qui pourrait le dire aujourd'hui, mais ce qui bout sur la cuisinière sent très bon ! Et si les prix continuent à être compétitifs, Infiniti pourrait bien avoir le numéro gagnant entre les mains.

Pour le moment, il n'y a pas de M45 2005. De toutes façons, à peu près personne ne s'en rendra compte ! Bien peu s'ennuieront de son comportement routier plus ou moins affirmé ou de sa ligne surannée. Pour la M45 la majorité approche ! On s'en reparlera dans un an…

Alain Morin

DONNÉES TECHNIQUES

Prix du modèle à l'essai :	M45 (2004) 62 000 $
Échelle de prix :	(2004) 62 000 $ à 67 000 $
Version(s) disponible(s) :	version unique
Garanties :	4 ans 80 000/6 ans 110 000
Catégorie :	berline de luxe
Emp./Long./Lar./Haut.(cm) :	280/501/177/146
Poids :	1 761 kg
Coffre/Réservoir :	375/81 litres
Coussins de sécurité :	frontaux et latéraux (av.)
Suspension avant :	indépendante, jambes de force
Suspension arrière :	indépendante, multibras
Freins av./arr. :	disque (ABS)
Antipatinage/Contrôle de stabilité :	oui/oui
Direction :	à crémaillère, assistée
Diamètre de braquage :	12,2 m
Pneus av./arr. :	P235/45R18

GROUPE MOTOPROPULSEUR ET RENDEMENT

Moteur :	V8 4,5 litres (93,0 x 82,7)
Puissance :	340 ch (254 kW) à 6400 tr/mn
Couple :	333 lb-pi (451 Nm) à 3400 tr/mn
Autre(s) moteur(s) :	seul moteur offert
Transmission :	propulsion, automatique 5 rapports
Autre(s) transmission(s) :	aucune
Accélération 0-100 km/h :	6,6 s
Reprises 80-120 km/h :	5,4 s
Freinage 100-0 km/h :	38,5 m
Vitesse maximale :	250 km/h
Indice de performance longitudinale :	5,42 m/s/s
Consommation (100 km) :	super, 13,6 litres
Autonomie :	596 km

DANS LA MÊME CATÉGORIE
Audi A6 - BMW 540i - Lexus GS430 - Mercedes-Benz Classe E - Volvo S80

DU NOUVEAU EN 2005
Aucun changement majeur

HISTORIQUE DU MODÈLE
1ère génération

DATE DE RENOUVELLEMENT
2006

NOS IMPRESSIONS

Agrément de conduite :	🚗🚗🚗🚗½
Fiabilité :	🚗🚗🚗🚗
Sécurité :	🚗🚗🚗🚗½
Qualités hivernales :	🚗🚗🚗
Espace intérieur :	🚗🚗🚗🚗
Confort :	🚗🚗🚗🚗½

LE CHOIX DE L'ÉQUIPE
attendez 2006 !

INFINITI Q45

SPECTACULAIREMENT ANONYME !

La culture, c'est connu, c'est comme le beurre d'arachides : moins on en a, plus on l'étend. Les plus grands hommes (hommes dans le sens d'espèce, pas dans le sens de sexe) n'étalent pas leur savoir au premier venu et font parfois preuve d'une sauvage retenue. L'Infiniti Q45 est un peu du même moule. À moins d'avoir pris le temps de la connaître intimement, on est porté à l'ignorer tellement ses lignes sont banales. Et les changements apportés cette année ne la rendront pas plus attirante. Mais les avantages à la côtoyer sont nombreux.

Un bref coup d'œil sur le texte de la Q45 cuvée 2004 nous rappelle à quel point cette voiture passe inaperçue. Pour 2005, Infiniti a apporté des changements subtils même si les communiqués de presse tentent de nous faire croire que la voiture se montre désormais beaucoup plus agressive ! Les parties avant et arrière ont été rafraîchies et seul un œil averti peut rapidement remarquer la différence. On note aussi quelques fines retouches dans l'habitacle, quelques éléments de luxe et de sécurité ont été ajoutés à la liste (déjà longue) de l'équipement standard, et la transmission automatique à cinq rapports a été calibrée de façon différente pour améliorer la rétrogradation des vitesses, un défaut reproché l'an dernier dans le Guide de l'auto.

Heureusement, Infiniti n'a pas touché aux éléments qui fonctionnaient le mieux. Du côté mécanique on retrouve donc le très efficace V8 de 4,5 litres qui fait sienne une cavalerie de 340 chevaux. Même si la Q45 est relativement lourde, les accélérations et reprises ne laissent place à aucune interprétation : le 0-100 se dilapide en sept secondes et des poussières tandis que le passage entre 80 et 120 km/h ne dure que 6,1 secondes. En plus de faire preuve de dynamisme, ce moteur est souple et la puissance, toujours disponible et bien dosée. La transmission automatique à cinq rapports relaie les chevaux aux roues arrière d'une façon particulièrement douce. Quatre freins à disque avec ABS, EDB et BA (chaque lettre ajoute sûrement quelques centaines de dollars au prix de base de la voiture, mais elles en valent la peine !), ces freins, donc, se montrent très solides. Même si elles sont rattachées à un châssis d'une excellente rigidité, les suspensions, modernes, n'assurent pas une tenue de route sportive. En contrepartie, elles apportent un niveau de confort très relevé. Je suis convaincu que le choix du confort plutôt que de la tenue de route est entériné de par les propriétaires de Q45. De plus, une foule d'intervenants électroniques se charge de garder la voiture dans la bonne voie. Que demander de plus ? Une direction plus précise ne ferait assurément pas de torts…

» FEU VERT
› Finition monastique
› Moteur généreux
› Habitacle très confortable
› Équipement des plus complets
› Rapport raffinement/prix intéressant

» FEU ROUGE
› Changements trop peu importants
› Lignes banales
› Direction aléatoire
› Places arrière justes
› Tenue de route peu sportive

Dans l'habitacle, tous les accessoires et gadgets relatifs à ce type de voiture sont offerts. De façon tout à fait standard, on retrouve un volant qui se déplace sur deux axes, les sièges avant climatisés, le siège du conducteur ajustable électriquement en 10 sens (avec support lombaire, naturellement), du cuir fin et des boiseries en érable véritable. Il ne faut pas oublier le système audio Bose de 300 watts. S'il vous en faut plus, changez la batterie de votre appareil auditif. Le tableau de bord comprend aussi un écran de 7 pouces qui gère les paramètres de la radio, du climatiseur et vous tient au courant de l'entretien à venir. On y retrouve aussi un système de navigation et à peu près tout ce qui se retrouve dans cet écran peut être commandé par la voix et en français s'il vous plaît! Contrairement à certains autres systèmes de ce genre, celui-ci n'est pas trop complexe à faire fonctionner.

À l'arrière, les passagers qui se plaindraient d'un manque de raffinement mériteraient de voyager sur la banquette d'une Kia Rio pour le reste de leurs jours. Déjà que les places arrière se révèlent confortables (quoique le dégagement manque un peu), il est possible, moyennant supplément, d'offrir à ses occupants des sièges chauffants à ajustement électrique ainsi que des commandes audio et de climatisation. Pas mal. D'autant plus que bien des propriétaires de Q45 ne toucheront jamais (ou le moins souvent possible) au volant, mais se feront véhiculer en relisant le compte-rendu de la dernière assemblée générale des actionnaires.

Au chapitre de la sécurité, outre les assistances électroniques à la conduite, une panoplie de coussins gonflables protègent les occupants au cas où l'impensable deviendrait réalité. De plus, deux accessoires sont à souligner : la caméra de recul et le régulateur de vitesse dit « intelligent ». Pour en revenir à la caméra de recul, il s'agit, selon moi, de la plus belle invention depuis l'avènement de la roue. Quant au régulateur de vitesse « intelligent », sa capacité à ajuster la vitesse de la voiture avec celle de la voiture précédente impressionne. Cependant, dès que le trafic commence à être dense, il ne sert plus à rien.

Au chapitre du confort, du raffinement technique et mécanique, de la sécurité et des accessoires, il est difficile de porter des accusations contre la Q45. Mais son manque de rigueur dans les courbes, l'imprécision de sa direction ainsi que des lignes qui pourraient difficilement être plus insignifiantes à regarder représentent autant de bémols. Il n'en demeure pas moins que la Q45 mérite toute notre attention. Elle a beaucoup à dévoiler…

Alain Morin

DONNÉES TECHNIQUES

Prix du modèle à l'essai :	Q45 sport, 74 900 $
Échelle de prix :	88 000 $ (2004)
Version(s) disponible(s) :	version unique
Garanties :	4 ans 100 000/6 ans 110 000
Catégorie :	berline de luxe
Emp./Long./Lar./Haut.(cm) :	287/510/184/149
Poids :	1 837 kg
Coffre/Réservoir :	385/81 litres
Coussins de sécurité :	fontaux et latéraux (av./arr.) et rideaux
Suspension avant :	indépendante, jambes de force
Suspension arrière :	indépendante multibras
Freins av./arr. :	disque (ABS)
Antipatinage/Contrôle de stabilité :	oui/oui
Direction :	à crémaillère, ass. variable électronique
Diamètre de braquage :	11,0 m
Pneus av./arr. :	P245/45R18

GROUPE MOTOPROPULSEUR ET RENDEMENT

Moteur :	V8 3,2 litres (93,0 x 82,7)
Puissance :	340 ch (254 kW) à 6400 tr/mn
Couple :	333 lb-pi (451 Nm) à 4000 tr/mn
Autre(s) moteur(s) :	seul moteur offert
Transmission :	propulsion, automatique 5 rapports
Autre(s) transmission(s) :	aucune
Accélération 0-100 km/h :	7,2 s
Reprises 80-120 km/h :	6,1 s
Freinage 100-0 km/h :	39,3 m
Vitesse maximale :	250 km/h
Indice de performance longitudinale :	5,15 m/s/s
Consommation (100 km) :	super, 13,2 litres
Autonomie :	614 km

DANS LA MÊME CATÉGORIE
Acura RL - Audi A8 - BMW Série7 - Jaguar XJ8 - Lexus LS430 - Mercedes-Benz E500 - Volkswagen Phaeton

DU NOUVEAU EN 2005
Retouches esthétiques intérieures et extérieures, réaménagement de certains groupes d'option transmission recalibrée

HISTORIQUE DU MODÈLE
1ère génération

DATE DE RENOUVELLEMENT
n.d.

NOS IMPRESSIONS

Agrément de conduite :	🚗🚗🚗½
Fiabilité :	🚗🚗🚗🚗🚗
Sécurité :	🚗🚗🚗🚗🚗
Qualités hivernales :	🚗🚗🚗🚗
Espace intérieur :	🚗🚗🚗½
Confort :	🚗🚗🚗🚗½

LE CHOIX DE L'ÉQUIPE
Version unique

Guide de l'auto 2005

INFINITI QX 56

UNE GROSSE COMMANDE

Les caprices du prix de l'essence ont quelque peu refroidi l'ardeur des amateurs de gros VUS, mais ces derniers continuent quand même d'avoir la cote auprès des biens nantis de notre société. Et c'est justement cette clientèle que cible le nouveau QX56 apparu sur notre marché au printemps 2004. Et si ce modèle a une allure de « déjà vu », vous n'avez pas la berlue puisque cet imposant véhicule est la version Infiniti de l'Armada, la riposte de Nissan aux Ford Expedition et Chevrolet Tahoe.

Compte tenu que la division Infiniti est une marque de luxe, le QX56 s'attaque au marché des Cadillac Escalade, Lincoln Navigator et Lexus LX470, tous des modèles dotés d'un équipement luxueux et dont les dimensions sont hors norme. Et croyez-moi, le QX 56 est en mesure de leur tenir tête et de les surpasser sous plusieurs aspects. Par exemple, son empattement est de 18,3 cm plus long que celui de la Cadillac Escalade tandis que sa longueur hors tout surpasse celle de ce même véhicule de 20 cm. Il n'est donc pas surprenant de constater que les communiqués de presse d'Infiniti regorgent de mots comme : « grande taille », « gros pneus », « capot surdimensionné » et « flancs ventrus » pour ne nommer que quelques épithètes utilisées.

Il est vrai que le gabarit de ce VUS le place parmi les costauds sur le marché, mais il ne faut pas oublier que ceci n'a pas que des désavantages.

PRENEZ VOS AISES !

Selon Infiniti, le QX 56 vous offre du luxe à grande échelle et c'est absolument vrai. L'habitacle dorlote ses occupants dans des sièges garnis de cuir Sojourner, tandis que leurs pieds reposent sur une moquette Tuscano très épaisse. Mais, il y a encore plus que cela, vous pouvez vous étirer les jambes à qui mieux mieux puisque l'espace pour les jambes est plus que suffisant, peu importe la place que vous occupez. Même la banquette de la troisième rangée n'est pas du type « réservé aux jeunes » puisque des personnes de 1,75 mètre et plus ne s'y sentiront pas à l'étroit. Malgré tout, les occupants de la seconde rangée et des places avant sont mieux traités car ils ont droit à des sièges baquets. Bien entendu, un lecteur DVD permet d'afficher les images sur un écran LCD de sept pouces monté au centre du pavillon.

Cet habitacle ludique comprend un tableau de bord emprunté à l'Armada, on y retrouve donc le même système de navigation par satellite et son écran placé au centre de la console.

❯❯❯ FEU VERT
❯ Moteur puissant
❯ Châssis rigide
❯ Conduite agile
❯ Suspension confortable
❯ Transmission intégrale

❯❯❯ FEU ROUGE
❯ Dimensions
❯ Forte consommation
❯ Finition perfectible
❯ Commandes de climatisation démoniaques
❯ Nissan Armada plus économique

Guide de l'auto 2005

Malheureusement, les commandes de la climatisation ont également suivi et c'est dommage, car elles semblent avoir été conçues par l'inventeur du cube Rubik. Soulignons au passage que si les matériaux sont de qualité, la finition est perfectible.

Il ne faut pas oublier que ce véhicule est à vocation pratique et les deux rangées de banquette arrière peuvent être repliées à plat de même que le dossier du siège avant droit afin de faciliter le chargement d'objets lourds. Enfin, la capacité de remorquage de ce costaud est de 8 800 livres!

CONÇU POUR TRAVAILLER

Il ne faut pas laisser le luxe de l'habitacle ou encore la caméra vidéo affichant l'espace derrière le véhicule nous faire oublier que cet Infiniti est doté d'organes mécaniques développés pour les travaux lourds. En effet, tout comme le Nissan Armada, le QX56 emprunte son châssis, son moteur et sa transmission à la camionnette Titan.

Cela permet même de travailler dans le luxe si jamais vous devez l'utiliser dans le cadre de vos fonctions. Et vous ne serez pas à court de ressources. Le moteur V8 à 5,6 litres DACT produit 315 chevaux tandis que son couple est de 390 lb-pi. Mieux encore, 90 % du couple est atteint à moins de 2 500 tr/min. La seule transmission disponible est une boîte automatique à cinq rapports dotée d'un mode « remorquage ». La plupart du temps, la transmission intégrale sera réglée en mode « auto » afin d'assurer une répartition automatique du couple aux quatre roues motrices. Mais, selon les circonstances, il est également possible de choisir entre les modes deux roues motrices, 4X4 et 4X4 « Low ».

Tenant compte de ses origines de camion, il est logique de se demander si le comportement routier et le confort de la suspension sont dignes du qualificatif de luxueux dont s'affuble cet Infiniti.

Et c'est là la grande surprise! Malgré des dimensions qui vous donnent l'impression d'être au volant d'une grosse semi-remorque et qui nécessitent une certaine planification lors des manœuvres de stationnement, ce gros tout-terrain est d'une surprenante agilité. Chapeau aux ingénieurs de la compagnie qui ont réussi à rendre la suspension confortable, la direction précise et la tenue de route rassurante malgré un châssis autonome très costaud et une capacité de remorquage supérieure à la moyenne! Cela s'explique en bonne partie par la présence de suspensions indépendantes à doubles leviers triangulés aux quatre roues. De plus, la suspension arrière est équipée de série d'un correcteur d'assiette pneumatique. Bien entendu, des freins à disques ABS sont de série à l'avant comme à l'arrière.

Il est certain que si vous habitez un centre-ville, le QX 56 n'est sans doute pas pour vous. Mais il possède un heureux mélange de luxe, de confort et de robustesse qui le rend agréable d'utilisation. Et si son prix de 73 800 $ vous intimide, sachez que c'est 6 565 $ de moins qu'un Lincoln Navigator 2004!

Denis Duquet

QX 56

DONNÉES TECHNIQUES

Prix du modèle à l'essai :	73 800 $
Échelle de prix :	73 800 $
Version(s) disponible(s) :	version unique
Garanties :	4 ans 100 000/6 ans 110 000
Catégorie :	utilitaires sport
Emp./Long./Lar./Haut.(cm) :	313/525/200/197
Poids :	2 430 kg
Coffre/Réservoir :	566 à 2 750/106 litres
Coussins de sécurité :	frontaux, latéraux et rideaux
Suspension avant :	indépendante, bras inégaux
Suspension arrière :	indépendante, multibras
Freins av./arr. :	disque (ABS)
Antipatinage/Contrôle de stabilité :	oui/oui
Direction :	à crémaillère, ass. variable
Diamètre de braquage :	12,5 m
Pneus av./arr. :	P265/70R18

GROUPE MOTOPROPULSEUR ET RENDEMENT

Moteur :	V8 5,6 litres 32s (98,0 x 92,0)
Puissance :	315 chevaux (235 kW) à 4 900 tr/mn
Couple :	390 lb-pi (529 Nm) à 3 600 tr/mn
Autre(s) moteur(s) :	seul moteur offert
Transmission :	intégrale, automatique 5 rapports
Autre(s) transmission(s) :	aucune
Accélération 0-100 km/h :	9,1 s
Reprises 80-120 km/h :	8,2 s
Freinage 100-0 km/h :	44,3 m
Vitesse maximale :	180 km/h
Indice de performance longitudinale :	4,36 m/s/s
Consommation (100 km) :	ordinaire, 17,9 litres
Autonomie :	592 km

DANS LA MÊME CATÉGORIE

Cadillac Escalade - Lincoln Navigator - Lexus LX470
Mercedes-Benz Classe G - Volkswagen Touareg

DU NOUVEAU EN 2005

Nouveau modèle

HISTORIQUE DU MODÈLE

1ière génération

DATE DE RENOUVELLEMENT

n.d.

NOS IMPRESSIONS

Agrément de conduite :	▭▭▭▭▭
Fiabilité :	▭▭▭▭
Sécurité :	▭▭▭▭½
Qualités hivernales :	▭▭▭▭½
Espace intérieur :	▭▭▭▭▭
Confort :	▭▭▭▭½

LE CHOIX DE L'ÉQUIPE

version unique

Guide de l'auto 2005

JAGUAR S-TYPE

TOUJOURS BELLE, PLUS DÉSIRABLE

Comparées il n'y a pas si longtemps, à une époque politiquement « incorrecte » bien sûr, à un(e) amant (maîtresse) exigeant(e) qui vous procurait parfois beaucoup de satisfaction mais toujours des problèmes, tout en dégarnissant allègrement votre portefeuille, les Jaguars de dernière génération semblent pour la plupart vouloir nous faire oublier cette époque aux mœurs dissolues. Les observateurs de l'industrie automobile qui craignaient voir la marque disparaître, ou du moins s'américaniser à outrance après son rachat par Ford, peuvent maintenant soupirer d'aise, et conclure que c'est probablement ce qui pouvait arriver de mieux.

Et ce n'est pas la S-Type qui les fera hésiter devant cette assertion. Apparue il y a cinq ans, cette magnifique berline conserve les qualités traditionnelles de la marque, et profite de la synergie du géant de Dearborn pour corriger quelques-unes de ses lacunes. Ses lignes se révèlent à la fois empreintes d'un certain traditionalisme, qui s'amalgame avec bonheur à un modernisme incontournable. Sculpturale à l'extérieur comme à l'intérieur, aussi pratique, aérodynamique et habitable que les représentantes de la concurrence dans ce créneau, elle n'a surtout pas l'air d'un pain de savon qu'on aurait perdu dans le bain. Sa robe reçoit quelques altérations très mineures pour 2005, un nouveau capot en alu et une partie arrière distinctive.

HABITACLE VALORISANT

Donnez vous la peine d'ouvrir la portière du conducteur, pour être happé par l'odeur enivrante des cuirs tendant les fauteuils, et par leur apparence qui, sur l'exemplaire mis à ma disposition pour cette évaluation, donnait l'impression d'avoir été sculptés dans une riche gelato à la vanille. Leur confort et leur soutien satisferont tous les gabarits, et leurs multiples ajustements sont garants d'une fonctionnelle position de conduite. Le même sort est réservé à deux passagers adultes à l'arrière, mais un troisième au milieu critiquera rapidement la dureté de l'assise, et de l'appuie-bras escamotable dans son dos. À propos, le dossier de cette banquette est fractionnable et rabattable pour augmenter la capacité de la soute. Elle en a bien besoin d'ailleurs, à cause de sa hauteur réduite. Il faut vraiment être tatillon pour trouver des fautes à l'ergonomie, mais certaines commandes sont encore tirées de productions Ford moins prestigieuses. Les matériaux et leur ajustement, particulièrement les appliques en bois nobles lustrées, ne cèdent en rien devant les œuvres de la concurrence, mais la massive planche de bord a une allure un peu caoutchouteuse.

La S-Type vous donne le choix entre trois groupes motopropulseurs liés à une automatique

»» FEU VERT
› Lignes superbes
› Habitacle invitant
› Performances éblouissantes (4.2 et «R»)
› Confort et silence impressionnants
› Aura enviable

»» FEU ROUGE
› Fiabilité encore perfectible
› Faible réseau de concessionnaires
› Commande du levier de vitesses inadéquate
› Prix corsés
› Version V6 trop tranquille

S-TYPE

à six rapports au fonctionnement soyeux mais un peu lent, affublée d'une grille de sélection en « U » bien malcommode, et d'un mode « Sport » aux effets pratiquement indiscernables. À mon humble avis, seuls les plus chiches se contenteront du plus petit moteur, un V6 trois litres d'origine Ford. Dérivé du prolétaire Duratec, il reçoit bien quelques modifications maison, mais ses 235 chevaux confèrent à la belle anglaise un rapport poids/puissance un peu gênant pour une voiture de ce prix et au passé si glorieux en compétition. Même si la marche (financière) est plutôt haute (10 000 $), régalez-vous plutôt avec le V8 de 4,2 litres, à la fois puissant, onctueux, et d'une sonorité enthousiasmante, bien que jamais envahissante. Il procure à cette digne héritière des performances de très bon niveau, tout en consommant relativement peu. Votre contribution supplémentaire à la caisse au plaisir vous donnera aussi droit à divers accessoires, comme le pédalier ajustable et le toit ouvrant électriquement. Allongez encore près de 17 000 $, et vous roulerez au volant de l'exclusive S-Type R, propulsée par le même bloc auquel se greffe un compresseur volumétrique qui lui permet d'afficher 390 chevaux à sa fiche, et un couple de 399 lb-pi à seulement 3 500 tours. On se doute bien que ses performances sont de très haut niveau, mais elles flirtent aussi dangereusement avec les limites du châssis.

CONFORTABLE ET CAPABLE

Comme dans les vieux livres d'histoire Jaguar, les S-Type allient confort et comportement routier de haut calibre, malgré des pneumatiques de simple cote de vitesse « H » en taille 17 pouces, sauf pour la « R » qui chausse des pointures 18 pouces beaucoup plus tenaces. Leurs suspensions fermes, mais jamais raides, jouissent d'un bon débattement, et celles de la « R », semi-actives, s'adaptent à votre allure. Leur tenue de cap rassure, et elles réagissent avec rapidité aux impulsions du conducteur sans jamais les amplifier. Assez précise, la direction n'en démontre pas moins une certaine légèreté, surprenante pour une production aux prétentions sportives. La caisse vous protège efficacement contre les intrusions des bruits engendrés par le vent et la route, et vous arriverez frais et dispos au terme d'un parcours de quelques centaines de kilomètres. Le freinage avec disques ventilés partout, régulés par l'ABS et un système d'assistance en cas d'urgence vous arrêtera bien sec dans vos élans. De toute manière, les plus « agités » verront leurs débordements rapidement contenus par des systèmes efficaces antipatinage et de stabilité électroniques.

Bien sûr, la S-Type ne démontre pas la fiabilité d'une Lexus, mais les charmes qu'elle déploie avec son tempérament et son apparence la rendent diablement tentante. Et si vous hésitez avant de vous engager dans une liaison à long terme, pourquoi ne pas vivre une aventure excitante, le temps d'une location ?

Jean-Georges Laliberté

DONNÉES TECHNIQUES

Prix du modèle à l'essai :	75 995 $
Échelle de prix :	62 995 $ à 89 950 $
Version(s) disponible(s) :	3.0, 4.2, R
Garanties :	4 ans 80 000 / 4 ans 80 000
Catégorie :	berline de luxe
Emp./Long./Lar./Haut.(cm) :	291/488/206/142
Poids :	1 757 kg
Coffre/Réservoir :	401/69,5 litres
Coussins de sécurité :	frontaux, latéraux, rideaux
Suspension avant :	indépendante, leviers triangulés
Suspension arrière :	indépendante, leviers triangulés
Freins av./arr. :	disque (ABS) (EBA)
Antipatinage/Contrôle de stabilité :	oui/oui
Direction :	à crémaillère, variable vitesse
Diamètre de braquage :	11,4 m
Pneus av./arr. :	235/50R17

GROUPE MOTOPROPULSEUR ET RENDEMENT

Moteur :	V8 4,2 litres
Puissance :	294 ch à 6 000 tr/min
Couple :	303 lb-pi à 4 100 tr/min
Autre(s) moteur(s) :	V6 3 litres 235 ch, V8 4,2 compresseur 390 ch
Transmission :	automatique 6 rapports
Autre(s) transmission(s) :	aucune
Accélération 0-100 km/h :	7,9 s
Reprises 80-120 km/h :	6,2 s
Freinage 100-0 km/h :	41,5 m
Vitesse maximale :	194 km/h (limitée)
Indice de performance longitudinale :	4,0 m/s/s
Consommation (100 km) :	super, 11 litres
Autonomie :	631 km

DANS LA MÊME CATÉGORIE

Acura 3.5RL - Audi A6 - BMW Série 5 - Infiniti M45 Lexus GS 300/430 - Mercedes-Benz Classe E - Volvo S80

DU NOUVEAU EN 2005

Quelques détails sur la carrosserie, nouveau capot en aluminium, planche de bord mieux détaillée, cinq nouveaux motifs de jantes

HISTORIQUE DU MODÈLE

1ère génération

DATE DE RENOUVELLEMENT

n.d.

NOS IMPRESSIONS

Agrément de conduite :	5/5
Fiabilité :	4/5
Sécurité :	5/5
Qualités hivernales :	4/5
Espace intérieur :	4½/5
Confort :	5/5

LE CHOIX DE L'ÉQUIPE

4.2

Guide de l'auto 2005

JAGUAR XJ8/XJ 8L

12,7 CM DE PLUS

L'an dernier, Jaguar nous proposait une toute nouvelle version de la XJ8. Pourtant, à prime abord, on aurait été porté à croire à une blague de mauvais goût tant cette nouvelle venue ressemblait à la version précédente. Autant les ingénieurs avaient joué d'audace en réalisant une plate-forme et une carrosserie tout en aluminium, autant les stylistes étaient tombés en panne d'imagination. Il est vrai que la tradition de la marque a des racines profondément ancrées, mais un peu plus de changements sur le plan visuel n'auraient pas fait défaut.

Je ne suis pas certain que les clients soient prêts à payer le gros prix pour une voiture ressemblant à s'y méprendre à sa devancière. C'est d'autant plus dommage que cette Jaguar est une berline de luxe dotée d'une grande agilité, d'une tenue de route presque sans faiblesses et d'un moteur V8 performant. Quoi qu'il en soit, la silhouette aurait eu avantage à être plus moderne.

La même philosophie de design classique conservateur a été retenue pour l'habitacle et le tableau de bord. Il est vrai qu'un écran ACL trône en plein centre de la planche de bord et que plusieurs commandes réglant l'antipatinage et le système de stabilité latérale sont des accessoires modernes, mais le reste est carrément rétro. Les cadrans indicateurs sont prisonniers de trois cercles ceinturés de chrome, tous alignés comme à la belle époque. Bien entendu, les appliques en bois exotique sont partout, tandis que le légendaire cuir Connolly est toujours aussi odoriférant. Les sièges qui en sont recouverts sont confortables et conviennent à toutes les anatomies. Ils pourraient toutefois offrir un support latéral plus important. Par ailleurs, même si l'espace pour les pieds du conducteur est plus important qu'auparavant, les personnes de forte taille chaussant de grosses pointures ne se sentiront pas trop à l'aise. Enfin, la ceinture de caisse est élevée et les sièges avant bas, ce qui contribue au fait de se sentir quelque peu coincé. Soulignons en terminant que la disposition des commandes est moins fantaisiste que par le passé. Certaines d'entre elles sont malheureusement réalisées avec des matériaux un peu trop bon marché.

QUELQUES CENTIMÈTRES DE PLUS

Cette année, la grande nouvelle chez Jaguar est l'arrivée de la version allongée. La «L» voit son empattement croître de 12,7 centimètres et sa longueur hors tout est d'autantt allongée. Le gain de poids n'a été que de 24 kg. Ce qui témoigne hors de tout doute de la rigidité et la solidité de cette plate-forme en aluminium qui n'a pas nécessité de renforts additionnels

»» FEU VERT	»» FEU ROUGE
› Plate-forme en aluminium	› Silhouette rétro
› Tenue de route saine	› Freins peu endurants
› Moteur performant	› Tableau de bord campagnard
› Insonorisation poussée	› Levier de vitesses peu pratique
› Version allongée	› Espace limité pour les pieds à l'avant

Guide de l'auto 2005

pour ajouter quelques centimètres de plus à la carrosserie.

Cette version allongée permet aux occupants des places arrière d'avoir un dégagement pour la tête et les jambes nettement supérieur à la moyenne. De plus, il est possible de commander des sièges arrière ordinaires ou encore à réglage électrique. Puisque cette version «L» sera utilisée par des hommes d'affaires, des tables de travail sont ancrées aux sièges avant. En outre, des commandes individuelles de climatisation sont placées dans le compartiment arrière de même qu'un système de divertissement multimédia comprenant un lecteur DVD. L'accès à ces places arrière est également facilité par des portes plus longues.

Parmi les autres modifications, il faut souligner une insonorisation encore plus poussée et de légères retouches à la grille de calandre. Enfin, les passages des roues sont plus gros afin de respecter la proportionnalité des formes. Et si tout cela ne vous impressionne pas, vous allez certainement apprécier le fait que la XJ8L est la plus longue Jag de l'histoire et qu'elle surpasse en longueur les Lexus LS430 et la BMW 745i par plus de 17,8 centimètres !

MÉCANIQUE MODERNE

La silhouette est rétro, mais la carrosserie est en aluminium. La même remarque s'applique aux organes mécaniques qui sont ce qu'il y a de plus moderne. Le moteur de série est un moteur V8 4,2 litres de 294 chevaux couplé à une boite automatique à six rapports. Cette dernière est contrôlée par l'incontournable levier dont le guidage suit une fente en forme de J qui n'est pas une trouvaille. Ça va pour passer de «P» à «D», mais les choses se compliquent lorsqu'on opte pour le mode manumatique. Il est toujours difficile de savoir à quelle position se trouve le levier.

Ce V8 atmosphérique est de série sur les versions à empattement régulier et allongé. De plus, il équipe le modèle Vanden Plas, une XJ8L qui se démarque par un équipement plus cossu. Elle offre des sièges recouverts d'un cuir plus fin, une moquette en laine véritable, un volant chauffant, des roues en alliage de 18 pouces et la liste continue. Voilà pour la clientèle qui privilégie le luxe et le confort par dessus tout. Jaguar a également conçu deux versions pour ceux qui aimeraient profiter de l'excellence de la plate-forme en boulonnant un compresseur sur ce même moteur V8. Cette fois, la puissance est portée à 390 chevaux, 10 chevaux de moins que la nouvelle Corvette. Il a pour mission de propulser la XJR à empattement court et la Super V8 à empattement long. Ces deux voitures affichent des temps d'accélération pratiquement similaires compte tenu que la différence de poids est minimale. La première boucle le 0-100 km/h en 5,3 secondes selon Jaguar et un peu plus de 6,8 secondes selon nos chiffres. Quant à la Super V8, elle met .03 de seconde de moins.

Ce mélange d'ancien et de moderne nous donne une voiture qui ne rencontrera pas les goûts de tous, mais ses qualités mécaniques et dynamiques la rendent agréable à conduire.

Denis Duquet

DONNÉES TECHNIQUES

Prix du modèle à l'essai :	96 000 $
Échelle de prix :	87 500 $ à 125 000 $
Version(s) disponible(s) :	XJ8, VDP, XJR, Super V8
Garanties :	4 ans 80 000/4 ans 80 000
Catégorie :	berline de luxe
Emp./Long./Lar./Haut.(cm) :	316/521/187/145
Poids :	1 735 kg
Coffre/Réservoir :	464/75 litres
Coussins de sécurité :	frontaux, latéraux (av.) et rideaux
Suspension avant :	indépendante, bras inégaux
Suspension arrière :	indépendante, multibras
Freins av./arr. :	disque (ABS)
Antipatinage/Contrôle de stabilité :	oui/oui
Direction :	à crémaillère, ass. variable
Diamètre de braquage :	11,7 m
Pneus av./arr. :	P235/55R17

GROUPE MOTOPROPULSEUR ET RENDEMENT

Moteur :	V8 4,2 litres 32s (90,0 x 86,3)
Puissance :	294 ch (219 kW) à 6000 tr/mn
Couple :	303 lb-pi (411 Nm) à 4 100 tr/mn
Autre(s) moteur(s) :	V8 4,2L compresseur 390 ch
Transmission :	propulsion, automatique 6 rapports
Autre(s) transmission(s) :	aucune
Accélération 0-100 km/h :	8,3 s
Reprises 80-120 km/h :	4,7 s
Freinage 100-0 km/h :	41,7 m
Vitesse maximale :	250 km/h
Indice de performance longitudinale :	4,98 m/s/s
Consommation (100 km) :	super, 14,0 litres
Autonomie :	535 km

DANS LA MÊME CATÉGORIE

Audi A6 - BMW Série 5- Infiniti Q45
Lexus LS 430 - Mercedes-Benz Classe E

DU NOUVEAU EN 2005

Version allongée

HISTORIQUE DU MODÈLE

4ième génération

DATE DE RENOUVELLEMENT

2008

NOS IMPRESSIONS

Agrément de conduite :	🚗🚗🚗🚗½
Fiabilité :	🚗🚗🚗🚗🚗
Sécurité :	🚗🚗🚗🚗½
Qualités hivernales :	🚗🚗🚗🚗½
Espace intérieur :	🚗🚗🚗🚗½
Confort :	🚗🚗🚗🚗

LE CHOIX DE L'ÉQUIPE

XJ Vanden Plas

Guide de l'auto 2005

JAGUAR XK8

DÉSIR INASSOUVI

Oscar Wilde écrivait : « Il y a deux tragédies dans la vie : l'une est de ne pas satisfaire son désir et l'autre de le satisfaire ». Après une longue période d'éloignement, il vous est peut-être déjà arrivé de retrouver un amour de jeunesse perdu, pour vous rendre compte que le pasage des ans vous séparait maintenant irrémédiablement, et que cette relation risquait de s'avérer fort décevante.

Eh bien ! C'est exactement ce que je viens de vivre avec la Jaguar XK8. Depuis ma prime jeunesse, précisément en mars 1961, lors de l'apparition de la XK-E 3,8, j'entretiens envers cette belle anglaise, une fascination qui relève du fantasme, même si les années ont depuis laissé leurs vilaines marques sur sa ligne. Elle a en effet connu moult avatars, mais finalement, elle fait de nouveau battre mon cœur depuis 1997, à la suite de son dernier "lifting", alors qu'elle en a profité pour adopter une nouvelle identité. Désormais connue sous le nom de XK8, elle a retrouvé une énergie nouvelle, et une allure presque presqu'aussi fascinante que celle qu'elle affichait lorsque je l'ai connue.

ATTIRANTE, MAIS UN PEU DÉCEVANTE

Imaginez donc mon impatience presque juvénile, lors de ma rencontre avec une XK8 cabriolet (évidemment ! elle retire son top si facilement) qui partage son groupe motopropulseur avec la S-Type 4.2 et la XJ8. Elle a bien une sœur dénommée XKR, peut-être plus attirante, avec le chant de sirène qui émane de son compresseur pour faire galoper 390 beaux coursiers, mais je me dis qu'à mon âge, 294 chevaux réussiraient à étancher ma soif de sensations fortes. Il faut bien prendre soin de son cœur ! Arrivé sur les lieux de notre rendez-vous, la belle m'attend bien campée sur ses belles jantes de 17 pouces (elle chausse des talons hauts de 19 pouces en option, la XKR des 20), vêtue pour l'occasion d'une robe rouge toute simple mais extrêmement attrayante, sûrement griffée. Pudiquement couverte de sa capote, elle donne l'impression qu'elle peut m'emporter vers les sommets de la jouissance.

Première déception, madame (vu son âge) n'aime pas trop la compagnie, et même si elle offre des places à des invités à l'arrière, personne ne peut vraiment s'y asseoir, à moins d'être un enfant, et encore, amputé des deux jambes. Cela ne me dérange pas trop, car je préfère égoïstement nous réserver ces moments d'intimité, mais elle aurait pu faire

> **FEU VERT**
> › Ligne excitante
> › Moteur et boîte réussis
> › Consommation raisonnable
> › Équipement complet
> › Chic fou

> **FEU ROUGE**
> › Prix rédhibitoire
> › Poids conséquent
> › Tenue de cap « distrayante »
> › Habitacle étriqué
> › Soulève parfois la jalousie

Guide de l'auto 2005

montre de moins d'hypocrisie, et nous accorder plus d'espace de chargement. Pour ses escapades, elle peut emporter une quantité appréciable de bagages, mais sa soute manque de hauteur. Enfin ! Je me dis qu'elle me gâtera de ses attentions avec ses fauteuils tendus de peau bien lisse à l'avant, mais c'était sans compter sur leur forme insupportable. Malgré la présence d'accessoires empruntés à sa voisine Ford, et d'une planche de bord un peu caoutchouteuse (une Playtex?), son intérieur bien fini et chaleureux m'accueille avec une conviction certaine, mais l'espace est compté, et on s'y sent un peu mal à l'aise. Qu'à cela ne tienne, l'ergonomie est satisfaisante, les équipements ne manquent pas, et ses nombreux instruments me renseignent adéquatement sur ses humeurs.

Je m'aperçois rapidement qu'elle n'apprécie guère circuler dans les rues de la métropole, et elle manifeste son mécontentement en me donnant de rudes coups dans les fesses au passage des trous et des bosses.

CARACTÉRIELLE COMPAGNE

Je nous avais préparé un petit week-end en amoureux, une espèce de ménage à trois, car bien entendu, ma dulcinée nous accompagnerait. Impossible de faire autrement d'ailleurs ; depuis que je lui parle de la Jaguar, je vois souvent poindre un soupçon de jalousie dans son regard. Nous voici sur l'autoroute 40, en direction des Mille-Îles, et les choses ne s'améliorent pas vraiment. La belle tremble de la colonne de direction, (pas vraiment excitant), en dépit d'un volant ajustable électriquement dans tous les sens, son beau body frissonne lorsqu'il rencontre des saignées, et elle suit les ornières avec une certaine obstination. Je me rends compte qu'elle préfère les beaux revêtements comme ceux de la 401 ontarienne, presqu'introuvables au Québec, alors qu'elle peut filer bon train, assez dignement. Elle s'accroche bien dans les courbes, pour peu qu'elles se révèlent lisses, freine avec compétence, et se permet peu d'écarts de conduite, faisant montre d'une telle retenue grâce à son système de stabilité électronique. Malgré une grille de sélection fantaisiste, sa boîte automatique à six rapports s'avère bonne complice, permettant des accélérations toniques et des reprises volontaires. Capote retirée, et à bonne allure, le bruit de roulement et de l'air sont difficiles à supporter, et lorsqu'elle est fermée, elle ne résiste pas complètement à une bonne douche. Ce petit strip-tease s'effectue électriquement, et, irrésistible excitation, même en déambulant lentement.

À la réflexion, j'aurais peut-être dû engager une relation avec une de ses sœurs (coupés XK8 et XKR), plus rigide, plus légère, et un tantinet plus rapide, même si l'habitacle se révèle presqu'aussi étriqué. Finalement, j'en suis quitte pour une certaine déception, et il me reste à attendre les résultats de sa prochaine chirurgie esthétique majeure, ce qui ne devrait pas tarder. Elle pourra alors, redevenir à mes yeux, un objet de désir, et à ceux de ma compagne, un motif à se faire du souci…

Jean-Georges Laliberté

DONNÉES TECHNIQUES

Prix du modèle à l'essai :	105 000 $
Échelle de prix :	96 000 $ à 117 000 $
Version(s) disponible(s) :	XK8 et XKR, coupé et cabrio
Garanties :	4 ans 80 000/4 ans 80 000
Catégorie :	coupé sport, roadster
Emp./Long./Lar./Haut.(cm) :	259/476/183/129
Poids :	1 801 kg
Coffre/Réservoir :	310/75 litres
Coussins de sécurité :	frontaux, latéraux
Suspension avant :	indépendante, bras triangulés
Suspension arrière :	indépendante, bras triangulés
Freins av./arr. :	disque (ABS)
Antipatinage/Contrôle de stabilité :	oui/oui
Direction :	à crémaillère, assistance variable
Diamètre de braquage :	11,0 m
Pneus av./arr. :	P245/452R17 P255/452R17

GROUPE MOTOPROPULSEUR ET RENDEMENT

Moteur :	V8 4,2 litres
Puissance :	294 ch à 6 000 tr/min
Couple :	310 lb-pi à 4 100 tr/min
Autre(s) moteur(s) :	V8 4,2 compresseur 390 ch. (XKR)
Transmission :	propulsion, automatique 6 rapports
Autre(s) transmission(s) :	aucune
Accélération 0-100 km/h :	6,6 s
Reprises 80-120 km/h :	5,6 s
Freinage 100-0 km/h :	37,0 m
Vitesse maximale :	250 km/h
Indice de performance longitudinale :	5,53 m/s/s
Consommation (100 km) :	super, 11,5 litres
Autonomie :	652 km

DANS LA MÊME CATÉGORIE

BMW Série 6 - Cadillac XLR
Lexus SC430 - Mercedes-Benz SL

DU NOUVEAU EN 2005

Robe légèrement altérée, becquet arrière et limiteur de vitesse de série, nouveaux embouts d'échappement

HISTORIQUE DU MODÈLE

1ière génération

DATE DE RENOUVELLEMENT

l'année prochaine, espérons

NOS IMPRESSIONS

Agrément de conduite :	🚗🚗🚗🚗½
Fiabilité :	🚗🚗🚗🚗
Sécurité :	🚗🚗🚗🚗½
Qualités hivernales :	🚗🚗🚗½
Espace intérieur :	🚗🚗🚗
Confort :	🚗🚗🚗🚗

LE CHOIX DE L'ÉQUIPE

XK8 Cabriolet

Guide de l'auto 2005

JAGUAR X-TYPE/WAGON

VOCATION TARDIVE

Si vous avez lu l'essai routier de la X Type dans l'édition 2004 du Guide de l'auto, vous savez déjà que la plus petite des Jag n'est pas la meilleure de sa catégorie. Ses ventes en demi-tons nous prouvent d'ailleurs que le public hésite devant cette voiture compacte qui a du mal à s'imposer. C'est pour combler les multiples lacunes de cette voiture que la direction de Jaguar ne cesse d'y apporter des correctifs, des améliorations et un niveau d'équipement plus complet. L'an dernier, le prix avait été réduit, le système audio bonifié et on avait annoncé l'arrivée d'une familiale ou "Estate" comme le disent nos amis les Britanniques.

Toutes ces promesses ont été tenues et même plus encore. Pour expliquer les déboires de la «X», plusieurs analystes avaient souligné que la piètre qualité d'assemblage de cette voiture avait effrayé plusieurs acheteurs potentiels. D'ailleurs, l'auteur de ces lignes avait pu constater lui-même que ce n'était pas des ragots: peinture ratée, fusibles sautés, bruits de caisse, boîte automatique hésitante. Bien entendu, chez Jaguar, la direction avait tenté de minimiser ces faits tout en promettant que les défauts de jeunesse allaient être rapidement corrigés. Ils ont tenu parole puisque la dernière «X» qui s'est retrouvée dans mon entrée était beaucoup mieux fignolée que les modèles antérieurs. Est-ce parce qu'il s'agissait d'une familiale? Il semble que de réels progrès ont été réalisés à ce chapitre.

Détail intéressant: depuis l'entrée en scène de ce modèle en août 2001, plus de 1 000 composantes ont été remplacées et le travail se poursuit. Ce qui explique pourquoi cette Jag mal née a connu une hausse de 17 pour cent dans les sondages de fiabilité J. D. Powers & Associates au cours de la dernière année seulement et de 31 pour cent depuis les tout débuts.

Malgré tout, les Britanniques ne font pas toujours les choses comme les autres. Sur la familiale, l'agencement de la portière arrière au rail supérieur de la carrosserie est vraiment inusité. De plus, le pilier «A» est séparé de la partie inférieure de la caisse par un espace béant qui est indigne d'une voiture de ce prix. Ce n'est pas le résultat d'un assemblage bâclé, mais d'une conception pour le moins surprenante.

ENFIN!
La berline X-Type demeure toujours une voiture dont la silhouette n'a pas tellement d'impact. Ce n'est pas parce que les lignes ne sont pas élégantes, mais les dimensions de la caisse ne sont pas suffisamment importantes. Ce qui ne permet pas aux caractéristiques visuelles utilisées sur les autres Jaguar de livrer leur message.

»» FEU VERT
› Fiabilité améliorée
› Version familiale
› Traction intégrale de série
› Bonne tenue de route
› Prix toujours compétitif

»» FEU ROUGE
› Places avant serrées
› Levier de vitesses version automatique
› Couvercle du coffre à gants très bas
› Cache-bagages difficile à enlever
› Valeur de revente aléatoire

Guide de l'auto 2005

La partie avant est tout de même réussie avec ses renflements du capot épousant le pourtour des phares et la calandre aux deux alvéoles aplaties, mais l'arrière est trop anonyme. C'est tout à fait le contraire pour la familiale qui en impose davantage. Tout au long de ma semaine d'essai au volant de cette dernière, beaucoup de personnes se sont déclarées impressionnées par cette «Jag» à vocation plus utilitaire. Lors des essais précédents avec la berline, cela avait été l'anonymat le plus complet.

Bref, la familiale est une voiture qui attire les regards et suscite de l'intérêt, ce qui devrait permettre à ce modèle de monter une pente qu'il n'avait jamais été en mesure de grimper auparavant. Il semble qu'avec la familiale, la «X» a finalement trouvé une vocation qui risque d'attirer plus de gens et porter ombrage aux autres modèles de cette catégorie que sont les familiales BMW de Série 3 et Mercedes de Classe C. Pas mal pour une première puisque cet "Estate" est le premier du genre à ne jamais avoir été fabriqué par la marque de Coventry.

Une fois la qualité d'assemblage améliorée, il est possible de porter attention aux qualités routières. La plate-forme a toujours été rigide, la suspension efficace et la boîte automatique à cinq rapports correcte. Celle-ci est de type manumatique et elle est toujours contrôlée par ce levier de vitesses dont la course en «J» n'est pas la trouvaille du siècle. Malgré tout, la voiture est une bonne routière, et il est agréable de s'attaquer aux bretelles d'accès des autoroutes avec fougue. La traction intégrale de série est un autre atout à ne pas négliger. Tous ces éléments permettent d'apprécier sa conduite.

Tout cela à la condition de commander la version équipée du moteur V6 3 litres dont les 227 chevaux ne sont pas superflus. Les communiqués de presse de ce constructeur ont beau souligner que le moteur V6 2,5 litres est plus économique lorsque couplé à la boîte manuelle à cinq rapports, les impressions de conduite ne sont pas aussi rassurantes. Surtout si vous avez l'habitude de rouler avec plusieurs passagers et leurs bagages, qu'il s'agisse de la berline ou de la familiale. Cette dernière se veut toutefois le meilleur choix à mon avis. Les places arrière demeurent toujours exiguës, mais au moins, la soute à bagages et le hayon donnent du caractère à cette voiture et ajoutent à sa polyvalence. Par contre, la toile cache-bagages est logée dans une unité qui est d'une lourdeur hors norme.

Pour 2005, la famille de la X-Type s'agrandit avec l'arrivée de la berline V6 sport dotée de roues de 18 pouces, d'un déflecteur avant plus imposant, d'une suspension sport et d'un déflecteur sur le couvercle du coffre. La berline Vanden Plas pour sa part est à vocation plus bourgeoise alors que son habitacle comprend un système audio Alpine de 320 watts, des sièges plus confortables et un volant en bois.

La crise d'adolescence de la X-Type semble être une chose du passé et il faut souhaiter que cette fiabilité et cette finition améliorée fassent dorénavant partie de ses caractéristiques.

Denis Duquet

DONNÉES TECHNIQUES

Prix du modèle à l'essai :	46 995 $
Échelle de prix :	41 195 $ à 46 995 $
Version(s) disponible(s) :	Sportwagon - Sport - VDP
Garanties :	4 ans 80 000/4 ans 80 000
Catégorie :	berlines de luxe, familiales
Emp./Long./Lar./Haut.(cm) :	271/467/179/139
Poids :	1 610 kg
Coffre/Réservoir :	455 à 1 415 (familiale)/61,5 litres
Coussins de sécurité :	frontaux, latéraux (av.) et rideaux
Suspension avant :	indépendante, jambes de force
Suspension arrière :	indépendante, multibras
Freins av./arr. :	disque (ABS)
Antipatinage/Contrôle de stabilité :	oui/oui
Direction :	à crémaillère, ass. variable
Diamètre de braquage :	10,8 m
Pneus av./arr. :	P225/45HR17

GROUPE MOTOPROPULSEUR ET RENDEMENT

Moteur :	V6 3.0 litres 24s (89,0 x 79,5)
Puissance :	227 chevaux (169 kW) à 6 800 tr/mn
Couple :	210 lb-pi (285 Nm) à 3 000 tr/mn
Autre(s) moteur(s) :	V6 2,5 litres 194 ch
Transmission :	intégrale, automatique 5 rapports
Autre(s) transmission(s) :	manuelle 5 rapports
Accélération 0-100 km/h :	7,5 s
Reprises 80-120 km/h :	6,7 s
Freinage 100-0 km/h :	36,8 m
Vitesse maximale :	230 km/h
Indice de performance longitudinale :	5,27 m/s/s
Consommation (100 km) :	super, 12,4 litres
Autonomie :	496 km

DANS LA MÊME CATÉGORIE
Acura TL - Audi A4 - BMW Série 3 - Lexus IS300, Mercedes-Benz Classe C - Volvo S40

DU NOUVEAU EN 2005
Version sport, nouvelle version VDP, sièges améliorés

HISTORIQUE DU MODÈLE
1ère génération

DATE DE RENOUVELLEMENT
2007

NOS IMPRESSIONS

Agrément de conduite :	🚗🚗🚗½
Fiabilité :	🚗🚗🚗½
Sécurité :	🚗🚗🚗🚗
Qualités hivernales :	🚗🚗🚗
Espace intérieur :	🚗🚗🚗½
Confort :	🚗🚗🚗½

LE CHOIX DE L'ÉQUIPE
Familiale 3,0

Guide de l'auto 2005

Jeep
GRAND CHEROKEE

POUR ESCALADER LES MONTAGNES

Lorsqu'il est apparu sur le marché en 1995, le Grand Cherokee fixait la norme et devenait la référence d'un tout nouveau segment de plus en plus populaire, celui des utilitaires sport. Après une éclosion de modèles dans cette catégorie, plusieurs concurrents sont venus offrir une alternative de choix, dépassant même à plusieurs égards le Grand Cherokee. Entièrement remanié pour 2005, le Grand Cherokee reprend certainement sa place de choix au chapitre des capacités hors route, avec l'ajout de quelques systèmes plus sophistiqués, dont un différentiel autobloquant. Histoire de se donner un atout supplémentaire dans un créneau des plus compétitifs, Jeep a également décidé d'ajouter à la liste de motorisation offerte son moteur HEMI, nouveau fer de lance du constructeur.

DEUX MODÈLES, TROIS MOTORISATIONS

Le Grand Cherokee 2005 est offert en deux versions, Laredo et Limited. Le modèle Laredo, offert à un prix de base de 38 995 $, propose de série un tout nouveau moteur V6 de 3,7 litres en remplacement du six cylindres en ligne de la génération précédente. Ce nouveau moteur développe une puissance de 210 chevaux à 5 200 tours/mn pour un couple de 235 lb/pied à 4 000 tours/mn. Comme tous les modèles de la gamme, il est jumelé à une nouvelle boîte automatique à cinq rapports. Ceux qui désirent un peu plus de puissance pourront se tourner vers le moteur V8 de 4,7 litres optionnel. Ce dernier développe 235 chevaux à 4 500 tours/mn pour un couple de 305 lb/pi.

Le modèle Laredo offre un rouage intégral à prise constante de type Quadra-Trac1. Répartissant 48 % de la puissance aux roues avant et 52 % aux roues arrière, ce système dégage le conducteur de toute intervention manuelle, n'offrant aucun contrôle ou aucune commande

dans l'habitacle. Sacrilège ! diront certains puisque le Quadra-Trac I n'offre pas de mode gamme basse "low gear", une première pour un Grand Cherokee. Cette décision controversée s'avère justifiée par le fait que le constructeur a voulu miser sur des équipements utilisés plus couramment. Il faut également noter que le Grand Cherokee 2005 est offert avec un équipement de série plus complet et à un prix inférieur d'environ 2 000 $ par rapport au modèle 2004 équivalent. Il faut bien couper quelque part !

Au sommet de la gamme, on retrouve le Grand Cherokee Limited, qui lui aussi est offert avec deux motorisations. Vous pourrez opter pour le moteur V8 de 4,7 litres, développant 235 chevaux. La nouveauté cette année, un moteur HEMI de 330 chevaux, rendant le Grand Cherokee le plus puissant de sa catégorie. Le moteur HEMI offre une puissance impressionnante, avec près de 90 % de son couple maximal disponible à un régime variant entre 2 900 et 5 100 tours/min. Tout comme celui de la Chrysler 300, le moteur HEMI du Grand Cherokee offre la technologie MDS (Multi Displacement System) qui désactive automatiquement quatre cylindres lorsque le véhicule est en vitesse de croisière. Chrysler mentionne une économie de carburant de 20 % grâce à ce système, mais le tout reste à vérifier puisque n'importe quel véhicule n'utilise que peu de puissance en vitesse de croisière.

Le modèle Limited à moteur de 4,7 litres propose le système Quadra-Trac II, alors que le modèle équipé du moteur HEMI peut compter

sur le plus sophistiqué des rouages 4X4, le Quadra-Drive II. Ce système, qui combine un mode gamme basse activé par un levier situé sur la console centrale, offre une capacité hors route accrue grâce notamment à un nouveau différentiel autobloquant électronique à l'avant et à l'arrière. Il combine également un système électronique d'antidérapage avant et arrière, vous assurant de surmonter pratiquement toute condition hors route. En fait, c'est probablement plus les 50 000 $ payés pour ce véhicule qui limiteront vos ardeurs hors des sentiers battus.

Au chapitre des équipements de série, le modèle Limited ajoute entre autres un pédalier

>>> **DE SÉRIE**
> Moteur V6 3,7 litres
> Boîte automatique 5 rapports
> Rouage intégral Quadra Trac I

>>> **EN OPTIONS**
> Moteur Hemi
> Rouage Quadra Trac II
> Série LTD

ajustable, une garniture intérieure en cuir deux tons, des sièges chauffants, des essuie-glaces à capteur de pluie, un climatiseur automatique ainsi qu'un volant gainé de cuir.

NOUVEAU STYLE, PEU D'AUDACE

Le Grand Cherokee 2005 est pratiquement transformé de A à Z. Il offre un style moins en rondeur que la génération précédente, s'approchant plus des autres véhicules de la famille Jeep. Il offre des proportions traditionnelles incluant un long capot, ainsi que l'habituelle grille avant à sept fentes, de même que des phares ronds, signature classique de Jeep. Ces derniers sont d'ailleurs maintenant intégrés au capot. L'arrière propose des lignes plus angulaires, nous donnant le sentiment d'un retour au modèle de première génération.

Le modèle Limited offre une utilisation plus marquée du chrome tout autour et ses jantes de 17 pouces lui donnent un style résolument plus sportif. Le modèle Laredo quant à lui propose une garniture noire plus délicate, au lieu de la large bande grise présente sur les modèles antérieurs. Alors que plusieurs constructeurs s'avèrent audacieux dans leur design, Jeep semble avoir décidé de rester conservateur.

À l'intérieur, Jeep s'est efforcé de donner un style plus sophistiqué à l'habitacle. Le tableau de bord deux tons fait très réussi, mais on retrouve encore quelques plastiques qui font bon marché, surtout dans le modèle Laredo. Le tableau de bord présente un groupe d'instruments comportant quatre cadrans, offrant un éclairage de type « DEL » sur fond noir. Le modèle Limited offre un peu plus de style grâce des bagues chromées ceinturant les cadrans. Nette amélioration également du côté du système de sonorisation grâce à une nouvelle chaîne audio haut de gamme dont les six haut-parleurs sont signés Boston Acoustics. Offerte en option sur le modèle Laredo et de série sur le Limited, elle propose un chargeur CD à six disques intégré au tableau de bord, également capable de lire les MP3. D'une puissance de 288 watts, ce sys-

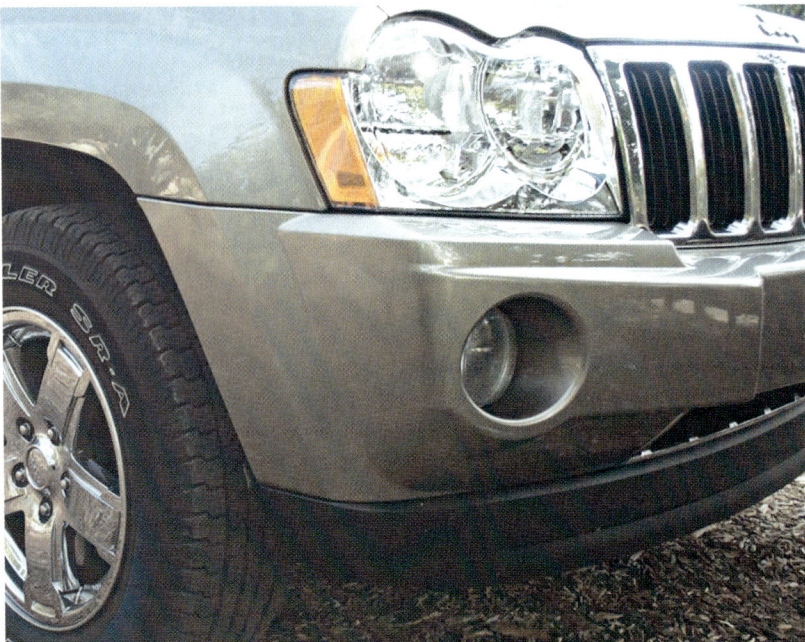

»»FEU VERT
› Rouage intégral plus performant
› Moteur Hemi
› Silhouette rajeunie
› Habitacle plus moderne
› Places arrière améliorées

»»FEU ROUGE
› Consommation élevée
› Version base peu interessante
› Plastiques à revoir
› Finition inégale
› Version Limited onéreuse

GRAND CHEROKEE

tème offre une sonorité plus riche et une bonne présence dans les basses fréquences. Un système de divertissement incluant un lecteur DVD est également disponible en option sur tous les modèles.

Le nouveau design du Grand Cherokee permet d'obtenir un espace intérieur accru. On obtient de bons dégagements pour les passagers avant et arrière. Par contre, il faudra composer avec un espace aux jambes plus restreint à l'arrière lorsqu'un passager de grande taille monte à l'avant. Jeep aurait pu également en profiter pour offrir une troisième banquette, histoire de pouvoir accueillir plus de cinq passagers. Plusieurs concurrents offrent maintenant cette possibilité. L'espace de chargement est également bien aménagé, offrant plusieurs crochets d'encrage, ainsi qu'un plateau réversible présentant un bac, pouvant facilement être nettoyé.

SUR LA ROUTE OU À CÔTÉ!

Sur la route, le Grand Cherokee offre une conduite rehaussée par rapport à la génération précédente. En conduite normale, la suspension indépendante aux quatre roues offre un bon confort de roulement, tout en vous laissant bien sentir la route. Si la génération précédente était affectée d'un tangage marqué en conduite plus sportive, le modèle 2005 semble comporter les correctifs nécessaires puisque même poussée un peu plus, la direction reste précise et la conduite s'avère beaucoup moins « bateau ». Cette nouvelle dynamique de conduite combinée à la puissance du moteur HEMI le rend digne des utilitaires les plus performants. L'habitacle profite également d'une bonne insonorisation, filtrant bien tout bruit extérieur.

Quittez le pavé et le Grand Cherokee vous démontrera qu'il n'a pas volé son emblème "Trail Rated". Peu de véhicules peuvent se vanter d'offrir des capacités hors route capables d'égaler celles de Jeep Grand Cherokee, surtout avec la motorisation HEMI jumelée au système Quadra-Drive II.

Le Grand Cherokee 2005 est un véhicule plus technologique et sophistiqué qu'auparavant. Son nouveau style n'est pas des plus audacieux, restant à être apprécié. Il peut par contre se vanter d'offrir d'excellentes capacités hors route ainsi qu'un bon choix de motorisation et de systèmes à quatre roues motrices. De plus, son moteur HEMI contribue à lui donner pour le moment une notoriété accrue dans son créneau.

Sylvain Raymond

DONNÉES TECHNIQUES

Prix du modèle à l'essai :	38 995 $
Échelle de prix :	38 995 $ à 51 595 $
Version(s) disponible(s) :	Laredo - Limited
Garanties :	3 ans 60 000 / 7 ans 115 000
Catégorie :	utilitaires sport
Emp./Long./Lar./Haut.(cm) :	278/474/186/172
Poids :	1 925 kg
Coffre/Réservoir :	1 140 à 2 000/78,7 litres
Coussins de sécurité :	frontaux et latéraux (av.)
Suspension avant :	indépendante, bras inégaux
Suspension arrière :	essieu rigide, ressorts hélicoïdaux
Freins av./arr. :	disque (ABS)
Antipatinage/Contrôle de stabilité :	oui/non
Direction :	à crémaillère, assistée
Diamètre de braquage :	11,3 m
Pneus av./arr. :	P245/70R17

GROUPE MOTOPROPULSEUR ET RENDEMENT

Moteur :	V8 4,7 litres 16s (93,0 x 86,5)
Puissance :	230 chevaux (172 kw) à 4 700 tr/mn
Couple :	290 lb-pi (393 Nm) à 3 700 tr/mn
Autre(s) moteur(s) :	V6 3,7 l 210 ch, V8 5,7 l 325 ch
Transmission :	intégrale, automatique 5 rapports
Autre(s) transmission(s) :	aucune
Accélération 0-100 km/h :	9,1 s
Reprises 80-120 km/h :	8,0 s
Freinage 100-0 km/h :	40,3 m
Vitesse maximale :	200 km/h
Indice de performance longitudinale :	4,66 m/s/s
Consommation (100 km) :	ordinaire, 14,5 litres
Autonomie :	542 km

NIVEAU SONORE

Ralenti :	43,2 db
Accélération :	73,4 db
100 km/h :	64,5 db

DANS LA MÊME CATÉGORIE

Acura MDX - Buick Rainier - Dodge Durango - GMC Envoy - Ford Explorer - Honda Pilot - Infiniti FX 45 Lexus GX 470 - Mercedes-Benz LM - Toyota 4Runner

HISTORIQUE DU MODÈLE

3ième génération

DATE DE RENOUVELLEMENT

n.d.

NOS IMPRESSIONS

Agrément de conduite :	🚗🚗🚗🚗½
Fiabilité :	nouveau modèle
Sécurité :	🚗🚗🚗🚗
Qualités hivernales :	🚗🚗🚗🚗
Espace intérieur :	🚗🚗🚗🚗
Confort :	🚗🚗🚗🚗

LE CHOIX DE L'ÉQUIPE

Laredo moteur 4,7 litres

Guide de l'auto 2005

Jeep LIBERTY

LE LIBERTY SE MET AU DIESEL

En abandonnant le nom légendaire de Cherokee pour celui de Liberty en 2002, DaimlerChrysler a voulu démontrer que le Liberty rompait ses liens avec les nombreuses générations de Cherokee qui se sont succédées depuis 1962. Qui plus est, il semble que le patronyme Liberty a été choisi afin de souligner la contribution de la marque Jeep à la victoire des Alliés lors de la deuxième guerre mondiale. Un fait d'armes que les dirigeants de Daimler Chrysler n'ont pas voulu publiciser sur le continent européen puisque le modèle proposé à nos cousins conserve le nom de Cherokee. En agissant de la sorte, on a sûrement voulu éviter de réveiller quelques souvenirs oubliés par les habitants du vieux continent…

QUELQUES RETOUCHES
Au premier coup d'oeil, il est évident que le Liberty est un membre de la famille Jeep. La partie avant composée d'une calandre à sept fentes avec des phares ronds de chaque côté ne mentent pas. Il s'agit bien d'un descendant des anciens Willys MB et Jeep CJ! Pour 2005, les stylistes ont redessiné la calandre, les pare-chocs et les bas de caisse en lui insufflant un air plus robuste. Par la même occasion, des feux anti-brouillards ont été intégrés de chaque côté de la grille et les clignotants ont été repositionnés astucieusement sur les ailes avant. De même, les jantes adoptent une nouvelle apparence. Malgré ces retouches, les formes équarries du Liberty font contrastes avec les lignes furtives du nouveau Grand Cherokee et s'apparentent davantage à la silhouette carrée de son petit frère TJ.

Lorsqu'on a introduit le Liberty, les inconditionnels de la marque ont cru que celui-ci serait amputé des capacités hors route de l'ancien Cherokee dont les prouesses en terrain accidenté sont légendaires. Depuis, le Liberty a fait ses preuves et les sceptiques ont été confondus. Lorsqu'on consulte la fiche technique relevée du Liberty, il est indéniable que celui-ci bénéficie de la longue expérience que Jeep a acquise dans le domaine des utilitaires au cours des 60 dernières années. Pour ce faire, l'ensemble de la suspension a été conçue pour être protégée contre les obstacles (roches, souches d'arbre, ornières, etc.). De même, il est possible d'opter pour des plaques de protection pour le réservoir à essence et la boîte de transfert, des crochets de remorquage, et un différentiel arrière barré «Trac-Lok».

COMMAND-TRAC OU SELECT-TRAC
Pour transmettre le couple du moteur aux quatre roues motrices, le Liberty propose au choix deux boîtes de transfert : la Command-Trac et la Select-Trac. Les deux boîtes possèdent un mode quatre roues motrices (4RM) à gamme haute (ou 4HI) qui permet de circuler à haute vitesse, ainsi qu'un mode 4RM à gamme basse (4LO) qui double le rapport de démultiplication de la

»» FEU VERT
› Lignes intemporelles
› Vrai 4X4
› Nouveau moteur diesel
› Puissant moteur V6
› Rouage Selec-Trac

»» FEU ROUGE
› Coffre étroit
› Assise des sièges courte
› Espaces de rangement peu pratiques
› Ergonomie déficiente
› Consommation élevée (V6)

Guide de l'auto 2005

boîte de transfert lorsque les conditions hors route sont difficiles. Pour sa part, la boîte Select-Trac est également pourvue d'un mode 4RM à prise maintenue (ou traction intégrale) qui permet de rouler en mode quatre roues motrices douze mois par année.

Même si les puristes de la marque ne jurent que par l'utilisation de la boîte Command-Trac, la boîte Select-Trac est la mieux adaptée à nos conditions routières. En effet, le mode 4RM à prise maintenue de la boîte Select-Trac permet d'éliminer la tendance au survirage dont souffre le Liberty sur des chaussées mouillées, glissantes ou enneigées. N'oublions pas qu'à la base le Liberty est une propulsion fonctionnant en mode deux roues motrices (2RM) et que ce système a des inconvénients dans un climat comme le nôtre. Dans les faits, seule la boîte Select-Trac a été conçue pour rouler de façon permanente en mode 4RM (été comme hiver) sur l'asphalte sec sèche ou détrempée. Alors que le mode 4RM de la boîte Command-Trac ne peut être engagé pour rouler en permanence sur le bitume sec sans risque d'endommager le rouage d'entraînement.

NOUVEAU MOTEUR DIESEL

Pendant que la majorité des constructeurs croient que l'avenir du marché nord-américain passe par les motorisations hybrides, la division Jeep s'inspire des tendances européennes en proposant un nouveau moteur turbo diesel à rampe commune de 2,8 litres développant une puissance de 160 chevaux et un couple de 295 lb-pi. Offert en option dans les versions Sport (de base) et Limited Edition, celui-ci est couplé à une nouvelle boîte automatique à 5 rapports. Ce nouveau tandem moteur/transmission est particulièrement robuste comme en fait foi sa capacité de remorquage de 2 268 kg (5 000 lb).

Par ailleurs, si la version Sport peut être animée par un 4 cylindres de 2,4 litres et 150 chevaux ou un V6 de 3,7 litres et 210 chevaux, les versions Renegade et Limited Edition sont équipées de série du V6. Autre nouveauté, les motorisations à essence sont jumelées de série à une nouvelle transmission manuelle à 6 vitesses. En option, une boîte automatique à 4 rapports est offerte, la boîte à 5 rapports étant réservée uniquement au moteur diesel.

AU VOLANT

Si la carrosserie du Liberty est réussie, on peut en dire autant de l'habitacle où il règne une ambiance «bon chic bon genre». Par contre, il est difficile trouver une position de conduite satisfaisante à cause du manque de profondeur des sièges avant et l'emplacement éloigné du levier de transmission. De même, les commandes des glaces positionnées au bas de l'accoudoir central sont plutôt distrayantes. Par ailleurs, l'accès à la banquette arrière demande une certaine adresse compte tenu de l'étroitesse des portières, alors que le coffre manque un peu de volume.

Depuis son lancement, il ne fait aucun doute que le Liberty a préservé l'honneur du Cherokee et que la légende est sauve.

Jean-François Guay

DONNÉES TECHNIQUES

Prix du modèle à l'essai :	32 990 $ (Renegade)
Échelle de prix :	25 795 $ à 31 895 $
Version(s) disponible(s) :	Sport, Renegade, Limited
Garanties :	3 ans 60 000 km/7 ans 115 000 km
Catégorie :	Utilitaire sport compact
Emp./Long./Lar./Haut.(cm) :	265/443/182/178
Poids :	1 867 kg
Coffre/Réservoir :	821 à 1 950 litres/74 litres
Coussins de sécurité :	frontaux/latéraux
Suspension avant :	indépendante, bras triangulés
Suspension arrière :	essieu rigide, multibras
Freins av./arr. :	disque ABS, EBD
Antipatinage/Contrôle de stabilité :	oui/non
Direction :	à crémaillère, assistance variable
Diamètre de braquage :	10,9 m
Pneus av./arr. :	P225/75R16 (Sport, Renegade), P235/65R17 (Limited)

GROUPE MOTOPROPULSEUR ET RENDEMENT

Moteur :	V6 3,7 litres
Puissance :	210 ch à 5 200 tr/min
Couple :	235 lb-pi à 4 000 tr/min
Autre(s) moteur(s) :	4L 2,4 litres 150 ch, 4L turbo diesel 2,8 litres 160 ch
Transmission :	4RM, automatique 4 rapports 210 ch à 5 200 tr/min
Autre(s) transmission(s) :	manuelle 6 vitesse (4L, V6), auto. 5 rapports (diesel)
Accélération 0-100 km/h :	10,2 s
Reprises 80-120 km/h :	8,7 s
Freinage 100-0 km/h :	40,0 m
Vitesse maximale :	180 km/h
Indice de performance longitudinale :	4,54 m/s/s
Consommation (100 km) :	14,6 litres (ordinaire)
Autonomie :	506 km

DANS LA MÊME CATÉGORIE

Chevrolet Equinox - Ford Escape - Honda CR-V Land Rover Freelander - Mazda Tribute - Mitsubishi Outlander - Nissan X-trail - Nissan Xterra - Saturn Vue Subaru Forester - Suzuki Grand Vitara - Toyota RAV4

DU NOUVEAU EN 2005

Boîte manuelle 6 rapports, moteur turbo diesel et boîte automatique 5 rapports, parties avant et arrière redessinées

HISTORIQUE DU MODÈLE

1ère génération

DATE DE RENOUVELLEMENT

n.d.

NOS IMPRESSIONS

Agrément de conduite :	🚗🚗🚗🚗½
Fiabilité :	🚗🚗🚗🚗
Sécurité :	🚗🚗🚗🚗½
Qualités hivernales :	🚗🚗🚗🚗🚗½
Espace intérieur :	🚗🚗🚗🚗
Confort :	🚗🚗🚗🚗

LE CHOIX DE L'ÉQUIPE

Renegade avec Selec-Trac

Guide de l'auto 2005

Jeep TJ

SAVOIR PROFITER DE LA VIE

Nous sommes un vendredi d'octobre. Le vent est chaud et le soleil est au rendez-vous. Probablement la plus belle journée de l'automne. Soudain, mon téléphone sonne. Je réponds et j'entends : « Allo, chéri ! Il fait trop beau pour travailler… Est-ce qu'on va se promener dans l'Estrie ? ». L'occasion était trop belle. J'avais sous la main un Jeep TJ Rubicon et une offre que je ne pouvais refuser. « Oui, ma blonde (non, ce n'est pas Lara Croft), bonne idée ! On va escalader une montagne… ».

On prend la route de Knowlton. À côté de ce beau village des Cantons-de-l'Est se trouve le mont Glen. Celui-là même où à chaque mois de juin, le club canadien Jeep Jamboree organise l'un de ses huit évènements annuels (l'autre rendez-vous québécois a lieu au mont Sainte-Anne). Une fois sur les lieux, c'est désert. Normal. La saison de ski ne débute pas avant plusieurs mois. Toutefois, la clôture est ouverte. Personne en vue. Seuls des ouvriers s'affairent à réparer la toiture du centre de ski. Bon, on y va. Discrètement, on passe à côté du chalet des skieurs et on emprunte un sentier vers le sommet. Nous y voilà incognito ! Mais avant de grimper là-haut, le Rubicon nous conduit jusqu'à un petit lac. C'est l'heure du lunch ! Au menu : vin, fromages, baguette, et petits fruits. Après ? Une petite sieste (zzzz !!!). Et pourquoi pas ? Il faut profiter de la vie quand ça passe, comme dirait l'autre. Somme toute, qui disait qu'un Jeep TJ était seulement pour les machos ? Eh ! bien non. Il comble également les Roméo !

EN ROUTE !

Si nous avons osé escalader le mont Glen, c'est que nous avions la certitude de conduire un vrai tout-terrain. Après tout, le Rubicon doit son nom à l'une des plus exigeantes pistes hors route au monde de la Sierra Nevada. Sur une échelle de difficulté de 1 à 10, la célèbre piste californienne de 35 kilomètres de long remporte un gros dix. Alors, ce n'est sûrement pas le mont Glen qui va nous effrayer ! Et pour cause. Puisque l'équipement de série du Rubicon a de quoi gagner notre confiance. Par rapport à un TJ traditionnel, le Rubicon est chaussé de Goodyear MT/R (LT245/75R16), un pneumatique que les amateurs de Jeep Jamboree qualifient de « meilleur pneu de sa catégorie sur le marché ». Qui plus est, le Rubicon est pourvu d'une boîte de transfert renforcée Rock-Trac NV241 à mode quatre roues motrices à prise temporaire, dont le pont en bas rapport est démultiplié à 4:1. Mais surtout, le Rubicon dispose de différentiels avant et arrière autobloquants à air Tru-Lock. Une fois barrés, ces derniers font toute la différence ! De plus, les

»» FEU VERT
› Lignes intemporelles
› Authentique tout-terrain
› Empattement du Unlimited
› Capacité hors route du Rubicon
› Moteur 2,4 litres honnête

»» FEU ROUGE
› Freinage d'urgence
› Confort rudimentaire
› Coffre étroit
› Direction imprécise
› Consommation élevée (V6)

Guide de l'auto 2005

essieux avant et arrière ultra robustes Dana 44 permettent de rouler sur des grosses roches sans craindre d'endommager la mécanique.

Seul le vénérable 6 cylindres de 4 litres est disponible. Le 4 cylindres de 2,4 litres est offert uniquement dans la version de base SE. La boîte manuelle à 5 vitesses est le choix tout désigné. Toutefois, il est possible d'opter pour une boîte automatique à quatre rapports. Ce qui n'est pas du luxe par rapport à l'ancienne boîte à trois vitesses qui a été retirée du catalogue il y a seulement deux ans. Développant une puissance de 190 chevaux et un couple de 235 lb-pi, le 4 litres est le mieux adapté à la conduite hors route quoique le 4 cylindres gagne des points pour ses visites plus espacées à la pompe à essence. Avec une telle monture, nous avons atteint le sommet du mont Glen sans problème. Ce fut même trop facile ! Un peu de pluie aurait sûrement rendu le parcours plus ardu. Mais ce n'est que partie remise. Le lancement du Rubicon est une bonne nouvelle pour les amateurs de conduite hors route. Vendu à un prix réaliste, il en coûterait beaucoup plus cher de transformer un TJ pour le doter du même équipement. De plus, il ne faudrait pas oublier que le Rubicon bénéficie de la garantie complète du manufacturier, ce qu'un TJ transformé dans un atelier spécialisé n'offre pas.

Sur les grandes artères (et en ville), le rapport de pont de 4,11 du Rubicon est trop bas pour pouvoir rouler paisiblement. En effet, il faut changer de vitesse dès que le moteur atteint les 3 000 tr/min. Ce qui se traduit également par une vitesse de pointe déficiente (145 km/h) et une consommation élevée (16,7 litres aux 100 km).

Les versions Sport et Sahara à rapport de pont de 3,07 sont mieux adaptées à la circulation urbaine et les autoroutes. De même, la consommation est plus raisonnable. Par ailleurs, peu importe la version, il faut être prudent en freinage d'urgence. En effet, la hauteur de la caisse, le faible empattement et les longs débattements de la suspension avant font en sorte qu'il faut garder son sang froid pour conserver la trajectoire du TJ.

UN TJ ALLONGÉ

Certes, le Rubicon mérite toute notre attention mais la grande vedette de la gamme 2005 est le modèle Unlimited. Celui-ci est un TJ qui a été allongé de 38 cm entre les pare-chocs avant et arrière. Ainsi, 12,7 cm ont été ajoutés derrière les roues arrière alors que l'empattement gagne 25,4 cm. Outre l'espace additionnel pour les passagers arrière, le volume du coffre a presque doublé. Qui plus est, le comportement routier du Unlimited surpasse et de loin, celui des autres TJ. En effet, celui-ci filtre mieux les imperfections de la route et les freinages d'urgence sont plus faciles à maîtriser. De même, le nouveau toit souple Sunrider permet de profiter du grand air sans être obligé de replier toute la toile.

En terminant, nous saluons les propriétaires de TJ qui osent s'aventurer en montagne. Eux, ils savent profiter de la vie !

Jean-François Guay

DONNÉES TECHNIQUES

Prix du modèle à l'essai :	33 520 $ (Rubicon)
Échelle de prix :	22 095 $ à 30 515 $
Version(s) disponible(s) :	SE, Sport, Sahara, Unlimited, Rubicon
Garanties :	3 ans 60 000/7 ans 115 000
Catégorie :	utilitaire sport compact
Emp./Long./Lar./Haut.(cm) :	237/395/169/180
Poids :	1 550 kg
Coffre/Réservoir :	258 à 1 557 litres / 72 litres
Coussins de sécurité :	frontaux
Suspension avant :	essieu rigide, ressorts hélicoïdaux
Suspension arrière :	essieu rigide, ressorts hélicoïdaux
Freins av./arr. :	disque/disque ABS (opt.)
Antipatinage/Contrôle de stabilité :	non/non
Direction :	à billes, assistée
Diamètre de braquage :	10,2 m
Pneus av./arr. :	LT245/75R16 (Rubicon), 215/75R16 (de série)

GROUPE MOTOPROPULSEUR ET RENDEMENT

Moteur :	6L 4 litres
Puissance :	190 ch à 4600 tr/min
Couple :	235 lb-pi à 3200 tr/min
Autre(s) moteur(s) :	4L 2,4 litres 147 ch
Transmission :	4RM, manuelle 5 rapports
Autre(s) transmission(s) :	automatique 4 rapports
Accélération 0-100 km/h :	10,8 s
Reprises 80-120 km/h :	10,2 s
Freinage 100-0 km/h :	42,3 m
Vitesse maximale :	150 km/h (Rubicon), 165 km/h (Sport)
Indice de performance longitudinale :	4,25 m/s/s
Consommation (100 km) :	16,2 litres (Rubicon), 14,7 litres (Sport)
Autonomie :	489 km

DANS LA MÊME CATÉGORIE
véhicule unique

DU NOUVEAU EN 2005
Modèle Unlimited à empattement allongé, nouveau toit souple, lecteur de 6 DC dans le tableau de bord

HISTORIQUE DU MODÈLE
4ième génération

DATE DE RENOUVELLEMENT
n.d.

NOS IMPRESSIONS

Agrément de conduite :	🚗🚗🚗½
Fiabilité :	🚗🚗🚗🚗
Sécurité :	🚗🚗🚗
Qualités hivernales :	🚗🚗🚗🚗½
Espace intérieur :	🚗🚗🚗
Confort :	🚗🚗🚗

LE CHOIX DE L'ÉQUIPE
Unlimited à toit souple

Guide de l'auto 2005

KIA AMANTI

PRIÈRE DE NE PAS RIRE

Chaque fois que je croise une Amanti sur la route, je ne puis m'empêcher de sourire ou même de me bidonner tout en me demandant quelles ont été les raisons qui ont incité cette personne à se procurer cette mauvaise copie d'une Mercedes. Du moins, si on se fie à la grille de calandre et les phares avant. Et la copie serait encore plus criante si l'écusson Kia monté sur le capot n'avait pas été éliminé de la version nord-américaine. Cela ne signifie pas non plus que les stylistes de Séoul se sont limités à s'inspirer du modèle allemand. Le capot a des relents de Jaguar tandis que la partie arrière pourrait provenir de la défunte Lincoln Continental.

Bref, si cela ne vous dérange pas d'être vu au volant d'une voiture qui est un pastiche de berlines de luxe vendues deux fois le prix, vous ne serez pas trop mal servi avec cette coréenne qui se paie une incursion dans le secteur des véhicules de luxe. Pourtant, les ventes sont confidentielles, ce qui signifie sans doute que la majorité des consommateurs préfère des modèles plus discrets et plus authentiques.

DOUBLE INFLUENCE

Tel que mentionné précédemment, la silhouette est inspirée de plusieurs berlines de luxe et le résultat est assez cocasse. Par contre, force est d'admettre que l'habitacle vous en met plein la vue. Au premier coup d'oeil, le tableau de bord ressemble passablement à celui de la Lexus LS 430. Le volant avec son boudin partiellement en bois, des appliques ligneuses un peu partout, deux cadrans demi-hémisphériques placés côte à côte sur la planche de bord, bref les stylistes coréens ne se sont pas gênés pour s'inspirer de l'approche visuelle des Lexus. Ils ont au moins l'intelligence de choisir un modèle qui est reconnu pour son excellence. Par contre, une inspection en détail nous ramène à la réalité. La qualité des plastiques, l'allure ultra artificielle des appliques en bois chimique et certains détails de finition nous rapellent que l'Amanti est une Kia, pas une Lexus. D'ailleurs, il faut toujours avoir en mémoire que le prix de base est de moins de 40 000 $ et que la liste d'équipement de série est quasiment interminable. En fait, elle est tellement longue qu'on a l'impression que la facture de la voiture sera le double de ce qu'elle est. Avant de passer à la mécanique, précisons que les sièges avant sont confortables à défaut d'offrir un bon support latéral. De plus, l'habitabilité est bonne et les places arrière sont correctes. En fait, Kia souligne qu'elle est la meilleure de sa catégorie à ce chapitre. Et avec ses 440 litres, le coffre à bagages est capable de transporter 4 sacs de golf.

Donc, cette coréenne vous en donne beaucoup tant sur le plan de la fiche technique que

»» FEU VERT
- Équipement ultra complet
- Bonne habitabilité
- Insonorisation poussée
- Boîte automatique cinq rapports
- Prix compétitif

»» FEU ROUGE
- Silhouette biscornue
- Suspension souple
- Finition perfectible
- Roulis prononcé en virage

Guide de l'auto 2005

AMANTI

DONNÉES TECHNIQUES

Prix du modèle à l'essai :	34 995 $
Échelle de prix :	34 995 $
Version(s) disponible(s) :	version unique
Garanties :	5 ans 100 000/5 ans 100 000
Catégorie :	berlines de luxe
Emp./Long./Lar./Haut.(cm) :	280/498/185/149
Poids :	1 822 kg
Coffre/Réservoir :	440/70 litres
Coussins de sécurité :	frontaux, latéraux (av.) et rideaux
Suspension avant :	indépendante, jambes de force
Suspension arrière :	indépendante, multibras
Freins av./arr. :	disque (ABS)
Antipatinage/Contrôle de stabilité :	oui/oui
Direction :	à crémaillère, ass. variable
Diamètre de braquage :	n.d.
Pneus av./arr. :	P225/60R16

GROUPE MOTOPROPULSEUR ET RENDEMENT

Moteur :	V6 3,5 litres 24s
Puissance :	203 chevaux (151 kW) 5 500 tr/mn
Couple :	222 lb-pi (301 Nm) 3 500 tr/mn
Autre(s) moteur(s) :	seul moteur offert
Transmission :	traction, automatique 5 rapports
Autre(s) transmission(s) :	aucune
Accélération 0-100 km/h :	9,2 s
Reprises 80-120 km/h :	7,5 s
Freinage 100-0 km/h :	43 m
Vitesse maximale :	220 km/h
Indice de performance longitudinale :	4,48 m/s/s
Consommation (100 km) :	ordinaire, 12,3 litres
Autonomie :	569 km

des accessoires. La sécurité n'a pas été ignorée non plus. On retrouve de série des coussins de sécurité frontaux et latéraux de même qu'un rideau latéral. Bref, si un accessoire existe, il se retrouve sur l'Amanti. Les essuie-glace sensibles à la pluie font même partie de l'équipement de base.

COMME LES GRANDES

Si vous aimez consulter la fiche technique d'une voiture, cette Kia vous en mettra plein la vue. Freins à disques aux quatre roues, suspension arrière indépendante, boîte automatique à cinq rapports de type manumatique, suspension à contrôle électronique, servo direction à assistance variable, bref, tout est là. Toujours en théorie, son moteur V6 Sigma de 3,5 litres de 195 chevaux possède une culasse à double arbre à cames double. Malheureusement, malgré cette débauche de moyens mécaniques, cette berline nous déçoit. Et le principal coupable est son moteur dont les performances sont assez pépères. Il lui faut un peu moins de 10 secondes pour boucler le 0-100 km/h. Bref, l'Amanti veut ressembler à une Mercedes de Classe E, mais ses performances sont en retrait par rapport à l'allemande. En effet, une Mercedes E320 équipée du moteur V6 3,2 litres effectue cet exercice en sept secondes. Mais pour bénéficier de ces trois secondes en moins, l'allemande se vend au moins deux fois plus cher. La boîte automatique ne contribue pas tellement à l'agrément de conduite. Les passages des rapports de la boîte sont relativement lents, ce qui donne l'impression que le moteur est encore moins performant.

Sur la route, les impressions de conduite ne s'apparentent pas à celles d'une Mercedes ou d'une Lexus, mais à une Buick Park Avenue. Ce qui signifie tout de go que la suspension de cette coréenne est surtout conçue pour des randonnées sur les grands boulevards.

La direction est harmonisée avec cette suspension et elle est passablement engourdie. En clair, cela signifie qu'il faut planifier l'entrée dans les virages si on ne veut pas être obligé de corriger au milieu du point de corde. La suspension souple explique donc le roulis en virage qui ne fait pas bon ménage avec un sous-virage marqué qui accompagne chaque courbe. Heureusement, l'Amanti est dotée d'un système de stabilité latérale, si jamais vous perdez le contrôle. Et si les freins se sont révélés progressifs et résistants à la surchauffe, une forte fumée s'en échappait suite à quelques tours de piste.

Malgré ses allures de « pastiche de gros char de luxe » vendu à prix d'aubaine, l'Amanti doit être prise au sérieux. Tout au moins pour les personnes qui veulent se payer du luxe sans devoir y engloutir toutes leurs ressources financières. Par contre, il ne faut pas être trop exigeant en fait de performances et tenue de route.

Denis Duquet

DANS LA MÊME CATÉGORIE

Mercury Grand Marquis - Nissan Altima - Toyota Avalon

DU NOUVEAU EN 2005

Aucun changement majeur

HISTORIQUE DU MODÈLE

1ère génération

DATE DE RENOUVELLEMENT

n.d.

NOS IMPRESSIONS

Agrément de conduite :	🚗🚗🚗🚗½
Fiabilité :	🚗🚗🚗½
Sécurité :	🚗🚗🚗🚗
Qualités hivernales :	🚗🚗🚗½
Espace intérieur :	🚗🚗🚗🚗
Confort :	🚗🚗🚗🚗

LE CHOIX DE L'ÉQUIPE

Modèle unique

Guide de l'auto 2005

MAGENTIS

LE LUXE ÉCONOMIQUE

Avant l'arrivée de l'Amanti, la Magentis était le modèle de prestige de la marque au Canada. Si la première tente de cibler les Buick LeSabre et les Mercury Grand Marquis, la seconde se veut une alternative plus économique aux Honda Accord, Mazda 6, Toyota Camry et autres berlines de la même catégorie. Il est vrai que l'Amanti est plus grosse, plus confortable et plus puissante, mais il n'est pas certain qu'elle soit en mesure de plaire à la majorité des gens, surtout en raison de sa silhouette. La Magentis est presque aussi confortable et se vend moins cher. D'ailleurs, plusieurs spécialistes ont affirmé que beaucoup de gens iraient voir l'Amanti dans les salles de montre mais opteraient pour la Magentis.

Il est maintenant de notoriété publique que Kia et Hyundai sont fusionnées depuis quelques années et se partagent de plus en plus les mêmes modèles. C'est ainsi que le vis-à-vis du Magentis chez Hyundai est la Sonata qui bénéficie d'une plus grande promotion de la part de son constructeur tandis que Kia semble pousser davantage des modèles plus économiques comme le Rio de même que la fourgonnette Sedona et le VUS Sorento.

Malgré cette situation, il faut souligner que les deux voitures se partagent la même plate-forme, la même mécanique et pratiquement les mêmes formes. L'an dernier, dans le cadre de notre match comparatif des berlines intermédiaires, la Magentis a devancé la Sonata même si les deux sont théoriquement identiques Pour expliquer cette disparité, il faut souligner qu'il existe quand même des différences en fait de présentation, de réglage des suspensions et du choix de certains accessoires. La Kia a devancé sa jumelle par 1,4 point. La différence est imperceptible et elles sont pratiquement interchangeables. Ce qui n'empêche pas la Kia d'avoir eu le dessus.

Voilà pour l'évaluation entre les deux membres de la famille. Lorsque comparée aux autres ténors de la catégorie, la Magentis se fait devancer par la majorité des autres berlines. Cela ne signifie pas qu'elle soit déclassée, mais elle doit concéder des points à ses rivales japonaises et américaines dans presque tous les éléments de comparaison. Les différences ne sont pas énormes, mais elles existent quand même et les points s'accumulent en faveur des autres.

MALGRÉ TOUT

Si vous aimez comparer les fiches techniques, la Magentis n'a pas tellement à envier à ses concurrentes. Par exemple, son moteur V6 2,7 litres d'une puissance de 170 chevaux associé à une boîte automatique à 4 rapports de type manumatique est honnête tant en fait de rendement que de performances. Il doit cependant concéder plusieurs chevaux-vapeur à

»» FEU VERT
› Silhouette élégante
› Bonne habitabilité
› Équipement complet
› Garantie rassurante

»» FEU ROUGE
› Moteur 4 cylindres bruyant
› Performances quelconques
› Suspension trop molle
› Direction trop assistée

des moteurs V6 de cylindrée similaire mais nettement plus puissants retrouvés chez la concurrence. Par exemple, le moteur V6 2,7 litres du Chrysler Sebring produit 30 chevaux de plus. Et pour une cylindrée un peu plus importante, 300cc de plus pour être précis, le V6 du Honda Accord fournit 240 chevaux. Par contre, il est possible de rouler au volant d'une Magentis toute équipée sans dépasser les 30 000$, ce qu'il est impossible de faire avec la plupart des intermédiaires sur le marché. Elle possède, entre autres, une suspension arrière indépendante, des freins à disques aux quatre roues, le système ABS et un équipement de série assez complet.

Inutile de consacrer bien des mots à la silhouette. Contentons-nous de souligner qu'elle est correcte et discrète. La même remarque pour l'habitacle qui est spacieux, confortable et assez bien insonorisé. Par contre, la présentation du tableau de bord est plutôt industrielle tandis que la qualité des plastiques utilisés nous indique où les économies ont été réalisées. Par contre, l'habitabilité est bonne, les sièges confortables tandis que les places arrière possèdent un bon dégagement pour les jambes.

Là où les berlines intermédiaires coréennes ne sont pas en mesure d'en découdre avec les meilleures japonaises et américaines, c'est au niveau du comportement routier. La direction de la Magentis est trop assistée, le feedback de la route pratiquement nul tandis que la souplesse de la suspension se traduit par un roulis exagéré en virage. D'ailleurs, les performances du moteur V6 sont adéquates, sans plus, avec un temps de 10,0 secondes pour boucler le 0-100 km/h. Si vous avez opté pour le moteur quatre cylindres 2,4 litres de 149 chevaux, vous devrez patienter deux secondes de plus. Ce moteur est également plus bruyant en accélération et plus rugueux, mais est plus économe à l'achat et consomme moins. La tenue de route d'un modèle à moteur quatre cylindres est également plus agile en raison d'une masse plus légère à l'avant. Par contre, vous perdrez du prestige auprès de votre entourage en roulant au volant d'une berline à vocation bourgeoise propulsée par un « p'tit quatre » ! Somme toute, si la Magentis vous en propose beaucoup à un prix inférieur aux meilleures des japonaises, il faut également souligner que ses moteurs consomment un peu plus que la moyenne, que la valeur de revente est moindre et que l'agrément de conduite est en retrait par rapport à la moyenne de la catégorie. À vous de faire les calculs qui s'imposent si cette Kia vous est tombée dans l'œil. Ajoutons en terminant qu'elle est protégée par une très bonne garantie et que la fiabilité mécanique semble rassurante jusqu'à présent.

Denis Duquet

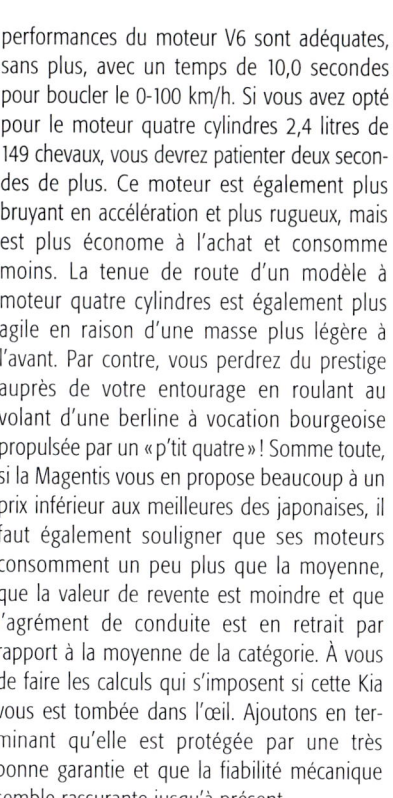

DONNÉES TECHNIQUES

Prix du modèle à l'essai :	25 750$
Échelle de prix :	22 450$ à 29 250$
Version(s) disponible(s) :	LX, LX V6, EX V6
Garanties :	5 ans 100 000/5 ans 100 000
Catégorie :	berlines intermédiaires
Emp./Long./Lar./Haut.(cm) :	270/474/182/142
Poids :	1 465 kg
Coffre/Réservoir :	386/65 litres
Coussins de sécurité :	frontaux et latéraux (av.)
Suspension avant :	indépendante, jambes de force
Suspension arrière :	demi-indépendante, poutre déformante
Freins av./arr. :	disque (ABS)
Antipatinage/Contrôle de stabilité :	oui/non (opt.)
Direction :	à crémaillère, ass. variable
Diamètre de braquage :	10,4 m
Pneus av./arr. :	P205/55R16

GROUPE MOTOPROPULSEUR ET RENDEMENT

Moteur :	V6 2,7 litres 24s
Puissance :	170 ch (127 kW) à 6000 tr/mn
Couple :	181 lb-pi (245 Nm) à 4000 tr/mn
Autre(s) moteur(s) :	4L 2,4 l 138 ch
Transmission :	traction, automatique 4 rapports
Autre(s) transmission(s) :	manuelle 5 rapports
Accélération 0-100 km/h :	10,0 s
Reprises 80-120 km/h :	7,5 s
Freinage 100-0 km/h :	43,0 m
Vitesse maximale :	190 km/h
Indice de performance longitudinale :	4,4 m/s/s
Consommation (100 km) :	ordinaire, 10,3 litres
Autonomie :	631 km

DANS LA MÊME CATÉGORIE

Chevrolet Malibu - Chrysler Sebring - Honda Accord
Hyundai Sonata - Mitsubishi Galant - Nissan Altima
Saturn L - Toyota Camry

DU NOUVEAU EN 2005

Aucun changement majeur

HISTORIQUE DU MODÈLE

1ère génération

DATE DE RENOUVELLEMENT

n.d.

NOS IMPRESSIONS

Agrément de conduite :	🚗🚗🚗🚗½
Fiabilité :	🚗🚗🚗🚗½
Sécurité :	🚗🚗🚗🚗
Qualités hivernales :	🚗🚗🚗🚗½
Espace intérieur :	🚗🚗🚗🚗
Confort :	🚗🚗🚗🚗

LE CHOIX DE L'ÉQUIPE

LX V6

Guide de l'auto 2005

KIA RIO

REVENIR AUX JEUX DE BASE…

Sans vouloir dénigrer ces gens ayant à cœur le travail bien fait et le respect de leurs admirateurs, je suis convaincu que certains multimillionnaires qui forment la triste équipe des Expos devraient se promener quelques jours au volant d'une Kia Rio de base… Ça replace les valeurs! Mais n'allez surtout pas croire que la Rio est une mauvaise voiture… Il s'agit d'un véhicule bas de gamme, certes, mais qui remplit parfaitement bien son rôle. La Rio sait attirer les consommateurs qui ne peuvent consacrer beaucoup de budget à l'achat et l'entretien d'une voiture.

La Rio, tout comme l'an dernier, se décline en quatre niveaux: base (ou S), RS, LS et RX-V. Il ne faut pas avoir étudié les mathématiques longtemps pour comprendre qu'à un prix de base avoisinant les 13 000 $, la S représente la véritable aubaine de la famille Kia.

La S propose, en équipement de série, deux coussins gonflables, la radio AM/FM/CD, un support lombaire pour le conducteur et l'horloge numérique. La RS ajoute la direction assistée à assistance variable, le siège du conducteur ajustable en hauteur et des essuie-glaces intermittents à vitesse variable. La transmission automatique à quatre rapports et la climatisation sont offertes en option. Ces deux derniers éléments se retrouvent d'office dans la LS, de même que les glaces électriques, le tachymètre, le filet à bagages, les rétroviseurs électriques et chauffants S.V.P. et des phares antibrouillard.

UNE RIO PRESQUE SPORTIVE

Ces trois niveaux d'équipement se retrouvent sur la berline, aux lignes somme toute fort agréables. La RX-V, elle, se veut la sportive de Kia (sportive étant, ici, un bien grand mot…). Avec sa jolie carrosserie de type familiale, elle peut donner, effectivement, une impression de vitesse. Mais des roues en alliage et un aileron placé à l'arrière sur le toit ne donnent pas nécessairement des ailes… Précisons tout de suite que peu importe le modèle choisi, la mécanique demeure la même. Le moteur de 1,6 litre possède quatre cylindres et développe 104 chevaux ainsi que 104 livres-pied de couple. Ce moteur est aussi amorphe à bas régime que celui d'un tracteur de ferme et pratiquement aussi bruyant dès qu'on enfonce l'accélérateur. Et si vous comptez faire de la haute vitesse avec une Rio, le port de bouchons auditifs est fortement recommandé… Disons aussi que les mots «haute vitesse» et «Rio» dans la même phrase sonnent un peu comme «ado» et «ménage» ensemble! En fait, la tenue de route de la Rio s'avère pour le moins déficiente. Les suspensions se révèlent trop flasques et, si elles assurent un confort de bon aloi, elles ne

»» FEU VERT
> Garantie sérieuse
> Consommation mesurée
> Lignes plaisantes
> Confort très acceptable
> Espace de chargement intéressant (RX-V)

»» FEU ROUGE
> Suspension trop molle
> Distances de freinage inquiétantes
> Décibels augmentent plus vite que la vitesse
> Qualité des matériaux désolante
> Valeur de revente tristement basse

permettent pas aux roues de bien s'accrocher au bitume. La Rio se montre résolument sous-vireuse, mais il faut dire que les pneus d'origine de qualité très moyenne aident grandement les suspensions dans leur médiocrité. De façon plutôt ironique, au passage de trous et bosses, lesdites suspensions peuvent réagir avec trop de fermeté. Ce dernier qualificatif ne peut aucunement s'appliquer à la direction, par trop légère à vitesse de croisière.

La transmission automatique à quatre rapports travaille généralement bien et passe les rapports sans trop s'obstiner. La transmission manuelle, dont le levier semble boulonné à des guimauves, possède cinq rapports et fait bien son boulot même si l'embrayage sentait déjà le chauffé après seulement deux départs sur les chapeaux de roues. Les freins, à disques à l'avant et à tambours à l'arrière, sans ABS (offerts en option quand même), manquent nettement de rigueur et autorisent des distances d'arrêt parmi les plus longues de l'industrie… Encore une fois, les satanés pneus d'origine n'aident pas la cause de la Rio.

À PETITE VOITURE, PETIT HABITACLE

À l'intérieur, le dénuement est accentué par la tristesse et la piètre qualité des plastiques et des tissus. Par contre, les sièges se montrent confortables même si le support latéral est pratiquement inexistant. Heureusement qu'il y a un volant pour s'accrocher! De plus, l'habitacle est tellement étroit qu'on joue rapidement du coude, surtout dans la version manuelle. La position de conduite ne pose vraiment pas de problèmes, en raison d'un volant et d'un siège ajustables en hauteur. Le repose-pied, par contre, pourrait être situé un peu moins près du conducteur. Ce dernier, à défaut de pouvoir contempler une instrumentation complète et quelques commandes cachées par le volant, jouit, au moins, d'une excellente visibilité extérieure dans la berline. Et si la sonorité de la radio compte parmi vos priorités, prière de les réviser ou d'installer un appareil plus performant! Les passagers désirant se trouver à l'arrière («désirant» n'étant sans doute pas le terme exact…) doivent se prêter à quelques contorsions pour accéder à un siège peu confortable où l'espace pour les jambes est limité.

Si la familiale se révèle pratique, il faut toutefois noter que son seuil de chargement est trop haut et plutôt étroit. Heureusement, pour accroître le volume de chargement, le dossier des sièges arrière s'abaisse en deux parties, ce qui n'est pas le cas pour la berline qui voit ainsi ses capacités sérieusement diminuées.

Au risque de me répéter, la Rio de base représente, à mon avis, la seule véritable aubaine de la gamme. D'autant plus qu'elle jouit de la même garantie avantageuse que les autres modèles. Mais dès qu'on tombe dans le jeu des options, le prix d'achat peut facilement se retrouver dans les plates-bandes de la Mazda3… Et là, la comparaison fait mal à la Rio. Sans oublier que sa valeur de revente n'a jamais été des plus dynamiques malgré une fiabilité qui s'améliore constamment.

Alain Morin

RIO

DONNÉES TECHNIQUES

Prix du modèle à l'essai :	16 700 $
Échelle de prix :	13 000 $ à 17 250 $ (estimé)
Version(s) disponible(s) :	S, RS, LS et RX-V
Garanties :	5 ans 100 000/5 ans 100 000
Catégorie :	sous-compactes, familiales
Emp./Long./Lar./Haut.(cm) :	241/424/167,5/144
Poids :	1 135 kg
Coffre/Réservoir :	702 à 1 254 (siège arr. baissé)/45 litres
Coussins de sécurité :	frontaux
Suspension avant :	indépendante, jambes de force
Suspension arrière :	demi-indépendante, poutre déformante
Freins av./arr. :	disque/tambour (ABS opt.)
Antipatinage/Contrôle de stabilité :	non/non
Direction :	à crémaillère, assistée
Diamètre de braquage :	11,8 m
Pneus av./arr. :	P175/65R14

GROUPE MOTOPROPULSEUR ET RENDEMENT

Moteur :	4L 1,6 litre (78,0 x 83,4)
Puissance :	104 ch (78 kW) à 5 800 tr/mn
Couple :	104 lb-pi (141 Nm) à 4 700 tr/mn
Autre(s) moteur(s) :	seul moteur offert
Transmission :	traction, manuelle 5 rapports
Autre(s) transmission(s) :	automatique 4 rapports
Accélération 0-100 km/h :	12,5 s
Reprises 80-120 km/h :	10,5 s
Freinage 100-0 km/h :	45,0 m
Vitesse maximale :	180 km/h
Indice de performance longitudinale :	3,9 m/s/s
Consommation (100 km) :	ordinaire, 7,9 litres
Autonomie :	570 km

DANS LA MÊME CATÉGORIE

Chevrolet Aveo - Hyundai Accent - Suzuki Aerio
Suzuki Swift+ - Toyota Echo

DU NOUVEAU EN 2005

Aucun changement

HISTORIQUE DU MODÈLE

1ière génération

DATE DE RENOUVELLEMENT

n.d.

NOS IMPRESSIONS

Agrément de conduite :	🚗🚗🚗
Fiabilité :	🚗🚗🚗🚗
Sécurité :	🚗🚗🚗🚗½
Qualités hivernales :	🚗🚗🚗🚗
Espace intérieur :	🚗🚗🚗½
Confort :	🚗🚗🚗½

LE CHOIX DE L'ÉQUIPE

S

Guide de l'auto 2005

SEDONA

PRIX ET GARANTIE PRIMENT

Une minifourgonnette neuve pour moins de 26 000 $, ça existe? Bien sûr! Et qui d'autre que Kia peut proposer une pareille aubaine pour tenter de détourner la clientèle des marques américaines et japonaises? Si le bas prix demandé n'arrive pas à vous convaincre, Kia a prévu le coup en prenant soin de bonifier sa garantie générale, d'un pare-chocs à l'autre, à 5 ans ou 100 000 km. Quand on sait que tous les constructeurs présents sur ce marché offrent une garantie de base de 3 ans ou 60 000 km, excepté Mazda dont la sienne est de 3 ans ou 80 000 km, on comprend que le constructeur sud-coréen joue la carte de la fiabilité pour attirer les jeunes familles dont le budget est serré à chaque fin de mois.

Si le prix et la garantie sont les principaux arguments de vente de cette sud-coréenne, un jeune couple en quête d'une première minifourgonnette doit-il se laisser séduire par ces facteurs économiques? Si la réponse est: «on n'a pas le choix!», on peut se demander si ces gens seront privés de l'agrément de conduite, de la qualité de fabrication et de l'équipement que l'on retrouve sur des modèles concurrents plus dispendieux.

La Sedona n'est pas une reine de beauté et sa silhouette a pris quelques rides depuis le renouvellement des Toyota Sienna, Nissan Quest et Honda Odyssey. Qui plus est, le placage deux tons de carrosserie des versions haut de gamme est démodé et les stylistes auraient avantage à revoir ce détail de présentation pour éviter le vieillissement prématuré de celle qui a été à l'origine du redressement de Kia. Pour se faire une idée des dimensions de la Sedona qui mesure 493 cm, la longueur hors tout se situe entre celle d'une Mazda MPV (477 cm) et celle d'une Toyota Sienna (508 cm), ou à mi-chemin entre une Dodge Caravan (481 cm) et une Grand Caravan (509 cm). De taille intermédiaire, son poids de 2 136 kg dépasse d'environ 240 kg celui de la Nissan Quest (1 894 kg) pourtant la plus grosse de la catégorie. Une architecture plutôt vieillissante et l'emploi de matériaux moins sophistiqués sont à l'origine de cet embonpoint.

Ce surplus de poids pénalise les performances et la consommation de son moteur V6 de 3,5 litres. Ce dernier est pourvu d'un double arbre à cames en tête et de 24 soupapes et sa conception peut être qualifiée de moderne. Développant 195 chevaux, le rapport poids/puissance n'est pas favorable aux accélérations et aux reprises. Néanmoins, il permet de franchir le 0 à 100 km/h en 11 secondes, ce qui ne représente pas le temps le plus lent de la catégorie mais presque! En contrepartie, avec une consommation de 14 litres aux 100 km, la Sedona est l'une des plus énergivores du lot. Heureusement, la boîte automatique à 5 rapports est bien étagée

» FEU VERT
› Garantie généreuse
› Nombreux espaces de rangement
› Tableau de bord réussi
› Prix concurrentiel

» FEU ROUGE
› Absence antipatinage
› Distance de freinage médiocre
› Pneus et roues trop petits
› Consommation élevée
› 3ᵉ banquette non escamotable

Guide de l'auto 2005

DONNÉES TECHNIQUES

Prix du modèle à l'essai :	28 995 $ (EX)
Échelle de prix :	26 000 $ à 32 095 $
Version(s) disponible(s) :	LX, LXE, XE, EX Luxe
Garanties :	5 ans 100 000/5 ans 100 000
Catégorie :	minifourgonnette
Emp./Long./Lar./Haut.(cm) :	291/493/189,5/173
Poids :	2 136 kg
Coffre/Réservoir :	617 à 1999 litres / 75 litres
Coussins de sécurité :	frontaux
Suspension avant :	indépendante, jambes de force
Suspension arrière :	semi-indépendante, multibras
Freins av./arr. :	disque/tambour ABS
Antipatinage/Contrôle de stabilité :	non/non
Direction :	à crémaillère, assistance variable
Diamètre de braquage :	12,6 m
Pneus av./arr. :	P215/70R15

GROUPE MOTOPROPULSEUR ET RENDEMENT

Moteur :	V6 3,5 litres
Puissance :	195 ch à 5 500 tr/mn
Couple :	218 lb-pi à 3 500 tr/mn
Autre(s) moteur(s) :	aucun
Transmission :	traction, automatique 5 rapports
Autre(s) transmission(s) :	aucune
Accélération 0-100 km/h :	11,0 s
Reprises 80-120 km/h :	9,8 s
Freinage 100-0 km/h :	47,0 m
Vitesse maximale :	180 km/h
Indice de performance longitudinale :	2,85 m/s/s
Consommation (100 km) :	ordinaire, 14,7 litres
Autonomie :	570 km

DANS LA MÊME CATÉGORIE

Chevrolet Uplander - Dodge Caravan - Ford Freestar
Honda Odyssey - Mazda MPV - Nissan Quest
Pontiac Montana SV6 - Toyota Sienna

DU NOUVEAU EN 2005

Freins ABS et sonar de recul de série, nouveaux fauteuils capitaine 2e rangée (LX), réservoir de liquide lave-glace augmenté à 4 litres

HISTORIQUE DU MODÈLE

1ière génération

DATE DE RENOUVELLEMENT

2006

NOS IMPRESSIONS

Agrément de conduite :	🚗🚗🚗½
Fiabilité :	🚗🚗🚗🚗½
Sécurité :	🚗🚗🚗🚗
Qualités hivernales :	🚗🚗🚗🚗
Espace intérieur :	🚗🚗🚗🚗🚗
Confort :	🚗🚗🚗🚗½

LE CHOIX DE L'ÉQUIPE

EX

et amenuise la gourmandise du V6 qui serait encore plus gargantuesque s'il était couplé à une transmission à 4 rapports.

La Sedona est offerte en quatre versions : LX, LXE, EX, et EX-Luxe. Quand on vérifie la liste d'équipement de la LX, on constate que le rapport équipement/prix est presque impossible à « accoter » par les constructeurs américains et japonais. Pour moins de 26 000 $, le conducteur sera choyé par un volant inclinable, des rétroviseurs chauffants et des glaces à commande électrique, un système de déverrouillage à distance, un dégivreur d'essuie-glaces, un climatiseur, un régulateur de vitesse, et un lecteur de DC. De même, le confort des passagers sera agrémenté par un système de climatisation et de chauffage arrière et une troisième banquette amovible. Tant à l'avant qu'à l'arrière, les espaces de rangement sont nombreux.

Si les acheteurs acceptent de payer 27 800 $, la LXE est équipée d'un lecteur de DVD qui permettra aux enfants de visionner leur film favori avec des écouteurs sans fil, et ce, pour la plus grande satisfaction des parents qui pourront discuter discrètement du comportement de leurs petits à l'école… Pour le même prix, le conducteur a droit également à un sonar pour le guider lors de stationnements en parallèle. Toutefois après réflexion, la facture de 1 800 $ pour une LXE avec lecteur DVD et sonar de recul nous semble un peu exagérée. À ce prix, mieux vaut débourser les 29 000 $ que demande la EX avec ses freins ABS, ses essuie-glaces à déclenchement automatique, son siège à commande électrique et ses roues en alliage.

Quant aux passagers, ils ne seront pas en reste avec des glaces latérales arrière à commande électrique et une galerie de toit pour libérer l'espace retenu par la troisième banquette. Si vos fins de mois vous le permettent, pour environ 31 000 $ la Ex-Luxe compte également sur une sellerie en cuir, des sièges avant chauffants, et un toit ouvrant. Ce qui représente une économie de plusieurs milliers par rapport à la concurrence. Par ailleurs, prenez note que le lecteur de DVD demeure optionnel dans les deux versions EX.

Certes, il n'y a pas que le prix à considérer. Alors comment la Sedona se débrouille-t-elle sur la route ? Silencieuse sur les voies bien asphaltées, seul un léger bruit de vent au niveau des rétroviseurs a perturbé notre essai. En ville, les inégalités du bitume ont affecté la direction et fait sautiller l'essieu arrière rigide. Par ailleurs, les pneus de 15 po sont trop petits et le comportement serait meilleur avec des gommes de 16 po. Avec ou sans système ABS, le freinage est dans la norme. Par ailleurs, la direction est lente et le diamètre de braquage est le plus long de la catégorie. Somme toute, à plusieurs égards, la Sedona souffre des mêmes lacunes que ses rivales mais cette aubaine à portes coulissantes mérite considération lors d'un prochain magasinage.

Jean-François Guay

Guide de l'auto 2005

KIA SORENTO

UNE RASSURANTE FIABILITÉ

La compagnie Kia a pignon sur rue au Canada depuis cinq ans et elle a réussi à se faire une place au soleil sur notre marché. Ce qui est d'autant plus impressionnant qu'elle s'est amenée ici avec deux modèles vraiment dépassés, le Sephia et le Sportage. Lors de l'arrivée du Sorento sur le marché canadien en 2003, il a été possible de constater les progrès accomplis en si peu de temps. Et ce VUS intermédiaire a permis à la marque de consolider sa tête de pont.

Sur le plan esthétique, le Sorento fait l'unanimité par son élégance. Les lignes latérales se dégagent bien vers l'arrière et le pilier « C » incliné vers l'avant ajoute un effet de vitesse. Cette astuce donne aussi l'impression que le véhicule est plus bas qu'il ne l'est en réalité. La partie arrière est sobre et ressemble en fait à une version modifiée du Sedona.

ÉLÉMENTS CONNUS

Il est certain que Kia mise davantage sur le style que sur la fiche technique pour influencer les acheteurs. Comme pour tous les autres modèles, la mécanique est constituée d'éléments éprouvés.

Il n'est donc pas surprenant de retrouver un châssis autonome de type à échelle auquel est relié un essieu arrière rigide à bras tiré. À l'avant, la suspension est à levier triangulé et à jambes de force. La transmission intégrale, de série sur les EX et EXL, est constituée d'une boîte de transfert à visco-coupleur doté d'ailettes en carbone.

Le modèle LX est une propulsion qui se transforme en 4X4 sur demande alors qu'on peut passer d'un mode à un autre en roulant. Au cas où vous auriez envie de vous balader dans les champs, le Sorento est muni de plaques de protection sous le véhicule.

Le moteur V6 est monté longitudinalement et il actionne les roues arrière en mode deux roues motrices sur la LX, un 4X4 à temps partiel. Sa puissance est de 195 chevaux et il est associé à une boîte automatique à quatre rapports. Ce tandem est offert sur toutes les variantes, de même que les freins à disques aux quatre roues.

ELLE A FAIT SES PREUVES !

Avant de prendre la route, il faut accorder de bonnes notes à l'habitacle dont la présentation est quelque peu inspirée de celle du Sedona. Des appliques de bois veulent donner une touche de luxe. Mais n'ayez crainte! Aucun arbre n'a été sacrifié puisqu'il s'agit de pièces en plastique qui ne réussissent absolument pas à cacher leurs origines chimiques.

»» FEU VERT
› Silhouette élégante
› Mécanique bien adaptée
› Équipement complet
› Dimensions raisonnables
› Fiabilité rassurante

»» FEU ROUGE
› Consommation décevante
› Suspension ferme
› Dossier arrière difficile à abaisser
› Seuil de chargement élevé

Les personnes de grande taille auront toutefois une certaine difficulté à monter à bord puisqu'il faut se contorsionner légèrement pour se glisser sur un siège dont le confort est convenable, sans plus. Comme sur presque tous les véhicules de la catégorie, le dégagement pour la tête est généreux de même que l'espace pour les jambes aux places arrière. L'absence d'une troisième rangée de sièges explique sans doute cette situation. Par contre, la banquette arrière de type 60/40 s'est révélée difficile à abaisser en raison de boutons de dégagement récalcitrants. La soute à bagages est de bonnes dimensions, en plus de posséder un espace de rangement additionnel sous le plancher, mais son seuil de chargement est élevé.

DU SÉRIEUX

Le Sorento est bien nanti sur le plan esthétique et sa mécanique est tout au moins correcte. Face à la concurrence, il faut également que ses prestations routières soient à la hauteur. Contrairement au Sedona avec lequel il partage la mécanique, les accélérations ne sont pas engourdies et les courbes serrées ne sont pas la cause d'un important sous-virage. Sans être un bolide de course avec un temps de 9,3 secondes pour boucler le 0-100 km/h, l'accélération initiale est vive, ce qui facilite la conduite dans la circulation. De plus, la répartition des masses est bonne, permettant ainsi des changements de voies sans trop de problèmes.

Au ralenti, le Sorento est l'un des véhicules les plus silencieux que nous avons testés à ce jour. Ça se gâte à l'accélération et sur la route alors que les bruits de vent provenant du porte-bagages font danser l'aiguille du sonomètre. Mais la surprise la plus agréable a été le bon équilibre en virage. Le roulis est peu prononcé et le véhicule se campe sur ses roues pour suivre le point de corde avec assurance. Sur une route constituée de gravillons, le rouage intégral assure une bonne répartition du couple et il est possible d'effectuer assez facilement une glissade contrôlée. Il faudra toutefois refréner ses élans, car le système de freinage s'est révélé moyen avec une pédale spongieuse et parfois difficile à doser. Sur les routes parsemées de bosses, l'essieu arrière demeure sous contrôle tandis que le rouage intégral est efficace.

Comme suite à un essai prolongé de plusieurs mois amorcé dans la présente édition du Guide, cette Kia a affiché un bilan de santé mécanique rassurant. Par contre, la consommation de carburant s'est révélée être quelque peu élevée avec une moyenne de 14,8 litres aux 100 kilomètres.

Petit à petit, Kia se sort du département des aubaines pour accéder à un rang plus élevé. Avec son prix très compétitif et des dimensions juste un peu plus petites que les ténors de cette catégorie, le Sorento se veut une solution plus pratique et plus économique. Il possède tous les éléments pour venir inquiéter les meneurs du marché.

Denis Duquet

SORENTO

DONNÉES TECHNIQUES

Prix du modèle à l'essai :	34 545 $ (EX)
Échelle de prix :	29 845 $ à 36 745 $
Version(s) disponible(s) :	LX, EX, EX Luxe
Garanties :	5 ans 100 000/5 ans 100 000
Catégorie :	Utilitaire sport intermédiaire
Emp./Long./Lar./Haut.(cm) :	271/457/186/181
Poids :	1 950 kg
Coffre/Réservoir :	889 à 1 880 litres/80 litres
Coussins de sécurité :	frontaux, latéraux
Suspension avant :	indépendante, jambes de force
Suspension arrière :	essieu rigide, bras tiré
Freins av./arr. :	disque, disque ABS (EX)
Antipatinage/Contrôle de stabilité :	oui/non
Direction :	à crémaillère, assistée
Diamètre de braquage :	11,0 m
Pneus av./arr. :	P245/70R16

GROUPE MOTOPROPULSEUR ET RENDEMENT

Moteur :	V6 3,5 litres
Puissance :	192 ch à 5 500 tr/mn
Couple :	217 lb-pi à 3 000 tr/mn
Autre(s) moteur(s) :	aucun
Transmission :	4RM, automatique 5 rapports
Autre(s) transmission(s) :	manuelle 5 vitesses (LX)
Accélération 0-100 km/h :	9,3 s
Reprises 80-120 km/h :	8,9 s
Freinage 100-0 km/h :	42,7 m
Vitesse maximale :	190 km/h
Indice de performance longitudinale :	4,42 m/s/s
Consommation (100 km) :	ordinaire, 15,2 litres
Autonomie :	526 km

DANS LA MÊME CATÉGORIE

Chevrolet Equinox - Ford Explorer V6 - Honda Pilot
Mitsubishi Endeavor - Nissan Xterra - Suzuki XL-7
Toyota 4Runner V6

DU NOUVEAU EN 2005

Boîte automatique 5 vitesses, lecteur 6 CD (EX-Luxe), nouveaux coussins gonflables avancés

HISTORIQUE DU MODÈLE

1ère génération

DATE DE RENOUVELLEMENT

2007

NOS IMPRESSIONS

Agrément de conduite :	🚗🚗🚗½
Fiabilité :	🚗🚗🚗½
Sécurité :	🚗🚗🚗½
Qualités hivernales :	🚗🚗🚗🚗
Espace intérieur :	🚗🚗🚗🚗
Confort :	🚗🚗🚗½

LE CHOIX DE L'ÉQUIPE

EX

Guide de l'auto 2005

KIA SPECTRA

UNE SOUS-COMPACTE À L'AISE

Quand la marque Kia s'est amenée au pays en 1999, la route avait déjà été toute pavée par l'autre constructeur sud-coréen Hyundai. Apparu au Québec en 1984, Hyundai débuta modestement avec la Pony puis la Stellar. Ces voitures bon marché ont connu tout de même des années fastes qui ont permis à Hyundai d'engranger durant les années noires pour ensuite élaborer une gamme nord-américaine plus complète. Quand les véhicules Kia ont débarqué au port de Vancouver quinze ans plus tard, le scénario ressemblait étrangement à celui de sa cousine par alliance.

Sans dire que Kia est arrivé au pays avec une claque et une bottine (ce qui n'est pas loin de la vérité), les modèles Sportage et Sephia de l'époque n'étaient ni plus ni moins que les nouvelles Lada du marché canadien. Puis les évènements se sont précipités à un rythme fou et le fameux miracle sud-coréen s'est produit. À preuve : auparavant, Kia avait passé indemne au travers de la crise financière du Sud-Est asiatique des années 1997-1998. On connaît la suite et le constructeur Daewoo avait dû déclarer banqueroute avant d'être racheté par GM il y a trois ans. Donc, parler de miracle n'est pas trop fort dans le cas de Kia puisqu'au cours des six dernières années, la gamme offerte au pays s'est enrichie de six nouveaux modèles.

Depuis le début des années 2000, cette croissance a eu des répercussions importantes sur l'industrie automobile sud-coréenne. À tel point que Kia et son mentor financier Hyundai aspirent ensemble à devenir le cinquième plus gros constructeur mondial d'ici 2007 devant Volkswagen, Nissan et Mazda. Qui aurait prédit un tel revirement durant les années 90?

Depuis deux ans, le Sorento et la Sedona sont les fers de lance de Kia. Toutefois, avec la hausse des prix de l'essence il ne faudrait pas croire que ces deux utilitaires pourront supporter à eux seuls la destinée de Kia. Pour ce faire, en bon constructeur sud-coréen, Kia se devait d'offrir une sous-compacte de qualité dont le rapport équipement/prix ne serait pas son seul argument de vente. Pour cette raison, Kia n'avait pas le choix que de remodeler entièrement son modèle Spectra. En effet, l'ancienne génération ne pouvait plus assumer les comparaisons avec des modèles aussi aguerris que les Mazda3, Honda Civic et Toyota Corolla.

Pour se mesurer à ces japonaises, la nouvelle Spectra partage plusieurs éléments avec sa cousine l'Elantra. Toutefois, la carrosserie adopte une ligne résolument différente quoique générique, et se confond un peu trop facilement dans la masse des sous-compactes. Mais là n'est pas son dada. Cependant, il est dommage que

»» FEU VERT
› Silhouette plus moderne
› Bonne garantie
› Version sport
› Comportement routier honnête

»» FEU ROUGE
› Tableau de bord terne
› Performances moyennes
› Prix moins compétitif
› Pneumatiques moyens

Guide de l'auto 2005

les stylistes n'aient pas mis toute la gomme pour tenter de nous impressionner. Que voulez-vous, quand on dessine une silhouette aussi biscornue que l'Amanti, on comprend que la culture sud-coréenne ne cultive pas nécessairement les mêmes goûts que les nord-américains en matière de design. Mais il faut se rappeler que les voitures Kia ne courtisent pas nos sens mais notre portefeuille. Alors vu comme ça, on achète pour le prix et non pour le béguin.

Pour satisfaire tous les budgets, la Spectra est offerte en quatre versions. Ainsi, il est possible de dégoter une LX pour moins de 16 000 $. Pour cette somme, vous pourrez écouter votre musique préférée grâce au lecteur de DC, et trouver une meilleure position de conduite grâce à la colonne de direction inclinable. Qui plus est, la sécurité des occupants sera assurée par six coussins gonflables. Sans oublier la fameuse garantie 5-5-5 ou 100 000 kilomètres qui vous donnera la tranquillité d'esprit pendant cinq ans. En effet, vous n'aurez qu'à faire vos paiements puisque même les vidanges d'huile (changement d'huile est un calque de l'anglais!) sont incluses à vie.

Pour un montant additionnel d'environ 1 800 $, vous aurez un été moins chaud avec la climatisation alors que le groupe électrique de la LX Commodité (glaces, verrouillage central, rétroviseurs chauffants) agrémentera votre conduite au quotidien. De même, vous pourrez arrêter sur un dix sous grâce à ses quatre freins à disque. Pour un autre 1 000 $, le régulateur de vitesse de la EX vous permettra de vous reposer et peut-être d'éviter quelques contraventions!

Quant aux jantes en alliage, elles vous permettront de vous sentir moins déprécié quand votre beau-frère viendra vous narguer avec sa nouvelle sous-compacte japonaise. Et pour un dernier 1 000 $, la Spectra EX Commodité est « toute garnie » et inclut des freins ABS. Le montant total de la facture : 19 995 $. Ah! oui, j'oubliais : vous avez horreur de la boîte manuelle, et ce, même si elle est précise? Alors, pour l'automatique signez un autre chèque de 1 000 $. Merci. Facture totale avant le coût du transport, de la préparation, et des taxes : 21 095 $. À ce prix-là, Je ne suis pas sûr s'il ne vaudrait pas mieux que vous magasiniez une japonaise!

Par ailleurs, toutes les versions sont animées par un 4 cylindres de 2 litres à DACT et 16 soupapes de 138 chevaux. Les accélérations et les reprises sont dans la moyenne, et la nouvelle plate-forme offre un comportement routier honnête compte tenu de la vocation économique de la voiture. Les suspensions sont douces, et aucun bruit de caisse ou de vent n'est venu perturber notre essai, et ce, peu importe la vitesse. Somme toute, les versions LX et LX Commodité sont assurément de bonnes affaires. Quant aux deux versions EX, il faudrait voir ce qu'offre la concurrence avant d'arrêter votre choix sur celles-ci. Il ne faudrait pas oublier également qu'un hatchback, la Spectra 5, se joindra à la berline durant l'année en cours.

Jean-François Guay

DONNÉES TECHNIQUES

Prix du modèle à l'essai :	19 995 $ (Spectra 5 de base)
Échelle de prix :	15 895 $ à 21 095 $
Version(s) disponible(s) :	berline, hatchback 5 portes
Garanties :	5 ans 100 000/5 ans 100 000
Catégorie :	compacte
Emp./Long./Lar./Haut.(cm) :	261/434/173,5/147
Poids :	1 290 kg
Coffre/Réservoir :	518 à 1 494 litres/55 litres
Coussins de sécurité :	frontaux, latéraux, rideaux (Spectra 5)
Suspension avant :	indépendante, jambes de force
Suspension arrière :	indépendante, poutre à torsion
Freins av./arr. :	disque/disque ABS (opt.)
Antipatinage/Contrôle de stabilité :	oui (opt.)/non
Direction :	à crémaillère, assistée
Diamètre de braquage :	10,9 m
Pneus av./arr. :	P205/50R16 (Spectra 5)

GROUPE MOTOPROPULSEUR ET RENDEMENT

Moteur :	4L 2,4 litres
Puissance :	138 ch à 6000 tr/mn
Couple :	136 lb-pi à 4500 tr/mn
Autre(s) moteur(s) :	aucun
Transmission :	traction, manuelle 5 rapports
Autre(s) transmission(s) :	automatique 4 rapports
Accélération 0-100 km/h :	10,5 s
Reprises 80-120 km/h :	8,5 s
Freinage 100-0 km/h :	43,2 m
Vitesse maximale :	185 km/h
Indice de performance longitudinale :	4,29 m/s/s
Consommation (100 km) :	ordinaire, 8,5 litres
Autonomie :	647 km

DANS LA MÊME CATÉGORIE

Ford Focus - Honda Civic - Hyundai Elantra - Mazda3 Mitsubishi Lancer - Nissan Sentra - Pontiac Vibe - Subaru Impreza - Suzuki Aerio - Toyota Corolla et Matrix

DU NOUVEAU EN 2005

Nouveau modèle

HISTORIQUE DU MODÈLE

2ème génération

DATE DE RENOUVELLEMENT

n.d.

NOS IMPRESSIONS

Agrément de conduite :	🚗🚗🚗🚗
Fiabilité :	nouveau modèle
Sécurité :	🚗🚗🚗🚗🚗
Qualités hivernales :	🚗🚗🚗½
Espace intérieur :	🚗🚗🚗🚗
Confort :	🚗🚗🚗🚗½

LE CHOIX DE L'ÉQUIPE

Spectra 5

Guide de l'auto 2005

LAMBORGHINI GALLARDO

ITALIENNE OU ALLEMANDE ?

La Murciélago a confirmé la relance de la marque de Santa Agatha di Bologna. Son achat par Audi a mis de l'ordre chez ce constructeur trop souvent acquis par des spéculateurs qui lui ont souvent fait plus de tort que de bien. La remplaçante de la Diablo a été critiquée par plusieurs pour son manque de panache sur le plan visuel mais ses prestations sur la route, son moteur V12 et une fiabilité qui n'était plus une tragédie ont permis à Lamborghini d'être considérée comme un juste prétendant au trône trop longtemps occupé par Ferrari.

Toute réussie soit-elle, la Murciélago ne pouvait supporter à elle seule les destinées de la marque au taureau. Il fallait un modèle plus économique qui serait vendu en plus grande quantité. Et c'est justement le rôle de la Gallardo lancée l'an dernier. Celle-ci a pour objectif avoué de venir jouer dans les plates-bandes de la Ferrari 360 Modena, et force est d'admettre qu'elle possède tous les éléments pour le faire.

La tentation a dû être grande de produire une version plus économique de la Murciélago en enlevant deux cylindres au moteur V12, en réduisant les dimensions de la carrosserie et en utilisant des éléments mécaniques moins coûteux. C'est probablement ce qui se serait passé sous l'ancien propriétaire. Mais, pour Audi, c'était l'occasion de créer une nouvelle voiture de toutes pièces et d'utiliser la philosophie de la maison en fait de développement technique.

Le premier indice de cette approche est la construction de la plate-forme et de la carrosserie. La première utilise la structure Space Frame en aluminium développée sur la Audi A8. Elle permet d'obtenir une structure rigide et légère à la fois. La carrosserie est composée en majeure partie de feuilles d'aluminium qui sont rivetées, collées ou soudées selon le cas. Cela a permis d'obtenir une voiture plus légère que la moyenne puisque son poids est inférieur à 1 500 kg. Et pour vous donner une meilleure idée des dimensions de cette "baby Lambo" par rapport à son grand frère, son empattement est plus court de 10,5 cm et sa longueur hors tout inférieure de 28 cm. Elle est également moins large de 14,5 cm, par contre elle est plus haute de quelques centimètres. Il faut préciser en plus que les portes en élytre n'ont pas été sélectionnées pour cette voiture. Il doit y avoir des raisons d'économie mais la principale est que les planificateurs ont conçu cette voiture pour une utilisation quotidienne et citadine.

Au premier regard, la Gallardo semble être un clone de son aînée. Mais il suffit d'être moindrement observateur pour remarquer de nombreuses différences. C'est ainsi que les phares avant de la Gallardo sont logés dans un

›› FEU VERT
› Moteur V10
› Silhouette aguichante
› Rouage intégral
› Belle finition
› Excellente tenue de route

›› FEU ROUGE
› Faible visibilité arrière
› Habitacle exigu
› Coffre à bagages symbolique
› Boîte manumatique peu conviviale

GALLARDO

réceptacle de forme rectangulaire tandis que la Murciélago fait appel à une forme triangulaire. Par contre, les deux énormes prises d'air du béquet avant sont presque similaires. Sur les flancs, l'air s'engouffre dans une large fente verticale placée juste en bordure de l'aile arrière tandis que celle de la Murciélago est placée dans le bas de caisse. Le styliste belge Luc Donckerwolke, responsable du design des deux modèles, les a départagés en leur partie arrière. Au lieu d'un échappement double au centre comme avec le moteur V12, le V10 se distingue par deux tuyaux d'échappement placés sous chaque feu arrière. Ceux-ci servent également à délimiter la largeur de l'aileron arrière mobile.

La même approche est utilisée pour le design de l'habitacle. Il y a une certaine filiation visuelle entre les deux modèles, notamment avec une nacelle d'instruments plus ou moins similaire et un volant doté d'un gros moyeu rembourré. Comme le veut la tradition italienne, le levier de vitesses de la boîte manuelle est une tige chromée surmontée d'une boule métallique qui doit serpenter une grille de sélection métallique dotée de fentes bien définies pour chaque rapport. Une fois qu'on s'est habitué à ce mécanisme, finies les imprécisions. Enfin, l'habitabilité de la Gallardo ne fera certainement pas les manchettes, pas plus que son coffre à bagages avant. Par contre, la filière germanique de la marque nous assure une finition et des matériaux de qualité.

VROOM! VROOM!

Je suis certain que si jamais vous étiez propriétaire d'une Gallardo, vous passeriez de longues minutes à écouter la sonorité du moteur V10 de 5 litres dont la puissance annoncée est de 500 chevaux. Pas mal pour une voiture dont le poids est similaire à celui d'un PT Cruiser! Deux transmissions sont au catalogue, il y a la boîte manuelle à six rapports ou sa version manumatique dont les vitesses sont sélectionnées par des palettes placées de chaque côté du volant. Cette dernière, en conduite de tous les jours, n'est pas tellement emballante. La transmission est placée derrière le moteur qui est, pour sa part, monté en position centrale. La répartition du poids est de 42 % à l'avant de 58 % à l'arrière. Cette belle italienne est équipée d'une boîte de transfert centrale à visco-coupleur afin de répartir cette puissance aux quatre roues et ainsi pouvoir optimiser la tenue de route sous toutes les conditions. En conduite normale, deux tiers de la puissance est dirigé aux roues arrière tandis que la répartition se modifie selon les circonstances.

Plus courte et plus légère qu'une Porsche 911 Turbo, la Gallardo n'est pas seulement une belle italienne au tempérament capricieux. Son rouage intégral, son puissant moteur V10 et une tenue de route dont vous ne pourrez jamais explorer les limites en font une voiture de rêve qui ne risque pas de se transformer en cauchemar. Même si elle est appelée à devenir le modèle de grande diffusion de la marque, vous en verrez peu car sa production sera quand même passablement limitée en raison de son prix d'un quart de million…

Denis Duquet

DONNÉES TECHNIQUES

Prix du modèle à l'essai :	255 000 $
Échelle de prix :	255 000 $ à 265 000 $
Version(s) disponible(s) :	version unique
Garanties :	2 ans km illimité/2 ans km illimité
Catégorie :	GT
Emp./Long./Lar./Haut.(cm) :	256/430/190/116,5
Poids :	1 535 kg
Coffre/Réservoir :	110/90 litres
Coussins de sécurité :	frontaux et latéraux (av.)
Suspension avant :	indépendante, bras inégaux
Suspension arrière :	indépendante, multibras
Freins av./arr. :	disque (ABS)
Antipatinage/Contrôle de stabilité :	oui/oui
Direction :	à crémaillère, assistée
Diamètre de braquage :	11,5 m
Pneus av./arr. :	P235/35ZR19 P295/30ZR19

GROUPE MOTOPROPULSEUR ET RENDEMENT

Moteur :	V10 5,0 litres 40s (82,5 x 92,8)
Puissance :	500 ch (373 kW) à 7 800 tr/mn
Couple :	376 lb-pi (510 Nm) à 4 500 tr/mn
Autre(s) moteur(s) :	seul moteur offert
Transmission :	intégrale, manuelle 6 rapports
Autre(s) transmission(s) :	séquentielle 6 rapports
Accélération 0-100 km/h :	4,2 s
Reprises 80-120 km/h :	4,5 s
Freinage 100-0 km/h :	33,4 m
Vitesse maximale :	309 km/h
Indice de performance longitudinale :	6,87 m/s/s
Consommation (100 km) :	super, 19,5 litres
Autonomie :	462 km

DANS LA MÊME CATÉGORIE

Ferrari 360 Modena - Porsche 911 Turbo - Porsche GT2

DU NOUVEAU EN 2005

Aucun changement majeur

HISTORIQUE DU MODÈLE

1ère génération

DATE DE RENOUVELLEMENT

n.d.

NOS IMPRESSIONS

Agrément de conduite :	🚗🚗🚗🚗½
Fiabilité :	nouveau modèle
Sécurité :	🚗🚗🚗🚗½
Qualités hivernales :	🚗🚗🚗½
Espace intérieur :	🚗🚗🚗
Confort :	🚗🚗🚗

LE CHOIX DE L'ÉQUIPE

version équipée de la boîte manuelle

Guide de l'auto 2005

LAMBORGHINI MURCIÉLAGO

À COUPER LE SOUFFLE

Première voiture conçue sous le règne d'Audi (en fait de Volkswagen, propriétaire des deux marques), la Murciélago est magnifique. Dans le plus pur esprit de la marque au taureau, elle a des lignes fabuleuses, une qualité de fabrication impeccable et un moteur qui peut vous faire avaler votre dentier. Et ceux qui ne sont pas encore impressionnés pourront toujours tenter leur chance avec la version roadster. Mais l'ensemble a un prix qui coupe le souffle plus vite que son moteur!

Le design de la Murciélago, comme toute Lamborghini qui se respecte, est assez unique. En effet, la carrosserie d'imposante largeur peut paraître déroutante, mais l'ensemble s'avère finalement être assez bien proportionné. On aime ou on n'aime pas chez les gens d'un certain âge mais les Lamborghini continuent de faire rêver les adolescents amateurs de voitures, et ceux qui le sont restés.

Une chose cependant, le style dégage une agressivité impressionnante et donne une bonne idée de la personnalité de la bête.

Les portes - qui sont avec le toit les seuls éléments de carrosserie en acier, le reste faisant appel à la fibre de carbone - s'ouvrent en papillon. Pour se glisser dans l'habitacle cependant, il faut presque avoir un diplôme du Cirque du soleil en contorsion.

Une fois à bord, c'est la différence de style qui étonne. Autant les lignes extérieures sont pointues, les arêtes acérées et le ton de l'ensemble agressif, autant la planche de bord évoque la douceur et le confort!

En conduite normale, le conducteur de la Murciélago (on devrait ici dire pilote, c'est plus proche de la réalité) pourra profiter de tout le confort nécessaire. Même si on parle avant tout d'une sportive pure et dure, elle offre néanmoins un certain niveau de confort appréciable. Une vaste gamme d'équipements de série, comme la finition tout cuir ou la climatisation automatique, se joint à des commandes ergonomiquement bien placées, et faciles d'utilisation, pour rendre la randonnée somme toute aisée pour tout le monde.

Pour apprécier le tout, le dégagement pour les jambes est le plus important de toutes les versions de Lamborghini, le niveau sonore est abaissé par l'emploi de panneaux insonorisants, et la finition exceptionnelle empêche tout bruit désagréable. Bref, un cockpit qui se rapproche davantage des habitacles civilisés que celui d'une voiture de course malgré les capacités uniques de la voiture.

ATTACHEZ VOS CEINTURES

La vraie raison d'exister d'une supervoiture comme la Murciélago, ce sont les performances.

»» FEU VERT
› Puissance hors du commun
› Voiture à forte personnalité
› Technologie de support exceptionnelle
› Tenue de route

»» FEU ROUGE
› Coût d'achat
› Freinage peu puissant
› Habitacle difficile d'accès
› Sous-virage évident

Guide de l'auto 2005

Pour y arriver, le monstre est doté d'un V12 à 48 soupapes, qui développe la bagatelle de 580 ch à 7500 tours/min qui permet une accélération foudroyante, surtout jumelé à la transmission 6 vitesses ultra sophistiquée de la firme italienne. En fait, au volant du bolide, on réalise le 0-100 km/heure en moins de 3,8 secondes. En vitesse de pointe, on parle de 334 kilomètres à l'heure, une donnée que je n'ai pas pu vérifier malheureusement puisqu'il aurait fallu profiter d'une piste de haute performance pour y arriver.

Le moteur gonflé aux stéroïdes a beau être impressionnant, il est tout de même relativement gentil. Après un départ plutôt lent, c'est-à-dire qu'il réagit paresseusement sous les 2000 tr/min, il reprend du rythme par la suite pour faire preuve d'une souplesse exceptionnelle, peu importe le rapport choisi.

Il semblerait que Lamborghini ait apporté un soin particulier aux suspensions de sa Murciélago, puisque malgré la présence de pneus très larges, cette Lamborghini ne brassera pas trop ses occupants. En conduite sportive, les pneus jouent parfaitement leur rôle et offrent une tenue de route quasi irréprochable. Tout au plus notera-t-on une certaine tendance au sous-virage et un peu trop de fragilité au transfert de masse, au moment de l'entrée en courbe notamment.

Stable, certainement que la Murciélago l'est, mais il faut tout de même demeurer vigilant et toujours se rappeler qu'on est au volant d'une bête sauvage qui demande à être domptée. Mentionnons enfin que la voiture est munie de 4 roues motrices, ce qui limite considérablement les risques et qui évitera aux conducteurs quelques sueurs froides.

Le système Lamborghini VACS de série, un système qui permet l'ouverture des ouïes latérales uniquement lorsque la température du moteur l'exige et qui fait circuler l'air pour garantir un meilleur refroidissement, permet de conserver les performances maximales du moteur, même si les ailes ouvertes viennent amoindrir un peu l'appui aérodynamique. On pourra toujours ajuster l'aileron arrière qui se règle électroniquement selon trois angles d'attaque, et en fonction de la vitesse atteinte.

Les quatre freins à disques ventilés effectuent correctement leur travail. Étonnamment cependant, la pédale est un peu spongieuse en début de course, ce qui nécessite une intervention plus affirmée pour garantir un freinage adéquat au début de l'action. Et les disques ont la fâcheuse tendance à s'échauffer rapidement, probablement en raison du poids du véhicule. Il faudrait donc voir à améliorer la qualité des disques, puisque la résistance risque d'être assez courte.

Évidemment, ne conduit pas une Lamborghini Murciélago qui veut. Il faut lui montrer beaucoup de respect, et une bonne dose d'assurance puisque comme toutes les grandes sportives, elle est dotée d'une véritable personnalité propre. Une fois la bête maîtrisée, le pilote se trouve aux commandes d'un des vaisseaux les plus impressionnants du monde.

Bertrand Godin

MURCIÉLAGO

DONNÉES TECHNIQUES

Prix du modèle à l'essai:	410 000 $
Échelle de prix:	410 000 $
Version(s) disponible(s):	coupé, cabriolet
Garanties:	2 ans km illimité/2 ans km illimité
Catégorie:	GT
Emp./Long./Lar./Haut.(cm):	266,5/458/204,5/113,5
Poids:	1 650 kg
Coffre/Réservoir:	n.d./ 100 litres
Coussins de sécurité:	frontaux
Suspension avant:	indépendante, doubles leviers triang
Suspension arrière	indépendante, doubles leviers triang
Freins av./arr.:	disque
Antipatinage/Contrôle de stabilité:	oui/oui
Direction:	à crémaillère, assistée
Diamètre de braquage:	12,5 m
Pneus av./arr.:	P245/35ZR18 / P335/30ZR18

GROUPE MOTOPROPULSEUR ET RENDEMENT

Moteur:	V12 6,2 litres 48s (87,0 x 86,8)
Puissance:	580 ch (433 kW) à 7 500 tr/mn
Couple:	480 lb-pi (651 Nm) à 5 400 tr/mn
Autre(s) moteur(s):	aucun
Transmission:	intégrale, manuelle 6 rapports
Autre(s) transmission(s):	aucune
Accélération 0-100 km/h:	3,8 s
Reprises 80-120 km/h:	4,4 s
Freinage 100-0 km/h:	30,7 m
Vitesse maximale:	330 km/h
Indice de performance longitudinale:	7,46 m/s/s
Consommation (100 km):	super, 22 litres
Autonomie:	454 km

DANS LA MÊME CATÉGORIE
Aston Martin Vanquish - Ferrari 575 Maranello
Porsche Carrera GT

DU NOUVEAU EN 2005
Aucun changement

HISTORIQUE DU MODÈLE
2ième génération

DATE DE RENOUVELLEMENT
n.d.

NOS IMPRESSIONS

Agrément de conduite:	🚗🚗🚗🚗½
Fiabilité:	🚗🚗🚗🚗
Sécurité:	🚗🚗🚗🚗½
Qualités hivernales:	🚗🚗🚗🚗
Espace intérieur:	🚗🚗🚗½
Confort:	🚗🚗🚗🚗

LE CHOIX DE L'ÉQUIPE
Version unique

Guide de l'auto 2005

LAND ROVER LR3

UN NOUVEAU « CANAL D »

Alors que la plupart des constructeurs présents sur le marché des véhicules utilitaires sport semblent mettre l'accent sur le facteur «sport» de l'équation, Land Rover qui, rappelons-le, fait partie depuis l'an 2000 du groupe «Premier Automotive» propriété de Ford, a décidé de continuer sur la voie qui a rendu ses produits célèbres de par le monde, soit celle du tout-terrain. Le nouveau LR3 qui remplace le Discovery représente le premier résultat tangible de cette prise de position. J'ai pu m'en rendre compte récemment lors de sa présentation aux médias au nord de l'Écosse, alors que le rude climat et le relief rigoureux de ce pays se sont ligués pour lui faire passer une épreuve des plus sévères.

CHÂSSIS ORIGINAL ET INÉDIT

À la vue de sa carrosserie à la fois simple, moderne, et résolument fonctionnelle, on comprend immédiatement que l'on a affaire à un battant, et non pas à une automobile déguisée en baroudeur du dimanche. Le capot en aluminium presque horizontal, les portières démunies de la moindre fioriture, et la ligne du toit qui s'élève au-dessus du compartiment arrière, donnent à l'ensemble un aspect qui amalgame la silhouette imposante du Range, et la généreuse partie arrière surélevée du Discovery. Si on pouvait retirer la tôlerie, on serait en mesure de découvrir une nouvelle plate-forme extrêmement résistante à la torsion et au pliage, que ses concepteurs appellent Integrated Body-Frame, en fait, une plate-forme monocoque renforcie par de robustes pièces d'acier hydroformées. Portons aussi à son mérite de généreuses cotes d'habitabilité, puisque sa longueur hors tout s'étire sur 13 centimètres supplémentaires, sa largeur sur deux centimètres, et que son empattement gagne

Guide de l'auto 2005

spectaculairement 34 centimètres. Précisons, pour ceux qui craignent que le ciel ne leur tombe sur la tête dans les stationnements couverts, que sa hauteur diminue de cinq centimètres.

En ouvrant la longue portière avant, on découvre avec satisfaction une cabine à l'allure fonctionnelle, luxueuse même, puisque réalisée avec des plastiques moussés de qualité, de cuirs souples et de bon calibre, et quelques touches de plastique/aluminium assez convaincantes. Face au conducteur, une planche de bord très simple et aux formes géométriques, regroupe des commandes commodément agencées, comme si l'équipe responsable des réalisations antérieures et farfelues de la marque à ce chapitre avait été licenciée. La très vaste surface vitrée assure une excellente visibilité à tous les occupants, et la position de conduite élevée permet au conducteur d'anticiper tous les obstacles qu'il rencontre. Les passagers à l'arrière accèdent à leur siège aisément par une grande ouverture, et celui du milieu peut bénéficier d'une assise confortable, bien que la protubérance centrale au plancher le forcera à écarter les jambes. Moyennant supplément, le LR3 peut recevoir deux autres passagers sur une troisième rangée de petits sièges escamotables. Malgré les apparences, leur confort s'avère suffisant pour un éventuel dépannage, mais il faut cependant reconnaître que la soute à bagages devient alors pratiquement symbolique. Lorsque les dossiers de ces petits strapontins sont repliés, formant ainsi un plancher très plat, la capacité du coffre de forme régulière atteint des valeurs considérables. On y accède par une large ouverture asymétrique à

l'arrière, la partie supérieure formée de la lunette qui s'ouvre indépendamment vers le haut, et la partie inférieure par un panneau moins large à droite, permettant d'accéder facilement au fond de la soute. Innovant, et vraiment bien conçu !

Le LR3 se décline en deux versions, soit un SE et un HSE. Les deux embarquent un nombre considérable d'équipement et d'accessoires, le HSE se démarquant avec un écran central tactile, un système de navigation à commande vocale, une chaîne stéréo de 600 watts, des roues en alliage de 19 pouces (le SE roule sur des 18 pouces) des phares bixénon qui suivent la route, et des réglages à mémoire pour les sièges antérieurs.

››› DE SÉRIE
› Cuir
› A/C deux zones
› AM/FM 6 CD
› Principales assistances électriques

››› EN OPTION
› A/C et chauffage arrière
› 3e rangée de sièges
› Toit vitré ouvrant et deux autres fixes

Guide de l'auto 2005

LAND ROVER
LR3

GROUPE MOTOPROPULSEUR UNIQUE
Alors que le Discovery se contentait d'un vieux V8 de 4,6 litres libérant assez poussivement 217 chevaux, le LR3 propose un bloc ultra moderne cette fois, puisqu'extrapolé du 4,2 litres Jaguar, sa cousine par la fesse gauche. Coiffé d'une culasse DACT à 32 soupapes, et conçu pour offrir un couple abondant sur une longue plage d'utilisation (315 lb-pi à 4000 tr/min), ce V8 4,4 litres délivre avec aisance la puissance de 300 chevaux. Il dispose des services d'une boîte automatique séquentielle ZF à six rapports avec mode Sport, alors que son prédécesseur devait se contenter d'une simple quatre rapports. Un V6 4 litres de puissance encore indéterminée doit faire son apparition au cours des mois à venir. Le LR3 pèse cependant très lourd, 2 461 kilos pour être plus précis, soit 226 kilos de plus que le «Disco», lui même un mastodonte dans son genre. Un peu d'arithmétique nous amène à un rapport poids/puissance de 8,2 kilos/cheval, par rapport à 10,3 kilos/cheval pour son devancier. Ces résultats se traduisent par des accélérations plus vives, puisqu'on retranche facilement deux secondes pour réaliser le 0-100 km/h, et des reprises tonifiées.

VIVE L'INDÉPENDANCE !
En empruntant certains éléments mécaniques et électroniques éprouvés du Range Rover et du Discovery, les ingénieurs de Solihull ont réussi à les intégrer au LR3, tout en y ajoutant des caractéristiques nouvelles, pour en arriver à un ensemble qui, à mon humble avis, dépasse en efficacité tous les produits antérieurs de la marque.

Les suspensions traditionnelles à essieu rigide cèdent heureusement le pas à des éléments complètement indépendants, supportés par des ressorts pneumatiques ajustables pour changer l'assiette, et par deux triangles à chaque extrémité. Elles sont reliées transversalement par des conduites à air, afin de permettre à la caisse de conserver son assiette. Les arguments en faveur d'un tel choix technique vont de soi : confort accru, capacité de franchissement supérieures, et guidage précis. Les résultats apparaissent tangibles sur la route, alors que le LR3 démontre un roulement beaucoup plus doux

»» FEU VERT
› Design intéressant et pratique
› Capacités hors route exceptionnelles
› Habitacle fonctionnel
› Roulement confortable
› Bonne intégration des systèmes

»» FEU ROUGE
› Fiabilité inconnue
› Consommation élevée
› Direction peu sensible
› Entretien onéreux
› Prix corsés

et mieux contenu, et que le roulis reste dans les limites acceptables, sans que l'on puisse le comparer directement à un BMW X5 à ce chapitre. La direction à crémaillère demeure précise en toutes circonstances, bien qu'un peu muette sur ses rencontres, mais cette dernière caractéristique se fait apprécier lorsque la route devient méchante, ou qu'elle disparaît complètement.

UN CHAR D'ASSAUT
Mais c'est vraiment lorsque les choses se gâtent, que le LR3 épate par sa résilience. Son arsenal mécanique et électronique composé d'un antipatinage indépendant sur chaque roue (ETC) d'un système de stabilité électronique (DSC), du système de retenue en pente (HDC), d'un freinage ABS auquel sont joints un répartiteur électronique de la force de freinage (EBD) et une assistance aux arrêts d'urgence, permet d'envisager avec sérénité la rencontre avec les pires éléments naturels du terrain. Sans parler d'une boîte de transfert à gamme basse et des différentiels central et arrière à commande électronique. Conscient de l'extrême complexité de ces systèmes, et, avouons-le, des limites rapidement atteintes par la plupart des conducteurs pour leur utilisation optimale, les responsables de leur application décidèrent sagement de leur adjoindre une unité de commande très simple, leur imposant d'agir en concert en fonction du type de défi à relever. Appelée "Terrain Response", cette interface se compose d'une grosse molette sur la console centrale, permettant de sélectionner: conduite normale, herbe, gravier, neige, boue, ornières, sable, et terrain rocheux. Par ailleurs, le conducteur dispose de deux petits leviers électriques, un pour engager la gamme de rapport court, l'autre pour ajuster la hauteur de la caisse, et aussi d'un interrupteur pour actionner le Hill Descent Control en pente descendante. Résultat de cette débauche technologique? Après avoir sélectionné le type de terrain ou revêtement vers lequel on se dirige, et chaussé de banals pneus toutes saisons Goodyear Wrangler P255/55R19 111V, le LR3 avance résolument au milieu des surfaces les plus glissantes, monte et descend des pentes impossibles à négocier sur deux pattes, franchit des gués profonds de 70 centimètres, des terrains rocheux à s'en casser les chevilles, tout en requérant un minimum d'interventions de la part de son pilote.

À titre de bilan de mes deux jours d'essai en terrain hostile, sur des routes inconnues, étroites et détrempées, en conduisant dans la voie de gauche avec un volant à droite bien entendu, il m'est permis d'en arriver aux conclusions suivantes: le LR3 corrige de façon convaincante la plupart des irritants rencontrés sur le Discovery, et son efficacité sur n'importe quelle surface apparaît impressionnante, alors qu'il démontre un confort et un comportement routier supérieurs au reste de la gamme du constructeur britannique. Reste à savoir si la fiabilité sera au rendez-vous. Seule l'expérience pourra répondre à cette question, mais le sérieux avec lequel le défi a jusqu'ici été relevé permet d'espérer un constat positif en cette matière.

Jean-Georges Laliberté

DONNÉES TECHNIQUES
Prix du modèle à l'essai :	70 550 $ (HSE)
Échelle de prix :	61 900 $ à 67 900 $
Version(s) disponible(s) :	SE et HSE
Garanties :	4 ans 80 000/4 ans 80 000
Catégorie :	sport utilitaire
Emp./Long./Lar./Haut.(cm) :	288,5/483,5/191,5/189
Poids :	2 461 kg
Coffre/Réservoir :	2 558/86 litres
Coussins de sécurité :	frontaux, latéraux et rideaux
Suspension avant :	indépendante, double triangles, pneumatique
Suspension arrière :	indépendante, double triangles, pneumatique
Freins av./arr. :	disque (ABS)
Antipatinage/Contrôle de stabilité :	oui/oui
Direction :	à crémaillère, assistée
Diamètre de braquage :	11,45 m
Pneus av./arr. :	P255/55R19

GROUPE MOTOPROPULSEUR ET RENDEMENT
Moteur :	V8 4,4 litres DACT 32 soupapes
Puissance :	300 ch à 5 500 tr/min
Couple :	315 lb-pi à 4 000 tr/min
Autre(s) moteur(s) :	aucun
Transmission :	automatique séquentielle 6 rapports
Autre(s) transmission(s) :	aucune
Accélération 0-100 km/h :	8,0 s
Reprises 80-120 km/h :	n.d.
Freinage 100-0 km/h :	n.d.
Vitesse maximale :	193 km/h
Indice de performance longitudinale :	n.d.
Consommation (100 km) :	n.d., mais importante
Autonomie :	n.d.

NIVEAU SONORE
Ralenti :	n.d.
Accélération :	n.d.
100 km/h :	n.d.

DANS LA MÊME CATÉGORIE
BMW X5 - Ford Expedition - Jeep Grand Cherokee
Lincoln Navigator - Mercedes-Benz ML

HISTORIQUE DU MODÈLE
nouveau modèle

DATE DE RENOUVELLEMENT
n.d.

NOS IMPRESSIONS
Agrément de conduite :	🚗🚗🚗🚗½
Fiabilité :	nouveau modèle
Sécurité :	🚗🚗🚗🚗½
Qualités hivernales :	🚗🚗🚗🚗🚗
Espace intérieur :	🚗🚗🚗🚗½
Confort :	🚗🚗🚗🚗½

LE CHOIX DE L'ÉQUIPE
HSE

Guide de l'auto 2005

LAND ROVER FREELANDER

À LA CROISÉE DES CHEMINS

Land Rover qui a déjà été la propriété de BMW entre 1994 et 2000 appartient désormais à Ford. Ces récentes tribulations expliquent pourquoi les véhicules de la marque sont tous de conception différente même s'ils partagent une certaine filiation sur le plan visuel. Ainsi le Range Rover est un pur produit BMW, et le nouveau LR3 (nouvelle appellation du Discovery pour le marché nord-américain seulement) est animé par un moteur V8 qui provient de chez Jaguar. Quant au Freelander, dont les débuts remontent à 1997, il n'a fait son entrée que tardivement en sol nord-américain, soit en 2002, et il a subi quelques retouches esthétiques l'an dernier afin de lui donner un air de famille avec le Range Rover.

L'actuel Freelander ne devrait donc pas subir d'autres modifications avant le printemps 2006, date à laquelle la nouvelle génération de ce modèle fera probablement son entrée en scène. Il y a fort à parier que le Freelander à venir sera élaboré à partir de la plate-forme utilisée actuellement par les Volvo V50, Mazda 3 et Ford Focus européenne. De plus, le moteur et le rouage intégral seront probablement empruntés à Volvo, et le Freelander serait alors animé par le 5 cylindres en ligne de 2,4 litres de la V50 en version atmosphérique ou turbocompressée.

Pour l'heure, le Freelander poursuit sa route en 2005, essentiellement inchangé par rapport au modèle 2004, ce qui signifie que la partie avant présente donc des ailes toujours réalisées en matériel thermoplastique résistant aux légers chocs ainsi que les phares nouveau genre adoptés l'an dernier. La présence d'une grille de protection devant la calandre contribue à créer une allure générale robuste et le Freelander paraît encore moderne malgré son âge avancé.

L'accès à bord est compliqué, car les sièges avant sont ancrés en hauteur ce qui fait que les conducteurs de grande taille risquent de se frapper la tête sur la carrosserie en montant à bord. Le même scénario est possible pour les passagers s'installant à l'arrière parce que la banquette est surélevée par rapport aux sièges avant, ce qui autorise toutefois une bonne visibilité à ces mêmes passagers. L'accès à l'espace de chargement peut se faire par la voie d'une lunette arrière rétractable à commande électrique ce qui est pratique pour les petits objets. Mais le chargement de bagages de grandes dimensions doit se faire par la porte arrière dont les charnières sont localisées du côté droit. Ce détail prend toute son importance lorsque vous stationnez sur une rue puisque vous devez d'abord décharger le matériel pour le déposer par terre et ensuite refermer la porte afin de pouvoir vous rendre au trottoir. Cette configuration est due au fait qu'en Angleterre, on conduit de l'autre côté de la route et que la position du conducteur est inversée par rapport à chez nous.

»» FEU VERT
› Allure sympathique
› Efficace en conduite hors route
› Espaces de rangement
› Bon comportement soutien (sur bonne chaussée)

»» FEU ROUGE
› Performances moteur décevantes
› Fiabilité peu reluisante
› Consommation élevée
› Prix élevé

Dans ces conditions, la fixation à droite de la porte arrière devient tout à fait logique et pratique, mais c'est tout le contraire ici. Parmi les autres incongruités du Freelander, soulignons la localisation de la commande d'ouverture du capot avant qui est placée côté passager plutôt que du côté conducteur (même explication que pour la porte arrière…). Quant à la version SE3 à 3 portes, précisons que l'accès à bord est plus difficile et que la manipulation de son toit repliable est inutilement compliquée. Cette action demande beaucoup de patience, surtout lorsque l'on veut le remettre en place au début d'une averse, moment précis où notre patience fait évidemment défaut.

Bien que le Freelander ne soit pas équipé d'une boîte de transfert comme les autres modèles de la marque, son rouage intégral à commande électronique est très efficace pour la conduite hors route. Dans ces conditions le véhicule s'avère très à l'aise, en raison du grand débattement de ses suspensions et du système Hill Descent Control qui permet de retenir sa vitesse lors de la descente d'une côte. Ce dispositif très efficace a d'ailleurs été retenu par BMW pour les X5 et X3. Sur la route, il devient rapidement évident que le moteur V6 du Freelander s'essouffle rapidement et la performance en accélération n'est guère impressionnante : un Ford Escape ou un Mazda Tribute à moteur V6 est capable de mieux, et les performances du Freelander sont comparables à celles d'un Honda CR-V à moteur 4 cylindres. Exception faite d'une tendance à plonger vers l'avant lors d'un freinage intense ou d'un roulis prononcé en virages, le Freelander se comporte assez bien sur les routes asphaltées, sauf lorsque la qualité de la route fait défaut, ce qui entraîne le sautillement du train arrière. Ce qui est étonnant puisque le Freelander est doté d'une suspension indépendante aux quatre roues.

Malgré le fait que le Freelander ait subi récemment un "lifting", comme disent nos cousins français, il n'en demeure pas moins que sa conception remonte à la fin des années 90. Comme les modèles rivaux sont tous de conception plus récente, ceux-ci sont à peu près tous supérieurs au Freelander, tout en coûtant souvent moins cher. On ne peut également pas passer sous silence les résultats décevants enregistrés par la marque lors d'études portant sur la satisfaction de la clientèle. Ainsi, l'étude J.D. Power portant sur la qualité et la fiabilité des véhicules 2001 après trois ans d'utilisation révèle que Land Rover occupe le 37e et dernier rang avec 472 défauts par 100 véhicules. Appelé à commenter ces résultats, Mark Fields, chef de la direction du Premier Automotive Group (division des véhicules de luxe de Ford qui comprend Land Rover) s'exprimait en ces termes : « Pour améliorer la performance de Land Rover, il suffit d'inverser la page et la marque se retrouve alors parmi les meilleures… ». Dans ces conditions, le choix d'un Freelander aujourd'hui relève d'un désir de se démarquer à tout prix ou encore du pouvoir de séduction apporté par l'image aventurière de la marque avant tout.

Gabriel Gélinas

DONNÉES TECHNIQUES

Prix du modèle à l'essai :	39 400 $
Échelle de prix :	35 900 $ à 39 500 $
Version(s) disponible(s) :	SE3 et SE
Garanties :	4 ans 80 000/4 ans 80 000
Catégorie :	sport utilitaire
Emp./Long./Lar./Haut.(cm) :	256/444/181/181
Poids :	1 650 kg
Coffre/Réservoir :	470 à 1 190/64 litres
Coussins de sécurité :	frontaux
Suspension avant :	indépendante, jambes de force
Suspension arrière :	indépendante, jambes de force
Freins av./arr. :	disque (ABS)
Antipatinage/Contrôle de stabilité :	oui/non
Direction :	à crémaillère, assistée
Diamètre de braquage :	11,6 m
Pneus av./arr. :	P215/65R16

GROUPE MOTOPROPULSEUR ET RENDEMENT

Moteur :	V6 2,5 litres 24s (80,0 x 83,0)
Puissance :	174 ch (130 kW) à 6250 tr/mn
Couple :	177 lb-pi (240 Nm) à 4000 tr/mn
Autre(s) moteur(s) :	seul moteur offert
Transmission :	intégrale, automatique 5 rapports
Autre(s) transmission(s) :	aucune
Accélération 0-100 km/h :	9,5 s
Reprises 80-120 km/h :	8,1 s
Freinage 100-0 km/h :	41,0 m
Vitesse maximale :	155 km/h
Indice de performance longitudinale :	3,27 m/s/s
Consommation (100 km) :	ordinaire, 13,5 litres
Autonomie :	474 km

DANS LA MÊME CATÉGORIE

Ford Escape - Honda CR-V, Jeep Liberty - Mazda Tribute, Mitsubishi Outlander - Suzuki Grand Vitara Toyota RAV4

DU NOUVEAU EN 2005

Aucun changement majeur

HISTORIQUE DU MODÈLE

1ère génération

DATE DE RENOUVELLEMENT

2006

NOS IMPRESSIONS

Agrément de conduite :	🚗🚗🚗🚗
Fiabilité :	🚗🚗🚗
Sécurité :	🚗🚗🚗🚗🚗
Qualités hivernales :	🚗🚗🚗🚗🚗
Espace intérieur :	🚗🚗🚗🚗½
Confort :	🚗🚗🚗🚗½

LE CHOIX DE L'ÉQUIPE

SE

Guide de l'auto 2005

RANGE ROVER

LE CARROSSE DE SA MAJESTÉ

Il est sans doute l'expression la plus pure de l'image britannique. Il roule avec sérénité et dégage une telle image de grandeur qu'on le croirait directement issu de la famille royale. Et tout comme elle, il a eu dans le passé sa part de problèmes et d'ennuis. Mais fort heureusement, les terribles années semblent bien loin derrière et le Range Rover, modèle phare de la gamme Land Rover, a repris sa place au sommet des VUS de grand luxe.

Cette renaissance, le gros utilitaire la doit surtout à son mariage bref mais intense avec la marque BMW. Les ingénieurs allemands ont su préserver la personnalité propre au Range Rover, mais en lui insufflant ce qu'il faut du dynamisme automobile germanique pour le rendre plus efficace. Ce qui n'est pas peu dire quand on sait d'où le Range Rover partait.

Désormais, équipé d'un moteur V8 de 4,4 litres, il se pavane avec beaucoup d'aisance tant sur la route que dans les parcours les plus accidentés. Car malgré ses petites allures royales, le Range Rover demeure un des véhicules tout-terrain les plus performants du monde.

Les 282 chevaux du gros moteur ronronnent de plaisir quand on les sollicite un peu, et transportent avec souplesse et douceur la masse imposante du gros véhicule. Attention cependant! Pas question de conduite sportive même si la puissance est plus que suffisante. Toutes les manœuvres se déroulent au contraire avec un flegme tout britannique : il répond au quart de tour, a un moteur réglé comme Big Ben, mais ne manifeste qu'un enthousiasme très réservé.

La suspension, royale elle aussi, réagit avec précision à la rencontre du moindre obstacle et conserve la même rigueur peu importe la trajectoire. On peut donc l'entraîner dans les courbes sans hésitation aucune, et sans compromettre le sourire des passagers. Une fonction qu'elle conserve aussi dans les portions plus exigeantes du parcours, et même lors des randonnées hors route.

La suspension est pneumatique, ce qui permet un réglage manuel de la garde au sol. On peut hausser la garde au sol jusqu'à 28 mm et aussi abaisser le véhicule lorsqu'il est à l'arrêt pour faciliter l'accès aux sièges.

Cette sérénité royale se traduit donc par une conduite quasi impériale, peu importe les circonstances. Et pour s'assurer que ce roi de la route n'a peur de rien, on l'a doté de tous les développements technologiques de pointe. Il pourra ainsi traîner sa royale carcasse dans tous les sentiers boueux de la planète, sans crainte de

»» FEU VERT
› Habitacle digne de la cour
› Suspension princière
› Finition royale
› Capacité d'aventurier unique

»» FEU ROUGE
› Coût d'achat
› Ergonomie parfois douteuse
› Système audio complexe
› Fiabilité toujours incertaine

devoir solliciter l'intervention de quelconques ouvriers pour le déloger.

C'est ainsi que le Range profite d'une panoplie complète de systèmes électroniques conçus pour rehausser la sécurité de conduite : antidérapage (DSC); répartiteur de force de freinage (EBD) et ABS qui tous, sont d'origine BMW. Il faut bien sûr y ajouter le système d'aide dans les pentes, qui prend le contrôle de la descente quand le conducteur en ressent le besoin, et vous avez là un véhicule qui n'a peur de rien.

Grâce à la garde au sol de 28,1 cm, et à la gamme de rapports courte, les obstacles disparaissent littéralement devant vous. Le diamètre de braquage étonnamment court compte tenu de la taille de l'ensemble, et la visibilité exceptionnelle du haut de la royale banquette vous permettent de vous glisser aisément sur toutes les routes, aussi accidentées soient-elles.

LA SALLE DU TRÔNE

Toutefois, c'est quand on se glisse dans l'habitacle que l'on ressent davantage l'influence britannique. Tout y fleure bon le luxe et l'opulence. Le cuir des sièges est d'une souplesse exceptionnelle et respire le confort.

Au sol évidemment, rien de moins qu'une moquette épaisse, alors que les boiseries multiples sont tirées d'un arbre véritable, ronce de noyer ou cerisier américain. Que du pur sang bleu pour cet utilitaire haut de gamme.

L'aménagement est à la hauteur de la qualité des matériaux : bien faits et efficaces, même si d'un strict point de vue ergonomique, bon nombre de commandes auraient eu intérêt à être plus facilement accessibles.

Ceux qui sont rebutés par le moindre bouton ou qui n'ont pas encore compris comment programmer leur vidéo devraient s'abstenir de manipuler les systèmes audio et de navigation. Il faut bien une bonne demi-heure de consultation du guide de l'usager pour être en mesure de comprendre simplement comment syntoniser le poste de votre choix. Heureusement, la sonorité exceptionnelle fait un peu oublier les difficultés de programmation.

Comme il faut s'y attendre dans un véhicule de ce prix (environ 100 000 dollars), la liste des accessoires en option est assez courte. On peut tout au plus obtenir le groupe intérieur de grand luxe, qui comprend des sièges plus enveloppants, une finition en cuir Windsor pour la console et en cuir Cambridge pour la planche de bord.

Ajoutez à cela l'ambiance chaleureuse de couleurs pâles et de textures douces et vous obtenez une cabine aussi agréable qu'un salon de thé tout ce qu'il y a de plus britannique.

Malheureusement pour lui, le Range Rover doit traîner le lourd poids de son héritage, puisque Land Rover continue d'être en queue de peloton en matière de fiabilité. Les problèmes de gel, notamment, ont affecté certains systèmes mécaniques. Et comme les modifications présentées cette année sont carrément inexistantes, on peut supposer que les problèmes n'ont pas encore de solutions.

Marc Bouchard

RANGE ROVER

DONNÉES TECHNIQUES

Prix du modèle à l'essai :	99 400 $
Échelle de prix :	99 400 $
Version(s) disponible(s) :	HSE
Garanties :	4 ans 80 000/4 ans 80 000
Catégorie :	utilitaires sport
Emp./Long./Lar./Haut.(cm) :	288/495/192/186
Poids :	2 440 kg
Coffre/Réservoir :	530 à 1 760/100 litres
Coussins de sécurité :	frontaux, latéraux (av.) et rideaux
Suspension avant :	indépendante, pneumatique avec jambes de force
Suspension arrière :	indépendante, pneumatique multibras
Freins av./arr. :	disque (ABS)
Antipatinage/Contrôle de stabilité :	oui/oui
Direction :	à crémaillère, ass. variable
Diamètre de braquage :	11,6 m
Pneus av./arr. :	P255/55H19 255/50VR20

GROUPE MOTOPROPULSEUR ET RENDEMENT

Moteur :	V8 4,4 litres 32s (92,0 x 83,0)
Puissance :	282 ch (210 kW) à 5 400 tr/mn
Couple :	325 lb-pi (441 Nm) à 3 600 tr/mn
Autre(s) moteur(s) :	seul moteur offert
Transmission :	intégrale, séquentielle 5 rapports
Autre(s) transmission(s) :	aucune
Accélération 0-100 km/h :	9,2 s
Reprises 80-120 km/h :	7,0 s
Freinage 100-0 km/h :	43,5 m
Vitesse maximale :	200 km/h
Indice de performance longitudinale :	4,49 m/s/s
Consommation (100 km) :	super, 17,0 litres
Autonomie :	588 km

DANS LA MÊME CATÉGORIE
BMW X5 - Cadillac Escalade - Lexus LX 470 - Lincoln Navigator - Mercedes Benz ML 55 - Nissan Armada Porsche Cayenne Toyota Sequoia - Yukon Denali

DU NOUVEAU EN 2005
Aucun changement majeur

HISTORIQUE DU MODÈLE
3ième génération

DATE DE RENOUVELLEMENT
2010

NOS IMPRESSIONS

Agrément de conduite :	🚗🚗🚗½
Fiabilité :	🚗🚗🚗
Sécurité :	🚗🚗🚗🚗½
Qualités hivernales :	🚗🚗🚗🚗½
Espace intérieur :	🚗🚗🚗🚗½
Confort :	🚗🚗🚗🚗

LE CHOIX DE L'ÉQUIPE
version unique

Guide de l'auto 2005

LEXUS ES 330

SORTEZ LA CALCULATRICE !

Présumons qu'en matière de voiture, vous aspirez au confort et à la quiétude, bien plus qu'aux performances et à l'agilité routière. Le luxe ne vous laisse donc point indifférent, et la perspective d'arborer un écusson de prestige sur le capot de votre voiture titille votre ego. Mais cela comporte un prix, un prix que vous vous êtes jusqu'à présent refusé à payer.

Eh! bien il est temps de ressortir la calculatrice, car Lexus a une offre à vous faire. Que diriez-vous d'une ES 330 en version de base (astucieusement nommée «Édition Spéciale») affichée à 39 900 $? Cela représente environ 3 000 $ de moins que le prix d'attaque de l'an dernier. Magie? Illusion, plutôt; celle du jeu des options. Ainsi, le pédalier réglable, le changeur pour 6 CD et le toit ouvrant ne font plus partie de la dotation de base. On les retrouve plutôt dans le nouveau groupe d'options «Apparence», qui ramène la facture à 43 900 $, soit 100 $ de plus que le ticket d'admission de l'an dernier…

Non, vous ne vous faites pas avoir! C'est que, si les équipements précités disparaissent de la version de base en 2005, d'autres s'ajoutent. Ainsi, les sièges avant chauffants sont maintenant ventilés, le siège du passager se munit de la mémorisation pour deux occupants, et le volant reçoit des commandes audio redondantes (il était temps), sans oublier l'arrivée d'un dispositif de vérification de la pression des pneus. De plus, tous les groupes d'options (il y en a quatre) incluent désormais des pneumatiques de 17 pouces. Au total, Lexus estime qu'une ES 330 avec groupe «Apparence» donne droit à une valeur de 1 200 $ d'équipement supplémentaire, alors qu'au sommet de l'échelle, une version pourvue du groupe Navigation se détaille à 700 $ de moins que l'an dernier.

UN HAVRE DE PAIX

Hormis cette avantageuse révision du rapport prix/équipement, il n'y a rien de nouveau en 2005, si ce n'est de discrètes retouches apportées au design extérieur. Il faut être fin observateur pour noter la différence, même si Lexus affirme que la ES 330 «attirera les regards» avec le nouveau style de sa calandre, de son pare-chocs avant, et de ses phares avant et feux arrière.

La Toyota Camry soumet cette année les mêmes éléments de carrosserie à un remodelage, ce qui n'est bien sûr pas un hasard, car pour ceux qui l'ignoreraient encore, les deux voitures ont un important bagage génétique commun. C'est donc

»» FEU VERT
> Fiabilité légendaire
> Confort appréciable
> Silence de roulement
> Moteur adéquat
> Luxe enviable

»» FEU ROUGE
> Jeu coûteux des options
> Tenue de route quelconque
> Silhouette discutable
> Roulis en virage
> Expérience de conduite insipide

Guide de l'auto 2005

ES 330

DONNÉES TECHNIQUES

Prix du modèle à l'essai :	48 800 $ (Groupe Luxe Ultra)
Échelle de prix :	39 900 $ à 52 300 $
Version(s) disponible(s) :	de base, Groupes: Apparence, Luxe, Luxe Ultra, et Luxe Ultra avec navigation
Garanties :	4 ans 80 000/6 ans 110 000
Catégorie :	berline intermédiaire de luxe
Emp./Long./Lar./Haut.(cm) :	272/485,5/181/145,5
Poids :	1 575 kg
Coffre/Réservoir :	411/70 litres
Coussins de sécurité :	frontaux, latéraux, rideaux
Suspension avant :	indépendante, jambes élastiques
Suspension arrière :	indépendante, bras longitudinaux
Freins av./arr. :	disque (ABS)
Antipatinage/Contrôle de stabilité :	oui/oui
Direction :	à crémaillère, assistance variable
Diamètre de braquage :	11,2 m
Pneus av./arr. :	P215/55R17

GROUPE MOTOPROPULSEUR ET RENDEMENT

Moteur :	V6 3,3 litres
Puissance :	225 ch à 5 600 tr/mn
Couple :	240 lb-pi à 3 600 tr/mn
Autre(s) moteur(s) :	aucun
Transmission :	automatique 5 rapports
Autre(s) transmission(s) :	aucune
Accélération 0-100 km/h :	8,2 s
Reprises 80-120 km/h :	6,1 s
Freinage 100-0 km/h :	39,0 m
Vitesse maximale :	210 km/h (limitée)
Indice de performance longitudinale :	5,03 m/s/s
Consommation (100 km) :	super, 9,5 litres
Autonomie :	737 km

sans surprise que l'on retrouve sous le capot de la Lexus le V6 3,3 litres qui équipe la Camry SE « sportive ». Souple, soyeux et remarquablement silencieux, il n'a pas la fougue de certaines rivales plus athlétiques telle que la Infiniti I35, mais il procure à la ES 330 des accélérations et des reprises honorables pour sa catégorie. La boîte automatique à cinq vitesses qui lui est asservie favorise sa frugalité à la pompe, à défaut de pimenter ses performances. Elle passe les rapports avec fluidité et compétence, bien qu'elle marque parfois des hésitations à rétrograder, en dépit (ou à cause) du système "Super ETC" qui adapte la sélection et la vitesse des changements de rapports aux habitudes de conduite.

LA PAIX AMÈNE L'ENNUI

Cette berline de luxe ne vous convie pas à une expérience de conduite, mais à une expérience de roulement. On s'y sent comme dans une bulle, isolée de la route et de ses tumultes. Les suspensions lissent délicatement les inégalités de la chaussée, peut-être trop même, car l'inclinaison prononcée de la caisse en virage déçoit pour une voiture de ce prix, et pourrait vous amener à considérer le groupe d'options «Luxe Ultra» offrant une suspension ajustable. Celle-ci propose des réglages plus ou moins fermes des amortisseurs selon le type de conduite que vous recherchez. Bien que la différence des réglages soit perceptible, ne vous attendez pas à ce qu'ils transforment la Lexus en berline sport. La direction, assez précise, ne transmet pas de sensations routières, et les limites des pneumatiques sont rapidement atteintes, auquel cas l'antipatinage et le système de contrôle de stabilité (optionnels et un peu paranoïaques) vous ramènent promptement à l'ordre. Par ailleurs, les freins disposent d'amplement de puissance et d'endurance.

La silhouette de la ES330 rappelle beaucoup la Toyota Camry, on le lui reproche souvent. Pourtant, la qualité de son assemblage et de sa peinture confèrent à la Lexus une allure aboutie par rapport à sa «roturière» cousine. Décoré avec goût, son habitacle donne droit à des boiseries véritables et à des cuirs souples et épais. Même les plastiques ont riche aspect, alors que la finition reste, comme toujours, impeccable. On se coule dans de confortables sièges avant qui procurent un bon support lombaire, et un maintien latéral insuffisant. La banquette arrière alloue un soutien potable pour les cuisses, et peut accueillir un troisième adulte dans un confort relatif, malgré la présence d'une trappe à skis. Le coffre aux formes régulières offre une bonne contenance. Enfin, quatre coussins frontaux/latéraux à l'avant, et deux rideaux latéraux assurent la protection des occupants.

Quoi d'autre ? La climatisation est bizone, chaque fenêtre dispose d'un contrôle automontée/descente, et les rétroviseurs sont à atténuation chromique, ce dont ne peut se vanter une Camry XLE "full" au bouchon vendue à environ 3 000 $ de moins. Mais cette dernière inclut l'antipatinage et l'antidérapage, sans oublier le chargeur pour 6 CD. Pour que la Lexus puisse en dire autant, la différence passe à 9 000 $, presque 11 000 $ avec les taxes. En ce qui me concerne, la calculatrice aura le dernier mot. Et vous?

Jean-Georges Laliberté

DANS LA MÊME CATÉGORIE

Acura TL - Audi A4 - BMW Série 3
Mercedes-Benz Classe C - Saab 9⁵

DU NOUVEAU EN 2005

Carrosserie retouchée, commandes audio au volant, sièges avant ventilés, pneus de 17 pouces en option

HISTORIQUE DU MODÈLE

1ère génération

DATE DE RENOUVELLEMENT

n.d.

NOS IMPRESSIONS

Agrément de conduite :	🚗🚗🚗🚗
Fiabilité :	🚗🚗🚗🚗½
Sécurité :	🚗🚗🚗🚗🚗½
Qualités hivernales :	🚗🚗🚗🚗
Espace intérieur :	🚗🚗🚗🚗
Confort :	🚗🚗🚗🚗½

LE CHOIX DE L'ÉQUIPE

Groupe Luxe

Guide de l'auto 2005

LEXUS GS 330/430

LA NIPPONE OUBLIÉE

Les mystères de la vie, vous connaissez? Je ne parle pas ici des oiseaux et des abeilles, ou des roses et des choux. Je parle plutôt de ce genre de mystères qui font qu'une belle petite chose demeure longtemps cachée, comme si son propriétaire légitime était trop timide pour en parler. Cette fois, c'est la compagnie mère qui semble trop gênée pour parler de sa Lexus GS 300 et de sa puissante soeur, la 430.

C'est bien dommage, parce que ces deux modèles sont parmi les voitures les plus intéressantes de la gamme. Attention, je ne veux pas dire que la gamme Lexus ne vaut pas la peine, loin de là. Au contraire, on y retrouve certains petits bijoux de voiture. Mais un peu à l'image des Toyota, les Lexus ont un peu tendance à être soporifiques en conduite.

Habituellement, ce sont des voitures qui regorgent de luxe et de confort, capables de rivaliser avec n'importe quel modèle haut de gamme. Mais en matière de comportement routier, elles sont plutôt du genre somnifère.

Il y a bien la IS300, qui a plu à notre collaborateur et pilote Bertrand Godin, mais là s'arrêtait la nomenclature. Jusqu'à ce que l'on prenne le volant de la GS, une petite merveille d'équilibre et de souplesse.

Bien sûr, il y a la version de base, la GS 300, mue par un V6 de 3,0 litres d'une grande agilité. Il fouette avec vigueur ses quelque 220 chevaux, et transmet sa puissance par le biais d'une transmission automatique 5 rapports tout aussi raffinée et sophistiquée.

Évidemment, les amateurs de performances préféreront la vigoureuse GS 430, équipée comme l'indique poétiquement son nom d'un moteur V8 de 4,3 litres qui cette fois, développe quelque 300 chevaux. Inutile de passer des heures à vous coiffer, car vos beaux cheveux se décoifferont à coup sûr.

Tout se fait en douceur cependant. Un peu à l'image des traditions japonaises, on dirait que les Lexus marchent à pas feutrés. En moins de quelques secondes (6,3 en fait), elles atteignent le 100 kilomètres à l'heure. Mais le conducteur n'aura jamais l'impression de survoler le bitume avec autant de vigueur. On ressent bien les sensations de la route, mais on dirait tout simplement que la vitesse n'existe pas, comme si la Lexus effaçait toute impression de force brute.

Paradoxalement pourtant, ces voitures sont un véritable petit bijou de conduite. La direction, précise et étoffée, transmet avec une limpidité cristalline tout ce qu'elle ressent, et le plaisir de

»» FEU VERT
› Moteur V8 époustouflant
› Direction précise
› Position de conduite impeccable
› Habitacle haut de gamme

»» FEU ROUGE
› Suspension trop molle
› Coût d'achat prohibitif
› Silhouette peu attirante
› Certains accessoires coûteux

corriger ou de modifier la conduite revient au conducteur lui-même.

La transmission, automatique 5 rapports sur toutes les versions, profite cependant du système E-shift qui permet de jouer avec les vitesses sans embrayage. Je suis plutôt du genre à trouver ce gadget inutile et inefficace. Or, sur la GS, le E-shift est d'une précision diabolique, plus encore que sur les autres modèles Lexus.

Bref, une véritable réussite de conduite amusante, et efficace. Mais, car il y a un mais (il y a toujours un mais dans la carrière d'un chroniqueur automobile), il faut un peu se méfier des suspensions. Des suspensions, indépendantes aux quatre roues bien sûr, qui absorbent tout ce qui peut ressembler de près ou de loin à une défectuosité de la route. Elles auront tendance à provoquer un peu trop de roulis en virage, mais la rigidité du châssis évitant la torsion, on peut aisément s'en tirer sans coup férir.

Sans compter la gamme d'aide électronique qui permet de repousser un peu les limites parfois trop rapprochées de l'adhérence de la voiture.

HABITACLE CINQ ÉTOILES

Comme beaucoup de ses consœurs Lexus, la GS peut compter sur une multitude d'accessoires de série. Normal, me direz-vous pour un véhicule qui, de base, vaut un peu plus de 60 000 $. On retrouve donc une sellerie tout de cuir, des appliques de bois de grande qualité, et un système audio haut de gamme. À cela, il faut ajouter le volant ajustable sur deux axes, la climatisation automatique avec réglages séparés, et de nombreux autres petits bidules.

Si cependant vous décidez de dépenser un peu plus, vous pourrez disposer d'un système de navigation par satellite (un des plus perfectionnés sur le marché) et, ô bonheur, d'une caméra de recul. Installée dans le pare-chocs arrière, juste au-dessus de la plaque d'immatriculation, elle se met en fonction toute seule dès que l'on glisse la marche arrière. Et la vision qu'elle nous montre est suffisamment nette pour être précise à quelques millimètres près!

La GS est donc une berline de luxe qui propose de bonnes performances, mais pour lesquelles il faut être prêt à mettre la main dans sa poche. Et le pire, c'est que d'ici quelques mois tout au plus, elle sera entièrement remodelée pour offrir un tout nouveau style. Présentée à Détroit en janvier dernier, on l'attend chez les concessionnaires à compter de février 2005 comme modèle 2006.

Au programme, une silhouette un peu revampée, mais surtout un moteur mieux aménagé et toujours une propulsion, au lieu de la traction intégrale de certaines rivales. Avec sa GS, Lexus met donc la barre haute et ne vise rien de moins que le titre de meilleure berline sportive, un titre que détient actuellement BMW.

Si ce n'était du prix, et de la suspension pas toujours à la hauteur des prétentions, on pourrait dire mission accomplie. Reste que la GS est encore une des berlines sport les plus racées sur le marché. Dommage qu'on l'ait un peu oubliée…

Marc Bouchard

GS 330/430

DONNÉES TECHNIQUES

Prix du modèle à l'essai :	73 295 $
Échelle de prix :	61 700 $ à 79 295 $
Version(s) disponible(s) :	300 et 430
Garanties :	4 ans 80 000/6 ans 110 000
Catégorie :	berline de luxe
Emp./Long./Lar./Haut.(cm) :	280/480,5/180/144
Poids :	1 700 kg
Coffre/Réservoir :	419/75 litres
Coussins de sécurité :	frontaux, latéraux (av.) et rideaux
Suspension avant :	indépendante, bras inégaux
Suspension arrière :	indépendante, multibras
Freins av./arr. :	disque (ABS)
Antipatinage/Contrôle de stabilité :	oui/oui
Direction :	à crémaillère, ass. variable
Diamètre de braquage :	11,3 m
Pneus av./arr. :	P225/55VR16

GROUPE MOTOPROPULSEUR ET RENDEMENT

Moteur :	V8 4,3 litres 32s (91,0 x 82,5)
Puissance :	300 ch (224 kW) à 5 600 tr/mn
Couple :	325 lb-pi (441 Nm) à 3 400 tr/mn
Autre(s) moteur(s) :	V6 3,0l 220 ch.
Transmission :	propulsion, automatique 5 rapports
Autre(s) transmission(s) :	aucune
Accélération 0-100 km/h :	6,3 s
Reprises 80-120 km/h :	5,8 s
Freinage 100-0 km/h :	39 m
Vitesse maximale :	250 km/h
Indice de performance longitudinale :	5,4 m/s/s
Consommation (100 km) :	super, 11,9 litres
Autonomie :	630 km

DANS LA MÊME CATÉGORIE

Acura RL - BMW Série 5 - Audi A6 - Jaguar S-Type
Mercedes-Benz Classe E - Saab 9⁵

DU NOUVEAU EN 2005

Aucun changement majeur

HISTORIQUE DU MODÈLE

3ième génération

DATE DE RENOUVELLEMENT

2006

NOS IMPRESSIONS

Agrément de conduite :	🚗🚗🚗🚗½
Fiabilité :	🚗🚗🚗🚗🚗
Sécurité :	🚗🚗🚗🚗½
Qualités hivernales :	🚗🚗🚗½
Espace intérieur :	🚗🚗🚗🚗
Confort :	🚗🚗🚗🚗½

LE CHOIX DE L'ÉQUIPE

GS430

Guide de l'auto 2005

GX 470

JAMAIS ! PEUT-ÊTRE ! OUI !

Voilà les trois réponses que les dirigeants de la division Lexus au Canada nous ont données au cours d'une période de plusieurs mois. La négation a été la première réaction pour faire suite à l'annonce de l'arrivée de la GX 470 sur le marché des États-Unis. La demande au Canada serait trop peu importante pour ce nouveau modèle nous ont répondu les gens de Lexus. Puis, quelques mois après, les affirmations étaient plus nuancées. Cette fois, la réponse était : « Peut-être ». Les personnes rencontrées parlaient de demande du public, de nouvelles études du marché. Bref, le dossier était révisé. Tant et si bien que l'arrivée du GX 470 était officiellement annoncée en janvier 2004. Le marché canadien possédait une Lexus de plus.

Cette décision tient de la pure logique. L'arrivée de ce modèle permet à cette division de cibler trois marchés totalement différents. Celui de la RX 330 intéresse les personnes qui veulent un VUS en apparence, un rouage intégral et le confort d'une berline. La LX470 pour sa part est un modèle de grand luxe combinant la robustesse d'un VUS traditionnel à châssis autonome, tout en dorlotant ses occupants par l'intermédiaire d'une longue liste d'équipement de série, mais à un coût prohibitif. La GX 470 se veut donc une solution de compromis quasiment idéale, du moins sur papier. Ses dimensions sont similaires à celle de la Toyota 4Runner et son châssis autonome est une garantie de solidité et de robustesse. Ajoutez la présence d'un moteur V8 4,7 litres de 235 chevaux et vous vous retrouvez devant un véhicule tout aussi polyvalent que costaud. De plus, comme sa plate-forme est empruntée à un véhicule de grande diffusion, les coûts sont plus facilement contrôlés.

À première vue, cette solution du juste milieu semble idéale. Mais encore faut-il examiner tous les aspects de ce véhicule dont le prix peut dépasser les 70 000 $.

PLUS QUE COMPLET
Il est certain que compte tenu du prix demandé, les ingénieurs ne pouvaient se contenter d'offrir un simple rouage intégral à temps partiel. En fait, ils ont mis au point une transmission intégrale plus que complète et presque totalement gérée par des modules de commande électronique. Il faut cependant faire exception du différentiel central à détection de couple Torsen dont le fonctionnement est purement mécanique, le reste de l'assistance au pilotage étant de nature électronique. En conduite ordinaire, ce différentiel transmet 40 pour cent de la puissance aux roues avant et 60 pour cent aux roues arrière. Puis, dans les courbes, les roues arrière peuvent bénéficier de plus de puissance. Cette répartition automatique s'effectue en fonction du couple détecté par ce différentiel dont l'appellation "Torsen" signifie "Torque Sensitive".

»» FEU VERT
› Moteur V8
› Finition impeccable
› Gadgets à gogo
› Tenue de route saine
› Rouage intégral sophistiqué

»» FEU ROUGE
› Prix élevé
› Silhouette quelconque
› Roulis en virage
› 3e rangée peu confortable
› Sièges amovibles lourds

Si vous aimez les gadgets, vous serez gâtés par le GX 470. Il y d'abord les freins antiblocage, le régulateur de traction actif A-Trac qui contrôle la traction sur les surfaces meubles, le contrôle d'assistance en descente de même que celui d'assistance au démarrage en montée. Vous en voulez encore? Il est également équipé d'un répartiteur électronique de freinage, d'un système de contrôle de stabilité latérale et j'en passe. Si jamais vous vous trouvez en difficulté au volant de ce tout terrain, c'est que vous aurez vraiment commis une grosse bêtise.

Et ce n'est pas fini puisque la suspension arrière est à essieu rigide, mais dotée de ressorts pneumatiques qui permettent de compter sur un confort digne du prix. La GX 470, tout comme la LX 470 et la 4Runner, est dotée d'un dispositif permettant de contrôler la hauteur du véhicule. En terrain accidenté, le réglage « haut » permet d'offrir une meilleure garde au sol tandis que le réglage « bas » est mieux adapté à la conduite sur l'autoroute et facilite l'accès à bord. Et comme vous l'avez deviné, le réglage « normal » convient à la plupart des autres situations.

Comme si ce n'était pas assez, la GX est également munie d'un système d'amortissement adaptatif qui module continuellement le taux d'amortissement de chaque amortisseur afin de l'adapter aux conditions du moment et également en fonction du réglage déterminé par le conducteur. En effet, sur la console centrale, un commutateur permet de passer du réglage « confort » au réglage « sport ». Le premier est vraiment trop souple et j'ai roulé en mode sport la plupart du temps.

PASSEZ AU SALON...

Il est toujours curieux de prendre place dans l'habitacle d'un VUS de luxe pour y retrouver une débauche de luxe et d'accessoires. Notre véhicule d'essai possédait, bien entendu, des sièges à garniture de cuir et un système audio Mark Levinson. Le boudin du volant est partiellement en bois tandis que les occupants des deux rangées de sièges arrière pourront se désennuyer en visionnant un film sur l'écran ACL du lecteur DVD. Ce dernier est placé derrière la console centrale et est difficile d'accès pour le conducteur. Un autre lecteur CD se trouve dans le coffre à gants. Soulignons au passage que l'accès à la soute à bagages s'effectue par une porte dont les charnières sont à droite. Donc pas de hayon pour s'abriter en cas de pluie.

Cette débauche de moyens mécaniques et électroniques fait de la GX 470 un véhicule confortable dont le comportement routier est assez impressionnant compte tenu qu'il est presque aussi haut que large. Le moteur V8 est d'une grande douceur tandis que la boîte automatique à cinq rapports atténue les passages de vitesses au maximum.

Plus confortable qu'excitante, cette Lexus remplit bien son mandat. Toutefois, puisqu'elle est dérivée de la Toyota 4Runner, celles et ceux qui peuvent (ou doivent) se priver du prestige de l'écusson Lexus et d'un habitacle débordant de gadgets peuvent réaliser des économies en roulant en Toyota.

Denis Duquet

GX 470

DONNÉES TECHNIQUES

Prix du modèle à l'essai :	66 800 $
Échelle de prix :	66 800 $ à 73 100 $
Version(s) disponible(s) :	version unique
Garanties :	4 ans 80 000/6 ans 110 000
Catégorie :	utilitaires sport
Emp./Long./Lar./Haut.(cm) :	279/478/188/189,5
Poids :	2 150 kg
Coffre/Réservoir :	1 238/87 litres
Coussins de sécurité :	frontaux, latéraux (av.) et rideaux
Suspension avant :	indépendante, bras inégaux
Suspension arrière :	essieu rigide, ressorts pneumatiques
Freins av./arr. :	disque (ABS)
Antipatinage/Contrôle de stabilité :	oui/oui
Direction :	à crémaillère, assistée
Diamètre de braquage :	11,7 m
Pneus av./arr. :	P265/65R17

GROUPE MOTOPROPULSEUR ET RENDEMENT

Moteur :	V8 4,7 litres 32s (94,0 x 84,0)
Puissance :	235 ch (175 kW) à 4800 tr/mn
Couple :	320 lb-pi (434 Nm) à 3400 tr/mn
Autre(s) moteur(s) :	seul moteur offert
Transmission :	intégrale, automatique 5 rapports
Autre(s) transmission(s) :	aucune
Accélération 0-100 km/h :	10,0 s
Reprises 80-120 km/h :	9,1 s
Freinage 100-0 km/h :	42,0 m
Vitesse maximale :	186 km/h
Indice de performance longitudinale :	3,18 m/s/s
Consommation (100 km) :	ordinaire, 16,7 litres
Autonomie :	521 km

DANS LA MÊME CATÉGORIE

BMW X5 - Cadillac Escalade - GMC Envoy
Mercedes-Benz ML 320

DU NOUVEAU EN 2005

Aucun changement

HISTORIQUE DU MODÈLE

1ière génération

DATE DE RENOUVELLEMENT

n.d.

NOS IMPRESSIONS

Agrément de conduite :	🚗🚗🚗🚗🚗
Fiabilité :	🚗🚗🚗🚗🚗
Sécurité :	🚗🚗🚗🚗🚗½
Qualités hivernales :	🚗🚗🚗🚗🚗
Espace intérieur :	🚗🚗🚗🚗🚗
Confort :	🚗🚗🚗🚗🚗½

LE CHOIX DE L'ÉQUIPE

sans groupe Premium

Guide de l'auto 2005

LEXUS IS 300

UN PEU DE « GRRR »

Les voitures sport ont besoin d'être facilement repérables. Un peu comme si leurs propriétaires voulaient être certains que tout le monde puisse apprécier leur façon de piloter. Certains modèles pourtant, sont plus anonymes. C'est vrai, ils ont une belle silhouette, mais rien d'extravagant. Ce qui ne les empêche pas d'être des voitures de tempérament, avec une vraie personnalité. Car la seule façon de connaître une voiture, c'est de voir ce qu'elle a dans le ventre. Et la Lexus IS 300 a beaucoup de tripes.

Elle est peut-être un peu moins glamour que ses principales concurrentes, mais ce n'est sans doute que parce qu'elle appartient à une marque moins présente sur le marché nord-américain qu'elle a un peu moins la cote que les autres. Côté performance, la Lexus IS 300 a bien des leçons à donner à plusieurs autres berlines sport sur le marché.

Dans les faits, elle est la bête sauvage de sa race. Loin de la conduite stylée et un peu aseptisée de ses grandes sœurs comme la ES ou la somptueuse LS, la IS 300 est un modèle de compromis. L'équilibre, c'est ce qui caractérise cette petite bestiole au tempérament agressif.

C'est d'abord dans la silhouette que l'on ressent cet équilibre. Elle a de grandes prétentions sportives, mais son profil demeure discret et sage.

Le vrai bonheur de la IS 300 en terme de design, il appartient aux amateurs de « tuning » qui y trouveront de quoi se réjouir. Avec un tel visage, et une telle conformation, on jurerait que la IS 300 n'attend que quelques modifications pour avoir un petit air encore plus féroce. En fait, au moment de son introduction en Amérique du Nord en 2001, alors que la vague de popularité du film « Rapides et dangereux » battait son plein, les premiers acheteurs de IS 300 ont littéralement démoli l'extérieur de la bête pour la recréer de façon plus sportive.

Mais quand on y regarde de plus près, la Lexus possède un véritable corps d'athlète, avec un nez profilé et un arrière stable et solide. Ce n'est peut-être que l'habillage qui est trop sobre.

À l'intérieur cependant, attention, le ton change. On retrouve là un peu plus de la personnalité de la sportive. Les sièges de cuir sont de grande qualité, mais proposent tout de même un soutien enveloppant plus proche de la voiture de course que de la grande routière.

Même chose au niveau du tableau de bord qui, avec le style un peu éclaté inspiré des montres suisses, allie la finition luxueuse propre à Lexus à des cadrans métalliques aux allures modernes. Même le pédalier tout de métal

»» FEU VERT
› Moteur efficace
› Sièges dignes de la course
› Finition exceptionnelle
› Tenue de route impeccable

»» FEU ROUGE
› Transmission capricieuse
› Silhouette anonyme
› Suspension molle
› Coût d'achat élevé

Guide de l'auto 2005

IS 300

DONNÉES TECHNIQUES

Prix du modèle à l'essai :	44 640 $
Échelle de prix :	37 700 $ à 43 395 $
Version(s) disponible(s) :	de base, Sportdesign, Sportcross
Garanties :	4 ans 80 000/6 ans 110 000
Catégorie :	compacte
Emp./Long./Lar./Haut.(cm) :	267/449,5/172/144
Poids :	1 495 kg
Coffre/Réservoir :	620/66 litres
Coussins de sécurité :	frontaux et latéraux (av.) et tete
Suspension avant :	indépendante, bras inégaux
Suspension arrière :	indépendante, multibras
Freins av./arr. :	disque (ABS)
Antipatinage/Contrôle de stabilité :	oui/oui
Direction :	à crémaillère, ass. variable
Diamètre de braquage :	10,4 m
Pneus av./arr. :	P215/45ZR17 245/45ZR17

GROUPE MOTOPROPULSEUR ET RENDEMENT

Moteur :	6L 3,0 litres 24s (86,0 x 86,0)
Puissance :	215 ch (160 kW) à 5800 tr/mn
Couple :	218 lb-pi (296 Nm) à 3800 tr/mn
Autre(s) moteur(s) :	seul moteur offert
Transmission :	propulsion, manuelle 5 rapports
Autre(s) transmission(s) :	automatique 5 rapports
Accélération 0-100 km/h :	7,7 s
Reprises 80-120 km/h :	7,5 s
Freinage 100-0 km/h :	36,8 m
Vitesse maximale :	230 km/h
Indice de performance longitudinale :	5,18 m/s/s
Consommation (100 km) :	super, 11 litres
Autonomie :	600 km

troué et le pommeau du levier de vitesses métallique sont définitivement plus près de la sportive que de la routière.

MORDRE À LA ROUTE

Sur la route cependant, le compromis est moins évident. La suspension est molle, du moins pour quelqu'un qui comme moi a l'habitude de la rigidité des voitures de course. C'est surtout dans les virages que cette douceur influence, puisque le bolide prend beaucoup de roulis. Une certaine déception pour ceux qui voulaient conserver une trajectoire impeccable mais qui, en raison de ce mouvement peu souhaitable, sont obligés de modifier leur tracé.

Heureusement, sous le capot vrombit un moteur 6 cylindres en ligne 3 litres et développant 215 chevaux qui remplit à merveille toutes les fonctions qu'on lui demande, et que l'on sent capable d'en offrir un peu plus. Les plus exigeants lui trouveront toute la souplesse des sportives et une puissance largement suffisante, alors que les mordus de confort pourront se déplacer sans aucune hésitation, et sans avoir non plus à se battre tous les jours avec la bête. Encore une fois, tout est question d'équilibre.

Le boîtier de la transmission ne reçoit cependant pas les mêmes éloges de tous. Il a une course très courte, ce qui n'est pas un reproche (bien au contraire) quand vient le temps de réagir avec célérité. Il est par contre un peu trop rigide mécaniquement pour être agréable. Un peu comme si chaque fois que l'on passe une vitesse, il fallait forcer légèrement le mécanisme. Une sensation habituelle en course, mais que l'on ne désire pas nécessairement sur une Lexus.

La Lexus IS 300 berline est livrée avec une transmission automatique à 5 rapports, ou avec une version manuelle nettement plus amusante pour qui veut se sentir en pleine maîtrise de la voiture. Mais attention, il faut cependant être conscient du risque, et de l'obligation, que cette transmission plus sportive exige de la part du conducteur.

Le modèle de base est bien équipé (le contraire serait tout de même étonnant pour une Lexus), et inclut notamment un système ABS, la répartition électronique du freinage, des rideaux gonflables et un ensemble d'équipement haut de gamme dans l'habitacle.

Les véritables sportifs opteront toutefois pour la version SportCross qui arrive avec presque le même équipement, mais profite de pneus légèrement plus larges à l'arrière pour faciliter la conduite sportive. On doit par contre accepter le compromis puisque le confort s'en ressent étrangement.

La Lexus IS 300 n'est peut-être pas la sportive de l'année. Malgré des performances très relevées, et une conduite précise, il lui manque un peu de « grrr » pour être vraiment méchante. Mais si vous êtes un sportif du dimanche qui veut simplement profiter un peu du plaisir de votre automobile, elle remplira très bien la mission. Trop bien parfois pour certains conducteurs...

Bertrand Godin

DANS LA MÊME CATÉGORIE

Audi A4 - BMW Serie 3 - Cadillac CTS - Infinit G35
Volvo S60R - Mercedes-Benz C320

DU NOUVEAU EN 2005

Aucun changement majeur

HISTORIQUE DU MODÈLE

3ième génération

DATE DE RENOUVELLEMENT

2008

NOS IMPRESSIONS

Agrément de conduite :	4½/5
Fiabilité :	5/5
Sécurité :	4½/5
Qualités hivernales :	4/5
Espace intérieur :	3½/5
Confort :	4/5

LE CHOIX DE L'ÉQUIPE

SportCross

Guide de l'auto 2005

LS430

U.S. QU'ON S'EN VA ?

Il n'y a pas si longtemps, les grosses berlines de luxe étaient uniquement l'affaire des Américains. On se rappelle encore avec nostalgie la belle époque des Imperial Crown Victoria, des imposantes Lincoln Continental ou des Cadillac Eldorado qui n'en finissaient plus. Aujourd'hui, lorsqu'on parle de berlines de luxe, on fait plutôt référence aux Mercedes-Benz et aux BMW. On oublie trop souvent qu'Infiniti et Lexus font partie de ce lucratif créneau.

La LS430 demeure, jusqu'à maintenant, le porte-étendard de la gamme Lexus. Seulement à regarder les lignes de la carrosserie, on peut affirmer sans se tromper que la concurrence s'appelle, en premier lieu, Mercedes-Benz classe S ! Et la LS430 ajoute à son équipement standard une fiabilité et un service à la clientèle qui manquent aux produits allemands, qu'ils s'appellent Mercedes-Benz ou BMW…

Quoiqu'il en soit, la LS430 la plus démunie reçoit tout de même une transmission automatique à six rapports avec mode manuel, toutes les aides électroniques à la conduite, le changeur à six disques, des sièges en cuir de belle qualité et chauffants, même à l'arrière, un écran pare-soleil de lunette arrière assisté, un beau volant gainé de cuir et de bois, des essuie-glaces activés par la pluie et j'en passe. Les différents groupes Premium et le groupe Sport permettront à quelques bien nantis de se hisser encore un peu plus haut dans l'échelle du prestige. Et, chose absolument aberrante pour un véhicule de plus de 100 000 $, le chauffe-bloc et l'ensemble de tapis, entre autres, ne sont disponibles qu'en option… Le pauvre en moi s'imagine qu'il doit être plutôt facile d'obtenir gratuitement ces indispensables attributs (au Québec surtout !) avant d'apposer sa signature au bas d'un contrat !

DOUCEUR PROFESSIONNELLE

Peu importe la version, la LS430 peut compter sur un V8 de 4,3 litres (d'où le 430) qui fait dans les 290 chevaux et 320 lb-pi de couple, disponibles à 3 400 tr/min. Si ces données sonnent comme du chinois à vos oreilles, ce n'est pas vraiment grave. Ils veulent tout simplement dire que peu importe la vitesse à laquelle vous roulez, vous avez suffisamment de puissance pour doubler un retardataire. De plus, ce moulin tourne comme une horloge et avec une douceur, une douceur… Toyota (pardon, Lexus), a eu la bonne idée de le marier à une transmission automatique à six rapports qui se révèle tellement soyeuse qu'on se demande s'il y en a une ! Le seul reproche qu'on pourrait lui adresser concerne son fonctionnement

»» FEU VERT
> Groupe motopropulseur raffiné
> Comportement routier assuré
> Finition épatante
> Confort velouté
> Fiabilité à toute épreuve

»» FEU ROUGE
> En manque de prestige
> Entretien onéreux
> Conduite endormante
> Complexité de certaines commandes
> Coffre lourd à soulever

en mode manuel alors qu'elle semble plus endormie. À l'instar de pratiquement tous ces systèmes qui ne sont ni parfaitement automatiques ni parfaitement manuels, on s'en lasse vite.

Les suspensions, ajustées pour assurer un maximum de confort, ne se montrent, heureusement, pas trop flasques. Les courbes prises avec un peu trop d'effervescence se négocient avec un aplomb surprenant, et si jamais, dans son enthousiasme le conducteur allait trop loin, le système de contrôle de stabilité latérale le ramènera dans le droit chemin (ou plus généralement, dans la courbe!) Vous aurez compris qu'on ne parle pas ici d'une voiture sport. Il s'agit plutôt d'une berline de prestige performante, étonnamment économique vu son poids respectable mais pas nécessairement très agile. Pour un peu plus de vitalité dans le comportement routier, il faut cocher l'option Groupe Sport qui, avec sa suspension calibrée différemment et ses pneus de 18", rehausse l'agrément de conduite, un élément vraiment discret…

POUR LA PASSION, ON REPASSERA…

Voilà bien le plus grand défaut de la LS430. Elle n'offre pas ce qui fait craquer pour une BMW ou une simple Mazda3. Il ne s'agit pas seulement de la ligne, assez ordinaire. Il lui manque ce petit quelque chose qu'on retrouve en tenant un volant juste un peu ferme (celui de la LS430 est tristement léger) ou en ressentant la voiture par ses bruits et vibrations. La LS430, elle, fait preuve d'une insonorisation à toute épreuve. En effet, pratiquement tout le dessous de cette voiture est recouvert d'un isolant pour assurer un minimum de décibels dans l'habitacle. Le confort des sièges est, vous vous en doutiez bien, rien de moins que princier. L'espace ne fait jamais défaut que ce soit à l'avant ou à l'arrière mais si la console centrale était un tantinet moins large, personne ne s'en plaindrait. Quant au système audio Mark Levinson, il a réussi à impressionner mon fils de 17 ans, incurable amateur de musique trop forte. Je persiste à croire que Nora Jones aurait été mieux adaptée que Marylin Manson à l'univers d'une LS430, mais enfin…

Le tableau de bord, garni de belles boiseries, recèle une foule de gadgets, certains plus intéressants que d'autres. Le système de repérage par satellite mérite des fleurs malgré la complexité de sa programmation. Cet écran renferme aussi toutes les données sur la climatisation, le système audio et peut même être activé par la voix. Sans doute que mon anglais à fort accent français ne plaisait pas à la madame dans l'ordinateur puisqu'elle ne donnait jamais la bonne réponse à mes commandes.

La Lexus LS430 est, indéniablement, une voiture de prestige qui répond parfaitement aux souhaits de son public cible. Sûre, performante, fiable et confortable. On a pas vraiment besoin de plus sous le soleil floridien… Sinon, on chuchote de plus en plus fort que Lexus présentera bientôt une voiture plus longue et plus puissante que la LS430. Un V10 ou un V12 propulserait ce véhicule vers les comptes de banques pouvant se permettre une alternative aux Maybach et futures Cadillac V12!

Alain Morin

DONNÉES TECHNIQUES

Prix du modèle à l'essai :	95 450 $
Échelle de prix :	84 900 $ à 105 400 $
Version(s) disponible(s) :	de base, groupe Premium et groupe Sport (2004)
Garanties :	4 ans 80 000/6 ans 110 000
Catégorie :	voitures de grand luxe
Emp./Long./Lar./Haut.(cm) :	292,5/499,5/183/149
Poids :	1 795 kg
Coffre/Réservoir :	453/84 litres
Coussins de sécurité :	fontaux et latéraux (av./arr.) et rideaux
Suspension avant :	indépendante, bras inégaux
Suspension arrière :	indépendante, multibras
Freins av./arr. :	disque (ABS)
Antipatinage/Contrôle de stabilité :	oui/oui
Direction :	à crémaillère, ass. variable
Diamètre de braquage :	10,7 m
Pneus av./arr. :	P215/45R17

GROUPE MOTOPROPULSEUR ET RENDEMENT

Moteur :	V8 4,3 litres
Puissance :	290 ch (216 kW) à 5 600 tr/mn
Couple :	320 lb-pi (434 Nm) à 3 400 tr/mn
Autre(s) moteur(s) :	seul moteur offert
Transmission :	propulsion, séquentielle 6 rapports
Autre(s) transmission(s) :	aucune
Accélération 0-100 km/h :	7,3 s
Reprises 80-120 km/h :	5,7 s
Freinage 100-0 km/h :	39,8 m
Vitesse maximale :	250 km/h
Indice de performance longitudinale :	5,14 m/s/s
Consommation (100 km) :	super, 12.7 litres
Autonomie :	661,4 km

DANS LA MÊME CATÉGORIE
Audi A8 - BMW 745 - Infiniti Q45 - Jaguar XJ8
Mercedes-Benz S430 - Volkswagen Phaeton

DU NOUVEAU EN 2005
Système «pré-collision» (groupe Premium Ultra),
système "Smart Access" de série

HISTORIQUE DU MODÈLE
3ième génération

DATE DE RENOUVELLEMENT
2006 ou 2007

NOS IMPRESSIONS

Agrément de conduite :	🚗🚗🚗🚗
Fiabilité :	🚗🚗🚗🚗
Sécurité :	🚗🚗🚗🚗½
Qualités hivernales :	🚗🚗🚗🚗½
Espace intérieur :	🚗🚗🚗🚗🚗
Confort :	🚗🚗🚗🚗🚗½

LE CHOIX DE L'ÉQUIPE
Premium Package

Guide de l'auto 2005

LEXUS LX470

POUR SE BALADER INCOGNITO

Vous rappelez-vous la dernière fois que vous avez vu un Lexus LX 470 circulant sur les routes? Non. Mais alors peut-être en avez-vous aperçu un roulant dans les bois? Non plus. Si j'ai des hallucinations? Pas du tout. La marque Lexus ne présente-t-elle pas son gros VUS comme « un véhicule de prestige capable de vous conduire à un rendez-vous d'affaires au centre-ville ou à une partie de chasse dans un camp des plus reculés »? Mais à 100 000 $ l'unité, il est vrai que les Lexus LX470 ne courent pas les rues ni les sentiers. Qui plus est, vous avez autant de chance d'apercevoir le panache d'un orignal que la calandre d'un LX470 puisqu'il se vend à peine plus d'une centaine d'exemplaires annuellement au pays.

Mais pourquoi les nouveaux riches boudent-ils ce gros Lexus? Pourtant il ne s'agit pas d'un mauvais utilitaire. Au contraire. C'est un véritable tout-terrain de laboratoire qui a forcé les autres constructeurs à retourner à leur planche à dessin. Cependant, on peut comprendre que payer aussi cher pour se balader incognito n'est pas l'apanage d'un m'as-tu-vu qui désire impressionner la clientèle d'une terrasse branchée du Vieux-Québec ou un troupeau de cervidés s'abreuvant dans un lac de l'Abitibi (c'est selon)!

Pour se faire remarquer, les modèles Hummer H2 et Mercedes-Benz G500 sont mieux indiqués que le LX 470 puisque ce dernier n'a pas la carrure de ces deux caricatures de faux véhicules militaires. Plus raffiné et plus confortable que les H2 et G500, ses véritables adversaires sont les Cadillac Escalade, Lincoln Navigator, Infiniti QX56 et Range Rover. À l'instar des Escalade, Navigator et QX56 qui sont des clones de luxe des GMC Yukon, Ford Expedition, et Nissan Armada, le LX470 est une copie de luxe du Toyota Land Cruiser qui est encore vendu chez nos voisins du sud. Comme son cousin, le LX470 affiche une ligne classique, voire vieillotte qui a pris quelques rides depuis la refonte du Range Rover. Si la carrosserie laisse un peu tiède, la présentation intérieure est plus chaleureuse avec ses boiseries et ses cuirs à profusion. Même s'il est redondant de mentionner que la texture des plastiques, le vernis des boiseries, la souplesse des cuirs et la finition de l'habitacle sont dignes d'une Lexus, on ne peut passer sous silence un tel détail compte tenu de la qualité de fabrication du LX470.

L'an dernier les stylistes ont revu avec élégance la partie centrale du tableau de bord pour y incorporer l'écran et les commandes d'un système de navigation à activation vocale. Ce système inclut également une caméra de recul et un système de communication sans fil Bluetooth qui permet de brancher jusqu'à quatre téléphones cellulaires compatibles. Par ailleurs, il est possible également de faire fonctionner la

»» FEU VERT
› Fiabilité exemplaire
› Qualité de la finition
› Mécanique douce
› Silence de roulement
› Suspension adaptative

»» FEU ROUGE
› Lignes désuètes
› Prix astronomique
› Consommation élevée
› Dimensions encombrantes
› Conduite platonique

climatisation et le système audio par la voix humaine. Doté de trois rangées de sièges, il est possible d'entasser dans un confort relatif jusqu'à huit personnes. Ce qui surpasse ses rivaux dont la configuration permet d'accueillir entre cinq et sept passagers.

UNE MÉCANIQUE CONNUE

Développant une puissance de 235 chevaux, le V8 de 4,7 litres est identique à ceux qui logent sous le capot des Lexus GS470 et Toyota 4Runner. Même si le poids du LX470 est environ 400 kg de plus que ceux de ses frères d'armes, les performances et les reprises sont proches des temps enregistrés par ces derniers. Par contre, la consommation fait un bond important. Mais qui s'en soucie quand on décide de dépenser plus de 100 000 $ pour se promener en 4X4 ? Si la protection de l'environnement est au cœur de vos préoccupations, le modèle hybride RX400h serait plus dans vos cordes. Côté remorquage, le LX470 n'est pas un cheval de trait comme les Escalade (3 674 kg), Navigator (3 765 kg), QX56 (3 992 kg) et Range Rover (3 500 kg). Capable de remorquer une charge de 2 268 kg, le LX470 s'apparente plutôt à un VUS de taille intermédiaire comme les BMW X5 et Mercedes-Benz Classe M.

Pour ceux et celles qui ne jurent que par les systèmes d'aide à la conduite, ces derniers seront ébahis par la technologie du LX470. Pour transmettre le couple du moteur aux quatre roues motrices, les ingénieurs n'ont pas fait appel à des différentiels verrouillables ou à glissement limité, ils ont plutôt opté pour un rouage intégral combiné à un régulateur de traction A-TRAC. Couplé à une boîte automatique à cinq vitesses et à un boîtier de transfert à deux gammes de rapports (L ou H), le système A-TRAC répartit électroniquement le couple moteur aux roues qui ont le plus d'adhérence en appliquant une pression des freins aux roues qui patinent.

Pour s'aventurer en terrain accidenté, le LX470 bénéficie d'un mécanisme (AHC) permettant d'augmenter la hauteur du véhicule de 5 cm. En ville ou sur les voies rapides, la suspension variable adaptative (AVS) permet de choisir entre quatre niveaux au gré des humeurs du conducteur. Pour les freinages d'urgence, les quatre freins à disque sont secondés par un système antiblocage (ABS) et un répartiteur de force de freinage (EBD). Pour inspirer encore plus de confiance, il existe un système de contrôle de la stabilité (VSC). Afin de rehausser la tenue de route, le LX470 est fidèle aux nouvelles tendances et chausse des pneus de plus grand diamètre à profil bas (215/60R18). Plus performants que les anciens pneumatiques (275/70R16), ils filtrent cependant moins bien les imperfections de la route.

Payer plus de 100 000 $ pour se balader en VUS de marque Lexus, il faut être vraiment décidé ! Toutefois, il s'agit d'une valeur sûre dont la réputation en matière de fiabilité et de robustesse n'est pas de la frime.

Jean-François Guay

LX470

DONNÉES TECHNIQUES

Prix du modèle à l'essai :	100 400 $
Échelle de prix :	100 400 $
Version(s) disponible(s) :	version unique
Garanties :	4 ans 80 000/6 ans 110 000
Catégorie :	utilitaire sport de luxe
Emp./Long./Lar./Haut.(cm) :	285/489/194/185
Poids :	2 450 kg
Coffre/Réservoir :	510 à 2 510 litres/96 litres
Coussins de sécurité :	frontaux, latéraux, rideaux
Suspension avant :	indépendante, barres de torsion
Suspension arrière :	indépendante, bras longitudinaux
Freins av./arr. :	disque/disque (ABS)
Antipatinage/Contrôle de stabilité :	oui/oui
Direction :	à crémaillère, assistance variable
Diamètre de braquage :	12,1 m
Pneus av./arr. :	P275/60R18

GROUPE MOTOPROPULSEUR ET RENDEMENT

Moteur :	V8 4,7 litres
Puissance :	235 ch à 4 800 tr/min
Couple :	320 lb-pi à 3 400 tr/min
Autre(s) moteur(s) :	aucun
Transmission :	intégrale, automatique 5 rapports
Autre(s) transmission(s) :	aucune
Accélération 0-100 km/h :	10,1 s
Reprises 80-120 km/h :	8,7 s
Freinage 100-0 km/h :	44,3 m
Vitesse maximale :	180 km/h
Indice de performance longitudinale :	4,24 m/s/s
Consommation (100 km) :	ordinaire, 18,2 litres
Autonomie :	527 km

DANS LA MÊME CATÉGORIE

BMW X5-Cadillac Escalade-Infiniti QX56-Lincoln Navigator-Mercedes-Benz G500 Mercedes-Benz ML500-Land Rover Range Rover

DU NOUVEAU EN 2005

roues de 18 pouce, système DVD

HISTORIQUE DU MODÈLE

2ième génération

DATE DE RENOUVELLEMENT

2006

NOS IMPRESSIONS

Agrément de conduite :	🚗🚗🚗
Fiabilité :	🚗🚗🚗🚗½
Sécurité :	🚗🚗🚗🚗
Qualités hivernales :	🚗🚗🚗🚗½
Espace intérieur :	🚗🚗🚗🚗½
Confort :	🚗🚗🚗

LE CHOIX DE L'ÉQUIPE

modèle unique

Guide de l'auto 2005

LEXUS RX330

GENTLEMAN FARMER

Léo est gestionnaire dans une importante firme de la métropole. Dès qu'il en a l'occasion, il s'évade vers la campagne pour aller nourrir ses poules et ses oies. Pourtant, dans le rang où il a établi ses bucoliques pénates, personne n'est dupe. Seul un gestionnaire de la grande ville peut entretenir sa basse-cour en veston-cravate... Mais puisque Léo est beau bonhomme, gentil et qu'il possède un beau talent pour la terre, personne ne s'en moque. Tout au plus, on le trouve un peu bizarre lorsque ses habits sont salis!

Dans un créneau où les nouveautés se succèdent à un rythme fou, Lexus a tôt fait de réaliser que son RX300, lancé en 1999, ne soutenait pas la comparaison. L'an dernier, l'entreprise nippone dévoilait son évolution, le RX330. Conformément aux dénominations utilisées chez Lexus, le RX300 faisait appel au V6 3,0 litres tandis que le RX330 est mû par le 3,3 litres qui anime aussi la Sienna. En même temps, on en a profité pour y accoler une nouvelle transmission automatique à cinq rapports et pour augmenter les dimensions extérieures.

Le RX330 ne passe jamais inaperçu grâce à ses lignes fluides (à l'occasion controversées!) qui lui donnent classe et finesse. Un seul modèle est offert mais cinq niveaux d'équipement viennent ajouter à l'embarras du consommateur. Le Groupe Sport mérite une attention particulière en raison de ses roues de 18 po et de sa suspension pneumatique réglable à trois niveaux différents. Curieusement, pour un véhicule de ce prix et de cette classe, on retrouve une liste d'options plutôt longue, et je suis estomaqué de constater que le filet de rétention (100$), l'ensemble de tapis (205$) et le chauffe-bloc (186$), pour ne nommer que ceux-là, ne font pas partie de l'équipement de base. Enfin…

Qui dit Lexus dit invariablement qualité de construction. À l'intérieur, il faudrait vraiment avoir du temps à perdre pour tenter de trouver des bibittes. Tous les matériaux sont d'excellente qualité et vous vous doutez bien qu'on n'y entend aucun bruit de caisse, sauf une légère vibration au niveau du tableau de bord sur chaussée dégradée. Un examen du dessous du véhicule nous montre que Lexus a utilisé à profusion une matière isolante, ce qui permet d'insonoriser l'habitacle de façon quasiment parfaite. Les sièges se montrent particulièrement douillets, le beau volant en cuir et en bois se prend bien en main, toutes les commandes sont facilement accessibles, simples à comprendre et les informations relayées par les écrans LCD ne sont jamais mises k.-o. par les rayons du soleil. La nuit venue,

》》 FEU VERT
› Prestige garanti
› Confort indubitable
› Système intégral bien adapté
› Performances à la hauteur
› Fiabilité omniprésente

》》 FEU ROUGE
› Entretien onéreux
› Sensible aux vents latéraux
› Côté sportif difficile à exploiter
› Direction légère
› Options indécentes

Guide de l'auto 2005

les très beaux cadrans électroluminescents forcent l'admiration. Quant à la chaîne stéréo de base, elle n'est pas si de base que ça et projette un son riche et puissant, gracieuseté des huit haut-parleurs (imaginez : la chaîne Levinson, optionnelle, en possède onze !). Les places arrière sont généreuses et confortables sauf la partie centrale qui doit être réservée uniquement à quelqu'un qui vous doit de l'argent depuis longtemps… L'espace cargo est suffisant pour ce type de véhicule mais on souhaiterait que les tourelles de la suspension arrière empiètent moins dans l'habitacle.

LÉO PLUS OU MOINS RIGOLO

Sur la route, vous aurez deviné que c'est le confort qui prime. Bon sang que c'est doux là-dedans ! Le silence de roulement est omniprésent et la direction, plutôt légère, donne une impression de ouate. Les suspensions travaillent d'arrache-pied pour ne pas brusquer les occupants et ce n'est que sur des surfaces vraiment raboteuses abordées avec un peu trop d'enthousiasme qu'elles ne parviennent pas à faire parfaitement leur travail. Ces calibrages sont responsables d'un certain roulis en virage si le pilote a eu la bonne idée d'enlever le système de contrôle de traction qui enlève toute, mais absolument toute, trace de sportivité. En revanche, ce système, appelé « VSC » (vehicle stability control) est tributaire d'une agilité surprenante sur surfaces meubles ou en hors-route.

Quoiqu'il en soit, on se rend rapidement compte que le RX330 n'est pas fait pour le sport ou la conduite brusque. Les poules et les oies mais sûrement pas le rafting ! Pourtant, les performances sont adéquates. Le moteur V6 de 3,3 litres développe 230 chevaux et un couple de 242 livres-pied, ce qui amène des accélérations se situant dans la bonne moyenne. La transmission automatique à cinq rapports se montre d'une douceur de grand-maman gâteau et seule la grille en zigzag (qui semble de plus en plus en vogue, malheureusement) mérite une note sous la moyenne. Je ne parierais pas sur la résistance des freins mais les distances d'arrêt sont correctes et l'ABS se montre extrêmement discret.

LÉO ÉCOLO

Au début de 2005, les concessionnaires recevront un Lexus RX400h, le premier utilitaire sport de luxe hybride. Le moteur à essence demeura le V6 de 3,3 litres auquel sera accouplé des moteurs électriques. La puissance de cet ensemble devrait faire dans les 270 chevaux tandis que la transmission sera de type continuellement variable (ECVT). Lexus proclame bien haut que les accélérations seront supérieures à celles obtenues avec le RX330 (0-100 km/h aux alentours de 8,0 secondes) tandis que la consommation devrait tourner autour de 8,5 litres/100 km.

Le Lexus RX330 n'est assurément pas le plus agile en pleine forêt, ni le plus véloce sur une piste de course, mais il est l'un des VUS les plus confortables, les plus équilibrés et les plus fiables que l'on puisse trouver sur le marché.

Alain Morin

RX330

DONNÉES TECHNIQUES

Prix du modèle à l'essai :	49 900 $*
Échelle de prix :	51 140 $ à 64 400 $
Version(s) disponible(s) :	Base, groupe Premium, groupe Sport
Garanties :	4 ans 80 000/6 ans 110 000
Catégorie :	utilitaires sport compact
Emp./Long./Lar./Haut.(cm) :	271,5/473/184,5/168
Poids :	1 844 kg
Coffre/Réservoir :	490 à 2 130/72 litres
Coussins de sécurité :	frontaux, latéraux (av.) et rideaux
Suspension avant :	indépendante, jambes de force
Suspension arrière :	indépendante, multibras
Freins av./arr. :	disque (ABS)
Antipatinage/Contrôle de stabilité :	oui/oui
Direction :	à crémaillère, ass. variable
Diamètre de braquage :	11,4 m
Pneus av./arr. :	P225/65R17

GROUPE MOTOPROPULSEUR ET RENDEMENT

Moteur :	V6 3,3 litres
Puissance :	230 ch (172 kw) à 5600 tr/mn
Couple :	242 lb-pi (328 Nm) à 3600 tr/mn
Autre(s) moteur(s) :	seul moteur offert
Transmission :	intégrale, automatique 5 rapports
Autre(s) transmission(s) :	aucune
Accélération 0-100 km/h :	9,2 s
Reprises 80-120 km/h :	7,3 s
Freinage 100-0 km/h :	42 m
Vitesse maximale :	190 km/h
Indice de performance longitudinale :	4,55 m/s/s
Consommation (100 km) :	ordinaire, 14,0 litres
Autonomie :	514 km

DANS LA MÊME CATÉGORIE

Acura MDX - BMW X5 - Cadillac SRX - Infiniti FX35 - Jeep Grand Cherokee - Mercedes-Benz ML320 - Volvo XC90

DU NOUVEAU EN 2005

Aucun changement majeur

HISTORIQUE DU MODÈLE

2ème génération

DATE DE RENOUVELLEMENT

n.d.

NOS IMPRESSIONS

Agrément de conduite :	🚗🚗🚗🚗
Fiabilité :	🚗🚗🚗🚗
Sécurité :	🚗🚗🚗🚗🚗½
Qualités hivernales :	🚗🚗🚗🚗½
Espace intérieur :	🚗🚗🚗🚗
Confort :	🚗🚗🚗🚗🚗½

LE CHOIX DE L'ÉQUIPE

Modèle de base

*prix 2004

Guide de l'auto 2005

LEXUS SC430

NI CHAUD NI FROID

Lexus, c'est la version haut de gamme de Toyota. Comme sa petite sœur, la bannière profite donc d'une fiabilité incroyable, d'un design hors du commun, et d'une réputation plus qu'enviable. Mais comme sa petite sœur aussi, il faut mettre la main dans sa poche pour se procurer un ou l'autre des modèles, et il faut parfois faire beaucoup de compromis sur le plaisir de conduire pour apprécier notre achat.

C'est le cas de la Lexus SC 430, un cabriolet de luxe à la silhouette exceptionnellement réussie. En fait, chaque fois qu'on l'aperçoit, on se rend compte de la qualité du stylisme extérieur, et ce, avec ou sans le toit.

Évidemment, il faut aimer le genre. On a, par exemple, reproché à la SC 430 d'avoir le même arrière-train que sa petite sœur, la Solara décapotable. Ce qui, en l'examinant un peu, est tout à fait exact. On sent définitivement, dans l'une comme dans l'autre, l'influence des designers qui se sont partagé les tâches, ce qui n'est une mauvaise chose que dans la mesure où on se rappelle que la Lexus vaut environ 60 000 $ de plus que sa sœurette !

Heureusement, les différences sont assez marquées, et assez nombreuses, pour justifier l'écart entre les deux. Du nombre, le toit rétractable, disponible en toile seulement sur la Solara, alors que la SC profite d'un toit d'aluminium ultraléger et super efficace.

Les ingénieurs ont très bien réalisé le toit rétractable En seulement 25 secondes, vous aurez rangé le tout et vous pourrez rouler en plein soleil. Fait à noter, même sans sa couverture, la SC 430 profite d'une insonorisation exceptionnelle. Pas besoin d'augmenter le volume du radio, ou de vous priver de la conversation avec votre passager.

Autre détail non négligeable, et bien que le toit vienne se loger dans l'espace de chargement, le coffre est tout de même assez vaste pour accueillir un sac de golf, ce que peu de cabriolets proposent.

L'allure générale du modèle, que l'on confond parfois avec la germanique Mercedes, donne un aspect rondelet. L'avantage : outre le design particulier, ces rondeurs permettent de réduire de façon notable le coefficient de traînée, limitant du même coup la friction et permettant de faire glisser l'air le long de la carrosserie plutôt que de l'engouffrer dans l'habitacle. Le son s'en trouve donc considérablement réduit, et on améliore du même coup les performances et l'économie.

La finition intérieure est exemplaire. Les sièges, ajustables en 10 points, vous donnent le confort de votre salon dans un cuir de première

》》FEU VERT
》 Toit rétractable haute technologie
》 Finition intérieure impeccable
》 Fiabilité éprouvée
》 Système de navigation exemplaire

》》FEU ROUGE
》 Direction trop floue
》 Visibilité déficiente
》 Personnalité mal affirmée
》 Silhouette parfois contestée

DONNÉES TECHNIQUES

Prix du modèle à l'essai :	89 770 $
Échelle de prix :	89 770 $ à 92 770 $
Version(s) disponible(s) :	régulière et Pebble Beach
Garanties :	4 ans 80 000/6 ans 110 000
Catégorie :	coupés sport
Emp./Long./Lar./Haut.(cm) :	262/451/182/135
Poids :	1 745 kg
Coffre/Réservoir :	249/75 litres
Coussins de sécurité :	frontaux et latéraux (av.)
Suspension avant :	Indépendante, leviers triangulés
Suspension arrière :	indépendante, leviers transversaux
Freins av./arr. :	disque
Antipatinage/Contrôle de stabilité :	oui/oui
Direction :	à crémaillère, ass. variable
Diamètre de braquage :	10,8 m
Pneus av./arr. :	245/40ZR18

GROUPE MOTOPROPULSEUR ET RENDEMENT

Moteur :	V8 4,3 litres 32s
Puissance :	300 ch (224 kW) à 5600 tr/mn
Couple :	325 lb-pi (441 Nm) à 3400 tr/mn
Autre(s) moteur(s) :	seul moteur offert
Transmission :	propulsion, automatique 5 rapports
Autre(s) transmission(s) :	aucune
Accélération 0-100 km/h :	6,6 s
Reprises 80-120 km/h :	4,9 s
Freinage 100-0 km/h :	36,6 m
Vitesse maximale :	250 km/h
Indice de performance longitudinale :	5,6 m/s/s
Consommation (100 km) :	super, 12,5 litres
Autonomie :	600 km

DANS LA MÊME CATÉGORIE
Jaguar XK8 - Mercedes-Benz SL500

DU NOUVEAU EN 2005
Edition "Pebble Beach"

HISTORIQUE DU MODÈLE
1ère génération

DATE DE RENOUVELLEMENT
n.d.

NOS IMPRESSIONS

Agrément de conduite :	🚗🚗🚗🚗
Fiabilité :	🚗🚗🚗🚗🚗½
Sécurité :	🚗🚗🚗🚗
Qualités hivernales :	🚗🚗½
Espace intérieur :	🚗🚗🚗½
Confort :	🚗🚗🚗🚗½

LE CHOIX DE L'ÉQUIPE
version régulière

---

qualité. Comme c'est souvent le cas, les places arrière sont par contre plus décoratives qu'utiles.

Pour assurer un look distinct, côté finition on a utilisé abondamment de bois d'érable sur la planche de bord. Même le volant en est garni, ce qui confère richesse et classe à l'ensemble.

Comme il s'agit d'une voiture de luxe, pas question non plus d'avoir une chaîne stéréo dont la qualité laisse à désirer. De ce point de vue, les gens de Lexus ont bien fait en installant, de série, un système audio à neuf haut-parleurs de 240 watts dessiné par Mark Levinson. L'ensemble distribue la musique dans l'habitacle comme si vous étiez bien assis à la Place des Arts !

Depuis quelques années, la plupart des voitures de luxe (et même certaines plus abordables maintenant) sont munies d'un système de navigation par satellite. Malheureusement, on dote ces systèmes d'une carte désuète qui ne réunit que quelques villes canadiennes. Heureusement, Lexus a corrigé le tir et, croyez-le ou non, il est même possible de se retrouver dans des villes comme Saint-Hyacinthe sans tomber dans le brouillard du satellite.

Comble de bonheur, le système de navigation est équipé d'un écran tactile, ce qui lui attribue une facilité déconcertante de programmation et d'utilisation. Mieux encore, la voiture vous dictera vocalement, et aisément, le chemin à suivre, ce qui est une excellente chose pour ceux qui, comme moi, ont la fâcheuse habitude de tourner en rond.

ROULER AVEC AISANCE
La SC 430 est une voiture de luxe qui a tout pour être sportive. Son moteur de 4,3 litres de 300 chevaux tout en aluminium est muni d'un système d'admission variable qui permet de maximiser le couple, peu importe le régime.

De plus, le VVT-i (Variable Valve Timing with intelligence) permet d'augmenter le couple à faible vitesse ce qui augmente les performances mais aussi l'économie d'essence. La boîte cinq vitesses automatiques est vraiment douce mais un peu lente dans ses changements.

La tenue de route est efficace sans plus, mais très confortable. Au freinage, elle profite d'un équilibre unique, qui permet d'entrer rapidement en virage, alors que le châssis, d'une rigidité de haut calibre, résiste très bien à la torsion et à la pression des trajectoires moins rectilignes.

Parmi les défauts, et non les moindres, il faut sacrifier beaucoup à la visibilité pour rouler avec le toit sur la tête. La SC est résolument une voiture conçue pour être utilisée sans toit.

Rappelons-nous aussi que même si elle porte le nom de Lexus, la SC 430 est d'abord et avant tout une Toyota. Comme ses consoeurs, elle a donc oublié un peu la notion de plaisir de conduire pour se plier aux caprices du dieu fiabilité. C'est sans doute ce qui explique que le tout manque de saveur.

En fait, la SC 430 est une véritable voiture de compromis. Mais ce compromis est tellement bien fait qu'on ne sait plus sur quel pied danser : est-elle sportive ou bourgeoise ?

Je ne le sais toujours pas. Et pourtant…

Bertrand Godin

Guide de l'auto 2005

LINCOLN LS

LE CLARK KENT DE L'AUTOMOBILE

Il est indéniable que la Lincoln LS est l'une des meilleures berlines sport sur notre marché. Avec la Cadillac STS et sans doute la Chrysler 300C, elle fait partie de ces voitures qui vous permettent de vaquer à vos tâches professionnelles ou familiales sans que son caractère sportif entre dans le portrait. Puis, lorsque le temps est venu, elle est aussi capable de jouer les sportives et d'accrocher un sourire au visage de son propriétaire. Pourtant, malgré cette double identité réussie, elle demeure toujours en retrait sur la liste des best-sellers.

Ici, pas besoin d'être très ferré en marketing pour expliquer cette situation. En tout premier lieu, la marque Lincoln n'est pas de nature à intéresser les jeunes conducteurs. L'image de marque n'est pas tellement prestigieuse puisqu'elle est surtout associée aux limousines Town Car et au gigantesque Navigator. Il n'y a pas de quoi se vanter d'être associé à ces modèles si vous voulez impressionner les propriétaires d'Acura TL, d'Infiniti G35 et de BMW Série 3. D'autant plus que la silhouette a récemment pris un coup de vieux. Lors de son lancement, il y a maintenant quatre ans, on pouvait affirmer que la silhouette était sobre et l'habitacle pas tellement inspirant. Cette fois, faute de modifications importantes, c'est carrément vieillot tandis que l'habitacle aurait également besoin d'un sérieux coup de balai. Le tableau de bord ne semble pas appartenir à une voiture de ce prix, la qualité des matériaux est quelconque et plusieurs des commandes semblent empruntées à une Taurus. Et à une époque où la plupart des cadrans indicateurs des voitures de cette catégorie sont à affichage électroluminescent, ceux de la LS semblent fabriqués à partir d'un vulgaire carton imprimé et leur lecture est assez difficile de jour. Plusieurs des commandes sont petites, difficiles à déchiffrer et à activer. Mais l'élément qui me met le plus en rogne est le levier des clignotants qui agit également à titre de commande des essuie-glaces. Chaque fois que le clignotant est activé, les essuie-glaces se mettent à fonctionner. La première fois, ça peut aller, mais chaque fois, là c'est autre chose ! Sur une note plus positive, il faut souligner que les sièges avant climatisés ont été appréciés d'autant plus que le flot d'air peut être réglé en trois intensités. Le volant sport gainé de cuir se prend bien en main et ses dimensions sont juste ce qu'il faut. Et peu importe le genre de musique que vous aimez, la chaîne audio se mérite de fort bonnes notes. Malgré tout, l'impression de luxe et de sportivité est absente. Il faut également souligner que notre modèle d'essai était la version LSE, la plus huppée et la plus distinctive de la famille avec sa grille de

» FEU VERT
- Tenue de route agile
- Moteur V8 puissant
- Chaîne audio
- Équipement complet
- Freins puissants

» FEU ROUGE
- Silhouette anonyme
- Tableau de bord rétro
- Consommation élevée
- Faible diffusion
- Forte dépréciation

calandre chromée, ses phares antibrouillard intégrés dans l'imposant pare-chocs et son petit aileron arrière.

UNE MÉCANIQUE EXEMPLAIRE

Si les stylistes ont raté le coche, les ingénieurs ont visé en plein dans le mille. De l'avis de plusieurs, la LS possède l'une des plates-formes les plus efficaces de la catégorie. En passant, elle a été conçue en partie avec la collaboration de la division «Motorsport» de Ford et plusieurs des ingénieurs qui ont peaufiné ses suspensions étaient impliqués à l'époque dans plusieurs activités de course au niveau international pour Ford.

Il en est résulté une plate-forme ultra rigide bénéficiant de suspensions bien calibrées et de pneus fort bien adaptés à la voiture. D'ailleurs, elle a été utilisée sur la Jaguar S-Type, la Ford Thunderbird et plus récemment, la nouvelle Mustang 2005.

Deux moteurs sont offerts, le premier est un V6 3 litres produisant 232 chevaux. Ce n'est pas vilain, mais le moteur de choix est le V8 de 3,9 litres dont les 280 chevaux permettent au conducteur sportif de profiter de l'excellente tenue de route de la LS. La boîte automatique à cinq rapports est bien étagée. Toutefois, celle-ci ne veut pas toujours collaborer. Une accélération initiale, suivie d'un léger allègement de l'accélérateur et d'une pression plus forte se traduit à coup sûr par une secousse importante de la transmission. Autre détail agaçant, le fait de rouler assez vite sur une route bosselée capable d'entraîner une certaine instabilité se termine par un avertissement de mauvais fonctionnement du système de stabilité latérale. Il suffit de s'immobiliser, de couper le moteur et le lancer par la suite pour que tout revienne à la normale.

Pour le reste, cette LS cache bien son jeu. Un peu à la manière du journaliste Clark Kent timide et gauche qui se transformait en Superman dans une cabine téléphonique, la LS peut jouer les dociles berlines à vocation familiale pour se transformer, d'un simple coup d'accélérateur en une sportive à tout crin. Et pas besoin de cabine téléphonique pour ce faire, une section de route sinueuse suffit pour mettre en évidence son comportement routier et le brio de sa mécanique.

Bien que doux et silencieux, le moteur V8 ne se fait pas prier pour passer à l'action et il boucle le 0-100 km/h en 6,9 secondes, tandis que ses reprises sont dans la même note avec un chrono de 6,2 secondes pour effectuer le 80-120 km/h. Et même à 210 km/h, la vitesse maximale enregistrée, elle demeure stable. Enfin, à titre de référence, une BMW 540i coûte plus cher et ses performances ne sont pas meilleures. Mais ce ne sont pas ces données qui font apprécier la LS, mais plutôt sa capacité à enfiler les virages serrés avec aplomb et sans que le pilotage devienne limite. Le transfert des masses est tout en douceur et le train arrière est toujours stable.

Malgré toutes ces qualités, la LS ne jouit pas de la popularité dont elle devrait bénéficier. Preuve que l'écusson Lincoln est plus un stigmate qu'un avantage et que la compagnie Ford est plus efficace à la mise en marché de camionnettes que de berlines sport de luxe.

Denis Duquet

DONNÉES TECHNIQUES

Prix du modèle à l'essai :	51 940 $
Échelle de prix :	43 865 $ à 58 430 $
Version(s) disponible(s) :	V6 Luxe, V6 sport, V8 Sport, V8 Ultimate
Garanties :	4 ans 80 000/4 ans 80 000
Catégorie :	berlines de luxe
Emp./Long./Lar./Haut.(cm) :	291/493,5/186/142,5
Poids :	1 710 kg
Coffre/Réservoir :	382/68 litres
Coussins de sécurité :	frontaux, latéraux (av.) et rideaux
Suspension avant :	indépendante, bras inégaux
Suspension arrière :	indépendante, multibras
Freins av./arr. :	disque (ABS)
Antipatinage/Contrôle de stabilité :	oui/oui
Direction :	à crémaillère, assistée
Diamètre de braquage :	11,4 m
Pneus av./arr. :	P235/50R17

GROUPE MOTOPROPULSEUR ET RENDEMENT

Moteur :	V8 3,9 litres 32s (88.9 x 85)
Puissance :	280 ch (209 kW) à 6000 tr/mn
Couple :	286 lb-pi (388 Nm) à 4000 tr/mn
Autre(s) moteur(s) :	V6 3 litres 232 ch
Transmission :	propulsion, automatique 5 rapports
Autre(s) transmission(s) :	aucune
Accélération 0-100 km/h :	8,7 s
Reprises 80-120 km/h :	7,4 s
Freinage 100-0 km/h :	40,5 m
Vitesse maximale :	220 km/h
Indice de performance longitudinale :	4,74 m/s/s
Consommation (100 km) :	super, 14,5 litres
Autonomie :	469 km

DANS LA MÊME CATÉGORIE
Acura RL - Audi A6 - Jaguar S-Type - Volvo S80

DU NOUVEAU EN 2005
Pédalier réglable en option sur tous les modèles, transmission améliorée, nouvelles couleurs intérieures et extérieures

HISTORIQUE DU MODÈLE
1ière génération

DATE DE RENOUVELLEMENT
2007

NOS IMPRESSIONS

Agrément de conduite :	🚗🚗🚗🚗
Fiabilité :	🚗🚗🚗🚗
Sécurité :	🚗🚗🚗🚗½
Qualités hivernales :	🚗🚗🚗🚗
Espace intérieur :	🚗🚗🚗🚗½
Confort :	🚗🚗🚗🚗

LE CHOIX DE L'ÉQUIPE
V6 Sport

Guide de l'auto 2005

NAVIGATOR / EXPEDITION

LES CHEVAUX DE LA DÉMESURE

Les constructeurs ne semblent plus savoir à quel saint se vouer ! Tandis que des ingénieurs se cassent la tête pour mettre au point des motorisations hybrides visant à réduire la consommation d'essence, d'autres ne se gênent pas pour relancer la course aux chevaux-vapeur. À preuve, les modèles Ford Expedition, Lincoln Navigator et Ford Excursion voient la puissance de leurs moteurs augmentée afin de clouer le bec à ceux qui ridiculisaient leur nombre de chevaux par rapport à la concurrence.

Le retour du V8 Hemi de 5,7 litres sous le capot du Dodge Durango et la flambée de chevaux-vapeur des moteurs Vortec de GM a forcé les motoristes de Ford à boulonner dans l'Expedition une version plus musclée du V8 de 5,4 litres. D'autant plus que l'an dernier, à cylindrée égale, le 5,4 litres de l'Expedition développait moins de chevaux que celui de la camionnette F-150. Avec une cavalerie de 260 chevaux, plusieurs croyaient à tort que le 5,4 litres de l'Expedition tirait de la patte face aux 300 chevaux de la F-150. Toutefois, quand on constate que l'ancien 5,4 litres avait un couple de 350 lb-pi obtenu à seulement 2 500 tr/min comparativement à 375 lb-pi à 3 750 lb-min dans le cas du nouveau 5,4 litres, on comprend trop tard que la capacité de remorquage des deux moteurs était équivalente. Mais comme la majorité des acheteurs de gros VUS ne semble pas se laisser impressionner outre mesure par le couple d'un moteur mais plutôt par le nombre de chevaux, Ford a dû à mettre au rancart la vieille version de son 5,4 litres à deux soupapes par cylindre pour retenir les services de la version à trois soupapes par cylindre de la F-150.

Par la même occasion, Ford a indiqué la porte de sortie au V8 de 4,6 litres dont les 232 chevaux étaient devenus trop timides dans cette catégorie de cheval de trait. De toute façon, la disparition du 4,6 litres était inévitable puisqu'un écart de seulement 1 000 $ le séparait du 5,4 litres. Quand on sait que l'échelle de prix de ce mastodonte débute à 48 000 $, ce n'est pas un petit billet de mille qui va changer grand-chose ! Surtout que la consommation des deux moteurs se montrait presque identique et que la capacité de remorquage était de 2 268 kg avec le 4,6 litres comparativement à 4 060 kg pour le 5,4 litres.

Par rapport à ses rivaux, la longueur de l'Expedition (523 cm) est pratiquement nez à nez avec celle du Nissan Armada (526 cm) alors que ses dimensions le situent entre celles des Chevrolet Tahoe (505 cm) et Suburban (557 cm). À l'instar de ses concurrents, la

»» FEU VERT
› Silhouette élégante
› Tableau de bord chic
› Équipement complet
› Système AdvanceTrac

»» FEU ROUGE
› Performances moyennes
› Prix corsé
› Consommation élevée
› Dimensions encombrantes

Guide de l'auto 2005

NAVIGATOR/EXPEDITION

hauteur de 197 cm (ou 78 po) sera à surveiller dans la plupart des stationnements intérieurs. Compte tenu du format de l'Expedition, les multiples configurations des trois rangées de sièges permettent d'accueillir jusqu'à neuf passagers. Pour le transport des bagages, les deux rangées de sièges arrière peuvent se rabattre pour former un plancher complètement plat. Puisqu'il est difficile d'atteindre la troisième banquette, les ingénieurs ont concocté dans les versions cossues de l'Expedition une ingénieuse commande électrique qui permet de la rabattre à distance. On se rappellera que le Lincoln Navigator avait été à l'origine de ce dispositif lors de sa refonte en 2003.

À propos du cousin Navigator, celui-ci épouse au millimètre près les dimensions de l'Expedition. Toutefois, ses trois rangées de sièges se contentent de loger sept personnes ! Par ailleurs, si l'Expedition est offert en trois versions d'équipement, le Navigator est livrable en une seule version de très grand luxe. En ce qui concerne la motorisation, le moteur de 5,4 litres à 32 soupapes de l'an dernier a été abandonné pour faire place au nouveau moteur de 5,4 litres à 24 soupapes qui équipe également l'Expedition. Par ailleurs, le Navigator se démarque de son clone en utilisant une nouvelle boîte automatique ZF à 6 rapports alors que l'Expedition conserve l'ancienne mais fiable boîte automatique à 4 rapports. Aussi, le Navigator a droit à quelques équipements de faveur, dont la sélection électronique ControlTrac dont le mode automatique transfère le couple aux roues avant si le système détecte un patinage des roues arrière. Il existe également un système de navigation, un lecteur DVD (en option sur l'Expedition) et un marchepied à déploiement électrique. Si l'utilité de ce dernier accessoire paraît douteuse, il sera sûrement apprécié des dames en robe longue ou en jupe courte qui devront grimper dans cette Lincoln! Par ailleurs, vous pourrez fredonner vos vieilles chansons «country» puisqu'outre le lecteur de DC, tous les gros VUS de Ford sont équipés de série d'un lecteur de cassettes!

Extérieurement, l'Expedition demeure presque identique à celui de l'an dernier. Dans le cas du Navigator, les stylistes ont revu la partie avant et les bandes latérales. Quant au gigantesque Excursion, malgré les rumeurs entourant sa disparition, celui-ci est toujours au catalogue sous les traits de l'ancienne génération de l'Expedition. Avec un poids oscillant entre 3 016 kg à 3 487 kg selon le choix du moteur, le conducteur ne devra pas oublier de s'arrêter aux pesées routières s'il est immatriculé «commercial»! Pour propulser cette masse capable de remorquer une charge maximale de 4 987 kg, les ingénieurs ont retenu trois motorisations : un V8 de 5,4 litres, un V10 de 6,8 litres développant 310 chevaux et 425 lb-pi de couple, et le nouveau diesel Power Stroke de 6 litres développant 325 chevaux et 560 lb-pi de couple. De même, avec une capacité de 166 litres, sachez que le réservoir à carburant est également le plus gros de la catégorie !

Jean-François Guay

DONNÉES TECHNIQUES

Prix du modèle à l'essai :	72 625 $ (Navigator)
Échelle de prix :	46 800 $ à 83 690 $
Version(s) disponible(s) :	Expedition (XLT, Eddie Bauer, Limited), Navigator
Garanties :	4 ans 80 000/4 ans 80 000 (Lincoln)
Catégorie :	gros utilitaire sport
Emp./Long./Lar./Haut.(cm) :	302/523/204/197
Poids :	2 719 kg (Navigator)
Coffre/Réservoir :	583 à 3 126 litres/106 litres
Coussins de sécurité :	frontaux/latéraux/rideaux
Suspension avant :	indépendante, leviers asymétriques
Suspension arrière :	indépendante, ressorts pneumatiques
Freins av./arr. :	disque/disque (ABS, EBD)
Antipatinage/Contrôle de stabilité :	oui/oui
Direction :	à crémaillère, assistance variable
Diamètre de braquage :	11,8 m
Pneus av./arr. :	255/70R18 (Lincoln), 265/70R17 (Ford)

GROUPE MOTOPROPULSEUR ET RENDEMENT

Moteur :	V8 5,4 litres 24s
Puissance :	300 ch à 5 000 tr/min
Couple :	365 lb-pi à 3 750 tr/min
Autre(s) moteur(s) :	V10 6,8 litres 325 ch, V8 Power Stroke 6 litres 325 ch, V8 5,4 litres 255 ch (Excursion)
Transmission :	4x4, automatique 4 rapports
Autre(s) transmission(s) :	automatique 5 rapports (Power Stroke)
Accélération 0-100 km/h :	10,1 s (Expedition)
Reprises 80-120 km/h :	8,7 s
Freinage 100-0 km/h :	43,8 m
Vitesse maximale :	190 km/h
Indice de performance longitudinale :	4,27 m/s/s
Consommation (100 km) :	ordinaire, 18 litres
Autonomie :	589 km

DANS LA MÊME CATÉGORIE

Cadillac Escalade-Chevrolet Suburban-GMC Yukon
Infiniti QX56-Mercedes-Benz G500-Lexus LX470

DU NOUVEAU EN 2005

Version 4X2 ou 4X4, Power Stroke 6 litres (Excursion),
sonar de recul, capacité de remorquage plus élevée

HISTORIQUE DU MODÈLE

2ième génération

DATE DE RENOUVELLEMENT

2007

NOS IMPRESSIONS

Agrément de conduite :	🚗🚗🚗🚗½
Fiabilité :	🚗🚗🚗🚗½
Sécurité :	🚗🚗🚗🚗🚗
Qualités hivernales :	🚗🚗🚗🚗½
Espace intérieur :	🚗🚗🚗🚗
Confort :	🚗🚗🚗🚗

LE CHOIX DE L'ÉQUIPE

Ford Expedition Eddie Bauer

Guide de l'auto 2005

LINCOLN TOWN CAR

PARTY TIME!

Non, mais qu'est-ce qu'on s'éclate dans une Town Car! Il fait beau et chaud, les sens sont à fleur de peau et la veillée ne fait que commencer. « Ouais, les « chums » vont être impressionnés quand on va arriver à notre bal des finissants! » Remarquez que la Lincoln Town Car peut aussi servir à d'autres occasions « Gérard a toujours rêvé de se promener dans une Lincoln... Ben là, il doit être heureux! » Mais comme Gérard n'est pas très jasant depuis quelques jours, on ne saura jamais...

Le constructeur Ford possède une gamme vraiment particulière. En fait, il faudrait plutôt dire spécialisée. D'un côté, il y a les camionnettes dont il est devenu le maître, les VUS grands et petits et, enfin, les véhicules destinés aux parcs automobiles. Au chapitre des voitures destinées au grand public, il ne reste plus grand-chose : Focus, Freestar, Mustang, Thunderbird et Lincoln LS... Certes, la Lincoln Town Car peut être vendue à des particuliers mais elle se destine principalement aux entreprises spécialisées en création de limousines ou de corbillards. D'ailleurs, c'est l'une des principales raisons qui motivent les ingénieurs et designers à ne pas modifier dramatiquement la bagnole. Si vous désirez un véhicule pour "flasher", prière de ne pas envoyer de fleurs mais de regarder ailleurs. En passant, il existe deux versions pour les particuliers : Signature Limited et Signature L (empattement allongé) et trois pour les entreprises!

UN PEU D'HISTOIRE

Sans qu'il n'y paraisse, la Town Car fait partie de notre vie depuis 1981, année où elle a remplacé la Continental... qui était revenue dès l'année suivante! Passons sur ce curieux moment du passé pour nous concentrer sur la version 2005. Bien que l'on ne cesse de répéter que la Town Car (TC pour les intimes) n'évolue pas, ou si peu, il n'en demeure pas moins qu'elle a subi une petite cure de rajeunissement il y a deux ans. On en avait alors profité pour augmenter la puissance du V8 de 4,6 litres qui libère désormais 239 chevaux. C'est suffisant pour boucler le 0-100 en moins de dix secondes mais quand on regarde ce que la concurrence offre, la TC ne fait plus le poids. Imaginez que la Buick Park Avenue et la Cadillac DeVille, les deux concurrentes les plus directes de la Town Car font le même exercice mais en 9,0 secondes et 7,5 secondes respectivement. La transmission automatique à quatre rapports travaille généralement avec dignité.

»» FEU VERT
› Intérieur d'aréna
› Confort princier
› Silence de roulement assuré
› Bonne mécanique
› Direction vive

»» FEU ROUGE
› Comportement plus nautique que routier
› Performances un peu justes
› Finition quelquefois bâclée
› Suspension arrière dépassée
› Agrément de conduite nul

TOWN CAR

Mais nous gaspillons de précieuses lignes dans un espace aussi compté. C'est de suspensions que les amateurs de Town Car veulent entendre parler! Premièrement, disons que ces suspensions sont accrochées à un châssis à longerons comme «dans le temps». Cette configuration se révèle parfaite pour les firmes désirant allonger le véhicule. Ce châssis se veut extrêmement rigide ce qui facilite la tâche des ingénieurs chargés de mettre du confort là-dedans! La suspension avant comporte des leviers triangulés tandis qu'un essieu rigide se retrouve à l'arrière. Si le choix d'un essieu rigide à l'arrière peut surprendre sur une automobile, sachez qu'il a été choisi en fonction de son architecture qui libère un grand espace de chargement dans le coffre… et lorsque je dis «grand espace», je veux dire «grrrrrannnnnd eeeesssspaaaaceeee»! Quant au comportement routier, inutile de frapper dessus, il est déjà assez mou comme ça. La moindre courbe prise avec un peu de vélocité nous fait rapidement comprendre les lois de la physique. Curieusement (et heureusement!) la direction de la Town Car se montre très directe, assure un bon feedback et n'est pas floue pour deux sous. Et à haute vitesse, la tenue de cap impressionne. Avec les années, Ford n'a cessé de raffiner sa Town Car et est finalement arrivé à une sorte de compromis entre le passé et le présent (oubliez le futur!) qui a la grande qualité de rejoindre son public cible.

LA CONQUÊTE DE L'ESPACE

La première fois qu'on monte à bord de cette voiture, c'est l'espace habitable qui impressionne. Il vaut mieux vérifier si notre cellulaire est bien chargé… ça pourrait aider à joindre ceux qui embarquent à l'arrière! Et ce n'est que la version régulière, attendez de voir la version allongée avec ses 15 cm supplémentaires! Les sièges sont d'un moelleux qui tient plus du nuage que du mobilier mais il faut oublier le support latéral. Si ces deux derniers mots ne vous disent absolument rien, c'est que vous êtes l'acheteur type d'une Town Car! Comme les photos le prouvent, le tableau de bord nous arrive directement des années '80 mais la plupart des commandes sont placées au bon endroit. Et des commandes, il y en a! Normal puisque le nombre d'accessoires est plutôt élevé.

Pour 2005, bien peu de changements, sinon de nouvelles couleurs de carrosserie, un volant à deux branches et une commande électronique d'accélérateur. La Lincoln Town Car, qu'on le veuille ou non, a sa place dans notre société, que ce soit pour amener des étudiants exubérants à un party ou pour amener un corps à son dernier repos. Ou pour amener des retraités en Floride…

Alain Morin

DONNÉES TECHNIQUES

Prix du modèle à l'essai :	58 685 $
Échelle de prix :	58 685 $ à 65 600 $
Version(s) disponible(s) :	Signature Limited, Signature L
Garanties :	4 ans 80 000/4 ans 80 000
Catégorie :	berlines grand format
Emp./Long./Lar./Haut.(cm) :	299/547/199/149
Poids :	1 974 kg
Coffre/Réservoir :	595/71,0 litres
Coussins de sécurité :	frontaux et latéraux (av.)
Suspension avant :	indépendante, leviers triangulaires
Suspension arrière :	essieu rigide, ressorts pneumatiques
Freins av./arr. :	disque (ABS)
Antipatinage/Contrôle de stabilité :	oui/oui
Direction :	à crémaillère, ass. variable
Diamètre de braquage :	12,2 m
Pneus av./arr. :	P225/60R17

GROUPE MOTOPROPULSEUR ET RENDEMENT

Moteur :	V8 4,6 litres 16s (90,1 x 90,1)
Puissance :	239 ch (178 kW) à 4900 tr/mn
Couple :	287 lb-pi (389 Nm) à 4 100 tr/mn
Autre(s) moteur(s) :	seul moteur offert
Transmission :	propulsion, automatique 4 rapports
Autre(s) transmission(s) :	aucune
Accélération 0-100 km/h :	9,0 s
Reprises 80-120 km/h :	7,2 s
Freinage 100-0 km/h :	44,0 m
Vitesse maximale :	180 km/h
Indice de performance longitudinale :	4,46 m/s
Consommation (100 km) :	ordinaire, 14,5 litres
Autonomie :	490 km

DANS LA MÊME CATÉGORIE
Buick Park Avenue Ultra - Cadillac DeVille - Lexus LS430

DU NOUVEAU EN 2005
Nouvelles couleurs de carrosserie, nouveau volant, accélérateur à commande électronique

HISTORIQUE DU MODÈLE
3ième génération

DATE DE RENOUVELLEMENT
n.d.

NOS IMPRESSIONS

Agrément de conduite :	🚗🚗🚗🚗
Fiabilité :	🚗🚗🚗🚗🚗
Sécurité :	🚗🚗🚗🚗🚗
Qualités hivernales :	🚗🚗🚗🚗
Espace intérieur :	🚗🚗🚗🚗🚗½
Confort :	🚗🚗🚗🚗🚗½

LE CHOIX DE L'ÉQUIPE
Signature Limited

Guide de l'auto 2005

MASERATI
COUPÉ/SPYDER

PROGRÈS CONSTANTS

Jadis, la marque Maserati était la référence en course automobile alors que les voitures arborant le sigle au Trident étaient presque toujours dans le cercle des vainqueurs. En plus, nombre de pilotes légendaires ont pris le volant de ces bolides italiens. Hélas! Ses dirigeants étaient plus doués pour la mécanique que la gestion. L'acquisition par Citroën en 1968 a amorcé une longue descente aux enfers. Le nouveau propriétaire en a profité pour réaliser la Citroën SM qui fait partie de la légende. Par la suite, une succession d'acquéreurs ont miné le prestige et la crédibilité de cette marque avant que celle-ci n'aboutisse chez Fiat en 1993. Puis, en 1997, sa direction décide d'en faire la marque jumelle de Ferrari.

PERSONNALITÉ À PART

Il faut avant tout féliciter la direction de Maserati de ne pas avoir opté pour des Ferrari affublées de l'écusson au trident. Même si les premiers modèles provenant de cette fusion n'ont pas reçu un accueil très chaleureux, il s'agissait d'authentiques Maserati. Le premier modèle en provenance de Maranello a été le Coupé en 1998 suivi ensuite de la Spyder en juillet 2001. Même si plusieurs apprécient ce design très classique signé Giugiaro, je ne suis pas tellement friand de cette approche semi-rétro. D'ailleurs, les experts nous soulignent que l'avant est inspiré des modèles 3 500 GT des années 1960. Ces mêmes puristes ont moins apprécié les feux arrière dont la forme était jugée iconoclaste. Ce qui a obligé la direction à revenir à des formes plus classiques au fil des années.

Cette année, le changement le plus marquant se trouve au niveau de la calandre dont la grille à nervures horizontales est inspirée par celle montée sur la Quattroporte. Toutes les Maserati ont donc un «air de famille» en 2005. Le pare-chocs arrière est également redessiné. Il se veut plus sportif avec de larges entrées d'air protégées par une grille noire à mailles étroites. Selon le marché ciblé, de nouvelles jantes sont au catalogue cette année. Si vous n'appréciez pas ces changements, Maserati devrait proposer les jantes 2004 en option.

La même approche réservée se retrouve dans l'habitacle alors que le cuir est omniprésent. Cette présentation nous ramène toutefois aux années cinquante. Ce qui explique sans doute pourquoi l'intérieur du modèle 2005 a été revitalisé par un jeu de pièces de cuir différemment colorées pour certaines parties des sièges, du tableau de bord et des garnitures des portières. L'instrumentation a également été retouchée avec des indications bleu sport et blanches plus faciles à lire. Les décorations en alu pour la console et les moulages de porte sont maintenant fournis d'office. Le sélecteur de vitesse est également revu puisqu'une position D pour enclencher la première fait son apparition. Détail d'ordre pratique: le compartiment de rangement sur la console centrale est plus grand moyennant supplément. Aussi en option, les

»» FEU VERT
› Moteur hors pair
› Tenue de route impressionnante
› Marque prestigieuse
› Accélérations musclées
› Freins puissants

»» FEU ROUGE
› Cabriolet suspect
› Suspension ultra ferme
› Finition à revoir
› Silhouette rétro

COUPÉ/SPYDER

sièges chauffants, les phares au xénon avec lave-phares escamotables et les détecteurs de recul.

DÉCEVANT CABRIOLET

Règle générale, le roadster est la vedette de toute gamme. D'ailleurs, dans la famille Maserati, ce cabriolet a une apparence moins rétro que le coupé. Ce devrait être le modèle de choix, car il est propulsé par le même moteur V8 4,2 litres que celui du coupé.

Ma mince expérience derrière le volant de ce modèle m'a permis de conclure que la rigidité de la carrosserie ne faisait pas partie de l'équipement de série. J'avais quasiment l'impression de piloter un spaghetti motorisé. Cette souplesse a également été vérifiée lors d'un autre très court essai. Ajoutez une suspension très ferme, des pneus à taille ultra basse et vous avez la recette de la déception. Chez Maserati, on nous jure que la Spyder est de beaucoup améliorée depuis ce temps, et que la qualité de production ainsi que la rigidité de la caisse font de même. Avant de les croire sur parole, tout acheteur intéressé devrait exiger un essai routier. Avec une facture dans les six chiffres, c'est la moindre des choses.

DU MOTEUR!

Bref, le cabriolet ne semble pas trop livrer la marchandise. Le coupé, malgré sa silhouette drabe, semble être le seul choix qui s'impose. Et toujours à propos de cette silhouette controversée, je me suis fait doubler une fois par une GT sur une route européenne, et elle m'est apparue beaucoup plus élégante que dans une salle de démonstration.

Ces considérations d'ordre esthétique sont bien secondaires par rapport à la mécanique. Le magnifique moteur V8 4,2 litres en alliage léger est une mécanique d'orfèvrerie avec ses quatre arbres à cames en tête et une puissance de 390 chevaux et 333 lb-pi de couple. Le moteur nous permet de boucler le 0-100 km/h en cinq secondes et sa sonorité à elle seule vaut le prix d'admission pour ce concert mécanique de premier ordre. Il peut être couplé à la boîte Cambiocorsa à commande par palettes de type F1 qui a été empruntée à Ferrari. Si en théorie cette mécanique nous fait songer à la plus haute performance, c'est décevant en conduite de tous les jours. À basse vitesse, les passages des rapports sont lents et toujours accompagnés d'une secousse qui pourrait laisser croire aux autres automobilistes que vous ne maîtrisez pas tellement l'art du passage des vitesses. La boîte manuelle à 6 rapports semble un choix plus approprié bien qu'elle ne soit pas tellement agréable en circulation urbaine elle non plus, en raison d'un embrayage très dur.

Comme toute super voiture qui se respecte, cette italienne au passé glorieux est équipée de freins à disques Brembo, de roues de 18 pouces chaussées de pneus à taille ultra basse et d'une suspension très ferme.

Pour apprécier cette voiture, il faut donc un bon sens du passé et des reins assez solides pour supporter les soubresauts de la suspension… Et le prix d'achat!

Denis Duquet

DONNÉES TECHNIQUES

Prix du modèle à l'essai :	125 735 $
Échelle de prix :	n.d.
Version(s) disponible(s) :	Coupé, Cabriolet
Garanties :	3 ans 80 000/3 ans 80 000
Catégorie :	GT
Emp./Long./Lar./Haut.(cm) :	266/452,5/182/131
Poids :	1 670 kg
Coffre/Réservoir :	420/90 litres
Coussins de sécurité :	fontaux et latéraux (av./arr.)
Suspension avant :	indépendante, bras inégaux
Suspension arrière :	indépendante, bras inégaux
Freins av./arr. :	disque (ABS)
Antipatinage/Contrôle de stabilité :	oui/oui
Direction :	à crémaillère, assistée
Diamètre de braquage :	11,5 m
Pneus av./arr. :	P235/40ZR18 P265/35ZR18

GROUPE MOTOPROPULSEUR ET RENDEMENT

Moteur :	V8 4,2 litres 32s (92,0 x 79.8)
Puissance :	390 ch (291 kW) à 7000 tr/mn
Couple :	333 lb-pi (451 Nm) à 4500 tr/mn
Autre(s) moteur(s) :	seul moteur offert
Transmission :	propulsion, manuelle 6 rapports
Autre(s) transmission(s) :	séquentielle 6 rapports
Accélération 0-100 km/h :	5,0 s
Reprises 80-120 km/h :	5,1 s
Freinage 100-0 km/h :	37,0 m
Vitesse maximale :	283 km/h
Indice de performance longitudinale :	6,0 m/s/s
Consommation (100 km) :	super, 16,0 litres
Autonomie :	563 km

DANS LA MÊME CATÉGORIE

Acura NSX - Jaguar XJR - Mercedes-Benz SL500
Porsche 911

DU NOUVEAU EN 2005

Retouches esthétiques extérieures et intérieures
nouvelles jantes

HISTORIQUE DU MODÈLE

1ière génération

DATE DE RENOUVELLEMENT

n.d.

NOS IMPRESSIONS

Agrément de conduite :	🚗🚗🚗🚗½
Fiabilité :	🚗🚗🚗🚗
Sécurité :	🚗🚗🚗🚗½
Qualités hivernales :	🚗🚗🚗
Espace intérieur :	🚗🚗🚗🚗
Confort :	🚗🚗🚗🚗

LE CHOIX DE L'ÉQUIPE

Coupé

Guide de l'auto 2005

QUATTROPORTE

RENAISSANCE ITALIENNE

L'année 2005 marquera le retour de la Maserati Quattroporte en sol nord-américain, un an après ses débuts en Europe. La toute première Quattroporte a vu le jour en 1963 et sa conception était l'œuvre du styliste Pietro Frua. Depuis cette époque, une série de générations ont porté la marque du trident. L'actuelle Quattroporte de cinquième génération marque également la reprise de la collaboration entre Maserati et Pininfarina qui a créé le design de la carrosserie ainsi que de l'intérieur.

En effet, les cognoscenti et fidèles de Maserati se rappelleront que les premières voitures de la marque qui n'étaient pas destinées à la compétition avaient été dessinées par Pininfarina à la fin des années 40. Par la suite, la firme Pininfarina est devenue étroitement associée à Ferrari, au point où cette collaboration est devenue exclusive à la marque de Maranello, alors grande rivale de Maserati. En septembre 1997, Maserati passait sous le contrôle de Ferrari, et le retour de Pininfarina devenait donc tout à fait naturel, d'autant plus que cette firme de design a également créé la Ferrari 612 Scaglietti qui partage plusieurs éléments avec la nouvelle Quattroporte.

L'architecture de la Quattroporte est en effet très similaire à celle de la 612 Scaglietti dans la mesure où les proportions et la disposition du groupe motopropulseur des deux voitures sont semblables. La voiture fait plus de cinq mètres en longueur et son empattement est allongé afin de permettre la localisation du moteur derrière l'axe des roues avant alors que la boîte de vitesses et le différentiel sont jumelés au train arrière. La répartition des masses de la Quattroporte est de 47 % à l'avant et 53 % à l'arrière, tout comme pour la 612 Scaglietti. Cependant, la berline de Maserati est loin d'être une version à quatre portes du coupé de Ferrari, côté style.

Certains observateurs lui trouveront cette élégance un brin désinvolte parfois typique des réalisations italiennes, alors que le style de la Quattroporte semblera presque tarabiscoté pour d'autres. La calandre surdimensionnée arbore fièrement le célèbre trident, alors que les trois ouvertures pratiquées juste derrière les ailes avant ainsi que la forme presque triangulaire du pilier «C» sont typiques de l'héritage Maserati et assurent ainsi la filiation avec les modèles précédents.

MASERATI A ÉVITÉ LE PIRE
Le design de l'habitacle permet également à la Quattroporte de se démarquer de ses rivales. Ici, l'acheteur devra faire un choix parmi dix

» FEU VERT
› Données insuffisantes

» FEU ROUGE
› Données insuffisantes

Guide de l'auto 2005

QUATTROPORTE

teintes différentes pour le cuir, mais il devra aussi apprendre à composer avec la multitude de boutons agencés sur la planche de bord. Vous comprendrez donc que Maserati n'a pas choisi la route tracée par BMW et même Audi dont les berlines haut de gamme sont équipées de complexes systèmes de contrôle intégrés (i-Drive chez BMW et MMI chez Audi) qui regroupent plusieurs fonctions commandées par une seule molette et quelques menus affichés à l'écran.

Les passagers montant à l'arrière s'y trouveront plus à l'étroit qu'à bord d'une Audi A8L ou d'une BMW Série 7 à empattement allongé, et le coussin de la banquette leur semblera également très ferme. Ils pourront cependant se consoler avec l'inclinaison variable du dossier ou encore par le fait que les sièges sont chauffants, ventilés et dotés d'une fonction de massage. De plus, un écran à cristaux liquides est jumelé à un lecteur DVD.

BERLINE HAUTE PERFORMANCE

Le groupe motopropulseur de la Quattroporte est dérivé de celui des Coupé et Spyder, mais le V-8 de 4,2 litres développe ici quelques chevaux de plus, soit 394, et la boîte de vitesses F1 avec paliers de changement de vitesses au volant développée par Ferrari et adaptée pour les Coupé et Spyder de Maserati change encore une fois de nom, soit de Cambiocorsa à DuoSelect. La présence de ce type de boîte sur une voiture de cette catégorie indique bien les prétentions sportives de la Quattroporte qui devrait, selon le constructeur, abattre le 0-100 kilomètres/heure en 5,2 secondes. Cette performance semble plausible, les ingénieurs ayant retenu des rapports de boîte plutôt courts afin de profiter du fait que le couple maximum du moteur est développé à un régime élevé, soit 4 500 tours/minute. Attendez-vous donc à une consommation de carburant qui ira de pair avec ces performances et qui sera certainement plus élevée que celle des voitures rivales.

Maserati espère vendre jusqu'à 2 000 exemplaires de sa plus récente création par année en sol nord-américain, ce qui représente moins du dixième du volume des ventes réalisées par Mercedes-Benz avec sa classe S ou par BMW avec sa Série 7. On peut donc parler à la fois de diffusion limitée et d'exclusivité assurée pour la marque au trident, qui propose ici une voiture au design unique et inspiré mais dont la fiabilité à long terme n'a toutefois pas encore été démontrée hors de tout doute.

Gabriel Gélinas

DONNÉES TECHNIQUES

Prix du modèle à l'essai :	135 000 $ (estimé)
Échelle de prix :	135 000 $ (estimé)
Version(s) disponible(s) :	version unique
Garanties :	3 ans 80 000/3 ans 80 000
Catégorie :	Berline de luxe
Emp./Long./Lar./Haut.(cm) :	306,5/505/189,5/144
Poids :	1 930 kg
Coffre/Réservoir :	n.d./90 litres
Coussins de sécurité :	frontaux, latéraux et rideaux
Suspension avant :	indépendante, bras inégaux
Suspension arrière :	indépendante, bras inégaux
Freins av./arr. :	disque (ABS)
Antipatinage/Contrôle de stabilité :	oui/oui
Direction :	à crémaillère, assistée
Diamètre de braquage :	12,3 m
Pneus av./arr. :	P245/45ZR18 P285/40ZR18

GROUPE MOTOPROPULSEUR ET RENDEMENT

Moteur :	V8 4,2 litres 32s (92,0 x 79.8)
Puissance :	400 ch (298 kW) à 7000 tr/mn
Couple :	333 lb-pi (451 Nm) à 4500 tr/mn
Autre(s) moteur(s) :	seul moteur offert
Transmission :	propulsion, séquentielle 6 rapports
Autre(s) transmission(s) :	aucune
Accélération 0-100 km/h :	5,2 s
Reprises 80-120 km/h :	n.d.
Freinage 100-0 km/h :	n.d.
Vitesse maximale :	275 km/h
Indice de performance longitudinale :	n.d.
Consommation (100 km) :	super, 17,5 litres (estimé)
Autonomie :	n.d.

DANS LA MÊME CATÉGORIE
BMW Série 7 - Mercedes-Benz Classe S - Jaguar XJ8
Lexus LS 430

DU NOUVEAU EN 2005
nouveau modèle

HISTORIQUE DU MODÈLE
1ère génération

DATE DE RENOUVELLEMENT
n.d.

NOS IMPRESSIONS

Agrément de conduite :	nouveau modèle
Fiabilité :	nouveau modèle
Sécurité :	nouveau modèle
Qualités hivernales :	nouveau modèle
Espace intérieur :	nouveau modèle
Confort :	nouveau modèle

LE CHOIX DE L'ÉQUIPE
Modèle unique

Guide de l'auto 2005

MAYBACH 57/62

DÉCLARATION D'EXCELLENCE

Au-delà de considérations purement commerciales, qu'est-ce qui peut bien pousser un constructeur auréolé de gloire comme Mercedes (DaimlerChrysler), à commercialiser la Maybach, une voiture qui se vendra peut-être à mille exemplaires annuellement?

Certainement pas les profits qui résulteront d'une telle opération; le retour direct sur l'investissement sera toujours disproportionné par rapport aux sommes en jeu. Non! La Maybach est plutôt une déclaration faite à la face du monde, pour affirmer la supériorité de la marque. Rappelons que cette limousine a été lancée en 2002, et que son nom fait référence à Wilhem Maybach, longtemps associé à la firme Daimler-Motoren-Gesellschaft (plus tard Mercedes). Avec l'aide de son fils Karl, il construisit ultérieurement, entre 1919 et 1941, seulement 1 800 très opulentes et légendaires voitures portant son nom.

LA MESURE DE LA DÉMESURE
En arrivant près de la 57 qui m'était réservée, j'avais l'impression d'usurper l'identité d'un richard à la recherche d'une monture à la hauteur de son capital et de son ego. On se sent tout chose lorsqu'on est en sa présence! La dénomination 57 fait référence à sa longueur hors tout (573 centimètres), et on a même osé mettre sur la route une version 62 (617 centimètres). Ce n'est plus une voiture, c'est un paquebot, mais contrairement à des limousines «stretchées» de mauvais goût, ses proportions demeurent harmonieuses. Vous dire que j'ai eu le coup de foudre pour ses lignes serait encore une de mes nombreuses exagérations. Disons plutôt qu'elle dégage une autorité palpable, intimidante même, mais qu'elle apparaît jusqu'à un certain point élancée, en regard par exemple d'une Rolls-Royce Phantom avec sa calandre dont la taille entre en compétition directe avec les camions Peterbilt.

Les larges portières s'ouvrent pour vous permettre de monter dans un habitacle à la Ali Baba. La décoration impeccable, la suprême qualité des matériaux, le soin apporté à la conception et à l'exécution de chaque détail vous rendent presque mal à l'aise. Même les porte-verres semblent avoir été conçus par un orfèvre! Seule petite critique sur le choix des matériaux; le cuir nubuck qui recouvre en grande partie les contre-portes, qui reste «marqué»

›› FEU VERT
› Performances surprenantes
› Exclusivité garantie
› Luxe incroyable
› Confort souverain
› Qualité indéniable

›› FEU ROUGE
› Prix
› Roulis en virage
› Cuir nubuck discutable
› Plusieurs options onéreuses
› Accélération initiale déconcertante

chaque fois que vous le touchez. Les quatre fauteuils ajustables littéralement dans tous les sens vous enveloppent comme un gant géant, l'espace disponible à l'arrière vous laissera pantois, et la 62 permettrait aisément l'installation de petits strapontins. Résumons en une phrase l'incroyable concentration d'éléments intéressants : j'ai pris 30 photos de l'intérieur, et il me manque encore des détails !

Bien nourri par deux turbos, le V12 5,5 litres 36 soupapes offre généreusement 550 chevaux et un couple de 663 lb-pi. Il s'attaque avec conviction à la titanesque tâche de propulser avec célérité les 2735 kilos de la longue berline. Bizarrement, les premiers millimètres de la course de la pédale de l'accélérateur font augmenter légèrement le régime moteur, mais sans qu'on avance, puis les choses s'animent, surtout en mode Sport, et les accélérations vous calent avec fermeté dans les sièges. La boîte égrène imperceptiblement ses rapports, on entend à peine le moteur changer de régime, mais il ne relâche pas sa poussée. Le freinage s'effectue avec autant de maîtrise, compliments de gros disques pincés en avant par deux étriers à quatre pistons qui arrêteraient même le temps, et l'ABS idéalement programmé laisse à la limite les pneus crisser faiblement avant d'entrer en action.

LONG COURRIER INFATIGABLE

Je ne vous surprendrai pas en disant que le confort prodigué par les suspensions impressionne. Il nous fait paraître nos routes presque belles (c'est tout dire!), et le silence qui règne à bord relève de la sorcellerie, grâce entre autres au double vitrage. J'ai cependant été surpris de sentir que les roues arrière décollaient brièvement du sol, à bonne vitesse, au passage des diaboliques saillies qui traversent nos autoroutes. Mais rien, absolument rien, ne perturbe sa tenue de cap, et elle charge avec un entêtement souverain vers l'orientation induite par la direction très précise. Malgré ses pneus de taille impressionnante, et ses liaisons au sol pneumatiques avec effet antiroulis et antiplongée, la Maybach semble prendre un fort appui sur les roues avant dans les courbes serrées.

On ne saurait conclure sans parler de son équipement, une véritable litanie capable d'étourdir les plus blasés. Contentons-nous de souligner la présence de la climatisation indépendante à quatre zones, de deux moniteurs TV et DVD dans les dossiers des sièges avant, de l'entrée et du démarrage sans clef, de plusieurs assistances à commande vocale, et de réglages à mémoire pour toutes les places assises. Contre toute attente, certaines options apparaissent au catalogue. Mentionnons pour la démonstration l'indispensable petit compartiment réfrigéré à l'arrière et la ventilation alimentée par énergie solaire.

En présence d'une démonstration de savoir-faire aussi éclatante, et même en considérant son prix exorbitant, mais pas nécessairement déraisonnable, on doit lever son chapeau avec respect, et apprécier sa chance inouïe de l'avoir conduite.

Jean-Georges Laliberté

DONNÉES TECHNIQUES

Prix du modèle à l'essai :	330 000$ (US)
Échelle de prix :	de 310 000 (US$) à illimité
Version(s) disponible(s) :	57 et 62
Garanties :	4 ans km illimité/4 ans km illimité
Catégorie :	méga-berline
Emp./Long./Lar./Haut.(cm) :	339/573/198/157
Poids :	2735 kg
Coffre/Réservoir :	605/110 litres
Coussins de sécurité :	partout, sauf plancher
Suspension avant :	indépendante, bras transversaux, électropneumatique
Suspension arrière :	indépendante, multibras, électropneumatique
Freins av./arr. :	disque (ABS), Sensotronic
Antipatinage/Contrôle de stabilité :	of course!
Direction :	assistée, à billes, avec amortisseur
Diamètre de braquage :	14,8 m
Pneus av./arr. :	P275/50R19

GROUPE MOTOPROPULSEUR ET RENDEMENT

Moteur :	V12 5,5 litres biturbo 36s
Puissance :	550 ch à 5250 tr/min
Couple :	663 lb-pi à 2300 tr/min
Autre(s) moteur(s) :	pas nécessaire
Transmission :	propulsion, automatique séquentielle 5 rapports
Autre(s) transmission(s) :	pourquoi faire ?
Accélération 0-100 km/h :	5,2 s (constructeur)
Reprises 80-120 km/h :	5,3 s (estimé)
Freinage 100-0 km/h :	40 mètres (estimé)
Vitesse maximale :	250 km/h (constructeur)
Indice de performance longitudinale :	n.d.
Consommation (100 km) :	super, 16 litres
Autonomie :	687 km

DANS LA MÊME CATÉGORIE

Rolls-Royce Phantom - Lear Jet 31A
le Waldorf Astoria Queen Mary II, etc.

DU NOUVEAU EN 2005

aucun changement majeur

HISTORIQUE DU MODÈLE

1ère génération

DATE DE RENOUVELLEMENT

n.d.

NOS IMPRESSIONS

Agrément de conduite :	🚗🚗🚗🚗½
Fiabilité :	assurée
Sécurité :	🚗🚗🚗🚗🚗
Qualités hivernales :	🚗🚗🚗🚗🚗
Espace intérieur :	🚗🚗🚗🚗🚗
Confort :	🚗🚗🚗🚗🚗

LE CHOIX DE L'ÉQUIPE

62, pourquoi pas !

Guide de l'auto 2005

MAZDA 3/3 SPORT

COMME UNE AMIE

Les gens de chez Mazda devaient se croiser les doigts des deux mains et même des pieds pendant le développement des nouvelles Mazda3 et Mazda3 Sport (hatchback) qui étaient appelées à remplacer les Protegé et Protegé5. Quand on a dans son écurie la voiture la plus populaire de sa catégorie, il ne faut vraiment pas rater son coup. Mais après quelques mois de présence sur la route, on peut maintenant affirmer que la succession est dignement assurée.

Il n'arrive pas souvent que les conducteurs développent si rapidement une belle relation avec une voiture. Après quelques kilomètres au volant d'une Sport GT, ma conjointe avait l'impression qu'elle était comme une amie qu'on a pas vue depuis longtemps, mais avec laquelle on est à l'aise dès les premiers instants de la rencontre. Mon collaborateur Gilles arrivait sensiblement à la même conclusion en soulignant qu'elle était particulièrement accueillante, comme si elle vous disait «Allo!» en la faisant démarrer. Ces compliments un peu inusités lorsqu'ils s'adressent à une automobile sont pourtant bien mérités. Les «3» sont extrêmement bien nées, et si leur fiabilité est à la hauteur, elles vont aussi faire un malheur sur le marché, et renvoyer rapidement la concurrence à ses planches à dessin.

PRÉSENTATION SOIGNÉE
Commençons par la ligne des carrosseries, qui fait vraiment l'unanimité, autant dans les versions berlines que hatchback. On regrette seulement la fragilité du grillage de plastique sous la prise d'air avant, qui ne restera pas longtemps intact. Les cotes d'habitabilité sont dans la moyenne supérieure pour la berline, et excellentes pour la hatchback. Les matériaux sont de qualité très correcte (sauf que le tissu des sièges accroche formidablement la poussière), même la fibre de carbone (en plastique) est assez convaincante. La console centrale imite fort bien celle des Audi (tout un compliment) et la radio est tellement bien intégrée à la planche de bord (avec de commodes contrôles redondants sur le volant) qu'il sera impossible de la remplacer par un appareil plus performant. Les jolis compteurs électroluminescents rouges sont profondément encastrés dans une petite nacelle, mais le volant les dissimule parfois en partie. Le conducteur trouvera facilement une position idéale car son fauteuil s'ajuste en hauteur et la colonne de direction se règle aussi en profondeur, mais sa vision 3/4 arrière souffrira dans la Sport à cause de l'épaisseur des montants. Deux passagers à l'arrière pourront prendre leur aise, mais le

»» FEU VERT	»» FEU ROUGE
› Agrément de conduite	› Instruments parfois illisibles
› Style dynamique	› Tissus ramasse-poussière
› Confort appréciable	› Pas de coussins gonflables latéraux
› Performances intéressantes	› Certaines options discutables
› Équipement complet	› Prix corsé des GT

Guide de l'auto 2005

troisième au milieu constatera que sa tête frôle dangereusement le pavillon et que l'assise de la banquette est trop dure. Si la capacité du coffre de la berline demeure dans la bonne moyenne, elle progresse considérablement en repliant le dossier de la banquette 60/40. Par contre, l'ouverture créée par le couvercle est trop courte. La soute de la «Sport», plus courte, est moins logeable lorsque le dossier est relevé, même si le constructeur annonce le contraire (le volume est calculé jusqu'au pavillon) mais elle se transforme facilement en penchant le dit dossier, offrant ainsi une bonne capacité et un plancher bien plat.

DEUX MOTEURS EN VERVE

Les berlines GX, GS arrivent à la base avec un quatre cylindres deux litres de 148 chevaux, et un couple de 135 lb-pi. Il suffit amplement à la tâche, en toutes circonstances, et effectue son travail en douceur et silencieusement. Les deux boîtes (manuelle cinq rapports ou automatique quatre avec mode manuel) s'y arriment avec compétence. Un autre quatre cylindres 2,3 litres se retrouve d'office sous le capot de la berline GT et des «Sport». Il anime aussi certaines versions de la Mazda6 et procure des performances un peu plus toniques grâce à sa culasse au calage variable de ses soupapes qui lui permet d'offrir 160 chevaux et un couple costaud. Les accélérations sont supérieures à celles des représentantes de la concurrence, et les reprises permettent de les laisser derrière. En prime, comme il tourne relativement lentement à vitesse de croisière, il consomme très peu et se fait très discret.

On a souvent écrit que le comportement routier des Protegé pouvait servir de référence dans leur créneau. J'ai eu l'occasion de mettre à l'épreuve des «3» et des «Sport» chaussées de pneus de 16 pouces, et même de 17 pouces (en option) quatre saisons et d'hiver et elles s'avèrent encore supérieures à leurs devancières. Le châssis extrêmement rigide permet des ajustements précis des suspensions, qui procurent à la fois un confort appréciable, et une tenue de route vive, agréable, et très sûre. La direction transmet assez fidèlement les messages parvenant de la route, et le freinage (quatre disques sur toutes les versions) est digne des performances.

À la base, la berline GX arrive assez bien pourvue en équipement, dont quatre freins à disque. La GS constitue aussi une très bonne affaire, et la dotation de base très complète de la GT peut s'enrichir avec plusieurs accessoires souvent réservés à des voitures plus onéreuses, tels le cuir, le toit ouvrant et les roues de 17 pouces, lorsqu'on épluche le catalogue des options. Les «Sport» (GS et GT) en reçoivent encore davantage, incluant l'ABS, même si curieusement, le climatiseur demeure toujours une option. Les coussins gonflables latéraux brillent toujours par leur absence.

Jolies, agréables à conduire et à vivre, économes d'essence, performantes et tenant bien la route, les Mazda3 et Sport apparaissent très près du sans-faute. Vous auriez tout avantage à les fréquenter sérieusement.

Jean-Georges Laliberté

DONNÉES TECHNIQUES

Prix du modèle à l'essai :	24 600$
Échelle de prix :	de 16 295$ à 21 485$
Version(s) disponible(s) :	Mazda3 berline GX, GS et GT, Sport GS et GT
Garanties :	3 ans 80 000/5 ans 100 000
Catégorie :	berline et hatchback compactes
Emp./Long./Lar./Haut.(cm) :	264/448,5/175,5/146,5
Poids :	1 280 kg
Coffre/Réservoir :	484 à 883/55 litres
Coussins de sécurité :	frontaux
Suspension avant :	indépendante, jambes de force
Suspension arrière :	indépendante, multibras
Freins av./arr. :	disque ABS
Antipatinage/Contrôle de stabilité :	non
Direction :	crémaillère, assistée
Diamètre de braquage :	10,4 m
Pneus av./arr. :	205/50VR17

GROUPE MOTOPROPULSEUR ET RENDEMENT

Moteur :	4L 2,3 litres 16s (87,5 x 94,0)
Puissance :	160 ch à 6500 tr/min
Couple :	150 lb-pi à 4500 tr/min
Autre(s) moteur(s) :	4L 2 litres 148 ch
Transmission :	manuelle 5 rapports
Autre(s) transmission(s) :	automatique 4 rapports
Accélération 0-100 km/h :	8,5 s
Reprises 80-120 km/h :	8,0 s
Freinage 100-0 km/h :	40,0 m
Vitesse maximale :	188 km/h (limitée)
Indice de performance longitudinale :	4,7 m/s/s
Consommation (100 km) :	ordinaire, 8 litres
Autonomie :	687 km

DANS LA MÊME CATÉGORIE

Chevrolet Optra-Ford Focus-Dodge SX2.0
Mitsubishi Lancer-Nissan Sentra-Subaru Impreza,
Toyota Corolla-Volkswagen Golf et Jetta

DU NOUVEAU EN 2005

aucun changement majeur

HISTORIQUE DU MODÈLE

1ière génération

DATE DE RENOUVELLEMENT

n.d.

NOS IMPRESSIONS

Agrément de conduite :	🚗🚗🚗🚗🚗
Fiabilité :	🚗🚗🚗🚗🚗
Sécurité :	🚗🚗🚗🚗
Qualités hivernales :	🚗🚗🚗🚗
Espace intérieur :	🚗🚗🚗🚗½
Confort :	🚗🚗🚗🚗

LE CHOIX DE L'ÉQUIPE

berline GS ou Sport GT

Guide de l'auto 2005

MAZDA 6/6 SPORT/WAGON

VARIATIONS SUR THÈME

Mazda a le vent dans les voiles à l'heure actuelle, la relance de la marque ayant été assurée par l'arrivée successive da la 6 et, plus récemment, de la 3 proposée en deux configurations. Après la berline, la gamme des 6 s'élargit maintenant avec l'arrivée de deux nouveaux modèles, soit une 5 portes appelée 6 Sport ainsi qu'une familiale traditionnelle qui hérite de l'appellation 6 Sport Wagon. Avec ces nouveautés, le constructeur nippon, qui est sous la domination de Ford, entend consolider son offre en accordant un choix plus vaste aux acheteurs, la berline 6 ayant déjà permis à Mazda de reconquérir une partie du marché des intermédiaires où elle est opposée aux valeurs sûres de la catégorie que sont les Honda Accord et Toyota Camry.

En développant une berline dont le comportement routier met l'accent sur la performance, Mazda a réussi à se démarquer du lot des rivales, tout en établissant un lien direct avec les sportives de la marque, soit les Miata et RX-8. Le style évocateur d'un coupé à quatre portes, créé par la ligne de toit, la calandre en « V » et le capot nervuré, a également contribué au positionnement de la 6 en tant que berline sport, et cette même approche a donc été retenue pour la conception des deux nouvelles variantes.

Sur le plan technique, la création de la 6 Sport a posé un défi à ses concepteurs, soit celui de maintenir la rigidité structurelle du châssis tout en pratiquant une immense ouverture pour le hayon, et la solution qui fut adoptée a entraîné la rigidification du cadre de cette cinquième porte. Côté style, la 6 Sport est d'allure un peu plus sportive que la berline surtout lorsque vue de côté. La ligne de toit

s'abaisse plus rapidement vers l'arrière, ce qui signifie également que le dégagement pour la tête des passagers montant derrière est nettement plus limité que sur la berline. Le coffre, qui était déjà de dimension respectable, permet maintenant d'embarquer encore plus de bagages, d'autant que le dossier de la banquette arrière se replie encore en deux parties 60/40. Le plancher bien plat s'étire alors sur une belle longueur. À titre de comparaison, même si la longueur et l'empattement des deux modèles demeure identique avec respectivement 474,5 et 267,5 centimètres, le coffre de la Sport progresse de près de 300 litres avec ses 622 litres, alors que le volume total de l'habitacle s'établit à 3 332 litres par rapport à 3 151 litres pour la berline.

En poursuivant sur ce thème de considérations pratiques, soulignons que l'espace de chargement de la familiale permet une configuration avec un plancher parfaitement plat, les dossiers étant rabattables et les coussins des places arrière se basculant vers l'avant.

DÉCLINONS LA SPORT

Les nouvelles Sport se déclinent en versions GS et GT animées par les mêmes moteurs à quatre ou six cylindres. Mazda a profité de l'opportunité pour faire une nouvelle mise à niveau de l'équipement embarqué, et ce dans le bon sens. Toutes arrivent en effet avec des pneus performants en taille P215/50R17 à cote de vitesse « V » montés sur d'élégantes roues en alliage. Elles disposent de freins à disque partout, assistés de l'ABS et de la répartition électronique de freinage

(EBD), ainsi que d'un antipatinage. La version GS à quatre cylindres se contente d'une dotation de base somme toute assez limitée, mais on y remédie rapidement puisque toutes les autres comprennent, notamment, des coussins gonflables latéraux pour le torse et la tête, des commandes pour le système audio et le régulateur de vitesse montées sur le volant, du cuir sur le pommeau du levier de vitesses et de frein à main, et les réglages électriques en huit sens pour le siège du conducteur.

Les versions GT ajoutent principalement un aileron arrière auquel se joignent un bouclier et des jupes latérales, un système de

》》 DE SÉRIE
› Familiale
› Moteur V6
› Climatiseur
› Système antipatinage
› Siège du conducteur à réglage électrique

》》EN OPTION
› Roues 17 pouces
› Sièges avant chauffants
› Suspension sport
› Sièges en cuir

MAZDA 6/6 SPORT/WAGON

sonorisation Bose avec changeur à six CD, un toit ouvrant électrique, des fauteuils à assise en cuir (chauffants à l'avant) et les instruments distinctifs rouge « Optitron ». Pour le reste, la présentation intérieure demeure la même. Le design agréable laisse quand même entrevoir certains matériaux de qualité très ordinaire, par exemple le tissu des sièges qui semble bien mince et qui accroche la poussière comme du velcro. Certains plastiques façon aluminium font bon marché, d'autres se rayent facilement.

QUALITÉS DYNAMIQUES

Le poste de pilotage d'une Mazda 6 vous accueille avec cette présentation typique d'une voiture sport, composée entre autres d'un volant à trois branches et d'un ensemble de cadrans cerclés de chrome. Il faut toutefois émettre un bémol au sujet de l'assise trop courte des sièges avant.

Il faut absolument conduire la 6 sur une route de campagne ou encore emprunter rapidement une bretelle d'accès à l'autoroute pour apprécier ses qualités dynamiques, supérieures aux Camry et Accord. Les suspensions de la 6 sont en effet calibrées en fonction de la tenue de route, la direction est à la fois rapide et précise, et le freinage, qui est assuré par des disques aux quatre roues, est très performant. Même la familiale, qui est plus lourde d'environ 50 kilos que la berline, se comporte avec un aplomb comparable, ce qui plaira à tous les parents d'une jeune famille qui ne veulent pas sacrifier l'agrément de conduire, simplement parce qu'ils ont besoin d'une voiture plus spacieuse et pratique. De toutes les voitures de cette catégorie, la 6 est celle qui a le plus de caractère, mais elle a également les défauts de ses qualités dans la mesure où les suspensions sont parfois sèches sur mauvais revêtement ce qui affecte inversement le confort. De plus, le bruit du vent est assez présent à vitesse d'autoroute, alors que les Camry et Accord sont plus silencieuses et plus confortables.

Pour ce qui est des motorisations, la familiale n'est proposée qu'avec le moteur V6, qui

»» FEU VERT
› Style réussi
› Comportement routier sportif
› Boîte manuelle précise
› Freinage performant

»» FEU ROUGE
› Dégagement limité aux places arrière
› Bruits de vent et de roulement
› Suspensions parfois sèches
› Puissance un peu juste du moteur 4 cylindres

est essentiellement une version du moteur Duratec développé par Ford et adapté par Mazda, et qui concède plusieurs chevaux aux rivales Nissan Altima et Honda Accord. Il faut également tenir compte du fait que la puissance maximale ainsi que le couple le plus fort sont obtenus à des régimes élevés, ce qui n'aide pas sa cause. Quant au moteur 4 cylindres, sa puissance est un peu juste et le couple fait preuve d'une carence à bas régime ce qui rend les accélérations et les reprises nettement moins satisfaisantes qu'avec le V6. En fait, on peut affirmer que le châssis de la 6 est à ce point performant que la voiture pourrait facilement être animée par des moteurs plus puissants sans subir de modifications.

C'EST PAS FINI !

Après l'arrivée de ces deux nouvelles variantes, on pourrait croire que le travail des concepteurs est maintenant terminé, mais la prolifération des modèles ne s'arrêtera pas là, puisqu'une version plus performante de la berline, dotée de la traction intégrale, sera ajoutée à la gamme au printemps 2005. Cette version de la 6 sera animée par un nouveau moteur 4 cylindres développé par Mazda et ce moteur sera également turbocompressé. Fidèle au concept établi par la MazdaSpeed Miata, elle sera probablement dotée de jantes et pneus surdimensionnés ainsi que de modifications aux suspensions qui prendront sans doute la forme d'amortisseurs plus fermes et de barres antiroulis d'un diamètre supérieur. Histoire à suivre…

Pour l'heure, la 6 s'impose comme la référence de sa catégorie pour la qualité de sa tenue de route et son comportement routier sportif, ce qui en fait un excellent choix pour ceux et celles qui privilégient l'agrément de conduite. Ne reste plus maintenant qu'à choisir la configuration la mieux adaptée aux besoins.

Gabriel Gélinas

DONNÉES TECHNIQUES

Prix du modèle à l'essai :	Wagon, 32 995 $
Échelle de prix :	27 495 $ à 35 495 $
Version(s) disponible(s) :	berline, hatchback 5 portes, familiale, GS, GT, GSV6, GTV6
Garanties :	3 ans 80 000/5 ans 100 000
Catégorie :	Berline intermédiaire
Emp./Long./Lar./Haut.(cm) :	267,5/477/178/145,5
Poids :	1 548 kg
Coffre/Réservoir :	559 à 856/68 litres
Coussins de sécurité :	fontaux et latéraux (av./arr.)
Suspension avant :	indépendante, bras inégaux
Suspension arrière :	indépendante, multibras
Freins av./arr. :	disque (ABS)
Antipatinage/Contrôle de stabilité :	oui/non
Direction :	à crémaillère, ass. variable
Diamètre de braquage :	11,8 m
Pneus av./arr. :	P205/60R16

GROUPE MOTOPROPULSEUR ET RENDEMENT

Moteur :	V6 3,0 litres 24s (89,0 x 79,5)
Puissance :	220 ch (164 kW) à 6300 tr/mn
Couple :	192 lb-pi (260 Nm) à 5000 tr/mn
Autre(s) moteur(s) :	4L 2,3l 160 ch
Transmission :	traction, automatique 5 rapports
Autre(s) transmission(s) :	manuelle 5 rapports
Accélération 0-100 km/h :	7,7 s
Reprises 80-120 km/h :	6,55 s
Freinage 100-0 km/h :	39,0 m
Vitesse maximale :	210 km/h
Indice de performance longitudinale :	5,05 m/s/s
Consommation (100 km) :	ordinaire, 12,2 litres
Autonomie :	557 km

NIVEAU SONORE

Ralenti :	42,2 db
Accélération :	71,0 db
100 km/h :	67,0 db

DANS LA MÊME CATÉGORIE

Honda Accord - Hyundai Sonata - Kia Magentis
Mitsubishi Galant - Nissan Altima
Toyota Camry - VW Passat

HISTORIQUE DU MODÈLE

1ère génération

DATE DE RENOUVELLEMENT

2008

NOS IMPRESSIONS

Agrément de conduite :	🚗🚗🚗🚗🚗
Fiabilité :	🚗🚗🚗🚗
Sécurité :	🚗🚗🚗🚗
Qualités hivernales :	🚗🚗🚗🚗
Espace intérieur :	🚗🚗🚗🚗½
Confort :	🚗🚗🚗🚗½

LE CHOIX DE L'ÉQUIPE

GT

Guide de l'auto 2005

MIATA/MAZDASPEED MIATA

UN DERNIER TOUR DE PISTE

Seule véritable héritière de la lignée des roadsters britanniques des années 50 et 60, la Miata demeure une voiture qui n'a pas de véritable concurrence directe. Vous pouvez relever que la New Beetle décapotable et la nouvelle Mini Cooper cabriolet sont des rivales de la Miata en citant leurs origines qui remontent aux célèbres Coccinelle et Mini Austin, mais la Volks comme la Mini sont loin d'être aussi sportives que la Miata et ne peuvent donc prétendre à la vocation de roadster.

En attendant le lancement de la prochaine génération en 2005 en tant que modèle 2006, la Miata continue de séduire par son côté enjoué et son look intemporel. Au volant de cette voiture, deux mots viennent spontanément à l'esprit, soit équilibre et précision. Équilibre en raison de la répartition optimale du poids et du fait qu'il est possible de contrôler cette voiture « à l'accélérateur » en virages. Ainsi, le simple fait d'accélérer ou de relâcher l'accélérateur dans une courbe produit une réaction à la fois instantanée et prévisible du châssis. Il est donc possible de placer la voiture sur la trajectoire idéale au millimètre près en virages. Quant au mot précision, il prend tout son sens lorsqu'il est question de la direction ou de la course du levier de vitesses.

Lancée en 2004, la nouvelle version Mazda Speed Miata propose des performances relevées par rapport à la simple Miata. En fait, plusieurs préparateurs ou « tuners » avaient développé des turbocompresseurs et autres pièces de performance pour la Miata au cours des récentes années. Mazda a simplement décidé de profiter directement de cette manne en développant la version Mazda Speed, et en utilisant certaines pièces développées au cours des années antérieures qui ont préalablement servi à la création d'éditions spéciales de cette voiture. Un turbocompresseur de marque IHI a été ajouté au moteur de 1,8 litre ce qui a permis d'augmenter la puissance de 36 chevaux (178 au total) et le couple de 41 livres-pied (166 au total). On remarque également sous le capot la présence d'une traverse entre les deux tourelles des suspensions avant, afin de rigidifier la caisse de la voiture. La boîte de vitesses en compte six, et la voiture a également été abaissée de 7 millimètres par le choix de ressorts plus courts, d'amortisseurs à gaz de marque Bilstein et de barres antiroulis d'un diamètre supérieur, alors que les jantes de 17 pouces de marque Hart Racing sont réalisées en aluminium. Les qualités dynamiques de la Mazda Speed Miata sont donc bonifiées par rapport à la voiture traditionnelle, mais il y a un prix à payer pour

»» FEU VERT
› Boîte manuelle fabuleuse
› Tenue de route exceptionnelle
› Ligne intemporelle
› Plaisir et frissons garantis

»» FEU ROUGE
› Voiture trois saisons
› Volume du coffre
› Manque de couple à bas régime
› Confort relatif

l'excellence de la tenue de route et les réactions encore plus incisives de la voiture : le confort en souffre sur les routes dégradées du Québec. La livrée spécifique à la Mazda Speed Miata comprend plusieurs éléments aérodynamiques, tels que déflecteurs et becquets modifiés, de même que des sièges deux tons, de cadrans de couleur argenté, un volant et un pommeau gainés de cuir ainsi qu'un pédalier réalisé en alliage, entre autres, histoire de la différencier du modèle traditionnel.

Le choix d'une Miata, peu importe la version, signifie également que l'on est prêt à faire plusieurs sacrifices côté confort et que les considérations pratico-pratiques ne sont pas au sommet de la liste des priorités. Ainsi, on ne monte pas à bord d'une Miata, mais on y descend puisque la voiture est très basse. Par conséquent, la sortie de la voiture demande aussi un certain effort physique. De plus, les bruits de vent et de roulement sont très présents, même avec le toit en place. Ceci signifie qu'un long trajet à vitesse d'autoroute est plus fatigant au volant d'une Miata que d'une voiture classique, d'autant plus que le moteur de la Mazda Speed Miata tourne à un régime élevé de 3 800 tours/minute à 120 kilomètres/heure en sixième vitesse. Le son du moteur, relativement plaisant lors d'accélérations, devient franchement irritant à vitesse constante sur l'autoroute. Lorsque le toit est relevé, la visibilité 3/4 arrière fait pitié et les gens doivent espérer du beau temps pour pouvoir s'affranchir de cet incommodant couvre-chef. Pour ce qui est des considérations pratiques, relevons le faible volume du coffre, le peu de rangements à bord, et le fait que les Miata sont souvent la cible préférée des voleurs de contenu puisqu'un simple coup de couteau dans la capote leur donne un accès rapide à bord, ce qui a évidemment une incidence directe sur les primes d'assurance.

La prochaine génération de la Miata, qui sera lancée dès l'an prochain, sera très certainement élaborée à partir d'une version raccourcie de la plate-forme de l'actuelle RX-8, ce qui en fera une voiture plus grande et spacieuse que le modèle actuel. Le rapport poids/puissance favorable de la Miata étant l'un des éléments les plus importants pour assurer le succès de la voiture, il y a fort à parier que le moteur 4 cylindres de 1,8 litre à la sonorité peu mélodieuse sera alors remplacé par le moteur de 2,3 litres ce qui permettrait à la puissance de passer de 142 à 160 chevaux. L'ajout de la turbocompression à ce moteur bonifierait d'autant la puissance du modèle Mazda Speed de cette prochaine génération, qui pourrait alors atteindre le chiffre magique de 200 chevaux.

Véritable jouet, deuxième ou troisième voiture par excellence, moto à quatre roues, tous ces qualificatifs servent à résumer le caractère enjoué et désinvolte de la Miata, ce qui en fait une compagne idéale pour les journées où rouler rime avec plaisir.

Gabriel Gélinas

DONNÉES TECHNIQUES

Prix du modèle à l'essai :	34 395 $
Échelle de prix :	27 895 $ à 34 395 $
Version(s) disponible(s) :	GS, GX, GT, MS
Garanties :	3 ans 80 000/5 ans 100 000
Catégorie :	Cabriolets
Emp./Long./Lar./Haut.(cm) :	226,5/394,5/168/123
Poids :	1 127 kg
Coffre/Réservoir :	144/48 litres
Coussins de sécurité :	frontaux
Suspension avant :	indépendante, multibras
Suspension arrière :	indépendante, multibras
Freins av./arr. :	disque (ABS)
Antipatinage/Contrôle de stabilité :	non/non
Direction :	à crémaillère, ass. variable
Diamètre de braquage :	10,4 m
Pneus av./arr. :	P205/40R17

GROUPE MOTOPROPULSEUR ET RENDEMENT

Moteur :	4L 1,8 litres 16s (83,0 x 85,0) turbocompressé
Puissance :	178 ch (133 kW) à 6000 tr/mn
Couple :	166 lb-pi (225 Nm) à 4500 tr/mn
Autre(s) moteur(s) :	4L 1,8l atmosphérique 142 ch
Transmission :	propulsion, manuelle 6 rapports
Autre(s) transmission(s) :	automatique 4 rapports, manuelle 5 rapports
Accélération 0-100 km/h :	7,0 s
Reprises 80-120 km/h :	8,05 s (4e)
Freinage 100-0 km/h :	37,2 m
Vitesse maximale :	210 km
Indice de performance longitudinale :	5,2 m/s/s
Consommation (100 km) :	super, 10,1 litres
Autonomie :	475 km

DANS LA MÊME CATÉGORIE
Ford Mustang-Mitsubishi Eclipse Spyder
Toyota Solara-VW New Beetle

DU NOUVEAU EN 2005
version MazdaSpeed

HISTORIQUE DU MODÈLE
2ième génération

DATE DE RENOUVELLEMENT
2006

NOS IMPRESSIONS

Agrément de conduite :	🚗🚗🚗🚗½
Fiabilité :	🚗🚗🚗🚗½
Sécurité :	🚗🚗🚗½
Qualités hivernales :	🚗🚗🚗
Espace intérieur :	🚗🚗🚗
Confort :	🚗🚗🚗½

LE CHOIX DE L'ÉQUIPE
MazdaSpeed Miata

Guide de l'auto 2005

MAZDA MPV

MISS PERSONNALITÉ VERSATILE

Longtemps affublée d'une carrosserie ingrate et d'une conduite digne d'un camion, la MPV a été entièrement revue en 2002. Ceux qui n'ont connu que la première version auraient de la difficulté, aujourd'hui, à se croire au volant d'un véhicule portant le même nom ! D'ailleurs, MPV signifie Multi-Purpose Vehicule, qu'on pourrait traduire grosso modo par « véhicule à plusieurs utilités » ou, plus poétiquement « Méchant Paquet de Variations » !

Il ne faudrait cependant pas considérer que la MPV puisse se mesurer à une Honda Element, par exemple, au niveau de la polyvalence ! Mais on est ici en présence d'une fourgonnette à la fois pratique, jolie et de dimensions bien calculées. Même la version de base (GX) offre une troisième rangée de sièges ! Pour ce qui est de la beauté, il s'agit d'une question éminemment personnelle, mais en général, tous les gens de mon entourage ont été très tendres dans leurs commentaires. Peut-être parce que les lignes bien équilibrées la font paraître un peu plus petite qu'elle ne l'est en réalité.

Un unique moteur équipe toutes les versions de la MPV (GX, GS et GT). Ce même V6 3,0 litres se retrouve aussi dans le Tribute. Dans les deux cas, il développe 200 chevaux et, pour la MPV, seule une transmission automatique à cinq rapports peut s'y frotter. Les accélérations et reprises ne fracasseront aucun crâne sur l'appuie-tête mais pourront sortir l'automobiliste d'une mauvaise posture sans problème.

Malheureusement, à l'occasion, la transmission de notre véhicule d'essai passait les vitesses de façon un peu sèche. Quant aux quatre freins à disque avec ABS (disponibles uniquement sur les modèles GS et GT), ils remplissent adéquatement leur mandat de stopper le véhicule mais ils n'affichent pas le même mordant que ceux d'une Honda Odyssey, par exemple. La suspension se révèle fort confortable et ce n'est que sur un pavé très dégradé (croyez-le ou non, j'en ai trouvé près de chez moi !) que l'arrière cherche à se dérober. Une solution pratique et sécuritaire pour éviter ce genre de cascades : ralentir ! Au chapitre de la conduite, le volant gagnerait à se montrer un peu plus communicatif mais cela n'empêche pas, lorsqu'on pousse le véhicule dans une courbe, de constater un comportement sous-vireur, facile à maîtriser. D'ailleurs, rendu à ce point, vous sentirez votre dos glisser vers la gauche ou vers la droite sur le dossier du siège. Considérez ce manque de soutien latéral comme la marque d'une limite à ne pas dépasser !

»» FEU VERT
› Rapport prix/agrément intéressant
› Finition de haut niveau
› Espaces de rangement nombreux
› Tenue de route saine
› Confort indéniable

»» FEU ROUGE
› Suspension rétive sur mauvaise chaussée
› Pneu de secours difficile d'accès
› Ergonomie peu étudiée
› Sièges amovibles plutôt lourds
› Moteur trop porté sur l'essence

À part quelques «silements» de vent mal filtrés, l'habitacle de la MPV se montre agréablement silencieux. À l'avant, les passagers reposent sur des sièges un peu durs mais très confortables, et la visibilité ne cause pas de problème sauf, peut-être, en cas de stationnement, ce qui nous rappelle rapidement qu'il ne s'agit pas d'une Miata mais bien d'une fourgonnette! Par contre, soulignons que les vitres des portes coulissantes s'abaissent. Il s'agit d'une astuce des plus appréciées! Les bancs de la rangée médiane sont, naturellement, moins accueillants que ceux situés à l'avant et c'est surtout au niveau du dégagement pour les jambes que l'espace est compté. Ces deux sièges peuvent être facilement retirés de leurs ancrages pour donner plus d'espace de chargement mais ils restent assez lourds. Lorsqu'ils sont en place, ils peuvent être avancés ou reculés et celui de droite coulisse latéralement pour offrir un meilleur accès à la banquette arrière. Cette dernière se montre relativement accueillante pour deux adultes mais un troisième criera «pardon mononcle!» très rapidement. Cette banquette se remise dans une cavité pour former un plancher plat. Lorsque le dossier (assez dur, en passant) est relevé, cette dépression forme un espace de rangement fort apprécié. Ladite banquette peut être retournée pour faire face à l'arrière mais cette configuration ne peut servir que lorsque le hayon est ouvert. De plus, on y est mal assis.

Parmi les autres irritants, il faut absolument mentionner ce tragique levier de vitesses «à la colonne» qui cache immanquablement les boutons de la radio ou de la ventilation. En plus, on le confond souvent avec le levier des essuie-glaces, ce qui fait qu'on asperge le pare-brise de lave-glace plutôt que d'embrayer! Mais il s'agit ici de broutilles comparativement au pneu de secours… Ce dernier étant logé sous le véhicule, il faut, pour y avoir accès, tirer sur une espèce de plateau… Enfin, je ne sais trop puisque je n'ai jamais réussi quoi que ce soit avec ce diabolique système. En outre, le véhicule essayé possédait des jupes de bas de caisse et il faut, dans ce cas, tourner deux «pinouches» qui refusaient carrément de collaborer. Ma bouche, pourtant toujours si pure, s'est alors mise à proférer des propos orduriers et indéniablement offensants pour l'auteur de ce système… C'était un mercredi après-midi, il faisait beau et j'avais tout mon temps. Je n'ose imaginer mon langage si j'avais eu une crevaison en me rendant à un rendez-vous important une journée de pluie…

Si les dimensions relativement modestes de la MPV lui permettent de se montrer agile sur la route et de nous faire presque croire qu'on est au volant d'une automobile, un arrêt à une pompe à essence nous ramène invariablement à la réalité… Il s'agit bel et bien d'une fourgonnette!

Alain Morin

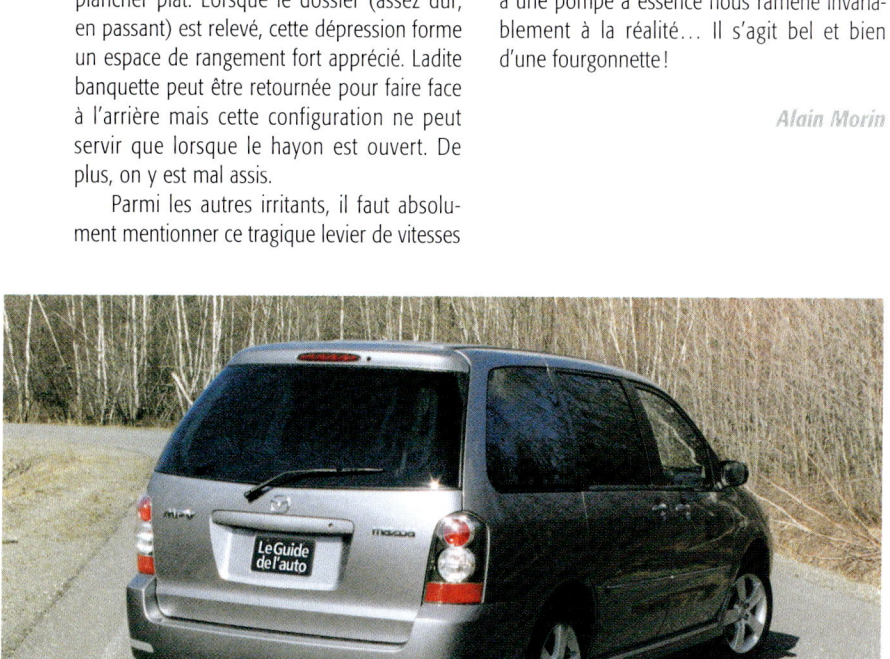

DONNÉES TECHNIQUES

Prix du modèle à l'essai:	GS 31 295$
Échelle de prix:	26 895$ à 36 795$
Version(s) disponible(s):	GX, GS, GT
Garanties:	3 ans 80 000/5 ans 100 000
Catégorie:	fourgonnettes
Emp./Long./Lar./Haut.(cm):	284/481/183/175,5
Poids:	1 699 kg
Coffre/Réservoir:	487 à 3 526/75 litres
Coussins de sécurité:	frontaux et latéraux (av.)
Suspension avant:	indépendante, jambes de force
Suspension arrière:	demi-indépendante, poutre déformante
Freins av./arr.:	disque (ABS)
Antipatinage/Contrôle de stabilité:	oui/non
Direction:	à crémaillère, ass. variable
Diamètre de braquage:	11,4 m
Pneus av./arr.:	P215/60R17

GROUPE MOTOPROPULSEUR ET RENDEMENT

Moteur:	V6 3,0 litres 4s (89,0 x 79,5)
Puissance:	200 ch (149 kW) à 6200 tr/mn
Couple:	200 lb-pi (271 Nm) à 3000 tr/mn
Autre(s) moteur(s):	seul moteur offert
Transmission:	traction, automatique 5 rapports
Autre(s) transmission(s):	aucune
Accélération 0-100 km/h:	10,1 s
Reprises 80-120 km/h:	9,5 s
Freinage 100-0 km/h:	175 km/h
Vitesse maximale:	41,2 m
Indice de performance longitudinale:	4,42 m/s/s
Consommation (100 km):	ordinaire, 11,7 litres
Autonomie:	641 km

DANS LA MÊME CATÉGORIE
Dodge Caravan-Ford Freestar
Honda Odyssey-Kia Sedona-Pontiac Montana
Toyota Sienna

DU NOUVEAU EN 2005
Aucun changement majeur

HISTORIQUE DU MODÈLE
2ième génération

DATE DE RENOUVELLEMENT
2006 ou 2007

NOS IMPRESSIONS

Agrément de conduite:	🚗🚗🚗🚗
Fiabilité:	🚗🚗🚗🚗
Sécurité:	🚗🚗🚗🚗
Qualités hivernales:	🚗🚗🚗🚗
Espace intérieur:	🚗🚗🚗🚗½
Confort:	🚗🚗🚗🚗

LE CHOIX DE L'ÉQUIPE
GS

Guide de l'auto 2005

MAZDA RX-8

PLAISIR POUR LES YEUX

Le grand défaut des voitures de sport, c'est qu'elles nous rendent un peu asocial. Conduire une voiture de sport, ça veut d'abord dire se consacrer à l'essentiel. Mais ça veut aussi dire, et c'est la faute des fabricants, pouvoir partager ce plaisir avec une seule personne puisque ces petites sportives n'ont habituellement que deux places. Vous comprendrez donc le plaisir des conducteurs quand ils vont vu que la Mazda RX8 permettait d'accueillir non pas deux, mais quatre passagers, histoire d'être plus nombreux à l'apprécier en même temps.

C'est vrai que vos passagers ne doivent pas être trop grands, ni de trop forte taille puisque les places arrière de la RX-8 sont exiguës, et ne profitent pas nécessairement du même confort que les places avant. Mais tout de même… De surcroît, on a voulu les rendre plus accessibles en munissant la voiture de portes Freestyle (vous savez ces portières qui s'ouvrent à contresens et que l'on appelle portes-suicides), ces portes possèdent un angle d'ouverture de 80 degrés.

Il est donc facile de s'y glisser, sans trop de difficultés. Y demeurer longtemps est cependant un défi plus complexe, mais je ne crois pas que ce soit le mandat. Après tout, on ne veut pas de longues randonnées en voiture de sport, on veut une randonnée agréable. Et c'est exactement ce que propose la RX-8.

La silhouette a de quoi faire tourner toutes les têtes. Ses formes arrondies, son habitacle très bas et ses arêtes profilées lui donnent un petit air coquin, presque agressif. Heureusement, les ailes rebondies et les rondeurs de l'arrière viennent un peu adoucir le tempérament de l'ensemble. Il suffit d'écouter les commentaires des passants qui regardent la voiture pour se rendre compte de l'impact du design unique, qui devrait demeurer au goût du jour pour de nombreuses années, bien que certains changements mineurs surviendront au fil des ans.

Dans l'habitacle, même coup d'œil. Il faut d'abord s'y glisser, puisque les sièges sont assez bas, mais une fois installé on se sent littéralement enveloppé. Les sièges sont d'un grand confort et sont faciles à adapter. Le conducteur peut facilement y trouver une bonne position de conduite. Le volant n'est ajustable qu'en hauteur (il aurait été agréable qu'il soit aussi téléscopique), mais pour le reste, rien à redire.

La finition de certains détails semble parfois un peu bâclée mais l'ensemble est agréable au coup d'oeil. Même le recouvrement des sièges, d'un noir et rouge vif comme la carrosserie de notre modèle d'essai, attire l'attention des amateurs qui n'en finissaient plus de se contorsionner pour admirer l'intérieur.

»» FEU VERT	»» FEU ROUGE
› Maniabilité exceptionnelle	› Places arrière peu confortables
› Boîte de vitesse précise	› Gourmande en essence
› Répartition du poids parfaite	› Système de navigation complexe
› Silhouette séduisante	› Absence de couple à bas régime

Guide de l'auto 2005

RX-8

L'instrumentation est complète, mais que dire du système de navigation par satellite : une véritable horreur à programmer !

BOMBE DE ROUTE

C'est sur la route que la RX-8 a le plus l'occasion de se faire valoir, et c'est sur le circuit ontarien de Mosport que l'occasion m'a été donnée de tester ses capacités. Une belle façon de démontrer que les qualités du coupé sport 4 portes ne sont pas seulement esthétiques.

Une propulsion dont le moteur développe 238 chevaux, l'idée est intéressante. On se dit qu'avec une telle voiture, on devra jouer d'habileté au volant, faire patiner les roues arrière, chatouiller l'accélérateur pour maintenir la trajectoire. Car une propulsion puissante exige une attention toute particulière en conduite.

Pas du tout, et même au contraire. La RX-8 obéit au doigt et à l'œil, peu importe ce qu'on lui demande. Munie d'un contrôle de stabilité (DSC), d'un système d'antipatinage (TSC) et d'un différentiel à glissement limité (LSD – rien à voir avec la drogue !), elle colle à la route, littéralement. Elle corrige elle-même toutes les erreurs de pilotage (que personne ne fait évidemment, mais on ne sait jamais). Même avec les systèmes désactivés, elle prouve qu'elle a une tenue de route exceptionnelle. Si bien en fait, que l'on a parfois l'impression que c'est la tenue de route qui permet aux systèmes d'assistance au pilotage d'être aussi efficaces.

La direction est assez précise pour l'inscrire en virage efficacement et l'équilibre général est légèrement sous-vireur, justement pour permettre à ceux qui manquent de jugement de se sortir d'affaire dans certaines positions fâcheuses.

La boîte de vitesses à 6 rapports est bien étagée et précise dans ses déplacements. Ceux qui aiment jouer du levier seront bien servis avec des rapports aussi courts.

Le moteur rotatif comme le Renesis qui équipe la RX-8 fait en sorte que l'on a besoin de beaucoup moins de pièces qu'un moteur traditionnel, ce qui permet des dimensions réduites autant en longueur qu'en largeur et un poids réduit. On peut ainsi assurer une meilleure répartition du poids, ce qui donne des meilleurs résultats sur le plan de la maniabilité.

Malgré ses grandes qualités, le Renesis a quelques problèmes, notamment l'absence de couple à bas régime. Et sa consommation d'essence est à l'avenant, car pour avoir la puissance voulue, on se doit de monter haut en régime moteur, ce qui le rend très gourmand.

Peu importe cependant les données techniques, le véritable bonheur avec la RX-8, c'est de la conduire. Une fois bien installé au volant, vous vous demanderez comment vous avez pu faire pour vous en passer avant tellement sa conduite est agréable. La RX-8, c'est une sportive avec une personnalité. Elle n'est pas parfaite, mais qui n'a pas ses petits défauts ?

Bertrand Godin

DONNÉES TECHNIQUES

Prix du modèle à l'essai :	39 595 $
Échelle de prix :	36 995 $ à 43 595 $
Version(s) disponible(s) :	GS et GT
Garanties :	3 ans 80 000/5 ans 100 000
Catégorie :	GT
Emp./Long./Lar./Haut.(cm) :	270/442/177/134
Poids :	1 365 kg
Coffre/Réservoir :	290/60 litres
Coussins de sécurité :	frontaux, latéraux (av.) et rideaux
Suspension avant :	indépendante, bras inégaux
Suspension arrière :	indépendante, multibras
Freins av./arr. :	disque (ABS)
Antipatinage/Contrôle de stabilité :	oui/oui
Direction :	à crémaillère, ass. variable électronique
Diamètre de braquage :	10,6 m
Pneus av./arr. :	P225/45R18

GROUPE MOTOPROPULSEUR ET RENDEMENT

Moteur :	Rotatif 1,3 litre
Puissance :	238 ch (177 kW) à 8500 tr/mn
Couple :	159 lb-pi (216 Nm) à 550 tr/mn
Autre(s) moteur(s) :	197 ch (transmission automatique)
Transmission :	propulsion, manuelle 6 rapports
Autre(s) transmission(s) :	automatique 4 rapports
Accélération 0-100 km/h :	6,7 s
Reprises 80-120 km/h :	7,9 s
Freinage 100-0 km/h :	35,0 m
Vitesse maximale :	235 km/h
Indice de performance longitudinale :	5,52 m/s/s
Consommation (100 km) :	super, 11,2 litres
Autonomie :	536 km

DANS LA MÊME CATÉGORIE
BMW 330Ci - Chrysler Crossfire
Honda Accord - Infiniti G35 - Nissan 350Z

DU NOUVEAU EN 2005
pas de changement majeur

HISTORIQUE DU MODÈLE
1ère génération

DATE DE RENOUVELLEMENT
n.d.

NOS IMPRESSIONS

Agrément de conduite :	🚗🚗🚗🚗½
Fiabilité :	🚗🚗🚗🚗
Sécurité :	🚗🚗🚗🚗½
Qualités hivernales :	🚗🚗🚗½
Espace intérieur :	🚗🚗🚗🚗
Confort :	🚗🚗🚗🚗

LE CHOIX DE L'ÉQUIPE
GT manuelle 6 rapports

Guide de l'auto 2005

MAZDA TRIBUTE

UNE FOULE DE RAFFINEMENTS

Lorsque la première Mazda Tribute a été dévoilée en 1999, ses concepteurs avaient voulu combiner le caractère pratique d'un VUS à une conduite s'apparentant à celle d'une auto. Même la silhouette, plus sophistiquée que celle du Ford Escape, son jumeau, tentait de se rapprocher de celle d'une automobile. Les chiffres de ventes de ces modèles ont prouvé que les deux approches étaient valables. Par contre, quelques défauts de jeunesse ont irrité plusieurs propriétaires et sans doute découragé des acheteurs potentiels.

À la mi-parcours du cycle du Tribute, il est donc normal que ce modèle soit l'objet d'une foule de modifications tant mécaniques qu'esthétiques afin qu'il soit encore plus compétitif.

Même si les changements mécaniques sont plus importants, examinons tout d'abord la présentation intérieure et extérieure. Au fil des ans, la présentation «automobile» de ce VUS semble avoir perdu de son attrait. De prime abord, plusieurs affirmaient que les stylistes de Mazda avaient eu le dessus sur leurs collègues de Ford avec cette silhouette. Pourtant, un peu plus tard, il appert que l'Escape, plus typée, est appréciée davantage. Cette fois, cette Mazda revue et corrigée est dotée d'angles de carrosserie plus aigus, la grille de calandre est toute nouvelle, de même que les blocs optiques qui l'encadrent. Le pare-chocs est également redessiné. Toutefois, comme avant, il abrite des phares antibrouillard et se prolonge sur la paroi latérale pour se terminer sur le passage des roues qui ont été élargies. Et pour accentuer le caractère «utilitaire», des panneaux de bas de caisse plus proéminents sont utilisés. La partie arrière a également subi de légères modifications, la plus importante étant les feux qui comprennent maintenant deux phares cristallins intégrés dans la lentille ambrée.

Dans l'habitacle, le levier de vitesses monté sur la colonne de direction se retrouve maintenant sur la console centrale. L'accès aux commandes de la radio et de la climatisation n'est dorénavant plus obstrué par ce levier qui en a irrité plus d'un. Par la même occasion, les cadrans indicateurs sont nouveaux et cerclés d'un anneau de couleur titane. Cette couleur est également utilisée sur le panneau des commandes du système audio et de la climatisation. Malheureusement, ce plastique fait bon marché et ne s'harmonise pas tellement bien avec le reste de l'habitacle. Sur une note plus positive, l'insonorisation a été nettement améliorée tandis que le dossier arrière est de type 60/40.

»» FEU VERT
› Silhouette épurée
› Moteur 4 cylindres plus puissant
› Dossier arrière 60/40
› Tableau de bord moins fade
› Levier de vitesse repositionné

»» FEU ROUGE
› Certains plastiques à revoir
› Suspension trop ferme pour certains
› Pneumatiques moyens
› Tissu des sièges bon marché

LE 2,3 LITRES À LA RESCOUSSE

Dans la grande famille Ford où la compagnie Mazda joue un rôle déterminant, le quatre cylindres de choix est le 2,3 litres utilisé autant sur la Mazda 6 que la Mazda 3 et plusieurs produits Ford. Puisque le moteur quatre cylindres de 2 litres ne suffisait pas à la tâche avec ses modestes 130 chevaux, il était normal de le remplacer par la vedette du jour, le 2,3 litres dont les 153 chevaux font sentir leur présence. Il est dorénavant possible d'associer ce moteur quatre cylindres avec une transmission automatique à quatre vitesses. Une boîte manuelle à cinq rapports est toujours au catalogue. Elle est toute nouvelle avec une course de levier plus courte et plus précise. Le moteur V6 3,0 litres est de retour. Avec ses 200 chevaux, il surpasse pratiquement tous ses concurrents sur le plan de la puissance. Il ne peut être livré qu'avec la boîte automatique.

Parmi les autres modifications, précisons que la transmission intégrale a été remplacée par un système à commande électronique directement couplé à la boîte de contrôle du moteur qui permet d'obtenir une distribution instantanée du couple aux roues possédant le plus d'adhérence. Le modèle précédent était doté d'un visco-coupleur à lamelles qui était affecté par un certain temps de réponse causé par le délai nécessaire pour que le liquide hydraulique s'échauffe et actionne les lamelles.

Cette année, les freins ABS sont standards de même que la répartition électronique de la force de freinage. La suspension indépendante aux quatre roues a été révisée. Les ressorts et les barres antiroulis sont plus fermes permettant d'améliorer la tenue de route.

POLITIQUEMENT CORRECTE

Lors de la venue du Tribute en 1999, son moteur V6 consommait comme un gros V8 tandis que le quatre cylindres était anémique. Cette fois, c'est beaucoup plus réjouissant alors que le moteur 2,3 litres est suffisamment puissant pour affronter la plupart des situations tout en ayant une consommation de carburant très raisonnable. Quant au V6, au fil des années, les ingénieurs ont réussi à apaiser sa soif et obtenir une consommation d'un peu plus de 14 litres aux 100 km, tandis que la moyenne sera d'environ 11 litres aux 100 km/h avec le quatre cylindres doté de la boîte manuelle.

La conduite de ce millésime nous a permis de constater que les modifications à la suspension avaient amélioré la tenue de route, donné plus de précision à la direction sans pour autant nuire au confort. Sans être un foudre de guerre, le moteur quatre cylindres permet des accélérations adéquates, même avec la boîte automatique. Il ne faut pas pour autant ignorer la transmission manuelle qui est considérablement améliorée.

En conclusion, l'édition 2005 du Tribute ne semble pas avoir connu d'importantes modifications au premier coup d'oeil, mais sa conduite permet de conclure que les multiples changements apportés en font un VUS urbain nettement plus homogène.

Denis Duquet

DONNÉES TECHNIQUES

Prix du modèle à l'essai :	25 995 $
Échelle de prix :	22 395 $ à 34 895 $
Version(s) disponible(s) :	XLS, XLT, Hybrid
Garanties :	3 ans 80000/5 ans 100000
Catégorie :	utilitaires sport compact
Emp./Long./Lar./Haut.(cm) :	262/442/182/178
Poids :	1 546 kg
Coffre/Réservoir :	830 à 1 877/62 litres
Coussins de sécurité :	frontaux et latéraux (av.)
Suspension avant :	indépendante, jambes de force
Suspension arrière :	indépendante, multibras
Freins av./arr. :	disque/tambour (ABS opt.)
Antipatinage/Contrôle de stabilité :	non/non
Direction :	à crémaillère, assistée
Diamètre de braquage :	10,7 m
Pneus av./arr. :	P235/70R16

GROUPE MOTOPROPULSEUR ET RENDEMENT

Moteur :	4L 2,3 litres 16s (87,3 x 93,9)
Puissance :	153 ch (114 kW) à 5800 tr/mn
Couple :	152 lb-pi (206 Nm) à 4250 tr/mn
Autre(s) moteur(s) :	V6 3,0 litres 200 ch
Transmission :	intégrale, automatique 5 rapports
Autre(s) transmission(s) :	manuelle 5 rapports
Accélération 0-100 km/h :	11,9 s
Reprises 80-120 km/h :	10,0 s
Freinage 100-0 km/h :	41,0 m
Vitesse maximale :	180 km/h
Indice de performance longitudinale :	4,27 m/s/s
Consommation (100 km) :	ordinaire, 11,1 litres
Autonomie :	558 km

DANS LA MÊME CATÉGORIE

Chevrolet Equinox - Ford Escape - Honda CR-V Hyundai Santa Fe - Jeep Liberty - Mitsubishi Outlander Nissan X-Trail - Subaru Forester - Suzuki Grand Vitara

DU NOUVEAU EN 2005

Nouvelle calandre, moteur 4 cyl. plus puissant, rouage intgéral à commande électronique

HISTORIQUE DU MODÈLE

2ème génération

DATE DE RENOUVELLEMENT

2008

NOS IMPRESSIONS

Agrément de conduite :	🚗🚗🚗🚗½
Fiabilité :	🚗🚗🚗🚗½
Sécurité :	🚗🚗🚗🚗
Qualités hivernales :	🚗🚗🚗🚗
Espace intérieur :	🚗🚗🚗🚗
Confort :	🚗🚗🚗🚗

LE CHOIX DE L'ÉQUIPE

V6 4RM

Guide de l'auto 2005

MERCEDES-BENZ
CLASSE C

DES ÉTOILES MOINS BRILLANTES

La Pléiade étant définie comme un groupement de six étoiles, la Classe C de Mercedes-Benz représente à elle seule une véritable constellation. Sa gamme comprend des modèles sport à hayon, des berlines et des familiales animées par toute une série de moteurs dont certains peuvent être jumelés au rouage intégral 4Matic. Les voitures de Classe C demeurent encore les plus accessibles des Mercedes-Benz, mais l'arrivée prochaine de la Classe A viendra changer la donne à cet égard. De plus, le modèle coupé sport à hayon C230 Kompressor en est à sa dernière année, et il sera délaissé en 2006 en faveur d'un tout nouveau modèle dont le style s'apparentera à un véhicule sport-utilitaire et qui ciblera une clientèle plus jeune et plus active.

Parmi les autres changements apportés à la gamme de modèles, notons que les familiales ne seront désormais proposées qu'avec le moteur de 2,6 litres de 168 chevaux, les familiales C320 étant retirées du catalogue. Il s'agit là d'une décision difficile à justifier, la C320 4Matic familiale étant l'une des meilleures voitures chez Mercedes-Benz puisqu'elle conjuguait parfaitement les notions de voiture de luxe, de polyvalence et d'adaptation parfaite au climat québécois. Quant aux berlines, elles sont toujours proposées avec 3 moteurs, soit le 2,3 litres suralimenté (C230 Kompressor), le 2,4 litres (C240) et le 3,2 litres (C320).

La version AMG délaisse le moteur V6 de 349 chevaux pour un V8 de 5,5 litres et 369 chevaux et change de nom puisqu'il s'agit maintenant de la C55 AMG. Dans le cas de la version C32 AMG, j'étais déjà d'avis que cette voiture illustrait parfaitement l'expression populaire : « Trop, c'est comme pas assez », en raison de la puissance trop élevée du moteur pour ce châssis, ce qui entraînait constamment l'intervention du système antipatinage en accélération. Je crois donc fermement que le verdict sera semblable sinon pire dans le cas de la C55 AMG, même s'il ne nous a pas été donné d'en faire l'essai avant la rédaction de ce texte.

BRILLANTES AMÉLIORATIONS
Si la constellation est moins brillante au sens figuré en raison de l'abandon de certains modèles, et de modifications pas nécessairement heureuses pour d'autres, elle devient brillante au sens propre pour 2005. Tous les modèles de la Classe C ont subi de légères retouches esthétiques, celles-ci variant légèrement d'un modèle à l'autre, histoire de conférer à ces voitures une allure plus haut de gamme. C'est la même approche qui a été retenue pour les modifications apportées à l'habitacle, puisqu'on y retrouve maintenant des moulures de chrome qui entourent les cadrans du tableau de bord, les boutons de contrôle du système de chauffage/climatisation, la chaîne stéréo et même la poignée d'ouverture du coffre à gants.

»» FEU VERT
› Étendue de la gamme
› Rouage intégral 4Matic performant
› Version familiale polyvalente
› Qualité de la finition

»» FEU ROUGE
› Habitabilité moyenne
› Moteur suralimenté par compresseur bruyant
› Quantité et coût des options
› Prix élevé des modèles haut de gamme
› Abandon des familiales C320

CLASSE C

Et puisqu'il est question de stéréo, précisons que les remontrances adressées depuis des lunes aux responsables de la marque ont trouvé une oreille attentive, Mercedes-Benz ayant finalement décidé d'offrir le lecteur CD de série sur les Classe C en 2005. Bienvenue dans le troisième millénaire, messieurs dames… Pour le reste, Mercedes-Benz continue de proposer une qualité de finition supérieure ainsi que des matériaux de qualité.

De tous les modèles qui composent la Classe C, ceux qui sont équipés du 4 cylindres de 2,3 litres suralimenté par compresseur sont à déconseiller en raison du bruit du moteur. Les voitures les plus intéressantes sont celles qui sont dotées du rouage intégral 4Matic qui est remarquable parce qu'il permet de varier automatiquement la répartition de la puissance en fonction des conditions d'adhérence, tout en privilégiant le comportement plus sportif associé à une propulsion en conduite normale. Sur la route, la C320 4Matic démontre un bel équilibre, le châssis étant rigide et les suspensions calibrées avec des réglages souples ce qui est particulièrement agréable sur nos routes. L'impression générale en est une de stabilité, de confort, et de solidité. La direction a également été revue sur les modèles 2005 et elle est maintenant plus rapide puisqu'il ne faut que 2,8 tours de volant pour passer d'une butée à l'autre, contrairement à 3,3 tours comme c'était le cas précédemment. Toutefois, les amateurs de conduite sportive feraient mieux de consi dérer l'achat d'une BMW Série 3, d'une Audi A4 ou d'une Infiniti G35 qui sont toutes des voitures qui mettent plus l'accent sur la dynamique de la tenue de route que les Classe C.

LUEUR D'ESPOIR

Mercedes-Benz a établi sa réputation sur la qualité supérieure de ses voitures. Mais cette réputation a grandement souffert de la fiabilité variable de certains modèles souvent affligés de problèmes électroniques, alors que la marque poursuivait son offensive tous azimuts en développant de nouveaux produits à un rythme accéléré. Face à cette situation, la haute direction a récemment décidé de revoir tous les systèmes de contrôle de qualité, d'augmenter la taille de sa flotte de véhicules d'essai, et même de retarder le lancement de nouveaux modèles en Amérique du Nord pour atteindre l'objectif de retrouver le premier rang du sondage de qualité initiale de la firme J.D. Power en 2006. Cet objectif ambitieux n'est peut-être pas réalisable à court terme, mais il est intéressant de constater que la marque à l'étoile d'argent donne un sérieux coup de barre pour améliorer la qualité, ce qui sera apprécié de ceux qui rêvent un jour de posséder une Mercedes-Benz, espérons que les clients déçus donneront une deuxième chance au constructeur allemand !

Gabriel Gélinas

DONNÉES TEHNIQUES

Prix du modèle à l'essai :	43 200 $
Échelle de prix :	37 950 $ à 72 600 $
Version(s) disponible(s) :	C55 AMG, C230, C240, C320
Garanties :	4 ans 80000/5 ans 120000
Catégorie :	berline familiale
Emp./Long./Lar./Haut.(cm) :	271,5/453/173/140
Poids :	1 524 kg
Coffre/Réservoir :	345/62 litres
Coussins de sécurité :	frontaux, latéraux et rideaux
Suspension avant :	indépendante, bras inégaux
Suspension arrière :	indépendante, multibras
Freins av./arr. :	disque (ABS)
Antipatinage/Contrôle de stabilité :	oui/oui
Direction :	à crémaillère, ass. variable
Diamètre de braquage :	10,7 m
Pneus av./arr. :	P205/55HR16

GROUPE MOTOPROPULSEUR ET RENDEMENT

Moteur :	V6 2,4 litres 18s (89,9 x 68,2)
Puissance :	168 ch (125 kw) à 5 700 tr/mn
Couple :	177 lb-pi (240 Nm) à 4 700 tr/mn
Autre(s) moteur(s) :	4L 2,3 litres 189 ch, V6 3,2 litres 215 ch, V8 5,5 litres 362 ch
Transmission :	propulsion, automatique 5 rapports
Autre(s) transmission(s) :	manuelle 6 rapports
Accélération 0-100 km/h :	8,9 s
Reprises 80-120 km/h :	7,7 s
Freinage 100-0 km/h :	42,0 m
Vitesse maximale :	225 km/h
Indice de performance longitudinale :	4,5 m/s/s
Consommation (100 km) :	super, 10,2 litres
Autonomie :	608 km

DANS LA MÊME CATÉGORIE

Acura TSX-Audi A4-BMW Série 3-Cadillac CTS-Infiniti G35-Jaguar X-Type-Lexus IS300-Lincoln LS-Volvo S60

DU NOUVEAU EN 2005

Retouches esthétiques intérieures et extérieures, transmisson six rapports redéfinie, freins de plus grandes dimensions

HISTORIQUE DU MODÈLE

2ème génération

DATE DE RENOUVELLEMENT

2006

NOS IMPRESSIONS

Agrément de conduite :	🚗🚗🚗🚗
Fiabilité :	🚗🚗🚗🚗
Sécurité :	🚗🚗🚗🚗½
Qualités hivernales :	🚗🚗🚗🚗½
Espace intérieur :	🚗🚗🚗½
Confort :	🚗🚗🚗🚗

LE CHOIX DE L'ÉQUIPE

C320 4Matic

Guide de l'auto 2005

MERCEDES-BENZ
CLASSE C COUPÉ

QUAND MERCEDES NOUS PARLE…

Il était une fois, dans un grand royaume, un roi très, très hautain. Mais le roi était très malheureux puisque dans sa contrée, plusieurs petits royaumes se formaient. Les princes et les princesses qui les dirigeaient s'attiraient la sympathie et l'attention des habitants en s'adressant à eux. Le roi était peut-être hautain mais il n'était pas fou. Si les princes et princesses continuaient ainsi, ils s'empareraient de son trône. Alors, le roi, après bien des thérapies, a réussi à communiquer avec le bon peuple. Et le peuple a aimé le discours. Depuis, le roi est heureux.

Lorsque Mercedes-Benz a présenté sa Classe C Coupe en 2002, bien des professionnels de l'information automobile ne donnaient pas cher du projet. Mais à Stuttgart, on fait rarement les choses de travers…Et la Classe C Coupe a su donner un coup de jeune à la marque allemande comme aucune campagne de publicité n'aurait su le faire! Le terrain est maintenant préparé pour la Classe A, mais ça, c'est une autre histoire à suivre dans les prochains Guide de l'auto!

DÉMÊLONS TOUT ÇA…
La désignation des différentes Mercedes n'est pas chose simple. À l'intérieur de la classe C, la « division » prolétaire de la marque allemande, on retrouve deux catégories: coupé (ou Sport) et berline. Cette dernière catégorie fait l'objet d'un texte séparé puisque les différences entre les berlines et les coupés sont suffisamment importantes. Les modèles coupés, vous l'aurez deviné, sont dérivés des berlines qui partagent les mêmes dénominations. La partie avant le rappelle avec une belle évidence malgré quelques changements esthétiques en 2005 mais on dirait que l'arrière des coupés a été embouti par un camion! Malgré tout, le résultat n'est pas vilain et les centimètres ainsi récupérés (19 cm moins long) s'avèrent un atout précieux dans la circulation urbaine.

Une Mercedes qui se négocie entre 35 000 $ et 40 000 $, c'est le paradis sur terre… Mais c'est sans compter sur les nombreuses options dont le constructeur s'est fait un devoir de nous offrir à gros prix. On peut certes se passer du toit Panaroma mais le lecteur CD ça, non! Difficile à gober puisque cet accessoire se retrouve d'office dans de vulgaires voitures coréennes de moins de 15 000 $… Cela dit, sans être l'aubaine que voudraient nous faire croire les chiffres, la Mercedes-Benz Classe C Coupé n'en est pas moins une excellente routière. Voyons-y de plus près…

Deux moteurs animent ces hatchbacks (n'ayons pas peur des mots!). Il y a tout d'abord le Coupé C230 Kompressor, qui reçoit un

»» FEU VERT
› Châssis solide
› Gènes Mercedes évidents
› Moteur 3,2 litres bien adapté
› Comportement routier surprenant
› Gamme relativement accessible

»» FEU ROUGE
› Fiabilité à reconquérir
› Accès acrobatique aux places arrière
› Moteur 1,8 Turbo faiblard
› Quelques options immorales
› Visibilité arrière pénible

CLASSE C COUPÉ

rugueux quatre cylindres 1,8 litre suralimenté par compresseur volumétrique. Les prestations de ses 189 chevaux se montrent adéquates même si, dans certaines conditions, on aimerait disposer de quelques centimètres supplémentaires sous l'accélérateur. Ces équidés passent par une transmission manuelle à six rapports (dont le passage des vitesses accroche moins cette année grâce à des perfectionnements notables) ou par une automatique à cinq rapports particulièrement bien étagée et d'une belle douceur. Pour plus de puissance, de douceur musicale, de valeur de revente et un agrément de conduite plus relevé, il faut opter pour la Coupé C320 avec son V6 de 3,2 litres et ses 215 chevaux. C'est cependant au chapitre du couple que cet engin se démarque le plus face au 1,8 litre. 229 lb-pi disponibles à partir de 3 000 tr/min contre 192 à partir de 3 500…

Les chiffres parlent d'eux-mêmes! Le V6 se montre donc plus convivial et ses accélérations et reprises sont définitivement plus énergiques. Peu importe le coupé choisi, le châssis, emprunté aux grandes sœurs berlines, ne montre aucune flexion. Les suspensions indépendantes qui y sont rattachées se révèlent juste assez fermes et assurent une tenue de route compétente. Le survirage propre aux propulsions est habilement contenu par les systèmes électroniques d'aide à la conduite. Heureusement, on a prévu un commutateur pour annihiler leurs effets et on peut, ainsi, s'amuser ferme au volant de cette petite Mercedes. Les quatre freins à disques avec ABS se montrent toujours à la hauteur, peu importe la vitesse à laquelle ils commencent à opérer! La direction s'attire les mêmes commentaires même si certains la trouvent un peu lourde à basse vitesse.

TOUT CE QU'IL Y A DE PLUS MERCEDES

Lorsqu'on prend place derrière le volant pour la première fois, un seul constat s'impose : c'est du Mercedes tout craché! Les sièges semblent trop fermes au premier contact mais ils s'avèrent très confortables à l'usage, et la position de conduite se trouve en claquant des doigts (ou en ajustant le siège et le volant en profondeur et en hauteur). Le tableau de bord tente de se faire tout sourire avec ses appliques en alu, mais il demeure d'une sobriété tout ce qu'il y a de plus Mercedes-Benz. Les cadrans sont plus jolis la nuit que le jour et certains plastiques font un peu bon marché. Parlant de bon marché, les ceintures de sécurité qu'il faut aller chercher très loin vers l'arrière font assez simple, merci. Les places arrière sont confortables, mais leur accès est plutôt compliqué. Quant à la soute à bagages, elle se veut particulièrement logeable, surtout si on a pris soin de baisser le dossier des sièges arrière. Le seuil se trouve assez bas et l'ouverture du coffre relativement grande.

Cette petite allemande cache bien des atouts derrière sa carrosserie aux formes peu orthodoxes. Mercedes sait fabriquer des voitures accessibles! L'an prochain, une toute nouvelle voiture devrait prendre le relais de la Classe C coupé. Il s'agira sans doute d'un utilitaire sport.

Alain Morin

DONNÉES TEHNIQUES

Prix du modèle à l'essai :	36450$
Échelle de prix :	36450 à 40600$
Version(s) disponible(s) :	C230 Kompressor
Garanties :	4 ans 80 000/5 ans 120 000
Catégorie :	Coupé sport
Emp./Long./Lar./Haut.(cm) :	271,5/434/173/138
Poids :	1550 kg
Coffre/Réservoir :	280 à 1 080/62,0 litres
Coussins de sécurité :	fontaux et latéraux (av./arr.) et rideaux
Suspension avant :	indépendante, multibras
Suspension arrière :	indépendante, multibras
Freins av./arr. :	disque (ABS)
Antipatinage/Contrôle de stabilité :	oui, oui
Direction :	à crémaillère, assistée
Diamètre de braquage :	10,8 m
Pneus av./arr. :	P225/45ZR17

GROUPE MOTOPROPULSEUR ET RENDEMENT

Moteur :	V6 3,2 litres (89,9 x 84,0)
Puissance :	215 ch (160 kW) à 5 700 tr/mn
Couple :	229 lb-pi (310 Nm) à 3 000 tr/mn
Autre(s) moteur(s) :	4L 1,8l surcompressé 189 ch
Transmission :	propulsion, automatique 5 rapports
Autre(s) transmission(s) :	manuelle 6 rapports
Accélération 0-100 km/h :	7,8 s
Reprises 80-120 km/h :	7,5 s
Freinage 100-0 km/h :	38 m
Vitesse maximale :	210 km/h
Indice de performance longitudinale :	50,57 m/s
Consommation (100 km) :	super, 10.7L
Autonomie :	579 km

DANS LA MÊME CATÉGORIE

Audi TT - BMW série3 - Infiniti G35 Coupé
Lexus IS300 - Saab 93

DU NOUVEAU EN 2005

Guidage de transmission manuelle amélioré, retouches esthétiques intérieur et extérieur

HISTORIQUE DU MODÈLE

1ière génération

DATE DE RENOUVELLEMENT

2006

NOS IMPRESSIONS

Agrément de conduite :	🚗🚗🚗🚗
Fiabilité :	🚗🚗🚗½
Sécurité :	🚗🚗🚗🚗🚗
Qualités hivernales :	🚗🚗🚗½
Espace intérieur :	🚗🚗🚗🚗
Confort :	🚗🚗🚗🚗

LE CHOIX DE L'ÉQUIPE

C320

Guide de l'auto 2005

MERCEDES-BENZ CLASSE E

CAPABLE DE TOUT

Au fil des années, la Classe E s'est imposée comme étant la Mercedes offrant le meilleur compromis aux acheteurs en fait de performances, de luxe et de raffinement technique. C'est sans doute pour cette raison que cette gamme de modèles est proposée avec une multitude de moteurs, de transmissions et de rouage d'entraînement. Pour plusieurs, la Classe C est trop modeste et la Classe S trop bourgeoise. Donc, à la Classe E d'offrir la solution du juste milieu et le plus grand nombre de choix possible. Après la familiale introduite l'an dernier, 2005 souligne l'arrivée de la E320 CDI et son moteur diesel à injection électronique.

Ce moteur six cylindres en ligne de 3,2 litres est alimenté en gazole par un système d'injection directe à contrôle électronique, un fait d'armes technologique qui était jugé impensable il y a quelques années. Incidemment, CDI signifie Common-Rail Direct Injection. Ce système d'injection utilise une pression de 23 000 livres au pouce carré pour alimenter les six injecteurs en gazole. Cette nouvelle technologie élimine pratiquement les inconvénients longtemps associés aux moteurs diesels que sont la fumée noire, les vibrations, le bruit et les pauvres performances. Ce moteur est pratiquement aussi silencieux que son équivalent à essence, tandis que ses performances sont même meilleures que celles d'un moteur à essence de même cylindrée. Par exemple, le E320 CDI boucle le 0-100 km/h en 7,0 secondes, 0,3 de moins que le même exercice réalisé avec la E320 à essence. La E320CDI est non seulement plus rapide, mais sa consommation est également moindre avec une moyenne estimée de 10,1 litres aux 100 km.

Toujours au chapitre des voitures à moteur diesel, j'ai eu l'occasion de conduire la E420 en Europe. Ce V8 turbo diesel CDI de 4,2 litres assure des accélérations vraiment impressionnantes. Selon Mercedes, ce V8 de 260 chevaux accélère encore plus rapidement que la E320 tout en ayant une consommation de carburant très raisonnable. Il faut souhaiter que ce moteur V8 traverse l'Atlantique et se retrouve au Canada sous le capot de la familiale. Ce serait une combinaison vraiment sensationnelle !

UNE FAMILIALE TRÈS CHAUDE
Au cours de l'été dernier, j'ai mis à l'essai la familiale E500 T. Rarement une voiture à vocation pratique m'a autant impressionné par son confort, son silence de roulement, sa tenue de route et des performances qui ne sont pas généralement associées avec ce type de véhicule. En effet, le 0-100 km/h s'est bouclé en 6,5 secondes, tandis que la vitesse de pointe est de loin supérieure au seuil de tolérance des policiers affectés au respect des lois sur les autoroutes.

››› FEU VERT
› Moteur diesel
› Plate-forme ultra rigide
› Mécanique sophistiquée
› Familiale pratique
› Système 4Matic

››› FEU ROUGE
› Fiabilité inégale
› Prix corsés
› Certaines commandes à revoir
› Système de navigation complexe

La plate-forme de cette voiture est très rigide et il est donc possible de concilier tenue de route exemplaire et vocation pratique. À ce sujet, la E500 T peut en montrer à plusieurs concurrentes avec son hayon motorisé, son système d'ancrage « Easy Pack » capable de retenir en douceur des colis de toutes formes dans la soute à bagages et un plancher mobile qui glisse vers l'extérieur afin de faciliter la manutention des colis avant de rentrer paisiblement dans son antre. C'est génial et compact. Mais, car il y a un mais, il est important de souligner que les manoeuvres pour rabattre le dossier de la banquette arrière sont complexes, que le rideau cache-bagage ne s'enlève pas facilement, pas plus que cet espace de rangement secret placé le long du dossier de la banquette arrière. Cette idée est géniale puisque, de l'extérieur, cette « cachette » protège les objets de convoitise des regards envieux. Mais, lorsqu'on veut rabattre les sièges pour effectuer le transport d'un gros objet, il faut l'enlever et c'est souvent de trop lorsqu'on est pressé.

Malheureusement, cet essai plus que positif a été terni par un climatiseur récalcitrant qui a cessé de fonctionner au milieu de mon essai et en pleine canicule, preuve que les véhicules de cette marque sont toujours victimes de certaines faiblesses en fait de fiabilité.

DU PUNCH !

Le modèle le plus économique de la gamme de la Classe E est le E320 à moteur à essence. Pour une grande majorité d'acheteurs, cette berline possède un équipement assez relevé tandis que ses performances sont correctes à défaut d'être spectaculaires. Il est certain que vous aurez avantage à cocher l'option 4Matic qui transforme cette voiture de luxe en véritable passe-partout capable d'affronter les pires conditions routières. Si vous voulez un peu plus de vélocité lorsque vous appuyez sur l'accélérateur, la E500 vous attend avec son moteur V8 5,0 litres de 302 chevaux. Puisque ce dernier est couplé à la boîte automatique à sept rapports et doté d'un équipement plus que complet, on se demande pourquoi on devrait s'acheter une version de la Classe S. Là encore, l'option 4Matic vous permet profiter de toutes ses qualités routières 12 mois par année.

Mais tout cela est de la petite bière en comparaison de la AMG 55 dont le tonitruant moteur V8 5,5 litres à compresseur produit 469 chevaux. Ce moteur permet de réaliser des accélération spectaculaires en ligne droite. À titre d'information, ce bolide brûle le 1/4 de mille en 12,4 secondes à une vitesse terminale de 187 km/h. Quant à l'incontournable 0-100 km/h, c'est l'affaire de 4,3 secondes. Et la tenue de route en virage est toute aussi spectaculaire. Ses seuls : des pneus qui usent rapidement et une facture dépassant les 115 000 $.

La Classe E est en mesure de répondre à presque tous les goûts et toutes les attentes. Par contre, sa gamme de prix est élevée, ce qui pourrait inciter certaines personnes à opter pour la Classe S, plus prestigieuse et pas tellement plus chère.

Denis Duquet

DONNÉES TEHNIQUES

Prix du modèle à l'essai :	93 500 $
Échelle de prix :	73 000 $ à 120 000 $
Version(s) disponible(s) :	berline, familiale
	E320-E 320-CDI-E500-E320T-E 500 T-AMG 55
Garanties :	4 ans 80000/5 ans 120000
Catégorie :	berline familiale
Emp./Long./Lar./Haut.(cm) :	285/487/182/149.5
Poids :	1 920 kg
Coffre/Réservoir :	690 litres à 1 950 litres/80 litres
Coussins de sécurité :	frontaux, latéraux (av.) et rideaux
Suspension avant :	indépendante, jambes de force
Suspension arrière :	indépendante, multibras
Freins av./arr. :	disque (ABS)
Antipatinage/Contrôle de stabilité :	oui, oui
Direction :	à crémaillère, ass. variable
Diamètre de braquage :	11,4 m
Pneus av./arr. :	P225/55R16

GROUPE MOTOPROPULSEUR ET RENDEMENT

Moteur :	V8 5,0 litres 24s (97 x 84)
Puissance :	302 ch (225 kW) à 5 600 tr/mn
Couple :	339 lb-pi (460 Nm) à 2 700 tr/mn
Autre(s) moteur(s) :	6L 3,2 CDI 201 ch, V6 3,2 litres 221 ch, V8 5,5 litres 469 ch
Transmission :	intégrale, automatique 5 rapports
Autre(s) transmission(s) :	automatique 7 rapports
Accélération 0-100 km/h :	6,5 s
Reprises 80-120 km/h :	5,7 s
Freinage 100-0 km/h :	37,2 m
Vitesse maximale :	220 km/h
Indice de performance longitudinale :	4,9 m/s/s
Consommation (100 km) :	super, 14,1 litres
Autonomie :	567 km

DANS LA MÊME CATÉGORIE

Audi A6-BMW Série 5-Infiniti M45-Jaguar S-Type Lexus GS 430-Saab 9.5-Volvo S80

DU NOUVEAU EN 2005

Aucun changement majeur

HISTORIQUE DU MODÈLE

3ième génération

DATE DE RENOUVELLEMENT

n.d.

NOS IMPRESSIONS

Agrément de conduite :	🚗🚗🚗🚗
Fiabilité :	🚗🚗🚗
Sécurité :	🚗🚗🚗🚗🚗½
Qualités hivernales :	🚗🚗🚗🚗
Espace intérieur :	🚗🚗🚗🚗½
Confort :	🚗🚗🚗🚗

LE CHOIX DE L'ÉQUIPE

E 500 4Matic

Guide de l'auto 2005

MERCEDES-BENZ CLASSE G

LE LUXE, YES SIR !

Il y a des questions qui méritent d'être posées. Croyez-vous vraiment, par exemple, que les vrais amateurs de véhicules utilitaires sport sont prêts à payer n'importe quel prix, à acheter n'importe quel look, juste pour être certain d'avoir quelque chose d'un peu unique ? C'est ce que les dirigeants de Mercedes semblent penser, eux qui continuent d'importer en Amérique un des utilitaires les moins glamours, la G-500. Pourtant, le véhicule d'inspiration militaire semble bien plus à l'aise dans les sentiers afghans que sur le bitume nord-américain.

Même la Défense nationale du Canada l'a compris, puisque pas moins de 1150 véhicules de Classe G, dont plusieurs centaines avec un système de renforcement, ont été achetés récemment et acheminés directement en Afghanistan pour faciliter le déplacement des troupes.

Cet usage militaire est assez simple à expliquer : le modèle de Classe G est une véritable bête de somme aux capacités hors route exceptionnelles et à la fiabilité reconnue. Pour les forces armées, que le design remonte aux années disco (le modèle célèbre son 25e anniversaire) n'a aucune espèce d'importance. En Afghanistan, il a encore l'air moderne...

Sur nos routes par contre, le profil tout ce qu'il y a d'anti-aérodynamique du G-Wagon (en fait, le véritable nom est Gelandewagen mais on peut rapidement devenir familier) détonne. Ses formes carrées et ses dimensions des plus imposantes attirent le regard à coup sûr. La rareté du modèle aussi, ça va de soi.

Pourtant, une fois assis à l'intérieur, il faut admettre que le gros utilitaire a certains avantages. Il bénéficie du confort Mercedes dans tous ses détails ce qui, dans cette catégorie et avec cette allure, relève presque de l'exploit.

Les sièges tout cuir, et pas de toc ici, sont enveloppants et procurent un rare support. Ils sont d'ailleurs ajustables en de multiples positions grâce aux contrôles électriques installés dans la portière. Et moyennant quelques dollars supplémentaires, vous pourrez même disposer du module de contrôle pneumatique des supports lombaires et dorsaux pour le conducteur.

Évidemment, une fois installé derrière le volant, la visibilité est exceptionnelle et la position relevée permet un aperçu total de l'environnement.

Pour compléter le tout, le Classe G reçoit toute une gamme d'équipements sophistiqués, comme un système de navigation et un optionnel système d'urgence relié à un téléphone cellulaire, une dispendieuse variation de quelque 3 000 $.

»» FEU VERT
- Moteur puissant
- Capacités hors route exceptionnelles
- Habitacle gigantesque
- Ajustements multiples des sièges
- Équipement de base complet

»» FEU ROUGE
- Engin hyper polluant
- Prix d'achat
- Design trop militaire
- Direction trop assistée
- Coût élevé des options

CLASSE G

EN DEHORS DES SENTIERS BATTUS

Pour sillonner les routes de l'Afghanistan, ou de n'importe quelle contrée sauvage (même s'il s'agit d'un sentier du Mont-Tremblant) le G500 est muni d'un équipement qui rivalise avec n'importe quel utilitaire et qui, dans certains cas, le devance même largement.

Ainsi, d'une simple pression du doigt, le conducteur peut barrer l'un ou l'autre des trois différentiels, améliorant du même coup la traction dans des circonstances difficiles.

Au-delà de cet équipement, une simple randonnée dans un sentier boueux a permis de constater la précision du système quatre roues motrices à traction constante qui sans coup férir a réussi à déplacer le mastodonte même dans des circonstances moins usuelles et sans la moindre hésitation.

Malheureusement, sur la route le système se fait moins sentir. La mollesse relative de la direction et l'adaptation inégale de la suspension (installée sur des amortisseurs à gaz) rendent la randonnée un peu moins confortable.

Et inévitablement, à cause de sa hauteur, de sa largeur et de sa structure imposante, le modèle G a besoin de beaucoup d'espace pour se retourner, une opération qu'il n'effectue pas toujours avec grâce en zone urbaine.

LA BOMBE ET L'ESCARGOT

Pour propulser le mastodonte, Mercedes a installé sous le capot un V8 de 5 litres de 292 chevaux qui profite d'un couple intéressant de 336 livres-pied. Avec une telle puissance, aucun doute que le G-Wagon passe partout.

Mais à côté de son nouveau frère, issu de la division sportive AMG du germanique fabricant, le G500 fait figure d'escargot.

Selon les données de la compagnie, qu'il a cependant été impossible de valider, la version G55 AMG équipée d'un monstrueux V8 de 349 ch et dont le couple atteint 387 lb-pi à 3000 tr/mn serait capable des performances dignes d'une berline sportive. En fait, on parle même d'un 0-100 en moins de 8 secondes (contre 10,4 pour le G500 standard), pour une bête dont le poids total à vide atteint tout de même les 2 512 kg.

De telles statistiques ne s'atteignent cependant pas sans quelques sacrifices. On peut donc comprendre que l'économie d'essence n'est pas au menu avec ses quelque 17,5 litres consommés à tous les 100 kilomètres. En matière d'émissions polluantes aussi, le G500 est un chef de file puisqu'il a remporté, l'année dernière le titre peu enviable de «VUS le plus polluant sur terre». Tout cela dans un bolide dont l'utilité continue d'être mise en doute, et pour lequel il faudra accepter de débourser plus de 110 000 $ à l'achat.

Alors qu'est-ce qui peut bien attirer un acheteur vers ce genre de modèle, surtout à ce prix? Il y a des questions qui méritent d'être posées, et qui, souvent, demeureront sans réponse.

Marc Bouchard

DONNÉES TECHNIQUES

Prix du modèle à l'essai :	111 800 $
Échelle de prix :	110 500 a 138 950
Version(s) disponible(s) :	500 et 55AMG
Garanties :	4 ans 80000/5 ans 120000
Catégorie :	utilitaires sport
Emp./Long./Lar./Haut.(cm) :	285/468/176/194.5
Poids :	2 460 kg
Coffre/Réservoir :	1 280/96 litres
Coussins de sécurité :	frontaux
Suspension avant :	essieu rigide
Suspension arrière :	essieu rigide, ressorts hélicoïdaux
Freins av./arr. :	disque (ABS)
Antipatinage/Contrôle de stabilité :	oui, oui
Direction :	à billes, assistée
Diamètre de braquage :	13,3 m
Pneus av./arr. :	P265/60R18

GROUPE MOTOPROPULSEUR ET RENDEMENT

Moteur :	V8 24s 5,0 litres (97 x 84)
Puissance :	292 ch (218 kW) à 5500 tr/mn
Couple :	336 lb-pi (456 Nm) à 2800 tr/mn
Autre(s) moteur(s) :	V8 5,5 litres AMG
Transmission :	4x4, automatique 5 rapports
Autre(s) transmission(s) :	aucune
Accélération 0-100 km/h :	9,7 s
Reprises 80-120 km/h :	7,7 s
Freinage 100-0 km/h :	47,1 m
Vitesse maximale :	190 km/h
Indice de performance longitudinale :	4,15 m/s/s
Consommation (100 km) :	super, 16,7 litres
Autonomie :	575 km

DANS LA MÊME CATÉGORIE

Land Rover Range Rover - Hummer H2 - Lexus LX470
Infiniti QX56

DU NOUVEAU EN 2005

Aucun changement majeur

HISTORIQUE DU MODÈLE

1ère génération

DATE DE RENOUVELLEMENT

2010

NOS IMPRESSIONS

Agrément de conduite :	🚗🚗🚗🚗½
Fiabilité :	🚗🚗🚗🚗🚗
Sécurité :	🚗🚗🚗🚗🚗
Qualités hivernales :	🚗🚗🚗🚗🚗
Espace intérieur :	🚗🚗🚗🚗🚗
Confort :	🚗🚗🚗🚗½

LE CHOIX DE L'ÉQUIPE

G500

Guide de l'auto 2005

MERCEDES-BENZ CLASSE M

DÉFI RELEVÉ

Depuis le lancement du Mercedes-Benz Classe M en 1998, la catégorie des grosses berlines classiques a perdu de son lustre. Dans les faits, l'avènement de Mercedes-Benz dans la catégorie des 4X4 a anobli ces véhicules qui représentent maintenant une alternative fort respectable aux richards de la terre. Depuis, des marques de prestige comme Cadillac, Lincoln et Lexus se sont empressées de s'immiscer dans ce créneau où l'argent coule à flot.

Si la Classe M a connu une diminution de ses ventes au cours de la dernière année, ce n'est pas à cause du prix prohibitif de l'essence mais plutôt parce que les acheteurs sont en quête de renouveau. En effet, le ML entame sa huitième année d'existence sous les mêmes traits.

Même si les lignes du ML commencent à dater, celui-ci affiche une silhouette qui vieillit bien. Qui plus est, les ingénieurs ont su au fil des ans apporter des améliorations qui lui ont permis de supporter les comparaisons avec des modèles plus modernes. En 2005, les stylistes ont revu la carrosserie, on remarque donc que la partie avant arbore un nouveau capot nervuré et une nouvelle calandre argentée; alors que la partie arrière expose des feux de teinte plus foncée. On retrouve également du chrome sur les poignées des portières et du hayon.

Depuis la retraite de la version ML55 AMG à moteur V8 de 5,5 litres et 349 chevaux, la Classe M est composée des ML350 à moteur V6 de 3,7 litres et ML500 à moteur V8 de 5 litres. Le retrait du ML55 AMG a coincidé avec le lancement de la version AMG de la Classe G. Même si les ventes du ML55 se faisaient au compte-gouttes, il est dommage que Mercedes-Benz n'ait pas cru bon de conserver ce modèle pour donner la réplique à son rival BMW X5 4.8is.

Mais qu'importe puisque les 288 chevaux du V8 de 5 litres ne sont pas avares de performance lorsqu'ils sont couplés à la boîte semi-automatique à 5 rapports et autorisent le ML500 d'accélérer de 0 à 100 km/h en 7,5 secondes. Certes, on est loin des 6,5 secondes de l'ancien ML55, mais la facture est conséquente avec un prix de départ fixé à 68 690$ comparativement aux 92 850$ qu'exigeait l'ancien porte-couleurs d'AMG! Quant au récent V6 de 3,7 litres, sa cavalerie de 232 chevaux fait oublier le manque de puissance de l'ancien V6 de 3,2 litres (215 ch) et permet au ML350 de boucler le même test en 8,7 secondes.

Pour transmettre la puissance aux quatre roues motrices à prise constante, tous les modèles ML sont équipés d'un système de traction électronique 4-ETS+. Ce dispositif dont est dérivé le système 4Matic des berlines Classe C, E et S applique les freins à toute roue qui patine pour rééquilibrer la répartition du couple entre les essieux pour ensuite le diriger aux roues qui adhèrent le mieux au sol. Si vous devez vous

»» FEU VERT
› Carrosserie immuable
› Rouage intégral sophistiqué
› V6 intéressant
› Habitacle spacieux
› Dimensions raisonnables

»» FEU ROUGE
› Modèle vieillissant
› Position du volant
› Direction lourde
› Hayon difficile à manipuler
› Finition parfois inégale

Guide de l'auto 2005

CLASSE M

aventurer en terrain accidenté, il est préférable, grâce à une commande au tableau de bord, d'engager la gamme basse vitesse (Lo) du boîtier de transfert. De même, il ne faut pas croire que les ingénieurs de Mercedes-Benz sont persuadés que vous n'oserez jamais prendre la clé des champs (comme 98 % des propriétaires de ML) puisqu'ils ont installé une prise d'air secondaire qui veille à garder le moteur au sec dans le cas où vous traverseriez un cours d'eau d'une profondeur de 50 centimètres.

AIDES À LA CONDUITE

Pour cacher son âge, le ML veille à demeurer à la fine pointe de la technologie. Le freinage ABS avec EBD et BAS est assuré par quatre freins à disque de gros diamètre. Il faut également souligner la présence d'une multitude de coussins gonflables, d'un système antipatinage, d'un système antidérapage, et d'un système de traction en descente. Malgré tous ces systèmes d'aide à la conduite, il serait surprenant que le commun des propriétaires sorte des sentiers battus avec son ML. À vrai dire, ces dispositifs seront utiles au quotidien sur les routes asphaltées ou en gravier. Pour affronter dame nature, son grand frère G500 est mieux adapté.

AU VOLANT

Comme tous les véhicules signés Mercedes-Benz : la qualité, la texture et les couleurs des matériaux de l'habitacle respectent le cachet de la marque. Toutefois, la position de conduite est difficile à trouver à cause de l'inclinaison du volant. Parmi les points positifs, soulignons la puissance des phares avant, le format passe-partout de la caisse, et le confort des sièges avant quoique le cuir soit un peu glissant. De même, le prix du ML350 est réaliste vis-à-vis de ses plus proches rivaux allemands, américains, britanniques et japonais. Quant aux points négatifs : les places arrière sont exiguës et difficiles d'accès à cause de l'étroitesse des portes arrière. De plus, on peut critiquer les systèmes audio et de navigation qui ne sont pas faciles à comprendre, le chargeur de 6 DC situé dans le coffre à bagages, l'emplacement des commandes des glaces sur la console avant, et la présence d'une troisième banquette dans un véhicule de ce gabarit.

CONCLUSION

Il y a huit ans, plusieurs ont cru à tort que Mercedes-Benz faisait un faux pas en dévoilant un VUS. Surtout que le style, la conception et la finition du ML ne semblaient pas correspondre à l'image de la prestigieuse marque allemande. Depuis, le ML a surmonté tous les obstacles et a permis de faire grimper les chiffres de vente de Mercedes-Benz au pays. Alors, qui avait raison?

Jean-François Guay

DONNÉES TECHNIQUES

Prix du modèle à l'essai :	68 690 $ (ML500)
Échelle de prix :	51 800 $ à 69 190 $
Version(s) disponible(s) :	Classique, Élégance (ML350) Édition Spéciale (ML350, ML500)
Garanties :	4 ans 80 000/5 ans 120 000
Catégorie :	Utilitaire sport de luxe
Emp./Long./Lar./Haut.(cm) :	282/464/184/182
Poids :	2210 kg
Coffre/Réservoir :	982 à 2300/83 litres
Coussins de sécurité :	frontaux/latéraux/rideaux
Suspension avant :	indépendante, barres de torsion
Suspension arrière :	indépendante, ressorts hélicoïdaux
Freins av./arr. :	disque/disque (ABS, EBD, BAS)
Antipatinage/Contrôle de stabilité :	oui/oui
Direction :	à crémaillère, assistance variable
Diamètre de braquage :	11,9 m
Pneus av./arr. :	P255/60R17 (de série), P275/55R17 (option)

GROUPE MOTOPROPULSEUR ET RENDEMENT

Moteur :	V8 5 litres
Puissance :	288 ch à 5600 tr/min
Couple :	325 lb-pi à 4250 tr/min
Autre(s) moteur(s) :	V6 3,7 litres 232 ch
Transmission :	intégrale, semi-automatique 5 rapports
Autre(s) transmission(s) :	aucune
Accélération 0-100 km/h :	7,4 s
Reprises 80-120 km/h :	6,8 s
Freinage 100-0 km/h :	36,4 m
Vitesse maximale :	195 km/h (limitée)
Indice de performance longitudinale :	5,32 m/s/s
Consommation (100 km) :	super, 14,6 litres
Autonomie :	568 km

DANS LA MÊME CATÉGORIE

Acura MDX-BMW X5-Cadillac SRX-Infiniti FX
Lexus LX470-Range Rover Land Rover-Volvo XC90
VW Touareg

DU NOUVEAU EN 2005

Nouvelle calandre, feux arrière redessinés, nouvelles jantes, galerie de toit en aluminium brossé

HISTORIQUE DU MODÈLE

1ère génération

DATE DE RENOUVELLEMENT

2006

NOS IMPRESSIONS

Agrément de conduite :	🚗🚗🚗🚗🚗
Fiabilité :	🚗🚗🚗🚗½
Sécurité :	🚗🚗🚗🚗½
Qualités hivernales :	🚗🚗🚗🚗½
Espace intérieur :	🚗🚗🚗🚗
Confort :	🚗🚗🚗🚗🚗

LE CHOIX DE L'ÉQUIPE

ML 350 Édition Spéciale

Guide de l'auto 2005

MERCEDES-BENZ CLASSE S

LE CALME AVANT LA TEMPÊTE

La berline Classe S, navire amiral de Mercedes-Benz, navigue en eau très tranquille cette année. À part la S430 qui ne sera désormais disponible qu'en version 4MATIC, il n'y a pas de changements notables en 2005, ce qui, après quelque six années d'existence, ne peut signifier qu'une chose : elle prépare une révision substantielle pour l'an prochain.

Cette voiture de grand luxe aura donc parcouru un cycle de sept ans lorsqu'elle passera le flambeau, autant dire une éternité. Pourtant, malgré les progrès réels de la concurrence, elle reste encore dans le coup à tout point de vue. Il est vrai qu'elle n'a cessé d'évoluer au fil des ans : traction intégrale 4MATIC, boîte automatique à 7 rapports, augmentation de la puissance moteur... La Classe S n'est peut-être pas la mère de toutes les inventions, mais elle fait la somme de toutes les technologies. L'occasion est belle, en ce dernier tour de piste, de récapituler les avantages offerts par celle que l'on qualifie à juste titre de « vitrine du savoir-faire Mercedes ».

LA « TRONIC-O-MATIC-O-MANIE »

La Classe S propose 4 dénominations correspondant à autant de cylindrées, soit la S430, la S500, la S600, et la S55 AMG. Elles reposent toutes sur la même plate-forme dite à empattement allongé, mais la S430 propose aussi un modèle à empattement « standard » plus court de 12 cm. Le châssis, qui utilise une bonne part d'aluminium, possède une rigidité exceptionnelle, et affiche un excellent coefficient de traînée de 0.27.

On retrouve sous le capot des modèles S430 et S500 un V8 d'une cylindrée respective de 4,3 et 5 litres. Le second offre 302 chevaux, alors que le premier se contente d'en libérer 275, ce qui lui permet tout de même de franchir le 0-100 km/h en 7,4 secondes. La S430, nous le disions, vient d'office avec la traction intégrale 4MATIC, tandis que la S500 maintient le choix de la propulsion. Celle-ci fait équipe avec la superbe transmission automatique 7G-TRONIC à sept rapports, la 4MATIC recevant pour sa part une automatique cinq rapports séquentielle. La suspension, appelée AIRMATIC, fait appel à des ressorts pneumatiques contrôlés électroniquement, de même qu'à un système d'amortissement « adaptif » (ADS). À vitesse de croisière, elle abaisse automatiquement sa garde au sol afin d'améliorer les réactions dynamiques. Le conducteur peut sélectionner entre quatre modes de fermeté, et choisir lui-même la garde au sol désirée.

» FEU VERT
› Performances incroyables
› Sécurité d'une voûte
› Luxe épatant
› Confort souverain
› Qualité indéniable

» FEU ROUGE
› Prix vertigineux
› Plusieurs options onéreuses
› Fiabilité parfois troublante
› Modèle de fin de série
› Gabarit intimidant

La sportive S55AMG et la très bourgeoise S600 trônent pour leur part au sommet de cette gamme de prestige. Toutes deux s'enorgueillissent d'une extraordinaire puissance de 493 chevaux, l'une au moyen d'un V12 biturbo développant le fabuleux (je vais bientôt être à court de superlatifs) couple de 590 lb-pi à 1800 tr/min, l'autre grâce à un V8 suralimenté et à échangeur thermique de 5,5 litres. Elles pulvérisent le 0-100 km/h de concert, en 4,8 secondes! Outre la boîte automatique à 5 vitesses, elles partagent la suspension à contrôle de châssis actif (ABC) qui utilise un système de capteurs et de vérins hydrauliques afin de corriger en permanence l'assiette du véhicule. La S600 mise à l'essai sur une autobahn m'a permis de rouler en toute quiétude au rythme de 220 km/h, tout en démontrant une déconcertante facilité à négocier les virages. Elle isole trop des sensations de la route pour se qualifier en tant que sportive pure et dure, mais n'importe quel conducteur peut en tirer des performances illicites, les doigts dans le nez!

Assurés par quatre gros disques perforés et ventilés à étriers Brembo à l'avant, les arrêts bénéficient de l'assistance BAS qui détecte le freinage d'urgence et applique aussitôt la force maximale disponible. Le très efficace contrôle de stabilité ESP intègre pour sa part un antipatinage, et intervient afin de corriger le survirage ou le sous-virage. Le régulateur de vitesse Distronic se charge quant à lui de maintenir la distance que vous avez déterminée avec la voiture qui vous précède. Et pour compléter cette longue liste de «tronic», le Parktronic vous aide dans vos manœuvres de stationnement grâce à un avertisseur audio-visuel se déclenchant à proximité d'un obstacle (il n'y a même pas de caméra, hon!)

PRESQUE À TOUTE ÉPREUVE

Du côté de la sécurité passive, huit coussins gonflables assurent la protection des occupants, mais il y a plus encore. Sitôt qu'il détecte l'imminence d'un accident, le système PRE-SAFE prend votre sécurité en main; les ceintures se tendent sur les occupants, les fauteuils électriques adoptent des réglages sécuritaires, et le toit ouvrant se referme. Lorsque le pire survient, le TeleAid notifie automatiquement l'accident à la centrale à laquelle est relié le système de communication. L'une des pièces maîtresses de ce système, l'écran multifonction COMAND, n'est malheureusement guère convivial; souhaitons que la prochaine génération soit plus "user-friendly".

La cabine, bien évidemment, fait usage des matériaux les plus nobles, et renferme un luxe inouï dont on n'aurait pas trop de deux pages supplémentaires pour tout décrire. Malgré un prix de départ de 100000$, les options sont nombreuses. Parmi celles-ci, une carte à puce qu'il suffit de traîner au fond de vos poches pour déverrouiller la porte et faire démarrer le moteur d'une simple pression du doigt. Ou encore, les sièges avant à «conduite dynamique» en cuir Nappa, dont les coussins gauche et droit se gonflent alternativement en virage pour maintenir en place les occupants.

Considérant que la Classe S demeure condamnée à l'excellence, j'ai déjà hâte de voir ce qu'elle nous réserve l'an prochain.

Jean-Georges Laliberté

DONNÉES TEHNIQUES

Prix du modèle à l'essai:	185 500 $
Échelle de prix:	103 250 $ à 185 500 $
Version(s) disponible(s):	S430 4MATIC (std. ou all.)- S500-S500 4MATIC-S55 AMG-S600
Garanties:	4 ans 80000/5 ans 120000
Catégorie:	berline grand luxe
Emp./Long./Lar./Haut.(cm):	308,5/516/186/145
Poids:	2090 kg
Coffre/Réservoir:	436/88 litres
Coussins de sécurité:	frontaux et latéraux, rideaux
Suspension avant:	indépendante, à 4 bras
Suspension arrière:	indépendante, à 5 bras
Freins av./arr.:	disque (ABS) (EBD) (SBC)
Antipatinage/Contrôle de stabilité:	oui/oui
Direction:	à crémaillère, assistance variable
Diamètre de braquage:	12,1 m
Pneus av./arr.:	P245/45ZR18

GROUPE MOTOPROPULSEUR ET RENDEMENT

Moteur:	V12 5,5 litres biturbo
Puissance:	493 ch à 5000 tr/min
Couple:	590 lb-pi à 1 800 tr/min
Autre(s) moteur(s):	V8 4,3 litres 275 ch; V8 5 litres 302 ch; V8 5,5 litres compresseur 493 ch
Transmission:	propulsion, automatique séquentielle 5 rapports
Autre(s) transmission(s):	intégrale, automatique 5 rapports; propulsion automatique 7 rapports
Accélération 0-100 km/h:	4,8 s
Reprises 80-120 km/h:	3,5 s (estimé)
Freinage 100-0 km/h:	37 m
Vitesse maximale:	250 km/h
Indice de performance longitudinale:	n.d.
Consommation (100 km):	super, 15 litres
Autonomie:	586 km

DANS LA MÊME CATÉGORIE
Audi A8-BMW Série 7-Jaguar XJR-Lexus LS 430
Volkswagen Phaeton

DU NOUVEAU EN 2005
Propulsion S430 retirée du catalogue, le gris "Flint" remplace le gris "Tectite"

HISTORIQUE DU MODÈLE
4ième génération

DATE DE RENOUVELLEMENT
2006

NOS IMPRESSIONS

Agrément de conduite:	🚗🚗🚗🚗½
Fiabilité:	🚗🚗🚗½
Sécurité:	🚗🚗🚗🚗🚗
Qualités hivernales:	🚗🚗🚗🚗
Espace intérieur:	🚗🚗🚗🚗½
Confort:	🚗🚗🚗🚗½

LE CHOIX DE L'ÉQUIPE
S500 4MATIC

Guide de l'auto 2005

CL

CONSULTEZ LE LEXIQUE

Les voitures de Classe CL et S de Mercedes-Benz sont à ce point truffées de dispositifs et systèmes électroniques de toute sorte, que les responsables de la mise en marché ont développé un nouveau langage composé d'acronymes pour les présenter. On retrouve donc les systèmes ABC (Active Body Control - suspensions contrôlées par ordinateur), ASR (Automatic Slip Regulation – antipatinage), BAS (Brake Assist System – système de freinage d'urgence), CBC (Cornering Brake Control – freinage sélectif en virage), ESP (Electronic Stability Program – système de contrôle de la stabilité), Distronic (régulateur de vitesse intelligent avec radar), Keyless Go (démarrage sans clé dans le contact) et j'en passe...

La gamme des CL est composée des modèles CL500 et CL600, mais également de versions encore plus performantes développées par la firme AMG qui ajoute pour 2005 le modèle CL65 AMG, avec son phénoménal moteur V12 biturbo qui développe 604 chevaux et 738 livres-pied de couple, à la CL55 AMG (V8 suralimenté par compresseur de 493 chevaux) présentée il y a deux ans. Sur le plan technique, les coupés CL sont à la fine pointe de la technologie automobile, mais rien dans leur apparence ne permet à l'observateur de le deviner puisque ces voitures ont une allure conservatrice et qu'elles ressemblent un peu trop aux berlines de Classe S, avec lesquelles elles partagent d'ailleurs plusieurs éléments.

Lors de mon essai de la CL600, j'ai été impressionné par la puissance du moteur, mais surtout par la façon dont les 493 chevaux du V12 sont livrés. Généralement, lorsque l'on fait affaire à un moteur turbocompressé, il faut composer avec un certain temps de réponse entre le moment précis où l'on enfonce l'accélérateur et la livrée de la puissance maximale, mais ce n'est pas le cas avec cette voiture. Lorsque l'on écrase le champignon de la CL600, la poussée est livrée de façon linéaire, continue, et sans aucune hésitation, un peu comme celle d'un avion de ligne au décollage. Malgré le fait que le moteur travaille au maximum, il règne à bord un climat de sérénité totale, alors que la voiture fait un bond en avant avec un aplomb remarquable qui met le conducteur en confiance.

LE BLOC ALLEMAND

Malgré son gabarit et son poids, le comportement routier de la CL600 est admirable. Ce n'est pas une voiture aussi agile qu'une authentique sportive, mais c'est la voiture idéale pour enfiler les kilomètres sur de longues distances à des vitesses supérieures à la limite permise. La CL600 fait partie de cette catégorie de voiture à bord desquelles on ne ressent pas d'inconfort ou d'inquiétude lorsque l'on roule

»» FEU VERT
› Summum de luxe et confort
› Espace accordé aux places arrière
› Très bonne tenue de route
› Performances du moteur fabuleuses (CL600, CL55 AMG et CL65 AMG)

»» FEU ROUGE
› Prix très élevé
› Silhouette conservatrice
› Visibilité limitée vers l'arrière
› Complexité de certaines commandes

rapidement. Au-delà des 140 kilomètres/heure, les suspensions contrôlées par ordinateur vont abaisser la caisse de la voiture de 15 millimètres afin d'améliorer son coefficient aérodynamique et assurer une meilleure pénétration dans l'air. Au volant de la CL600, on a carrément l'impression qu'elle est taillée dans un seul bloc d'acier plutôt qu'assemblée à partir de plusieurs pièces, tellement elle semble à la fois rigide et solide, ce qui d'ailleurs toujours été une caractéristique typique des Mercedes-Benz de grande taille. La vie à bord est rendue plus qu'agréable par les sièges avant qui intègrent à la fois des systèmes de chauffage et de climatisation, et même les places arrière sont assez spacieuses et confortables pour accueillir deux adultes.

ENCORE L'ÉLECTRONIQUE

Parmi les autres systèmes, le régulateur de vitesse intelligent avec radar (Distronic) permet de varier la vitesse de la voiture en fonction de la densité de la circulation, le système commandant automatiquement le ralentissement graduel de la voiture ou même le freinage afin de maintenir l'espace avec le véhicule qui la précède. Ce système n'est cependant pas infaillible puisque la présence de neige ou de gadoue sur l'émetteur radar en réduit l'efficacité. De tous les accessoires et options pouvant équiper la CL, j'ai particulièrement apprécié le système Keyless Go. Cette année, la puce électronique intégrée à ce qui ressemblait à une carte de crédit est maintenant logée dans la clé elle-même. Il suffit donc de s'approcher de la voiture avec la clé en poche, et celle-ci émettra automatiquement un signal électronique qui fait en sorte que la portière se déverrouillera automatiquement lorsque la main touchera la poignée. Il suffit ensuite d'appuyer sur un bouton localisé sur le pommeau du levier de vitesse pour démarrer le moteur, sans avoir à insérer la clé dans le contact. En quittant la voiture, il suffit d'appuyer sur un bouton placé sur la poignée extérieure pour verrouiller la voiture. Génial.

Sur les routes secondaires plus sinueuses, la CL600 n'est pas aussi agile qu'une Porsche ou qu'une BMW. Ce n'est que lors des kilomètres parcourus sur ce type de routes que l'on prend conscience des limites très réelles imposées par le gabarit et le poids de la voiture. La présence de toute la panoplie d'aides électroniques à la conduite ne peut pas contrer les immuables lois de la physique qui régissent le comportement des véhicules en mouvement.

Comme la gamme des coupés CL est en grande partie dérivée des berlines de Classe S, il faut s'attendre à une éventuelle refonte, la nouvelle génération de la berline S devant faire son apparition à l'automne 2005.

Gabriel Gélinas

DONNÉES TEHNIQUES

Prix du modèle à l'essai :	187 500 $
Échelle de prix :	170 150 $ à 254 500 $
Version(s) disponible(s) :	CL55 AMG-CL65 AMG-CL500-CL600
Garanties :	4 ans 80000/5 ans 120000
Catégorie :	coupé sport
Emp./Long./Lar./Haut.(cm) :	288,5/499/186/141
Poids :	1 990 kg
Coffre/Réservoir :	348/88 litres
Coussins de sécurité :	frontaux, latéraux (av.) et rideaux
Suspension avant :	indépendante, bras inégaux
Suspension arrière :	indépendante, multibras
Freins av./arr. :	disque (ABS)
Antipatinage/Contrôle de stabilité :	oui, oui
Direction :	à crémaillère, ass. variable
Diamètre de braquage :	11,5 m
Pneus av./arr. :	P225/55ZR17

GROUPE MOTOPROPULSEUR ET RENDEMENT

Moteur :	V12 5,5 litres 36s (82 x 87) turbocompressé
Puissance :	493 ch (368 kW) à 5000 tr/mn
Couple :	590 lb-pi (800 Nm) à 1 800 tr/mn
Autre(s) moteur(s) :	V8 5,0 litres 302 ch (500), V8 5,5 litres 493 ch (55AMG), V12 6,0 litres 604 ch (65AMG)
Transmission :	propulsion, automatique 5 rapports
Autre(s) transmission(s) :	automatique 7 rapports (500)
Accélération 0-100 km/h :	4,7 s
Reprises 80-120 km/h :	n.d.
Freinage 100-0 km/h :	36,2 m
Vitesse maximale :	260 km/h
Indice de performance longitudinale :	n.d.
Consommation (100 km) :	super, 17,2 litres
Autonomie :	512 km

DANS LA MÊME CATÉGORIE
Bentley Continental GT - BMW série 6 - Maserati Coupé

DU NOUVEAU EN 2005
Aucun changement majeur

HISTORIQUE DU MODÈLE
1ière génération

DATE DE RENOUVELLEMENT
2006 ou 2007

NOS IMPRESSIONS

Agrément de conduite :	🚗🚗🚗🚗½
Fiabilité :	🚗🚗🚗🚗
Sécurité :	🚗🚗🚗🚗½
Qualités hivernales :	🚗🚗🚗
Espace intérieur :	🚗🚗🚗½
Confort :	🚗🚗🚗🚗½

LE CHOIX DE L'ÉQUIPE
CL 600

Guide de l'auto 2005

MERCEDES-BENZ
CLK/CABRIOLET

UNE QUESTION DE STYLE

Contrairement à BMW et Audi dont les Série 3 Coupé et Cabriolet ainsi que la A4 Cabriolet ressemblent beaucoup aux berlines de ces marques, Mercedes-Benz a choisi d'offrir une identité propre à ses modèles coupés et cabriolets. Les CLK sont dotés d'une allure distincte qui leur permet de se démarquer des autres modèles portant l'étoile argentée, tout en leur accordant une aérodynamique remarquable.

Peu de changements ont été apportés pour 2005 à la gamme des CLK, qui compte maintenant 3 coupés et 3 cabriolets (moteurs V6 ou V8 et versions sportives AMG), mais de légères retouches esthétiques sont à prévoir pour l'année-modèle 2006. Et il n'est pas impossible que les CLK soient éventuellement dotées du rouage intégral 4Matic que Mercedes-Benz propose maintenant sur les Classe C, E et S.

Parmi les changements apportés pour 2005, notons que les CLK 500 sont désormais équipées de la boîte automatique à 7 rapports, avec la présence de boutons de commande de passage des rapports au volant sur les CLK 500 et CLK 55 AMG. Il y a aussi la disponibilité du système de chauffage/climatisation automatique sur ces mêmes modèles, et surtout le fait que la chaîne stéréo propose maintenant un lecteur CD de série. Le système de marque Harman Kardon avec chargeur de six CD est proposé en option. Comme vous pouvez le constater, la marque Mercedes-Benz rattrape un certain retard, mais n'a pas perdu sa fâcheuse habitude de placer dans le catalogue des options certains équipements proposés de série par d'autres marques, ce qui représente l'un des points faibles de la gamme des CLK.

En prenant place au volant d'une CLK, on est surpris par le mécanisme automatique qui porte la ceinture de sécurité à la hauteur du siège avant, la fixation de cette dernière étant localisée loin derrière. Pour ces coupés et cabriolets à quatre places, il s'agit là d'un dispositif ingénieux qui permet d'éviter les contorsions du dos et de l'épaule, mais il est toutefois dommage que Mercedes-Benz n'ait pas choisi d'équiper les CLK des sièges avant qui intègrent directement la fixation de la ceinture, comme ceux des SL par exemple. Au premier contact, on relève quelques fautes, par exemple la disposition maladroite de certaines commandes, mais on apprécie le style et la présentation de l'ensemble. Par ailleurs, certains passagers que j'ai fait monter à bord n'ont pas aimé la fermeté des sièges, une caractéristique typique des voitures

»» FEU VERT
› Confort et silence de roulement
› Performances du moteur (CLK 500 et CLK 55 AMG)
› Boîte automatique à 7 rapports (CLK 500)
› Style réussi

»» FEU ROUGE
› Quantité et coût des options
› Prix élevé des versions sportives (CLK 500 et CLK 55 AMG)
› Localisation de certaines commandes
› Sièges fermes

CLK/CABRIOLET

de la marque. Après avoir réglé le siège du conducteur pour ma taille (5 pieds 10), je me suis installé immédiatement derrière pour constater que le confort était adéquat mais que l'espace de dégagement pour les jambes demeurait compté.

Sur la route, les CLK prennent autant de personnalités distinctes qui leur sont accordées par leurs motorisations. Ainsi, les CLK 320 sont très adéquates en conduite normale, mais la puissance du moteur V6 est un peu juste, surtout dans le cas du cabriolet dont le poids est plus élevé d'environ 130 kilos par rapport au coupé. La conduite n'est donc pas inspirée avec ces modèles qui conviendront cependant à cette partie de la clientèle qui privilégie plus le style et le confort que les performances pures. À mon avis, les CLK 500 sont les plus agréables à conduire en raison de la puissance accrue développée par le moteur V8, qui autorise des accélérations plus vives, mais surtout des reprises plus rapides ce qui facilite les manoeuvres de dépassement sur routes secondaires. En virages, les CLK 500 ne sont pénalisées que par la répartition des masses. En effet, pour pouvoir les inscrire sur la bonne trajectoire, il faut d'abord déplacer latéralement toute la masse du moteur V8 qui loge à l'avant de la voiture, et il en résulte donc une tendance naturelle au sous-virage qui est moins appréciée, ainsi qu'un roulis prononcé en courbes. De ce côté, la conduite d'une CLK 500 demeure celle d'une authentique Mercedes-Benz, et elle n'est pas aussi directe que celle d'une BMW, la marque à l'étoile d'argent ayant toujours privilégié la puissance et le confort plutôt que la conduite incisive et les réactions directes.

Quant aux modèles cabriolets, précisons que le confort est remarquable avec le toit en place, celui-ci étant réalisé avec trois épaisseurs de toile, ce qui rend l'insonorisation particulièrement réussie. Une fois le toit replié, il suffit de fixer le filet servant à protéger conducteur et passager avant du reflux d'air pour continuer à apprécier les qualités de cette voiture tout en roulant à découvert, ce qui en fait une voiture trois saisons par excellence. La présence de sièges chauffants et d'un système de chauffage efficace permettant de prolonger la période d'utilisation durant les mois du printemps et de l'automne.

Comme c'est le cas avec plusieurs autres modèles de la marque, les ingénieurs de la division AMG ont également développé des versions plus performantes des CLK coupé et cabriolet qui sont dopées aux stéroïdes anabolisants. Ils offrent une puissance plus élevée, ainsi qu'une tenue de route bonifiée par rapport aux CLK 500, mais le coût plus élevé de ces modèles n'est pas totalement justifié par l'amélioration des performances. Les modèles AMG permettent toutefois de corriger partiellement la tendance au sous-virage ainsi que le roulis en virage démontré par la CLK 500, par le biais de suspensions plus fermes et la sonorité du moteur est plus envoûtante sur ces modèles qui ont droit à un système d'échappement sport en équipement de série.

Gabriel Gélinas

DONNÉES TEHNIQUES

Prix du modèle à l'essai :	84 900 $
Échelle de prix :	65 290 $ à 112 050 $
Version(s) disponible(s) :	CLK320-CLK500-CLK55 AMG
Garanties :	4 ans 80 000/5 ans 120 000
Catégorie :	coupé sport, cabriolet
Emp./Long./Lar./Haut.(cm) :	271,5/464/174/141
Poids :	1 626 kg
Coffre/Réservoir :	276 à 390/70 litres
Coussins de sécurité :	fontaux et latéraux (av./arr.) et rideaux
Suspension avant :	indépendante, amortisseurs pneumatiques
Suspension arrière :	indépendante, multibras
Freins av./arr. :	disque (ABS)
Antipatinage/Contrôle de stabilité :	oui, oui
Direction :	à crémaillère, assistée
Diamètre de braquage :	10,8 m
Pneus av./arr. :	P225/45ZR17/P245/40ZR17

GROUPE MOTOPROPULSEUR ET RENDEMENT

Moteur :	V8 5,0 litres 24s (97 x 84)
Puissance :	302 ch (225 kW) à 5 600 tr/mn
Couple :	339 lb-pi (460 Nm) à 2 700 tr/mn
Autre(s) moteur(s) :	V6 3,2 litres 215 ch (CLK320), V8 5,5 litres 362 ch (CLK55 AMG)
Transmission :	propulsion, automatique 7 rapports
Autre(s) transmission(s) :	aucune
Accélération 0-100 km/h :	5,7 s
Reprises 80-120 km/h :	4,7 s
Freinage 100-0 km/h :	35,6 m
Vitesse maximale :	250 km/h
Indice de performance longitudinale :	6,01 m/s
Consommation (100 km) :	super, 13,0 litres
Autonomie :	538 km

DANS LA MÊME CATÉGORIE
Audi A4 Cabriolet-BMW 330Ci-Nissan 350Z Roadster

DU NOUVEAU EN 2005
Nouvelle transmission auto sept rapports, boutons de changements de vitesses au volant, lecteur CD de série

HISTORIQUE DU MODÈLE
2ième génération

DATE DE RENOUVELLEMENT
n.d.

NOS IMPRESSIONS

Agrément de conduite :	🚗🚗🚗🚗½
Fiabilité :	🚗🚗🚗🚗
Sécurité :	🚗🚗🚗🚗🚗
Qualités hivernales :	🚗🚗🚗🚗½
Espace intérieur :	🚗🚗🚗½
Confort :	🚗🚗🚗🚗½

LE CHOIX DE L'ÉQUIPE
CLK320 coupé

Guide de l'auto 2005

MERCEDES-BENZ CLS

UN COUPÉ QUATRE PORTES ?

Vous avez bien lu, la nouvelle Classe CLS de Mercedes est présentée comme étant un coupé quatre portes. Règle générale, un coupé est doté de deux portières et une berline de quatre. D'ailleurs, selon le Petit Robert, un coupé est un véhicule deux portes, quatre places. Alors pourquoi Mercedes-Benz se mêle-t-il de confondre les genres? S'il faut se fier au communiqué de presse émis lors de la présentation de la version définitive de la CLS au Salon de Genève en mars 2004, c'est le désir d'innover, d'être un constructeur à l'avant-garde de son temps qui a incité la direction de cette vénérable compagnie à se lancer dans cette aventure.

Pourtant, ce ne sont pas les catégories de modèles qui font défaut chez Mercedes. Surtout depuis l'arrivée dans le catalogue de la compagnie des Classes A, M et F pour n'en nommer que quelques-unes. Certains loustics ont souligné que puisque l'alphabet ne compte que 26 lettres, cela limitera la création de nouveaux modèles. Ces personnes ont oublié l'utilisation d'appellations composées comme CLK, CLS et autres. Assez philosophé! Cette nouvelle berline… Oups! Je reprends, ce coupé quatre portes cible sans aucun doute les personnes qui veulent piloter une voiture dont la silhouette est aussi sportive que celle d'un coupé « deux portes » tout en bénéficiant du caractère convivial de deux portières supplémentaires. D'ailleurs, la CLS a été dévoilée en tant que voiture concept en 2003 et la réaction du public a été tellement positive que la haute direction est passée aux actes.

Et il ne faut pas en conclure non plus que les ingénieurs ont modifié tant bien que mal un modèle existant tout en adoptant une silhouette vraiment particulière. Il s'agit d'une voiture dont les dimensions ne s'apparentent pas à celles des véhicules de la Classe C. Son empattement est similaire à celui de la berline de la Classe E, tandis que sa longueur hors tout est de 9 cm de plus qu'une Classe C. Soulignons que même si l'élégance de ses formes et la puissance de ses moteurs privilégient son caractère sportif, son coffre est vraiment spacieux avec une capacité de 495 litres, soit cinq litres de moins que celui d'une Classe S.

LUXE ET ÉLÉGANCE

La silhouette est très réussie avec une ligne de toit fuyante et se prolongeant presque sans rupture jusqu'à l'extrémité du rebord du couvercle du coffre. Vu de 3/4 arrière c'est intéressant. Par contre, de profil, la silhouette est très particulière alors que les stylistes ont conservé une ligne de toit bombée afin de faciliter l'accès aux places arrière. Certains vont aimer, d'autres pas. Mais c'est le lot de toute innovation. Il suffit de se souvenir de la BMW Série 7 pour réaliser à quel point un stylisme audacieux peut offenser.

» FEU VERT
> Moteurs bien adaptés
> Boîte automatique sept rapports
> Places arrière confortables
> Concept unique
> Phares avant actifs

» FEU ROUGE
> Mécanique complexe
> Silhouette controversée
> Fiabilité inconnue
> Système de guidage limité

Si la section arrière sort des sentiers battus en fait de design, la présentation avant est très sage à part les phares avant en forme de «L» qui se différencient de ceux des autres Mercedes. De plus, la grille de calandre avant héberge l'écusson à l'étoile d'argent, un honneur réservé aux modèles plus sportifs ou plus huppés.

Ce qui démarque la CLS des autres Mercedes est son caractère sportif associé à une carrosserie aux allures vraiment à part. L'habitacle vous offre tout le luxe auquel on peut s'attendre pour une voiture de ce prix. Le fait d'utiliser deux portières additionnelles s'explique en grande partie lorsqu'on monte à bord. Compte tenu du confort de ces deux places individuelles, ces sièges seront souvent occupés et pas uniquement par des enfants.

Le tableau de bord est typiquement Mercedes avec ses boutons de commande habituels, son écran ACL en plein centre de la planche de bord et ses contrôles de climatisation coincés entre les buses de ventilation et l'écran, comme sur la Classe E. Toutefois, les buses de ventilation centrales sont rectangulaires tandis que celles à chaque extrémité du tableau de bord sont circulaires. Comme sur la plupart des modèles à caractère sportif de ce constructeur, le volant est à quatre branches.

PUISSANCE ET TECHNOLOGIE

Deux moteurs sont au programme. Le moins puissant est un moteur V6 de 3,5 litres d'une puissance de 272 chevaux. Couplé à une boîte automatique à sept vitesses, il permet de boucler le 0-100 km/h en 7,0 secondes. De plus, son couple puissant dans les régimes intermédiaires permet de compter sur des dépassements très rapides, donc sécuritaires. Des roues de 17 pouces sont utilisées pour transmettre cette cavalerie au bitume.

Pour plusieurs automobilistes, un moteur V6 c'est bien, mais un V8 c'est encore mieux. Ces personnes vont certainement apprécier le CLS 500 dont le moteur V8 5,0 litres permet d'accélérer de 0 à 100 km/h en 6,1 secondes et d'atteindre une vitesse maximum de 250 km/h. Ça décoiffe! Là encore, la boîte automatique à sept rapports est utilisée. Cette fois, la CLS 500 roule sur des pneus de 18 pouces.

En plus des coussins de sécurité frontaux, latéraux et de tête, cette quatre portes est équipée du système «Pre Safe» dont les capteurs prévoient l'occurrence d'un accident imminent. Dans ces circonstances, les ceintures de sécurité sont tendues automatiquement, les sièges avant placés en position optimale pour assurer une meilleure protection de la part des coussins gonflables en cas d'impact tandis que le toit ouvrant est automatiquement fermé.

Mercedes a également installé dans sa voiture un paquet de systèmes dont l'appellation se termine en Tronic, notamment un système de commande orale, de freins à commande électronique et de stabilité latérale plus perfectionnés que jamais.

Bref, c'est vraiment une berline «toute garnie»!

Denis Duquet

DONNÉES TEHNIQUES

Prix du modèle à l'essai :	n.d.
Échelle de prix :	n.d.
Version(s) disponible(s) :	CLS 350-CLS 500
Garanties :	4 ans 80000/5 ans 120000
Catégorie :	berlines de luxe
Emp./Long./Lar./Haut.(cm) :	285/491/185/138
Poids :	1 810 kg
Coffre/Réservoir :	495/80 litres
Coussins de sécurité :	frontaux, latéraux (av.) et rideaux
Suspension avant :	indépendante, bras inégaux
Suspension arrière :	indépendante, multibras
Freins av./arr. :	disque (ABS)
Antipatinage/Contrôle de stabilité :	oui, oui
Direction :	à crémaillère, assistée
Diamètre de braquage :	n.d.
Pneus av./arr. :	P245/40R18

GROUPE MOTOPROPULSEUR ET RENDEMENT

Moteur :	V8 5,0 litres 24s (97 x 84)
Puissance :	306 ch (228 kW) à 6300 tr/mn
Couple :	339 lb-pi (460 Nm) à 2700 tr/mn
Autre(s) moteur(s) :	V6 3,5 litres 272 ch
Transmission :	propulsion, automatique 7 rapports
Autre(s) transmission(s) :	aucune
Accélération 0-100 km/h :	6,1 s
Reprises 80-120 km/h :	n.d.
Freinage 100-0 km/h :	n.d.
Vitesse maximale :	250 km/h
Indice de performance longitudinale :	n.d.
Consommation (100 km) :	super, 13,5 litres (estimé)
Autonomie :	n.d.

DANS LA MÊME CATÉGORIE
Volvo S60R-Lexus GS 430-Infiniti G45

DU NOUVEAU EN 2005
Nouveau modèle

HISTORIQUE DU MODÈLE
1ière génération

DATE DE RENOUVELLEMENT
n.d.

NOS IMPRESSIONS

Agrément de conduite :	🚗🚗🚗🚗½
Fiabilité :	nouveau modèle
Sécurité :	🚗🚗🚗🚗🚗
Qualités hivernales :	🚗🚗🚗🚗
Espace intérieur :	🚗🚗🚗🚗
Confort :	🚗🚗🚗🚗½

LE CHOIX DE L'ÉQUIPE
CLS 500

Guide de l'auto 2005

MERCEDES-BENZ SL

QUAND MERCEDES SE SURPASSE...

L'étoile de Mercedes-Benz ne luit plus aussi fort depuis quelques années. Quand on est au sommet de la montagne, dit-on, on ne peut qu'en redescendre... Les problèmes électroniques récurrents et un service à la clientèle à l'occasion un tantinet condescendant ont eu raison d'une réputation pourtant fort solide. Nonobstant ces quelques irritants, l'entreprise de Stuttgart continue de construire des véhicules extraordinaires. La SL en est la preuve – mécaniquement – vivante!

La toute dernière SL a été dévoilée en 2003. Il s'agit de la neuvième génération, la première, les amateurs de belles bagnoles le savent, ayant été dévoilée en 1954. À ce moment, le cabriolet enflammait les cœurs (et Pierre-Elliott Trudeau avait vu le sien consumé devant cette œuvre d'art!), mais c'était le coupé avec ses portes en ailes de mouettes (la fameuse Gullwing) qui épatait la galerie. La SL était-elle plus un coupé ou un cabriolet? Encore aujourd'hui, malgré une nouvelle génération, on se pose toujours la question...

Mercedes a décidé qu'elle serait les deux à la fois et a puisé dans sa vieillissante mais toujours très potable SLK pour le mécanisme du toit rigide rétractable. À l'instar de certaines Ford des années 60, le spectacle donné par le toit qui vient se cacher dans le coffre arrière sur la seule pression d'un bouton au tableau de bord demeure fascinant. De plus, il effectue son mouvement en 16 secondes, ce qui, à cause de la complexité technique, se révèle ultra rapide. Dernier détail sur le chapeau, il empiète royalement sur l'espace de chargement du coffre lorsqu'il est remisé.

LA MERCEDES AUX TROIS AISSELLES!

L'amateur de belles voitures a le choix entre trois SL. Il y a tout d'abord la SL500, qu'on peut considérer comme le modèle «de base» (tout est relatif...), la SL55AMG, et enfin, la SL600.

Réglons le cas de la «pauvre» SL500 qui n'a droit qu'à un V8 de 5,0 litres développant «seulement» 302 chevaux. Vrai qu'il s'agit d'une écurie relativement petite, en comparaison, par exemple, de la Cadillac XLR qui offre 20 chevaux supplémentaires pour environ 20 000$ de moins. Mais, comme dit mon voisin de 85 ans «il n'y a pas que la puissance dans la vie!». La transmission automatique à sept (oui, 7!) rapports fait son boulot avec compétence. Grâce à de multiples aides électroniques et des pneus à profil très bas, la tenue de route n'inquiète jamais et le plaisir de conduire est toujours au rendez-vous.

Si vous optez pour la SL55AMG, vous aurez droit à un V8 à compresseur de 5,5 litres (d'où

» FEU VERT
› Moteur 5,5 litres jouissif
› Tenue de route superlative
› Confort notable
› Transmission sept rapports compétente
› Lignes divines (avec ou sans toit)

» FEU ROUGE
› Prix démentiels
› Performances 5,0 litres un peu justes
› Conduite hivernale problématique
› Coffre peu logeable (toit remisé)
› SL600 inutile au Québec

SL

le 55) ouvrant toutes grandes les portes de son écurie de 469 chevaux. Grâce au préparateur AMG, non seulement le moteur, mais aussi le châssis, les suspensions, les freins et la transmission ont été bonifiés. Ce modèle n'a à rougir devant aucune sportive, ni même devant aucune F1 puisque c'est souvent ce modèle qui agit comme "pace car" devant les Ferrari, Renault, BAR, etc. Malgré tout, cette SL55 AMG se montre très docile et, agréable surprise, très confortable. Sur piste, car ce n'est qu'à cet endroit qu'on peut vraiment exploiter tout son potentiel, les nombreux systèmes électroniques ont vite fait de gâcher le plaisir du pilote. Heureusement, Mercedes a prévu un commutateur qui, dès qu'il se trouve à la position "off", permet à la voiture de beaux dérapages contrôlés à l'accélérateur. Le 0-100 est l'affaire de 4,7 secondes. Et que dire de son couple de 516 lb-pi disponible à très bas régime (entre 2 750 et 4 000 tr/min). Frissons assurés !

QUAND T'ES RICHE...

Quelques très rares privilégiés auront la chance de se procurer une SL600. Moteur V12 biturbo de 493 coursiers piaffants d'impatience, et couple solide de 590 lb-pi accessible dès 1 800 tours/minute, rien n'a été laissé au hasard. Mais cette livrée aussi luxueuse que performante ne rejoint sans doute pas le pilote aguerri. Elle s'adresse surtout au riche industriel tentant de relier Munich et Francfort par l'autobahn, le pied au plancher. Ce genre d'exercice est fortement déconseillé entre Montréal et Sherbrooke par la 10…

Mais il y a des choses immuables, peu importe la SL choisie. Les pneus sont bruyants, le diamètre de braquage se veut étonnamment court et le prix de certaines options est carrément indécent. Quand vous déboursez plus de 180 000 $ pour une SL600, il me semble que le système de contrôle de pression des pneus (945 $) pourrait faire partie de l'équipement standard…

À l'intérieur de cette belle allemande, rien, ou à peu près rien, n'est à critiquer. Les matériaux respirent la noblesse, la position de conduite se trouve en criant « wow ! » et l'instrumentation est facile à lire. Les sièges procurent à votre corps un confort toujours bienvenu et l'espace n'est pas trop compté, surtout pour la tête quand le toit est remisé dans le coffre… (farce de chroniqueur automobile)

La série SL de Mercedes-Benz est une réussite à tous les points de vue. Généralement, un coupé fait un mauvais cabriolet et vice-versa. Ici, la SL manie les deux baguettes avec une rare compétence. Malheureusement, une infime partie de la population pourra un jour se la procurer. Et seule une infime partie de cette infime partie pourra explorer les limites de son châssis ou des moteurs. Mais c'est le lot des super voitures d'être incomprises !

Alain Morin

DONNÉES TEHNIQUES

Prix du modèle à l'essai :	155 995 $
Échelle de prix :	131 300 $ à 259 950 $
Version(s) disponible(s) :	SL500-SL55 AMG-SL65 AMG-SL600
Garanties :	4 ans 100 000/5 ans 120 000
Catégorie :	roadster
Emp./Long./Lar./Haut.(cm) :	256/453,5/183/130
Poids :	1 920 kg
Coffre/Réservoir :	n.d/80 litres
Coussins de sécurité :	frontaux, latéraux et rideaux
Suspension avant :	indépendante, bras inégaux
Suspension arrière :	indépendante, multibras
Freins av./arr. :	disque (ABS)
Antipatinage/Contrôle de stabilité :	oui/oui
Direction :	à crémaillère, ass. variable électrique
Diamètre de braquage :	11,0 m
Pneus av./arr. :	P255/40R18/P285/35R18

GROUPE MOTOPROPULSEUR ET RENDEMENT

Moteur :	V8 5,5 litres (97 x 92) turbocompressé
Puissance :	493 ch (368 kW) à 6 100 tr/mn
Couple :	516 lb-pi (700 Nm) à 2 750 à 4 000 tr/mn
Autre(s) moteur(s) :	V8 5,0 litres 302 ch, V12 5,5 litres 493 ch
Transmission :	propulsion, automatique 5 rapports
Autre(s) transmission(s) :	auto 7 rapports (SL500)
Accélération 0-100 km/h :	4,7 s
Reprises 80-120 km/h :	3,2 s
Freinage 100-0 km/h :	36,3 m
Vitesse maximale :	250 km/h (limitée)
Indice de performance longitudinale :	6,66 m/s/s
Consommation (100 km) :	super, 15,0 litres
Autonomie :	533 km

DANS LA MÊME CATÉGORIE

Cadillac XLR-Dodge Viper-Jaguar XKR-Lexus SC430 Porsche 911 Turbo

DU NOUVEAU EN 2005

Aucun changement majeur

HISTORIQUE DU MODÈLE

9ième génération

DATE DE RENOUVELLEMENT

n.d.

NOS IMPRESSIONS

Agrément de conduite :	🚗🚗🚗🚗½
Fiabilité :	🚗🚗🚗🚗
Sécurité :	🚗🚗🚗🚗
Qualités hivernales :	🚗🚗🚗½
Espace intérieur :	🚗🚗🚗🚗
Confort :	🚗🚗🚗🚗

LE CHOIX DE L'ÉQUIPE

SL500

Guide de l'auto 2005

MERCEDES-BENZ SLK

AFFRONTER SES PROBLÈMES…

Elle avait beau être belle, elle n'était plus la plus la même surtout depuis que BMW avait lancé sa Z4. Porsche lui a bien laissé une chance en ne retouchant que très légèrement sa Boxster il y a deux ans, mais la SLK ne faisait plus la manchette comme autrefois. Cette génération, lancée en 1997, était visiblement à bout de souffle. Qu'à cela ne tienne, Mercedes a présenté la nouvelle génération de SLK au dernier Salon de Genève. Et cette fois, c'est du sérieux.

La nouvelle ligne reprend des éléments de la SLR (tant qu'à copier, aussi bien ne pas copier n'importe quoi…), mais a su conserver une certaine continuité avec la génération précédente. Le long capot, le pare-brise fortement incliné, le coffre très court et le toit rétractable sont autant d'éléments qui se conjuguent pour donner à l'ensemble un dynamisme de bon aloi. Personnellement, je considère que la partie arrière est un peu trop arrondie mais Mercedes-Benz n'a pas cru bon de demander mon avis avant de la dessiner. Ça leur apprendra! Quoi qu'il en soit, les penseurs de Stuttgart voulaient donner à leur nouvelle SLK des lignes qui respiraient la puissance. À ce niveau, c'est parfaitement réussi!

ENFIN ICI!
La SLK est disponible en Europe depuis le printemps dernier mais ne sera offerte aux nord-américains que nous sommes que cet automne. Tandis que les cousins de l'autre côté de la flaque se targuent d'avoir le choix entre trois SLK, nous devons nous contenter de deux versions. La livrée la plus abordable (drôle de mot dans ce cas-ci!) s'appelle SLK 350 et compte sur un V6 de 3,5 litres développant 272 chevaux, ce qui est tout de même mieux que l'ancien V6 3,2 litres et ses 215 picouilles traumatisées qui buvaient davantage pour oublier leur triste sort. Et le son de ce moteur (le nouveau, pas l'ancien!) vaut le détour. Pour relayer la puissance aux roues arrière, l'acheteur a le choix entre une transmission manuelle à six rapports ou une automatique à sept rapports. Cette dernière boîte peut être commandée avec un mode manuel dont les changements de vitesse se font à l'aide de pastilles au volant. Mercedes mentionne que l'automatique passe les vitesses un dixième de seconde plus rapidement que la manuelle. Mais peu importe la transmission, le boulot sera effectué avec professionnalisme. Mentionnons que la direction à billes a pris le bord et qu'on l'a remplacée par une unité à crémaillère définitivement plus moderne et qui donne une meilleure sensation de la route. Les

»» FEU VERT
› Transformation réussie
› Tenue de route exemplaire
› Moteurs éblouissants (AMG surtout)
› Direction plus communicative
› Cabriolet très convivial

»» FEU ROUGE
› Suspensions sèches (AMG)
› Fiabilité à prouver
› Coûts d'entretien éprouvants

suspensions aussi sont nouvelles tandis que les freins ont vu leurs dimensions prospérer.

Comme auparavant, la gamme SLK comprend une AMG. Il s'agit, cette année de la 55 qui, avec son V8 de 5,4 litres (pourquoi ne l'a-t-on pas appelée SLK 54 AMG? C'est un mystère…) fait dans les 360 chevaux. Compte tenu du poids relativement faible de 1 540 kilos, ces équidés lâchés «lousses» donnent toute une poussée à la voiture. Le 0-100 est l'affaire de 4,9 secondes, mais les reprises, dont nous n'avons malheureusement pas de données, ont de quoi vous faire avaler votre dentier puisque le couple de 376 lb-pi est disponible dès 4 000 tours/minute. Seule la transmission automatique avec changement des rapports au volant accompagnée du système Speedshift AMG est au programme pour cette livrée. Le Speedshift AMG permet au pilote d'avoir une maîtrise totale sur la transmission automatique. Quant aux freins, encore plus résistants que ceux de la SLK 350, ceux qui ont eu la chance de faire l'essai de la voiture ont eu l'impression qu'ils pourraient stopper net un TGV.

Mercedes-Benz a profité de cette deuxième génération pour lui donner des dimensions plus généreuses. La CLK est désormais plus longue de 7 cm et plus large de 6,0 cm. L'habitacle y gagne énormément. Les grands gaillards peuvent maintenant espérer prendre le volant sans avoir l'impression de s'asseoir dans un lavabo et la présence d'un passager n'est plus considérée comme une intrusion dans votre espace vital. Le tableau de bord aussi porte le sceau de la nouveauté et ses instruments et commandes sont plus accessibles et mieux dessinés qu'avant. La qualité des matériaux, on s'en doute, ne cause vraiment aucun problème et l'ensemble fait très classe tout en demeurant d'une sobriété tout allemande. Quant aux sièges, ils égalent ce qu'il se fait de mieux dans l'industrie. Leur support latéral est parfait et il faut démontrer beaucoup de mauvaise volonté pour les trouver inconfortables.

CA C'EST LE COMBLE!

La SLK est avant tout un cabriolet et son toit rigide se glisse dans le coffre en 22 secondes. Comble de la technologie, ce toit peut maintenant être ouvert ou fermé grâce à une touche de la télécommande. Comble de la gentillesse, le système Airscarf amène de l'air chaud au cou et aux épaules des occupants par l'entremise de conduits placés dans les appuie-têtes. En plus, les sièges sont chauffants! Il s'agit sans doute du roadster le plus convivial présentement offert sur le marché.

Jusqu'à présent, Porsche détenait le monopole de la performance dans ce créneau dominé par sa Boxster S. La Z4 de BMW, elle, se spécialisait dans le luxe et le confort tandis que la Audi TT Roadster faisait dans le stylisme. Désormais, ce trio de joyeux lurons doit compter avec un joueur majeur dans leurs plates-bandes. La nouvelle SLK leur donnera assurément du fil à retordre.

Alain Morin

DONNÉES TECHNIQUES

Prix du modèle à l'essai:	72 495 $
Échelle de prix:	64 500 $ à 82 900 $
Version(s) disponible(s):	SLK350-SLK 55 AMG
Garanties:	4 ans 80000/5 ans 120000
Catégorie:	roadster
Emp./Long./Lar./Haut.(cm):	243/408/177,5/129,5
Poids:	1 540 kg
Coffre/Réservoir:	210 à 300/70 litres
Coussins de sécurité:	frontaux et latéraux (av.)
Suspension avant:	indépendante, leviers triangulés
Suspension arrière:	indépendante, multibras
Freins av./arr.:	disque (ABS)
Antipatinage/Contrôle de stabilité:	oui/oui
Direction:	à crémaillère, assistée
Diamètre de braquage:	10,6 m
Pneus av./arr.:	P225/40R18 P245/30R18

GROUPE MOTOPROPULSEUR ET RENDEMENT

Moteur:	V8 5,4 litres 24s (97,0 x 92,0)
Puissance:	360 ch (268 kW) à 5750 tr/mn
Couple:	376 lb-pi (510 Nm) à 4000 tr/mn
Autre(s) moteur(s):	V6 3,5 litres 272 ch
Transmission:	propulsion, automatique 7 rapports
Autre(s) transmission(s):	manuelle 6 rapports
Accélération 0-100 km/h:	4,9 s (estimé)
Reprises 80-120 km/h:	5,0 s (estimé)
Freinage 100-0 km/h:	37,0 m (estimé)
Vitesse maximale:	250 km/h
Indice de performance longitudinale:	n.d.
Consommation (100 km):	super, 11,7 litres (estimé)
Autonomie:	n.d.

DANS LA MÊME CATÉGORIE
Audi TT - BMW Z4 - Honda S2000 - Porsche Boxster

DU NOUVEAU EN 2005
Nouveau modèle

HISTORIQUE DU MODÈLE
2ème génération

DATE DE RENOUVELLEMENT
n.d.

NOS IMPRESSIONS

Agrément de conduite:	🚗🚗🚗🚗½
Fiabilité:	nouveau modèle
Sécurité:	🚗🚗🚗🚗
Qualités hivernales:	🚗🚗🚗🚗
Espace intérieur:	🚗🚗🚗🚗
Confort:	🚗🚗🚗🚗🚗

LE CHOIX DE L'ÉQUIPE
SLK 350

Guide de l'auto 2005

MERCEDES-BENZ SLR

IL ÉTAIT UNE FOIS…

Il était une fois... Tous les bons contes de fées commencent de cette façon. On sait, en entendant ces mots, que l'histoire qu'on va entendre sera merveilleuse, ponctuée de rêve et de délices, de malheur et de bonheur. Et toujours, ou presque toujours, ces merveilleux contes se terminent en beauté. Le bonheur, à la fin, est toujours au rendez-vous pour les bons personnages qui animent notre conte de fées.

C'est le genre de conte que je me raconte à moi-même quand je rêve d'une Mercedes SLR. Je sais que quelque part, chacune des 3500 voitures trouvera son prince charmant et que malheureusement, faute de moyens, je n'en ferai pas partie. Car voyez-vous, pour mettre la main sur une de ces petites merveilles de la technologie automobile, vous devrez vous résigner à dépenser plus d'un demi-million de dollars (ce qui en soi est un geste important), mais aussi à vous armer de patience. Car la liste d'attente pour ces bijoux est déjà complète ou presque, et les derniers modèles livrables ne le seront qu'au début de l'année 2008.

Les véritables amateurs (riches amateurs, cela va sans dire) vos diront probablement que l'attente en vaut la peine. Après tout, pour se procurer une des voitures les plus racées du moment, quelques mois de patience ce n'est rien.

Je n'ai pas eu le bonheur de conduire la Mercedes SLR, un privilège réservé seulement à quelques personnes à ce jour, dont quelques collègues avec qui j'ai pu discuter. Mais je ne peux m'empêcher de concevoir ce que serait la vie au volant d'un tel bolide.

Imaginez, prendre la route et piloter une véritable formule Un de route! Car la SLR, ce n'est pas une voiture ordinaire. Fruit de la collaboration de Mercedes et de McLaren, elle réunit les bases d'une routière et les caractéristiques des plus imposants bolides de course.

Sous le capot par exemple, un énorme moteur V8 5,5 litres à compresseur qui développe rien de moins que 626 chevaux et 575 livres-pied de couple, soit presque autant que la Ferrari Enzo, considérée la voiture la plus puissante actuellement disponible.

Avec un monstre de cet acabit, la SLR peut filer jusqu'à 334 kilomètres à l'heure, affirment les responsables de Mercedes. Une vitesse qui ne se vérifie que sur un circuit, évidemment.

En matière de freins, on a aussi insisté sur la sécurité puisqu'on a doté la merveille argentée de freins en céramique capables de résister à des chaleurs intenses, comme celles produites lors de

»» FEU VERT
› Moteur d'une puissance bestiale
› Freinage titanesque
› Silhouette unique
› Tenue de route irréprochable

»» FEU ROUGE
› Pièce de collection
› Insonorisation faible
› Confort douteux
› Coût d'achat princier

freinages intensifs et répétés sur des circuits de course. On a infiltré ces freins en céramique de fibres de carbone qui leur confèrent encore plus de résistance. En fait, on considère que non seulement les freins pourront ralentir efficacement le bolide, mais ils auront de plus une durée de vie supérieure à 250 000 kilomètres.

Et si tout cela ne suffisait pas, par exemple si dans un élan d'enthousiasme le pilote exige un freinage encore plus rapide, il peut compter sur un aileron localisé à l'arrière du bolide et qui agit, selon la puissance du freinage, exactement comme les ailerons d'avion en augmentant la traînée aérodynamique ce qui entraîne un ralentissement du véhicule.

La transmission, automatique à cinq rapports, est elle aussi inspirée des bolides de course et permet, grâce à des touches montées sur le volant, de passer les rapports en mode semi-manuel.

QUELQUES SACRIFICES

Pour être en mesure d'apprécier à sa juste valeur une voiture comme la SLR de Mercedes, il faut avoir une haute estime des plaisirs du pilotage. Car en matière de confort, la SLR ne serait pas un modèle de réussite.

C'est vrai, côté design, elle présente une silhouette exceptionnelle. Élancée, la voiture a des lignes fluides qui donnent l'impression qu'elle fendra le vent sans jamais rencontrer de résistance. On n'appelle pas les McLaren «les flèches argentées» pour rien!

Ajoutez à cela des portières qui s'ouvrent comme des ailes d'oiseau, et un nez surbaissé presque jusqu'à toucher le sol, et vous avez une bonne idée du profil de la bête. Cette carrosserie aux détails raffinés possède aussi un autre avantage : celui d'être entièrement construite en fibres de carbone, comme le sont les voitures de formule un.

Cette innovation technologique n'a pas que des avantages cependant. C'est exact que les morceaux en fibres de carbone sont légers et plusieurs fois plus résistants que l'acier. En revanche, la notion d'insonorisation leur paraît comme une inconnue. Le résultat : le niveau de décibels obtenus à l'intérieur de l'habitacle de la SLR est donc nettement plus élevé que dans n'importe quelle berline de luxe, ou même moins luxueuse. Mais que voulez-vous, il faut souffrir pour être belle, disait l'adage.

Même chose en ce qui concerne le confort. Oui, les sièges enveloppent le pilote comme une deuxième peau, mais le confort pour le passager n'est pas à la hauteur des attentes. On croit sans doute que le passager a plus d'occasions de bouger un peu alors qu'au volant d'un tel bolide, le pilote doit garder les yeux rivés sur la route.

La Mercedes SLR (pour Sporty, Light and Racing) n'est évidemment pas une voiture comme les autres. En fait, j'oserais dire que ce n'est tout simplement pas une voiture, c'est une véritable pièce de collection. Le genre de bijou que l'on ne retrouve qu'aux mains des princes et des princesses de ce monde. Dommage que je ne sois pas dans un conte de fées…

Marc Bouchard

DONNÉES TEHNIQUES

Prix du modèle à l'essai :	575 000 $
Échelle de prix :	575 000 $
Version(s) disponible(s) :	version unique
Garanties :	4 ans 80000/5 ans 120000
Catégorie :	GT
Emp./Long./Lar./Haut.(cm) :	270/466/190/126
Poids :	1 768 kg
Coffre/Réservoir :	272/97 litres
Coussins de sécurité :	frontaux et latéraux, genoux et tête
Suspension avant :	indépendante, double bras
Suspension arrière :	indépendante, double bras
Freins av./arr. :	disque (ABS)
Antipatinage/Contrôle de stabilité :	oui/oui
Direction :	à crémaillère, ass. variable
Diamètre de braquage :	12,2 m
Pneus av./arr. :	P245/40ZR18/P295/35ZR18

GROUPE MOTOPROPULSEUR ET RENDEMENT

Moteur :	V8 5,5 litres 24s (97 x 92) surcompressé
Puissance :	626 ch (467 kW) à 6500 tr/mn
Couple :	575 lb-pi (780 Nm) à 3250 tr/mn
Autre(s) moteur(s) :	seul moteur offert
Transmission :	propulsion, automatique 5 rapports
Autre(s) transmission(s) :	aucune
Accélération 0-100 km/h :	3,8 s
Reprises 80-120 km/h :	3,6 s
Freinage 100-0 km/h :	34,0 m
Vitesse maximale :	334 km/h
Indice de performance longitudinale :	3,47 m/s/s
Consommation (100 km) :	super, 14,8 litres
Autonomie :	655 km

DANS LA MÊME CATÉGORIE

Ferrari Enzo - Porsche Carrera GT - Lamborghini Murcielago

DU NOUVEAU EN 2005

Une seule version

HISTORIQUE DU MODÈLE

1ière génération

DATE DE RENOUVELLEMENT

n.d.

NOS IMPRESSIONS

Agrément de conduite :	🚗🚗🚗🚗🚗
Fiabilité :	🚗🚗🚗
Sécurité :	🚗🚗🚗½
Qualités hivernales :	🚗
Espace intérieur :	🚗🚗🚗
Confort :	🚗🚗🚗½

LE CHOIX DE L'ÉQUIPE

version unique

Guide de l'auto 2005

MERCURY GRAND MARQUIS

GRISONNANTE SAGESSE…

La Mercury Grand Marquis a grandi avec nous! Enfin, presque puisqu'elle est en production depuis 1975 et que pas moins de 2,7 millions d'exemplaires ont été vendus. Pas mal pour une voiture de «vieux» qui passe inaperçue! Même si, année après année, on prédit (certaines mauvaises langues disent «on espère…») sa disparition, la Grand Marquis continue, encore en 2005, sa lucrative carrière. Merci aux flottes de taxis et de limousines et à quelques retraités!

Il faut tout d'abord préciser que la contrepartie de la Grand Marquis chez Ford, la Crown Victoria, n'est disponible au Canada que sous sa livrée "Police Interceptor". Si vous magasinez une Grand Marquis et que vous ne désirez pas passer inaperçu, il serait de bon ton d'opter pour une carrosserie blanche et de stationner votre nouvelle voiture perpendiculairement à la route. Ça fait toujours son effet chez les usagers de la route… Personnellement, je «pogne» chaque fois!

Trêve de plaisanteries, puisque la Grand Marquis n'est pas particulièrement drôle. Le fun, c'était pour la Marauder, cette espèce de «muscle car» à la sauce XXIe siècle. Malheureusement, la Marauder nous a quittés! Reste la vraie Grand Marquis qui ne semble pas avoir changé d'un iota depuis des millénaires. Et pourtant, elle s'est indubitablement raffinée avec les années. En 2003, elle a reçu un châssis plus rigide constitué de poutres formées par pression hydraulique et une nouvelle direction à la fois plus précise et plus communicative que l'ancienne. De plus, les suspensions ont été grandement améliorées, ce qui n'était pas un luxe, avouons-le! Depuis ce jour, la Mercury Grand Marquis se comporte comme une voiture moderne même si on ne peut pas encore lui accoler une étiquette sportive. Une sortie d'autoroute prise avec un peu trop de vélocité vous rappellera à coup sûr la vocation «confort» de la Grand Marquis. Sur chaussée dégradée, la suspension flotte toujours un peu mais ce n'est pas aussi dramatique que «dans l'temps»! Par contre, il est possible d'opter pour des éléments de suspension plus fermes et des pneus plus gros. Le confort n'en sera que très peu diminué mais l'agrément de conduite haussera de quelques crans. Les dimensions de ce véhicule se révèlent toujours aussi encombrantes surtout dans un centre-ville bondé où le moindre espace de stationnement est chaudement disputé. C'est toujours un peu humiliant de posséder une telle voiture et se faire barber par une Echo Hatchback…

Le moteur V8 de 4,6 litres se montre parfaitement adapté à la Grand Marquis. Il travaille

››› FEU VERT
› Confort de haut niveau
› Habitabilité confirmée
› Moteur généreux
› Voiture sécuritaire

››› FEU ROUGE
› Dimensions antistationnement
› Consommation élevée
› Tenue de route «flottante»
› Tableau de bord esthétiquement douteux
› Agrément de conduite peu relevé

GRAND MARQUIS

DONNÉES TEHNIQUES

Prix du modèle à l'essai :	37 200 $
Échelle de prix :	37 200 $ à 40 100 $
Version(s) disponible(s) :	GS, LS, LSE
Garanties :	3 ans 60000/5 ans 100000
Catégorie :	berline grand format
Emp./Long./Lar./Haut.(cm) :	291/538/199/144
Poids :	1 875 kg
Coffre/Réservoir :	583/71 litres
Coussins de sécurité :	frontaux et latéraux (av.)
Suspension avant :	indépendante, bras inégaux
Suspension arrière :	essieu rigide, ressorts hélicoïdaux
Freins av./arr. :	disque (ABS)
Antipatinage/Contrôle de stabilité :	non (opt)/non
Direction :	à crémaillère, assistée
Diamètre de braquage :	12,0 m
Pneus av./arr. :	P225/60R16

GROUPE MOTOPROPULSEUR ET RENDEMENT

Moteur :	V8 4,6 litres (3,55 x 3,54)
Puissance :	224 ch (167 kW) à 4800 tr/mn
Couple :	275 lb-pi (373 Nm) à 4000 tr/mn
Autre(s) moteur(s) :	seul moteur offert
Transmission :	propulsion, automatique 4 rapports
Autre(s) transmission(s) :	aucune
Accélération 0-100 km/h :	8,9 s
Reprises 80-120 km/h :	7,4 s
Freinage 100-0 km/h :	39,4 m
Vitesse maximale :	190 km/h
Indice de performance longitudinale :	4,97 m/s/s
Consommation (100 km) :	ordinaire, 13,8 litres
Autonomie :	514 km

avec souplesse et douceur et ses 224 chevaux entraînent gaiement cette masse de près de deux tonnes. La Grand Marquis passe d'ailleurs de l'arrêt complet à cent kilomètres à l'heure en moins de 9,0 secondes, ce qui n'est pas rien. Les reprises sont du même ordre avec un temps de moins de 7,5 secondes entre 80 et 120 km/h ! La transmission automatique à quatre rapports relaie avec compétence la puissance aux roues arrière. Quant aux freins, avec ABS, ils se révèlent agréablement efficaces compte tenu de la masse qu'ils ont à ralentir. La Grand Marquis peut tirer une remorque ou une tente (pas une tante…) de 900 kilos.

Ford a profité de la refonte de 2003 pour revoir l'habitacle de la Grand Marquis. Inutile de préciser que l'espace ne fait jamais défaut sauf, peut-être, pour les pieds alors que le tunnel qui abrite l'arbre de transmission (il s'agit d'une propulsion, n'oubliez pas!) prend passablement de place. Autrement, il faut vraiment avoir un gabarit hors norme pour trouver que les centimètres sont comptés! Les sièges au rembourrage épais redonnent une nouvelle signification au mot confort et invitent aux longues randonnées d'autant plus que les matériaux (tissu ou cuir) sont de belle qualité. Le pédalier est ajustable, ce qui facilite grandement la vie de celui ou celle qui prend place derrière le volant. Cependant, le support latéral des sièges est inexistant et un coin de rue tourné un peu vite vous le rappellera assurément! Tous les cadrans se consultent facilement mais l'esthétique du tableau de bord, avec sa longue traverse horizontale, est loin de faire l'unanimité. Les places arrière, par contre, ne s'attirent que des éloges et quiconque y a déjà posé les fesses ne veut plus revenir à l'avant! Quant au silence de roulement, il se fait omniprésent dans l'habitacle et on se croirait plutôt dans son salon que dans une voiture! Le coffre est grand, hyper grand. Il peut engloutir tous vos meubles, votre tracteur à gazon et la Géo Métro de fiston !

La Mercury Grand Marquis se révèle une excellente routière, capable d'avaler les kilomètres comme pas une. Il s'agit aussi d'une des rares automobiles à offrir six vraies places. De plus, elle se veut sécuritaire puisqu'elle a obtenu 19 étoiles sur 20 dans des tests américains de collisions. Franchement, des fois, j'ai hâte d'être vieux…

Alain Morin

DANS LA MÊME CATÉGORIE
Buick LeSabre - Buick Park Avenue - Chrysler 300C
Toyota Avalon

DU NOUVEAU EN 2005
Reconfiguration des niveaux d'équipement, nouveau volant, détails de présentation

HISTORIQUE DU MODÈLE
4ième génération

DATE DE RENOUVELLEMENT
n.d.

NOS IMPRESSIONS

Agrément de conduite :	🚗🚗🚗½
Fiabilité :	🚗🚗🚗🚗🚗
Sécurité :	🚗🚗🚗🚗🚗
Qualités hivernales :	🚗🚗🚗🚗½
Espace intérieur :	🚗🚗🚗🚗🚗
Confort :	🚗🚗🚗🚗🚗

LE CHOIX DE L'ÉQUIPE
LS

Guide de l'auto 2005

MINI COOPER

KARTING 101

La Mini, c'est le summum du retour en arrière. Cette petite voiture à la longue histoire représente une belle époque que l'on ne peut oublier. Voilà pourquoi le constructeur, BMW, revient avec des voitures remodelées à la sauce moderne, une idée déjà reprise par d'autres et qui fonctionne plutôt bien. En fait, la Mini est devenue un véritable symbole que même les plus jeunes admirent. Depuis son retour, en plus d'être très populaire, la Mini évolue de belle façon, ce qui ne fait pas exception cette année.

La Mini, ce n'est pas une voiture comme les autres, et l'expression n'a pas trait uniquement à sa silhouette. Conduire la Mini se résume en un mot : plaisir. Comme en kart, que j'ai piloté pendant six ans, elle est vive comme l'éclair et agile comme un serpent.

Il est vrai que le moteur 4 cylindres de 115 chevaux de la version de base manque carrément de puissance. Heureusement, pour corriger cette lacune, le fabricant a rendu disponible, dans la version S, un moteur suralimenté 1.6 litre de 170 chevaux, qui existe pour remettre les pendules à l'heure. Et ça marche, il faut bien l'avouer car ainsi équipée, la Mini devient une monture plus agressive que jamais.

Dans toutes les versions, l'engin est monté transversalement pour ménager de l'espace. Voilà pourquoi, malgré l'exiguïté de l'ensemble, on a réussi à trouver de l'espace pour un compresseur volumétrique muni d'un refroidisseur d'air et d'un radiateur d'huile pour la version Supercharged. Croyez-moi, la différence en vaut le coup !

Des accélérations de 0 à 100 km/h en seulement 7,4 secondes (grâce à son couple de 162 lb-pi à 4 000 tr/min) sont plus que respectables pour une voiture de cette taille. Du côté de la transmission, la boîte six vitesses est merveilleusement maniable, ce qui contribue au plaisir de la conduite. Une transmission automatique CVT est aussi disponible.

ET TOMBE LE TOIT

L'icône qu'est la Mini connaissait déjà un certain succès, mais chez BMW, on a décidé de pousser plus loin en augmentant encore la gamme offerte. Ainsi, après la Mini Classique et la Cooper S, on a dénudé le haut du petit bolide pour créer une Mini cabriolet.

Avec une voiture de cette taille, le défi était de concevoir une décapotable qui garde une rigidité de châssis respectable, même en abolissant le toit solide. Pour réaliser ce projet BMW n'a pas hésité à rigidifier les bas de caisse, les montants de pare-brise et renforcer les portières. Double réussite, non seulement on conserve ainsi la tenue de

»» FEU VERT
> Version cabriolet
> Cooper S puissante
> Tenue de route d'un kart
> Design unique

»» FEU ROUGE
> Moteur de base anémique
> Espace de chargement microscopique
> Places arrière difficiles d'accès
> Commandes trop petites

Guide de l'auto 2005

COOPER

DONNÉES TEHNIQUES

Prix du modèle à l'essai :	27 000 $
Échelle de prix :	22 700 $ à 29 950 $ (prix 2004)
Version(s) disponible(s) :	Cooper, Cooper S et cabriolet
Garanties :	4 ans 80 000/4 ans 80 000
Catégorie :	coupé sport, cabriolet
Emp./Long./Lar./Haut.(cm) :	247/363/169/141
Poids :	1 215 kg
Coffre/Réservoir :	150/50 litres
Coussins de sécurité :	frontaux et latéraux (av.)
Suspension avant :	indépendante, bras inégaux
Suspension arrière :	indépendante, multibras
Freins av./arr. :	disque (ABS)
Antipatinage/Contrôle de stabilité :	oui/oui
Direction :	à crémaillère, assistée
Diamètre de braquage :	10,6 m
Pneus av./arr. :	P195/55R16 205/45R17

GROUPE MOTOPROPULSEUR ET RENDEMENT

Moteur :	4L 1,6 litre 16s (77,0 x 85,08) surcompressé
Puissance :	163 ch (122 kW) à 6000 tr/mn
Couple :	155 lb-pi (210 Nm) à 4000 tr/mn
Autre(s) moteur(s) :	4L, 1,6 litre 115 ch.
Transmission :	traction, manuelle 5 rapports
Autre(s) transmission(s) :	automatique 5 rapports, CVT
Accélération 0-100 km/h :	7,2 s
Reprises 80-120 km/h :	8,3 s
Freinage 100-0 km/h :	41,1 m
Vitesse maximale :	215 km/h
Indice de performance longitudinale :	4,85 m/s/s
Consommation (100 km) :	super, 9,5 litres
Autonomie :	526 km

DANS LA MÊME CATÉGORIE
Focus ST - Honda Civic Si - Golf GTI

DU NOUVEAU EN 2005
Version cabriolet

HISTORIQUE DU MODÈLE
2ème génération

DATE DE RENOUVELLEMENT
2010

NOS IMPRESSIONS

Agrément de conduite :	🚗🚗🚗🚗🚗
Fiabilité :	🚗🚗🚗½
Sécurité :	🚗🚗🚗🚗
Qualités hivernales :	🚗🚗🚗🚗
Espace intérieur :	🚗🚗🚗🚗
Confort :	🚗🚗🚗🚗

LE CHOIX DE L'ÉQUIPE
Cooper S

---

route de la petite mais on augmente du même coup la sécurité.

Il y a cependant un mauvais côté à ce nouveau traitement puisque toutes ces modifications, en plus du mécanisme du toit rétractable, augmentent par contre le poids de près de 100 kg.

Malgré tout, la voiture continue de se conduire comme un petit bolide. Elle tient la route avec insistance. La garde au sol très basse accroît d'ailleurs la qualité d'une bonne tenue de route, mais sur les bosses, la voiture cherche à rebondir un peu trop ce qui crée une légère perte d'adhérence. Additionnez le tout à une suspension nettement trop rigide, et vous aurez très peu de confort.

Heureusement, pour aider à la tenue de route, les Mini sont équipées, en option selon le modèle, du système d'aide à la traction et à la stabilité.

JOLIE COMME TOUT

Bien entendu, conduire une Mini est amusant, mais la regarder l'est encore plus. Il suffit de rouler dans un secteur rempli de jeunes (je parle ici d'adolescents ou de pré-adolescents qui n'ont pas encore de permis de conduire), pour constater quel succès remporte cette petite carrosserie.

Même à l'intérieur, le design est exceptionnel. Dans notre modèle d'essai par exemple, la finition du tableau de bord métallisé était résolument nouveau genre, même si elle conservait un cachet vieillot. Il y a bien quelques défauts. Les boutons de contrôle par exemple ont tous été réunis dans la console centrale, sous les commandes de radio et de climatisation. Il m'a donc fallu quelques minutes pour me rendre compte que même les boutons de verrouillage des portières y étaient, tout comme ceux des fenêtres. Et pas nécessairement dans cet ordre. Il faut donc porter une attention véritable à ces commandes quand on les manipule ce qui, surtout pour les fenêtres, pose un certain problème quand on est au volant.

Les sièges sont confortables et englobent littéralement le conducteur et le passager tout en lui laissant, ô surprise, bien assez de dégagement pour la tête et les jambes. En revanche, ils ne sont pas simples à régler, et sont munis d'un système un peu dépassé pour le réglage du dossier. Les bancs arrière sont, à vue d'oeil, étrangement constitués. Leurs assises sont basses, enfoncées et tout à fait lisses. Pourtant, ils offrent un confort remarquable et suffisamment d'espace en largeur. Ce qui n'est cependant pas le cas pour les jambes, surtout si le passager avant dépasse un tantinet le format standard. Le coffre arrière est quasi symbolique, ce qui constitue une faiblesse remarquable dans le créneau de la Mini.

En revanche, dès que l'on prend la route, on oublie assez facilement ces petits désagréments.

Car la Mini, c'est plus qu'une simple voiture. Au volant, on a l'impression de conduire un symbole. Heureusement, BMW a su préserve ce style tout en conservant le plaisir.

Bertrand Godin

Guide de l'auto 2005

MITSUBISHI
ECLIPSE/SPYDER

DE LA GUEULE, POINT !

Vous en rêviez. Comme tous les amateurs, vous regardiez avec une pointe d'envie cette Mitsubishi Eclipse aux lignes uniques, et vous vous imaginiez au volant de ce bolide, fendant l'air au gré de vos désirs. Inspiré par les messages publicitaires agressifs de la marque aux trois losanges, vous vous prépariez à vivre une véritable aventure spirituelle au volant de votre voiture qui, vous en étiez persuadé, vous attirerait les éloges et les regards de tous ceux qui vous regarderaient passer sur la route de la vie.

Mais quand vous avez réellement conduit la Mitsubishi Eclipse, ou sa sœur cabriolet la Spyder, vous avez peut-être un peu déchanté. C'est vrai qu'on achète ce genre de voiture d'abord pour le look, et de ce point de vue, la Eclipse ne décevra personne. Même si ses lignes commencent à vieillir un peu, elle demeure un modèle de style et d'efficacité.

Et comme toutes les Mitsubishi, elle est en train de devenir le centre d'attraction de tous les mordus de "tuning". Elle est tellement facile à modifier, à améliorer, à rendre encore plus remarquable d'un simple point de vue esthétique qu'on la croirait conçue expressément pour les mordus de personnalisation.

Les lignes esthétiques de la carrosserie sont certainement splendides. Mais cette voiture est plus agressive visuellement que derrière le volant.

Et la réussite n'est pas nécessairement au rendez-vous à tous les points de vue. La silhouette a été remodelée avec succès l'année dernière, mais les stylistes avaient alors complètement oublié l'habitacle, ce qui est un peu dommage. Cette année encore, malgré quelques modifications, tellement mineures qu'on en vient à les oublier, rien n'a véritablement été changé. En fait, comme Mitsubishi a déjà fait savoir que sa Eclipse serait entièrement remodelée l'an prochain, il ne servait à rien de se lancer dans une vaste opération de charme pour un modèle en bout de course.

On ressent d'ailleurs ce laisser-aller dès qu'on met le nez à l'intérieur de la Eclipse. La planche de bord est fade, sans éclat, et son aménagement accuse le coup de ses quelques années d'existence. L'instrumentation, facile à consulter de façon générale, n'a rien non plus d'original ou d'attirant. Disons qu'elle est à la bonne place, et c'est bien la seule qualité que l'on peut y trouver. On pourrait y greffer un peu de fantaisie, ce qui ne ferait de mal à personne.

Malgré un bon support latéral, les sièges ont des angles qui ne facilitent pas la tâche pour trouver la position qui vous comblera. On se sent toujours en déséquilibre par rapport à la route, et on

»» FEU VERT
› Silhouette impressionnante
› Facile à personnaliser
› V6 économique
› Direction précise

»» FEU ROUGE
› Habitacle à revoir
› Suspension peu sportive
› Freinage trop spongieux
› Moteur de base souffreteux

ressent mal la prise en main du volant. Bref, un bon remaniement ferait le plus grand bien dans le poste de pilotage de cette voiture pourtant attirante de l'extérieur.

AU MOINS, ELLE ROULE

Selon la version que l'on choisira, le coupé Eclipse ou le cabriolet Spyder, on pourra profiter d'un moteur quatre cylindres de 2,4 litres ou d'un un V6 de 3 litres. Sans surprise, le V6 est nettement supérieur à son petit frère en fait de performance. Il développe 200 chevaux, et jumelé à la boîte manuelle à 5 rapports il permet une accélération mesurable de 0 à 100 en moins de 7,8 secondes (chronométré manuellement il faut le dire).

La joie de cette performance, qui n'a pas changé d'un iota depuis l'année dernière, c'est que le pilote peut profiter de cette puissance sur une vaste plage de régime moteur. Contrairement à d'autres japonaises qui exigent presque que la voiture révolutionne à la limite de ses possibilités pour atteindre le maximum. Mitsubishi fournit ici un engin capable d'être performant même à bas régime. Une notion qui donne un avantage remarquable en terme de plaisir de conduite (le moteur est nettement moins bruyant à bas régime) mais aussi pour ce qui est de l'économie d'essence puisqu'un moteur tournant moins rapidement aura tendance à consommer moins. Élémentaire, mon cher Watson!

Malheureusement, les versions RS et GS propulsées par le quatre cylindres de 2,4 litres sont nettement moins performantes. Avec seulement 147 chevaux au maximum (un peu moins si la transmission est automatique), le moteur n'offre que peu de plaisir à celui qui le dirige. Ce qui explique sans doute la propension des propriétaires d'Eclipse à tripatouiller jusque dans les composantes mécaniques pour essayer de rendre le tout plus agréable, et surtout plus puissant.

Il faut dire que dans une version comme dans l'autre, la Mitsubishi voit ses performances fortement handicapées par un surplus de poids.

C'est sans doute aussi ce qui explique la difficulté rencontrée en tenue de route par la voiture. Quand la chaussée devient un peu bosselée, la suspension bondit et rebondit, et exige du conducteur qu'il tienne avec rigueur la direction pour s'assurer de conserver sa trajectoire.

Même le freinage n'atteint pas des sommets puisque la pédale, spongieuse, n'atteint son maximum d'efficacité que lorsqu'elle est enfoncée avec vigueur. Cette douceur relative est agréable en ville, au moment où vous roulez à basse vitesse dans le trafic de l'heure de pointe, mais devient un véritable enfer quand vous tentez de tirer le maximum de la voiture en conduite plus sportive.

Soyons honnêtes, la Mitsubishi Eclipse a un look d'enfer, et une personnalité tellement forte qu'elle attire les regards de tous ceux qui la voient passer. Mais un bon rafraîchissement intérieur, quelques modifications extérieures, et un peu d'améliorations mécaniques lui permettront à l'avenir de s'attirer aussi l'admiration de ceux qui la conduisent.

Bertand Godin

DONNÉES TEHNIQUES

Prix du modèle à l'essai :	35 500$
Échelle de prix :	24 718$ à 37 325$ (prix estimé)
Version(s) disponible(s) :	RS, GS, GT, Spyder
Garanties :	3 ans 60 000/5 ans 100 000
Catégorie :	coupé sport, cabriolet
Emp./Long./Lar./Haut.(cm) :	256/449/175/131
Poids :	1 495 kg
Coffre/Réservoir :	204/62 litres
Coussins de sécurité :	frontaux et latéraux (av.)
Suspension avant :	indépendante, jambes de force
Suspension arrière :	indépendante, multibras
Freins av./arr. :	disque (ABS)
Antipatinage/Contrôle de stabilité :	oui/oui
Direction :	à crémaillère, assistée
Diamètre de braquage :	12,2 m
Pneus av./arr. :	P215/50R17

GROUPE MOTOPROPULSEUR ET RENDEMENT

Moteur :	V6 3,0 litres 24s (91,1 x 76,0)
Puissance :	200 ch (149 kW) à 5 500 tr/mn
Couple :	205 lb-pi (278 Nm) à 4 000 tr/mn
Autre(s) moteur(s) :	4L 2,4 litres de 147 ch
Transmission :	traction, manuelle 5 rapports
Autre(s) transmission(s) :	automatique 4 rapports
Accélération 0-100 km/h :	7,8 s
Reprises 80-120 km/h :	7,1 s
Freinage 100-0 km/h :	44,0 m
Vitesse maximale :	215 km/h
Indice de performance longitudinale :	4,62 m/s/s
Consommation (100 km) :	ordinaire, 11,8 litres
Autonomie :	525 km

DANS LA MÊME CATÉGORIE

Acura RSX - Ford Mustang
Hyundai Tiburon - Toyota Celica

DU NOUVEAU EN 2005

Pas de changement majeur

HISTORIQUE DU MODÈLE

2ième génération

DATE DE RENOUVELLEMENT

2006

NOS IMPRESSIONS

Agrément de conduite :	🚗🚗🚗🚗🚗
Fiabilité :	🚗🚗🚗½
Sécurité :	🚗🚗🚗🚗½
Qualités hivernales :	🚗🚗🚗
Espace intérieur :	🚗🚗🚗½
Confort :	🚗🚗🚗🚗½

LE CHOIX DE L'ÉQUIPE

GT Premium

Guide de l'auto 2005

MITSUBISHI Endeavor

UN NOUVEAU CHALLENGER

Avec l'arrivée récente du Mitsubishi Endeavor, un VUS de format moyen appelé à se frotter à des valeurs sûres et bien établies, on pourrait penser que l'on est en train d'assister à une reprise de la légende de David contre Goliath. Ce serait mal évaluer les adversaires en présence, puisque Mitsubishi représente une force non négligeable dans ce segment du marché, avec entre autres, plusieurs victoires au fameux rallye Paris-Dakar, et une réputation de robustesse bien établie sur d'autres continents.

Ce nouveau combattant présente une imposante calandre coupée à la serpe, et ses flancs presque verticaux échancrés par les larges passages des roues lui donnent l'allure d'un baroudeur bien aguerri, alors que les lignes de certains concurrents tendent à s'édulcorer avec les années. Même la galerie de toit, d'un calibre impressionnant, semble prête à recevoir la montagne de bagages nécessaires à votre prochaine expédition. La gamme se décline en trois versions bien équipées, soit une LS, une XLS et une Limited.

HABITACLE GÉNÉREUX

On accède facilement à l'habitacle, autant à l'avant qu'à l'arrière, grâce à des portières de bonne dimension qui s'ouvrent généreusement. Les fauteuils à l'avant sont confortables malgré une assise un peu courte pour certains gabarits, mais ils offrent un support appréciable sur longue distance. À l'arrière, la banquette accueille confortablement deux adultes, et le passager du milieu ne criera pas «grâce!» avant plusieurs kilomètres. Le dossier se replie facilement en proportion 60/40 mais la capacité de chargement demeure acceptable même lorsqu'il reste en place. Les dimensions imposantes du hayon dégagent une large ouverture pour y engouffrer des objets encombrants, mais sa lourdeur surprend sur un véhicule aux prétentions si bourgeoises. J'imagine l'hiver, alors que les cylindres d'assistance sont gelés. Heureusement, la lunette peut s'ouvrir individuellement grâce à des charnières. La visibilité est excellente sauf vers l'arrière, obstruée par le pilier «D» et un appuie-tête.

Le conducteur retrouve devant lui un tableau de bord agréable à l'œil et facile à consulter. Le volant – d'un design affreux – a au moins le mérite d'inclure à sa partie postérieure des commandes redondantes pour l'excellent système de sonorisation Infinity sur la version Limited. Encore faut-il les découvrir, et ne plus les confondre par la suite. Un module au fini aluminium (plastique) brossé accroché au milieu de la planche de bord semble sorti directement

» FEU VERT
› Moteur bien adapté
› Transmission efficace
› Suspension confortable
› Tableau de bord original
› Tenue de route sans surprise

» FEU ROUGE
› Tuyau d'échappement vulnérable
› Valeur de revente inconnue
› Silhouette discutable
› Faible diffusion
› Pédale de frein spongieuse

de la chambre à coucher d'un ado. Il renferme la radio et le lecteur CD, de même que les contrôles pour le chauffage et la climatisation. Juste au-dessus, un petit écran vous permet, entre autres, d'évaluer le fonctionnement de la radio et de la régulation de la température de l'air, la consommation d'essence, et, bien entendu, la situation des points cardinaux par rapport à votre direction (on ne saurait s'en passer). Sa lecture est cependant parfois difficile en plein soleil. D'un côté plus pratique, tous les contrôles sont de dimensions généreuses, permettant même de les actionner aisément avec des gants durant la froide saison. Les espaces de rangement sont nombreux et de bonnes dimensions.

PERFORMANCES TRÈS CORRECTES

Pour tenter de ne pas être en reste face à la concurrence, l'Endeavor s'appuie sur un V6 de 3,8 litres libérant assez chichement 215 chevaux malgré son architecture moderne, mais un couple quand même considérable de 250 lb-pi à 3 750 tr/min. Il est associé à une boîte automatique à quatre rapports avec mode séquentiel qui s'acquitte très bien de sa tâche, s'appuyant à fond sur le couple abondant de son partenaire. Les performances sont très correctes, sans vous couper le souffle puisque le 100 km/h arrive après 8,9 secondes, en grande partie à cause d'une masse relativement légère. L'Endeavor utilise en effet le même châssis monocoque que la berline Galant, avec ses limites inhérentes à la garde au sol. La capacité de remorquage s'établit à 1 588 Kilos, mais ainsi lesté, le moteur manque un peu de souffle. Le Limited dispose de la traction intégrale, sans gamme de rapports courts, alors que le LS et le XLS, des tractions à la base, peuvent recevoir cette chaîne cinématique en option. Sa consommation demeure raisonnable, mais comme il carbure au super, le coût de l'essence risque de vous faire mal.

En dépit d'un centre de gravité assez élevé, et de pneumatiques de 17 pouces de ratio 65, l'Endeavor démontre un comportement routier de bon niveau, encore une fois relativement parlant, et s'avère peu sensible aux vents latéraux. Il conserve un bon équilibre même dans les courbes les plus serrées, et garde le cap sereinement. Son confort permet d'envisager de longs trajets sans appréhension, et l'habitacle demeure silencieux en toutes circonstances. Le freinage confié sur toute la gamme à quatre disques avec ABS et EBD donne entière satisfaction.

Bref, l'Endeavor accomplit sa mission comme un bon soldat, mais il lui manque un avantage déterminant face à des « ennemis » bien établis sur leur position, et qui connaissent le terrain comme le fond de leur coffre à bagages. La stratégie du « meilleur prix » pratiquée naguère par les Japonais et depuis leur arrivée, par les Coréens, pourrait sans doute lui procurer une certaine supériorité. Mais sa grille de tarifs ne laisse apparaître aucune différence substantielle par rapport aux demandes de la concurrence, et à mon humble avis, la guerre est loin d'être gagnée pour ce nouveau combattant.

Jean-Georges Laliberté

DONNÉES TEHNIQUES

Prix du modèle à l'essai :	42 698 $
Échelle de prix :	33 998 $ à 42 698 $
Version(s) disponible(s) :	LS XLS LIMITED
Garanties :	3 ans 60 000/5 ans 100 000
Catégorie :	utilitaire sport intermédiaire
Emp./Long./Lar./Haut.(cm) :	275/483/187/177
Poids :	1 885 kg
Coffre/Réservoir :	1 152 à 2 163/81 litres
Coussins de sécurité :	frontaux et latéraux
Suspension avant :	indépendante, jambes de force
Suspension arrière :	indépendant, multibras
Freins av./arr. :	disques (ABS)
Antipatinage/Contrôle de stabilité :	oui/oui
Direction :	à crémaillère, assistée, démultiplication variable
Diamètre de braquage :	12,5 m
Pneus av./arr. :	P235/65R17

GROUPE MOTOPROPULSEUR ET RENDEMENT

Moteur :	V6 3,8 litres
Puissance :	215 ch à 5000 tr/min
Couple :	250 lb-pi à 3 750 tr/min
Autre(s) moteur(s) :	aucun
Transmission :	intégrale, automatique 4 rapports (Sportronic)
Autre(s) transmission(s) :	aucune
Accélération 0-100 km/h :	8,9 s
Reprises 80-120 km/h :	7,3 s
Freinage 100-0 km/h :	43,0 m
Vitesse maximale :	195 km/h
Indice de performance longitudinale :	4,53 m/s/s
Consommation (100 km) :	super, 12,5 litres
Autonomie :	648 km

DANS LA MÊME CATÉGORIE
Buick Rendezvous - Honda Pilot - Nissan Murano et Pathfinder - Toyota Highlander

DU NOUVEAU EN 2005
Aucun changement majeur, puissance a venir 225 ch

HISTORIQUE DU MODÈLE
2004

DATE DE RENOUVELLEMENT
n.d.

NOS IMPRESSIONS

Agrément de conduite :	🚗🚗🚗🚗½
Fiabilité :	🚗🚗🚗½
Sécurité :	🚗🚗🚗🚗🚗
Qualités hivernales :	🚗🚗🚗🚗🚗
Espace intérieur :	🚗🚗🚗🚗½
Confort :	🚗🚗🚗🚗½

LE CHOIX DE L'ÉQUIPE
XLS traction intégrale

Guide de l'auto 2005

MITSUBISHI GALANT

ORDINAIRE…

On doit se rendre à l'évidence, la Mitsubishi Galant est ordinaire. Pas dans le sens de mauvaise, ou incompétente, mais plutôt banale (elle est même assemblée à Normal, en Illinois!), incapable de s'élever au-dessus du lot. Il lui aurait pourtant fallu des arguments convaincants pour ce faire. Car pas besoin d'être économiste pour constater que la lutte demeure particulièrement féroce au sein de ce créneau.

Après avoir complété mes essais routiers, j'avoue que j'étais assez étonné de n'avoir trouvé rien de particulier à dire à son sujet. Ni en bien, ni en mal, sauf pour quelques détails, mais aucun avantage particulier en ce qui concerne le prix, l'équipement, la garantie, le style, que sais-je. Même ses lignes, avouons-le, assez distinctes de ses concurrentes, ne vous feront pas remarquer au milieu de la circulation. À peine si à son volant j'ai eu droit à quelques coups d'œil furtifs, alors qu'elle est quand même assez nouvelle dans le paysage. Et aucune question de la part des automobilistes rencontrés au hasard des stationnements.

COMPARAISONS DÉCEVANTES

Pour me rassurer, je suis allé consulter le site Internet du constructeur. Encore là, je n'ai rien trouvé de significatif, aucun élément qui lui permettrait encore une fois de se glisser dans la lutte et viser les premières places.

Pourtant, cette dernière édition présentée l'année dernière marque un net progrès par rapport à sa devancière. Son châssis plus rigide permet un meilleur guidage des suspensions, et ses cotes d'habitabilité en progrès soutiennent bien la comparaison avec les autres références dans ce créneau. Elle se décline en quatre versions (DE, ES, LS et GTS) pouvant théoriquement satisfaire aux nombreuses requêtes des consommateurs. Les deux premières font appel à un groupe motopropulseur composé exclusivement d'un moteur quatre cylindres de 2,4 litres, joint à une boîte automatique à quatre rapports. Ses 160 chevaux répondent bien à votre appel, mais ils semblent s'essouffler à haut régime et manifestent leur mécontentement par des bruits mécaniques assez importants, tout le contraire d'autres blocs du même genre chez la concurrence. Heureusement, la transmission tempère ces débordements grâce à ses réactions bien policées, et elle lui permet de mieux paraître en

»»» FEU VERT
› Habitacle spacieux
› Bon couple (V6)
› Chassis rigide
› Large palette de modèles
› Confort appréciable

»»» FEU ROUGE
› Poids élevé
› Consommation assez importante
› Moteurs bruyants
› Dangeureusement anonyme
› Certains matériaux bas de gamme

Guide de l'auto 2005

GALANT

DONNÉES TECHNIQUES

Prix du modèle à l'essai :	24 498 $
Échelle de prix :	23 498 $ à 33 098 $
Version(s) disponible(s) :	DE, ES, LS, et GTS
Garanties :	3 ans 60 000/5 ans 100000
Catégorie :	berline intermédiaire
Emp./Long./Lar./Haut.(cm) :	275/483,5/184/147
Poids :	1 520 kg
Coffre/Réservoir :	377/62 litres
Coussins de sécurité :	frontaux
Suspension avant :	indépendante, jambes de force
Suspension arrière :	indépendante, multibras
Freins av./arr. :	disque (ABS opt.)
Antipatinage/Contrôle de stabilité :	non/non
Direction :	à crémaillère, assistée
Diamètre de braquage :	13,2 mètres
Pneus av./arr. :	P215/60R16

GROUPE MOTOPROPULSEUR ET RENDEMENT

Moteur :	4L 2,4 litres
Puissance :	160 ch à 5 500 tr/min
Couple :	157 lb-pi à 4000 tr/min
Autre(s) moteur(s) :	V6 3,8 litres 230 ch
Transmission :	traction, automatique 4 rapports
Autre(s) transmission(s) :	aucune
Accélération 0-100 km/h :	9,5 s
Reprises 80-120 km/h :	6,9 s
Freinage 100-0 km/h :	42 mètres
Vitesse maximale :	185 km/h
Indice de performance longitudinale :	4,56 m/s/s
Consommation (100 km) :	10,2 litres (ordinaire)
Autonomie :	653 km

toutes circonstances. Mais quand même, les japonaises de même acabit alignent des boîtes à cinq rapports.

Ce petit jeu continue aussi avec le V6 de 3,8 litres présent dans les LS et GTS. On pourrait croire que sa cylindrée de calibre «Américain» par rapport aux trois litres Honda ou Mazda, lui permettrait de les malmener. Mais non! Sa puissance quand même respectable de 230 chevaux, et son couple abondant de 250 lb-pi font bonne figure, mais la caisse pèse davantage que celle des autres nipponnes, ce qui annihile presque ses courageux efforts. Par ailleurs, même s'il tourne avec douceur, il grogne lui aussi à haut régime, mais avec moins de véhémence que son petit frère. Il forme un beau tandem avec une boîte automatique séquentielle, encore une fois… à quatre rapports, avec des effets négatifs sur la consommation.

La présentation de l'habitacle obéit aux canons du genre, avec des matériaux bien ajustés mais d'apparence et de textures parfois douteuses chez une voiture de ce prix. Les places avant sont confortables, et l'habitabilité s'avère très correcte. À l'image de plus en plus de voitures intermédiaires, et même de grandes berlines, la banquette accueille généreusement deux adultes, mais le troisième demeure mal loti. Dans la Galant, ce troisième passager adulte est confortablement accepté, mais l'électricité statique générée au contact du pavillon lui fera rapidement dresser les cheveux sur la tête. Le coffre de bonne dimension ne peut malheureusement pas s'agrandir grâce au dossier de la banquette, et on doit se contenter d'une trappe à skis.

COMPORTEMENT ROUTIER BRIDÉ

Le comportement routier de la Galant pourrait être qualifié de… ordinaire, en ce sens qu'il demeure sécurisant dans la plupart des circonstances, mais cette voiture n'apprécie vraiment pas qu'on la presse. Encore (et presque toujours) la faute à des pneumatiques de qualité très banale, qui crient «mon oncle» bien avant la plate-forme et les suspensions. Surtout qu'il faut presque se fier à leurs appels de détresse pour lever le pied, la direction légère et assez rapide, semblant un peu déconnectée de la réalité. La tenue de cap semble correcte, jusqu'à ce qu'une bonne rafale de vent latéral vienne perturber assez facilement la trajectoire. Le freinage mérite une bonne note, avec des distances d'arrêt courtes et une pédale rassurante par sa dureté.

Au pied de l'échelle, la DE arrive quand même assez bien équipée, avec sa boîte automatique, la climatisation à réglage électronique, les principales assistances électriques bien sûr, et des disques partout mais sans ABS. Bien installée au faîte, la GTS dispose d'un antipatinage, de sacs gonflables latéraux, d'un toit ouvrant électriquement, de confortables sièges en cuir (celui du conducteur à réglages électriques) d'une sono performante, en un mot, tout ce que l'on retrouve normalement pour ce prix.

Et c'est justement le drame, elle ne propose rien de plus, parfois moins, comme un réseau de concessionnaires encore embryonnaire. Difficile de s'imposer dans cette compétition.

Jean-Georges Laliberté

DANS LA MÊME CATÉGORIE

Chevrolet Malibu - Honda Accord - Mazda6 - Nissan Altima - Pontiac G6 - Toyota Camry

DU NOUVEAU EN 2005

Aucun changement majeur

HISTORIQUE DU MODÈLE

3ième génération

DATE DE RENOUVELLEMENT

n.d.

NOS IMPRESSIONS

Agrément de conduite :	🚗🚗🚗½
Fiabilité :	🚗🚗🚗½
Sécurité :	🚗🚗🚗🚗
Qualités hivernales :	🚗🚗🚗🚗
Espace intérieur :	🚗🚗🚗½
Confort :	🚗🚗🚗½

LE CHOIX DE L'ÉQUIPE

ES

MITSUBISHI
LANCER/SPORTBACK

MYSTÉRIEUSE INCONNUE

Le marché automobile québécois est le paradis de la petite voiture importée. Il serait donc normal que la Lancer sous toutes ses variantes soit l'un des best-sellers sur notre marché. Pourtant, ses apparitions sur nos routes sont rares. Chez Mitsubishi, cette situation s'explique par le fait que le légendaire modèle Evolution n'est pas commercialisé au Canada et cela nuit à l'image de cette voiture.

Il est vrai que l'EVO, comme il est appelé dans le jargon des mordus, est une voiture légendaire avec son moteur de 271 chevaux, et sa suspension dérivée des voitures de rallye de Mitsubishi en championnat du monde. Son absence sur notre marché s'explique par une non-conformité des pare-chocs aux normes canadiennes. Ce qui permet à Subaru de faire cavalier seul dans ce segment de la voiture à transmission intégrale à moteur survitaminé. À titre de référence, l'Impreza WRX STi est propulsé par un moteur de 300 chevaux.

Mais cette absence n'explique pas tout. Il faut également ajouter que le Lancer a remporté plusieurs accessits tant au Canada qu'aux États-Unis. Par exemple, elle a obtenu une excellente cote de sécurité par l'Insurance Institute for Highway Safety américain tandis que l'AJAC l'élisait meilleure petite voiture économique au Canada en 2003.

La mévente de cette sous-compacte est donc une autre preuve de l'incapacité de ce constructeur à se faire justice sur notre marché.

En plus, il faut avouer que ce modèle est quelque peu dépassé au chapitre de la silhouette tandis que sa motorisation est parfois mal choisie. Si l'EVO excite les acheteurs des autres pays avec ses larges passages de roue, sa grosse prise d'air sur le capot et son imposant aileron arrière, le Lancer « ordinaire » fait un peu tristounet avec sa silhouette du début des années 90. Les modèles Ralliart sont un peu plus agressifs en fait de présentation, mais le fait demeure que le design est essoufflé. Et ne comptez pas sur la familiale Sportback pour améliorer les choses. Avec ses flancs plats et sa partie arrière anonyme, elle fait songer aux anciennes Chevrolet Cavalier familiales. Désolé de frapper en bas de la ceinture, mais la Sportback est tout aussi « rétro » que la berline.

Et les choses ne s'améliorent pas beaucoup au sein de l'habitacle. Là aussi, tout nous fait songer aux années 90. Les stylistes ont tenté de donner un peu de piquant à la présentation avec des cadrans à fond blanc sur certains modèles et des appliques en titane sur le module des commandes audio et

» FEU VERT
- Choix de modèles
- Équipement complet
- Version Ralliart
- Mécanique fiable
- Suspension confortable

» FEU ROUGE
- Moteur 2,0 litres bruyant
- Silhouette dépassée
- Embrayage manuel à revoir
- Insonorisation perfectible
- Faible diffusion

de climatisation. C'est en vain puisque le tout est en net recul par rapport à presque toutes les voitures de la catégorie. Malheureusement pour ce constructeur en difficultés financières, d'autres modèles devaient être remaniés en priorité et le Lancer doit attendre son tour. Par contre, il faut spécifier que l'équipement de série est très complet par rapport au prix de vente. Une Lancer LS à boîte automatique – la seule disponible d'ailleurs – se vend pour moins de 21 000 $. Cela comprend la climatisation, le toit ouvrant, des roues en alliage et une foule d'autres accessoires. Cependant, il faut se contenter de l'anémique moteur quatre cylindres de 120 chevaux. D'ailleurs, la motorisation est sans doute le talon d'Achille de la Lancer.

CHOIX DÉROUTANTS !

La sélection de moteur et surtout de transmission pour la Lancer n'est pas toujours appropriée. Par exemple, le modèle OZ-Rally, malgré son appellation à caractère sportif doit se contenter de la version de 120 chevaux du moteur 2,0 litres de la ES qui est plus bruyant et rugueux que performant. En fait, un seul moteur est compétitif et c'est le quatre cylindres 2,4 litres introduit l'an dernier. Son système de calage des soupapes infiniment variable permet d'obtenir une puissance de 162 chevaux sur la berline Ralliart qui peut être commandée avec une boîte manuelle à cinq rapports ou l'automatique à quatre vitesses. Curieusement, les familiales Ralliart et ES ne peuvent pas être livrées avec une transmission manuelle.

Ce qui signifie que la berline de base, malgré toutes ses qualités en matière de sécurité et son prix alléchant se fait allégrement distancer par ses concurrentes en raison de ses performances modestes, de son niveau sonore élevé, et d'une tenue de route handicapée par un sous-virage prononcé. Des pneumatiques plus gros sur la OZ-Rally améliorent la tenue de route, mais pas l'agrément de conduite.

Tenant compte du fait que les ingénieurs avaient eu plus de temps pour peaufiner la mécanique, il serait logique de croire que les modèles Sportback lancés l'an dernier pourraient faire meilleure figure à ce chapitre. Malheureusement, à part le moteur plus puissant, les choses ne se sont pas améliorées. L'équipement de la voiture est relativement complet, la capacité de la soute à bagages est importante et la finition honnête, mais l'agrément de conduite est correct sans plus. Si le moteur assure des temps d'accélération inférieurs à dix secondes, le feedback de la direction est tellement faible qu'on a l'impression que le volant est déconnecté. Il semble que ce soit le même ingénieur qui a été mis en charge des commandes de climatisation car on a la même sensation. Et il faut souligner que l'essai d'une Sportback LS en hiver a permis de démontrer que les pneus d'origine ne sont d'aucune efficacité dans la neige.

Malgré notre jugement plutôt sévère, le Lancer n'est pas une vilaine voiture, d'autant plus que la faiblesse des ventes permet à l'acheteur de négocier un meilleur prix. Par contre, face aux ténors de la catégorie que sont les Mazda3, Honda Civic, Ford Focus et Toyota Corolla, ce Mitsubishi se défend assez mal.

Denis Duquet

DONNÉES TECHNIQUES

Prix du modèle à l'essai :	22 499$
Échelle de prix :	15 995$ à 26 595$
Version(s) disponible(s) :	LS, ES, OZ Rally, Ralliart
Garanties :	3 ans 60 000/5 ans 100 000
Catégorie :	Compacte
Emp./Long./Lar./Haut.(cm) :	260/451/169,5/139
Poids :	1 225 kg
Coffre/Réservoir :	320/50 litres
Coussins de sécurité :	frontaux
Suspension avant :	indépendante, jambes de force
Suspension arrière :	indépendante, multibras
Freins av./arr. :	disque/tambour (ABS)
Antipatinage/Contrôle de stabilité :	non/non
Direction :	à crémaillère, assistée
Diamètre de braquage :	10,3 m
Pneus av./arr. :	P195/60R15

GROUPE MOTOPROPULSEUR ET RENDEMENT

Moteur :	4L 2.0 litres 16s (85,9 x 88,0)
Puissance :	120 ch (89 kW) à 5 500 tr/mn
Couple :	130 lb-pi (176 Nm) à 4 250 tr/mn
Autre(s) moteur(s) :	4L 2,4 litres 160 ch
Transmission :	traction, manuelle 5 rapports
Autre(s) transmission(s) :	automatique 4 rapports
Accélération 0-100 km/h :	10,7 s
Reprises 80-120 km/h :	10,2 s (4e)
Freinage 100-0 km/h :	43,0 m
Vitesse maximale :	190 km/h
Indice de performance longitudinale :	4.21 m/s/s
Consommation (100 km) :	ordinaire, 9,2 litres
Autonomie :	543 km

DANS LA MÊME CATÉGORIE

Chevrolet Cavalier/Cobalt - Dodge SX - Ford Focus
Honda Civic - Hyundai Elantra - Mazda 3
Pontiac Sunfire/Pursuit - Saturn Ion - Suzuki Aerio Toyota Corolla

DU NOUVEAU EN 2005

Aucun changement majeur

HISTORIQUE DU MODÈLE

4ième génération

DATE DE RENOUVELLEMENT

2006

NOS IMPRESSIONS

Agrément de conduite :	🚗🚗🚗🚗
Fiabilité :	🚗🚗🚗🚗½
Sécurité :	🚗🚗🚗🚗
Qualités hivernales :	🚗🚗🚗🚗½
Espace intérieur :	🚗🚗🚗🚗🚗
Confort :	🚗🚗🚗🚗🚗

LE CHOIX DE L'ÉQUIPE

Lancer LS

Guide de l'auto 2005

MITSUBISHI MONTERO

LE COUREUR EN RETARD

Au Québec en général, les amateurs d'automobiles connaissent Mitsubishi pour ses voitures sportives comme la Eclipse ou pour sa petite Lancer qui fait fureur parmi les amateurs de personnalisation. Pourtant, le fabricant japonais, dont les affaires canadiennes ne sont pas au plus fort il faut l'avouer, est surtout réputé pour ses performances en rallye. Et même si la Lancer Evolution l'a rendu célèbre lors de certaines courses, ce sont de grands VUS comme le Montero quoique dans une version différente de celle offerte ici, qui lui ont permis de remporter des épreuves aussi prestigieuses que le Paris-Dakar.

Preuve que les succès en sport automobile international ne sont pas un gage de succès commerciaux, le Montero est probablement le moins populaire de tous les véhicules Mitsubishi vendus au Canada. Il faut dire qu'il s'inscrit dans une catégorie où il doit affronter des modèles bien implantés comme le Ford Explorer, le Dodge Durango ou même le BMW X5.

Bien que le Montero soit relativement bien équipé et passablement confortable, il lui manque tout de même quelques attraits pour leur offrir une véritable compétition.

Dès l'approche, le Montero se distingue peu de la masse. Ses dimensions, bien qu'imposantes, ne sont pas excessives et ses lignes, jolies, n'ont rien de très original. Il y a bien la calandre avant, typique de Mistubishi et qui se veut un peu différente des habitudes stylistiques. Elle se distingue par de gros blocs optiques qui surmontent les phares antibrouillards, encadrant la grille et le triple triangle du fabricant. Pour le reste, on a plutôt affaire à un VUS standard, mignon mais sans plus.

En revanche, et un simple coup d'œil permet de le confirmer, le Montero est haut sur patte, notamment en raison d'une généreuse garde au sol. L'objectif est louable – permettre une meilleure circulation hors route dans des sentiers bosselés – mais ceux qui montent à bord doivent littéralement se précipiter sur le siège, ou utiliser le marchepied un peu trop étroit pour avoir un accès facile.

Dans l'habitacle, le Montero se définit clairement comme un VUS aux ambitions polyvalentes. Avec ses trois rangées de sièges, il souhaite devenir un véhicule familial permettant de transporter toute l'équipe de soccer, au même titre qu'une minifourgonnette. Malheureusement, et à moins que votre équipe ne soit composée que de jeunes moustiques, personne ne pourra vraiment être confortablement assis sur la troisième banquette où l'espace est par trop limité. Pire encore, avec la banquette en place, l'espace de chargement est réduit à sa plus simple expression. C'est donc sur vos genoux et ceux de vos passagers que vous devrez transporter l'équipement du club !

» FEU VERT
› Équipements de série complets
› Matériaux de qualité
› Grand espace de chargement
› Hors route exceptionnel

» FEU ROUGE
› Direction engourdie
› Suspension vibrante sur certaines surfaces
› Troisième banquette symbolique
› Technologie un peu dépassée

Cette banquette est heureusement amovible, ce qui fait perdre quelques sièges mais fournit un espace de chargement nettement plus adéquat pour un véhicule de ce genre.

En revanche, les sièges de deuxième et de première rangée offrent un confort supérieur, et une finition cuir de bonne qualité. Quant à la chaîne audio, elle projette ses 315 watts partout dans l'habitacle avec un plaisir évident pour tous les passagers.

Le tableau de bord fait preuve d'un esthétisme certain, et même les matériaux utilisés, comme les appliques de bois, sont de bonne qualité. Il faut par contre s'attendre à quelques défauts d'ergonomie, qui rendent certaines commandes difficiles d'accès et d'utilisation. La trappe à essence drôlement localisée, ou des écrans de lecteur devenant invisibles dès le premier rayon de soleil, n'en sont que quelques exemples.

RALLYE OU PAS RALLYE

Sur la route, le Montero joue son rôle, mais ne manifeste pas un grand enthousiasme à le faire. Sans doute ses dimensions et son poids ont-ils une lourde influence puisque la puissance du moteur, un V6 de 3,8 litres de 215 chevaux, peine un peu à tirer les 2 170 kilos du véhicule.

La direction est cependant d'une certaine mollesse et transmet avec retard les informations reçues de la route, ce qui ne permet pas au conducteur de bien juger la route.

Ce sont plutôt ses capacités hors route qui sont impressionnantes. Sa haute garde au sol, son système de traction intégrale contrôlé à la demande et son système électronique d'antipatinage font du Montero une valeur sûre en circonstances difficiles. Ce même système aura toutefois tendance à intervenir inopinément, même en circonstances moins difficiles et même s'il est désactivé, à la grande surprise du conducteur.

Mentionnons qu'aux États-Unis, le Montero est aussi offert en version Montero sport. Attention, il ne s'agit pas d'une simple adaptation, mais bien d'un véhicule complètement différent, plus petit avec un moteur récent et des capacités totalement autres. Vendu au Canada en 2003, il a disparu de la gamme en 2004 et ne devrait pas y revenir, du moins pour le moment.

Si jamais l'envie vous prenait de vous procurer un Montero, le choix sera facile puisqu'une seule version, la Limited, est disponible au catalogue. Il vous faudra débourser quelque 50 000 $ pour mettre la main sur le volant.

À ce prix, et compte tenu de ses capacités, le Montero n'est certainement pas le choix numéro un de sa catégorie, puisque Mitsubishi tarde à offrir autant que ses compétiteurs dans ce créneau hautement compétitif. Dommage pour moi qui ai toujours rêvé d'être un pilote du Paris-Dakar…

Marc Bouchard

DONNÉES TECHNIQUES

Prix du modèle à l'essai :	48 558 $
Échelle de prix :	48 558 $
Version(s) disponible(s) :	version unique
Garanties :	3 ans 60 000/5 ans 100 000
Catégorie :	utilitaires sport
Emp./Long./Lar./Haut.(cm) :	278/483/189,5/181,5
Poids :	2 170 kg
Coffre/Réservoir :	1 127 a 2 730/90 litres
Coussins de sécurité :	frontaux et latéraux (av.)
Suspension avant :	indépendante, bras inégaux
Suspension arrière :	indépendante, multibras
Freins av./arr. :	disque (ABS)
Antipatinage/Contrôle de stabilité :	oui/oui
Direction :	à crémaillère, ass. variable
Diamètre de braquage :	11,3 m
Pneus av./arr. :	P265/60R16

GROUPE MOTOPROPULSEUR ET RENDEMENT

Moteur :	V6 3,8 litres 24s (93,0 x 85,8)
Puissance :	215 ch (160 kW) à 5 500 tr/mn
Couple :	248 lb-pi (336 Nm) à 3 250 tr/mn
Autre(s) moteur(s) :	seul moteur offert
Transmission :	intégrale, automatique 5 rapports
Autre(s) transmission(s) :	aucune
Accélération 0-100 km/h :	12,2 s
Reprises 80-120 km/h :	8,3 s
Freinage 100-0 km/h :	47,5 m
Vitesse maximale :	190 km/h
Indice de performance longitudinale :	3.91 m/s/s
Consommation (100 km) :	ordinaire, 14,7 litres
Autonomie :	612 km

DANS LA MÊME CATÉGORIE

Acura MDX - BMW X5 - Dodge Durango - Ford Explorer
GMC Envoy - Land Rover Discovery - Nissan Pathfinder
Toyota 4Runner

DU NOUVEAU EN 2005

Aucun changement majeur

HISTORIQUE DU MODÈLE

3ième génération

DATE DE RENOUVELLEMENT

2008

NOS IMPRESSIONS

Agrément de conduite :	🚙🚙🚙🚙
Fiabilité :	🚙🚙🚙🚙
Sécurité :	🚙🚙🚙🚙½
Qualités hivernales :	🚙🚙🚙🚙🚙
Espace intérieur :	🚙🚙🚙🚙🚙
Confort :	🚙🚙🚙🚙🚙½

LE CHOIX DE L'ÉQUIPE

une seule version disponible

Guide de l'auto 2005

MITSUBISHI

OUTLANDER

POURTANT !

Les ventes du Outlander de Mitsubishi au Canada ne sont pas à la hauteur des attentes de ce constructeur. Ce qui est d'autant plus étrange compte tenu du fait que ce modèle a été l'un des premiers à adopter la nouvelle présentation extérieure pour les véhicules de la marque, tout en respectant les critères de la catégorie aussi bien en fait de dimensions que de performances.

Les gens de chez Mitsubishi doivent se dire : « Nous faisons pourtant tout ce qui doit être fait, et nous ne connaissons pas plus de succès. »

Une fois encore, il semble que ce constructeur utilise les bons ingrédients pour réussir, mais les résultats se font attendre. Il est tout de même difficile de critiquer la silhouette qui est très moderne avec ses tôles tendues, ses grandes surfaces, ses feux arrière inspirés par les tuners et une partie avant très moderne. En fait, cette décision des stylistes de vouloir faire très moderne effraye peut-être les gens qui semblent opter pour des lignes plus classiques et une présentation de l'habitacle plus traditionnelle. Soulignons au passage que quelques retouches ont été effectuées cette année à la présentation extérieure. La calandre a été révisée de même que les phares avant. À l'arrière, la poignée du hayon est plus grosse.

La même approche futuriste a été adoptée dans l'habitacle. Comme le veut une certaine tendance parmi les stylistes, la planche de bord est dénuée de tout artifice. Même les buses de ventilation se replient complètement à plat pour ne pas bouleverser cette simplicité. C'est pour les mêmes raisons que la console des commandes de la radio et de la climatisation est logée dans un module accroché à la partie inférieure du tableau de bord tout en étant d'une grande sobriété. Pour contribuer davantage à ce style moderne, le volant est de type sport à quatre branches, tandis que la nacelle des cadrans indicateurs comprend deux petits pare-soleil circulaires destinés justement à les protéger des rayons du soleil.

Malgré cette débauche de détails afin d'impressionner les gens, les résultats au chapitre des ventes ne sont pas ceux escomptés. Pour plusieurs, c'est plus étrange que moderne, plus inquiétant que convivial. Et cette obsession de vouloir faire bande à part n'attire pas nécessairement la majorité. Ces personnes devraient pourtant étudier la liste d'équipement de série qui est quand même assez complète pour la catégorie. Il faut souligner que la climatisation, le volant réglable, un régulateur de croisière, un lecteur CD de même qu'un siège arrière repliable de type 60/40 sont de série. Malheureusement, cette banquette ne se replie pas complètement à plat. Et il faut également déplorer le fait que la lunette

» FEU VERT
> Silhouette moderne
> Habitacle confortable
> Équipement complet
> Boîte manuelle en 2005
> Moteur correct

» FEU ROUGE
> Roulis en virage
> Sensations de conduite émoussées
> Boîte automatique lente
> Direction floue
> Faible diffusion

arrière ne s'ouvre pas indépendamment du hayon. Et il faut ajouter qu'une version LTD débute en 2005. Plus cossue, elle s'ajoute à la gamme qui comprend également les modèles LS, et XLS.

ENFIN UNE BOÎTE MANUELLE!
Alors que tous les modèles concurrents pouvaient être commandés avec une boîte manuelle, la direction de Mitsubishi s'entêtait à ne commercialiser que l'automatique. Je ne sais pas si c'est l'énergie du désespoir ou pour répondre aux besoins d'une certaine clientèle, mais il est dorénavant possible de prendre livraison d'un Outlander équipé d'une boîte manuelle à cinq rapports. À la condition de commander la version LS, la plus économique. Les XLS et la nouvelle LTS s'en tiennent à l'automatique à quatre rapports qui peut également passer les vitesses en mode manumatique.

Cette décision vient de parachever les travaux d'amélioration du groupe propulseur qui a gagné 20 chevaux l'an dernier. Ce moteur quatre cylindres est en partie responsable de la piètre diffusion du Outlander à ses débuts sur notre marché en 2003, alors que le 2,4 litres ne produisait que 140 chevaux, ce qui était nettement insuffisant. Il a gagné du muscle depuis l'an dernier avec un gain de 20 chevaux, mais la réputation du Outlander comme véhicule anémique était faite. Il aurait fallu proposer un modèle plus puissant dès la première année ou patienter quelques mois. À long terme, cela aurait été plus rentable sur le plan commercial.

Ce petit véhicule multifonction demeure toujours une version dérivée d'une berline, ce qui explique d'ailleurs la présence d'un essieu arrière indépendant. Cette année également, les freins à disque remplaceront les tambours arrière sur tous les modèles, une décision qui permettra de raccourcir les distances de freinage.

Malgré tous ces changements apportés au cours des deux dernières années, le Outlander ne réussit pas à devancer ses concurrents. La raison est bien simple, il n'impressionne pas au chapitre de la conduite. Sa plate-forme est la même que celle de la berline et de la familiale Lancer, deux modèles dont le comportement routier est correct, mais sans nécessairement être le meilleur de sa catégorie. Je soupçonne cette plate-forme de manquer de rigidité, ce qui explique une tenue en virage correcte sans plus. Il faut également souligner que la direction est quelque peu imprécise et son feed-back de la route est assez faible.

Comme vous le constatez, ce Mitsubishi ne fait rien de mal, mais rien de bien extraordinaire non plus. C'est un véhicule qui n'inspire aucune passion malgré une présentation extérieure plus agressive que la moyenne. Il faut tout de même souligner qu'il est disponible en traction ou avec une transmission intégrale.

Plus familiale que VUS, le Outlander possède bien des qualités, mais est trahi par une plate-forme un peu vieillotte.

Denis Duquet

OUTLANDER

DONNÉES TECHNIQUES
Prix du modèle à l'essai :	29 895 $
Échelle de prix :	24 995 $ à 33 995 $
Version(s) disponible(s) :	LS, XLS, LTD
Garanties :	3 ans 60 000/5 ans 100 000
Catégorie :	utilitaires sport compact
Emp./Long./Lar./Haut.(cm) :	262,5/455/175/168
Poids :	1 570 kg
Coffre/Réservoir :	420 à 1 100/60 litres
Coussins de sécurité :	frontaux et latéraux (av.)
Suspension avant :	indépendante, jambes de force
Suspension arrière :	indépendante, multibras
Freins av./arr. :	disque (ABS)
Antipatinage/Contrôle de stabilité :	non/non
Direction :	à crémaillère, assistée
Diamètre de braquage :	11,4 m
Pneus av./arr. :	P225/60R17

GROUPE MOTOPROPULSEUR ET RENDEMENT
Moteur :	4L 2,4 litres 16s (86,5 x 100,0)
Puissance :	160 ch (119 kW) à 5750 tr/mn
Couple :	157 lb-pi (213 Nm) à 2 500 tr/mn
Autre(s) moteur(s) :	seul moteur offert
Transmission :	intégrale, automatique 4 rapports
Autre(s) transmission(s) :	manuelle 5 rapports
Accélération 0-100 km/h :	11,2 s
Reprises 80-120 km/h :	10,1 s
Freinage 100-0 km/h :	45,4 m
Vitesse maximale :	185 km/h
Indice de performance longitudinale :	4.02 m/s/s
Consommation (100 km) :	ordinaire, 11,7 litres
Autonomie :	513 km

DANS LA MÊME CATÉGORIE
Chevrolet Equinox - Ford Escape - Honda CR-V
Nissan Xtrail - Subaru Forester - Toyota Rav4

DU NOUVEAU EN 2005
Version LTD - Boîte manuelle - Retouches extérieures

HISTORIQUE DU MODÈLE
1ère génération

DATE DE RENOUVELLEMENT
2007

NOS IMPRESSIONS
Agrément de conduite :	🚗🚗🚗🚗½
Fiabilité :	🚗🚗🚗🚗
Sécurité :	🚗🚗🚗🚗½
Qualités hivernales :	🚗🚗🚗🚗½
Espace intérieur :	🚗🚗🚗🚗½
Confort :	🚗🚗🚗🚗½

LE CHOIX DE L'ÉQUIPE
XLS

Guide de l'auto 2005

NISSAN 350Z

FRISSONS GARANTIS

Quand on a relancé la 350 Z, les mordus d'automobile ont pu assister à la renaissance d'un mythe. Les passionnés se rappelleront avec un pincement au cœur la 240Z, apparue il y a une trentaine d'années, qui avait littéralement propulsé Nissan (alors Datsun) au sommet des palmarès coup de cœur. Cette même voiture m'incitait d'ailleurs à suivre avec attention les aventures de la femme bionique. Seulement pour sa voiture évidemment…

La petite Z première génération avait réussi là où beaucoup de ses compétiteurs ont échoué : créer un coupé sportif de classe, à un prix abordable.

Avec la relance de la Z, Nissan a donc réussit un autre coup de maître, en créant une classe presque unique pour la sportive à grande allure. Autant les performances sont exceptionnelles, autant le design est remarquable, et autant les sensations de conduite sont uniques. Bref, avec la Z, c'est frissons garantis!

La définition est encore plus vraie depuis que Nissan, pour emboîter le pas au développement de sa sportive, a lancé la version roadster de la 350Z.

La 350Z est construite sur une plate-forme exceptionnelle, la FM (pour Front Midship qu'elle partage aussi avec la Infiniti G35) qui permet de localiser le moteur plus près du centre de la voiture. Le résultat se fait surtout sentir en matière de répartition de poids, qui atteint l'équilibre presque parfait de 53 %/47 % dans un rapport avant-arrière.

Pour assurer la pleine rigidité du châssis, on a aussi muni la Z de deux barres antitorsion, dont une stylisée et localisée à l'intérieur même de l'espace de rangement arrière, que l'on peut apercevoir par la fenêtre. Évidemment, l'effet est intéressant sur les capacités de résistance du châssis, mais est plutôt catastrophique sur l'espace du hayon arrière.

Chez Nissan, on affirme pouvoir loger deux sacs de golf complets dans le petit espace de chargement. Mais mes tentatives m'ont plutôt obligé à séparer le sac des bâtons pour y arriver. Soyons cependant réalistes, ce n'est pas pour transporter une multitude de bagages que l'on choisit une Z.

Évidemment, vous l'aurez compris, le cabriolet n'apporte aucune solution de rechange à ce problème. Bien au contraire, puisqu'une partie de l'espace de chargement est occupée par le toit lui-même, toit que vous aurez rétracté en moins de 20 secondes grâce à la commande électrique. Cet aspect de la chose est au moins une réussite.

››› FEU VERT
› Esthétisme incroyable
› Confort de l'habitacle
› Couple disponible rapidement
› Répartition équitable du poids

››› FEU ROUGE
› Voiture lourde
› Direction trop assistée
› Espace de chargement
› Finition parfois lâche

350Z

GRANDE SÉDUCTION

Côté performance, la Z est remarquable. Le moteur V6 3.5 litres (d'où le nom subtil de 350), qui consomme 11 litres aux 100 km, est le même utilisé pour d'autres modèles Nissan et même Renault depuis l'alliance des deux marques. Sous le capot, 280 chevaux nerveux qui ne demandent qu'à être libérés, mais les 1525 kg de l'ensemble viennent nuire au plaisir de la cavalerie.

Mentionnons toutefois la douce musique du moteur, qui fait vibrer les tympans comme un orchestre symphonique. Je me suis même permis de jouer au macho à plusieurs reprises, chatouillant l'accélérateur aux feux rouges pour le simple plaisir de l'écouter. Heureusement pour nous, le couple de 274 lb-pi à 4800 tr/min sauve les performances. Assez pour vous permettre d'accélérer de 0 à 100 km/h en 5,9 et vous faire plaisir!

La suspension indépendante, composée de leviers multiples en aluminium avec amortisseurs à gaz et barres antiroulis, absorbe à merveille les hasards de la route et fournit une maîtrise totale peu importe les conditions.

Seul petit regret : la direction à assistance variable est justement, un peu trop assistée à plus haute vitesse, ce qui prive le conducteur de certaines sensations de conduite. Mais attention! Si vous désactivez ce système (ESP) et l'antipatinage, la voiture survire en accélération. Vous dérapez? Pas de problème : elle obéit rapidement à votre désir de revenir sur la bonne trajectoire. Très vive en réaction malgré son poids, elle pointe son nez sans hésitation.

Le maniement de la boîte de vitesses est un charme avec une course entre les rapports rapide et précise qui vous plonge dans l'environnement de la conduite sportive. La suspension fait un travail remarquable, offrant très peu de roulis et une voiture qui ne plonge pas trop au freinage. L'amortissement est ferme, peut-être trop pour nos routes, mais la tenue de route et les émotions qu'elle procure vous feront vite oublier ce petit désagrément.

Mais c'est, je l'admets, par ses lignes fluides que la Z a d'abord gagné mon cœur. La silhouette racée, finement dessinée et les petites attentions particulières accordées au design, comme c'est le cas des poignées verticales entièrement argentées, ont de quoi attirer le regard. Certainement distinctive, on la confond facilement avec des coupés sport dont la valeur à l'achat est nettement plus élevée.

À l'intérieur, les sièges fournissent un confort sans reproche, entourant à merveille le conducteur, et laissant au passager un peu plus de latitude. Avec des bourrures bien assemblées, ils fournissent un support latéral et lombaire de grande qualité.

Quant à l'habitacle, il jouit d'une excellente finition et surtout d'un aménagement qui se marie avec la personnalité du petit bolide.

La position de conduite est simple à trouver, et seule la visibilité est déficiente tant vers l'arrière où la vitre est minuscule, que sur les côtés où les angles morts sont titanesques. Une situation qui se corrige uniquement en retirant complètement le toit du cabriolet. La Nissan Z, c'est un fantasme renouvelé. Une voiture qui permet de survoler la route, tout en en vibrant de plaisir. La Z, frissons garantis!

Bertrand Godin

DONNÉES TECHNIQUES

Prix du modèle à l'essai :	55 595 $
Échelle de prix :	45 800 $ à 57 850 $
Version(s) disponible(s) :	Coupé Cabriolet, Performance, Tourisme, Pulsion, Cabriolet
Garanties :	3 ans 60000/5 ans 100000
Catégorie :	GT
Emp./Long./Lar./Haut.(cm) :	265/430/182/131,5
Poids :	1 463 kg
Coffre/Réservoir :	193/76 litres
Coussins de sécurité :	frontaux et latéraux (av.) et tête
Suspension avant :	indépendante, bras inégaux
Suspension arrière :	indépendante, multibras
Freins av./arr. :	disque (ABS)
Antipatinage/Contrôle de stabilité :	oui/oui
Direction :	à crémaillère, ass. variable
Diamètre de braquage :	10,8 m
Pneus av./arr. :	P225/45W18 P245/45W18

GROUPE MOTOPROPULSEUR ET RENDEMENT

Moteur :	V6 3,5 litres 24s (95,5 x 81,6)
Puissance :	287 ch (214 kW) à 5200 tr/mn
Couple :	274 lb-pi (371 Nm) à 4800 tr/mn
Autre(s) moteur(s) :	seul moteur offert
Transmission :	propulsion, manuelle 6 rapports
Autre(s) transmission(s) :	automatique 5 rapports
Accélération 0-100 km/h :	5,9 s
Reprises 80-120 km/h :	6,0 s
Freinage 100-0 km/h :	34,0 m
Vitesse maximale :	250 km/h
Indice de performance longitudinale :	5,73 m/s/s
Consommation (100 km) :	super, 11,0 litres
Autonomie :	691 km

DANS LA MÊME CATÉGORIE

Audi TT - BMW Z4 - Chrysler Crossfire - Honda S2000
Mercedes Benz SLK - Porsche Boxster

DU NOUVEAU EN 2005

Pas de changement majeur

HISTORIQUE DU MODÈLE

1ière génération

DATE DE RENOUVELLEMENT

2009

NOS IMPRESSIONS

Agrément de conduite :	5
Fiabilité :	4½
Sécurité :	4½
Qualités hivernales :	3½
Espace intérieur :	4
Confort :	4½

LE CHOIX DE L'ÉQUIPE

Performance, manuelle

Guide de l'auto 2005

NISSAN ALTIMA

TRANSFORMATION OBLIGATOIRE

Dans la nouvelle compagnie Nissan, les coches mal taillées ne demeurent pas longtemps sans remède. L'Altima est une preuve flagrante que ce constructeur est en mesure de réagir rapidement. Pourtant, à première vue, l'Altima 2004 semblait compétitive aux yeux d'une grande majorité, mais il suffisait de s'asseoir derrière le volant et de rouler pendant quelques kilomètres pour réaliser que cette berline arrivait de plus en plus difficilement à se faire justice. Non seulement les lacunes initiales demeuraient criantes, mais une concurrence rajeunie était de plus en plus difficile à contrer. Ce qui explique donc pourquoi cette berline qui a fait tout un tabac à son arrivée en 2002 est l'objet de plusieurs modifications dignes de mention.

Il est tout d'abord intéressant de constater que la silhouette a été altérée afin d'établir une harmonie visuelle avec la Maxima qui a fait peau neuve l'an dernier. Et ce, malgré le fait que la silhouette de l'Altima ait été jugée spectaculaire il y a trois ans. Voilà qu'elle s'était affadie en comparaison avec les autres produits Nissan. La calandre est donc similaire à celles utilisées sur les autres nouveaux produits Nissan, le capot a été surélevé tandis que les phares de route et les feux arrière sont dorénavant dotés de nouvelles lentilles ambrées. De nouvelles jantes ainsi que des modifications à la carrosserie destinées à accentuer la silhouette en forme de coin viennent compléter cette révision esthétique.

Les responsables de cette transformation n'ont pas ignoré l'habitacle qui était la source de bien des critiques. Les propriétaires étaient insatisfaits de la qualité des tissus, de l'ajustement des pièces en plastique, de la texture des matériaux et surtout, de la présentation de la planche de bord qui était à revoir. Nous ne pouvons accuser Nissan de ne pas être à l'écoute de ses clients puisque le tableau de bord a été remanié, le tissu du pavillon remplacé et les sièges redessinés. Bref, les économies de bouts de chandelle effectuées dans l'habitacle de la version précédente ont été remplacées par des matériaux convenables. Le volant est à trois branches comme tous ceux de la famille des berlines Nissan tandis que les cadrans sont plus lisibles. De plus, la console centrale a été remodelée afin d'offrir plus d'espace aux occupants des places avant.

Et tant qu'à réviser l'esthétique pourquoi ne pas jouer dans la mécanique? L'incontournable moteur V6 de 3,5 litres a été l'objet de plusieurs changements de détails, tant et si bien que sa puissance a augmenté de cinq chevaux et de trois lb-pi de couple. Ce ne sont pas des chiffres spectaculaires, mais chaque petite amélioration permet d'obtenir un véhicule plus homogène. Si la plupart des chroniqueurs n'ont fait état que du moteur V6, il faut insister sur la présence d'un moteur quatre cylindres en ligne de 2,5 litres dont la puissance est de 175 chevaux. Cette écurie est supérieure à la moyenne de la catégorie

»» FEU VERT	»» FEU ROUGE
› Silhouette épurée	› Effets de couple dans le volant (V6)
› Habitacle plus convivial	› Suspension ferme (SE-R)
› Finition améliorée	› Levier de vitesses imprécis
› Choix de moteurs	› Finition toujours inégale
› Version SE-R	

pour un moteur quatre cylindres. Il est bien entendu couplé à une boîte manuelle à cinq rapports sauf sur le modèle SL qui ne propose que la transmission automatique à quatre rapports. Pour les moteurs V6, la boîte manumatique à cinq vitesses permettant les passages des rapports en mode manuel est de série sur le 3,5 SL et optionnelle sur le 3,5 SE.

Il est important de souligner que l'Altima à moteur quatre cylindres diffère beaucoup de la version avec moteur V6. Le moteur 2,5 litres limite les performances. Malgré tout, le 0-100 km/h est atteint en moins de 9 secondes. Mais à défaut d'accélérations tonitruantes, cette berline propose une meilleure maniabilité, un sous-virage moins important et l'absence presque totale d'effet de couple dans le volant. De plus, sa consommation de carburant est moins dommageable pour votre porte-monnaie. Le moteur V6 est plus puissant, plus silencieux, mais il est responsable d'un important effet de couple dans le volant et la voiture est moins agile dans les courbes serrées.

Même si Nissan ne dévoile pas les changements apportés aux autres organes mécaniques, la tenue de cap des deux versions est plus stable tandis que l'essieu arrière semble moins affecté par le mauvais revêtement de la chaussée.

SURPRISE! UNE SE-R!

Si la tristounette Sentra ne se prête pas tellement à une version SE-R, c'est une toute autre chose pour l'Altima dont la silhouette, la plate-forme et le moteur semblent avoir été concoctés pour une telle version. Comme toute berline sport qui se respecte, la présentation extérieure est différente des modèles courants. Cette fois, les stylistes ont créé une présentation exclusive pour les parties avant et arrière en plus de placer un aileron monté sur le couvercle du coffre. L'utilisation de pièces en chrome foncé en plus des deux tuyaux d'échappement chromés constituent la signature visuelle de cette voiture.

Au moment d'écrire ces lignes, la puissance du moteur V6 de 3,5 litres n'a pas encore été annoncée, mais il est certain qu'elle dépassera les 250 chevaux de la version régulière. L'acheteur pourra également choisir entre une boîte manuelle à six rapports ou une automatique à cinq rapports. Et pour transmettre cette puissance au bitume, les ingénieurs ont fait appel à toutes les astuces habituelles en utilisant des amortisseurs plus fermes, des jantes de 18 pouces, des pneus d'été à profil bas de cote de vitesse «W».

Compte tenu des problèmes antérieurs de l'Altima en fait d'intégrité de caisse, nous sommes en droit de nous interroger sur ce qui se passera sur cette version en raison d'un train roulant plus rigide que précédemment, et de pneus à profil bas transmettant presque directement les imperfections de la chaussée à la caisse. Nous saurons au cours des mois à venir quelle aura été l'étendue des modifications apportées à la plate-forme et à la carrosserie.

En attendant, il faut admettre que les ingénieurs de Nissan ont effectué du bon travail afin de remettre cette berline au goût du jour et de corriger les principaux défauts de jeunesse.

Denis Duquet

DONNÉES TECHNIQUES

Prix du modèle à l'essai:	29 098 $
Échelle de prix:	24 500 $ à 36 000 $
Version(s) disponible(s):	2.5S, 2.5 SL, 3.5 S, 3.5 SE, SE-R
Garanties:	3 ans 60 000/5 ans 100 000
Catégorie:	berlines intermédiaires
Emp./Long./Lar./Haut.(cm):	280/486/179/147
Poids:	1 375 kg
Coffre/Réservoir:	442/76 litres
Coussins de sécurité:	frontaux et latéraux (av.)
Suspension avant:	indépendante, jambes de force
Suspension arrière:	indépendante, multibras
Freins av./arr.:	disque (ABS)
Antipatinage/Contrôle de stabilité:	oui/oui
Direction:	à crémaillère, ass. variable
Diamètre de braquage:	11,8 m
Pneus av./arr.:	P215/55VR17

GROUPE MOTOPROPULSEUR ET RENDEMENT

Moteur:	V6 3,5 litres 24s (95,5 x 81,4)
Puissance:	250 ch (186 kW) à 5 800 tr/mn
Couple:	249 lb-pi (338 Nm) à 4 400 tr/mn
Autre(s) moteur(s):	4L 2,5 litres 175 ch, V6 3,5 litres HO + 250 ch
Transmission:	traction, automatique 5 rapports
Autre(s) transmission(s):	manuelle 5 rapports, automatique 4 rapports (4L)
Accélération 0-100 km/h:	7,4 s
Reprises 80-120 km/h:	6,8 s
Freinage 100-0 km/h:	40,9 m
Vitesse maximale:	200 km/h
Indice de performance longitudinale:	n.d.
Consommation (100 km):	super, 13,5 litres
Autonomie:	563 km

DANS LA MÊME CATÉGORIE

Chrysler Sebring - Honda Accord - Hyundai Sonata - Kia Magentis - Mazda 6 - Mitsubishi Galant - Subaru Legacy Toyota Camry - VW Passat

DU NOUVEAU EN 2005

Retouches esthétiques - Tableau de bord révisé - Version SE-R - Moteur V6 plus puissant

HISTORIQUE DU MODÈLE

3ième génération

DATE DE RENOUVELLEMENT

2007

NOS IMPRESSIONS

Agrément de conduite:	🚗🚗🚗🚗½
Fiabilité:	🚗🚗🚗½
Sécurité:	🚗🚗🚗🚗½
Qualités hivernales:	🚗🚗🚗½
Espace intérieur:	🚗🚗🚗🚗🚗
Confort:	🚗🚗🚗🚗½

LE CHOIX DE L'ÉQUIPE

3.5 SE

Guide de l'auto 2005

NISSAN ARMADA

GÉANT TOUT USAGE

Il est certain que le Nissan Armada a effectué une entrée remarquée sur le marché l'an dernier aussi bien en raison de ses dimensions que de sa silhouette. De plus, le fait de l'avoir appelé Pathfinder Armada a également soulevé bien des controverses. Pourquoi utiliser l'appellation Pathfinder alors qu'il existait déjà un véhicule de ce nom dans la gamme Nissan? Nous avons au moins une réponse à cette question puisque, comme vous l'avez constaté en cours d'année, nous parlons dorénavant de l'Armada tout court. La sagesse a prévalu.

Si les problèmes de sémantique sont résolus, il a été impossible de transformer la silhouette ou de réduire les dimensions du véhicule. Il faut préciser que le marché des gros VUS se défend toujours pas trop mal au pays de l'oncle Sam et que Nissan entend bien en profiter avec ce mastodonte. Et puisque les formats hors norme ont toujours la cote, les acheteurs ne seront pas déçus avec ce Nissan dont l'empattement surpasse de 18 cm celui du GMC Yukon tandis que le Lincoln Navigator concède 11 cm pour la même mesure. Les stylistes se sont fait un point d'honneur d'adopter de grandes surfaces planes afin d'augmenter l'impact visuel. Bref, il a été dessiné pour paraître plus gros qu'il ne l'est en réalité.

Même au premier coup d'oeil, il n'y a pas de confusion, l'Armada est étroitement dérivé de la camionnette Titan. La partie avant est d'ailleurs similaire. L'élément le plus controversé sur le plan visuel est la courbe du pavillon qui descend progressivement vers l'arrière pour s'aplanir à partir du pilier C. Heureusement, la présence d'un porte-bagages dans la section litigieuse permet de limiter les dégâts.

La filiation avec la camionnette se poursuit dans l'habitacle. Celui-ci est de même inspiration avec un tableau de bord qui est pratiquement une copie conforme de celui du Titan. On y retrouve donc le même bloc central de couleur titane qui délimite sans confusion le secteur passager de celui du pilote. Il accueille, entre autres, les commandes de climatisation qui ont fait « sacrer » tous les gens qui ont osé vouloir régler la température de l'habitacle. Comme sur le Quest et le Titan, ce trio de boutons est de fonctionnement peu intuitif et même la plus patiente des personnes perd son sang froid.

Sur les modèles qui sont munis du système de navigation par satellite, une cuvette aménagée sur le sommet du module central accueille un écran à affichage par cristaux liquides. Sinon, cet espace est converti en vide-poches. Parlant d'espace de rangement, ceux-ci sont nombreux. Et si vos passagers sont assoiffés, ils n'auront aucune

»» FEU VERT	»» FEU ROUGE
› Moteur bien adapté	› Dimensions hors norme
› Châssis rigide	› Consommation élevée
› Surprenante agilité	› Prix intimidant
› Suspension confortable	› Finition perfectible
› Transmission intégrale	› Commandes de climatisation démoniaques

Guide de l'auto 2005

difficulté à étancher leur soif puisque l'habitacle comprend 14 porte-verres!

D'ailleurs, l'aménagement intérieur est «songé» avec la présence d'une console de pavillon hébergeant un écran à affichage par cristaux liquides de 7 pouces, des buses de ventilation ainsi que des lampes de lecture. Bien entendu, les occupants des places arrière retrouvent les commandes de climatisation pour leur section de l'habitacle. Compte tenu des dimensions hors tout, il est certain que l'Armada possède trois rangées de sièges. Il est donc possible de le commander en version six ou sept places selon que le modèle choisi est équipé de deux sièges baquets ou d'une banquette dans la rangée médiane.

Mais peu importe le modèle choisi, tous ces sièges se rabattent à plat, permettant de tirer profit de la soute à bagages de très grande capacité puisque celle-ci est de 2 750 litres. Et comme le veut une tendance de plus en plus répandue chez les véhicules à vocation utilitaire, le dossier du siège avant droit se rabat pour faciliter le transport d'objets plus longs que la moyenne.

Malgré cette débauche de solutions inventives, il est désolant de noter que la qualité des matériaux est un peu limitée pour un véhicule de ce prix, tandis que la solidité de certains éléments laisse à désirer. D'ailleurs, sur notre véhicule d'essai, plusieurs bruits de caisse et cliquetis ont livré un concert de tous les instants. Pour en terminer avec mes jérémiades, un bouton de commande s'est enfoncé dans la planche de bord sans espoir de récupération.

UN GROS 8!

Les bons soldats ne font pas la guerre avec une fronde ou un tire-pois et Nissan s'est donné les outils pour affronter les gros VUS nord-américains. Nous avons déjà mentionné les dimensions intimidantes de la caisse, mais il ne faut pas ignorer la mécanique. Bâti sur un châssis autonome de type échelle, l'Armada a l'échine suffisamment solide pour tracter des remorques d'environ 9 000 livres ou 4 000 kg.

Bien entendu, il faut un moteur capable d'en prendre et le gros moteur V8 de 5,6 litres produisant 305 chevaux est bien adapté pour les travaux durs. Il est en mesure de se frotter aux gros huit américains. Il est couplé à une boîte automatique à cinq rapports dont le passage des rapports est sans problème.

Malgré son gabarit hors norme, l'Armada se conduit au doigt et à l'oeil. Les manoeuvres de stationnement sont aisées, pour autant que l'espace de stationnement soit suffisamment grand pour accueillir un VUS d'une longueur hors tout de 525 cm, soit 1,5 m de plus long qu'une Toyota Echo! Même si sa capacité de remorquage est impressionnante, le confort de la suspension est bon, signe que le choix de ressorts hélicoïdaux pour la suspension arrière a été judicieux. Même sur des routes en mauvais état, un Armada sans charge ne sautille pas et ne secoue pas les occupants.

Ce VUS taille forte a été bien conçu et convient bien au marché ciblé. Reste maintenant à resserrer la qualité des matériaux et de l'assemblage.

Denis Duquet

DONNÉES TECHNIQUES

Prix du modèle à l'essai:	53 800 $
Échelle de prix:	53 500 $ à 65 000 $
Version(s) disponible(s):	SE, LE
Garanties:	3 ans 60 000/5 ans 100 000
Catégorie:	utilitaires sport
Emp./Long./Lar./Haut.(cm):	313/522,5/200/199
Poids:	2250 kg
Coffre/Réservoir:	566 à 2 750 litres/106 litres
Coussins de sécurité:	frontaux, latéraux (av.) et rideaux
Suspension avant:	indépendante, jambes de force
Suspension arrière:	indépendante, multibras
Freins av./arr.:	disque (ABS)
Antipatinage/Contrôle de stabilité:	oui/oui
Direction:	à crémaillère, ass. variable
Diamètre de braquage:	12,5m
Pneus av./arr.:	P265/70R18

GROUPE MOTOPROPULSEUR ET RENDEMENT

Moteur:	V8 5.6 litres 32s (98,0 x 92,0)
Puissance:	305 ch (227 kw) à 4900 tr/mn
Couple:	385 lb-pi (522 Nm) à 3600 tr/mn
Autre(s) moteur(s):	seul moteur offert
Transmission:	intégrale, automatique 5 rapports
Autre(s) transmission(s):	aucune
Accélération 0-100 km/h:	7,5 s
Reprises 80-120 km/h:	6,0 s
Freinage 100-0 km/h:	42,1 m
Vitesse maximale:	180 km/h
Indice de performance longitudinale:	4,9 m/s/s
Consommation (100 km):	super, 17,4 litres
Autonomie:	609 km

DANS LA MÊME CATÉGORIE

Chevrolet Tahoe - Chevrolet Suburban
Ford Expedition - Toyota Sequoia

DU NOUVEAU EN 2005

Nouveau modèle

HISTORIQUE DU MODÈLE

1^{ière} génération

DATE DE RENOUVELLEMENT

n.d.

NOS IMPRESSIONS

Agrément de conduite:	🚗🚗🚗🚗
Fiabilité:	🚗🚗🚗🚗
Sécurité:	🚗🚗🚗🚗½
Qualités hivernales:	🚗🚗🚗🚗½
Espace intérieur:	🚗🚗🚗🚗🚗
Confort:	🚗🚗🚗🚗½

LE CHOIX DE L'ÉQUIPE

SE

NISSAN MAXIMA

INSPIRÉE DE LA Z

Quand Nissan a dévoilé l'Altima en 2002, certains ont cru que les jours de la Maxima étaient comptés. En effet, Nissan se remettait à peine d'une hémorragie financière que la française Renault est venue cicatriser avec de l'argent neuf en 1999. À l'époque, rares étaient ceux qui avaient prévu que Nissan allait rebondir aussi rapidement. Toutefois, son alliance stratégique avec Renault a permis de devancer le lancement de certains modèles qui avaient été mis sur la glace, faute de capitaux. Ainsi depuis son mariage forcé, Nissan a dévoilé neuf nouveaux modèles, et ce, sans compter ceux qui arriveront durant l'année 2005.

Pour éviter que la Maxima ne sombre dans l'indifférence des acheteurs entichés par la récente Altima, il était impératif que celle-ci soit entièrement revampée. Pour ce faire, la nouvelle Maxima reprend la formule gagnante des cinq générations précédentes en offrant les performances d'une allemande au prix d'une japonaise. Pour prendre ses distances de l'Altima avec qui elle partage son châssis et ses principaux organes mécaniques, la Maxima a adopté une silhouette plus jazzée et un meilleur comportement routier qui justifient son prix plus élevé.

UNE LIGNE DE Z

Pour esquisser les lignes de la Maxima, les stylistes ont puisé leur inspiration à même leur produit vedette maison en reprenant les formes spectaculaires de la 350Z. De la calandre à double rectangle, aux phares triangulés plongeants, à son arc de toit et aux nervures du capot, on reconnaît les traits familiers de la Z. Par ailleurs, il faut souligner le génie des stylistes d'avoir dessiné les formes audacieuses du pilier C qui font qu'aucune autre berline ne peut prétendre avoir été calquée par Nissan. Pour prendre ses aises devant les dimensions de l'Altima, la longueur, l'empattement et la largeur de la nouvelle Maxima sont plus importants que sa sœur ennemie dont les mensurations dépassaient celles de l'ancienne Maxima. Cette lutte fratricide étant chose du passé, la Maxima a pu reprendre ses lettres de noblesse et trône maintenant seule au sommet de la gamme de Tochigi.

Côté habitable, il faut mettre un bémol sur le jugement des stylistes qui ont eu l'audace d'imiter le tableau de bord de la Z. En effet, ces derniers devaient être en panne d'imagination pour emprunter aussi candidement les trois gros cadrans de la Z. Afin d'éviter le sobriquet « de grosse Z à quatre portes », la Maxima s'affirme avec un volant légèrement différent alors que la console où logent les commandes de l'audio, de la ventilation et l'écran du système de navigation (optionnel) lui sont propres. Sans

» FEU VERT
› Silhouette originale
› Tandem moteur/boîte automatique
› Bon comportement routier
› Rapport équipement/prix
› Sièges arrière (SE 4 places)

» FEU ROUGE
› Texture des matériaux (intérieur)
› Diamètre de braquage important
› Bruits de caisse
› Effet de couple dans le volant
› Maniement de la boîte manuelle

Guide de l'auto 2005

quoi, les propriétaires de Z auraient été en droit de s'écrier : Ô sacrilège !

Cependant, il ne faudrait pas croire que l'intérieur est dépourvu d'originalité. Au contraire. La Maxima est la seule berline à proposer un toit en deux pièces appelé "Skyview". Auparavant, ce concept était exclusif à des véhicules de type utilitaire. Toutefois, au grand dam des occupants, le Skyview n'est pas coulissant et le verre demeure fixe. De même, la console centrale pleine longueur offerte en option dans la version SE permet aux passagers arrière de s'installer comme dans une minilimousine sur des baquets individuels. Plus enveloppants, ces sièges offrent un meilleur maintien qu'une banquette traditionnelle. Le seul hic est que les dossiers sont non rabattables. Moins pratiques que la banquette divisée 60/40 des autres versions, il existe néanmoins une trappe à skis encastrée dans l'accoudoir central. À l'avant, les grands six pieds auront de la difficulté à trouver une position de conduite confortable à cause de l'assiette trop élevée des baquets et du manque de soutien dans le haut du dos.

UN V6 RENOMMÉ

On se répète, mais l'omniprésent moteur V6 Nissan de 3,5 litres a fait ses preuves depuis longtemps. Même si la grande majorité des acheteurs optent pour la transmission automatique à 5 rapports, la version SE est livrée de série avec une boîte manuelle à 6 vitesses. Pour 2005, les ingénieurs ont réduit le passage des rapports pour rendre celle-ci plus précise et rapide. Malgré cette amélioration, il serait surprenant que les conducteurs de Maxima délaissent la douceur de la boîte automatique pour cravacher davantage les 265 chevaux du moteur. Qui plus est, comme la plupart des tractions à grosse cylindrée, l'effet de couple ressenti dans le volant est plus prononcé avec la boîte manuelle. Jusqu'à ce que les ingénieurs trouvent la recette miracle, la boîte automatique est celle qui est le mieux adaptée au tempérament "gentlemen racer" de la Maxima.

Sur la route, le comportement routier de la Maxima est plus civilisé que celui de l'Altima grâce à des suspensions mieux calibrées et des bruits de caisse moins nombreux. Une nouvelle suspension arrière entièrement indépendante remplace l'essieu arrière semi-rigide à liens multiples de la précédente génération. De même, la maniabilité surprenante de cette berline pesant plus de 1 650 kg combinée à son habitacle de conception cabine avancée donne l'impression de conduire une voiture au gabarit moins imposant.

Somme toute, cette Nissan fera des ravages dans la catégorie des berlines sport de plus de 35 000 $. Surtout que plusieurs de ses rivales allemandes ont pris de l'âge et en offrent toujours moins pour votre argent. Toutefois, la Maxima devra se méfier de sa cousine l'Infiniti G35 et de l'Acura TL. Par contre, il faut avouer que ses rivales japonaises ne comptent pas sur un réseau de concessionnaires aussi important.

Jean-François Guay

MAXIMA

DONNÉES TECHNIQUES

Prix du modèle à l'essai :	40 400 $ (SE 4 places)
Échelle de prix :	34 500 $ à 39 500 $
Version(s) disponible(s) :	SE 4 ou 5 places, SL
Garanties :	3 ans ou 60 000 / 5 ans ou 100 000
Catégorie :	berline sport intermédiaire
Emp./Long./Lar./Haut.(cm) :	282,5/491/182/148
Poids :	1571 kg
Coffre/Réservoir :	439 litres / 76 litres
Coussins de sécurité :	frontaux/latéraux/rideaux
Suspension avant :	indépendante, jambes de force
Suspension arrière :	indépendante, multibras
Freins av./arr. :	disque/disque ABS, EBD
Antipatinage/Contrôle de stabilité :	oui/oui (auto)
Direction :	à crémaillère, assistance variable
Diamètre de braquage :	12,2 m
Pneus av./arr. :	P245/45R18 (SE 4 places), P215/50R17 (SE 5 places, SL)

GROUPE MOTOPROPULSEUR ET RENDEMENT

Moteur :	V6 3,5 litres
Puissance :	265 ch à 5800 tr/min
Couple :	255 lb-pi à 4400 tr/min
Autre(s) moteur(s) :	aucun
Transmission :	traction, semi-automatique 5 rapports
Autre(s) transmission(s) :	manuelle 6 rapports (SE)
Accélération 0-100 km/h :	7,2 secondes
Reprises 80-120 km/h :	5,8 secondes
Freinage 100-0 km/h :	43,8 mètres
Vitesse maximale :	225 km/h
Indice de performance longitudinale :	4,85 m/s/s
Consommation (100 km) :	12,9 litres (super)
Autonomie :	589 km

DANS LA MÊME CATÉGORIE

Acura TL - Lexus ES300 - Pontiac Grand Prix - Saab 9-3
Volvo S60 - Volkswagen Passat

DU NOUVEAU EN 2005

Étrier de frein de couleur noire, course plus courte du levier de la boîte manuelle

HISTORIQUE DU MODÈLE

5ième génération

DATE DE RENOUVELLEMENT

n.d.

NOS IMPRESSIONS

Agrément de conduite :	🚗🚗🚗🚗🚗
Fiabilité :	🚗🚗🚗🚗½
Sécurité :	🚗🚗🚗🚗🚗
Qualités hivernales :	🚗🚗🚗🚗½
Espace intérieur :	🚗🚗🚗🚗🚗
Confort :	🚗🚗🚗🚗½

LE CHOIX DE L'ÉQUIPE

SE 4 places automatique

Guide de l'auto 2005

NISSAN MURANO

DIFFICILE À CATALOGUER

Parmi tous les nouveaux modèles que Nissan a dévoilés depuis trois ans, le Murano est certainement l'une de ses plus belles réalisations. Pour désigner cette sculpture sur quatre roues, Nissan a opté pour le nom d'une petite île dans le lagon de Venise où les artisans sont reconnus pour leurs œuvres en verre soufflé. Et pour cause! Puisqu'il faut un véritable talent de verrier pour avoir concocté des formes extérieures et intérieures aussi spectaculaires.

Lors de son lancement en 2003, plusieurs ont avancé que les lignes du Murano pourraient se démoder assez rapidement. Deux ans plus tard, sa silhouette demeure toujours à l'avant-garde et si on ne l'avait jamais croisé sur nos routes, on pourrait croire qu'il nous arrive tout droit du Salon automobile de Tokyo en tant que prototype! Situé à mi-chemin entre un utilitaire sport et une familiale, le Murano est difficile à cataloguer. Dans les faits, personne ne s'accorde sur l'étiquette à lui donner. S'agit-il d'un véhicule multisegment, d'un véhicule multifonction, d'un véhicule tout usage ou d'un véhicule génétiquement modifié? Bref, c'est selon! Mais une chose est sûre, il ne s'agit pas d'un utilitaire sport (de taille intermédiaire) puisque dans la gamme Nissan, ce rôle appartient au Pathfinder qui a été complètement transformé pour 2005. Moins coquet que le Murano, le Pathfinder est un vrai 4X4 avec son gros châssis en acier emprunté à son grand frère Armada et sa transmission à boîte de transfert dotée d'une deuxième plage de rapports courts.

Si la partie avant du Murano se reconnaît au premier coup d'œil avec sa calandre chromée pleine largeur, ses phares plongeants triangulés et son pare-brise incliné, le relief de la partie arrière est aussi extravagant avec ses feux remontant le galbe des ailes et son hayon à lunette trapézoïdale surmonté d'un aileron. Même s'il semble avoir des liens très étroits avec le FX d'Infiniti, ces deux cousins ont peu en commun sauf leur moteur V6 de 3,5 litres. Ainsi, le Murano a été élaboré sur la plate-forme des Altima et Maxima alors que le FX emprunte celle des modèles 350Z et G35. Si le V6 de l'Infiniti développe 280 chevaux, celui du Nissan se contente de 245 chevaux. Malgré un rapport poids/puissance à l'avantage du FX35, la cavalerie du Murano lui permet de talonner de près les performances de son puissant cousin tout en étant plus économique à la pompe. Comparativement au FX dont le moteur est couplé à une boîte automatique à 5 rapports, celui du Murano est jumelé à une boîte de vitesses à variation continue appelée Xtronic CVT qui offre

» FEU VERT
› Silhouette séduisante
› Moteur fiable et performant
› Transmission sophistiquée
› Bonne tenue de route
› Tableau de bord moderne

» FEU ROUGE
› Pneus d'hiver indispensables
› Absence de transmission conventionnelle
› Prix corsé (SE 4RM)
› Aptitudes tout-terrain limitées

un nombre quasi illimité de rapports. Inédite sur un véhicule de cette catégorie, celle-ci exploite plus efficacement le couple du moteur et élimine la recherche des rapports et les à-coups typiques aux boîtes automatiques traditionnelles. Dans le cas où le conducteur trouve le comportement de cette boîte CVT ennuyante, la version SE est dotée d'un mode manuel à 6 rapports qui imite le fonctionnement d'une boîte semi-automatique.

À l'instar de plusieurs véhicules à traction intégrale sur le marché, le rouage intégral du Murano n'est pas constitué d'un visco-coupleur qui entraîne les quatre roues en permanence. Pour des raisons d'économie d'essence et de fabrication, il s'agit d'une traction intégrale dite réactive alors que les roues arrière deviennent motrices seulement lorsque les roues avant patinent sur chaussée glissante. Ce système permettra, entre autres, au Murano d'éviter de s'enliser dans la neige. Toutefois, les gros pneus quatre saisons 235/65R18 montés de série sont peu appropriés à la conduite hivernale. Pour passer un hiver sans tracas, il faudrait mieux prévoir l'achat de quatre bons pneus d'hiver. Ce qui coûte une petite fortune dans ces dimensions hors du commun! En ce qui concerne la conduite hors route, il serait un peu fou de s'aventurer dans des sentiers trop difficiles. À ce chapitre, le Pathfinder et même le X-Trail sont mieux adaptés à relever ce genre de défi.

Athlétique et trapu, ses immenses pneus de 18 pouces le font paraître plus petit qu'il n'est en réalité. Par rapport à ses rivaux, la longueur du Murano (476 cm) est pratiquement nez à nez avec celle du Honda Pilot (477cm) et se situe entre celles du Mitsubishi Endeavor (483 cm) et du Toyota Highlander (468 cm). Côté habitabilité, même si la banquette arrière divisée 60/40 permet de multiples configurations, le coffre à bagages est moins volumineux que celui de ses concurrents. Si la présentation est moins luxueuse que celle du Highlander Limited avec ses cuirs, ses bois et ses plastiques d'imitation Lexus, le Murano SE offre un poste de conduite plus sportif qui semble tiré d'un prototype avec ses sièges enveloppants, sa nacelle à trois cadrans, ses grosses manettes, son volant à trois branches et son écran d'information.

Sur le bitume, le comportement routier du Murano n'a rien en commun avec les modèles de sa catégorie. Plus agile et maniable que ceux-ci grâce à sa suspension arrière multibras inspirée du 350Z, le Murano offre un agrément de conduite plus élevé avec des accélérations et des reprises plus énergiques. Qui plus est, ses quatre freins à disque avec systèmes ABS et EBD sont les plus efficaces du lot et feraient honte à certaines berlines de prestige. Toutefois, sur mauvais revêtement la cabine pourrait être mieux insonorisée des bruits de la route.

Afin de proposer une gamme de prix répondant à tous les budgets, le Murano est offert en versions SL et SE, à traction avant ou intégrale dont les principales options sont le système de navigation et le toit ouvrant. Alors lequel choisissez-vous?

Jean-François Guay

MURANO

DONNÉES TECHNIQUES

Prix du modèle à l'essai :	40 700$ (SL 4RM)
Échelle de prix :	37 700$ à 46 900$
Version(s) disponible(s) :	SL 2R/4RM SE 4RM
Garanties :	3 ans 60 000 km/5 ans 100 000 km
Catégorie :	Multisegment
Emp./Long./Lar./Haut.(cm) :	282/476,5/188/171
Poids :	1805 kg (SE 4RM)
Coffre/Réservoir :	923 à 2311 litres/82 litres
Coussins de sécurité :	frontaux/latéraux/rideaux
Suspension avant :	indépendante, jambes de force
Suspension arrière :	indépendante, multibras
Freins av./arr. :	disque/disque ABS, EBD
Antipatinage/Contrôle de stabilité :	oui/oui (SE)
Direction :	à crémaillère, assistance variable
Diamètre de braquage :	11,4 mètres
Pneus av./arr. :	P235/65R18

GROUPE MOTOPROPULSEUR ET RENDEMENT

Moteur :	V6 3,5 litres intégrale
Puissance :	245 ch à 5800 tr/min
Couple :	246 lb-pi à 4400 tr/min
Autre(s) moteur(s) :	aucun
Transmission :	Intégrale CVT avec mode manuelle 6 rapports (SE)
Autre(s) transmission(s) :	aucune
Accélération 0-100 km/h :	8,3 s
Reprises 80-120 km/h :	6,9 s
Freinage 100-0 km/h :	38,5 m
Vitesse maximale :	195 km/h
Indice de performance longitudinale :	4,08 m/s/s
Consommation (100 km) :	12,6 litres (super)
Autonomie :	651 km

DANS LA MÊME CATÉGORIE

Honda Pilot - Mitsubishi Endeavor - Pontiac Aztec, Subaru Forester XT - Toyota Highlander - VW Touareg V6

DU NOUVEAU EN 2005

Clé intelligente de série (SE 4RM), couleurs de carrosserie différentes, version SE 2RM supprimée

HISTORIQUE DU MODÈLE

1ière génération

DATE DE RENOUVELLEMENT

n.d

NOS IMPRESSIONS

Agrément de conduite :	🚗🚗🚗🚗
Fiabilité :	🚗🚗🚗🚗½
Sécurité :	🚗🚗🚗🚗
Qualités hivernales :	🚗🚗🚗🚗
Espace intérieur :	🚗🚗🚗🚗
Confort :	🚗🚗🚗🚗

LE CHOIX DE L'ÉQUIPE

SL 4RM

Guide de l'auto 2005

NISSAN PATHFINDER

DE RETOUR DU GYM!

Vous vous souvenez sans doute de ces annonces à la page arrière des livres de bandes dessinées alors que le gros méchant tout en muscles jetait du sable au visage de la mauviette de la plage, en plus de partir avec la petite amie de ce dernier. Toujours selon cette pub, la mauviette allait au gym, revenait avec un physique herculéen et bottait le derrière de la brute. Peut-être que le Pathfinder ne se faisait pas tabasser, mais il a fréquenté la salle de musculation et est prêt à s'imposer.

La toute dernière version du Pathfinder était avec nous depuis 1996 et il était plus que temps de la moderniser. Et que faire pour améliorer un design qui s'est toujours bien vendu au fil des années, mais qui doit affronter une multitude de modèles concurrents tous plus récents et plus doués? C'est passablement simple, il suffit de le rendre plus gros, plus puissant et d'ajouter des sièges!

Le nouveau Pathfinder est plus long de 12,4 cm, plus large de 2,8 cm et plus haut de 4,6 cm. Stationné à côté d'un modèle 2005, le 2004 a littéralement l'air fluet. Le nouveau modèle est non seulement de dimensions plus importantes, mais sa présentation le fait paraître plus gros. Les stylistes ont emprunté des éléments visuels à la camionnette Titan et au VUS Armada.

Les responsables du développement du Pathfinder ont également voulu améliorer le comportement hors route. La plate-forme monocoque a donc pris le bord et a été remplacée par le châssis autonome F-Alpha de la camionnette Titan. La carrosserie repose donc sur ce châssis ultra robuste constitué de poutres fermées. L'empattement est plus long de 15 cm par rapport à la version précédente, tandis que la suspension rigide est remplacée par une suspension arrière indépendante dotée de deux leviers triangulés. Comme le Titan, il en résulte une conduite vraiment confortable même si les amortisseurs sont fermes. La maîtrise du véhicule est bonne que l'on soit sur la route ou hors route.

Une nouvelle version SE hors route est dotée de pneus plus larges, d'amortisseurs Rancho, de plaques de protection sous le véhicule et d'un limiteur de vitesse de descente (HDC). Cet accessoire agit un peu comme un régulateur de vitesse, mais dans les descentes. En mode 4Hi, la vitesse de descente est automatiquement limitée à 7 km/h et à 3 km/h en mode 4Lo. Un autre système digne de mention est l'assistance de départ dans les côtes (HSA) qui maintient automatiquement la pression sur les freins jusqu'à une durée de deux secondes

»» FEU VERT
› Puissance accrue
› Commandes plus sophistiquées
› Comportement hors route
› Capacité de chargement améliorée
› Silhouette plus moderne

»» FEU ROUGE
› Augmentation du poids
› La troisième rangée est une suggestion
› Prix élevé du LE
› Sièges moyennement confortables
› Fiabilité inconnue

Guide de l'auto 2005

afin d'éviter que le véhicule glisse vers l'arrière dans une pente. Le rouage intégral possède également un mécanisme à glissement limité qui facilite la conduite hors route et fonctionne bien. Il m'a été possible de faire avancer sans difficulté le Pathfinder immobilisé sur une pente raide recouverte de gravillons.

PLUS DE PLACES

L'empattement allongé et la suspension arrière indépendante ont permis aux ingénieurs d'ajouter une troisième rangée de sièges. Comme sur tous les véhicules de cette catégorie, cette présence est plus symbolique qu'autre chose puisque l'espace disponible permet d'accommoder de jeunes enfants seulement. Cette banquette se replie complètement à plat, ce qui permet de compter sur un espace de rangement supplémentaire de 317 litres par rapport au modèle précédent. La deuxième rangée se replie également totalement à plat, ajoutant ainsi au caractère pratique de ce Nissan tout usage. Par contre, ces sièges sont dotés d'appuie-tête mal conçus et peu confortables.

L'habitacle est bien fini et les matériaux de qualité. Le tableau de bord est un peu simpliste cependant, mais de consultation facile. De plus, les indispensables systèmes de navigation et lecteur DVD sont offerts sur les modèles LE et SE.

PLUS DE PUISSANCE

Le fait de rendre le Pathfinder plus long, plus large et plus gros nécessite un moteur plus puissant. Le moteur sélectionné est un moteur V6 4,0 litres de la série VQ. Il s'agit d'un moteur de cylindrée plus importante, mais identique sur le plan mécanique au V6 3,5 litres qui équipe les 350Z, Altima et Murano, entre autres. Pour obtenir cette cylindrée plus importante, la course a été allongée à 92 mm par rapport à 81,4 mm pour la version 3,5 litres. La puissance de ce moteur est de 270 chevaux, soit 30 de plus que le modèle précédent, tandis que le couple a progressé de 26 lb-pi pour atteindre 291 lb-pi à 4 000 tr/min. Il faut ajouter que 80 pour cent du couple est atteint à un régime inférieur à 2 000 tr/min. Cette puissance se fait sentir dès que vous enfoncez l'accélérateur. La progression s'effectue toutefois en douceur. Du moins jusqu'à ce que vous écrasiez l'accélérateur au plancher. La sonorité du moteur devient plus gutturale et le véhicule bondit vers l'avant. Ce moteur est couplé à une transmission automatique à cinq rapports. Elle est efficace, mais il y a un certain délai lorsqu'on enfonce l'accélérateur à fond pour doubler. Par contre, plusieurs seront déçus d'apprendre que la boîte manuelle n'est plus disponible.

Soulignons aussi que ce surplus de muscles a permis d'augmenter la capacité de remorquage à 6 000 livres – 2 721 kg –, un gain de 1 000 livres – 454 kg – par rapport au modèle antérieur.

Le Pathfinder de Nissan est maintenant considéré comme un vétéran dans le segment des VUS intermédiaires. La maturité vient avec l'âge et cette dernière version nous offre le plus efficace et le plus puissant Pathfinder à ce jour. Les matamores sur la plage devraient garder l'œil ouvert.

Costa Mouzouris

PATHFINDER

DONNÉES TECHNIQUES

Prix du modèle à l'essai :	38 595 $
Échelle de prix :	36 000 $ à 52 000 $
Version(s) disponible(s) :	XE - SE- SE Off-road-LE
Garanties :	3 ans 60 000/5 ans 100 000
Catégorie :	utilitaires sport
Emp./Long./Lar./Haut.(cm) :	285/476.5/185/177.5
Poids :	2 095 kg
Coffre/Réservoir :	1 393/90 litres (est)
Coussins de sécurité :	frontaux, latéraux (av.) et rideaux
Suspension avant :	indépendante, bras inégaux
Suspension arrière :	indépendante, multibras
Freins av./arr. :	disque (ABS)
Antipatinage/Contrôle de stabilité :	oui, oui
Direction :	à crémaillère, ass. variable
Diamètre de braquage :	n.d.
Pneus av./arr. :	P265/70R17

GROUPE MOTOPROPULSEUR ET RENDEMENT

Moteur :	V6 4.0 litres 24s (95.5 x 92)
Puissance :	270 chevaux (201 kW) à 5 600 tr/mn
Couple :	291 lb-pi (395 Nm) à 4000 tr/mn
Autre(s) moteur(s) :	seul moteur offert
Transmission :	4 x 4, automatique 5 rapports
Autre(s) transmission(s) :	aucune
Accélération 0-100 km/h :	8,9 s
Reprises 80-120 km/h :	7,8 s
Freinage 100-0 km/h :	42 m
Vitesse maximale :	185 km/h
Indice de performance longitudinale :	4,57 m/s/s
Consommation (100 km) :	super, 14.2L
Autonomie :	n.d.

DANS LA MÊME CATÉGORIE

Acura MDX - Chevrolet Trailblazer - Dodge Durango
Ford Explorer - GMC Envoy - Honda Pilot - Jeep Grand
Cherokee - Toyota 4Runner

DU NOUVEAU EN 2005

Nouveau modèle

HISTORIQUE DU MODÈLE

4ième génération

DATE DE RENOUVELLEMENT

n.d.

NOS IMPRESSIONS

Agrément de conduite :	●●●●
Fiabilité :	nouveau modèle
Sécurité :	●●●●½
Qualités hivernales :	●●●●½
Espace intérieur :	●●●●½
Confort :	●●●●½

LE CHOIX DE L'ÉQUIPE

SE Offroad

Guide de l'auto 2005

NISSAN QUEST

À TROP VOULOIR EN FAIRE…

On connaît tous quelqu'un qui manque d'amis. En général, il s'agit d'une personne qui en fait trop, étant prête à tout pour devenir un de nos intimes. Lorsqu'on prend, pour la première fois, le volant d'une Nissan Quest, on se demande si cette minifourgonnette ne se cherche pas un ami à tout prix… Heureusement, ce véhicule possède aussi de très belles qualités pour se faire apprécier !

La première génération de la Quest étant passée complètement inaperçue, les autorités de Nissan ont décidé d'attirer notre attention avec cette nouvelle venue. Impossible de ne pas la remarquer ! Par ses dimensions tout d'abord, puisqu'il s'agit de la plus longue fourgonnette sur le marché avec ses 518 cm et pratiquement la plus haute. Se stationner dans un espace le moindrement restreint relève de la neurochirurgie… D'autant plus que les coins du véhicule sont difficiles à bien situer ! Mais on s'habitue.

Le design de la carrosserie est particulièrement bien réussi. Certes, à première vue, on aime ou on aime pas les angles vifs, les phares proéminents et la partie arrière inclinée mais le résultat finit toujours par plaire.

POURQUOI FAIRE SIMPLE…

Si la partie extérieure fait jaser, l'aménagement intérieur, lui, fait crier ! Tout d'abord, mentionnons que les dimensions généreuses de la caisse ont un effet bénéfique sur l'espace intérieur. Le dégagement, que ce soit pour la tête, les jambes ou les coudes, ne fait jamais défaut, à moins de posséder un gabarit hors normes.

Là où les opinions diffèrent (et sont souvent diamétralement opposées), c'est au niveau du tableau de bord où pratiquement toutes les commandes sont regroupées dans une espèce de cylindre vertical et incliné, placé en plein centre. Cette configuration permet d'avoir les principales commandes à portée de la main tout en dégageant un espace qui permet de circuler de l'avant à l'arrière ou vice-versa. Il est seulement regrettable que la commande de température soit si difficile à atteindre lorsque le levier de vitesses est à la position « D ». Parlant de chauffage, prévoyez un bon deux heures (une semaine n'a pas été suffisante dans mon cas…) pour comprendre ledit système de chauffage. Pour en arriver à le faire fonctionner correctement, il faut consulter l'écran placé en plein centre sur le dessus de la planche de bord. Ce centre de renseignements, qui comprend aussi un système de navigation optionnel, devient

»» FEU VERT
› Espace intérieur caverneux
› Carrosserie et intérieur stylés
› Tenue de route adéquate
› Confort bienvenu
› Moteur puissant

»» FEU ROUGE
› Innombrables bruits de caisse
› Certaines commandes pour génies seulement
› Prix à égorger Bill Gates
› Manœuvres de stationnement pénibles
› Système d'échappement vulnérable

rapidement un centre de distraction lorsqu'il n'est pas carrément mis K.-O par le premier rayon de soleil venu. Ce damné rayon de soleil empêche aussi de voir quelle station radio on écoute. En passant, le système Bose de 265 watts devrait satisfaire toutes les oreilles ! Question espaces de rangement, la Quest n'a de leçon à recevoir de personne. La plupart sont facilement accessibles et de bonne contenance. On y retrouve même, et c'est vraiment rare, un espace conçu spécialement pour le cellulaire ! À l'arrière, une fois les deux rangées de sièges repliées, l'espace de chargement impressionne. Croyez-moi, j'en ai profité pour déménager une bonne partie de mon bureau de travail !

Le fameux toit «Skyview», offert uniquement sur la version SE (lire la plus dispendieuse…) illumine l'habitacle. Par contre, ce toit partiellement vitré est sans doute en partie responsable des incessants craquements qui affligent la Quest.

PUISSANCE ET SOUPÇONS…

Mais la Quest se reprend aussitôt en offrant à son pilote un comportement routier assuré. Soulignons que le V6 de 3,5 litres est le seul disponible et qu'il ne se gêne pas pour déplacer convenablement la masse de près de 1 900 kilos. Ses 240 chevaux et l'imposant couple de 242 lb-pi assurent des accélérations et reprises très franches. Puisque la Quest est une traction associée à un moteur puissant, on retrouve, sans grande surprise, un effet de couple dans le volant. Mais cet effet n'est pas aussi dramatique que sur l'Altima ou la Maxima, lorsqu'équipées du même moteur.

Les suspensions, calibrées pour une cohabitation presque parfaite entre le confort et la tenue de route, entraînent un certain sous-virage lors de courbes prises avec un peu trop de témérité. Il faut dire que notre Quest d'essai roulait sur des pneus de 17 po, ce qui, généralement, améliore le confort et la tenue en virage. Le système de contrôle de la traction, passablement discret, ramène les folleries à un niveau plus sécuritaire… La transmission automatique à cinq rapports qui officie dans la version SE fait du bon boulot même si, à l'occasion, le passage des vitesses se montre un tantinet saccadé (du moins sur notre véhicule).

La Quest, malheureusement, souffre des défauts de ses qualités. L'espace intérieur, quasiment digne d'une cathédrale, est responsable d'une carrosserie de dimensions qui relèvent tout autant de l'édifice religieux. Aussi, je soupçonne les immenses portes coulissantes (et sans doute le toit Skyview) de mettre en relief le manque de rigidité du châssis, ce qui apporte un lot de bruits de caisse. Même le prix se situe à un niveau élevé! À près de 50 000 $ pour une version pleinement équipée, on commence à parler de gros bidous. La version de base (S) et la livrée intermédiaire (SL), tout aussi vastes et tout de même équipées des principaux éléments modernes, devraient connaître leur part de succès, compte tenu d'un prix plus raisonnable…

Alain Morin

DONNÉES TECHNIQUES

Prix du modèle à l'essai :	49 100 $
Échelle de prix :	33 200 $ à 51 000 $
Version(s) disponible(s) :	S, SL et SE
Garanties :	3 ans 60 000/5 ans 100 000
Catégorie :	fourgonnettes
Emp./Long./Lar./Haut.(cm) :	315/518,5/197/178
Poids :	1 886 kg
Coffre/Réservoir :	4072 (sièges rabattus)/76 litres
Coussins de sécurité :	frontaux, latéraux (av.) et rideaux
Suspension avant :	indépendante, jambes de force
Suspension arrière :	indépendante, multibras
Freins av./arr. :	disque (ABS)
Antipatinage/Contrôle de stabilité :	oui, oui
Direction :	à crémaillère, ass. variable
Diamètre de braquage :	n.d.
Pneus av./arr. :	P225/60R17

GROUPE MOTOPROPULSEUR ET RENDEMENT

Moteur :	V6 3,5 litres
Puissance :	240 chevaux (179 kW) à 5 800 tr/mn
Couple :	242 lb-pi (328 Nm) à 4 400 tr/mn
Autre(s) moteur(s) :	seul moteur offert
Transmission :	traction, automatique 5 rapports
Autre(s) transmission(s) :	automatique 4 rapports
Accélération 0-100 km/h :	9,6 s
Reprises 80-120 km/h :	7,1 s
Freinage 100-0 km/h :	41 m
Vitesse maximale :	185 km/h
Indice de performance longitudinale :	4,61 m/s/s
Consommation (100 km) :	ordinaire, 13,9L
Autonomie :	547 km

DANS LA MÊME CATÉGORIE

Chrysler Town & Country - Dodge Grand Caravan - Ford Freestar - Honda Odyssey - Pontiac Montana Toyota Sienna

DU NOUVEAU EN 2005

Aucun changement majeur

HISTORIQUE DU MODÈLE

2ième génération

DATE DE RENOUVELLEMENT

n.d.

NOS IMPRESSIONS

Agrément de conduite :	4/5
Fiabilité :	4½/5
Sécurité :	4/5
Qualités hivernales :	4/5
Espace intérieur :	5/5
Confort :	4½/5

LE CHOIX DE L'ÉQUIPE

SL

NISSAN SENTRA

PASSÉ COMPOSÉ

Il suffit d'examiner une Sentra pendant quelques secondes pour réaliser les progrès que ce constructeur a accompli au cours des quatre dernières années. Avec sa silhouette complètement dépassée, cette berline compacte a tellement l'air rétro qu'elle ne semble pas être produite par la même compagnie que celle qui nous offre les Altima, Maxima et Murano. Puisque le marché de la petite voiture sur notre continent n'est pas particulièrement lucratif, la haute direction de Nissan a décidé de mettre la priorité sur les VUS et les camionnettes avant de nous offrir une Sentra digne de notre époque.

Pourtant, lors de son lancement à la fin des années 90, cette petite nippone assemblée au Mexique était encore dans la course. Personne ne s'était enthousiasmé pour sa silhouette, mais c'était tout de même correct. C'est alors que l'arrivée de la spectaculaire Mazda 3 a complètement changé la donne. Depuis, cette Nissan ressemble à une quinquagénaire et la Mazda à Britney Spears. Donc, pas la peine d'enfoncer le clou davantage, son apparence est une relique d'une triste époque chez ce constructeur alors que les ingénieurs décidaient du stylisme.

En fait, lors de son apparition sur notre marché, ses principales qualités étaient des dimensions «juste un peu plus» que la concurrence. Ce qui assurait une habitabilité supérieure à la moyenne de la catégorie. De plus, son moteur quatre cylindres de 1,8 litre était «juste un peu plus» puissant que certains autres offerts par la concurrence. C'est vous dire combien les choses ont progressé au cours des trois dernières années. La plupart des modèles concurrents sont dorénavant plus gros et plus puissants que la Sentra. Il est vrai qu'il est possible de combler cette lacune en optant pour la version SE-R ou SE-R Type V dont le moteur 2,5 litres développe une puissance de 165 et 175 chevaux respectivement.

CONSTAT DE SAGESSE
J'ai déjà utilisé 356 mots pour vous parler de l'esthétique déficiente de la Sentra. Utilisons le reste pour analyser le comportement routier. Le moteur 1,8 litre est livré sur la version 1,8, une appellation polie pour vous parler de dépouillement total. La voiture en impose toutefois par ses flancs bombés qui la font paraître plus grosse qu'elle ne l'est en réalité. De plus, une fois à bord, l'habitabilité est bonne. Surtout aux places avant car le dégagement pour les jambes conviendra presque à tout le monde. Les sièges sont confortables et il est même possible de régler le siège du conducteur en hauteur. Et ce, même sur la version la plus économique ! Le tableau de bord n'est pas plus élégant qu'il le faut, mais c'est correct sans plus, à part cette

››› FEU VERT
› Moteur robuste
› Places avant confortables
› Bonne habitabilité
› Moteur 2,5 litres
› Tenue de route sans surprise (1,8/1,8S)

››› FEU ROUGE
› Silhouette dépassée
› Moteur bruyant à haut régime
› Effet de couple dans le volant (2,5 l)
› Absence de boîte manuelle (SE-R)
› Modèle en sursis

DONNÉES TECHNIQUES

Prix du modèle à l'essai :	19 995$
Échelle de prix :	15 895$ à 25 995$
Version(s) disponible(s) :	Base - S- SE-R- SE-R Spec V
Garanties :	3 ans 60 000/5 ans 100 000
Catégorie :	berlines compactes
Emp./Long./Lar./Haut.(cm) :	253,5/451/171/141
Poids :	1 170 kg
Coffre/Réservoir :	329/50 litres
Coussins de sécurité :	frontaux et latéraux (av.)
Suspension avant :	indépendante, jambes de force
Suspension arrière :	demi-indépendante, poutre déformante
Freins av./arr. :	disque/tambour (ABS opt.)
Antipatinage/Contrôle de stabilité :	non, non
Direction :	à crémaillère, ass. variable
Diamètre de braquage :	10.6 mètres
Pneus av./arr. :	P195/60H15

GROUPE MOTOPROPULSEUR ET RENDEMENT

Moteur :	4L 1.8 litre 16s (80 x 88)
Puissance :	126 chevaux (94 kW) à 6 000 tr/mn
Couple :	129 lb-pi (175 Nm) à 2400 tr/mn
Autre(s) moteur(s) :	4L 2,5 l 165 ch/4L 2,5 l 175 ch
Transmission :	traction, manuelle 5 rapports
Autre(s) transmission(s) :	manuelle 6 rapports
Accélération 0-100 km/h :	10,2 s
Reprises 80-120 km/h :	9,7 s (4e)
Freinage 100-0 km/h :	41.3 m
Vitesse maximale :	185 km/h
Indice de performance longitudinale :	4,39 m/s/s
Consommation (100 km) :	ordinaire, 7,6L
Autonomie :	658 km

énorme trappe pour le coussin gonflable du côté du passager. Parlant d'ouvertures, un vide-poches de bonnes dimensions trône en plein centre de la partie supérieure de la planche de bord. Mais à part ces petits détails d'agencement, la liste d'équipement est plutôt limitée et il faut se tourner vers la 1,8 S pour se payer un peu plus de luxe.

Peu importe le modèle choisi, ce moteur est plus bruyant que nerveux. Durable et solide, il accomplit sa tâche en nous faisant entendre un grognement persistant. Bien entendu, les performances sont assez mitigées puisque le chrono s'arrête à plus de 10 secondes lorsqu'on tente de boucler un 0-100 km/h. La tenue de route est prévisible et elle est stable à haute vitesse, même si je doute que les acheteurs de Sentra 1,8 ou 1,8S aient envie de s'éclater à son volant.

Il faut souligner que lors du lancement initial de cette voiture, les responsables de la mise en marché nous ont affirmé qu'ils ciblaient surtout une clientèle féminine fraîchement diplômée de l'université et qui voudrait s'acheter autre chose qu'une petite économique. La Sentra se veut le compromis entre l'«éconoboîte» et une berline compacte de luxe.

SPORTIVE INCOGNITO

Si la Sentra équipée du moteur 1,8 litre est sage comme une image, les versions SE-R et SE-R Spec V ciblent une clientèle nettement plus intéressée à une conduite sportive et à des accélérations spectaculaires. De plus, ses concepteurs se sont inspirés des voitures modifiées dont l'apparence extérieure ne trahit pas la personnalité du véhicule. Cet aspect est réussi sur toute la ligne, car il est difficile de donner du tonus à une silhouette aussi peu inspirante. Par contre, les deux versions du moteur 2,5 litres sont en mesure de remplir la commande. Le SE-R est propulsé par une cavalerie de 165 chevaux. Mais je me demande quelle est la logique d'associer ce moteur avec une boîte automatique à quatre rapports... C'est comme si Michael Schumacher équipait sa Ferrari d'un climatiseur pour aller disputer une course ! Heureusement, le modèle Spec-V vous fait passer les vitesses à l'aide d'une boîte manuelle à six rapports. Ce qui est nettement plus en harmonie avec la vocation sportive de la voiture et les 175 chevaux de ce quatre cylindres.

L'équipement de ces deux sportives comprend des roues de 16 pouces pour la SE-R et des 17 pouces pour la SPEC-V, ainsi que des suspensions plus rigides, des freins à disque aux quatre roues et des jupes de bas de caisse. Il est même possible de commander en option des freins à disque de marque Brembo. Bref, les ingénieurs semblent avoir trouvé la recette par excellence. Malheureusement, la plate-forme n'a pas la rigidité nécessaire ce qui affecte la tenue en virage. On découvre alors un sous-virage prononcé et un roulis intimidant.

Heureusement, il y a une bonne nouvelle à l'horizon : la remplaçante devrait nous arriver en 2006.

Denis Duquet

DANS LA MÊME CATÉGORIE

Chevrolet Optra - Ford Focus - Honda Civic - Hyundai Elantra - Mazda 3 Sport - Saturn Ion - Toyota Corolla Volkswagen Jetta

DU NOUVEAU EN 2005

Aucun changement majeur

HISTORIQUE DU MODÈLE

3ième génération

DATE DE RENOUVELLEMENT

2006

NOS IMPRESSIONS

Agrément de conduite :	🚗🚗🚗½
Fiabilité :	🚗🚗🚗🚗
Sécurité :	🚗🚗🚗½
Qualités hivernales :	🚗🚗🚗½
Espace intérieur :	🚗🚗🚗½
Confort :	🚗🚗🚗½

LE CHOIX DE L'ÉQUIPE

SE-R

Guide de l'auto 2005

NISSAN XTERRA

« L'ÉVOLUTIONNAIRE »

Lorsque la première génération de l'Xterra est apparue en 1999, ce nouveau VUS de Nissan a connu un succès instantané. Sa silhouette vraiment à part, son habitacle conçu pour répondre aux besoins d'utilisateurs sportifs et un rouage 4X4 capable d'en prendre, voilà autant d'éléments qui ont fait de l'Xterra un véhicule culte pour les amateurs de planche à neige, de vélo de montagne, de chasse et de camping. Pour une fois, un constructeur ne s'était pas contenté de donner une silhouette aventurière a un VUS. Il lui avait également donné les moyens en accord avec les apparences.

L'Xterra original empruntait son châssis et sa mécanique à la camionnette Frontier question de pouvoir l'offrir à des prix compétitifs. Mais le moteur V6 de 3,3 litres était dépassé tout comme le châssis autonome qui était mieux adapté à la conduite hors route qu'à négocier des virages serrés avec une soute à bagages remplie à pleine capacité. Il faut également souligner que la direction à billes était d'une lenteur incroyable. Pour développer la seconde génération, les ingénieurs ont pu utiliser des organes mécaniques plus modernes tout en conservant la même philosophie de conception.

PLATE-FORME F-ALPHA
L'Xterra partage encore sa mécanique avec la camionnette Frontier qui est également toute nouvelle pour 2005. Ce qui signifie que les deux utilisent une version modifiée du châssis F-Alpha de la camionnette Titan et l'utilitaire sport Armada. Inutile de souligner que ce châssis de type échelle formé par des poutres fermées aura toute la robustesse nécessaire pour affronter les pires conditions. Une suspension avant à double leviers triangulés devrait permettre de profiter de l'utilisation d'une direction plus moderne à crémaillère et assistance variable. Puisque ce véhicule est créé en grande partie pour une utilisation agressive hors route, l'essieu arrière demeure rigide. De plus, de nombreuses plaques de protection de la mécanique sont boulonnées sous le véhicule.

Un seul moteur est au catalogue, mais il fera rapidement oublier les deux versions du vétuste moteur V6 de 3,3 litres qui tentaient de propulser la première génération. Cette fois, les ingénieurs ont modifié le V6 3,5 litres utilisé sur les Altima, Maxima et 350 Z. La cylindrée a été portée à 4 litres tandis que la puissance excède les 250 chevaux. Un couple de 270 lb-pi est bien harmonisé avec la vocation tout-terrain de l'Xterra. La boîte manuelle est à six rapports alors que l'automatique offerte en option est une transmission cinq rapports à contrôle électronique. La version la plus économique est une propulsion tandis

»» FEU VERT
› Moteur plus puissant
› Châssis plus moderne
› Tenue de route améliorée
› Bonne habitabilité
› VUS authentique

»» FEU ROUGE
› Silhouette chargée
› Essieu arrière rigide
› Fiabilité inconnue
› Affichage de la radio peu lisible

qu'il est possible de commander une transmission intégrale qui sera appréciée des personnes utilisant leur Xterra pour des randonnées sur des routes secondaires. Pour les purs et durs, il sera possible de commander une version 4X4 à temps partiel régulée par module électronique.

Les données de base demeurent les mêmes, mais les éléments utilisés sont nettement supérieurs à ce qui était disponible sur la première génération.

SECONDE PORTION

La version originale de la Xterra avait causé un malheur avec son toit surélevé, sa lunette arrière asymétrique, ses larges passages de roues et ce renflement situé sur la partie gauche du hayon arrière afin de pouvoir y loger une trousse de premiers soins.

Les stylistes nous servent donc une seconde portion de ce design qui a connu un énorme succès. Ils ont accentué davantage et parfois raffiné les caractéristiques visuelles de l'Xterra. Les passages des roues sont vraiment imposants. En fait, ils semblent avoir été empruntés à une Mitsubishi tant ils sont prononcés. Et vous savez, ce renflement du hayon arrière, il est toujours là ! Tout comme la partie surélevée du toit s'amorçant juste derrière le pilier B. Comme il se doit, le porte-bagages à supports tubulaires est également de retour. Les tubes sont cependant plus gros tandis que le panier de rangement placé à l'avant est toujours là, mais il comporte un couvercle. De plus, le toit ouvrant a été révisé afin de mieux cohabiter avec l'espace de rangement extérieur.

Cette fois, la calandre n'est plus séparée par une barre transversale. Les stylistes ont préféré utiliser deux poutres verticales en forme de V, comme sur les Armada et Titan. Bref, c'est la même approche que sur la première version puisque l'Xterra a toujours harmonisé son design sur celui de la camionnette Frontier.

L'habitacle est de même inspiration. Mais si plusieurs éléments extérieurs nous font songer au Titan, le tableau de bord est une version plus moderne de la planche de bord utilisée l'an dernier avec une console verticale en relief. Par contre, le volant ressemble à ceux utilisés sur plusieurs nouveaux modèles avec ses rayons horizontaux de couleur titane. En outre, les sièges sont recouverts de tissu capable de résister à bien des abus. Et l'insonorisation a été améliorée.

Les dimensions ont toutes gagné en importance. Le véhicule est plus large de 6,3 cm, plus haut de 4,8 cm tandis que l'empattement est allongé de 5 cm. Par ailleurs, la longueur hors tout demeure la même. Ces dimensions plus généreuses assurent une meilleure habitabilité, tandis que l'empattement allongé permet d'obtenir un meilleur confort et des places arrière plus confortables. Ces multiples améliorations de détail se traduisent également par une meilleure tenue de route tout en conservant les mêmes qualités en conduite hors route que précédemment et même mieux encore.

Denis Duquet

DONNÉES TECHNIQUES

Prix du modèle à l'essai :	36 495 $
Échelle de prix :	29 995 $ à 38 995 $
Version(s) disponible(s) :	S- Off Road - SE
Garanties :	3 ans 60 000/5 ans 100 000
Catégorie :	utilitaires sport compact
Emp./Long./Lar./Haut.(cm) :	270/454/185/181
Poids :	1850 kg
Coffre/Réservoir :	n.d./73 litres
Coussins de sécurité :	frontaux, latéraux (av.) et rideaux
Suspension avant :	indépendante, bras inégaux
Suspension arrière :	essieu rigide, ressorts elliptiques
Freins av./arr. :	disque (ABS)
Antipatinage/Contrôle de stabilité :	oui, non
Direction :	à crémaillère, ass. variable
Diamètre de braquage :	11,3 m (est)
Pneus av./arr. :	P265/65R17

GROUPE MOTOPROPULSEUR ET RENDEMENT

Moteur :	V6 à 4.0 litres 24S
Puissance :	250 ch (est)
Couple :	270 lb/pi (est)
Autre(s) moteur(s) :	seul moteur offert
Transmission :	4 x 4, manuelle 6 rapports
Autre(s) transmission(s) :	automatique 5 rapports
Accélération 0-100 km/h :	8,1 s (est)
Reprises 80-120 km/h :	7,0 s (est)
Freinage 100-0 km/h :	42 m (est)
Vitesse maximale :	195 km/h
Indice de performance longitudinale :	n.d.
Consommation (100 km) :	12,4 litres (ordinaire)
Autonomie :	n.d

DANS LA MÊME CATÉGORIE

Ford EScape - Honda CR-V - Hyundai Santa Fe - Jeep Liberty - Mazda Tribute - Subaru Forester - Suzuki XL7

DU NOUVEAU EN 2005

Nouveau modèle

HISTORIQUE DU MODÈLE

2ième génération

DATE DE RENOUVELLEMENT

2010

NOS IMPRESSIONS

Agrément de conduite :	🚗🚗🚗½
Fiabilité :	nouveau modèle
Sécurité :	🚗🚗🚗🚗🚗
Qualités hivernales :	🚗🚗🚗🚗½
Espace intérieur :	🚗🚗🚗🚗
Confort :	🚗🚗🚗🚗

LE CHOIX DE L'ÉQUIPE

Version 4X4 SE

NISSAN X-TRAIL

LA PERLE RARE D'EUROPE

Les années se suivent et ne se ressemblent pas chez Nissan. Après nous avoir laissé l'impression que l'avenir appartenait aux grosses pointures avec le gros utilitaire Armada, voilà qu'on nous revient avec un modèle plus terre-à-terre sous les traits du petit utilitaire X-Trail.

Ce n'est un secret pour personne, l'entrée en scène de l'Armada visait essentiellement à faire plaisir à nos voisins du sud dont la devise est « plus gros, toujours plus gros ». Conscient que notre marché est différent et qu'il a tendance à se conformer aux exigences du marché européen où les prix de l'essence sont plus élevés que chez l'oncle Sam, Nissan a pris la bonne initiative d'importer chez nous le X-Trail. Exclusif au marché canadien où 44 % des utilitaires sont de taille compacte, le XTrail n'est pas un puceau puisqu'il a commencé à courtiser les Japonais en 2000 et qu'il circule en Europe depuis 2002. Aux dernières nouvelles, il était le deuxième petit utilitaire le plus convoité en France, après le Toyota RAV4.

COMME LES TEMPS CHANGENT !
Bien malin celui qui aurait prédit qu'un jour Nissan alignerait une gamme d'utilitaires sport aussi nombreuse que celle de Ford.

À la fin des années 90, on se rappellera qu'il était facile d'organiser un match comparatif entre petits utilitaires puisque cette catégorie regroupait seulement les Honda CR-V, Suzuki Vitara, Subaru Forester et Toyota RAV-4. Depuis, leur nombre a triplé et Nissan ne pouvait compter que sur le XTerra. Mais ce vrai « 4X4 » élaboré sur le châssis de la camionnette Frontier n'avait pas la finesse pour rivaliser avec les CR-V et RAV4. Pour dénicher la perle rare, Nissan n'a pas eu à chercher bien loin puisqu'elle roulait dans son parc automobile du vieux continent.

UN VRAI QUATRE-QUATRE
À l'instar de ces rivaux immédiats que sont les CR-V et RAV4, le X-Trail se contente d'une motorisation 4 cylindres et est livrable en modèle traction ou intégrale. Le rouage à quatre roues motrices de ce dernier se démarque de ses concurrents qui sont pour la plupart des tractions intégrales réactives, alors que les roues arrière s'engagent uniquement pour compenser la perte de motricité des roues avant. En

»» FEU VERT
› Traction intégrale tout-mode
› 4 cylindres énergique
› Équipement complet
› Espaces de rangement astucieux
› Toit panoramique

»» FEU ROUGE
› Pneus d'origine glissants
› Design du tableau de bord
› Tenue de route moyenne
› Finition intérieure
› Banquette arrière un peu juste

comparaison, le système "All-Mode" du X-Trail fait appel à un répartiteur de couple et à un embrayage électromagnétique qui fonctionnent de trois façons. Ainsi, on peut opter pour le mode normal «traction» à deux roues motrices avant; le mode «automatique» qui dirige jusqu'à 50% du couple aux roues arrière lorsque les roues avant patinent; et le mode «lock» qui bloque le différentiel afin de répartir le couple dans l'ordre de 50/50 entre les essieux avant et arrière. Une fois le mode "lock" enclenché, le X-Trail se comporte comme un vrai «4X4», et peut franchir des surfaces boueuses ou enneigées où ses concurrents s'embourberaient en un rien de temps. Par ailleurs, les propriétaires du modèle à traction avant ne seront pas pris au dépourvu grâce au mode «neige» qui réduit le couple et maximise la motricité sur les surfaces glissantes.

Pour déplacer cette caisse, les motoristes ont retenu les services du 4 cylindres de 2,5 litres. Couplé à une boîte manuelle à 5 rapports ou une automatique à 4 rapports, ce moteur de 165 chevaux permet des performances comparables à ses rivaux à moteur 4 cylindres.

Sur la route, le X-Trail est bien servi par le débattement de ses suspensions qui filtre correctement les imperfections de la route sans pour autant pénaliser la tenue de route qui est un cran moins sportive que celle des CR-V et RAV4. Dans les faits, le X-Trail ne peut cacher ses origines. Pensé et conçu pour le marché européen, le comportement routier se compare plutôt à celui d'un LandRover Freelander.

UN HABITACLE ASTUCIEUX

L'habitacle du X-Trail se démarque en faisant preuve de nombreuses astuces. Parmi le lot, mentionnons le compartiment réfrigéré (ou réchauffé, c'est selon) situé au bas de la console qui peut également servir de rangement pour DC. De même, il existe deux coffres à gants et des porte-verres incorporés à même le tableau de bord. Quant aux cadrans situés dans une nacelle centrale, leur lecture est peu commode. Par contre, les commandes sont à portée de la main et l'immense toit ouvrant égaye l'habitacle un brin tristounet.

Si les places avant sont confortables, on ne peut en dire autant de la banquette où l'espace pour les jambes est mesuré. Divisée 60/40 et entièrement rabattable, il est possible de moduler la banquette en vingt-cinq positions différentes. Une fois les dossiers complètement rabattus, le plancher de chargement est parfaitement plat.

Contrairement au hayon des RAV4 et CR-V qui s'ouvre de gauche à droite, celui du X-Trail est plus facile à manier du bas vers le haut. Si les ailes avant en polyuréthane sont conçues pour reprendre leur forme après un léger impact, le pare-chocs arrière protège mal la carrosserie. De même, la mauvaise position du silencieux est vulnérable en conduite hors route.

Jusqu'à un prochain match comparatif avec les ténors de la catégorie, le X-Trail peut être considéré comme un sérieux aspirant au titre.

Jean-François Guay

DONNÉES TECHNIQUES

Prix du modèle à l'essai:	30 600 $ (SE 4RM)
Échelle de prix:	25 900 $ à 33 000 $
Version(s) disponible(s):	XE 2RM, SE 2RM, XE 4RM, SE 4RM, LE 4RM
Garanties:	3 ans 60 000/5 ans 100 000
Catégorie:	Utilitaire sport compact
Emp./Long./Lar./Haut.(cm):	262 / 445,5 / 176,5 / 167
Poids:	1488 kg (SE 4RM)
Coffre/Réservoir:	827 à 2061 litres / 60 litres
Coussins de sécurité:	frontaux / latéraux (LE)
Suspension avant:	indépendante, jambes de force
Suspension arrière:	indépendante, multibras
Freins av./arr.:	disque / disque ABS, EBD
Antipatinage/Contrôle de stabilité:	oui/oui
Direction:	à crémaillère, assistance variable
Diamètre de braquage:	10,6 mètres
Pneus av./arr.:	P215/65R16

GROUPE MOTOPROPULSEUR ET RENDEMENT

Moteur:	4L 2,5 litres
Puissance:	165 ch à 6000 tr/min
Couple:	170 lb-pi à 4000 tr/min
Autre(s) moteur(s):	aucun
Transmission:	intégrale, manuelle 5 rapports
Autre(s) transmission(s):	traction auto. 4 rapports
Accélération 0-100 km/h:	10,0 s
Reprises 80-120 km/h:	8,7 s
Freinage 100-0 km/h:	n.d.
Vitesse maximale:	180 km/h
Indice de performance longitudinale:	n.d.
Consommation (100 km):	11,9 litres (ordinaire)
Autonomie:	504 km

DANS LA MÊME CATÉGORIE

Chevrolet Equinox - Ford Escape - Honda CR-V - Jeep Liberty - Land Rover Freelander - Mazda Tribute Mitsubishi Outlander - Saturn Vue - Subaru Forester Suzuki Grand Vitara - Toyota RAV4

DU NOUVEAU EN 2005

Nouveau modèle

HISTORIQUE DU MODÈLE

1ière génération

DATE DE RENOUVELLEMENT

2007

NOS IMPRESSIONS

Agrément de conduite:	🚗🚗🚗½
Fiabilité:	nouveau modèle
Sécurité:	🚗🚗🚗🚗
Qualités hivernales:	🚗🚗🚗🚗½
Espace intérieur:	🚗🚗🚗½
Confort:	🚗🚗🚗½

LE CHOIX DE L'ÉQUIPE

SE 4RM

Guide de l'auto 2005

PANOZ ESPERANTE

VIVE LA DIFFÉRENCE!

Si cette marque vous est inconnue, ce n'est pas surprenant puisque les voitures Panoz ne sont distribuées au Canada que depuis un an et leur diffusion est très limitée. Fabriqué en banlieue d'Atlanta, ce roadster aux formes plutôt classiques est d'une surprenante homogénéité, tandis que ses performances sont en mesure d'inquiéter les ténors de cette catégorie. D'ailleurs, lors du lancement de l'Esperante en avril 2000, les communiqués de presse comparaient ses performances avec celles de la BMW Z8. Rien de moins!

Mais avant de parler de la voiture elle-même, il est intéressant de connaître les personnes à la direction de Panoz. Il s'agit tout d'abord d'une voiture éponyme puisque le grand manitou de la compagnie est Danny Panoz, le fils de Don Panoz, celui qui a fondé l'écurie qui porte son nom et qui met en piste des voitures vraiment spectaculaires originalement dessinées par Adrian Raynard.

Mais si le paternel se passionne pour les courses et a fondé la série American LeMans, fiston préfère fabriquer des voitures de tourisme en petite série. En 1988, désireux d'en savoir davantage sur la production de voitures de sport, il est embauché par un petit constructeur irlandais, Thompson Motor Company, pour apprendre à son arrivée sur place que la compagnie s'apprête à déposer son bilan. Loin de se décourager, Danny Panoz achète les droits du châssis qui avait été dessiné par Frank Costin, un ingénieur de bonne réputation ayant travaillé pour Lotus, Lister et Maserati. De retour aux États-Unis, Panoz fils fonde Panoz Auto Development Company et dessine sa première voiture, la Roadster qui est encore au catalogue. Modèle qui a été modifié de fond en comble en 1996 et qui d'ailleurs était en première page de l'édition 1999 du Guide de l'auto.

Mais ce n'était qu'un début et la petite équipe de Hoshton en Georgie s'est attaquée à un second projet : l'Esperante. Celle-ci a été présentée en première mondiale au Salon de l'auto de New York en avril 2000. Si le Roadster était d'attrait limité, l'Esperante était capable d'affronter les grands.

DE L'ALU, TOUJOURS DE L'ALU

Il ne faut pas se fier aux formes relativement conservatrices de cette sportive et ses origines nord-américaines pour en conclure que la mécanique sera traditionnelle. Bien au contraire, cette Panoz innove de plusieurs façons. C'est ainsi que son châssis est réalisé à partir d'extrusions d'aluminium qui sont reliées les unes aux autres par un processus de collage emprunté à

》》 FEU VERT
› Mécanique efficace
› Construction avant-gardiste
› Finition impeccable
› Agréable à conduire

》》 FEU ROUGE
› Silhouette anonyme
› Habitacle exigu
› Faible diffusion
› Prix élevé
› Dépréciation inconnue

Guide de l'auto 2005

l'aérospatiale. Et il ne s'agit pas de bricolage maison puisque cette technologie a été développée en collaboration avec une filiale de Reynolds Aluminium. Les tôles de la carrosserie sont également en aluminium. Mais les concepteurs ne se sont pas contentés de choisir un matériau léger. Pour le façonner, ils ont fait appel au procédé SPF, Superplastic Forming, qui contrairement à son nom n'a rien à voir avec les plastiques. Il s'agit de la même technologie qui a été utilisée pour former l'enveloppe extérieure de la Station Spatiale Internationale. Les tôles sont chauffées jusqu'à ce qu'elles atteignent 485 degrés centigrades avant d'être placées sur un mandrin en acier et formées par pression pneumatique. Ce processus prend environ 25 minutes par feuille. Ce qui est presque une éternité en comparaison avec l'estampage à froid qui ne prend qu'une fraction de seconde. La méthode SPF rend les pièces plus résistantes aux chocs. Une fois formés, ces éléments sont peints à la main et ensuite remisés jusqu'à la fin de la production afin d'éviter d'être éraflés lors de l'assemblage des éléments mécaniques.

UN GROS HUIT

Comme toute voiture de cette catégorie qui se respecte, la puissance du moteur doit être de l'équation. Et pour cela, Panoz ne nous prive pas de chevaux vapeur puisque le gros V8 en aluminium de 4,6 litres développe 320 chevaux. Ce qui n'est pas mal du tout si l'on tient compte que la voiture ne pèse que 1450 kg. Incidemment, ce moteur V8 est assemblé à la main dans une usine située à Romeo dans le Michigan. Il est couplé à une boîte de vitesses manuelle Tremec à cinq rapports. Cette propulsion est capable de vous offrir des émotions fortes puisque le 0-100 km/h est bouclé en 5,1 secondes tandis que la vitesse de pointe est de 250 km/h.

La tenue de route n'a pas été négligée pour autant. La suspension arrière est la plus intéressante alors que les amortisseurs ensachés dans le ressort hélicoïdal sont montés en position horizontale.

De puissants freins à disque de 33 cm à l'avant et de 29,7 cm à l'arrière sont responsables de distances de freinage impressionnantes. Il suffit de 37 mètres et des poussières pour réaliser le 100-0 km/h.

Même si la silhouette est traditionnelle et son habitacle passablement exigu, cette voiture comble de satisfaction le pilote sportif. Avec une répartition de poids de 50/50, elle est neutre en virage tout en affichant un léger sous-virage. Par contre, il suffit de jouer de l'accélérateur pour déplacer le train arrière. Malgré un excellent rapport de 4,5 kg par cheval-vapeur, l'Esperante est docile et permet les dérapages des quatre roues dans les courbes. Il faut souligner la précision de la course du levier de vitesses et l'assistance fort bien dosée de la direction.

Agréable à piloter, d'une finition exemplaire, dotée d'une mécanique robuste, la Panoz Esperante mérite d'être connue. En conclusion, je me demande pourquoi un si petit constructeur réussit à nous impressionner avec cette sportive alors que les géants de l'industrie passent parfois à côté de la cible.

Denis Duquet

DONNÉES TECHNIQUES

Prix du modèle à l'essai:	105 000 $
Échelle de prix:	105 000 $
Version(s) disponible(s):	Version unique
Garanties:	3 ans 60 000 km/3 ans 60 000 km
Catégorie:	Roadster
Emp./Long./Lar./Haut.(cm):	271.5/447.5/186/135.5
Poids:	1 450 kg
Coffre/Réservoir:	n.d./58 litres
Coussins de sécurité:	frontaux et latéraux (av.)
Suspension avant:	indépendante, bras inégaux
Suspension arrière:	indépendante, multibras
Freins av./arr.:	disque (ABS)
Antipatinage/Contrôle de stabilité:	oui, non
Direction:	à crémaillère, assistée
Diamètre de braquage:	n.d.
Pneus av./arr.:	P245/45ZR17

GROUPE MOTOPROPULSEUR ET RENDEMENT

Moteur:	V8 4.6 litres 32s (90.2 x 90)
Puissance:	320 chevaux (239 kw) à 6000 tr/mn
Couple:	317 lb-pi (430 Nm) à 4750 tr/mn
Autre(s) moteur(s):	seul moteur offert
Transmission:	propulsion, manuelle 5 rapports
Autre(s) transmission(s):	aucune
Accélération 0-100 km/h:	5.1 s
Reprises 80-120 km/h:	n.d.
Freinage 100-0 km/h:	37 m
Vitesse maximale:	250 km/h
Indice de performance longitudinale:	n.d.
Consommation (100 km):	super, 14.2L
Autonomie:	408 km

DANS LA MÊME CATÉGORIE
Acura NSX - BMW Z4 - Chevrolet Corvette

DU NOUVEAU EN 2005
Aucun changement majeur

HISTORIQUE DU MODÈLE
1^{ière} génération

DATE DE RENOUVELLEMENT
n.d.

NOS IMPRESSIONS

Agrément de conduite:	🚗🚗🚗🚗½
Fiabilité:	🚗🚗🚗🚗🚗
Sécurité:	🚗🚗🚗½
Qualités hivernales:	🚗🚗
Espace intérieur:	🚗🚗🚗½
Confort:	🚗🚗🚗🚗½

LE CHOIX DE L'ÉQUIPE
modèle unique

Guide de l'auto 2005

PONTIAC AZTEK

VOIR AVEC LE COEUR...

Les hommes y sont habitués : quand on discute des qualités d'une dame, et que la première qualité qui nous vient en tête est la gentillesse, c'est habituellement parce que le physique de la dame en question laisse un peu à désirer. C'est probablement une habitude qu'ont aussi prise les propriétaires d'Aztek quand ils parlent de leur voiture. Pas parce qu'eux la trouve laide, mais plutôt pour éviter les remarques désobligeantes de leurs interlocuteurs.

Car, il faut bien l'avouer, rarement un véhicule a-t-il été autant l'objet de quolibets et de commentaires désobligeants. Fort heureusement, ces propos disgracieux proviennent habituellement de ceux qui n'ont pas eu l'occasion d'en conduire un et de le mettre à l'épreuve. Ceux qui l'ont fait sont unanimes : une fois assis à l'intérieur, on oublie le design tellement les performances de l'Aztek sont étonnantes.

Et c'est probablement parce que tous ceux qui sont propriétaires d'une Aztek ne jurent que par elle que année après année, on annonce sa fin, mais que jamais la fin ne survient. Ce n'est d'ailleurs pas en 2005 qu'elle surviendra même si les modifications proposées sont pour le moins futiles. Tout au plus, on se contente de quelques détails esthétiques, notamment de nouvelles couleurs. Mais rien de structurel ou de mécanique qui pourrait avoir une influence réelle sur la conduite.

Ce qui signifie en clair que l'Aztek est de retour, avec ses qualités et ses défauts. Pour les mordus du modèle (j'en connais d'ailleurs quelques-uns très personnellement), on peut parler de bonne nouvelle.

UTILITAIRE OU FAMILIALE
Parmi les grandes qualités de la Pontiac Aztek, on retrouve évidemment en tête de liste la polyvalence et le vaste espace intérieur. Ce sont ces détails – qui revêtent tout de même une grande importance – qui font que le choix d'un automobiliste se portera sur ce modèle tout à fait particulier.

Oubliez la tente, qui n'est somme toute qu'un gadget peu utile et pour laquelle il faut débourser quelques centaines de dollars. L'Aztek, c'est bien plus que cela. L'espace cargo arrière est vaste, profond, et on y a accès assez facilement grâce à une portière rabattable facile à manoeuvrer, même si elle est un peu lourde. En revanche, il faudra se hisser sur la pointe des pieds pour atteindre le fond de l'espace de chargement, ou accepter tout simplement de sauter à bord.

» FEU VERT
› Moteur fiable
› Espace intérieur polyvalent
› Habitacle vaste
› Conduite agréable
› Sièges confortables

» FEU ROUGE
› Design trop particulier
› Suspension un peu molle
› Visibilité arrière réduite
› Transmission inégale

L'Aztek s'impose comme un véritable cinq places. À l'avant, même les plus grands n'auront aucune difficulté à s'asseoir alors qu'à l'arrière, trois passagers seront somme toute assez à l'aise même pour de longues randonnées. Les sièges sont par ailleurs plus confortables que la moyenne de la catégorie et assurent un support digne de mention.

Bien sûr, le design intérieur est un peu de la même saveur que celui de l'extérieur, et certains éléments, comme les bouches de ventilation proéminentes, ne feront pas nécessairement le bonheur de tous.

L'équipement est adéquat, et plusieurs petits détails, comme la multitude de prises électriques 12 volts dispersées partout dans le véhicule, ou la petite glacière amovible entre les passagers, complètent la notion utilitaire du modèle. Quant à ceux qui s'intéressent au divertissement, mentionnons que l'Aztek est offerte de série avec une chaîne audio suffisante, mais qui ne casse rien, et le traditionnel ensemble multimédia avec lecteur DVD qui permet de calmer les enfants assis derrière.

UN BIEN GROS BATEAU

Pour obtenir autant d'espace intérieur, il a évidemment fallu insister davantage sur les lignes extérieures. La silhouette même de l'Aztek lui donne un air lourdaud et ses dimensions (en fait, seul le Buick RendezVous a de plus grandes dimensions dans la catégorie) le rendent plutôt difficile à maîtriser.

Mais une fois au volant, on oublie facilement ces quelques petits désagréments. Le moteur V6 de 3,4 litres répond bien à la commande. Ses 185 chevaux se fouettent facilement. Jumelé à une transmission automatique 4 rapports bien calibrée (quoique le 3e rapport soit un peu court et se fasse sentir lors des reprises), l'engin offre de très honnêtes performances. Le poids de l'ensemble peut cependant ralentir un peu ses ardeurs.

Offerte en traction avant ou en traction intégrale Versatrak de GM et munie d'un système d'antipatinage, de freins ABS aux quatre roues et de sacs gonflables avant et latéraux, l'Aztek a reçu les cinq étoiles de cote de sécurité, un plus dans cette catégorie de véhicule.

Une fois ce constat fait, c'est quand on conduit l'Aztek qu'on l'apprécie. L'imposant véhicule transmet une impression de sécurité rarement ressentie dans d'autres bolides du genre. Et même si on a parfois l'impression de valser sur la route, la «jolie» américaine offre finalement une conduite remarquable. Il faut cependant faire un sacrifice sur la visibilité, rendue difficile à l'arrière par l'installation d'un aileron au plein centre de la vitre.

Chez Pontiac, on a présenté l'Aztek comme un hybride entre une minifourgonnette, une familiale et un véhicule utilitaire. Sa conduite, sa tenue de route et surtout l'impression que l'on ressent au volant nous rapprochent davantage des utilitaires que les autres. Et rappelez-vous toujours un détail : pour conduire une Aztek, vous devez être conscient du look et ne pas vous inquiéter des commentaires des autres. De toute façon, ils sont simplement jaloux.

Marc Bouchard

AZTEK

DONNÉES TECHNIQUES

Prix du modèle à l'essai :	31 680$
Échelle de prix :	28 555$ a 35 895$
Version(s) disponible(s) :	base et GT
Garanties :	3 ans 60 000/3 ans 60 000
Catégorie :	fourgonnettes
Emp./Long./Lar./Haut.(cm) :	275/463/187/170
Poids :	1 834 kg
Coffre/Réservoir :	1282 litres/68 litres
Coussins de sécurité :	frontaux
Suspension avant :	indépendante, barres de torsion
Suspension arrière :	indépendant , multibras
Freins av./arr. :	disque (ABS)
Antipatinage/Contrôle de stabilité :	non (opt.), non
Direction :	à crémaillère, ass. variable électrique
Diamètre de braquage :	11.1 mètres
Pneus av./arr. :	P215/70R16

GROUPE MOTOPROPULSEUR ET RENDEMENT

Moteur :	V6 3,4 litres 12s (92 x 84)
Puissance :	185 chevaux (138 kw) à 5200 tr/mn
Couple :	210 lb-pi (285 Nm) à 4000 tr/mn
Autre(s) moteur(s) :	seul moteur offert
Transmission :	traction, automatique 4 rapports
Autre(s) transmission(s) :	aucune
Accélération 0-100 km/h :	11,2 s
Reprises 80-120 km/h :	10,1 s
Freinage 100-0 km/h :	43,0 m
Vitesse maximale :	180 km/h
Indice de performance longitudinale :	n.d.
Consommation (100 km) :	ordinaire, 10,6 litres
Autonomie :	642 km

DANS LA MÊME CATÉGORIE
Buick RendezVous - Ford Escape - Honda CR-V - Jeep Liberty - Mazda tribute - Toyota Rav-4

DU NOUVEAU EN 2005
Nouvelles couleurs disponibles

HISTORIQUE DU MODÈLE
1ère génération

DATE DE RENOUVELLEMENT
2006

NOS IMPRESSIONS

Agrément de conduite :	🚗🚗🚗½
Fiabilité :	🚗🚗🚗½
Sécurité :	🚗🚗🚗🚗
Qualités hivernales :	🚗🚗🚗🚗½
Espace intérieur :	🚗🚗🚗🚗½
Confort :	🚗🚗🚗🚗

LE CHOIX DE L'ÉQUIPE
de base AWD

Guide de l'auto 2005

PONTIAC BONNEVILLE / LE SABRE

L'UNE DANSE, LES AUTRES PIÉTINENT

Ce duo vieillissant commence à paraître un peu anachronique en regard des récentes productions de GM. Qu'il nous suffise de jeter un coup d'œil, pour établir ce constat, du côté des récentes et dynamiques Cadillac CTS et STS, et de la Pontiac G6, une intermédiaire moderne qui s'étire sur le même empattement. Leurs chiffres de vente en chute libre traduisent bien d'ailleurs le désintéressement des acheteurs face à ces grosses berlines qui arrivent en fin de carrière.

De ce tandem déclinant partageant la même plate-forme et les principaux éléments mécaniques, c'est la Buick LeSabre qui demeure la plus populaire. Cela traduit bien le phénomène de vieillissement de la population canadienne, puisque son acheteur type accuse 59 ans, tandis que celui de la Pontiac en compte 53.

QUÉBEC-MONTRÉAL

Il faut quand même admettre qu'il lui reste un terrain de prédilection, où elle peut encore donner le change. Je fais référence aux autoroutes, sur lesquelles son habitacle généreux, confortable et silencieux, vous permettra de couvrir de longues distances sans fatigue, pour peu que vous ne soyez sujet au mal des transports. Car ses suspensions molles qui filtrent efficacement les aspérités de la route retiennent difficilement la caisse lorsqu'elle amorce des mouvements de roulis et de tangage. En dépit de ces limitations, les occupants peuvent compter sur un silence de roulement impressionnant, sur des équipements très complets, ainsi que sur son immense coffre pouvant recevoir une quantité importante de bagages.

À bord de la version Limited, la liste des accessoires s'allonge encore, jusqu'à inclure les surfaces des places assises recouvertes d'un cuir potable, la climatisation automatique à deux zones, un volant gainé de cuir intégrant les commandes redondantes pour un système sono plus évolué et l'air conditionné. Pour peu qu'ils soient attirés par le confort typique d'un «garçon paresseux» (traduction intérimaire de l'Office de la langue française pour Lazy Boy), les passagers apprécieront les sièges de grand format, rembourrés douillettement, mais qui offrent peu de support latéral. Comme dans tous les ménages à trois, un des protagonistes finit par être de trop, et dans la LeSabre, il prendra la place du milieu sur la banquette avant qui s'apparente à un canapé.

Finalement, la personne assignée au volant (on ne peut ici, proprement parler de «conducteur») risque d'être celle qui s'ennuiera le plus au

»» FEU VERT
› Puissance étonnante (GXP)
› Boîte douce
› Habitacle logeable
› Équipement complet
› Adhérence élevée (GXP)

»» FEU ROUGE
› Certains matériaux bas de gamme
› Châssis dépassé
› Comportement routier pépère (SE et SLE)
› Taille encombrante
› Moteur V6 et boîte banals

Guide de l'auto 2005

DONNÉES TECHNIQUES

Prix du modèle à l'essai :	47 300 $
Échelle de prix :	35 150 $ à 47 300 $
Version(s) disponible(s) :	SE, SLE, GXP
Garanties :	3 ans 60000/3 ans 60000
Catégorie :	berline grand format
Emp./Long./Lar./Haut.(cm) :	285/515/188,5/144
Poids :	1 719 kg
Coffre/Réservoir :	510/70 litres
Coussins de sécurité :	frontaux, latéraux
Suspension avant :	indépendante jambes de force
Suspension arrière :	indépendante, triangles obliques, correcteur d'assiette
Freins av./arr. :	disque (ABS)
Antipatinage/Contrôle de stabilité :	oui/oui
Direction :	à crémaillère, assistance magnétique
Diamètre de braquage :	12,3 m
Pneus av./arr. :	P235/55R17

GROUPE MOTOPROPULSEUR ET RENDEMENT

Moteur :	V8 4,6 litres
Puissance :	275 ch à 5 600 tr/min
Couple :	300 lb-pi à 4 000 tr/min
Autre(s) moteur(s) :	V6 3,8 litres (SE et SLE)
Transmission :	traction, automatique 4 rapports
Autre(s) transmission(s) :	aucune
Accélération 0-100 km/h :	7,2 s
Reprises 80-120 km/h :	5,2 s
Freinage 100-0 km/h :	39 m
Vitesse maximale :	225 km/h
Indice de performance longitudinale :	5.28 m/s/s
Consommation (100 km) :	super, 13 litres
Autonomie :	538 km

BONNEVILLE/LE SABRE

cours du voyage. Elle devra en effet se contenter d'un groupe motopropulseur banal, composé de l'increvable V6 3,8 à arbre à cames central, et d'une boîte automatique à quatre rapports. Elle posera son regard sur une large et triste planche de bord, garnie de bois tellement faux qu'il frise le ridicule. La direction reste muette au sujet de ses rencontres sur la route, et à moitié sourde aux commandes, puisqu'elles doivent passer par de ridicules pneumatiques de 15 pouces à cote de vitesse «S». Dans l'éventualité d'une envahissante dépression nerveuse si cette même personne roule seule, elle pourra au moins compter sur le système OnStar pour appeler les secours…

UN PEU DE MODERNISME!

Outre sa carrosserie distinctive (qui s'allonge davantage, sans améliorer l'habitabilité), les prestations des Bonneville SE et SLE sont du même ordre. Leur style plus «sportif» ne trouve pas grand écho dans leurs accélérations puisqu'elles disposent du même moteur et de la même boîte, mais leur comportement routier apparaît mieux retenu, compliment d'amortisseurs plus fermes et de pneumatiques de taille 16 pouces (SE) et même 17 pouces (SLE), plus collants. On sent immédiatement le poids des ans lorsqu'on s'assied dans l'habitacle réalisé dans des plastiques durs et luisants, aux formes assez fantaisistes. Comme sur les Buick d'ailleurs, le freinage semble puissant et se dose facilement, et les limites de l'adhérence des pneumatiques se font sentir bien avant sa perte d'efficacité.

Il reste un espoir, et il nous faut nous tourner du côté de la version GXP pour le voir poindre. Sa carrosserie (qu'elle partage d'ailleurs cette année avec la SLE) apparaît plus dynamique, sans sombrer dans le tourmenté. La lecture de la fiche technique nous fait d'abord saliver, puisqu'on y retrouve le V8 Northstar de 4,6 litres, chapeauté de culasses modernes à DACT. Les 275 chevaux annoncés, et le couple de 300 lb-pi nous laissent anticiper des performances intéressantes. Mais c'est sans compter sur la masse importante à déplacer, et qu'il doit s'en remettre lui aussi à une simple boîte à quatre rapports. On comprend alors que les accélérations ne sont pas tellement supérieures à ce qu'elles étaient dans la défunte SSEi et son moteur à compresseur de 240 chevaux, et qu'à l'usage, l'ancêtre démontrait une meilleure volonté à bas régime, compliments de son couple costaud dès qu'on quittait les starting-blocks (blocs de départ). Par ailleurs, il faut reconnaître que le Northstar émet une musique éminemment plus flatteuse à l'oreille, et qu'il continue à tirer bien longtemps après que le V6 se soit étouffé dans un flottement de soupapes. Les suspensions plus fermes et les immenses pneus de 18 pouces qui ne lâchent pas prise facilement haussent d'un bon ton le comportement routier, sans qu'on puisse parler véritablement d'une octave.

En somme, la seule alternative valable aux yeux d'un conducteur un tant soit peu pressé demeure la Bonneville GXP, mais si vous jetez un coup d'œil à ses tarifs, et aux offres de la concurrence pour le même prix, vous comprendrez que les ventes ne seront pas vraiment en hausse.

Jean-Georges Laliberté

DANS LA MÊME CATÉGORIE

Buick LeSabre - Chrysler 300C - Lexus ES330 - Ford Taurus - Lincoln LS - Nissan Maxima - Toyota Avalon

DU NOUVEAU EN 2005

Pontiac: SLE reprend la carrosserie de la GXP et nouveau groupe d'options Premier Edition Système OnStar amélioré

HISTORIQUE DU MODÈLE

3ième génération (Bonneville)

DATE DE RENOUVELLEMENT

probablement 2006

NOS IMPRESSIONS

Agrément de conduite :	🚗🚗🚗½
Fiabilité :	🚗🚗🚗🚗
Sécurité :	🚗🚗🚗🚗🚗
Qualités hivernales :	🚗🚗🚗🚗½
Espace intérieur :	🚗🚗🚗🚗🚗
Confort :	🚗🚗🚗🚗🚗

LE CHOIX DE L'ÉQUIPE

SLE

Guide de l'auto 2005

PONTIAC G6

IL ÉTAIT TEMPS

L'entrée en scène de la Pontiac G6 sonne le glas pour la Grand Am qui ne pouvait plus soutenir la concurrence. Il faut dire, malgré des chiffres de vente encore surprenants, que cette dernière était devenue une espèce de caricature roulante, avec ses panneaux de carrosserie tourmentés, son habitacle étriqué et Mickey Mouse, (on pense entre autres à la petite casquette au-dessus du tableau de bord qui imitait ridiculement les oreilles du célèbre personnage), et ses performances peu reluisantes.

D'année en année, les constructeurs américains voient leur « pointe de tarte » grignotée par les étrangers, et cette situation devient économiquement intolérable. Finalement, GM a réagi en tenant compte de toutes les doléances exprimées, et la nouvelle berline intermédiaire, tout simplement nommée G6, représente l'aboutissement de longs efforts placés sous la gouverne du fameux Bob Lutz, tiré de sa retraite après avoir si bien fait chez Chrysler. De prime abord, on peut affirmer sans ambages que ses lignes sont réussies. Dotée de porte-à-faux relativement courts, et de la calandre associée depuis si longtemps à Pontiac, cette nouvelle venue présente un aspect épuré qui ne manque pas d'intérêt, et qui vieillira sans doute avec grâce.

DES CHOIX JUDICIEUX
GM pouvait s'en remettre à ses nombreux bureaux d'études répartis un peu partout dans le monde, et c'est la plate-forme européenne

Guide de l'auto 2005

Epsilon qui a été retenue. Extrêmement rigide et légère, elle sert aussi de fondement à l'Opel Vectra, à la nouvelle Saab 9.3, et plus près de nous, à la Malibu dernière génération. Rappelons que cette dernière s'étire sur deux empattements différents, soit 270 cm pour la berline, et 285 cm pour la Maxx. Les concepteurs de la G6 ont retenu le plus long des deux, une solution plus onéreuse lorsqu'on veut conserver une bonne rigidité, mais aussi particulièrement avantageuse. Les deux versions présentement disponibles (base et GT) disposent d'un périmètre de sustentation plus étendu, favorisant le confort des occupants, un comportement routier supérieur, et un habitacle plus volumineux.

Lors d'essais menés à son lancement, j'ai d'abord été agréablement surpris par l'espace qu'elle offre. Confortables et de grand format, les fauteuils avant procurent aussi un bon support latéral. Le conducteur et son passager profitent de cotes extrêmement généreuses, autant en largeur qu'en hauteur, et les places arrière permettent à des adultes de grand gabarit de prendre toute leur aise. De plus, ils peuvent facilement glisser les pieds sous les assises antérieures. Ils ne disposent cependant pas de registres particuliers pour leur ventilation, ni de prise 12 volts, et ils devront se contenter de deux porte-verres incommodes. Bien que moins hospitalière, la troisième place demeure assez confortable. On accède par une large ouverture au coffre de forme régulière et de bonne dimension, et le dossier de la banquette se replie 60/40 pour les objets les plus encombrants. La Grand Am est battue sur toute la ligne !

De même, le style sobre mais accueillant de l'habitacle tranche avec celui de sa devancière. Les matériaux apparaissent de meilleure qualité, bien accostés pour des exemplaires de première production, mais les représentantes des japonaises font encore mieux à cet égard. On regrette la présence de plastiques durs dans la partie inférieure des contre-portes, mais ceux bien moussés de la planche de bord donnent une rassurante impression de solidité. Même les appliques de faux bois apparaissent assez convaincantes. La planche de bord d'une agréable simplicité renferme des instruments de lecture aisée, et l'ergonomie obéit aux canons

»» DE SÉRIE
› Roues de 16 po (17 po GT)
› Télédéverrouillage des portières
› Climatisation
› Volant ajustable 2 sens
› Dossier banquette 60/40

»» EN OPTION
› Correcteur d'assiette auto
› Démarreur à distance
› Toit ouvrant électrique 4 panneaux
› Lecteur 6 CD
› Système OnStar

PONTIAC G6

actuels. Le conducteur n'aura vraiment aucune difficulté à trouver une bonne position car il peut ajuster son volant dans les deux sens, le pédalier longitudinalement, et son siège verticalement. Les tissus agréables à l'œil et au toucher semblent résistants, et lorsque présent, le cuir ventilé apparaît de bonne qualité.

COMPORTEMENT ROUTIER COMPÉTENT

Autre surprise des plus agréables: le travail des suspensions indépendantes. Nos essais s'effectuaient sur des routes de qualité dans les environs de Detroit, et sur certains secteurs qui auraient mérité le label "Made in Québec", tant le revêtement était bosselé. La version de base filtrait avec compétence les bruits de roulement et de l'air, et démontrait un comportement routier compétent, malgré de médiocres Uniroyal Tiger Paw P215/60R16 94S. Les pattes du "Tiger" étaient probablement dégriffées, puisque leur piètre adhérence les faisait hurler de douleur à chaque courbe amorcée un peu rapidement. Les amortisseurs réagissaient (heureusement) assez énergiquement, autorisant le châssis à encaisser avec sérénité les accidents du revêtement, et à conserver un aplomb rassurant dans les virages.

La direction assistée électriquement semblait un peu déconnectée au centre sur la version de base, mais télégraphiait plus clairement les messages reçus de la route sur la GT. On enregistrait sur cette déclinaison plus fermement suspendue, une légère hausse du niveau sonore, mais elle démontrait encore de meilleures aptitudes sur les routes sinueuses. Le confort demeurait très satisfaisant, le long débattement des ressorts n'arrivait jamais au bout de sa course, et le roulis mieux contrôlé ajoutait à la sensation de sécurité. Les pneus de meilleure qualité, des Continental de format P225/50R17 93V, (oui! des 17 pouces, et oui! des «V») prodiguaient une adhérence supérieure, même sous la pluie. Le freinage, compliment de quatre disques régulés par l'ABS sur la GT seulement, ralentissait avec puissance et endurance la masse quand même importante dont il assurait la responsabilité, la nouvelle accusant près de 150 kilos supplémentaires par rapport à la Grand Am. Un antipatinage assez

»» FEU VERT
› Ligne simple et attrayante
› Habitacle convivial et spacieux
› Comportement routier compétent
› Bon rapport prix/équipement
› Net progrès dans l'ensemble

»» FEU ROUGE
› Moteurs ordinaires
› Boîte automatique à 4 rapports seulement
› Quelques matériaux banals
› Pneus de base minables
› Certains équipements absents

rudimentaire arrive dans la version de base, mais la GT dispose d'un système plus sophistiqué.

GROUPE MOTOPROPULSEUR SATISFAISANT

En dépit du qualificatif «nouveau», employé dans la documentation, le V6 3,5 litres avec arbre à cames central et poussoirs, demeure une extrapolation des anciens V6 à 60 degrés. Son arbre généalogique remonte donc jusqu'au V6 2,8 litres des années quatre-vingt, mais il a fait l'objet de travaux incessants. Soyons quand même magnanimes envers lui car en général, ses prestations demeurent satisfaisantes. Il procure des accélérations honnêtes, tourne avec une relative douceur, mais supporte très mal les régimes supérieurs à 4 500 tours/minute. Son architecture très conservatrice lui procure par contre des avantages évidents au niveau du coût de fabrication, de la simplicité, et de l'encombrement. Son couple assez costaud permet aussi des reprises énergiques, sans qu'il faille le cravacher vers les régimes supérieurs. Une boîte automatique à quatre rapports lui est exclusivement assignée, et elle se montre heureuse de cette association. La version GT y ajoute un mécanisme séquentiel, remarquable par sa douceur et sa rapidité d'exécution.

Comme toute américaine qui se respecte, la dotation de base de la G6 vous en donne pour votre argent. On y retrouve entre autres les principales assistances électriques, la climatisation en une seule zone et sans thermostat, une radio potable avec lecteur CD, le régulateur de vitesse, et des antibrouillards.

Bien que satisfaits (à juste titre) de leur réalisation, les ingénieurs de chez Pontiac planchent actuellement sur la mise au point de deux autres versions, et de deux autres configurations. S'ajoutera en effet à la gamme, dans quelques mois, une déclinaison plus dépouillée, tractée par un quatre cylindres Ecotec 2,2 litres de 170 chevaux. À l'autre extrémité, au cours de la même période, se dévoilera une GTP tractée par un V6 3,9 litres de 240 chevaux, lié à une boîte manuelle à six rapports. Son équipement plus riche, et son allure plus agressive la rendent encore plus attrayante. J'ai eu l'occasion de faire quelques tours de piste au volant d'un modèle de préproduction, et elle n'aura pas à rougir devant la concurrence. Son moteur plus performant, sa boîte bien échelonnée et facile à manier, ainsi que ses pneumatiques tenaces en taille 18 pouces, lui procurent un comportement équilibré et de haut niveau.

Au cours de la même période, GM procédera au lancement d'un coupé aux lignes vraiment réussies, qui ne sont pas sans rappeler celles de l'Infiniti G35, ainsi qu'à celui d'une décapotable à toit rigide articulé, qui promet de faire tourner les têtes. Le respecté Bob Lutz a donc réussi à insuffler à cette division de GM, l'inspiration et l'énergie nécessaires pour faire de la G6 une proposition très intéressante, si vous êtes à la recherche d'une intermédiaire compétente, et probablement à bon prix.

Jean-Georges Laliberté.

DONNÉES TECHNIQUES

Prix du modèle à l'essai :	28 000 $ (estimé)
Échelle de prix :	26 500 $ à 32 000 $ (estimé)
Version(s) disponible(s) :	base, GT
Garanties :	3 ans 60 000/3 ans 60 000
Catégorie :	Berline
Emp./Long./Lar./Haut.(cm) :	285/480/175/145
Poids :	1 555 kg
Coffre/Réservoir :	396/64 litres
Coussins de sécurité :	frontaux (latéraux et tête opt.)
Suspension avant :	indépendante, jambe de force
Suspension arrière :	indépendante, 4 bras
Freins av./arr. :	disque (ABS)
Antipatinage/Contrôle de stabilité :	oui/non
Direction :	à crémaillère, assistance électrique
Diamètre de braquage :	11,6 m
Pneus av./arr. :	P225/50R17

GROUPE MOTOPROPULSEUR ET RENDEMENT

Moteur :	V6 3,5 litres 12 soupapes (84,0 x 94,0)
Puissance :	200 ch à 4 800 tr/min
Couple :	220 lb-pi à 4 400 tr/min
Autre(s) moteur(s) :	aucun
Transmission :	traction automatique séquentielle 4 rapports
Autre(s) transmission(s) :	manuelle 6 rapports (à venir)
Accélération 0-100 km/h :	7,9 s
Reprises 80-120 km/h :	7,0 s
Freinage 100-0 km/h :	n.d.
Vitesse maximale :	190 km/h
Indice de performance longitudinale :	n.d.
Consommation (100 km) :	8,8 litres
Autonomie :	727 km

NIVEAU SONORE

Ralenti :	n.d.
Accélération :	n.d.
100 km/h :	n.d.

DANS LA MÊME CATÉGORIE

Chrysler Sebring-Honda Accord-Mazda6
Nissan Altima-Ford Taurus

HISTORIQUE DU MODÈLE

1ière génération

DATE DE RENOUVELLEMENT

n.d.

NOS IMPRESSIONS

Agrément de conduite :	▭▭▭▭▭
Fiabilité :	nouveau modèle
Sécurité :	▭▭▭▭
Qualités hivernales :	▭▭▭½
Espace intérieur :	▭▭▭▭
Confort :	▭▭▭▭

LE CHOIX DE L'ÉQUIPE

GT

Guide de l'auto 2005

PONTIAC GRAND PRIX

LA VOITURE DE BOB

Bob Lutz, le tzar du développement des voitures de tourisme chez GM, semble avoir une affection toute particulière pour la division Pontiac. C'est d'ailleurs lui qui a piloté de A à Z le projet de la Pontiac Solstice, un roadster économique, qui devrait être commercialisé en 2006. Il a également eu son mot à dire lors du développement de la G6, la remplaçante de la Grand Am, qui débute cette année. Mais la première Pontiac à avoir bénéficié de son coup de pouce a été la Grand Prix dévoilée l'an dernier.

Dès sa première intervention, il a incité les stylistes à en beurrer moins épais, alors qu'il conseillait aux ingénieurs de rendre le châssis plus sophistiqué et la mécanique plus performante. Il faut se rappeler que la dernière génération de la Grand Prix avait été présentée en 1996 comme une berline sport capable d'en découdre avec les meilleures importées. Malheureusement, le tout a résulté en un arbre de Noël sur roues affublé d'une bonne tenue de route certes, mais au détriment d'une suspension archi dure qui semblait comporter des amortisseurs en béton.

L'ÉTERNEL DILEMME

Les responsables de la division Pontiac ont connu beaucoup de succès avec certains modèles en les décorant outrageusement tant à l'intérieur qu'à l'extérieur. Les incontournables garnitures de bas de caisse étaient non seulement toujours de la partie, mais de plus en plus larges. Et le tableau de bord était décoré à gogo de boutons et commandes de toutes sortes en plus d'être perforé de part en part de multiples buses de ventilation. Dans le secteur de l'automobile comme ailleurs, les gens ont raison de vouloir conserver les recettes gagnantes. Mais à force de trop s'en tenir à ces solutions, cela risque d'être nocif.

Tout cela pour vous apprendre que, depuis l'an dernier, la Grand Prix s'est débarrassée de plusieurs artifices qui ont permis d'épurer la silhouette. Et même le déflecteur arrière de la GTP est bien intégré et ne fait pas trop kitsch. Ces efforts ont également porté fruit dans l'habitacle alors que le tableau de bord est plus sobre, toujours pratique et dont l'ergonomie est quasiment exemplaire. S'il faut trouver à redire, c'est au niveau de la qualité des matières plastiques, de la finition et de certains détails. Par exemple, le pédalier n'est pas ajustable alors que plusieurs modèles concurrents proposent cette option de plus en plus populaire tandis que le volant n'est pas réglable en profondeur. Ce qui n'arrange rien pour offrir une bonne position de conduite d'autant plus que la ligne du toit limite le dégagement pour la tête. Il faut également ajouter

» FEU VERT
› Plate-forme rigide
› Freins efficaces
› Présentation élégante
› Version GTP
› Comportement routier sain

» FEU ROUGE
› Faible visibilité arrière
› Suspension ultra ferme (GTP)
› Finition inégale
› Banquette arrière trop basse
› Système manumatique TAPshift

GRAND PRIX

que les places arrière ne sont pas tellement confortables. L'assise de la banquette est très basse, ce qui oblige les personnes de grande taille à avoir la tête entre les jambes. De plus, le dégagement pour la tête est moyen tandis que la visibilité est faible en raison de la hauteur de la ceinture de caisse.

LES VÉTÉRANS À LA RESCOUSSE

Il est curieux de constater qu'une compagnie de l'envergure de General Motors ne soit pas en mesure d'offrir un moteur V6 doté d'une fiche technique moderne comme la plupart des concurrentes de la Grand Prix. Ce constructeur se défend honorablement au chapitre des moteurs V8, notamment avec le Northstar, mais il doit continuer d'insérer des moteurs V6 à soupapes en tête actionnées par tringle sous le capot de la plupart de ses intermédiaires.

La Grand Prix n'échappe pas à cette règle puisque c'est le bon vieux moteur V6 3,8 litres à tringle qui a été choisi. Même si ses origines sont fort lointaines, ce V6 a été modernisé à plusieurs reprises et sa fiabilité ne fait aucun doute. De plus, sa consommation est dans la bonne moyenne tout comme ses performances. Couplé à la boîte automatique à quatre rapports, ce moteur atmosphérique de 3,8 litres produit 200 chevaux, ce qui assure des temps d'accélération de 0 à 100 km/h, en moins de 9 secondes. Il est certain que les conducteurs de la trempe de Bob Lutz vont opter pour la version GTP dotée d'une version suralimentée de ce moteur V6. La puissance est alors de 260 chevaux. Cette puissance coule de façon très linéaire et les accélérations sont impressionnantes pour une voiture de ce gabarit puisque le 0-100 km/h est bouclé en 6,8 secondes. Il faut cependant déplorer qu'une boîte automatique à cinq rapports ne soit pas offerte en option. Et soulignons au passage que le système de passage des rapports TAPshift avec pastilles montées sur les rayons du volant n'est pas tellement pratique.

VOCATIONS CONTRADICTOIRES

À mon avis, les modèles GTP et la même version équipée du groupe d'accessoires Comp G sont condamnés à circuler sur des routes en bonne condition, comme celles de l'Arizona où j'ai essayé la voiture pour la première fois. La tenue en virage impressionne et la stabilité directionnelle est exemplaire. Bref, si vous avez autant d'audace et de dextérité au volant que Bob Lutz, vous pourrez rouler très, très rapidement. Si vous doutez des capacités routières de la GTP, demandez à monsieur Lutz de vous en convaincre. La preuve sera impressionnante, pour autant que la chaussée ne soit pas trop en mauvais état. Sinon, la suspension archi rigide de cette Pontiac transformera tout trajet en véritable torture et déstabilisera la voiture dans les virages.

Si la silhouette de la Grand Prix vous fait vraiment craquer mais que vous ne voulez pas vous faire secouer, il y a les modèles GT1 et GT2 dont la suspension est plus conviviale. Toutefois, les performances ne sont pas aussi sportives et la personnalité de ces modèles n'est pas nécessairement en harmonie avec la silhouette. Quel dilemme! Le sport ou le confort?

Denis Duquet

DONNÉES TECHNIQUES

Prix du modèle à l'essai:	32 895$
Échelle de prix:	28 500$ à 36 990$
Version(s) disponible(s):	GP- GT- GTP
Garanties:	3 ans 60 000/3 ans 60 000
Catégorie:	berlines/berlines grand format
Emp./Long./Lar./Haut.(cm):	287/502/189/141
Poids:	1 625 kg
Coffre/Réservoir:	453/64 litres
Coussins de sécurité:	frontaux et latéraux (av.)
Suspension avant:	indépendante, jambes de force
Suspension arrière:	indépendant, multibras
Freins av./arr.:	disque (ABS)
Antipatinage/Contrôle de stabilité:	oui, oui
Direction:	à crémaillère, ass. variable
Diamètre de braquage:	11,3 mètres
Pneus av./arr.:	P225/60R16

GROUPE MOTOPROPULSEUR ET RENDEMENT

Moteur:	V6 3,8 litres 12s (96,52 x 86,36)
Puissance:	200 ch (149 kW) à 5200 tr/mn
Couple:	230 lb-pi (312 Nm) à 4300 tr/mn
Autre(s) moteur(s):	V6 3,8 SC 260 chevaux
Transmission:	traction, automatique 4 rapports
Autre(s) transmission(s):	aucune
Accélération 0-100 km/h:	8,4 s
Reprises 80-120 km/h:	7,2 s
Freinage 100-0 km/h:	43,2 m
Vitesse maximale:	175 km/h
Indice de performance longitudinale:	4.59 m/s/s
Consommation (100 km):	ordinaire, 11,7 litres
Autonomie:	547 km

DANS LA MÊME CATÉGORIE

Acura TL-Chrysler 300-Honda Accord
Nissan Altima-Nissan Maxima

DU NOUVEAU EN 2005

Lecteur MP3, Système navigation, Nouvelles roues
Démareur à distance optionnel

HISTORIQUE DU MODÈLE

6ième génération

DATE DE RENOUVELLEMENT

2007

NOS IMPRESSIONS

Agrément de conduite:	🚗🚗🚗🚗🚗
Fiabilité:	🚗🚗🚗½
Sécurité:	🚗🚗🚗🚗½
Qualités hivernales:	🚗🚗🚗🚗½
Espace intérieur:	🚗🚗🚗🚗🚗
Confort:	🚗🚗🚗½

LE CHOIX DE L'ÉQUIPE

GP

Guide de l'auto 2005

PONTIAC PURSUIT

L'AVENIR SELON PONTIAC

L'année dernière, le constructeur américain General Motors a considérablement gâté ses concessionnaires Chevrolet. Ils ont hérité de cinq nouveaux modèles dont plusieurs, comme l'Optra ou l'Aveo, constituent une entrée de gamme depuis longtemps attendue. Ce même fabricant a aussi modifié totalement sa lignée de Cadillac. Il ne restait plus qu'un petit coup de balai à donner chez Pontiac pour l'aider, elle aussi, à trouver de nouveaux acheteurs.

La création de la Pursuit s'inscrit dans cette voie. Après le succès de la Pontiac Vibe et l'échec de la Sunfire nouvelle vague, on mise beaucoup sur la Pursuit, une voiture réservée au marché canadien, pour recruter de nouveaux adeptes.

Avec ce nouveau modèle, Pontiac veut créer une nouvelle compact sport offrant suffisamment de polyvalence pour plaire à la fois aux acheteurs plus conservateurs et aux acheteurs à la recherche d'un peu de nervosité. C'est un peu le même cheminement que l'on a fait auparavant avec la Cavalier et la Sunfire, deux modèles qui après avoir été au sommet de la popularité sont placés sur la voie d'évitement.

DES ENGINS ÉPROUVÉS

En terme de performance, GM n'a pris aucun risque, et a placé sous le capot des versions de base et SE Sport son moteur de 2,2 litres Ecotec qui développe 140 chevaux, et que la Pursuit partage justement avec la Cavalier et sa successeure, la Cobalt.

La version GT, elle, bénéficie plutôt d'un moteur de 2,4 litres, plus puissant, capable de donner de la bride à quelque 170 chevaux. Le nouveau moteur de 2,4 L marque l'arrivée du calage des soupapes variable (VVT) dans la famille Ecotec. Ce nouveau système utilise des dispositifs de mise en phase des cames hydrauliques à gestion électronique ce qui permet d'augmenter puissance et rendement.

Pour gérer ces chevaux, une transmission manuelle à cinq vitesses est de mise sur les versions de base, alors qu'une transmission automatique à quatre rapports est de série sur la version annoncée comme la plus sportive, la GT. Trouvez l'erreur…

La Pursuit roulera sur une suspension avant à jambe de force et sur une suspension arrière semi-indépendante à barre de torsion. Pour éviter roulis et tangage, on a ajouté des barres stabilisatrices aux deux pôles. Enfin, la rigidité du

»» FEU VERT
› Moteur 2,4 L amélioré
› Design moderne
› Châssis super rigide
› Insonorisation exceptionnelle

»» FEU ROUGE
› Freins à disque non disponibles (base et SE)
› Sécurité en option (ABS et rideaux gonflables)
› Version sport avec transmission automatique
› Modèle de base peu équipé

Guide de l'auto 2005

châssis soudé à partir d'acier haute résistance devrait apporter une conduite être plus proche des voitures européennes, un peu comme sur la Malibu.

QUE LE SILENCE SOIT

Pour assurer le confort des occupants, on a beaucoup misé sur l'insonorisation et la réduction du bruit. Le design même du châssis, l'angle d'attaque de la carrosserie et la rigidité des matériaux utilisés ont été soigneusement étudiés pour réduire les bruits de roulement.

Et pour compléter le tout, on a enfermé dans un caisson d'insonorisation des parties du tableau de bord pour éviter la transmission de sons indésirables. Même le groupe propulseur n'a pas échappé à l'analyse et on l'a installé sur un ensemble de supports qui permet de réduire au minimum les bruits et les vibrations du moteur. Toutes ces caractéristiques, ainsi que l'architecture Delta, sont notamment partagées avec la Saturn Ion.

Les passagers qui monteront à bord de la Pursuit pourront d'ailleurs profiter de ce silence promis pour profiter du son d'un système audio haut de gamme, livrable en option bien entendu.

Les autres caractéristiques remarquables de la Pursuit sont essentiellement liées à la sécurité. La compact sport profite par exemple de prétendeurs de ceinture, qui positionnent les ceintures de la bonne façon lorsqu'une collision imminente est détectée.

Des freins antiblocage à quatre voies (ABS) sont de série sur les modèles SE Sport et GT, alors que seul ce dernier profite de la traction asservie et de freins à disques aux quatre roues. Les autres doivent se contenter du duo tambour arrière et disque avant. Le modèle de base peut lui aussi, en option bien sûr, recevoir le système de frein ABS. Et pour toute la gamme, les rideaux gonflables latéraux sont optionnels.

UN PETIT AIR DE DÉJÀ VU

À l'extérieur, la Pursuit propose de toutes nouvelles lignes pour la bannière Pontiac. Mais la silhouette de la cette voiture n'est pas sans rappeler certains modèles existants, comme la Optra 5 portes ou même, plus vaguement, la Mazda 3.

La version GT dispose évidemment de certaines moulures qui plairait aux amateurs de voitures à connotation plus sportive. Mentionnons aussi qu'elle est la seule à rouler sur des pneus de 17 pouces. La version de base doit se contenter de 15 pouces, contre 16 pour la SE sport.

D'ici quelques mois, la Pursuit sera appelée à remplacer la Sunfire (notre photo) chez les concessionnaires. Mais le lancement officiel n'étant prévu qu'en début de la prochaine année, les deux soeurs se partageront donc l'année modèle. Les acheteurs de Pursuit devront faire preuve d'un peu de patience.

Personne ne criera sans doute au génie en prenant le volant de cette nouvelle Pontiac. Mais chose certaine, personne non plus ne s'ennuiera de la Sunfire quand elle quittera la scène pour céder sa place à cette petite compact prometteuse.

Marc Bouchard

DONNÉES TECHNIQUES

Prix du modèle à l'essai :	27 500 $ (estimé)
Échelle de prix :	18 000 $ à 28 000 $ (estimé)
Version(s) disponible(s) :	SE, SE sport, GT
Garanties :	3 ans 60 000/3 ans 60 000
Catégorie :	berlines compactes
Emp./Long./Lar./Haut.(cm) :	262/458/172,5/145
Poids :	1 459 kg
Coffre/Réservoir :	394/53,4 litres
Coussins de sécurité :	frontaux
Suspension avant :	indépendante, jambes de force
Suspension arrière :	demi-indépendante, poutre déformante
Freins av./arr. :	disque/tambour (ABS opt.)
Antipatinage/Contrôle de stabilité :	non (opt.)/non
Direction :	à crémaillère, ass. variable électrique
Diamètre de braquage :	10,2 m
Pneus av./arr. :	P205/55R16

GROUPE MOTOPROPULSEUR ET RENDEMENT

Moteur :	4L 2,2 litres 16s (86,0 x 94,6)
Puissance :	140 ch (104 kW) à 5600 tr/mn
Couple :	150 lb-pi (203 Nm) à 4000 tr/mn
Autre(s) moteur(s) :	4L 2,4l 170 ch
Transmission :	traction, manuelle 5 rapports
Autre(s) transmission(s) :	automatique 4 rapports
Accélération 0-100 km/h :	n.d.
Reprises 80-120 km/h :	n.d.
Freinage 100-0 km/h :	n.d.
Vitesse maximale :	n.d.
Indice de performance longitudinale :	n.d.
Consommation (100 km) :	ordinaire, 8,4 litres
Autonomie :	635 km

DANS LA MÊME CATÉGORIE

Mazda 3 - Toyota Corolla - Honda Civic - Ford Focus

DU NOUVEAU EN 2005

Nouveau modele

HISTORIQUE DU MODÈLE

1ère génération

DATE DE RENOUVELLEMENT

n.d.

NOS IMPRESSIONS

Agrément de conduite :	🚗🚗🚗½
Fiabilité :	nouveau modèle
Sécurité :	🚗🚗🚗🚗
Qualités hivernales :	🚗🚗🚗🚗
Espace intérieur :	🚗🚗🚗🚗
Confort :	🚗🚗🚗🚗

LE CHOIX DE L'ÉQUIPE

moteur 2,4 litres

Guide de l'auto 2005

PONTIAC SOLSTICE

LES ROADSTERS ONT LA COTE

Les BMW Z4, Mazda Miata, Honda S2000 ou la récente Chrysler Crossfire Cabriolet font baver d'envie des milliers d'automobilistes jaloux. Un engouement qui s'explique puisque tout le monde aime bien rouler cheveux au vent dans une voiture dont les lignes ont été soigneusement étudiées, et dont les performances sont nettement à la hauteur. De toute façon, soyons honnêtes, une grande partie du plaisir de conduire un cabriolet, c'est de pouvoir montrer à tout le monde qu'on en a un.

Le petit dernier de ces cabriolets, la Pontiac Solstice, ne fera son apparition chez les concessionnaires canadiens qu'au printemps de 2005 (sous l'année modèle 2006), mais déjà, on peut lui prédire un avenir plus que brillant. Le concept, présenté au Salon de Détroit en 2002 puis au Salon de Montréal l'année dernière, est maintenant commercialisé et deviendra la mascotte de Pontiac, une bannière qui travaille ardemment à améliorer sa gamme.

La Solstice a des lignes pures et simples, et elle est conçue, selon le fabricant, pour donner au conducteurr et à son passager toutes les sensations que l'on recherche au volant d'un roadster du genre.

Elle est en fait la première de la gamme de General Motors à faire appel à la technique de l'hydroforme, c'est-à-dire que l'on utilise des liquides pour créer un moule pour les pièces au lieu de les presser comme c'est le cas habituellement. Avec cette technique, on peut créer des pièces plus minces, et surtout encore plus affilées.

Utilisée depuis plusieurs années sur les châssis des camionnettes GM, la technologie a aussi servi à concevoir le châssis de la Corvette. C'est cependant la première fois qu'elle est mise à profit pour un usage sur la carrosserie.

Avec ses nouvelles courbes, la Solstice propose donc des lignes uniques, qu'aucun véhicule du genre, du moins chez GM, ne pourra égaler.

ÉQUIPÉE AUSSI POUR ROULER

Le petit roadster a beau être un classique avant même sa naissance, on ne se contente pas de lui donner un look. Les ingénieurs ont, au contraire, voulu en faire une véritable bête de la route, un véhicule capable de délivrer autant de plaisir à conduire qu'à regarder.

Pour y arriver, on a installé sous le capot un moteur 2.4 litres DOHC Supercharged EcoTec de 4 cylindres à double arbre à cames en tête et à soupapes variables. De façon plus simple, disons qu'il sera capable de générer quelque 170 chevaux à 6 400 tr/min. Comme le nouveau cabriolet est relativement léger, cette puissance est plus

»» FEU VERT
› Design glamour
› Prix abordable
› Transmission prometteuse
› Architecture extra rigide

»» FEU ROUGE
› Fiabilité inconnue
› Sièges à améliorer
› Suspensions douteuses
› Espace de rangement symbolique

Guide de l'auto 2005

que suffisante pour traîner le tout avec une vigueur exemplaire sur les routes de la province.

Dans le cas d'une voiture de ce genre, la difficulté est de s'assurer d'une direction précise. Chez GM, on a fait appel à un partenaire, Subaru, pour développer une crémaillère inspirée directement de la WRX. Le résultat est étonnant de précision et de rapidité de réaction. Aucun flou ne se fait sentir dans la direction, ni en ligne droite ni en courbe, ce qui permet une maîtrise quasi totale en toutes circonstances.

Tout cela est appuyé de suspensions avant et arrière indépendantes, entièrement fabriquées en aluminium forgé qui donnent au véhicule une vivacité exemplaire.

Et pour faire bonne mesure, GM, a de nouveau mis à profit son architecture Kappa, utilisée aussi sur la Saturn Ion Red Line, et qui est spécifiquement adaptée aux véhicules à propulsion. Cette utilisation permet une rigidité de châssis remarquable et vient compléter la tenue de route supérieure du petit roadster.

EN DEDANS COMME EN DEHORS

Tout comme les lignes extérieures de la Solstice qui ont fait fureur dans les Salons de l'auto, l'habitacle devrait s'attirer quantité d'éloges. Conçu dans la même lignée que la silhouette, il est le reflet de la personnalité sportive et civilisée du cabriolet.

L'ensemble est très spacieux pour une petite voiture. Il y a beaucoup de dégagement pour les jambes, et même le volant est assez élevé pour ne pas nuire aux passages des genoux et des cuisses.

Les sièges, sans être exceptionnels, sont un bon compromis entre les performances et le confort. La finition intérieure, cuir et titanium, est à couper le souffle. Le but du fabricant est de créer un effet d'intimité, et on peut certainement parler d'une réussite sur toute la ligne. Le tableau de bord est simple, se contentant de réunir un compteurs et un compteur de vitesse, en plus d'un écran à affichage digital qui fournit de nombreux détails.

ET LES AUTRES

La Solstice est assurément une voiture pour les passionnés de plaisir de conduire en plein air, elle qui se présente d'office avec un toit rétractable en quelques secondes seulement.

On promet donc la Solstice dans une fourchette de prix abordables, capable de rivaliser avec les autres de même catégorie. Pas question ici de faire face aux cabriolets germaniques. On aimerait simplement offrir quelque chose à tous ceux qui aiment bien profiter du beau temps.

Bref, la Solstice, pour Pontiac, c'est un peu l'avenir de la marque. À petit prix, on espère qu'elle sera assez populaire pour que plusieurs retrouvent, ou découvrent, le plaisir de conduire une Pontiac. Les mauvaises langues diront qu'après avoir commercialisé l'Aztek, il était temps que Pontiac réagisse. Mais il y a eu d'autres bons coups, la Vibe n'en étant qu'un exemple. Et l'Aztek, je vous signale que tout le monde la connaît, non? Je suis persuadé que la Solstice sera aussi connue, mais certainement plus populaire et plus courue.

Bertrand Godin

SOLSTICE

DONNÉES TECHNIQUES

Prix du modèle à l'essai :	29 495 $ (estimé)
Échelle de prix :	28 500 $ à 34 000 $
Version(s) disponible(s) :	version unique
Garanties :	3 ans 60 000/3 ans 60 000
Catégorie :	roadsters
Emp./Long./Lar./Haut.(cm) :	241,5/399,4/181,9/127,4
Poids :	1 300 kg
Coffre/Réservoir :	n.d.
Coussins de sécurité :	frontaux
Suspension avant :	indépendante
Suspension arrière :	indépendante, multibras
Freins av./arr. :	disque
Antipatinage/Contrôle de stabilité :	oui/oui (opt.)
Direction :	à crémaillère, assistée
Diamètre de braquage :	n.d.
Pneus av./arr. :	P245/45R18

GROUPE MOTOPROPULSEUR ET RENDEMENT

Moteur :	4L 2,4 litres 16s
Puissance :	170 ch (127 kW) à 6400 tr/mn
Couple :	170 lb-pi (230 Nm) à 4400 tr/mn
Autre(s) moteur(s) :	seul moteur offert
Transmission :	propulsion, manuelle 5 rapports
Autre(s) transmission(s) :	aucune
Accélération 0-100 km/h :	6,0 s
Reprises 80-120 km/h :	n.d.
Freinage 100-0 km/h :	n.d.
Vitesse maximale :	n.d.
Indice de performance longitudinale :	n.d.
Consommation (100 km) :	ordinaire, n.d. litres
Autonomie :	n.d.

DANS LA MÊME CATÉGORIE

Mazda Miata - BMW Z4 - Honda S2000
Chrysler Crossfire

DU NOUVEAU EN 2005

Nouveau modèle

HISTORIQUE DU MODÈLE

1ère génération

DATE DE RENOUVELLEMENT

n.d.

NOS IMPRESSIONS

Agrément de conduite :	🚗🚗🚗½
Fiabilité :	nouveau modèle
Sécurité :	🚗🚗🚗½
Qualités hivernales :	🚗🚗
Espace intérieur :	🚗🚗🚗
Confort :	🚗🚗🚗½

LE CHOIX DE L'ÉQUIPE

version unique

Guide de l'auto 2005

PONTIAC VIBE

LA PLUS JOLIE DES DEUX

La Pontiac Vibe a non seulement repositionné les produits de GM, mais ce modèle a également modifié les préjugés que l'on entretenait sur le numéro un mondial qui semblait incapable de livrer bataille dans la catégorie des sous-compactes. Le dévoilement de la Vibe a été suivi par des modèles à caractère économique comme les Aveo, Optra, et Wave. Toutefois, on peut penser que le renouveau tant attendu n'est peut-être pas pour demain puisque tous ces modèles sont issus d'une collaboration entre GM et un partenaire asiatique. Comme quoi les véhicules bon marché semblent demeurer l'apanage des constructeurs du Pacifique!

Ce n'est pas la première fois que GM et Toyota s'associent pour concevoir des clones. On se rappellera que la dernière Chevrolet Nova était une vraie jumelle de la Toyota Corolla. Si la carrière de la défunte Nova fut platonique et de courte durée (1986-1988), celle de la Vibe sera plus passionnante. Et pour cause. Puisque GM n'a pas répété la même erreur en prenant soin de mandater les stylistes de Pontiac de concevoir une carrosserie distinctive plus musclée. Ce design a incité les jeunes et les moins jeunes en quête de renouveau à fréquenter les salles d'exposition des concessionnaires Pontiac qui, avouons-le, n'avaient pas grand-chose à offrir dans cette échelle de prix. Le résultat est probant puisque des sondages démontrent qu'une majorité d'acheteurs trouvent la Vibe plus séduisante que la Matrix.

Si GM a pris une bonne décision en laissant ses stylistes concocter les lignes de la Vibe, les dirigeants ont également fait preuve d'un bon jugement en confiant à Toyota le mandat de concevoir la plate-forme et la mécanique. En effet, ce n'est plus un secret pour personne, mais les Vibe et Matrix sont des modèles « 5 portes » de la Toyota Corolla. Outre le châssis, les pièces mécaniques comme le moteur, les transmissions, les suspensions, la direction et le rouage d'entraînement proviennent des usines de Toyota. Même si ces deux véhicules ont des airs de famille et qu'ils partagent leur mécanique, chaque constructeur a vu à garder ses distances en les assemblant dans leurs usines respectives : la Vibe est assemblée à Fremont en Californie, et la Matrix dans les installations de Toyota à Cambridge en Ontario.

LA GAMME
Outre leur équipement, les trois versions de la gamme Vibe se distinguent l'une de l'autre par la puissance de leur 4 cylindres de 1,8 litre et leur mode de traction. Même si plusieurs journalistes critiquent (non sans raison) les régimes élevés que doit atteindre le moteur VVTL-i de la GT, celui-ci est tout de même le plus apte à

»» FEU VERT
› Lignes réussies
› Habitacle pratique
› Performances acceptables (GT)
› Carrosserie monochrome
› Nombreux équipements

»» FEU ROUGE
› Performances moyennes (TI)
› Angles morts 3/4 arrière
› Sensibilité au vent latéral
› Suspension ferme

déplacer cette masse de 1 270 kg. Impressionnant sur papier grâce au perfectionnement de ses culasses et de son système intelligent de calage et levée variable des soupapes, cette mécanique pose problème dans un usage quotidien puisqu'une première vague des 170 chevaux ne commence à galoper qu'à partir de 4 500 tr/min alors que la deuxième ne s'éveille qu'à 6 000 tr/min… À l'instar du moteur de la Toyota Celica GT-S d'où il tire ses origines, il faut constamment jouer avec les 6 vitesses de la boîte manuelle pour fouetter toute cette cavalerie. Quant à la boîte automatique à 4 rapports, elle ne rend pas justice à cette motorisation. À propos, la puissance de la GT est passée de 180 à 173 chevaux en 2004. Et cette année elle perd encore trois chevaux! À ce rythme, on peut se demander si la GT 2003 profitait bien d'une écurie de 180 chevaux…

Quant aux versions de base et TI, elles sont jugées plus sages avec leur moteur à ouverture variable des soupapes emprunté à la Toyota Corolla. Si le moteur de la version de base développe 130 chevaux, la puissance de la TI à traction intégrale est limitée à 123 chevaux. Pour expliquer la perte de puissance, l'utilisation d'un visco-coupleur, d'un différentiel arrière et d'une suspension indépendante a imposé un système d'échappement plus complexe. Si la version de base peut être équipée d'une boîte manuelle à 5 vitesses ou une automatique à 4 rapports, la TI se contente d'une boîte automatique.

Par ailleurs, il est possible d'augmenter la puissance et le couple du modèle de base d'environ 35 pour cent en lui greffant un compresseur Roots. Installé par les concessionnaires Pontiac, ce système n'affecte pas la garantie de véhicule neuf de GM.

SUR LA ROUTE
Même si le système de traction intégrale V-Flex est dit réactif alors que les roues avant doivent patiner pour que les roues arrière s'enclenchent, la TI offre un meilleur comportement routier que la version de base dont la suspension arrière est composée d'un essieu rigide. Quant à la GT, la tenue de route est rehaussée par des jantes et des pneus de 17 pouces. Même si les suspensions sont fermes, le confort des sièges nous fait oublier la piètre qualité de nos routes. Par ailleurs, les freins sont efficaces et la direction est rapide et précise.

Sans la présence de Toyota, on peut se demander si la qualité de fabrication de la Vibe serait aussi minutieuse. Si l'on fait abstraction de l'intérieur du coffre qui se raye trop facilement, la qualité des tissus et des plastiques de l'habitacle est sans reproche. Parmi les astuces, mentionnons la présence d'une prise de courant de 115 volts, d'un système de navigation GPS à lecteur DVD, et d'un siège passager pliant qui se transforme en table de travail ou qui permet de transporter des objets mesurant 2,5 mètres.

Quant à savoir si la Vibe est un meilleur achat que la Matrix, il serait ingrat de répondre à cette question. Seulement, il faut savoir que la liste d'équipements et l'échelle de prix différent d'une marque à l'autre. À vous de magasiner!

Jean-François Guay

DONNÉES TECHNIQUES
Prix du modèle à l'essai :	28 975 $
Échelle de prix :	21 150 $ à 27 165 $
Version(s) disponible(s) :	de base, TI, GT
Garanties :	3 ans 60 000/3 ans 60 000
Catégorie :	hatchback 5 portes
Emp./Long./Lar./Haut.(cm) :	260/436,5/177,5/158
Poids :	1 270 kg (GT)
Coffre/Réservoir :	547 à 1 532/50 litres
Coussins de sécurité :	frontaux/rideaux (opt.)
Suspension avant :	indépendante, jambes de force
Suspension arrière :	indépendante, bras triangulaires
Freins av./arr. :	disque/disque (ABS)
Antipatinage/Contrôle de stabilité :	non/non
Direction :	à crémaillère, assistée
Diamètre de braquage :	11,2 m
Pneus av./arr. :	P215/50R17 (GT), P205/55R16 (de série)

GROUPE MOTOPROPULSEUR ET RENDEMENT
Moteur :	4L 1,8 litre
Puissance :	170 ch à 7 600 tr/min
Couple :	127 lb-pi à 4 400 tr/min
Autre(s) moteur(s) :	4L 1,8 litre 130 ch (de base), 123 ch (TI)
Transmission :	traction, manuelle 6 rapports
Autre(s) transmission(s) :	automatique 4 rapports (TI), manuelle 5 rapports
Accélération 0-100 km/h :	8,7 s (GT)
Reprises 80-120 km/h :	9,4 s
Freinage 100-0 km/h :	38,5 m
Vitesse maximale :	185 km/h
Indice de performance longitudinale :	n.d.
Consommation (100 km) :	ordinaire, 8,8 litres
Autonomie :	568 km

DANS LA MÊME CATÉGORIE
Chrysler PT Cruiser-Ford Focus ZX5-Mazda3 Sport, Toyota Matrix-Subaru Impreza Outback-Suzuki Aerio-Volkswagen Jetta

DU NOUVEAU EN 2005
calandre redessinée, habillage extérieur monochrome, système Stabilitrak, système Onstar, système navigation DVD, rideaux gonflables, nouveau tissu de sièges

HISTORIQUE DU MODÈLE
1ière génération

DATE DE RENOUVELLEMENT
n.d.

NOS IMPRESSIONS
Agrément de conduite :	🚗🚗🚗🚗
Fiabilité :	🚗🚗🚗🚗🚗
Sécurité :	🚗🚗🚗🚗½
Qualités hivernales :	🚗🚗🚗🚗
Espace intérieur :	🚗🚗🚗🚗½
Confort :	🚗🚗🚗🚗½

LE CHOIX DE L'ÉQUIPE
GT

Guide de l'auto 2005

PONTIAC WAVE

LE BONBON DU PAYS LOINTAIN

L'an dernier, Chevrolet accueillait des modèles exclusifs au marché canadien dont l'Aveo importé de la nouvelle filiale sud-coréenne GMDAT. La nouvelle société GM Daewoo Auto Technology est née suite au rachat et à la relance de Daewoo par General Motors. Jaloux que la division au nœud papillon de GM ait droit à cette petite faveur sud-coréenne, Pontiac a dû faire des pieds et des mains pour que GM consente à lui donner aussi son petit nanan du pays au Matin Calme. Appelé Wave, il y avait longtemps que Pontiac réclamait une voiture à vocation économique pour courtiser les acheteurs de véhicules « beau, bon, pas cher » d'origine asiatique.

Avant de passer dans le camp de GM, la Wave et sa jumelle Aveo avaient été développées par Daewoo pour remplacer la défunte Lanos. Toutefois, suite à la banqueroute du constructeur sud-coréen ce projet fut abandonné jusqu'à ce que GM relance les activités de Daewoo en 2002. Auparavant, on se rappellera que l'Acadian avait été la dernière petite voiture entièrement américaine à être vendue par Pontiac. Depuis, les modèles économiques de Pontiac (LeMans, Asüna et Firefly) ont toujours été construits par des partenaires asiatiques comme Daewoo, Isuzu et Suzuki.

Après la retraite de la Firefly en 2000, le rôle de la voiture d'entrée de gamme avait été donné à la Sunfire qui, malgré son prix compétitif, avait de la difficulté à s'imposer face à la Toyota Echo et la Hyundai Accent. Le lancement de la Wave permettra enfin à Pontiac de se mesurer à armes égales avec ces dernières dont la popularité au Canada — et encore plus au Québec — ne se dément pas. Pour ce faire, la Wave reprend la formule de l'Aveo et de ses rivales en proposant une berline et un hatchback. Ce dernier modèle devrait connaître passablement de succès chez nous puisque les Québécois ont la réputation d'avoir le béguin facile pour les petites voitures pratiques à la bouille sympathique. Et nul doute que la Wave 5 portes en séduira plus d'un!

Dessinée dans les studios ItalDesign de Giorgetto Giugiaro à Turin en Italie, la Wave prend soin de porter la griffe sport de Pontiac avec sa grille de calandre plus épurée et le fini métallisé entourant les cadrans du tableau de bord. Le modèle hatchback adopte les mêmes empattement, hauteur et largeur que la berline. Toutefois, cette dernière est plus longue de 34 cm. Ce qui se traduit par des porte-à-faux plus courts et un coffre de seulement 200 litres comparativement à 330 litres pour la berline. Par contre, la configuration hatchback permet d'augmenter le volume à 1 190 litres en abaissant les dossiers divisés 60/40 de la banquette arrière.

❱❱ FEU VERT
- Lignes réussies
- Véhicule agile en ville
- Modèle 5 portes pratique
- Bon rapport équipement/prix

❱❱ FEU ROUGE
- Performances moyennes
- Direction légère
- Freinage décevant
- Fiabilité à prouver

Comme l'Aveo, la Wave est disponible en deux versions : de base et LS. L'équipement de série du modèle de base est suffisamment complet pour un véhicule à vocation économique. En effet, il ne faut jamais oublier la logique suivante : plus un véhicule est équipé, plus la facture augmente dans les mêmes proportions ! Pour ce faire, il ne faut pas trop en demander si on veut que le prix plancher demeure sous les 14 000 $. Par rapport à sa rivale, la Toyota Echo de base, la Wave offre de série la servodirection et un siège conducteur ajustable en hauteur. Par contre, l'Echo Hatchback est équipée de série de freins ABS alors que ces derniers sont offerts en option sur les deux modèles Wave. Quant à la Wave Hatchback, l'équipement comprend des phares antibrouillards et un essuie-glace de lunette arrière. La version LS est plus cossue et comprend le verrouillage des portières, les glaces à commande électrique, les rétroviseurs chauffants et le lecteur MP3. Pour une Wave plus stylisée (et plus chère aussi), il est possible d'opter pour un climatiseur, des roues en alliage, un aileron et un toit ouvrant électrique.

Malgré ses origines sud-coréennes, la présentation est soignée et on apprécie le contraste des différentes textures et couleurs de plastique et de tissus. La position traditionnelle des cadrans (face au conducteur) rend la conduite plus décontractée que celle de l'Echo où l'instrumentation est regroupée dans une nacelle centrale.

Pour déplacer cette masse de 1 070 kg, les motoristes ont boulonné un 4 cylindres de 1,6 litre à DACT et 16 soupapes développant 103 chevaux. Même si le rapport poids/puissance est moins intéressant que ceux des Accent et Echo, la Wave équipée de la boîte automatique à 4 rapports accélère plus rapidement que ses deux rivales à transmission automatique. Pour ce faire, la boîte de la Wave bénéficie d'un meilleur étagement des rapports quoique celle de l'Accent soit plus douce et agréable à utiliser. En effet, la grille de sélection en forme d'escalier de la Wave n'est pas commode : il faut enfoncer fortement le levier de vitesses vers le bas pour le placer à la position « P ». Par ailleurs, une boîte manuelle à 5 rapports est offerte de série.

SUR LA ROUTE

Outre ses dimensions lilliputiennes, la Wave n'a rien en commun avec la défunte Firefly. L'espace intérieur est surprenant et la position de conduite est facile à trouver grâce au confort de son siège ajustable en hauteur et à son volant inclinable. Même après une balade de plusieurs centaines de km, soyez assuré que le conducteur et les passagers n'auront pas de fourmis dans les jambes. Comme la plupart des petites voitures, la Wave est sensible aux vents latéraux. Rien d'alarmant cependant. Toutefois, il faudra se méfier d'une manœuvre ou d'un freinage d'urgence à haute vitesse car la voiture peut être difficile à maîtriser. C'est surtout en ville qu'on appréciera la conduite de cette citadine dans la circulation dense et les stationnements contingentés.

Jean-François Guay

DONNÉES TECHNIQUES

Prix du modèle à l'essai :	17 510 $
Échelle de prix :	13 820 $ à 14 385 $
Version(s) disponible(s) :	hatchback 5 portes, berline (de base, LS)
Garanties :	3 ans 60 000/3 ans 60 000
Catégorie :	économique
Emp./Long./Lar./Haut.(cm) :	248/423,5/167/149,5
Poids :	1 070 kg
Coffre/Réservoir :	200 à 1 190/45 litres
Coussins de sécurité :	frontaux
Suspension avant :	indépendante, jambes de force
Suspension arrière :	indépendante, poutre de torsion
Freins av./arr. :	disque/tambour (ABS option)
Antipatinage/Contrôle de stabilité :	non/non
Direction :	à crémaillère, assistée
Diamètre de braquage :	9,8 m
Pneus av./arr. :	P185/60R14

GROUPE MOTOPROPULSEUR ET RENDEMENT

Moteur :	4L 1,6 litre
Puissance :	103 ch à 6000 tr/min
Couple :	Couple : 107 lb-pi à 3600 tr/min
Autre(s) moteur(s) :	aucun
Transmission :	traction, automatique 4 rapports
Autre(s) transmission(s) :	manuelle 5 rapports
Accélération 0-100 km/h :	11,2 s (aut.)
Reprises 80-120 km/h :	9,8 s
Freinage 100-0 km/h :	41 m
Vitesse maximale :	175 km/h
Indice de performance longitudinale :	4,33 m/s/s
Consommation (100 km) :	ordinaire, 7,2 litres
Autonomie :	625 km

DANS LA MÊME CATÉGORIE

Chevrolet Aveo - Hyundai Accent - Kia Rio
Suzuki Swift+ - Toyota Echo

DU NOUVEAU EN 2005

Nouveau modèle

HISTORIQUE DU MODÈLE

1ère génération

DATE DE RENOUVELLEMENT

n.d.

NOS IMPRESSIONS

Agrément de conduite :	🚗🚗🚗½
Fiabilité :	nouveau modèle
Sécurité :	🚗🚗🚗½
Qualités hivernales :	🚗🚗🚗🚗
Espace intérieur :	🚗🚗🚗½
Confort :	🚗🚗🚗🚗

LE CHOIX DE L'ÉQUIPE

hatchback LS

Guide de l'auto 2005

911

SEPT FOIS SUR LE MÉTIER

La Porsche 911 a toujours été une voiture d'exception aussi bien en raison de ses formes, de sa mécanique que de ses prestations en piste. Et ce quadragénaire ne semble pas être à la veille d'accrocher son volant puisqu'une septième génération de cette légendaire voiture sport fait ses débuts en 2005. À première vue, il semble que seuls les phares ronds soient la nouveauté ou plutôt le retour à la tradition après une infidélité de quelques années avec des phares avant en forme de huit. Mais cette nouvelle venue a beaucoup plus à offrir.

Pour mieux analyser cette nouvelle 911 il faut comprendre la philosophie toute germanique de Porsche. Rien n'est fait à la légère et toute conception est réalisée en fonction d'un très long laps de temps. Ici, pas de « design du jour » ou d'ingénierie à la petite semaine. Tout est fait selon les règles de l'art. Ce qui explique sans doute pourquoi plus de 70% de toutes les 911 vendues en Amérique du Nord depuis 40 ans sont encore en circulation.

Cette septième génération de la 911 est donc le fruit d'une évolution qui s'est poursuivie pendant quatre décennies. Cette nouvelle venue représente l'aboutissement de tout ce que la compagnie de Zuffenhausen a appris au cours de toutes ces années.

SILHOUETTE PLUS TYPÉE
La silhouette de la version précédente de la 911 n'a jamais fait l'unanimité. Ses détracteurs n'appréciaient pas tellement les phares aux

formes ovales qui ne la démarquaient pas assez de la Boxster, une version vendue moins cher. De plus, la partie centrale était passablement large par rapport aux versions précédentes, ce qui s'éloignait de l'effet «bouteille de Coke» des devancières. Soulignons, au passage, que dans le jargon interne de la compagnie, ce nouveau modèle est identifié comme étant la 997, en remplacement de la 996.

Afin de répondre aux critiques, les phares avant sont à nouveau circulaires. Placés plus en recul et davantage vers l'extérieur, ils permettent à la voiture de paraître plus courte et plus large. Sous ces lentilles en verre transparent se retrouvent les phares de route, les feux de position et les antibrouillards. Il faut préciser que la Carrera est livrée avec des phares halogènes tandis que la Carrera S est équipée d'origine de phares bixénon.

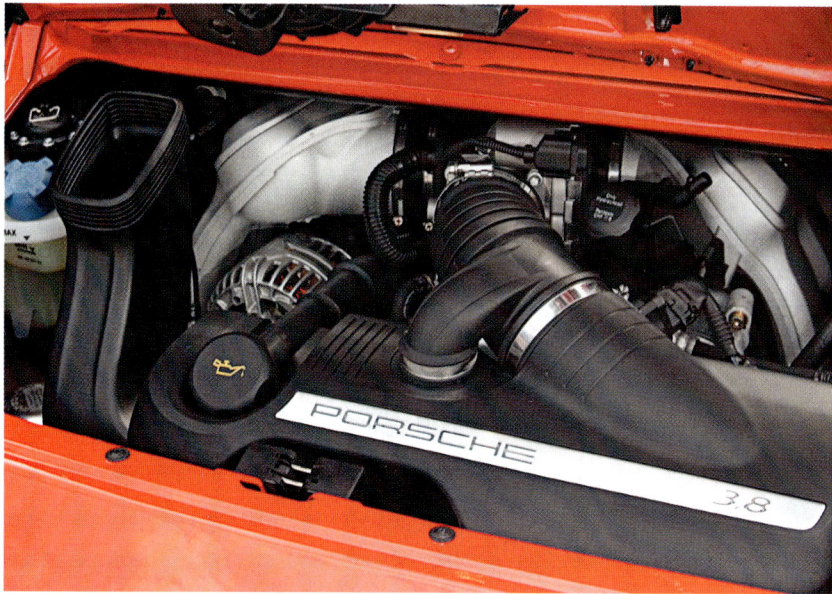

Mais il y a plus que cela sur le plan visuel. La partie centrale est plus cintrée que précédemment, ce qui accentue la largeur de l'avant et de l'arrière. Les passages de roues sont également plus larges, ce qui permet d'utiliser des roues de 18 pouces sur la Carrera et de 19 pouces sur la Carrera S. Au chapitre des jantes, plusieurs modèles sont offerts en option. Une nouvelle jante vient s'ajouter en 2005. Inspirée de celles utilisées en course, elle permet une meilleure ventilation et une allure moderne à la fois.

Parmi les autres modifications apportées sur le plan esthétique, il faut mentionner l'utilisation de poignées de porte en relief plus ergonomiques. La Carrera est dotée de deux sorties d'échappement arrière de forme ovale, tandis que la Carrera S se démarque par une paire de tuyaux de chaque côté. Les stylistes ont même donné au compartiment moteur un nouveau look en accentuant certains détails et en identifiant chaque moteur en inscrivant le chiffre de la cylindrée sur une bande métallisée placée sur la boîte d'admission d'air.

HABITACLE CLASSIQUE

La plupart des inconditionnels de la marque avaient vertement critiqué le tableau de bord de la 996 avec ses plastiques brillants aux airs de produit bon marché. Les stylistes ont profité de la mise au point de la septième génération

»» DE SÉRIE
› Moteur H6 325 chevaux
› Roue 18 pouces
› Boîte manuelle six rapports

»» EN OPTION
› Chronosport
› Système PASM
› Freins céramiques

PORSCHE 911

pour réviser la planche de bord du tout au tout. C'est beaucoup plus classique, surtout la partie encerclant l'écran à affichage par cristaux liquides. Du côté droit se retrouvent les commandes pour le système de navigation par satellite qui est de série sur les deux modèles. À gauche, il y a le clavier du téléphone cellulaire dont le récepteur est monté sur un réceptacle placé à droite de la console centrale. Malheureusement, le passager peut très facilement accrocher le téléphone avec son genou. Soulignons aussi la disposition ingénieuse des porte-verres, placés dans une fente située immédiatement au-dessus du couvercle du coffre à gants.

Les cadrans indicateurs sont plus distancés les uns des autres et de consultation plus aisée. Comme toujours, la clé de contact est à gauche du volant et le compte-tours est en plein centre du module abritant les cadrans indicateurs. L'indicateur de vitesse est à gauche et en plus, un afficheur de vitesse numérique est localisé dans la partie inférieure du compte-tours. Avant de l'oublier, les sièges sont nouveaux : ils sont plus confortables que précédemment tout en offrant un meilleur support latéral. Et pour la première fois sur une 911, le volant est réglable en hauteur et en profondeur.

Sur les photos, vous allez remarquer la présence d'une horloge sur le dessus de la planche de bord. En fait, il s'agit du cadran indicateur du système «Sport Chrono Plus» qui permet au pilote de modifier plusieurs paramètres de la voiture en fonction de la route ou du circuit choisi. Ces variantes ainsi que les temps enregistrés sont affichés sur l'écran central.

MÉCANIQUE FUTURISTE

Même si Porsche demeure fidèle à la configuration «moteur arrière, roues motrices arrière», cela ne signifie pas pour autant que la mécanique est archaïque. En fait, c'est tout le contraire même si le fait de monter le moteur en porte-à-faux par rapport à l'essieu arrière était surtout populaire dans les années quarante et cinquante. La première 911 produite en 1964 respectait cette configuration mécanique

> **»»FEU VERT**
> › Sophistication technique poussée
> › Moteurs plus puissants
> › Tenue de route impressionnante
> › Équipement plus complet
> › Option Sport Chrono Plus

> **»»FEU ROUGE**
> › Prix corsés
> › Volant de la «S» peu élégant
> › Suspension active plutôt réactive
> › Options coûteuses
> › Équipement de série

Guide de l'auto 2005

adoptée dès le début de la compagnie et qui se poursuit toujours. Les prestations de la voiture sur la route et sur la piste nous démontrent d'ailleurs que ce n'est pas toujours le principe mécanique qui prévaut, mais la brillance de son application. Et c'est justement le cas de la 911.

Le moteur six cylindres à plat de la Carrera nous revient presque inchangé. Sa cylindrée de 3,6 litres produit 325 chevaux, un gain de cinq par rapport à la 996. Par contre, sur la Carrera S, la cylindrée est portée à 3,8 litres et la puissance est de 355 chevaux, ce qui assure un temps de 4,8 secondes pour boucler le 0-100 km/h. Une nouvelle transmission manuelle à six rapports est offerte avec ces deux moteurs. Celle-ci est plus robuste et dotée de bagues synchro modifiées afin de pouvoir effectuer des changements de vitesses plus rapides et plus en douceur. Qui dit Porsche, dit transmission manumatique Tiptronic. Cette boîte à cinq rapports a été révisée et le temps de réponse des passages de rapport se montre désormais plus efficace.

Parmi les autres nouveautés sur le plan de la mécanique, mentionnons la direction à crémaillère à rapport variable afin d'optimiser la précision de conduite, un nouveau sous-châssis arrière en aluminium et la première suspension active proposée par Porsche: PASM. Cet acronyme signifie, «Porsche Active Suspension Management». De série sur la Carrera S et optionnel sur la Carrera, cet accessoire permet de pouvoir bénéficier d'une suspension dont la fermeté s'ajuste instantanément aux conditions de la route, au style de conduite et à la vitesse du véhicule. Il est possible de régler le PASM en mode «régulier» ou «sport». Enfin, des freins avec des disques en composite de céramique sont offerts sur les deux modèles. Ils sont non seulement plus efficaces mais permettent une réduction de poids non suspendu de 14 kg.

LES CHIFFRES PARLENT

Il est difficile d'en ajouter sur le comportement routier de cette nouvelle venue. Dans l'ensemble, tout a été amélioré et cela se traduit par une conduite plus homogène et plus agréable, peu importe la vitesse. Les freinages sont plus efficaces, les passages de rapport avec la boîte manuelle sont plus précis tandis que la stabilité en virage défie les plus audacieux. S'il y a des critiques, elles portent sur la suspension active qui réagit parfois avec un peu de retard, sur la direction qui est très ferme à haute vitesse et une suspension qui risque de ne pas trop s'accommoder des routes québécoises.

Dans le domaine des voitures de sport, les chiffres de performance parlent. Et dans le cas de la nouvelle 911, une Carrera S est en mesure d'effectuer un tour du circuit du Nürburgring en Allemagne 20 secondes plus rapidement qu'avec une «ancienne» 911 ! Cela veut tout dire à propos de cette nouvelle génération.

Enfin, malgré l'arrivée de ces nouveaux produits, la plupart des autres modèles Carrera 4, Carrera4S et les versions turbo des coupés et cabriolets demeurent au catalogue ainsi que les GT2 et GT3.

Denis Duquet

DONNÉES TECHNIQUES

Prix du modèle à l'essai :	100 400$
Échelle de prix :	100 400$ à 120 000$
Version(s) disponible(s) :	Carrera, Carrera S
Garanties :	4 ans 80 000/4 ans 80 000
Catégorie :	coupés sport
Emp./Long./Lar./Haut.(cm) :	235/443/180/131
Poids :	1 395 kg
Coffre/Réservoir :	135/64 litres
Coussins de sécurité :	frontaux, latéraux (av.) et rideaux
Suspension avant :	indépendante, jambes de force
Suspension arrière :	indépendante, multibras
Freins av./arr. :	disque (ABS)
Antipatinage/Contrôle de stabilité :	oui/oui
Direction :	à crémaillère, ass. variable
Diamètre de braquage :	10,8 m
Pneus av./arr. :	P235/40ZR18 P265/40ZR18

GROUPE MOTOPROPULSEUR ET RENDEMENT

Moteur :	6H 3,6 litres 24s (96,0 x 82,8)
Puissance :	325 ch (242 kW) à 6800 tr/mn
Couple :	273 lb-pi (370 Nm) à 4250 tr/mn
Autre(s) moteur(s) :	H6 3,8 litres 355 ch
Transmission :	propulsion, manuelle 6 rapports
Autre(s) transmission(s) :	automatique 5 rapports
Accélération 0-100 km/h :	5,0 s
Reprises 80-120 km/h :	5,3 s
Freinage 100-0 km/h :	37,3 m
Vitesse maximale :	285 km/h
Indice de performance longitudinale :	5,9 m/s/s
Consommation (100 km) :	super, 11,6 litres
Autonomie :	552 km

NIVEAU SONORE

Ralenti :	n.d.
Accélération :	n.d.
100 km/h :	n.d.

DANS LA MÊME CATÉGORIE

Acura NSX - Chevrolet Corvette - Dodge Viper Mercedes Benz SL 500.

HISTORIQUE DU MODÈLE

7ième génération

DATE DE RENOUVELLEMENT

n.d.

NOS IMPRESSIONS

Agrément de conduite :	🚗🚗🚗🚗½
Fiabilité :	nouveau modèle
Sécurité :	🚗🚗🚗🚗½
Qualités hivernales :	🚗🚗½
Espace intérieur :	🚗🚗🚗½
Confort :	🚗🚗🚗

LE CHOIX DE L'ÉQUIPE

911 Carrera S

Guide de l'auto 2005

PORSCHE BOXSTER

L'ATTENTE EST LONGUE !

La Porsche Boxster représente le pain et le beurre du célèbre manufacturier allemand. Ce modèle, de grande diffusion (faut toutefois s'entendre sur le terme « grande »...) est plus accessible que les éternelles 911 ou que le bizarroïde Cayenne. Par contre, le temps, en plus de passer vite, s'est permis de poncer le lustre de la Boxster. Oh, on ne parle pas ici de râpures profondes. Non. Il a juste semé un doute dans l'esprit des gens. La Boxster, malgré toutes ses immenses qualités, commencerait-elle à être démodée ?

La réponse est oui. Imaginez donc que la Boxster est sur le marché depuis déjà neuf années (1996) ce qui, dans le domaine hautement éphémère de l'automobile, représente une éternité. Et c'est pour cette raison que Porsche dévoilera, sans doute au Salon de Détroit 2005, sa nouvelle Boxster. Quelques semaines plus tard, ce devrait être au tour de la Boxster Coupé de faire son apparition au Salon de Francfort. Ces créations inédites devraient porter le millésime 2006. La nouvelle Boxster aura un nez différent de celui qu'elle possède maintenant, mais il sera suffisamment distinctif de celui des 911 pour ne pas brusquer les sensibilités comme ce fut le cas avec la génération précédente desdites 911. Certaines méchantes personnes ont même déjà osé avancer que si Porsche avait dévoilé une toute nouvelle 911 en 2005, ce n'était pas parce que le modèle était démodé mais tout simplement pour qu'il se démarque davantage de la petite Boxster. Moi, je n'aurais jamais osé dire ça. Ni l'écrire...

Pas seulement la partie avant mais bien toute la carrosserie sera résolument différente. De plus, la version Coupé viendra chercher une nouvelle clientèle avide de sensations sportives mais pas nécessairement prête à se promener cheveux au vent. Aussi, on est en droit de penser que le châssis du Coupé devrait être plus résistant que celui du roadster qui, soit dit en passant, est déjà assez rigide merci. Mais pour l'instant, il ne s'agit que de spéculations puisque nous ne possédons que des brides d'informations glanées ici et là. Et les seules photos disponibles du futur Coupé sont des photos-espionnes (spy shots en bon français). Il faudra donc surveiller le Guide de l'Auto 2006 ou, si vous ne pouvez attendre, on en parlera assurément dans une prochaine édition du magazine Le Monde de l'Auto !

Pour l'instant, la gamme Boxster poursuit son petit bonhomme de chemin. Il y a, tout d'abord, la Boxster de base, bien que le mot base, dans le contexte d'une Porsche, prenne une signification différente. Ce modèle d'entrée

››› FEU VERT
› Tenue de route de haut niveau
› Agrément de conduite assuré
› Boîte manuelle exquise
› Belle sonorité du moteur
› Prochaine génération bientôt disponible

››› FEU ROUGE
› Capote « claustrophobique »
› Boîte « Tiptronic » inutile
› Certains plastiques très plastiques
› Pneus 18 pouces mal adaptés
› Couple moyen à bas régime (Boxster)

BOXSTER

de gamme (voilà qui est mieux dit!) propose un moteur central six cylindres à plat de 2,7 litres développant 228 chevaux. Considérant que le poids de la voiture n'est que de 1 275 kilos, il offre des performances fort adéquates. Le fameux 0-100 prend légèrement plus de sept secondes, ce qui n'est pas si mal que ça. Les roues arrière reçoivent des ordres d'une transmission manuelle à cinq rapports ou une automatique à cinq rapports elle aussi et munie du système « Tiptronic » qui permet de passer manuellement les rapports. Ce dernier gadget est inutile mais, au moins, chez Porsche il fonctionne bien. Des pneus de 16 pouces font partie de l'équipement de base mais on peut cocher l'option 17 ou 18 pouces. Ces deux dernières dimensions amènent une tenue de route encore plus affirmée que les pneus de 16 pouces mais au détriment du confort. Si j'avais le choix, je prendrais les 17 pouces, un heureux compromis.

La Boxster S, elle, s'adresse aux pilotes aguerris ou aux gens riches voulant passer pour des pilotes aguerris. Son moteur six cylindres à plat de 3,2 litres fait dans les 258 chevaux et possède tellement de couple (229 lb-pi à 4 500 tours/minute) qu'il est souvent possible de dépasser un véhicule plus lent sans même rétrograder. Ce qui est vraiment dommage puisque la transmission manuelle à six rapports est un plaisir à manipuler et que le son du moteur, en pleine accélération, donne la chair de poule. On retrouve aussi l'automatique à cinq rapports avec Tiptronic. Par contre, vouloir une automatique dans une telle voiture est un peu comme demander un Jos. Louis à un maître pâtissier… La tenue de route n'est rien de moins que fabuleuse, compte tenu du prix. À peine un léger sous-virage si vous avez eu la bonne idée de débrancher l'antipatinage. Ce dernier élément n'est toutefois pas trop intrusif. D'un autre côté, les suspensions sont un peu trop sèches en certaines conditions et affectent un confort autrement passablement relevé.

Peu importe la présence ou l'absence du « S », les freins possèdent une puissance à vous en décoller les oreilles et la direction permet de placer le bolide au iota près en entrée de courbe. Dans l'habitacle, il est notoire que l'espace est compté. Au moins, les sièges retiennent parfaitement le pilote et son passager. Par contre, certaines anatomies préféreraient des sièges mieux étudiés. La capote, plutôt rudimentaire, se veut plus étanche à l'eau qu'aux bruits environnants et, lorsqu'elle est en place, pourrait faire craquer un claustrophobe repenti! Heureusement que la claustrophobie ne peut atteindre des objets… Les deux coffres n'offrent qu'un total de 260 litres.

La prochaine Boxster sera plus grande, plus puissante, plus conviviale et plus tout que la génération actuelle. De plus, la version Coupé offrira un confort qui fait quelquefois défaut. Vivement le Salon de Détroit!

Alain Morin

DONNÉES TECHNIQUES

Prix du modèle à l'essai:	73 450$
Échelle de prix:	60 650$ à 73 450$ (prix 2004)
Version(s) disponible(s):	Boxster, Boxster S
Garanties:	4 ans 80 000/4 ans 80 000
Catégorie:	Roadster
Emp./Long./Lar./Haut.(cm):	241,5/432/178/129
Poids:	1 329 kg
Coffre/Réservoir:	260 (2 coffres combinés)/64 litres
Coussins de sécurité:	frontaux et latéraux (av.)
Suspension avant:	indépendante, jambes de force
Suspension arrière:	indépendante, jambes de force
Freins av./arr.:	disque (ABS)
Antipatinage/Contrôle de stabilité:	oui/oui
Direction:	à crémaillère, assistée
Diamètre de braquage:	11,0 mètres
Pneus av./arr.:	P205/50ZR17 P255/40ZR17

GROUPE MOTOPROPULSEUR ET RENDEMENT

Moteur:	H6 3,2 litres 24s (93,0 x 78,0)
Puissance:	258 ch (192 kW) à 6250 tr/mn
Couple:	229 lb-pi (310 Nm) à 4500 tr/mn
Autre(s) moteur(s):	H6 2,7 litres 228ch
Transmission:	propulsion, manuelle 6 rapports
Autre(s) transmission(s):	automatique 5 rapports
Accélération 0-100 km/h:	6,6 s
Reprises 80-120 km/h:	6,8 s
Freinage 100-0 km/h:	36,6 m
Vitesse maximale:	260 km/h
Indice de performance longitudinale:	5,45 m/s/s
Consommation (100 km):	super, 10,5 litres
Autonomie:	610 km

DANS LA MÊME CATÉGORIE

Audi TT Roadster-BMW Z4-Honda S2000
Mercedes-Benz CLK

DU NOUVEAU EN 2005

Aucun changement majeur

HISTORIQUE DU MODÈLE

1ière génération

DATE DE RENOUVELLEMENT

2006

NOS IMPRESSIONS

Agrément de conduite:	🚗🚗🚗🚗½
Fiabilité:	🚗🚗🚗🚗
Sécurité:	🚗🚗🚗🚗½
Qualités hivernales:	🚗🚗🚗½
Espace intérieur:	🚗🚗🚗½
Confort:	🚗🚗🚗

LE CHOIX DE L'ÉQUIPE

S

Guide de l'auto 2005

PORSCHE CARRERA GT

ATTACHE TA TUQUE…

Voiture de course avec plaque d'immatriculation ou jouet ultime pour millionnaires désoeuvrés en quête des émotions les plus fortes. Ces quelques mots suffisent à décrire ce qu'est la Carrera GT, l'une des deux voitures de série les plus rapides au monde, l'autre étant la Ferrari Enzo. Mon rendez-vous avec la Carrera GT s'est déroulé sur le circuit de Mosport en Ontario, ainsi que sur les routes de campagne de la région au cours d'une journée durant laquelle j'ai pu apprécier au plus haut point le degré de perfectionnement technique de la voiture, et ses performances qui transcendent celles d'une voiture de série pour atteindre des sommets dont seules les véritables voitures de course de haut calibre sont capables.

En fait, deux voitures sont au rendez-vous, soit l'un des prototypes de développement (numéro 0000, de couleur rouge) ainsi que l'une des premières voitures de série (numéro 0016, de couleur noire). Également présents, Walter Rorhl, double Champion du monde des rallyes et pilote-essayeur responsable de la mise au point de la Carrera GT et Hurley Haywood, cinq fois vainqueur aux 24 Heures de Daytona. Ces deux légendes vivantes du sport automobile sont là pour nous aider à apprivoiser rapidement la Carrera GT dont Rorhl a une connaissance intime ayant participé à chaque étape de son développement. Lorsque je lui ai demandé ce qui se passe lorsqu'on désactive le système antipatinage sur cette voiture de 612 chevaux, il m'a répondu en souriant que c'était à ce moment précis que la partie difficile de la vie venait de commencer…

Le moteur de la Carrera GT est un 10 cylindres à configuration en « V » de 68 degrés, plutôt qu'un moteur de type « boxer » à cylindres opposés, ce qui a permis de loger les échappements sous les rangées de cylindres. Ainsi, le moteur est placé le plus bas possible dans la voiture en vue d'abaisser le centre de gravité au maximum. Le vilebrequin du moteur est donc localisé très près du sol, et le poids du moteur de 612 chevaux n'est que de 214 kilos… La Carrera GT est équipée d'une transmission manuelle traditionnelle à six rapports plutôt que d'une boîte séquentielle de type F1 (Ferrari, Maserati, BMW, Audi…). L'embrayage avec disques réalisés en composite de carbone dont la taille est réduite de 50 pour cent par rapport à un embrayage courant, constitue un tour de force sur le plan technique. Malheureusement, il s'agit aussi du principal point faible de la voiture, la manoeuvre de débrayage étant délicate au point où la meilleure technique pour la conduite sur route consiste à relâcher doucement et complètement la pédale avant d'accélérer, afin de ne pas caler le moteur. Sur la piste, je mettais plutôt 3 500 tours au compteur avant de croiser rapidement les pédales, mais le bond en avant est tellement rapide qu'il vaut mieux

»» FEU VERT
› Tenue de route absolument phénoménale
› Puissance moteur exceptionnelle
› Usage de technologies développées en course
› Freinage hyper puissant
› Exclusivité assurée

»» FEU ROUGE
› Prix astronomique
› Embrayage difficilement modulable
› Usage limité
› Garde au sol négligeable

Guide de l'auto 2005

CARRERA GT

s'assurer d'avoir beaucoup d'espace devant soi. La poussée de la Carrera GT est tout simplement ahurissante, la voiture s'arrache à la vitesse de l'éclair, et cette poussée n'arrête jamais, contrairement à certaines voitures sport où la charge est très forte en première et en deuxième mais qui s'essoufflent par la suite. De 0 à 100 kilomètres/heure en 3,9 secondes, de 0 à 200 kilomètres/heure en 9,9 secondes, et une vitesse maximale limitée à 330 kilomètres/heure. Cette poussée phénoménale se double d'une sonorité qui l'est tout autant, puisque le moteur de la Carrera GT « sonne » presque comme celui d'une Formule Un, bien que sa limite de révolutions soit fixée à 8 000 tours/minute.

Sur le circuit très rapide de Mosport, tous les virages se négocient en troisième vitesse, sauf le virage 2 qui demande la quatrième... Sur la piste, la Carrera GT est une voiture très sensible à la moindre sollicitation, le châssis est parfaitement équilibré mais la transition entre une voiture collée à la piste et une voiture en glissade se fait avec la rapidité presque instantanée propre à une voiture de course. Après deux tours, je me sentais assez à l'aise pour faire crier les pneus dans au moins trois virages du circuit, ce qui en dit long sur l'excellent comportement de la GT. La stabilité à très haute vitesse, (260 kilomètres/heure sur la ligne droite arrière à Mosport), est impressionnante. Ceci est attribuable au châssis en fibre de carbone, dérivé de la GT1 victorieuse aux 24 Heures du Mans en 1998 et qui ne pèse que 220 livres. La Carrera GT est équipé à la fois d'un aileron mobile qui se déploie à 120 kilomètres/heure mais surtout d'un diffuseur localisé à l'arrière et qui fait le gros du travail à cet égard. Sur la route, la Carrera GT est très sensible à la qualité du revêtement et la moindre lézarde sera télégraphiée jusque dans le volant. Mais le confort est carrément surprenant et seules les bosses importantes vont faire en sorte que le châssis entre en contact avec le sol, la garde au sol étant sérieusement limitée.

Les sièges de la Carrera GT sont très bien moulés, réalisés en fibre de carbone et recouverts de cuir, mais je suis d'avis qu'ils pourraient devenir inconfortables pour un long trajet. Par ailleurs, la Carrera GT est équipée entre autres, de la climatisation, d'un téléphone et d'une chaîne stéréo avec lecteur CD, et le pommeau du levier de vitesses en bois représente un hommage à la Porsche 917 de compétition.

Porsche limitera la production de la Carrera GT à 1 500 exemplaires. 54 voitures ont déjà été livrées aux États-Unis et trois au Canada, le marché nord-américain devrait absorber 50 % de la production. Avis aux intéressés : Porsche a fixé le prix de la Carrera GT à 440 000 dollars américains, le prix en dollars canadiens étant établi selon le taux de change en vigueur le jour de la transaction.

Gabriel Gélinas

DONNÉES TECHNIQUES

Prix du modèle à l'essai :	440 000 $ (US)
Échelle de prix :	440 000 $ (US)
Version(s) disponible(s) :	version unique
Garanties :	4 ans 80 000/4 ans 80 000
Catégorie :	GT
Emp./Long./Lar./Haut.(cm) :	273/461/192/117
Poids :	1 380 kg
Coffre/Réservoir :	76/92 litres
Coussins de sécurité :	frontaux et latéraux (av.)
Suspension avant :	Indépendante, double bras transversaux
Suspension arrière :	Indépendante, double bras transversaux
Freins av./arr. :	disque (ABS)
Antipatinage/Contrôle de stabilité :	oui/oui
Direction :	à crémaillère, assistée
Diamètre de braquage :	n.d.
Pneus av./arr. :	P265/35ZR19 P335/30ZR20

GROUPE MOTOPROPULSEUR ET RENDEMENT

Moteur :	V10 5,7 litres 40S (98 x 76)
Puissance :	605 chevaux (451 kw) à 8000 tr/mn
Couple :	435 lb-pi (590 Nm) à 5750 tr/mn
Autre(s) moteur(s) :	seul moteur offert
Transmission :	propulsion, manuelle 6 rapports
Autre(s) transmission(s) :	aucune
Accélération 0-100 km/h :	3,9 s
Reprises 80-120 km/h :	6,9 s
Freinage 100-0 km/h :	n.d.
Vitesse maximale :	330 km/h
Indice de performance longitudinale :	n.d.
Consommation (100 km) :	super, 17,0 litres
Autonomie :	541 km

DANS LA MÊME CATÉGORIE

Ferrari Enzo-Lamborghini Murcielago-Mercedes-Benz SLR

DU NOUVEAU EN 2005

Nouveau modèle

HISTORIQUE DU MODÈLE

1ère génération

DATE DE RENOUVELLEMENT

n.d.

NOS IMPRESSIONS

Agrément de conduite :	🚗🚗🚗🚗🚗
Fiabilité :	nouveau modèle
Sécurité :	🚗🚗🚗🚗🚗
Qualités hivernales :	nulle
Espace intérieur :	🚗🚗🚗🚗
Confort :	🚗🚗🚗🚗

LE CHOIX DE L'ÉQUIPE

Version unique

Guide de l'auto 2005

PORSCHE CAYENNE S/TURBO

LA QUINTESSENCE DE L'INUTILITÉ?

Si jamais un véhicule a été créé pour ne rien faire, c'est bien le Cayenne. Mais avant de m'inonder de courriels pour protester contre un tel blasphème envers une marque aussi réputée, laissez-moi au moins vous expliquer ma position. Quelque chose d'inutile est un objet qui ne sert pas. Dans le cas du Cayenne, vous allez me répliquer que ses propriétaires s'en servent. Bien entendu, à moins d'être complètement fêlé, personne ne s'achètera un véhicule dont le prix dépasse les 100 000 $ pour le laisser dans son entrée de garage. Mais sert-il vraiment à défier les obstacles dans la forêt, à vous permettre de franchir les bourbiers les plus intimidants ou à rouler sur des routes archi secondaires de la forêt boréale?

Bref, les ingénieurs de Porsche ont réalisé un véhicule doté de caractéristiques mécaniques et dynamiques dans une classe à part mais il est peu probable qu'il soit vraiment utilisé en tant que VUS. Tout au plus un véhicule multifonction très doué et c'est pour cette raison que plusieurs publications ou associations de journalistes ont souligné son caractère inutile. Le Cayenne a toutes les apparences et les caractéristiques d'un VUS, il en possède les capacités, mais personne ne l'utilisera comme tel. Il est donc inutile en tant que VUS.

POURQUOI DIABLE?

Lorsqu'une mode influence un marché, ces tendances se multiplient et se raffinent jusqu'au point de dépasser la mesure. Je crois que le Cayenne a outrepassé les limites de la catégorie. Personne ne viendra me convaincre qu'un VUS propulsé par un moteur biturbo de 450 chevaux est une absolue nécessité en forêt. Par contre, vous vous rendrez sur votre territoire de chasse en un temps record puisque ce bolide peut rouler jusqu'à une vitesse maximale de 266 km. Et en dépit de ses dimensions encombrantes, de son centre de gravité élevé et d'un poids excédant 2 000 kg, il tient la route de façon impressionnante. Mais les lois de la physique sont toujours là, mieux vaut se servir davantage de son jugement que de son pied droit.

Il ne faut pas uniquement se limiter à ce superbe moteur turbocompressé dont les performances seraient appréciées dans bien des berlines huppées. Si le prix exorbitant de la version Turbo vous donne des boutons, le modèle S est propulsé par un moteur V8 atmosphérique de même cylindrée ne produisant qu'un «modeste» 350 chevaux! Cette puissance est adéquate c'est certain, mais puisque le Cayenne est un véhicule de plus de deux tonnes, cette cavalerie n'est pas superflue. Ce qui m'amène au moteur V6 de 3,2 litres lancé au début de 2004. Cette fois, les origines sont plus modestes puisqu'il provient de chez Volkswagen. Et pas besoin d'être snob pour

» FEU VERT
› Moteurs V8
› Rouage intégral sophistiqué
› Performances sportives (Turbo)
› Freins puissants
› Suspension réglable

» FEU ROUGE
› Moteur V6
› Prix élevé (Turbo)
› Silhouette caricaturale
› Bruits de caisse
› Finition inégale

Guide de l'auto 2005

l'ignorer. Ses 247 chevaux ne sont pas à la hauteur de la tâche. Cette constatation est purement basée sur les lois de la physique puisque ce moteur a pour tâche de déplacer avec un minimum de vélocité une masse de 2 355 kg! Tous ces modèles sont livrés avec la boîte Tiptronic S fabriquée par Aisin, un fournisseur japonais. Soulignons que la compagnie Porsche a joué un rôle de précurseur dans le secteur des transmissions manumatiques. D'ailleurs, les commandes de passage des rapports montées sur le volant s'avèrent pratiques de temps à autre.

Toujours au chapitre de la sophistication de la mécanique, le Cayenne est doté d'un ingénieux système de contrôle de la traction qui permet, en conditions normales, de rouler avec 62 % de la motricité disponible aux roues arrière. Lorsque l'adhérence s'amenuise, cette répartition du couple varie et peut même se diriger en priorité à la roue qui a la meilleure adhérence. Sans vous décliner l'alphabet de toutes les abréviations des systèmes embarqués dans le Cayenne, sachez que cette Porsche des champs et des sentiers est équipée d'un système de stabilité latérale et d'une suspension active de série sur la Turbo et optionnelle sur la S. Il s'agit d'une suspension pneumatique qui peut hausser la garde au sol jusqu'à 27,3 cm ou encore l'abaisser jusqu'à un minimum de 19 cm. Et si cela ne réussit pas à vous épater, il est également possible de verrouiller les différentiels central et arrière!

AYOYE!

Le Cayenne est donc surdoué à presque tous les niveaux à l'exception de la silhouette qui est l'une des plus controversées qui soit. Si les stylistes du Volkswagen Touareg s'en sont tirés avec les honneurs, ceux de Stuttgart se sont carrément plantés. Les larges ouvertures pratiquées à l'avant pour alimenter en air le moteur turbo lui confèrent une allure de véhicule auquel il manque des pièces de carrosserie. Il semble également que les phares en forme d'amande typiques à Porsche ne font rien pour arranger les choses. En contrepartie, il faut admettre que la section arrière est mieux réussie sur le plan visuel.

Par contre, l'habitacle est beaucoup plus élégant avec un tableau de bord qui fait moins ringard que celui de la 911 et dont la disposition des commandes est impeccable, tandis que les sièges avant sont confortables et offrent un excellent support latéral.

Cette Porsche est vraiment unique à plus d'un point de vue. Ses performances sont impressionnantes bien que les chiffres du constructeur nous semblent optimistes. Sa tenue de route est superbe pour un tel mastodonte et son rouage intégral sophistiqué. Dommage que tous ces efforts ne servent qu'à circuler sur la route!

Denis Duquet

CAYENNE S/TURBO

DONNÉES TECHNIQUES

Prix du modèle à l'essai:	130 100$
Échelle de prix:	80 000$ à 135 000$
Version(s) disponible(s):	V6, S, Turbo
Garanties:	4 ans 80000/4 ans 80000
Catégorie:	utilitaires sport
Emp./Long./Lar./Haut.(cm):	285,5/479/192/170
Poids:	2 355 kg
Coffre/Réservoir:	540 à 1 770 litres/100 litres
Coussins de sécurité:	frontaux, latéraux (av.) et rideaux
Suspension avant:	indépendante, jambes de force
Suspension arrière:	indépendante, jambes de force
Freins av./arr.:	disque (ABS)
Antipatinage/Contrôle de stabilité:	oui/oui
Direction:	à crémaillère, assistée
Diamètre de braquage:	11,9 mètres
Pneus av./arr.:	P255/55R18 P275/40R20

GROUPE MOTOPROPULSEUR ET RENDEMENT

Moteur:	V8 4.5 litres 32s (93 x 83)
Puissance:	450 ch (336 kw) à 6000 tr/mn
Couple:	457 lb-pi (620 Nm) à 2250 tr/mn
Autre(s) moteur(s):	V8 4,5 litres 340 ch/V6 3,2 litres 250 ch
Transmission:	intégrale, séquentielle 6 rapports
Autre(s) transmission(s):	aucune
Accélération 0-100 km/h:	7,3 s
Reprises 80-120 km/h:	6,5 s
Freinage 100-0 km/h:	38,0 m
Vitesse maximale:	266 km/h
Indice de performance longitudinale:	6.25 m/s/s
Consommation (100 km):	super, 16,5 litres
Autonomie:	606 km

DANS LA MÊME CATÉGORIE
BMW X5-Cadillac SRX-Infiniti FX45-Mercedes-Benz ML55-Range Rover-Volkswagen Touareg-Volvo XC90

DU NOUVEAU EN 2005
Moteur V6- Boîte manuelle 6 rapports, Aucun autre changement majeur

HISTORIQUE DU MODÈLE
1ère génération

DATE DE RENOUVELLEMENT
n.d.

NOS IMPRESSIONS

Agrément de conduite:	🚗🚗🚗🚗½
Fiabilité:	🚗🚗🚗½
Sécurité:	🚗🚗🚗🚗
Qualités hivernales:	🚗🚗🚗🚗
Espace intérieur:	🚗🚗🚗🚗
Confort:	🚗🚗🚗🚗

LE CHOIX DE L'ÉQUIPE
Cayenne S

Guide de l'auto 2005

ROLLS-ROYCE PHANTOM

UNE CENTENAIRE BIEN PORTANTE

Je ne croyais pas que j'aurais un jour à parler de mes histoires de fesses : je l'ai fait, une fois, l'an dernier. Je ne suis pas le seul : John Lennon, Grace de Monaco, Mohammed Ali et le Chah d'Iran l'ont fait aussi. La Reine d'Angleterre ? C'est la pire de toutes, elle le fait presque chaque jour depuis qu'elle est toute petite. Quoi donc ? demanderez-vous. Poser ses royales foufounes sur le siège luxueux d'une Rolls-Royce, of course !

Il s'agit indubitablement d'un privilège rare, même si l'on peut vraisemblablement supposer qu'en cent années d'existence, bien des gens ont eu l'occasion de monter à bord de l'aristocratique carrosse. C'est en mai 2004, en effet, qu'ont eu lieu les célébrations du centième anniversaire de la rencontre entre l'homme d'affaires Charles Rolls et l'ingénieur Henry Royce. On a annoncé pour l'occasion la création d'une édition à 35 exemplaires, la "Centenary Phantom", qui prend place dans le catalogue aux côtés de la Phantom. Leurs différences ne tiennent qu'à quelques détails de style. Avec la Centenary, les lettres RR du célèbre écusson retrouvent leur teinte rouge d'avant 1930, plutôt que le noir. Autre couleur aussi (curzon foncé!) pour la carrosserie et les cuirs, tandis que les cadrans reçoivent un nouveau fini anodisé, et que la mascotte "Spirit of Ecstasy" qui orne le devant du capot, revêt une tenue d'argent massif. Bagatelles ? Peut-être bien, mais elles exigeront un déboursé supplémentaire de quelque 40 000 $.

VOITURE DE LA DÉMESURE

Ces détails en disent long sur la démesure de cette voiture légendaire, à l'image des formidables défis qu'a su relever BMW, l'actuel titulaire de la marque. Résumons : Volkswagen a acheté les installations Rolls-Royce en 1998, pour s'apercevoir que le marché n'incluait pas le droit de produire des voitures sous ce nom, privilège que BMW a finalement acquis, cette même année, au terme d'une âpre lutte. L'allemande se donnait jusqu'au début de janvier 2003 pour créer une voiture inédite, et construire une usine en Angleterre afin d'en assurer la production.

Le 2 janvier 2003, la presse mondiale était invitée à admirer la toute nouvelle Rolls-Royce Phantom de septième génération. C'est bien une Rolls, on la reconnaît au premier coup d'œil malgré ses lignes rajeunies. Enfin, rajeunies… c'est vite dit. Je lui trouve quelque chose de stalinien, architecturalement parlant, de par sa monumentale carrure, sa grille massive posée comme pour protéger une forteresse. Son empattement équivaut à quelques centimètres près à la longueur

»» FEU VERT
› Aménagement somptueux
› Performances surprenantes
› Exclusivité certaine
› Silence de fonctionnement incroyable
› Qualité ahurissante

»» FEU ROUGE
› Prix frôlant le grotesque
› Carrosserie aux lignes discutables
› Suspension non ajustable
› Roulis parfois important
› Représente une certaine indécence

totale d'une Mini Cooper. Le châssis et une grande partie de la carrosserie sont en aluminium, ce qui permet d'abaisser son poids… à 2 tonnes et demie.

Deux batteries et deux alternateurs assurent la charge au démarrage du V12 à injection directe de 6,8 litres, gracieuseté, comme maints autres éléments mécaniques, de la BMW de Série 7. Il délivre 453 chevaux et un couple de 531 lb-pi, dont 75% est accessible à 1 000 tr/min. On l'a couplé à une boîte automatique à 6 vitesses dont les changements de rapports sont aussi imperceptibles que le moteur n'est audible, de sorte que le 0-100 km/h est franchi en moins de six secondes dans un silence qui donne un caractère surréel à la performance.

Des freins d'un imposant diamètre immobilisent, à partir de cette même vitesse la lourde masse de la Rolls en moins de 40 mètres. Les roues de 20 pouces se chaussent de pneus Michelin intégrant la technologie PAX, qui permet de rouler 100 km malgré une crevaison. Les suspensions particulièrement soignées comprennent des amortisseurs pneumatiques dont la fermeté est dosée par ordinateur jusqu'à 100 fois par seconde. On ne doute pas un instant du confort qu'elles procurent aux occupants, encore qu'en l'absence d'un système de compensation de la stabilité, un certain roulis apparaît implicite au comportement d'une si grosse embarcation.

CLASSICISME ET MODERNISME

S'il était essentiel d'insuffler à la mécanique un modernisme de bon aloi, il reste que la Rolls-Royce doit son prestige intrinsèque au luxe princier de son intérieur, et BMW ne l'a pas oublié. L'habillage de la Phantom a été confié en bonne partie à des artisans, et comprend une sélection choisie de boiseries exotiques, de cuirs somptueux et de lainages élégants. La planche de bord, avec ses cadrans analogiques et la simplicité vieillotte de ses commandes, adopte un design dont le classicisme semble intemporel, jusqu'à ce que l'horloge centrale laisse apparaître en basculant un écran multifonctionnel inspiré du iDrive de la série 7.

Les portes arrière s'ouvrent à contresens afin qu'on monte à bord de la façon la plus naturelle possible. Les proéminents fauteuils sont bien sûr aussi confortables que fastueux, et les larges custodes soustraient les passagers aux regards indiscrets de la plèbe. La banquette arrière pour trois personnes peut laisser place à la configuration «théâtre», consistant en deux fauteuils séparés par une console, et auxquels font face deux écrans DVD. Mais ce sont peut-être les petits détails qui frappent le plus l'imagination, comme ces parapluies, nichés dans les portières, ou bien la Flying lady que l'on escamote d'un simple interrupteur à l'avidité des «collectionneurs», sans oublier les sigles RR, au centre de chacune des roues, dont un système de contrepoids assure qu'ils restent de niveau lorsque la voiture est à l'arrêt.

Euh… bon, c'est bien joli tout ça, mais vous m'excuserez de vous quitter si tôt; demain je me lève de bonne heure, pour aller survolter mon tracteur à gazon avec la vieille Corolla de ma fille!

Jean-Georges Laliberté

DONNÉES TECHNIQUES

Prix du modèle à l'essai:	470 000 $
Échelle de prix:	de 470 000 $ à l'infini
Version(s) disponible(s):	Base, Century Phantom
Garanties:	4 ans km illimité, incluant l'entretien
Catégorie:	berline inclassable et somptueuse
Emp./Long./Lar./Haut.(cm):	357/583/199/163
Poids:	2 485 kg
Coffre/Réservoir:	460/100 litres
Coussins de sécurité:	frontaux, latéraux, tête
Suspension avant:	indépendante, double triangles, pneumatique
Suspension arrière:	indépendante, multibras, pneumatique
Freins av./arr.:	disque (ABS)
Antipatinage/Contrôle de stabilité:	oui/oui
Direction:	à crémaillère, assistance variable
Diamètre de braquage:	13,8 m
Pneus av./arr.:	PAX 265 x 790 R540

GROUPE MOTOPROPULSEUR ET RENDEMENT

Moteur:	V12 48s 6,8 litres (92,0 x 84,6)
Puissance:	453 ch à 5350 tr/min
Couple:	531 lb-pi à 3 500 tr/min
Autre(s) moteur(s):	aucun
Transmission:	propulsion, automatique 6 rapports
Autre(s) transmission(s):	aucun
Accélération 0-100 km/h:	5,9 s
Reprises 80-120 km/h:	6,5 s (est.)
Freinage 100-0 km/h:	39 m (est.)
Vitesse maximale:	209 km/h (limitée)
Indice de performance longitudinale:	5,43 m/s/s (est.)
Consommation (100 km):	super, 15,9 litres
Autonomie:	n.d.

DANS LA MÊME CATÉGORIE
Maybach-Bentley-Le palais de Buckingham

DU NOUVEAU EN 2005
Nouveau modèle

HISTORIQUE DU MODÈLE
7ième génération

DATE DE RENOUVELLEMENT
Indéterminé, probablement au prochain siècle

NOS IMPRESSIONS

Agrément de conduite:	4½/5
Fiabilité:	4½/5
Sécurité:	5/5
Qualités hivernales:	4/5
Espace intérieur:	4/5
Confort:	5/5

LE CHOIX DE L'ÉQUIPE
Une simple Phantom voyons!

Guide de l'auto 2005

SAAB 9²ˣ

LA FILIÈRE JAPONAISE

Pour survivre sur un marché de plus en plus global, la compagnie Saab doit offrir un plus grand nombre de modèles et ce, dans diverses catégories. Il n'est plus question de se contenter de deux ou trois berlines un peu originales, d'une familiale et d'un cabriolet. Les voitures à transmission intégrale ont la cote et le marché des VUS est toujours brûlant. Les planificateurs de Saab devaient faire vite et bien afin d'augmenter l'offre.

Pas question de développer une nouvelle plate-forme pour concocter un véhicule mi-route/mi-champ comme c'est présentement la grande mode. Impossible d'emprunter un tel véhicule dans les nombreuses divisions de GM puisque ce modèle n'existe pas. Il a donc été nécessaire de s'adresser à un partenaire du proprio. Et pour une fois, on a été bien servi. En effet, c'est chez Subaru qu'on est allé cogner. Si Saab est le constructeur européen qui est le plus original, Subaru est son équivalent au pays du soleil levant. Je ne doute pas que les ingénieurs de ces deux firmes se soient entendus comme larrons en foire.

Et c'est comme ça que la 9²ˣ est née. La première d'une longue liste de nouveaux modèles à être offerts par Saab au cours des années à venir et provenant de différentes sources. Par exemple, le 9⁷ˣ, un VUS grandeur régulière, est dérivé de la plate-forme de la défunte Oldsmobile Bravada. Elle fera son apparition sur notre marché au premier trimestre de 2005.

CAHIER DES TÂCHES

Il ne faut pas croire que la 9²ˣ soit une simple Subaru Impreza TS à laquelle on a collé un écusson Saab sur le museau et le hayon arrière. Il est vrai que la silhouette est familière, surtout en raison du pilier C angulé vers l'avant. Par contre, autant la partie avant que arrière sont authentiquement Saab. De face, cette «2» peut facilement passer pour une 9³ un peu plus étroite. Il faut souligner que les stylistes de la marque suédoise ont accompli du bon boulot en transformant en Saab une japonaise dont la silhouette est plutôt anonyme. En fait, la 9² est nettement plus jolie que le modèle dont elle est tirée. Une suspension un peu plus basse, des roues en alliage bien choisies et le tour est joué !

Les personnes affectées à l'habitacle ont eu moins de latitude pour donner une personnalité propre à ce modèle. Au premier coup d'oeil, ça ressemble à l'Impreza. Pire encore, plusieurs irréductibles de la marque ont immédiatement critiqué le fait que la clé de contact ne se retrouvait pas au plancher comme sur les autres modèles.

»» FEU VERT
› Silhouette améliorée
› Choix de moteur
› Fiabilité assurée
› Transmission intégrale
› Direction précise

»» FEU ROUGE
› Prix élevé
› Moteur bruyant
› Alternative plus économique
› Habitabilité moyenne
› Options coûteuses

Guide de l'auto 2005

DONNÉES TECHNIQUES

Prix du modèle à l'essai :	37 735 $
Échelle de prix :	28950 $ à 37 735 $
Version(s) disponible(s) :	Aero, Linear
Garanties :	4 ans 80000/4 ans 80000
Catégorie :	berlines, berlines de luxe
Emp./Long./Lar./Haut.(cm) :	252,5/446/169,5/146,5
Poids :	1 442 kg
Coffre/Réservoir :	790/60 litres
Coussins de sécurité :	frontaux et latéraux (av.)
Suspension avant :	indépendante, jambes de force
Suspension arrière :	indépendante, jambes de force
Freins av./arr. :	disque (ABS)
Antipatinage/Contrôle de stabilité :	oui/non
Direction :	à crémaillère, assistée
Diamètre de braquage :	10,8 m
Pneus av./arr. :	P205/55R16

GROUPE MOTOPROPULSEUR ET RENDEMENT

Moteur :	H4 2,0 litres 16s (92 x 75) turbocompressé
Puissance :	227 ch (169 kW) à 5500 tr/mn
Couple :	217 lb-pi (294 Nm) à 4000 tr/mn
Autre(s) moteur(s) :	H4 2,5 litres 165 ch
Transmission :	intégrale, manuelle 5 rapports
Autre(s) transmission(s) :	automatique 4 rapports
Accélération 0-100 km/h :	5,9 s
Reprises 80-120 km/h :	5,6 s (4e)
Freinage 100-0 km/h :	39,9 m
Vitesse maximale :	225 km/h
Indice de performance longitudinale :	5,44 m/s/s
Consommation (100 km) :	super, 12,7 litres
Autonomie :	472 km

DANS LA MÊME CATÉGORIE
Acura RSX - Audi A3 - Volvo V50

DU NOUVEAU EN 2005
Nouveau modèle dérivé de la Subaru Impreza

HISTORIQUE DU MODÈLE
1ère génération

DATE DE RENOUVELLEMENT
n.d.

NOS IMPRESSIONS

Agrément de conduite :	🚗🚗🚗🚗½
Fiabilité :	🚗🚗🚗🚗½
Sécurité :	🚗🚗🚗🚗½
Qualités hivernales :	🚗🚗🚗🚗½
Espace intérieur :	🚗🚗🚗🚗
Confort :	🚗🚗🚗🚗½

LE CHOIX DE L'ÉQUIPE
Aero

De plus, la disposition traditionnelle adoptée par Saab pour ses nouveaux modèles a été délaissée au profit de celle de Subaru. Il faut par contre ajouter que plusieurs petites retouches ici et là permettent de faire la différence. Par exemple, le volant à trois branches est élégant et pratique. Il faut également accorder de bonnes notes aux commandes de la climatisation qui sont plus sophistiquées et plus efficaces. En plus, la partie inférieure de la console centrale se marie beaucoup mieux avec son équivalent sur le plancher. Les sièges en cuir sont élégants et confortables tandis que les supports lombaires et latéraux sont à souligner.

RÉGULIER OU SUPER?

Comme la Subaru Impreza dont elle est dérivée, la 9²ˣ sera offerte en deux versions, chacune disposant d'un moteur différent. La première version, la Linear, est équipée de l'incontournable moteur quatre cylindres à plat de 2,5 litres d'une puissance de 165 chevaux. Si vos ambitions derrière le volant sont à caractère plus sportif et votre compte de banque un peu plus étoffé, il y a la version Aero. Le moteur demeure un quatre cylindres à plat, mais sa cylindrée est de deux litres et la puissance de 227 chevaux grâce à la présence d'un turbocompresseur. Dans les deux cas, la boîte manuelle à cinq rapports est de série, tandis que l'automatique à quatre rapports à commande électronique est disponible en option. Il faut spécifier que cette boîte automatique n'est pas de type manumatique. Il y a bien une large encoche rectangulaire du côté droit de la grille de sélection, mais c'est uniquement pour passer les rapports d'un à trois de façon traditionnelle. Bien entendu, les deux modèles sont équipés de la transmission intégrale à prise permanente.

Les représentants de la compagnie Saab nous ont affirmé, et ont même insisté pour souligner que les réglages de la suspension avaient été entièrement révisés tandis que les supports de la direction renforcés. Cela se vérifie dès qu'on aborde le premier virage. La suspension légèrement abaissée, le feedback de la direction plus précis et une stabilité latérale de tous les instants contribuent à améliorer l'agrément de conduite. Un peu comme sur la berline 9.3, les suspensions avant et arrière travaillent à l'unisson tandis que le pilote ressent avec précision la position des roues sur la chaussée. Dans les virages, pas besoin de se battre avec la voiture, elle se plie aux volontés du conducteur.

Par exemple, lors du passage d'un dos d'âne dans une courbe, une voiture se déstabilise et le pilote risque de se faire piéger. Avec la 9²ˣ, tout s'enchaîne avec facilité. Les changements apportés n'ont pas diminué l'efficacité de la transmission intégrale, ils l'ont même améliorée.

Il est évident que la 9²ˣ Linear est moins performante que l'Aero, mais elle compense par une excellente tenue de route et des prestations honnêtes. L'Aero est plus véloce, plus nerveuse mais sa suspension rigide est plus sèche sur les mauvais revêtements. Par contre, quel plaisir de conduire !

Plus chère qu'une Subaru, cette Saab compense de plusieurs façons, ce qui justifie l'écart de prix. Reste à savoir combien de gens seront prêts à payer la différence.

Denis Duquet

SAAB 9³/CABRIOLET

UN P'TIT TOUR AU QUÉBEC

Dans l'édition 2004 du Guide de l'auto, un confrère nous faisait part de sa première prise de contact avec la nouvelle Saab 93. Ses commentaires étaient fort élogieux et il a ainsi joint les rangs de la plupart des chroniqueurs spécialisés. Ceux-ci ont vanté les mérites de cette nouvelle venue tout en dénonçant la médiocrité de sa devancière en fait de rigidité de caisse. Comme ce fut le cas avec la berline 9³, le cabriolet nous confirme que les ingénieurs de Trollhattan semblent avoir plus de moyens à leur disposition pour développer des voitures solides.

Mais cet essai s'était déroulé au Danemark et en Suède, là ou les routes sont généralement en bien meilleur état que dans « La Belle Province ». Amenez n'importe quel cabriolet sur nos routes et ce sera le test ultime pour déterminer si la plate-forme est vraiment rigide. C'est pourquoi nous avons soumis la 9³ cabrio à un autre essai routier, mais sur nos routes cette fois. Heureusement pour Saab, nous en avons tiré les mêmes conclusions que lors du lancement. Cette plate-forme est extrêmement rigide et nous avons été en mesure de constater l'absence de vibrations, même lorsque la chaussée se dégradait. Mais cela ne signifie pas pour autant que la suspension soit inconfortable. Les ingénieurs ont d'ailleurs profité de la rigidité du châssis pour adopter une suspension relativement souple qui assure un bon niveau de confort. Notre modèle d'essai était une version Aero et ses pneus à profil bas n'ont pas eu d'effets négatifs sur le confort.

Il ne faut pas oublier de mentionner que la capote de cette voiture est composée de plusieurs couches d'isolants et de produits insonores. Elle est même doublée de l'intérieur de l'habitacle, tant et si bien qu'on a l'impression de rouler dans un coupé. Et pour se mesurer aux autres cabriolets de cette catégorie, le déploiement du toit souple est entièrement automatique. Il suffit d'appuyer sur un bouton placé sur le tableau de bord et toute cette quincaillerie se range sagement dans le coffre, protégée des éléments par un panneau de couleur harmonisée à la carrosserie qui se referme automatiquement. Les ingénieurs suédois ont même développé un système de remisage de type accordéon qui se déploie lorsque le toit souple est replié et qui se relève pour faire place aux bagages une fois le toit remonté.

Comme tout cabriolet de luxe qui se respecte, la 9³ est dotée d'arceaux de protection qui se déploient automatiquement si jamais la voiture se renverse. Toujours au même chapitre, la ceinture de sécurité est ancrée sur le siège

»» FEU VERT
› Fiabilité en progrès
› Bons moteurs
› Tenue de route saine
› Freins puissants
› Cabriolet confortable

»» FEU ROUGE
› Certaines commandes énigmatiques
› Prix corsé du cabrio
› Places arrière symboliques (cabrio)
› Écran de navigation petit

Guide de l'auto 2005

lui-même pour les places avant. Ces mêmes sièges sont dotés d'un système d'absorption des chocs en cas d'impact arrière. Parlant de sièges, ceux qui vont occuper la banquette arrière devront être de petite taille car le dégagement pour les jambes est réduit à sa plus simple expression.

Cette année, il sera possible de commander le cabriolet en version Linear. Le niveau d'équipement est moins élevé tandis que le moteur quatre cylindres 2,0 litres produit 175 chevaux, soit 35 de moins que la version Aero dont l'équipement est plus complet. Cette dernière est également dotée d'une boîte manuelle à six rapports tandis que la Linear propose un rapport de moins. Dans les deux cas, il est possible de commander la boîte automatique à cinq rapports dotée du système manumatique Sentronic. Avec cette transmission, le catalogue d'options vous permet d'équiper le volant de pastilles de commandes de passages des vitesses. Elles sont non seulement à la portée de la main, mais leur course est courte. La pastille de gauche permet de rétrograder et celle de droite de passer aux rapports supérieurs. Comme sur la plupart de ces systèmes, il faut s'attendre à un certain temps de réponse lors du passage de vitesses à certains régimes.

CONSOMMATION SAGE

La moyenne de consommation enregistrée lors de notre essai routier du cabriolet a été de 11,5 litres aux 100 km. Ce qui est tout de même raisonnable compte tenu de la puissance de 210 chevaux du moteur qui était couplé à une boîte automatique et qui devait déplacer une masse supplémentaire de 100 kg par rapport à la berline. Le fait d'opter pour la boîte manuelle permettrait de réduire ces chiffres.

Aussi bien la berline que le cabriolet sont propulsés par le même moteur 2,0 litres dont les variations en fait de puissance s'expliquent par l'utilisation d'un turbo à basse pression dans le cas de la version à 175 chevaux, et d'un turbo à haute pression dans celle de 210 chevaux. Dans les deux cas, le temps de réponse du turbo est à peine perceptible et il en est de même pour l'effet de couple dans le volant.

La berline dont est dérivé le cabriolet a connu beaucoup de succès depuis son arrivée sur le marché il y a deux ans. Les ingénieurs ont su tirer un très bon parti de cette plate-forme Epsilon et la 9³ est l'une des meilleures routières de sa catégorie. Même s'il s'agit d'une traction, le sous-virage est minimal dans les courbes serrées et le conducteur a toujours l'impression d'être en pleine maîtrise du véhicule. Il est également important de souligner que les distances de freinage sont courtes et la modulation de la pédale de frein excellente.

La 9³ a même obtenu une fiche positive en fait de fiabilité, ce qui devrait en rassurer plusieurs qui hésitaient à passer aux actes.

Denis Duquet

9³/CABRIOLET

DONNÉES TECHNIQUES

Prix du modèle à l'essai :	56 300 $
Échelle de prix :	35 495 $ à 59 800 $
Version(s) disponible(s) :	Berline, Cabriolet
Garanties :	4 ans 80 000/4 ans 80 000
Catégorie :	cabriolets, berlines
Emp./Long./Lar./Haut.(cm) :	267,5/463,5/176/143
Poids :	1 680 kg
Coffre/Réservoir :	234 à 352/62 litres
Coussins de sécurité :	frontaux et latéraux (av.)
Suspension avant :	indépendante, jambes de force
Suspension arrière :	indépendante, multibras
Freins av./arr. :	disque (ABS)
Antipatinage/Contrôle de stabilité :	oui, oui
Direction :	à crémaillère, ass. variable
Diamètre de braquage :	10,8 mètres
Pneus av./arr. :	P215/50R17

GROUPE MOTOPROPULSEUR ET RENDEMENT

Moteur :	4L 2,0 litres 16S (86 x 86) turbocompressé
Puissance :	210 chevaux (157 kw) à 5 500 tr/mn
Couple :	221 lb-pi (300 Nm) à 2 500 tr/mn
Autre(s) moteur(s) :	4L 2,0 litres Turbo 175 ch
Transmission :	traction, automatique 5 rapports
Autre(s) transmission(s) :	manuelle 6 rapports
Accélération 0-100 km/h :	9,2 s
Reprises 80-120 km/h :	8,1 s
Freinage 100-0 km/h :	39,4 m
Vitesse maximale :	225 km/h
Indice de performance longitudinale :	4,72 m/s/s
Consommation (100 km) :	super, 10,1 litres
Autonomie :	614 km

DANS LA MÊME CATÉGORIE
Audi A4 - BMW Série 3 - Volvo S60

DU NOUVEAU EN 2005
Cabriolet disponible en modèle Linear - Écran DVD dans tableau de bord - Trois nouvelles couleurs

HISTORIQUE DU MODÈLE
1ière génération

DATE DE RENOUVELLEMENT
2009

NOS IMPRESSIONS

Agrément de conduite :	⬛⬛⬛⬛
Fiabilité :	⬛⬛⬛⬛
Sécurité :	⬛⬛⬛⬛½
Qualités hivernales :	⬛⬛⬛⬛
Espace intérieur :	⬛⬛⬛½
Confort :	⬛⬛⬛⬛

LE CHOIX DE L'ÉQUIPE
Berline Arc

Guide de l'auto 2005

SAAB 9⁵

L'ANCÊTRE DE LA FAMILLE

Avez-vous croisé une Saab 9⁵ sur la route récemment? Il me semble que ce ne sont que des 9³ qui ont la faveur des acheteurs. De là à croire que la 9⁵ est presque complètement disparue du paysage, c'est une conclusion qu'il ne faut pas adopter. Ce n'est pas parce qu'un modèle cartonne fort que les autres de la même marque doivent être ignorés. Mais le fait demeure que la « Cinq » est surclassée par sa cadette. Pourtant, ce modèle plus ancien s'est bonifié au cours des ans.

Dévoilée en juin 1997, la Saab 9⁵ a été développée dans un contexte bien particulier. General Motors avait fait l'acquisition de la compagnie quelques années auparavant, mais les ingénieurs n'avaient pas encore en main tous les éléments qui leur ont permis de toucher la cible en plein centre comme avec la 9³.

Il est également important de préciser que le modèle qui nous intéresse s'attaque à des valeurs bien établies comme l'Acura TL, la Audi A6 et la BMW Série 5. Tous des modèles plus récents dont la réputation n'a pas à souffrir des avatars de la marque Saab au cours des années 90.

SIMPLICITÉ 101

La plus cossue des Saab a été rajeunie en 2002. L'an dernier, la version Arc à moteur de 220 chevaux était de retour tandis que la gamme Linear, la plus abordable, se limitait à la familiale. Cette année, ces changements subsistent tandis que de rares modifications de détail sont apportées, comme notamment la possibilité de commander en option un système de navigation par satellite. Les modèles Arc bénéficient de nouvelles roues de 16 pouces tandis que des couleurs de carrosserie viennent s'ajouter.

Cette sagesse dans les modifications est sans doute un bon indice que la gamme a atteint une stabilité de bon aloi. Car il ne faut pas ignorer le fait que ce modèle n'est pas dépourvu de qualités intrinsèques en plus de toujours posséder un caractère à part. Il est quelque peu en retrait face à la concurrence, mais sa silhouette à nulle autre pareille, un habitacle dont le tableau de bord a été dessiné en s'inspirant de celui des avions et des moteurs turbocompressés de petite cylindrée sont autant de caractéristiques qui ont fait la renommée de la marque. Bien entendu, la clé de contact est toujours située sur le plancher, entre les deux sièges avant. Pour certains, c'est une disposition complètement débile; pour d'autres, il s'agit d'une tradition qu'il faut respecter à tout prix. Parlant de non-respect de la tradition, le modèle

»» FEU VERT
› Fiabilité en progrès
› Familiale pratique
› Choix de moteurs
› Équipement complet
› Tenue de route sans surprise

»» FEU ROUGE
› Effet de couple dans le volant (250 ch.)
› Plate-forme peu rigide
› Silhouette quelconque
› Moteur mal adapté sur la Linear
› Faible diffusion

hatchback ne fait plus partie de la famille Saab, même si c'est ce constructeur qui a été le premier à l'offrir. Une fois de plus, l'aversion des acheteurs américains pour les voitures à hayon a eu raison d'un concept fort intéressant qui a caractérisé cette marque pendant des années. Si vous tenez à rouler en 9⁵ et que vous transportez généralement beaucoup de bagages, vous devrez vous rabattre sur la familiale.

DUEL SUÉDOIS

Après avoir laissé à Volvo, son rival de toujours, l'exclusivité de la familiale, le constructeur de Trollhättan s'est lancé dans la bataille des véhicules à vocation pratique en 1998 avec une version familiale dont l'élégance a été remarquée. Sur la berline, il semble que les stylistes n'aient jamais réussi à trouver une solution élégante pour la partie arrière, tandis que c'est parfaitement réussi sur la familiale. Contrairement à la Volvo V70, la lunette arrière n'est pas verticale mais inclinée vers l'avant dans le même angle que le pilier «C», ce qui donne beaucoup de dynamisme à cet ensemble. Mais, le plus important, c'est la grande capacité de charge de la soute à bagages qui peut être équipée d'un système de rétention des objets à l'aide de cannelures placées dans le plancher permettant d'y insérer des points d'ancrage. Emprunté à l'industrie aéronautique, ce dispositif est simple, solide et efficace.

Mais ce véhicule ne serait pas un produit Saab s'il n'y avait pas une contradiction quelque part. En effet, le modèle Linear est le plus abordable de toute la gamme et il n'est offert qu'en version familiale. Jusqu'à maintenant, c'est correct. Alors, pourquoi le doter du moteur 2,3 litres avec turbo basse pression dont les 185 chevaux ne sont pas tellement d'attaque pour déplacer avec une vélocité acceptable une familiale remplie de cinq occupants et leurs bagages? C'est une décision contradictoire.

Les modèles Arc et Aero sont également offerts en version familiale. Cette fois, la puissance est davantage en harmonie avec les tâches prévues. L'Arc est propulsée par une version turbo du même moteur 2,3 litres, mais la puissance est de 220 chevaux. Ce qui est suffisant la plupart du temps. Avec l'Aero, les concepteurs ont voulu en faire l'une des familiales les plus sportives sur le marché. Son moteur 2,3 litres est alimenté cette fois par un turbocompresseur haute pression qui produit 250 chevaux. Il est certain que vos bagages vont voyager à grande vitesse et les accélérations sont impressionnantes puisqu'il faut 7,8 secondes pour boucler le 0-100 km/h. Malheureusement, ces performances sont handicapées par un sérieux effet de couple dans le volant et un temps de réponse agaçant du turbo.

Malgré ces quelques lacunes, la Saab 9⁵ demeure une voiture dont la suspension confortable est bien adaptée aux routes du Québec tandis que le niveau d'équipement est adéquat pour la catégorie. Finalement, la fiabilité est en progrès constant. Malheureusement, la plupart de ses concurrents offrent tout cela et une réputation plus enviable, du moins pour le moment.

Denis Duquet

DONNÉES TECHNIQUES

Prix du modèle à l'essai:	43 000$
Échelle de prix:	41 000$ à 55 000$
Version(s) disponible(s):	ARC, Linear, Aero
Garanties:	4 ans 80 000/4 ans 80 000
Catégorie:	berlines de luxe
Emp./Long./Lar./Haut.(cm):	207/482/179/145
Poids:	1295 kg
Coffre/Réservoir:	450/70 litres
Coussins de sécurité:	frontaux et latéraux (av.)
Suspension avant:	indépendante, jambes de force
Suspension arrière:	indépendante, multibras
Freins av./arr.:	disque (ABS)
Antipatinage/Contrôle de stabilité:	oui/oui
Direction:	à crémaillère, assistée
Diamètre de braquage:	11,3 m
Pneus av./arr.:	P215/55VR16 (option)

GROUPE MOTOPROPULSEUR ET RENDEMENT

Moteur:	4L 2,3 litres 16s (90,0 x 90,0) turbocompressé
Puissance:	220 ch (164 kW) à 5 500 tr/mn
Couple:	228 lb-pi (309 Nm) à 1 800-4 000 tr/mn
Autre(s) moteur(s):	4L 2,3 litres 185 ch, 4L 2,3 litres 250 ch
Transmission:	traction, manuelle 5 rapports
Autre(s) transmission(s):	automatique 5 rapports
Accélération 0-100 km/h:	7,8 s
Reprises 80-120 km/h:	6,9 s
Freinage 100-0 km/h:	41,8 m
Vitesse maximale:	210 km/h
Indice de performance longitudinale:	4,79 m/s/s
Consommation (100 km):	super, 9,6 litres
Autonomie:	729 km

DANS LA MÊME CATÉGORIE
Acura TL-Audi A6-BMW Série 5-Volvo S60/S80

DU NOUVEAU EN 2005
Système navigation DVD, nouvelles jantes 16 pouces, nouvelles couleurs

HISTORIQUE DU MODÈLE
1ère génération

DATE DE RENOUVELLEMENT
2006

NOS IMPRESSIONS

Agrément de conduite:	🚗🚗🚗½
Fiabilité:	🚗🚗🚗½
Sécurité:	🚗🚗🚗🚗½
Qualités hivernales:	🚗🚗🚗🚗
Espace intérieur:	🚗🚗🚗🚗
Confort:	🚗🚗🚗🚗

LE CHOIX DE L'ÉQUIPE
Linear

Guide de l'auto 2005

SALEEN S7

WOW ! ET ENCORE WOW !

C'est le sentiment qui nous habite lorsqu'on aperçoit une Saleen S7 sur la route. L'an dernier, lors d'un voyage en Californie, j'ai eu l'occasion de voir passer un éclair rouge sur la route, c'était une Saleen S7. Ses formes pour le moins spectaculaires laissent loin derrière les Ferrari ou les Lamborghini en fait d'impact visuel. Il est vrai que les belles italiennes ont des formes plus épurées et plus sophistiquées, mais la Saleen vous frappe d'aplomb par son impact visuel. En fait, même lorsqu'elle est immobile, elle donne une impression de vélocité.

Avant de parler de mécanique, il faut insister sur le fait que ce super bolide ne vient pas d'Italie ou de Grande-Bretagne, la terre de prédilection pour les véhicules de cet acabit. En effet, c'est à Irvine en Californie que cette voiture ultra performante a vu le jour. Elle est la consécration du travail d'une vie passée à développer des voitures de sport. Steve Saleen s'est taillé une réputation fort enviable au fil des années en modifiant des Ford Mustang et en préparant plusieurs bolides de course utilisant la plupart du temps des mécaniques Ford.

Fort de cette expérience, il s'est dit un jour : « Pourquoi pas ? Pourquoi l'Amérique n'aurait pas sa super voiture ? » Et le projet de la S7 était né. Il s'agit en fait de la conversion d'une voiture de compétition dans la catégorie GT adaptée aux exigences de la conduite sur les routes. La silhouette est plus que spectaculaire avec les multiples prises d'air, la partie arrière élancée et l'avant tronqué. Et il faut souligner que cette Saleen n'a pas été convertie en voiture de tourisme faute d'avoir connu du succès en course. Cette américaine musclée a connu et connaît toujours sa part de succès dans des compétitions internationales d'envergure comme les 24 Heures du Mans, les 24 Heures de Daytona et les 12 Heures de Sebring

Le châssis intégral est constitué d'éléments en aluminium afin d'optimiser la rigidité et la sécurité. En plus, la carrosserie est composée de plusieurs panneaux en fibre de carbone toujours dans le but d'alléger et de renforcer. Les suspensions avant sont à doubles leviers triangulés de longueurs inégales tandis que les aérodynamiciens se sont efforcés de canaliser une partie de l'air vers les immenses freins Brembo de type compétition, fabriqués sur commande pour la S7. Lorsque vous êtes au volant d'une auto dont la vitesse de pointe dépasse les 321 km/h, il est important de pouvoir ralentir cette fusée sur roues le plus rapidement possible. Et il faut 37 mètres pour l'immobiliser à partir d'une vitesse de 100 km/h. Comme toute voiture de cette catégorie qui se respecte, les

»» FEU VERT
› Silhouette spectaculaire
› Moteur d'enfer
› Pedigree de course
› Exclusivité assurée
› Pour amateurs avertis seulement

»» FEU ROUGE
› Habitacle exigu
› Prix astronomique
› Disponibilité parcimonieuse
› Suspension ultra ferme
› Embrayage dur

freins ABS sont absents. Il ne faut donc jamais oublier cette caractéristique si vous ne voulez pas faire des plats sur les pneus Pirelli P-Zero Rosso qui sont chargés de maintenir ce félin sur la route. Pour ceux que ce genre de statistique intéresse, les pneus avant sont des P275/30ZR19 tandis que les pneumatiques arrière sont des P355/25ZR20. Inutile de mentionner que ces « chaussettes » ne sont pas disponibles à toutes les stations service ou les grandes surfaces. Les suspensions avant et arrière sont semblables à celles des voitures de compétition avec des leviers inégaux ainsi que les supports inférieurs et supérieurs en A.

Mais elle ne serait jamais une super voiture si ce n'était de son tonitruant moteur V8 à soupapes en tête développé par Saleen et monté en position centrale. Sa cylindrée est de 427 pouces cubes ou 7 litres tandis que sa puissance est de 550 chevaux. Il est relié à une boîte manuelle à six rapports. Il faut également préciser que malgré ces cotes qui font immédiatement songer au moteur de course avec soupapes en tête de Ford, ce moteur ne provient pas de Dearborn, mais est entièrement fabriqué et assemblé dans les ateliers du petit constructeur californien. Comme tous ces moteurs V8 tournant à un régime relativement bas, la sonorité impressionne les plus blasés. Et si le chant de ce gros V8 ne réussit pas à les amadouer, un temps de 3,5 secondes pour réaliser le 0-100 km/h devrait certainement faire battre leur cœur plus rapidement !

Il ne faut pas croire que cette Saleen est un simple « Hot Rod » s'abritant derrière une silhouette de voiture de course. Dans les virages, la force latérale atteint presque 1 g, une barrière mythique dans le monde des voitures de sport. Pas surprenant que la S7 se soit distinguée sur les circuits de course d'Europe et d'Amérique.

Il ne faut pas en conclure que toute promenade à bord d'une S7 est un véritable supplice en raison d'un cockpit dépouillé au possible. Il est vrai que la suspension est ferme et qu'il faut se contorsionner pour entrer dans l'habitacle. De plus, si vous chaussez du 45, il est certain que le pédalier sera encombré par la présence de vos godasses. Malgré cela, la S7 tente de dorloter ses occupants en étant équipée de la climatisation, d'un volant réglable et télescopique, de glaces latérales à commandes électriques et du télé verrouillage des serrures.

Cette belle américaine n'est pas pour tout le monde et sa production est limitée à un véhicule par semaine. Il y a d'ailleurs une liste d'attente. Ce qui est tout de même impressionnant compte tenu qu'elle se vend 400 000 $ US !

Denis Duquet

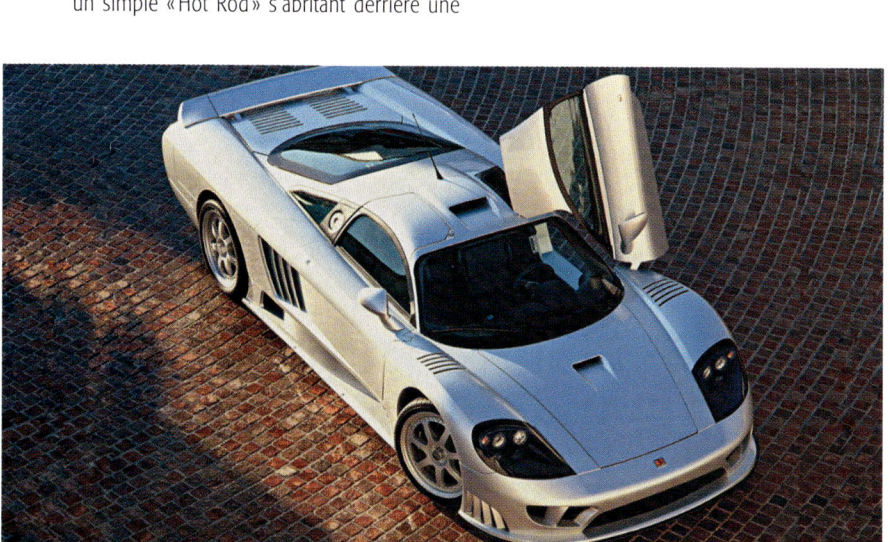

DONNÉES TECHNIQUES

Prix du modèle à l'essai :	400 000 $ US
Échelle de prix :	400 000 $ US
Version(s) disponible(s) :	version unique
Garanties :	2 ans km illimité/2 ans km illimité
Catégorie :	super voitures
Emp./Long./Lar./Haut.(cm) :	270/477,5/199/104,14
Poids :	1 301 kg
Coffre/Réservoir :	150/72 litres
Coussins de sécurité :	frontaux
Suspension avant :	indépendante, bras inégaux
Suspension arrière :	indépendante, multibras
Freins av./arr. :	disque
Antipatinage/Contrôle de stabilité :	oui/non
Direction :	à crémaillère, ass. variable électro hydraulique
Diamètre de braquage :	13,5 m
Pneus av./arr. :	P235/30ZR19 P255/20ZR20

GROUPE MOTOPROPULSEUR ET RENDEMENT

Moteur :	V8 7,0 litres 16s (104,8 x 101,6)
Puissance :	550 ch (410 kW) à 5 900 tr/mn
Couple :	525 lb-pi (712 Nm) à 4 000 tr/mn
Autre(s) moteur(s) :	seul moteur offert
Transmission :	propulsion, manuelle 6 rapports
Autre(s) transmission(s) :	aucune
Accélération 0-100 km/h :	3,5 s
Reprises 80-120 km/h :	n.d.
Freinage 100-0 km/h :	37 m
Vitesse maximale :	321 km/h
Indice de performance longitudinale :	n.d.
Consommation (100 km) :	super, 25 litres
Autonomie :	288 km

DANS LA MÊME CATÉGORIE
Ferrari Maranello - Lamborghini Murcielago

DU NOUVEAU EN 2005
Aucun changement majeur

HISTORIQUE DU MODÈLE
1ière génération

DATE DE RENOUVELLEMENT
n.d.

NOS IMPRESSIONS

Agrément de conduite :	🚗🚗🚗🚗🚗
Fiabilité :	🚗🚗🚗🚗½
Sécurité :	🚗🚗🚗🚗🚗
Qualités hivernales :	nulle
Espace intérieur :	🚗🚗🚗½
Confort :	🚗🚗🚗🚗

LE CHOIX DE L'ÉQUIPE
Modèle unique

Guide de l'auto 2005

SATURN ION

ESPOIR DE VIE SUR SATURN…

La Saturn Ion, dévoilée en 2003, avait pour mandat de remplacer la sempiternelle série S. Ce qu'elle a réussi avec brio même si la tâche, avouons-le, n'était pas très difficile. Après quelques années en piste, la Ion prend de la maturité et s'ouvre à de nouveaux marchés. Ainsi, la livrée 2005 se voit apporter plusieurs changements importants et une Ion sportive, la Red Line, fait son apparition. Chez Saturn, on semble avoir compris que c'est bien beau le service à la clientèle mais encore faut-il l'attirer dans la salle de démonstration, cette clientèle!

Pour 2005 donc, divers changements mais la passion est intacte… C'est-à-dire qu'il n'y en a pas plus qu'auparavant! Tout d'abord, mentionnons que les parties avant et arrière sont savamment retouchées et des roues nouvelles sont proposées. Les panneaux de polymère qui forment les côtés et une partie du coffre sont toujours au rendez-vous. La qualité de la finition varie grandement d'un exemplaire à l'autre et une inspection minutieuse est de rigueur avant de prendre possession de sa Saturn flambant neuve.

La Ion se décline, comme les autres produits Saturn, de façon particulièrement innovatrice… La Ion1 se veut la version de base, la Ion2 l'intermédiaire tandis que la Ion3 se veut la plus luxueuse! Deux configurations sont disponibles, une berline à quatre portes conventionnelles et le coupé Quad, une berline dont les deux portes arrière, plus petites, s'ouvrent à contresens, imitant ainsi la Mazda RX-8. Cette particularité permet d'accéder et de s'extraire des places arrière avec une facilité déconcertante. Cependant, aucune poignée ne permet d'ouvrir de l'intérieur ces fameuses portières.

JOIES ET DÉCEPTIONS

Tant la berline que le coupé sont mus par le moteur quatre cylindres 2,2 litres Écotec, d'architecture très moderne. Les prestations de ses 140 chevaux s'avèrent très correctes et son appétit en carburant est limité. Ce moteur peut être acoquiné à une transmission automatique à cinq rapports qui fonctionne avec transparence ou, en équipement standard, à une boîte manuelle à cinq rapports elle aussi. La transmission à rapports continuellement variables n'est plus offerte. Les freins sont représentés par le duo disques/tambours mais, dans un effort pour ne pas trop en donner à sa clientèle, GM n'a prévu l'ABS qu'en option, même sur les versions «3». Aberrant! La berline et le coupé Quad n'ont droit qu'à une suspension semi-indépendante à l'arrière. Cette configuration permet de gagner de l'espace dans le coffre (au demeurant très logeable) tout en accordant une tenue de route

»» FEU VERT
› Côtés en polymère
› Moteur économique (2,2 litres)
› Version Red Line enjouée
› Coffre de bonnes dimensions
› Freins superbes (Red Line)

»» FEU ROUGE
› Finition à pleurer
› Absence d'antipatinage (Red Line)
› Peu d'espaces de rangement
› Certains éléments mécaniques mal protégés
› Suspensions et pneus durs (Red Line)

fort efficace à défaut de se montrer très sportive. La direction est un tantinet trop déconnectée de la réalité mais au moins, le volant est désormais plus agréable à regarder. Finalement, on s'est débarrassé de cette pourriture visuelle que constituait l'espèce de gâteau renversé des premières éditions! Le tableau de bord se compose de plusieurs parties et, sans vouloir jouer les prophètes de malheur, j'imagine que tous ces joints émettront des craquements un jour où l'autre. Tant qu'à «varger» sur le tableau de bord, mentionnons que les espaces de rangement font cruellement défaut.

LIGNE ROUGE

La vedette de la famille, c'est la Red Line, sans doute appelée ainsi pour rappeler aux amateurs de voitures performantes qu'il y a bel et bien une zone rouge sur ce modèle (6 500 tours/minute) et que l'alimentation en carburant est coupée au-delà de cette limite! La Red Line n'est disponible qu'en version Quad et Saturn a prévu des parties avant et arrière distinctes, des sièges Recaro tout simplement parfaits et une direction plus vive que dans les livrées «normales»

Son moteur Ecotec 2,0 litres, quoique de plus petite cylindrée que sur les versions ordinaires, se veut beaucoup plus puissant, gracieuseté d'un compresseur volumétrique très joli à voir lorsqu'on ouvre le capot. Une seule transmission s'y rattache, soit une manuelle à cinq rapports, très agréable à manipuler. Malgré les 200 chevaux, le 0-100 km/h se déroule en 8,9 secondes. Si le coupe-moteur n'intervenait pas alors que la Ion atteint les 99 km/h, on pourrait quasiment retrancher une seconde à ce temps. Les freins à disque avec ABS aux quatre roues sont de mise, ainsi que les pneus de 17 po à taille très basse. D'ailleurs, ces deux éléments s'allient pour permettre des décélérations convaincantes et sécuritaires.

On est un brin déçu d'apprendre que les suspensions demeurent les mêmes que sur les autres versions, bien que calibrées de façon plus sportive. Et on le devient encore plus lorsqu'on pousse la Red Line au-delà de la raison. On se rend alors compte qu'aucun système antipatinage n'est offert. Or, la Red Line est une sous-vireuse née, ce qui, remarquez, est normal pour une traction. Cependant, les pneus unidirectionnels, très larges, très bas et très durs ainsi que la suspension à peine modifiée pour gérer l'important surplus de puissance sur les roues motrices amènent de fréquentes pertes d'adhérence du train avant, surtout sur chaussée dégradée. N'allez surtout pas croire que la Ion Red Line soit dangereuse ou intimidante à piloter. Oh que non! Même qu'avec un peu de jugement, on s'amuse ferme à son volant!

La gamme Ion évolue avec le temps et devient de plus en plus intéressante malgré quelques employés de la chaîne de montage peu motivés…

Alain Morin

DONNÉES TECHNIQUES

Prix du modèle à l'essai :	28 755 $
Échelle de prix :	14 855 $ à 29 000 $
Version(s) disponible(s) :	berline, Quad
Garanties :	3 ans 60 000/5 ans 100 000
Catégorie :	berlines compactes
Emp./Long./Lar./Haut.(cm) :	263/470/172,5/142
Poids :	1 338 kg
Coffre/Réservoir :	402/50 litres
Coussins de sécurité :	frontaux
Suspension avant :	indépendante, jambes de force
Suspension arrière :	demi-indépendante, poutre déformante
Freins av./arr. :	disque (ABS)
Antipatinage/Contrôle de stabilité :	non, non
Direction :	à crémaillère, assistance électrique
Diamètre de braquage :	10,8 m
Pneus av./arr. :	P215/45R17

GROUPE MOTOPROPULSEUR ET RENDEMENT

Moteur :	4L 2,0 litres (86 x 86) surcompressé
Puissance :	205 ch (153 kW) à 5600 tr/mn
Couple :	200 lb-pi (271 Nm) à 4400 tr/mn
Autre(s) moteur(s) :	4L 2,2l 140 ch
Transmission :	intégrale, manuelle 5 rapports
Autre(s) transmission(s) :	automatique 5 rapports
Accélération 0-100 km/h :	8,9 s
Reprises 80-120 km/h :	8,4 s
Freinage 100-0 km/h :	35,8 m
Vitesse maximale :	195 km/h
Indice de performance longitudinale :	5,06 m/s
Consommation (100 km) :	super, 11,3 litres
Autonomie :	442 km

DANS LA MÊME CATÉGORIE
Dodge SX SRT-4, Honda Civic SiR, Ford Focus ST, Nissan Sentra Se-R

DU NOUVEAU EN 2005
Châssis amélioré, retouches esthétiques avant, arrière et intérieur, nouveau volant

HISTORIQUE DU MODÈLE
1ière génération

DATE DE RENOUVELLEMENT
n.d.

NOS IMPRESSIONS

Agrément de conduite :	🚗🚗🚗🚗
Fiabilité :	🚗🚗🚗🚗
Sécurité :	🚗🚗🚗🚗
Qualités hivernales :	🚗🚗🚗½
Espace intérieur :	🚗🚗🚗🚗½
Confort :	🚗🚗🚗🚗½

LE CHOIX DE L'ÉQUIPE
berline «3»

Guide de l'auto 2005

SÉRIE L

DEUX PAGES PERDUES !

Aussi bien vous l'annoncer tout de suite : au moment où vous lisez ces lignes, la production des Saturn série L est sans doute déjà terminée et les concessionnaires se hâtent pour se débarrasser des exemplaires qui restent sur leur terrain. Si vous pensez conserver votre prochaine voiture plusieurs années, c'est le temps d'aller négocier un bon prix chez un concessionnaire Saturn ! Et puis, ce n'est pas parce que la voiture n'a pas été populaire qu'elle n'était pas bonne. Résumons la situation…

C'est en 2000 que sont arrivés les modèles LS et LW, cette dernière version se voulant la familiale. Les stratèges de Saturn ont souvent eu, dans le passé, une vision un tantinet baroque du marché de l'automobile. Pendant près de dix ans, un seul modèle Saturn posait ses pneus dans les salles de démonstration. La S avait beau se décliner en deux ou trois versions, n'empêche ! Les ventes se sont mises à chuter dangereusement. Enfin, le renfort est arrivé. Si la série S tentait de jouer dans les plates-bandes des Cavalier, Focus et Civic de ce monde, la série L, plus imposante, avait pour mission de conserver dans le giron Saturn les propriétaires désirant améliorer leur statut social… On a le statut qu'on peut ! Mais les Accord, Camry et Altima n'ont jamais eu bien peur de cette nouvelle venue.

LES AUTRES ÉTAIENT TROP FORTES

Car la série L ne possédait tout simplement pas ce qu'il fallait pour percer dans ce lucratif créneau. La silhouette, d'abord, se voulait d'une sobriété inimaginable (et le face lift de 2003 n'a absolument pas arrangé les choses), le design du tableau de bord faisait « la job », certes, mais sans passion aucune et le jeu des équipements n'avait rien pour donner le goût de se procurer une L. Pour mesurer à quel point les designers s'étaient plantés lors de la refonte de 2003, les journalistes québécois qui avaient assisté au dévoilement de la « nouvelle L » croyaient être victimes d'une farce tellement la calandre nous apparaissait caricaturale. Après avoir bien ri, on a dû se rendre à l'évidence… Non, ce n'était pas une farce ! Dès 2003, se rendant sans doute compte qu'il valait mieux sauver les meubles, la L100, soit la livrée de base, était expulsée du catalogue. L'an dernier, c'était autour des L200 et LW200. Ça sentait déjà la fin. Mais si la Saturn L n'a pas réussi à se démarquer, ce n'est pas, je le répète, parce qu'il s'agissait une mauvaise voiture. Bien au contraire. C'est juste que le rapport qualité/ prix/équipement proposé par les marques japonaises était imbattable.

》》 FEU VERT
》 C'est le temps de négocier…
》 Bon coffre
》 Confort acceptable
》 V6 bien adapté
》 Espace intérieur intéressant

》》 FEU ROUGE
》 Valeur de revente appelée à diminuer
》 Suspensions mal calibrées
》 Ergonomie pauvre
》 Lignes tristement sobres
》 Pneus très moyens

SÉRIE L

Côté moteur, le quatre cylindres en ligne n'est plus offert depuis l'an dernier mais le V6 de 3,0 litres offre des accélérations et reprises très honorables quoique peu mélodieuses. Notons que sa consommation se situe dans la bonne moyenne de la catégorie. La transmission automatique à quatre rapports ne cause pas de soucis tandis que les freins, puissants, peuvent compter sur un ABS de série. Par contre, la direction ne plaît pas à certains qui aimeraient la sentir moins lourde et un peu plus précise. Quant aux suspensions, elles font un excellent boulot lorsque l'asphalte se prend pour un tapis de billard, mais elles perdent rapidement de leur prestance dès que trous et bosses apparaissent. Elles peuvent même entraîner des pertes de motricité.

Chaque fois que l'occasion se présente, je n'hésite pas à féliciter Saturn de nous proposer des panneaux en polymère qui ne rouillent pas. Et chaque fois que l'occasion se présente, je n'hésite pas à rappeler aux gens que le châssis, lui, est fait de métal et qu'il rouille avec le temps !

LA MORT ANNONCÉE

La présentation intérieure de la L300 pèche un peu par excès de sobriété. Oui, c'est beau mais ce n'est pas la joie de vivre totale ! Les sièges sont confortables et facilitent la recherche d'une bonne position de conduite même si la colonne de direction ne s'ajuste pas en profondeur. Et quelques commandes, placées çà et là sur la planche de bord, pourraient être plus faciles d'accès. Les places arrière se montrent moyennement confortables et l'espace ne fait pas défaut. Tout comme dans le coffre, étonnamment grand !

Parlant de coffre, soulignons que la gamme L de Saturn, pour les quelques modèles construits en 2005, s'appauvrit de la familiale. Dommage pour toutes ces personnes pour qui les familiales sont une belle alternative aux VUS trop gourmands et trop juchés.

Bien plus raffinée que la pauvre S, la série L aurait pu atteindre son but si les stratèges de Saturn avaient bonifié leur offre. Mais on semble avoir beaucoup de difficultés, dans cette division de General Motors, à se tourner « sur un dix cents ». Quand une nouvelle Saturn arrive sur le marché, elle se montre parfaitement adaptée. Puis, c'est le statu quo pendant quelques années alors que la concurrence ne cesse de raffiner ses produits. Espérons que la leçon aura porté ses fruits pour que la remplaçante de la série L, qui devrait nous arriver en 2006 et qui sera construite sur le châssis de la Pontiac G6, ne subisse pas si triste sort…

Alain Morin

DONNÉES TECHNIQUES

Prix du modèle à l'essai :	25 495 $
Échelle de prix :	22 745 $ à 31 405 $ (2004)
Version(s) disponible(s) :	version unique
Garanties :	3 ans 60 000/5 ans 100 000
Catégorie :	intermédiaire
Emp./Long./Lar./Haut.(cm) :	270,5/484/175/143
Poids :	1450 kg
Coffre/Réservoir :	495/59,4 litres
Coussins de sécurité :	fontaux et latéraux (av./arr.) (opt)
Suspension avant :	indépendante, jambes de force
Suspension arrière :	indépendante, multibras
Freins av./arr. :	disque (ABS)
Antipatinage/Contrôle de stabilité :	oui/non
Direction :	à crémaillère, assistée
Diamètre de braquage :	11,1 m
Pneus av./arr. :	P195/65R15

GROUPE MOTOPROPULSEUR ET RENDEMENT

Moteur :	V6 3,0 litres (86,0 x 85,0)
Puissance :	182 ch (136 kW) à 5600 tr/mn
Couple :	184 lb-pi (249 Nm) à 3600 tr/mn
Autre(s) moteur(s) :	seul moteur offert
Transmission :	traction, automatique 4 rapports
Autre(s) transmission(s) :	aucune
Accélération 0-100 km/h :	8,9 s
Reprises 80-120 km/h :	7,9 s
Freinage 100-0 km/h :	43,4 m
Vitesse maximale :	180 km/h
Indice de performance longitudinale :	4,6 m/s/s
Consommation (100 km) :	ordinaire, 10,9 litres
Autonomie :	545 km

DANS LA MÊME CATÉGORIE

Ford Taurus - Honda Accord - Mitsubishi Galant
Nissan Altima - Toyota Camry

DU NOUVEAU EN 2005

Série entièrement retirée

HISTORIQUE DU MODÈLE

1ère génération

DATE DE RENOUVELLEMENT

aucun renouvellement

NOS IMPRESSIONS

Agrément de conduite :	🚗🚗🚗🚗
Fiabilité :	🚗🚗🚗🚗
Sécurité :	🚗🚗🚗🚗½
Qualités hivernales :	🚗🚗🚗🚗½
Espace intérieur :	🚗🚗🚗🚗½
Confort :	🚗🚗🚗🚗½

LE CHOIX DE L'ÉQUIPE

une seule version disponible… s'il en reste !

SATURN VUE/RED LINE

FINIES LES MIÈVRERIES !

Les choses ne sont plus ce qu'elles étaient chez Saturn. Pendant des années, cette compagnie établie à même les deniers de General Motors vivait une douce autonomie sans vraiment pouvoir développer quelque nouveau produit que ce soit. À la suite d'une mise de fond initiale de deux milliards de dollars, GM avait laissé son rejeton se débrouiller seul. Malgré un succès d'estime et une clientèle plus que comblée, les revenus ne permettaient pas de lancer de nouveaux modèles importants.

Devenue une division à part entière de General Motors au tournant du siècle, Saturn a enfin des visées commerciales plus élevées. Pour ce faire, il faut améliorer les modèles actuels et en développer d'autres. Ce qui explique pourquoi la berline ION sera modifiée sur le plan esthétique en 2005. De plus, une nouvelle gamme Red Line, à vocation sportive, a été lancée au milieu de 2004. Autant le coupé ION que la VUE en font partie. Le VUE Red Line est propulsé par le moteur V6 3,5 litres de 250 chevaux en provenance de chez Honda et il est couplé à une boîte de vitesses automatique à cinq rapports. Si jamais la livrée un peu plus excentrique de cette version ne vous plaît pas, il est toujours possible de commander le modèle régulier équipé de ce même moteur V6. Parmi les caractéristiques exclusives au Red Line, mentionnons la garde au sol réduite de 26 mm et des ressorts plus fermes, qui permettent d'abaisser le centre de gravité et le roulis du véhicule. Des roues en aluminium de 18 pouces chaussées de pneus Bridgestone Turanza P245/50R18 comptent également au nombre des exclusivités réservées à ce modèle. Cette combinaison de caractéristiques améliore de façon notable le comportement et la tenue de route, permet d'accroître la force d'accélération latérale et donne au véhicule une allure trapue et distinctive.

Plusieurs éléments esthétiques caractérisent le VUE Red Line, notamment de nouveaux bas de caisse, un nouveau bouclier arrière et un nouveau bouclier avant avec des prises d'air noires, ainsi qu'un embout d'échappement chromé. Les poignées des portières et du hayon, tout comme les boîtiers des rétroviseurs, sont peints de la même couleur que la carrosserie. Et, raffinement suprême, il sera offert en noir onyx, nickel argenté ou jaune électrique. Autant d'artifices qui permettent au propriétaire d'un modèle Red Line de le faire savoir à son entourage.

PROPOSITION INTÉRESSANTE

L'un des modèles essayés était équipé de la traction intégrale, de sièges en cuir et d'un système

» FEU VERT
› Moteur V6
› Finition en progrès
› Carrosserie en polymère
› Bonne tenue de route
› Version Red Line

» FEU ROUGE
› Transmission CVT
› Tissu des sièges à revoir
› Transmission intégrale paresseuse
› Direction trop assistée
› Certaines commandes mal placées

audio Sony de très belle sonorité. Il faut également souligner que plusieurs améliorations de détails ont été apportées à tous les modèles VUE au fil des mois, et c'est vraiment mieux. Non seulement la texture des plastiques est moins rustique, mais l'assemblage est plus sérieux, les sièges plus confortables et l'insonorisation de beaucoup améliorée.

Ma randonnée m'a amené à circuler sur des routes secondaires de la région des Laurentides et notre Red Line de couleur jaune électrique a affronté avec aplomb les trous, les bosses et de nombreux virages serrés en dévers. Il est vrai que la direction à assistance électrique est trop engourdie et que le rouage intégral se faisait parfois piéger dans certaines courbes à faible adhérence, ce qui provoquait une certaine déstabilisation latérale. En outre, sur une surface meuble, le temps de réaction était un peu long alors que les roues avant patinaient quelque peu avant que le train arrière soit enclenché: malgré tout, avec 250 chevaux sous le pied, il est sans doute plus sage d'opter pour l'intégrale que la traction.

Peu importe, le moteur V6 est doux et silencieux en plus de livrer la marchandise. L'arrivée de la puissance est très linéaire, ce qui donne parfois l'impression que les performances ne sont pas là. Pourtant, chrono en main, j'ai bouclé le 0-100 km/h en 7,5 secondes, soit plusieurs dixièmes de seconde de moins que l'an dernier. Sans doute en raison des pneus de 18 pouces.

ET LES AUTRES!

La livrée Red Line et le moteur V6 de 250 chevaux ne sont pas les seuls choix qui s'offrent à l'acheteur. Si vous n'ambitionnez pas de remorquer une roulotte de 3 500 livres (1 587 kg). ou le prix de près de 35 000 $ du modèle le plus huppé n'est pas à votre portée, il ne faut pas oublier les versions équipées du moteur quatre cylindres 2,2 litres d'une puissance de 143 chevaux. Il s'agit de l'Ecotec, un moteur d'architecture mécanique moderne avec ses deux arbres à cames et en tête, ses 16 soupapes et ses arbres d'équilibrage. Il est vrai qu'il est bruyant et rugueux par rapport à certains moteurs proposés par la concurrence, mais il ne rechigne pas à la tâche. Toutefois, les acheteurs intéressés par ce moteur quatre cylindres devront faire un choix entre le type de transmission et le rouage d'entraînement. Cochez le modèle doté de la boîte manuelle cinq rapports et vous ne pouvez que prendre livraison de la traction. Choisissez la transmission automatique infiniment variable et seule l'intégrale est disponible. Il faut également souligner que cette transmission n'impressionne pas à basse vitesse et sa sonorité en a fait sourire plusieurs.

Le VUE a beaucoup progressé depuis son lancement en 2003 et les améliorations apportées en font un véhicule nettement plus intéressant à conduire. Si vos moyens financiers vous le permettent, le modèle à moteur V6 et transmission intégrale est le meilleur choix. Sinon, le quatre cylindres à boîte manuelle offert en traction est le second choix. Et il ne faut pas oublier que la carrosserie de tous ces modèles est toujours en panneaux de polymère.

Denis Duquet

DONNÉES TECHNIQUES

Prix du modèle à l'essai:	34 995 $
Échelle de prix:	22 995 $ à 36 895 $
Version(s) disponible(s):	4L-V6
Garanties:	3 ans 60 000/5 ans 100 000
Catégorie:	utilitaires sport compact
Emp./Long./Lar./Haut.(cm):	270/460/182/170
Poids:	1 650 kg
Coffre/Réservoir:	972 / 62 litres
Coussins de sécurité:	frontaux et latéraux (av.)
Suspension avant:	indépendante, jambes de force
Suspension arrière:	indépendante, multibras
Freins av./arr.:	disque/tambour (ABS)
Antipatinage/Contrôle de stabilité:	oui/non
Direction:	à crémaillère, ass. variable électrique
Diamètre de braquage:	12,0 m
Pneus av./arr.:	P245/50S18

GROUPE MOTOPROPULSEUR ET RENDEMENT

Moteur:	V6 3,5 litres 24s (89,0 x 93,0)
Puissance:	250 ch (186 kW) à 5 800 tr/mn
Couple:	242 lb-pi (328 Nm) à 4 500 tr/mn
Autre(s) moteur(s):	4L 2,2 litres 143 ch
Transmission:	intégrale, automatique 5 rapports
Autre(s) transmission(s):	automatique 5 rapports, automatique 4 rapports, CVT (4 cyl)
Accélération 0-100 km/h:	8,2 s
Reprises 80-120 km/h:	5,9 s
Freinage 100-0 km/h:	42,2 m
Vitesse maximale:	195 km/h
Indice de performance longitudinale:	4,79 m/s/s
Consommation (100 km):	super, 12,9 litres
Autonomie:	481 km

DANS LA MÊME CATÉGORIE

Ford Escape - Honda CR-V - Jeep Liberty - Mazda Tribute - Nissan XTrail - Subaru Forester - Toyota Rav 4

DU NOUVEAU EN 2005

Version automatique offerte avec 4 cyl., nouvelles roues en alliage, changements de détails

HISTORIQUE DU MODÈLE

1ère génération

DATE DE RENOUVELLEMENT

2008

NOS IMPRESSIONS

Agrément de conduite:	🚗🚗🚗🚗½
Fiabilité:	🚗🚗🚗🚗
Sécurité:	🚗🚗🚗🚗
Qualités hivernales:	🚗🚗🚗🚗
Espace intérieur:	🚗🚗🚗🚗½
Confort:	🚗🚗🚗🚗½

LE CHOIX DE L'ÉQUIPE

VUE Moteur V6

Guide de l'auto 2005

SMART FORTWO

PERSONNALITÉ PROPRE

Choisir une voiture, c'est formuler ouvertement et clairement au monde entier une prise de position. En fait, conduire un modèle précis de voiture, c'est une affirmation complète de soi, que l'on expose au grand public. Les fabricants l'ont bien compris, et c'est aussi dans ce sens qu'ils identifient désormais leur produit. Chaque voiture possède donc sa personnalité propre, sans lien avec sa taille, ou son prix d'achat.

Dans ce monde d'apparence, la nouvelle vedette, c'est la minuscule Smart, une invention Mercedes qui fait une entrée fort remarquée en Amérique du Nord. Ce minuscule véhicule (le mot est faible quand on sait que la longueur hors tout du coupé est de 2,5 mètres), qui a fait son apparition en 1998 en Europe, a connu là-bas un succès foudroyant auprès de la clientèle des jeunes urbains.

Toute la campagne marketing était d'ailleurs conçue en ce sens. Les voitures étaient livrables dans des coloris on ne peut plus branchés (il suffit de penser au jaune-vert à motifs ou au bleu brillant parcouru de veines plus pâles) et on se rendait vite compte que l'on ne visait surtout pas un public conservateur. Même dans les Salons de l'auto, les promoteurs de la voiture arboraient fièrement des chandails vert fluo, et la musique rock tonitruante remplissait les oreilles des visiteurs.

En prime, on a même élaboré des concessions uniques en leur genre, semblables à des

machines distributrices géantes, où l'on vendait les Smart sur commande. Chez nous, la vague Smart déferlait déjà sur les mordus d'automobiles avant même que le produit n'arrive chez les concessionnaires.

On ignorait toujours la date exacte de livraison ou le prix de vente, mais déjà les concessionnaires Mercedes (qui en font la distribution) en avaient des dizaines de vendues. Seulement 850 unités seront livrées au Canada annuellement. Quand on sait que 1 000 commandes étaient enregistrées avant même la première fournée nord-américaine, l'attente risque d'être longue.

Mais je suis persuadé que les véritables mordus n'hésiteront pas à attendre le temps qu'il faudra pour se procurer la petite bête. Parce qu'une fois la piqûre de la Smart reçue, il n'y a rien pour nous en défaire.

La preuve? Depuis septembre 2001, j'étais moi-même un mordu du modèle après l'avoir essayé durant quelques courtes minutes en Europe. Alors, imaginez le plaisir quand j'ai eu l'occasion d'en prendre le volant pour vrai!

PUISSANCE, POURQUOI DE LA PUISSANCE?

Soyons honnête, ce ne sont pas les performances qui font que la Smart est une voiture attirante. Du haut de ses 3 cylindres et de ses 40,5 chevaux, le petit moteur diesel qui propulse les roues arrière réussit une impressionnante accélération pour atteindre le 100 kilomètres en 19,3 secondes tout juste (à titre de comparaison, une minifourgonnette normale chargée presque à capacité le réussit en moins de 12 secondes!).

La transmission séquentielle qui équipe la Smart, du moins sur les modèles canadiens, n'a rien non plus d'exceptionnel. En mode entièrement automatique, les changements de rapports sont brusques et secouent fortement la voiture. En mode semi-automatique, le conducteur s'habitue rapidement et peut apprendre à élever les rapports en souplesse et en douceur. Mais cela prend quelques heures, faut-il préciser.

En revanche, il faut savoir que les versions européennes sont munies d'une transmission plus nerveuse, mieux synchronisée et qui ne précipite pas le passager et le conducteur dans le pare-brise à chaque changement de rapport.

»» ÉQUIPEMENT DE SÉRIE
› Moteur diesel 3 cylindres
› Boîte automatique 6 rapports softouch
› Antipatinage
› Contrôle de stabilité latérale
› Glaces électriques

»» PRINCIPALES OPTIONS
› Cabriolet
› Sellerie de cuir
› Climatisation
› Roues en alliage de 15 pouces
› Toit en verre réfléchissant la chaleur

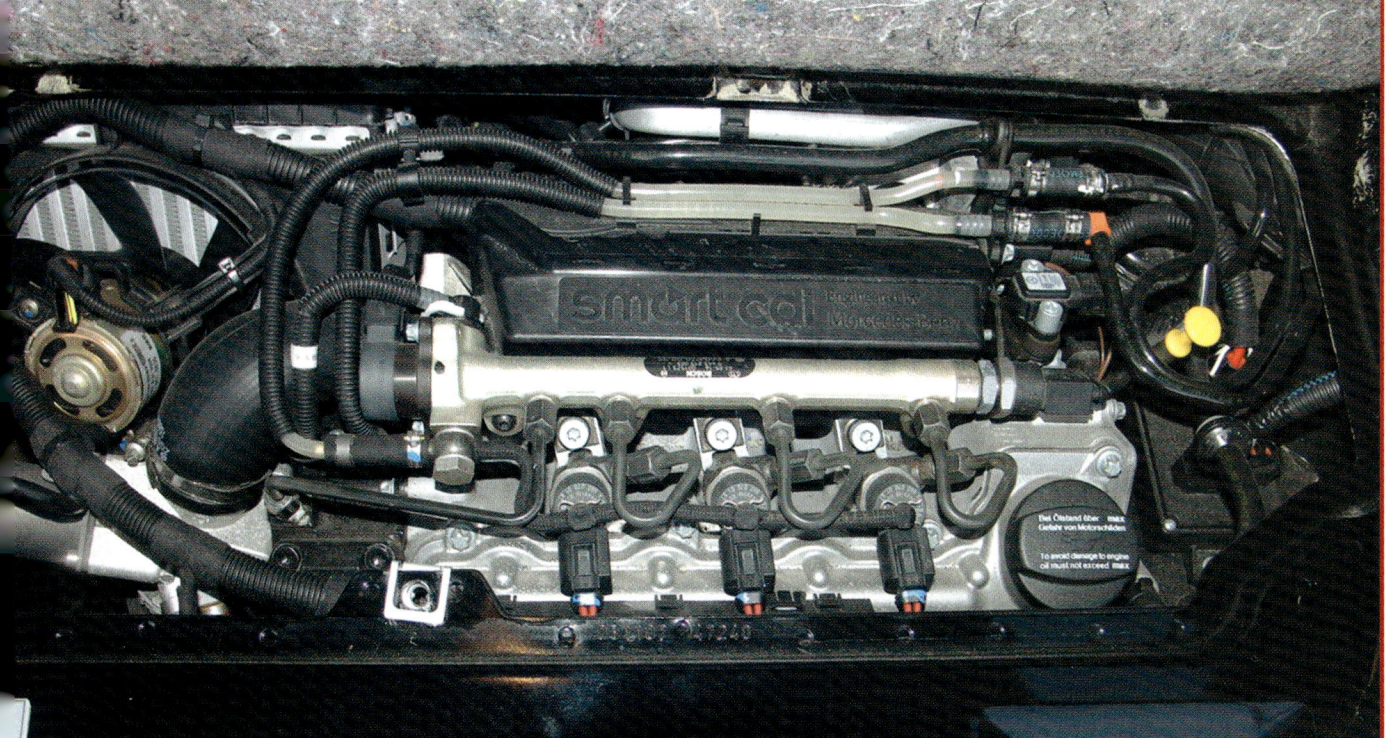

SMART FORTWO

En vitesse de pointe, ce petit bolide peut atteindre 135 kilomètres à l'heure sur les autoroutes, tout en réussissant un remarquable niveau de consommation de quelque 3,9 litres aux 100 kilomètres (et même un peu moins selon les circonstances). Et contrairement à ce que l'on pourrait croire, bien que l'ensemble soit assez facilement victime des vents latéraux, la voiture tient fort bien la route et la suspension absorbe avec une grande efficacité les problèmes les plus courants. En fait, on ne se sent pas secoués à tout vent comme le laisserait supposer la petitesse du véhicule.

Une fois bien installé derrière le volant, la conduite est un véritable plaisir. En raison de sa taille, la diminutive voiture se faufile dans toutes les situations. Un pur bonheur dans la jungle urbaine!

AGRANDIR PAR L'INTÉRIEUR

Car ce qui étonne d'emblée quand on regarde une Smart, ce sont ses dimensions réduites. Que ceux qui trouvaient les Toyota Echo hatchback petites se ravisent: la Smart fait à peine 2,5 mètres de long, soit un peu plus de 8 pieds. Malgré sa petite taille, l'habitacle de la voiture est plus spacieux que l'on pourrait le croire. Deux adultes de bonne taille (tant en terme de grandeur que de largeur d'ailleurs) s'y installeront avec suffisamment de confort pour endurer de longues randonnées. Évidemment, cet espace intérieur empiète bien un peu sur l'espace de chargement, mais on dispose tout de même d'un peu de place pour ranger quelques sacs d'épicerie.

Le tableau de bord est d'une simplicité désarmante, les commandes pourraient être utilisées par un enfant de 5 ans, et, ô surprise, la Smart est relativement bien équipée. La version cabriolet essayée était munie de l'air conditionné et des sièges chauffants, actionnés sur une simple pression d'un bouton localisé plutôt bizarrement au-dessus de la planche de bord.

Au même endroit, deux cadrans, un tachymètre et une horloge, ressortent littéralement du tableau et sont parfaitement orientables afin d'être plus faciles à consulter pour le conducteur.

»»FEU VERT
› Consommation microscopique
› Design unique
› Finition de haut niveau
› Personnalité bien affirmée

»»FEU ROUGE
› Prix d'achat élevé
› Transmission mal adaptée
› Puissance un peu chétive
› Ergonomie parfois fantaisiste

FORTWO

Quant au toit en tissu (qui réduit assez bien les bruits extérieurs), il se plie lui aussi en pressant un bouton dans le tableau de bord, jusqu'à l'arrière. Pour l'abaisser complètement, il faut cependant terminer la manœuvre à la main. On peut même démonter les hauts de portières latérales pour donner un véritable look de cabriolet. Un coffret, spécialement aménagé dans la portière du hayon, sert à ranger ces barreaux. Notons que la Smart est aussi vendue en version coupé.

Ce n'est certes pas le style qui empêchera les gens de se procurer une Smart. Mais le prix d'achat relativement élevé et les interrogations reliées à la sécurité pourraient bien ralentir l'ardeur des consommateurs.

En matière de prix, rien à redire. C'est vrai que la voiture n'est pas donnée, mais la qualité générale du véhicule vaut bien quelques dollars de plus. Dans le domaine de la sécurité cependant, méfiez-vous des préjugés. On peut facilement penser que la taille est un handicap, mais lors de tests de collision, on a réussi à prouver que l'ensemble résiste bien aux chocs en raison d'une carrosserie dessinée pour diriger la force de l'impact vers l'arrière. Aussi, les passagers seraient sortis indemnes d'une collision frontale puisque la cage de protection est plus solide que la majorité des autres véhicules de même taille.

Et pour ceux que la hauteur du véhicule inquiète, ne vous en faites pas. Là aussi, des essais en usine, sous les yeux d'une flopée de journalistes internationaux, ont démontré que les freins ABS, l'antipatinage et le système de contrôle de stabilité latérale, de série sur les Smart, sont suffisamment efficaces pour empêcher les tonneaux même dans des situations difficiles. Il n'y a donc rien à craindre ici, même lors des périodes hivernales.

Pour le moment, seules les versions deux places, baptisés Fortwo, seront importées au Canada. On espère cependant d'ici quelques années commercialiser la version Forfour, ainsi qu'éventuellement la petite version roadster lancée en Europe.

Pour le moment, se promener au volant d'une Smart c'est le succès garanti. Jamais je n'avais été autant sollicité et bombardé de questions de toutes sortes, au point où il était parfois plus long de sortir de l'épicerie que de faire les emplettes elles-mêmes! Compte tenu du faible nombre de voitures qui seront vendues ici, et du prix relativement élevé des deux modèles qui les rendent moins accessibles aux plus jeunes, il y a fort à parier que tous les futurs propriétaires de Smart vivront la même situation!

Marc Bouchard

DONNÉES TECHNIQUES

Prix du modèle à l'essai :	18 500 $
Échelle de prix :	16 995 $ à 24 000 $
Version(s) disponible(s) :	Coupe et Cabriolet
Garanties :	4 ans 80 000/4 ans 80 000
Catégorie :	sous-compacte
Emp./Long./Lar./Haut.(cm) :	181/250/151,5/155
Poids :	730 kg
Coffre/Réservoir :	150 à 260/22 litres
Coussins de sécurité :	frontaux et latéraux (av.)
Suspension avant :	indépendante, jambes de force
Suspension arrière :	indépendante, multibras
Freins av./arr. :	disque/tambour (ABS)
Antipatinage/Contrôle de stabilité :	oui/oui
Direction :	à crémaillère, ass. variable
Diamètre de braquage :	8,8 m
Pneus av./arr. :	P165/65R15 P175/55R15

GROUPE MOTOPROPULSEUR ET RENDEMENT

Moteur :	3L 0,8 litre 6s (65,5 x 79,0) turbodiesel
Puissance :	40,2 ch (30 kW) à 4200 tr/mn
Couple :	73,8 lb-pi (100 Nm) à 1 800 tr/mn
Autre(s) moteur(s) :	seul moteur offert
Transmission :	propulsion, sequentielle 6 rapports
Autre(s) transmission(s) :	aucune
Accélération 0-100 km/h :	19,8 s
Reprises 80-120 km/h :	14,2 s
Freinage 100-0 km/h :	n.d.
Vitesse maximale :	135 km/h
Indice de performance longitudinale :	n.d.
Consommation (100 km) :	diesel, 4,2 litres
Autonomie :	524 km

NIVEAU SONORE

Ralenti :	44,7 db
Accélération :	76,5 db
100 km/h :	67,4 db

DANS LA MÊME CATÉGORIE

Toyota Echo Hatchback - Chevrolet Aveo - Suzuki Swift

HISTORIQUE DU MODÈLE

1ière génération

DATE DE RENOUVELLEMENT

n.d.

NOS IMPRESSIONS

Agrément de conduite :	🚗🚗🚗🚗
Fiabilité :	nouveau modèle
Sécurité :	🚗🚗🚗🚗
Qualités hivernales :	🚗🚗🚗½
Espace intérieur :	🚗🚗🚗🚗½
Confort :	🚗🚗🚗🚗½

LE CHOIX DE L'ÉQUIPE

Cabriolet

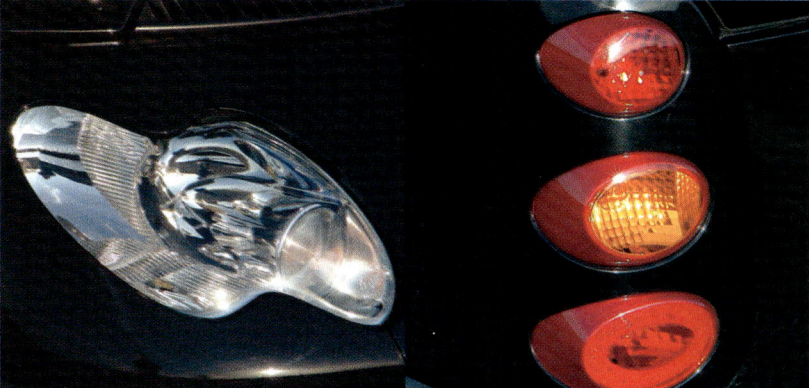

Guide de l'auto 2005

SUBARU FORESTER/XT

LA LOGIQUE CARTÉSIENNE

Les stylistes qui ont dessiné le Forester étaient sûrement des disciples de Descartes! En effet, dans sa version la plus dépouillée, sans aucun artifice, la présentation du Forester semble s'inspirer d'un cartésianisme des plus simplistes. Sans méchanceté, on peut dire que ce Subaru ressemble à une boîte sur quatre roues. N'empêche qu'il ne faut pas toujours se fier à l'apparence puisque l'air ne fait pas la chanson dans le cas de ce petit utilitaire plein de surprises.

Il y a une dizaine d'années, Subaru a pris la décision de n'offrir que des modèles à traction intégrale à prise constante. Non sans raison, les acheteurs se laissent de plus en plus séduire par les caractéristiques de cette gamme japonaise comme en font foi les ventes qui ont plus que triplé au cours des dix dernières années. Ce succès est dû essentiellement à l'introduction de nouveaux véhicules innovateurs comme le Forester et l'Outback.

UN UTILITAIRE OU UNE FAMILIALE?

Le Forester a été dévoilé en 1998. Depuis, il a toujours été difficile de déterminer dans quelle catégorie niche ce véhicule situé à mi-chemin entre une familiale et un utilitaire sport. Grâce à ses capacités hors route, le Forester est capable d'affronter les mêmes terrains accidentés que les Jeep Liberty et Suzuki Grand Vitara. De même, son format et sa conception lui permettent d'être aussi maniable et pratique que les petites familiales Ford Focus et Volkswagen Jetta.

On ne se racontera pas d'histoires, les formes équarries du Forester ne feront jamais courir les foules. Mais comme tous les goûts sont dans la nature, il y aura toujours des automobilistes qui raffoleront des angles droits. À preuve: il existe encore des inconditionnels de la marque Volvo qui regrettent le virage du constructeur suédois qui a abandonné les formes «boîte à savon» de ses anciens modèles 850 et 960.

Pour mieux résister à l'usure du temps et à la poussée des utilitaires sport aux lignes plus dynamiques que sont notamment les BMW X3, Honda CR-V, et Ford Escape, il y a deux ans, les stylistes ont légèrement modifié la carrosserie et l'habitacle du Forester. D'allure plus sport lorsqu'il est habillé de son capot avec prise d'air et de son déflecteur de toit, il ne faut pas croire que le Forester est convoité pour les courbes de sa carrosserie. Ah, que non! Vous risquez même de vous ennuyer à le contempler dans votre entrée de garage! Si le Forester réussit à charmer les acheteurs, c'est avant tout à cause

»»» FEU VERT
› Performances exceptionnelles (turbo)
› Aptitudes tout-terrain
› Transmission intégrale sophistiquée
› Mécanique fiable
› Toit panoramique

»»» FEU ROUGE
› Prix exagéré
› Consommation importante
› Boîte manuelle imprécise
› Banquette arrière étroite
› Freins spongieux

de sa forte personnalité que l'on découvre derrière son volant, et ce, tant sur la route que dans les sentiers.

Pour en terminer avec son talon d'Achille, soit sa physionomie trop cartésienne, les changements apportés à la carrosserie en 2003 ont été bénéfiques. Ces petits détails de présentation ont permis au Forester de demeurer à peu de frais dans la course contre des rivaux beaucoup plus jeunes. Dans la même veine, l'habitacle a été l'objet de retouches appréciées. Toutefois, l'espace réservé aux jambes des passagers arrière demeure aussi exigu. Pour perdurer, le Forester n'aura pas le choix et devra éventuellement passer sous le bistouri. Si l'on se fie au beau remodelage de la récente Legacy, les vieux stylistes de Subaru ont sûrement pris une retraite bien méritée. Il est maintenant temps que le Forester profite de la hardiesse de ce joli coup de crayon.

LA MÉCANIQUE

Si les lignes du Forester vous laissent sur votre appétit, vous devriez jeter un coup d'œil à la mécanique. Sous ses airs de rustaud se cache une petite merveille de technologie. À croire que les ingénieurs de Subaru suivent en usine des cours de tai-chi puisque la position basse du moteur à quatre cylindres opposés à plat, la transmission intégrale symétrique et la suspension à grand débattement travaillent en parfaite synergie selon un parfait équilibre des mouvements. Au quotidien, ce groupe propulseur améliore la tenue de route, diminue les vibrations du moteur et procure plus de traction.

Le moteur H4 de 2,5 litres et 165 chevaux est amplement suffisant à la tâche et convient à la personnalité du Forester en accélérant de 0 à 100 km/h en moins de 10 secondes. Ceux qui espéraient que le moteur 6 cylindres de l'Outback soit boulonné dans le Forester n'ont pas été déçus que ce projet soit remplacé par celui d'un moteur H4 turbocompressé de 210 chevaux. En effet, cette motorisation transforme le Forester en Porsche Cayenne S, et ce, pour le quart du prix de l'allemand. J'exagère ? À peine. Avec un chrono de 6,4 secondes pour passer de 0 à 100 km/h, le Forester est capable de suivre le sillage du sprinter de Stuttgart.

Les deux moteurs peuvent être couplés à deux transmissions : une boîte manuelle à 5 vitesses dont le différentiel central autobloquant à visco-coupleur répartit la puissance également entre les essieux avant et arrière et une boîte automatique à 4 rapports avec un embrayage à disques multiples et contrôle électronique qui dirige la puissance aux roues ayant le plus d'adhérence.

FORESTER VS OUTBACK

Après mûre réflexion, il est difficile de cataloguer le Forester. Sans affirmer qu'il est dans une classe à part, nous devons reconnaître que nous ne lui connaissons aucun véritable concurrent… Sauf son frère Outback ! Même si on est loin d'une lutte fratricide, le Forester et l'Outback courtisent la même clientèle. À vous de choisir : la belle ou la bête !

Jean-François Guay

FORESTER/XT

DONNÉES TECHNIQUES

Prix du modèle à l'essai :	36 395 $ (2.5XT)
Échelle de prix :	29 095 $ à 37 095 $
Version(s) disponible(s) :	2.5X, 2.5XS, 2.5XS de luxe, 2.5XT
Garanties :	3 ans 60 000/5 ans 100 000
Catégorie :	utilitaire sport compact
Emp./Long./Lar./Haut. (cm) :	252,5/445/201/159
Poids :	1 960 kg (XT)
Coffre/Réservoir :	838 à 1 775/60 litres (XT)
Coussins de sécurité :	frontaux/latéraux
Suspension avant :	indépendante, jambes de force
Suspension arrière :	indépendante, multibras
Freins av./arr. :	disque/disque ABS, EBD
Antipatinage/Contrôle de stabilité :	non/non
Direction :	à crémaillère, assistance variable
Diamètre de braquage :	10,6 m
Pneus av./arr. :	P215/60R16

GROUPE MOTOPROPULSEUR ET RENDEMENT

Moteur :	H4 turbo 2,5 litres
Puissance :	intégrale, manuelle 5 rapports
Couple :	210 ch à 5 600 tr/min
Autre(s) moteur(s) :	235 lb-pi à 3 600 tr/min
Transmission :	H4 2,5 litres 165 ch
Autre(s) transmission(s) :	automatique 4 rapports
Accélération 0-100 km/h :	6,4 s
Reprises 80-120 km/h :	5,8 s
Freinage 100-0 km/h :	39,8 m
Vitesse maximale :	210 km/h
Indice de performance longitudinale :	5,30 m/s/s
Consommation (100 km) :	ordinaire, 11,3 litres
Autonomie :	531 km

DANS LA MÊME CATÉGORIE

Ford Escape - Honda CR-V - Jeep Liberty
Land Rover Freelander - Mazda Tribute
Mitsubishi Outlander - Nissan X-Trail - Saturn Vue
Suzuki Grand Vitara - Toyota RAV4

DU NOUVEAU EN 2005

Édition L.L. Bean

HISTORIQUE DU MODÈLE

1ère génération

DATE DE RENOUVELLEMENT

2006

NOS IMPRESSIONS

Agrément de conduite :	🚗🚗🚗🚗
Fiabilité :	🚗🚗🚗🚗🚗
Sécurité :	🚗🚗🚗🚗
Qualités hivernales :	🚗🚗🚗🚗🚗
Espace intérieur :	🚗🚗🚗🚗
Confort :	🚗🚗🚗🚗½

LE CHOIX DE L'ÉQUIPE

2.5 XT

Guide de l'auto 2005

SUBARU IMPREZA

LA PETITE DERNIÈRE

Depuis le temps qu'on le dit et le répète, la Subaru Impreza est l'une des meilleures aubaines sur le marché. Du moins lorsqu'on parle de la TS familiale. Il faut également souligner que la Outback Sport n'est pas à dédaigner si vous voulez jouer les explorateurs urbains à peu de frais. Pour sa part, la RS tente de nous convaincre qu'elle est une alternative économique à la WRX dont les 227 chevaux vous permettent de jouer au pilote de rallye. Ce portrait de famille comprend un membre de plus cette année, à savoir la berline TS.

Contrairement à la tendance des dernières années alors que les nouveautés chez Subaru ciblaient un marché de plus en plus cher, cette berline reprend l'équipement de série de la familiale TS et se vend au même prix. Il vous reste donc à décider si vous désirez le caractère pratique de la cinq portes ou l'élégance et le cachet de la quatre portes. Étant donné que plus un véhicule est petit, plus il doit bénéficier d'une grande capacité de chargement, la familiale est un choix plus logique. Mais allez donc dire cela aux personnes qui ont une profonde aversion pour tout ce qui ressemble à quelque chose d'utilitaire !

MÉCANIQUE PARTAGÉE

Comme tous les modèles de la gamme, c'est l'incontournable moteur quatre cylindres à plat de 2,5 litres qui est au programme. Ses 165 chevaux sont intéressants et il faut ajouter que sa robustesse est quasiment légendaire. Par contre, sa sonorité au ralenti ne fait pas le bonheur de tous. Son couple à bas régime surprend initialement alors que la voiture bondit en avant malgré une faible sollicitation de l'accélérateur. Soulignons au passage que cette caractéristique se manifeste davantage avec un modèle équipé de la boîte automatique à quatre rapports. Avec une boîte manuelle, le couple est mieux réparti par le jeu de l'embrayage manuel. Mais la cavalerie s'essouffle lorsque le moteur atteint un régime intermédiaire pour ensuite reprendre des forces au-delà de 3 500 tours/minute. Si la transmission automatique à quatre rapports est d'une efficacité dans la bonne moyenne, il faut souligner que le levier de vitesses doit suivre une course réglée par une plaque crantée qui n'est pas tellement agréable.

Et pourquoi diantre les ingénieurs ont-ils placé le témoin indicateur de la sélection des vitesses entre le thermomètre et la jauge d'essence sur le panneau des cadrans indicateurs ? Ce n'est certainement pas la trouvaille du siècle car il est difficile à localiser et à consulter. Ce n'est pas plus brillant de ne pas avoir de cercle

» FEU VERT
› Transmission intégrale efficace
› Mécanique fiable
› Prix compétitif (TS)
› Suspension bien calibrée
› Finition soignée

» FEU ROUGE
› Sonorité agaçante du moteur
› Habitabilité moyenne
› Faible dégagement pour les jambes (conducteur)
› Consommation élevée
› Sous-virage à la limite

de retenue pour les glaces latérales, ce qui explique le son de «cacanne» chaque fois que l'on referme la portière lorsque les glaces latérales sont descendues.

Sur une note plus positive, le tableau de bord est bien conçu et toutes les commandes sont à portée de la main et faciles à manipuler. Par contre, le porte-verre placé immédiatement sous la buse de ventilation centrale droite ne semble pas tellement en mesure de supporter un contenant plus lourd que la moyenne. Et si jamais le contenu se répand, le passager aura droit à une bonne douche. La qualité des matériaux a progressé au cours des dernières années et l'Impreza n'a plus cet air de parent pauvre de la Legacy au chapitre des plastiques et de la qualité de fabrication. Il faut par contre préciser que les personnes de grande taille vont déplorer l'espace assez restreint pour les jambes et un accès quelque peu difficile pour s'installer derrière le volant. Par contre, les sièges avant sont confortables en plus d'assurer un très bon support latéral. Quant à la banquette arrière, il suffit de s'y asseoir pour réaliser que cette dernière a été dessinée pour de petites personnes.

DE RAPIDE À TRÈS RAPIDE

Comme la TS familiale et la RS, notre berline TS 2,5 se débrouille assez bien sur la route tandis que la WRX la dévore. Les temps d'accélération ont toujours été inférieurs à 10 secondes, ce qui n'est pas vilain étant donné que la transmission est intégrale et la boîte automatique. Dans la plupart des circonstances, la tenue de cap est stable et la voiture colle à la route. Par contre, abordez un virage serré à une vitesse un peu plus élevée que la moyenne et un sous-virage impressionnant vous oblige à ralentir. Toujours à propos de la TL, la suspension est bien calibrée et le freinage plus efficace depuis l'an dernier.

Avant de conclure, il faut souligner que la RS est animée par la même mécanique, mais sa présentation extérieure est un tantinet plus relevée avec son aileron arrière et ses phares antibrouillards à l'avant. Quant au modèle Outback Sport, sa suspension est renforcée, la garde au sol plus élevée tandis que des accessoires extérieurs indiquent à votre entourage que vous êtes une personne d'action qui doit certainement partir à l'aventure chaque week-end. Ce ramage de Jim La Jungle se paie plus cher certes, mais le Outback est quand même un véhicule de finition plus luxueuse et mieux équipé que la TS qui demeure quand même une véritable aubaine aussi bien en version familiale que berline. Ajoutons également que le Outback est très agile en conduite hors route en raison de ses dimensions compactes et d'un poids assez faible. Évidemment, la transmission intégrale de Subaru se révèle efficace sur tous les terrains.

Enfin, non je n'ignore pas le modèle WRX! C'est tout simplement que cette version se démarque tellement des autres Impreza qu'elle mérite un texte à part pour pouvoir vous en décrire toutes les caractéristiques, qualités et…défauts.

Denis Duquet

DONNÉES TECHNIQUES

Prix du modèle à l'essai:	22 995 $
Échelle de prix:	22 995 $ à 26 995 $
Version(s) disponible(s):	TS, RS, Outback
Garanties:	3 ans 60 000/5 ans 100 000
Catégorie:	berlines compactes
Emp./Long./Lar./Haut.(cm):	252/441/174/144
Poids:	1 375 kg
Coffre/Réservoir:	311/60 litres
Coussins de sécurité:	frontaux
Suspension avant:	indépendante, jambes de force
Suspension arrière:	indépendante, jambes de force
Freins av./arr.:	disque (ABS)
Antipatinage/Contrôle de stabilité:	non/non
Direction:	à crémaillère, assistée
Diamètre de braquage:	10,8 m
Pneus av./arr.:	P205/55R16

GROUPE MOTOPROPULSEUR ET RENDEMENT

Moteur:	4H 2,5 litres 16s (99,5 x 79,0)
Puissance:	165 ch (123 kW) à 5 600 tr/mn
Couple:	166 lb-pi (225 Nm) à 4 000 tr/mn
Autre(s) moteur(s):	H4 2,0 litres 227 ch
Transmission:	intégrale, manuelle 5 rapports
Autre(s) transmission(s):	automatique 4 rapports
Accélération 0-100 km/h:	9,3 s
Reprises 80-120 km/h:	7,8 s
Freinage 100-0 km/h:	41,0 m
Vitesse maximale:	190 km/h
Indice de performance longitudinale:	3,27 m/s/s
Consommation (100 km):	ordinaire, 9,4 litres
Autonomie:	638 km

DANS LA MÊME CATÉGORIE
Chevrolet Optra - Suzuki Aerio - VW Jetta

DU NOUVEAU EN 2005
Version berline, améliorations de détail

HISTORIQUE DU MODÈLE
3ième génération

DATE DE RENOUVELLEMENT
2007

NOS IMPRESSIONS

Agrément de conduite:	🚗🚗🚗🚗
Fiabilité:	🚗🚗🚗🚗½
Sécurité:	🚗🚗🚗🚗
Qualités hivernales:	🚗🚗🚗🚗½
Espace intérieur:	🚗🚗🚗🚗
Confort:	🚗🚗🚗🚗½

LE CHOIX DE L'ÉQUIPE
TS familiale

Guide de l'auto 2005

SUBARU WRX

EXTRÊMES MAIS PAS DANGEREUX

Le Québec est presque une terre de prédilection pour Subaru. Ici, on reconnaît aisément l'importance d'une bonne traction intégrale, et son utilisation lors de nos hivers rigoureux permet d'apprécier davantage les qualités de ce genre de véhicule. Malgré cela, les ventes du fabricant japonais n'atteignent pas les sommets souhaités. La solution, pour Subaru, c'est d'essayer de rejoindre le marché des plus jeunes. Pour ce faire, rien de mieux que des voitures puissantes à l'allure unique comme on l'a fait avec la WRX et, plus récemment, avec la version performance.

Cette version, la STi, pour Subaru Technica international, est une véritable bombe avec un moteur turbo de 300 chevaux, aux performances explosives et à la puissance hors de proportion. Ce qui peut sembler être un véritable outil de démolition. Mais, et il y a un mais d'importance, il s'agit aussi de la voiture la plus équilibrée du genre qu'il m'ait été donné d'essayer, si on excepte bien sûr les mégasportives italiennes par exemple.

L'équilibre, chez Subaru, passe d'abord par la traction intégrale. Ce système de traction intégrale qui fait la renommée de la marque fonctionne avec une grande efficacité. Mais pour faire bonne mesure, la STi est aussi munie de trois différentiels autobloquants : un premier différentiel, central celui-là, qui sert à répartir le couple à 50% entre les deux essieux. On peut cependant modifier cette proportion d'une simple pression sur un bouton situé entre les deux passagers avant.

Quant aux ponts, ils sont aussi équipés de différentiels autobloquants de composition mécanique, comme on les retrouve sur les voitures de course.

La traction intégrale ne présente pas que des qualités. Bien sûr, elle assure une plus grande stabilité, mais en revanche, parce que la traction est répartie aux quatre roues, la friction est plus grande au démarrage. Le résultat en accélération 0-100 est donc intéressant, mais un bon démarrage demande une poussée un peu plus grande (c'est-à-dire un niveau de révolution du moteur plus élevé) que d'autres versions sportives.

L'utilisation du moteur est quand même pointue. Le couple disponible jusqu'à 4 000 tr/min est respectable, mais de 4 à 5000 tr/min, ouf… À chaque changement de rapport, vous avalez littéralement votre dentier tellement la puissance est impressionnante! Le sifflement du turbo qui vient accompagner l'orchestre du boxer donne encore plus l'impression de cette puissance.

J'ai bien tenté d'élever le régime moteur jusqu'à 8 000 tours, mais ce fut inutile. À ce niveau, la puissance n'est tout simplement pas au rendez-vous. Pour apprécier le plaisir de la

»» FEU VERT
› Moteur puissant et souple
› Traction intégrale performante
› Sièges type rallye
› Technologie de transfert de couple

»» FEU ROUGE
› Sous-virage léger
› Prise d'air nuit à la visibilité
› Habitacle ordinaire
› Puissance parfois surprenante

Guide de l'auto 2005

STi, il faut conserver une certaine retenue, et se contenter de faire tourner le moteur jusqu'à un maximum de 5 000 tours à la minute. Vous pourrez ainsi en tirer le maximum, et vous ressentirez le turbo gonfler la puissance à chaque changement de rapport.

En courbe, parce que le différentiel avant est à glissement limité (ajusté automatiquement), on a tendance à obtenir un tout petit peu de sous-virage. En fait, en conduite un peu sportive, il est plutôt facile de faire hurler les pneus profil sport installés à l'avant de la voiture.

Pour les puristes, signalons que cette maniabilité est aussi rendue possible grâce au moteur boxer de série chez Subaru, un moteur logé transversalement sous le capot. Il est plus bas que les moteurs normaux, ce qui améliore le centre de gravité. Il est aussi très court, ce qui permet d'avoir une meilleure rigidité de châssis.

Pour bien maîtriser toute cette force sous le capot, il a fallu munir la STi de freins Brembo haute-performance à quatre pistons, qui permettent un freinage digne des voitures de course.

Enfin, pour s'assurer que le turbo est en mesure de fournir le maximum de performance, il est surmonté d'une prise d'air de dimensions extraordinaires qui ressort du capot. Une installation sans doute fort efficace, mais qui trouble la vue du conducteur en usage quotidien. On peut aussi injecter de l'eau sous pression dans le système de refroidissement pour améliorer temporairement la puissance du turbo par chaudes températures.

HABITACLE SPORT

L'habitacle de la version STi est intéressant, les sièges sont très sportifs même dans leur support (c'est-à-dire qu'ils auraient avantage à offrir un peu plus de rembourrage), mais on a fait un effort remarquable en ce qui a trait au look : une partie du cuir des sièges et du tableau de bord est d'un bleu royal vif, à l'image de bien des voitures sport. La tableau de bord avec ses cadrans conçus spécialement pour la STi est superbe, facile à consulter.

Mais la STi n'est pas la seule de la gamme. La version plus modeste, la WRX de base, est aussi une voiture aux performances dignes de mention, même si elles sont un peu moins extrêmes que ceux de la grande sœur. Le moteur, qui développe quand même 227 chevaux, offre un peu moins de puissance et de souplesse, mais ne vous laissera pas en plan en bordure de la route. Et bien entendu, les réglages de différentiels, les sièges et l'habitacle en général sont plus près de l'Impreza standard que de la STi la plus puissante.

Il y a aussi d'importantes différences extérieures. La STi profite d'une entrée d'air démesurée et d'un aileron arrière à l'avenant, alors que dans le cas de la simple WRX, on a un peu maîtrisé les ardeurs des designers.

Bref, la STi est une véritable bombe aux performances exceptionnelles. Mais pour avoir du plaisir, la version plus modeste fera tout à fait l'affaire. Après tout, même les maniaques ont leurs limites sur la route !

Bertrand Godin

DONNÉES TECHNIQUES

Prix du modèle à l'essai :	34 495 $
Échelle de prix :	22 995 $ à 26 995 $
Version(s) disponible(s) :	WRX, WRX STI
Garanties :	3 ans 60 000/5 ans 100 000
Catégorie :	berlines sport
Emp./Long./Lar./Haut.(cm) :	252,5/44,5/174/144
Poids :	1 399 kg
Coffre/Réservoir :	311/72 litres
Coussins de sécurité :	fontaux et latéraux (av./arr.)
Suspension avant :	indépendante, jambes de force
Suspension arrière :	indépendante, jambes de force
Freins av./arr. :	disque (ABS)
Antipatinage/Contrôle de stabilité :	non/non
Direction :	à crémaillère, ass. variable
Diamètre de braquage :	10,8 m
Pneus av./arr. :	P225/45ZR17

GROUPE MOTOPROPULSEUR ET RENDEMENT

Moteur :	4H 2,4 litres (99,5 x 79,0) turbocompressé
Puissance :	300 ch (224 kW) à 6000 tr/mn
Couple :	300 lb-pi (407 Nm) à 4000 tr/mn
Autre(s) moteur(s) :	4H 2L turbo 227 ch
Transmission :	intégrale, manuelle 6 rapports
Autre(s) transmission(s) :	manuelle 5 rapports automatique 4 rapports
Accélération 0-100 km/h :	4,8 s
Reprises 80-120 km/h :	3,9 s
Freinage 100-0 km/h :	39,9 m
Vitesse maximale :	240 km/h
Indice de performance longitudinale :	6,09 m/s/s
Consommation (100 km) :	super, 12,8 litres
Autonomie :	563 km

DANS LA MÊME CATÉGORIE

Acura TSX - Audi S4 - Mercedes C32 AMG
Volvo S60 R - VW Jetta GLI

DU NOUVEAU EN 2005

Aucun changement

HISTORIQUE DU MODÈLE

1ère génération

DATE DE RENOUVELLEMENT

n.d.

NOS IMPRESSIONS

Agrément de conduite :	🚗🚗🚗🚗
Fiabilité :	🚗🚗🚗🚗
Sécurité :	🚗🚗🚗🚗
Qualités hivernales :	🚗🚗🚗🚗½
Espace intérieur :	🚗🚗🚗🚗
Confort :	🚗🚗🚗🚗½

LE CHOIX DE L'ÉQUIPE

STi

SUBARU LEGACY/OUTBACK

BELLE MÉCANIQUE

Alors que la marque dérivait sur une mer d'indifférence, quelqu'un chez Fuji Heavy Industries a eu l'idée géniale de transformer la Legacy familiale en « hybride ». Il ne s'agit pas de l'hybride que nous connaissons maintenant, mais d'une voiture de tourisme adaptée aux exigences de la conduite hors route. Quelques années plus tard, cette catégorie est devenue celle des « crossover » ou des véhicules multifonctions et sa popularité ne cesse de croître.

Un peu comme l'oeuf de Colomb, il suffisait d'y penser! Mais encore fallait-il avoir les bons éléments sur le plan mécanique pour que le projet connaisse du succès. Chez Subaru, la plate-forme était suffisamment robuste pour se prêter au jeu de la transformation, tandis que la transmission intégrale était déjà reconnue pour son efficacité. Nous connaissons la suite. Les modèles Outback ont connu un succès monstre et Subaru a retrouvé le chemin de la prospérité.

C'est donc sur cette lancée que la direction a décidé de renouveler à la fois la Legacy et la Outback. Soulignons au passage que cette dernière a obtenu son indépendance au fil des ans pour devenir un modèle à part. Même si au premier coup d'oeil les changements semblent plutôt modestes, tout a été changé : aussi bien la plate-forme que les moteurs.

Mais avant de considérer plus en détail ces deux nouveaux modèles, quelques mots pour vous parler du stylisme ou de son absence! En

effet, si les ingénieurs ont planché fort sur la mécanique, les stylistes semblent toujours souffrir de «conservatite» aiguë. Aussi bien la berline que la familiale ressemblent à la Legacy, leur devancière. C'est plus moderne, moins empâté, mais ce n'est pas la révolution. À ce titre, la Outback est mieux réussie avec son capot plongeant, ses bas de caisse mis en évidence par une étroite bande décorative et des roues mieux dessinées. Heureusement pour Subaru, les qualités intrinsèques de tous ces modèles compensent ce manque d'inspiration sur le plan visuel.

LA LEGACY D'ABORD

Si sa silhouette est plutôt sage, la Legacy nous comble sur le plan technique. Non seulement la plate-forme est-elle entièrement nouvelle, mais le groupe propulseur a été révisé du tout au tout. Pourtant, à première vue, elle est toujours animée par son traditionnel moteur quatre cylindres à plat et la cylindrée est demeurée la même, soit 2,5 litres. Mais foi de Richard Marsan, le directeur de la qualité et de la loyauté chez Subaru Canada, tout a été modifié et amélioré. La version atmosphérique de ce moteur produit maintenant 168 chevaux, un gain de trois par rapport au modèle 2004. Ce gain est plutôt modeste, par contre la courbe du couple est mieux répartie, ce qui permet d'obtenir des performances plus intéressantes bien que le couple soit demeuré inchangé sur ce moteur. En fait, la grande nouvelle est l'arrivée d'une version turbocompressée de ce moteur quatre cylindres. Cette fois, c'est du sérieux avec une puissance de 250 chevaux, ce qui permet de boucler le

0-100 km/h en moins de huit secondes. Deux nouvelles transmissions sont au programme, une boîte manuelle à cinq rapports qui a été renforcée et une toute nouvelle transmission automatique à cinq rapports. Celle-ci peut être contrôlée à partir de boutons placés sur le volant ou par le biais du traditionnel levier de vitesses. Ce moteur turbo équipe les modèles GT offerts aussi bien sur la berline que la familiale. Comme il se doit, les modèles GT sont dotés d'une suspension plus ferme et de pneus de 17 pouces.

Dans toutes les versions de la Legacy, le capot est en aluminium tandis que sur la familiale, le hayon est du même métal. Une réduction de

»› ÉQUIPEMENT DE SÉRIE
› Moteur H4 250 chevaux
› Boîte manuelle 5 rapports
› Toit ouvrant électrique
› Roues 17 pouces
› Sellerie de cuir

»› PRINCIPALES OPTIONS
› Modèle «tout compris»
› Boîte automatique 5 rapports

SUBARU LEGACY/OUTBACK

poids moyenne d'environ 50 kg a été obtenue sur la plupart des modèles tout en améliorant la rigidité de la caisse en flexion et en torsion.

DU SOLIDE!

Pour nous prouver les mérites de la nouvelle Legacy, Subaru nous a amenés sur l'Île du Cap-Breton. Le paysage est souvent grandiose, mais l'état des routes est semblable à celui du Québec. C'est donc dans un environnement sans compromis que nous avons mis la Legacy à l'essai.

Avant de parler de conduite, soulignons que l'habitacle est moins kitsch que par le passé. En plus, la texture des plastiques est moins rustique tandis que la finition est impeccable comme toujours. L'accès à bord est facile tandis que les sièges avant sont confortables et assurent un bon support latéral. Par contre, le support pour les cuisses est plutôt faible. Ajoutons au passage que les appuie-tête avant sont de type actif et protègent la nuque contre le coup de lapin en cas de collision. À l'image de l'extérieur, le tableau de bord est sobre. Les designers se sont contentés de suivre les tendances à la mode. De plus, ils utilisent une matière plastique de couleur titane qui est dans le ton du jour. Pour le reste, tout est à sa place, sans chichi, sans recherche d'effets. Un important surplomb en forme de demi-cercle abrite bien les cadrans indicateurs des rayons du soleil. Dernier détail, les cadrans du modèle GT sont électroluminescents.

Mais ce qui importe davantage, c'est le comportement routier de cette nouvelle venue. À ce chapitre, c'est gagné d'avance. Sur les routes dégradées empruntées lors de cet essai, la Legacy n'a jamais perdu son aplomb. Il a été impossible de faire décrocher le train arrière dans des virages amorcés à vive allure sur une chaussée bosselée tandis que la caisse était d'une impressionnante rigidité.

Les versions GT sont les plus intéressantes tant au chapitre des performances que de la tenue de route. La boîte manuelle a été grandement améliorée et les passages des rapports s'effectuent sans problème tandis que l'étagement est bon. Les reprises du moteur turbo sont incisives et le temps de réponse pratiquement

❱❱❱ FEU VERT
❱ Plate-forme très rigide
❱ Boîte manuelle améliorée
❱ Tenue de route impressionnante
❱ Finition sérieuse

❱❱❱ FEU ROUGE
❱ Prix corsé
❱ Moteur 168 chevaux un peu juste
❱ Silhouette anonyme
❱ Suspension de base souple

imperceptible. En comparaison, les prestations du moteur atmosphérique sont moins allègres et il faut certainement planifier les dépassements. Au freinage, la pédale de frein est moins spongieuse que sur la génération précédente et les temps d'arrêt, particulièrement courts.

ET LA OUTBACK?

La Legacy a progressé et s'est donné une vocation plus sportive avec le modèle GT. Mais, à mon avis, la Outback me semble un meilleur choix. Il est vrai qu'elle n'est fabriquée qu'en version familiale, que son centre de gravité est plus élevé et sa suspension plus souple, mais c'est un véhicule fort bien adapté pour la personne physiquement active à la recherche d'un véhicule polyvalent, et doté d'une transmission intégrale permettant d'affronter toutes les conditions routières. Sa silhouette est également plus dynamique que celle de la Legacy familiale. Le capot avant est plus plongeant tandis que les jantes en alliage sont d'un design plus provoquant. Il faut souligner que les énormes bandes latérales de bas de caisse ont fait place à des éléments moins larges, plus discrets et beaucoup plus élégants.

Trois groupes propulseurs sont au catalogue, cela permet donc de choisir la personnalité recherchée. Le modèle le plus économique est équipé du moteur 2,5 litres atmosphérique de 168 chevaux. Les prestations sont acceptables si l'agrément de conduite et les performances vous laissent plus ou moins indifférent. Les accélérations et les reprises sont dans la bonne moyenne lorsque le véhicule n'est pas chargé. Mais avec quatre personnes à bord et tous leurs bagages, c'est autre chose.

Le moteur six cylindres en H est de retour. Cette fois, il passe à 250 chevaux. Il procure des accélérations plus linéaires. Il est livré avec une boîte automatique à cinq rapports, fort bien adaptée. Pour justifier son prix plus corsé, ce modèle propose un équipement très complet et une suspension plus calibrée en fonction du confort. Malgré tout, sa tenue de route est excellente bien que la douceur de la suspension soit parfois la cause de certains déhanchements du train arrière lorsque la voiture est confrontée à une ou plusieurs bosses en décélération.

Finalement, le modèle XT avec son moteur quatre cylindres 2,5 litres de 250 chevaux est la Outback la plus sportive. Le moteur a plus de mordant que le six cylindres et la suspension m'a paru plus ferme.

En terminant, soulignons que la Outback se débrouille fort bien lorsque la route se transforme en sentier de brousse. Cette année, la garde au sol a été augmentée de 8 mm, ce qui facilite davantage le passage de sections défoncées de la route. Comme d'habitude, le rouage intégral de Subaru n'est jamais pris au dépourvu, qu'il s'agisse d'une route enneigée ou d'une route boueuse parsemée d'ornières. À moins que vous ne soyez un pur et dur de la conduite hors route extrême, le Outback est capable d'en prendre et justifie son prix tout de même passablement corsé.

Denis Duquet

LEGACY/OUTBACK

DONNÉES TECHNIQUES

Prix du modèle à l'essai:	Outback 42 895 $
Échelle de prix:	32 895 $ a 44 995 $
Version(s) disponible(s):	2,5L -XT 3,0R
Garanties:	3 ans 60 000/5 ans 100 000
Catégorie:	multisegment
Emp./Long./Lar./Haut.(cm):	267/479,5/177/147,5
Poids:	1 615 kg
Coffre/Réservoir:	420/64 litres
Coussins de sécurité:	frontaux, latéraux (av.) et rideaux
Suspension avant:	indépendante, jambes de force
Suspension arrière:	indépendante, multibras
Freins av./arr.:	disque (ABS)
Antipatinage/Contrôle de stabilité:	oui/oui
Direction:	à crémaillère, ass. variable
Diamètre de braquage:	10,8 m
Pneus av./arr.:	P225/55R17

GROUPE MOTOPROPULSEUR ET RENDEMENT

Moteur:	4H 2,5 litres 16s (92,0 x 75,0)
Puissance:	250 ch (186 kW) à 6000 tr/mn
Couple:	250 lb-pi (339 Nm) à 3600 tr/mn
Autre(s) moteur(s):	4H 2,5 litres 168 ch, H6 3 litres 250 ch
Transmission:	intégrale, manuelle 5 rapports
Autre(s) transmission(s):	automatique 5 rapports
Accélération 0-100 km/h:	7,6 s
Reprises 80-120 km/h:	6,8 s
Freinage 100-0 km/h:	39,0 m
Vitesse maximale:	210 km/h
Indice de performance longitudinale:	5,05 m/s/s
Consommation (100 km):	super, 12,6 litres
Autonomie:	508 km

NIVEAU SONORE

Ralenti:	40,4 db
Accélération:	71,9 db
100 km/h:	66,7 db

DANS LA MÊME CATÉGORIE
Audi A4 Avant - BMW X3 - Lexus RX 330 - Volvo XC 70

HISTORIQUE DU MODÈLE
3ième génération

DATE DE RENOUVELLEMENT
n.d.

NOS IMPRESSIONS

Agrément de conduite:	🚗🚗🚗🚗🚗
Fiabilité:	🚗🚗🚗🚗🚗½
Sécurité:	🚗🚗🚗🚗🚗½
Qualités hivernales:	🚗🚗🚗🚗🚗
Espace intérieur:	🚗🚗🚗🚗🚗
Confort:	🚗🚗🚗🚗

LE CHOIX DE L'ÉQUIPE
Outback XT

Guide de l'auto 2005

SUZUKI AERIO

UNE PROPOSITION À ÉTUDIER

La Aerio a succédé à la terne Esteem au rayon des compactes économiques chez Suzuki. Le plus important défi à relever pour ses concepteurs n'était pas tant de faire oublier cette petite falote, au nom trop prétentieux pour une voiture dont on avait déjà peine à se souvenir de son vivant, que de doter la Aerio d'une personnalité forte et originale, d'une identité qui fasse "tilt" dans l'esprit des consommateurs.

Deux ans plus tard, on peut parler de demi-succès ou de demi-échec. La Aerio ne passe pas aussi inaperçue que l'infortunée Esteem, mais son nom ne fait toujours pas partie des incontournables qui viennent spontanément à l'esprit dans cette catégorie. Et si l'on entend parler d'elle, c'est souvent sur le ton de : « Ha ! Oui ! La drôle de petite voiture ! » Bref, vous l'aurez compris, la Aerio n'éveille pas grande empathie chez les masses. Ce n'est pas qu'elle soit dépourvue de qualités, mais celles-ci, de caractère essentiellement pratique, ne sont pas de nature à susciter des déferlements de passion. Si vous recherchez une voiture compacte, pratique et économique, et un peu plus originale, prenez le temps de l'étudier. Vous courrez la chance d'y trouver certains arguments intéressants qui lui permettent de se démarquer.

UNE ALLURE « PITTORESQUE »

Cette compacte est offerte en configuration berline ou hatchback, cette dernière tenant plus d'une familiale, et bizarrement appelée "Fastback" même si son hayon est presque vertical. Chacune proposant à son tour deux niveaux d'habillage : GL et GLX pour la berline, S et SX pour la hatchback. La traction fait partie de l'équipement de série, et les dotations GLX, et SX offrent le choix d'un efficace rouage intégral. Il n'y a pas de changements en 2005, à part une planche de bord révisée, et quelques modifications à la carrosserie.

Afin de maximiser son habitabilité, l'Aerio épouse des formes verticales, toutes en hauteur, qui lui donnent une allure massive. Cette contrainte esthétique afflige durement la berline, qui fait franchement mal à voir. La hatchback affiche au moins un air rigolo qui me rappelle la Gremlin du constructeur American Motors, réputé pour les formes tarabiscotées de ses voitures. Mais qu'importe, l'acheteur en mesure les avantages dès qu'il s'installe à bord, aisément, et sans trop courber la tête. Les sièges avant procurent un confort et un soutien satisfaisants, et la position de conduite est adéquate. La banquette

»» FEU VERT
› Prix étudiés
› Tenue de route prévisible
› Bonne habitabilité dans la Fastback
› Fiabilité correcte
› Commode traction intégrale

»» FEU ROUGE
› Certains matériaux bas de gamme
› Allure discutable
› Sensibilité au vent
› Concessionnaires peu nombreux
› Pas de coussins gonflables latéraux

Guide de l'auto 2005

arrière accommode deux adultes grâce à des dégagements généreux pour la tête, et acceptables pour les jambes. Le compartiment à bagages est l'un des plus spacieux dans sa catégorie, et il s'agrandit en abaissant le dossier fractionnable de la banquette. Un seul hic : pour profiter de tout cet espace «théorique», il faut empiler les bagages jusqu'au plafond, et alors, adieu la visibilité vers l'arrière.

L'aménagement intérieur est sobre, pour ne pas dire tristounet, et l'apparence très ordinaire des divers matériaux utilisés n'arrange pas les choses. La seule audace que l'on s'était permise antérieurement, une étroite nacelle triangulaire qui logeait d'agaçants compteurs à affichage numérique, fait heureusement place, cette année, à de classiques instruments analogiques de lecture facile. Pour le reste, l'ergonomie est fonctionnelle, et la plupart des commandes sont à portée de main. On regrette cependant le peu d'espaces de rangement.

CONDUITE SANS ÂME

De 141 chevaux en 2002, le moteur 2 litres est passé à 145 chevaux en 2003, puis à une cylindrée de 2,3 litres délivrant 155 chevaux, l'an dernier. Ces augmentations successives donnaient raison aux critiques qui reprochaient son manque d'entrain au moteur. Et maintenant qu'on en est à un total de 155, l'un des plus élevés de cette catégorie? Les accélérations sont plus vives, c'est certain, et les dépassements plus dynamiques, mais on se demande quand même si ces chevaux n'ont pas été nourris au sushi (tout le monde sait qu'ils détestent le poisson). Dites-vous seulement qu'ils ne seront pas de trop si vous optez pour la traction intégrale. La boîte manuelle se manie avec aisance, et les intégrales arrivent d'office avec l'automatique qui cherche parfois à quel rapport se vouer.

La direction est peu communicative, bien qu'assez précise, et il est aisé de maintenir le cap, sauf par grands vents latéraux. La suspension indépendante aux quatre roues procure un compromis acceptable entre adhérence et confort. Ça ne fait pas de la Aerio une sportive, elle a même plutôt tendance à sous-virer, surtout en traction, alors que sa haute stature la prédispose à de fortes inclinaisons en virage serré, mais ses réactions sont prévisibles et sa tenue de route est saine. Les freins à disque/tambour exécutent leur tâche sans qu'on trouve à redire, tant qu'on s'en tient à un style de conduite tranquille. L'ABS n'est disponible que sur les dotations SX et GLX (de série).

Les versions économiques S et GL offrent un équipement assez avantageux pour leur prix : lecteur CD, glaces et rétroviseurs assistés, tachymètre et galerie de toit. Il n'y a pas d'accessoires optionnels, à part la climatisation. Les SX et GLX incluent les assistances électriques usuelles, la climatisation et le régulateur de vitesse, bref, tout le nécessaire, mais rien de vraiment exceptionnel, ni, non plus, de coussins latéraux.

En résumé, la Aerio n'a pas le raffinement, l'habitabilité, ni les qualités dynamiques et structurelles des meilleures japonaises, mais elle fait l'affaire pour circuler économiquement.

Jean-Georges Laliberté

DONNÉES TECHNIQUES

Prix du modèle à l'essai :	23 395 $
Échelle de prix :	15 995 $ à 23 395 $
Version(s) disponible(s) :	berline GL et GLX, hatchback S et SX
Garanties :	3 ans 60000/5 ans 100000
Catégorie :	compacte
Emp./Long./Lar./Haut.(cm) :	248/423/172/155
Poids :	1330 kg
Coffre/Réservoir :	364/50 litres
Coussins de sécurité :	frontaux
Suspension avant :	indépendante, jambes de force
Suspension arrière :	indépendante, jambes de force
Freins av./arr. :	disque/tambour
Antipatinage/Contrôle de stabilité :	non/non
Direction :	à crémaillère, assistée
Diamètre de braquage :	10,7 m
Pneus av./arr. :	P195/55R15

GROUPE MOTOPROPULSEUR ET RENDEMENT

Moteur :	4L 2,3 litres
Puissance :	155 ch à 5400 tr/min
Couple :	152 lb-pi à 3000 tr/min
Autre(s) moteur(s) :	aucun
Transmission :	manuelle 5 rapports
Autre(s) transmission(s) :	automatique 4 rapports
Accélération 0-100 km/h :	11,8 s
Reprises 80-120 km/h :	8,8 s
Freinage 100-0 km/h :	44 m
Vitesse maximale :	185 km/h
Indice de performance longitudinale :	4,12 m/s/s
Consommation (100 km) :	ordinaire, 9,9 litres
Autonomie :	505 km

DANS LA MÊME CATÉGORIE

Chevrolet Optra - Ford Focus - Dodge SX2.0 Honda Civic - Hyundai Elantra - Mitsubishi Lancer, Mazda3 - Nissan Sentra - Subaru Impreza - Toyota Matrix

DU NOUVEAU EN 2005

Planche de bord et carrosserie légèrement modifiées

HISTORIQUE DU MODÈLE

1ère génération

DATE DE RENOUVELLEMENT

n.d.

NOS IMPRESSIONS

Agrément de conduite :	🚗🚗🚗🚗
Fiabilité :	🚗🚗🚗🚗
Sécurité :	🚗🚗🚗🚗
Qualités hivernales :	🚗🚗🚗🚗½
Espace intérieur :	🚗🚗🚗🚗½
Confort :	🚗🚗🚗🚗

LE CHOIX DE L'ÉQUIPE

Fastback SX intégrale

Guide de l'auto 2005

SUZUKI SWIFT+

LE MALHEUR DES UNS...

Les amateurs de sous-compactes avaient gardé un excellent souvenir de la petite Suzuki Swift qui avait été commercialisée jusqu'en l'an 2000. Pratique, frugale et somme toute assez résistante, elle avait souvent joué le rôle de première voiture neuve, puisqu'elle était proposée à des tarifs vraiment attractifs. Pour cette nouvelle édition apparue l'année dernière, tel un rémora nettoyeur, le constructeur japonais s'est collé sur le gros squale GM lorsque ce dernier avala le petit coréen Daewoo, et ramassa les miettes.

CLONAGE RÉUSSI

Il faut dire que la Swift+ est en fait ce qu'aurait pu être une Daewoo Lanos, et qu'elle est le clone de la Chevrolet Aveo cinq portes. Suzuki a en effet choisi de retenir cette unique configuration, alors que GM commercialise aussi une berline élaborée sur la même base. Les carrosseries des deux modèles apparaissent presque identiques, et leurs mécaniques sont complètement interchangeables. En fait, au-delà des quelques différences esthétiques, il faut vraiment examiner les fiches techniques à la loupe pour y trouver, finalement, quelques différences dans les équipements. Par exemple, la Swift+ arrive avec un lecteur de CD alors qu'il faut payer un supplément pour l'avoir dans l'Aveo. Cette dernière peut recevoir l'ABS en option, ce qui demeure impossible avec la Suzuki. Tenez donc compte des concessionnaires (proximité, réputation) avant de faire votre choix, tout en gardant à l'esprit que ceux arborant la bannière Suzuki sont beaucoup moins nombreux.

À l'intérieur, les choses se présentent plutôt simplement. Avec un prix d'attaque d'un peu plus de 13 000 dollars, il ne faut pas s'attendre à des miracles, même si la main-d'œuvre coréenne travaille pour des « peanuts ». Mais les matériaux de qualité moyenne, assemblés convenablement (mieux que dans certaines américaines plus onéreuses) satisferont la plupart des clients. Les larges glaces procurent un bel éclairage naturel à la cabine, et les occupants n'ont pas l'impression de rouler dans une voiture si peu encombrante. Les sièges à l'avant présentent des assises pleine grandeur et offrent un support très convenable, malgré un tissu d'assez piètre qualité. Constat identique pour l'arrière, sauf bien entendu pour le troisième larron au milieu, qui ne voudra pas porter longtemps sa croix, même s'il dispose comme les autres d'une ceinture de sécurité avec baudrier. Le coffre – de dimension réduite – s'agrandit bien entendu lorsque le dossier 60/40 de la banquette est rabattu, et vous devrez choisir entre des compagnons de route ou des

»» FEU VERT
› Ligne agréable
› Prix étudiés
› Qualité correcte
› Bonne habitabilité
› Bonne maniabilité en ville

»» FEU ROUGE
› Certains matériaux bas de gamme
› Pneus très ordinaires
› Sensibilité au vent
› Freinage très moyen
› Suspensions parfois sèches

Guide de l'auto 2005

DONNÉES TECHNIQUES

Prix du modèle à l'essai :	15 495 $
Échelle de prix :	13 495 $ à 16 595 $
Version(s) disponible(s) :	de base ou «S»
Garanties :	3 ans 60 000/5 ans 100 000
Catégorie :	sous compacte
Emp./Long./Lar./Haut.(cm) :	248/388/167/149,5
Poids :	1 065 kg
Coffre/Réservoir :	200 à 1 190 / 45 litres
Coussins de sécurité :	frontaux
Suspension avant :	indépendante, jambes de force
Suspension arrière :	poutre déformante, bras tirés
Freins av./arr. :	disque/tambour
Antipatinage/Contrôle de stabilité :	non/non
Direction :	à crémaillère, assistée
Diamètre de braquage :	9,8 m
Pneus av./arr. :	P185/60R14

GROUPE MOTOPROPULSEUR ET RENDEMENT

Moteur :	4L 1,6 litre
Puissance :	105 ch à 6000 tr/min
Couple :	107 lb-pi à 3 600 tr/min
Autre(s) moteur(s) :	aucun
Transmission :	automatique 4 rapports
Autre(s) transmission(s) :	manuelle 5 rapports
Accélération 0-100 km/h :	11 s
Reprises 80-120 km/h :	8,5 s
Freinage 100-0 km/h :	44 m
Vitesse maximale :	170 km/h
Indice de performance longitudinale :	4,19 m/s/s
Consommation (100 km) :	ordinaire, 8 litres
Autonomie :	562 km

bagages, à moins de vous procurer une boîte pour le toit. Et alors, à pleine charge, planifiez soigneusement vos dépassements.

PERFORMANCES HONORABLES

En conduite normale, le petit 1,6 litre se tire honorablement d'affaire. Doux, relativement silencieux sauf dans ses derniers retranchements, il procure des accélérations et des reprises suffisantes en conduite normale, particulièrement avec la boîte manuelle qui se laisse manier à l'aide d'une pédale d'embrayage très légère et à l'engagement progressif. On se dit que cette petite serait le véhicule idéal pour une école de conduite. En circulation urbaine, la Swift+ vous fera sourire par sa maniabilité et sa consommation raisonnable. L'automatique à quatre rapports se comporte presque comme une grande, réagissant avec douceur la plupart du temps sauf à pleine accélération, et vous fait réaliser qu'il n'y a vraiment pas si longtemps, un moteur de si petite cylindrée ne pouvait tout simplement pas supporter une telle cohabitation. Sur autoroute, à vitesse légale, la Swift+ fend l'air assez silencieusement, et le confort des suspensions vous permettra de couvrir d'assez longues distances d'une seule traite. Par ailleurs, à vitesse réduite, les ressorts et les amortisseurs réagissent plus sèchement, sans jamais sombrer dans l'inconfort des éditions précédentes. Malgré des dimensions très correctes (185/60R14) les pneumatiques manquent d'adhérence en toutes circonstances, hurlent rapidement leur dépit si vous tentez de les brusquer un tant soit peu, et sont probablement responsables des performances très ordinaires au chapitre du freinage. N'hésitez pas à vous en débarrasser, et ne faites surtout pas l'erreur de penser que vous pourrez les utiliser dans la neige, même pendant leur premier hiver.

Le niveau d'équipement apparaît aussi particulièrement bien étudié pour les tarifs. La dotation de base comprend en effet la servodirection, une instrumentation assez complète, le siège conducteur et le volant réglables en hauteur, une radio avec lecteur CD et quatre haut-parleurs, et la plupart des commodités de base. La version «S» (comme dans supplémentaire, et non sport) ajoute un lecteur MP3 et deux haut-parleurs, de petits appendices à la carrosserie, les assistances électriques pour les glaces et le verrouillage des portières, et quelques autres bricoles, le tout pour deux mille dollars supplémentaires ce qui se compare à peu de choses près aux tarifs exigés chez le gros voisin GM.

La Swift+ dans ses deux versions offre aux personnes à la recherche d'un premier ou d'un deuxième véhicule économique, pratique, simple et sympathique, une alternative très valable à ce qui est offert présentement sur le marché. Quand on réalise les coûts associés à la conception d'un nouveau modèle, il devient clair que Suzuki a vraiment bien profité de l'occasion créée par la débandade de Daewoo pour élargir sa gamme vers le bas. Le malheur des uns fait parfois la fortune de certains autres.

Jean-Georges Laliberté

DANS LA MÊME CATÉGORIE

Chevrolet Aveo - Kia Rio - Hyundai Accent - Toyota Echo

DU NOUVEAU EN 2005

Nouveau modèle

HISTORIQUE DU MODÈLE

1ière génération

DATE DE RENOUVELLEMENT

n.d.

NOS IMPRESSIONS

Agrément de conduite :	🚗🚗🚗🚗
Fiabilité :	nouveau modèle
Sécurité :	🚗🚗🚗🚗
Qualités hivernales :	🚗🚗🚗🚗
Espace intérieur :	🚗🚗🚗🚗½
Confort :	🚗🚗🚗🚗

LE CHOIX DE L'ÉQUIPE

«S»

Guide de l'auto 2005

SUZUKI VERONA

LÀ POUR RESTER ?

Si je vous disais : « je porte un nom italien, je suis fabriquée par des travailleurs sud-coréens, je suis distribuée par un consortium mené par des Américains et je suis vendue par une société japonaise à des consommateurs canadiens… Qui suis-je ? » Non je ne suis pas une lasagne congelée aux fruits de mer ! Un indice supplémentaire ? Je suis un clone de la Chevrolet Epica et l'automne dernier j'ai rejoint les rangs de la gamme Suzuki. Je suis la Verona dont la carrosserie a été dessinée en Italie dans les studios de Italdesign. Qui plus est, la ville de Verona n'est-il pas le lieu où Roméo fit la cour à Juliette ? Vérone ! Verona ! Que de charmes mes amis !

À l'instar de la Chevrolet Epica et de la Daewoo Evanda (vendue en Europe), la Verona a été rescapée de la crise financière asiatique qui a eu raison de l'empire sud-coréen Daewoo. On se rappellera que les folies de grandeur de son fondateur Kim Woo-Choong avaient été suicidaires pour le troisième plus important constructeur de la Corée du Sud. Mise en faillite par ses créanciers à l'automne 2000, la marque doit son salut à l'intervention de General Motors, Suzuki et au constructeur chinois SAIC. Sans eux, la marque n'aurait pas repris ses activités sous la société GM Daewoo Auto Technology Co. (ou GMDAT). Avec 42,1 % des actions, GM détient les commandes de cette structure, Suzuki se contente d'un rôle mineur avec 24,9 % des actions qu'elle se partage avec SAIC.

ÉQUIPEMENT
Comme sa vraie jumelle Epica, la Verona est offerte en deux versions soit GL et GLX dans son cas. Vendue moins de 23 000 $ comparativement à près de 25 000 $ pour l'américaine, la version de base GL est cependant moins équipée que l'Epica de base LS. Pour atteindre un prix aussi bas, le propriétaire d'une Verona GL doit lever le nez sur le siège du conducteur à réglage électrique, les jantes en alliage, et les phares antibrouillards. Par contre, tout le tralala habituel d'une voiture d'origine sud-coréenne demeure de série : les glaces électriques, le régulateur de vitesse, la climatisation, les rétroviseurs électriques chauffants, les serrures électriques, le déverrouillage à distance, et le volant inclinable sont au catalogue. Si les freins ABS avec antipatinage sont offerts en option dans l'Epica LS, ce dispositif n'est pas offert dans la Verona GL mais est monté de série dans la version haut de gamme GLX.

HABITACLE
Par rapport à sa devancière, la défunte Daewoo Leganza, la présentation a fait des progrès. Le design du tableau de bord n'a rien de japonais et ressemble à un modèle typiquement

»» FEU VERT
› Silhouette élégante
› Rapport équipement/prix alléchant
› Places arrière accueillantes
› Équipement complet

»» FEU ROUGE
› Rapport poids/puissance défavorable
› Faible diffusion
› Fiabilité inconnue
› Valeur de revente moyenne

Chevrolet. De bon aloi, il pèche cependant par la texture de certains plastiques dont celui entourant les cadrans indicateurs. De même, la qualité de l'assemblage pourrait être plus minutieuse. Par ailleurs, les principales commandes sont faciles à localiser et à utiliser. Si le champ de vision est sans critique, la position de conduite est difficile à trouver et on regrette l'absence du siège conducteur à réglage électrique de la GLX. Mais bon, il faut être prêt à faire quelques sacrifices pour sauver des sous. Heureusement que le volant est inclinable en hauteur.

Même si la Verona est plus longue et plus large qu'une Mazda 6, les espaces de rangement ne sont pas légion et on cherche constamment un endroit où déposer son cellulaire et ses verres fumés. Avec un volume de 380 litres, le coffre est aussi vaste que celui des Kia Magentis et Hyundai Sonata. À l'arrière, la banquette est accueillante et les passagers seront à leur aise.

Par rapport à ses concurrentes qui ouvrent leur capot à des motorisations à quatre et six cylindres, la Verona débarre le sien à un six cylindres en ligne de 2,5 litres dont la configuration est inusitée en 2005. En effet, outre la BMW Serie 3, la Volvo S80, et le duo TrailBlazer/Envoy de GM, les autres constructeurs proposent tous des six cylindres montés en V. Boulonné de façon transversale, ce moteur fabriqué en Corée du Sud peut être qualifié de moderne avec ses deux arbres à cames et ses 24 soupapes. Développant 155 chevaux, celui-ci est moins performant qu'un V6 ordinaire mais plus silencieux que les 4 cylindres de ses rivales. Couplé à la boîte automatique de série, la Verona accélère de 0 à 100 km/h en moins de 11 secondes. S'il n'a pas la rapidité d'un sprinteur olympique, ce type de moteur possède par contre l'endurance du marathonien. Mais avant de nous prononcer sur sa fiabilité, donnons-lui le temps de nous prouver ce qu'il a dans le ventre. La seule mauvaise note concerne la grille de sélection du levier de vitesses dont le maniement demande des doigts de fée pour le caser à la position « P ».

Sur la route, le châssis de la Verona ne réserve aucune mauvaise surprise. Si le véhicule ne se place pas aux milimètre près, il révèle néanmoins un comportement routier honnête. Pour la conduite sportive, il vaut mieux regarder ailleurs. En effet, la suspension a été conçue pour privilégier le confort au détriment de la tenue de route. Côté freinage, les distances sont raisonnables et le bruyant système de freins ABS n'équipe que la GLX.

Mieux garnie et moins chère que certaines concurrentes, la Verona est une berline à prendre au sérieux. Par contre, on est en droit de se demander si elle est là pour rester. Parlez-en aux propriétaires des anciennes Daewoo…

Jean-François Guay

DONNÉES TECHNIQUES

Prix du modèle à l'essai :	25 695 $
Échelle de prix :	22 995 $ à 25 995 $
Version(s) disponible(s) :	GL, GLX
Garanties :	3 ans 60 000/5 ans 100 000
Catégorie :	berline
Emp./Long./Lar./Haut.(cm) :	270/477/181,5/145
Poids :	1 533 kg
Coffre/Réservoir :	380/65 litres
Coussins de sécurité :	frontaux
Suspension avant :	indépendante, jambes de force
Suspension arrière :	indépendante, multibras
Freins av./arr. :	disque/disque ABS (GLX)
Antipatinage/Contrôle de stabilité :	oui (GLX)/non
Direction :	à crémaillère, assistance variable
Diamètre de braquage :	10,4 m
Pneus av./arr. :	205/55R16 (GLX), 205/65R15 (GL)

GROUPE MOTOPROPULSEUR ET RENDEMENT

Moteur :	6L 2,5 litres
Puissance :	155 ch à 5800 tr/min
Couple :	177 lb-pi à 4000 tr/min
Autre(s) moteur(s) :	aucun
Transmission :	traction, automatique 4 rapports
Autre(s) transmission(s) :	aucune
Accélération 0-100 km/h :	9,6 s
Reprises 80-120 km/h :	8,5 s
Freinage 100-0 km/h :	42,7 m
Vitesse maximale :	180 km/h
Indice de performance longitudinale :	4,40 m/s/s
Consommation (100 km) :	10,1 litres (ordinaire)
Autonomie :	643 km

DANS LA MÊME CATÉGORIE

Chevrolet Epica - Chevrolet Malibu - Chrysler Sebring
Honda Accord - Hyundai Sonata - Kia Magentis
Mazda6 - Mitsubishi Galant - Nissan Altima
Subaru Legacy - Toyota Camry

DU NOUVEAU EN 2005

Aucun changement

HISTORIQUE DU MODÈLE

1ère génération

DATE DE RENOUVELLEMENT

n.d.

NOS IMPRESSIONS

Agrément de conduite :	🚗🚗🚗½
Fiabilité :	🚗🚗🚗🚗½
Sécurité :	🚗🚗🚗🚗
Qualités hivernales :	🚗🚗🚗½
Espace intérieur :	🚗🚗🚗🚗½
Confort :	🚗🚗🚗🚗½

LE CHOIX DE L'ÉQUIPE

GLX

Guide de l'auto 2005

SUZUKI GRAND VITARA

EN VOIE D'EXTINCTION

Le Vitara n'est plus, qu'il repose en paix. Le petit utilitaire, jumeau quasi identique du défunt Tracker de Chevrolet, a roulé ses derniers kilomètres au cours de l'année 2004 et il est désormais relégué aux oubliettes. Un chemin que devrait aussi prendre le Grand Vitara dès la fin de l'année 2005 (on pense peut-être présenter une version 2006, mais ce serait la dernière), et peut-être aussi le XL-7, que l'on a remodelé l'année dernière sans pour autant parvenir à le rendre populaire.

En résumé, Suzuki semble en voie de renouveler complètement son parc d'utilitaires de petite taille. Ce qui, avouons-le, ne serait pas un luxe puisque les Grand Vitara de ce monde n'avaient rien d'un exemple de réussite exceptionnelle.

Bien sûr, ils sont abordables, mais c'est bien là la seule qualité véritable qui les démarque de la concurrence. Ce qui ne veut pas dire que les Grand Vitara sont de mauvais véhicules à tout point de vue. Mais disons qu'un bon changement ne pourrait qu'améliorer la chose.

D'un simple point de vue esthétique, le Grand Vitara présente encore cette année les mêmes lignes, assez simples, qui l'ont toujours caractérisé. En fait, sans aucun doute pour préserver l'intimité de ceux qui roulent en Grand Vitara, on a installé des vitres teintées sur les modèles, sans rien modifier d'autre à la carrosserie.

Les amateurs du genre — et il en reste : je connais personnellement un représentant qui ne jure que par ses Grand Vitara — ne seront pas déçus. Ceux qui recherchent un petit utilitaire à l'air un peu moderne devront toutefois repasser.

Sous le capot, on a conservé le moteur V6 de 2,5 litres qui se tire assez bien d'affaire. Il rechigne cependant avec un bruit incommodant quand on lui demande de laisser un peu de liberté à ses 165 chevaux. En reprise, il répondra par secousses plutôt qu'avec la fluidité qu'on serait en droit d'attendre.

La seule motorisation disponible peut se jumeler à une transmission manuelle à 5 rapports parfois capricieuse mais somme toute agréable, ou à une transmission automatique à qui on devrait expliquer la notion de souplesse. Les changements se font sans aucune douceur, au risque de rendre inconfortable la randonnée pour les passagers.

Mais attention, le Grand Vitara a des prétentions d'utilitaire hors route, et il les assume avec beaucoup d'élégance. Car bien que la conduite en zone urbaine soit passable, sans plus, elle devient nettement plus intéressante quand les conditions se détériorent.

»» FEU VERT
› Quatre roues motrices puissantes
› Habitacle spacieux
› Équipement de base nombreux
› Rayon de braquage microscopique

»» FEU ROUGE
› Moteur trop juste
› Freinage peu efficace
› Suspension molle
› Direction engourdie

En fait, en mode deux roues motrices, la puissance propulse les roues arrière. Mais quand on enclenche manuellement la fonction quatre roues motrices (les niveaux "high" et "low" sont disponibles), le Grand Vitara peut vous entraîner avec une aisance remarquable sur des sentiers un peu plus tortueux. Une aventure que la seule apparence du véhicule ne laisserait jamais transparaître.

Pour avoir accès aux endroits les plus difficiles, le conducteur est aidé des dimensions réduites du véhicule et du rayon de braquage minuscule. En revanche, la direction est plutôt engourdie. Tant en ligne droite sur l'autoroute que lors de randonnées hors route, elle répond avec mollesse et nous donne l'impression de se sentir dérangée chaque fois qu'on la sollicite.

La suspension est aussi un peu trop souple pour une conduite le moindrement sportive. Si bien qu'à haute vitesse, et même en ligne droite, heurter une bosse déclenche un roulis un peu trop évident, et l'arrière de la voiture cherche à se dérober. Il faut donc demeurer vigilant. Contrairement au comportement autoroutier, la tenue hors route s'accommode très bien de la suspension et rend confortables les randonnées les plus accidentées. Mais attention, le Grand Vitara demeure tout de même un petit utilitaire, et il ne faudrait pas abuser de ses qualités. Même son comportement campagnard a des limites.

Pour assurer le freinage, on a droit à l'ensemble disques à l'avant et tambours à l'arrière ce qui nous laisse un peu sur notre faim quand on les sollicite. Grande nouveauté cette année cependant, toutes les versions sont désormais équipées de freins ABS.

HABIT DE SOIRÉE

Étonnamment, l'habitacle du Grand Vitara est nettement plus reluisant que son extérieur. Alors que la silhouette est plutôt anonyme, l'intérieur lui est vaste, bien garni et profite tout de même d'une finition étonnante.

Les sièges en tissu offrent un support très relatif, il faut bien l'admettre, mais au moins en 2005, les conducteurs n'auront plus à se geler les fesses puisque le Grand Vitara possédera des sièges chauffants.

Le tableau de bord, redessiné l'année dernière, et qui était un des plus grands reproches faits à Suzuki dans le passé, répond désormais mieux aux attentes. Il est moins anodin, et confère désormais une personnalité propre à la voiture.

Le Grand Vitara offre de série, une bonne gamme d'équipements, qui vont de la chaîne stéréo (CD avec six haut-parleurs) à l'ensemble «glaces électriques», et un système automatique de régulation de température simple d'usage.

J'ai déjà dit du Grand Vitara qu'il était à la fois un rat des villes et un rat des champs. Rat des villes pour sa facilité d'utilisation en ville, et rat des champs pour ses capacités hors route. Malheureusement, et parce qu'il n'évolue plus, en comparaison de ses compétiteurs il est désormais plus proche du simple hamster que du vrai rat.

Marc Bouchard

DONNÉES TECHNIQUES

Prix du modèle à l'essai :	24 195 $
Échelle de prix :	22 195 $ à 24 595 $
Version(s) disponible(s) :	JX et JLX
Garanties :	3 ans 60 000/5 ans 100 000
Catégorie :	utilitaire sport compact
Emp./Long./Lar./Haut.(cm) :	248/418/178/172
Poids :	1 465 kg
Coffre/Réservoir :	1 266/64 litres
Coussins de sécurité :	frontaux
Suspension avant :	indépendante, jambes de force
Suspension arrière :	essieu rigide, ressorts elliptiques
Freins av./arr. :	disque/tambour
Antipatinage/Contrôle de stabilité :	non/non
Direction :	à crémaillère
Diamètre de braquage :	10,5 m
Pneus av./arr. :	P235/60R16

GROUPE MOTOPROPULSEUR ET RENDEMENT

Moteur :	V6 2,5 litres 24s (84,0 x 75,0)
Puissance :	165 ch (123 kW) à 6 500 tr/mn
Couple :	162 lb-pi (220 Nm) à 4 000 tr/mn
Autre(s) moteur(s) :	seul moteur offert
Transmission :	4X4, manuelle 5 rapports
Autre(s) transmission(s) :	automatique 4 rapports
Accélération 0-100 km/h :	10,5 s
Reprises 80-120 km/h :	10,4 s
Freinage 100-0 km/h :	41,9 m
Vitesse maximale :	170 km/h
Indice de performance longitudinale :	4,3 m/s
Consommation (100 km) :	ordinaire, 11,0 litres
Autonomie :	582 km

DANS LA MÊME CATÉGORIE

Ford Escape - Honda CRV - Toyota RAV-4
Jeep Liberty - Subaru Forester

DU NOUVEAU EN 2005

Nouvelle finition interieure, siège en tissu chauffant
freins ABS de série

HISTORIQUE DU MODÈLE

3ème génération

DATE DE RENOUVELLEMENT

2006

NOS IMPRESSIONS

Agrément de conduite :	3½
Fiabilité :	4
Sécurité :	4½
Qualités hivernales :	4
Espace intérieur :	3½
Confort :	4

LE CHOIX DE L'ÉQUIPE

JLX

Guide de l'auto 2005

SUZUKI XL-7

TOUJOURS EN QUÊTE DE RESPECT

Vous connaissez sans doute le comique américain Rodney Dangerfield dont la marque de commerce est de ne jamais être respecté de son entourage. Et bien son équivalent dans le monde de l'automobile est certainement la Suzuki XL-7. Le constructeur a beau nous vanter les mérites de son moteur V6 plus puissant depuis l'an dernier, de la troisième banquette en exclusivité pour la catégorie, il n'y a rien à faire. Elle est généralement l'oubliée de sa classe. Modernisée en 2004, cette petite japonaise possède des caractéristiques qui peuvent répondre aux besoins de certaines personnes.

Mais la XL-7 est une solution de compromis et cela apporte des désavantages qui risquent de ne pas plaire à plusieurs. Il faut savoir que la direction de Suzuki a été quelque peu prise au dépourvu par l'engouement des consommateurs américains pour les VUS sept places. Plusieurs personnes dont les besoins les auraient obligés à rouler en fourgonnettes ignoraient cette solution logique pour acheter de gros VUS sept places. Pour ne pas rater la parade, les ingénieurs se sont rapidement mis au boulot pour trouver une solution. Puisque le temps était compté, ils ont été obligés d'utiliser les moyens du jour. Ils ont donc transformé la Grand Vitara en version sept places en allongeant l'empattement et la caisse. En un rien de temps, cette marque était capable de contrer la concurrence. D'ailleurs, vous l'aurez deviné, les lettres XL sont pour «Xtra Long» et le chiffre 7 indique qu'il s'agit d'un véhicule sept places.

Toutefois, s'il est facile d'allonger un châssis autonome, il est plus délicat de l'élargir et par conséquent la carrosserie qui repose dessus. C'est pourquoi la XL-7 est de même largeur que la Grand Vitara, ce qui lui donne une allure assez particulière. Heureusement que des retouches à la présentation avant et arrière lui confèrent un air plus moderne avec sa calandre de couleur coordonnée à la carrosserie et ses feux arrière cristallins. De plus, de nouvelles roues en alliage sont d'un dessin plus moderne et contribuent à lui donner des airs de VUS plus «cool». Malgré tout, cette carrosserie allongée vient rompre les règles de l'équilibre visuel.

Jadis le talon d'Achille de ce Suzuki, le tableau de bord est dorénavant un élément positif. La planche de bord nous réconcilie avec les stylistes de Suzuki qui nous offrent une présentation classique et bien exécutée. Et pour nous faire sentir que ce véhicule est le plus huppé des VUS à arborer la lettre S sur sa calandre, des commandes audio sont placées sur le pourtour du moyeu du volant. Il y a bien ces petits tissus si chers aux véhicules nippons qui ne sont pas nécessairement au goût du jour.

»» FEU VERT
› Présentation élégante
› Suspension confortable
› Équipement complet
› Finition améliorée depuis deux ans
› Moteur V6

»» FEU ROUGE
› Roulis en virage
› Habitacle étroit
› Absence de support latéral des sièges
› Troisième rangée à oublier
› Chauffage déficient

Mais les matériaux sont de qualité bien que l'assemblage soit perfectible.

La position de conduite est classique pour ce genre de véhicule alors que le siège est assez haut afin d'assurer une vue plus élevée de la route. De plus, il est confortable. Du moins, jusqu'à la première courbe alors qu'on découvre une absence presque totale de support latéral. Ce qui est agaçant compte tenu de l'étroitesse de cette Suzuki. On glisse toujours sur son voisin et plusieurs romances ont sans doute débuté dans des XL-7. Mais pas question d'aller roucouler sur la troisième banquette qui est non seulement difficile d'accès, mais drôlement inconfortable. De plus, lorsque celle-ci est déployée, la soute à bagages ne conviendra pas aux sept occupants. D'ailleurs, pour faciliter l'accès aux places arrière, les sièges avant peuvent pratiquement être avancés de façon à toucher le tableau de bord!

V6 ET 4X4

Il est certain qu'un moteur V6 devait être chargé de propulser le plus gros véhicule fabriqué par Suzuki. La tâche a été dévolue au moteur V6 2,7 litres dont la puissance est de 185 chevaux. Ce qui est pas mal. Surtout lorsqu'on compare le XL-7 aux Honda CR-V et Rav 4. Par contre, ces deux modèles sont plus légers et leur moteur quatre cylindres consomme moins. Le Suzuki est quelque peu piégé par ce moteur dont les prestations ne sont pas particulièrement étincelantes. Plusieurs vont lui reprocher de ne pas offrir 200 chevaux comme les nouvelles Ford Escape et Mazda Tribute. Par contre, une boîte automatique à cinq rapports permet de mieux répartir cette puissance et de réduire les factures de carburant. En outre, le moteur V6 est moins bruyant qu'un quatre cylindres, ce qui est apprécié en conduite en ville.

En raison de l'utilisation d'un châssis autonome et d'un rouage 4X4 à temps partiel, il est aisé de conclure que ce Suzuki doit se faufiler dans la forêt comme un chevreuil dans son ravage. Pourtant, la longueur élevée de ce véhicule et son étroitesse rendent le passage de certains obstacles plutôt difficile alors que le véhicule a tendance à toucher au centre. Par contre, en ville, cet empattement allongé met plus de distance entre les roues avant et arrière lors d'une rencontre avec un nid-de-poule. Ce qui atténue le choc. De plus, ce moteur est doté d'un couple assez important à bas régime et vous permet ainsi de vous dégager de la glu du trafic. Mais ne cherchez pas à éblouir les autres conducteurs par des manœuvres audacieuses. La suspension de ce 4X4 est souple et calibrée en fonction du confort. Le roulis en virage est important et l'adhérence du train arrière pourrait être meilleure.

Avec un prix tout de même compétitif et le plus petit VUS à proposer un habitacle sept occupants, ce Suzuki n'est pas sans arguments. De plus, lorsqu'on le conduit dans la circulation de tous les jours et qu'on se limite à respecter les limites de vitesse affichées, c'est correct. Mais ne vous avisez pas de faire le matamore en forêt et de jouer au kamikaze dans la circulation urbaine.

Denis Duquet

DONNÉES TECHNIQUES

Prix du modèle à l'essai:	29 495$
Échelle de prix:	29 495$ à 35 000$
Version(s) disponible(s):	JLX - JX - LTD
Garanties:	3 ans 60 000/5 ans 100 000
Catégorie:	Vus compact
Emp./Long./Lar./Haut.(cm):	280/466/178/173
Poids:	1 680 kg
Coffre/Réservoir:	187 à 2 067/64 litres
Coussins de sécurité:	frontaux
Suspension avant:	indépendante, jambes de force
Suspension arrière:	essieu rigide, ressorts hélicoïdaux
Freins av./arr.:	disque/tambour
Antipatinage/Contrôle de stabilité:	non, non
Direction:	à crémaillère, assistée
Diamètre de braquage:	11,8 m
Pneus av./arr.:	P235/60R16

GROUPE MOTOPROPULSEUR ET RENDEMENT

Moteur:	V6 2,7 litres 24s (88 x 75)
Puissance:	185 ch (138 kW) à 6000 tr/mn
Couple:	180 lb-pi (244 Nm) à 4000 tr/mn
Autre(s) moteur(s):	seul moteur offert
Transmission:	intégrale, automatique 4 rapports
Autre(s) transmission(s):	manuelle 5 rapports
Accélération 0-100 km/h:	10,6 s
Reprises 80-120 km/h:	9,4 s
Freinage 100-0 km/h:	40,4 m
Vitesse maximale:	180 km/h
Indice de performance longitudinale:	4,4 m/s/s
Consommation (100 km):	ordinaire, 15,7 litres
Autonomie:	407 km

DANS LA MÊME CATÉGORIE

Ford Escape-Honda CR-V-Hyundai Santa Fe-Jeep Liberty-Kia Sorento-Mazda Tribute-Mitsubishi Outlander -Nissan XTRail

DU NOUVEAU EN 2005

Sièges avant chauffants, régulation automatique de la température (JX), rétroviseurs extérieurs dégivrants, sellerie de cuir offerte (JLX et JLX Plus)

HISTORIQUE DU MODÈLE

1ière génération

DATE DE RENOUVELLEMENT

2007

NOS IMPRESSIONS

Agrément de conduite:	🚗🚗🚗½
Fiabilité:	🚗🚗🚗🚗
Sécurité:	🚗🚗🚗🚗
Qualités hivernales:	🚗🚗🚗🚗½
Espace intérieur:	🚗🚗🚗🚗
Confort:	🚗🚗🚗🚗½

LE CHOIX DE L'ÉQUIPE

JLX

Guide de l'auto 2005

TOYOTA 4RUNNER

CÔTÉ NATURE

Toyota est, depuis longtemps, un joueur important dans le monde des utilitaires sport. Mais certains créneaux avaient peut-être atteint leurs limites, du moins c'est ce que l'on croyait chez le fabricant japonais. Pour contrer le vieillissement, on a donc, il y a deux ans environ, donné une personnalité nettement plus accentuée au 4Runner. Situé quelque part entre le Rav4, le Highlander et la Séquoia, le 4Runner obtenait quelques succès, mais rien de plus. On lui a donc insufflé une nouvelle énergie en raffinant son côté sauvage qui lui permet dorénavant d'être un maître du hors route.

Sauvage est peut-être un bien grand mot, puisque le côté civilisé continue de primer par-dessus tout. Et ce ne sont pas les changements mineurs apportés en 2005 qui modifieront quoi que ce soit à cette vision de la chose. Esthétiquement, le 4Runner n'a subi aucun changement à l'exception du SR5 V6 qui profite d'une nouvelle grille chromée. Pour les autres, rien de nouveau sous le soleil. Toujours massif, vaguement stylisé mais surtout fort imposant, il continue d'avoir une silhouette étroitement liée à la marque Toyota.

Attention, ici on parle toujours d'un utilitaire tout terrain qui assume sa personnalité avec charme et avec grâce. Aussi bien sur la route que dans les sentiers de terre battue, le 4Runner trouve sa place, et le conducteur son plaisir, à condition d'aimer le genre, un peu mal dégrossi il faut l'admettre.

CHARME ET PUISSANCE

Sous le capot, un moteur V8 de 235 chevaux, couplé à une transmission automatique à cinq rapports toute nouvelle pour 2005, offre une douceur et une souplesse unique. Avec tout ce qu'il faut de puissance et des rapports bien étalés, le véhicule est un véritable charme à conduire.

Un moteur V8 (270 chevaux) de forte puissance devrait être commercialisé avant le début de l'année 2005, pour ceux qui demandent encore plus de puissance. Pour ceux que les gros moteurs rebutent, un moteur V6 est aussi disponible.

L'essai a tout de même permis d'explorer le meilleur des deux mondes du nouveau 4Runner. En utilisation urbaine, même s'il est un peu gourmand en essence, le V8 actuel répond bien aux demandes et fournit assez d'efforts pour permettre une pleine maîtrise. Seule la direction demande quelques corrections lorsqu'on l'utilise à haute vitesse (sur l'autoroute par exemple). Tout cela dans un silence quasi religieux tellement le moteur et le vent sont absents de l'environnement sonore.

En virage, comme la plupart de ses semblables, il est particulièrement désavantagé par sa

» FEU VERT
- Moteur V8 impeccable
- Insonorisation exceptionnelle
- Confort et espace pour les passagers
- Équipement hors route efficace

» FEU ROUGE
- Consommation d'essence
- Commandes au design high-tech
- Silhouette lourdaude
- Manque de souplesse en courbe

haute stature. On ressent passablement les mouvements de caisse dans les courbes trop prononcées, mais le tout revient rapidement à la normale.

C'est cependant hors route qu'il s'avère le plus avantageux. Son énorme couple (325 lb-pi) et sa traction intégrale permettent de se rendre partout où l'imagination, dans les limites de la raison, peut vous amener. Utilisé dans les sentiers boisés et boueux de la province, il a fait ses preuves même s'il est clair qu'on ne doit pas le pousser à l'extrême. Le 4Runner conserve quand même de fortes racines de véhicule urbain.

Il faut dire que la suspension innovatrice de Toyota, baptisée X-REAS, remplit la commande, peu importe la surface. Il s'agit en fait d'un système hydraulique qui relie les amortisseurs pour garantir un confort inégalé avec ce type de véhicule.

Et comme tout bon utilitaire qui se respecte, le 4Runner est armé d'un contrôle de descente assisté (c'est-à-dire qu'un frein moteur ralentira le véhicule en cas de descente trop rapide) tant vers l'avant qu'en marche arrière. Et d'une simple pression du doigt, on peut agir sur les différentiels, histoire de modifier un peu la courbe de répartition du couple entre les roues.

L'HABITACLE, ÇA SE SOIGNE

Au-delà de ses capacités étonnantes hors route, le 4Runner est aussi un véhicule dont les ingénieurs ont soigné autant la conception mécanique que la conception intérieure. Ce qui, admettons-le, n'est pas peu dire.

La finition est, comme d'habitude chez Toyota, impeccable. Les boutons sont d'une grande facilité d'utilisation (même si leur design un peu high tech surprend au premier regard, surtout pour les contrôles de climatisation) et toutes les autres commandes répondent aux mêmes standards.

Les sièges sont confortables, aisément ajustables et offrent un dégagement pour la tête et les jambes, tant pour les passagers avant que ceux de l'arrière, dignes de véhicules de plus grande taille. On avait installé une troisième banquette au fil des ans, mais elle disparaît cette année au profit d'un plus vaste espace de chargement. Ce qui, en terme de confort tout comme en terme pratique, n'est pas une bien lourde perte.

Cet espace de chargement est vaste et facile à organiser grâce, notamment, au système de rangement intégré. Une tablette escamotable permet en effet de séparer en deux étages le vaste espace, comme c'est désormais la règle dans presque tous les nouveaux modèles.

Avec autant d'atouts hors route, le 4Runner est certes un allié sérieux pour les randonnées en terrains accidentés. Mais cette réussite risque fort de continuer à lui coûter un certain succès, puisqu'évidemment de telles performances ne sont utiles qu'à ceux qui en ont envie. Pas tout à fait un véritable outil de travail, pas davantage une voiture de ville, le 4Runner est un excellent véhicule de loisir. Mais les acheteurs opteront davantage pour la véritable civilisation.

Marc Bouchard

DONNÉES TECHNIQUES

Prix du modèle à l'essai :	SR5 V8 43 395 $
Échelle de prix :	39 620 $ à 50 920 $
Version(s) disponible(s) :	SR5, Limited
Garanties :	3 ans 60 000/5 ans 100 000
Catégorie :	utilitaires sport
Emp./Long./Lar./Haut.(cm) :	279/480/187/174
Poids :	1 999 kg
Coffre/Réservoir :	1 189 à 2 124/87 litres
Coussins de sécurité :	frontaux et latéraux (av.)
Suspension avant :	indépendante, leviers triangulés
Suspension arrière :	essieu rigide, ressorts pneumatiques
Freins av./arr. :	disque (ABS)
Antipatinage/Contrôle de stabilité :	oui, oui
Direction :	à crémaillère, ass. variable
Diamètre de braquage :	11,7 m
Pneus av./arr. :	P265/70R16

GROUPE MOTOPROPULSEUR ET RENDEMENT

Moteur :	V8 4,7 litres 32s (90,5 x 83)
Puissance :	235 ch (175 kW) à 4 600 tr/mn
Couple :	320 lb-pi (434 Nm) à 3 400 tr/mn
Autre(s) moteur(s) :	V6 4L, 245 ch, V8 270 ch
Transmission :	intégrale automatique 5 rapports
Autre(s) transmission(s) :	automatique 4 rapports
Accélération 0-100 km/h :	9,7 s
Reprises 80-120 km/h :	8,2 s
Freinage 100-0 km/h :	42 m
Vitesse maximale :	190 km/h
Indice de performance longitudinale :	4,46 m/s/s
Consommation (100 km) :	ordinaire, 15,7 litres
Autonomie :	554 km

DANS LA MÊME CATÉGORIE

Dodge Durango-Ford Explorer-GMC Envoy
Nissan Pathfinder-Honda Pilot-Kia Sorento
Jeep Grand Cherokee

DU NOUVEAU EN 2005

3e banquette disparue, nouvelle transmission 5 rapports, nouveau moteur V8 plus puissant, nouvelle grille (SR5)

HISTORIQUE DU MODÈLE

4ème génération

DATE DE RENOUVELLEMENT

2008

NOS IMPRESSIONS

Agrément de conduite :	🚗🚗🚗🚗½
Fiabilité :	🚗🚗🚗🚗🚗
Sécurité :	🚗🚗🚗🚗½
Qualités hivernales :	🚗🚗🚗🚗🚗
Espace intérieur :	🚗🚗🚗🚗½
Confort :	🚗🚗🚗🚗

LE CHOIX DE L'ÉQUIPE

SR5 V8

Guide de l'auto 2005

TOYOTA AVALON

À L'OMBRE DE LA CAMRY

Oui, la Avalon va avoir droit à une révision, même si l'annonce officielle n'en a pas encore été faite. On estime qu'elle devrait sortir des chaînes de montage vers les premiers mois de 2005. À quoi faut-il s'attendre? Entre autres, au V6 de 3,3 litres probablement porté à 3,5 litres, et à la boîte automatique 5 rapports qu'on retrouve depuis l'année dernière sur les Toyota Camry, Highlander et Sienna.

À partir de là, s'il n'est pas permis d'affirmer que la Avalon est négligée par son constructeur, on peut certainement conclure qu'elle ne constitue pas sa priorité. Cela se comprend aisément dans la mesure où, pour chaque Avalon vendue, près de cent Camry quittent la cour des concessionnaires. Les avocats du diable feront observer que le public cible de cette grosse Buick japonaise n'est pas particulièrement friand de mécaniques sophistiquées. C'est vrai, mais l'acheteur d'une voiture de prestige s'attend à ce qu'elle ne soit pas techniquement à la traîne d'un modèle valant 10 000 $ de moins, simple et élémentaire question de fierté!

DU LUXE, MAIS PAS TOP NIVEAU

C'est là tout le dilemme de cette berline de luxe, qui se doit de rivaliser d'opulence avec ses rivales américaines, mais qui peine à justifier sa différence de prix avec une Camry. La comparaison ressurgit d'autant plus inévitablement que les deux modèles arborent des lignes semblables, d'une discrétion qui confine à la platitude. Or, lorsqu'on dépense quelque 53 000 $ – taxes incluses – pour une voiture, on a envie que cela se voie autrement que par l'impeccable assemblage des tôles, non?

Cela finit par se voir, oui, lorsque les portes s'ouvrent sur le luxueux habitacle, agencé dans un style qui ne risque pas de déconcerter les amateurs de grosses bagnoles à l'américaine. Les plastiques ont belle apparence, les garnitures en cuir et les appliques de similibois ajoutent une touche cossue, même s'il n'y a aucune chance qu'on méprenne ces dernières avec les boiseries d'une Rolls. Un cuir épais et de bonne qualité, bien qu'inodore, enveloppe les larges baquets. Ajoutons que la qualité de finition approche celle que l'on retrouve dans une Lexus.

Auparavant livrée en trois versions, la Avalon n'offre plus que la XLS en terre canadienne, la mieux nantie, qui donne droit à une assez longue liste d'équipements, incluant sièges avant chauffants, toit ouvrant, rétroviseurs

»» FEU VERT
› Roulement confortable
› Équipement complet
› Excellente finition
› Bonne habitabilité
› Fiabilité exemplaire

»» FEU ROUGE
› Conduite aseptisée
› Direction engourdie
› Moteur/transmission dépassés
› Lignes anonymes
› En fin de carrière

électrochromiques, et capteurs électroniques actionnant automatiquement les essuie-glace.

Correcte dans l'ensemble, l'ergonomie souffre de quelques hiatus. Le désengagement de l'antipatinage et la prise de 115 volts sont invisibles (sous la clé de contact), tout comme le bouton de mémorisation du siège du conducteur, qu'il faut constamment chercher près du genou. Il n'y a pas de commandes radio redondantes sur le volant, et un contrôle aussi utile que le régulateur de vitesse n'est pas illuminé. L'instrumentation se consulte aisément, trop même, si je songe à l'inutile affichage de la date (incluant le mois et l'année !) en CARACTÈRES IMMENSES, sur un gros écran numérique. Par ailleurs, l'éloignement des commandes de cet ordinateur de bord rend leur manipulation un peu risquée en roulant.

Les fauteuils à large assise plate accordent peu de soutien latéral, mais ils sont très confortables et le conducteur bénéficie de réglages lombaires. On trouve rapidement une position de conduite convenable, même si le volant ne s'ajuste qu'en hauteur. La banquette arrière surprend agréablement par le moelleux de ses rembourrages, et accorde plus d'espace pour les genoux que la Camry. La place du milieu laisse toutefois à désirer en raison de la trappe à skis. Pas de banquette rabattable, mais un coffre aux dimensions pratiques doté d'un seuil bas de chargement, et qui n'a pour seul défaut que d'être plus petit… que celui d'une Camry.

À bord, on s'en doute, la vie s'écoule paisiblement. Les suspensions bercent doucement les occupants dans un impressionnant silence qui n'a été troublé que par quelques craquements, du côté des portières. Ajoutons que la visibilité est excellente pour une voiture de cette dimension, et que la conduite nocturne bénéficierait de phares au xénon.

PEU À REDIRE

Pour l'instant, il faut se contenter du V6 3 litres. Il est vrai que sa puissance suffit à l'usage qu'en fera la grande majorité des conducteurs. Pas nerveux, non, mais sa grande souplesse permet d'en tirer le meilleur parti en toutes circonstances. Il sait aussi faire preuve de retenue à la pompe, comme en témoignent les 11 litres/100 km obtenus lors d'une randonnée de 400 km dans une circulation dense, sous la neige. Cela dit, le nouveau moteur Toyota de 3,3 litres lui est supérieur.

La direction est légère et peu bavarde, mais la tenue de cap s'effectue sans à-coups, et le véhicule se montre relativement insensible aux vents latéraux. Évidemment, la caisse penche en virage dès qu'on pousse un peu. Il suffit de lever le pied pour qu'elle reprenne son équilibre, à moins que l'une ou l'autre de ses assistances à la conduite ne le fasse à votre place. Soit dit en passant, l'antipatinage donne de bons résultats dans la neige. Le freinage, pourvu lui aussi de sa part d'assistances électroniques, ne suscite guère de commentaires, si ce n'est que l'ABS se révèle trop sensible.

En somme, c'est tout à l'image de la Avalon : pas grand-chose à en redire… ni à en dire.

Jean-Georges Laliberté

DONNÉES TECHNIQUES

Prix du modèle à l'essai :	XLS/46060$
Échelle de prix :	46060$
Version(s) disponible(s) :	XLS
Garanties :	3 ans 60000/5 ans 100000
Catégorie :	Berline grand format
Emp./Long./Lar./Haut.(cm)	272/487,5/182/146,5 cm
Poids :	1 570 kg
Coffre/Réservoir :	450/70 litres
Coussins de sécurité :	frontaux et latéraux
Suspension avant :	indépendante, jambes de force
Suspension arrière :	indépendante, jambes de force
Freins av./arr. :	disque (ABS)
Antipatinage/Contrôle de stabilité :	oui
Direction :	à crémaillère, assistance variable
Diamètre de braquage :	11,5 m
Pneus av./arr. :	P205/60R16

GROUPE MOTOPROPULSEUR ET RENDEMENT

Moteur :	V6 3,0 litres
Puissance :	210 ch à 5800 tr/min
Couple :	220 lb-pi à 4400 tr/min
Autre(s) moteur(s) :	aucun
Transmission :	traction, automatique 4 rapports
Autre(s) transmission(s) :	aucune
Accélération 0-100 km/h :	9,6 s
Reprises 80-120 km/h :	7,8 s
Freinage 100-0 km/h :	42 m
Vitesse maximale :	210 km/h
Indice de performance longitudinale :	4,49 m/s/s
Consommation (100 km) :	10,3 litres
Autonomie :	679 km

DANS LA MÊME CATÉGORIE
Buick Park Avenue-Infiniti I35-Jaguar X-Type
Kia Amanti-Lexus ES 330-Mercury Grand marquis

DU NOUVEAU EN 2005
Aucun changement majeur

HISTORIQUE DU MODÈLE
2ième génération

DATE DE RENOUVELLEMENT
2005

NOS IMPRESSIONS

Agrément de conduite :	🚗🚗🚗🚗
Fiabilité :	🚗🚗🚗🚗🚗
Sécurité :	🚗🚗🚗🚗🚗
Qualités hivernales :	🚗🚗🚗🚗
Espace intérieur :	🚗🚗🚗🚗🚗
Confort :	🚗🚗🚗🚗

LE CHOIX DE L'ÉQUIPE
XLS (la seule)

Guide de l'auto 2005

TOYOTA CAMRY

ELLE A UN JE-NE-SAIS-QUOI !

Pour certaines personnes, la vie semble toujours facile. Quand on les regarde, on est ni impressionné par leur prestance, ni par leur vivacité d'esprit. Tout au plus peut-on remarquer qu'ils sont heureux et qu'ils coulent de beaux jours en oubliant toute la grisaille. Un peu comme si le malheur n'avait aucune prise sur eux. À première vue, ils n'ont pourtant rien de différent sauf peut-être un petit je-ne-sais-quoi…

En matière d'automobile, ce même type d'affirmation pourrait très bien s'appliquer à la Toyota Camry. Sans éclat particulier, sans performances exceptionnelles, sans être vraiment une bombe qui brûle le bitume partout où elle passe, la Camry est chaque année (sauf une) depuis cinq ans, la voiture la plus vendue de sa catégorie en Amérique du Nord. Et l'année 2004 ne semble pas vouloir faire exception à la règle même si toutes les données ne sont pas encore compilées.

Chez Toyota, quand on a annoncé des changements sur la berline intermédiaire, on marchait donc sur des oeufs. On ne voulait tout de même pas trop modifier une recette qui s'avère aussi payante. C'est donc en soulignant ici et là quelques traits, en modifiant légèrement les options de la mécanique et en offrant de nouveaux équipements que la toute nouvelle Camry 2005 fera son entrée chez les concessionnaires.

En matière de style, les changements sont subtils, mais efficaces. On a par exemple redessiné les grilles avant pour mieux encadrer le logo Toyota, toujours visible. Mais l'effet est particulièrement réussi sur la version SE : la grille noire au lieu du traditionnel chrome fait littéralement bondir le nom de la compagnie. Un peu de visibilité ne fait jamais de mal à personne…

On a fait la même chose du côté des phares. Légèrement retouchés sur toutes les versions, on les a entouré de noir sur le modèle SE pour leur donner un petit air plus sportif. Le même traitement a été accordé aux feux arrière.

Une fois ces notions cosmétiques survolées, il est temps de s'attaquer aux choses sérieuses, et les choses sérieuses, c'est la mécanique.

Les versions de base sont, comme elles l'ont toujours été, livrées avec un moteur de quatre cylindres de 2,4 litres. Ses 157 chevaux, réussissent tout de même à déplacer la Camry de façon tout à fait convenable, mais sans défriser personne. En revanche, il est désormais possible d'obtenir les versions LE et XLE équipées d'un V6 de 3,3 litres qui génère 210 chevaux. Déjà mieux, surtout quand on considère la clientèle cible de la Camry.

››› FEU VERT
› Nouveaux instruments plus lisibles
› Habitacle vaste et confortable
› Prix abordable
› Équipement de série complet

››› FEU ROUGE
› Silhouette anonyme
› Direction insipide
› Moteur 4 cylindres trop juste
› Suspension peu adéquate (LE)

Ceux qui rêvent encore d'une Camry sport peuvent toujours se rabattre sur la version SE, la petite sœur sportive de la famille, avec son moteur de 6 cylindres et de 235 chevaux. Cette fois, bien qu'on ne pourra jamais vraiment qualifier la berline Toyota de modèle sport, on parle quand même d'une performance plus retentissante.

Au volant d'une Camry, malgré toute la puissance logée sous le capot, on finit toujours par trouver une partie de la route ennuyante tellement la direction, trop assistée, prend le commandement de la voiture à notre place et ne nous transmet rien du plaisir de conduite.

Ce qui ne signifie pas pour autant qu'elle ne soit pas précise cependant. En slalom, toutes les versions de la voiture sillonnaient le parcours sans hésitation. La version de base, la LE, munie d'une suspension moins sophistiquée, avait bien tendance à absorber plus sèchement les changements de direction brusques, mais dans l'ensemble le parcours s'est effectué avec beaucoup d'aisance.

Sur la route, malgré un peu de sous-virage lors de certains changements de trajectoires brusques, la voiture avait un comportement tout à fait acceptable. Bien entendu, il faut pousser un peu sur le champignon pour percevoir ces défauts puisque, comme Toyota le dit et le répète, la Camry s'adresse d'abord à une clientèle familiale ou légèrement plus âgée. La voiture est donc conçue pour un usage empreint de sagesse, et qui respecte les limites de vitesse.

ET PLUS ENCORE

Évidemment, tous les automobilistes n'ont pas autant d'attentes de performances, et certains se contentent plutôt du simple confort de roulement et surtout, de l'équipement inclus à l'achat. À ce chapitre, la Camry de nouvelle mouture n'a rien à envier à personne.

En fait, en 2005, elle est encore plus complète qu'elle ne l'a jamais été, et avec un habitacle encore mieux réussi. On a notamment implanté dans toutes les Camry le groupe d'instruments Optitron, offrant une meilleure visibilité et surtout un air moins conservateur que les traditionnels cadrans de l'ancienne version.

Autre point positif, tous les modèles, même les moins dispendieux, profitent des commandes audio installées directement sur le volant. Comme on vise aussi la famille, le confort des sièges à l'avant ne se dément pas et profite même d'ajustements électriques sur toutes les versions. À l'arrière, la banquette accueille très confortablement deux passagers qui auront suffisamment d'espace pour la tête et les jambes.

Ajoutez à cela un espace de chargement arrière vaste comme une caverne, facile à atteindre et à remplir en raison de sa large ouverture et de son seuil relativement bas, et vous aurez en main tous les outils pour définir une berline familiale encore une fois vouée à la popularité.

La Camry, ce n'est ni la plus belle, ni la plus performante. Mais elle a ce petit je-ne-sais-quoi...

Marc Bouchard

DONNÉES TECHNIQUES

Prix du modèle à l'essai :	28 320 $
Échelle de prix :	24 350 $ à 33 245 $
Version(s) disponible(s) :	LE, SE, XLE
Garanties :	3 ans 60 000/5 ans 100 000
Catégorie :	berlines, berlines intermédiaires
Emp./Long./Lar./Haut.(cm) :	272/480,5/179,5/149
Poids :	1 900 kg
Coffre/Réservoir :	472/70 litres
Coussins de sécurité :	frontaux et latéraux (av.)
Suspension avant :	indépendante, jambes de force
Suspension arrière :	indépendante, jambes de force
Freins av./arr. :	disque/tambour (ABS)
Antipatinage/Contrôle de stabilité :	non (opt.), non (opt.)
Direction :	à crémaillère, assistée
Diamètre de braquage :	11,1 mètres
Pneus av./arr. :	P215/60R16

GROUPE MOTOPROPULSEUR ET RENDEMENT

Moteur :	4L 2,4 litres 16s
Puissance :	157 chevaux (117 kW) à 5600 tr/mn
Couple :	163 lb-pi (221 Nm) à 4000 tr/mn
Autre(s) moteur(s) :	V6 3L 235 ch, V6 3,3L 210 ch
Transmission :	traction, automatique 5 rapports
Autre(s) transmission(s) :	manuelle 5 rapports
Accélération 0-100 km/h :	9,4 s
Reprises 80-120 km/h :	6,2 s
Freinage 100-0 km/h :	41,5 m
Vitesse maximale :	220 km/h
Indice de performance longitudinale :	4,67 m/s
Consommation (100 km) :	ordinaire, 8,2 litres
Autonomie :	854 km

DANS LA MÊME CATÉGORIE
Honda Accord-Mazda6-Nissan Altima-Mitsubishi Galant-Pontiac Grand Prix-Subaru Legacy

DU NOUVEAU EN 2005
Nouvelle calandre, feux avant et arrière redessinés, transmission automatique 5 rapports de série, nouveau bloc d'instrument, freins ABS

HISTORIQUE DU MODÈLE
5ième génération

DATE DE RENOUVELLEMENT
2005

NOS IMPRESSIONS

Agrément de conduite :	🚗🚗🚗½
Fiabilité :	🚗🚗🚗🚗½
Sécurité :	🚗🚗🚗🚗🚗
Qualités hivernales :	🚗🚗🚗🚗
Espace intérieur :	🚗🚗🚗🚗½
Confort :	🚗🚗🚗🚗

LE CHOIX DE L'ÉQUIPE
SE V6

Guide de l'auto 2005

TOYOTA CAMRY SOLARA

SI M. SPOCK ÉTAIT UNE VOITURE...

Les designers de Toyota sont comiques! Ils peuvent concocter une voiture d'une banalité endormante (Avalon, Camry, Corolla et j'en passe) ou d'une excentricité à en réveiller le pape (pensons ici aux heureusement défuntes Previa et aux surprenantes Echo ou Celica). La Solara se situe un peu entre ces deux extrêmes avec sa partie avant assez courante et son arrière arrondi qui fait immanquablement penser aux Lexus SC430.

Lorsqu'on conduit la Solara, le même constat s'impose. Sportive dans sa présentation, elle ne possède pas les atouts pour amuser l'amateur de sensations fortes. La Solara prend racine dans la très bien née Camry. En effet, cette dernière lui prête son châssis et plusieurs éléments mécaniques. C'est pourquoi on entend souvent parler d'une Camry Solara, qui, soit dit en passant, est disponible en versions coupé et cabriolet. Le coupé œuvre dans un créneau extrêmement restreint qui ne comprend que quelques modèles (Chrysler Sebring, Chevrolet Monte Carlo, Honda Accord et Hyundai Tiburon). Le cabriolet se mesure à encore moins de concurrents (Chrysler Sebring et Mitsubishi Eclipse).

LE COUPÉ
La version coupé se décline en trois niveaux de présentation, soit SE, SE V6 et, enfin, SLE V6 tandis que le cabriolet, dévoilé en février dernier, ne se trouve qu'en livrée SLE V6. Mais revenons au coupé. La SE est entraînée par un quatre cylindres de 2,4 litres qui développe 157 chevaux et qu'on a couplé à une transmission automatique à quatre rapports. La puissance se montre un peu juste tandis que les pneus de 16 pouces cachent quatre freins à disque avec ABS, ce qui constitue une belle surprise sur un modèle de base. Pour plus de pep, le V6 de 3,3 litres se montre parfaitement adapté à la Solara. Ses 225 chevaux et ses 240 lb-pi de couple assurent des accélérations et des reprises dignes d'un vrai coupé sport. Par contre, en accélération vive, prière de tenir le volant à deux mains. La moindre bosse pourrait vous surprendre! Quant à la transmission «manumatique» à cinq rapports, elle passe les vitesses avec une douceur quasiment émouvante. Cependant, le mode manuel se révèle d'une navrante inutilité puisque l'électronique prend le passage des vitesses en charge si la personne qui conduit oublie de manipuler le levier. Et croyez-le ou non, j'ai réussi les mêmes temps d'accélération entre 0 et 100 km/h que ce soit avec le mode totalement automatique

»» FEU VERT
› Silhouette spéciale
› Confort reconnu
› V6 puissant
› Habitabilité agréable
› Fiabilité Toyota

»» FEU ROUGE
› Silhouette spéciale
› Suspensions désolantes
› Châssis peu affirmé
› Direction déconnectée
› Accès aux places arrière pénible

ou avec le mode manuel… sans même toucher au levier !

Si le moteur se montre performant, il en va tout autrement des suspensions qui privilégient le confort au détriment de la tenue de route. D'autant plus que ces éléments suspenseurs sont boulonnés à un châssis qui est loin d'avoir la rigidité à laquelle Toyota nous a habitués par le passé. Vous ne serez donc guère surpris d'apprendre que la Solara sous-vire passablement. Dès que les roues avant perdent de la traction, un rappel sonore particulièrement agaçant se fait entendre. Puisque le système de contrôle de traction semble plus ou moins efficace, il faut plutôt se fier à ce bip sonore pour savoir quand ralentir ! De plus, la direction gomme toute sensation de la route.

LE CABRIOLET, MAINTENANT...

La Solara cabriolet a droit aux mêmes commentaires que le coupé au chapitre des « qualités » dynamiques et du comportement routier. Mais lorsqu'on enlève le toit d'une voiture, et peu importe laquelle, un monde nouveau apparaît. Un monde sans tracas (enfin moins que d'habitude…), sans stress (ou presque…) et où tous sont beaux et fins (sauf quelques personnes que je ne nommerai pas…). Cet effet thérapeutique se retrouve aussi dans la Solara cabriolet et parvient même à faire oublier les faiblesses, pourtant encore plus marquées, du châssis.

Il ne faut que 11 secondes pour que le toit se replie complètement sur lui-même, ce qui est digne de mention. Mais avant de ce faire, vous aurez eu tout votre temps pour découvrir une visibilité arrière pénible et une étanchéité très moyenne aux bruits du vent. Et lorsque le toit est baissé et que personne ne s'assoit sur la banquette, les ceintures arrière claquent au vent. Mais que le toit soit baissé ou relevé, qu'il soit souple ou non, l'accès aux places arrière demande toujours autant de planification, le son de la radio est franchement éprouvant et l'écran à affichage numérique devient illisible dès que le moindre rayon de soleil se pointe.

La Solara, comme mentionné au début de cet essai, est en quête d'identité. Mais ces tergiversations de personnalité donnent tout de même de beaux résultats au chapitre des ventes. Le look spécial de la Solara, son confort, sa fiabilité et son prix relativement amical en font une candidate importante pour quiconque ne recherche pas la conduite sportive. Et si, en plus, on peut enlever le toit, que demander de plus !

Alain Morin

CAMRY SOLARA

DONNÉES TECHNIQUES

Prix du modèle à l'essai :	SE V6 30 900 $
Échelle de prix :	26 850 $ à 39 100 $
Version(s) disponible(s) :	SE, SE V6, SLE V6
Garanties :	3 ans 60 000/5 ans 100 000
Catégorie :	coupé sport, cabriolet
Emp./Long./Lar./Haut.(cm) :	272/489/181,5/142,5
Poids :	1 550 kg
Coffre/Réservoir :	390/70 litres
Coussins de sécurité :	frontaux et latéraux (av.)
Suspension avant :	indépendante, jambes de force
Suspension arrière :	indépendante, multibras
Freins av./arr. :	disque (ABS)
Antipatinage/Contrôle de stabilité :	oui, oui
Direction :	à crémaillère, ass. variable
Diamètre de braquage :	11,1 m
Pneus av./arr. :	P215/55R17

GROUPE MOTOPROPULSEUR ET RENDEMENT

Moteur :	V6 3,3 litres 4s
Puissance :	225 ch (168 kW) à 5600 tr/mn
Couple :	240 lb-pi (325 Nm) à 3600 tr/mn
Autre(s) moteur(s) :	4L 2,4l 157 ch
Transmission :	intégrale, automatique 5 rapports
Autre(s) transmission(s) :	automatique 4 rapports
Accélération 0-100 km/h :	8,4 s
Reprises 80-120 km/h :	6,3 s
Freinage 100-0 km/h :	41,7 m
Vitesse maximale :	220 km/h
Indice de performance longitudinale :	4,76 m/s/s
Consommation (100 km) :	ordinaire, 11,4 litres
Autonomie :	614 km

DANS LA MÊME CATÉGORIE

Chevrolet Monte-Carlo-Chrysler Sebring
Honda Accord Coupe-Mitsubishi Eclipse

DU NOUVEAU EN 2005

Version cabriolet

HISTORIQUE DU MODÈLE

2ième génération

DATE DE RENOUVELLEMENT

n.d.

NOS IMPRESSIONS

Agrément de conduite :	🚗🚗🚗🚗
Fiabilité :	🚗🚗🚗🚗
Sécurité :	🚗🚗🚗🚗½
Qualités hivernales :	🚗🚗🚗🚗½
Espace intérieur :	🚗🚗🚗🚗
Confort :	🚗🚗🚗🚗½

LE CHOIX DE L'ÉQUIPE

SE V6

Guide de l'auto 2005

TOYOTA CELICA

LA MORT ANNONCÉE

Qu'on le veuille ou non, la Toyota Celica attire les regards. Sa silhouette, qui n'est pas sans rappeler les grandes voitures sportives de ce monde, est certainement exceptionnelle. Malheureusement pour elle, la concurrence féroce dans ce créneau spécialisé la fait paraître un petit peu vieillissante, un constat que Toyota a aussi fait en annonçant au cours de l'été que le modèle en était à sa dernière année de production en 2005.

Personne ne pourra me dire cependant que la Toyota sport laisse indifférent. La carrosserie presque longiligne, dont les traits sont entrecoupés d'arêtes carrées ou de phares proéminents, la font ressembler aux grandes italiennes dans leur ancienne version. Et la soeur américaine, la MR2 qui n'est pas vendue au Canada et dont on a aussi annoncé la fin, était encore plus évidemment calquée sur les grandes sportives.

Style oblige cependant, se glisser à l'intérieur du bolide devient presque périlleux. On a l'impression de s'enfoncer bien en deçà de la ligne normale de conduite et d'avoir les yeux trop bas pour jouir d'une bonne perception de la route. Ce qui, à l'usage, se révèle faux.

Au contraire, le pare-brise permet une bonne vision de la route. Une situation qui se dégrade un peu cependant quand on constate les angles morts ou vers l'arrière, alors que les toutes petites fenêtres limitent considérablement la visibilité.

Au volant, on se retrouve assis dans des sièges de grande qualité, enveloppant littéralement le conducteur comme un pilote de course. Les multiples ajustements permettent de trouver la position de conduite idéale sans trop de difficulté. À l'arrière toutefois, l'espace est, comme dans tous les modèles du genre, très limité. Je ne suis pas très grand, mais assis derrière j'avais les genoux sous le menton et la tête au plafond. Inutile alors de parler de confort.

Devant le conducteur, un tableau de bord efficace, bien pensé, mais sans débordement. Les commandes usuelles sont relativement bien situées et faciles d'accès. Pas question néanmoins d'inclure dans cette analyse les commandes de la radio dont les minuscules boutons, mal indiqués, ne permettent pas un usage facile.

En fait, il faut avoir potassé le guide d'instruction durant quelques minutes, et avoir appris par coeur l'emplacement des boutons, pour pouvoir les manipuler alors qu'on est au volant. Les commandes de changement de station sont si petites qu'avec mes gros doigts,

»» FEU VERT
› Design sportif intéressant
› Sièges dignes des grandes sportives
› Tenue de route impeccable
› Fiabilité nippone traditionnelle

»» FEU ROUGE
› Places arrière symboliques
› Visibilité restreinte
› Plage de puissance mal répartie
› Embrayage capricieux

j'appuyais souvent sur deux boutons en même temps. Quant au choix de la source audio (CD ou radio), il devenait tout aussi difficile à faire sans demander l'aide du passager.

Cette difficulté d'usage est compensée par un son de grande qualité, et par une chaîne complète et très hi-tech. La façade de la radio illuminée de graphiques bleus s'incline pour laisser voir le lecteur CD dissimulé derrière. Un bon appareil qui aurait avantage à grossir un peu.

En matière de comportement routier, la Celica offre aussi le meilleur et le pire. Le meilleur, c'est sans conteste une direction d'une précision chirurgicale et une tenue de route impeccable. Elle colle littéralement à la route, peu importe la trajectoire ou les efforts qu'on lui demande.

Le pire, c'est la plage de puissance du moteur qui est tellement limitée qu'elle en devient difficile à exploiter. Plus d'explications s'imposent.

D'abord, il faut savoir que notre modèle d'essai était la GT-S, une version survoltée de la Celica de base. Le moteur de base, un simple quatre cylindres de 1,8 litre, développe 140 chevaux, ce qui s'avère un peu juste pour être intéressant.

En revanche, sur la version GT-S, le moteur a été vitaminé pour offrir 180 chevaux et un couple maxi de 130 lb-pi à 6 800 tr/min. Un peu plus sportif quand même!

Cependant, il faut y mettre un bémol. La Celica demande une certaine maîtrise de la part du conducteur pour être vraiment amusante.

L'embrayage qui est jumelé à la transmission manuelle 6 vitesses de la GT-S (5 vitesses sur la GT) nécessite une rare précision. Il devient très facile de le faire glisser et de le faire chauffer en usage urbain un peu trop actif. Le même phénomène se produit aussi quand on veut l'utiliser de façon plus sportive.

Quant à la courbe de puissance, elle n'est accessible que dans les paramètres très étroits des ratios de changement de vitesse. Concrètement, cela veut dire que pour être à son maximum d'agrément, la voiture doit tourner toujours à quelque 6 000 tr/min. Mais le côté bruyant du moteur à cette vitesse empêche d'apprécier la conduite.

La suspension est certes rigide, mais elle correspond tout à fait au profil de la voiture: une sportive un peu civilisée, capable d'être utilisée dans toutes les circonstances.

La Celica, c'est une silhouette imprenable et une tenue de route impeccable. Mais c'est malheureusement une voiture dont les performances ont un peu vieilli.

Et devant la concurrence de plus en plus féroce dans l'arène des voitures sport, la Celica n'avait plus vraiment sa place. Reste seulement à souhaiter que Toyota propose une saine relève sous peu.

Marc Bouchard

CELICA

DONNÉES TECHNIQUES

Prix du modèle à l'essai:	GT 27 680$
Échelle de prix:	29 900$ à 34 995$
Version(s) disponible(s):	GT, GT-S
Garanties:	3 ans 60 000/5 ans 100 000
Catégorie:	coupés sport
Emp./Long./Lar./Haut.(cm):	260/433/173,5/130,5
Poids:	1 134 kg
Coffre/Réservoir:	365/55 litres
Coussins de sécurité:	frontaux
Suspension avant:	indépendante, jambes de force
Suspension arrière:	indépendante, multibras
Freins av./arr.:	disque (ABS)
Antipatinage/Contrôle de stabilité:	non, non
Direction:	à crémaillère, ass. variable
Diamètre de braquage:	10,9 m
Pneus av./arr.:	P205/50R16

GROUPE MOTOPROPULSEUR ET RENDEMENT

Moteur:	4L 1,8 litre 16s
Puissance:	180 ch (134 kW) à 7 600 tr/mn
Couple:	130 lb-pi (176 Nm) à 6 800 tr/mn
Autre(s) moteur(s):	4L 1,8l de 140 ch
Transmission:	traction, manuelle 6 rapports
Autre(s) transmission(s):	manuelle 5 rapports
Accélération 0-100 km/h:	7,6 s
Reprises 80-120 km/h:	5,4 s
Freinage 100-0 km/h:	39 m
Vitesse maximale:	220 km/h
Indice de performance longitudinale:	3,48 m/s/s
Consommation (100 km):	super, 9,5 litres
Autonomie:	579 km

DANS LA MÊME CATÉGORIE
Acura RSX-Honda Accord Coupe-Hyundai Tiburon
Mitsubishi Eclipse-Volkswagen Golf GTI

DU NOUVEAU EN 2005
Dernière année du modèle, chargeur 6 CD, régulateur de vitesse

HISTORIQUE DU MODÈLE
5ième génération

DATE DE RENOUVELLEMENT
n.d.

NOS IMPRESSIONS

Agrément de conduite:	🚗🚗🚗🚗½
Fiabilité:	🚗🚗🚗🚗½
Sécurité:	🚗🚗🚗🚗
Qualités hivernales:	🚗🚗🚗½
Espace intérieur:	🚗🚗🚗
Confort:	🚗🚗🚗½

LE CHOIX DE L'ÉQUIPE
GT

Guide de l'auto 2005

TOYOTA COROLLA

UNE CANADIENNE DOUÉE

Lorsque les gens de Toyota Canada parlent de la Corolla, ils bombent le torse et il m'est souvent arrivé de détecter un trémolo dans leur voix. Cette attitude est facile à comprendre puisque ce modèle a permis à l'usine de Cambridge au nord-ouest de Toronto de se bâtir une réputation à toute épreuve en fait de qualité d'assemblage. De plus, la Corolla est, du moins selon les dires de son constructeur, le modèle le plus populaire de l'histoire de l'automobile et certainement l'un des best-sellers au Canada depuis tout près de quatre décennies. Et la version 2005 de cette berline compacte est annoncée comme étant la meilleure Corolla de l'histoire.

Pourtant, il faut savoir regarder pour identifier les modèles 2005 par rapport aux versions précédentes. Si vous avez l'oeil exercé, vous découvrirez que la grille de calandre est nouvelle et même cerclée de chrome sur les versions CE et LE. Les pare-chocs ont également été redessinés tandis que les feux arrière sont nouveaux. Dans l'habitacle, les sièges sont garnis de nouveaux tissus, tandis que le siège du conducteur est réglable en hauteur à l'aide d'un levier à rochet. C'est pratique, mais il faut tâtonner pour trouver la commande d'inclinaison du dossier qui est juste derrière. Mais à part ces quelques changements plus ou moins perceptibles, la plate-forme a été révisée, renforcée et améliorée.

Comme c'est l'habitude de la maison, les améliorations et les raffinements se suivent discrètement afin de toujours peaufiner le produit pour le rendre plus fiable, mieux assemblé et plus apprécié par ses propriétaires. La direction a profité des changements de milieu de cycle pour lancer une nouvelle version destinée à plaire aux conducteurs sportifs tout en voulant rehausser l'image de ce modèle. Jusqu'à présent, il fallait se contenter de l'édition « Sport » qui tentait de nous convaincre avec ses déflecteurs, ses roues en alliage et une présentation un peu moins pépère. Malheureusement, les 130 chevaux du moteur quatre cylindres de 1,8 litre nous ramenaient rapidement sur terre.

Cette année, grande nouvelle, la Corolla peut également être commandée avec un moteur de 170 chevaux, une suspension abaissée et plusieurs autres caractéristiques visant à augmenter les performances et l'agrément de conduite. Il s'agit de la XRS.

POUR PILOTES AGUERRIS
Chez Toyota, les responsables du marketing attendent beaucoup de cette nouvelle venue qui devrait intéresser les acheteurs plus jeunes (ou jeunes de coeur) qui doivent rouler en berline, qui ont un budget restreint, mais qui s'ennuient des voitures de sport. La XRS est supposée combler toutes leurs attentes.

» FEU VERT
- Fiabilité à toute épreuve
- Révisions mécaniques bénéfiques
- Moteur 170 chevaux
- Choix d'accessoires
- Tenue de route sans surprise

» FEU ROUGE
- Embrayage délicat (XRS)
- Moteur pointu (XRS)
- Boîte manuelle récalcitrante (XRS)
- Silhouette anonyme

Pour ce faire, les ingénieurs ont installé le moteur 1,8 litre à double arbres à cames en tête qui équipait déjà les Matrix XRS et Celica GT-S. Si ces 170 chevaux impressionnent, il est toutefois décevant de constater que cette puissance est obtenue à un régime de 7 600 tr/min et que le couple n'est que de 127 lb/pi. Ce qui signifie qu'il faut toujours monter le moteur à un régime dépassant les 4 500 tr/min pour pouvoir bénéficier d'accélérations et de reprises dignes de ce nom. Le moteur en soi est capable d'en prendre et ceux qui oseront flirter régulièrement avec le régime limite ne devraient pas s'inquiéter outre mesure. Le hic par contre est que la boîte de vitesses manuelle à six rapports n'est pas tellement conviviale. La course du levier de sélection des vitesses est souvent hésitante et le passage des rapports ne s'effectue pas toujours avec facilité. Mais l'irritant principal de cette boîte est son imprécision lorsque vient le temps de rétrograder. Par exemple, lorsqu'on veut passer du sixième au cinquième rapport, il est souvent arrivé de se retrouver en troisième, une perspective pas toujours intéressante. Soulignons également que l'embrayage est sensible. Par conséquent, il est facile d'étouffer le moteur.

Si vous êtes prêts à accepter ces restrictions et débourser environ 25 000 $ pour cette Corolla en livrée sport, vous allez vous retrouver au volant d'une voiture ficelée de façon impeccable et capable de bonnes performances. Par exemple, il faut 8,0 secondes pour atteindre les 100 km/h et une seconde de moins pour boucler le 80-120 km/h en quatrième.

Enfin, la tenue de route est bonne surtout en raison d'une suspension abaissée de 1,5 cm et de pneus d'été Michelin Pilot de 16 pouces. Elle accroche dans les virages et se comporte avec aplomb sur un parcours sinueux. Par contre, son moteur est assez mal adapté à la conduite dans les embouteillages, surtout en raison de son embrayage difficile à gérer.

TOUJOURS DU SÉRIEUX

Il ne faut pas ignorer pour autant les autres modèles qui constituent toujours la majorité des ventes. Les modèles CE, Sport et LE sont propulsés par le même moteur que précédemment, soit le quatre cylindres 1ZZ-FE de 1,8 litre. Malgré son identification assez exotique, ce moteur est surtout reconnu pour sa fiabilité, son économie de carburant et d'honnêtes performances. Il est couplé de série avec une boîte manuelle à cinq rapports dont le levier est plus coopératif que celui de la XRS. La transmission automatique à quatre rapports à commande électronique accomplit sa tâche sans rechigner. Cette année, l'utilisation d'un système de contrôle électronique de l'accélérateur améliore le rendement du moteur en fait de linéarité.

Il est donc vrai que la Corolla 2005 est la meilleure jamais fabriquée. Les améliorations apportées ne sont pas spectaculaires, mais ont permis de réaliser une berline plus confortable, plus solide et vendue pratiquement au même prix qu'auparavant avec, en bonus, un équipement de base plus complet.

Denis Duquet

DONNÉES TECHNIQUES

Prix du modèle à l'essai :	21 600 $
Échelle de prix :	15 490 $ à 24 185 $
Version(s) disponible(s) :	CE - LE - XRS
Garanties :	3 ans 60 000/5 ans 100 000
Catégorie :	berlines compactes
Emp./Long./Lar./Haut.(cm) :	260/453/170/148
Poids :	1 175 kg
Coffre/Réservoir :	385/50 litres
Coussins de sécurité :	frontaux et latéraux (av.)
Suspension avant :	indépendante, jambes de force
Suspension arrière :	demi-indépendante, poutre déformante
Freins av./arr. :	disque/tambour (ABS)
Antipatinage/Contrôle de stabilité :	non, non
Direction :	à crémaillère, assistée
Diamètre de braquage :	10,7 m
Pneus av./arr. :	P195/65R15

GROUPE MOTOPROPULSEUR ET RENDEMENT

Moteur :	4L 1,8 litre 16s (79 x 81,5)
Puissance :	130 ch (97 kW) à 6000 tr/mn
Couple :	125 lb-pi (169 Nm) à 4200 tr/mn
Autre(s) moteur(s) :	4L 1,8 litres dact 170 ch
Transmission :	traction, manuelle 5 rapports
Autre(s) transmission(s) :	manuelle 6 rapports, automatique 4 rapports
Accélération 0-100 km/h :	8,0 s
Reprises 80-120 km/h :	7,0 (4e) s
Freinage 100-0 km/h :	41,0 m
Vitesse maximale :	190 km/h
Indice de performance longitudinale :	4,7 m/s/s
Consommation (100 km) :	ordinaire, 7,2 litres
Autonomie :	694 km

DANS LA MÊME CATÉGORIE

Ford Focus - Honda Civic - Hyundai Elantra
Mazda 3Sport - Nissan Sentra - Saturn Ion
Volkswagen Jetta

DU NOUVEAU EN 2005

Nouveau modèle

HISTORIQUE DU MODÈLE

10ème génération

DATE DE RENOUVELLEMENT

n.d.

NOS IMPRESSIONS

Agrément de conduite :	🚗🚗🚗🚗½
Fiabilité :	🚗🚗🚗🚗½
Sécurité :	🚗🚗🚗🚗½
Qualités hivernales :	🚗🚗🚗🚗½
Espace intérieur :	🚗🚗🚗🚗½
Confort :	🚗🚗🚗🚗½

LE CHOIX DE L'ÉQUIPE

LE

Guide de l'auto 2005

TOYOTA ECHO

LA VOITURE DES QUÉBÉCOIS

C'est connu, en matière automobile les Québécois sont des consommateurs différents du reste de l'Amérique du Nord. Sang latin ou pas, nos habitudes de consommation ressemblent à celles de nos cousins européens. Et pour cause : par rapport à nos voisins canadiens et états-uniens, nous payons plus cher le litre d'essence, alors que nos taxes et impôts sont plus élevés qu'ailleurs sur le continent. Qui plus est, le Québec est reconnu pour compter le plus grand nombre de familles monoparentales du Canada. Résultat : il en reste moins dans nos poches et pour arriver à boucler notre budget, on achète des voitures à vocation économique. Si les pensions alimentaires et les taxes font partie de nos mœurs, tant pis !

Au moins, nous avons bonne conscience en sachant que nos taxes contribuent à réduire la pollution et à protéger l'environnement ! Ce qui tranche avec le reste de l'Amérique où les gros utilitaires sont toujours rois.

Conçue pour conquérir les habitants du vieux continent à la fin des années 90, Toyota nous a présenté l'an dernier l'Echo Hatchback ou la version canadienne de la Yaris qui a déjà été couronnée voiture de l'année en Europe. Sans oublier, sa jumelle japonaise la Vitz qui a reçu les mêmes honneurs au pays du soleil levant. Conscient de nos prédispositions pour les voitures à hayon, Toyota a fait fi de l'antipathie de nos voisins du sud pour ce genre de véhicule en nous offrant l'an dernier une Echo à configuration hatchback à 3 ou 5 portes. Même si l'Echo est un clone de la Yaris, la première est construite au Japon alors que la seconde est fabriquée en France.

L'adage qui dit de « ne pas toujours se fier aux apparences » trouve tout son sens dans le cas de l'Echo Hatchback. De prime abord, on pourrait croire que le modèle 5 portes est plus long que celui à 3 portes. Faux. Les deux adoptent les mêmes mesures. La seule différence est l'accès aux places arrière alors qu'il faut un talent de contorsionniste pour s'asseoir dans le modèle 3 portes. Par ailleurs, les deux modèles à hayon affichent le même empattement que la berline sauf qu'ils sont plus courts de 45 cm. Ce qui avantage le coffre de la berline dont le volume est de 385 litres contre 205 litres dans le cas des modèles hatchback. Toutefois, il est possible de quintupler l'espace des hatchbacks en rabattant le dossier de la banquette divisée 60/40.

Les Français ont le privilège de choisir entre trois motorisations dont une qui carbure au diesel. Chez nous, Toyota nous propose un seul moteur, mais non le moindre, soit le 4 cylindres de 1,5 litre à DACT et à distribution variable du calage des soupapes (VTTi). Développant 108 chevaux, ce moteur est plus raffiné que ceux de ses rivales que sont les Chevrolet Aveo,

»» FEU VERT
› Lignes réussies
› Véhicule urbain
› Habitacle pratique
› Bon rapport équipement/prix
› Faible consommation

»» FEU ROUGE
› Sensible au vent latéral
› Tableau de bord discutable
› Silhouette inesthétique (berline)
› Boîte automatique hésitante

Hyundai Accent, Pontiac Wave, et Suzuki Swift+. Même s'il n'est pas nécessairement le plus performant du lot, il a le mérite d'être le moins énergivore et le moins polluant. Pour exploiter efficacement la cavalerie de cette petite merveille d'ingénierie, la boîte manuelle à 5 vitesses est mieux adaptée que l'automatique à 4 rapports. En effet, cette dernière est plutôt lente à diriger le couple aux roues motrices avant. Par ailleurs, les jeunes (et les moins jeunes) adeptes de «tuning» pourront faire grimper la puissance à 115 chevaux en optant pour un échappement sport à double sortie et un système d'admission d'air moins restrictif.

Dans le même ordre d'idée, il existe une suspension sport optionnelle conçue par la division TRD de Toyota. Plus ferme de 25% et plus basse de 2,5 cm, cette suspension améliore la tenue de route mais ne se gêne pas pour brasser ses occupants lorsque la chaussée se dégrade. Il est possible également de personnaliser la carrosserie avec des jupes latérales, un aileron, des phares antibrouillards et des jantes de 15 po. Au total, plus de cinquante options figurent au catalogue dont quatre chaînes audio. La plus intéressante étant celle à lecteur MP3 et à haut-parleurs d'extrêmes graves de 10 po. Ce jeu des options n'est pas sans rappeler la vente automobile des années 80 alors qu'il était extrêmement compliqué d'acheter un véhicule. Pour faciliter les commandes et susciter l'intérêt des acheteurs, les responsables de la mise en marché croient que les jeunes seront entichés par le site Internet de Toyota où ils pourront construire et calculer le prix de leur voiture.

Même si les ajustements du siège conducteur sont peu nombreux, il est aisé de trouver une position de conduite confortable. L'assise haute et l'énorme surface vitrée permettent une bonne visibilité. Toutefois, la localisation de l'instrumentation dans une nacelle au centre du tableau de bord prête le flanc à la critique. Cependant, il faut admettre que ce concept est original et reflète la personnalité de cette mini-japonaise. Si l'aspect de certains matériaux plastiques et des tissus laisse perplexe, la finition est impeccable. En bonne citadine, l'Echo Hatchback vous fera sourire de satisfaction lorsque vous vous faufilerez dans la circulation, alors que sur les autoroutes sa sensibilité au vent vous fera grincer des dents à force de vouloir conserver votre trajectoire. Si les accélérations manquent de punch, le freinage est efficace grâce au système antiblocage de série.

LA BERLINE

Concernant la berline, il est dommage que les stylistes n'aient pas eu l'ordre de redessiner une partie avant à l'image du hatchback. Malgré tout, le remodelage de 2003 a été bénéfique aux ventes de ce modèle qui est en passe de devenir la deuxième Toyota la plus vendue au pays après la Corolla. Somme toute, la jolie bouille du hatchback nous a réconciliés avec la silhouette controversée de la berline.

Jean-François Guay

DONNÉES TECHNIQUES

Prix du modèle à l'essai :	16 405 $
	(Hatchback RS 5 portes)
Échelle de prix :	12 995 $ à 17 405 $
Version(s) disponible(s) :	
	hatchback 3 et 5 porte (CE, LE, RS), berline
Garanties :	3 ans ou 60 000/5 ans ou 100 000
Catégorie :	économique
Emp./Long./Lar./Haut.(cm) :	237/373,5/166/150
Poids :	975 kg
Coffre/Réservoir :	308/45 litres
Coussins de sécurité :	frontaux
Suspension avant :	indépendante, jambes de force
Suspension arrière :	semi-ind., poutre de torsion
Freins av./arr. :	disque/tambour ABS
Antipatinage/Contrôle de stabilité :	non/non
Direction :	à crémaillère, assistée
Diamètre de braquage :	10,8 m
Pneus av./arr. :	P175/65R14

GROUPE MOTOPROPULSEUR ET RENDEMENT

Moteur :	4L 1,5 litre
Puissance :	108 ch à 6000 tr/min
Couple :	105 lb-pi à 4200 tr/min
Autre(s) moteur(s) :	aucun
Transmission :	traction, manuelle 5 rapports
Autre(s) transmission(s) :	automatique 4 rapports
Accélération 0-100 km/h :	9,5 s (man.), 11,7 s (aut.)
Reprises 80-120 km/h :	8,8 s
Freinage 100-0 km/h :	40 m
Vitesse maximale :	180 km/h
Indice de performance longitudinale :	3,34 m/s/s
Consommation (100 km) :	6,3 litres (ordinaire)
Autonomie :	714 km

DANS LA MÊME CATÉGORIE

Chevrolet Aveo-Hyundai Accent-Kia Rio
Pontiac Wave- Suzuki Swift+

DU NOUVEAU EN 2005

Ajout d'un tachymètre, nouveaux accessoires de personnalisation, lecteur MP3

HISTORIQUE DU MODÈLE

1ère génération

DATE DE RENOUVELLEMENT

n.d.

NOS IMPRESSIONS

Agrément de conduite :	🚗🚗🚗½
Fiabilité :	🚗🚗🚗🚗
Sécurité :	🚗🚗🚗
Qualités hivernales :	🚗🚗🚗½
Espace intérieur :	🚗🚗🚗½
Confort :	🚗🚗🚗

LE CHOIX DE L'ÉQUIPE

Hatchback 5 portes RS

Guide de l'auto 2005

TOYOTA HIGHLANDER

SAGE COMME UNE IMAGE

La plupart des acheteurs de VUS optent trop souvent pour le mauvais produit. En effet, ces gens se paient un gros 4X4 capable de passer partout alors que leur intention n'est pas d'aller à la chasse ou à la pêche plusieurs fois par année mais bien de se retrouver au volant d'un véhicule spacieux doté d'une transmission intégrale. C'est justement cette clientèle que Toyota cible avec le Highlander. Si vous voulez jouer les aventuriers, il y a les 4Runner et Sequoia. Mais pour la jungle urbaine, c'est le Highlander.

D'ailleurs, ce modèle est dérivé de la plate-forme de la berline Camry, ce qui nous en dit beaucoup quant à ses caractéristiques. Tout d'abord, au lieu d'un glouton moteur V8, d'un essieu arrière rigide et d'un comportement routier de camionnette, le Highlander bénéficie d'un moteur V6 3,3 litres de 230 chevaux. Ce qui est juste ce qu'il faut pour la plupart des utilisations. Couplé à une boîte automatique à quatre rapports, ce moteur permet de boucler le 0-100 km/h en moins de neuf secondes tandis que sa consommation est d'un peu plus de 13 litres aux 100 km. Autre bonne nouvelle à ce chapitre, ce Toyota tout usage s'abreuve à l'essence ordinaire. Une caractéristique qui vaut son pesant d'or par les temps qui courent. Il faut également ajouter qu'il est possible de commander un moteur quatre cylindres de 2,4 litres d'une puissance de 155 chevaux. Ce moteur concède environ deux secondes dans les statistiques d'accélération mais consomme quand même moins. Sa boîte automatique à cinq rapports permet des accélérations homogènes et une diminution du bruit du moteur.

Les origines «automobiles» de cette voiture le rendent sans doute moins robuste pour rouler en forêt mais sur la route le conducteur, et surtout ses passagers, apprécient la suspension arrière indépendante. Des freins à disque ABS se retrouvent aux deux extrémités tandis qu'un système de stabilité latérale permet de rouler en toute quiétude même lorsque la nature se déchaîne. Bien entendu, comme toute mécanique Toyota, celle du Highlander est à la hauteur de la réputation de la marque.

DÉFENSE DE CHOQUER!

Les stylistes de Toyota ont la réputation de s'en tenir à des design discrets et traditionnels. Cette réputation est certainement renforcée par la silhouette du Highlander qui est sage comme une image. Elle n'est ni rétro, ni trop futuriste, donc bien de son époque mais sans faire de vagues. Son esthétique ne choquera personne et ne fera pas non plus tomber les gens en pâmoison. Par

»» FEU VERT
› Choix de moteur
› Fiabilité assurée
› Finition impeccable
› Bonne habitabilité.
› Suspension confortable

»» FEU ROUGE
› Troisième rangée symbolique
› Texture du volant rugueuse
› Certains groupes d'option onéreux
› Silhouette banale
› Tissu de sièges à revoir

contre, cette sagesse sur le plan visuel signifie également que son allure ne se démodera pas rapidement. Ce qui permet de croire à une bonne valeur de revente.

La même sagesse préside à l'intérieur, bien que les stylistes de l'habitacle aient fait preuve de plus d'audace et d'imagination. Les instruments et cadrans indicateurs sont regroupés dans un module de forme ovale de couleur titane. D'ailleurs, tout le centre de la planche de bord de même que le pourtour de la nacelle des instruments et le module des commandes sont cerclés de cette applique de couleur titane. Elle est également présente sur la console centrale qui se poursuit vers les porte-verres et un vide-poches.

Comme tout véhicule Toyota qui se respecte, la finition est impeccable tandis que la qualité des matériaux est sans reproche. Par contre, le tissu des sièges de notre modèle d'essai n'était pas tellement beau. Heureusement, pour compenser, ceux-ci sont confortables, tout aussi bien ceux à l'avant que la banquette médiane. Mais c'est une tout autre chose pour la troisième banquette qui n'est réservée qu'à de très petites personnes ou à de jeunes enfants. Ces derniers sont probablement les seuls qui pourront s'accommoder de la petitesse des lieux lors d'une longue randonnée. Enfin, l'espace réservé pour les bagages est sérieusement restreint lorsque cette banquette est déployée. Par contre, le seuil de chargement n'est pas tellement élevé pour un véhicule de cette catégorie.

UNE MÉTHODE ÉPROUVÉE

Si le Highlander réussit si bien sur la plupart des marchés, c'est qu'il se fait oublier lorsqu'on le conduit. Les irritants ont presque été tous éliminés et c'est un véhicule sage comme une image qui répond à nos moindres désirs. Il est vrai que la direction est un peu trop vague et que la transmission automatique à quatre rapports jumelée au moteur V6 est parfois paresseuse à passer les rapports. Mais sa suspension confortable, sa caisse rigide et un impressionnant silence de roulement viennent faciliter les choses. Tant et si bien qu'on pilote sans se préoccuper de la conduite elle-même. Il suffit de tourner le volant et de freiner, c'est tout! Cette impression de conduite est surtout valable en ville. Sur l'autoroute, il est recommandé de ne pas trop dépasser les limites de vitesses. Non pas en raison d'une mauvaise tenue de route mais parce que la suspension un peu trop souple risque de vous surprendre lors d'une manœuvre d'urgence. Le roulis de la caisse est prononcé et une direction quelque peu engourdie ne vient pas arranger les choses.

Dans l'ensemble, le Highlander est une familiale plus haute que la moyenne qui concilie confort, solidité et traction intégrale. Il s'agit sans doute de l'un des véhicules les plus pratiques et les plus confortables sur le marché. Toyota a réussi à produire un VUS qui possède la plupart des qualités d'une automobile mais pratiquement aucun des désagréments de sa catégorie. Cette excellence se paie puisque son prix peut facilement franchir la barre des 40 000$ si on s'emballe pour quelques accessoires.

Denis Duquet

HIGHLANDER

DONNÉES TECHNIQUES

Prix du modèle à l'essai :	39 900$
Échelle de prix :	32 900$ à 46 500$
Version(s) disponible(s) :	4 cyl TA - V6 4RM- V6 4RM 7 occupants
Garanties :	3 ans 60 000/5 ans 100 000
Catégorie :	utilitaires sport
Emp./Long./Lar./Haut.(cm) :	271,5/468/182/173
Poids :	2 260 kg
Coffre/Réservoir :	909 à 2 304/75 litres
Coussins de sécurité :	frontaux
Suspension avant :	indépendante, jambes de force
Suspension arrière :	indépendante, jambes de force
Freins av./arr. :	disque (ABS)
Antipatinage/Contrôle de stabilité :	oui, oui
Direction :	à crémaillère, ass. variable
Diamètre de braquage :	11,4 m
Pneus av./arr. :	P225/70R16

GROUPE MOTOPROPULSEUR ET RENDEMENT

Moteur :	V6 3,3 litres 24s (91,9 x 83,1)
Puissance :	230 ch (172 kW) à 5 600 tr/mn
Couple :	242 lb-pi (328 Nm) à 3 600 tr/mn
Autre(s) moteur(s) :	4L 2,4 litres 160 ch
Transmission :	intégrale, automatique 5 rapports
Autre(s) transmission(s) :	manuelle 4 rapports (traction)
Accélération 0-100 km/h :	8,6 s
Reprises 80-120 km/h :	7,9 s
Freinage 100-0 km/h :	39,6 m
Vitesse maximale :	180 km/h
Indice de performance longitudinale :	4,79 m/s/s
Consommation (100 km) :	ordinaire, 13,6 litres
Autonomie :	551 km

DANS LA MÊME CATÉGORIE
Acura MDX-Chevrolet Trailblazer-Ford Explorer
GMC Envoy-Honda Pilot-Nissan Murano

DU NOUVEAU EN 2005
Nouveau moteur 4 cylindres, boîte automatique 5 rapports

HISTORIQUE DU MODÈLE
1ère génération

DATE DE RENOUVELLEMENT
2008

NOS IMPRESSIONS

Agrément de conduite :	🚗🚗🚗🚗½
Fiabilité :	🚗🚗🚗🚗½
Sécurité :	🚗🚗🚗🚗½
Qualités hivernales :	🚗🚗🚗🚗
Espace intérieur :	🚗🚗🚗🚗
Confort :	🚗🚗🚗🚗

LE CHOIX DE L'ÉQUIPE
V6 4RM

Guide de l'auto 2005

TOYOTA MATRIX

LA MOINS CHÈRE DES DEUX

À l'instar de son clone la Pontiac Vibe, la Toyota Matrix fait partie de la nouvelle catégorie de véhicules génétiquement modifiés (ou VGM) qui combinent une multitude de caractéristiques permettant difficilement de les classer à l'intérieur de l'une ou l'autre des catégories établies. En effet, est-ce que la Matrix est une compacte? Une sportive? Une familiale ou un utilitaire? Et pour cause! La Matrix affiche les dimensions d'une compacte, la tenue de route d'une sportive grâce ses roues de 17 pouces, l'espace de chargement d'une familiale avec un volume de chargement de 697 litres, et la motricité d'un utilitaire à quatre roues motrices.

Outre la Vibe, plusieurs modèles se sont joints à cette nouvelle catégorie de petites familiales sportives qui regroupe les Chevrolet Optra, Chrysler PT Cruiser, Ford Focus ZX5, Mazda3 Sport, et Suzuki Aerio. En forçant un peu la note, on pourrait également inclure la Subaru Impreza TS. Pour faire sa niche dans cette catégorie en plein essor, la Matrix mise sur la fiabilité de son constructeur et les diverses personnalités des cinq versions qui composent sa gamme : base, base 4RM, XR, XR 4RM et XRS.

Sans rien enlever à GM, il faut souligner que le travail de conception et de développement a été réalisé principalement par Toyota qui s'est servi de la plate-forme de la Corolla pour extrapoler ce VGM de taille compacte. Si les deux véhicules partagent leur mécanique, les stylistes ont pris soin de les démarquer en s'inspirant des formes de leur marque respective. Ainsi, les lignes de la Vibe sont plus typées avec sa calandre et son pilier D plus incisifs, ses bas de caisse et ses contours d'ailes en relief, et ses phares antibrouillards et sa galerie porte-bagages de série.

De son côté, la Matrix adopte une silhouette plus sobre à l'image de son constructeur. L'absence de moulures latérales et la surface vitrée plus importante autour du pilier D donnent l'impression que la Toyota est plus grosse que la Pontiac. Qui plus est, les fla-flas moins nombreux sur la Matrix permettent à Toyota de fixer le prix de son modèle de base nettement en dessous de celui de la Vibe. Ainsi, il est possible de se procurer une Matrix pour moins de 17 000 $ alors qu'il faut débourser plus de 21 000 $ pour une Vibe de base. Mais attention, à ce prix il ne faut pas croire que les deux modèles possèdent le même équipement, loin de là! Malgré tout, la Matrix de base n'est pas complètement dépouillée puisque l'équipement de série comprend, notamment : un lecteur CD, un siège conducteur ajustable en hauteur, un volant inclinable, un siège avant passager repliable à plat, et une lunette de hayon relevable. La Vibe de base, elle, compte

»» FEU VERT
› Habitacle transformable
› Performances adéquates (XRS)
› Qualité hivernales (4RM)
› Nombreuses versions
› Véhicule fiable

»» FEU ROUGE
› Performances moyennes (4RM)
› Moteur difficile à exploiter (XRS)
› Sensibilité au vent latéral
› Suspension ferme
› Groupes d'options compliqués

en surplus une prise d'alimentation de 115 volts, un climatiseur, et une présentation extérieure plus relevée (phares antibrouillards, galerie porte-bagages, et jeu de moulures). Pour moins de 20 000 $, la Matrix de base avec le groupe B comprend un climatiseur, des roues en alliage, un système de déverrouillage, et un système d'accueil sans clé. Somme toute, la Matrix n'a peut-être pas la gueule de la Vibe mais elle sait comment séduire un portefeuille ! Et c'est ce qui compte dans le créneau des voitures économiques, non ? Par la suite, les autres versions se compliquent avec des groupes d'options offerts à différents prix. Bref, il devient difficile de s'y retrouver et on se croirait revenu dans les années 80 alors que le vendeur était roi !

Les versions de base, XR et 4RM sont animées par un 4 cylindres de 1,8 litre (VVT-i) identique à celui de la Corolla. Ce moteur développe 130 chevaux dans les modèles à traction avant, et 123 chevaux dans les modèles à traction intégrale. Une configuration d'échappement plus complexe explique la puissance moins élevée des Matrix à quatre roues motrices. Sous le capot de la sportive XRS, on retrouve un 1,8 litre (VVTL-i) de 170 chevaux dérivé du moteur de la Celica GT-S. Sage comme une image à bas régime, cette mécanique à calage variable des soupapes s'éveille à partir de 6 000 tr/min dans un hurlement typique à ce genre de motorisation. Toutefois, il ne faut pas croire qu'il s'agit d'une Honda S2000 ! Pour accélérer de 0 à 100 km/h, il faut compter 8,7 secondes. Ce qui est plus lent qu'un PT Cruiser Turbo. Par ailleurs, il est possible d'augmenter la puissance du moteur de base de 130 à 175 chevaux grâce à un compresseur mis au point par la division haute performance TRD de Toyota. Installé par le concessionnaire, ce mécanisme n'affecte pas la garantie de base du constructeur.

Les modèles à traction avant sont vendus avec une boîte manuelle à 5 vitesses ou une boîte automatique à 4 rapports ; alors que ceux à traction intégrale sont disponibles uniquement avec la boîte automatique. Quant à la XRS, elle est offerte avec une boîte manuelle à 6 rapports ou une boîte automatique. Inutile d'écrire que pour réussir à cravacher la cavalerie stratosphérique de la XRS, la boîte manuelle est un incontournable.

On ne peut passer sous silence l'aménagement intérieur de la Matrix puisqu'il s'agit de sa principale raison d'être. L'habitacle est fonctionnel et le choix des matériaux correspond aux normes de Toyota. Le tableau de bord d'inspiration Pontiac est bien tourné. Toutefois, les chiffres de certains cadrans sont petits et obligent certains automobilistes à porter leurs verres correcteurs ! Les sièges sont confortables et le dégagement aux jambes est suffisant. Les espaces de rangement sont légion et les multiples configurations du compartiment à bagages permettent de transporter des objets mesurant jusqu'à huit pieds lorsque le dossier du siège du passager avant est replié sur lui-même. Bon déménagement !

Jean-François Guay

DONNÉES TECHNIQUES

Prix du modèle à l'essai :	23 285 $ (XR 2RM avec groupe B)
Échelle de prix :	16 925 $ à 25 845 $
Version(s) disponible(s) :	base 2RM ou 4RM, XR 2RM ou 4RM, XRS
Garanties :	3 ans ou 60 000/5 ans ou 100 000
Catégorie :	familiale
Emp./Long./Lar./Haut.(cm) :	260/435/177,5/155
Poids :	1 211 kg
Coffre/Réservoir :	428 à 1 506/50 litres
Coussins de sécurité :	frontaux
Suspension avant :	indépendante, jambes de force
Suspension arrière :	indépendante, poutre de torsion
Freins av./arr. :	disque/disque ABS
Antipatinage/Contrôle de stabilité :	non/non
Direction :	à crémaillère, assistée
Diamètre de braquage :	10,8 m
Pneus av./arr. :	P205/55R16 (base, XR)

GROUPE MOTOPROPULSEUR ET RENDEMENT

Moteur :	4L 1,8 litre
Puissance :	130 ch à 6000 tr/min
Couple :	125 lb-pi à 4200 tr/min
Autre(s) moteur(s) :	4L 1,8 litre 123 ch (intégrale), 170 ch (XRS)
Transmission :	traction, manuelle 5 rapports
Autre(s) transmission(s) :	auto. 4 rapports (2RM, 4RM), man. 6 rapports (XRS)
Accélération 0-100 km/h :	10,5 s
Reprises 80-120 km/h :	9,8 s
Freinage 100-0 km/h :	39 m
Vitesse maximale :	180 km/h
Indice de performance longitudinale :	3,41 m/s/s
Consommation (100 km) :	7,7 litres (ordinaire)
Autonomie :	649 km

DANS LA MÊME CATÉGORIE

Chrysler PT Cruiser-Ford Focus ZX5-Mazda3 Sport
Pontiac Vibe-Subaru Impreza Outback-Suzuki Aerio
Volkswagen Jetta Wagon

DU NOUVEAU EN 2005

Calandre redessinée, nouveaux feux arrière, système de surveillance de la pression des pneus (XR), nouveaux coussins gonflables avant à deux étages

HISTORIQUE DU MODÈLE

1ière génération

DATE DE RENOUVELLEMENT

n.d.

NOS IMPRESSIONS

Agrément de conduite :	🚗🚗🚗½
Fiabilité :	🚗🚗🚗🚗🚗
Sécurité :	🚗🚗🚗🚗
Qualités hivernales :	🚗🚗🚗🚗
Espace intérieur :	🚗🚗🚗½
Confort :	🚗🚗🚗🚗½

LE CHOIX DE L'ÉQUIPE

XR 2RM avec groupe B

Guide de l'auto 2005

TOYOTA PRIUS

LA VOITURE DES STARS

Malgré un attrait typiquement machiste pour les grosses voitures sport ou les immenses quatre par quatre virils, la plupart des automobilistes québécois ont un faible naturel pour la préservation de l'environnement. À cela, il faut aussi ajouter une passion dévorante pour tout ce qui touche les nouveautés technologiques. Avec une telle approche, et parce que Charlize Theron et les autres vedettes d'Hollywood l'ont rendue célèbre en l'amenant à la soirée des Oscars, nul besoin de préciser que la Toyota Prius est une véritable curiosité.

C'est donc avec un enthousiasme quasi juvénile que j'ai pris le volant de cette petite voiture à rouage hybride de deuxième génération, une voiture que l'on annonçait presque comme la huitième merveille du monde.

Ô cruelle déception cependant, car la Prius, même si elle a de quoi plaire à tous les écolos de la terre, ne pourra pas remplir les besoins de la plupart de ceux qui aiment tout simplement la conduite automobile.

Précisons tout de suite quelque chose : le système hybride de deuxième génération, installé sur la Prius a des caractéristiques de haut niveau. Il est économique (le fabricant parle de 4,1 litres aux 100 kilomètres, mais je n'ai pu faire mieux que 5,1) et par voie de conséquence, sécuritaire pour l'environnement. Il est en fait, un des rares engins à s'adapter aux normes californiennes les plus sévères en matière d'émissions polluantes. Ce moteur a d'ailleurs remporté en 2004 le titre convoité de "Engine of the year". De ce point de vue, la Prius est exceptionnelle.

Quand on la regarde, on se rend vite compte qu'on n'a pas affaire à un véhicule ordinaire. Son allure générale n'a rien de commun avec les autres voitures de la rue. On lui a donné un profil hautement aérodynamique (coefficient de 0,26, ce qui est exceptionnel), malgré un hayon légèrement surélevé. De l'extérieur, il est clair que la Prius n'est pas une voiture comme les autres. Un peu comme si le simple design était en soi une affirmation à la différence que revendique la Prius hybride.

À l'intérieur, l'habitacle est aussi unique. Vaste et dégagé, il offre presque autant de place que la Camry, par exemple. Les passagers à l'avant et à l'arrière auront bien assez de dégagement, peu importe leurs mensurations, pour être à l'aise.

UNIQUE ET FIÈRE DE L'ÊTRE

Mais là s'arrêtent les comparaisons car pour tout le reste, des performances au design du tableau de bord, la Prius est unique. D'une part, il faut savoir que de simplement démarrer le moteur

»» FEU VERT
› Rouage hybride haute technologie
› Habitacle confortable
› Faible consommation d'essence
› Aérodynamisme remarquable
› Suspension agréable

»» FEU ROUGE
› Freinage trop direct
› Puissance un peu juste
› Direction trop assistée
› Valeur de revente inconnue
› Design peu traditionnel

représente un véritable défi pour qui n'est pas familier. Il faut d'abord insérer une espèce de bloc carré qui sert de clé dans une fente prévue à cet effet (sur le modèle de luxe, la clé intelligente permet d'éviter cette étape puisqu'elle est reconnue par ondes). Une fois installée, il faut appuyer sur le frein, puis sur la touche Power. Le tableau de bord (dont les cadrans numériques sont installés directement sous le pare-brise) s'illumine alors pour indiquer que l'électricité circule bien. Mais la voiture demeure entièrement silencieuse. Passez le rapport avant, grâce à un bras de transmission gros comme un doigt installé directement dans le tableau de bord, puis relâchez le frein et votre voiture avance. La démarche est tellement inhabituelle qu'un copain, tentant de démarrer le moteur tard le soir, a dû lire le manuel de l'utilisateur pour y parvenir.

Pour l'arrêt, la situation est presque la même : il faut appuyer sur un gros bouton marqué Park plutôt que d'utiliser le levier d'embrayage. Il faut aussi peser de nouveau sur le bouton Power pour éteindre le moteur avant de retirer la clé. Pas toujours évident.

Le système hybride a cependant de grands avantages. À l'arrêt, pour une conduite en ville par exemple, il arrêtera tout simplement le moteur à essence de 76 chevaux pour ne conserver que la puissance électrique (qui totalise l'équivalent de 67 chevaux). Aucun bruit n'est alors audible par le conducteur.

En matière de performance cependant la Prius déçoit un peu. Au freinage par exemple, fonctionnant selon le principe "by wire" et géré par ordinateur, il faut savoir doser avec précision la pression sur la pédale. Un peu trop de brusquerie et le frein s'enfonce radicalement, entraînant une perte rapide de vitesse. Si on appuie trop fort (et pas besoin de freiner avec violence) alors que la voiture est en virage, on risque de voir l'arrière passer devant tellement le freinage est intense. Même après une semaine complète d'utilisation, il m'arrivait encore d'arrêter brutalement aux arrêts obligatoires.

L'accélération n'est pas fulgurante, mais répond amplement aux besoins, du moins sur l'autoroute. En ville, un peu plus de puissance serait certainement la bienvenue.

C'est vrai, le système hybride est économique, limite les émanations polluantes et marque certainement un pas de géant vers la mise en marché de voitures hybrides capables de plaire au plus grand nombre. La preuve : Toyota a vendu en moins d'une année le même nombre de Prius que durant les trois années d'existence de l'ancien modèle.

Les grandes qualités de la Prius sont malheureusement occultées par une conduite et des performances trop peu intéressantes pour une voiture qui, rappelons-le, se vend tout de même près de 30 000 $. Ce n'est pas encore la perfection, mais c'est tout de même ce qui s'en rapproche le plus en matière de voiture hybride.

Marc Bouchard

DONNÉES TECHNIQUES

Prix du modèle à l'essai :	Groupe B 34 055 $
Échelle de prix :	29 990 $ à 34 055 $
Version(s) disponible(s) :	version unique
Garanties :	3 ans 60 000/5 ans 100 000
Catégorie :	berlines compactes
Emp./Long./Lar./Haut.(cm) :	270/445/172,5/149
Poids :	1250 kg
Coffre/Réservoir :	456/45 litres
Coussins de sécurité :	frontaux, latéraux (av.) et rideaux
Suspension avant :	indépendante, jambes de force
Suspension arrière :	poutre de torsion, barre stabilisatrice
Freins av./arr. :	disque (ABS)
Antipatinage/Contrôle de stabilité :	oui, non (opt.)
Direction :	à crémaillère, ass. variable
Diamètre de braquage :	10,2 m
Pneus av./arr. :	P185/65R15

GROUPE MOTOPROPULSEUR ET RENDEMENT

Moteur :	4L 1,5 litre 16s (75 x 84,7) hybride
Puissance :	76 ch (ess) 67 ch (élect)
	(57 kW ess/50 kW elect) à 5 000 tr/mn
Couple :	82 lb-pi (ess) 295 lb-pi (élect)
	(111 Nm ess/400Nm élect) de 0 à 1 200 tr/mn
Autre(s) moteur(s) :	seul moteur offert
Transmission :	traction, CVT
Autre(s) transmission(s) :	aucune
Accélération 0-100 km/h :	10,9 s
Reprises 80-120 km/h :	8,1 s
Freinage 100-0 km/h :	44,4 m
Vitesse maximale :	170 km/h
Indice de performance longitudinale :	4,2 m/s
Consommation (100 km) :	ordinaire, 5,1 litres
Autonomie :	882 km

DANS LA MÊME CATÉGORIE
Honda Civic hybride

DU NOUVEAU EN 2005
Rien de nouveau

HISTORIQUE DU MODÈLE
2ième génération

DATE DE RENOUVELLEMENT
2009

NOS IMPRESSIONS

Agrément de conduite :	🚗🚗🚗
Fiabilité :	🚗🚗🚗🚗🚗½
Sécurité :	🚗🚗🚗🚗
Qualités hivernales :	🚗🚗🚗
Espace intérieur :	🚗🚗🚗🚗
Confort :	🚗🚗🚗🚗½

LE CHOIX DE L'ÉQUIPE
de base avec VSC

Guide de l'auto 2005

TOYOTA RAV4

» AMUSANT !

À la fin des années 90, qui aurait dit qu'un constructeur du pays du soleil levant offrirait en 2005 une gamme composée de quatre utilitaires sport. Eh bien ! C'est exactement le nombre de modèles que Toyota expose dans ses salles de démonstration : le 4Runner, le Highlander, le Sequoia, et le RAV4. Qui plus est, il ne faudrait pas oublier que la division de luxe de Toyota, la marque Lexus, propose également trois VUS : le RX 330, le LX 470 et le GX 470. Sans oublier les prochains modèles révolutionnaires à motorisation hybride que seront les Lexus RX 400H et Toyota Highlander Hybrid. Aussi incroyable que cela puisse paraître, le numéro un japonais compte plus de VUS que Ford et Lincoln réunis !

Si vous croyez que Toyota est le seul constructeur japonais a joué dans le jardin des constructeurs américains, détrompez-vous! Son rival Nissan (et Infiniti) est également bien nanti à ce chapitre en proposant une gamme de sept utilitaires sport.

Donc, la catégorie des petits utilitaires sport n'a jamais été aussi bien garnie. On se rappellera qu'avant 1997, les concessionnaires Suzuki filaient le parfait bonheur puisque le Sidekick était pratiquement fin seul dans ce créneau en devenir. Par la suite, les lancements successifs des Honda CR-V et Toyota RAV4 sont venus mêler les cartes et affecter la plénitude de Suzuki. Cette année, la catégorie des petits VUS compte pas moins de douze modèles. De quoi donner de sérieux maux de tête aux acheteurs !

À l'instar de l'ancienne génération du RAV4 (1998-2000), le principal attribut de la présente génération est sa présentation extérieure. Pour affronter l'usure du temps avec autant de désinvolture, les stylistes de Toyota ont doté le RAV4 d'un profil jeune aux lignes fuyantes qui s'apparentent à celles du X5 de BMW. De même, la silhouette du RAV4 est bien servie par des phares elliptiques au design moderne, de gros pneus, et des artifices de bon goût : un aileron arrière, une prise d'air sur le capot, des moulures protectrices latérales et un couvercle rigide de roue de secours.

Si la carrosserie profilée du RAV4 mérite des éloges, on peut également apprécier la conception de l'habitacle. Certes, la texture de certains matériaux plastiques fait bon marché, toutefois la présentation est de bon goût et semble s'inspirer d'une petite berline sport. En effet, la juxtaposition des trois cadrans dans la nacelle dont un compte-tours cerclé d'aluminium laisse supposer qu'il s'agit d'un VUS à caractère sportif. Et ce n'est pas qu'une impression ! Puisque le comportement routier est stimulant grâce à l'un des meilleurs rapports poids/puissance de la catégorie. À part sa belle apparence, le RAV4 se distingue par son agrément de conduite. Même si la garde au sol est élevée, il se comporte

» FEU VERT
› Mécanique fiable
› Bonne tenue de route
› Performances intéressante
› Boîte manuelle vive et précise
› Consommation raisonnable

» FEU ROUGE
› Certaines versions onéreuses
› Pas de coussins latéraux
› ABS en option
› Capacité de remorquage limitée
› Groupes d'options compliqués

admirablement bien dans les virages grâce au bon ajustement de ses suspensions et le mordant de ses pneus d'origine. La direction précise et sa bonne visibilité permettent de le diriger au doigt et à l'œil. Par rapport à ses rivaux, le RAV4 est certainement le plus amusant à conduire.

À l'instar de la plupart des petits VUS, le RAV4 boude la motorisation 6 cylindres pour un 4 cylindres de 2,4 litres. Développant 161 chevaux, les 1 305 kilos du RAV4 ne se font pas prier pour se déplacer de 0 à 100 km/h en neuf secondes et des poussières. Pour y parvenir, le conducteur aura beaucoup de plaisir à manier les rapports courts et précis de la boîte manuelle à 5 vitesses. Une boîte automatique est également offerte en option. La seule faiblesse de ce groupe propulseur est sa capacité de remorquage limitée à 680 kilos. À peine pour tirer une remorque et deux motoneiges (ou motomarines)! Pour grimper les chemins en pente des Laurentides ou des Cantons-de-l'Est, mieux vaut envisager l'achat d'un VUS à moteur V6 ou de rouler sur des routes plates.

TRACTION INTÉGRALE RÉACTIVE

Outre les Suzuki Vitara, Jeep Liberty et Nissan X-Trail, tous les petits VUS sont pourvus d'un système à traction intégrale dit réactif sans boîte de transfert (Lo) dont les capacités hors route sont assez restreintes. Pour éviter de se faire taquiner par les propriétaires d'un vrai 4X4, mieux vaut demeurer sagement sur le sec que d'essayer de suivre les traces boueuses d'un Grand Vitara ou d'un Liberty.

Ceux et celles qui ont voyagé à bord de la première génération de RAV4 se souviendront de l'étroitesse des places avant et arrière alors que les passagers devaient constamment jouer du coude pour défendre leur territoire. Même si le RAV4 est encore étroit, les passagers peuvent y cohabiter pacifiquement. Les dégagements pour la tête, les épaules et les jambes ont fait un progrès immense, et ce, même s'ils sont plus restreints que dans un CR-V. À l'arrière, les occupants jouissent du confort relativement douillet de la banquette et disposent de deux dossiers divisés 50/50 dont l'inclinaison s'ajuste individuellement. À propos de la banquette, celle-ci peut être repliée de façon séparée, se basculer vers l'avant, ou s'enlever complètement afin d'offrir un plancher plat et un volume de 1 909 litres. Ce qui surclasse les 1 855 litres des Ford Escape et Mazda Tribute.

Pour les banlieusards qui fréquentent les stationnements des centres commerciaux, le fait que le hayon s'ouvre de gauche à droite change peu de chose. En ville cependant, lorsqu'on se stationne à la queue leu leu et que l'on doit charger des objets à partir de la rue et non du trottoir, aïe, aïe! Surveillez-vous : en été, quand la chaussée est sèche et dégagée, il n'y a pas de problème. Mais en hiver, avec la neige et les flaques d'eau… C'est une autre histoire!

Jean-François Guay

DONNÉES TECHNIQUES

Prix du modèle à l'essai :	27 890$ (Chili)
Échelle de prix :	24 585$ à 33 650$
Version(s) disponible(s) :	groupe A, B, et Plus; Limited; Chili
Garanties :	3 ans 60 000/5 ans 100 000
Catégorie :	Utilitaire sport compact
Emp./Long./Lar./Haut.(cm) :	249/419/173/168
Poids :	1 305 kg
Coffre/Réservoir :	678 à 1 909/56 litres
Coussins de sécurité :	frontaux
Suspension avant :	indépendante, jambes de force
Suspension arrière :	indépendante, multibras
Freins av./arr. :	disque/tambour ABS, EBD (opt.)
Antipatinage/Contrôle de stabilité :	non/non
Direction :	à crémaillère, assistance variable
Diamètre de braquage :	10,7 m
Pneus av./arr. :	P215/70R16

GROUPE MOTOPROPULSEUR ET RENDEMENT

Moteur :	4L 2,4 litres
Puissance :	161 ch à 5 700 tr/min
Couple :	165 lb-pi à 4 000 tr/min
Autre(s) moteur(s) :	aucun
Transmission :	intégrale, manuelle 5 rapports
Autre(s) transmission(s) :	automatique 4 rapports
Accélération 0-100 km/h :	9,2 s
Reprises 80-120 km/h :	7,5 s
Freinage 100-0 km/h :	42 m
Vitesse maximale :	185 km/h
Indice de performance longitudinale :	3,2 m/s/s
Consommation (100 km) :	10,1 litres (ordinaire)
Autonomie :	554 km

DANS LA MÊME CATÉGORIE

Chevrolet Equinox-Ford Escape-Honda CR-V
Jeep Liberty-Land Rover Freelander-Mazda Tribute
Mitsubishi Outlander-Nissan X-Trail-Saturn Vue
Subaru Forester-Suzuki Grand Vitara

DU NOUVEAU EN 2005

Nouveaux groupes d'options, système antivol supprimé

HISTORIQUE DU MODÈLE

2ième génération

DATE DE RENOUVELLEMENT

2006

NOS IMPRESSIONS

Agrément de conduite :	🚗🚗🚗🚗½
Fiabilité :	🚗🚗🚗🚗🚗½
Sécurité :	🚗🚗🚗🚗½
Qualités hivernales :	🚗🚗🚗🚗🚗½
Espace intérieur :	🚗🚗🚗🚗½
Confort :	🚗🚗🚗🚗½

LE CHOIX DE L'ÉQUIPE

Chili à boîte manuelle

Guide de l'auto 2005

TOYOTA SEQUOIA

TOYOTA EST AUSSI COUPABLE

Depuis un certain temps, les VUS sont au banc des accusés. Ils sont blâmés pour tout ce qui ne tourne pas rond sur la planète. En France, certains parlent de les interdire dans les villes. Aux États-Unis, les écologistes veulent les éradiquer tout simplement. Pour ces adversaires du 4X4, ce ne sont pas les petits modèles urbains à traction intégrale qui sont les ennemis, mais les gros mastodontes des sentiers. La première action de ces embrasseurs d'arbres est de blâmer uniquement les constructeurs nord-américains de construire ces engins de malheur. Pourtant, Nissan et Toyota sont tout aussi coupables. Et ce dernier ne fait pas dans la dentelle avec le Sequoia dont les dimensions sont imposantes, comme celles des Ford Expedition et Chevrolet Tahoe.

En fait, ce gros Toyota est nommé en l'honneur du plus gros arbre sur notre continent. À sa défense, il ne fait pas totalement dans la démesure puisqu'il doit concéder plusieurs centimètres, 28 pour être précis, à ses concurrents américains que sont le Tahoe et le GMC Yukon. De plus, puisque ce gros 4X4 nippon est dérivé de la camionnette Tundra qui est plus étroite que ses concurrentes nord-américaines, le Sequoia est également moins large. Par rapport au Tahoe de Chevrolet, il concède 9 centimètres en largeur. Ce qui rend l'habitabilité moins généreuse. Par contre, cela facilite sa maniabilité en ville et il est moins intimidant à stationner. Et ces quelques centimètres en moins signifient également que la troisième rangée de sièges n'est pas destinée à tous les gabarits. Comme tous les véhicules de ce genre, il est difficile d'y accéder et une fois rendu sur place, ce n'est pas très confortable. Mais cette Toyota tout-terrain n'est ni meilleure, ni pire que les autres à ce chapitre. Et il faut toujours des bras solides pour enlever les banquettes amovibles. Comme si les concepteurs s'étaient attendus à ce que les propriétaires ou conducteurs de Sequoia soient aussi costauds que leur véhicule, le système d'arrimage de ces sièges exige de bons muscles et une bonne poigne!

Il est bien certain que vous ne souffrirez quand même pas de claustrophobie dans cet habitacle dont la qualité de finition et des matériaux est excellente. D'ailleurs, les fabricants de certains modèles concurrents vendus beaucoup plus chers devraient imiter Toyota à ce chapitre au lieu de tenter d'économiser en utilisant des pièces qui font bon marché à défaut de l'être. Tout bien construit soit-il, le tableau de bord ne remportera aucun concours de design. Ce n'est pas affreux, mais disons que ça pourrait être plus incisif en fait de stylisme. Comme sur plusieurs véhicules à vocation utilitaire de cette marque, la partie centrale de la planche de bord est constituée d'un centre de commandes de forme ovale regroupant les réglages de la climatisation de même que ceux du système audio. Il faut d'ailleurs souligner que ce dernier possède une sonorité impressionnante, même sur le modèle de base. Fourni par JBL,

»» FEU VERT
› Moteur silencieux
› Construction robuste
› Rouage intégral sophistiqué
› Finition sans faille
› Transmission ultra douce

»» FEU ROUGE
› Moteur gourmand
› Encombrement assuré
› Silhouette anonyme
› Prix corsé
› 3ᵉ banquette inconfortable

Guide de l'auto 2005

il comprend 10 haut-parleurs, une commande pour les occupants des places arrière, des casques d'écoute sans fil de même qu'un ampli plus sophistiqué.

Parmi les autres éléments positifs, soulignons le volant à quatre branches qui fait songer davantage à celui d'une automobile que d'un VUS. Ce qui donne un certain cachet et il se prend également bien en main. Enfin, les cadrans indicateurs à fonds rétro éclairés ajoutent une touche de luxe.

EFFICACE! EFFICACE!

Les adversaires des 4X4 prennent toujours un malin plaisir à narguer les conducteurs de VUS qui sont embourbés ou incapables de franchir un obstacle. Cette situation était souvent les cas avec les véhicules à transmission intégrale à commande mécanique alors que l'habileté du pilote devait contribuer fortement aux qualités de passe-partout de tout 4X4. De nos jours, les systèmes électroniques permettent au plus vert des novices de négocier des parcours jugés difficiles par des experts chevronnés. Par contre, électronique ou pas, il faut toujours utiliser son jugement.

Le Sequoia est équipé de toute une batterie de systèmes permettant de se sortir de n'importe quelle impasse. Il est vrai que plusieurs puristes ne voient pas d'un bon œil la présence de ressorts hélicoïdaux au lieu des ressorts elliptiques afin d'obtenir une suspension plus confortable.

Ils contribuent à assurer une tenue de route correcte. Le Sequoia n'a jamais été conçu pour se démarquer face à des voitures de sport en fait de tenue de route et d'agrément de conduite. Comme tous les autres VUS, il faut toujours prendre en considération que vous conduisez un véhicule presque aussi haut que large, doté d'un centre de gravité élevé. Malgré tout, le comportement routier est sain pour autant qu'on demeure dans les limites d'utilisation d'un tel véhicule.

Il faut d'ailleurs ajouter qu'il est facile d'atteindre des vitesses passablement élevées puisque le moteur V8 4,7 litres à doubles arbres à cames en tête produit 240 chevaux. Il boucle d'ailleurs le 0-100 km/h en moins de 9 secondes. Pas mal pour un mastodonte de plus de deux tonnes! Ce moteur est associé à une boîte automatique à quatre rapports dont le raffinement est à l'égal du moteur.

Tel qu'il a été mentionné précédemment, le rouage d'entraînement intégral fait beaucoup appel à des modules de contrôle électronique. L'un d'eux est le système antipatinage, capable de vous tirer d'embarras assez facilement. Par contre, à l'usage, il faut être patient et laisser le temps au système d'entrer en fonction. Plusieurs impatients se sont obstinés à appuyer à répétition sur ces boutons et ont même grippé la mécanique. Ces qualités de passe-partout sont également le fait d'une garde au sol de 21,6 cm, soit l'équivalent des meilleurs de la catégorie.

Comme sur plusieurs modèles Toyota, la silhouette ne fera pas l'unanimité en raison de son conservatisme. Malgré cela, il faut admettre que sa construction est irréprochable, son moteur exemplaire et ses qualités impressionnantes en conduite tout-terrain. Et si vous trouvez son prix exorbitant, vous allez rapidement constater que la concurrence ne vend pas moins cher.

Denis Duquet

SEQUOIA

DONNÉES TECHNIQUES

Prix du modèle à l'essai :	59 350 $
Échelle de prix :	59 350 $ à 65 855 $
Version(s) disponible(s) :	SR5 - Limited
Garanties :	3 ans 60 000/5 ans 100 000
Catégorie :	utilitaires sport
Emp./Long./Lar./Haut.(cm) :	300 /518/191/187
Poids :	2 300 kg
Coffre/Réservoir :	787 à 2 084/100 litres
Coussins de sécurité :	frontaux, latéraux (av.) et rideaux
Suspension avant :	indépendante, bras inégaux
Suspension arrière :	indépendante, multibras
Freins av./arr. :	disque (ABS)
Antipatinage/Contrôle de stabilité :	oui, oui
Direction :	à crémaillère, ass. variable
Diamètre de braquage :	12,9 m
Pneus av./arr. :	P265/60R16

GROUPE MOTOPROPULSEUR ET RENDEMENT

Moteur :	V8 4,7 litres 32s (94 x 84)
Puissance :	282 ch (210 kW) à 5 400 tr/mn
Couple :	325 lb-pi (441 Nm) à 3 400 tr/mn
Autre(s) moteur(s) :	seul moteur offert
Transmission :	intégrale, automatique 5 rapports
Autre(s) transmission(s) :	aucune
Accélération 0-100 km/h :	7,6 s
Reprises 80-120 km/h :	7,4 s
Freinage 100-0 km/h :	43,0 m
Vitesse maximale :	195 km/h
Indice de performance longitudinale :	3,15 m/s/s
Consommation (100 km) :	ordinaire, 14,5 litres
Autonomie :	690 km

DANS LA MÊME CATÉGORIE

Chevrolet Tahoe - Ford Expedition - Dodge Durango
GMC Yukon

DU NOUVEAU EN 2005

Nouveau moteur, boîte automatique 5 rapports, rideau de sécurité av./arr., système anticapotage

HISTORIQUE DU MODÈLE

1ière génération

DATE DE RENOUVELLEMENT

2007

NOS IMPRESSIONS

Agrément de conduite :	🚗🚗🚗🚗½
Fiabilité :	🚗🚗🚗🚗🚗
Sécurité :	🚗🚗🚗🚗🚗
Qualités hivernales :	🚗🚗🚗🚗🚗
Espace intérieur :	🚗🚗🚗🚗🚗½
Confort :	🚗🚗🚗🚗

LE CHOIX DE L'ÉQUIPE

SR5

Guide de l'auto 2005

TOYOTA SIENNA

PHILOSOPHIE DE L'AMÉLIORATION

Chez Toyota, ce ne sont pas les coups d'éclat qui comptent, mais bien les améliorations progressives au fil des années. Même lorsqu'un modèle est entièrement modifié comme ce fut le cas l'an dernier pour la fourgonnette Sienna, les changements sont exécutés sans trop brusquer les choses. Le modèle qu'elle remplaçait était pourtant à bout de souffle et nécessitait une sérieuse transformation. Malgré tout, il faut y regarder de près pour constater à quel point la carrosserie a été modifiée. L'inclinaison du toit vers l'arrière, le renflement de la paroi latérale en direction du hayon, cela n'a pas bouleversé la silhouette.

Mais a quand même permis de donner une allure plus dynamique à la présentation extérieure au lieu des rondeurs de la version précédente qui avait pour effet de la rendre plus grosse, plus joufflue. Cette fois, c'est mieux réussi. À l'avant, des phares triangulaires encadrent une grille de calandre en nid d'abeille séparée au centre par l'écusson Toyota. Et toutes ces petites touches jouent également un rôle de trompe-l'œil puisque la Sienna ne paraît pas plus grosse que sa devancière. En fait, elle nous semble plus svelte même. Pourtant, elle est plus longue de 20 centimètres et plus large de 11 centimètres. Elle a également progressé en hauteur de 5 centimètres. Ce qui donne beaucoup plus d'espace aux occupants. Même les personnes assises sur la troisième rangée ne se sentiront pas trop à l'étroit. L'assise des sièges est un peu basse, mais c'est tout de même acceptable. Cette rangée est constituée de deux unités de type 60/40, ce qui est plus intéressant à mon avis que le choix à la Salomon que certains autres constructeurs ont adopté en séparant le tout 50/50. Une fois relevés, ces sièges possèdent sur le dossier des ancrages pour les sacs d'épicerie qui seront fort appréciés. Et il suffit de tirer sur les sangles placées à l'arrière de ces mêmes banquettes pour que le tout s'escamote dans le plancher. Les deux sièges baquets de la rangée médiane sont confortables, peuvent bouger d'avant/arrière et même être remisés hors du véhicule. Mais, si jamais le cœur vous en dit, gare aux maux de dos car ce sont des poids lourds. De plus, ils peuvent se rapprocher ou s'écarter l'un de l'autre afin d'ajouter à la polyvalence de la configuration. Comme toute Toyota qui se respecte, la finition est impeccable et la qualité des matériaux sans reproche.

Le stylisme extérieur étant plus sobre qu'autre chose, les designers ont donc décidé de relever un peu les choses avec un habitacle et un tableau de bord plus original. Ce dernier n'est pas d'un design délirant, mais quand même hors norme avec un levier de vitesses accroché au centre de la planche de bord, sur

»» FEU VERT
› Silence de roulement
› Mécanique fiable
› Habitacle polyvalent
› Finition et matériaux de qualité
› Nombre d'accessoires presque illimité

»» FEU ROUGE
› Prix corsé
› Agilité limitée
› Présentation discrète
› Agrément de conduite mitigé

Guide de l'auto 2005

une petite arête placée sous le module de contrôle de la climatisation et de la radio.

Alors que la plupart des autres marques placent les buses de ventilation centrales au haut de la planche de bord, Toyota a préféré les placer entre la radio et la climatisation en plus d'en situer deux autres sous la partie inférieure de la console du levier de vitesses. Celles-ci sont juste au-dessus de deux fiches 12 volts permettant de brancher téléphone cellulaire, ordinateur ou tout autre accessoire du genre. Par ailleurs, le levier de vitesses est très facile d'accès et se manie très facilement. Enfin, la Sienna est dotée de deux coffres à gants superposés. Celui de la partie inférieure est immense tandis que celui placé à la hauteur de la buse de ventilation droite permet d'y loger des papiers, un aide-mémoire électronique et la fiche de recharge du téléphone cellulaire. C'est nettement plus raffiné que sur la version précédente, et tout est étudié avec soin.

Il est trop complexe de vous énumérer les versions et leur équipement, mais il faut souvent débourser un prix assez élevé pour y ajouter des accessoires tels le lecteur DVD, des coussins de sécurité et autres accessoires. Tant et si bien que la note peut dépasser le cap des 50 000 $.

SILENCE ON ROULE!

La Sienna ne serait pas une Toyota si l'insonorisation n'était pas remarquable et si le groupe propulseur n'était pas doux, silencieux et d'une grande souplesse. Tant et si bien que les notes griffonnées dans mon calepin d'essai sont très chiches en fait d'impression de conduite. Tout simplement parce que cette fourgonnette accomplit sa tâche sans rechigner, avec application, mais sans inspiration non plus. C'est le véhicule parfait pour rouler sur de longs parcours en toute quiétude avec votre petite famille. Les sièges sont confortables, la tenue de route sans surprises et le moteur ne vous trahira jamais. Depuis l'an dernier, ce moteur V6 a vu sa cylindrée portée à 3,3 litres et sa puissance grimper à 230 chevaux, ce qui n'est certainement pas superflu pour déplacer les 1 800 kg de la Sienna et cela sans les occupants et leurs bagages. Heureusement que ce V6 est passablement en verve car il permet de boucler le 0-100 km/h en moins de 10 secondes.

Malgré son prix qui peut vous étourdir, il faut se contenter d'un essieu arrière rigide constitué d'une poutre déformante qui ne s'accommode pas toujours bien des routes en mauvais état et de la conduite rapide. Si vous faites partie des conducteurs qui sont toujours pressés, vous avez avantage à équiper votre Sienna d'un système de contrôle de stabilité électronique. Ou encore d'opter pour la version avec transmission intégrale et essieu arrière indépendant. Incidemment, c'est le véhicule idéal pour les amateurs de gadgets. La liste d'options en comprend une kyrielle.

Somme toute, la Sienna est d'un bel équilibre et d'une finition exemplaire. Dommage que sa liste de prix ne soit pas trop conviviale à mesure que l'on désire se payer un peu de luxe.

Denis Duquet

DONNÉES TECHNIQUES

Prix du modèle à l'essai :	35 895 $
Échelle de prix :	30 000 $ à 52 070 $
Version(s) disponible(s) :	CE-LE-XLE
Garanties :	3 ans 60 000/5 ans 100 000
Catégorie :	fourgonnettes
Emp./Long./Lar./Haut.(cm) :	303/508/197/175
Poids :	1 870 kg
Coffre/Réservoir :	1 234 à 4 219/79 litres
Coussins de sécurité :	frontaux et latéraux (av.)
Suspension avant :	indépendante, jambes de force
Suspension arrière :	demi-indépendante, poutre déformante
Freins av./arr. :	disque/tambour (ABS)
Antipatinage/Contrôle de stabilité :	oui, oui
Direction :	à crémaillère, assistée
Diamètre de braquage :	11,2 m
Pneus av./arr. :	P215/50R16

GROUPE MOTOPROPULSEUR ET RENDEMENT

Moteur :	V6 3,3 litres 24s (91,9 x 83,1)
Puissance :	230 ch (172 kW) à 5 600 tr/mn
Couple :	242 lb-pi (328 Nm) à 3 600 tr/mn
Autre(s) moteur(s) :	seul moteur offert
Transmission :	traction, manuelle 5 rapports
Autre(s) transmission(s) :	intégrale
Accélération 0-100 km/h :	9,5 s
Reprises 80-120 km/h :	8,2 s
Freinage 100-0 km/h :	43,7 m
Vitesse maximale :	200 km/h
Indice de performance longitudinale :	4,36 m/s/s
Consommation (100 km) :	ordinaire, 12,9 litres
Autonomie :	612 km

DANS LA MÊME CATÉGORIE

Buick Terraza-Chevrolet Uplander-Ford Freestar
Honda Odyssey-Kia Sedona-Mazda MPV
Pontiac SV6 Montana-Saturn Relay

DU NOUVEAU EN 2005

Aucun changement majeur

HISTORIQUE DU MODÈLE

2ème génération

DATE DE RENOUVELLEMENT

2008

NOS IMPRESSIONS

Agrément de conduite :	🚗🚗🚗🚗
Fiabilité :	🚗🚗🚗🚗½
Sécurité :	🚗🚗🚗🚗
Qualités hivernales :	🚗🚗🚗🚗
Espace intérieur :	🚗🚗🚗🚗
Confort :	🚗🚗🚗🚗

LE CHOIX DE L'ÉQUIPE

LE Traction 7 occupants

Guide de l'auto 2005

VOLKSWAGEN GOLF

MARS OU JUIN 2005 ?

Pendant que les Européens analysent les qualités et les défauts de la cinquième génération de Golf qui entame en Europe sa deuxième année d'existence, les Québécois et les Canadiens se questionnent toujours : quand est-ce que Volkswagen se décidera à remplacer l'actuelle génération qui a été dévoilée il y a déjà six ans ? Même si on nous a assuré que la Golf V sera éventuellement commercialisée chez nous en tant que modèle 2006, il y a lieu de s'interroger. Au moment d'aller sous presse, tant les journalistes que les concessionnaires de la marque spéculaient encore sur la date de son lancement : mars ou juin 2005 ?

Bref, c'est un suspens qui dure depuis trop longtemps et qui affecte les ventes du présent modèle. En effet, plusieurs inconditionnels de la Golf ont retardé leur achat dans l'espoir de se procurer la nouvelle Golf V. Eh bien, vous devrez patienter encore plusieurs mois !

Certes, la prochaine génération de Golf aura bénéficié d'une large couverture en faisant la page frontispice de nombreux magazines européens. Toutefois, le groupe VW aura sûrement compris qu'il s'agit d'une lame à deux tranchants. En effet, les consommateurs nord-américains ne sont pas dupes et plusieurs se sentent lésés de ne pas profiter des mêmes nouveautés que le vieux continent. Mais il faut savoir que cette façon de faire n'est pas nouvelle pour ce constructeur allemand qui a toujours lancé ces modèles en Europe avant de les dévoiler chez nous. La Golf V confirme encore une fois cette règle de deux poids deux mesures.

GOLF V VS GOLF IV
Avant de vous entretenir sur les modifications apportées à notre vieillissante Golf IV, voyons les principales différences entre la nôtre et celle que conduisent les Européens depuis l'automne 2003.

Fidèle aux nouvelles tendances, les dimensions de la prochaine Golf V seront sensiblement à la hausse. Si l'on se fie au modèle européen, la Golf 2006 mesura 5,5 cm de plus en longueur, 2,4 cm de plus en largeur, et 4,1 cm de plus en hauteur. Si l'espace alloué aux places avant demeure pratiquement le même, les passagers arrière bénéficieront d'un espace accru aux jambes de 5,4 cm et de 2,4 cm pour la tête. Par ailleurs, le coffre de chargement gagnera également en volume. Quant au châssis, il sera 80 % plus rigide que celui du modèle actuel. La nouvelle suspension arrière multibras devrait assurer un meilleur contact entre le véhicule et la chaussée. Ce qui améliorera la maniabilité, la tenue de route et le confort. La sécurité fera également des progrès avec des coussins gonflables plus nombreux, un système de freinage

❯❯ FEU VERT
❯ Choix de moteurs
❯ Économie de carburant (TDI)
❯ Moteurs 1.8T et VR6 performants
❯ Bonne tenue de route

❯❯ FEU ROUGE
❯ Modèle en fin de carrière
❯ Fiabilité inégale
❯ Moteur 2 litres anémiques
❯ Prix élevé (VR6)

plus efficace avec assistance EBD, et un système antidérapage ESP plus perfectionné. Si on s'entend sur ces modifications, rien n'est moins sûr en ce qui concerne les motorisations.

En effet, toutes sortes de rumeurs alimentent les groupes propulseurs qui seront offerts en Amérique du Nord. Les discussions concernent le lancement probable d'un nouveau moteur de base à 5 cylindres en ligne de 150 chevaux, de même qu'un 4 cylindres 2 litres turbo de 200 chevaux dans la version GTi. Par ailleurs, tout indique que le 1,9 litre TDI demeurera au catalogue ainsi que le VR6. Cette future gamme de moteurs est impressionnante puisqu'il n'y a rien de comparable présentement chez nos cousins français où les Golf V sont animées par deux quatre cylindres à essence : un 1,4 litre de 75 chevaux et un 1,6 litre de 102 ou 115 chevaux ; et deux moteurs diesel : un 1,9 litre TDI de 90 ou 105 chevaux, et un 2 litres TDI de 140 chevaux. Une histoire à suivre ! Par ailleurs, Volkswagen vient de dévoiler en Europe une Golf V à quatre roues motrices dotée d'un différentiel central de type Haldex.

QUOI DE NEUF EN 2005 ?

Bref, on pourrait consacrer tout notre texte à la Golf V européenne. Mais en attendant l'avènement de sa remplaçante, jetons un coup d'oeil aux principaux changements apportés à la Golf IV 2005. Surtout, qu'il y a des gens qui sont prêts à parier que l'année 2006 ne sera peut-être pas la bonne et qu'il faudra patienter jusqu'en 2007… Avez-vous un petit dix à gager là-dessus ?

D'entrée de jeu, mentionnons que malgré son âge, la Golf IV demeure l'une des voitures les plus agréables à conduire de sa catégorie. Si le moteur 2 litres manque de verve, sa tenue de route toute germanique est son principal attrait. Pour apprécier les qualités dynamiques de la Golf IV, le modèle équipé du moteur 1,8T de 180 chevaux demeure le choix le plus judicieux. Toutefois, il n'est proposé que dans la dispendieuse version GTi… Pour obtenir ce moteur dans une version GL ou GLS, il faudra plutôt vous intéresser à la Jetta. Quant au VR6, il demeure au catalogue de la GTi mais sa diffusion est limitée auprès des jeunes à cause du coût élevé des assurances. Si la version R32 de 240 chevaux à traction intégrale épate nos voisins états-uniens avec un 0 à 100 km/h en 6 secondes et des poussières, le regroupement des concessionnaires canadiens a refusé de l'importer chez nous à cause de son prix prohibitif dépassant les 40 000 $.

Dans le contexte des derniers mois, alors que le prix du litre d'essence a frôlé le huard, le moteur TDI de 1,9 litre s'avère la motorisation par excellence. Certes, le prix de détail de la version TDI est environ 1 500 $ plus élevé que celle équipée du 2 litres. Toutefois, si vous parcourez plus de 30 000 km par année et que vous envisagez de garder votre véhicule plus de trois ans, il ne s'agit plus d'une dépense mais d'un investissement. Faites le calcul et vous arriverez au même constat !

Jean-François Guay

DONNÉES TECHNIQUES

Prix du modèle à l'essai :	23 585 $ (berline GL TDI)
Échelle de prix :	18 300 $ à 30 000 $
Version(s) disponible(s) :	hatchback 3 ou 5 portes (CL, GL, GLS, GTi)
Garanties :	4 ans 80 000/5 ans 100 000
Catégorie :	compacte sport
Emp./Long./Lar./Haut.(cm) :	251/419/173,5/144
Poids :	1 331 kg
Coffre/Réservoir :	500 à 1 180/55 litres
Coussins de sécurité :	frontaux/latéraux
Suspension avant :	indépendante, jambes de force
Suspension arrière :	indépendante, poutre à torsion
Freins av./arr. :	disque/disque ABS
Antipatinage/Contrôle de stabilité :	oui (opt.)/oui (opt.)
Direction :	à crémaillère, assistée
Diamètre de braquage :	10,9 m
Pneus av./arr. :	P195/65R15, 205/55R16 (1.8T)

GROUPE MOTOPROPULSEUR ET RENDEMENT

Moteur :	4L 1,9 litre turbo diesel
Puissance :	100 ch à 4 000 tr/min
Couple :	177 lb-pi à 2 400 tr/min
Autre(s) moteur(s) :	4L 2 litres 115 ch, 4L 1,8 litre turbo 180 ch, VR6 2,8 litres 200 ch
Transmission :	traction, manuelle 5 rapports
Autre(s) transmission(s) :	semi-auto. 5 rapports, manuelle 6 rapports (GTi)
Accélération 0-100 km/h :	13 s (TDI), 8,5 (1.8T), 7,5 (VR6)
Reprises 80-120 km/h :	10,7 s
Freinage 100-0 km/h :	40,2 m
Vitesse maximale :	185 km/h
Indice de performance longitudinale :	4,25 m/s/s
Consommation (100 km) :	6,2 litres (diesel) ; 10,5 litres (essence)
Autonomie :	714 km

DANS LA MÊME CATÉGORIE

Chevrolet Cobalt-Chrysler SX-Ford Focus-Honda Civic
Hyundai Elantra-Mazda3-Mitsubishi Lancer-Nissan
Sentra-Pontiac Pursuit-Suzuki Aerio-Toyota Corolla

DU NOUVEAU EN 2005

Boîte automatique supprimée avec 1.8T,
ESP de série avec 1.8T

HISTORIQUE DU MODÈLE

4ième génération

DATE DE RENOUVELLEMENT

2006

NOS IMPRESSIONS

Agrément de conduite :	🚗🚗🚗🚗½
Fiabilité :	🚗🚗🚗🚗
Sécurité :	🚗🚗🚗🚗½
Qualités hivernales :	🚗🚗🚗🚗½
Espace intérieur :	🚗🚗🚗🚗
Confort :	🚗🚗🚗🚗½

LE CHOIX DE L'ÉQUIPE

berline GL TDI

Guide de l'auto 2005

VOLKSWAGEN JETTA

PLUS POPULAIRE QUE LA GOLF

Pendant que tout le monde s'interroge sur la date de lancement de la prochaine Golf, on semble oublier que la Jetta roule également sur ses derniers kilomètres. À vrai dire, la future Jetta devrait nous intéresser davantage que la Golf V puisqu'il se vend deux fois plus de Jetta que de Golf au pays. Mais alors pourquoi l'arrivée de la nouvelle Golf fait-elle autant jaser? Simplement parce que cette dernière est offerte en Europe depuis au mois deux ans, et que nous sommes impatients de la voir débarquer chez nous! Il faut avouer que nous sommes un peu las d'être si peu considérés par la haute direction de Volkswagen.

Force est d'admettre que Volkswagen joue à un jeu dangereux avec sa clientèle. D'où l'importance pour le constructeur allemand de ne pas commettre la même erreur avec la nouvelle Jetta 2006 dont le lancement est prévu au printemps ou à l'été 2005. Pour éviter d'irriter les acheteurs, mieux vaut ne pas trop en dévoiler pour ensuite les laisser poireauter. Bref, l'enjôlement a ses limites!

En attendant qu'on lève le voile sur la cinquième génération de la Jetta qui sera élaborée à partir de la plate-forme de la Golf V, le modèle 2005 nous revient pratiquement inchangé sur le plan esthétique mais prend soin d'épouser quelques changements techniques.

DIESEL
Tandis que la plupart des constructeurs mettent des efforts à développer des motorisations hybrides visant à réduire la consommation d'essence, le groupe VW demeure fidèle à lui-même en affirmant haut et fort que l'avenir appartient à la diésélisation de ses modèles, ce qui permet de réduire d'environ 30% la consommation de carburant. Au cours des derniers mois, la publicité entourant le lancement d'un Touareg à moteur V10 TDI et celui d'une Passat à moteur 2 litres TDI a relégué au second rang les modifications apportées au 1,9 litre TDI des Jetta et Golf.

Le nouveau système d'injecteurs-pompes du moteur TDI appelé en allemand "Pumpe Duse" utilise un injecteur individuel qui pulvérise à haute pression des gouttelettes de carburant dans chaque cylindre. Ainsi, le contrôle plus précis du cycle de l'injection a permis de réduire le bruit et la pollution associés au moteur diesel. De même, la puissance a fait un bond de 90 à 100 chevaux et le couple de 155 à 177 lb-pi. Jumelé à une boîte manuelle à 5 vitesses, ce moteur fort en couple permet des accélérations et des reprises surprenantes. Surtout qu'il est possible de consommer le diesel à la cuillère avec une cote de 5,5 litres aux 100 km, à condition de ne pas trop enfoncer l'accélérateur. En optant pour les bonnes options (pneus de 16 ou 17 pouces, sièges sport,

›»› FEU VERT
› Agrément de conduite
› Choix de moteurs
› Économie de carburant (TDI)
› Moteur 1.8T performant
› Boîte semi-auto efficace

›»› FEU ROUGE
› Modèle en fin de ligne
› Fiabilité incertaine
› Performances anémiques (2 litres)
› Abandon du moteur VR6
› Retrait de la boîte automatique dans GLi

volant à trois branches et gros boudin, suspension sport, système ESP) la Jetta TDI peut représenter le meilleur des deux mondes entre l'économie de carburant et la conduite sportive.

Par ailleurs, si vous ne voulez pas vous convertir au diesel, la Jetta peut être équipée d'un moteur 2 litres de 115 chevaux ou d'un 1,8 litre turbocompressé de 180 chevaux. Quant au VR6, seule la Golf GTi aura le privilège de lui ouvrir son capot en 2005. Si vous avez à choisir entre le 2 litres et le 1.8T, le choix est facile à condition d'avoir les moyens de débourser les quelque 2 000$ que quémande le 1.8T, et ce, sans oublier sa consommation et ses coûts d'assurance plus élevés. Boulonné dans la Jetta, le 1.8T est de loin la motorisation la plus intéressante. Couplé de série à une boîte manuelle à 5 vitesses (GLS) ou à 6 vitesses (GLi), il ne faut pas sous-estimer le rendement de ce moteur lorsqu'il est jumelé à la boîte semi-automatique à 5 rapports Tiptronic.

L'HABITACLE

On le répète depuis des lustres mais le tableau de bord d'inspiration germanique de la Jetta est d'une grande sobriété. L'éclairage des instruments en rouge et bleu apporte une touche particulière qui est maintenant devenue la griffe des habitacles signés Volkswagen. Si l'ergonomie est quasi parfaite, les porte-verres rétractables vous laisseront échapper quelques jurons lorsque vous devrez nettoyer la console et le système audio tâchés de café…

Peu importe la version, les sièges sont fermes mais confortables. Si la position de conduite ne convient pas à tous les gabarits, il est aisé de trouver la sienne grâce aux multiples réglages du siège et au volant ajustable en hauteur et en profondeur.

UNE FAMILIALE SPORTIVE

Le lancement de la Jetta familiale a coïncidé avec la recrudescence des modèles 5 portes. Lorsqu'elle est animée par le moteur 1.8T, la Jetta familiale est assurément la plus sportive de ses congénères avec un chrono de 7,9 secondes pour passer de 0 à 100 km/h. Dans les faits, sur une ligne droite et même dans les courbes, la Jetta peut faire la barbe à des familiales plus cossues comme la BMW 325i Touring et la Audi A4 Avant 1.8T. Par ailleurs, il ne faudrait pas croire que la Jetta est dépourvue de qualités pratiques à cause de sa conception vieillissante. Certes, les places arrière sont un peu juste pour les jambes et conviennent surtout à des gens de petite taille. Mais elle n'a pas à rougir face à des modèles plus jeunes, puisque le coffre de chargement est aussi vaste avec un volume de 1 500 litres lorsque le dossier de la banquette est rabattu.

Même si elle n'est pas la familiale la plus spacieuse offerte sur le marché, la Jetta offre un agrément de conduite hors du commun. Qui plus est, son prix de vente est raisonnable et respecte le budget des familles à revenu moyen.

Jean-François Guay

DONNÉES TECHNIQUES

Prix du modèle à l'essai :	28 050 $ (berline GLS 1.8T)
Échelle de prix :	24 520 $ à 31 240 $
Version(s) disponible(s) :	berline ou familiale (GLS, GLi)
Garanties :	4 ans 80 000/5 ans 100 000
Catégorie :	compacte
Emp./Long./Lar./Haut.(cm) :	251/438/173,5/144
Poids :	1 347 kg
Coffre/Réservoir :	400 à 1 470/55 litres
Coussins de sécurité :	frontaux/latéraux
Suspension avant :	indépendante, jambes de force
Suspension arrière :	indépendante, poutre à torsion
Freins av./arr. :	disque/disque ABS, EBA
Antipatinage/Contrôle de stabilité :	oui (opt.)/oui (GLi)
Direction :	à crémaillère, assistée
Diamètre de braquage :	10,8 m
Pneus av./arr. :	P195/65R15 (GLS)

GROUPE MOTOPROPULSEUR ET RENDEMENT

Moteur :	4L 1,8 litre turbo
Puissance :	180 ch à 5 500 tr/min
Couple :	173 lb-pi à 5000 tr/min
Autre(s) moteur(s) :	4L 2 litres 115 ch, 4L 1,9 litre turbo diesel 100 ch
Transmission :	traction, manuelle 5 rapports
Autre(s) transmission(s) :	semi-auto. 5 rapports, manuelle 6 rapports (GLi)
Accélération 0-100 km/h :	7,7 s (1.8T)
Reprises 80-120 km/h :	7,2 s
Freinage 100-0 km/h :	40,8 m
Vitesse maximale :	210 km/h
Indice de performance longitudinale :	4,86 m/s/s
Consommation (100 km) :	8,6 litres (super)
Autonomie :	639 km

DANS LA MÊME CATÉGORIE

Chevrolet Cobalt-Chrysler SX-Ford Focus-Honda Civic
Mazda3-Mitsubishi Lancer-Nissan Sentra
Pontiac Pursuit-Subaru Impreza-Toyota Corolla

DU NOUVEAU EN 2005

Boîte automatique supprimée dans GLi,
ESP de série dans 1.8T, abandon du VR6 dans GLi

HISTORIQUE DU MODÈLE

4ème génération

DATE DE RENOUVELLEMENT

2006

NOS IMPRESSIONS

Agrément de conduite :	🚗🚗🚗🚗
Fiabilité :	🚗🚗🚗
Sécurité :	🚗🚗🚗🚗½
Qualités hivernales :	🚗🚗🚗🚗½
Espace intérieur :	🚗🚗🚗🚗½
Confort :	🚗🚗🚗🚗½

LE CHOIX DE L'ÉQUIPE

berline berline GLS 1.8T

Guide de l'auto 2005

VOLKSWAGEN NEW BEETLE/CABRIO

AH… L'ÉTÉ !

Sur son retour d'âge (déjà !), la New Beetle traditionnelle commençait à passer inaperçue. Sentant qu'elle perdait peu à peu l'intérêt du public, elle a changé de coiffure et le résultat ne s'est pas fait attendre. La New Beetle Cabrio, dévoilée l'an dernier a fait des miracles ! C'est fou ce qu'un toit qui disparaît au simple toucher d'un bouton peut faire !

La New Beetle et la Cabrio se partagent les mêmes organes mécaniques même si le moteur TDI (turbo diesel à injection) est réservé au coupé. Ce moteur saura plaire à ceux qui parcourent beaucoup de kilomètres sans trop se soucier des accélérations. Ils seront récompensés par des reprises fort convenables et une économie de carburant appréciable… surtout en ces temps de pétrolières affamées. Le diesel, c'est l'avenir ! Les deux autres motorisations sont offertes autant sur le coupé que sur la Cabrio. Il s'agit du très infâme 2,0 litres qui pète et rouspète plus qu'il ne fait avancer la voiture. À déconseiller, surtout avec la boîte automatique à quatre rapports (l'automatique Tiptronic à six rapports n'est pas disponible avec ce pathétique engin). Quant au turbo, on s'attend à ce qu'il fasse des miracles… Désolé de vous décevoir ! Si le quatre cylindres de 1,8 litre fait 180 chevaux dans la Golf, sa puissance est réduite à 150 dans la New Beetle… au Canada (les Américains ont droit à la Turbo S et ses 180 chevaux). Les prestations de la New Beetle Turbo canadienne sont tout de même honorables, surtout si l'on prend soin de choisir la transmission manuelle à cinq rapports, de base sur tous les modèles. Ce groupe propulseur autorise alors un 0-100 km/h se situant aux alentours de 7,9 secondes avec le coupé. Les quelque cent cinquante kilos supplémentaires du cabriolet et la transmission automatique ont tôt fait de ramener ces chiffres à 9,4 secondes. Par contre, les reprises 80-120 se veulent frénétiques et se situent sous la barre des 7 secondes. Il faut avouer que le couple généreux et disponible dès 2 200 tours/minute y est pour quelque chose ! Pour en revenir aux transmissions, l'automatique à six rapports avec mode sport et Tiptronic qui équipait notre véhicule d'essai ne se montrait pas particulièrement enthousiaste au travail si on ne la sollicitait pas un peu.

Sur la route, les pneus de 17 po sont un peu durs et pas tellement adaptés à la vocation récréative de la New Beetle cabrio. Certes, ils autorisent une tenue de route assez phénoménale, mais les pneus de base de 16 po

»» FEU VERT
› Cabriolet à la frimousse agréable
› Capote sérieusement exécutée
› Excellente tenue de route
› Sièges avant de qualité
› Espace à l'avant…

»» FEU ROUGE
› Espace à l'arrière
› Suspension dure (1,8T)
› Finition aléatoire
› Fiabilité aberrante
› Moteur 2,0 litres inconvenant

NEW BEETLE/CABRIO

DONNÉES TECHNIQUES

Prix du modèle à l'essai :	40 165 $
Échelle de prix :	23 690 $ à 41 995 $
Version(s) disponible(s) :	GLS 2,0l, GLS TDI, GLX 1.8T
Garanties :	4 ans 80 000/5 ans 100 000
Catégorie :	cabriolets coupés sport
Emp./Long./Lar./Haut.(cm) :	251/408/172/150
Poids :	1 439 kg
Coffre/Réservoir :	201/55 litres
Coussins de sécurité :	frontaux et latéraux (av.)
Suspension avant :	indépendante, jambes de force
Suspension arrière :	demi-indépendante, poutre déformante
Freins av./arr. :	disque (ABS)
Antipatinage/Contrôle de stabilité :	oui/oui (option)
Direction :	à crémaillère, assistée
Diamètre de braquage :	10,9 m
Pneus av./arr. :	P225/45R17

GROUPE MOTOPROPULSEUR ET RENDEMENT

Moteur :	4L 1,8 litre 20s (81 x 86,4) turbocompressé
Puissance :	150 ch (112 kW) à 5800 tr/mn
Couple :	162 lb-pi (220 Nm) à 2200 à 4200 tr/mn
Autre(s) moteur(s) :	1,9 TDI 100 ch, 2,0 litres 115 ch
Transmission :	traction, automatique 6 rapports Tiptronic
Autre(s) transmission(s) :	manuelle 5 rapports, automatique 4 rapports
Accélération 0-100 km/h :	9,4 s
Reprises 80-120 km/h :	6,8 s
Freinage 100-0 km/h :	38,7 m
Vitesse maximale :	210 km/h
Indice de performance longitudinale :	4,84 m/s/s
Consommation (100 km) :	super, 10,3 litres
Autonomie :	534 km

assurent déjà un comportement routier fort relevé. Même la suspension du modèle Turbo se fait passablement sèche dans les divers trous et bosses de notre réseau routier québécois. Bref, ça brasse là-dedans ! Au moins, les sièges en cuir sont très confortables et celui du conducteur s'ajuste en hauteur ce qui, de concert avec un volant pouvant se déplacer autant en hauteur qu'en profondeur, assure une position de conduite parfaite. En plus, ils retiennent bien pilote et passager dans les virages. Quant aux freins à disque avec ABS, après quelques ralentissements brusques, la pédale devient spongieuse mais les distances d'arrêt se montrent toujours très correctes.

LE SOLEIL DU MEXIQUE...

Qui dit Volks New Beetle dit aussi, malheureusement, Mexique… Et qualité d'assmblage très sommaire ! Au chapitre de l'ergonomie, ce n'est guère plus reluisant ! Le conducteur (plus probablement la conductrice dans le cas de la New Beetle cabrio) ne voit pas les commandes du régulateur de vitesse cachées par le volant, et la roulette qui sert à ajuster le dossier doit faire le bonheur des chiropraticiens tellement il faut se contorsionner le poignet pour pouvoir la manipuler. De plus, les commandes d'ouverture de la trappe d'essence et du coffre arrière sont placées trop loin dans la portière pour être vraiment accessibles. Ai-je mentionné le mot « coffre » ? C'est une grossière erreur de ma part. J'aurais dû employer le terme « très infime petit bac de rangement ». D'autant plus que celui du cabriolet y reçoit la toile recouvrant le toit lorsqu'il est baissé et le pare-vent, deux objets qui arrachent à coup sûr quelques jurons les premières fois qu'on tente de maîtriser leur installation. Pire, le pare-vent, bien qu'efficace, ampute les deux places arrière. Ai-je mentionné les mots « places arrière » ? J'aurais dû employer le terme « si tu continues à ne pas être fin, c'est toi qui vas t'asseoir en arrière… »

Curieusement, l'exécution du toit rétractable se révèle très sérieuse. Les bruits de vents, bien que plus présents que dans le coupé, on s'en doute, sont quand même bien maîtrisés, l'étanchéité ne peut être prise en défaut, la vitre arrière est faite de verre et non de plastique et l'ouverture et la fermeture du toit électrique s'effectuent en quelques secondes. Sans qu'il n'y paraisse, deux arceaux de sécurité sont camouflés dans les appuie-tête arrière. Mais lorsque le toit est relevé, on ne voit pas grand-chose dans la partie 3/4 arrière. De plus, plusieurs bruits provenaient de la quincaillerie permettant au toit de se rétracter.

Si la New Beetle était perçue comme un jouet pour adultes à ses débuts en 1998, la Cabrio donne aujourd'hui l'impression de tenir encore davantage du loisir que du transport. Un loisir qui se paie cher si on opte pour la Cabrio 1,8T avec transmission automatique (plus de 37 000 $!). Mais il s'agit d'une voiture coup de cœur et, quelquefois, le prix a bien peu d'importance. Peut-être que si Volkswagen réglait ses problèmes de fiabilité, il y aurait moins de cœurs déçus…

Alain Morin

DANS LA MÊME CATÉGORIE
Chrysler PT Cruiser cabriolet, Mini Cooper cabriolet

QUOI DE NEUF
Aucun changement majeur

HISTORIQUE DU MODÈLE
1ière génération

DATE DE RENOUVELLEMENT
2007

NOS IMPRESSIONS

Agrément de conduite :	🚗🚗🚗🚗½
Fiabilité :	🚗🚗🚗
Sécurité :	🚗🚗🚗🚗
Qualités hivernales :	🚗🚗🚗🚗½
Espace intérieur :	🚗🚗🚗
Confort :	🚗🚗🚗🚗½

LE CHOIX DE L'ÉQUIPE
1.8T

Guide de l'auto 2005

VOLKSWAGEN PASSAT

RETOUR À LA RAISON

La grande nouvelle cette année dans la gamme Passat, c'est la disparition du modèle à moteur W8. Je dois vous avouer que cela ne me surprend absolument pas. Ce n'est pas que ce moteur original était raté ou que la tenue de route était déficiente. Rien de tout cela, bien au contraire. Le problème avec cette version à moteur huit cylindres était qu'elle était vendue beaucoup trop cher pour la catégorie. De plus, elle ne se démarquait absolument pas de la GLX à moteur V6. Ce qui explique sa mévente. Si vous avez plus de 50 000 $ à débourser, allez-vous vous acheter une voiture qui est de la catégorie d'une Honda Accord mais qui se vend au prix d'une BMW?

Tant qu'à payer le gros prix, aussi bien que votre entourage le sache! Bref, la raison a prévalu. Mais avant de clore ce débat, il est important d'ajouter que l'arrivée de la W8 a été la conclusion d'un long cheminement vers des prix plus élevés. Par exemple, l'arrivée de la version 4 Motion à plus de 40 000 $ à la fin des années 90 a fait jaser bien des amateurs de ce modèle qui se sentaient délaissés par la compagnie qui affichait son intention de faire grimper la Passat à une catégorie supérieure. Cette décision a sans doute été basée sur le fait que cette Volkswagen partage une partie de sa plate-forme avec la Audi A4, un modèle plus luxueux. Cette course dans la hiérarchie automobile s'est poursuivie en 2003 avec la commercialisation du W8. Heureusement, l'escalade semble stoppée en 2005 avec l'élimination de ce moteur.

Cette décision ne signifie pas que les autres modèles de Passat sont destinés aux moins bien nantis. La version GLX à moteur V6 2,8 litres de 190 chevaux se vend tout de même assez cher. Mais son prix est beaucoup plus bas que celui de la défunte W8, et il est justifié par la générosité de sa liste d'équipement de série, le luxe de son habitacle et une qualité de matériaux assez relevée.

Si vous aviez décidé de rouler en W8, vous pourrez facilement vous consoler en optant pour la GLX. En fait, les deux modèles étaient pratiquement identiques, le plus cher des deux se démarquant par l'écusson W8 placé sur la grille de calandre et le rebord du couvercle du coffre à bagages ainsi que la présence de quatre tuyaux d'échappement à embout chromé. La GLX est un excellent choix de remplacement et elle se vend presque 10 000 $ de moins que le disparu. D'autant plus que la GLX gâte ses occupants avec sa console centrale garnie de bois exotique, ses sièges en cuir, un système audio de qualité, un climatiseur à contrôle électronique, un rétroviseur intérieur photochromique ainsi que des sièges à commandes électriques pour le conducteur et le passager. Et si vous hésitez entre une Audi A4 et une Passat, il est important de souligner que les places arrière de la Volkswagen sont beaucoup

»» FEU VERT
› Tenue de route saine
› Habitacle fonctionnel
› Système intégral 4Motion efficace
› Version familiale
› Moteur diesel

»» FEU ROUGE
› V6 décevant
› Fiabilité toujours inquiétante
› Sièges durs
› Certains modèles onéreux

Guide de l'auto 2005

PASSAT

plus généreuses. Par contre, le comportement routier de la Audi est nettement plus sportif.

C'EST MOU

Il faut souligner que les modèles équipés de la transmission intégrale sont pourvus d'une suspension arrière indépendante qui ajoute au confort en plus d'améliorer la tenue de route. Si vous portez votre choix sur la traction, elle sera équipée d'une poutre déformante qui rend la voiture moins confortable et un peu moins rassurante sur mauvaise route. Quant au rouage intégral, il est plus ou moins une adaptation très étroite de ce que Audi peut nous proposer avec un différentiel central Torsen et des différentiels avant et arrière à contrôle électronique. En passant, il est certain que la version familiale de la Passat avec le rouage 4 Motion est un succédané plus qu'intelligent à un VUS. D'autant plus que le Touareg coûte la peau des fesses, est beaucoup plus gros et ne convient pas tellement à une utilisation permanente, tandis que la familiale Passat n'est pas affligée de ces caractéristiques en plus de pouvoir transporter beaucoup de bagages par rapport à ses dimensions extérieures.

La plupart des modèles de la Passat sont dotés d'une suspension qui est trop souple. Plusieurs vont apprécier ce trait de caractère qui transforme les longues randonnées sur les autoroutes en véritable enchantement. De plus, cette voiture est très docile. Peu importe la vitesse, il suffit de tourner le volant et elle obéit sans rechigner. De plus, même les modèles les moins chers sont bien insonorisés tandis que la position de conduite est excellente, du moins pour les personnes de grande taille. Sur une route secondaire, le comportement routier est plus décevant. Avec ses amortisseurs mous et un poids relativement élevé, les transferts de masses sont importants en virage. La première courbe abordée à vive allure vous permettra de déceler un sous-virage omniprésent, surtout sur les tractions. En opération tout automatique, la boîte est relativement paresseuse. Ceux qui aiment s'impliquer dans la conduite de leur voiture préféreront utiliser le système Tiptronic s'ils n'ont pas commandé une boîte manuelle à l'achat.

Il ne faut pas non plus se limiter au moteur V6. Selon plusieurs, le moteur quatre cylindres 1,8 Turbo de 170 chevaux est le seul choix logique. Sa cavalerie est tellement bien répartie dans la bande de puissance que vous ne regrettez pas le moteur V6. Certains vont s'opposer à cette affirmation, mais force est d'admettre que ce moteur est l'un des meilleurs sur le marché, toutes catégories confondues. En fait, la seule raison de commander une version équipée du moteur V6 est de pouvoir bénéficier du rouage intégral 4 Motion, uniquement offert avec le V6 depuis que le W8 nous a quittés. Et avec la hausse du prix du pétrole, il est intéressant de savoir que le moteur quatre cylindres 2 litres turbodiesel de 134 chevaux est une solution toute trouvée.

Il ne reste plus qu'à souhaiter que les problèmes de fiabilité de toutes sortes qui ont affligé les véhicules Volkswagen soient chose du passé. Il serait dommage de ne pas pouvoir bénéficier de voitures aussi agréables à conduire par manque de fiabilité.

Denis Duquet

DONNÉES TECHNIQUES

Prix du modèle à l'essai :	35 550 $
Échelle de prix :	30 000 $ à 45 000 $
Version(s) disponible(s) :	GLS - GLX berline et familiale
Garanties :	4 ans 80 000/5 ans 100 000
Catégorie :	berlines
Emp./Long./Lar./Haut.(cm) :	270/470/175/146
Poids :	1695
Coffre/Réservoir :	400/62 litres
Coussins de sécurité :	frontaux, latéraux (av.) et rideaux
Suspension avant :	indépendante, bras inégaux
Suspension arrière :	indépendante, multibras
Freins av./arr. :	disque (ABS)
Antipatinage/Contrôle de stabilité :	oui, oui (opt)
Direction :	à crémaillère, ass. variable
Diamètre de braquage :	11,4 m
Pneus av./arr. :	P205/55R16

GROUPE MOTOPROPULSEUR ET RENDEMENT

Moteur :	V6 2,8 litres 30s (82.5 x 86.4)
Puissance :	190 chevaux (142 kW) à 6000 tr/mn
Couple :	206 lb-pi (279 Nm) à 3200 tr/mn
Autre(s) moteur(s) :	
	4L TDI 2 litres 134 ch - 4L 1,8 litres Turbo 170 ch
Transmission :	traction, automatique 5 rapports
Autre(s) transmission(s) :	manuelle 5 rapports
Accélération 0-100 km/h :	9,5 s
Reprises 80-120 km/h :	7,8 s
Freinage 100-0 km/h :	41,3 m
Vitesse maximale :	210 km/h
Indice de performance longitudinale :	4.55 m/s/s
Consommation (100 km) :	super, 13.7L
Autonomie :	452 km

DANS LA MÊME CATÉGORIE

Audi A4 - BMW Série 3 - Honda Accord - Mazda 6 - Nissan Altima - Toyota Camry

QUOI DE NEUF

Abandon du moteur W8 - Changements de détail

HISTORIQUE DU MODÈLE

4ème génération

DATE DE RENOUVELLEMENT

2007

NOS IMPRESSIONS

Agrément de conduite :	🚗🚗🚗🚗
Fiabilité :	🚗🚗🚗🚗½
Sécurité :	🚗🚗🚗🚗
Qualités hivernales :	🚗🚗🚗🚗
Espace intérieur :	🚗🚗🚗🚗
Confort :	🚗🚗🚗🚗

LE CHOIX DE L'ÉQUIPE

Familiale GLX 4Motion

Guide de l'auto 2005

VOLKSWAGEN PHÆTON

UNE RÉPONSE SANS QUESTION

Il faut parfois se prêter des talents de psychologue pour comprendre comment Volkswagen s'est donné la mission de concurrencer directement les Mercedes-Benz et BMW de ce monde, et d'opposer un autre joueur à leur propre Audi A8, en construisant la Phæton. En clair, cette Volkswagen (dont le prix voisine les 100 000 $) existe aujourd'hui simplement parce que Ferdinand Piëch, alors chef de la direction du groupe Volkswagen, en a décidé ainsi. Certains ont qualifié Piëch de « véritable génie de l'automobile », et il est clair que plusieurs de ses réalisations ont été marquantes.

C'est lui qui a remis Audi sur les rails après la déroute des années 80 et 90, il a été directement impliqué dans la relance de la qualité des produits offerts par Audi et par Volkswagen, et il a également été l'architecte de la composition actuelle du groupe Volkswagen (dont le portefeuille comprend des marques aussi prestigieuses que Bentley et Lamborghini) de même que les marques européennes Seat et Skoda. Donc, quand le grand patron et âme dirigeante a décidé de construire la Phæton avant sa retraite, l'opposition à sa décision a dû être faible, voire inexistante. La Phæton représente en quelque sorte un hommage à l'égo surdimensionné d'un personnage fascinant, ce qui ne l'empêche pas d'être également une voiture dont la qualité de construction est exemplaire.

200 millions d'euros, voilà le coût de l'usine de Dresde conçue pour la fabrication de la Phæton. Cette usine possède une architecture unique qui est loin d'être traditionnelle : les visiteurs et les clients peuvent observer le montage des voitures défilant sur des convoyeurs à la fine pointe de la technologie, tandis que les techniciens habillés de blanc arpentent des planchers en érable canadien.

Sur la route, le silence de roulement est exemplaire, et l'habitacle de la Phæton séduit par la richesse des matériaux. En fait, seul l'insigne de la marque apposé sur le volant vous rappelle que vous êtes assis dans une Volkswagen. Les passagers installés à l'arrière sont loin d'être en reste puisque le constructeur n'offre que ses modèles à empattement allongé en Amérique du Nord, l'espace accordé étant plus que convenable.

Les modèles destinés à notre continent proposent aussi deux motorisations, soit le V8 de 4,2 litres et 335 chevaux (qui équipe aussi la Audi A8), ainsi que le W12 de 6,0 litres qui en développe 420, ces deux moteurs étant jumelés au système de traction intégrale 4Motion. L'essai du modèle à moteur V8 m'a permis de constater que les performances en accélération n'étaient pas spectaculaires, la Phæton étant

»» FEU VERT
› Qualité de construction exemplaire
› Silence de roulement
› Quantité d'équipements offerts de série
› Habitacle spacieux

»» FEU ROUGE
› Manque de prestige de la marque
› Aucune identité visuelle distinctive
› Valeur de revente hautement discutable
› Poids élevé
› Relatif manque de puissance du V8

pénalisée par son poids élevé, conséquence de sa construction en acier, alors que la Audi A8 est réalisée en aluminium, donc plus légère. Ce poids élevé a également une incidence directe sur le comportement routier et la Phæton exhibe facilement une tendance à plonger vers l'avant lors de freinages intenses. Les suspensions pneumatiques avec soufflets d'air remplaçant les ressorts hélicoïdaux classiques sont «pilotées» par un ordinateur et peuvent être calibrées sur une plage de quatre niveaux ce qui ajoute au degré de sophistication technique de la voiture. La Phæton est confortable et silencieuse, mais l'agrément de conduite est moins présent, comparativement à une Série 7 de BMW ou même à la Audi A8.

ANONYME

Hormis le manque de prestige de la marque Volkswagen, le principal talon d'Achille de la Phæton est son manque d'identité visuelle puisqu'elle ressemble trop à une Passat survitaminée, et lorsque l'on parle de l'achat d'une berline de luxe, les considérations d'image prennent souvent le pas sur l'ingénierie. En fait, la plupart des acheteurs nord-américains de ce type de voiture semblent se dire que personne ne sera en mesure de lire leur carte professionnelle à une distance de 30 mètres, mais que tout le monde reconnaîtra la calandre d'une Mercedes-Benz de Classe S ou celle d'une BMW de Série 7, alors que la Phæton demeurera totalement anonyme. L'échelle de prix n'aide pas non plus sa cause puisque la version à moteur V8 se détaille à 96 500 $, et que celui de la version W12 est passé de 119 500 $ à 134 800 dollars…

Récemment, Bernd Pischetsrieder, l'actuel chef de la direction du groupe Volkswagen, a déclaré publiquement que c'était une erreur d'avoir construit la Phæton et que l'éventuel modèle de remplacement, s'il y en a un, se démarquera beaucoup plus côté style. Tous ces éléments expliquent bien pourquoi les ventes de la Phæton sont anémiques et pourquoi les acheteurs de ce modèle auront éventuellement à composer avec la dépréciation accélérée à la vitesse grand V de leur Volkswagen à 100 000 $.

ET LA CONTINENTAL GT?

En fait, si la Phæton est un bide sur le plan commercial, il n'en demeure pas moins qu'elle a permis aux ingénieurs de Bentley de concevoir rapidement et à peu de frais une voiture qui fait l'unanimité aussi bien en fait d'esthétique que de performances. Je veux parler de la Bentley Continental GT. Il ne faut pas oublier que lorsque le groupe Volkswagen a voulu acheter Rolls Royce, alors propriétaire de Bentley, il lui a été impossible de conserver les deux marques et il a opté pour Bentley, une marque possédant plus de potentiel. Cet élégant coupé aux allures vraiment bien réussies utilise la même plate-forme que la Phæton. L'élégante britanique est propulsée par une version à double turbo de moteur W12 6,0 litres de la Phæton et sa puissance est de 560 chevaux. Merci Monsieur Piëch!

Gabriel Gélinas

DONNÉES TECHNIQUES

Prix du modèle à l'essai :	134 800 $
Échelle de prix :	96 500 $ à 134 800 $
Version(s) disponible(s) :	V8, W12
Garanties :	4 ans 80 000/5 ans 100 000
Catégorie :	berline de luxe
Emp./Long./Lar./Haut.(cm) :	300/517,5/190/145
Poids :	2 449 kg
Coffre/Réservoir :	368/90 litres
Coussins de sécurité :	fontaux et latéraux (av./arr.) et rideaux
Suspension avant :	indépendante, bras inégaux
Suspension arrière :	indépendante, multibras
Freins av./arr. :	disque (ABS)
Antipatinage/Contrôle de stabilité :	oui, oui
Direction :	à crémaillère, ass. variable
Diamètre de braquage :	12,0 m
Pneus av./arr. :	P255/45R18

GROUPE MOTOPROPULSEUR ET RENDEMENT

Moteur :	W12 6,0 litres 48s (84 x 90.2)
Puissance :	420 chevaux (313 kW) à 6 000 tr/mn
Couple :	406 lb-pi (550 Nm) à 3 250 tr/mn
Autre(s) moteur(s) :	V8 4,2 litres 335 ch
Transmission :	intégrale, automatique 6 rapports
Autre(s) transmission(s) :	aucune
Accélération 0-100 km/h :	6,8 s
Reprises 80-120 km/h :	5,5 s
Freinage 100-0 km/h :	n.d.
Vitesse maximale :	250 km/h
Indice de performance longitudinale :	n.d.
Consommation (100 km) :	super, 18,0L
Autonomie :	500 km

DANS LA MÊME CATÉGORIE
Audi A8, BMW Série 7, Lexus LS430, Mercedes-Benz S600

QUOI DE NEUF
Aucun changement

HISTORIQUE DU MODÈLE
1ière génération

DATE DE RENOUVELLEMENT
n.d.

NOS IMPRESSIONS

Agrément de conduite :	🚗🚗🚗🚗
Fiabilité :	🚗🚗🚗🚗½
Sécurité :	🚗🚗🚗🚗½
Qualités hivernales :	🚗🚗🚗🚗½
Espace intérieur :	🚗🚗🚗🚗½
Confort :	🚗🚗🚗🚗

LE CHOIX DE L'ÉQUIPE
W12

Guide de l'auto 2005

VOLKSWAGEN TOUAREG

PASSE-PARTOUT GERMANIQUE

Chez Volkswagen, la direction ne se laisse pas influencer par les tendances du jour. C'est sans doute pourquoi il aura fallu tant de temps à ce constructeur avant de nous proposer un VUS. Et encore, n'eut été la participation de Porsche dans le cadre d'un projet conjoint impliquant le Touareg et le Cayenne, je suis prêt à parier que nous serions toujours dans l'attente. Par contre, il faut admettre que ces deux allemandes pure laine ne sont pas chiches sur le plan du raffinement technique.

Le Touareg bénéficie donc de la même plate-forme que le Cayenne et c'est une référence puisque les deux se démarquent des principales concurrentes par un comportement routier impressionnant et une capacité à affronter des conditions de conduite hors route très difficiles. Au cours des derniers mois, la plupart des publications portant sur l'automobile nous ont présenté des essais du Touareg dans le désert. Et tous ont été louangeurs puisque ce VUS est doté d'un rouage intégral fort sophistiqué qui est mis en valeur lors de la conduite sur le sable. Ce système 4Motion exclusif à Volkswagen répartit la puissance de façon égale entre les deux essieux, tandis qu'une seconde gamme de rapports courts permet de challenger les Jeep sur leur terrain de prédilection, les routes impraticables. Comme si ce n'était pas assez, il est possible de verrouiller les différentiels central et arrière. Cette dernière possibilité étant offerte en option. Si cela ne vous impressionne toujours pas, l'antipatinage est dédié à chaque roue tandis qu'un système de retenue moteur assisté ajoute à la polyvalence. Et bien entendu, comme tout véhicule de ce genre qui se respecte, le système de stabilité électronique est de la partie. De série, le Touareg est équipé d'une fonction d'assistance dans les pentes descendantes et de retenue dans les ascensions.

Bref, avec un peu d'audace et de doigté au volant, la Touareg vous amènera partout ou presque.

LUXE À GOGO
L'habitacle est aussi sophistiqué que la mécanique. Il est évident que les concepteurs ont vraiment travaillé fort pour offrir ce qui se fait de mieux ou presque. La planche de bord n'a rien à envier à celle de la Phæton et tous les matériaux utilisés sont de première qualité. Ici pas de toc, pas de pièces en plastique tentant d'imiter le métal. Tout est solide, bien agencé et très bien assemblé. Soulignons, entre autres, les commandes individuelles de climatisation constituées de deux gros boutons en métal dont la manipulation

» FEU VERT
> Moteurs V8 et V10
> Transmission intégrale sophistiquée
> Habitacle luxueux
> Soute à bagages géante
> Finition soignée

» FEU ROUGE
> Moteur V6 décevant
> Consommation élevée
> Mécanique ultra complexe
> Poids excessif

donne une sensation de grande solidité. Les sièges avant sont également confortables tout en assurant un bon support latéral. Par contre, il m'a été impossible de programmer les réglages qui revenaient toujours à la case départ et qui semblaient avoir été établis en fonction d'une personne de très petite taille. La banquette arrière serait confortable si ce n'était d'une assise trop basse qui a pour effet d'éliminer tout support pour les cuisses.

Mais l'élément le plus agaçant est sans conteste le système de navigation par satellite combinant également la chaîne audio. Si on réussit à se débrouiller après plusieurs minutes de tâtonnement, les commandes sont plus énigmatiques qu'autre chose et tout réglage est laborieux et lent. Enfin, si vous avez commandé le lecteur à 6 disques compacts vous devrez vous payer une excursion vers la soute à bagages pour y déposer vos disques puisque les ingénieurs de Wolfsburg n'ont trouvé d'autres solutions que d'y loger le réceptacle du chargeur. La commande des rétroviseurs extérieurs est placée du côté gauche de la console centrale, à la portée de la main du conducteur. Mais celui-ci risque de les rabattre vers la fenêtre s'il tourne ce bouton de commande à l'extrémité de sa course. Mieux vaut effectuer les réglages des rétroviseurs avant de prendre la route.

En terminant ce tour du propriétaire, il faut souligner que la silhouette du Touareg est nettement mieux réussie que celle de la Porsche Cayenne dont la partie avant est pour le moins excentrique. Les deux frères ennemis se démarquent également au chapitre de la fiabilité alors que Volkswagen peut se vanter d'offrir une meilleure note.

UN LOURDAUD ?

Le Touareg est un véhicule tout terrain vraiment intéressant aussi bien sur la route que hors route lorsqu'il est commandé avec le moteur V8 4,2 litres de 310 chevaux. Couplé à la boîte automatique à six rapports, il permet des accélérations de 7,5 secondes pour boucler le 0-100 km/h. Les reprises sont également nerveuses, ce qui en fait l'un des VUS les plus agréables sur la route et les plus performants hors route.

Mais il y a un os dans la soupe et c'est le moteur V6 dont les 220 chevaux ne sont pas à la hauteur de la tâche pour déplacer une masse de deux tonnes et demie. Avec le V6, la boîte est toujours en train de rétrograder et les passages des rapports ne s'effectuent pas toujours en douceur. Même chose en accélération alors que la montée de la quatrième à la cinquième est souvent marquée par un temps d'hésitation. Toujours en charge ou presque, le V6 consomme plus que le moteur V8.

La solution à ce problème est sans conteste le spectaculaire moteur V10 5,0 litres turbo diesel de 310 chevaux qui combine les performances du moteur V8 à une économie de carburant fort appréciable. Mais il faudra débourser un peu moins de 100 000 $ pour pouvoir en bénéficier. La demande risque d'être très limitée.

Denis Duquet

DONNÉES TECHNIQUES

Prix du modèle à l'essai :	62 550$
Échelle de prix :	53 595$ à 100 000$
Version(s) disponible(s) :	V6, V8, V8X, V10
Garanties :	4 ans 80 000/5 ans 100 000
Catégorie :	utilitaire sport
Emp./Long./Lar./Haut.(cm) :	285.5/475/193/173
Poids :	2 404 kg
Coffre/Réservoir :	878 à 2010/100 litres
Coussins de sécurité :	frontaux, latéraux (av.) et rideaux
Suspension avant :	indépendante, jambes de force
Suspension arrière :	indépendante, multibras
Freins av./arr. :	disque (ABS opt.)
Antipatinage/Contrôle de stabilité :	oui, oui
Direction :	à crémaillère, assistée
Diamètre de braquage :	11.6 m
Pneus av./arr. :	P255/55VR18

GROUPE MOTOPROPULSEUR ET RENDEMENT

Moteur :	V8 4.2 litres 32s (84.5 x 93)
Puissance :	310 chevaux (231 kW) à 6200 tr/mn
Couple :	302 lb-pi (409 Nm) à 3000 tr/mn
Autre(s) moteur(s) :	V6 3.2 l 220 ch - V10 Turbodiesel 5l 310 ch
Transmission :	intégrale, séquentielle 6 rapports
Autre(s) transmission(s) :	aucune
Accélération 0-100 km/h :	7.6 s
Reprises 80-120 km/h :	6.6 s
Freinage 100-0 km/h :	37.0 m
Vitesse maximale :	210 km/h
Indice de performance longitudinale :	5,24 m/s/s
Consommation (100 km) :	super, 15.6L
Autonomie :	641 km

DANS LA MÊME CATÉGORIE
Acura MDX- BMW X5 - Cadillac SRX -Infiniti FX 45-Land Rover LR3- Lexus RX 330- Mercedes-Benz ML 500

QUOI DE NEUF
Moteur V10 turbodiesel - Changements mineurs

HISTORIQUE DU MODÈLE
1ère génération

DATE DE RENOUVELLEMENT
n.d.

NOS IMPRESSIONS

Agrément de conduite :	🚗🚗🚗🚗
Fiabilité :	🚗🚗🚗🚗
Sécurité :	🚗🚗🚗🚗½
Qualités hivernales :	🚗🚗🚗🚗½
Espace intérieur :	🚗🚗🚗🚗
Confort :	🚗🚗🚗½

LE CHOIX DE L'ÉQUIPE
V8

Guide de l'auto 2005

VOLVO S40/V50

LES AVANTAGES DE LA SYNERGIE

Lorsque Volvo s'est associé à Mitsubishi pour créer la première génération de modèles S40/V40 lancés en 1995, il s'agissait d'une synergie élémentaire établie sur une petite échelle. À cette époque, Volvo n'avait pas les moyens financiers pour entreprendre un tel projet seul, pas plus que son partenaire nippon. Malheureusement, cette association n'a pas été profitable. Ni la Volvo, ni la Mistubishi Carisma n'étaientt compétitives en fait de performances et de comportement routier. Il en est résulté l'un des bides les plus retentissants pour Volvo, du moins sur notre continent.

La seconde génération de la berline et de la familiale de la Série 40 est également issue d'une convergence corporative. Faisant dorénavant partie de la grande famille Ford depuis 1999, le constructeur suédois a largué son partenaire nippon pour puiser dans les ressources techniques et mécaniques de Ford. Voyons donc si cette synergie a été profitable cette fois. Les nouvelles S40 et V50 sont-elles d'authentiques Volvo ou une simple façade? Analysons la S40 en premier.

UNE FAMILLE DOUÉE
En plus d'un stylisme passablement mièvre, la première S40 n'était pas avantagée par sa plate-forme dont la rigidité était un peu en deçà de la moyenne. La version 2005 nous propose quelque chose de bien mieux en étant probablement l'une des meilleures de la catégorie. Cette nouvelle plate-forme est dérivée de celle de la future Focus, de la Ford C-Max européenne et de la très réussie Mazda 3. Il ne s'agit pas d'une copie conforme, mais elle a servi de base aux

ingénieurs suédois pour la modifier afin de la rendre plus performante, et l'adapter à des moteurs plus puissants. Sa rigidité et sa sophistication assurent une excellente tenue de route et une précision de la direction aussi bien en virage qu'en ligne droite. Par contre, la suspension semble un peu molle sur les mauvais revêtements, ce qui entraîne parfois des mouvements verticaux de la voiture, une espèce de pompage de la suspension. Comme toute Volvo qui se respecte, le freinage est puissant et progressif. D'ailleurs, une distance de freinage de 38 mètres est inférieure à la moyenne.

Si la plate-forme provient de l'extérieur de Volvo, les deux moteurs offerts ont été dessinés à Göteborg. La S40 de base est offerte avec un moteur cinq cylindres transversal de 2,4 litres d'une puissance de 170 chevaux. Selon vos goûts, vous pouvez choisir une boîte manuelle ou automatique à cinq rapports. Côté performances, vous ne serez pas traité en parent pauvre avec cette motorisation Les temps d'accélération respectifs sont de 8,2 secondes et 8,9 secondes. Mais il y a mieux si vous désirez profiter de la sophistication du châssis. Vous pouvez alors commander la version T5 dont le moteur cinq cylindres turbo de 2,5 litres produit 218 chevaux. Cette fois, la boîte manuelle est à six rapports et l'automatique à cinq. Volvo soutient que ce moteur permet de boucler le 0-100 km/h en 6,8 secondes. C'est plutôt optimiste à mon avis. Après plusieurs tentatives et après m'être souvent buté à un passage réticent entre les deuxième et troisième rapports, je n'ai pu que réaliser un temps de 7,9 secondes.

VERDICT UNANIME

Il y a quelques années, il était très facile de parler du stylisme chez Volvo puisque cela existait à peine. Les formes étaient toujours carrées, l'avant plat et le pavillon très élevé. Au fil des années, la situation s'est de beaucoup améliorée. La première S40 possédait bien des rondeurs de bon aloi, mais sa silhouette était terne à faire pleurer. Ses propriétaires devaient se consoler en contemplant un habitacle fort réussi.

Bien des choses ont changé depuis 1995, et la marque suédoise a abandonné sa philosophie du conservatisme visuel pour adopter une approche carrément plus sportive. La S60 est le

»» DE SÉRIE
› Moteur 2,4 litres
› Roues en acier
› Boîte manuelle 5 rapports

»» EN OPTION
› Moteur turbo 2,5 litres
› Boîte automatique 5 rapports
› Transmission intégrale (V50)

Guide de l'auto 2005

VOLVO S40/V50

parfait exemple de cette nouvelle approche avec sa silhouette voulant imiter celle d'un coupé. Les stylistes ont remis ça avec la S40 qui ressemble à une version plus épurée de la S60. À mon avis, le résultat est meilleur cette fois alors que les formes sont mieux équilibrées. Il faut également ajouter que tout cela a été réussi tout en accentuant l'identification à la marque Volvo. Les feux arrière ne sont pas aussi démesurés que ceux de la S60, tandis que la grille de calandre avec sa barre transversale nous permet d'identifier la S40 au premier coup d'œil. De l'avis de plusieurs, c'est réussi sans être ostentatoire. Et ces multiples raffinements visuels se retrouvent également dans l'habitacle.

Selon les communiqués de presse, les stylistes ont tenté d'accentuer le caractère scandinave de la présentation intérieure. Est-ce pour cela que la partie droite de la planche de bord est passablement désolante avec sa grande surface de plastique? Heureusement, les choses s'améliorent avec la console centrale verticale. Celle-ci est constituée d'une paroi inclinée détachée du reste du tableau de bord. Cette approche a au moins le mérite d'être originale. Je doute toutefois que cette astuce soit plus pratique, et que l'espace entre la console et le plancher soit apprécié comme espace de rangement. Cette console originale est sobre et pratique à la fois. Des pictogrammes facilitent les réglages de la climatisation tandis que les deux gros boutons montés au bas de la console règlent la ventilation et la température. Les deux autres boutons du haut sont assignés à la chaîne audio.

Fidèles à la tradition de la marque, les sièges avant sont très confortables pour les jambes avec un bon support latéral. Comme sur la première S40, les places arrière n'ont pas été conçues pour les grandes personnes. Le dégagement pour les jambes est moyen en raison d'une banquette très large. En outre, les espaces de rangement pour les occupants des places arrière sont assez peu nombreux. En consultant le calepin de note, il y est inscrit que l'ouverture du coffre est plutôt étroite et que l'insonorisation est nettement perfectible.

»» FEU VERT
› Plate-forme rigide
› Tenue de route améliorée
› Familiale attrayante
› Choix de moteurs

»» FEU ROUGE
› Tableau de bord dépouillé
› Performances inégales
› Boîte manuelle rétive

Sur la route, l'excellent châssis de cette Volvo associé à des moteurs bien adaptés nous permettent d'apprécier la conduite. La tenue de route est saine, sans surprise et nous fait rapidement oublier le caractère anonyme de la première version. En fait, elle se comporte un peu comme une Mazda 3 qui aurait gagné en raffinement, en confort et en puissance. Il faut également ajouter que la sonorité particulière du moteur cinq cylindres sera appréciée par la grande majorité.

LE RESPECT DE LA TRADITION

Si la S40 a pris du galon, il ne faut pas oublier la version familiale de cette dernière qui est dorénavant identifiée comme étant la V50. Dans la première cuvée, la familiale était nettement meilleure que la berline et sous presque tous les aspects. Témoignage sans équivoque de l'expertise de Volvo pour cette catégorie de véhicules. Et cette fois, c'est toujours aussi réussi. La berline est améliorée, mais la V50 a plus de caractère tant sur le plan visuel que sur la route. Plusieurs analystes soutiennent que la grille de calandre rectangulaire s'harmonise mieux avec la silhouette d'une familiale. Et la partie arrière est mieux réussie avec la présence de feux verticaux encadrant le hayon, à la V70.

La berline et la familiale ont un empattement identique - 364 cm- mais la seconde est un tantinet plus longue. Sa configuration lui permet également de transporter plus de bagages. Le coffre de la berline est de 404 litres tandis que la soute à bagages de la familiale est de 417 litres le dossier arrière relevé, et de 1307 litres en position tout à plat.

Comme c'est presque toujours le cas, berline et familiale se partagent les éléments mécaniques alors que le choix des moteurs et transmissions demeure le même. Ce qui explique que toutes les performances soient pratiquement identiques entre les deux. Toutefois, les données fournies par Volvo nous indiquent un déficit de 1/10 de secondes au détriment de la V50 par rapport à la berline. Mais la familiale peut être commandée avec l'intégrale, ce qui est impossible avec la S40

Sur la route, la familiale se comporte pratiquement comme une berline et elle devient encore plus attrayante en version à transmission intégrale. Un essai sur une route boueuse a mis en valeur les qualités quasiment hors route de cette Volvo. Elle n'a rien à envier à la Subaru à ce chapitre, tout en étant plus raffinée en fait de présentation et de tenue de route.

Par contre, lors de mes tests d'accélération avec une familiale T5 à transmission intégrale, il s'est produit un choc sourd au différentiel arrière. J'avais observé le même phénomène lors de tests similaires effectués avec la XC90.

Quoi qu'il en soit, la V50 a tous les atouts pour donner du fil à retordre à bien des concurrentes. Et il faut également souligner que la qualité des matériaux et de la finition s'est grandement améliorée. Une autre raison de plus pour être optimiste pour ces deux nouvelles venues. Par contre, certains seront déçus par une présentation intérieure très sobre et une habitabilité moyenne.

Mais ces bémols ne parviennent pas à diminuer l'attrait de ces deux voitures qui sont à la hauteur de la concurrence.

Denis Duquet

S40/V50

DONNÉES TECHNIQUES

Prix du modèle à l'essai :	37 895$
Échelle de prix :	32 000 à 45 000$
Version(s) disponible(s) :	S40 2.4i - S40 T5- V50 2.4i - V50 T5
Garanties :	4 ans 80000/4 ans 80000
Catégorie :	berlines sport, familiale
Emp./Long./Lar./Haut.(cm) :	264/447/177/145
Poids :	1 399 kg
Coffre/Réservoir :	404/62 litres
Coussins de sécurité :	frontaux, latéraux (av.) et rideaux
Suspension avant :	indépendante, jambes de force
Suspension arrière :	indépendante, multibras
Freins av./arr. :	disque (ABS)
Antipatinage/Contrôle de stabilité :	oui, oui
Direction :	à crémaillère, ass. variable
Diamètre de braquage :	10,6 mètres
Pneus av./arr. :	P205/55R16

GROUPE MOTOPROPULSEUR ET RENDEMENT

Moteur :	5L 2,4 litres 20s (83 x 90)
Puissance :	168 chevaux (125 kW) à 6000 tr/mn
Couple :	170 lb-pi (230 Nm) à 4400 tr/mn
Autre(s) moteur(s) :	5L 2,5 l 218 ch
Transmission :	traction, manuelle 5 rapports
Autre(s) transmission(s) :	manuelle 6 rapports - automatique 5 rapports
Accélération 0-100 km/h :	7,9 s
Reprises 80-120 km/h :	5,8 s
Freinage 100-0 km/h :	38 m
Vitesse maximale :	195 km/h
Indice de performance longitudinale :	51,87 m/s/s
Consommation (100 km) :	super, 5,18 litres

NIVEAU SONORE

Ralenti :	42,3 db
Accélération :	71,4 db
100 km/h :	62,1 db

DANS LA MÊME CATÉGORIE

Audi A4 - BMW Série 3 - Saab 93 -Volkswagen Passat

HISTORIQUE DU MODÈLE

2ième génération

DATE DE RENOUVELLEMENT

2009

NOS IMPRESSIONS

Agrément de conduite :	🚗🚗🚗🚗
Fiabilité :	nouveau modèle
Sécurité :	🚗🚗🚗🚗🚗½
Qualités hivernales :	🚗🚗🚗🚗
Espace intérieur :	🚗🚗🚗🚗
Confort :	🚗🚗🚗🚗

LE CHOIX DE L'ÉQUIPE

Familiale T5 AWD

Guide de l'auto 2005

S60/S60R

SURDOUÉE OU SURÉVALUÉE?

La Volvo S60 fait partie de la jungle automobile depuis l'an 2000. Sa calandre typique, ses flancs à épaulement franc et la dynamique qui s'en dégage donnent encore un joli coup d'œil. Et même si on se retourne moins sur son passage, le seul nom Volvo impressionne le beau-frère! Mais il ne faut pas, non plus, tomber en pâmoison. La Volvo, en particulier la S60 (puisqu'il s'agit de ses deux pages de gloire annuelle!) est certes solide comme un roc mais, selon la version choisie, on peut passer de l'enchantement à la déception. Voyons-y de plus près…

Mentionnons, pour débuter, qu'une S60 rajeunie est sur le point d'être présentée au public. Malheureusement, il sera trop tard pour notre date de tombée, une réalité perpétuellement ramenée à l'ordre du jour et qui sert à faire travailler très fort de pauvres chroniqueurs. Enfin… La S60 actuelle commençait déjà à porter le fardeau des années.

La S60 la plus abordable reçoit un moteur cinq cylindres de 2,4 litres développant une écurie de 168 tristes chevaux. Ils sont bougons et s'ils finissent toujours par faire leur besogne, ce n'est pas sans pousser des sons peu mélodieux. Les performances se révèlent tout à fait ordinaires et, lors d'une accélération vive, on aimerait que le plancher soit situé quelques centimètres plus loin! Mais toute médaille possède deux côtés et ce 2,4 est assez économe. La transmission automatique à cinq rapports qui l'accompagne fonctionne doucement et fait preuve d'un bon étagement. La manuelle est à recommander si vous désirez exploiter un peu mieux les «aptitudes» de ce moteur. Les quatre freins à disques avec ABS assurent des ralentissements sécuritaires surtout si vous avez eu l'heureuse idée d'équiper votre S60 de pneus de 17 pouces comme c'était le cas sur notre voiture d'essai. Les pneus standards de 15 pouces sont à proscrire car ils affectent grandement tenue de route. Bon, même à 17 pouces ce n'est toujours pas une bête de circuit, mais on peut commencer à penser à s'amuser, d'autant plus qu'un système de contrôle de traction et de stabilité est installé d'office.

DU «VIEUX» ET DU NOUVEAU

Ensuite, la hiérarchie Volvo devient un peu plus difficile à suivre. Il y a tout d'abord la 2,5T qui se décline en livrée traction ou intégrale. Dans les deux cas, le moteur demeure le même, soit un cinq cylindres (en fait, tous les moteurs offerts dans la série S60 sont des cinq cylindres) de 2,5 litres avec turbo basse pression qui fait 208 chevaux et un couple impressionnant, disponible à 1 500 tours/minute. Bien que

»» FEU VERT
› Sièges superbes
› S60R sans complexes
› Freins compétents
› Tenue de route rassurante
› Lignes encore très jolies

»» FEU ROUGE
› Moteur 2,4 très juste
› Ouverture du coffre trop petite
› Accès arrière difficile
› Effet de couple (2,5T traction)
› Visibilité perfectible

l'intégrale soit plus lourde que la traction et que ses performances se révèlent par conséquent un peu moins éclatantes, les quatre roues motrices assurent une meilleure tenue de route tout en améliorant grandement la sécurité sur routes enneigées, par exemple. Malheureusement, la boîte manuelle n'est pas disponible avec ladite intégrale.

La T5 n'est pas un nouveau formulaire d'impôts. Cette S60 bénéficie d'un engin de 2,3 litres développant 247 chevaux… J'aurais sans doute dû écrire «bénéficiait» puisque sa cylindrée sera portée à 2,4 litres cette année, insufflant, du même coup, 10 chevaux supplémentaires à l'intérieur de son turbo. Par la même occasion, le couple augmente de 15 lb-pi. La T5 voit arriver de nombreux changements en 2005. La transmission manuelle à six rapports est toujours de mise, de même qu'une nouvelle boîte automatique à cinq rapports avec mode «manumatique». Les freins sont désormais plus gros. Espérons simplement que le couple transmis aux roues avant soit mieux maîtrisé que par le passé. 257 chevaux pour une traction, c'est beaucoup…

«SLEEPER» MODERNE

Les amateurs de "muscle cars" savent qu'un "sleeper" est une voiture d'apparence banale mais qui cache toute une cavalerie sous son capot. Pas de tape à l'oeil mais des résultats tangibles sur l'asphalte! La Volvo S60R est du même acabit. On y retrouve un moteur de 2,5 litres turbo qui crache ses 300 chevaux comme moi des pépins de melon d'eau. Inutile de mentionner que les accélérations et reprises forcent l'admiration. Le rouage intégral (pour des raisons évidentes d'effet de couple!), la transmission manuelle à six rapports ou une automatique à cinq rapports, le châssis d'une belle solidité et les pneus 18 pouces s'unissent pour offrir une tenue de route de très haut niveau. Mais attention, la S60, peu importe son moteur, ne sera jamais une Corvette! Pour filer sur une autoroute, par contre, elle ne donne pas sa place!

Pour 2005, comme mentionné précédemment, les changements mécaniques concernent surtout la T5. Mais toute la gamme héritera de plusieurs petites améliorations esthétiques extérieures. Dans l'habitacle, les changements sont plus nombreux. On parle ici d'une nouvelle génération de sièges (et ceux qui existaient déjà étaient considérés, avec raison, comme étant parmi les meilleurs de l'industrie!), et de plusieurs autres modifications plus ou moins importantes. On constate tristement que l'ouverture du coffre ne sera pas plus grande et qu'il sera toujours aussi difficile de s'installer sur la banquette arrière et de s'en extraire…

La S60 n'est peut-être pas la meilleure Volvo de tous les temps et plusieurs personnes surévaluent les produits de la marque suédoise. Cependant, la crédibilité de Volvo en matière de sécurité fait pardonner bien des petits travers de la S60. Et peu importe la version, il se dégage, au volant, une sensation de solidité rarement vue. Et qui dit solidité dit sécurité. On n'en sort pas…

Alain Morin

DONNÉES TECHNIQUES

Prix du modèle à l'essai :	42 970$
Échelle de prix :	36 995$ à 61 495$
Version(s) disponible(s) :	S60, S60R
Garanties :	4 ans 80 000/4 ans 80 000
Catégorie :	berline de luxe
Emp./Long./Lar./Haut.(cm) :	271,5/458/180/143
Poids :	1 440 kg
Coffre/Réservoir :	394/70 litres
Coussins de sécurité :	fontaux et latéraux (av./arr.) et rideaux
Suspension avant :	indépendante, jambes de force
Suspension arrière :	indépendante, multibras
Freins av./arr. :	disque (ABS)
Antipatinage/Contrôle de stabilité :	oui, oui
Direction :	à crémaillère, ass. variable
Diamètre de braquage :	11,8 m
Pneus av./arr. :	P235/45R17

GROUPE MOTOPROPULSEUR ET RENDEMENT

Moteur :	5L 2,4 litres
Puissance :	168 chevaux (125 kW) à 5 900 tr/mn
Couple :	170 lb-pi (230 Nm) à 4 500 tr/mn
Autre(s) moteur(s) :	5L 2,5l turbo 208 ch, 5L 2,4l turbo 257 ch, 5L 2,5l turbo 300 ch
Transmission :	traction, automatique 5 rapports
Autre(s) transmission(s) :	manuelle 5 rapports, manuelle 6 rapports
Accélération 0-100 km/h :	11,5 s
Reprises 80-120 km/h :	8,5 s
Freinage 100-0 km/h :	42,2 m
Vitesse maximale :	200 km/h
Indice de performance longitudinale :	4,28 m/s/s
Consommation (100 km) :	ordinaire, 9,1L
Autonomie :	769 km

DANS LA MÊME CATÉGORIE

Acura TL, Audi A4, BMW série3, Jaguar X-type, Lexus IS300, Mercedes-Benz C240

QUOI DE NEUF

Moteur 2,4 Turbo remplace 2,3, plusieurs changements mécanique pour T5, plusieurs retouches extérieures, nouvelles couleurs, nouveaux sièges

HISTORIQUE DU MODÈLE

1ère génération

DATE DE RENOUVELLEMENT

2006

NOS IMPRESSIONS

Agrément de conduite :	🚗🚗🚗🚗
Fiabilité :	🚗🚗🚗🚗
Sécurité :	🚗🚗🚗🚗🚗½
Qualités hivernales :	🚗🚗🚗🚗
Espace intérieur :	🚗🚗🚗🚗½
Confort :	🚗🚗🚗🚗½

LE CHOIX DE L'ÉQUIPE

T5 AWD

Guide de l'auto 2005

VOLVO S80

FINALEMENT EFFICACE !

« La mère vieillissante ». Tel était le titre coiffant mon texte portant sur la Volvo S80 dans le Guide de l'auto 2004. J'y soulignais, à juste titre d'ailleurs, qu'elle arrivait au bout de sa course, et que finalement, il valait peut-être mieux attendre la sortie du modèle 2.5TI à traction intégrale, car il représenterait sans aucun doute le meilleur choix au sein de la gamme.

À cette époque, le vaisseau amiral de la flotte Volvo recevait un moteur six cylindres en ligne transversal atmosphérique de 194 chevaux, ou le même bloc dopé par deux petits turbos lui permettant d'offrir 268 fringants étalons. Presque au moment de mettre sous presse, la direction de Volvo annonçait timidement que la S80 serait enfin disponible en version traction intégrale. C'est maintenant chose faite, et en plus d'affirmer le caractère sécuritaire de cette Volvo, ce dispositif élimine un point négatif relatif au comportement des deux tractions, soit un effet de couple à l'accélération qui vous tirait littéralement le volant des mains, particulièrement dans la version turbo.

MÉCANISME SIMPLE ET EFFICACE
En dépit du succès d'une application semblable réalisée avec les six cylindres turbo dans le XC90 T6, les responsables de son développement ont puisé dans une autre banque d'organes, soit celle de ses rejetons, les S60, V70 et XC90 2.5T. On y retrouve donc le cinq cylindres en ligne turbo de 2,5 litres implanté transversalement, boulonné à une automatique à cinq rapports. Cet ensemble, réalisé avec l'aide de l'équipementier Haldex, n'ajoute que 62 kilos par rapport à la traction, ne requiert aucune intervention de la part du conducteur, et ne comporte pas de boîte de transferts de rapports à gamme basse. Sur un revêtement à coefficient d'adhérence normal, la S80 2.5 TI se comporte comme une traction, puisque près de 90 % de la puissance passe par les roues avant. Mais lorsque les capteurs reliés à ces dernières enregistrent un patinage, l'inverse se produit, et la presque totalité de la force motrice se dirige vers l'arrière, ou se partage entre les deux trains roulants. Pratiquement, ces transferts interviennent très rapidement, et la motricité s'en trouve grandement améliorée, tout le contraire de la T6 qui s'emballerait désespérément en de telles circonstances. Qui plus est, le fonctionnement de la boîte de vitesses à cinq rapports s'avère supérieur à celle qui se lie au turbo six, une quatre rapports séquentielle d'origine GM qui laisse voir quelques trous

»» FEU VERT
› Bonne adhérence
› Comportement routier équilibré
› Suspensions confortables
› Sécurité passive soignée
› Image de marque rassurante

»» FEU ROUGE
› Effet de couple important (T6)
› Fiabilité discutable
› Gamme mal définie
› En fin de carrière
› Options onéreuses

Guide de l'auto 2005

dans son étagement. En somme, la version AWD apparaît très homogène, et «rajeunit» littéralement cette plate-forme un peu vieillissante.

Même s'il est permis de douter des capacités des 208 chevaux pour entraîner la lourde caisse de 1719 kg, on peut se fier sur le couple costaud fourni par le moteur turbo, car celui-ci atteint la valeur quand même impressionnante de 236 lb-pi à partir de seulement 1 500 tours minute. On peut donc compter sur des accélérations parfaitement satisfaisantes, et surtout, sur des reprises extrêmement toniques, gages d'une conduite à la fois coulée et dynamique. Au grand plaisir de son pilote, grâce aussi à une meilleure répartition du poids, la nette tendance au sous-virage manifestée par la T6 se trouve amenuisée. La 2.5TI se comporte comme un vaisseau au long cours, préférant les autoroutes aux parcours sinueux, car ses amortisseurs un peu lâches la laissent s'incliner trop facilement, et ses pneus de 16 pouces s'avèrent tout juste suffisants. Heureusement, des 17 pouces arrivent en option, et ils rendent aussi la direction un peu moins légère. Par ailleurs, la T6 peut recevoir la suspension aux amortisseurs pilotés Four C, qui réagissent instantanément aux aspérités du revêtement, et qui réduisent l'amplitude des mouvements de roulis et de tangage manifestés par la caisse. Puissant, endurant, facile à doser finement, et depuis toujours un des points forts des Volvo, le freinage n'engendre aucune critique, et l'ABS intervient juste à point.

L'UNE DISPARAÎT, UNE AUTRE ARRIVE

Les sièges avant procurent confort et soutien à la plupart des gabarits, et je les considère encore parmi les meilleurs de la production automobile. Alors que de plus en plus de berlines, même parmi les plus volumineuses, négligent le passager central arrière, la banquette de la S80 l'accueille confortablement. Sauf pour le contrôle de présélection des stations radio qui veut faire original mais qui réussit seulement à être agaçant, l'ergonomie apparaît satisfaisante. L'habitacle de dimensions généreuses, réalisé avec des matériaux de qualité, assemblés soigneusement, permet aux occupants de rouler dans une atmosphère valorisante.

Après une lecture attentive des documents de presse fournis par le constructeur, on s'aperçoit finalement que la version tractée par le six cylindres en ligne atmosphérique brille maintenant par son absence. Avouons qu'elle ne l'a jamais été (brillante) et que son départ ne créera pas de commotion chez les «Volvophiles». Par ailleurs, un examen encore plus poussé de cette même «littérature» nous révèle qu'un modèle doté du cinq cylindres apparaît aussi au catalogue, sous forme de simple traction cependant.

À mon avis, la meilleure S80 demeure encore la «nouvelle» 2.5TI, car elle se comporte de façon plus équilibrée et plus homogène que la T6, cette dernière ne sachant pas trop quoi faire de ses 59 chevaux supplémentaires. Quant à la T5, elle permet aux services commerciaux de casser les prix, mais n'apporte rien qui vaille à la gamme.

Jean-Georges Laliberté

DONNÉES TECHNIQUES

Prix du modèle à l'essai :	57 595 $
Échelle de prix :	54 895 $ à 62 895 $
Version(s) disponible(s) :	2.5T 2.5TI T6
Garanties :	4 ans 80 000 km / 4 ans 80 000 km
Catégorie :	berline grand format
Emp./Long./Lar./Haut.(cm) :	279/482/183/145
Poids :	1 719 kg
Coffre/Réservoir :	409/80 litres
Coussins de sécurité :	frontaux, latéraux et rideaux
Suspension avant :	indépendante jambes de force
Suspension arrière :	indépendante, multibras
Freins av./arr. :	disque (ABS) (EBD)
Antipatinage/Contrôle de stabilité :	oui/oui (opt)
Direction :	à crémaillère, assistée
Diamètre de braquage :	11,8 mètres
Pneus av./arr. :	P225/50R17

GROUPE MOTOPROPULSEUR ET RENDEMENT

Moteur :	5L 2,5 litres, turbo
Puissance :	208 ch à 5000 tr/mn
Couple :	236 lb-pi à 1500 tr/mn
Autre(s) moteur(s) :	6L biturbo 267 ch. (T6)
Transmission :	auto séquentielle, 4 rapports
Autre(s) transmission(s) :	intégrale, automatique 5 rapports
Accélération 0-100 km/h :	7,9 s
Reprises 80-120 km/h :	5,2 s
Freinage 100-0 km/h :	39 m
Vitesse maximale :	210 km/h
Indice de performance longitudinale :	5,18 m/s/s
Consommation (100 km) :	super, 12 litres
Autonomie :	667 km

DANS LA MÊME CATÉGORIE

Acura RL - Audi A6 - BMW Série 5 - Jaguar S-Type - Lincoln LS - Mercedes-Benz Classe E

QUOI DE NEUF

Disparition de la version 6L atmosphérique, nouvelle version T5

HISTORIQUE DU MODÈLE

1ère génération

DATE DE RENOUVELLEMENT

2006, probablement

NOS IMPRESSIONS

Agrément de conduite :	🚗🚗🚗🚗½
Fiabilité :	🚗🚗🚗🚗
Sécurité :	🚗🚗🚗🚗🚗½
Qualités hivernales :	🚗🚗🚗🚗
Espace intérieur :	🚗🚗🚗🚗
Confort :	🚗🚗🚗🚗

LE CHOIX DE L'ÉQUIPE

2.5TI

Guide de l'auto 2005

Volvo V70/XC70

ALTERNATIVE AUX V.U.S.

Les familiales de marque Volvo font partie du paysage automobile depuis des lunes. La marque suédoise continue de proposer ces voitures qui représentent une alternative valable aux véhicules sport-utilitaires dans une gamme de modèles qui est maintenant plus étendue. Ainsi, une version V70R très performante a récemment été ajoutée au catalogue, alors que les V70 et XC70 subissent une cure de rajeunissement pour l'année-modèle 2005, soit à la mi-temps de leur cycle de vie.

Parmi les changements apportés à la V70, on note le nouveau design des pare-chocs, maintenant ornés de baguettes de chrome, et les phares qui sont désormais nettoyés par des jets de lave-glace qui remplacent les petits essuie-glaces du modèle précédent. La calandre a également été redessinée ainsi que les feux arrière. La variante XC70 dispose maintenant d'une calandre distincte à laquelle s'ajoute un support de toit en aluminium brossé, des rétroviseurs extérieurs empruntés au XC90 et des plaques de protection surdimensionnées à l'avant comme à l'arrière. À l'intérieur, le design de la console centrale a été revu, de même que celui de la chaîne stéréo, et de nouveaux sièges offrent plus d'ajustements que ceux du modèle précédent. Tous ces changements sont plutôt subtils et ils ont pour effet de rehausser l'impression de luxe auprès de la clientèle.

Sur le plan mécanique, les modèles V70 et XC70 sont essentiellement inchangés, mais la version sportive T5 est maintenant animée par un moteur 5 cylindres turbocompressé, dont la cylindrée a été portée à 2,4 litres et qui développe 257 chevaux, soit 10 de plus que le modèle précédent. Les boîtes de vitesses ont également été revues, une manuelle à six vitesses ou une automatique Geartronic à 5 rapports pouvant équiper ce modèle. De plus, le nouveau châssis actif, développé pour la V70R, est maintenant offert en option sur la T5 ainsi que sur la XC70. Ce châssis actif permet d'améliorer le confort et la tenue de route au moyen de suspensions contrôlées entièrement par électronique, et repose essentiellement sur des amortisseurs dont le degré de fermeté peut être ajusté 500 fois par seconde. À la base, le concept de châssis actif fait appel à sept capteurs qui mesurent constamment les accélérations latérales en virage et les forces longitudinales en accélération ainsi qu'au freinage. De plus, d'autres capteurs mesurent la position et la vitesse de braquage du volant, la position de l'accélérateur de même que l'intervention des freins ainsi que du système ABS. Le microprocesseur

»» FEU VERT
› Gamme étendue de modèles
› Voitures polyvalentes
› Dispositifs de sécurité avancés
› Très bon confort
› Performances du modèle V70R

»» FEU ROUGE
› Direction surassistée
› Conduite peu inspirée (sauf V70R)
› Roulis en virage
› Fiabilité variable

SUPER SPÉCIAL
AUX PASSIONNÉS DU GUIDE DE L'AUTO

LE MONDE DE L'AUTO
au Québec depuis 22 ans

Économisez 73%
du prix en kiosque

1 AN / 10 $
(taxes incluses)

6 numéros

OUI, JE M'ABONNE !
1 AN / 10 $

Prénom _____
Nom _____
Adresse _____
_____
Ville _____
Province _____
Code postal _____
Tél. résidence _____
Courriel _____

Carte de crédit   Visa ☐   M/C ☐
de la carte _____
date d'expiration _____
signature _____
date _____

Libellez votre chèque à l'ordre de LC Media Inc.
et postez le au :
4105, boul. Matte, bureau G, Brossard QC J4Y 2P4

Veuillez allouer de 6 à 8 semaines avant le début de votre abonnement.

3 façons simples et rapides de s'abonner

1 Par internet : www.lemondedelauto.com

2 Remplissez le coupon d'abonnement

3 Par téléphone : (450) 444.5773 poste 0
Par télécopieur : (450) 444.6773
ou sans frais : 1.800.522.5656 poste 0
en utilisant votre carte de crédit.

POSTES CANADA / CANADA POST
Port payé si posté au Canada
Correspondance-réponse d'affaires
Postage paid if mailed in Canada
Business Reply Mail

7026579   01

1000057474-J4Y2P4-BR01

LE MONDE DE L'AUTO
4105 BOUL MATTE BUREAU G
BROSSARD QC   J4Y 9Z9

analyse toutes ces données et adapte la fermeté des amortisseurs de façon à optimiser le comportement de la voiture. Ainsi, lors de l'accélération, le système dirige la motricité du rouage intégral vers les roues arrière et augmente la fermeté des amortisseurs afin de prévenir l'écrasement du train arrière lors du départ. Au freinage, les amortisseurs avant sont raffermis afin de contrer l'effet de plongée lors de la décélération, alors qu'en virage, les amortisseurs sont ajustés de façon à augmenter la tenue de route en réduisant le roulis. La seule intervention requise de la part du conducteur consiste à choisir entre trois modes de contrôle du châssis actif, soit le mode « confort » qui comme son nom l'indique, permet à la voiture de circuler sur une chaussée en mauvais état sans brusquer les passagers; le mode « sport » présente un profil plus agressif qui fait la juste part entre confort et tenue de route, alors que le mode « avancé » calibre le système de façon à rendre des performances semblables à celles d'une voiture de course.

L'essai d'une V70R sur le circuit du Las Vegas Speedway m'a permis de constater l'efficacité de ce système, les caractéristiques de comportement routier de la voiture étant nettement différentes selon le réglage choisi. En mode « avancé », la V70R est transformée au point au point de ne plus la reconnaître, tellement elle est performante en virages. Comparée à une V70, dont la conduite est peu inspirée avec son roulis prononcé et sa direction surassistée, la V70R s'accroche dans les courbes avec un aplomb remarquable. Malgré ses performances rehaussées par rapport au modèle traditionnel, je tiens à vous préciser tout de suite que la V70R n'est pas aussi rapide et performante sur circuit qu'une BMW M3 ou une Audi S4, mais pour une Volvo, c'est toute une transformation !

Les retouches esthétiques apportées pour l'année-modèle 2005 ainsi que l'étendue de la gamme feront en sorte que ces voitures demeureront probablement inchangées jusqu'à leur refonte complète dans trois ans alors que la prochaine génération de ces modèles fera son entrée sur le marché. Entretemps, Volvo devra affronter un défi de taille, soit celui de rehausser la fiabilité de ses modèles. En effet, si la marque a longtemps été reconnue pour la fiabilité légendaire de ses voitures, elle montre des signes de faiblesse depuis les dernières années. Une récente étude J.D. Power, portant sur la fiabilité des véhicules de l'année-modèle 2001 après trois ans d'usage, révèle que Volvo occupe le 30e rang au classement des constructeurs, avec 346 défauts par 100 véhicules, alors que la moyenne de l'industrie est de 269. Dans ces conditions, dire qu'il y a place à l'amélioration relève de l'euphémisme, et il est à souhaiter que Volvo corrige le tir rapidement avant de dilapider son capital à cet égard.

Gabriel Gélinas

DONNÉES TECHNIQUES

Prix du modèle à l'essai :	45 495 $
Échelle de prix :	38 000 $ à 60 000 $
Version(s) disponible(s) :	V70, XC70
Garanties :	4 ans 80 000/4 ans 80 000
Catégorie :	Familiale
Emp./Long./Lar./Haut.(cm) :	275,5/471/180/149
Poids :	1 485 kg
Coffre/Réservoir :	1 061 à 2 023/80 litres
Coussins de sécurité :	fontaux et latéraux (av./arr.)
Suspension avant :	indépendante, jambes de force
Suspension arrière :	indépendante, multibras
Freins av./arr. :	disque (ABS)
Antipatinage/Contrôle de stabilité :	oui/oui (opt)
Direction :	à crémaillère, ass. variable
Diamètre de braquage :	11,9 m
Pneus av./arr. :	P205/55R16

GROUPE MOTOPROPULSEUR ET RENDEMENT

Moteur :	5L 2,5 litres 20s turbocompressé
Puissance :	208 ch (155 kW) à 5 000 tr/mn
Couple :	236 lb-pi (320 Nm) à 1 500 tr/mn
Autre(s) moteur(s) :	5L 2,4 litres 168 ch, 5L 2,4 turbo 257 ch, 5L 2,5 litres turbo 300 ch (R)
Transmission :	intégrale, automatique 5 rapports
Autre(s) transmission(s) :	manuelle 5 rapports, manuelle 6 rapports (R)
Accélération 0-100 km/h :	8,9 s
Reprises 80-120 km/h :	7,3 s
Freinage 100-0 km/h :	42,7 m
Vitesse maximale :	200 km/h
Indice de performance longitudinale :	4,55 m/s/s
Consommation (100 km) :	super, 10,9 litres
Autonomie :	734 km

DANS LA MÊME CATÉGORIE

Audi Allroad - BMW 325 Touring - Lexus Sportcross
Mercedes-Benz Classe C 4matic - Saab 95
Subaru Outback - VW Passat W8

DU NOUVEAU EN 2005

Moteur 2,3 litres abandonné

HISTORIQUE DU MODÈLE

1ière génération

DATE DE RENOUVELLEMENT

2006

NOS IMPRESSIONS

Agrément de conduite :	🚗🚗🚗🚗½
Fiabilité :	🚗🚗🚗🚗
Sécurité :	🚗🚗🚗🚗½
Qualités hivernales :	🚗🚗🚗🚗½
Espace intérieur :	🚗🚗🚗🚗½
Confort :	🚗🚗🚗½

LE CHOIX DE L'ÉQUIPE

V70 AWD 2,5T

Guide de l'auto 2005

VOLVO XC90

»» AU PAYS DE L'ONCLE SAM

Si Volvo s'est lancée avec un certain retard dans la course aux véhicules sport-utilitaires, c'est essentiellement pour capturer une partie de cet important marché aux États-Unis, où la très grande majorité de la production est d'ailleurs vendue. Aujourd'hui, les grandes marques automobiles n'ont plus le choix : elles doivent jouer sur tous les tableaux afin de préserver ou augmenter leurs parts de marché. C'est cette considération qui explique la mise au point du XC90, qui a été élaboré à partir de la plate-forme ayant servi à construire les S80 et V70 de la marque.

Fidèle à la tradition établie chez le constructeur suédois, le XC90 met l'accent sur la sécurité en intégrant plusieurs dispositifs perfectionnés. Ainsi, le XC90 est muni d'un système anticapotage qui commande le freinage sélectif des roues afin d'éviter que le véhicule ne se retourne lors de brusques changements de direction. J'ai testé l'efficacité de ce système sur piste d'essai par de violents braquages à des vitesses aussi élevées que 90 kilomètres/heure et jamais le XC90 n'a menacé de capoter. Et si jamais le pire devait se produire, sachez que le XC90 est équipé de rideaux gonflables couvrant l'entière surface latérale du véhicule. Ils demeureront gonflés pendant sept secondes afin d'absorber les chocs à répétition qui se produisent lors d'un capotage. De plus, certaines parties du toit sont réalisées en acier renforcé au bore, un alliage dont la résistance est de quatre à cinq fois supérieure à celle de l'acier courant. Bref, si vous devez un jour «faire du top» avec un sport-utilitaire, je vous souhaite que ce soit au volant de celui-ci.

L'aspect sécurité est également rehaussé par plusieurs détails de conception avancée. Du nombre, on relève le fait que le XC90 est équipé d'une traverse localisée derrière et sous le pare-chocs avant, soit à la même hauteur que le pare-chocs d'une voiture ordinaire. Cette traverse sert précisément à activer les coussins gonflables du véhicule avec lequel le XC90 entre en collision, tout en empêchant le Volvo de monter par-dessus le pare-chocs de cet autre véhicule. La présence de cet élément démontre une certaine sensibilité au fait que les collisions entre véhicules de taille différente se soldent toujours par des blessures plus graves infligées aux passagers du plus petit des véhicules impliqués. Il faut noter que cette innovation n'est pas due à Volvo, mais bien à Ford qui l'a développée pour ses véhicules, Volvo ayant simplement choisi de l'intégrer au XC90. Toujours dans ce souci de sécurité avancée, soulignons que le capot avant du XC 90 à été dessiné afin d'amortir le choc pour un piéton lors d'une collision de ce type.

»» FEU VERT
› Systèmes de sécurité perfectionnés
› Confort des sièges
› Style réussi
› Bonne insonorisation

»» FEU ROUGE
› Moteurs faibles en puissance
› Rayon de braquage important
› Consommation élevée
› Aptitudes limitées en conduite hors route

XC90

Au départ, le XC90 n'a pas été conçu en priorisant la conduite hors route mais plutôt la circulation sur routes asphaltées. À ce titre, il n'est donc pas équipé d'une boîte de transfert et ses aptitudes en conduite hors route sont donc limitées. En choisissant un rouage intégral de type Haldex, qui peut varier la répartition de la motricité jusqu'à diriger 95 pour cent de celle-ci vers les roues qui ont le plus d'adhérence, les concepteurs du XC90 ont choisi d'opter pour un système qui s'avère efficace pour la plupart des situations et qui ne nécessite aucune intervention de la part du conducteur. À ce rouage sont jumelés deux moteurs turbocompressés de cinq ou six cylindres en ligne montés transversalement ainsi que deux transmissions automatiques qui comptent cinq ou quatre rapports. Et c'est justement du côté des groupes motopropulseurs que l'on relève les principaux points faibles du XC90 puisque la puissance du 5 cylindres est limitée, et que le modèle T6 qui est animé par le 6 cylindres plus puissant ne peut être équipé que de l'automatique à 4 rapports. Résultat : des performances décevantes en accélération doublées d'une consommation élevée, faut le faire… Lorsque l'on questionne les concepteurs sur la logique de ne proposer que la boîte à 4 rapports sur le modèle le plus performant, la réponse donnée est qu'il était impossible de jumeler le moteur 6 cylindres en ligne avec la boîte à 5 rapports en raison d'un manque d'espace sous le capot. Le XC90 n'est donc pas en mesure de soutenir la comparaison avec les modèles concurrents que sont les Volkswagen Touareg et BMW X5 équipés de moteur V8 pour ne nommer que ceux-là. Aussi, le montage transversal du groupe motopropulseur fait en sorte que le rayon de braquage du XC90 est très grand, l'espace étant limité pour le mouvement des roues avant, ce qui complique les manœuvres de stationnement. Sur la route, on note le silence de roulement et on apprécie au plus haut point le confort inégalé des sièges avant qui est devenu l'une des marques de commerce de Volvo. L'habitacle est réalisé avec soin et les matériaux sont de qualité supérieure.

Pour l'année-modèle 2005, la dotation de série du XC90 s'enrichit d'essuie-glaces à lames plates qui se mettent automatiquement en marche lorsque la pluie se met à tomber, et les rétroviseurs extérieurs sont maintenant recouverts d'une pellicule qui dissipe l'eau de pluie pour assurer une meilleure visibilité. De plus, trois nouvelles couleurs de carrosserie sont au catalogue. Pour ce qui est de l'avenir, Volvo offrira également un moteur V8 de 4,4 litres construit par Yamaha dès l'automne 2004, ce qui permettra au XC90 de corriger le manque de puissance des actuels moteurs turbo à 5 et 6 cylindres. Quant au dévoilement de la prochaine génération de l'utilitaire sport Volvo, il faudra patienter jusqu'en 2007 ou 2008.

Gabriel Gélinas

DONNÉES TECHNIQUES

Prix du modèle à l'essai :	61 995 $
Échelle de prix :	55 000 $ à 64 995 $
Version(s) disponible(s) :	2,5T, T6
Garanties :	4 ans 80 000/4 ans 80 000
Catégorie :	Multisegment
Emp./Long./Lar./Haut.(cm) :	286/480/189/174
Poids :	2046 kg
Coffre/Réservoir :	1 178 à 2 403/70 litres
Coussins de sécurité :	frontaux et latéraux (av./arr.) et rideaux
Suspension avant :	indépendante, jambes de force
Suspension arrière :	indépendante, multibras
Freins av./arr. :	disque (ABS)
Antipatinage/Contrôle de stabilité :	oui/oui
Direction :	à crémaillère, ass. variable
Diamètre de braquage :	11,9 m
Pneus av./arr. :	P235/65R17

GROUPE MOTOPROPULSEUR ET RENDEMENT

Moteur :	6L 2,9 litres 24s turbocompressé
Puissance :	268 ch (200 kw) à 5 100 tr/mn
Couple :	280 lb-pi (380 Nm) à 1 800 tr/mn
Autre(s) moteur(s) :	5L 2,5 litres turbo 208 ch
Transmission :	intégrale, automatique 4 rapports
Autre(s) transmission(s) :	automatique 5 rapports
Accélération 0-100 km/h :	9,7 s
Reprises 80-120 km/h :	8,3 s
Freinage 100-0 km/h :	43,6
Vitesse maximale :	200 km/h
Indice de performance longitudinale :	4.34 m/s/s
Consommation (100 km) :	super, 14,6 litres
Autonomie :	479 km

DANS LA MÊME CATÉGORIE
Acura MDX - BMW X5 - Cadillac SRX - Infiniti FX35
Lexus RX330 - Mercedes-Benz ML320
Volkswagen Touareg

DU NOUVEAU EN 2005
essuie-glaces automatiques, rétroviseurs extérieurs et trois nouvelles couleurs de carrosserie

HISTORIQUE DU MODÈLE
1ère génération

DATE DE RENOUVELLEMENT
2007/08

NOS IMPRESSIONS

Agrément de conduite :	🚗🚗🚗🚗🚗
Fiabilité :	🚗🚗🚗🚗
Sécurité :	🚗🚗🚗🚗🚗
Qualités hivernales :	🚗🚗🚗🚗
Espace intérieur :	🚗🚗🚗🚗½
Confort :	🚗🚗🚗🚗

LE CHOIX DE L'ÉQUIPE
2,5T

Guide de l'auto 2005

››› LES CAMIONNETTES

CHEVROLET	FORD	MAZDA
Avalanche	Explorer Sport Trac	Série B
Colorado	F-150	
Silverado	Ranger	NISSAN
		Frontier
DODGE	GMC	Titan
Dakota	Canyon	
Ram	Sierra	TOYOTA
		Tacoma
		Tundra

CHEVROLET AVALANCHE

UN PETIT PEU DE TOUT

Penser Avalanche, c'est oublier la discrétion. Au contraire, elle fait plutôt partie de ces énormes camionnettes qui attirent le regard par leur taille, et qui font frémir tous ceux qui s'inquiètent de la consommation d'essence. Une costaude, une vraie, même si parfois, elle tente de se faire passer pour un simple utilitaire sport de bonnes dimensions. Pire encore, en offrant suffisamment d'espace pour six passagers, elle se donne presque des airs de véhicule familial.

Le moteur Vortec V8 de 5,3 litres qui l'équipe est suffisamment puissant avec ses 330 lb-pi de couple pour traîner ce mastodonte sans trop se faire prier, peu importe les circonstances. Et malgré le poids imposant de l'ensemble, on atteint facilement le 100 kilomètres/heures tout juste en 10 secondes. Ajoutez-y une capacité de remorquage de haut niveau (un peu plus de 3 200 kilos) et vous possédez vraiment un véhicule utilitaire de grand calibre.

Mais la force brute ne suffit pas à la digne Avalanche. Il faut aussi lui ajouter le confort et surtout, l'espace et l'ingéniosité. Car en plus d'avoir des proportions imposantes, la grande camionnette GM bénéficie d'un système ingénieux d'aménagement de la courte boîte de transport qui permet d'utiliser à sa pleine capacité la courte boîte de transport

En fait, l'Avalanche, c'est presque un casse-tête tellement les morceaux de la boîte de chargement arrière sont nombreux, et peuvent s'utiliser de différentes façons. Sans trop d'efforts – il suffit en fait d'abaisser la banquette arrière au complet et d'ouvrir le panneau qui sépare l'habitacle de la boîte de chargement – on peut aisément glisser des pièces de 4 pieds sur 8 pieds et les transporter sans que rien ne dépasse.

En position normale, les panneaux ferment hermétiquement l'espace de chargement, laissant une boîte où l'on peut sans difficulté transporter nos bagages sans encombrer inutilement la cabine.

Mieux encore, ce grand utilitaire joue les limousines lorsqu'on s'installe dans l'habitacle. Évidemment, avis aux petites personnes, il faut s'attendre à grimper un peu pour monter à bord de l'Avalanche.

Une fois rendu à l'intérieur par contre, pas question de manquer d'espace. Six personnes (3 plus 3) profiteront d'un dégagement abondant pour la tête et les jambes. Comme c'est l'habitude, les passagers arrière auront droit à une banquette un peu moins amicale, mais tout de même digne de mention puisqu'elle ne risque pas

»» FEU VERT
> Design unique de la carrosserie
> Grand confort
> Polyvalence de la boîte de chargement
> Sièges et pédalier ajustables

»» FEU ROUGE
> Freinage un peu difficile
> Places arrière difficiles d'accès
> Direction un peu floue
> Forte consommation d'essence

AVALANCHE

DONNÉES TECHNIQUES

Prix du modèle à l'essai :	42 900 $
Échelle de prix :	39 655 $ à 51 325 $
Version(s) disponible(s) :	1500 et 2500
Garanties :	3 ans 60 000/3 ans 60 000
Catégorie :	camionnettes
Emp./Long./Lar./Haut.(cm) :	330/563/202,5/187
Poids :	2 466 kg
Longueur de caisse/Réservoir :	160 a 247/117 litres
Coussins de sécurité :	frontaux
Suspension avant :	indépendante, barres de torsion
Suspension arrière :	essieu rigide, ressorts hélicoïdaux
Freins av./arr. :	disque (ABS)
Antipatinage/Contrôle de stabilité :	non/non
Direction :	à billes, assistée
Diamètre de braquage :	13,2 m
Pneus av./arr. :	P265/70R16

GROUPE MOTOPROPULSEUR ET RENDEMENT

Moteur :	V8 5,3 litres 16s (96,0 x 92,0)
Puissance :	295 ch (220 kW) à 5 200 tr/mn
Couple :	330 lb-pi (447 Nm) à 4 000 tr/mn
Autre(s) moteur(s) :	V8 de 8,1 litres (2500)
Transmission :	traction, intégrale automatique 4 rapports
Autre(s) transmission(s) :	aucune
Accélération 0-100 km/h :	10,8 s
Reprises 80-120 km/h :	7,5 s
Freinage 100-0 km/h :	47,8 m
Vitesse maximale :	180 km/h
Indice de performance longitudinale :	4,03 m/s/s
Consommation (100 km) :	ordinaire, 15,3 litres
Autonomie :	765 km

de créer d'inconfort même pour de longues distances.

À l'avant, les sièges offrent un excellent support latéral, mais sont un peu bas en face de l'immense tableau de bord qu'abrite l'Avalanche. Il faut donc utiliser au maximum les différents réglages du siège pour parvenir à une position de conduite agréable et efficace. Pour contribuer à rendre plus confortable la randonnée pour les conducteurs de toutes tailles, on a installé de série les pédaliers électriques sur plus de cinq des groupes d'équipements.

Une fois la bonne position trouvée, conduire l'Avalanche est un véritable charme. Le tableau de bord est rempli d'accessoires d'une simplicité d'utilisation désarmante. La chaîne audio est agréable, et rend bien la qualité des enregistrements, sans pour autant donner l'impression d'être dans une salle de concert.

Notons que, parmi les améliorations pratiques pour 2005, on compte les commandes audio au volant de série sur tous les modèles et un centralisateur informatique de bord qui surveille jusqu'à 34 paramètres. Cette fois cependant, il faudra prendre quelques minutes pour bien en comprendre le fonctionnement.

LA CAMPAGNE OU LE CHANTIER

Sur la route, l'Avalanche a aussi un comportement efficace. Même si la direction est parfois un peu floue, ce qui oblige à des corrections fréquentes, le comportement routier de la camionnette est exceptionnel. La souplesse de la suspension (j'avoue même avoir été étonné par sa douceur de roulement) permet de franchir les obstacles et les hasards de la route sans heurts.

Évidemment, en mode quatre roues motrices – car l'Avalanche dispose d'un système à quatre roues motrices que l'on peut enclencher avec des boutons poussoirs au tableau de bord – on ressent un peu plus durement les difficultés du parcours. Mais peut-être aussi est-ce dû au fait que l'on a tendance à emprunter des chemins un peu plus dégradés.

La seule véritable faiblesse de l'Avalanche concerne les freins qui, même s'ils sont munis du système ABS, n'offrent pas toute la fermeté voulue. D'une part, les ABS laissent passer quelques glissements (rien de grave, mais tout de même) alors que d'autre part, il faut appuyer avec une grande volonté sur la pédale pour effectuer un freinage d'urgence. Une habitude qui s'acquiert sans doute, mais qui allonge un peu les distances de freinage.

Quant à la transmission électronique à quatre vitesses, elle répond avec une certaine précision aux exigences, mais a parfois quelques faiblesses lorsqu'elle est sollicitée trop brusquement. Il faut plutôt y aller en douceur, ce qui étonne sur un véhicule de cette envergure.

Outil de travail, certainement, mais l'Avalanche est probablement plus près que n'importe lequel de ses concurrents d'être un véhicule de ville. Pour celui qui n'a pas peur des grandes dimensions en tout cas.

Marc Bouchard

DANS LA MÊME CATÉGORIE
Cadillac Escalade EXT - Ford F-150

DU NOUVEAU EN 2005
intérieur revisé sur certains modèles, nouveau système de son

HISTORIQUE DU MODÈLE
1ère génération

DATE DE RENOUVELLEMENT
2006

NOS IMPRESSIONS

Agrément de conduite :	🚗🚗🚗🚗🚗
Fiabilité :	🚗🚗🚗🚗🚗
Sécurité :	🚗🚗🚗🚗🚗
Qualités hivernales :	🚗🚗🚗🚗
Espace intérieur :	🚗🚗🚗🚗
Confort :	🚗🚗🚗🚗½

LE CHOIX DE L'ÉQUIPE
1500, 1500 AWD

Guide de l'auto 2005

COLORADO GMC CANYON

CHEVROLET/GMC

DU SOLIDE !

Les camionnettes compactes sont souvent considérées comme les parents pauvres du marché des camions. Elles sont généralement destinées à une utilisation plus familiale que commerciale et les marges de profits sont également moins importantes, ce qui incite les constructeurs à s'intéresser davantage aux grosses camionnettes. Puisque le marché de ces dernières est très compétitif, les révisions sont plus fréquentes. Mais il fallait bien qu'une compagnie vienne briser l'immobilisme du créneau des compactes et c'est GM qui a tiré la première salve en dévoilant les Chevrolet Colorado et GMC Canyon l'automne dernier en remplacement des modèles S-10 et Sonoma.

Puisque le châssis de ces deux modèles disparus datait de près de deux décennies, il n'était pas question de les modifier au goût du jour. D'autant plus que GM s'est donné pour mission de toujours proposer des éléments mécaniques inédits. Le nouveau châssis de type échelle est dérivé de celui des Silverado et Sierra et comprend des éléments formés par pression hydraulique, ce qui a permis aux ingénieurs de réaliser un châssis à flexibilité variable. Cette technique permet d'avoir toute la rigidité nécessaire aux endroits voulus sans pour autant affecter le confort. À ce sujet, la cabine de base est plus confortable qu'auparavant puisqu'elle a été allongée de 10 cm. En outre, l'empattement de tous les modèles est plus long de 7 cm, ce qui a un effet positif sur le confort de la suspension. Par contre, la cabine est un tantinet plus étroite que sur les modèles antérieurs, ce qui n'empêche pas le dégagement pour les épaules d'être supérieur.

Il est relativement difficile pour les stylistes d'apporter des changements spectaculaires à l'esthétique d'une camionnette puisque la moitié est constituée par une caisse de chargement. Malgré tout, le stylisme de la partie avant permet de démarquer les modèles. Comme ce fut le cas avec les Silverado et Sierra, leurs petits frères sont habillés d'une silhouette très sage qui aura tout au moins l'avantage de bien vieillir sur le plan visuel. La calandre des deux modèles est bien réussie et combine la présentation traditionnelle des marques respectives avec des phares très stylisés.

La même sobriété se retrouve dans la cabine. La présentation du tableau de bord est sage et ceux qui aiment contempler un arbre de Noël lorsqu'ils conduisent seront déçus. Autant sur le Colorado que sur le Canyon, le tableau de bord est disposé de façon très efficace. Deux cadrans principaux encadrent la jauge d'essence et le thermomètre. Leur consultation est facile et ils sont bien abrités contre les rayons du soleil. Tout est simple et à la portée de la main. La radio est commandée par deux gros boutons permettant de facilement régler le volume et de

» FEU VERT
› Choix de moteur
› Assemblage sérieux
› Boîte manuelle
› Habitacle pratique
› Ergonomie exemplaire

» FEU ROUGE
› Tissus des sièges peu élégants
› Sautillement du train arrière
› Modèle multiplace onéreux
› Esthétique très discrète

trouver la fréquence voulue. Les commandes de la climatisation sont également simples. De plus, ce système est doté d'une commande permettant la circulation de l'air en circuit fermé, une caractéristique qui n'est pas offerte sur plusieurs produits d'origine nord-américaine.

La qualité de l'assemblage et la texture des plastiques sont également à souligner. Par contre, le tissu des sièges est un peu tristounet, mais il semble très résistant. Quant aux sièges avant, ils sont plus fermes que la moyenne, mais confortables quand même. Leur support latéral est à revoir puisqu'il oblige le conducteur à s'agripper au volant à quatre branches dans les virages serrés. La version à cabine allongée est dotée de petits strapontins qui ne peuvent servir que pendant quelques minutes dans le cas des adultes ou plus longtemps avec de jeunes enfants ayant une bonne tolérance à la douleur. Si vous prévoyez utiliser les places arrière fréquemment, il est alors préférable d'opter pour le modèle à cabine multiplace. La boîte de chargement est alors amputée de 30 cm, mais les occupants de la banquette arrière auront plus de confort. Celle-ci se replie également pour transformer cet espace en aire de chargement.

MOTORISATION INTÉRESSANTE

Auparavant, General Motors avait la mauvaise habitude de nous rafistoler de vieux groupes propulseurs dans des modèles entièrement nouveaux. Cette tradition n'est pas respectée avec ce duo puisque le moteur quatre cylindres 2,2 litres de 120 chevaux a fait place l'an dernier à un tout nouveau quatre cylindres de 2,8 litres produisant 175 chevaux, ce qui en fait le « quatre » le plus puissant de la catégorie. Et cette fois, pas de V6, mais un cinq cylindres en ligne, dérivé, tout comme le quatre cylindres, du « six en ligne » de 4,2 litres offert sur les Chevrolet Trailblazer et GMC Envoy. Sa puissance est de 220 chevaux. La seule boîte automatique disponible est une unité à quatre rapports. Pour les amateurs de boîte manuelle, il faudra opter pour le moteur 2,8 litres, le seul à proposer une telle combinaison.

Toutes ces nouvelles caractéristiques se conjuguent pour nous offrir une camionnette qui est, sans contredit, la référence de la catégorie. Sa mécanique est plus moderne, son habitacle plus spacieux et les performances sont améliorées. La tenue de route a également progressé de plusieurs crans. Compte tenu de la rigidité de la carrosserie, la direction est plus précise et le feedback supérieur à celui des anciens modèles. Le pilote a également l'impression d'être au volant d'un véhicule constitué d'un bloc. L'agrément de conduite n'est ni ludique, ni sportif, mais très efficace. Par contre, comme toutes les camionnettes, le train arrière sautille sur mauvaise route lorsque la caisse de chargement est vide. Et j'allais oublier, la porte à battant de celle-ci peut être immobilisée à mi-course afin de supporter les objets longs.

Denis Duquet

DONNÉES TECHNIQUES

Prix du modèle à l'essai :	30 310 $
Échelle de prix :	18 540 $ à 30 310 $
Version(s) disponible(s) :	Régulier, LS cabine régulière, allongée et multiplace
Garanties :	3 ans 60 000/3 ans 60 000
Catégorie :	camionnettes
Emp./Long./Lar./Haut.(cm) :	319/526/171/164
Poids :	1 860 kg
Longueur de caisse/Réservoir :	155/74 litres
Coussins de sécurité :	frontaux et tête (opt)
Suspension avant :	indépendante, barres de torsion (4RM)
Suspension arrière :	essieu rigide, ressorts elliptiques
Freins av./arr. :	disque (ABS)
Antipatinage/Contrôle de stabilité :	non/non
Direction :	à crémaillère, assistée
Diamètre de braquage :	13,5 m
Pneus av./arr. :	P225/70R15

GROUPE MOTOPROPULSEUR ET RENDEMENT

Moteur :	5L 3,5 litres 20s (93,0 x 102,0)
Puissance :	220 ch (164 kW) à 5 600 tr/mn
Couple :	225 lb-pi (305 Nm) à 2 800 tr/mn
Autre(s) moteur(s) :	4L 2,8 litres 175 ch
Transmission :	4x4, manuelle 5 rapports
Autre(s) transmission(s) :	automatique 4 rapports
Accélération 0-100 km/h :	8,7 s
Reprises 80-120 km/h :	7,7 s
Freinage 100-0 km/h :	42,9 m
Vitesse maximale :	185 km/h
Indice de performance longitudinale :	4.53 m/s/s
Consommation (100 km) :	ordinaire, 11,5 litres
Autonomie :	643 km

DANS LA MÊME CATÉGORIE

Dodge Dakota-Ford Ranger-Mazda Série B-Nissan Frontier-Toyota Tacoma

DU NOUVEAU EN 2005

Aucun changement majeur, nouveau modèle en 2004

HISTORIQUE DU MODÈLE

1ière génération

DATE DE RENOUVELLEMENT

2009

NOS IMPRESSIONS

Agrément de conduite :	🚗🚗🚗🚗
Fiabilité :	🚗🚗🚗½
Sécurité :	🚗🚗🚗🚗
Qualités hivernales :	🚗🚗🚗🚗
Espace intérieur :	🚗🚗🚗🚗
Confort :	🚗🚗🚗🚗

LE CHOIX DE L'ÉQUIPE

5L 4X4 cabine allongée

Guide de l'auto 2005

SILVERADO GMC SIERRA

CHEVROLET/GMC

LE GROS DEVIENT ÉCOLO

Depuis ses débuts, la technologie hybride s'adresse exclusivement aux petites voitures. Pourtant, tout le monde sait bien que ces petites voitures sont déjà plus saines pour l'environnement, et nettement plus économiques que les gros VUS ou les grosses camionnettes qui sont pourtant légion sur nos routes. On vient enfin de le comprendre et GM, désireux d'être à la fine pointe, rend disponible dès cette année une version hybride de son populaire pick-up, le Silverado.

Pour les ingénieurs, le défi était de taille puisque la grande faiblesse des modèles hybrides actuels, c'est l'absence de puissance à bas régime, alors que seul le moteur électrique intervient. La solution semble bel et bien exister chez GM et les consommateurs canadiens pourront l'expérimenter au cours de la prochaine année, puisqu'on prévoit le commercialiser en quantités limitées, en exclusivité au pays.

On souhaite cependant le rendre disponible partout en Amérique du Nord au cours de la prochaine année.

Signalons que la technologie hybride n'est pas semblable à celle utilisée sur les voitures de ce genre, mais elle permet quand même une économie allant jusqu'à 10% en essence, ce qui n'est pas rien. En fait, le camion compte un moteur tout à fait traditionnel pour sa propulsion. On a ajouté des modules de contrôle électronique qui, dès que le camion est immobilisé ou lorsque le conducteur lève le pied de l'accélérateur en roulant lentement, coupent le moteur à essence. Parmi les autres caractéristiques propres à cette nouvelle génération de camionnettes, il faut mentionner une direction à assistance électrohydraulique, un démarreur à moteur électrique et la présence d'un système d'alimentation électrique de 120 volts de 20 ampères pouvant fonctionner en tout temps et pouvant alimenter des outils électriques.

Ce qui n'empêche pas le Silverado, le vrai, d'être de retour dans toute sa splendeur.

Le Silverado, chez GM, c'est la quintessence du véhicule alliant utilité et plaisir. Et je ne parle pas ici de ces gros utilitaires sport. Au contraire, on a voulu créer avec le gros pick-up un véhicule capable de rallier tous les amateurs, peu importe leurs besoins et leurs exigences.

DE TOUT POUR TOUS
La gamme est d'ailleurs suffisamment étendue pour permettre à tout le monde d'y trouver son compte. Bien sûr, ceux qui s'achètent une camionnette du genre seront d'abord intéressés par les déclinaisons plus lourdes, capables d'effectuer un véritable travail.

»» FEU VERT
› Gammes de modèles variées
› Moteur V8 puissant
› Direction Quadrasteer
› Version quasi hybride disponible bientôt

»» FEU ROUGE
› Moteur V6
› Gourmand en essence
› Prix parmi les plus élevés
› Freinage parfois difficile

Guide de l'auto 2005

Mais pour monsieur et madame Tout-le-Monde, l'intérêt, ce sont les Silverado dits plus légers, les versions 1 500, qui connaissent une popularité grandissante.

Là aussi, le choix est impressionnant puisqu'on peut les commander avec l'un ou l'autre des engins Vortec V6 4 300 de 4,3 L ; V8 4 800 de 4,8 L ; deux versions du V8 5 300 de 5,3 L ; enfin, le puissant V8 6 000 de 6 L. La puissance de ces moteurs s'échelonne de 195 à 330 chevaux. Mais soyons honnêtes, pour se procurer le modèle équipé du V6 il faut le vouloir, puisque l'engin est trop petit, quasi anémique et ne sert absolument à rien puisqu'il réduit considérablement la capacité de remorquage du véhicule.

Cette même gamme est aussi doublée d'un choix incroyable de configurations : cabine classique, allongée ou multiplace ; caisse standard (2 m) ou longue (2,4 m) en style Fleetside ou Sportside ; transmission 2 ou 4 roues motrices. Quiconque ne trouve pas dans cette gamme doit donc sérieusement abandonner l'idée d'un pick-up et opter davantage pour un autre genre de véhicule.

L'année dernière, on a même utilisé le Silverado pour relancer la gamme SS de GM, des modèles plus puissants, plus sportifs, et plus dynamiques.

Et rappelons que c'est aussi le Silverado qui met le mieux à profit la technologie Quadrasteer de GM. Concrètement, il s'agit d'une direction qui s'applique aux quatre roues. Quand le véhicule tourne, les roues avant tournent dans la direction choisie, alors que les roues arrière sont aussi articulées, ce qui diminue de plus de 25 % le rayon de braquage du gros pick-up.

On a aussi créé une autre version, la Z71, qui allie les caractéristiques propres au Silverado à une suspension adaptée à un usage tout-terrain, et qui inclut des amortisseurs à gaz de 46 mm, des butées de suspension tout terrain, des barres stabilisatrices spéciales en plus d'une plaque de protection sous le véhicule.

CONDUITE DE VILLE

Chose surprenante, le Silverado se glisse plutôt bien dans la circulation. La suspension est relativement bien adaptée à une conduite à vide, conscient que l'on est chez GM que la majorité des acheteurs n'utiliseront jamais (ou presque) la boîte de chargement.

L'habitacle est vaste – le contraire aurait été surprenant compte tenu des dimensions du véhicule – et plutôt confortable. Il est surtout bien équipé puisqu'il est possible d'obtenir tous les systèmes de divertissement existants, incluant le lecteur de DVD.

Et pour plus de luxe encore, le GMC Sierra Denali (le presque jumeau du Silverado concernant la mécanique et l'esthétique) propose une cabine au luxe rehaussé, pour quelques dollars de plus évidemment.

Choisir un Silverado ou son frère le GMC Sierra, cela équivaut presque à feuilleter un catalogue.

Marc Bouchard

SILVERADO/SIERRA

DONNÉES TECHNIQUES

Prix du modèle à l'essai :	46 315 $
Échelle de prix :	24 745 $ à 50 140 $
Version(s) disponible(s) :	Cabine régulière, Extended et Crew cab, SS et hybride
Garanties :	3 ans 60 000/3 ans 60 000
Catégorie :	camionnettes
Emp./Long./Lar./Haut.(cm) :	364/573,5/199/184
Poids :	2377 kg
Longueur de caisse/Réservoir :	243 cm/98 litres
Coussins de sécurité :	frontaux et latéraux (av.)
Suspension avant :	indépendante, barres de torsion
Suspension arrière :	essieu rigide, ressorts elliptiques
Freins av./arr. :	disque/tambour (ABS)
Antipatinage/Contrôle de stabilité :	oui/non
Direction :	à crémaillère, assistée
Diamètre de braquage :	14,4 m
Pneus av./arr. :	P275/55R20 P245/70R17

GROUPE MOTOPROPULSEUR ET RENDEMENT

Moteur :	V8 5,3 litres 16s (96,0 x 92,0)
Puissance :	295 ch (220 kW) à 5200 tr/mn
Couple :	335 lb-pi (454 Nm) à 4000 tr/mn
Autre(s) moteur(s) :	V6 4,3 195 ch., V8 4,8 285 ch., V8 5,3 310 ch.
Transmission :	intégrale, automatique 4 rapports
Autre(s) transmission(s) :	manuelle 5 rapports
Accélération 0-100 km/h :	9,9 s
Reprises 80-120 km/h :	6,4 s
Freinage 100-0 km/h :	39,9 m
Vitesse maximale :	175 km/h
Indice de performance longitudinale :	4,73 m/s/s
Consommation (100 km) :	ordinaire, 16,3 litres
Autonomie :	601 km

DANS LA MÊME CATÉGORIE

Ford F-150, Nissan Titan, Dodge Ram, Toyota Tundra

DU NOUVEAU EN 2005

modèle hybride, nouveau toit ouvrant

HISTORIQUE DU MODÈLE

1ière génération

DATE DE RENOUVELLEMENT

2006

NOS IMPRESSIONS

Agrément de conduite :	🚗🚗🚗🚗
Fiabilité :	🚗🚗🚗🚗🚗
Sécurité :	🚗🚗🚗🚗🚗
Qualités hivernales :	🚗🚗🚗🚗🚗
Espace intérieur :	🚗🚗🚗🚗
Confort :	🚗🚗🚗🚗🚗

LE CHOIX DE L'ÉQUIPE

1500 Hybride

Guide de l'auto 2005

DODGE DAKOTA

LA PETITE DEVENUE GRANDE

Il y a des gens qui ne sont jamais à court d'imagination. Après avoir créé, il y a quelques années, la classe des camionnettes pick-up de niveau intermédiaire en mettant au monde le premier Dakota, Dodge a décidé de relever encore un peu la barre cette année en créant de toutes pièces un tout nouveau Dakota aux dimensions encore plus imposantes. Il faut dire que l'arrivée des Japonais dans le marché a peut-être soufflé un peu dans le cou des fabricants américains, un peu trop habitués de dominer dans ce créneau.

Dodge s'est cependant bien relevé et, après avoir remodelé presque entièrement sa gamme de camions au fil des ans, vient de compléter l'opération en donnant au Dakota une nouvelle mission : écraser, sans pitié, la concurrence.

Pour ce faire, la petite camionnette devenue grande dispose d'un arsenal impressionnant qui devrait lui donner une longueur d'avance. Du moins en théorie puisqu'on connaît la légendaire rapidité japonaise à réagir. Toyota vient d'ailleurs de dévoiler un tout nouveau Tacoma, concurrent direct du Dakota.

Pour lancer la guerre, le Dakota arrive bien armé. Ses dimensions d'abord, rendent un peu absurde la simple appellation « camionnette intermédiaire ». Déjà le plus grand de sa catégorie dans le passé, on lui ajoute encore quelque sept centimètres en longueur, essentiellement devant l'essieu avant et qui servent surtout à absorber les impacts en cas d'accident. On a profité de l'occasion pour offrir encore plus de place dans l'habitacle, tant dans la version Club Cab que dans la version Quad Cab. Signalons qu'aucun modèle deux portes à cabine ordinaire ne figurera au catalogue des ventes de Dodge en 2005.

Pour ajouter à la menace, on a redessiné presque entièrement la camionnette. Ses lignes maintiennent les traits angulaires propres à la gamme Dodge. On lui a implanté une grille chromée légèrement penchée, similaire à celle du nouveau Durango ou du Dodge Ram ce qui, sans jouer la carte de la discrétion, lui donne un air de famille impossible à dissimuler.

PREMIER DE CLASSE

Le véritable canon du nouveau Dakota cependant, c'est une toute nouvelle gamme de moteurs aux ambitions aussi grandes que la boîte du camion. On a par exemple remodelé le moteur V6 de 3,7 litres Magnum qui développe quelque 210 chevaux. Un moteur qui a déjà fait ses preuves et qui continue d'être un modèle de souplesse et de fiabilité.

La grande nouveauté cependant, c'est l'implantation d'un V8, le premier dans la classe

»» FEU VERT
› Moteur V8 puissant
› Habitacle spacieux
› Puissance de remorquage titanesque
› Vaste espace de chargement

»» FEU ROUGE
› Direction peu communicative
› Transmission manuelle difficile
› Dimensions imposantes
› Grand intermédiaire ou petit grand format

Guide de l'auto 2005

des camionnettes intermédiaires. L'engin, une bête de 4,7 litres Magnum, laissera libre cours à quelque 230 chevaux dans sa version de base, mais à plus de 250 chevaux, et surtout à quelque 300 livres-pied de couple, dans sa version haute performance.

Pour réaliser cette dernière livrée, on a surtout modifié les entrées d'air, changé les contrôleurs de soupapes et installé une chambre de combustion aux formes modifiées qui permet d'absorber un plus grand volume d'air.

Le résultat est impressionnant. Même sur les routes sinueuses du Tennessee, le nouveau Dakota remorquait sans hésitation une roulotte de plus de 4 000 livres solidement attelée, et ce, sans trop altérer les performances. Il faut dire qu'on était encore loin du compte puisque, solidement équipé, le Dakota a une capacité de remorquage qui excède les 7 000 livres (3 200 kilos). Inutile de dire qu'encore une fois, la camionnette Dakota est première de sa classe.

Toutes les versions sont offertes avec une transmission automatique qui réagit avec douceur et rapidité. En revanche, la nouvelle transmission manuelle à six rapports n'a pas les mêmes qualités et demande une certaine habitude, et un effort certain. Une véritable boîte de vitesses de camion, au sens traditionnel et pas nécessairement positif du terme.

Malgré ses dimensions allongées, le Dakota profite bien d'une direction mieux assistée ce qui le rend assez maniable. On aurait quand même souhaité qu'elle nous transmette un peu mieux les hasards de la route. Quant à la suspension, elle absorbe avec une douceur unique dans sa catégorie les obstacles les plus imposants rencontrés dans le nouveau champ de bataille.

DE L'ESPACE POUR TOUS

La guerre mécanique amorcée (et pour l'instant gagnée par Dodge), le Dakota amène aussi le combat sur un autre front, celui de l'habitacle. Complètement redessinée, la version 2005 est certainement plus pratique, mais surtout, plus spacieuse.

En version Club Cab, les passagers avant profitent d'un dégagement impressionnant pour la tête et les jambes, en plus de pouvoir compter sur un nombre presque incalculable de petits espaces de rangement. Et, chose étonnante, même les places arrière sont aisément accessibles (les portières de type suicide s'ouvrent à un angle de 90 degrés) et nettement plus confortables que ne le veut la tradition. En effet, habituellement, ce genre de sièges convient mieux au chien de la famille qu'au petit dernier.

En version Quad Cab, les passagers installés à l'arrière ont droit aux portières standards à grande ouverture, mais aussi et surtout à un dégagement équivalant à de véritables places assises.

La guerre n'est certainement pas terminée mais, avouons-le, Dodge vient de gagner une manche. Avec tous ces nouveaux ajouts, et surtout avec le seul V8 de sa catégorie, le Dakota prend encore une fois une longueur d'avance.

Marc Bouchard

DONNÉES TECHNIQUES

Prix du modèle à l'essai :	28 495 $ (estimé)
Échelle de prix :	25 000 $ à 33 000 $ (estimé)
Version(s) disponible(s) :	Club et Quad Cab
Garanties :	3 ans 60 000/7 ans 115 000
Catégorie :	camionnettes
Emp./Long./Lar./Haut.(cm) :	333/556/174/182
Poids :	2 726 kg
Longueur de caisse/Réservoir :	162,5 cm/83 litres
Coussins de sécurité :	frontaux, latéraux (av.) et rideaux
Suspension avant :	indépendante, bras inégaux
Suspension arrière :	demi-indépendante, poutre déformante
Freins av./arr. :	disque/tambour (ABS)
Antipatinage/Contrôle de stabilité :	non/ non
Direction :	à crémaillère, assistée
Diamètre de braquage :	13,4 mètres
Pneus av./arr. :	P225/75R16

GROUPE MOTOPROPULSEUR ET RENDEMENT

Moteur :	V8 4,7 litres 16S (93,0 x 86.5)
Puissance :	230 ch (172 kw) à 4 600 tr/mn
Couple :	295 lb-pi (400 Nm) à 3 600 tr/mn
Autre(s) moteur(s) :	V6 3,7l 210 ch, V8 4,7l 225 ch. high output
Transmission :	intégrale, automatique 5 rapports
Autre(s) transmission(s) :	manuelle 6 rapports et automatique 4 rapports
Accélération 0-100 km/h :	8,1 s (estimé)
Reprises 80-120 km/h :	7,2 s (estimé)
Freinage 100-0 km/h :	42,0 m (estimé)
Vitesse maximale :	190 km/h (estimé)
Indice de performance longitudinale :	n.d.
Consommation (100 km) :	ordinaire, 13,1 litres
Autonomie :	634 km

DANS LA MÊME CATÉGORIE
Chevrolet Colorado - Ford Ranger - Toyota Tacoma

DU NOUVEAU EN 2005
Nouveau modèle

HISTORIQUE DU MODÈLE
2ième génération

DATE DE RENOUVELLEMENT
N.D.

NOS IMPRESSIONS

Agrément de conduite :	🚗🚗🚗🚗
Fiabilité :	nouveau modèle
Sécurité :	🚗🚗🚗🚗
Qualités hivernales :	🚗🚗🚗🚗
Espace intérieur :	🚗🚗🚗🚗
Confort :	🚗🚗🚗🚗

LE CHOIX DE L'ÉQUIPE
Quad Cab AWD

Guide de l'auto 2005

DODGE RAM

L'EMBARRAS DU CHOIX

Le secteur des camionnettes est toujours fort important et les constructeurs ne se privent pas pour diversifier l'offre afin de couvrir la plupart des créneaux de ce marché. Dodge est l'un des plus actifs en ce sens. Après avoir complètement modifié le Ram en 2002 et fait de même avec les versions à usage intensif en 2003, l'épopée s'est poursuivie l'an dernier avec l'arrivée du SRT-10, la camionnette la plus rapide du monde. Cette dernière est même inscrite dans le Livre des Records Guinness en raison de sa vitesse moyenne de 248,7 km/h sur une distance d'un kilomètre.

Il ne faut pas oublier non plus un temps d'accélération de 5,2 secondes pour boucler le 0-100 km/h. De telles statistiques ne surprennent pas non plus. En effet, le SRT-10 est propulsé par le moteur V10 8,3 litres de la Viper. Sa puissance de 500 chevaux et son couple de 525 lb/pi en font une véritable bête de la route. Avis aux sportifs, la transmission de série est une boîte manuelle à six rapports. Il faut également ajouter qu'un couvercle de boîte rigide est disponible en option. Ce monstre de la route roule sur des pneus Pirelli Scorpion P305/40R22. Cette année, Dodge innove à nouveau avec l'arrivée sur le marché d'une version à cabine multiple qui permettra à plus de personnes d'être effrayées si jamais le conducteur décide de tirer tout le potentiel de cette camionnette.

Toujours dans la catégorie des « fiers-à-bras » du monde des grosses camionnettes, Dodge présente cette année le « Power Wagon ». Ce gros véhicule tout-terrain peut être livré avec le moteur turbodiesel Cummins six cylindres de 5,9 litres d'une puissance de 325 chevaux et un couple de 600 lb/pi. Disponible en version à cabine régulière ou multiplace, ce nouveau venu ne fait pas dans la dentelle lorsque vient le temps des gros travaux.

RETOUR À LA NORMALE

Ces véhicules impressionnent en raison de leur moteur hors norme, de leur gabarit et de leurs statistiques de remorquage et de chargement. Mais la plupart des acheteurs s'intéressent surtout aux modèles de la classe 1500 dont les prix et les caractéristiques se rapprochent davantage des besoins de la majorité. De toute évidence, le modèle le plus populaire est équipé du moteur V8 4,7 litres de 235 chevaux. Cette puissance est adéquate pour accomplir la plupart des travaux, qu'ils soient de nature domestique ou industrielle. Il faut souligner que ce moteur peut être commandé avec une toute nouvelle boîte manuelle à six rapports qui sera offerte en cours d'année. Elle est fabriquée par la compagnie Getrag et elle est également offerte avec le moteur V6 3,7 litres qui est le

»»» FEU VERT
› Choix de moteur
› Modèle SRT-10
› Suspension confortable
› Nouvelle boîte manuelle à six rapports
› Finition en progrès

»»» FEU ROUGE
› Dimensions encombrantes
› Moteur HEMI gourmand
› Texture du cuir des sièges
› Places arrière moyennement confortables
› Consommation élevée

moteur de série sur les versions 1 500 à cabine régulière et Quad. Voilà de bonnes nouvelles pour les personnes désireuses d'optimiser chaque litre de carburant! Si vous préférez le caractère convivial de la transmission automatique, une boîte à cinq rapports est au catalogue. Elle peut être couplée au moteur V8 4,7 litres et au moteur V6.

Le moteur V8 HEMI emprunte une désignation qui a eu ses heures de gloire dans les années soixante et qui a été ravivé avec l'arrivée d'une toute nouvelle version en 2003. Initialement prévu pour les camionnettes de catégorie 2 500/3 500, ce puissant moteur V8 est offert sur les modèles 1 500 depuis l'an dernier et il ajoute du "pep" dans la conduite, en plus de permettre à ses propriétaires de se vanter de conduire la camionnette la plus puissante de sa catégorie.

Il ne faut pas oublier le moteur V6 dont les 215 chevaux ne sont pas à dédaigner. C'est un bon choix si vous n'avez pas de gros travaux en vue. Sinon, il sera toujours en charge et sa consommation en sera affectée. En utilisation personnelle, et associé à la boîte manuelle à six rapports, il permet de joindre l'utile à l'agréable.

CABINE FONCTIONNELLE

Peu de gens viendront contester le fait que la silhouette de cette camionnette en met plein la vue avec son immense grille de calandre segmentée par une section centrale cruciforme qui est la signature visuelle de la division Dodge. À vous de décider si cela vous plaît ou non. Curieusement, la cabine est aussi austère que l'extérieur est flamboyant. Il suffit de la comparer à celle de la Ford F-150 pour réaliser que les stylistes de Dodge ont concentré leurs efforts à réaliser quelque chose d'essentiellement fonctionnel. Les boutons sont plus gros que la moyenne et donc faciles à manipuler avec des gants de travail, les plastiques sont d'une texture toute commerciale tandis que l'accoudoir central est suffisamment grand pour abriter un ordinateur portable. Relevé, il permet d'accueillir un passager de plus.

Ce n'est pas parce que l'habitacle est conçu en fonction d'un usage professionnel que la tenue de route doit être celle d'une charrette à boeufs et la suspension inconfortable au maximum. Les ingénieurs ont réussi un bon compromis. Il est certain que les variantes des modèles ne permettent pas de tout détailler, mais une version à cabine multiplace essayée sur les routes du Québec a impressionné aussi bien le conducteur que l'occupant.

Le Ram sous ses différentes moutures n'est pas distancé par ses concurrents, même ceux qui ont été commercialisés plus récemment. En fait, chez Dodge, on se targue d'offrir la gamme de camionnettes la plus complète sur le marché. Il suffit de prendre connaissance de tout ce qui est offert dans les catégories 1 500/2 500/3 500 pour s'en convaincre. Et si vous trouvez que les dimensions du Ram sont hors norme, vous pourrez toujours reluquer du côté du nouveau Dakota qui a gagné quelque peu en dimensions, et qui à ce jour est le seul de sa catégorie à proposer un moteur V8.

Denis Duquet

DONNÉES TECHNIQUES

Prix du modèle à l'essai:	34 350$
Échelle de prix:	29 000$ à 50 000$
Version(s) disponible(s):	Cabine régulière, Cabine Quad, SRT-10
Garanties:	3 ans 60 000/7 ans 115 000
Catégorie:	camionnettes
Emp./Long./Lar./Haut.(cm):	304/527/202/187
Poids:	2 125 kg
Longueur de caisse/Réservoir:	190 cm/98 litres
Coussins de sécurité:	frontaux et tête
Suspension avant:	indépendante, bras inégaux
Suspension arrière:	essieu rigide, ressorts elliptiques
Freins av./arr.:	disque (ABS)
Antipatinage/Contrôle de stabilité:	non/non
Direction:	à crémaillère, assistée
Diamètre de braquage:	11,9 m
Pneus av./arr.:	P245/70R17

GROUPE MOTOPROPULSEUR ET RENDEMENT

Moteur:	V8 5.7 litres 16s (99.5 x 90.9)
Puissance:	345 ch (257 kW) à 5 400 tr/mn
Couple:	375 lb-pi (508 Nm) à 4 200 tr/mn
Autre(s) moteur(s):	V6 3.7 litres 215 ch, V8 4.7 litres 235 ch, V10 8.3 litres 500 ch
Transmission:	propulsion, automatique 4 rapports
Autre(s) transmission(s):	automatique 5 rapports, manuelle 6 rapports
Accélération 0-100 km/h:	8.3 s
Reprises 80-120 km/h:	6.8 s
Freinage 100-0 km/h:	46,0 m
Vitesse maximale:	180 km/h
Indice de performance longitudinale:	4,4 m/s/s
Consommation (100 km):	ordinaire, 15,0 litres
Autonomie:	653 km

DANS LA MÊME CATÉGORIE

Chevrolet Silverado - Ford F-150 - GMC Sienna
Nissan Titan - Toyota Tundra

DU NOUVEAU EN 2005

Modifications de détail à la mécanique, Version SRT-10
Quad, Boîte manuelle six rapports

HISTORIQUE DU MODÈLE

2ième génération

DATE DE RENOUVELLEMENT

2009

NOS IMPRESSIONS

Agrément de conduite:	🚗🚗🚗🚗
Fiabilité:	🚗🚗🚗🚗🚗
Sécurité:	🚗🚗🚗🚗½
Qualités hivernales:	🚗🚗🚗🚗
Espace intérieur:	🚗🚗🚗🚗½
Confort:	🚗🚗🚗🚗

LE CHOIX DE L'ÉQUIPE

Ram Quad, Cab 1500 Hemi

Guide de l'auto 2005

FORD EXPLORER SPORT TRAC

L'EXCENTRIQUE DE LA FAMILLE

Cette camionnette Ford est sans doute l'une des plus excentriques sur le marché. Non pas en raison de sa silhouette ou de son comportement routier, mais bien en raison de ses origines. Avant que le terme « hybride » ne soit utilisé pour désigner les voitures propulsées par un moteur mi-essence/mi-électrique, ce mot servait à identifier des véhicules comportant plusieurs éléments de diverses provenances. Le Sport Trac répond à ces critères à la perfection. En effet, son châssis autonome est celui de la camionnette Ranger, sa carrosserie est celle de l'ancien Ford Explorer tandis que la boîte de chargement est fabriquée à partir d'un matériau composite.

Il faut d'ailleurs saluer au passage le génie inventif des ingénieurs qui ont procédé à son développement. À partir d'éléments disponibles et déjà en production, ils ont réussi à créer un véhicule original, pratique et presque dans une classe à part. Il est venu en même temps combler un fossé entre le Ranger et le F-150. Et compte tenu de ses caractéristiques hors route, il sert aussi de compromis entre l'Escape et le Ford Explorer.

Je suis prêt à parier que le développement de ce modèle n'a pas coûté une fortune et il faut admettre que c'est assez bien réussi dans l'ensemble. Mais, comme toute solution de compromis, il faut en accepter les limites. En effet, il s'agit d'une camionnette qui tente de jouer les VUS. Elle est donc pénalisée par une caisse de chargement moins longue que celle du Ranger. Elle doit en effet concéder 56 cm à la vraie « camionnette » et malgré qu'il soit possible de commander une rallonge de caisse de 61 cm, il faut aussi se dire que cet accessoire est également offert sur le Ranger.

Malgré cette crise de dimensions, le Sport Trac devrait répondre aux besoins de la plupart des campeurs, bricoleurs et adeptes de toute autre activité se terminant par « eur ». Compte tenu de l'utilisation anticipée de ce véhicule multifonction, ses concepteurs l'ont équipé d'une caisse de chargement fabriquée à partir d'un matériau composite résistant aux chocs et à la rouille tout en étant nettement plus léger que l'acier. Cette caisse quasiment futuriste est en net contraste avec la suspension arrière qui est carrément rétro avec son essieu rigide et ses ressorts elliptiques. Pour terminer ce chapitre sur la caisse de chargement, celle-ci reçoit un couvercle rigide comprenant trois panneaux articulés. Vous pouvez donc cacher vos bagages et tout équipement de valeur dans la boîte puisque celle-ci est fermée et même verrouillée. Par contre, la serrure est non seulement mal située, mais elle est pratiquement toujours recouverte de neige en hiver. Enfin, les panneaux constituant le couvercle de la caisse sont lourds et se manipulent difficilement. Ce qui

» FEU VERT
› Moteur efficace
› Places arrière confortables
› Boîte de chargement en composite
› Finition soignée
› Tenue de route saine

» FEU ROUGE
› Suspension ferme
› Consommation élevée
› 4X4 à temps partiel
› Panneaux du couvercle de caisse lourds
› Prix élevé

EXPLORER SPORT TRAC

signifie également qu'ils offriront une bonne résistance aux efforts des cambrioleurs, mince consolation!

UN CHOIX SIMPLE

Beaucoup de personnes ont de la difficulté à choisir un nouveau véhicule en raison de la diversité des choix. Plusieurs vont apprécier le Sport Trac à cet égard, car il ne peut être commandé qu'avec un seul moteur et une seule transmission. Le moteur V6 4,0 litres est le même que celui utilisé sur la camionnette Ranger. Avec le Sport Trac, sa puissance est de 210 chevaux, trois de plus que sur la camionnette en raison d'une admission d'air plus généreuse. Il est couplé à une boîte automatique à cinq rapports, ce qui démarque ce VUS de bien d'autres de la catégorie pourtant vendus beaucoup plus chers. Il est toutefois bon de souligner que ce rapport additionnel est davantage un second rapport qui est démultiplié afin de faciliter le passage de la seconde à la troisième vitesse. D'autre part, vous devez choisir entre la propulsion et la transmission aux quatre roues par l'entremise du système Sport Shift qui permet de passer en mode 4X4 tout en roulant. Ce rouage 4X4 est à temps partiel et ne peut être utilisé sur le sec. Toujours au sujet de la fiche technique, ce tout terrain original est doté de freins à disques aux quatre roues et du système ABS.

À part un volant plus sportif et quelques boutons placés différemment, l'habitacle est similaire à celui du Ranger. Les sièges avant sont moyennement confortables et il est recommandé de vérifier le catalogue des options ou des groupes d'options pour remédier à cette situation. Par contre, la banquette arrière est confortable et le dégagement pour la tête correct pour la majorité des occupants. Détail intéressant, la lunette arrière est à commande électrique. Au simple toucher d'un bouton, il est possible d'améliorer la ventilation de l'habitacle ou de permettre à pitou de mettre le nez dehors.

Avec sa silhouette plus sportive qu'utilitaire, le Sport Trac bénéficie d'un argument jouant en sa faveur aux yeux de plusieurs qui apprécient davantage le plumage que le ramage. Malgré tout, nous avons affaire à une version qui surprend par son équilibre sur la route. Il est vrai que le moteur V6 est bruyant, mais il est robuste, capable de tracter une remorque de 2 404 kg et ses années de service nous permettent de compter sur une rassurante fiabilité du groupe propulseur. Par contre, plusieurs ennuis mécaniques de nature secondaire sont venus entacher le dossier de fiabilité global du Sport Trac.

C'est dommage car en dépit d'une suspension arrière à essieu rigide et d'amortisseurs fermes qui ne font pas toujours bon ménage avec les chaussées en mauvais état, le ST se débrouille honorablement sur la route. Sa direction est précise, fournit un bon feed-back et l'assistance n'est pas trop élevée.

Le Sport Trac semble avoir été dessiné pour la personne qui ne peut se résoudre entre un VUS pur et dur et une camionnette compacte. Il faut d'ailleurs conclure que cette solution a été bien jouée par les dirigeants de Dearborn.

Denis Duquet

DONNÉES TECHNIQUES

Prix du modèle à l'essai :	37 445 $
Échelle de prix :	31 295 $ à 39 495 $
Version(s) disponible(s) :	2X4 XLT - 4X4 XLT - 4X4 Adrenalin
Garanties :	3 ans 60 000/5 ans 100 000
Catégorie :	camionnettes
Emp./Long./Lar./Haut.(cm) :	319/523/182/178
Poids :	1 975 kg
Longueur de caisse/Réservoir :	127 cm/85 litres
Coussins de sécurité :	frontaux et rideaux
Suspension avant :	indépendante, bras inégaux
Suspension arrière :	essieu rigide, ressorts elliptiques
Freins av./arr. :	disque (ABS)
Antipatinage/Contrôle de stabilité :	non/non
Direction :	à crémaillère, assistée
Diamètre de braquage :	13,1 mètres
Pneus av./arr. :	P235/70R16

GROUPE MOTOPROPULSEUR ET RENDEMENT

Moteur :	V6 4,0 litres 12s (100.3 x 84.3)
Puissance :	205 ch (153 kW) à 5 500 tr/mn
Couple :	242 lb-pi (328 Nm) à 3 000 tr/mn
Autre(s) moteur(s) :	seul moteur offert
Transmission :	4x4, automatique 5 rapports
Autre(s) transmission(s) :	aucune
Accélération 0-100 km/h :	9,9 s
Reprises 80-120 km/h :	7,6 s
Freinage 100-0 km/h :	42,3 m
Vitesse maximale :	190 km/h
Indice de performance longitudinale :	4,46 m/s/s
Consommation (100 km) :	ordinaire, 13,5 litres
Autonomie :	630 km

DANS LA MÊME CATÉGORIE
Dodge Dakota - Nissan Frontier - Toyota Tacoma

DU NOUVEAU EN 2005
Lecteur disque MP3, nouveaux coloris

HISTORIQUE DU MODÈLE
1ère génération

DATE DE RENOUVELLEMENT
2006

NOS IMPRESSIONS

Agrément de conduite :	⊕⊕⊕⊕½
Fiabilité :	⊕⊕⊕⊕
Sécurité :	⊕⊕⊕⊕
Qualités hivernales :	⊕⊕⊕⊕
Espace intérieur :	⊕⊕⊕⊕½
Confort :	⊕⊕⊕⊕½

LE CHOIX DE L'ÉQUIPE
XLT 4X4

Guide de l'auto 2005

FORD F-150

LA SAGESSE DE L'EXPÉRIENCE

L'année dernière, Ford dévoilait le véhicule le plus important de son histoire, la nouvelle camionnette F-150. Affligé par de sérieuses difficultés au chapitre des ventes, il était important que le véhicule le plus vendu au monde connaisse les succès anticipés afin de ne pas aggraver la situation. Inutile d'insister sur le fait que ce constructeur a fait appel à toutes ses ressources techniques afin de ne pas manquer la cible.

Le résultat de tous ces efforts est impressionnant sur le plan technique avec un châssis tout nouveau constitué de pièces formées par pression hydraulique, de longerons fermés et d'une suspension arrière redessinée. Dans le but d'améliorer la stabilité arrière, ressorts et amortisseurs ont été placés à l'extérieur du châssis tandis que la suspension avant des modèles 4X4 est maintenant à ressorts hélicoïdaux comme sur les versions 4X2.

Aucun effort n'a été épargné pour permettre à cette camionnette de ne céder en rien à la concurrence en fait de solidité, de rigidité et de raffinement technique. Le moteur V8 4,6 a été retenu. Ses 231 chevaux sont en mesure de satisfaire les besoins de bien des utilisateurs. Toutefois, puisqu'il s'agit d'un outil de travail pour plusieurs et d'un véhicule de remorquage pour d'autres, il est souvent nécessaire d'avoir plus de puissance. Dans ce cas, il suffit de choisir le moteur V8 5,4 litres dont les 300 chevaux et les 365 lb/pi de couple permettront de remorquer une charge de plus de 9 000 livres. Il faut cependant déplorer le fait que ces deux moteurs ne puissent être commandés avec une boîte automatique à cinq rapports. Parmi les autres limites sur le plan de la mécanique, cette camionnette est seulement équipée d'un rouage 4X4 à temps partiel. Il n'est donc pas possible de rouler sur une chaussée sèche en mode quatre roues motrices. Bonne nouvelle cependant, un moteur V6 est disponible en 2005.

Tous les changements apportés au châssis et à la carrosserie ont également des effets bénéfiques en fait de sécurité passive puisque cette camionnette s'est méritée de bonnes notes lors des tests de collision frontale et latérale.

TROIS CABINES
Toujours dans son désir d'améliorer et d'innover, l'équipe chargée du développement de la F-150 a décidé d'abandonner la cabine habituelle. En fait, ils l'ont allongée de 10 cm afin de pouvoir offrir un espace de rangement derrière la banquette avant. C'est pratique, ingénieux tout en ne réduisant pas la longueur de la boîte de chargement. Pour

»» FEU VERT
› Mécanique robuste
› Intérieur confortable
› Trois catégories de cabine
› Tableau de bord élégant
› Moteur V6

»» FEU ROUGE
› Consommation de carburant élevée
› Système 4X4 à temps partiel
› Dimensions encombrantes
› Suspension très ferme

Guide de l'auto 2005

DONNÉES TECHNIQUES

Prix du modèle à l'essai:	34 110$
Échelle de prix:	24 930$ à 50 185$
Version(s) disponible(s):	XL-XLT-Lariat
Garanties:	3 ans 60 000/5 ans 100 000
Catégorie:	camionnettes
Emp./Long./Lar./Haut.(cm):	414/583/200/186
Poids:	2344 kg
Longueur de caisse/Réservoir:	183/102 litres
Coussins de sécurité:	frontaux
Suspension avant:	indépendante, bras inégaux
Suspension arrière:	essieu rigide, ressorts elliptiques
Freins av./arr.:	disque (ABS)
Antipatinage/Contrôle de stabilité:	non/non
Direction:	à crémaillère, assistée
Diamètre de braquage:	14,1 m
Pneus av./arr.:	P235/70R17 options

GROUPE MOTOPROPULSEUR ET RENDEMENT

Moteur:	V8 5.4 litres 16s (90.1 x 105.6)
Puissance:	300 ch (224 kW) à 5000 tr/mn
Couple:	365 lb-pi (495 Nm) à 3750 tr/mn
Autre(s) moteur(s):	V6 4.2 litres 202 ch, V8 4.6 litres 231 ch
Transmission:	propulsion, automatique 4 rapports
Autre(s) transmission(s):	manuelle 5 rapports (V6)
Accélération 0-100 km/h:	8,5 s
Reprises 80-120 km/h:	7,2 s
Freinage 100-0 km/h:	43,4 mètres
Vitesse maximale:	190 km/h
Indice de performance longitudinale:	4,56 m/s/s
Consommation (100 km):	ordinaire, 15,8 litres
Autonomie:	646 km

DANS LA MÊME CATÉGORIE
Chevrolet Silverado-Dodge Ram-GMC Sierra-Nissan Titan-Toyota Tundra

DU NOUVEAU EN 2005
Moteur V6 4,2 litres-Version King Ranch-Option « Groupe de travail »

HISTORIQUE DU MODÈLE
7e génération

DATE DE RENOUVELLEMENT
n.d.

NOS IMPRESSIONS

Agrément de conduite:	★★★★
Fiabilité:	★★★★
Sécurité:	★★★★★
Qualités hivernales:	★★★
Espace intérieur:	★★★★
Confort:	★★★★

LE CHOIX DE L'ÉQUIPE
XL Super Cab 4X2-Caisse 368 cm

---

plusieurs qui n'ont que faire d'une cabine allongée, c'est une réponse intelligente.

Parmi les autres astuces, la porte de chargement à battant de la boîte est dotée d'une barre de torsion qui réduit de plus de 75 % la force nécessaire pour la soulever. Par contre, si le fait d'avoir augmenté la hauteur de la boîte de chargement de 5,8 cm permet d'augmenter le volume de charge, il représente par ailleurs un obstacle supplémentaire à l'air, ce qui doit avoir une certaine influence sur la consommation de carburant.

PLACE AU DESIGN !

Le modèle de la génération précédente possédait une silhouette plutôt futuriste tandis que son habitacle était très classique en fait de design. Cette fois, les lignes de la carrosserie sont plus équarries, plus sages et moins stylisées. L'imposante grille de calandre en met plein la vue et accentue le caractère robuste de cette camionnette. La vraie nouvelle se trouve dans la cabine alors que la présentation surpasse de loin tout ce que la concurrence peut offrir. Vous me direz que le Nissan Titan se défend bien à ce chapitre, mais on n'y retrouve pas la diversité des trois tableaux de bord proposés par ce Ford. Sur la version Lariat du Super Cab, il est difficile de trouver à redire tant les éléments de la planche de bord sont stylisés et harmonisés l'un par rapport à l'autre. De plus, les matériaux choisis sont de première qualité. Même chose pour les sièges avant qui semblent empruntés à une berline de luxe. Et ils sont également confortables. Il faut aussi souligner la possibilité d'enclencher, sur le pavillon, un module de rangement pouvant être glissé de l'arrière vers l'avant.

Cette débauche de raffinements esthétiques et mécaniques se traduit par un véhicule qui nous donne l'impression d'être un dur de dur déguisé en habit de soirée. Malgré ces qualités, ses dimensions extérieures le rendent lourdaud dans la circulation urbaine tandis qu'il faut beaucoup de place pour le stationner. En comparaison, le gros Nissan Titan est plus agile. Par contre, pour les gros travaux, le F-150 est toujours à la hauteur de la tâche.

Somme toute, après un an sur le marché, le nouveau F-150 a démontré que Ford n'avait pas perdu sa touche magique lorsque vient le temps de développer une nouvelle camionnette.

Et si cette puissance et cette robustesse ne sont pas suffisantes pour vos besoins, en 2005, la gamme Super Duty est plus costaude que jamais. C'est ainsi que la capacité de remorquage du F-350 a été portée à 17 000 livres. Pour ce faire, le châssis a été renforcé tandis que le système de freinage est plus puissant avec des disques plus grands et des étriers plus costauds. Cette capacité est rendue possible grâce à la présence sous le capot du moteur V10 6,8 Triton dont les 355 chevaux permettent d'envisager des travaux lourds sans ennuis.

Finalement, Ford n'a rien ménagé pour que sa division des camionnettes soit un facteur important du retour de ce constructeur sur le chemin de la rentabilité.

Denis Duquet

Guide de l'auto 2005

FORD RANGER

OPÉRATION JEUNESSE

General Motors a remplacé ses camionnettes compactes l'an dernier, Nissan, Toyota et Dodge font de même cette année. Pourtant, le Ford Ranger demeure inchangé. Il avait bénéficié de quelques retouches esthétiques en 2004, mais c'était tout de même assez modeste. Malgré tout, le Ranger demeure en tête de liste des palmarès de vente pour la catégorie pour une dix-septième année consécutive.

C'est tout dire des qualités de base de cette camionnette dont les origines remontent au début des années 80. Cette année, afin d'intéresser une clientèle plus jeune, les concepteurs se sont tournés vers des systèmes audio plus puissants et quelques aménagements de détails.

Avant de passer aux choses sérieuses, attardons-nous au secteur divertissement en examinant de plus près ce que le Ranger peut vous offrir en fait de système audio. L'option la plus délirante est le groupe d'accessoires TREMOR (les lettres majuscules sont obligatoires) qui n'est offert que sur le modèle EDGE (encore des majuscules!) Super Cab. Cet ensemble comprend entre autres des roues de 16 pouces en aluminium au design exclusif. C'est d'ailleurs l'élément pratique. Pour le reste, c'est à vous de décider si vous priorisez la musique à ce point. En effet, le groupe TREMOR comprend un ensemble Pioneer AM/FM doté d'un lecteur DVD/MP3 six disques, un amplificateur multi canaux de 510 watts, un haut-parleur de graves de 10 pouces en plus de quatre haut-parleurs coaxiaux de 6x8 pouces dans chaque coin de la cabine. Imaginez que vous êtes prisonnier de cette cabine alors que votre cousin Simon vous fait écouter sa compilation techno «dans le tapis»! Mais si le «Boom Boom» est une priorité, l'option TREMOR porte bien son nom.

Pour les personnes à la recherche de plus de subtilité en fait d'écoute musicale. Les modèles EDGE et XLT Super Cab proposent un ensemble audio haut de gamme. Il s'agit d'un ampli Pioneer de 270 watts relié à un lecteur de disques CD/MP3 de six disques intégrés dans le tableau de bord. Cet ampli alimente un haut-parleur de graves de 6,5 pouces, deux haut-parleurs 5,25 pouces à l'avant pour les intermédiaires et deux autres de 6X8 pouces à double cônes à l'arrière. Cette fois, la puissance est remplacée par un meilleur équilibre. Le premier système audio cible les amateurs de musique alternative, le second, tous les autres goûts musicaux. Et sur ces deux mêmes modèles (Edge et XLT à cabine allongée) des plaques de protection sont offertes en option sur les versions 4X4. Je sais que cela n'a aucun rapport avec les systèmes audio, mais Ford a placé cette référence tout de suite après sa description de chaînes audio. Il y a peut-être un lien quelconque!

Sur une note plus sérieuse (et moins musicale), il faut souligner qu'il est possible de

»» FEU VERT
› Bonne valeur de revente
› Choix de moteurs
› Nouvelle boîte de 7 pieds
› Mécanique robuste
› Boîte automatique 5 rapports

»» FEU ROUGE
› Suspension arrière ferme
› Silhouette quasiment rétro
› Places arrière inutiles (Supercab)
› V6 3,0 litres à oublier

commander une caisse de chargement de 7 pieds ou 2,13 mètres de long sur le modèle Styleside à cabine courte. Dans ce cas, l'empattement est allongé à 298 cm, un gain de 15 cm par rapport à la version courante. Enfin, les modèles à cabine allongée ont un empattement de 319 cm.

UN P'TIT COSTAUD

Vous avez compris que si le Ranger est la camionnette compacte la plus populaire, ce n'est pas en raison de ses chaînes audio capables de faire saigner vos oreilles ou des présentations extérieures plus stylisées. Ce véhicule est fondamentalement un bon outil de travail et c'est ce qui explique sa popularité. De plus, puisque le F-150 est également le meneur au niveau des ventes chez les gros camions, il doit y avoir un effet d'entraînement auprès de plusieurs acheteurs.

Le châssis autonome de type échelle est rigide et capable d'en prendre. De plus, tous les éléments de la suspension sont de type «usage intense». Cela permet de résister aux abus d'une utilisation commerciale et industrielle. Ce qui explique également pourquoi le train arrière a tendance à sautiller sur les routes bosselées et endommagées.

Trois moteurs sont au catalogue. Le premier est souvent ignoré parce qu'il s'agit d'un quatre cylindres. Ce moteur de 2,3 litres produit 143 chevaux et il est fort bien adapté pour une utilisation personnelle ou commerciale légère. Couplé à une boîte manuelle à cinq rapports, il consomme moins que les deux V6 au catalogue. Par contre, certains n'aimeront pas nécessairement

manier un levier de vitesses dont la course est longue et parfois imprécise. Ces personnes vont alors apprécier la boîte automatique à cinq rapports. Soulignons au passage que ces deux transmissions sont offertes avec tous les moteurs.

Si vous tenez absolument à vous procurer un moteur V6 mais sans payer trop cher, le moteur V6 3,0 litres est un choix valable. Sa puissance est similaire à celle du moteur 2,3 litres, mais son couple de 180 lb-pi permet de compter sur une meilleure capacité de remorquage et des accélérations plus souples. Ce n'est cependant pas le meilleur choix puisque c'est le moteur V6 4,0 litres de 207 chevaux qui est recommandé. Il est plus puissant, plus souple et d'une conception mécanique plus moderne avec un arbre à cames en tête. Puisqu'il peine moins à la tâche que les deux autres moteurs, il est plus silencieux et également plus nerveux.

De nos jours, les modèles à cabine simple ne sont guère utilisés que par les entreprises commerciales qui n'ont pas besoin d'espace supplémentaire derrière le siège avant pour accommoder deux petits passagers ou encore des bagages. Pour une utilisation personnelle ou familiale, cette cabine devient vite exiguë. Il est nettement préférable dans ce cas d'opter pour les versions SuperCab. Il ne faut pas croire que vous allez pouvoir asseoir un joueur de football sur l'un des strapontins arrière, mais cela fait un excellent espace de rangement pour les bagages.

Denis Duquet

DONNÉES TECHNIQUES

Prix du modèle à l'essai:	26 750 $
Échelle de prix:	17 810 $ à 26 750 $
Version(s) disponible(s):	XL-XLT-Edge
Garanties:	3 ans 60 000/5 ans 100 000
Catégorie:	camionnettes
Emp./Long./Lar./Haut.(cm):	319/515/178,5/176
Poids:	1 680 kg
Longueur de caisse/Réservoir:	183/74 litres
Coussins de sécurité:	frontaux
Suspension avant:	indépendante, barres de torsion
Suspension arrière:	essieu rigide, ressorts elliptiques
Freins av./arr.:	disque (ABS)
Antipatinage/Contrôle de stabilité:	non/non
Direction:	à crémaillère, assistée
Diamètre de braquage:	12,4 m
Pneus av./arr.:	P225/70R15

GROUPE MOTOPROPULSEUR ET RENDEMENT

Moteur:	V6 4.0 litres 12s (85 x 84.3)
Puissance:	207 ch (154 kW) à 5250 tr/mn
Couple:	238 lb-pi (323 Nm) à 3000 tr/mn
Autre(s) moteur(s):	4L 2,3 litres 148 ch, V6 3,0 litres 148 ch
Transmission:	4x4, automatique 5 rapports
Autre(s) transmission(s):	manuelle 5 rapports
Accélération 0-100 km/h:	9,2 s
Reprises 80-120 km/h:	8,4 s
Freinage 100-0 km/h:	44,0 mètres
Vitesse maximale:	175 km/h
Indice de performance longitudinale:	4,36 m/s/s
Consommation (100 km):	ordinaire, 13,5L
Autonomie:	548 km

DANS LA MÊME CATÉGORIE
Chevrolet Colorado-Dodge Dakota-GMC Canyon
Mazda Série B-Nissan Frontier-Toyota Tacoma

DU NOUVEAU EN 2005
Boîte allongée avec cabine régulière, option Tremor, nouvelles jantes

HISTORIQUE DU MODÈLE
2ième génération

DATE DE RENOUVELLEMENT
2006

NOS IMPRESSIONS

Agrément de conduite:	🚗🚗🚗🚗
Fiabilité:	🚗🚗🚗🚗🚗
Sécurité:	🚗🚗🚗🚗
Qualités hivernales:	🚗🚗🚗🚗½
Espace intérieur:	🚗🚗🚗🚗
Confort:	🚗🚗🚗🚗

LE CHOIX DE L'ÉQUIPE
Edge Super Cab 4x4

Guide de l'auto 2005

MAZDA SÉRIE B

LES LOISIRS PEUVENT ATTENDRE…

Inutile de se le cacher plus longtemps : la série B de Mazda est directement issue du Ford Ranger. Il ne s'agit pas d'une surprise en soi lorsqu'on connaît les liens serrés qui se sont tissés entre les deux constructeurs. La Ford Probe (1988-1997) n'était qu'une Mazda MX-6 mieux tournée, tandis que la très laide Mercury Tracer (1988-1993) prenait ses racines dans une Mazda 323. Et il y a d'autres exemples de collaboration. Mais les ingénieurs japonais ont réussi à adapter leur produit sans que les racines américaines n'y paraissent trop. Vous savez, par les temps qui courent, il y en a beaucoup qui aimeraient pouvoir en faire autant…

Premièrement, les gens de Hiroshima ont changé la partie avant de la série B. Le résultat est loin d'être vilain, mais personnellement, je trouve qu'il lui manque ce petit côté macho qui sied si bien au Ranger. Le volant et les tissus des sièges sont aussi différents. Curieusement, le tableau de bord n'a pas été retouché d'un iota. Remarquez que ce n'est pas nécessairement une mauvaise nouvelle puisque cette planche se veut conviviale à défaut d'ajouter un peu de « yo ! » dans l'habitacle.

Trois moteurs différents ont pour tâche de mouvoir la série B de Mazda et chacun d'entre eux donne sa cylindrée en guise d'appellation. Le B2300 reçoit un moteur quatre cylindres de 2,3 litres, le B3000 un V6 de 3,0 litres et le B4000, vous l'avez déjà deviné, un gros V6 de 4,0 litres. Le B2300 n'est offert qu'en version cabine simple, tandis que les B3000 et B4000 s'offrent en cabine allongée. Par contre, le B3000 peut aussi recevoir la cabine simple. Tous ces modèles possèdent deux roues motrices. Si vos besoins requièrent quatre roues motrices, vous devrez impérativement vous tourner vers le B4000 qui ne se fait qu'en cabine allongée.

PETITS OU GROS TRAVAUX ?
Le moteur 2,3 litres n'est pas à dédaigner malgré son apparence chétive. Certes, on ne peut lui demander de s'atteler à des travaux herculéens, mais il satisfait la plupart du temps avec sa capacité de remorquage de 1 025 kilos (avec le rapport de pont 4,10) et sa consommation se montre fort raisonnable. Si vous devez utiliser un V6, optez pour le 4,0 litres, à peine moins économique que le 3,0 litres mais tellement plus intéressant à conduire ! Sans donner des ailes à un oiseau de plus de 1 660 kilos, les prestations du 4,0 litres se révèlent très correctes avec un 0-100 de 10,5 secondes et des reprises à l'avenant. Et ce, pour la version la moins sportive, soit le 4 x 4. Il existe aussi une version hybride (mais pas dans le sens généralement utilisé !). Il s'agit du Dual Sport qui profite de la carrosserie et du châssis ultra-robuste du 4x4

»» FEU VERT
› Moteur 4,0 litres performant
› Construction hyper solide
› Transmission automatique économe
› Bonne insonorisation
› Gamme étendue

»» FEU ROUGE
› Suspension très sèche (4x4)
› Finition extérieure sommaire
› Moteur 3,0 litres inutile
› Quelques fautes ergonomiques
› Strapontins très peu amicaux (cabine allongée)

mais qui offre seulement deux roues motrices. C'est un peu comme porter un chandail signé Armani mais acheté chez Zellers... Par contre, le Dual Sport est disponible avec le 3,0 litres et le 4,0 litres, et sa consommation d'essence se montre moins effrénée.

Notre véhicule d'essai était un B4000 4x4, tout équipé. Malgré ses airs enjoués, ce véhicule n'affiche aucune prétention sportive. La suspension arrière à essieu rigide ne se prête absolument pas à une conduite enthousiaste et la moindre bosse, sur une route rectiligne, entraîne de jolies, et quelquefois surprenantes, dérobades. Imaginez dans une courbe... Il est vrai que les gros pneus du 4 x 4 sont conçus pour s'agripper aux souches et aux roches plutôt qu'au bitume sur lequel ils glissent allègrement s'ils sont trop sollicités. Sous-virages et crissements assurés! La transmission automatique à cinq rapports, disponible en option sur tous les modèles est bien calibrée mais saccade souvent le passage entre les rapports. La manuelle à cinq rapports se retrouve d'office peu importe la version et se montre bien étagée.

Côté confort, le châssis hyper rigide, combiné à des suspensions conçues pour les gros travaux, ne fait pas nécessairement dans la dentelle. Les baquets sont plutôt gentils pour les corps qu'ils doivent supporter, mais le tissu qui les recouvre ne semble pas de très haute qualité. Les versions 2 300 et 3 000 n'ont droit qu'à une banquette. Les modèles à cabine allongée sont munis de strapontins qui ne doivent servir qu'en cas de réprimande sévère contre un enfant trop tannant ou une belle-sœur chialeuse. Au moins, l'accès à la partie arrière de la cabine se fait assez bien, grâce aux portes suicide. Par contre, un marchepied serait le bienvenu (surtout dans la version 4 x 4, plus haute sur patte) mais il ne figure malheureusement pas sur la liste des options. Une fois assis à l'avant, la visibilité s'avère excellente tandis que le volant cache quelques commandes dont celle du ventilateur de la chaufferette.

La finition extérieure de notre cobaye péchait à plusieurs endroits, d'où la remarque pas très gentille de mon fils « C'est du Ford, après tout ! ». Jamais je n'aurais osé dire ça, moi... Petit détail anodin mais qui, chaque fois, m'a fait dire quelques mots religieux : les poignées extérieures servant à ouvrir les portières nous glissent souvent des doigts lorsqu'on les soulève. La porte de chargement est lourde et je me demandais, comme ça, si le mécanisme à barre de torsion, utilisé sur le Ford F-150 ne pourrait pas s'adapter sur le duo Ranger/MazdaB...

La gamme B de Mazda rejoint passablement de gens, du particulier qui désire un véhicule capable de travaux légers à l'entrepreneur qui n'a pas nécessairement besoin d'un pick-up trop gros, en passant par l'amateur de camionnette qui ne se servira de la boîte de chargement que le premier juillet pour aider ses (nombreux) amis. Par contre, les nouvelles Chevrolet Colorado et GMC Canyon ont repoussé les limites un peu plus loin l'an dernier. Mazda (et Ford) devront réagir et vite !

Alain Morin

SÉRIE B

DONNÉES TECHNIQUES

Prix du modèle à l'essai :	29 875 $
Échelle de prix :	17 295 $ à 30 000 $
Version(s) disponible(s) :	B2300, B3000, B4000
Garanties :	3 ans 80 000/4 ans 100 000
Catégorie :	camionnettes
Emp./Long./Lar./Haut.(cm) :	320/515/179/165
Poids :	1 667 kg
Longueur de caisse/Réservoir :	183 cm/73,8 litres
Coussins de sécurité :	frontaux
Suspension avant :	indépendante, barres de torsion
Suspension arrière :	essieu rigide, ressorts hélicoïdaux
Freins av./arr. :	disque/tambour (ABS)
Antipatinage/Contrôle de stabilité :	non/non
Direction :	à crémaillère, assistée
Diamètre de braquage :	13,1 m
Pneus av./arr. :	P255/75R16

GROUPE MOTOPROPULSEUR ET RENDEMENT

Moteur :	V6 4,0 litres (100.3 x 84.3)
Puissance :	207 ch (154 kW) à 5250 tr/mn
Couple :	238 lb-pi (323 Nm) à 3 000 tr/mn
Autre(s) moteur(s) :	4L 2,3 litres 143 ch, V6 3,0 litres 154 ch
Transmission :	intégrale, automatique 5 rapports
Autre(s) transmission(s) :	manuelle 5 rapports
Accélération 0-100 km/h :	10,5 s
Reprises 80-120 km/h :	7,6 s
Freinage 100-0 km/h :	42,8 m
Vitesse maximale :	175 km/h
Indice de performance longitudinale :	4,37 m/s/s
Consommation (100 km) :	ordinaire, 14,1 litres
Autonomie :	523 km

DANS LA MÊME CATÉGORIE
Chevrolet Colorado - Ford Ranger - GMC Canyon, Nissan Frontier - Toyota Tacoma

DU NOUVEAU EN 2005
Légères modifications esthétiques à l'intérieur et à l'extérieur

HISTORIQUE DU MODÈLE
3ème génération

DATE DE RENOUVELLEMENT
2006

NOS IMPRESSIONS

Agrément de conduite :	🚗🚗🚗🚗
Fiabilité :	🚗🚗🚗🚗
Sécurité :	🚗🚗🚗🚗🚗
Qualités hivernales :	🚗🚗🚗
Espace intérieur :	🚗🚗🚗🚗
Confort :	🚗🚗🚗🚗

LE CHOIX DE L'ÉQUIPE
SE, cabine allongée, 4x2

Guide de l'auto 2005

NISSAN FRONTIER

ENFIN !

Cette année, la camionnette Nissan Frontier est la première depuis belle lurette à posséder tous les éléments qui ont permis à ce constructeur de jouer un rôle prédominant dans le développement de la catégorie dans les années 60. En fait, ce sont les succès de Nissan dans le secteur des camionnettes qui ont causé cette descente aux enfers. Étant donné qu'elles se vendaient bien, la direction de la compagnie les a délaissées pour donner priorité à d'autres produits. Puis, une fois criblée de dettes, il lui était impossible de développer des produits à la hauteur de la concurrence.

C'est dans ce contexte que la première génération de la Frontier a été développée à la fin des années 90. Uniquement vendue avec un moteur quatre cylindres, cette nouvelle venue ciblait le marché des modèles de base. C'était la camionnette compacte de jadis, réinventée. Puis, avec l'arrivée d'un moteur V6, d'une audacieuse silhouette et d'un modèle à cabine multiplace, la donne était devenue toute différente. Malheureusement, le châssis de la Frontier originale était toujours utilisé et ce dernier n'avait jamais été conçu pour une telle utilisation. Ajoutez à cela une direction à billes ultra lente et il est facile de conclure que cette Nissan n'était plus en mesure d'affronter des concurrentes plus modernes et plus efficaces.

UNE MÉCANIQUE MODERNE

Si la Frontier originale était basée sur des organes mécaniques vieillots, la nouvelle version bénéficie d'un châssis à la fois robuste et moderne puisqu'il s'agit d'une version dérivée de celle de la camionnette Titan. Il est difficile de trouver des éléments plus robustes et plus modernes. Cette plate-forme F-Alpha est donc idéale pour accueillir un moteur V6 4,0 litres produisant plus de 250 chevaux qui nous fera oublier instantanément le vétuste moteur V6 3,3 litres qui était plus bruyant que puissant. De conception mécanique très moderne, ce moteur peut être commandé avec une boîte manuelle à six rapports ou l'automatique à cinq vitesses. Et la capacité de remorquage est de 5 500 lb ou 2 495 kg. Il ne faut pas oublier de mentionner qu'un moteur 4 cylindres est également au catalogue. Ce moteur 2,5 litres permet de réduire les factures de carburant. Il n'est offert que sur les modèles King Cab à cabine allongée. Bref, cette camionnette Nissan appartient bien au 21e siècle, comme le témoigne la présence d'une direction à pignon et crémaillère qui est plus précise et plus rapide que celle à billes de la première génération.

La suspension avant est à double leviers triangulés tandis que l'essieu arrière rigide est contrôlé par des ressorts elliptiques. Après tout,

»» FEU VERT
› Moteur V6
› Châssis moderne
› Habitabilité exemplaire
› Design attrayant
› Caisse avec protecteur intégré

»» FEU ROUGE
› Fiabilité inconnue
› Calandre trop chargée
› Silhouette jugée caricaturale par certains
› Qualité de la finition à confirmer

FRONTIER

il faut se souvenir que le but premier de cette camionnette est de transporter des objets parfois lourds. De plus, un essieu rigide est mieux adapté à la conduite hors route. La Frontier peut également être commandée en version 4X4 pourvue d'une boîte de transfert à commande électronique contrôlée par un bouton monté sur le tableau de bord. Les changements s'effectuent à la volée.

SILHOUETTE FAMILIÈRE

La Frontier 2004 possédait tout de même une silhouette agressive qui était particulièrement réussie. Il est donc normal que les stylistes aient conservé la plupart de ses caractéristiques sur le plan visuel. Mais comme dans le cas de l'Xterra, ils les ont accentuées. Les passages de roues sont plus prononcés, le renflement de la partie inférieure de la portière est accentué par la présence d'une cannelure horizontale. L'influence du stylisme de la Titan se fait sentir avec une calandre comportant deux barres chromées verticales placées à angle. La partie arrière et le dessin de la porte de la caisse de chargement sont similaires à la Titan

Nissan semble avoir abandonné définitivement l'idée de produire une version à cabine simple. Ce faisant, ce constructeur suit la tendance du marché en limitant l'offre aux modèles King Cab et au Crew Cab à cabine multiplace. Et comme à l'image du Titan, les concepteurs n'ont pas lésiné sur les dimensions. Le Frontier est plus long, plus large et plus haut tandis que son empattement est allongé de 24,8 cm par rapport au modèle 2004.

L'habitacle de la version précédente avait gagné bien des louanges et celui-ci recevra les mêmes accessits. La console centrale est toujours en relief et ancrée en bordure de la partie supérieure, mais les buses de ventilation sont dorénavant verticales et de chaque coté de la console. La radio est placée dans la partie supérieure alors que les commandes de la climatisation les ont remplacées en bas de ce module. Toujours dans l'habitacle, il est certain que l'espace pour les places arrière de la version à cabine multiplace est nettement plus généreux, ce qui augmente considérablement le niveau de confort.

Version réduite du Titan et de son châssis, la Frontier nous fait rapidement oublier la génération précédente qui était rendue à bout de souffle. Cette fois, la direction est rapide et précise tandis que la suspension est bien calibrée. De plus, sur la route, ce moteur V6 ne se contente pas d'augmenter en niveau sonore dès qu'il est sollicité, il permet d'accélérer franchement et ses reprises sont parmi les meilleures de la catégorie.

Cette fois, la direction de Nissan a conservé les éléments positifs du modèle 2004, soit une silhouette moderne et un habitacle très design, pour y ajouter une mécanique digne de notre époque. Il s'agit d'un minimum pour se démarquer dans cette catégorie qui est soudainement devenue ultra compétitive avec l'arrivée de plusieurs modèles complètement transformés.

Denis Duquet

DONNÉES TECHNIQUES

Prix du modèle à l'essai:	35,995$ (estimé)
Échelle de prix:	24295$ à 38000$ (estimé)
Version(s) disponible(s):	King Cab- Crew Cab
Garanties:	3 ans 60 000/5 ans 100 000
Catégorie:	camionnettes
Emp./Long./Lar./Haut.(cm):	319/520/185/177
Poids:	2400 kg
Longueur de caisse/Réservoir:	n.d./75 litres
Coussins de sécurité:	frontaux, latéraux (av.) et rideaux
Suspension avant:	indépendante, bras inégaux
Suspension arrière:	essieu rigide, ressorts elliptiques
Freins av./arr.:	disque (ABS)
Antipatinage/Contrôle de stabilité:	oui/non
Direction:	à crémaillère, assistée
Diamètre de braquage:	n.d.
Pneus av./arr.:	P265/65R17

GROUPE MOTOPROPULSEUR ET RENDEMENT

Moteur:	V6 4.0 litres 24s
Puissance:	250 ch. à 5600 tr/mn (estimé)
Couple:	295 lb-pi à 2800 (estimé)
Autre(s) moteur(s):	4L 2,5 litres 143 ch
Transmission:	propulsion, manuelle 6 rapports
Autre(s) transmission(s):	automatique 5 rapports
Accélération 0-100 km/h:	9,8 s
Reprises 80-120 km/h:	8,6 s
Freinage 100-0 km/h:	40,0 m
Vitesse maximale:	195 km/h
Indice de performance longitudinale:	4,58 m/s/s
Consommation (100 km):	ordinaire, 13,9 litres
Autonomie:	540 km

DANS LA MÊME CATÉGORIE

Chevrolet Colorado-GMC Canyon-Ford Ranger
Mazda Série B-Toyota Tacoma

DU NOUVEAU EN 2005

Nouveau modèle

HISTORIQUE DU MODÈLE

3ième génération

DATE DE RENOUVELLEMENT

2009

NOS IMPRESSIONS

Agrément de conduite:	🚗🚗🚗🚗
Fiabilité:	nouveau modèle
Sécurité:	🚗🚗🚗🚗
Qualités hivernales:	🚗🚗🚗🚗½
Espace intérieur:	🚗🚗🚗🚗½
Confort:	🚗🚗🚗🚗½

LE CHOIX DE L'ÉQUIPE

Crew Cab V6

Guide de l'auto 2005

NISSAN TITAN

UN LOOK À L'AMÉRICAINE

Lorsque le dynamique Carlos Ghosn a pris les rennes de la compagnie Nissan en 1999, il n'a pas uniquement privilégié le stylisme des modèles existants et sabré dans les dépenses. Il a également analysé les parts de marché de ce géant nippon sur tous les continents et établi de nouvelles priorités. L'une de celles-ci a été d'être présent dans le secteur des grosses camionnettes et des VUS grand format en Amérique du Nord. Ce segment du marché était jusqu'alors la chasse gardée des Trois Grands Américains qui y réalisaient des profits record.

Plusieurs ont souligné à M. Ghosn qu'il était peut-être tard pour se joindre à la fête, mais celui-ci a répliqué que même un infime pourcentage de quelque chose était mieux que rien. C'est à partir de ce raisonnement qu'une énorme usine d'assemblage flexible a été érigée à Canton, dans le Mississipi, et que le Titan a été conçu. Ce type d'usine pouvant produire plusieurs modèles différents sur une même chaîne d'assemblage est une spécialité japonaise, mais la décision de concevoir de gros mastodontes est tout américaine. Pour contrer la popularité des Ford F-150, Chevrolet Silverado/GMC Sierra et Dodge Ram, il ne faut pas avoir peur de penser «gros» tant en fait de dimensions que de moteurs. Et la camionnette Titan répond à ces critères et les excède également.

LA TOUCHE NISSAN

Il est de bonne guerre de s'inspirer de la concurrence au chapitre des dimensions physiques et de la puissance du moteur. Par contre, il fallait donner au Titan une personnalité bien à lui en fait de présentation pour que les gens puissent le différencier des autres. Les stylistes ont donc «nissanisé» cette camionnette en lui conférant une silhouette très réussie. Le caractère costaud du véhicule est accentué par une calandre rectangulaire traversée verticalement par deux larges bandes chromées, légèrement inclinées vers l'extérieur. La grille de calandre de couleur noire met alors en évidence tous les éléments chromés et l'écusson Nissan placé en plein centre. Cette calandre est encadrée par des phares rectangulaires qui lui donnent des allures de costaud. La même chose pour le pare-chocs dont la partie centrale chromée a la même longueur que la calandre et est agrémentée d'une large prise d'air.

Costaud à l'extérieur, le Titan est doté d'une cabine très spacieuse et fort confortable dont la présentation s'apparente beaucoup à celle d'une automobile. Si plusieurs camionnettes sont équipées d'un volant de type «travail», celui de la Titan s'inspire de ceux utilisés sur la Maxima et même la 350Z avec ses trois branches, ses

»» FEU VERT	»» FEU ROUGE
› Moteur musclé	› Moteur très gourmand
› Cabine spacieuse	› Dimensions encombrantes
› Capacité de remorquage élevée	› Finition perfectible
› Silhouette moderne	› Caisse courte seulement
› Tableau de bord élégant	› Seuil d'accès élevé

Guide de l'auto 2005

TITAN

appliques en aluminium brossé et ses boutons de commande placés sur les deux rayons horizontaux. L'immense bloc de commande central est de couleur titane et donne du punch au tableau de bord. Les commandes de la climatisation sont faciles d'accès, mais leur manipulation n'est pas nécessairement intuitive. En passant, la finition pourrait être améliorée. Il y a trop de panneaux mal ajustés et qui semblent très fragiles. La porte du coffre à gant est la principale fautive. Par contre, l'espace pour les occupants des places avant est plus que généreux, tandis que la banquette arrière de la version à cabine multiplace est la plus spacieuse de l'industrie. Quant au modèle King Cab, le panneau d'ouverture arrière s'ouvre à un angle de 180 degrés afin de faciliter l'accès à bord.

Compte tenu des dimensions hors tout du Titan, il est cependant curieux de constater que la boîte de chargement ne soit livrée qu'en version courte, ce qui limite le caractère « travail ». En effet, cette caisse ne mesure que 198 cm tandis que la plupart des modèles concurrents peuvent être commandés avec une boîte de 243 cm de long. Par contre, Nissan est le seul constructeur à installer en usine un revêtement protecteur de la caisse. En général, celle-ci est protégée contre les coups et les éraflures par une doublure en matières plastiques. Mais les infiltrations d'eau entre cette membrane et la caisse accélèrent la corrosion. Ce qui a incité les ingénieurs de Nissan à opter pour la couche protectrice Durabed qui agit également à titre d'insonorisant et d'antidérapant. Il est également possible de doter le Titan du système Utili Track composé de cannelures rivées au plancher et dans lesquelles coulissent des crochets. Pouvant être verrouillés, ceux-ci permettent, avec facilité, d'arrimer des objets de toute sorte. Le Titan est également doté d'un coffret de rangement placé en bas de la caisse, derrière la roue arrière gauche.

TRAHI PAR SA SOIF

Pour s'imposer dans ce secteur, toute camionnette doit offrir beaucoup de puissance et une capacité de remorquage impressionnante. Le gros moteur V8 de 5,6 litres du Titan produit une puissance suffisante puisque celle-ci est de 305 chevaux tandis que la capacité de remorquage est de 9 400 livres ou 4 264 kg. Et il faut également ajouter que la boîte automatique à cinq rapports est un autre atout plaidant en sa faveur. Malheureusement, bien que de conception très moderne, ce moteur V8 consomme plus que la moyenne. L'an dernier, une évaluation préliminaire nous avait permis d'observer une consommation de 16,3 litres. D'autres essais subséquents ont permis de constater que ce Titan pouvait engloutir de 18 à 23 litres aux 100 km selon les conditions d'utilisation. C'est un pensez-y bien compte tenu du prix volatil de l'essence.

C'est dommage puisque ce Nissan toutes tâches jouit d'une tenue de route impressionnante, d'une grande agilité malgré son gabarit et d'une suspension confortable en plus d'un habitacle qui ressemble plus à un salon qu'à une cabine de camion. Et il faut avouer que le stylisme est également assez réussi.

Denis Duquet

DONNÉES TECHNIQUES

Prix du modèle à l'essai :	35 900 $
Échelle de prix :	31 900 $ à 50 500 $
Version(s) disponible(s) :	XE-SE-LE
Garanties :	3 ans 60000/5 ans 100000
Catégorie :	camionnettes
Emp./Long./Lar./Haut.(cm) :	355/569/200/194
Poids :	2252 kg
Longueur de caisse/Réservoir :	198 cm/106 litres
Coussins de sécurité :	frontaux, latéraux (av.) et rideaux
Suspension avant :	indépendante, jambes de force
Suspension arrière :	essieu rigide, ressorts elliptiques
Freins av./arr. :	disque (ABS)
Antipatinage/Contrôle de stabilité :	non/non
Direction :	à crémaillère, ass. variable
Diamètre de braquage :	14,0 m
Pneus av./arr. :	P265/70R18

GROUPE MOTOPROPULSEUR ET RENDEMENT

Moteur :	V8 5,6 litres 32s (98,0 x 92,0)
Puissance :	305 ch (227 kW) à 4900 tr/mn
Couple :	379 lb-pi (514 Nm) à 3600 tr/mn
Autre(s) moteur(s) :	seul moteur offert
Transmission :	propulsion, automatique 5 rapports
Autre(s) transmission(s) :	aucune
Accélération 0-100 km/h :	7,8 s
Reprises 80-120 km/h :	6,2 s
Freinage 100-0 km/h :	44,2 m
Vitesse maximale :	185 km/h
Indice de performance longitudinale :	4,69 m/s/s
Consommation (100 km) :	ordinaire, 16,8 litres
Autonomie :	631 km

DANS LA MÊME CATÉGORIE
Chevrolet Silverado-Dodge Ram-Ford F-150
GMC Sierra-Toyota Tundra

DU NOUVEAU EN 2005
aucun changement majeur

HISTORIQUE DU MODÈLE
1ère génération

DATE DE RENOUVELLEMENT
n.d.

NOS IMPRESSIONS

Agrément de conduite :	🚗🚗🚗🚗½
Fiabilité :	🚗🚗🚗🚗½
Sécurité :	🚗🚗🚗🚗
Qualités hivernales :	🚗🚗🚗🚗½
Espace intérieur :	🚗🚗🚗🚗½
Confort :	🚗🚗🚗🚗

LE CHOIX DE L'ÉQUIPE
SE King Cab 4x4

Guide de l'auto 2005

TOYOTA TACOMA

LA GRANDE OPÉRATION

Au Québec principalement, et au Canada ensuite, le nom de Toyota est d'abord associé à la production de berlines efficaces, et surtout d'une fiabilité à toute épreuve. Les succès incroyables des voitures Echo et même de la hybride Prius n'en sont qu'un exemple. Pourtant, le fabricant japonais a aussi une niche très importante du marché des camionnettes pick-up. Un espace qu'il semblait incapable de remplir ici. Tout cela devrait changer puisque Toyota a enfin dévoilé la nouvelle mouture qui remplacera son très désuet pick-up Tacoma.

Plus vaste (le Tacoma a réellement des dimensions nord-américaines), la nouvelle camionnette mise nettement sur le marché des véhicules de travail au lieu d'être considérée, comme c'était le cas depuis toujours, comme un simple joujou. Désormais, le Tacoma veut jouer dans la cour des grands, et Toyota lui a donné un coffre à outils capable de l'envoyer sur n'importe quel chantier.

Dès la première impression, le nouveau Tacoma dégage une tout autre personnalité. De petit pick-up compact chétif qu'il était auparavant, il offre désormais l'image d'un camion plus adulte, aux lignes mieux découpées et nettement plus musclées. Désormais, le Tacoma pourra être pris au sérieux dès le premier regard au lieu, comme avant, d'être relégué parmi les jouets de la route.

En fait, strictement en terme de dimensions, le Tacoma excède la plupart de ses concurrents à l'exception du nouveau Dakota. Plus long de 515 mm que la génération précédente (en version Double Cab du moins), il est aussi plus large et propose un espace de chargement agrandi. Ainsi, la boîte arrière mesure un respectable 1880 mm pour presque toutes les versions, ce qui en fait le deuxième en dimension dans son créneau.

Pour faciliter l'utilisation de cette boîte, elle a été entièrement recouverte de matériau composite que l'on dit plus résistant que l'acier contre les coups, et surtout plus facile d'entretien. On propose, en option, d'y greffer un couvre-boîte rigide, mais aussi un système de rails installés de chaque côté de la boîte qui permettent d'en diviser la surface selon les besoins. On peut, par exemple, installer un séparateur à la moitié de la boîte pour transporter, d'un côté, vos matériaux et de l'autre vos outils. Tout cela en serrant ou desserrant simplement des poignées fixées le long des rails.

Et, comble du luxe, une prise de courant de 115 volts et de 40 watts, suffisante pour certains outils à main, est localisée directement dans la paroi de la caisse arrière.

L'habitacle a aussi été entièrement repensé, offrant plus d'espace pour les passagers à l'avant comme à l'arrière. En version Double Cab par

---

»» FEU VERT	»» FEU ROUGE
› Motorisation plus complète	› Absence de cabine simple
› Suspension mieux adaptée	› Places arrière étriquées (Access Cab)
› Caisson polyvalent	› Réputation de Toyota dans le créneau
› Nouveau design plus musclé	› Grandes dimensions

Guide de l'auto 2005

TACOMA

exemple, l'ouverture à angle droit des portières favorise un accès aisé aux places arrière. En revanche, le modèle avec cabine Accès fait, comme tous ses rivaux, la vie dure aux passagers installés à l'arrière sur des banquettes qui sont plus symboliques que pratiques. Mais elle peuvent parfois être utiles. Mentionnons cependant que la simple cabine ne fait pas partie de la nouvelle gamme de Tacoma qui comprend, outre les deux types de cabine, des versions 4x2 et 4x4.

En matière d'équipement, on n'a rien négligé non plus : nouvelle chaîne stéréo à six haut-parleurs, sièges baquets, volant inclinable, espace de rangement multiples et un tableau de bord qui, remodelé, donne un look plus moderne à l'ensemble. Il était temps! direz-vous puisque l'ancien Tacoma avait déjà l'air vieux depuis sa sortie.

LE VRAI CHANGEMENT

La véritable particularité du nouveau Tacoma cependant, c'est sa motorisation que l'on a refondue et rendue plus performante et puissante. Les ingénieurs de Toyota ont notamment créé un moteur V6 de 4,0 litres développant quelque 240 chevaux à 5 200 tr/min et 282 lb-pi de couple à 3 800 tr/min. Cette puissance additionnelle se traduit par une augmentation de la capacité de remorquage qui passe à 2268 kilos (5 000 livres). Un autre moteur, moins puissant, sera aussi disponible. Il s'agit d'une simple version remaniée de l'ancien 2,4 litres dont la force a été augmentée à 164 chevaux. Il sera uniquement installé sur les 4x2 à cabine Accès.

Avec de tels résultats, le Tacoma s'inscrit parmi les puissances de la catégorie, ne cédant le premier rang qu'à certains moteurs V8 de la concurrence. Un changement bienvenu puisque l'ancienne version avait une forte tendance à l'anémie, même en simple usage quotidien.

Travaillant en duo avec le moteur, une transmission manuelle à six rapports (l'automatique cinq vitesses est aussi disponible), elle aussi entièrement refaite avec le modèle. C'est donc tout un nouveau groupe motopropulseur qui équipera le Tacoma 2005.

Pour soutenir la camionnette, des amortisseurs à gaz à l'avant et à l'arrière viennent s'ajouter à la suspension à bras triangulaire pour, on l'imagine, (les modèles de production ne seront sur le marché qu'en octobre chez les concessionnaires) aider le nouveau Tacoma à négocier les surfaces les plus difficiles sans trop brasser ses passagers.

Évidemment, même si on le présente d'abord comme un outil de travail, le Tacoma veut aussi attirer les amateurs de personnalisation et on leur a concocté une version PreRunner, équipée d'une suspension sport, d'amortisseurs Bilstein à l'avant et l'arrière pour un peu plus de rigidité, d'un différentiel à glissement limité, d'une prise d'air sur le capot et de décalques spécifiques.

Avec autant de changement, le Tacoma vise haut. Même si en Amérique du Nord le marché est relativement marginal, Toyota veut figurer en bonne position au palmarès. Le Tacoma ne se hissera peut-être pas en première place, mais il est certainement un best-seller en devenir.

Marc Bouchard

DONNÉES TECHNIQUES

Prix du modèle à l'essai :	35 895 $ (estimé)
Échelle de prix :	23 000 $ à 40 000 $
Version(s) disponible(s) :	Acces et Double Cab
Garanties :	3 ans 60 000/5 ans 100 000
Catégorie :	camionnettes
Emp./Long./Lar./Haut.(cm) :	323/529/189,5/174
Poids :	2 427 kg
Longueur de caisse/Réservoir :	189 cm/80 litres
Coussins de sécurité :	frontaux
Suspension avant :	indépendante, double bras triangulés
Suspension arrière :	essieu rigide, ressorts elliptiques
Freins av./arr. :	disque/tambour (ABS)
Antipatinage/Contrôle de stabilité :	non/non
Direction :	à crémaillère, assistée
Diamètre de braquage :	12,4 m
Pneus av./arr. :	P245/75R16

GROUPE MOTOPROPULSEUR ET RENDEMENT

Moteur :	V6 4,0 litres 24s
Puissance :	240 ch (179 kw) à 5 200 tr/mn
Couple :	282 lb-pi (382 Nm) à 3 800 tr/mn
Autre(s) moteur(s) :	seul moteur offert
Transmission :	4x4, manuelle 6 rapports
Autre(s) transmission(s) :	automatique 5 rapports
Accélération 0-100 km/h :	8,6 s (estimé)
Reprises 80-120 km/h :	7,4 s (estimé)
Freinage 100-0 km/h :	n.d.
Vitesse maximale :	185 km/h
Indice de performance longitudinale :	n.d.
Consommation (100 km) :	ordinaire, 13,2 litres (estimé)
Autonomie :	n.d.

DANS LA MÊME CATÉGORIE
Dodge Dakota-Nissan Frontier
Ford Ranger-GMC Canyon

DU NOUVEAU EN 2005
Nouveau modele

HISTORIQUE DU MODÈLE
3ème génération

DATE DE RENOUVELLEMENT
2010

NOS IMPRESSIONS

Agrément de conduite :	🚗🚗🚗🚗
Fiabilité :	nouveau modèle
Sécurité :	🚗🚗🚗🚗
Qualités hivernales :	🚗🚗🚗🚗
Espace intérieur :	🚗🚗🚗🚗
Confort :	🚗🚗🚗🚗

LE CHOIX DE L'ÉQUIPE
Double Cab SR5

Guide de l'auto 2005

TOYOTA TUNDRA

PLUS HAUT, PLUS FORT

En Asie, au Japon particulièrement, on fait toute une culture du «particulièrement petit». On accorde de l'importance à tous les petits détails. Les présents que l'on offre sont petits. Les œuvres d'art miniatures ont la cote. Partout, dans tous les aspects du commerce, l'heure est à la miniaturisation, et cela fait définitivement partie de la culture japonaise. Imaginez alors la réaction des ingénieurs japonais quand ils ont finalement pris conscience de la taille des camionnettes nord-américaines. Face à un pick-up de grande taille, les pauvres sont demeurés songeurs.

Mais comme David qui a affronté Goliath, les ingénieurs de Toyota ont rapidement trouvé le moyen de s'armer contre les grandes tailles, et ont imaginé des modèles 2005 aux dimensions plus imposantes, et aux caractéristiques plus proches de ce que les nord-américains que nous sommes souhaitent de la part de leur camionnette, le véhicule le plus vendu en Amérique du Nord.

Qu'est-ce qui explique cette popularité? Le double usage de ce genre de véhicule est une bonne base de compréhension. Parce que les camionnettes sont d'abord un outil de travail, on les propose surtout aux gens d'affaires. Mais de plus en plus, l'élaboration des produits sur le marché permet d'envisager l'usage de ces camionnettes comme véhicule de tous les jours.

C'est donc pour faire sa marque dans un marché plutôt lucratif, et qui influence aussi la crédibilité même de la marque, que Toyota a décidé de remodeler sa gamme de pick-up. On a par exemple procédé à une révision complète du petit Tacoma, mais on s'est aussi attaqué directement au plus grand, et désormais plus puissant, Tundra.

Le Tundra, c'est le grand frère dans la gamme. Celui que l'on associait davantage à Averell Dalton dans le passé qu'à un véritable grand frère protecteur. Cette époque risque fort d'être révolue puisque le nouveau Tundra propose une foule d'améliorations mécaniques susceptibles de l'aider à mieux remplir sa mission.

Le plus important changement demeure l'accroissement de la puissance, chez Toyota, on proposait auparavant des camionnettes de faible puissance, ce qui explique sans doute pourquoi peu de propriétaires en faisaient un usage commercial. Cette fois, plus d'hésitation possible. Le nouveau Tundra 4x2 reçoit un nouveau V6 de 4,0 litres de 245 chevaux et de 283 lb-pi de couple, mais c'est le nouveau V8 qui de 4,7 litres met à profit la technologie VVT-i (le système de calage intelligent pour développer 282 chevaux et un impressionnant 328 lb-pi de couple à 3400 tr/min.

»» FEU VERT
› Beaucoup de couple à bas régime
› Nouveau V6 remodelé
› Équipement de base complet
› Rigidité du châssis
› Souplesse des réactions

»» FEU ROUGE
› Consommation d'essence élevée
› Design extérieur anodin
› Tableau de bord peu pratique
› Places arrière minuscules

Tout cela, avec une douceur inégalée. Poussé dans ses derniers retranchements, le nouveau Tundra se déplace sans coup férir, laissant derrière lui un petit sillon sonore du plus bel effet. En fait, le grondement même du moteur est une affirmation du nouveau muscle qui se cache sous la silhouette trapue du Tundra.

La transmission automatique à 5 rapports à commande électronique, développée spécifiquement pour le Tundra, réagit elle aussi au quart de tour, et s'adapte avec rapidité aux différents changements de régime.

Pour transmettre cette puissance, des versions deux et quatre roues motrices sont disponibles. Dans ce dernier cas, il s'agit d'un rouage à quatre roues motrices temporaires que l'on peut activer ou désactiver d'une simple pression sur un bouton, même en pleine circulation.

Ce qui étonne du Tundra, c'est la nouvelle douceur avec laquelle il réagit à toutes les sollicitations. Lui qui auparavant semblait surpris par les demandes du conducteur réagit désormais promptement, et avec souplesse. Et c'est toujours avec bonheur que l'on sent qu'il reste encore assez de puissance sous la pédale pour nous sortir du pétrin.

Sur la route, le comportement du camion est à l'image de ces changements. Il s'incruste avec puissance sur la route, maintient aisément le cap grâce à une direction plus précise et surtout plus communicative que la compétition, et absorbe assez bien les différents hasards de nos routes. J'ai même eu l'occasion de le tester sur une route gravelée après la pluie, et jamais le Tundra n'a eu la moindre réaction négative. On le sentait vraiment dans son élément. Pour assurer un bon maintien, on a construit la camionnette de forte taille sur des longerons monopièces forgés d'acier à haute résistance, assurant une rigidité exceptionnelle et capable de supporter une charge plus lourde.

UNE GAMME COMPLÈTE

Comme la plupart de ses rivaux, le Tundra est offert avec de multiples possibilités de configuration. Outre les deux ou quatre roues motrices, le Tundra est proposé avec un choix de deux moteurs et de trois cabines, en plus d'un important nombre de groupes d'équipements différents.

Le choix dépend évidemment de l'usage. Il peut aller de l'intérieur simple du 4x2 à cabine classique, au luxueux arrangement du 4x4 V8 auquel on ajoute, outre les équipements standards, des fauteuils capitaines, des commandes audio montées au volant, des roues en alliage de 17 pouces et un bloc central multifonction. Malheureusement, le tableau de bord oblige le conducteur à quelques mouvements pour manipuler les commandes, situées trop loin pour être pratiques.

Quant aux passagers arrière, ils devront avoir la taille d'un enfant de 5 ans pour espérer avoir un minimum de confort

Mais peu importe la quantité d'équipement qui se retrouve à l'intérieur, le Tundra n'a plus rien du timide pick-up que Toyota tentait d'imposer au sommet de sa gamme. Au contraire, il devrait devenir le phare de toute la gamme de camionnettes du constructeur japonais.

Marc Bouchard

TUNDRA

DONNÉES TECHNIQUES

Prix du modèle à l'essai:	34 600 $
Échelle de prix:	25 580 $ à 47 500 $
Version(s) disponible(s):	cabine régulière, accents ou double cab
Garanties:	3 ans 60 000/5 ans 100 000
Catégorie:	camionnettes
Emp./Long./Lar./Haut.(cm):	326/552,5/191/180,5
Poids:	2812 kg
Longueur de caisse/Réservoir:	249,5 cm/100 litres
Coussins de sécurité:	frontaux
Suspension avant:	indépendante, leviers triangulés
Suspension arrière:	essieu rigide, ressorts elliptiques
Freins av./arr.:	disque/tambour (ABS)
Antipatinage/Contrôle de stabilité:	non/non
Direction:	à crémaillère, assistée
Diamètre de braquage:	13,7 m
Pneus av./arr.:	P245/70R16

GROUPE MOTOPROPULSEUR ET RENDEMENT

Moteur:	V8 4,7 litres 32s
Puissance:	282 ch (210 kW) à 4800 tr/mn
Couple:	328 lb-pi (445 Nm) à 3400 tr/mn
Autre(s) moteur(s):	V6 4l 245 ch.
Transmission:	4x4, automatique 5 rapports
Autre(s) transmission(s):	aucune
Accélération 0-100 km/h:	8,1 s
Reprises 80-120 km/h:	7,0 s
Freinage 100-0 km/h:	40,2 m
Vitesse maximale:	190 km/h
Indice de performance longitudinale:	4,86 m/s/s
Consommation (100 km):	ordinaire, n.d.
Autonomie:	n.d.

DANS LA MÊME CATÉGORIE

Chevrolet Silverado - Dodge Ram - Ford F-150
GMC Sierra - Nissan Titan

DU NOUVEAU EN 2005

nouvelles couleurs, nouveaux phares et pare-chocs, nouveau moteur 4,0 litres, moteur V8 VVT-i, nouvelle transmission 5 rapports

HISTORIQUE DU MODÈLE

3ième génération

DATE DE RENOUVELLEMENT

2008

NOS IMPRESSIONS

Agrément de conduite:	★★★★★
Fiabilité:	★★★★★
Sécurité:	★★★★★
Qualités hivernales:	★★★★★
Espace intérieur:	★★★★
Confort:	★★★★

LE CHOIX DE L'ÉQUIPE

448, 4x4 Double Cab V8

Guide de l'auto 2005

Achevé d'imprimer au Canada
sur les presses de l'imprimerie Quebecor World St-Jean Inc.